20세기 중국혁명사

모택동과 중국혁명 2

20세기 중국혁명사
모택동과 중국혁명 2

초판1쇄 인쇄 2024년 3월 15일
초판1쇄 발행 2024년 3월 29일

지은이   김범송
펴낸이   이대현
편집   이태곤 권분옥 임애정 강윤경
디자인   안혜진 최선주 이경진
마케팅   박태훈 한주영

펴낸곳   도서출판 역락
출판등록   1999년 4월 19일 제303-2002-000014호
주소   서울시 서초구 동광로 46길 6-6 문창빌딩 2층 (우06589)
전화   02-3409-2060
팩스   02-3409-2059
홈페이지   www.youkrackbooks.com
이메일   youkrack@hanmail.net

ISBN 979-11-6742-663-5 94910
     979-11-6742-661-1 94910(전3권)

20세기 중국혁명사

모택동과 중국혁명 2

김범송 金范松

역락

　　20년 간의 '연구 결과물'인 졸저가 이제 '고고성을 울릴' 예정이다. 나름의 감개가 무량하다. 책 집필에 7~8년의 시간을 할애했고 원고 수정에 자그마치 1년을 허비했다. 타이핑에 서툴고 머리가 아둔한 필자는 박사논문 4~5편을 완성하는 데 소요되는 공과 품을 들였다. 그동안 한국에선 구미(歐美) 학자들의 이념과 선입견이 가미된, 모택동과 중국혁명사에 관한 도서와 번역서가 적지 않게 출간됐다. 한편 졸저는 기존 도서와의 차별화를 노렸고 최대한 객관적인 시각에서 모택동의 공과(功過)를 평가하고 20세기 중국혁명사를 기술하고자 노력했다.

　　20세기 중국혁명사는 대다수의 한국인들에게 여전히 '미지의 세계'이다. 따라서 '중국의 과거'인 중국혁명사에 대한 이해는 '중국의 현재'를 알 수 있는 또 다른 첩경(捷徑)이 될 것이다.

　　최근 중국과 한국의 관계가 많이 경색됐으나 한중(韓中)관계의 중요성을 감안할 때 '중국의 과거'를 통한 중국 이해는 필수불가결하다. 현재 한국의 대중(對中) 수출 의존도는 25%에 달한다. 한국의 제1대 교역국인 중국과의 교역량은 미국 교역량의 2배에 가깝다. 장기적 입장에서 볼 때 중국은 한반도의 통일과 경제발전에 막대한 영향력을 미치는 국가인 것은 누구도 부인할 수 없는 엄연한 사실이다. 중국과 한국은 이사할 수 없는 '영구적 이웃'이다. (韓中)수교 30주년(2022)이 넘는 시점에서 중국 근현대사를 재조명한 졸저의 출간에 나름의 의미를 부여한다.

(北京)천안문에 걸려 있는 초상화의 주인공은 중국인들로부터 '국부(國父)'로 존경받는 모택동이다. 중화인민공화국 창건자 모택동은 중국 공산당의 최고 지도자 지위를 40년 간 지켰다(야부키 스스무, 2006: 5). 중국이나 외국을 물론하고 모택동은 동시대의 가장 탁월한 정치인이다. 인류 역사상 보기 드문 걸출한 위인으로 평가되는 모택동은 이상가(理想家)·정치가·(軍事)전략가·철학가·시인이다(P. Short, 2010: 2). 20세기 중국혁명 주역은 '중공(中共) 창시자'이며 공농홍군(工農紅軍)과 중화인민공화국을 창건한 모택동이다. 20세기 중국혁명사와 21세기 중국사회를 온전히 파악하려면 '모택동 이해'는 필수적이다. 21세기 현재 (中共)지도이념인 모택동사상은 여전히 독보적인 존재감을 나타내고 있다.

'중국의 심장'인 북경 천안문(天安門) 광장의 정면 벽에는 모택동의 대형 초상화가 걸려 있다. 외국인들은 개혁개방 후 고도성장을 한 중국을 '등소평의 개혁이 성공한 나라'로 인식하고 있다. 그러나 (天安門)광장 중심에 위치한 모주석(毛主席)기념관과 (毛澤東)초상화는 나라를 창건한 '위대한 수령'의 위엄을 과시한다(김범송. 2009: 82). 현재 중국인들은 중화인민공화국 창건자 모택동을 '건국의 아버지'로 칭송하고 있다. 작금의 중국정부는 모택동사상을 국정이념으로 삼고 있다. 한편 모택동에 대한 신격화는 (個人)우상숭배가 성행된 문혁(文革) 시기에 최절정에 이르렀다. 모택동의 사후(死後)에도 사라지지 않는 막강한 영향력과 위망은 결코 하루아침에 이뤄진 것이 아니다. 따라서 모택동이 중국 역사에 남긴 발자취를 살펴볼 필요가 있다.

대다수 한국인들은 중국인민의 영수(領袖) 모택동을 '희대의 독재자', 미군·한국군의 '북진통일'을 저지한 장본인으로 간주하고 있다. 실제로 중공군의 '압록강 도하(渡河)'는 미군의 '38선 월경'과 밀접히 관련된다. 이와 관련해서는 최근 필자가 집필 중인 저술(著述)에서 상세하게 밝히기로 하고 이만 생략한다. 한편 한국 학자들의 '모택동 폄하'는 한국사회에 뿌리 깊은 반공(反共) 이데올로기와 크게 관련된다. 결국 이는 미군정(美軍政, 1945.9~1948.8)과 이승만 대통령의 집권 시기에 형성된 반공주의(反共主義)와 친미사대주의(親美事大主義)와 관련된다.

공산주의자 모택동에 대한 평가는 '불세출의 위인'과 '희대의 독재자'로 극명하게 엇갈린다. 이는 20세기 중국혁명의 '핵심 리더' 모택동이 (美中)이념 대결의 중심에 있었기 때문이다. 이념 대결의 대표적 사례는 미군과 중공군이 한반도에서 벌인 이념전쟁(1950.6~1953.7)이다.

27년 간 권좌에 있었던 모택동에게서 부패 흔적을 찾아볼 수 없다는 점은 가히 놀랍다. 세계 현대사의 중심 인물이 한국과 악연이었다는 것은 불행한 일이었다. 한국전쟁과 중공군 참전은 한국인들이 그를 주적(主敵)으로 여기게 만들었다. 그동안 남한에선 공권력에 의한 '모택동 악마화' 작업이 지속됐다(신복룡, 2001: 6). 결국 이는 반공주의를 고취한 이승만 정권 때 형성된 (反共)이데올로기가 장기간 한국사회를 지배한 결과물로 여겨진다. 난해한 것은 작금의 한국사회에선 (反共)이념에 집착하는 공권력에 의해 '모택동 악마화'가 현재진행형이라는 점이다. 한편 공산주의자 모택동은 평생 부정부패와 담 쌓고 살아왔다. 이것이 수많은 중국 백성들이 여전히 고인이 된 모택동을 사모하는 주된 이유이다.

촌뜨기인 모택동은 오지 소산충을 떠나 반년 간 동산학당에서 공부한 후 대도시인 장사(長沙)로 전학했다. 또 그는 반년 간의 중학생과

'말단 열병' 군생활을 거친 후 성립(省立) 도서관에서 6개월 간 독학했다. '늦깎이 사범생'인 모택동이 무정부주의자에서 마르크스주의자·공산주의자로 전향하는 데 불과 2~3년밖에 걸리지 않았다. '중공 창시자'의 한 사람인 모택동이 국공합작(1924~1927) 선봉장이 돼 '국민당 선전부장'으로 활약한 것은 결코 내세울 만한 경력은 아니었다. 한편 '농민운동 대부'로 거듭난 모택동은 정강산에 올라 '산대왕(山大王)'이 된 후 '당적 박탈' 위기에 놓였다. 1930년대 '실각자' 모택동이 중화소비에트공화국 주석으로 당선된 것은 실로 역사의 아이러니가 아닐 수 없다.

직업적 혁명가인 모택동은 '성공한 혁명가'로 평가된다. 그러나 이를 위해 그는 참혹한 대가를 치렀다. '정실부인(正室夫人)' 나씨는 21세에 졸사했고 '조강지처(糟糠之妻)' 양개혜는 29세에 국민당 군대에게 살해됐다. 연안에서 모택동과 결별한 '환난지처(患難之妻)' 하자진은 소련에서 조현병에 걸렸고 '악처(惡妻)' 강청은 자살로 비극적인 일생을 마쳤다. 또 그의 형제들은 혁명 중에 모두 희생됐고 '항미원조(抗美援朝)'에 참가한 장자 모안영(毛岸英)의 희생은 그에게 심각한 정신적 충격을 안겨줬다. '중공 창건대회(1921.7)'에 참석한 멤버 중 1949년 10월 1일 천안문 성루에 오른 이는 모택동과 동필무 두 사람뿐이다. 이 또한 중국 학자들이 모택동을 '역사가 선택'한 지도자라고 주장하는 주요인이다.

위대한 마르크스주의자 모택동은 중화민족의 걸출한 민족영웅이며 20세기 '3대 위인' 중 제1위를 차지한다. 또한 그는 '3낙3기(三落三起)'의 전기적 색채를 띤 탁월한 정치가이다(黃允昇, 2006: 1). 공농홍군 창건자 모택동은 장정(長征)을 승리로 이끈 수훈갑이며 중국혁명 위기를 만회해 당과 군대의 최고 지도자로 등극했다. 중공 지도자 모택동은 8년 항전과 3년 (國共)내전을 승리로 이끌어 신중국을 창건한 일등공신이다(김범송, 2007: 165). 이 또한 작금의 중국인들이 모택동을 나라를 건국한 '영원한 국부'로 추앙하고 있는 주된 원인이다. 또 이는 이데올로기에 집착한 외국 학자들이 기피하는 내용이다. 실제로 대부분의 외국 학자들은 홍군 지도자 모택동의 '삼낙삼기' 사실을 무시하고 인생 말년에 범한 그의 좌적 과오를 크게 부풀렸다.

중국 학자들은 모택동에 대한 '신격화·우상화'를 사명감으로 여기는 반면, 외국 학자들은 공산주의자 모택동을 '악마화'해야 하는 딜레마를 안고 있다. 이 또한 이념 대결의 결과물이다.

중국 학자들은 중국혁명에 대한 모택동의 역할과 공헌을 무작정 부풀리는 경향이 강하다. 특히 관방 학자들의 '공동연구'는 모택동이 후반생에 범한 인민공사화(人民公社化), 미증유의 문화대혁명 같은 과오를 다룰 엄두를 내지 못한다. 그들의 정치생명과 직결돼 있기 때문이다. 한편 학자적 양심을 우선시하는 필자에게는 '모택동 신격화'를 찬동해야 할 어떤 이유도 없다. 오로지 연구자의 책임감을 앞세워 객관적이고 공정한 학문적 연구에 치중했을 따름이다. 졸저는 역사 사실과 자료를 바탕으로 중국 학자들이 기피하고 '간과'한 민감한 과제를 과감히 다뤘고 '숨겨진 치부(恥部)'를 파헤치는 데 품을 들였다.

구미(歐美) 학자들의 '모택동과 중국혁명' 관련 도서를 읽으면서 이념이 가미된 사실 왜곡과 황당무계한 '모택동 폄하'에 경악을 금치 못했다. 최근 이념으로 점철된 한국 학자의 '중국혁명사'를 읽고 학자적 양지(良知)를 상실한 무지함이 개탄스러웠다. 외국 학자들의 터무니없는 사실 왜곡과 '모택동 비하'는 무소불위의 (反共)이데올로기에서 기인된 것이다. 또 다른 원인은 그들이 역사 사실을 무시하고 '모택동 정적'인 소유(蕭瑜)·장국도·왕명이 해외에서 출간한 회고록을 맹신했기 때문이다. 또 '독재자 폄훼'로 얼룩진 그들의 저서는 모택동이 홍군 통솔자에서 중공 영수로 자리매김한 역사적 진실을 외면했다.

1920~1930년대 '중공 창시자'이며 중국 공농홍군의 창건자인 모택동은 '3낙3기'의 실권(失權)·재기(再起)를 잇따라 경험했다. '국공합작' 시절(1924) 모택동의 첫 실각은 중공 총서기 진독수와 공산국제 대표(Voitinsky)가 짜고 친 고스톱이었다. 결국 '실권자(失權者)' 모택동은 고향인 소산충으로 돌아가 농민혁명에 종사했다. 정강산 시기(1929.9)와 중앙근거지(1932.10)에서 모택동을 실각시킨 장본인은 훗날 그의 '중요한 조력자'가 된 주덕과 주은래였다. 또 장정 도중(1935.8) 주은래·모택동의 지위가 역전됐다. 섬북에 도착(1935.11)해 홍군 통솔자로 자리매김한 모택동은 1938년 가을 공산국제의 지지하에 어렵사리 '중공 1인자'로 등극했다. 한편 주덕은 문혁 시기 중남해(中南海)에서 쫓겨났고 주은래는 후반생 내내 반성하며 늘 근신했다.

1940년대 중공 지도자 모택동과 소련 지도자 스탈린은 서로 불신하는 불편한 관계였다. 모택동이 주도한 연안정풍은 '소련파 제거'가 주된 취지였다. 1942년 스탈린의 '군사적 협조' 요구를 거절한 모택동은 해방군의 '장강 도하(1949.4)'를 반대한 스탈린의 '건의'를 일축했다. '중공 7대(1945)'에서 출범한 모택동사상은 모스크바 지배에서 벗어난 '중공 독립'을 뜻한다. '영원한 상급자' 스탈린은 모택동을 '아시아의 티토(Tito)'로 낙인찍었다. 당시 (國共)내전 승리의 기정사실화로 '건국 준비' 중인 모택동에게는 스탈린의 지지가 필수였다. 결국 모택동사상은 '스탈린주의'에 예속됐다. 한편 모택동의 '(6.25)전쟁 개입'은 부득이한 선택이었고 스탈린의 강요로 이뤄졌다. 그 대가는 '대만 해방' 포기였다. 모택동이 장개석의 천적(天敵)이라면 스탈린은 모택동의 천적이었다. 사실상 '세기의 독재자' 스탈린은 죽을 때까지 모택동을 괴롭혔다.

졸저는 '중공 창건' 멤버이며 홍군 창설자인 모택동의 '3낙3기' 원인을 상세하게 분석했다. 또 1930년대 후반 홍군 통솔자 모택동이 어렵사리 '중공 1인자'로 등극하게 된 당위성을 피력하고 그것이 '필연적 결과'라는 색다른 주장을 폈다. 이는 지금까지 출간된 (毛澤東)관련 저서에서 대다수 외국 학자들이 기피한 내용이다. 한편 청년 모택동이 스승 양창제로부터 전수받은 유심사관이 1950~1960년대 중공 영수 모택동이 범한 (左的)과오에 미친 부정적 영향력을 역사적 사실에 근거해 심층적으로 분석했다. 이 또한 다른 저서에서 찾아볼 수 없는 졸저 특유의 읽을거리로 한국 독자들의 흥미를 자아낼 것이다.

졸저는 한국 독자들이 주목할 만한 내용도 정리했다. '동정(東征, 1936)'에서 희생된 홍군 참모장 양림(楊林, 김훈)은 조선인(朝鮮人) 출신이다. 포병 지휘관이며 팔로군 (砲兵)연대장을 맡았던 무정(武亭)은 장정에 참가한 (朝鮮人)장군이다. 중국인의 추앙을 받고 있는 작곡가 정율성(鄭律成)은 '팔로군행진곡'을 작곡한 한민족 출신이다. 항일운동가이며 천진(天津)시위 서기를 역임한 이철부(李鐵夫)도 조선인 출신이며 조선의용군의 사령관을 맡았던 박일우(朴一禹)는 '중공 7대' 후보(候補) 대표였다. 한편 반면교사로 쇄국정책을 실시한 흥선대원군(李昰應)을 다뤘다. 또한 '항미원조' 주역인 모택동과 팽덕회의 얽히고 설킨 애증관계를 상세히 분석했다. 이 또한 외국 학자들이 감히 손대지 못한 내용이다.

불완전한 통계에 따르면 지구상에 설립된 모택동 관련 '연구소'는 100여 개에 달한다. 미국 학자와 연구기관은 1960년대부터 (毛澤東)군사 사상 연구에 열중했다. 이는 '세계 최강' 미군이 한반도에서 '지원군(志願軍)'에게 패배한 것과 관련된다. 1980년대 한국에서도 '모택동 연구'

붐이 일어났다. 1990년대 일본 학자들은 '(毛澤東)사상 연구'에 집착하는 경향을 보였다. 20세기 (歐美)학자들의 관련 저서는 '독재자(毛澤東) 폄하'로 시종일관했다. 최근 '중국지(中國志)'처럼 모택동과 중국혁명에 대해 '공정한 평가'를 내린 저서가 출간된 것은 중국의 역사 자료를 참조한 것과 크게 관련된다. 또 이념을 탈피해 역사적 사실을 존중하는 학문적 태도로 임한 것이 '성공작'으로 평가되는 원인으로 여겨진다.

개정판(2017) '중국지'는 모택동과 중국혁명 관련 저서 중 역사적 사실에 기반해 비교적 객관적 평가를 내렸다는 것이 학계의 주장이다. 이는 외국 학자들의 그릇된 견해를 무조건 수용하지 않고 중국혁명의 역사적 사실을 존중했기 때문이다. 다만 독창적 주장과 창작성이 결여되고 '번역 작품'이란 인상을 지우기 어려운 것이 흠이라면 흠이다. 졸저는 서구(西歐) 학자들의 이념을 가미한 '사실 왜곡'을 시정하고 잘못된 견해를 바로잡는 데 공을 들였다. 또 외국 학자들이 간과하고 중국 학자들이 외면한 '숨겨진 진실'을 밝히는 데 많은 노력을 기울였다.

1980년대 북경에서 대학을 다닐 때 나는 왕부정(王府井) 서점을 부지런히 드나들며 모택동·등소평·장개석 등의 전기(傳奇)를 구입해 취미로 읽었다. 1990년대 국내 출장을 다니며 짬짬이 각지 서점에 들려 '모택동 저서'를 사들이는 것이 유일한 취미였다. 한편 본격적으로 (毛澤東) 연구에 착수한 것은 2000년대 서울 유학 시절이었다. 교보문고 단골인 나는 모택동과 중국혁명에 관한 책을 빠짐없이 구입했다. 이 시기 출간한 졸저에서 중국혁명을 취급한 내용은 '모택동과 등소평, 그리고 박정희(2007)', '드라마 연안송과 중국 제1세대 혁명가들(2009)', '1950년대 성행한 중국의 공산풍(共産風, 2016)' 등이다.

졸저 집필을 위해 저자는 20년 간 약 1000여 권의 모택동(傳奇)과 중국혁명에 관한 저서를 정독(精讀)하고 수백편의 관련 논문을 숙독(熟讀)했다. 결국 나름의 '(毛澤東)연구자' 자격을 갖췄다. 20년 간의 탐구를 통한 (研究)결과물인 졸저는 '학술 도서'로서 사료적 가치가 충분하다고 자평한다. 또 독자의 이해를 돕기 위해 많은 각주를 달았고 문장의 출처를 밝혔다. 특히 관련 연구자의 저서에서 잘못 서술된 부분을 정정(訂正)하고 '정확한 표현'을 보충했다. 금번 출간하게 된 세 권의 졸고는 맥락이 관통돼 있다. 이 또한 '동시 출간'이 불가피한 이유이다.

졸저는 총 세 권이다. 세 개의 장(章)으로 구성된 제1부 '산대왕(山大王)'이 된 '(中共)창건자' 제목은 꽤 자가당착적이다. '중공 창건자'가 산에 올라 '비적 두목'이 된다는 것은 다소 자기 모순적이다. 제1부의 핵심 내용은 모택동의 정강산 진입과 군권(軍權) 박탈, 홍군 지도자 복귀이다. 제2부 '삼낙삼기(三落三起)'한 홍군 지도자는 제4~6장으로 구성됐다. 제2부의 하이라이트는 장정(1935.7) 중 주은래·모택동(周毛) 지위 역전과 '숙명의 정적' 장국도와의 권력투쟁에서 밀린 모택동의 '황급한 도주(北上)'이다. 제3부 '정풍운동과 모택동사상'은 환남사변(皖南事變)과 대생산운동(제7장), 정풍운동과 '소련파' 제거(제8장), '중공 7대(七大)', 모택동사상 출범(제9장)으로 구성됐다. 제3부의 압권은 중공 지도자 모택동이 독소전쟁과 공산국제 해체를 이용해 정풍운동을 단행, 두 차례의 '9월회의'를 통한 '소련파' 제거이다. 한편 '중공 독립'을 의미하는 모택동사상에 관한 졸견(拙見)은 졸저의 백미라고 자부한다.

필자가 자부심을 느끼는 또 다른 '백미'는 4천여 개의 각주이다. 각주에 집념한 취지는 독자들에게 '어려운 내용' 이해에 도움을 주기 위한 것이었다. 각주의 전반부가 역사 인물에 대한 명사해석(名詞解釋)이 주류였다면 (脚注)후반부는 역사적 사건에 관한 주석(註釋)과 본문에 대한 필자의 '개인적 견해'가 대부분을 차지한다. 실제로 각주 넣기에 많은 공을 들였다. 한편 졸저가 단순한 '모택동 평전(評傳)'이 아니라는 점을 재삼 부언한다. 모택동의 '공적(功績)'과 거의 무관한 신해혁명·5.4운동·국공합작·남창봉기·서안사변·항일전쟁·(國共)내전 등 중국혁명사의 '대사기(大事記)'를 나름대로 집대성했기 때문이다. 이 또한 심사숙고 끝에 졸저의 제목을 '모택동과 중국혁명'이라고 정한 주된 이유이다.

1990년대부터 한국에서 유학하며 피부로 느낀 것이 있다. 그것은 많은 한국인이 '중국 이야기'인 삼국지(三國志)에 대해 숙지하고 있다는 점이다. 한국에는 '삼국지를 세 번 이상 읽지 않은 사람과는 상대하지 말라'는 말이 있다. 20세기 중국혁명사를 다룬 졸저에 삼국지와 관련된 많은 인물이 자주 거론된다. 이는 (拙著)주인공 모택동이 '삼국지 애독자'인 것과 관련된다. 한편 필자는 모택동·주은래 등 중공 정치가와 팽덕회·임표 등 (中共軍)지휘관을 유비·관우·장비·여포 등 삼국지의 인물과 비교하고 그들 간 차이점을 분석했다. 또 졸저에는 삼국지보다 더 많은 인물이 등장하며 훨씬 많은 전투 이야기가 다뤄진다.

졸저의 압권이자 백미로, 필자가 나름의 자부심을 느끼는 또 다른 내용이 있다. 졸저의 주인공과 역사 인물을 비교하고 근현대(近現代) 위인들 간의 '공통점'·'차이점'을 상세히 분석한 것이다. 주된 취지는 기타 (毛澤東)저서와의 차별화이다. 예컨대 모택동과 스탈린, 모택동과 진시황, 모택동과 등소평, 주은래와 관우, 모택동과 진독수·이립삼의 차이점, 모택동·주은래·주덕과 유비·관우·장비의 공통점·차이점, 팽덕회와 임표의 차이점, 모택동사상과 등소평이론의 차이점 등이다. 물론 이들 간의 비교가 '100% 정확하다'고 장담하기는 어렵다.

학자적 양심을 우선시하는 필자는 (中國)관방 학자의 '모택동 신격화'를 무작정 수용할 그 어떤 이유도 없다. 또 이데올로기로 점철된 외국 학자의 사실 왜곡과 '독재자(毛澤東) 폄훼' 견해를 무조건 찬동할 이유는 더욱 없다. 이는 양심적 지식인이 필히 갖춰야 할 학문적 양심과 공정심(公正心)·객관성을 상실할 수 있기 때문이다. 그리고 나는 중국어·한국어·일본어·영어로 된 오리지날 원서(原書)를 직접 열독(閱讀)할 수 있는 나름의 이점을 갖고 있다. 이것이 필자가 (博士)논문으로 '한중일(韓中日) 출산 정책'을 비교·연구할 수 있었던 주요인이다.

현재 (中國)국내와 외국에서 출간된 '모택동과 중국혁명사'에 관한 도서는 수천권에 달한다. 한편 졸저가 '가장 잘 쓴' 책이 아닌 '가장 공정한' 도서로 한국 독자들의 인정을 받는다면 필자는 그것으로 만족할 것이다. 사실상 공정성과 객관성이 결여된 명작(名作)이란 있을 수 없다.

몇 년 전 일본에서 '신규 (毛澤東)도서'가 출간됐다는 한국 지인의 메일을 받은 저자는 곧 일본에서 생활하는 친구에게 도서 구입을 의뢰했다. 그런데 생각지 못했던 사달이 생겼다. 대련 해관(海關)에서 일본 친구가 아내의 주소로 보낸 (毛澤東)도서를 압수한 것이다. 또 세관 담당자는 아내에서 전화를 걸어 '반동적(反動的) 도서'를 구입해선 안 된다고 엄포를 놓았다. 문제의 '심각성'을 느낀 아내의 태도는 급변했다. 그 후 아내는 무작정 '책 집필'을 반대했다. 그 기간은 나에게 있어 가장 어렵고 힘든 시기였다. 다행스러운 것은 얼마 후 아내는 나의 아집에 못 이겨 수수방관(袖手傍觀)하는 태도를 취했다. 결국 나는 '든든한 후원자'였던 아내의 지지를 잃고 말았다. 이 또한 호사다마(好事多魔)이다.

금번 필자가 출간하는 책 세 권은 추후 계획하고 있는 '모택동과 중국혁명사' 도서 시리즈(총 6권)의 50%에 불과하다. 향후 1950년대 모택동이 주도한 대약진운동과 반우파투쟁, 1960년대 계급투쟁 부활에 따른 문화대혁명의 발발, 1970~1980년대 등소평의 복권에 따른 개혁개방 추진 등에 대해 지속적인 연구를 수행할 것이다. 그리고 (研究)결과물로 '모택동과 항미원조', '대약진과 미증유의 문화대혁명', '등소평과 개혁개방' 등 단행본을 잇따라 출간할 예정이다. 물론 이를 위해선 5~6년의 시간을 할애해야 한다. 한편 중국의 '4대 명저(四大名著)'는 저자들의 끊임없는 노력을 통해 어렵사리 출범됐다. '30년 연구' 결과물로 전체적인 맥락이 상통한 '20세기 중국혁명사'를 출간한다면, 일생을 후회 없이 살았다고 자부할 수 있을 것이다.

필자는 단어 사용의 '정확성' 확인을 위해 졸저의 대부분 문구(文句)를 네이버에서 검색했다. 실제로 한국인들이 가장 민감하게 반응하는 '북한어(北韓語) 사용' 오류를 피하기 위해서였다. 이 또한 지나친 완벽을 추구하는 필자의 성격상 단점일 것이다. 향후 20세기 중국혁명사에 관한 연구와 집필은 지속될 것이다. 사실상 기호지세(騎虎之勢)로 중도 포기가 불가능한 상태이다. 나는 대문호 노신(魯迅)을 작가 정신의 사표(師表)로 간주한다. 언젠가는 '모택동과 중국혁명'의 (拙著)시리즈가 중국어·영어·일본어로 번역 출간되기를 언감생심 기대한다.

'위대한 영수'가 그의 후반생에 범한 중대한 (左的)과오를 객관적으로 가감 없이 지적하고 정확하게 분석한다는 것은 매우 큰 용기와 커다란 담력이 필요하며 진지한 탐구와 지속적인 노력이 수반돼야 한다. 또 이는 자칫 필화(筆禍)를 부를 수 있는 자충수가 될 수도 있다. 한편 '창작권(創作權)'을 박탈당하지 않는 한, 필자는 학자의 사명과 학문적 양심을 잊지 않고 시종일관 창작에 정진할 것이다.

20년 간의 지속적인 연구와 심혈을 기울여 쓴 졸저에는 미흡한 점이 적지 않다. '학술 자료' 작성을 주된 취지로 한 졸저에는 역사소설 삼국연의(三國演義)와 같은 흥미진진한 소재가 상대적으로 적어 읽기에 지루한 느낌이 들 것이다. 또 '20세기 중국혁명'이 주제인 졸저는 주로 중국어 자료를 참조했기 때문에 모든 내용을 한국어로 풀어서 쓸 수 없는 한계점이 있다. 그러나 졸저가 그 사료적 가치를 인정받는다면, 필자는 그것으로 일말의 만족감을 느낄 것이다.

최근 출판계의 어려운 사정에도 불구하고 '출간' 기회를 주신 역락 출판사의 이대현 대표께 심심한 감사의 말씀을 드린다. 또 졸고를 '좋은 책'으로 만들어준 이태곤 편집이사의 높은 책임감에 경의를 표시하며 편집·교정을 맡아 수고해준 임애정 대리의 아낌없는 노고와 책에 '멋진 옷'을 입혀준 안혜진 팀장에게 진심으로 감사의 인사를 전한다. 실제로 '좋은 책'은 저자와 편집진의 공동 노력으로 만들어진다.

졸저 집필은 한국·일본의 지인과 그곳에서 생활하는 친구들의 도움을 받았다는 것을 밝힌다. 그들을 통해 구입한 외국 학자들의 (毛澤東) 저서와 '중국혁명사'는 100권을 상회한다. 이는 '연구 추진'에 큰 도움이 됐다. 실제로 그들의 도움은 책 집필에 큰 동기부여가 됐다. 재삼 머리 숙여 진심어린 감사의 마음을 전한다. 그리고 인내심을 갖고 졸저를 읽어주는 한국의 독자들에게 고마움을 표시한다.

2024년 2월 자택 '구진재(求眞齋)'에서

1936년 가을 섬북(陝北) 보안(保安)에서

1936년 섬북에서 주덕, 주은래, 박고(博古)와 함께.

1937년 연안에서 임표(林彪)와 함께.

1937년 봄여름 연안에서 주덕, 오리리(吳莉莉) 등과 함께.

1938년 연안에서 주은래 등과 함께.

1938년 봄여름 연안 동굴집에서.

제2부

•

삼낙삼기(三落三起)한
홍군 지도자

중국 학자들은 모택동과 양개혜의 '비극적 혼인'에 대한 왈가왈부를 금기사항으로 여긴다. 한편 양개혜의 비극적 결말에 대해 침소봉대(針小棒大)하는 외국 학자들은 모택동이 하자진·양개혜 사이에서 '양다리 걸치기'를 했다고 주장한다.

이문림은 모택동의 유격전술을 반대하는 치명적 실수를 범했다. 정치적 용어로 말하면 '노선착오(路線錯誤)'를 범한 것이며 시쳇말로 표현한다면 '줄을 잘못 선 것'이다. 모택동은 '추후산장(秋後算帳)'의 나쁜 선례를 남긴 '시작용자(始作俑者)'였다.

'홍군 숙반' 발기자 모택동이 'AB단' 숙청에서 취한 강경책은 좌경 노선을 집행한 당중앙의 지지를 받았다. 이는 '숙반 확대화'를 촉발했다. 모택동의 잘못된 조직노선과 독선적 '간부 임용'은 홍군 장병과 지방당조직의 지지를 상실했다.

'만년 2인자'로 '재상(宰相)'에 만족한 주은래는 시종일관 '1인자'에게 충성했다. 모택동을 산, 주은래를 물에 비유한다. 주은래가 협조한 모택동은 신중국을 창건했고 주은래의 지지를 상실한 장개석은 중국을 잃었다는 것이 정설로 받아들여진다.

'영원한 동반자' 주은래를 선택한 모택동은 '영원한 동지' 나장룡을 포기했다. 정치인에겐 영원한 친구도 영원한 적도 없다. 오로지 영원한 정치적 이해타산만 존재한다.

박고 등이 모택동의 당적을 박탈하지 못한 것은 스탈린의 '홍군 중시'와 밀접히 연관된다. 한편 모택동이 '중공 영수'로 부상(1938)한 것은 스탈린의 '묵인'과 크게 관련된다. 1930년대 모택동에게 '병 주고 약준' 장본인은 스탈린이다.

'백수의 왕' 사자도 이리떼의 검질긴 공격은 당해낼 수 없다. 모스크바에 충성한 '28개반볼셰비키'가 주축을 이룬 임시중앙의 무차별적 공세, 그들의 조정을 받는 소구 중앙국 '좌경 노선' 집행자의 협공을 받아 완전히 고립됐다. 39세(1932)의 모택동은 은퇴·'하산(下山)', '백의종군'과 실각을 당하며 인생의 최대 위기를 겪었다.

'인생사 새옹지마'이다. '도광양회(韜光養晦)'를 통해 힘을 비축한 모택동은 '이이제이' 전략을 구사해 동산재기 밑바탕을 마련했다. 실패와 좌절은 인간을 성숙하게 만든다. 역경 속에서 강인한 의지력을 키운 모택동은 '삼낙삼기(三落三起)'에 성공했다.

역설적으로 모택동의 '수난'은 전화위복의 계기가 됐다. 1930년대 모택동이 강력한 라이벌인 주은래·장국도·왕명 등과의 권력투쟁에서 '최종 승자'가 된 것은 2년 간의 '도광양회'를 통한 역량 비축이 있었기 때문에 가능했다.

제4장
중화소비에트공화국 주석의 실각

제1절 입삼노선(立三路線)과 홍군의 대도시 공격

1. 입삼노선의 출범, 팽덕회의 장사 공략

1930년 6~9월 중공의 주요 지도자 이립삼·향충발이 추진한 입삼노선(立三路線)은 공산국제의 좌경 정책과 스탈린·부하린이 주관한 '중공 6대'의 '결의안'과 관련된다. 입삼노선의 장본인은 공산국제이다. 결자해지의 차원에서 입삼노선을 중지한 것도 공산국제이다. 입삼노선의 피해자인 '주모홍군'은 두 차례의 장사 공격에서 수천명의 사상자를 냈다. 결국 입삼노선의 주모자 이립삼은 소련에서 15년의 '고난의 시대'를 보냈다.

'중공 6대' 기간 이립삼은 세 차례 스탈린의 접견을 받았다. 스탈린은 이립삼을 장래가 촉망되는 '중공 지도자'로 간주했다. 유럽에서 유학한 이립삼은 안원파업·오삽(五卅)운동을 지도한 노동운동가였고 남창봉기의 지도자였다. '6대'의 주석단 멤버 이립삼은 '농민문제' 보고를 했다. 한편 스탈린의 '이립삼 접견'은 노동운동 출신의 중공 지도자를 선호했다는 반증이다. 또 노동운동가가 '농민문제 보고자'였다는 것은 조금 아이러니하다.

광동성위 서기(1927.12) 이립삼은 당내 동지에 대한 무자비한 징벌로 '6대'에서 비판을 받았다. 주은래는 이렇게 회상했다. …회의에서 이립삼은 자신의 과오를 심각하게 반성했다(周恩來, 1980: 177). 이립삼은 이렇게 술회했다. …예비회의에서 나는 구추백의 주장을 지지했으나, 구추백의 보고를 토론할 때 그의 맹동주의를 비판했다(中共中央黨史研究室, 2014: 31). 이는 이립삼이 구추백에게 '징벌' 책임을 전가한 것이다. 이 또한 이립삼이 정치국 위원에서 낙선된 원인이다. 한편 그가 스탈린과 쟁론을 벌인 것이 '상임위원 탈락'의 주요인이라는 것이 일각의 주장이다.

모스크바의 '단독 면담'에서 이립삼은 스탈린과 쟁론을 벌였다. … 당시 스탈린은 제2차 세계대전이 일어나면 미국이 초강대국이 될 것이라는 이립삼의 주장을 반대했다. 결국 '의견 불일치'로 면담은 불쾌하게 끝났다(李思愼, 2004: 405). 지고무상의 '지존(至尊)'에 대한 이립삼의 불손한 태도와 당돌한 언행으로 '괘씸죄'에 걸린 것이다. 실제로 '오만무례한 행위'로 큰 대가를 치렀다. 1930년 후 이립삼은 소련에서 장기간 정치적 박해를 받았다.

향충발의 '입신출세'는 스탈린·부하린과 나란히 이름을 올린 것이 결정적 계기였다. 공산국제 제9차 전회(1928.2)에서 채택된 '중국문제 결의안' 작성자는 스탈린·부하린·향충발이다. 4개월 후 스탈린의 눈도장을 찍은 향충발은 중공 총서기로 당선됐다(袁南生, 2014: 334). 대회 직전 노동운동 출신을 '중공 지도자'로 선출해야 한다는 스탈린의 '지시'가 결정적 역할을 한 것이다. '5인 상임위원' 중 노동운동 출신이 3명이 선임됐다.

'중공 6대'에서 노동운동 출신인 향충발이 중공 총서기, 소조징·항영이 정치국 상임위원에 선출됐다. 한편 유소기·운대영 등 '지식인 출신'의 지도자들은 중앙위원에서 탈락했다. 한편 대회 기간 '기회주의·맹동주의'의 대표적 인물인 장국도과 구추백의 '지루한 논쟁'은 지식인

지도자들의 부정적 이미지를 각인시켰다. 결국 스탈린의 측근인 부하린·미프의 선전으로 '노동운동 대표'인 향충발은 중국 무산계급의 상징으로 간주됐다.

임육남(林育南)[893] 등의 소개로 중공에 가입한 향충발은 한양철강회사 공회 부위원장을 맡았다. 경한철도파업·오삼운동에 참가한 후 무한총공회 위원장, 노동자규찰대 총지휘를 맡았다. 1927년 공산당원 진찬협(陳贊賢)[894]이 국민당 반동파에게 살해된 후 체포될 위험을 무릅쓰고 추도대회를 주최한 향충발은 무한에서 높은 인지도를 보유했다. '중공5대'에서 중앙위원에 당선된 향충발은 '8.7회의(1927)'에서 정치국 위원으로 승진했다. 1927년 10월부터 공산국제 주재 중공 대표로 모스크바에서 활동한 그는 스탈린의 신임을 받아 중공 총서기로 선임됐다. 결국 이는 '노동자 출신' 지도자를 선호한 공산국제 책략과 크게 관련된다.

정치투쟁 경험이 부족한 향충발은 단순하고 허영심이 강했다. 이는 공산국제의 구미에 맞았고 그들의 '대변인'으로 적합했다. 1928년 왕명(王明)[895]의 종용을 받은 향충발은 '강절동향회(江浙同鄕會)'[896]를 '반당조

893　임육남(林育南, 1898~1931), 호북성 황강(黃岡) 출신이며 공산주의자이다. 1922년 중공에 가입, 1920년대 공청단중앙 조직부장, 상해총공회 선전부장, 중화전국총공회 비서장 등을 역임, 1931년 상해 용화(龍華)에서 희생됐다.

894　진찬협(陳贊賢, 1896~1927), 강서성 남강(南康) 출신이며 공산주의자이다. 1925년 중공에 가입, 1926년 감주(贛州)총공회 위원장, 1929년 강서성 총공회(總工會) 부위원장 역임, 그해 3월에 국민당 반동파에게 처형됐다.

895　왕명(王明, 1904~1974), 원명 진소우(陣紹禹)이며 안휘성 육안(六安) 출신, 공산주의자이다. 1925년 중공에 가입, 1930~1940년대 공상국제 주재 중공대표단장, 장강국 서기, 중공중앙 통전부장 등을 지냈다. 건국 후 국무원법률위원회 부주임, 중공중앙 법제위원회 부주임 등을 역임했다. 1956년 소련에 정착, 1974년 모스크바에서 병사했다.

896　'강절동향회(江浙同鄕會)' 사건은 1927년 가을 모스크바대학에서 발생한 정치적 사건

직'으로 결정했다(馮建輝, 1998: 71). 이른바 '강절동향회'는 공산국제 동방부 책임자 미프(Mif)의 제자 왕명이 획책한 억울한 사건이다. '중공 1인자'로 자격미달인 향충발이 미프·왕명의 괴뢰 역할을 했다는 단적인 방증이다.

장국도와 구추백은 대회 내내 쟁론을 멈추지 않았다. 공산국제 서기 부하린은 말했다. …지식인 대표인 당신들이 쟁론을 멈추지 않으면 노동자 간부를 등용할 것이다(中共中央黨史硏究室, 2014: 187). 그들의 지루한 논쟁에 미프가 '오지랖 넓은' 중재자로 나섰다. 이 또한 스탈린이 지식인을 무시하고 '노동운동 출신'을 중시한 이유로 지적된다. 결국 그들은 '상임위원'에서 탈락됐다. 제2대 '중공 총서기' 구추백의 시대는 막을 내렸다.

1940년 이립삼은 모스크바에서 이렇게 썼다. …'6대'에서 나는 정치국 후보위원에 선출됐다. 2명의 정치국 위원이 모스크바에 남은 후 정치국 상임위원에 보선됐다(中共中央黨史硏究室第一硏究部, 1999: 588). 당시 중공 지도부의 분담은 ① 총서기 향충발 ② 조직부장 주은래 ③ 선전부장 채화삼 ④ 농민부장 이립삼 ⑤ 양은(楊殷)이 군사부장을 맡았다. 9월 초 귀국한 이립삼은 향충발과 연합해 '연적(戀敵)'인 채화삼을 정치국에서 축출했다.

채화삼과 부농문제에 관해 쟁론을 벌인 이립삼은 이렇게 썼다. … 당시 채화삼은 부농의 토지를 몰수하고 부농계급을 철저히 제거해야 한다고 주장했다. 이는 '6대'의 '결의안'에 위배됐다(李思愼, 2004: 274). 이

─────────

이다. 당시 왕명의 일방적인 말만 들은 향충발은 '강절동향회'를 '반당조직'으로 결론지었다. 따라서 중산대학의 무고한 학생들이 학적(學籍)·당적(黨籍)을 박탈당하고 본국으로 송환됐다. 한편 '강절동향회' 사건은 왕명의 '종파주의 형성'을 의미한다.

모택동과 중국혁명 2

립삼의 '부농 연합' 주장은 모택동이 '심오 조사'에서 천명한 견해와 일치했다. 연적인 이들의 쟁론은 사견이 가미됐다. 또 '순직성위 개편 (1928.1)'에서 정적 제거를 위한 복수극을 벌인 중앙특파원 채화삼은 순직성위 서기 팽술지를 해임하고 왕조문(王藻文)[897]을 서기로 임명했다. 1928년 7월 중앙특파원 유소기는 한연회(韓連會)[898]를 성위 서기로 임명했다. 1928년 11월 이립삼은 향충발과 연합해 선전부장 채화삼을 파면했다.

중공중앙 선전부장 팽술지는 향경여와 불륜을 저질렀다. 결국 '향채동맹(向蔡同盟)'은 결렬됐고 채화삼은 이립삼의 부인 이일순과 눈이 맞았다. '풍류여인'인 이일순은 이립삼과 외도를 하고 동거했다. 한편 이일순은 전부(前夫)인 양개지(楊開智)와 이립삼에게 친동생인 이숭덕(李崇德)·이숭선(李崇善)을 소개해 그들과 결합시켰다. 이 시기 정적(政敵)이자 '연적'인 팽술지·채화삼·이립삼은 추잡한 '불륜 애정극'을 벌인 후 상대에게 정치적 보복을 진행했다. 그들의 패륜적 행위는 1920년대 중공 고위층의 '퇴폐적 애정관'과 도덕성 결여를 적나라하게 보여줬다.

정치국 회의(1928.11.20)에서 이립삼은 중공중앙 선전부장과 상임위원에 보선됐다. 얼마 후 이립삼은 '당보(黨報)' 편집장을 맡았다. 11월 27일 중공중앙은 '순직성위 문제'를 해결하기 위해 주은래를 중앙특파원으로 파견했다. 그 후 이립삼이 중앙비서장 직무를 겸직했다. 1929년부

---

897 왕조문(王藻文, ?~1929), 하북성 장가구(張家口) 출신이며 공산주의자(후에 변절)이다. 1922년 중공에 가입, 1926년 천진총공회 위원장, 1928년 순직성위 서기, 1929년 변절, 그해 5월 순직성위 당조직에 의해 처형됐다

898 한연회(韓連會), 하북성 창현(滄縣) 출신이며 공산주의자이다. 1926년 중공에 가입, 1928년 순직(順直)성위 서기, 1931년 당적(黨籍) 박탈, 국민당 특무에게 체포된 후 변절했다. 건국 후 인민정부에 의해 처형됐다.

터 명의상 '중공 2인자'인 이립삼은 사실상 중공중앙 1인자의 역할을 했다.

향충발은 무한 시기 이립삼이 관장한 지방공회 책임자였다. 이립삼이 '양성한 간부'인 향충발은 정치이론 분야는 문외한이었다. 그는 명의상 중공 총서기였고 이립삼이 사실상 '중공 1인자'였다(中共中央黨史研究室, 2014: 173). 이립삼은 모스크바에서 쓴 '자술서(自述書, 1940)'에 이렇게 썼다. …당시 당중앙의 정책은 대부분 내가 제정했다(中共中央黨史研究室第一研究部, 1999: 602). 이립삼이 입삼노선 주모자라는 방증이다. 당시 중공 총서기 향충발은 이립삼의 '협조자' 역할을 했다. 한편 중공 주요 지도자 주은래는 입삼노선 책임에서 결코 자유로울 수 없다.

중공 총서기 향충발의 정치적 리더십이 결여된 상황에서 이립삼은 당중앙 실세가 됐다. '6대' 후 당중앙의 문건은 이립삼이 대부분 작성했다. 이립삼의 부상은 '중공 6대'에서 노동운동 출신을 중시한 공산국제와 크게 관련된다. 한편 이립삼은 정치적 자질 결여와 군사적 리더십이 부족한 단점을 갖고 있었다. 공산국제 지시에 충실한 이립삼은 좌경 정책인 입삼노선을 주도했다. 입삼노선은 사실상 공산국제와 밀접히 관련된다.

모택동은 '중공 6대'의 과오를 이렇게 지적했다. …중간계급의 양면성과 반동세력의 내부 모순에 대한 정확한 판단과 대책이 미흡했다. 또 농촌 근거지의 중요성과 중국혁명의 장기성을 인지하지 못했다(毛澤東, 1991: 958). 공산국제의 지배하에 제정한 '중공 6대'의 좌경적 정책은 '입삼노선'의 이론적·정책적 근거로 작용했다. 한편 '중공 6대'에서 정치보고를 한 부하린은 농촌 근거지의 중요성을 무시하고 '주모홍군'의 역할을 폄하했다.

'6대'에서 모택동은 중앙위원에 피선됐다. 장국도가 모택동의 유격전쟁을 폄하했으나 모택동에 대한 공산국제의 호감도에 영향을 미치지 못했다. 1929년까지 공산국제는 모택동을 유격전쟁 지도자로 간주했다(楊奎松, 1999: 14). 홍군의 유격전쟁에 회의적 태도를 보인 것은 공산국제 책임자 부하린이다. 그는 정치보고에서 이렇게 말했다. …도시 노동운동과 노동계급이 지도가 없다면 농민폭동은 승리할 수 없다(袁南生, 2014: 337). 또 그는 홍군은 병력을 분산하고 집중해선 안 된다고 주장했다. 주은래가 '주모홍군'에게 '분병(分兵) 지시' 편지를 쓴 배경이다.

주은래는 이렇게 평가했다. …'중공 6대'는 미흡한 점이 있었으나 노선착오(路線錯誤)는 아니었다. 입삼노선 출범에 영향을 끼쳤으나 결정적 계기는 아니었다(周恩來, 1980: 187). 장국도는 이렇게 회상했다. …'중공 6대'는 전국적인 무장폭동을 준비해 새로운 고조를 맞이해야 한다는 좌경 기회주의 과오를 범했다. 이는 입삼노선의 정책적 근거가 됐다(張國燾, 1980: 415). 실제로 '중공 6대'의 좌경 정책은 공산국제가 제정한 것이다. '중공 6대'의 좌경 노선이 입삼노선의 정책적 근거가 됐다는 점에서 공산국제는 입삼노선을 출범시킨 장본인이다.

입삼노선의 장본인이 공산국제인 이유는 ① 입삼노선과 '6대'의 밀접한 관계 ② '제3시기' 이론[899]과 입삼노선의 내재적 연계 ③ 공산국제 '6대(六大)', 입삼노선의 직접적 영향 ④ '반우경(反右傾)' 지시, 입삼노선

---

[899] '제3시기' 이론은 1920년대 스탈린이 제출한 좌경 맹동주의적 이론이다. 공산국제가 세계혁명을 지도하는 이론적 근거로 작용했다. 이른바 '제3시기'는 1928년부터 시작된 자본주의국가 경제위기 심화와 내부적 모순의 격화로 제국주의 전쟁이 폭발해 무산계급은 혁명의 '고조(高潮)'를 맞이한다는 것이다. 결국 이는 이립삼의 좌경화를 조장하고 홍군의 '대도시 공략'을 유발했다. 1930년의 입삼노선 출범에 정책적 근거로 작용했다.

형성을 촉구 ⑤ 공산국제의 '도시중심론', 대도시 무장폭동의 정책적 근거 ⑥ '부단혁명(不斷革命)', 이립삼의 '좌적(左的)' 전환 촉진 ⑦ 공산국제 지도자의 전폭적 지지, 이립삼의 (左的)성향 심화 ⑧ 공산국제 '결의안(1930.7.23)'과 중공 '결의안(1930.6.11)'의 일맥상통 등이다. 실제로 공산국제는 입삼노선의 출범에 결정적 역할을 했다.

입삼노선의 출범 원인은 ① 공산국제의 좌경 정책, 입삼노선의 근원 ② '제3시기' 이론, 무장폭동의 이론적 근거 ③ 러시아 도시 무장봉기 경험의 절대화, '도시중심론' 유발 ④ 스탈린의 '부하린 비판(1929)'[900], 입삼노선의 반우경 배경 등이다(戴茂林 외, 2008: 124). 당시 공산국제는 중공에게 러시아 10월혁명을 모델로 삼을 것을 강요했다. 대도시 무장투쟁을 통해 혁명의 승리를 쟁취하는 소련식 모델은 중국혁명에 적합하지 않았다.

입삼노선의 출범 배경은 ① '도시중심론', 노동운동 발전 ② 공농홍군의 근거지 개척 ③ 장계(蔣桂)전쟁·중원대전(中原大戰)[901] 등 군벌 혼전 ④ 세계적 자본주의 경제공황 ⑤ '중공 1인자' 이립삼의 '환상적 목표' 설정 등이다. 상해에서 총행동위원회를 설립(1930.3)한 이립삼은 전국적 동맹파업을 결정했다. 또 그는 '중원대전' 폭발로 혁명의 고조가 도래

---

900 1926~1927년 스탈린이 정적 트로츠키파 제거에 기여한 부하린은 공산국제 총서기와 '진리보(眞理報)' 편집장을 맡았다. 1928년 레닌의 신경제정책을 주장한 부하린과 계획경제를 통해 사회주의 발전을 주장한 스탈린 간 의견이 대립됐다. 소공(蘇共) 15대(1929.4)에서 스탈린은 부하린을 '자본주의 보호자'·'부농사상 대변인' 죄명을 씌워 파면했다. 스탈린의 '부하린 비판'과 '반우경' 투쟁은 이립삼의 좌경화를 촉진시켰다.

901 중원대전(中原大戰)은 1930년 5~10월 장개석과 염석산·풍옥상·이종인 등이 중원에서 벌인 군벌 혼전이다. 이는 중국 근대사에서 규모가 가장 크고 장시간 진행된 군벌 전쟁이다. 장개석의 승리로 끝난 중원대전은 국민당군의 실력을 약화시켰고 홍군 발전에 유리한 조건을 제공했다. 중원대전은 입삼노선이 출범한 정치적 배경이다.

했다고 여겼다. 결국 중앙정치국 회의(1930.6.11)는 이립삼이 작성한 '새로운 혁명의 고조와 1개 성(省), 몇 개 성의 승리' 결의안을 통과시켰다. 이는 좌경 모험주의적 입삼노선의 출범을 의미한다.

이립삼의 '좌경 모험주의' 과오는 ① 국내외 정세에 대한 부정확한 판단 ② 전국적 무장폭동을 통한 혁명의 승리 쟁취 ③ 공산국제의 좌경정책, 중국혁명에 무조건 적용 ④ 모택동의 유격전과 농촌 근거지 역할 폄하 ⑤ 적아 간 역량 차이를 간과, 홍군에게 대도시 공격을 강요 ⑥ 공산국제의 '잘못된 지시'에 맹종, 중국의 실정을 외면 등이다. 즉 실현 가능성이 제로인 황당한 목표가 입삼노선이 궁극적으로 실패한 주된 원인이다.

1929년 여름 이립삼은 '주모홍군'의 유격전술과 정강산 근거지를 모델로 삼을 것을 호소했다. '주모분쟁'에서 이립삼은 안원파업(1922) 당시 상급자인 모택동을 지지했다. 홍군에 복귀한 모택동은 이립삼에게 '감사의 편지(1929.11.28)'를 보냈다. 한편 '중앙통고 제70호(1930.2.26)'는 무장폭동을 당면과제로 결정하고 홍군의 목표를 대도시 공략으로 제정했다. 또 '도시중심론'을 주창한 이립삼은 모택동이 제창한 농촌 중심의 발전전략을 반대했다. 결국 이립삼은 모택동의 홍군 지도자 복귀에 결정적 역할을 했으나 입삼노선은 '주모홍군'에게 큰 손실을 입혔다.

이립삼은 '홍기(紅旗)' 잡지에 발표한 문장(1930.3)의 골자는 ① 당의 당면과제는 노동자무장(武裝) 설립 ② 향촌은 통치계급 사지(四肢), 도시는 통치계급 두뇌 ③ 혁명의 승리는 대도시 무장폭동에 의거 등이다(李思愼, 2004: 337). 이립삼의 주장은 공산국제의 '도시 중심' 정책에서 비롯된 것이다. 이 시기 이립삼은 공산국제의 괴뢰(傀儡) 역할을 했다.

이립삼은 '주모홍군'에게 남창·구강을 공략해 '무한 폭동'에 호응할 것을 지시했다. 당시 모택동은 감남에서 유격전을 진행하며 대중을 발동했다. 3월 초 당중앙의 위탁을 받은 주은래는 공산국제에 '상황 보고'를 하기 위해 모스크바로 떠났다. 이는 이립삼의 좌경화를 가속화시켰다. 이립삼이 '홍4군'에게 보낸 지시(1930.4.3)는 홍군의 '역량 집중'이었다. 한편 이립삼의 '지시'를 무시한 모택동은 감남에서 '조사연구'를 진행해 '본본주의를 반대하자'라는 문장을 발표했다. 결국 이립삼은 '당중앙 지시'를 거부한 홍군의 최고 지도자 모택동에게 '최후통첩'을 내렸다.

정치국 회의(1930.6.9)에서 이립삼은 이렇게 모택동을 비판했다. … 홍군 발전의 저해 요인은 홍군의 보수적 유격전술이다. 모택동의 전략은 당중앙 방침에 위배된다(余伯流 외, 2017: 249). 이립삼의 '지시(6.15)' 골자는 ① 진부한 농민의식 ② 전략 수정 ③ 홍군 확충 ④ '만남 해결' 등이다(中央檔案館, 1989: 140). 코민테른(共産國際)[902]의 지시를 받아 구성된 중공 지도부의 실질적 책임자 이립삼 등 '28인 볼셰비키'의 전략은 노동자 폭동과 대도시 점령이다(현이섭, 2014: 127). 이립삼과 모택동의 '의견 대립'이 본격화된 것이다. 이립삼은 채신희(蔡申熙)[903]를 파견해 '당중앙 지시'를 전달하게 했다. 한편 이립삼은 '29인 볼셰비키'가 아니며 정확

---

902 코민테른(Comintern)은 공산주의 인터내셔널(Communist International)의 약칭이다. 본문에서는 광의적 '코민테른'보다 협의적 '공산국제(共産國際)'로 통칭한다. 중공 상급자 공산국제는 중공의 발전에 막대한 영향을 끼쳤다. 1922년 7월 중공은 공산국제 지부가 됐다. 1920~1930년대 공산국제는 중공 발전에 부정적 역할을 했다. 예컨대 입삼노선 출범, '왕명 종파주의' 형성의 장본인이다. 이 시기 중공은 공산국제가 조종하는 괴뢰 정부였다.

903 채신희(蔡申熙, 1906~1932), 호남성 예릉(醴陵) 출신이며 공산주의자이다. 1924년 중공에 가입, 1927년 남창·광주봉기 참가, 1930년, 장강국 군위 서기, 1931년 악예환(鄂豫皖)군위 부주석, 1932년 황안(黃安)에서 희생됐다.

한 호칭은 '28개반(半)볼셰비키'[904], 서이신(徐以新)[905]이 '반(半)'이다.

중앙특파원 도진농(涂振農)[906]의 전달 내용은 ① 홍군, 50만 확충 ② 보수주의 타파 ③ 홍군 우경화 극복 ④ 대도시 공격 ⑤ 유격전 포기, 운동전 준비 등이다(凌步機 외, 2017: 251). 모택동과 주덕은 당중앙의 '무모한 계획'에 깊은 우려를 나타냈다. 주덕은 이렇게 회상했다. …당시 우리는 입삼노선에 불만이 컸으나 당중앙의 지시를 대체로 수용했다(Smedley, 1979: 317). 특파원 도진농은 모택동의 '홍군 확충' 거부와 '대도시 공격' 포기, 유격전 집착 등 '우경 기회주의'를 비판했다. 또 '무한 탈취' 실현을 위해 길안·구강 공략을 지시했다. 당시 입삼노선은 곧 당중앙의 지시였다. 한편 모택동은 무기를 지방무장에게 나눠주고 그들에게 '근거지 보위'를 맡겼다. 이는 모택동의 교묘한 책략인 '절충적 집행'이었다.

유인팔(劉仁八)에서 열린 '홍5군' 확대회의(6.10)에서 '홍3군단'이 설립됐다. 팽덕회가 총지휘, 등대원이 정치위원, 등평이 참모장, 원국평(袁國平)[907]이 정치부 주임을 맡았다. 또 '홍3군단' 전위를 설립하고 팽덕

---

904 '28개반(半)볼셰비키'는 1929년 모스크바 중산대학에서 형성, 왕명 '종파조직'에 대한 희칭(戱稱)이다. 1929년 여름 중산대학에서 열린 '10일대회'에서 출범했다는 것이 지배적 견해이다. '29명 볼셰비키' 수장은 왕명, '반(半)'은 당시 18세인 '동요분자' 서이신(徐以新)이다. '10일대회'에 불참한 장문천·왕가상도 '28개반볼셰비키'에 속한다.

905 서이신(徐以新, 1911~1994), 절강성 구주(衢州) 출신이며 '28개반볼셰비키'의 '반(半)'이다. 1930년 중공에 가입, 1930~1940년대 악예환(鄂豫皖)군위 정치부주임 심양(瀋陽)위수부대 정치부 주임, 건국 후 외교부 부부장, 전국 정협 상임위원 등을 맡았다. 1994년 북경에서 병사했다.

906 도진농(涂振農, ?~1951) 강서성 봉신(奉新) 출신이며 공산주의자이다. 1925년 중공에 가입, 1930년대, '홍10군' 정치위원, 광동성위 선전부장, 1943년 변절, 1949년 남창(南昌)에서 자수, 1951년 북경에서 처형됐다.

907 원국평(袁國平, 1906~1941), 호남성 소동(邵東) 출신이며 공산주의자이다. 1925년 중공

회를 서기로 선임했다. '홍3군단' 병력은 1만명에 달했다. 유인팔 회의에서 '당중앙 지시'를 토론할 때 팽덕회는 '무창 공격' 분위기를 조성한 후 악동(鄂東) 6개 현에서 적군을 섬멸할 것을 건의했다. 당시 무창 주변에는 23개 연대의 적군이 배치됐다. 무모하게 공격할 경우 사면초가에 빠지기 십상이었다. 얼마 후 팽덕회는 대도시 장사를 공격했다.

팽덕회는 입삼노선 집행자로 간주됐다. 등대원은 이렇게 회상했다. …당시 입삼노선을 인지하지 못했다. 모주석만이 입삼노선을 정확히 인식했다(周少華 외, 2013: 51). 팽덕회는 이렇게 술회했다. …당시 입삼노선에 대해 잘 알지 못했다. '3중전회(1930.9)' 후 대도시 공격이 군사 모험주의라는 것을 알게 됐다(彭德懷, 1991: 151). '홍8군' 2지대 정치위원 황극성은 팽덕회에게 보낸 편지에 이렇게 썼다. …적아 간 역량 차이가 큰 상황에서 대도시 공격은 계란으로 바위를 치는 격이다(黃克誠, 1994: 74). 황극성의 '건의'는 대도시 공격을 반대한 모택동의 주장과 일맥상통했다. 한편 '장사 공격' 반대한 황국성은 백의종군했다. 여산회의(廬山回議)[908]에서 황극성은 팽덕회 '반당집단'의 종범(從犯)으로 몰려 파면됐다.

6월 하순 홍군은 '무창 공격'을 공공연하게 선전했다. 홍군의 '선전'을 확신한 장개석은 악주(岳州)의 전대균 2개 사단을 무창에 배치했

에 가입, 1920~1930년대 공농혁명군 제4사단 당대표, '홍3군단' 정치부 주임, 신사군 정치부 주임을 역임, 1941년 국민당군에게 사살됐다.

908 여산회의(廬山回議)는 1959년 8월 강서성 여산(廬山)에서 열린 정치국 확대회의와 8중전회를 가리킨다. 7월 14일 팽덕회는 모택동에게 편지를 보내 '1958년 이래의 좌경과오와 경험·교훈'에 대한 의견을 진술했다. 7월 23일 모택동은 팽덕회의 편지를 당의 노선을 공격하는 (右傾)기회주의라고 결론지었다. 8중전회는 팽덕회·황극성·장문천·주소단(周小丹)을 (反黨)분자로 비판, 여산회의는 '팽덕회 반당집단 과오에 대한 결의'를 통과시켰다.

다. 7월 4일 홍군은 악주성을 공략했다('彭德懷傳'編輯組, 2015: 48). 홍군은 대량의 대포·야포(野砲)를 노획했다. 당시 외국 군함이 장강 항구에 진입해 수시로 포격했다. 팽덕회는 외국 군함이 공격해오자 포병작전 전문가 무정(武亭)[909]과 함께 대포를 조준해 적의 군함을 명중했다(紀學 외, 2018: 43). 1950년대 '포병 창시자' 무정과 '대포 전문가' 팽덕회는 선후로 국가 최고 지도자에 '눈 밖에 나' 실각하는 불운을 맞이했다.

7월 중순 '홍3군단'과 호남성위가 평강에서 개최한 연석회의에서 대립된 2가지 의견은 ① 등건원 등이 주장한 '무한 공격' ② 호남성위가 주장한 '장사 공격'이다. 당시 무한 공격을 반대한 황극성은 장사 수비군을 성밖에 유인해 섬멸하는 유격전을 주장했다(任大立 외, 2013: 53). 등건원의 이유는 '당중앙 지시' 복종이며 호남성위의 이유는 하건 주력부대의 '장사 부재'이다. 결국 '호남성위 의견'을 수용한 팽덕회는 장사 공격을 결정했다.

7월 25일 팽덕회는 장사진(長蛇陣)을 친 적의 선두부대 제55여단을 공격해 적군 1개 연대를 섬멸했다. 7월 26일 홍군은 장사 수비군 5개 연대의 방어선을 돌파했다. 27일 새벽 '홍3군단'은 장사 총공격을 개시했다. 부교(浮橋)를 부수고 배수진을 친 홍군은 수비군을 성밖으로 유인해 매복전을 벌였다. 결국 하건은 황급히 도망쳤다. 7월 30일 소비에트정권을 설립한 후 이립삼을 주석으로 선임하고 왕수도(王首道)가 '권한대

---

909 무정(武亭, 1905~1952), (朝鮮)함경북도 경성군(鏡城郡) 출생, 공산주의자이다. 1925년 중공에 가입, 1920~1940년대 (上海)노동자폭동 총지휘, '홍3군단' 포병연대장, (八路軍) 총사령부 작전과장, 화북조선독립동맹 중앙위원, 조선의용군 사령관을 지냈다. 귀국 (1945) 후 인민보안간부학교 포병교무장, 조선인민군 포병사령관(中將), 보위성(省) 부상(副相), 조선노동당 2기 3중전회(1950.10)에서 실각, 1952년 (朝鮮)군인병원에서 병사했다.

행'을 맡았다.

팽덕회의 '장사 공략'은 유일하게 성도(省都)를 탈취한 전투였다. '장사 탈취'는 팽덕회가 주둔군이 적은 기회를 포착하고 맹공격한 결과이다. 8월 6일 하건은 15개 연대의 정규군을 집결해 장사를 공격했다. 격전을 거쳐 홍군은 적군 1000여 명을 섬멸했으나 중과부적으로 '장사 수비'에 실패한 홍군은 평강으로 퇴각했다. '장사 공략'을 통해 '지장(智將)' 팽덕회는 높은 성망과 지명도를 얻었다. 한편 팽덕회의 '장사 탈취'는 군사적 모험주의를 조장했다는 부정적 평가를 받았다. 또 농촌 근거지를 중시하고 '대도시 공격'을 반대한 모택동의 전략에 크게 위배됐다.

평강회의(1930.8.9)에서 등건원은 홍군의 분가(分家)를 주장했다. 이는 팽덕회의 권위에 정면 도전한 것이다. 그들 간의 알력은 무창·장사 공격의 대립에서 기인됐다. 결국 '당중앙 지시'에 맹종한 등건원은 'AB단'으로 몰렸고 '당중앙 지시'를 위반한 팽덕회는 '입삼노선'의 집행자로 간주됐다. 한편 등건원을 해임한 팽덕회는 측근인 원국평을 임명했다.

8월 13일 소련 원동국은 중공중앙에 편지를 보내 홍군의 '장사 퇴각'에 대해 의문을 제기했다. 장강국 서기 항영은 이렇게 설명했다. … '퇴각' 원인은 보수적 유격전에서 기인된 것이다. 홍군의 유격전은 '대도시 공격' 전략의 저해 요인이다(余伯流 외, 2017: 261). 정치국 상임위원인 이립삼과 항영은 모두 노동운동 출신으로 군사 문외한이었다. 이 또한 좌경 정책인 군사 모험주의가 당중앙과 홍군에서 지배적 지위를 차지한 주된 요인이다.

'장사 공략' 성공 원인은 ① 무창 공격 포기, 기습 공격 ② 수비군 허점을 파악한 팽덕회의 지략과 결단력 ③ 배수진을 치고 적군 방어선 돌파 ④ 수비군을 성밖으로 유인, 매복전을 벌여 적군 섬멸 ⑤ 정강산보위전 '참패'에 대한 강한 설욕 의지 ⑥ 호남성위 지지, 적위대 협력 등이다. 한편 '장사 공략'은 이립삼의 좌경화를 조장하고 입삼노선에 정당성을 부여하는 결과로 이어졌다. 결국 팽덕회는 입삼노선 집행자 라는 오명을 썼다.

2. 제2차 장사(長沙) 공격과 입삼노선 중지

1930년 6월 이립삼의 좌경 모험주의는 절정에 달했다. 이립삼이 작성한 '결의안' 통과는 입삼노선의 정식 출범을 의미한다. 한편 '결의안'은 도시 노동자파업과 무장폭동을 강조했다. 모택동이 제창한 농촌 중심의 발전전략을 근본적으로 부정한 이립삼은 '홍4군'에게 무한(武漢) 중심의 전국적 무장폭동 호응을 위해 남창 등 대도시 공격을 명령했다. 결국 대도시 공격의 당중앙의 지시를 무시한 모택동이 이립삼의 공격 대상이 됐다.

'중공 1인자' 이립삼의 '지명 비판'과 '최후통첩'은 모택동을 진퇴유곡에 빠지게 했다. 적아 간 역량 차이가 큰 상황에서 홍군의 '대도시 공격'은 계란으로 바위를 치는 격이었다. 당시 모택동은 당중앙의 지시를 결코 도외시할 수 없었다. 결국 이는 '상급자 지시'에 반드시 복종하는 홍군의 철칙(鐵則)에 위배됐다. 결국 모택동은 절충적인 집행 방식을 선택했다. 한편 '홍3군단' 지휘관 팽덕회는 홍군 지도자 모택동과 불협화음을 빚었다.

6월 19일 '홍4군' 전위와 민서 특위는 정주(汀州)에서 연석회의를 진행했다. 회의는 홍군의 전략을 기존 유격전에서 운동전으로의 전환과 '홍4군'의 확충, 민서 근거지 발전에 관해 토론했다. 중앙특파원 도진농은 각지의 홍군이 '무한에서 회사(會師)'하는 당중앙의 결의안을 전달했다. 또 회의는 당중앙의 지시에 근거해 '홍4군'을 '홍1군단'으로 개편했다.

6월 22일 홍군 지도부는 '광창(廣昌) 집결 명령'을 공표했다. …'홍1군단'은 구강·남창을 공략해 강서성 홍색정권 설립을 당면과제로 삼고 7월 5일까지 광창에 집결한다. 6월 25일 모택동은 '남창 공략, 무한 회합' 통전(通電)을 발표했다(江西省委黨史硏究室, 1988: 51). '광창 집결'은 무주(撫州) 공격을 위한 것이었다. 또 '통전'은 당중앙의 지시를 수용한다는 것을 보여주기 위한 제스처였다. 한편 '무주 공격'와 '남창 탈취'는 이뤄지지 않았다.

6월 28일 장정(長汀)을 떠난 '홍1군단'은 7월 9일 흥국(興國)에 도착했다. 당시 도진농은 홍군 지도부와 동행하며 그들의 행동을 감시했다. 한편 '주모홍군'의 '남창 탈취' 군사행동에 놀란 제9로군 총지휘 노척평은 남창·구강·길안에 '방어시설 구축'을 명령했다. 당시 장개석은 2개 여단을 강서성에 배치해 '홍군 방어'를 강화했다. 7월 중순 국민당군의 '방어 강화' 상황을 인지한 모택동과 주덕은 '홍4군'의 '무주 공격' 계획을 취소했다.

7월 11일 모택동과 주덕은 '장수(樟樹) 진격'을 명령했다. 즉 장수를 공략해 등영(鄧英)[910]의 길안 수비군을 유인해 섬멸한 후 길안을 공략하는 것이다. 감서남에서 '홍군 확충'에 주력한 모택동은 '홍20군'·'홍22군'을 설립해 증병춘(曾炳春)[911]·진의를 군단장으로 임명했다(逄先知 외,

---

910 등영(鄧英, 1983~1954), 호북성 기춘(蘄春) 출신이며 국민당 좌파이다. 1930년 (新編)13사단장, 그해 10월 '주모홍군'이 길안 공격 당시 신속히 철거, 남경육군 감옥에 1년간 투옥, 1940년대 (重慶)국방부 (中將)참의원, 1953년 징형 5년 선고, 1954년 기춘에서 병사했다.

911 증병춘(曾炳春, 1902~1932), 강서성 길안(吉安) 출신이며 공산주의자이다. 1927년 중공에 가입, 1929년 민서특위 군위 서기, 1930년 '홍20군' 군단장, 1931년, 상감(湘竷)홍

2005: 311). 7월 12일 '홍1군단'은 장수를 향해 '추진(推進, 점진적 진격)'했다. 이른바 '추진'은 당중앙의 지시를 집행하는 동시에 병력을 확충하는 '교묘한 전술'이었다. 7월 14일 길안현 피두(陂頭)에서 도진농은 '홍1군단' 전위와 감서남 특위의 연석회의를 소집했다. 회의는 홍군의 '길안 공격' 포기를 결정했다. 7월 15일 '주모홍군'은 길수를 진격했다.

7월 20일 모택동은 영풍에서 '추진 계획'을 발표했다. 곽화약은 이렇게 회상했다. …당시 '추진 계획'은 내가 작성됐다. 모택동의 지시에 근거한 '추진 계획'은 남창 공격의 구체적 일정을 제시하지 않았다(郭化若, 1995: 31). 주덕은 이렇게 회상했다. …'임삽노선'은 홍군에게 미친 영향은 미미했다. '대도시 공격'을 반대한 모택동의 '추진' 전략이 정확했기 때문이다. '홍1군단'은 장수 등지를 공략하고 10여 개 현성을 점령했다. 이는 유격전의 승리였다(周少華 외, 2013: 62). 모택동은 이렇게 회상했다. …홍군의 유격전법을 비판한 이립삼은 (中央)근거지 포기와 대도시 공격을 강요했다. 당시 대도시 공격 지시를 수용한 홍군은 결코 유격전술을 포기하지 않았다(毛澤東, 2008: 67). 한편 '점진적 진격'은 사실상 남창 공격을 포기했던 모택동의 '절충안'이었다. 실제로 '남창 공격' 슬로건을 내세운 '홍1군단'은 유격전을 전개하고 홍군 확충의 내실을 다졌다.

7월 24일 강서성 군사배치도를 입수한 홍군 지도부는 남창 공격을 포기했다. 남창의 방어공사가 견고해 공격하기 어렵다는 것이 주된 이유였다. 결국 감강을 건너 남창 대안 진격을 결정했다(金忠及 외, 1996: 230). 중앙보고서(1930.8.19)에 모택동은 이렇게 썼다. …홍군이 무모하게 남창에 진입하면 강적의 협공을 받을 수 있었다. 남창 수비군이 출격하

군 정치위원, 1932년 5월 '숙반운동' 중 처형됐다.

지 않은 상황에서 봉신으로 퇴각해 대중을 발동했다(金忠及 외, 2011: 231).
이는 모택동이 대도시 공격을 강요한 이립삼의 군사 모험주의를 견제
하기 위한 책략이었다. 모택동의 '절충적 집행'으로 '주모홍군'의 병력
은 확충됐다. 장정 출발 당시의 1만명에서 1만 8천명으로 급증했다.

8월 1일 나병휘가 거느린 '홍12군'은 감강을 사이두고 남창을 향해
총을 쏘며 시위했다. 이로써 남창봉기 3주년을 기념했다. 한편 나병휘
는 남창의 지세가 공격에 불리하며 강적이 사수하고 있어 공략하기 어
렵다고 홍군 지도부에 보고했다. 따라서 '남창 공격'을 주장하던 일부
간부들도 '(南昌)공격 철회'에 찬성했다. 실제로 나병휘의 양동작전은 남
창 공격을 주장한 일부 간부들의 반발을 무마하기 위해 모택동이 짜낸
계략이었다.

8월 7일 모택동은 팽덕회의 장사 공략과 퇴각 소식을 알게 됐다. 8
월 10일 '홍1군단' 지도부는 8월 15일까지 '만재(萬載) 집결'을 명령했다.
8월 중순 하건은 15개 연대의 병력을 동원해 평강에 주둔한 '홍3군단'
을 공격했다. 8월 19일 문가시를 공격한 '홍1군단'은 세 시간의 격전을
거쳐 적군 3900여 명을 섬멸하고 '홍3군단' 위기를 해소했다. 8월 23일
영화(永和)에서 회합한 '홍1군단'과 '홍3군단'은 '홍군 제1방면군'을 설
립했다. 주덕이 총사령관, 모택동이 총정치위원, 팽덕회가 부총사령관
을 맡았다. 이 시기 '홍1방면군' 병력은 3만명에 달했다. 한편 '홍1방면
군' 전위와 중국공농혁명위원회를 설립하고 모택동이 서기를 맡았다.

총전위(總前委) 회의에서 '홍3군단' 지도자들은 당중앙의 지시를 근
거로 '장사 공격'을 찬성했다. '홍8군' 정치위원 원국평은 이렇게 힐문
했다. …'남창 공격'을 포기한 '홍1군단'은 왜 '장사 공격'을 반대하는
가? 당중앙의 지시는 안중에 없는가(凌步機 외, 2017: 267). 등대원은 이렇

게 회상했다. …당중앙은 재차 '장사 공격'을 명령했다. '홍3군단' 지도자들은 이렇게 생각했다. 제1차 공격 당시 홍군은 1만명이었으나, 지금은 4만명인데 왜 공략할 수 없는가(滕代遠, 1967: 252). 참석자 대다수가 '장사 공격'을 찬성했고 팽덕회는 침묵을 지켰다. 모택동의 지지자는 소수에 불과했다. 결국 홍군 분열을 우려한 모택동은 '장사 공격' 주장을 수용했다.

8월 24일 모택동은 '장사 공격'을 명령했다. '제1차 공격' 당시 장사의 수비군이 적었고 홍군이 기습 공격을 했기 때문에 '장사 공략'이 가능했다. 그러나 '제2차 공격' 당시는 강적이 장사 성내에 집결됐고 방어시설도 매우 견고했다. 한편 홍군에게는 성을 돌파할 장비와 공격기술이 부족했다. 이 또한 모택동과 주덕이 '장사 공격'을 반대한 주된 이유였다.

팽덕회는 이렇게 회상했다. …제1차 '장사 공략'은 신속히 적을 공격해 각개 격파를 진행했기 때문이다. 제2차 '장사 공격' 당시 4개 여단의 정규군이 집결됐고 적군은 견고한 방어공사를 구축했다. 결국 홍군의 '장사 탈취'는 실패했다(彭德懷, 1991: 158). 모택동은 팽덕회의 '장사 공략'을 이렇게 평가했다. …당시 홍군의 임무는 병력을 확충하고 근거지를 공고히 하는 것이었다. 또 '장사 공격'은 모험성이 강했다. 농촌 근거지를 포기하고 대도시 장사를 근거지로 삼는 전략은 잘못됐다(Edgar Snow, 1979: 151). 실제로 팽덕회의 침묵은 장사 공격을 주장한 '홍3군단'의 의견을 암묵적으로 지지한 것이다. 한편 모택동의 평가는 팽덕회의 '장사 공략'이 입삼노선을 집행했다는 부정적 평가를 받는 주된 원인이다.

당시 장사성은 7개 사단의 정규군이 수비하고 방어시설이 견고했다. 8월 31일 홍군 지도부는 적을 성밖에 유인해 섬멸한 후 장사를 공격할 것을 명령했다. 그러나 장사 수비군은 좀처럼 출격하지 않았다. 9월 1일 홍군 지도부는 '장사 공격' 명령을 내렸다. 9월 2일 장사를 포위 공격한 홍군은 적군이 성밖에 설치한 '전기 철조망'을 통과할 수 없었다. 9월 3일 후자석(猴子錫) 등지에서 적군 2개 여단이 출격해 홍군을 공격했다. 다섯 시간의 격전을 거쳐 홍군은 적군 900여 명을 섬멸하고 1000여 명을 체포했다. 한편 후자석 승전은 홍군의 '장사 공격'에서 부딪힌 난국을 타개하지 못했다. 결국 적군은 성을 고수하며 홍군과 대치했다.

모택동은 이렇게 회상했다. …제2차 장사 공격은 실패했다. 장사 공격 중 한 차례의 중요한 전투가 있었다. 이 전투에서 2개 여단의 적군을 섬멸했으나 장사 공략으로 이어지지 못했다(孫彦 외, 1993: 51). 상기 '중요한 전투'가 바로 장사성밖에서 진행된 후자석전투(9.3)이다. 이는 '주모 홍군'이 방어가 견고한 '성(城) 공략' 능력의 결여를 여실히 보여줬다.

이립삼이 파견한 장강국 대표 주이율(周以栗)은 전투를 해본 사람이었다. 모택동은 제나라의 전단(田單)[912]이 연나라의 군사를 깨뜨릴 때 쓴 공격방법이 최선이라고 생각했다. 즉 '불소(火牛)'가 상대방 진(陣)에 뛰어들어 부수는 '화우충진(火牛冲陣)'이다(현이섭, 2017: 130). 9월 2일 임표의 제4군은 예비대로 지정됐다. 9월 10일 총공격을 시작했을 때 '홍4군'은 공성(攻城) 주력부대였다. 당시 임표가 '고압전망(高壓電網)' 격파를 위해 고심 끝에 생각한 것이 전단의 '불소 공격전'이었다(胡哲峰 외, 2013: 64).

---

912 전단(田單), 산동성 임치(臨淄) 출신이며 전국시대 제나라 군사가(軍事家)이다. 기원전 284년 연나라는 상장군 악의(樂毅)가 제나라의 수도 임치와 70여 개 성을 함락, 즉묵 (即墨) 대부들의 추천으로 장군이 된 전단은 '화우진(火牛陣)' 전법을 구상했다. 1000여 마리 소의 꼬리에 갈대를 매달아 기름을 붓고 그 끝에 불을 붙이자 꼬리가 뜨거워진 소가 연군(燕軍) 진영으로 쳐들어가 연나라 군사들은 궤멸시켰다. 결국 전단은 '안평 군(安平君)'에 봉해졌다.

주은래는 이렇게 평가했다. …재래식 방법으로 천여 마리 '불소'가 '철조망'을 충격했으나, 적군의 기관총 사격에 '불소'들이 아군 진지를 돌진했다. 이는 홍군의 공격전술 낙후성을 단적으로 보여줬다(中央中央文獻研究室, 1997: 121). 실제로 장강국 군사부장 주이율은 군사 문외한이었다. '불소 공격전'은 제4군 '군단장(軍長)'[913] 임표가 제안한 전술이었다. '불소 공격전'은 중무기가 없는 홍군의 궁여지책이었다. 한편 주은래의 평가는 입삼노선에 굴종한 '주모홍군'을 간접적으로 책망한 것이다.

9월 12일 모택동은 '홍1군단'에게 장사 퇴각을 명령했다. '홍3군단'도 잇따라 장사에서 철수했다. 장사 공격전에서 '홍1군단' 지휘관 가무동(柯武東)[914]·유작술이 희생됐고 중급 간부 사상자가 100여 명, 사병 1600여 명이 전사했다(毛澤東, 1993: 170). '홍3군단'의 사상자도 1000명에 달했다. 결국 장사 공격전에서 '홍1방면군'은 2600여 명의 사상자를 냈다. 한편 '주모홍군'의 최고 지도자 모택동이 내린 퇴각 명령은 적절한 조치였다.

모택동이 '홍군 철수'를 명령한 또 다른 원인이 있었다. 이종인·장발규의 지원군이 상담(湘潭)에 도착했다는 정보를 입수한 것이다. 자칫하건과 '지원군'의 협공을 받을 수 있었다. 결국 홍군은 주주(株州)·평향

913　본문의 '군단장'은 중국군 계급인 군장(軍長)에 해당된다. 군장은 사단장(師長)보다 한 단계 높은 군 계급이며 대개 중장(中將) 군함을 갖게 된다. 당시 홍군의 직급에는 '군장(軍長)'보다 높은 계급인 군단장(軍團長)이 있었다. 또 군단(軍團) 위에 방면군(方面軍)을 설치했다. 한편 군단장은 상장(上將)에 해당하며 '방면군'의 군 지도자는 총사령관(大將)라고 불렀다. 실제로 중국의 군장(軍長)을 '군단장'으로 번역하는 것은 '큰 어폐'가 있다. 따라서 본문의 '군단장'은 군단장(軍團長)이 아닌 군장(軍長)임을 밝혀둔다.

914　가무동(柯武東, 1905~1930), 안휘성 합비(合肥) 출신이며 공산주의자이다. 1927년 중공에 가입, 1928년 평강봉기 참가, 1929년 홍군 독립2연대 연대장, 1930년, '홍6군' 제1종대장, 그해 9월 장사(長沙) 공격전에서 희생됐다.

(萍鄉) 일대로 퇴각했다. 9월 13일 모택동은 주주에서 총전위 회의를 열었다. 회의는 평향·수현(攸縣) 일대에서 급양을 해결하는 것을 홍군의 당면과제로 결정했다. 회의 후 홍군은 주주철도를 따라 호남에서 강서로 이동했다.

모택동은 '홍1방면군'의 제2차 장사 공격의 실패 요인을 세 가지로 분석했다 첫째, 방어공사를 구축하기 전 적의 주력부대를 섬멸하지 못했다. 둘째, 대중의 협력과 지지를 받지 못했다. 성내 노동자폭동이 없었다. 셋째, 공격기술이 결여됐고 철조망을 돌파할 장비가 부재했다(余伯流 외, 2017: 271). 상기 '분석'은 공격 실패의 객관적 요인을 강조한 것이다. '주모홍군'의 주관적 요인과 당중앙의 '잘못된 지시' 등 정책적 요인을 간과했다.

홍군의 '장사 공격' 실패는 각종 요인이 병존한다. 객관적 요인은 ① 적아 간 역량 차이 ② '성 격파' 기술 결여 ③ 대포 등 중무기 부재 ④ 대중의 지지 부재 ⑤ '지원군' 도래, 수비군 신심 증가 등이다. 주관적 요인은 ① '당중앙 지시'에 순종 ② '성 공략' 능력 부족 ③ '장사 공략' 필승 의지 결여 ④ '불소 공격전' 맹신 ⑤ 단합력·협동심 부족 등이다. 정책적 요인은 ① 이립삼의 좌경 모험주의 ② 홍군에게 '대도시 공격' 강요 ③ 농촌 근거지 부정, 유격전 폄하 등이다. 결국 '장사 공격' 실패를 초래한 장본인은 이립삼·모택동·팽덕회 세 호남 동향(同鄉)이다.

6월 11일 당중앙은 이립삼이 작성한 '결의안'을 통과시켰다. 공산국제의 승낙을 받지 않고 통과시킨 '결의'로 인해 중공중앙은 (上海)원동국과 심각한 마찰을 빚었다. 팽덕회가 장사를 공략한 후 입삼노선은 최절정에 달했다. 입삼노선 주모자는 '실질적 1인자' 이립삼과 '협조자' 향충발이다. 장사 공략에 성공한 팽덕회는 입삼노선을 조장했다는 비난을 받았다. 한편 '홍군 확충'의 당중앙의 지시를 관철한 모택동은 홍군의 세력을 확장하는 등 내실을 다졌다. 훗날 모택동과 주덕이 입삼노선이 '주모홍군'에게 미친 영향이 미미했다고 평가한 주된 이유이다.

6월 12일 이립삼은 모스크바의 주은래에게 전보를 보내 '결의안'을 공산국제에 보고할 것을 요구했다. 얼마 후 (上海)원동국에도 '결의안' 영어 번역본이 송부됐다. 6월 20일 원동국은 '결의안'을 잠시 보류할 것을 건의했다(中共中央黨史硏究室第一硏究部, 2002: 178). 이립삼은 원동국에 보낸 편지(6.21)에서 '결의안'은 공산국제의 정책에 부합된다고 주장했다. 향충발은 주은래에게 편지(6.25)를 보내 원동국의 (右傾)과오를 공산국제에 보고할 것을 주문했다(余伯流 외, 2017: 265). 결국 중공의 '선참후계(先斬後啓)' 방식은 공산국제의 불만을 야기했다. (上海)원동국은 공산국제 동방부에 편지(6.23)를 보내 이립삼의 '파면'을 건의했다. 이 시기 이립삼과 원동국 대표 아이슬러(Eisler)[915]는 서로 불신하는 견원지간이었다.

6월 하순 이립삼은 공산국제의 승인을 받지 않은 상황에서 '결의안'을 공표했다. 한편 중공 '결의안(6.11)'이 공산국제의 정책에 대체적으로 부합된다고 여긴 공산국제는 이립삼의 정세 분석이 너무 낙관적이고 대중을 이탈한 무장폭동은 지양할 것을 요구했다(李思愼, 2004: 342). 공산국제는 상해원동국을 통해 중공에게 대도시 무장폭동 중지를 요구했다. 또 원동국 책임자 아이슬러를 소환했다. 결국 이는 이립삼의 좌경화를 조장했다.

---

915 아이슬러(Eisler, 1897~1968), 독일 출신의 공산주의자이다. 1929~1931년 공산국제 (上海)원동국의 책임자, '입삼노선'을 비판했다. 1933년 공산국제의 미국 특사, 1937년 프랑스로 파견됐다. 1941~1949년 뉴욕 거주, 1950년대 독일 라이프치히대학 교수, 독일 방송TV위원회 회장을 역임, 1968년 소련에서 병사했다.

7월 13일 정치국 회의를 소집한 이립삼은 남경의 무장폭동과 상해의 동맹파업 단행을 결정했다. 또 무장폭동 계획을 차질없이 집행하기 위해 전국에 전담기관을 설치하고 책임자를 임명했다. 예컨대 하창이 서기인 북방국, 임필시가 서기인 장강국, 이부춘이 서기인 남방국, 이립삼이 서기인 강소성행동위원회 등이다. 이 시기 이립삼은 '주모홍군'에게 구강·남창·장사·무한 등 대도시를 공략할 것을 지시했다. 또 그는 정치국 회의(7.13)에서 남경의 당조직에게 무장폭동을 일으켜 국민당 정부의 통치기관을 점령하고 소비에트정권을 설립할 것을 명령했다.

중공중앙은 '제84호 통고(7.21)'에서 이렇게 요구했다. …각 성(省)은 신속하게 행동위원회를 설립하고 역량을 집중해 노동자 무장폭동을 일으켜야 한다. 또 전당의 동지들을 반드시 혁명 정세의 변화를 인지하고 도시 무장폭동 단행의 결심을 굳혀야 한다(中央檔案館, 1983: 317). 한편 이립삼은 '홍3군단'의 장사 공략은 군벌이 통치하는 중국의 사회제도 붕괴를 의미하며 남경폭동을 일으켜 장개석의 반동 정부를 뒤엎어야 한다고 주장했다.

7월 23일 공산국제가 통과한 '중국문제 결의안'을 이렇게 썼다. …중공은 역량을 집중해 대도시에서 정치적 파업을 일으켜야 하며 대도시 노동운동을 공개적으로 전개해야 한다(中國社科院近代硏究所, 1987: 99). 홍3군단'이 장사를 공략했다는 소식을 들은 공산국제는 '진리보(眞理報)'에 '중국 소비에트를 옹호하자'는 사설을 발표했다. 또 공산국제는 이렇게 지적했다. …중공의 정치노선은 정확하다. 다만 개별적 과오가 존재하며 대도시 무장폭동은 잘못된 결정이다(中共中央黨史硏究室第一硏究部, 1988: 160). 결국 공산국제는 이립삼이 제창한 중국혁명의 '새로운 고조'와 노동자폭동을 통한 '혁명 승리' 결의안을 승인한 것이다. 한편 공산국제의 '무장폭동 반대'는 이립삼이 강조한 '노동자 무장폭동'과 서로 모순된다.

8월 6일 이립삼은 이렇게 말했다. …노농대중의 무장폭동이 없다면 단지 홍군 역량으로만 '무한 탈취'는 불가능하다. 홍군 역량만 믿고 노동자의 무장폭동을 일으키지 않는다면 이는 큰 실책이다(中央檔案館, 1983: 192). 실제로 러시아 10월혁명의 '성공 경험'을 절대화한 이립삼은 노동자의 무장폭동을 '중국혁명 승리'의 가장 중요한 수단으로 간주했다. 한편 이립삼의 도시 무장폭동을 반대한 공산국제는 '주모홍군'의 역량을 중시했다.

정치국 회의(8.1)에서 이립삼은 이렇게 말했다. …중국혁명의 실정을 무시한 공산국제는 혁명의 발전추세에 대해 깜깜부지이다. 관련 책임은 모스크바 체류 중인 주은래가 져야 한다(中共中央文獻研究室, 2007: 188). 8월 3일 정치국 회의에서 이립삼은 이렇게 말했다. …소련은 전쟁을 적극 준비해야 한다. 중국혁명이 승리하면 몽골은 중국소비에트정권과 연합한다는 정치선언을 발표해야 한다. 또 시베리아의 10만 중국인 노동자들을 무장시켜 일본 제국주의와 싸울 준비를 해야 한다(唐純良, 2003: 167). 총행동위원회는 각지 무장투쟁을 지도하는 최고기관이다. 회의는 이립삼 등 14명 '총행위(總行委)' 위원, 향충발·이립삼·서석근(徐錫根)[916]·원병휘(袁炳輝)[917] 4명의 상임위원을 선출했다. '총행위'의 설립은

---

916 서석근(徐錫根, 1903~?), 강소성 무석(無錫) 출신이며 공산주의자(后에 변절)이다. 1925년 중공에 가입, 1928 강소성위, 1930년 정치국 상임위원, 1932년에 변절했다. 1940년대 국민당 강서성위 특공위(特工委) 위원장, 강서성 보안사령관 등을 역임, 1949년 대만에 도망친 후 행방불명이 됐다.

917 원병휘(袁炳輝), 광동성 중산(中山) 출신이며 공산주의자(后에 변절)이다. 1926년 중공에 가입, 1928년 전국총공회 청공(靑工)부장, 1930년 공청단 중앙위원회 서기, 1932년

입삼노선의 좌경 모험주의가 최절정에 달했다는 방증이다. 한편 구추백은 이립삼의 망언을 '미친 발상(袁南生, 2014: 349)'이라고 혹평했다.

장국도는 이렇게 회상했다. …이립삼은 공산국제가 몽골 군대에게 평진(平津) 진격을 지시하고 소련 홍군은 동북에 진입해 중국 홍군을 협력할 것을 촉구했다. 또 국제주의 원칙에 근거해 중국혁명을 지원해야 한다고 강조했다. 이는 스탈린의 권위를 무시한 것이다(張國燾, 1980: 440). 상급자 공산국제에 대한 '지시'는 이립삼의 '지도자 자질' 결여를 단적으로 보여줬다. 이는 지사장이 본사 사장의 권위에 도전하는 '오만한 망발'이다.

1929년 스탈린은 중공중앙에 '무장(武裝)으로 소련을 보위'[918]할 것을 지시했다. 한편 이립삼은 소련정부에게 무력으로 중국혁명을 지원할 것을 강요했다. 또 몽골이 중국소비에트공화국의 연방이 될 것을 요구했다. 이는 공산국제 취지에 위배됐다(瞿作軍, 1990: 210). 상기 '소련 보위'는 '중동로사건(中東路事件)'[919]과 관련된다. 한편 이립삼의 망발은 소

상해에서 변절, 그 후 행방불명이 됐다.

918 1929년 7월 '중동로(中東路)문제'가 불거진 후 공산국제는 중공중앙에게 '소련 보위'를 지시했다. 공산국제의 '소련 보위' 지시에 적극 호응한 이립삼은 제1차 전국소비에트 대표대회(1930.5)에서 '무장으로 소련을 보위하는 결의'를 통과시켰다. 또 이립삼은 공산국제가 제출한 '소련 보위'에 '무장'을 가미해 노동자 무장폭동을 강조했다.

919 '중동로사건(中東路事件)'은 1929년 중국과 소련이 '동북철도군 특권'을 쟁취하기 위해 벌인 군사적 충돌이다. '군사충돌'에 참가한 양군(兩軍)의 주요 지도자는 장학량(張學良)과 갈렌 장군이다. 1927년 7월 동북변방군 사령장관 장학량은 무력으로 소련이 장악한 중동철도를 강제로 회수했다. 이는 소련정부의 강력한 반발을 불러일으켰다. 1929년 9~11일 소련 원동군은 중국의 동북변방군을 공격, 결국 동북군이 대패했다. 12월 22일 중소(中蘇) 양국의 대표가 담판한 결과, 중동철도는 중소가 함께 경영하며 소련군은 만주리(滿洲里)에서 철수하기로 결정했다.

련 국익에 저촉됐고 스탈린의 권위에 도전하는 오만무도의 극치였다. 이립삼의 '모스크바 옥살이'는 필연적 결과였다. 또 이는 그가 자초한 자업자득이다.

공산국제는 중공중앙에게 보낸 '10월편지(1929.10.26)'에서 '소련 보위'를 실제 행동에 옮길 것을 촉구했다. 이립삼은 상해에서 열린 제1차 전국소비에트 대표대회(1930.5)에서 '무장으로 소련을 보위하는 결의(決議)'를 통과시켰다. '소련 보위'는 이립삼이 주도한 입삼노선 부산물이었다. 그러나 '소련 보위'는 선전 구호로 실제 행동에는 옮겨지지 않았다. 한편 '소련 보위'는 이립삼이 모스크바의 괴뢰 역할을 했다는 단적인 방증이다.

'홍3군단'이 장사에서 철수한 후 이립삼은 장강국에 편지를 보내 강한 어조로 질책했다. …장사 공략 후 공격 전략을 포기한 홍군은 하건을 추격하지 않았다. '장사 고수'는 중대한 과오이다(凌步機 외, 2017: 267). 또 그는 '편지'에서 이렇게 지시했다. …'홍5군'은 무한을 공격해야 한다. 기타 홍군도 무한으로 진격해 노동자폭동을 협력해야 한다(中央檔案館, 1989: 248). 팽덕회의 장사 퇴각은 이립삼에게 찬물을 끼얹었다. 결국 이는 '대도시 공격' 전략의 실패를 의미한다. 한편 이립삼은 여전히 무한을 공략해 소비에트정권을 설립한다는 '허황된 꿈'을 버리지 않았다.

7월 29일 주은래와 원동국의 보고를 청취한 공산국제는 중공중앙에 전보를 보내 이립삼을 비판했다. 8월 6일 상해원동국은 이립삼 등 '총행위' 4명의 상임위원과 연석회의를 열었다. 이립삼은 군사 모험주의를 지양해야 한다는 원동국의 건의를 수용하지 않자 원동국 대표 아이슬러는 공산국제에 편지를 보내 '이립삼 파면'을 촉구했다. 결국 공산국제는 주은래·구추백을 파견해 공산국제 '결의안(7.23)'을 전달·관철할 것을 결정했다.

8월 13일 스탈린은 몰로토프(Molotov)[920]에게 전보를 보내 이렇게 지시했다. …중공의 '결의안'은 황당하며 중국인의 무장폭동은 터무니없다. 소비에트 설립을 위해선 폭동이 필요하지만 전국적인 무장폭동은 성공할 수 없다. 홍군의 '장사 공격'은 어리석은 짓이다(中共中央黨史硏究室, 2002: 300). 8월 25일 소련 지도부는 공산국제를 통해 중공중앙에 급전을 보냈다. 전보는 대도시 무장폭동은 '모험주의적 행동'이라고 강력하게 비판했다. 공산국제는 이립삼에게 전보를 보내 신속히 모스크바에 도착해 직접 보고할 것을 명령했다. 이는 공산국제의 '최후통첩'이었다.

주은래는 정치국 회의(8.22)에서 공산국제의 '결의안'을 전달했다. 정치국 회의(8.24)에서 문제의 엄중성을 느낀 이립삼은 '과실'을 인정했다. 한편 공산국제 지시에 불복한 이립삼은 여전히 좌경적 군사 모험주의를 멈추지 않았다. 8월 말 이립삼은 중공중앙의 명의로 장강국에 편지를 보내 '주모홍군'의 '장사 공격'을 촉구했다. 결국 무리한 공격으로 '홍1방면군'은 수천명의 사상자를 냈다. 이립삼은 홍군의 손실을 초래한 장본인이다.

9월 24일 구추백의 주최로 6기 3중전회가 열렸다. '공산국제 결의안'을 전달한 주은래는 이립삼의 '좌경 모험주의'를 비판했다. 회의에서 자신의 실책을 시인한 이립삼은 과오를 반성했다. 당중앙은 전국적 무장폭동과 홍군의 '대도시 공격'을 중지했다. 정치국 회의(10.3)는 향충

---

920 몰로토프(Molotov, 1890~1986), 키로프(Kirov) 출생이며 소련의 정치가·외교가이다. 1906년 볼세비키당 가입, 1921년 정치국 후보위원, 1930~1941년, 소련인민위원회 의장(總理), 1941~1957년 외교부장, 국방위원회 부주석, 1957년 '반당집단'으로 몰려 당적을 박탈, 1984년 당적 회복, 1986년 모스크바에서 병사했다.

발·주은래·서석근으로 상무위원회를 구성했다. 한편 이립삼은 공산국제에 '상황 보고'를 위해 모스크바로 출발했다. 결국 '입삼노선' 주도자 이립삼은 파면됐다.

입삼노선의 실행으로 국민당통치구의 지하당조직이 붕괴됐다. 특히 무한·남경 등 대도시의 당조직이 파괴돼 수많은 공산당원이 살해됐다. 감남·민서 소비에트정권도 큰 피해를 받았고 홍군은 상당한 손실을 입었다. '입삼노선' 영향으로 모택동의 측근이 정치적 타격을 입었다. 모택동의 동서 유사기, 민서 근거지의 지도자 등자회 등이 실권했다. '홍2군단' 병력은 기존 1만명에서 3천명으로 감축됐다. 한편 '홍1방면군'으로 개편된 '주모홍군'의 병력은 확충됐다. 이 또한 모택동이 '입삼노선' 악영향을 간과하고 주모자 이립삼에게 '관용적 태도'를 취한 주요인이다.

1936년 모택동은 이렇게 평가했다. …이립삼은 진독수와 마찬가지로 농촌 근거지에 대한 신심이 부족했다. 결국 장사·무한·남창 등 대도시 공격 전략을 실시했다. 농촌 근거지를 포기한 '도시중심론'은 잘못된 발상이다. 이립삼은 홍군의 역량을 과대평가했다(毛澤東, 2008: 69). 상기 평가는 지엽적 문제에 치중한 '피중취경(避重就輕)'이란 지적을 면키 어렵다. 실제로 모택동은 입삼노선 출범의 장본인이 모스크바라는 것을 알고 있었고 이립삼은 '정치적 희생양'이라는 점도 인지하고 있었다. 또 그는 제2차 장사 공격에서 홍군이 입은 '손실'을 간과했다.

원동국이 보낸 정치국 회의(8.3) 기록을 받은 공산국제는 소련 홍군의 '동북 진입', 몽골의 '연합선언' 등 방대한 계획에 경악했다. 소련의 '전쟁 참여' 건의에 스탈린은 분노했다. 동방부 책임자는 이렇게 말했다. …이립삼의 맹동주의는 극치에 달했다(黃平, 1981: 74). 결국 공산국제는 입삼노선의 성격을 결정하는 '10월편지'[921]를 보냈다. 즉 입삼노선은 '반국제적 정치노선'이며 이립삼은 '노선착오(路線錯誤)'[922]를 범했다는 것이다.

'10월편지'를 받은 향충발은 '입삼노선' 책임을 이립삼에게 전가했다. 자신은 입삼노선 협조자일 뿐이라고 발뺌한 그는 미프와의 담화(12.16)에서 선수를 쳤다. …리더십 부족과 수준 미달로 총서기를 사임하겠다(李思愼, 2004: 375). 스탈린의 심복 미프가 조종한 4중전회(1931.1)에서 향충발은 총서기로 연임됐다. 노동자 출신인 그는 '중공 6대'에서 스탈린에 의해 발탁된 중공 총서기였다. 6개월 후 '총서기'는 변절자로 전락했다.

1945년 모택동은 이립삼을 이렇게 평가했다. …입삼노선은 3개월 후 중지됐다. 3중전회에서 자신의 과오를 반성한 이립삼은 중공 지도자직에서 물러났다(李思愼, 2012: 99). 모택동의 제의로 '중공 7대'에서 중앙위원에 선출된 이립삼은 1946년 1월에 귀국했다. 1930년대 살벌한 '정치적 환경'에서 처형되지 않고 목숨을 부지한 자체는 실로 기적에 가까웠다.

---

921 '10월편지'는 공산국제가 중공중앙에 보낸 '입삼노선' 문제에 대한 편지(1930.10)를 가리킨다. 즉 입삼노선이 공산국제의 정치노선과 대립되는 '반국제적 정치노선'이라는 결론을 내렸다. 결국 이립삼은 모스크바로 소환됐다.

922 '노선착오(路線錯誤)'는 집권당이 제정한 정치노선을 반대한 죄명이다. 1930년대 스탈린은 '노선착오'를 범한 당내 동지들을 대대적으로 숙청했다. 공산국제는 입삼노선 주도자인 이립삼이 공산국제의 정치노선을 '반대'한 노선착오를 범했다고 결론지었다. 흔히 '노선착오'를 범한 자는 당적을 박탈당한다. 이는 정치생명의 종료를 의미한다.

3. 강서성 소비에트정부 설립, 양개혜(楊開慧) 살해

1) 길안(吉安) 공략과 강서성 소비에트정부 설립

1929년 5월 모택동은 '1년 내 강서성 홍색정권 설립'에 관한 전략을 제출했다. 당시 '홍4군' 제1종대장 임표는 '1년 내 정권 탈취'가 불가능하다고 비관적으로 전망했다. 임표의 예언은 적중했다. '2.7회의(1930)'에서 모택동은 '강서성 정권 탈취' 전략을 재차 제안했다. '대도시 공격'의 이립삼의 군사 모험주의에 적절하게 대처한 '주모홍군'은 10월 초 길안을 공략했다. 결국 모택동은 1년 반 만에 '강서성 정권 설립' 목표를 실현했다.

1929년 1월 정강산을 떠난 '홍4군'은 몇 차례 패전을 겪었다. 대백지 승전(2.10)과 '동고회사(東固回師)'를 통해 전화위복의 계기를 맞았다. 모택동은 중앙에 보낸 편지(4.5)에서 민절감(閩浙贛) 변계에서 근거지 개척과 무장할거를 주장했다. 또 그는 우도(于都)에서 열린 연석회의(4.11)에서 '1년 내 강서성 정권 설립' 계획을 정식으로 결정했다. 한편 '주모분쟁'에서 패한 모택동의 실권으로 '강서성 정권 탈취' 계획이 지체된 것이다.

4월 11일 우도에서 열린 '홍4군' 전위와 중앙특파원 나수남(羅壽男)[923]이 참석한 연석회의에서 모택동은 '1년 내 강서성 정권 탈취' 전략을 제출했다. 한편 회의는 팽덕회가 제출한 정강산 수복과 상감변계의 '홍색정권 설립' 주장을 수용했다. 또 단기간의 홍군 분병(分兵)을 실시해 우도·홍국·서금 등지에서 토지혁명을 진행하고 '소비에트정권 설

---

923 나수남(羅壽男, ?~1931), 강서성 감현(贛縣)출신이며 공산주의자이다. 상해에서 중공에 가입, 1929년 감남(贛南)특위 위원, 1930년, '홍22군' 정치부 주임, 감서남(贛西南)특위 상임위원 등을 역임, 1931년 숙청운동에서 처형됐다.

립'을 결정했다. 1929년 4~5월 홍군은 선후로 우도·흥국·녕도 3개 현에서 홍색정권을 설립했다. 결국 이는 '1년 내 강서성 정권 탈취' 전략 실현의 밑바탕이 됐다.

'정권 탈취' 실패 원인은 ① 당중앙의 '2월편지' ② 홍군의 분병 (1929.4) ③ 당중앙의 '4월지시' ④ 홍군의 민서 진입(1929.5) ⑤ 모택동의 실권(1929) ⑥ 국민당군의 '연합토벌' ⑦ 당중앙의 '도시중심론' 등이다. 이 중 모택동의 실권과 홍군 '분병'이 가장 중요했다. 결국 전위 회의 (1929.5)에서 '1년 내 정권 탈취'가 불가능하다는 임표의 판단이 적중했다. '2.7회의'에서 모택동이 '정권 탈취'의 시간을 확정하지 않은 주된 원인이다.

서금 확대회의(5.18)에서 임표는 이렇게 말했다. …'홍4군' 장병은 대부분 호남성 출신이다. 강서성과 복건성의 백성들은 '홍군 가입'을 꺼린다. 현재 '홍군 확충'이 어려워 '남경 공략'이 곤란하다. '1년 내 정권 탈취'는 불가능하다(陳毅, 1971.10). 모택동은 임표에게 보낸 편지(1930.1.5)에서 천명한 '정권 탈취'가 가능한 이유는 ① 강서 반동무장의 약한 전투력 ② 강서 주둔군, 외성(外省) 군대 ③ 제국주의 영향력 미미 ④ 홍군 유격대의 활약 등이다(毛澤東, 1991: 106). '임표의 정적'인 진의의 상기 주장은 신빙성이 낮다. 실제로 '1년 내 정권 탈취'가 불가능하다는 임표의 판단은 정확했다. 한편 모택동의 '강서성 정권 탈취' 취지는 근거지 설립과 홍군 유격전을 통해 중국혁명의 최종 승리를 거두는 것이다.

중국 학자들은 임표가 모택동의 '정권 탈취'를 부정하고 '비관적 전망'을 했다는 것을 근거로 모택동·임표의 '불화설'을 확대해석한다. 이는 모택동의 '후계자' 임표가 인생 말년에 '위대한 영수'를 배반한 '변절자'임을 염두에 둔 것이다. 정강산 시기 임표는 모택동이 가장 신임하는 최측근이었다. '주모분쟁'에서 수세에 몰린 모택동을 시종일관 지지한 것이 단적인 방증이다. 또 실권한 모택동이 민서 산골에 피신했을 때 부하 장교 속유(粟裕)를 파견해 '모택동 보호'를 지시한 것도 임표였다. 한편 이 시기 형성된 '모임(毛林)동맹'은 장장 40년 동안 유지됐다.

혹자는 모택동의 '강서 정권'과 이립삼이 주창한 '수성(數省) 승리'의 책략이 같은 맥락이라고 주장한다. 실제로 엄연한 차이가 있다. 모택동의 '강서 탈취'는 근거지 확장과 유격전쟁을 통한 점진적 정권 탈취가 궁극적 목표이다. 이립삼의 '수성 승리'는 노동자 무장폭동과 홍군의 대도시 공격을 통한 '무한 정권 설립'이 최종 목적이다. 결국 소도시 길안을 공략한 홍군은 '강소 정권'을 설립했으나, 이립삼의 '무한 정권'은 요절했다.

1929년 가을 이립삼이 모택동의 '홍군 복귀'에 결정적 역할을 하면서 그들은 한동안 밀월기를 보냈다. 1930년 봄여름 모택동의 '향촌중심론'과 이립삼의 '도시중심론'의 대립이 심화되면서 앙숙이 됐다. '중공 1인자' 이립삼은 모택동의 '강서 정권 탈취'를 비판했다. 결국 '주모홍군'의 최고 지도자 모택동은 이립삼의 '잘못된 지시'를 무시하면서 갈등의 골이 더 깊어졌다. 또 그들 간의 대립이 격화됨에 따라 모택동의 측근들에게도 불똥이 튀었다. 한편 이 시기 입삼노선의 충실한 집행자는 이문림과 이임여였고 피해자는 모택동의 심복인 유사기와 등자회였다.

이립삼은 '홍4군'에게 보낸 편지(1930.4.3)의 골자는 첫째, 당면과제는 홍군 확충과 대도시 진격이다. 둘째, 농촌 근거지 고수와 월민감(粤閩贛) 변계의 무장할거는 보수적 전략이다. 셋째, 강서성 정권 탈취는 잘못된 전략이며 상악감(湘鄂贛) 수성(數省) 승리를 전제로 해야 한다(中央檔

案館, 1983: 39). 한편 이립삼은 '홍4군'에게 '무한 탈취'를 위해 농촌 근거지를 포기할 것을 지시했다. 또 그는 모택동의 '상해 회의' 참석을 강요했다.

5월 하순 이립삼의 주최로 상해에서 열린 제1차 전국소비에트 대표대회에서 결정한 사항은 첫째, 당면과제는 '1개 성, 수성의 우선 승리'를 통한 전국적인 홍색정권 설립이다. 둘째, 도시 무장폭동을 통한 '무한 탈취'이다. 셋째, 중화소비에트공화국 설립이다(李小三 외, 2006: 97). 4월 초 이립삼은 '홍4군'에게 보낸 편지에 이렇게 썼다. …당중앙은 모택동 동지가 전국소비에트 대회에 참석할 것을 결정했다. 당중앙의 '결정'을 반드시 집행해야 한다(中央檔案館, 1989: 60). 실제로 이립삼은 모택동이 '상해 회의' 참석 기회를 통해 당중앙의 '남창 공략' 지시를 직접 하달하고 그의 승낙을 받아낼 심산이었다(凌步機 외, 2017: 249). '회의 참석'을 지시한 이립삼의 '결정'을 무시한 모택동은 '홍4군' 군위 서기 웅수기를 대표로 파견했다. 이는 모택동이 '대도시 공격'의 당중앙의 지시에 불복했기 때문이다.

1930년 7월 감서남특위로 돌아온 증산은 '당중앙 지시'를 유사기에게 전달했다. 그동안 이립삼의 좌경 정책을 대놓고 무시한 유사기는 마지못해 특위 회의를 열고 '당중앙 지시'를 토론했다. 이는 상해에서 이립삼의 '신임'을 받은 유사기의 정적 이문림의 불만을 야기했다. 감서남특위 제2차 전회에서 이문림은 '당중앙 지시'에 불응한 유사기에 대한 비판을 전개했다. 실제로 이문림의 '유사기 비판'은 모택동의 권위에 대한 도전이었다.

이문림은 이렇게 지적했다. …홍군 전위가 제정한 '강서 정권 탈취'는 잘못된 전략이다. 이는 당중앙이 제정한 '무한 탈취' 방침에 위배된다. 감서남특위는 당중앙의 지시를 지지하며 보수적 무장할거를 반대한 다(江西省檔案館, 1982: 248). 이립삼의 신임을 받아 강서행동위원회 서기로 임명된 이문림은 홍군의 '길안 공격'을 저지했다(黃少群, 2015: 256). 진정인 은 '나방(羅坊)회의'[924]에 관해 이렇게 회상했다. …회의에서 이문림은 '남 창 공격' 포기는 '무한 탈취'의 당중앙 지시에 위배된다고 말했다(陳正人, 1967: 260). 정적 유사기의 당적을 박탈한 이문림은 모택동을 안중에 두지 않았다. 결국 이는 '살신지화'를 불렀다. 실제로 '이문림 처형(1932.5)'은 입삼노선 집행자 이문림에 대한 모택동의 정치적 보복이었다.

1930년 7월 복건성위 군위 서기 왕해평(王海萍)[925]의 지도하에 민서 특위 제2차 대표대회가 열렸다. '상해 회의'에 참석한 민서 대표 곽적인 (郭滴人)이 당중앙의 지시를 전달했다. 회의에서 왕해평은 이렇게 말했 다. …민월계(閩粤桂) 3성(省)의 무장폭동은 당중앙의 지시이다(福建省龍岩 黨史資料, 1986: 162). 당시 '홍12군' 정치위원 이임여는 왕해평의 주장을 지 지했다. 또 회의는 민서특위를 재편하고 곽적인을 특위 서기로 선임했 다. 한편 등자회는 민서 홍군학교 제1분교 정치위원으로 좌천됐다. 등 자회의 '좌천'은 이립삼의 좌경 정책을 도외시했기 때문이다.

'주모홍군'의 민서 근거지 개척과 홍군의 발전에 등자회는 수훈갑

---

924 '나방회의(羅坊會議)'는 1930년 10월 25~30일 강서성 신여(新余)현 나방에서 열린 연 석회의이다. 회의는 '목전 정세와 홍군 및 강서(江西) 당의 임무'라는 결의(10.26)를 통 과하고 모택동이 제출한 '적을 유인하는' 전략(10.30)을 채택했다. '나방회의'는 홍군 과 강서 당내의 좌경 과오를 시정하고 대도시를 공격하는 군사 모험주의를 중지했 다. 회의에서 모택동과 이문림의 의견이 크게 대립됐다. 결국 이문림은 '입삼노선' 집 행자로 낙인이 찍혔다.

925 왕해평(王海萍, 1904~1932), 해남성 경산(瓊山) 출신이며 공산주의자이다. 1925년 중공 에 가입, 1928년 민서특위 서기, 1929년, 복건성위 군위 서기, 1931년 복건성위 서 기, 1932년 하문(廈門)에서 체포·살해됐다.

역할을 했다. 실권한 모택동이 민서로 피난했을 때 물심양면으로 도와준 등자회는 모택동의 '환난지우(患難之友)'였다. 1930년 여름 이립삼의 좌경 정책 집행을 등한시한 등자회는 실권했다. 모택동의 '극성 추종자' 등자회는 입삼노선 집행자의 눈엣가시였다. 1931년 11월 중화소비에트공화국의 재정부장으로 임명된 등자회는 1950년대 국무원 부총리로 등용됐다. 한편 모택동의 '대약진'을 반대하고 '가정 단위 도급 생산'을 지지한 등자회는 '우경 기회주의자·수정주의자'로 비판받고 파면됐다.

8월 9일 '홍21군' 3000여 명은 정치위원 이임여와 참모장 등의강(鄧毅剛)[926]의 인솔하에 용암(龍岩)에서 광동성 동강(東江)을 진격했다. 광동성 대포(大埔)에서 패전한 홍군은 민서로 철수했다. 9월 하순 상항(上杭)현성을 공격한 '홍21군'은 적의 매복에 걸려 참패했다. 10월 상순 '홍12군' 3000명은 군단장 좌권(左權)과 정치위원 황소(黃蘇)[927]의 인솔하에 평화(平和)현성을 무모하게 공격했다. 대패한 '홍12군'은 패잔병 600명을 이끌고 근거지로 퇴각했다. 결국 이립삼의 군사 모험주의로 인해 민서 유격대와 혁명 근거지는 막대한 손실을 입었다.

9월 28일 모택동은 원주(袁州)에서 총전위 회의를 열고 행동방침을 토론했다. 격렬한 쟁론을 거쳐 모택동의 의견이 채택됐다. 즉 '홍1군단'은 길안을 공격하고 '홍3군단'은 장수(樟樹)를 공격하는 것이다. 9월 29

---

926 등의강(鄧毅剛, 1904~1931), 호남성 여성(汝城) 출신이며 공산주의자이다. 1926년 중공에 가입, 1929년 '홍4군' 제1종대 참모장, 1930년, '홍21군' 군단장. 1931년 '홍1방면군' 제3사단장, 그해 겨울 서금(瑞金)에서 희생됐다.

927 황소(黃蘇, 1908~1935), 광동성 불산(佛山) 출신이며 공산주의자이다. 1925년 중공에 가입, 1929년 광동성위 군사부장, 1930~1932년 '홍12군' 정치위원, '홍8군단' 정치위원을 역임, 1935년 직라진(直羅鎭) 전투에서 희생됐다.

일 홍군 지도부는 '원주 공격' 명령을 내렸다. '호사다마'로 불청객이 찾아왔다. 29일 저녁 장강국 대표 주이율이 '당중앙 지시문'을 갖고 찾아왔다. 주이율은 모택동에게 '장사 공격'을 요구했다. 상기 '지시문'은 이립삼이 장강국에 보낸 편지(8.29)에서 내린 '장사 탈취' 명령을 가리킨다. 이는 입삼노선이 여전히 홍군에게 영향을 미쳤다는 방증이다.

주이율과 밤새워 대화를 나눈 모택동은 '길안 공격'의 유리한 조건을 천명했다. 첫째 홍색정권에 포위된 길안은 고립됐고 수비군이 1개 여단이다. 둘째, 길안을 공격해도 남창 등의 주변 적군은 쉽게 지원할 수 없다. 셋째, '길안 공략'은 강서성 근거지를 하나로 통합시켜 '남창 포위'가 가능하다(余伯流 외, 2017: 282). 결국 모택동에게 설득된 주이율은 홍군의 '길안 공격'을 동의했다. 10월 3일 모택동과 주덕은 '홍1방면군'의 '길안 공격'을 명령했다. 한편 모택동의 주장을 지지한 주이율은 '홍1방면군' 정치부 주임과 홍군 총전위 조직부장 등 요직에 중용됐다.

10월 3일 홍군은 '길안 공격'을 개시했다. 그날 저녁 길안을 공략한 홍군은 도망치는 수비군 장관 등영을 추격해 적군 200여 명을 섬멸했다. 감서남특위는 10만 대중과 지방무장을 동원해 홍군을 협조했다. 5일 아침 '홍1방면군'과 감서남특위 지도부는 길안에 입성했다. '주모홍군'의 '길안 공략'은 중요한 의미를 지닌다. 6일 총전위와 감서남특위는 회의를 열고 강서성 홍색정권 설립을 결정했다. 10월 7일 모택동은 강서성 소비에트정부의 설립을 정식 선포했다. 결국 1년 반의 시간을 거쳐 모택동이 제출한 '강서성 정권 탈취' 전략은 마침내 실현됐다.

길안 공략 후 출범한 강서성 소비에트정부는 모택동의 '전략 성공'을 의미한다. 이 시기 입삼노선 주도자 이립삼은 모스크바로 '속죄(贖罪)'하러 떠났다. 입삼노선 중지는 모택동의 '실추된 지위' 회복에 결정적 계기가 됐다. 한편 길안 공략 후 홍군은 'AB단' 관련 자료를 대량 발견했다. 결국 이는 모택동이 주도한 'AB단' 숙청 전개에 빌미를 제공했다. 또 강서성 소비에트정부 설립은 중앙소비에트근거지(中央蘇區) 형성을 의미한다.

10월 24일 모택동의 '조강지처' 양개혜가 패전장 하건이 파견한 국민당의 군대에게 체포됐다. 제1차 '장사 공격(1930.7)'에서 팽덕회에게 대패한 하건이 '주모홍군'의 최고 지도자 모택동에게 보복을 감행한 것이다. 이 또한 '주모홍군'의 두차례 '장사 공격'이 초래한 부작용이다. 한편 팽덕회·모택동·이립삼은 양개혜의 '비명횡사'에 간접적인 책임이 있다.

2) 하건의 양개혜 체포와 살해

1930년 10월 '주모홍군'은 길안을 공략했을 때 모택동의 '조강지처' 양개혜가 판창(板倉)에서 체포됐다. 홍군의 두 차례 '장사 공격'은 하건에게 큰 타격을 입혔다. 이는 '양개혜 체포'로 이어졌다. 한편 '양개혜 체포'에 빌미를 제공한 장본인은 두 번의 '장사 공격'을 주도한 팽덕회와 '주모홍군'의 최고 지도자 모택동, '대도시 공격'을 주창한 이립삼이다. 또 하건의 양개혜 체포·살해는 단순한 '개인(毛澤東) 보복'으로 보기 어렵다.

대다수 중국 학자들은 양개혜의 '죽음'을 하건이 '주모홍군'의 두 차례 '장사 공격'에 대한 보복이라는 점에 초점을 맞춘다. 또 모택동과 양개혜의 '비극적 혼인'에 대한 왈가왈부를 금기사항으로 여긴다. 한편 양개혜의 비극적 결말에 대해 침소봉대(針小棒大)하는 외국 학자들은 모택동이 하자진·양개혜 사이에서 '양다리 걸치기'를 했다고 주장한다.

또 '중혼죄'를 범한 모택동의 '치부(恥部)'를 들추는 데 공들인다. 결국
이는 중공 지도자들의 '퇴폐적 혼인관'을 비난한 것이다. '혼인문제'로
구설수에 오른 대표적 인물은 진독수[928]·팽술지·이립삼·주덕이다.

팽덕회가 장사를 공략한 후 이립삼은 제2차 장사 공격을 강요했다.
8월 말 '주모홍군'은 하건이 수비한 장사를 맹공격했다. 홍군이 퇴각한
후 보복을 결심한 하건은 군사를 파견해 팽덕회의 조상무덤을 파헤치
고 모택동의 애처(愛妻) 양개혜를 체포했다(周少華 외, 2013: 58). 당시 하건
이 군대를 소산충에 파견해 모택동의 '조상무덤'을 파헤쳤다는 것이 학
계의 중론이다. 또 '굴묘(掘墓) 시간'에 대한 주장이 크게 엇갈린다. 한편
'애처'라는 표현은 수긍하기 어렵다. 실제로 1928년 초여름부터 하자진
과 동거한 모택동은 '조강지처' 양개혜를 거의 잊고 살았다.

하건의 의형제 오기남(吳覬南)은 이렇게 건의했다. …소산 모택동의
조상무덤을 파헤쳐 모씨(毛氏) 가문의 용맥(龍脈)을 끊는 것이 상책이다.
오기남의 계책을 수용한 하건은 부관(副官) 웅도건(熊道乾)에게 1개 중대
를 이끌고 소산에 가서 모택동의 '조분(祖墳) 파괴'를 지시했다(王華 외,
2007: 199). 웅도건은 현지 향신(鄕紳)의 협조를 받아 '굴분(掘墳)' 임무를 완
수했다. 한편 패륜을 저지른 웅도건은 줄곧 악몽에 시달리다 실성했고
얼마 후 고향 원릉(沅陵)에서 죽었다(文熱心, 1991: 56). 실제로 웅도건이 파

---

928 중공 총서기 진독수는 선후로 세 명의 여인과 결혼했다. 특히 동부이모(同父異母)인
    고대중(高大中, 1876~1930)과 고소중(高小中, 1888~1931) 형제와 결혼해 구설수에 올랐
    다. 당시 처제(妻弟)와 결혼하는 것은 상풍패속(傷風敗俗)으로 '패륜적 행위'였다. '연상
    의 여인'이며 원배(原配)인 고대중과 1896년에 결혼했다. 3남1녀를 둔 이들 부부는
    1910년에 이혼했다. 1910년 처제 고소중과 재혼했다. 그들은 15년 간 함께 생활하
    며 1남2녀를 두었다. 1930년 셋째 부인 반란진(潘蘭珍, 1908~1949)과 동거했다. 그들은
    10여 년을 함께 생활했다.

헤친 묘소는 당지 지주 모준현(毛俊賢)의 무덤이었다.

1932년 6월 하건은 제4로군 총지휘부 부관장(副官長) 웅사정(熊士鼎)과 특무대장 공주(龔澍)[929]에게 명령해 모택동의 '조분 파괴'를 지시했다. 6월 29일 웅사정과 공주는 10여 명의 밀정과 상담현의 보안대원 수십 명을 거느리고 소산충에 진입했다(田樹德, 2002: 35). 당사자 공주는 '조분 파괴' 시간을 '1932년 6월 29일 밤'이라고 진술했다. 한편 하건의 '무덤 파괴' 음모를 눈치챈 소산충 백성들은 미리 '보호조치'를 취했다. 1931년 허극상이 군대를 파견해 모택동의 '조분'을 파괴했다. 실제로 이들의 패륜적 행위는 '단순 보복'을 넘어 정치적 행위에 가깝다.

1930년 홍군은 두 차례에 걸쳐 장사를 공격했다. 당시 하건에게 누군가 밀고한 사람이 있었다. 홍군 내 모택동과 사이가 좋지 않은 사람이 천원어치의 은화를 받고 양개혜의 신상을 발설했다(유일, 2016: 45). 1930년 10월 홍군은 길안을 공략했다. 이 기간 양개혜와 모안영이 장사에서 체포됐다. 10월 24일 양개혜는 장사의 유양문외(瀏陽門外) 사형장에서 공개처형을 당했다(D. Wilson, 2011: 108). '모택동과 사이가 좋지 않은 사람'이란 상기의 주장은 신빙성이 제로이다. 실제로 양개혜를 하건에게 밀고한 장본인은 범경희(范慶熙)이다. 한편 양개혜는 어머니와 아이들과 함께 줄곧 판창(板倉)에서 생활했다. 당시 판창에게 체포된 사람은 양개혜와 모안영, 보모 진옥영(陳玉英)이다. 양개혜는 11월 14일에 살해됐다.

모택동은 이렇게 회상했다. …국민당은 막대한 현상금을 걸었다. 나의 아내와 여동생, 제수씨는 모두 하건에게 체포됐다. 아내와 여동생

---

929 공주(龔澍, 1890~1950), 호남성 장사 출신이며 군통(軍統) 특무이다. 1927년 국민당에 변절, 국민당 제4로군 총지휘부 특무대장 등을 맡았다. 모택동의 '조상무덤'을 파괴한 장본인이다. 1950년 장사(長沙)에서 처형됐다.

은 하건이 살해했다(胡哲峰 외, 1993: 50). 모택동의 '제수씨 체포'는 하건과 직접적 관련이 없다. 모택동의 사촌동생 모택건은 1928년 봄 뢰양(耒陽)에서 체포된 후 형산(衡山)에서 살해(1929.8)됐다. 실제로 그녀의 죽음은 하건과 무관하다. 한편 '양개혜 살해'는 홍군의 '장사 공격'이 빌미를 제공했다.

진(陳)이라는 끄나풀이 반창을 오가며 탐문하다가 양개혜를 발견했다. 그는 곧 단방국(團防局)에 신고했다. 단방국장은 사병 10여 명을 데리고 양개혜 집에 달려가 그녀를 붙잡아갔다(현이섭, 2014: 133). 8월 중순 호남성장 하건은 경비사령부에 명령해 밀정을 판창에 파견해 염탐하게 했다. 경비사령부는 진씨(陳氏) 성을 가진 밀정을 파견했다(馮光宏 외, 2008: 438). 당시 양개혜는 판창을 떠나 장사성밖의 홍군을 찾아가라는 친지들의 권고를 단호히 거절했다. 한편 진씨가 정집대(偵緝隊)를 이끌고 '양개혜 체포'에 나섰으나 마을 사람들의 보호로 허탕쳤다.

10월 하순 양개혜를 발견한 한 밀정이 '산공의용대(鏟共義勇隊)'[930] 대장 범경희에게 보고했다. 범경희는 경비사령부의 부관인 아들 범유후를 통해 '양개혜 밀고' 편지를 하건에게 전했다. …모택동의 본처 양개혜가 판창의 양공묘(楊公廟)에 숨어있다. 양씨(楊氏)는 당지 소비에트정권 책임자이다(李林 외, 2007: 209). 실제로 '양개혜 체포'에 허탕쳤던 범경희가 밀정을 배치해 동정을 살피게 했던 것이다. 밤 10시 '산공의용대' 80명이 출격해 양개혜를 체포한 후 장사 경비사령부로 압송했다. 한편 양

---

930 '산공의용대(鏟共義勇隊)'는 호남성청향(淸鄕)사령부(1929.3) 산하의 조직으로, 공산당원을 체포하기 위해 설립된 반동 민단(民團)이다. 1930년 여름 홍군이 두 차례 장사를 공격, 하건은 '산공의용대'를 이용해 호남성의 수많은 공산당원과 열성분자를 살해했다. '양개혜 체포'에 동원된 장사현 청태향 '산공의용대'가 대표적 사례이다.

개혜가 '소비에트정권 책임자'라는 주장은 사실 왜곡이다.

10월 29일 장사 '대공보(大公報)'는 '모택동의 본처 양개혜, 경비사령부 압송'이란 제목으로 '양개혜 체포'를 빅뉴스로 다뤘다. …공비(共匪) 두목 모택동의 본처 양개혜는 장사현 판창에 은신했다. 밀고를 받은 '산공의용대'는 양씨(楊氏)와 장자, 여공(女工) 1명을 체포해 경비사령부로 압송했다(鄧燕, 2001: 397). 상기 내용은 대부분 사실과 부합된다. '의용대' 대장 범경희가 '양개혜 밀고' 주모자이며 체포된 시간은 10월 24일 밤이었다.

1930년 10월 양개혜는 세 아들과 유모와 함께 은밀하게 살고 있었다. 홍군의 장사 공격이 실패하고 퇴각했을 때 하건은 모택동이 본처 양개혜가 장사에 살고 있다는 것을 알게 된 후 양개혜를 체포해 심문했다. 그녀는 모택동을 모른다고 부인하다가 처형됐다(D. Spence, 2003: 126). 호남성장이 내건 석방 조건은 ① 반성문을 쓸 것 ② 지하당원의 명단 제출 ③ 모택동과 부부의 연을 끊는다는 성명서 발표 등이다(나창주, 2019: 259). 당시 양개혜는 장사가 아닌 판창에 살고 있었다. 또 '지하당원 명단' 제출은 사실무근이다. 이 시기 양개혜는 '가정주부'였다. 한편 하건의 '양개혜 처형' 주된 원인은 그녀가 '변절 회유'를 거절했기 때문이다.

모택동은 하자진과 깊은 관계를 맺고 있으면서도 장사에 있는 양개혜와 아들들을 그리워했다. 홍군의 장사 공격이 실패한 후 1930년 10월 양개혜는 국부군에 체포됐다. 또 모택동이나 공산주의와 관계를 끊기를 거부했기 때문에 총살됐다(A. Faulkner, 2005: 46). 모택동이 하자진과 양개혜 사이에서 '양다리 걸치기'했다는 외국 학자들의 주장은 모택동의 편지(1929.11.28)와 관련된다. 당시 모택동이 편지를 보낸 목적은 '중공 1인자' 이립삼에게 '감사의 뜻'을 전한 것이며 '양개혜 그리움'은 핑계였다. 한편 상기 '공산주의와 관계' 거부는 상당한 어폐가 있다.

　모택동은 이립삼에게 보낸 편지에서 이렇게 썼다. …가끔 양개혜와 모안영 등 가족이 생각나며 그들과 연락하고 싶다. 그 역시 인간으로서 가족에 대한 절절한 감정을 잊을 수 없었다. 불길한 예감이 든 것일까? 1년 후 그의 전처는 비참한 죽음을 맞이한다(V. Pantrov 외, 2017: 327). 1930년 2월 양개혜가 체포된 것은 홍군의 장사 공격이 초래한 결과이다. 장사 공격 전 모택동은 가족과 두 아들을 안전한 곳에 옮길 수 있었다(R. Terrill. 2010: 140). 하자진의 지극정성 간호로 죽음의 고비를 넘긴 모택동에게 '양개혜 그리움'은 다소 생뚱맞다. 또 '불길한 예감'은 이념을 가미한 억측판단이다. 상기 '불길한 예감'과 1년 후 양개혜 죽음은 아무런 연관 관계가 없기 때문이다. 양개혜가 체포된 것은 1930년 10월이며 양개혜는 세 아들을 데리고 살았다. 한편 모택동이 장사 공격을 앞두고 가족을 '안전지대'로 옮긴다는 것은 사실상 불가능했다.

　1928년 봄여름 모택동은 판창에 사람을 파견해 양개혜와 아들을 찾게 했으나, 그들은 이구동성으로 양개혜 모자가 살해됐다고 보고했다. 불면의 밤을 보낸 모택동은 심각한 변비에 걸렸다. 이 때 장사 신문에 양개혜가 살해됐다는 소식이 실렸다(邸延生 외, 2011: 31). 당시 하자진과 '열애에 빠진' 모택동은 양개혜를 까맣게 잊고 있었으며 '변비' 주장은 황당무계하다. '양개혜 살해' 소식이 '대공보'에 게재된 것은 1930년 10월 29이었다.

　주덕의 부인 오약란의 살해(1929.2.12) 소식을 국민일보에서 읽은 양개혜는 큰 충격을 받았다. '사신(死神)의 위협'을 느낀 양개혜는 아이들을 양개명에게 맡긴다는 편지를 썼다. 양개명의 살해(1930.2.22)에 큰 타격을 받은 양개혜는 그녀의 인생경력을 적기 시작했다. 이는 유서에 가까운 '자전(自傳)'식 회고문이었다. '유서'의 골자는 모택동과의 혼인·이별·'그리움'에 관한 것이었다. 당시 양개혜는 '우감(偶感)' 등 7편의 원고를 유광지(油光紙)로 싸서 벽 틈에 끼워 넣었다. 1989년 당지 정부가 양개혜의 구택(舊宅)을 개보수를 할 때 그녀의 '유서'를 발견했다.

장사로 압송된 양개혜는 청향사령부 감옥에 수감됐다. 나중에 장사 북문밖에 위치한 육군감옥에 옮겨졌다. '양개혜 체포' 소식이 '대공보'에 실린 후 유명인사들은 전보를 보내 '양개혜 석방'을 호소했다. 하건은 이렇게 지시했다. …모택동과의 혼인관계를 청산하면 석방이 가능하다(馬社香, 2004: 35). 실제로 '혼인관계 청산'은 양개혜에게 변절을 강요한 것이다. 한편 유명인사의 '석방 호소'는 하건이 '양개혜 처형'을 앞당긴 원인이다.

요초충(姚楚忠)은 '양개혜 처형'을 집행한 회자수이다. 사형을 집행하고 돌아온 그에게 당일 감참관(監斬官)이 범인이 숨이 붙어 있으니 '보충 사격(补枪)'을 하라고 명령했다. 요초충이 사병 2명을 거느리고 사형장에 돌아왔을 때 대량의 피를 흘린 양개혜는 죽지 않았다. 그는 간신히 숨만 붙어 있는 그녀를 향해 모젤총 방아쇠를 당겼다. 1970년 화용(華容)현 농장에서 노동개조를 한 그는 자신이 '양개혜 살인범'이라고 탄백했다. 1974년 예릉(醴陵)현 법원은 요초충을 반혁명죄로 사형을 선고한 후 곧 처형했다.

국민일보(11.15)는 이렇게 썼다. …청향부의 취조를 통해 범인은 공당(共黨)을 위해 대중 선동 등 위법행위를 저지른 범죄를 자백했다. 11월 14일 오후 여공비(女共匪) 모양씨(毛楊氏)는 식자령(識字嶺) 사형장에 압송돼 처형됐다(陳冠任 외, 2008: 468). 양개혜가 살해된 후 당형 향수림(向樹林)과 족형 양수생(楊秀生)이 식자령에 가서 시체를 수습했다. 그들은 친지의 도움으로 유체(遺體)를 밤도와 판창에 옮겨와 청송파(靑松坡)에 매장했다.

출옥한 모안영은 평강의 석동촌에 며칠 간 머문 후 곧 판창의 외할머니집으로 보내졌다. 그 후 외할머니 향진희와 외숙모 이숭덕(李崇德)이 그들 삼형제를 부양했다. 1930년대 모안영 형제는 당조직의 의해 소련으로 호송됐다. 1930년 12월 강서성 길수(吉水)에서 신문을 통해 '양개혜 살해' 소식을 알게 된 모택동은 곧 은화 30원과 편지를 처남 양개지에게 보냈다. 판창의 지인들은 '모무양개혜묘(毛毋楊開慧墓)'라는 돌비석을 세웠다.

제2절 부전사변(富田事變)과 숙반(肅反)운동

1. '주모홍군'의 'AB단' 숙청운동

1) 유사기가 주도한 감서남의 'AB단' 숙청

1930년 5월에 개시된 감서남의 'AB단' 숙청은 '홍군 숙반(紅軍肅反)'[931]의 발단이 됐다. 또 이는 홍군의 'AB단' 숙청으로 이어졌고 '부전사변(富田事變)'[932]의 빌미로 작용했다. 한편 'AB단' 숙청을 주도한 핵심

---

931 '홍군 숙반(紅軍肅反)'은 1930년대 초반 전국 홍색 근거지에서 진행된 반혁명 숙청운동이다. 1930년 11월 '황피숙반' 후 본격적으로 개시, '부전사변(12.12)'은 중앙 근거지의 '숙반 확대화'를 초래했다. 1932~1935년 봄까지 전국의 홍군 내에서 숙반운동이 이어졌다. 결국 이는 홍군의 전투력을 약화시켰고 대중의 지지를 상실했다.

932 1930년 11월 말 '홍1방면군' 내 'AB단' 숙청이 개시됐다. 혹독한 고문에 못 이겨 'AB단' 분자로 체포된 자들은 감서남특위 이백방(李白芳)·단양필(段良弼) 등이 'AB단' 두목이라고 진술했다. 모택동은 숙반위원회 책임자 이소구를 부전(富田)에 파견해 '홍20군' 내 'AB단' 색출을 명령했다. 12월 12일 '홍20군' 174연대 정치위원 유적(劉敵)은 이소구의 혹형 남발과 체포에 반항해 부전에서 성정부를 포위, 이소구 등을 쫓아

인물이 바로 모택동의 심복 유사기와 측근자 이소구(李韶九)[933]이다. 결국 모택동의 하수인 역할을 한 유사기·이소구는 인과응보로 처형됐다. 실제로 '부전사변'의 장본인은 홍군의 'AB단' 숙청을 주도한 모택동이다.

'반볼셰비키(Anti-Bolshevik)'의 약칭인 'AB단'은 1926년 12월 단석붕(段錫朋)[934]이 진과부(陣果夫)[935]의 지지하에 강서성에 설립한 국민당 우파 조직이다. 'AB단'은 공산당과 국민당 좌파를 타격하기 위해 설립된 반공(反共)조직이다. 1927년 4월 2일 원옥빙(袁玉冰)[936] 등은 주덕이 장악한 강서성 공안국과 군관교육단 협조로 '남창4.2폭동(南昌四二暴動)'[937]을 일으켜 정천방(程天放)[938] 등 'AB단' 주모자를 체포했다. 4월 3일 폭동대는

내고 체포된 자들을 석방했다. 결국 '부전사변(富田事變)'을 일으킨 자들은 'AB단' 분자로 몰려 1931~1932년에 전부 처형됐다.

933　이소구(李韶九, 1904~1935), 호남성 가화(嘉禾) 출신이며 공산주의자이다. 1926년 중공에 가입, 1930년 '홍1방면군' 비서장, 부전에서 혹형을 남용, '부전사변' 폭발에 빌미를 제공했다. 1931년 숙반위원회 주임, 1932년 '당내 관찰 6개월' 처분, 1935년에 사망했다.

934　단석붕(段錫朋, 1896~1948), 강서성 영신(永新) 출신이며 국민당 우파이다. 1926년 'AB단'을 설립, 반공(反共) 선봉장을 맡았다. 1930년대 국민당정부 교육부 차장, 국민당 중앙집행위원 등을 역임, 1948년 상해에서 병사했다.

935　진과부(陣果夫, 1892~1951), 절강성 오흥(吳興) 출신이며 국민당 우파이다. 1920~1930년대 국민정부 감찰원 부원장, 국민당중앙 조직부장, 강서성정부 주석 등을 역임, 공산당과 국민당 좌파를 배척, 1949년 대만 정착, 1951년 대북(臺北)에서 병사했다.

936　원옥빙(袁玉冰, 1899~1927), 강서성 흥국(興國) 출신이며 공산주의자이다. 1922년 중공에 가입, 1926년 공청단 절강성위 조직부장, 1927년, 강서성위 선전부장, 감서(輡西) 특위 서기 등을 역임, 그해 12월 남창에서 살해됐다.

937　1927년 4월 2일 강서성위 선전부장 원옥빙(袁玉冰) 등이 거느린 2천명 폭동자들은 '남창4.2폭동(南昌四二暴動)'을 일으켰다. 강서성 당부를 공략, 정천방(程天放) 등 'AB단' 두목 체포, 4월 3일 폭동대는 'AB단' 주범에 대한 심판대회 개최, 'AB단'은 3개월 만에 해체됐다.

938　정천방(程天放, 1899~1967)은 강서성 신건(新建) 출신이며 국민당 우파, 'AB단' 두목이

'AB단' 주범에 대한 심판대회를 열고 'AB단' 소굴을 공략한 승리를 자축했다. 결국 남창에서 한때 창궐했던 'AB단'은 해체됐다.

'AB단' 발기자 단석붕은 강서성당부 기념연설(1931.4)에서 이렇게 말했다. …'4.2사변' 후 'AB반적단(反赤團)'은 해산됐다(江西國民日報, 1931.6.16). 정천방은 저서에 이렇게 썼다. …'4.2사변'으로 성당부가 점령됐고 AB단도 3개월 만에 해체됐다(王健民, 1983: 528). 당시 '청당(淸黨)'을 실시한 장개석이 'AB단 재건'을 허락하지 않았다. 한편 'AB단 해체'를 인정하지 않은 중공과 강서성 당조직은 해체된 'AB단'을 정치적으로 악용했다.

당중앙은 강소성위에 보낸 편지(1929.11.13)에서 이렇게 썼다. …강서성은 'AB단' 잔여 세력의 낙원이다. '제3당'과 '개조파(改組派)'[939]는 군벌과 결탁하고 있다. 강한파(江漢波)는 '중앙보고서(1930.4.5)'에 이렇게 썼다. …길안은 'AB단'의 대본영이다(余伯流 외, 2017: 1135). 이 시기 'AB단' 멤버가 설립한 '삼민주의대동맹'과 등연달의 '제3당', '주배덕 견제'를 위해 장개석이 파견한 '당무지도위원회(AB단 주도)'가 강서성에서 활동했다.

1930년 4월 강서성 당조직은 이렇게 강조했다. …길수현에서 'AB단' 분자들은 청년들 속에서 활동하며 '홍군 영수(領袖)' 이문림의 이름을 빌어 청년학생을 기편하고 있다. 또 'AB단' 분자들은 '개조파' 세력과 결탁하고 있다(江西省檔案館, 1982: 188). 실제로 이 시기 공산당 내부에

다. 1920~1940년대 국민당 강서성위 선전부장, 국민당중앙정치학교 교육장, 국민당중앙 선전부장 등을 역임, 1967년 뉴욕에서 병사했다.

939 개조파(改組派)는 1928년 상해에서 설립, 주요 발기자는 진공박·고맹위 등이다. 1928년 봄여름 상해에서 '혁명평론' 등 잡지를 발간해 '국민당 개조'를 호소, '개조파'는 국민당 우파의 '역량 약화'에 일정한 기여를 했으나, 'AB단'과 결탁했다는 지적을 받았다.

'AB단' 분자가 잠입했다는 증거가 발견되지 않았다. 한편 이문림을 '홍군 영수'로 칭송한 것은 '주모홍군'의 최고 지도자 모택동을 매우 불쾌하게 만들었다.

'개조파'·'제3당' 숙청의 공산국제 지시를 받은 당중앙은 강서성위에 보낸 편지(1929.11.13)에 이렇게 썼다. …당조직에 지주·부농이 혼입했다는 것은 '제3당' 멤버가 당의 지도부에 잠입했다는 방증이다(江西省委黨史硏究室, 2011: 673). 1929년부터 '반우경' 투쟁을 전개한 소련 지도부는 숙반운동을 전개했다. 중공중앙이 'AB단' 발생지인 강서성위에 '개조파'·'제3당'을 숙청하고 'AB단'의 잔여 세력을 제거할 것을 명령한 주요인이다.

'2.7회의(1930.2)'에서 모택동은 이렇게 강조했다. …감서남 당조직은 심각한 위기에 직면했다. 당의 각급 지도부에 지주·부농이 혼입했고 당의 정책은 기회주의로 점철돼 있다. 지주·부농을 당에서 축출해야 한다(江西省檔案館, 1982: 173). '2.7회의' 후 '기회주의 숙청'을 구실로 곽사준(郭士俊) 등 '4대당관(四大黨官)'을 처형했다. 홍국현은 당 지도자 10여 명을 처형했다. 결국 강서성 당조직은 '혁명 동지'를 남살하는 악례를 남겼다.

유사기와 증산의 협조하에 모택동은 강서남 당조직에 대한 쇄신운동을 벌였다. 이는 'AB단' 숙청의 발단이 됐다. 모택동은 …강한파가 비정치적 방식으로 당의 영수를 공격했다(江西省檔案館, 1983: 577)고 주장했다. 여기에서 '당의 영수'는 유사기를 가리킨다. '2.7회의'는 강한파의 당적을 박탈하고 이문림을 홍군에서 '축출'했다(高華, 2000: 9). 감서남특위 서기 유사기가 강한파의 당적을 박탈(1930.2.28)한 것은 모택동의 지지가 있었기에 가능했다. 당시 '홍군 영수' 이문림과 '당의 영수' 유사기는 견원지간이었다.

'2.7회의'에서 '공동전위' 서기로 추대된 모택동은 유사기를 감서남특위 서기, 반심원을 '홍4군' 군위 서기로 내정했다. 유사기는 감서남대회(1930.3)에서 모택담을 중로행위 서기로 임명했다. 한편 제1차 전국소비에트 대표대회(1930.5)에 출석한 이문림이 이립삼의 신임을 받은 후 그들의 지위는 역전됐다. 그해 8월 이문림은 모택동의 심복 유사기를 파면했다. 결국 모택동의 권위에 도전한 이문림은 '멸문지화(滅門之禍)'를 자초했다.

1930년 5월 중앙지시문이 강서성에 도착하자 지역 공산당원들은 모택동에게 강력히 저항했다. 그들의 조종을 받은 농민들은 모택동과 유사기를 규탄했다. 결국 모택동과 유사기는 반대자를 공격하기 위한 빌미로 'AB단'을 되살려냈다(나창수, 2019: 290). 농민들이 '모택동·유사기를 규탄했다'는 상기 주장은 이념이 가미된 주관적 억측판단이다. 또 모택동과 유사기가 'AB단'을 되살려냈다는 서술은 황당무계하며 야사(野史)에 가깝다.

강서남특위의 '제9호 통고(1930.5.18)'는 이렇게 썼다. …길안의 각 당조직은 'AB단' 분자가 책임지고 있다. 또 연화·안복·흥국현 당조직에도 'AB단' 분자가 잠입했다(江西省檔案館 1982: 634). '제13호 통고(1930.6.12)'는 이렇게 썼다. …감서남 'AB단' 분자들은 대중을 기편하고 혁명세력에 대한 분열을 시도하고 있다. 역량을 집중해 'AB단' 반동세력을 철저히 제거해야 한다(凌步機 외, 2017: 1138). 감서남 소비에트정부 주석 증산은 유사기가 주도한 'AB단' 숙청운동에 적극 호응했다. 실제로 모택동의 심복 유서기·증산은 'AB단' 숙청을 주도한 장본인이다.

6월 25일 감서남특위가 공표한 'AB단 반대 선전대강(宣傳大綱)'은 이렇게 썼다. …'AB단'은 강서성 반동조직의 집결장이다. 권력 탈취와 '승관발재(昇官發財)'를 최종적 목적으로 삼고 있는 'AB단'은 노농대중의 적이다(江西省檔案館, 1982: 634). '선전대강'의 공표는 감서남특위가 주도한 'AB단' 숙청운동이 감서남 당조직과 정부, 대중 단체 내에 급속히 확산되고 전면적으로 전개되었음을 의미한다. 당시 용초청이 책임자인 서로행위는 '선전대강'을 소책자로 발간했다. 1931년 말 용초청은 'AB단' 두목으로 지목돼 처형됐다. 결국 '남 잡이가 제 잡이'가 된 것이다.

남양(南陽) 회의(1930.6)에서 통과된 '유맹(流氓)문제 결의안'은 이렇게 적었다. …반혁명 음모를 획책하거나 반동분자로 전락해 혁명 대중과 대립할 때 유랑민(流氓) 두목은 물론하고 그들의 일부나 전부를 무자비하게 제거해야 한다(余伯流 외, 2017: 245). 결국 이는 모택동의 뿌리 깊은 계급투쟁 이념을 단적으로 보여준 것이다. 한편 계급투쟁의 잔혹한 투쟁방식은 얼마 후 홍군 내에서 전개된 'AB단' 숙청운동에서 여지없이 드러났다.

'AB단'으로 몰려 살해된 자가 가장 많은 지역이 우도(于都)현이었다. 1930년 5~9월 우도현에서 처형된 'AB단' 분자는 천명을 상회했다 (中共于都縣委黨史辦公室, 1995: 126). 특파원 유작무(劉作撫)는 '중앙보고서(1930.7.22)'에 이렇게 썼다. …감서남지역에서 'AB단'이 당조직에 잠입한 사실이 발견됐다. 또 길안에서 2천명의 'AB단' 분자가 발견됐고 700명이 자수했다(江西省委黨史研究室, 1982: 248, 421). 우도현위 서기 황유한(黃維漢)은 '혐의자'에게 혹형을 가해 진술을 핍박하고 'AB단' 혐의가 있는 '반동분자'는 즉각 처형했다. 상기 '특파원 보고서'는 좌경 정책을 실시한 당중앙의 구미에 맞게 작성했다는 지적을 면키 어렵다.

감서남특위 제2차 전회(1930.8)에서 '당중앙 지시'를 전달한 이문림은 유사기 비판을 전개했다. 참석자들은 '중앙지시'에 불응한 유사기의 독선과 아집을 비판했다. 이문림은 정적 유사기를 파면하고 당적을 박탈했다(凌步機 외, 2017: 277). 증산은 이렇게 회상했다. …1930년 8월 총전위는 주운경을 파견해 당중앙의 지시를 전달하고 강서성행동위 설립을 요구했다. 이문림·증산·진정인·왕회·단양필(段良弼)[940] 5명으로 상무위를 구성하고 이문림을 서기로 임명했다(曾山, 1986: 17). 또 왕회·증산·이문림·곽승록(郭承祿)[941]·초도덕으로 특위 상무위원회를 구성했다(戴向青 외, 1986: 261). 회의 후 유사기는 감서남특위의 상황을 당중앙에 보고하기 위해 상해로 떠났다. 상기 상임위원 중 왕회·이문림·곽승록은 'AB단' 주모자로 지목돼 1932년 5월에 처형됐다. 한편 이문림을 강서성행동위 서기로 임명한 것은 총전위 서기 모택동이었다.

1930년 8월 후 유사기를 대체해 감서남 당조직의 최고 책임자가 된 이문림은 'AB단' 숙청투쟁을 더욱 심화시켰다. 결국 '숙청 확대화'로 숙청대상이 확대되었고 고문 방법이 더욱 가혹해졌다. 그들은 국민당이 공산당원에게 사용한 잔혹한 학살을 모방해 가혹행위를 서슴지 않았다. 이는 얼마 후 홍군 내에서 추진된 'AB단' 숙청에 나쁜 본보기를 남겼다.

감서남 동하행위가 발표한 '혁명대중에게 고하는 글(9.16)'은 이렇게 썼다. …감서남의 'AB단' 분자의 활동이 창궐해지고 있다. 최근 감

---

940   단양필(段良弼)은 호남성 침주(郴州) 출신이며 공산주의자이다. 1930년 8월 감서남특위 상임위원, 1930년 12월 감서남행동위원회 서기를 맡았다. 1931년 1월 상해 당중앙에 '부전사변' 상황을 보고한 후 종적을 감췄다.

941   곽승록(郭承祿, 1906~1932), 강서성 길안(吉安) 출신이며 공산주의자이다. 1926년 중공에 가입, 1930년 감서남특위 상임위원, 1930년 12월 '신풍산건(信豊事件)'을 주도했다. 1931년 1월 체포, 1932년 5월에 살해됐다.

서남 당조직과 홍군에도 'AB단' 분자가 잠입했다(羅惠蘭 외, 1994: 86). 감서남 당조직과 홍군에도 'AB단' 분자가 잠입했다는 주장은 사실을 왜곡한 것이다. 또 이는 'AB단' 숙청이 감서남 당조직과 지방홍군으로 확대됐다는 방증이다. 실제로 홍군 내부에 '잠입'한 'AB단' 숙청 필요성을 제시한 것이다.

감서남특위가 반포한 '긴급통고 제20호(9.24)'는 'AB단' 조직을 일망타진한 사례를 소개했다. …최근 감서남 정부는 'AB단' 조직의 두목 사조원(謝兆元)을 체포했다. 엄격한 심사를 통해 그들이 당조직에 잠입시킨 'AB단' 분자를 모조리 잡아냈다(江西省委黨史硏究室, 1982: 647). '긴급통고'는 각 지방정부에 '살무사(殺無赦, 살인범으로 간주해 모조리 처형)'의 강경책을 요구했다. 첫째, 부농과 소자산계급 출신의 '혐의자'와 유맹·깡패를 'AB단'으로 간주해 제거해야 한다. 둘째, 노농 출신도 'AB단'에 가담하면 즉각 처형해야 한다(余伯流 외, 2017: 1142). 'AB단' 숙청 동원령인 '긴급통고'는 'AB단' 분자에 대한 혹형을 통해 '진술'을 확보할 것을 암시한 것이다. 상기 '살무사' 방침의 출범으로 수많은 '부농' 출신과 지식인 당원이 'AB'단으로 처형됐다. 실제로 '홍군 지도자' 출신인 이문림의 '숙청 수단'은 유사기에 비해 더욱 악랄하고 잔혹했다.

'숙청 강행' 결과물인 이른바 'AB단' 분자는 ① 식당에 드나드는 자 ② 지주·부농·지식인 가정 출신자 ③ 사회에 불만이 많은 자 ④ 연애하며 성관계를 한 자 ⑤ 회의 불참자 ⑥ 삼삼오오 모여 소곤거리는 자 ⑦ 잠꼬대하는 자 등이다(江西省檔案館, 1982: 480). '적색 공포' 만연으로 저마다 위기감을 느낀 백성들은 겨울 매미처럼 숨을 죽이고 살았다. 결국 '풍성학려(风声鹤唳)·초목개병(草木皆兵)'의 살벌한 분위기가 조성됐다.

2) 이소구가 주도한 홍군 내 'AB단' 숙청

제2차 장사 공격(1930.8)에서 패전한 홍군은 길안을 공격했다. 이 기간 군무(軍務)에 다망한 모택동 'AB단' 숙청에 신경을 쓸 여력이 없었다. 길안 공략(10.4) 후 모택동은 'AB단' 숙청의 필요성을 절감했다. 또 '2.7 회의'에서 반동분자의 발호(跋扈) 제압을 주장한 모택동은 'AB단'이 창궐하다는 감서남특위의 보고를 확신했다. 결국 반대파와 '입삼노선' 잔재를 제거할 필요성을 절감한 모택동이 홍군의 'AB단' 숙청을 결심한 것이다.

'중앙보고서(1930.10.14)'에 모택동은 이렇게 썼다. …최근 감서남의 각급 소비에트정부에 'AB단' 분자가 혼입했다. '근본적 개조(改造)'를 진행하지 않으면 위기에서 벗어나기 어렵다(江西省委黨史研究室, 2015: 200). 이는 총전위가 'AB단' 숙청에 정식으로 개입한다는 입장을 표방한 것이다. 또 '보고서'는 감서남특위에 대한 불만을 간접적으로 표출했다. 이른바 '근본적 개조'는 감서남의 '입삼노선' 지지자에 대한 '숙청 개시'를 의미한다.

모택동이 구상한 '근본적 개조'는 첫째, 'AB단' 분자를 색출하고 부농 투쟁을 강화한다. 둘째, 소자산계급 출신의 동요분자를 숙청한다. 셋째, 빈고농 출신의 열성분자를 양성해 지도자로 등용한다. 넷째, 홍군 내부에 잠입한 'AB단' 분자를 숙청한다(江西省委黨史研究室, 1988: 200). 'AB단' 숙청을 통해 '입삼노선' 추종자를 제거하는 것이 '근본적 개조'의 주된 목적이다. 또 '홍군 내부의 반대파를 제거하는 것이 '근본적 개조'의 취지이다.

'강서성위 보고서(1932.5)'는 '근본적 개조'를 이렇게 평가했다. …길안 공략 후 각급 정부는 '숙반위원회'를 설립했다. 한편 '위원회'는 토호 체포와 벌금 부과에만 몰두했고 '반혁명 탄압'은 뒷전이었다. '부전사변' 전후 '반혁명'을 숙청했다(江西省檔案館, 1982: 477). 이는 '근본적 개조'가 감서남특위의 '지도자 교체'가 주목적이었다는 단적인 증거이다. 또 부전에 파견된 이소구의 '혹독한 고문'이 '부전사변'의 빌미가 됐다는 것을 알 수 있다.

1930년 11월에 추진된 '숙청 원인'은 ① 감서남 당조직에 대한 '근본적 개조' ② '입산노선' 청산 ③ '입삼노선' 추종자 이문림 숙청 ④ 홍군 내 반대파 제거 ⑤ '반포위토벌' 임박, 홍군 불안정요소 제거 ⑥ 홍군 내 절대적 권위 확립 등이다. 실제로 모택동이 홍군 내 'AB단' 숙청을 강행한 주된 원인은 '반대파 제거'와 '입삼노선' 영향력 청산이다. 한편 이 시기 모택동은 '입삼노선' 주모자인 이립삼의 '모스크바 출국'을 인지했다.

길안 공략 후 관공서 서류에서 이문림 부친의 서명 문서가 발견됐다. 이는 이문림이 'AB단'이라는 '유력한 증거'였다. 나방회의에서 '적을 유인'하는 모택동의 전략을 반대했다. 이문림은 'AB단' 두목으로 지목됐다(高華, 200: 13). 한편 길수현 조사보고(1987)에 따르면 이문림의 부친은 1927년 병사했다(江西省委黨史研究室, 1987: 326). 11월 말 이문림은 녕도현 황피(黃陂)에서 체포됐다. 결국 이는 악명 높은 '황피숙반' 전주곡이었다.

주덕은 이렇게 회상했다. …길안 공략 후 입수한 문건에는 'AB단'과 관련된 문서가 있었다. 그것은 동고(東固)의 한 지주가 서명한 것이었다. 이문림이 바로 그 지주의 아들이었다(Smedley, 1979: 323). 모택동은 이문림과 그의 부친이 'AB단'과 관련된다고 의심했다. 그러나 문서에 서명한 지주는 이문림의 아버지와 동성동명이나 그의 부친이 아니라는 것이 확인됐다(凌步機 외, 2017: 1151). 사실상 이는 구실에 불과했다. 실제로 모택동이 '입삼노선' 추종자인 이문림을 'AB단' 주모자로 체포한 것은 이문림이 측근인 유사기를 제거한 데 대한 사적인 보복이었다.

'2.7회의'에서 모택동은 토지혁명에 적극적이지 않은 감서남특위에 불만을 느꼈다. 또 그는 이문림이 인구·노동력에 따라 토지를 분배해야 한다는 주장을 '부농노선'이라고 비판했다(余伯流 외, 2017: 1150). 당시 모택동은 인구에 따라 토지를 분배해야 한다는 유사기의 주장을 지지했다. 결국 이문림을 지지한 강한파는 유사기에 의해 당적을 박탈당했다. '입삼노선' 추종자 이문림이 'AB단' 주모자로 몰려 숙청된 것은 필연적 결과였다.

10월 25일 나방에서 '홍1방면군'과 강서행동위원회가 참가한 연석회의가 열렸다. 당시 모택동은 적군을 근거지로 유인해 각개격파하는 전술을 제시했다. 한편 이문림과 '홍3군단' 정치부 주임 원국평은 '반대의견'을 제출했다. 또 '입삼노선' 추종자인 이문림은 '길안 공격'도 반대했다. 이문림이 '주모홍군'의 최고 지도자 모택동의 유격전술을 대놓고 반대한 것은 그때까지 이립삼이 모스크바로 소환된 것을 인지하지 못했기 때문이다.

'2.7회의'에서 모택동이 동서인 유사기를 중용한 후 유사기와 이문림의 권력다툼이 심화됐다. 감서남 제2차 전회(1930.8)에서 실세로 부상한 이문림이 모택동의 심복인 유사기를 제거했다. 당시 이립삼의 극성 지지자인 이문림은 모택동의 유격전술을 반대하는 치명적 실수를 범했다. 정치적 용어로 말하면 '노선착오(路線錯誤)'를 범한 것이며 시쳇말로 표현한다면 '줄을 잘못 선 것'이다. '추후산장(秋後算帳)'이란 중국어 성어도 있다. 시기가 성숙되면 반드시 보복한다는 뜻이다. 중공 역사에서 모택동은 '추후산장'의 나쁜 선례를 남긴 '시작용자(始作俑者)'였다.

강서홍군 지도자 이문림은 홍군 창건자 모택동의 정적이 되기엔 역부족이었다. 문무가 겸비하며 권모술수에 능한 모택동의 '권력투쟁 호적수'로는 자격미달이었다. 홍군의 총사령관 주덕과 '중공 1인자' 이립삼도 정치투쟁과 군사전략에 '일가견이 있는' 모택동의 적수가 되지 못했다. 군정대권을 장악한 모택동이 하늘아래 태산(泰山)이라면 이문림은 뫼(小山) 같은 존재였다. '정치적 희생양' 이문림의 비극적 결말은 예고된 것이었다.

나방회의에서 통과된 '강서당조직의 임무'라는 결의안(10.26)은 이렇게 썼다. …감서남 정부의 당면과제는 당조직에 잠입한 'AB단' 분자를 색출해 일망타진하는 것이다. 'AB단' 숙청을 통해 각급 당조직을 재건해야 한다(陣鋼 외, 2011: 123). 실제로 총전위가 주도한 'AB단' 숙청은 '입삼노선' 추종자 제거에 포커스를 맞춘 '숙당(肅黨)'이었다. 결국 이는 'AB단' 협의자를 무작정 체포하고 남살(濫殺)하는 '숙반 확대화'로 이어졌다.

11월 14일 모택동은 '홍22군' 군단장 진의와 진정인의 보고를 청취했다. 모택동은 감서남 지도부가 감서남 제2차 전회(1930.8) 후 잘못된 토지정책을 집행했다고 비판했다(逢先知 외, 2005: 325). 실제로 이문림을 필두로 한 강서성행동위의 토지정책을 비판한 것이었다. 한편 '강서성 토지혁명의 과오'라는 글을 발표한 모택동은 투쟁의 예봉을 직접 이문림에게 행했다. 결국 8월 후 '입삼노선'을 집행한 이문림은 '숙청대상 1호'였다.

11월 19일 모택동은 고백·사유준(謝維俊)[942] 등과 함께 영풍(永豊)으로 이동해 홍군 주력과 회합했다. 당시 모택동은 길안에서 '비정상적 상황'을 포착했다. '홍20군' 일부 간부가 홍군 지도부의 유격전술에 대해 회의적 태도를 보였다(中共中央文獻硏究室, 2005: 326). 이런 '회의적 태도'가 '반포위토벌'에 악영향을 미칠 것이라고 판단한 모택동은 'AB단' 숙청을 작심했다. 11월 28일 황피(黃陂)에서 본격적인 'AB단' 숙청이 개시했다.

강서성 소비에트정부가 반포한 '제5호 긴급통고(11.28)와 '제9호 통지(11.30)'의 골자는 ①병사들의 '부대 이탈'을 방지 ② 반혁명 분자를 가차없이 처형 ② 악질분자는 무조건 처형 ③ 주역악(朱亦岳)[943]·단양필 등을 위원으로 하는 특별심판위원회 구성 등이다. 이 시기 이문림이 체포됐고 모택동의 측근 증산·진정인이 강서성위와 정부를 주관했다. 실제로 증산 등은 모택동이 발기한 '황피숙반(黃陂肅反)'[944]에 적극 호응했다.

11월 하순 '홍22군'과 '홍12군'의 일부 병사들이 '부대 이탈' 현상이 발생했다. 모택동은 이런 현상을 'AB단' 분자들이 선동한 결과라고 여겼다. 녕도현 황피에 도착한 후 모택동은 '반포위토벌'이 임박한 상황

---

942 사유준(謝維俊, 1908~1936), 호남성 형양(衡陽) 출신이며, 공산주의자이다. 1926년 중공에 가입, 1930년 '홍1방면군' 전위 비서, 1931년 '홍1군단' 제10사 정치부 주임, 1932년, 강서군구 정치부 주임, 1933년 '모택동 지지파'로 분류, '우경기회주의' 분자로 비판을 받았다. 1936년 전투 중 희생됐다.

943 주역악(朱亦岳, 1892~1931), 강서성 연화(蓮花) 출신이며 공산주의자이다. 1926년 중공에 가입, 1928년, 상감(湘贛)변계 특위 위원, 1931년 상감변계 소비에트정부 비서장, 1931년 강서성 태화(泰和)에서 병사했다.

944 '황피숙반(黃陂肅反)'은 '홍1방면군'이 1930년 11월 말부터 12월 초까지 진행된 'AB단' 숙청운동이다. 녕도현 황피에 도착한 후 '홍군 정돈'의 필요성을 절감한 모택동은 'AB단'을 색출하는 '숙반운동'을 추진했다. '황피숙반'으로 4400여 명이 체포, 2천여 명이 처형됐다. 결국 이는 '부전사변' 발생에 빌미를 제공했다.

에서 '홍군 정돈'의 필요성을 절감했다. 결국 그는 '홍군 정돈' 기회를 이용해 '홍1방면군' 내 반대파를 제거하는 '숙반운동'을 전격 추진했다.

　모택동은 스탈린이 자신을 중국의 지도자로 점찍었다는 사실을 알게 되었다. 이에 고무된 그는 대규모 숙청을 통해 반대파를 제거하고 그들의 도전 의지를 차단하기로 결심했다. 11월 하순 모택동은 홍군 장병에게 부농과 AB분자 색출을 명령했다(나창주, 2019: 290). 이립삼을 모스크바로 소환한 스탈린은 심복인 미프를 중국에 파견해 새로운 중공 지도자를 물색했다. 그 지도자가 바로 미프의 애제자인 왕명이었다. 한편 모택동이 '입삼노선' 추종자 이문림을 체포한 것은 '입삼노선'의 영향력 제거가 '황피숙반'의 주된 목적이었다는 단적인 방증이다.

　모택동의 '이소구 중용'이 '부전사변'을 초래한 주된 원인이다. 12월 상순 모택동은 'AB단' 분자의 '자백'에서 당조직 내부에 'AB단' 지휘부가 설치됐고 단양필·이백방(李白芳)945 등이 주요 책임자라는 정보를 입수했다. 모택동은 총정치부 비서장 이소구를 부전에 급파해 '홍20군' 숙청을 주도하게 했다. 당시 모택동은 자신에게 아부하고 순종하는 자들을 발탁했다. '홍1방면군' 정치부 주임인 양악빈(楊岳彬)이 단적인 사례이다. 한편 자신의 비위를 맞추고 아첨하는 자들을 골라 중용하는 관습은 모택동이 만년에 중대한 '정치적 과오'를 범한 주된 요인이다.

　1930년 11월 총전위는 숙반위원회를 설립했다. 모택동은 총정치부 정무(政務)처장 이소구를 책임자로 임명했다. 모택동의 눈에 든 이소구는 연대장에서 군급(軍級)으로 초고속 승진했다. 전위 비서장으로 발탁

945　이백방(李白芳, 1902~1931), 강서성 영신(永新) 출신이며 공산주의자이다. 1926년 중공에 가입, 1930년 3월 감서남특위 비서장을 맡았다. 1930년 12월 'AB단' 두목으로 체포, 1931년 4월 '반혁명' 분자로 처형됐다.

된 이소구는 8월에 총정치부 정무처장에 임명됐다. 얼마 후 모택동의 신임을 받은 이소구는 총전위 숙반위원회 주임(軍長級)으로 승격했다. 한편 이소구는 권세에 영합하고 저질 인품을 가진 자라는 것이 지배적인 평가이다.

소극은 이소구를 이렇게 평가했다. …비열한 인품을 가진 이소구는 음험하고 변덕스러웠다. 평소 '호남 동향'을 들먹이며 총전위 책임자에게 아첨을 일삼았다(王昊, 1996: 25). '숙반' 피해자 하독재(何篤在)[946]는 이렇게 지적했다. …지도자의 비위를 맞추는 데 이골이 난 이소구는 모택동의 신임을 얻어 막강한 권력을 장악했다(黃克誠, 1994: 100). '부전사변' 발기자 유적(劉敵)[947]은 '중앙보고서'에 이렇게 썼다. …무산계급 의식이 결여된 이소구는 졸렬한 술책을 사용해 홍군 분열을 조작했다(羅惠蘭 외, 1994: 103). 향토 관념이 강한 모택동은 지연(地緣)을 매우 중요시했다. 결국 '지연'은 모택동의 '후계자 선정'에서도 중요한 역할을 했다.

'홍22군' 숙반 책임자 서복조(徐復祖)[948]는 이렇게 회상했다. …'반포 위토벌'이 임박한 상황에서 홍군 '숙반'은 급박하게 추진됐다. 홍군 지도부는 '숙반' 권한을 각급 당조직에게 부여했다(余伯流 외, 2017: 1146). '황피숙반'이 개시된 후 총전위는 '혐의자' 체포는 연대급에서 결정하고

---

946 하독재(何篤在, ?~1932), 호북성 황강(黃岡) 출신이며 공산주의자이다. 1927년 중공에 가입, 1930년 '홍1방면군' 정치부 총무처장, 1931년 '홍3군단' 제3사단 선전과장 등을 역임, 1932년 'AB단' 분자로 처형됐다.

947 유적(劉敵, ?~1931), 호남성 가화(嘉禾) 출신이며 '부전사변' 주요 발기자이다. 1927년 중공에 가입, 1930년 '홍20군' 군위 비서장, 172연대 연대장, 174연대 정치위원 등을 역임, 1931년 4월 'AB단' 두목으로 처형됐다.

948 서복조(徐復祖, ?~1976), 강서성 흥국(興國) 출신이며 공산주의자이다. 1927년 중공에 가입, 1929년 반고산(盤古山) 특위 서기, 1930년 '홍22군' 정치부 주임, 1931년 'AB단' 분자로 체포, 그 후 월옥(越獄)한 후 탈당했다.

'AB단' 처형은 사단급에서 확정하도록 결정권을 위임했다. 실제로 '황
피숙반'은 모택동으로부터 절대적 권한을 부여받은 이소구가 실질적
책임자였다.

12월 7일 부전에 도착한 이소구는 단양필·이백방·사한창·김만방·
주면(周冕)[949]·마명(馬銘)[950]·유만청(劉萬淸)[951]·임심달(任心達)[952]을 체포했다.
7일 밤 이소구는 단양필에게 혹형을 가해 이문림·총윤중·유경화(劉經
化)[953]·유적·단기봉(段起鳳)[954] 등이 'AB단' 두목이라는 진술을 확보했다.
이소구가 부전에서 체포한 'AB단' 분자가 100여 명을 상회했다. 7~11일
수백명을 체포한 이소구는 혹형을 가해 그들의 자백을 받아냈다. 이소
구가 혐의자들을 무작정 체포한 것은 모택동이 작성한 2통의 편지, 즉

949　주면(周冕, 1908~1931), 강서성 길안(吉安) 출신이며 공산주의자이다. 1926년 중공에
　　가입, 1930년 감서남 북로행위 조직부장, 강서성 소비에트정부 재정부장을 맡았다.
　　1931년 4월 'AB단' 분자로 서금에서 처형됐다.

950　마명(馬銘, 1903~1931), 강서성 영신(永新) 출신이며 공산주의자이다. 1926년 중공에 가
　　입, 1930년 안복(安福)현위 서기, 감서남특위 비서장, 1931년 영신현 소비에트정부
　　주석, 그해 8월 'AB단' 분자로 처형됐다.

951　유만청(劉萬淸, 1898~1934), 복건성 장정(長汀) 출신이며 공산주의자이다. 1930년 12월
　　'부전사변'에서 이소구에 의해 'AB단' 분자로 체포됐다. 1934년 강서성에 도착한 후
　　종적을 감췄다.

952　임심달(任心達, 1904~1931) , 강서성 길안(吉安) 출신이며 공산주의자이다. 1930년 12월
　　감서남특위 위원인 그는 이소구에 의해 'AB단' 분자로 체포됐다. 1931년 4월 '반혁
　　명' 분자로 처형됐다.

953　유경화(劉經化, 1901~1931), 강서성 길안(吉安) 출신이며 공산주의자이다. 1927년 중공
　　에 가입, 1930년 감서(贛西)중로지휘부 정치위원, 1930년 12월 'AB단' 두목으로 체
　　포, 1931년 'AB단' 분자로 처형됐다.

954　단기봉(段起鳳 1893~1933), 강서성 길안(吉安) 출신이며 공산주의자이다. 1927년 중공
　　에 가입, 1929년 동고현 소비에트정부 주석, 1930년 감서남특위 위원, 1933년 '반혁
　　명' 분자로 처형됐다.

'상방보검(尙方寶劍)'을 갖고 있었기 때문이다.

소극은 이소구를 이렇게 평가했다. …이소구는 혹형으로 진술을 강요했다. 그는 내가 거느린 경호중대를 'AB단'으로 무함했다. 그러나 그를 반혁명으로 보긴 어렵다(肖華 외, 1981: 217). 강극청은 이렇게 회상했다. …11월 말 숙반 요원이 주덕의 근무병 이소청(李小淸)이 'AB단'이라며 연행하겠다고 말했다. 이소청은 겨우 15세였다. 결국 상황을 듣고 온 주덕이 증거를 내놓으라며 엄포를 놓자 그들은 마지못해 물러갔다(康克淸, 1993: 71). '무고한 동지'를 숙청한 이소구는 엄연한 반혁명 분자이다. 한편 '반혁명으로 보긴 어렵다'는 소극의 견해는 모택동의 체면을 고려한 것이다. 당시 이소구는 홍군 총사령관 주덕조차 안중에 두지 않았다. 이는 '흠차대신' 이소구가 '지고지상'의 권한을 장악했다는 방증이다.

이소구가 주도한 '황피숙반'은 10일 동안 진행됐다. 이 기간 '홍1방면군' 십분의 일이 'AB단' 분자로 간주돼 체포됐다. '홍4군' 7000명 중 'AB단'에 연루된 자가 1400명에 달했다. 이 중 700명이 'AB단' 분자로 처형됐다(文宏, 1982: 110). 이소구는 잔혹한 수단과 혹형을 사용해 'AB단' 혐의자의 진술을 강요했다. 당시 'AB단' 분자로 처형된 연대급 이상의 홍군 간부만 50명을 상회했다. 실제로 진의·황극성·이취규 등 홍군 지도자들도 하마터면 살해될 뻔했다. 결국 '황피숙반'은 '부전사변'을 촉발했다.

2. 'AB단' 숙청의 부산물, '부전사변'

1) '부전사변'의 폭발 원인과 경과

모택동이 'AB단' 숙청을 결심한 원인은 첫째, 반대파 숙청을 통한 불안정한 요소 제거이다. 둘째, '입삼노선' 추종자 제거이다. 당시 '입삼노선' 집행자로 변신한 이문림은 토지 분배와 군사전략 등에서 전위 서기 모택동의 주장을 반대했다. 특히 감서남 제2차 대회에서 유사기의 당적을 박탈한 것은 모택동의 권위에 도전하는 '반역 행위'였다. 한편 모택동은 심복 이소구를 숙반위원회 책임자로 임명했다. 이는 '부전사변'의 빌미가 됐다.

용초청·증소한(曾昭漢)[955] 등의 자백을 통해 당조직 내부에 'AB단' 본부가 설립됐다는 진술을 확보한 모택동은 이소구의 인편에 증산·진정인에게 'AB단 숙청'을 지시하는 편지를 보냈다. 또 이소구를 협조해 'AB단' 주범 단양필 등을 체포할 것을 명령했다. '상방보검'을 지닌 이소구는 홍군 1개 중대를 이끌고 부전으로 떠났다. 12월 5일 모택동은 이소구·증산에게 재차 편지를 보내 'AB단' 두목인 원조홍(袁肇鴻) 체포를 지시했다.

모택동은 증산에게 보낸 '편지(12.3)'에 이렇게 썼다. …당내에 잠입한 반동분자를 색출하지 않으면 홍군은 심각한 위기에 처할 것이다. 이소구를 협조해 '홍20군'의 'AB단' 분자를 일망타진해야 한다(羅向靑 외, 1994: 95). 모택동의 편지는 '흠차대신' 이소구가 'AB단' 협의자를 무작정 체포하고 잔학 행위를 가한 선참후주(先斬後奏)의 '상방보검'이 됐다.

모택동의 파견을 받아 부전에 도착한 이소구는 '협의자'를 잡아들여 혹독한 고문으로 자백을 강요했다. '지뢰 터뜨리기' 등 고문은 실로 악랄했다. 심지어 공산당 간부의 부인을 발가벗겨 불붙은 심지로 음부

---

955 증소한(曾昭漢, 1911~1931), 강서성 길안(吉安) 출신이며 공산주의자이다. 1927년 중공에 가입, 1928년 강서홍군 독립4연대 정치위원, 1930년, '홍6군' 참모장·정치위원을 역임, 1931년 녕도 황피(黃陂)전투에서 희생됐다.

를 지지고 젖꼭지를 칼로 도려내기까지 했다(나철수, 2019: 291). 이소구의
범죄행위는 12월 8일 이백방·마명·주면의 부인이 체포된 남편을 만나
러 왔다가 'AB단' 분자로 체포돼 당한 잔혹한 형벌이다('江西省行動委緊
急通告' 第九號, 1930.12.15). 이소구의 혹독한 고문과 잔혹한 체벌이 '부전사
변'을 촉발시킨 주된 원인이라는 것이 학계의 주류적 견해이다.

이소구는 'AB단' 혐의자에게 혹독한 고문을 자행했다. 이소구가
동고로 떠난 후 증산·고백이 숙반을 주도했다. 7~12일 증산 등은 혐의
자 120여 명을 체포해 40명을 처형했다. 동고로 떠나기 전 이소구는 혐
의자 25명을 살해했다(高華, 2000: 14). 12월 8일 모택동이 파견한 '지원군'
고백이 부전에 도착했다. 9일 이소구는 '홍20군'의 'AB단' 색출을 위해
동고로 떠났다. 한편 모택동의 '고백 파견'은 'AB단 숙청'을 중시했다
는 반증이다.

'부전사변'에서 하마터면 체포될 뻔한 증산은 모택동의 심복이었
다. 1950년대 상해시 부시장과 국무원 내무부장을 역임했다. 문혁 시기
민정부문 최대 주자파(走資派)[956]로 몰려 실권한 후 모진 박해를 받았다.
1969년 '중공 2인자' 임표에 의해 장사로 추방됐다. 1972년 모택동의 측
근이었던 진의·증산·진정인은 모두 '한(恨)을 품고' 세상을 떠났다. 모
택동 측근 대다수가 말년에 비극적인 결말을 맞이했다는 것은 심사숙
고할 일이다.

12월 10일 '홍20군' 주둔지 동고에 도착한 이소구는 군단장 유철초

---

956 '주자파(走資派)'란 자본주의 길로 나아가는 당권파(當權派)의 약칭이다. 1965년 1월 모
     택동이 제정한 중앙문건에서 처음으로 '주자파'란 명칭이 사용됐다. 문혁 시기 자본
     주의 복벽(復壁)을 방지하기 위해 중앙에서부터 지방에 이르기까지 수많은 주자파를
     타도했다. '4인방(四人幇)'이 타도(1976)된 후 '주자파'는 역사의 무대에서 사라졌다.

(劉鐵超)[957]와 정치위원 증병춘(曾炳春)에게 모택동의 '지시'를 전달하고 'AB단' 색출을 토론했다. 그들은 174연대 정치위원 유적이 'AB단' 분자라고 확정했다. 12월 11일 유적은 유철초에게 작전 상황을 보고했으나 군단장은 오로지 'AB단'에 관해 언급했다. 한편 이소구를 동고에서 만난 유적은 사태의 심각성을 인지했다. 그제야 자신이 'AB단'에 연루됐다는 것을 직감한 유적은 동향인 이소구에게 무작정 빌붙기 시작했다. 우선 '체포 위기'를 모면하는 것이 중요하다고 생각했기 때문이다.

당시 공손한 태도로 이소구의 비위를 맞춘 유적은 이렇게 말했다. …나는 동향 선배님의 부하이며 솔직하게 과오를 반성하겠습니다. 동향인 유적이 자성하는 태도를 보이자 이소구는 그를 체포하지 않고 그냥 돌려보냈다(羅惠蘭 외, 1994: 104). 한편 부대로 돌아간 유적은 모택동의 심복인 이소구가 'AB단' 숙청을 빌미로 감서남 당조직과 '홍20군' 반대파를 제거하려고 동고에 왔다는 것을 직감했다. 결국 유적은 군사정변을 결심했다.

12월 12일 대대장 장흥(張興) 등과 긴급회의를 연 유적은 'AB단' 숙청에 대적하는 쿠데타를 결정했다. 군부를 포위한 그들은 유철초를 체포하고 사한창을 석방했다. 이소구는 도망쳤고 그의 부대는 항복했다. 이것이 '동고폭동'이다. 당일 유적·사한창 등은 체포된 '동지'들을 구출하기 부전까지 쳐들어갔다. 부전행동위원회를 포위한 후 특파원 유작무를 체포했다. 이 와중 증산 등은 황급히 도망쳤다. 이것이 유명한 '부전사변'이다.

---

957 유철초(劉鐵超, 1899~1932), 호남성 형양(衡陽) 출신이며 공산주의자이다. 1926년 중공에 가입, 1930년 '홍20군' 군단장, '부전사변'에서 유적 등에 의해 체포됐다. 1931년 '홍35군' 군단장, 1932년 영도(寧都)에서 희생됐다.

12월 12일 저녁 유적·사한창·단양필 등은 부전에서 비밀회의를 열고 대책을 토론했다. 그들은 '모택동을 타도하고 주덕·팽덕회·황공략을 옹호하자'는 구호를 제출했다. 또 단양필을 강서행동위원회 책임자로 선출하고 증산·진정인·고백·이소구에 대한 체포령을 내렸다. 부전 곳곳에 '모택동을 타도하자'는 표어를 붙였다. 12월 14일 감강 이서의 영양(永陽)에 이동해 총전위의 통제에서 벗어났다. 또 그들은 172연대장 소대붕(蕭大鵬)[958]을 '홍20군' 지도자로 추대했다. 한편 '모택동 타도' 표어는 훗날 '부전사변'이 '반혁명 정변'으로 확정된 주요인이다.

12월 15일 '부전사변' 주모자들은 영양에서 제1차 확대회의를 열었다. 총윤중이 이소구가 부전에서 혐의자를 체포해 형벌을 가한 경과를 보고했다. 유작무는 '3중전회'의 내용을 전달하고 '모택동 타도' 구호를 비판했다. 당시 그들은 모택동이 이소구가 범한 범죄행위에 대한 주된 책임을 져야 하며 당중앙에 건의해 모택동의 총전위 서기직을 파면해야 한다고 주장했다. 또 '부전숙청'의 장본인 이소구를 당에서 제명하고 '협조자' 증산·진정인의 당적 박탈을 결정했다. 한편 본의 아니게 회의에서 '지도자 역할'을 한 유작무는 문혁 시기 모진 박해를 받았다.

'영양 회의'에서 결정한 사항은 ① 길안 공략 ② 단양필, 당중앙에 '부전사변' 경과 보고 ③ 단양필·유작무에게 황금 200량을 맡겨 당중앙의 경비로 충당 ④ 체포된 홍군 석방 등이다(余伯流 외, 2017: 1156). 그들은 강서행동위 명의로 '제9~14호 통고'를 잇따라 공표했다. 모택동의 유격전술 반대와 이소구의 '숙반 확대화' 비판이 '통고' 골자였다. '통고' 취

---

958 소대붕(蕭大鵬, 1908~1931), 강서성 우도(于都) 출신이며 공산주의자이다. 1926년 중공에 가입, 1930년 '홍20군' 172연대장, 1931년 '홍20군' 군단장을 맡았다. 그해 7월 '반혁명' 분자로 몰려 우도(于都)에서 처형됐다.

지는 모택동이 'AB단' 숙청을 빌미로 '이문림 체포'에 대한 불만 표출이었다.

상해로 떠난 단양필은 '거금(黃金)'을 갖고 도망쳤다. 증산은 이렇게 회상했다. ⋯상해로 가던 중 '도둑이 제 발 저린' 단양필은 거금을 착복해 도망쳤다(陣毅 외, 1981: 22). 장국도는 이렇게 회상했다. ⋯유작무가 상해로 갖고 온 황금은 몇 십 냥이었다(張國燾, 1980: 484). 1931년 1월 상해에 도착해 당중앙에 관련 상황을 보고한 후 단양필은 곧 종적을 감췄다.

12월 20일 '부천사변' 주모자들은 강서행동위 명의로 '팽덕회·주덕·황공략에게 보내는 편지'를 썼다. 총윤중은 편지를 사붕비(謝鵬飛)에게 넘겨 녕도에 주둔한 '홍3군단'에 가서 직접 팽덕회에게 전달할 것을 지시했다. 한편 '홍3군단'에 도착한 사붕비는 전위 비서장 주고조(周高潮)[959]에게 편지를 전한 후 곧바로 사라졌다. 편지의 골자는 이소구가 형벌을 남용해 '숙반 확대화'를 주도한 사실을 폭로하고 모택동이 'AB단' 숙청을 구실로 '홍3군단' 반대파를 제거한다는 것이다. 또 총윤중은 모택동의 필적을 모방해 '위조 편지'를 작성해 팽덕회에게 보냈다.

팽덕회는 이렇게 회상했다. ⋯모택동의 필적을 모방한 총윤중의 필체는 '모체(毛體)'와 흡사했으나 마각을 드러냈다. 모택동 동지는 년월일(年月日)을 한자로 쓰며 아라비아 숫자를 쓰지 않았다(彭德懷, 1981: 166). 당시 '편지 위조자' 총윤중은 한자가 아닌 아라비아 숫자(10.12)를 썼다. '위조 편지'는 모택동과 팽덕회 간의 대립을 조장해 '홍군 분열'을 시도한 것이다. 결국 이는 '부전사변'이 '반혁명 정변'으로 결론지어진 주된

---

959 주고조(周高潮, 1903~1932), 강서성 영신(永新) 출신이며 공사주의자이다. 1927년 중공에 가입, 1930년, 감서남특위 서로행위 서기, 1931년 '홍3군단' 전적위원회 비서장 등을 맡았다. 1932년 창피(昌陂)에서 희생됐다.

이유였다.

모택동은 이렇게 회상했다. …'부전사변' 주모자들은 세 통의 가짜 편지를 주덕·팽덕회·황공략에게 보내 홍군 분열을 조작했다. 팽덕회는 총전위를 지지하고 '부전사변'을 반대한다는 선언을 발표했다. 팽덕회는 이 사건을 잘 처리했다(田樹德, 2002: 187). 당시 주덕·팽덕회는 '부전사변' 주모자의 '분열 음모'를 간파하고 선후로 '모택동 지지' 선언을 발표했다. 그들의 입장은 '부전사변'에 대한 당중앙의 최종 확정에 결정적 역할을 했다.

'모택동이 고백에는 보낸 편지'는 '부전사변' 주범 총윤중이 치밀하게 조작한 위조신(僞造信)이었다 '위조신'은 '부전사변' 주모자의 분열책이며 '차지무은삼백냥(此地無銀三百兩)'과 같은 유치의 극치였다. 결국 '위조신'을 써 '홍군 분열'을 시도한 총윤중은 1932년 5월에 처형됐다.

모택동은 주덕의 참모 5명 중 2명을 'AB단' 분자로 몰아붙여 처형했다. 모스크바의 지지가 확고부동해지자 유적을 죽음에 몰아넣는 재판관으로 주덕을 임명했다. 그 과정에서 조금이라도 허점을 보였다면 주덕은 살아남지 못했을 것이다(나창수, 2019: 293). 주덕의 '참모 2명'을 처형했다는 상기 주장은 사실무근이다. '부전사변' 심판관은 장강국 대표 주이율이었다. 한편 가짜 편지를 받은 주덕은 곧바로 '모택동 지지' 선언을 발표했다.

주덕·팽덕회·황공략이 발표한 공개편지(12.18)는 이렇게 썼다. …현재 '반포위토벌'이 임박한 상황에서 총전위의 지도하에 일치단결해 적군을 물리쳐야 한다. 이 총체적 임무를 집행하지 않는다면 혁명의 죄인이 된다(凌步機 외, 2017: 1158). 단양필 등이 '모택동 타도' 구호를 제출한 상황에서 주덕 등이 표방한 공식입장이다. 당시 주덕은 모택동의 '확고한 지지자'였다. 적의 '포위토벌'이 급박한 상황에서 '주모동맹'은 한층 굳건해졌다.

모택동의 답신(12.20) 골자는 ① 'AB단' 본부 설치 ② '홍20군', 'AB단' 분자 잠입 ③ '부전사변' 주모자, '혁명 동지 체포령' 등이다(解放軍政治學院, 1985: 634). 이소구의 혹형 남용과 무자비한 학살이 '부전사변' 도화선이다. 한편 적의 '포위토벌'이 박두한 상황에서 홍군 분열을 획책한 '부전사변' 주모자의 음모는 주덕·팽덕회의 '모택동 지지'를 촉발했다.

'부전사변' 주모자들은 제2차 영양 확대회의(1931.1.1)를 소집했다. 회의에는 이백방·이천주(李天柱)[960] 등이 참가했다. 얼마 후 부전(富田)에 진의를 서기로 하는 감서남특위가 새로 설립(1.17)됨에 따라 '부전사변' 주모자들이 설립한 영양의 '행동위원회'는 존재 명분을 상실했다. 반년 후 '홍20군'은 강제 해산되는 비극적인 결말을 맞이했다.

2) 중앙특파원 항영(項英)과 모택동의 '의견 대립'

모택동은 중국공농혁명위원회의 명의로 '부전사변'에 관한 육언체(六言體)포고문을 반포했다. 모택동·주덕·팽덕회·등대원 등이 포고문에 서명했다. 포고문은 '부전사변'을 '반혁명 정변'으로 규정하고 '사변'의 발기자와 참여자들을 '반역자'·'반혁명 분자'로 확정했다. 결국 이는 총전위가 최초로 '부전사변'의 성격을 규명한 것이다. 한편 총전위의 결론은 중앙특파원 항영의 반대를 받았다. 이 시기 항영은 모택동의 라이벌이었다.

---

960 이천주(李天柱, 1898~1937), 호남성 뢰양(耒陽) 출신이며 공산주의자이다. 1927년 중공에 가입, 1930년 '홍6군' 제2종대장, 1932년 '홍8군' 군단장, 1933년 홍군대학 교육장, 1937년 강서성 심오(尋烏)에서 희생됐다.

포고문은 이렇게 썼다. …부전에서 반역한 단(段)·사(謝)·유(劉)·이(李) 등의 홍군 분열 시도는 'AB단' 분자가 획책한 '옹장반공(擁蔣反共)'의 반혁명 사건이다(肖華 외, 1981: 215). '포고문'은 '부전사변'이 소비에트정권을 뒤엎고 공산당을 반대하는 '반혁명 폭동'이라는 최종적 결론을 내렸다. 총전위의 결론은 소구중앙국(蘇區中央局)[961] 책임자 항영의 반대를 받았으나, 공산국제와 좌경 노선을 집행하는 (中央)고위층의 지지를 받았다.

1930년 11월 강서 근거지를 향해 출발한 중앙특파원 항영의 주된 임무는 당의 지도력 강화와 소구중앙국 설립이다. 12월 30일 홍군이 장휘찬(張輝瓚)[962]을 체포한 날 항영은 '주모(朱毛)'와 회합했다(王輔一, 2009: 318). 실제로 항영은 1931년 1월 10일에 '주모'와 회합했다. 한편 '부전사변'을 둘러싸고 항영과 모택동의 상반된 견해가 첨예하게 대립됐다.

1931년 1월 15일 녕도현 소포(小布)에서 설립된 (蘇區)중앙국은 '제1호 통고'를 공표했다. 중앙국 서기 주은래가 부임하기 전 항영이 대리 서기를 맡았고 모택등 등 9명을 중앙국 위원으로 임명했다. 또 (蘇區)중앙국이 영도하는 중앙혁명군사위원회를 설립했다. 항영이 주석, 모택동·주덕이 부주석을 맡았다. 중앙특파원 항영이 최고 권력자가 됐다. 근거지의 '1인자'로 군림했던 모택동은 '2인자'로 밀려났다. 결국 (蘇區)

---

961 소구중앙국(蘇區中央局)은 1931년 1월 15일 강서성 녕도현 소포(小布)에서 설립, 전국 소비에트지역의 당의 최고 지도기관이며 주은래가 서기를 맡았다. 1931년 9월 서금으로 소재지를 이전, (蘇區)중앙국 산하에 조직부·선전부·부녀부·정치보위처 등 기구를 설치했다. 주은래의 '근거지 도착' 전 항영·모택동이 대리 서기를 맡았다.

962 장휘찬(張輝瓚, 1885~1931), 호남성 장사 출신이며 국민당 우파이다. 1928년 남창시 위수부대 사령관, 공산당원 1000여 명을 살해했다. 1930년 홍군을 공격, 그해 12월 길안에서 체포됐다. 1931년 1월 동고(東固)에서 처형됐다.

중앙국의 출범으로 총전위는 '유명무실한 기관'으로 전락했다. 한편 제 1차 반'포위토벌'에서 승전한 모택동의 위상은 오히려 높아졌다.

(蘇區)중앙국 설립을 결정(1930.10.17)한 당중앙은 주은래를 서기로 내정했다. 주은래·항영·모택동·주덕·임필시·오진붕(吳振鵬)[963]·여비(余飛)[964] 등을 위원, 항영을 대리서기로 임명했다. 한편 주은래는 '주모홍군'에게 지시문(10.29)을 보내 항영이 도착하기 전 모택동이 대리서기를 맡을 것을 요구했다(中共中央文獻硏究室, 2007: 195, 196). 당시 정치국 상임위원이며 중앙군위 서기 주은래는 당중앙의 실질적인 책임자였다. 또 그는 소련에서 돌아온 유백승·엽검영·장애평(張愛萍)[965]·이탁연(李卓然)[966]·황화청(黃火靑)[967]을 중앙 근거지로 파견했다.

---

963 오진붕(吳振鵬, 1906~1933), 안휘성 회녕(懷寧) 출신이며 공산주의자이다. 1926년 중공에 가입, 1927년 공청단 강서성위 서기, 1928년 공청단 중앙위원, 1931년 남경시위 서기, 1933년 6월 남경에서 희생됐다.

964 여비(余飛, ?~1956), 안휘성 이현(黟縣) 출신이며 공산주의자(후에 변절)이다. 1926년 중공에 가입, 1930년 중앙총행동위 위원, 1931년 전국 총공회 대리위원장, 1932년 체포된 후 변절했다. 1956년 옥중에서 사망했다.

965 장애평(張愛萍, 1910~2003), 사천성 달현(達縣) 출신이며 공산주의자이다. 1928년 중공에 가입, 1930~1940년대 '홍3군단' 제12단 정치위원, 절강성위 군위서기, 악환소(鄂皖蘇) 성위 서기; 화중(華中)군구 부사령관, 건국 후 국방부장, 국무원 부총리 등을 역임, 2003년 북경에서 병사했다.

966 이탁연(李卓然, 1899~1989), 호남성 상향(湘鄉) 출신이며 공산주의자이다. 1923년 중공에 가입, 1930~1940년대 '홍1군단' 정치부 주임, '홍4방면군' 정치부 주임, 서북국 선전부장을 등을 역임, 건국 후 중앙선전부 부부장, 전국 정협 상임위원 등을 지냈다. 1989년 북경에서 병사했다.

967 황화청(黃火靑, 1901~1999), 호북성 조양(棗陽) 출신이며 공산주의자이다. 1926년 중공에 가입, 1930~1940년대 '홍14군' 정치부 주임, '홍9군단' 정치부 주임, 연안(延安)군정학원 부원장, 건국 후 천진시위 부서기, 요녕성위 서기, 최고인민검찰장 등을 역임, 1999년 북경에서 병사했다.

모택동과 중국혁명 2

1930년 7월 스탈린은 주은래에게 홍군발전 문제를 중국혁명의 최우선과제로 삼을 것을 건의했다. 공산국제가 통과한 '중국문제 결의안(1930.7.23)'은 이렇게 썼다. …현재 중국혁명의 주된 임무는 소비에트중앙정부를 설립하고 전투력이 강한 홍군을 발전시키는 것이다(中共中央文獻硏究室, 1998: 183). 스탈린과 공산국제의 '홍군 중시'로 '주모홍군'의 중요성이 더욱 부각됐다. '주모홍군'의 최고 지도자인 모택동의 영향력은 날로 커졌다.

중앙국의 '제1호 통고(1.15)'는 이렇게 썼다. …당의 지도력을 강화하기 위해 설립한 (蘇區)중앙국은 소비에트지역의 각급 당조직을 관할하고 전국의 소비에트지역 제반 사업을 지도한다(戴向靑 외, 1994: 127). 당시 당중앙의 '실질적 1인자' 주은래는 이립삼이 모스크바로 소환된 상황에서 상해를 떠날 수 없었다. 결국 대리서기 항영은 모택동의 '직속상관'이 됐다. 한편 '부전사변' 처리 과정에서 항영과 모택동의 의견이 크게 엇갈렸다.

1928~1934년 항영의 당내 지위는 줄곧 모택동보다 높았다. 노동운동가 항영은 '중공 6대' 후 정치국 상임위원과 전국총공회 위원장을 지냈다. 장강국 서기(1930.8)로 부임한 후 '입삼노선' 추종자인 그는 '주모홍군'에게 '대도시 공격'을 강요했다. 한편 중앙특파원 항영과 강서 근거지의 최고 지도자인 모택동 간 알력은 더욱 격화됐다. 또 공산국제 개입으로 항영의 '정확한 건의'가 거부됐다. 얼마 후 '항모(項毛)'의 지위는 역전됐다.

'입삼노선' 청산을 우선시한 공산국제는 모택동을 지지하고 '부전사변'을 '반혁명 정변'으로 결론지었다. '홍군 중요성'을 강조한 스탈린의 '건의'가 모택동에게 유리하게 작용한 것이다. 한편 융통성이 부족하며 군사 문외한인 항영은 문무가 겸비하고 권모술수에 능한 모택동의 적수가 되지 못했다. 적군의 '포위토벌'이 임박한 상황에서 공산국제는 '홍군 통솔자' 모택동의 손을 들어준 것이다. 아이러니한 것은 중화소비에트공화국 주석 모택동의 '부수(副手)'인 항영의 당내 지위가 모택동보다 높았다는 점이다.

(蘇區)중앙국이 반포한 '제2호 통고, 부전사변 결의(1.16)'의 골자는 ① 총전위의 투쟁노선을 찬동 ② 단양필·이백방·사한창은 'AB단' 두목 ③ '부전사변'은 반당 행위 ④ 주모자 단양필·이백방·유적의 당적을 박탈 ⑤ '부전사변'은 'AB단'이 영도한 무원칙한 파벌투쟁 등이다. 실제로 항영은 총전위의 강경책보다 '온화한 유화책'을 선택했다. 특히 '부전사변'을 '무원칙한 파벌투쟁'으로 규정해 모택동의 강경책을 정면으로 비판했다.

항영의 '제2호 통고'는 총전위의 결론을 찬성한 것처럼 보인다. 그러나 '부전사변'이 'AB단'이 주도한 '반혁명 정변'이라는 주장을 반대했다. 실제로 'AB단' 두목이 주도한 '반혁명 폭동'으로 규정한 총전위의 최종 결론을 부정한 항영은 이소구 등의 'AB단' 혐의자에 대한 형벌 남발과 무자비한 처형이 '부전사변'에 빌미를 제공한 점을 간접적으로 비판했다. 이 또한 '적대관계'의 강경책과 '당내 관계'의 유화책 간 대립의 충돌이었다.

항영은 'AB단' 숙청 과정에서 나타난 '총전위 과오'를 두 가지로 지적했다. 첫째, 대중은 방관자가 됐고 군정 지도자가 주관해 적색공포를 조성했다. 둘째, 혹독한 형벌을 자행해 자백을 강요했다(解放軍政治学院党史教研室, 1985: 639). 당시 항영은 '홍20군'과 감서남 당조직을 무마하는 유화책을 펼쳤다. 결국 중앙대표단은 항영의 유화책을 '부전사변' 주모자와 타협한 것으로 간주했다. 결국 항영의 유화책은 좌천을 초래한 주요 인이다.

감서남 2전회의(1930.8)에 대한 엇갈린 평가는 '모항(毛項)'의 대립을 유발했다. 항영은 '2전회의'가 'AB단 회의'라는 모택동의 결론을 반대했다. 이는 '입삼노선' 추종자 이문림에 대한 평가를 둘러싸고 '항모(項毛)' 간에 벌인 노선투쟁이다. 결국 이는 '입삼노선'에 대한 그들의 상이한 평가에서 비롯됐다. 한편 이문림을 '훈방 조치'한 항영은 얼마 후 좌천됐다. 이는 4중전회에서 '중공 지도자'로 등장한 왕명의 좌경 노선과 관련된다.

입삼노선 추종자 이문림의 '유사기 파면'은 모택동의 불만을 야기했다. 결국 '2전회의' 참가자 이문림·단양필·총윤중·이백방 등은 'AB단' 분자로 간주됐다. 이 또한 이문림이 주도한 '2전회의'가 'AB단 회의'로 불린 이유이다. 한편 모택동의 '이문림 체포'는 이립삼의 '낙선'이 확정된 1930년 11월 말이었다. 모택동의 '이문림 체포'는 사적인 감정이 개입된 보복적 성격이 강하다. 또 이는 입삼노선 추종자 이문림이 자초한 것이다.

모택동은 이렇게 회상했다. …1931년 1월 적의 '포위토벌'은 실패로 끝났다. 홍군이 승전한 것은 세 가지 조건을 갖췄기 때문이다. 첫째, 통일적 지휘 체계를 마련했다. 둘째, 홍군 내 '입삼노선' 영향력을 제거했다. 셋째, 홍군과 감서남의 'AB단' 숙청을 완료했다(董樂山, 2002: 136). 모택동이 입삼노선 청산과 'AB단' 숙청을 홍군 승전 요인으로 간주한 것은 이 시기 좌경 노선을 실시한 당중앙의 전략과 일맥상통했다는 방증이다.

중앙국 명의로 작성한 '서로(西路) 동지에게 보낸 편지(2.4)'에서 항영은 왕회·총윤중 등에게 (蘇區)중앙국에 와서 문제를 해결할 것을 제의했다. 또 이문림이 주도한 '2전회의'가 'AB단 회의'라는 주장은 잘못됐다고 지적했다(高華, 2000: 21). 한편 항영이 시종일관 입삼노선 집행자 이문림을 비호한 것은 그 자신이 철두철미한 입삼노선 추종자였기 때문이다. 결국 입삼노선 추종자를 두둔한 항영은 중대한 정치적 과오를 범했다.

'부전사변' 근저에는 모택동과 입삼노선 간 대립이 있었다. 4중전회에서 실권을 장악한 왕명 등 코민테른파가 '부전사변'을 반혁명 폭동으로 규정한 모택동의 주장을 지지하면서 숙청이 확대됐다(矢吹 晋, 2006: 90). 당시 항영은 공산국제가 입삼노선을 '정치노선'으로 격상시킨 것을 알지 못했다. 또 그는 당중앙이 입삼노선 청산을 당면과제로 결정한 사실도 몰랐다. 결국 중앙대표단의 도래로 항영의 '독주 시대'는 막을 내렸다.

'제11호 통고(2.19)'를 발표한 항영은 '부전사변' 주모자 단양평과 이소구의 당적을 동시에 박탈하는 등 '각자 50대 곤장'을 때렸다. 2월 중순 입삼노선 추종자(李文林)를 비호한 항영의 처사에 불만을 느낀 당중앙은 항영 경질을 결정했다. 결국 모택동은 공산국제와 좌경 노선을 집행한 '당중앙 지지'로 항영과의 '노선투쟁'에서 최종 승자가 됐다. 한편 정확한 대책을 마련한 항영은 패배자가 됐다. 이 또한 역사의 아이러니이다.

3) 중앙대표단 도래, 'AB단' 숙청 확대화

1931년 1월 공청단중앙 서기 온유성(溫裕成)[968]이 상해에서 단양필

---

968   온유성(溫裕成, ?~1933), 강소성 출신이며 공산주의자이다. 1925년 중공에 가입, 1930

의 보고를 청취했다. 또 '부전사변' 주모자인 유적은 4000여 자에 달한 편지(1.11)를 당중앙에 보냈다. 2월 9일 온유성은 단양필이 작성한 자료를 근거로 공산국제 원동국 위원 갤리스(Gailis)에게 관련 상황을 보고했다. 단양필의 서면 보고는 모택동과 이문림·팽덕회·주덕 간 갈등을 크게 부풀렸다. 한편 온유성은 '공금 횡령' 등 문제로 1931년 5월에 파면됐다.

2월 13일 중앙중앙은 회의를 열고 항영·임필시·모택동·왕가상(王稼祥)[969]으로 소구중앙국 상임위원회 구성을 결정했다. 또 주은래·임필시·왕가상으로 전문위원회를 구성해 '부전사변'에 관해 토론한 후 정치국에 '처리 의견'을 제출하기로 했다(中央文獻硏究室, 1990: 203). 당시 중앙군위 책임자 주은래의 관심사는 홍군에 대한 적의 '포위토벌'이었다. '포위토벌' 격퇴를 취지로 한 주은래의 '훈령(訓令) 발표'가 단적인 증거이다.

'부전사변' 상황을 보고한 유사기가 당중앙에 제출한 문건은 ① 주덕·팽덕회 등의 성명서 ② '주팽(朱彭)'의 '홍20군'에 고하는 글 ③ 강서성위에 보낸 모택동의 편지 ④ 모택동의 호소문 등이다(中共中央黨史硏究室第一硏究部, 2002: 80). 2월 19일 유사기의 보고를 청취한 임필시는 원동국의 미프·갤리스에게 관련 상황을 보고했다. 상기 문건은 공산국제의 '진상 파악'에 기여했다. 결국 유사기는 이문림에게 '축출'당한 앙갚음을 했다.

년 북방국 조직부장, 1931년 중앙정치국 후보위원, 공청단중앙 서기, 1931년 파면, 1933년 악예환(鄂豫皖) 근거지에서 희생됐다.

969 왕가상(王稼祥, 1906~1974), 안휘성 경현(涇縣) 출신이며 공산주의자이다. 1928년 중공에 가입, 1930~1940년대, 소구중앙국 선전부장, 중앙군위 부주석, (軍委)총정치부 주임, 동북국 선전부장, 건국 후 외교부 부부장, 소련 대사 등을 역임, 1974년 북경에서 병사했다.

원동국 책임자는 공산국제 보고서에 이렇게 썼다. …모택동·주덕·팽덕회는 현재 동고(東固)에서 군벌과 싸우고 있다. 세 사람의 '성명(聲明)'에서 알 수 있는 것처럼 그들 간에는 별다른 의견 대립이 존재하지 않는다. 'AB단' 분자가 홍군 분열을 조작했다(中共中央黨史硏究室, 2002: 82). 공산국제는 유사기의 보고를 신임했다. 한편 공산국제가 모택동을 지지한 것은 '홍군 중시'를 강조한 스탈린의 지시를 판단 기준으로 삼았기 때문이다.

릴스키(Rilsky)는 주은래에게 이렇게 말했다. …스탈린주의 세계에선 숙청하는 자가 항상 승리자였다. 모스크바는 강인한 사람을 찾고 있다. 소련의 '모택동 지지'를 확인한 주은래는 모택동에게 복종하지 않으면 전멸할 것이라고 경고했다(나창수, 2019: 293). 상기 주장은 사실무근이다. 또 모스크바가 찾는 '강인한 사람'이 모택동이라고 암시한 것은 황당무계하다. 한편 '부전사변'을 '반혁명 폭동'이라고 최종 확정한 것은 공산국제였다.

2월 19일 주은래는 (上海)원동국 책임자 릴스키에게 이렇게 보고했다. …모택동 등이 'AB단' 투쟁에서 채택한 정치노선은 정확했다. 그러나 'AB단' 숙청에서 나타난 형벌 남용은 잘못된 것이다(凌步機 외, 2017: 1690). 상기 주은래의 '부전사변' 보고는 항영의 주장과 '대동소이'했다. 실제로 주은래는 상해에 도착한 유작무의 관련 보고를 청취했다. 따라서 주은래의 주장은 '부전사변' 주모자를 동정한 유작무의 영향을 받은 것으로 추정된다.

정치국은 회의(2.20)에서 주은래·임필시 등은 감서남의 'AB단'을 반혁명 조직이라고 판단했으나, '부전사변' 참가자는 'AB단'에 이용된 것이라고 분석했다. 또 중앙대표단을 강서 근거지로 파견하기로 결정하

모택동과 중국혁명 2

고 임시필에게 '지시 작성'을 의뢰했다(中共中央文獻研究室, 2007: 209). 중앙 정치국은 임필시·왕가상·고작림(顧作霖)[970]으로 중앙대표단을 구성했다. 또 임필시를 단장으로 하는 중앙대표단에게 '부전사변' 처리권을 일임 했다.

임필시의 지시문(2.23)은 이렇게 썼다. …'부전사변'은 적의 '포위토 벌'이 임박한 상황에서 발생했다. 'AB단' 활동은 홍군 역량을 약화시킬 것이다. 당중앙은 중앙대표단을 파견해 '부전사변'을 처리할 것이다(中 央檔案館 1991: 139). 상해원동국이 내린 '부전사변 결정(3.18)'은 이렇게 썼 다. …'부전사변' 주모자들은 특파원 유작무를 체포하고 '모택동 타도 와 주덕·팽덕회·황공략 만세'를 외쳤다. 이는 계급의 적들이 볼셰비키 연맹의 전복을 획책한 반혁명 폭동이다(中共中央黨史研究室第一研究部, 2002: 175). '부전사변'이 '반혁명 폭동'이라는 공산국제의 성격 규명은 총전 위의 결론과 일맥상통했다. 3월 중순 중앙대표단이 영정현 호강(虎崗)에 도착했다. 결국 최종 결정권을 가진 중앙대표단 도래로 항영은 한직으 로 밀려났다.

원동국의 '결정(3.18)' 골자는 ① 총전위의 방침과 'AB단' 숙청 정 확 ② 강서행동위, 반당 활동을 중지 ③ 홍군 지도부, 'AB단' 분자의 분 열 활동을 억제 ④ 당내의 분쟁을 중지, 총전위 지휘에 복종 ⑤ 기율을 위반한 공산당원을 엄격히 징벌 등이다. 당시 공산국제는 소련의 무자 비한 계급투쟁 방식을 그대로 중국에 적용했다. 이는 '졸(卒)'을 죽이고 '장(將)'을 살리는 정략이다. 실제로 공산국제는 'AB단' 숙청 확대화의

---

970   고작림(顧作霖, 1908~1934), 상해(上海) 출신이며 공산주의자이다. 1926년 중공에 가입,
        1931년 공청단중앙 서기, 1934년 홍군총정치부 대리주임, 민감(閩贛)성위 서기 등을
        역임, 그해 5월 서금(瑞金)에서 병사했다.

장본인이다.

3월 28일 중공중앙은 '부전사변에 관한 결의'를 반포했다. '결의'는 이렇게 썼다. …'부전사변'은 'AB단'이 주도한 반혁명 정변이다(中央檔案館, 1991: 203). 공산국제의 지시를 '성지(聖旨)'로 여긴 중공중앙이 내린 '결의'는 상해 원동국 '결정'의 판박이에 다름 아니었다. 한편 '결정'·'결의'의 출범으로 항영의 노력은 수포로 돌아갔고 'AB단' 숙청이 확대되었다.

중앙대표단은 당중앙의 '부전사변 결의(3.28)'를 강서 근거지에 도착한 후 알게 됐다. 결국 이는 결정권을 가진 중앙대표단이 '부전사변'에 관해 최종 결론을 내리는데 정책적 근거로 작용했다. 4월 중순 대표단 일행은 '홍1방면군' 지휘부가 주둔한 영도현 청당(靑塘)에 도착했다. 대표단과 함께 근거지에 도착한 이들은 엽검영·구양흠(歐陽欽)[971] 등이다. '막강한 권력'을 가진 중앙대표단의 도래로 항영과 모택동의 지위가 역전됐다.

영도현 청당에서 열린 (蘇區)중앙국 제1차 확대회의(4.16)에서 통과된 '부전사변' 결의안은 이렇게 썼다. …'AB단'이 주도한 '부전사변'은 '입삼노선'을 추종한 반혁명 폭동이다. 또 '결의안'은 '무원칙한 파벌투쟁'이란 항영의 결론과 '부전사변' 유화책을 잘못된 노선이라고 비판했다(中共中央文獻硏究室, 2014: 255). '입삼노선' 부산물이라는 '(事變)결의안'은 '부전사변' 주모자들에게 악재로 작용했다. 결국 '부전사변' 주모자들

---

971 구양흠(歐陽欽, 1900~1978), 호남성 녕향(寧鄉) 출신이며 공산주의자이다. 1924년 중공에 가입, 1930~1940년대 소구중앙국 비서장, 섬감(陝甘)성위 조직부장, 섬서성위 서기, 서북국 비서장, 건국 후 흑룡강성위 서기 동북국 제2서기, 전국 정협 부주석 등을 역임, 1978년 북경에서 병사했다.

은 전부 처형됐다.

중앙대표단이 '부전사변'을 반혁명 폭동으로 확정한 원인은 ①
'AB단' 분자 석방 ② 이소구·유작무 체포 ③ 홍군학교 공격 ④ '홍12군'
무기 압수 ⑤ '홍20군' 하서(河西) 철수 ⑥ 대중 선동, '주모홍군' 반대 ⑦
'위조신' 작성 ⑧ 홍군 지휘체계 파괴 등이다. '부전사변'이 '입삼노선'
부산물이라는 주장은 당중앙의 '결의'를 수용한 결과이다. 결국 '부전
사변' 주모자들은 반혁명으로 처형됐고 '숙청 확대화'로 무고한 희생자
가 속출했다.

3월 28일 왕명은 임필시·왕가상·고작림 세 사람을 중앙 근거지로
파견했다. 또 그는 '부전사변'을 반혁명 폭동이라고 선포했다. 4월 17일
항영이 파면된 후 모택동이 항영을 대체했다(黃惠運 외, 2011: 149). '부전사
변 결의(3.28)'는 주은래가 작성했다는 것이 학계의 정설이다. 당시 '부
전사변' 처리에 관여한 중공 지도자는 주은래·항영·임필시 등이다. 한
편 왕명이 '부전사변'에 직접 관여했다는 상기 주장은 사실을 왜곡한
것이다.

5월 24일 중앙대표단은 모택동을 총전위 서기로 임명했다. 결국 총
전위가 홍군 작전과 당조직의 투쟁을 통일적으로 지휘했다(中共中央文獻
研究室, 1986: 99). 또 대표단은 유화책을 펼친 항영의 '리더십 결여'를 근
거로 모택동을 대리서기로 임명했다(章學新 외, 2114: 258). 10월 중순 임시
중앙은 모택동을 소구중앙국 대리서기, 임필시를 조직부장에 임명했
다. '입삼노선' 추종자 항영을 밀어낸 후 모택동과 임필시는 반년 간 밀
월기를 보냈다.

1931년 4월 중앙대표단은 주이률을 책임자로 한 심판위원회를 구
성했다. 확대회의에 참석한 'AB단' 분자는 모두 체포됐고 '부전사변'

주모자 유적은 당장에서 처형했다. 며칠 후 사한창·이백방·김만방 등도 잇따라 총살했다. 총윤중은 1년 간 감금된 후1932년 5월에 처형됐다. 일부는 잔혹한 고문을 견디지 못해 자살했다. 1932년 5월 'AB단' 두목으로 간주돼 처형된 '홍20군' 정치위원 증병춘은 '무고한 희생자'의 대표적 인물이다.

'부전사변' 후 항영은 이문림을 석방해 만태(萬泰)현 숙청을 주도하게 했다. 그러나 중앙대표단이 도착한 후 '숙반기관'에 잠입한 'AB단' 주모자로 간주돼 체포됐다. 사형(1932.5.30) 직전 이문림은 '공산당 만세'를 외쳤다(江西省當史硏究室, 1987: 323). 국가정치보위국에 의해 만태현 고평(古坪)에서 처형된 이문림은 '장(將)'을 살리기 위해 죽임을 당한 '졸(卒)' 같은 존재였다. 당시 처형당한 감서남 당조직 책임자는 용초총·주면·유경화·왕회·유기범(劉其凡)[972]·곽승록·호파(胡波)[973]·원덕생 등이다. 한편 곽승록은 '신풍사건(信豊事件)'[974] 주모자였다.

1931년 7월 '홍20군'이 감강을 건넌 것은 홍군 작전에 참가하기 위해서였다. 결국 그들은 '건너지 말아야 할 강'을 건넜다. 7월 23일 '홍20군' 소대장 이상 간부 200여 명을 평안(平安)촌에 집결시킨 후 무자비하

---

972 유기범(劉其凡, 1905~1933), 강서성 길안(吉安) 출신이며 공산주의자이다. 1929년 중공에 가입, 1930년 강서성 소비에트정부 위원, 1931년 감서남특위 서로행위 서기 1932년 상감성위 직공부장, 1933년 영신에서 살해됐다.

973 호파(胡波, 1905~1934), 강서성 영신(永新) 출신이며 공산주의자이다. 1926년 중공에 가입, 1930년 연화(蓮花)현위 서기, 1931년 상동남특위 서기, 1932년 'AB단' 분자로 체포, 1934년에 처형됐다.

974 '신풍사건(信豊事件)'은 1930년 12월에 발생한 '반모(反毛)사건'이다. '신풍사건' 주모자는 감서남특위 남로행위(南路行委) 서기 곽승록(郭承祿)이다. 1931년 1월 초 신풍에서 '모택동 반대' 대회를 개최한 곽승록은 '홍35군' 군단장 등의강(鄧毅剛) 등에게 '협력'을 요청했으나 거절당했다. 1932년 5월 곽승록은 'AB단' 분자로 살해됐다.

모택동과 중국혁명 2

게 학살했다. '부전사변' 발기자 유적 등의 '담대한 처사'로 무고한 '홍20군' 장병이 횡액을 당했다. 1945년 '억울한 죽임'을 당한 소대붕은 혁명열사로 추인됐다. 생존자는 사상황(謝象晃)[975]과 우수영(劉守英) 2명뿐이었다.

1931년 봄여름 이소구는 소국영(蕭菊英)[976]에게 이렇게 말했다. …당신의 남편은 'AB단' 두목이다. 어느 날 진의는 부인에게 만약 저녁 6시까지 돌아오지 않으면 고향에 가서 피신하라고 주문했다. 그날 비적의 습격을 받은 진의는 저녁 8시에 귀가했다. 결국 진의가 체포된 줄로 착각한 소국영은 우물에 뛰어들어 자살했다(余伯流 외, 2011: 133). 1968년 진의는 이렇게 회상했다. …당시 이소구는 내가 'AB단' 총책이라며 자수하라고 핍박했다. 결국 나는 모주석에게 편지를 썼다. 모주석이 지지하지 않았다면 그들은 나를 총살했을 것이다(王禾, 1996: 19). 진의의 회상은 자가당착적이다. 만약 군정대권을 장악한 모택동의 지지가 없었다면 이소구가 '홍-22군' 군단장 진의를 해칠 엄두를 감히 내지 못했을 것이다.

이소구의 '죽음'에 대해 두 가지 설이 있다. 홍군이 장정(長征)을 떠난 후 강서 근거지에 남아 활동을 지속한 이소구는 1935년 봄에 희생됐다(單秀法, 2008: 85)는 것이다. 또 다른 설은 진의가 처형했다는 것이다. 1944년 모택동은 연안에 도착한 진의에게 이소구에 대해 물었다. 진의

---

975 사상황(謝象晃, 1908~2002), 강서성 흥국(興國) 출신이며 '부전사변' 생존자이다. 1932년 중공에 가입, 1940년대 진기로예(晉冀魯豫)군구 직속병원 행정처장, 중원군구 직속병원 정치원장, 건국 후 강서성 무역국장, 강서성 정법위원회 부주임 등을 역임, 2002년 남창(南昌)에서 병사했다.

976 소국영(蕭菊英, 1912~1931), 강서성 신풍(信豊) 출신이며 진의의 원배(元配) 부인이다. 1930년 10월 진의와 결혼했다. 1931년 여름 진의가 'AB단' 분자로 체포된 것으로 착각, 우물에 뛰어들어 자살했다.

는 이렇게 대답했다. …1935년 내가 이소구를 처형했다. 그가 나의 부인(蕭菊英)을 해쳤기 때문이다(羅英才 외, 1993: 214). 황극성은 이렇게 회상했다. …진의에게 이소구에 관해 묻자 그는 이렇게 말했다. …그 나쁜 놈은 홍군이 장정을 떠난 후 내가 죽였다(黃克誠, 1989: 140). 상기 황극성의 회상은 신빙성이 매우 높다. 진의가 애처(愛妻)의 원수를 갚는 것은 '당연지사'였다. 당시 '주인 보호'를 상실한 이소구는 '상갓집 개' 신세였다.

'AB단' 분자가 당조직과 홍군에 잠입했다는 것은 사실무근이다. 'AB단' 두목이 '부전사변'을 일으켰다는 주장은 더욱 황당무계하다. '부전사변'의 장본인은 이문림을 체포하고 심복인 이소구를 파견한 모택동이다. '입삼노선' 청산과 반대파 제거를 취지로 한 홍군의 'AB단' 숙청이 '부전사변' 도화선이었다. '숙반 확대화'의 장본인은 모택동의 강경책을 지지한 공산국제였다. 또 좌경 노선 집행에 충실한 중공 지도자 주은래·임필시는 '숙반 확대화' 책임에서 결코 자유로울 수 없다. 한편 '숙반운동 확대화'를 제지한 주은래는 '결자해지'의 역할을 했다.

3. 민서(閩西) 숙반과 '숙반 확대화'

1) 민서 근거지의 '사회민주당' 숙청

감서남에서 'AB단' 숙청이 전개된 후 민서 근거지에서도 '사회민주당(社會民主黨)'[977] 숙청이 진행됐다. 공산국제는 중공중앙에 자산계급

---

977 '사회민주당(社會民主黨)'은 19세기 40년대 처음으로 출현했다. 1869년 독일에서 사회민주당이 설립, 각국의 좌익 정당은 대부분 '사회민주당' 명칭을 사용했다. 공산국제는 소공(蘇共)의 투쟁 경험을 근거로 중공중앙에 사회민주당 등 파벌 숙청을 지시했다. 1931년 후 민서 근거지에서 전개된 '사회민주당' 숙청으로 수천명이 처형됐다.

의 파벌 숙청을 지시했다. 이는 민서의 '사회민주당' 숙청을 촉발했다. 1930년 12월 민서 소비에트정부는 …근거지를 공고히 하고 반혁명을 숙청하라는 복건성위의 지시에 따라 민서 소비에트정부 숙반위원회를 설립했다. 또 민서 소비에트정부 재판부장 임일주(林一株)[978]를 숙반 책임자로 임명했다.

'홍12군' 대회(1931.1)에서 상황을 잘못 인지한 한 병사가 '사회민주당 만세'를 외쳤다. 누군가 이 상황을 연대 정치위원 임매정(林梅汀)[979]에게 보고했으나 응대하지 않자 숙반위원회에 고발했다. 당시 임일주는 그 병사에게 혹형을 사용해 자백을 강요했다. 고문에 견디지 못한 그는 부백취(傅柏翠)가 '사회민주당' 민서특위 서기, 임매정이 선전부장이라고 진술했다. 또 지방당조직과 홍군에 60여 명의 '사회민주당'이 있다고 말했다.

민서 소비에트정부가 반포한 '제2호 통고(2.21)'는 이렇게 썼다. … 최근 정부는 사회민주당을 대거 체포했다. 심사 결과 그들은 각종 음모를 획책하고 있었다. 각급 정부는 역량을 집중해 '숙청'을 전개해야 한다(中央檔案館, 1986: 42). 민서 정부는 '사회민주당' 분자에 대한 처벌권을 지방정부에 일임했다. 각급 지방당조직은 '사회민주당'에 가입한 '반당분자' 체포를 당면과제로 추진했다. 결국 민서 근거지에서는 무고한 희생자가 속출했다.

---

978 임일주(林一株, ?~1931), 복건성 용암(龍岩) 출신이며 공산주의자이다. 1927년 중공에 가입, 1929년 용암현위 선전부장, 1930년 민서 소비에트정부 비서장 등을 역임, 1931년 민서 정치보위처에 의해 처형됐다.

979 임매정(林梅汀, 1906~1931), 복건성 영정(永定) 출신이며 공산주의자이다. 1927년 중공에 가입, 1930년 '홍12군' 100연대 정치위원, 1931년 3월 '사회민주당'으로 몰려 처형됐다. 1959년 혁명 열사로 추인됐다.

3월 1일 영정현 호강(虎岡)에서 열린 '사회민주당 심판' 대회는 34명의 '당괴(黨魁)'를 심판했다. 심판자는 범인들이 '사회민주당'이라는 것을 자백했다고 말했다. 3월 2일 임매정 등 17명 '당괴'가 처형됐다. 그들은 '사회민주당 타도, 공산당 만세'를 외쳤다(羅惠蘭 외, 1994: 189). 한편 '사회민주당'으로 처형된 임매정 등이 '사호민주당 타도'를 외친 것은 매우 아이러니하다. 결국 이는 자신이 '사회민주당'이 아니라는 것을 호소한 것이다.

'제3호 통고(1931.3.4)'가 선포한 '사회민주당 징벌' 원칙은 ① 정부에 잠입한 '사회민주당' 즉각 처형 ② 동요분자 엄벌 ③ 반혁명 죄행, 대중에게 공포 등이다(福建省檔案館, 1986: 52). 또 '통고'는 민서 '사회민주당' 분자의 활동이 감서남의 'AB단' 활동보다 더욱 창궐하다고 지적했다. 한편 '사회민주당' 분자의 '반혁명 죄행'을 반드시 대중에게 공포할 것을 강조한 것은 '사회민주당 숙청'이 민서 대중의 지지를 받지 못했다는 반증이다.

민월감(閩粵贛)특위에 보낸 당중앙의 지시(1931.4.4)는 이렇게 썼다. … 민서의 '사회민주당'과 강서의 'AB단'은 당조직과 홍군에 잠입했다. 부백취 등은 장개석과 밀접한 연계가 있다. 반혁명 분자를 진압해야 한다(龍岩地委黨史資料室, 1984: 134). 주은래가 작성한 '지시'는 민서의 '숙반 확대화'를 초래했다. 한편 민월감특위 서기인 등발(鄧發)[980]은 '사회민주당' 숙청 주도자이다. 또 등발의 강경책은 민서 혁명무장의 반항을 불러일

---

980   등발(鄧發, 1906~1946), 광동성 운부(雲浮) 출신이며 공산주의자이다. 1925년 중공에 가입, 1929년 광주시위 서기, 1930년대 민월감(閩粵贛)특위 서기, 정치보위국장, 중앙군위 제2종대 부사령관 등을 역임, 1946년 4월, 흑차산(黑茶山)에서 비행기 사고로 사망했다.

으켰다.

'제23호 통고(1931.3.6)'는 부취백을 '사회민주당 영수'로 확정했다. 1931년 2월 당에서 제명된 부백취는 고교(古蛟)에서 보안대를 설립했다. 결국 혐의자들은 그를 찾아갔고 고교는 '사회민주당' 소굴로 간주됐다. 임일주가 홍군을 이끌고 부백취를 공격했으나 소탕에 성공하지 못했다. 부백취의 '당적 박탈자'는 등발이었다. 1949년 무장봉기를 일으킨 부백취는 해방군의 '민서 해방'에 협력했다. 1985년 부백취는 재차 중공에 가입했다.

1930년 12월 등발은 민월감특위 서기로 부임했다. 민서에 도착한 등발은 곽적인·장정승·임일주·나수춘(羅壽春)[981] 등을 등용해 특위와 소비에트정부를 구성했다. 민서의 숙반운동이 개시된 후 임일주를 중용한 등발은 부취백을 '사회민주당'으로 몰아 당적을 박탈했다. 당시 감서남에 도착한 항영은 '부전사변' 처리에 주력했고 민서 근거지의 업무에 간섭하지 않았다. 결국 노동자 규찰대 출신인 등발은 무자비한 강경책을 취했다.

등발의 강경책은 '갱구병변(坑口兵變)'[982]을 촉발했다. 등발은 '갱수정변'을 반혁명 폭동으로 확정했다. 등발의 지시를 받은 '홍12군'에 의해

---

981 나수춘(羅壽春, 1903~1931), 복건성 상항(上杭) 출신이며 공산주의자이다. 1924년 중공에 가입, 1928년 민서특위 부서기, 1930년 민월감(閩粤贛) 특구 비서장 등을 역임, 1931년 5월 '사회민주당' 분자로 처형됐다.

982 '갱구병변(坑口兵變)'은 1931년 5월 27일 항무(杭武)현 무장대대장 이진(李眞)과 장순명(張純銘) 등이 등발의 강경책에 대적하기 위해 일으킨 군사정변이다. 1931년 봄 민서 소비에트정부는 항무현 구위 서기 하등남(何登南)과 정치위원 진금옥(陣錦玉) 등을 갱구(坑口)에 감금됐다. 5월 27일 이진 등은 특파원 나수남을 체포, 하등남 등을 석방했다. 등발은 '갱구사변'을 '반혁명 정변'으로 확정, '병변' 주모자 이진 등은 '사회민주당'으로 간주돼 전부 처형됐다.

체포된 '갱구병변' 주모자들은 '사회민주당'으로 간주돼 전부 처형됐다. 민서 정부는 '통지(5.30)'를 발표해 항무현의 '무장 해산'을 선포했다. 등발의 강경책은 민서의 '사회민주당 숙청'을 더욱 미궁에 빠지게 했다.

'부천사변 결의안(3.28)'은 민서 '사회민주당'도 'AB단'과 같은 반혁명 조직이라는 결론을 내렸다. 또 '결의안'은 'AB단'과 '사회민주당'의 반혁명 활동을 무자비하게 진압하는 것이 당면과제라고 지적했다(中央檔案館, 1991: 203). '숙반 유화책'을 펼친 항영을 경질한 중앙대표단은 민서의 최고 책임자 등발은 긍정적으로 평가했다. 이는 등발의 '숙청' 기세를 부추겼다(高華, 2000: 34). 1931년 4월 초 임필시 등 중앙대표단은 영정현 호강에서 열린 민월감 확대회의에서 '숙반 강경책'을 강조했다. 결국 이는 민서의 '사회민주당' 숙청을 악화일로에 빠지게 했다.

민서 정부의 절반 이상 집행위원이 '사회민주당'에 연루돼 살해됐다. '홍12군' 중대장급 절반 이상이 '사회민주당' 분자로 몰려 처형됐다. 1931년 민서에서 '사회민주당'으로 처형된 자가 6352명에 달했다(中共黨史硏究室, 1986.5). 민서 소비에트정부 주석 장정승과 민월감특위 조직부장 나명(羅明)도 '사회민주당'으로 간주돼 처형될 뻔했다. 민서의 8000명 당원이 5000명으로 감소됐다(凌步機 외, 2017: 1187). 이 시기 민서특위의 영도를 받았던 서금(瑞金)도 '사회민주당' 숙청으로 심각한 피해를 입었다. '숙청' 주도자는 서금현위 서기 이첨부(李添富)였다.

이첨부는 정부 간부 80%를 혐의자를 체포했다. 이들 대다수는 '사회민주당'으로 처형됐다. 전 현위서기 등희평(鄧希平)[983]과 정부 주석 초

983　등희평(鄧希平, 1898~1931), 강서성 서금(瑞金) 출신이며 공산주의자이다. 1927년 중공에 참가, 1930년 서금현 농민협회 주석, 서금현위 서기 등을 맡았다. 1931년 2월 서금에서 'AB단' 분자로 몰려 처형됐다.

연림(肖連林)을 포함해 435명 간부가 처형됐다(余伯류, 2011: 10). 서금현위 서기로 임명(1931.8)된 등소평은 부인 김유영(金維映)[984]을 파견해 구체적 상황을 조사하게 했다. 결국 이른바 '사회민주당'이 사실무근이라는 것을 파악한 등소평은 이첨부를 처형하고 체포된 혐의자 300여 명을 석방했다.

'제83호 통지(1931.8.4)'는 이렇게 썼다. …정부 집행위원 등조해(鄧潮海)[985]·웅병화(熊炳華)[986]·노조시·단분부(段奮夫)[987] 등 10명은 사회민주당이다(福建省檔案館, 1986: 158). 1931년 7월 15일 소구중앙국은 민서 숙반위원회를 철회했다. 장정승은 정치보위처를 설립하고 곽적인을 처장으로 임명했다. 한편 웅병화 등이 처형당한 것은 1931년 7~8월이었다. 이는 민서 정치보위처가 이 기간에도 '숙청'을 감행했다는 단적인 방증이다.

상해원동국 책임자는 공산국제 보고서(1931.6.10)에 이렇게 썼다. …정치적으로 믿을 수 있는 동지를 파견해 민서의 '사회민주당' 숙청을 올바른 방향으로 이끌어야 한다. 민서 당조직의 90% 이상이 '사회민주

---

984 김유영(金維映, 1904~1941), 절강성 주산(舟山) 출신이며 공산주의자이다. 1926년 중공에 가입, 1930년대 강서성 우도(于都)현위 서기, 중앙조직부 조직과장, 항일군정대학 여성대장을 맡았다. 1941년 소련에서 사망했다.

985 등조해(鄧潮海, 1898~1931), 복건성 용암(龍岩) 출신이며 공산주의자이다. 1927년 중공에 가입, 1928년 용암현 소비에트정부 주석, 1929년 용암현위 서기, 1931년 7월 '사회민주당' 분자로 몰려 영정현 호강(虎崗)에서 처형됐다.

986 웅병화(熊炳華, 1908~1931), 복건성 영정(永定) 출신이며 공산주의자이다. 1928년 중공에 가입, 1930년 민서 총공회(總工會) 주석, 1931년 민서 소비에트정부 감찰부장, 그해 8월 '사회민주당' 분자로 몰려 처형됐다.

987 단분부(段奮夫, 1905~1931), 복건성 장정(長汀) 출신이며 공산주의자이다. 1927년 중공에 가입, 1930년 민서 소비에트정부 집행위원, 정련(汀蓮)현위 서기 등을 역임, 1931년 7월 '사회민주당' 분자로 몰려 처형됐다.

당'이란 주장은 잘못된 결론이다(中共中央文獻硏究室第一硏究部, 2002: 325). 원동국의 보고서는 중공중앙에 전해졌다. 결국 당중앙은 '숙반 억제'를 결정했다. 원동국의 보고서는 민서의 '숙반 확대화' 제지에 긍정적 역할을 했다.

당중앙은 민월감특위에 보내는 편지(1931.8.29)에서 이렇게 썼다. … 민서의 숙반 대상을 사회민주당에 국한해선 안 된다. 민서의 모든 문제를 사회민주당에 덤터기를 씌우는 것은 잘못된 것이다(中央檔案館, 1991: 351). 상기 편지는 주은래가 작성한 것으로 추정된다. 주은래는 '사회민주당' 숙청에서 과오를 범한 등발을 비판했다. 얼마 후 민서의 '숙반 책임자' 임일주는 처형됐다. 결국 민서의 '사회민주당 숙청'은 소강상태에 진입했다.

1931년 11월 장정승 등은 중화소비에트공화국 주석 모택동에게 민서의 '사회민주당' 숙청 중 발생한 과오를 보고했다. 당시 모택동은 이렇게 말했다. …숙반 확대화는 잘못된 것이다. 적이 공격하기 전 우리 자신에 의해 무너질 수 있다(張鼎丞, 1980). '사회민주당' 숙청 중지를 지시한 모택동은 민서 정부에 선후구제금(善後救濟金) 5000원을 지원했다(余伯流 외, 2017: 1189). 이 시기 임필시 등과의 불화로 모택동은 실권한 상태였다. 당시 민서의 '사회민주당' 숙청은 이미 중지됐다. 이른바 '구제금'은 '숙반 뒷감당' 지원이 아닌 측근 장정승에 대한 '배려'였다.

모택동은 민서의 '사회민주당' 숙청에 거의 간섭하지 않았다. 모택동이 '근신'한 이유는 ① 'AB단' 숙청 문제점 인지 ② 반'포위토벌'에 전념 ③ 중앙대표단이 숙반을 주도 ④ 항영의 유화책 영향력 ⑤ 임필시 등과의 분쟁 격화 ⑥ 소구중앙국 대리서기 임명 ⑦ 주은래의 측근 등발, 통제 불가능 등이다. 한편 1931년 하반기 '주모홍군' 반'포위토벌'에 몰두했다. 따라서 모택동은 민서 '사회민주당' 숙청에 신경 쓸 겨를이 없었다.

2) 주은래의 '숙반 확대화' 제지, 숙반 총체적 평가

향충발이 변절(1931.6)한 후 중공 지도자들은 활동을 중지하고 은신했다. 8월 3일 당중앙은 공산국제의 지시에 따라 주은래의 '근거지 파견'을 결정했다. 당시 주은래는 중앙순시원 구양흠(歐陽欽)을 비밀리에 만났다. 8월 30일 주은래는 (蘇區)중앙국과 '홍1방면군' 총전위에 지시문을 보냈다. 주은래는 'AB단' 숙청의 문제점과 민서의 '숙반 확대화'를 비판했다. 결국 주은래의 지시(8.30)는 민서 '숙반 확대화' 제지에 긍정적 역할을 했다.

당중앙의 '지시문'은 이렇게 썼다. …현재 감서남과 민서에서 진행 중인 'AB단'·'사회민주당' 숙청은 심각한 문제가 존재한다. 잘못을 범한 자가 반드시 '반당' 분자가 아니다. '숙청 확대화'와 무모한 강경책 남발을 중단해야 한다(中共中央文獻研究室, 2007: 216). '지시문'은 '숙반 확대화' 제지에 일정한 기여를 했다. 이는 '결자해지' 차원의 '과오 시정'에 불과했다. 얼마 전 '부전사변'과 민서 '사회민주당'을 '반혁명'으로 규정하고 강경 진압을 호소한 장본인이 바로 좌경 노선을 집행한 당중앙이다. 그 '좌경 노선'을 집행한 대표적 인물이 주은래와 임필시였다.

주은래의 '지시문'는 민서의 '숙반 확대화' 억제에 긍정적 역할을 했다. 또 그는 민월감특위에 '편지(8.29)'를 보내 '숙청 확대화'를 비판했다. 민서 정부의 '제97호 통고'는 이렇게 썼다. …민서 '숙청' 주도자 임일주와 나수남을 처형했다(羅惠蘭 외, 1994: 192). '숙청' 선봉장인 임일주는 '사회민주당' 두목으로 처형됐다. 실제로 등발의 하수인 임일주·나수남은 정치적 희생양이었다. 한편 등소평은 주은래의 '지시'를 상방보검으로 이용해 '무고한 동지'를 학살한 이첨부를 처형했다. 그러나 등소평이 '명관 포청천(包靑天)'[988]이란 일각의 주장은 수긍하기 어렵다.

(蘇區)중앙국은 'AB단과 반혁명 파벌에 관한 투쟁문제(1931.12.5)'에 이렇게 썼다. …우리는 'AB단'에 대해 주관적으로 판단하고 'AB단' 숙청을 확대화했다. 또 'AB단' 숙청을 체포·심문·처형으로 '간단화'했다. 한편 반대파 제거에도 'AB단' 숙청 방식을 적용해 '숙반 중심론'을 강조하는 과오를 범했다(中共中央黨史硏究室, 2002: 59). 상기 '편지'는 임필시가 썼다는 것이 학계의 지배적인 견해이다. 한편 이 편지를 쓴 모택동이 'AB단' 숙청을 반성했다는 일각의 주장은 신빙성이 낮다. 실제로 모택동이 'AB단' 숙청을 반성한 것은 1940~1950년대의 일이다.

서금으로 가던 중(1931.12) 민서의 '숙청' 문제점을 발견한 주은래는 '당중앙 편지(12.18)'에 이렇게 썼다. …민서에 온지 3일만에 '숙청 확대화'의 문제점을 발견했다. 그들은 '사회민주당 숙청'에서 혹형 자행과 무자비한 학살을 감행했다(中共中央文獻硏究室, 1988: 77). 주은래는 장정현위 서기 이견정(李堅貞)[989]에게 이렇게 말했다. …반혁명 분자 체포는 반드시 증거가 충분해야 하며 좋은 사람을 억울하게 해선 안 된다(黨史通迅, 1985: 46). 상기 '문제점 발견'과 '증거 중시'는 이 시기 '숙청 확대화'에

---

988 포청천(包靑天)의 본명은 포증(包拯, 999~1062), 안휘성 합비(合肥) 출신이며 북송(北宋) 명신, 청렴한 관리의 표상이다. 1027년 진사(進士) 급제, 그 후 어사중승(御史中丞)·삼사사(三司使)·추밀부사(樞密副使) 등을 역임, 1062년 사망, 예부상서(禮部尙書)에 추증됐다.

989 이견정(李堅貞, 1906~1992) 광동성 매주(梅州) 출신이며 공산주의자이다. 1927년 중공에 가입, 1930~1940년대 (蘇區)중앙국 부녀부장, 섬서성위 조직부 부부장, 산동성위 부녀부장, 건국 후 광동성위 서기, 중앙고문위원회 위원을 역임, 1992년 광주(廣州)에서 병사했다.

대한 주은래의 초보적 인식이자 기본적인 태도였다.

민월감특위 회의(12.22~24)에 참석한 주은래는 임시중앙에 보낸 두 번째 편지(12.25)에 이렇게 썼다. …정주(汀州)의 번창함은 근거지의 으뜸이다. 만약 '사회민주당' 숙청 중 과오를 범하지 않았다면 대중의 '정부 편견'이 이토록 심각하지 않았을 것이다(黃少群, 2006: 165). 당시 민서의 '숙청 확대화'로 소비에트정부는 대중의 신임을 상실했다. 결국 '숙반 확대화' 시정은 (蘇區)중앙국 최고 책임자인 주은래의 당면과제로 부상했다.

12월 말 서금에 도착한 주은래는 (蘇區)중앙국 서기로 취임했다. 1932년 1월 7일 확대회의를 주재한 주은래는 숙반운동에 대한 경험·교훈을 정리했다. 대회는 주은래의 보고와 당중앙의 지시문을 근거로 '숙반운동 결의안'을 통과시켰다. '결의안'은 '홍1방면군' 총전위가 주도한 '부전사변'에 대한 처리와 'AB단' 숙청 정확성·필요성을 긍정했다. 한 편 '결의안'은 숙반운동 중에 나타난 '확대화·간단화'의 과오를 가차없이 비판했다.

'결의안' 골자는 첫째, 'AB단' 조직에 대한 인식이 잘못됐다. 둘째, 'AB단' 숙청에서 '간단화(簡單化)' 과오를 범했다. 셋째, 숙반기관의 독선적 행위를 비판했다. 넷째, '숙청 확대화'가 초래한 심각한 결과를 지적했다. 다섯째, '숙반 확대화' 제지 필요성을 강조했다. 한편 '숙반 확대화' 과오 시정을 위해 주은래가 취한 조치는 ① 사상교육 강조, '숙반 중심론' 반대 ② 기율 위반 처벌 강화 ③ 민주집중제의 조직원칙 중시 ④ 정치보위국에 권한 부여 ⑤ 가혹행위와 형벌 남용 근절 등이다. 1932년 봄 중앙 근거지의 '숙반 확대화' 과오는 대체적으로 시정됐다.

1932년 임시중앙은 '제11호(4.22)·제12호 훈령(6.9)'을 반포했다. '훈령' 반포로 숙반운동이 재개됐다. 1932년 5월 30일 국가정치보위국[990]의 허락하에 강서성위는 이문림·중병춘·왕회 등을 처형했다. 이는 '숙반 부활'의 부정적 역할을 했다(江西省檔案館, 1982: 485). 한편 국가정치보위국 책임자 등발의 '이문림 처형'은 (蘇區)중앙국의 서기 주은래의 비준을 받은 것이다. 결국 중앙 근거지의 숙반운동은 1934년 가을까지 이어졌다.

1931년 9월 주은래는 민서 숙반 주도자 등발을 정치보위처장으로 등용했다. 그해 11월 등발은 '숙반대권'을 장악한 '국가보위국장'에 임명됐다. 주은래의 측근 등발은 중앙 근거지의 '숙반 확대화'를 부추긴 장본인이다. 주은래가 부임한 후 또 따른 측근인 임필시는 (蘇區)중앙국의 '2인자'로 군림하며 좌경 노선을 집행했다. 한편 임필시와 등발은 '감남회의(贛南會議)'에서[991] '소비에트공화국' 주석인 모택동을 비판한 주요 당사자이다.

주은래는 모택동의 심복 이소구에게 '당내 관찰 6개월'이란 솜방망이 처분을 내렸다. 이는 모택동의 '정적' 이문림을 처형한 것과 선명히 대조된다. 또 이소구의 조력자 주흥(周興)[992]에게 '당내 관찰'이란 경

---

990 1931년 11월에 설립된 국가정치보위국(國家政治保衛局)은 전국 소비에트정부의 숙반 (肅反)과 보위 업무를 책임진 최고 지도기관이다. 주요한 직능(職能)은 반혁명 활동을 정찰하고 진압하는 것이었다. 전신은 1931년 여름에 설립된 (蘇區)중앙국의 정치보위 처, 1931년 11월 등발이 중화소비에트공화국 국가정치보위국장으로 임명됐다.

991 감남회의(贛南會議, 1931.11.1~5)는 (蘇區)중앙국이 감남에서 개최한 제1차 대표대회이다. 회의는 모택동의 과오로 '명확한 계급노선'과 '대중적 사업'이 충분히 못했다고 지적, 모택동의 주장을 '협애한 경험론'·'부농노선'·'우경기회주의'라고 비판했다. 감남회의 후 모택동은 대리서기에서 해임됐다. 실제로 모택동은 '실각 위기'에 처했다.

992 주흥(周興, 1905~1975), 강서성 영풍(永豊) 출신이며 공산주의자이다. 1926년 중공에 가입, 1928~1935년 강서성 숙반위원회 비서, 서북국 보위국장, 1936~1948년 적군 내부에 잠입, 특공(特工) 책임자를 맡았다. 건국 후 공안부(公安部) 부부장, 최고인민검

한 처벌을 내렸다. 주은래가 모택동의 측근 중산·진정인·장정승 등을 중용한 것은 홍군 통솔자인 모택동의 체면을 고려한 것이다. 1932년 봄 주은래는 중앙특과(中央特科)[993]의 핵심 멤버인 이극농(李克農)[994]·전장비 (錢壯飛)[995]·호저(胡底)[996]·이일맹(李一氓)[997] 등을 국가정치보위국에 배치했다. 이극농·전장비는 선후로 '홍1방면군' 보위국장을 맡았다.

1945년 등발은 이렇게 술회했다. …지금 생각하면 민서 근거지의 이른바 '사회민주당'이 존재하지 않았다. '부백취 사건'은 사실무근이다(張伯英, 1984: 189). 1945년 모택동은 이렇게 회상했다. …'숙반'은 왜곡된 것이다. '반혁명 숙청'은 필요했으나 우리는 좌경 과오를 범했다(中共中央黨史研究室, 1991: 121). '홍군 숙반' 발기자 모택동이 '사회민주당' 숙청

찰원 부검찰장, 운남성장 등을 역임, 1975년 북경에서 병사했다.

993 중앙특과(中央特科)는 중공중앙특별행동과의 약칭이며 상해에 본부를 설치한 정치보위기관이다. 주요 직능은 정보를 수집하고 중공 지도자를 보호하며 적의 내부에 '특공'을 배치하는 것이다. 또 다른 임무는 변절자를 처단하는 것이며 중앙특과의 총책임자는 주은래였다. 특과가 존재한 기간은 1927년 11월부터 1935년 10월까지였다.

994 이극농(李克農, 1899~1962), 안휘성 소현(巢縣) 출신이며 공산주의자이다. 1926년 중공에 가입, 1930~1940년대, '홍1방면군' 정치보위국장, 중앙사회부장, 건국 후 외교부 부부장, 중앙군위 정보부장, 해방군 부총참모장 등을 역임, 1962년 북경에서 병사했다.

995 전장비(錢壯飛, 1895~1935), 절강성 호주(湖州) 출신이며 공산주의자이다. 1926년 중공에 가입, 1929년 주은래의 기요비서, 1931~1934년 '홍1방면군' 보위국장, 중앙군위 정치보위국장, 1935년 4월에 희생됐다.

996 호저(胡底, 1905~1935), 안휘성 서성(舒城) 출신이며 공산주의자이다. 1925년 중공에 가입, 1931~1934년 국가정치보위국 정찰부장, 중앙군위 야전군(野戰軍) 특파원, 국가정치보위국 집행부장, 1935년 장국도에 의해 살해됐다.

997 이일맹(李一氓, 1903~1990), 사천성 팽주(彭州) 출신이며 공산주의자이다. 1925년 중공에 가입, 1930~1940년대 섬감녕성위 선전부장, '신4군' 비서장, 화중국 선전부장, 건국 후 국무원 외사판공실 부주임, 중앙기율검사위원회 부서기를 역임, 1990년 북경에서 병사했다.

을 재평가하지 않은 것은 민서의 숙반과 홍군의 'AB단' 숙청이 밀접히 연관됐기 때문이다. 한편 복건성위가 '사회민주당' 숙청을 '잘못된 사건'으로 최종 확정(1985)한 후 부백취는 억울한 누명에서 벗어났다.

'중공 지도자' 주은래는 공산국제의 좌경 노선을 충실히 집행했다. 이는 '숙반 확대화'를 촉진하는 역할을 했다. 또 주은래는 '숙반 확대화' 제지에 효과적인 조치를 취해 '숙반 확대'에 제동을 걸었다. 한편 '홍군 숙반' 발기자 모택동은 '사적 보복'과 '반대파 제거'를 위해 숙청을 개시했다. 실제로 모택동은 숙반운동의 '시작용자(始作俑者)'이다. 주은래의 '숙반 확대화' 제지는 '결자해지'의 차원에서 실시한 '과오 시정'이란 지적을 면하기 어렵다. 이 시기 '홍군 지도자' 모택동은 군사작전에 일가견이 있었으나 조직관리 리더십은 주은래가 한 수 위였다.

중앙 근거지에서 진행된 숙반운동은 홍군의 'AB단' 숙청과 민서의 '사회민주당' 숙청이 대표적이다. 실제로 '황피숙반'으로 4400여 명의 홍군 장병이 황천객이 됐고 민서 '사회민주당' 숙청은 6787명의 무고한 희생자를 배출했다. 불완전한 통계에 따르면 중앙 근거지에서 'AB단' 숙청·'부전사변'·'사회민주당 숙청'으로 억울하게 살해된 홍군 장병과 대중이 3만명에 달한다. 결국 이는 홍군 전투력을 크게 약화시켰고 소비에트정부는 (中央)근거지 대중의 지지를 상실했다. 또 이는 '홍군 숙반'의 주모자 모택동의 실각을 초래한 중요한 요인으로 작용했다.

황극성은 이렇게 평가했다. …아첨자를 중용한 모택동은 인성이 개차반 같은 이소구에게 막대한 권한을 부여했다. 임시중앙이 근거지로 이전한 후 모택동이 실권한 것은 잘못된 조직노선으로 인심을 잃은 것과 관련된다(黃克誠, 1994: 101). 모택동의 조직노선을 비판한 하독재는 'AB단' 분자로 처형됐고 숙반을 반대한 황극성도 처형될 뻔했다. 한편 모택동의 실권은 중앙대표단의 도착(1931.4)과 주은래의 도래(1932.1)와 관련된다.

'중공 7대(1945)'에서 모택동은 이렇게 말했다. …내전 시기 우리는 'AB단'을 숙청하며 많은 사람을 죽였다. 사실상 대다수가 잘못 처형됐다(毛澤東, 1996: 408). 등소평은 이렇게 회상했다. …숙청운동 초기 모택동 동지도 참가했다. 전쟁연대 반혁명 숙청은 필요했으나 혹독한 고문에 따른 자백을 그대로 믿어 무고한 희생자가 속출했다(鄧小平, 1994: 301). 상기 모택동과 등소평은 홍군의 'AB단' 숙청을 주도한 장본인이 '홍군 통솔자'인 모택동이라는 것을 간과했다. 한편 모택동은 단순한 '참가자'가 아닌 심각한 결과를 초래한 숙반운동의 주모자였다.

'중공 8대(1956)'에서 모택동은 이렇게 반성했다. … 'AB단' 숙청 등 숙반에서 나는 과오를 범했다. 또 1968년에 이렇게 술회했다. …우리당은 'AB단'·'사회민주당'·'개조파' 숙청에서 좌경 과오를 범했다(黃少群, 2006: 174). 모택동은 반우파투쟁과 문화대혁명을 일으켜 수많은 '우파'와 '반대파'를 제거했다. 한편 '숙반 확대화' 제지에 기여한 주은래는 '모택동 비판' 죄책감으로 연안정풍에서 반성했다. 이 또한 역사의 아이러니이다.

'홍군 숙반' 발기자 모택동이 'AB단' 숙청에서 취한 강경책은 공산국제와 좌경 노선을 집행한 당중앙의 지지를 받았다. 이는 '숙반 확대화'를 촉발하는 계기로 작용했다. 모택동의 잘못된 조직노선과 독선적 '간부 임용'은 홍군 장병과 지방당조직의 지지를 상실했다. 한편 적의 '포위토벌'을 세 차례 격파한 모택동은 '주모홍군'의 최고 지도자 이미지를 굳혔다.

제3절 세 차례 반(反) '포위토벌' 승전

1. 제1차 반(反) '포위토벌' 승전

6기 3중전회[998] 후 입삼노선 통치는 끝났으나 홍군 총전위와 감서남 근거지에는 미처 전달되지 못했다. '홍3군단' 일부 장병과 강서행동위 서기 이문림은 남창 등 대도시 공격을 주장했다(余伯流 외, 2017: 348). 홍군의 남창·구강 공격을 주장한 이문림은 동하행위 서기 여일휘(余日暉) 등을 남창에 파견해 '강서성위 설립' 준비를 지시했다. 결국 호가호위(狐假虎威)하며 모택동의 군사전략을 반대한 이문림은 '비극'을 자초했다.

10월 초 길안 공략 후 모택동은 증산을 서기로 한 강서성 소비에트 정부를 설립했다. '주모홍군'은 대중을 발동해 근거지를 확대하고 홍군 병력을 확충했다. 또 이는 '강서성 정권 쟁취' 계획을 실현했다는 단적인 방증이다. 홍군은 1만명의 병력을 보충하고 60만원의 경비를 마련했다. 한편 토지혁명을 전개한 모택동은 농민에게 땅을 분배해 대중의 지지를 확보했다. 또 감강(贛江) 양안의 수십 개 현의 홍색정권을 하나로 통합했다.

1930년 하반기 '주모홍군'은 4만명으로 확충됐다. 10월 중 중원대전(中原大戰)에서 승전한 장개석은 대규모 병력을 강서성에 집결시켜 '홍군토벌'을 획책했다. 금번의 '포위토벌'은 과거의 '위초(圍剿)'에 비

---

998   1930년 9월 24~28일 구추백의 주재로 상해에서 열린 6기 3중전회는 '입삼노선'을 비판하고 이립삼의 좌경 모험주의 과오를 시정했다. '중앙통고 제91호(1930.10.12)'는 3중전회의 노선은 공산국제 노선과 일치하며 중공중앙은 개별적인 전략 과오를 범했다고 썼다. 한편 회의에서 과오를 반성한 이립삼은 '중앙 지도자' 직위에서 물러났다.

해 차이가 컸다. 기존 '토벌'은 한 개 성의 '진초(進剿)'와 몇 개 성의 '연합토벌(會剿)'로 국부적 군사행동이었다. 한편 이번 '토벌'은 남경정부의 통일적 지휘하에 감행된 전국적 군사작전이었다. 또 '토벌'의 중점은 '주모홍군'이었다.

장개석은 중앙일보(1930.10.10)에 '민중에게 고하는 글'을 발표해 '공비(共匪) 숙청'을 최우선과제로 결정했다. 또 '중원대전'에 동원된 병력을 상악감(湘鄂贛)에 배치하고 악예환(鄂豫皖)·상악감 등지에 '초비(剿匪)' 지휘부를 설치했다. 10월 23일 무한에서 상악감 3성(省)의 '초공(剿共)' 회의를 주재한 장개석은 '주모홍군'에 대한 군사 작전을 배치했다. 결국 '중원대전'에서 승전한 장개석은 모택동을 '유일한 호적수'로 간주했다.

10월 25일 양호성(楊虎城)[999] 휘하의 제27여단이 동관을 점령했다. 장학량은 감숙·청해성까지 진격해 서북군 전멸을 시도했으나, 장개석의 만류로 정전 협정을 맺었다. 11월 4일 염석산(閻錫山)[1000]·풍옥상이 하야를 선언하며 중원대전이 막을 내렸다(나창주, 2019). 중원을 평정한 장개석은 '정적 제거'에 성공했으나, '군벌 섬멸'에 실패했다. 이는 '홍군토벌'에 악재로 작용했다. 이 기간 병력을 확충한 '주모홍군'은 근거지를 확대했다.

---

999 양호성(楊虎城, 1893~1949), 섬서성 포성(蒲城) 출신이며 '서안사변' 발기자이다. 1927년 제2집단군 제10군단장, 1930년대 제17로군 총지휘, 섬서성장, 중앙감찰위원 등을 맡았다. 1936년 12월 12일 장학량과 함께 '서안사변'을 일으켜 장개석을 구금, '항일구국(抗日救國)'을 주장했다. 1949년 9월 중경에서 국민당 특무에게 살해됐다.

1000 염석산(閻錫山, 1883~1960), 산서성 오대(五台) 출신이며 국민당 우파이다. 1917년 산서성장, 1920~1940년대 국민혁명군 북방(北方)사령관, 제3집단군 사령관, (太原)수정공서(綏靖公署) 주임, (西北)실업회사 이사장, 1949년 대만 이주, 1960년 대북(臺北)에서 병사했다.

10월 하순 장개석은 제77사단·신편 5사단·50사단·20사단·8사단 등을 강서성 경내로 이동시켰다. 결국 강서성에는 국민당 정예군 7개 사단과 1개 여단이 운집했다. 그 외 무한에 주둔한 제19로군 60사단·61사단도 장개석의 명령에 따라 강서로 진입했다. 따라서 홍군 '포위토벌'을 위해 강서성에 집결된 국민당군은 10만명에 달했다. 한편 장개석은 제9로군 총지휘 노척평(魯滌平)을 '초비(剿匪)' 사령관으로 임명했다.

총전위 확대회의(10.17)에서 모택동은 이렇게 말했다. …적아 간 대립이 첨예해지고 있는 상황에서 계급모순이 통치계급 갈등을 압도할 것이다. 적은 곧 근거지를 공격할 것이다(江西省委黨史研究室, 1988: 169). 적군의 '남창 집결'을 탐지한 모택동은 남창에 대한 홍군의 '무모한 공격'을 극력 반대했다. 한편 '남창 공격'에 집착한 이문림은 모택동의 주장을 반대했다. 결국 회의는 홍군의 군사행동에 대한 '최종적 합의'를 도출하지 못했다.

'동고회사(東固會師)'[1001]에서 모택동과 이문림은 상호 신임하는 동지였다. 2.7회의(1930.2)에서 모택동이 유사기와 증산 등을 지지하면서 그들은 앙숙 관계로 발전됐다. 한편 감서남 '2전회의(1930.8)'에서 이립삼의 지지를 받은 이문림이 유사기를 축출한 후 그들은 견원지간이 됐다. 당시 이문림이 모택동의 군사전략을 대놓고 반대하면서 그들은 '불공대천'의 원수가 됐다. 11월 홍군 지도자 모택동은 이문림을 'AB단 주모자'로 체포했다. 공산국제에 충성한 이립삼이 공산국제의 속죄양이라

1001 '동고회사(東固會師)'는 1929년 2월 19일 강서성 길안에서 '홍4군'과 강서 홍군의 회사(回師)를 가리킨다. 2월 20일 '홍4군'과 '홍2·4단(團)'은 동고에서 경축대회를 개최했다. 대회에서 모택동은 동고 근거지를 창건한 강서 홍군의 업적을 높이 평가했다. 2월 25일 급양을 해결하고 부상자를 배치한 '주모홍군'은 민서(閩西)로 진격했다.

면 이립삼을 추종한 이문림은 '입삼노선'의 정치적 희생양이었다.

홍군의 '고안(高安) 진격 명령(10.19)'은 이렇게 썼다. …남창 공략을 위해 우선 고안 탈취를 결정한다. 상기 '남창 공략' 제기는 모택동이 아직 반대파를 설득하지 못했다는 방증이다(凌步機 외, 2017: 350). 10월 22일 청강현 태평우(太平圩)에 도착한 홍군은 적정(敵情)의 변화를 파악했다. 담도원(譚道源)[1002]·웅식휘(熊式輝)[1003]·모병원(毛炳文)[1004]·공병번(公秉藩)[1005] 등의 부대가 남창·구강·무주(撫州)에 집결한 상황을 탐지한 것이다.

태평우 회의(10.23)에서 홍군 지도부는 다음과 같은 군사전략을 확정했다. …홍군은 잠시 '고안 공격'을 늦추고 계획적·단계적으로 '남창 공략' 목표를 실현한다. 또 원수(袁水)·서주하(瑞州河) 일대에서 7일 동안 머물며 대중을 발동해 급양을 해결하고 결전(決戰)을 준비한다(中共中央文獻研究室, 2005: 320). 10월 24일 모택동과 주덕은 '홍1방면군 원주·서주하 대기 명령'을 내렸다. 실제로 '주모홍군'은 '남창 공격'을 포기한 것이다.

나방(羅坊)회의(10.25)에서 모택동은 이렇게 말했다. …강적이 집결된

1002 담도원(譚道源, 1887~1946), 호남성 상향(湘鄕) 출신이며 국민당 좌파이다. 1920~1930년대 상군(湘軍) 제3사단장, 국민혁명군 제5사단장, 육군 제50사단장, 제10군단장 등을 역임, 1946년 장사(長沙)에서 병사했다.

1003 웅식휘(熊式輝, 1893~1974), 강서성 안의(安義) 출신이며 국민당 우파이다. 1926년 북벌에 참가, 1930~1940년대 송호(淞滬)경비사령관, 강절환(江浙皖) (剿匪)총지휘, 강서성장, 국민당중앙 집행위원 등을 역임, 1954년 대만 이주, 1974년 대중(臺中)에서 병사했다.

1004 모병원(毛炳文, 1891~1970), 호남성 상향(湘鄕) 출신이며 국민당 우파이다. 1920~1940년대 제40군 제3사단장, 37군단장, (南昌)경비사령관, 서북 (剿匪)제1로군 제3종대장, 국민당중앙 감찰위원 등을 역임, 1949년 대만으로 이주, 1970년 대북에서 병사했다.

1005 공병번(公秉藩, 1902~1982), 섬서성 부풍(扶風) 출신이며 국민당 중장이다. 1930~1940년대 제28사단장, 군사참의원 참의(參議), 제34사단장, 호북성 보안사령부 참모장, 1951년 서안에서 체포, 1982년 서안에서 병사했다.

남창을 무모하게 공격해선 안 된다. 홍군의 역량으로 대도시를 공격하면 승산이 적다. '적을 근거지로 유인'하는 전술을 사용해 대중에 의지한 인민전쟁을 치러야 한다(中共中央文獻硏究室, 2011: 239). 회의에서 모택동은 '유적심입(誘敵深入)' 전략을 제출했다. 한편 근거지에서 전쟁을 치르는 것을 반대하는 의견이 제기됐으나 참석자 대다수는 모택동의 의견을 지지했다.

'홍3군단' 정치부 주임 원국평은 이렇게 말했다. …남창을 공격하지 않은 것은 당중앙 지시에 위배된다. '적을 유인'하는 전략은 보수주의적이다. 근거지에서 전쟁하면 대중이 재앙을 입는다(陣鋼 외, 2011: 118). '적을 유인'하는 모택동의 전술은 주덕·주이률·임표·나영환·증산·진정인 등의 지지를 받았다. 원국평 등 '홍3군단'의 일부 간부들은 반대했고 이문림은 침묵을 지켰다(余伯流 외, 2017: 351). 원국평의 주장은 '홍3군단' 장병의 의견을 대변한 것이다. 또 이는 '중립을 지킨' 팽덕회 입장과 관련된다. 홍군 총사령관 주덕과 장강국 대표 주이률의 '모택동 지지'는 매우 중요했다. 한편 이문림의 '침묵'은 이립삼의 '모스크바 소환'과 크게 관련된다. 또 다른 '침묵자'는 '홍3군단'의 최고 책임자 팽덕회였다.

'중앙 통고 제91호(10.12)'는 이렇게 썼다. …당중앙은 혁명 정세를 낙관했고 전략적으로 좌경 모험주의 과오를 범했다. 10월 상순 상해에서 확대회의가 개최됐다. 회의에서 3중전회의 취지를 전달한 주은래는 좌경 과오의 시정을 요구했다(中共中央文獻硏究室, 2007: 195). 상기 '통고'는 강서성행위가 미처 전달받지 못했을 것으로 추정된다. 그러나 확대회의에 이문림이 직접 참석하지 못했다면 대표를 파견했을 가능성이 매우 크다.

10월 26일 (羅坊)연석회의에서 통과된 '결의안'은 이렇게 썼다. …길안과 남창 사이에서 대중을 발동해 급양을 해결하고 대중의 지지하에 대규모적 결전을 준비한다(江西省檔案館, 1982: 264). 등대원은 이렇게 회상했다. …충분한 토론과 모주석·주이률의 인내성 있는 노력으로 참석자들은 '남창 공격' 포기에 동의했다. 또 2개 군단이 회합해 역량을 집중해야 한다는 방안에도 찬성했다(滕代遠, 1967: 254). 한편 홍군 내의 의견 대립으로 '적을 유인'하는 전략은 최종적 합의를 도출하지 못했다. 따라서 관련 내용을 상기 '결의안(10.26)'에 적어 넣지 않았다.

10월 30일 홍군 지도부는 국민당의 10만 대군이 남창 등지에 집결했으며 적의 선두부대가 근거지를 행해 진격하고 있다는 정보를 입수했다. 모택동은 긴급회의를 소집하고 전략을 토론했다. 적아 간의 역량 차이가 큰 상황에서 적을 유인해 각개격파하는 전술을 확정했다(金沖及 외, 2004: 248). 결국 홍군 전체가 감강 동쪽에 집결한 후 유격전을 전개해 적군을 섬멸하기로 결정했다. 당시 팽덕회는 '홍3군단'의 '감강 도하'를 동의했다.

모택동과 주덕은 '적을 근거지에 유인해 각개격파하는 명령(11.1)'을 내렸다. 즉 홍군 주력은 감강 동쪽으로 이동해 장수(樟樹)·무주(撫州)를 공략하고 신간(新干)·낙안(樂安)·의황(宜黃) 등지에서 급양을 해결한다. 또 '홍3군단'은 11월 5일까지 감강을 건너 장수 방향으로 진격하고 '홍4군'과 '홍12군'은 11월 6일에 감감을 건넌 후 무주 방향을 향해 출격한다. '홍3군'은 감강 서안에서 활동하며 적의 배후를 공격하기로 결정했다.

11월 4일 감강 부근의 인화우(仁和圩)에 도착한 '홍3군단'의 소장파 간부들은 '홍1·3군단'의 '분가(分家)'를 요구했다. '홍3군단'의 대다수가 호남성의 평강·류양 출신이며 '홍8군' 대다수는 호북성의 양신(陽新)·대야(大冶) 출신이었다. 지방관념이 강한 그들은 상악감(湘鄂贛) 정권 탈취를 희망했다. 또 두중미(杜中美)[1006] 등 지방주의자들은 '홍3군단'의 감강 도하를 반대하고 '협강(夾江) 반격'을 주장한 것이다. 결국 팽덕회의 리더십과 권위에 굴복한 '홍3군단'은 11월 5월에 전부 도강했다. 당시 모택동은 주이률을 파견해 '홍3군단'의 도하를 재촉했다. 이 또한 팽덕회에 대한 모택동의 불신을 보여준 단적인 증거이다.

드라마 '홍색요람(紅色搖籃)'[1007]에는 '홍3군단' 도강을 독촉하러 온 모택동을 참모장 등평(鄧萍)이 팽덕회 몰래 몇 시간 동안 감금하는 장면이 있다. '홍1군단'·'홍3군단' 간 알력을 보여준 단적인 사례이다. '홍1군단'과 '홍3군단' 간 불신은 정강산 시기에 형성됐다. 하건의 정강산 '포위토벌'이 시작된 후 모택동은 방금 '입산(入山)'한 팽덕회에게 위험천만한 '정강산 수호'를 맡겼다. 이는 '홍3군단' 지휘관의 강한 불만을 야기했다.

팽덕회는 이렇게 회상했다. …홍군 1개 군단이 독자적으로 적군 1개 사단을 섬멸하기엔 부담이 됐으나, 2개 군단이 역량을 합치면 훨씬 쉬웠다. 또 도강하지 않으면 유격전 전개에 불리했다. 그래서 나는 이렇게 말했다. …의견이 있으면 도강한 후 토론하면 된다(彭德懷, 1981:

1006 두중미(杜中美, 1899~1934), 섬서(陝西)성 흥평(興平) 출신이며 공산주의자이다. 1927년 중공에 가입, 1930년 '홍8군' 제3종대 정치위원, 1933년, 제4사단 참모장, 1934년 장정에 참가, 그해 겨울 광서(廣西)에서 희생됐다.

1007 '홍색요람(紅色搖籃)'은 29편으로 된 역사 드라마이다. '주모홍군'이 감남·민서 근거지를 설립하는 과정을 보여준 드라마는 '주모분쟁'에서 실권한 모택동의 복귀 과정, 두 차례의 '장사 공격'과 세 차례의 반'포위토벌' 승전, '감남·녕도회의'에서 모택동이 실각한 사실을 실감나게 재현했다. 결국 좌경 노선이 지배한 중앙 근거지에서 모택동은 '홍군 지휘권'을 박탈당한다. 한편 드라마에는 사실을 왜곡, 픽션을 가미한 장면이 적지 않다.

161). 팽덕회의 '도하 결정'은 적의 '포위토벌' 격파에 결정적 역할을 했다. 훗날 모택동은 '홍3군단'의 도강이 반'포위토벌'이 승전한 주된 원인이라고 말했다.

11월 2일 노척평은 3개 종대를 편성해 근거지 공격을 준비했다. 제1종대 사령관 장휘찬은 3개 사단을 거느리고 장수·풍성(豊城)·임천(臨川)에 진격한다. 제2종대 사령관 담도원은 제14여단 등을 지휘해 남창 만수궁과 정안(靖安)에서 대기한다. 제3종대 사령관 나림(羅霖)[1008]은 제74사단 등을 거느리고 상고(上高)·고안에 집결한다. 노척평은 11월 5일까지 3개 종대가 상술한 지역에 집결해 '홍군 공격'을 준비하라고 명령했다.

국민당군의 '강서 집결'은 원동국 군사고문팀의 경각심을 불러일으켰다. 원동국이 중공중앙에 보낸 편지(10.15)는 이렇게 썼다. …'근거지 보위' 구호를 제출하고 국민당의 '홍군 공격'을 반대하는 선전활동을 전개해야 한다. 군사고문팀의 '근거지 도착' 방도를 찾고 무선 전신국을 설치해야 한다(中共中央文獻研究室第一研究部, 2002: 377). 원동국의 '건의'를 수용해 발표한 '중앙 통고 제92호(1930.10.28)'는 이렇게 썼다. …중공의 당면 과제는 역량을 집중해 적의 '근거지 공격'을 물리치는 것이다. 또 근거지의 대중을 발동해 '홍군 공격'을 협조해야 한다(江西省委黨史研究室, 2010: 1203). (上海)원동국이 적의 '홍군토벌'을 중시한 것은 '주모홍군'에 대한 공산국제의 중시를 엿볼 수 있다. 얼마 후 발생한 '부전사변'에서 공산국제가 홍군 지도자 모택동을 지지한 것은 '필연적 결과'였다. 한편 군사고문팀이 근거지에 파견되지 않은 것은 '천만다행'이었다.

1008 나림(羅霖, 1892~1965), 호남성 영주(永州) 출신이며 국민당 상장이다. 1928년 상남 '초비(剿匪)' 부사령관, 1930년 제77사단장, 1937년 작전 실패로 감금, 1939년 석방, 교육사업에 종사했다. 1965년 장사에서 병사했다.

주은래는 '홍군 총전위에게 보낸 지시문(10.29)'에 이렇게 썼다. …홍군의 당면과제는 적의 '포위토벌'을 물리치는 것이다. 통일적 지휘하에 역량을 집중해 적군을 각개격파해야 한다(中共中央文獻硏究室, 2007: 196). 상기 '지시문'은 '유적심입' 전략과 다소 배치되나, 역량을 집중해 적군을 각개격파하는 것은 모택동의 전술과 일맥상통했다. 또 '지시문'은 항영이 도착하기 전 모택동이 (蘇區)중앙국의 대리서기를 맡을 것을 제의했다.

11월 중순 홍군은 등전(藤田)·초휴(招携) 일대로 철수했다. 11월 18일 홍군이 길안을 포기한 원인은 첫째, 'AB단' 소굴인 길안에서 많은 문제점을 발견했다. 둘째, 길안에 주둔한 '홍20군' 일부 간부들이 '적을 유인'하는 홍군의 전술에 회의적 태도를 보였다. 당시 홍군의 'AB단' 숙청을 지시한 모택동이 감서남 당조직의 '반항'을 예상한 것이다. 한편 길안 등지를 공격한 적군은 헛물을 켰고 적의 '결전(決戰) 시도'는 수포로 돌아갔다.

'결전 장소'에 관해 모택동은 6가지 조건 중 적어도 2가지를 구비해야 한다고 강조했다. '6가지 조건'은 ① 대중의 '홍군 지지' ② 작전에 유리한 진지 ③ 홍군의 집결 가능 ④ 험준한 지세 ⑤ 적군 사기를 저하 ⑥ 적군의 착각을 유발 등이다(凌步機 외, 2017: 355). 상기 '6가지 조건' 중 모택동이 가장 중시한 것은 홍군에 대한 근거지 대중들의 지지이다. 결국 홍군 지도부는 녕도현 황피(黃陂)와 소포(小布)를 '결전 장소'로 확정했다.

11월 25일 홍군 지도부는 '황피·소포 집결' 명령을 내렸다. 12월 1일 홍군 주력은 전략적 퇴각의 종점인 녕도현 황피에 도착했다. 홍군 지휘부는 황피의 중배(中排)촌에 설치됐다. '홍1군단'은 황피·낙구(洛口), '홍3군단'은 소포에 주둔했다. 홍군 지도부는 나병휘가 지휘한 '홍35사'를 주력으로 위장하고 적군을 부전·동고로 유인하게 했다. 한편 '부전

사변' 폭발로 홍군은 부전·동고에서 적군과 결전을 치르려던 계획을
포기했다. 홍군 지휘부는 홍군 주력이 황피 동쪽의 평전(平田)·안복(安福)
일대로 퇴각할 것을 명령했다. 공개적 이유는 '급양 해결'이 편리하다
는 것이다. 한편 지휘기관은 여전히 중배촌에서 떠나지 않았다.

연석회의를 열고 '홍군 작전' 호응을 호소한 강서성 소비에트정부
주석 증산은 '제1호 긴급통지(11.20)'를 발표해 각급 정부에게 대중을 발
동해 '홍군 작전'에 협력할 것을 지시했다. 강서성행위와 성정부는 '제
11호 통고(11.24)'·'부자(婦字) 제1호 통고'를 발표해 공청단원과 청년·부
녀조직의 적극적 역할을 주문했다. 이 시기 강서성행위와 성정부는 모
택동의 측근 증산·진정인이 주관했고 '성행위(省行委)' 서기 이문림은
감금됐다.

강서성 소비에트정부는 군사위원회를 설립하고 김만방(金萬邦)을 책
임자로 임명했다. 군사위원회의 '제2호 통고(11.12)'는 이렇게 썼다. …홍
군 확충은 결전의 가장 중요한 조건이다. 각급 정부는 대중의 '홍군 가
입'을 급선무로 삼아야 한다(江西省檔案館, 1982: 528). 군사위원회는 유격대·
적위대·소선대(少先隊) 등 혁명무장을 확충하고 적의 동태를 염탐해 홍군
에 보고했다. 한편 '숙반 확대화'로 김만정은 황피에서 처형(1931.3)됐다.

12월 상순 황피에서 '홍1방면군' 확대회의가 열렸다. 이립삼의 좌경
모험주의를 공개적으로 비판한 모택동은 이렇게 말했다. …그동안 당
내에 상이한 정치노선이 존재했다. '잘못된 노선'을 반드시 숙청해야 한
다(江西省檔案館, 1982: 301). '부산사변' 주모자들은 '모택동을 타도하자'는
표어를 곳곳에 붙였다. 팽덕회·주덕 등이 발표한 '부전사변 선언(12.17)'
은 이렇게 썼다. …총전위의 노선은 3중전회의 방침에 부합된다. 우리
는 일치단결해 'AB단' 취소파를 타도할 것이다(周少華 외, 2013: 83). 모택동

은 '입삼노선' 숙청을 반'포위토벌'이 승전한 주된 원인이라고 주장했다. 또 총전위는 '8대승리조건(10.22)'[1009]이란 선전 자료를 배포했다.

소포에서 열린 선서 대회(12.25)에는 모택동이 쓴 대련(對聯)을 무대의 양쪽 기둥에 붙였다. '대련'은 이렇게 썼다. …적이 진격하면 아군은 후퇴하고, 적이 주둔하면 아군은 교란하며, 적이 피로하면 아군은 공격하고, 적이 도망치면 아군은 추격하는 유격전을 전개한다. 적군을 근거지로 유인한 후 각개격파한다(解放軍軍事科學院, 1994: 35). 상련(上聯)은 '16자결(訣)', 하련(下聯)은 '적군 유인' 전술이다. 이 또한 홍군의 '승전 요인'이다.

홍군 지도부는 노척평의 적계(嫡係)인 장휘찬·담도원의 부대를 우선 섬멸하기로 결정했다. 12월 24일 담도원의 부대가 소포를 공격했다. 총전위는 '제9호 명령'을 반포해 소포·원두(源頭) 사이 협곡에 매복전을 준비했다. 그러나 첩자로부터 '홍군 매복' 정보를 제공받은 담도원은 잠시 '소포 진격'을 멈췄다. 12월 28일 홍군은 남롱에 진입한 장휘찬의 부대가 '용강 공격'을 준비한다는 최신 정보를 입수했다. 홍군 주력은 서쪽으로 이동해 '장휘찬 섬멸'을 준비했다. 12월 29일 홍군 지도부는 '용강을 공격'해 장휘찬을 섬멸하는 총공격 명령을 내렸다.

30일 새벽 모택동은 안개가 자욱한 모습을 바라보며 이렇게 말했다. …하늘이 우리를 돕고 있다. 제갈량이 '동풍을 빌어(借東風)'[1010] 조조

1009 총전위는 모택동의 '정치보고(1930.12)' 골자를 정리해 '8대승리조건(12.22)'이란 선전 자료를 배포했다. '8대승리조건'은 ① 국제 정세, 홍군 적전에 유리 ② 국내 형세, 노척평에게 불리 ③ 홍군의 전술 ④ 대중의 협력 ⑤ 홍군 병력 집중, 적군 분산 ⑥ 홍군 단결, 적군 동요 ⑦ 홍군의 충분한 준비 ⑧ 지리(地利)적 우세 등이다.

1010 '동풍을 빌어(借東風)'는 '삼국연의'에서 유래된 고사이다. 제갈량이 기도로 사흘 간 동풍이 불었다는 이야기에서 비롯됐다. 중국의 드라마에는 제갈량이 머리를 풀어헤치

의 대군을 물리친 것처럼 홍군은 안개를 빌어 장휘찬을 생포해야 한다 (吳吉淸, 1977: 43). 오후 4시 홍군 지휘부는 공격 명령을 내렸다. 2시간의 격전을 거쳐 적군 9000명을 섬멸하고 적장 장휘찬을 사로잡았다. 모택동은 '어가오(漁家傲)·제1차 반'포위초벌'이란 사를 지어 '용강대첩'을 경축했다.

'용강대첩' 후 담도원의 부대는 동소(東韶)로 철수했다. 1월 2일 홍군 지도부는 '담도원 추격' 명령을 내렸다. 3일 오후 담도원을 섬멸하는 동소전투가 개시됐다. 홍군은 4시간의 격전을 거쳐 적군 3000여 명을 섬멸했다. 사단장 담도원은 잔여부대를 이끌고 무주로 도망쳤다. 홍군이 용강·동소대첩을 거둔 후 전투의지를 상실한 적군은 근거지에서 철수했다. 결국 2전2승을 거둔 '주모홍군'은 적의 제1차 '포위토벌'을 물리쳤다. 1월 5일 소포(小布)에서 제1차 반'포위토벌' 승전을 축하하는 경축대회가 열렸다. 1931년 1월 28일 장휘찬은 동고에서 처형됐다.

모택동은 반'포위토벌' 승전 원인은 '3가지 조건'을 마련했기 때문이라고 회상했다. '3가지 조건'은 ① 홍군의 통일적 지휘 ② '입삼노선' 청산, ③ 'AB단' 숙청이다(毛澤東, 2008: 71). 홍군의 반'포위토벌' 승전 요인은 ① 적을 근거지로 유인 ② 유격전·운동전을 이용한 각개격파 ③ '홍3군단' 도강, 팽덕회의 협력 ④ 주덕·주이률 등의 지지 ⑤ 대중의 성원 ⑥ 적군의 무모한 공격, 홍군 경시(輕視) 등이다. 한편 반'포위토벌' 승전의 결정적 요인은 '적을 근거지로 유인'한 홍군의 유격전술이었다. 또 당중앙과 팽덕회·주덕의 '모택동 지지'도 매우 중요했다.

고 칠성단(七星壇)에 올라 동풍을 부르는 '차동풍(借東風)' 장면이 있다. 이는 허구를 가미한 픽션이다. 한편 모택동이 '안개'와 '차동풍'을 연결시킨 것은 견강부회이다.

2. 6기 4중전회와 왕명(王明)의 '등극'

1929년 11월 상해 오송(吳淞)에서 경찰에게 체포된 왕명은 1930년 2월 상해 당조직의 도움으로 보석 석방됐다. 또 감금 당시의 '비밀 누설' 혐의로 '당내 경고' 처분을 받았다. 전국총공회 선전부에 배치된 그는 '노동일간(勞動日刊)' 편집을 맡았다. 6월에 중앙선전부 비서로 임명됐다. 당시 왕명의 직속상관은 이립삼이었다. 10월부터 '홍기보(紅旗報)' 편집장을 맡은 왕명은 공산국제 대표 미프의 지지를 받아 초고속 승진을 했다.

1930년 봄여름 모스크바에서 귀국한 왕명 측근자들은 중앙선전부 간사 왕가상, 총공회 간사 박고(博古, 秦邦憲)[1011], 중앙조직부 간사 하자술(何子述)[1012] 등이었다. 상기 4명은 '28개반(半)볼셰비키' 멤버였다. 당시 '입삼노선'을 '우경기회주의'로 비판한 왕명 등은 격렬한 쟁론을 벌였다. 이립삼의 권위에 도전한 그들은 '당내 처벌'을 면치 못했다. 총서기 향충발은 왕명에게 '당내 관찰 6개월', 박고 등에게 '엄중경고' 처분을 내렸다.

왕명은 구추백에 대한 불만이 매우 컸다. 3중전회(1930.9)에서 구추백이 이립삼의 과오를 시정하면서도 그들에게 내려진 '처분'을 철회하지 않았기 때문이다. 또 구추백은 모스크바에서 왕명의 종파조직 '소그룹'을 반대했다. 1930년 10월 '입삼노선'을 '노선착오'로 규정한 공산국

1011 박고(博古, 1907~1946), 강소성 무석(無錫) 출신이며 공산주의자이다. 1925년 중공에 가입, 1931~1934년 임시중앙의 최고 책임자인 그는 '좌경 교조주의'를 실시했다. 준의회의(1935.1) 후 홍군 총정치부 주임, 중앙조직부장, 장강국 조직부장, 신화통신사장 등을 역임, 1946년 4월 흑차산(黑茶山)에서 비행기 사고로 사망했다.

1012 하자술(何子述, 1901~1931), 호북성 응산(應山) 출신이며 공산주의자이다. 1922년 중공에 가입, 1927년 모스크바 중산대학 연수, '중공 6대'에 출석했다. 1930년 중앙조직부 간사 등을 역임, 1931년 6월 천진에서 살해됐다.

제는 이립삼이 범한 좌경 모험주의를 '반국제적 정치노선'이라고 최종 확정했다. 또 공산국제는 구추백이 주재한 3중전회의 결의안을 '타협 안'으로 간주했다.

공산국제의 '10월편지(十月來信)'는 '입삼노선'을 반(反)마르크스주의 입장에서 출발한 트로츠키주의와 같은 '우경기회주의'라고 혹평했다. 또 구추백이 주최한 3중전회는 '입삼노선' 본질을 제대로 파악하지 못 했다고 강력히 비판했다(戴茂林 외, 2008: 128). '입삼노선'을 재평가한 '10 월편지'는 6기 3중전회의를 주재한 구추백에게 치명적이었다. 한편 공 산국제 동방부(Mif)의 지지를 받는 왕명에게는 '정권 탈취'의 절호의 기 회가 됐다.

왕명의 측근들인 심택민(沈澤民)[1013]·하극전(何克全)[1014]·진창호(陳昌 浩)[1015]·이죽성(李竹聲)[1016] 등은 미프로부터 '10월편지' 취지를 전해 들었다.

1013 심택민(沈澤民, 1902~1933), 절강성 동향(桐鄉) 출신이며 공산주의자이다. 1921년 상해
(上海)공산주의소조에 가입; 1925년 모스크바 중산대학 연수, 1930년대 중앙선전부
장, 악예환(鄂豫皖)성위 서기, 중화소비에트공화국 중앙집행위원 등을 역임, 1933년
호북성 황안(黃安)에서 병사했다.

1014 하극전(何克全, 1906~1955), 강서성 평향(萍鄉) 출신이며 공산주의자이다. 1930년 중공
에 가입, 1930년대 공청단중앙 서기, 중앙선전부장, 장강국 선전부장, 1940년대 중
앙청년공작위원회 서기, 동북국 선전부장, 건국 후 심양시위 서기, 중앙선전부 부부
장 등을 역임, 1955년 북경에서 병사했다.

1015 진창호(陳昌浩, 1906~1967), 호북성 무한(武漢) 출신이며 공산주의자이다. 1930년 중공
에 가입, 1931년 장국도와 함께 악예환(鄂豫皖) 근거지로 파견, 1935년 홍군 전적지휘
부 정치위원, 1936년 서로군(西路軍) 군정위원회 주석, 1937년 후 소련에서 장기간 휴
양, 1967년 북경 자택에서 자살했다.

1016 이죽성(李竹聲, 1903~1973), 안휘성 수현(壽縣) 출신이며 공산주의자(후 변절)이다. 1925
년 중공에 가입, 1929년 모스크바 중산대학 부총장, 1931년 임시중앙정치국 위원을
역임, 1934년 북경에서 체포된 후 변절했다. 건국 후 무기징역을 선고, 1973년 옥중
에서 병사했다.

10월 하순 귀국한 심택민 등은 공산국제의 '결정'을 우선 왕명에게 전달했다. 공산국제의 '정책 변화'를 인지한 왕명은 '10월편지'를 근거로 당중앙과 대립했다. 결국 3중전회를 '옹호'한다고 입장을 밝혔던 왕명은 3중전회를 '타협주의'로 공격하며 당중앙의 '근거지 파견'을 거절했다.

왕명·박고는 당중앙에 보낸 편지(11.13)에 이렇게 썼다. …3중전회의 결점은 '입삼노선'을 철저히 시정하지 않은 것이다. 또 당중앙은 공산국제의 정책을 기층 간부에게 전달하지 않았다(楊帆, 2009: 342). 왕명 등이 재차 당중앙에 편지(11.17)를 보내 제출한 세 가지 요구는 ① '입삼노선' 성격, 철저히 규명 ② 쟁론 진실, 당보에 공개 ③ 반대자에 대한 공격 금지 등이다(黃允升 외, 1997: 288). 상기 편지는 '10월편지'를 근거해 작성한 것이다. 그들의 공격 대상은 정적인 구추백이었다. 당시 박고는 왕명의 최측근이었다. 1년 후 왕명이 박고를 '중공 총서기'로 추천한 이유이다. 이 시기 '두 가지 노선(兩條路線)'[1017]이란 소책자를 출간한 왕명은 11월 23일 상해에서 '28개반볼셰비키'인 맹경수(孟慶樹)[1018]와 결혼했다.

왕명이 '중공 볼셰비키화 투쟁'이란 소책자를 쓴 후 그들은 '28개볼셰비키'라는 닉네임을 가졌다. 박고·낙보(洛甫)[1019] 등이 멤버이다

1017 '두 가지 노선(兩條路線)'은 1930년 11월 왕명이 공산국제의 '10월편지'를 군거로 작성한 것이다. 왕명의 출세작인 '두 가지 노선'은 소책자로 발간, 그 후에도 여러 번 출간됐다. 1931년 2월 '두 가지 노선'은 '중공 볼셰비키화 투쟁'이란 제목으로 재판됐다. 1945년 모택동은 왕명의 소책자를 좌경 정책의 '정치강령'이라고 비판했다.

1018 맹경수(孟慶樹, 1911~1983), 안휘성 수현(壽縣) 출신이며 왕명의 부인이다. 1927년 모스크바 중산대학에서 연수, 1930년 11월 왕명과 결혼했다. 1930~1950년대 장강국 부녀부장, 중앙법률위원회 자료실 주임 등을 역임, 1956년 왕명과 함께 소련으로 이주, 1983년 모스크바에서 병사했다.

1019 낙보(洛甫, 1900~976)는 장문천(張聞天)의 필명이며 상해 출신, 공산주의자이다. 1935~1942년 중공중앙 총서기를 맡았다. 1925년 중공에 가입, 1930~1940년대 중

(D. Wilson, 2011: 110). '28개반볼셰비키'는 모스크바에서 열린 '열흘대회 (1929.6)' 후 왕명의 종파조직에 붙여진 희칭(戱稱)이다. 1930년 11월 왕명은 공산국제 '10월편지'에 근거해 '두 가지 노선'이란 소책자를 출간했다. 한편 '28개반볼셰비키'의 중요한 멤버로 왕가상과 양상곤(楊尙昆)[1020]이 있다.

'28개반볼셰비키'로 불린 소련 유학파의 정치 리더 왕명은 미프·스탈린의 통역을 담당하며 눈도장을 찍었다. 또 스탈린의 심복이며 공산국제 동방부 책임자인 미프의 애제자였다. 후견인(Mif) 지지는 '획기적 도약'의 발판이었고 정치 경력이 짧은 왕명이 일거에 '중공 지도자'로 발탁된 주된 원인이다. 게다가 정치적 감각이 뛰어나고 문장력이 훌륭하며 '천재적인 연설가'로 불린 왕명은 '입신양명(立身揚名)'의 조건을 두루 갖췄다.

정치국 회의(11.18)에서 당중앙은 '입삼노선'에 타협적이었다는 공산국제 비판을 수용했다. 주은래는 왕명의 '종파 활동'을 이렇게 지적했다. …모스크바에서 온 동지들은 당의 단결을 파괴하는 '소그룹 활동'을 지양해야 한다(周國全 외, 1989: 115). 정치국 회의(11.22)에서 구추백은 심택민 등의 행위를 이렇게 지적했다. …'10월편지' 취지를 우선 중앙정치국에 보고하지 않은 것은 당의 조직기율에 위배된다. 또 '10월편지'를 근거로 당중앙을 공격하는 언행은 당을 분열하는 것이다(張秋實, 2004: 332).

양선전부장; 정치국 상임위원, 동북국 조직부장, 요동(遼東)성위 서기, 건국 후 소련 대사, 외교부 제1부부장 등을 역임, 1976년 강소성 무석(無錫)에서 병사했다.

1020 양상곤(楊尙昆, 1907~1998), 사천성 동남(潼南) 출신이며 공산주의자이다. 1926년 중공에 가입, 1930년대 강소성위 선전부장, '홍3군단' 정치위원, 북방국 서기, 1940년대 중앙군위 비서장, 중앙경위(警衛) 사령관, 공공중앙 부비서장 등을 지냈다. 건국 후 중앙판공청 주임, 중앙군위 부주석, 국가주석 등을 역임, 1998년 북경에서 병사했다.

6기 3중전회를 주최한 구추백·주은래는 공산국제의 비판을 수용한 동시에 왕명의 '종파 활동'과 당중앙에 대한 도전을 비판한 것이다.

당초 주은래는 왕명 등이 '근거지 파견'의 불만 표출을 위해 풍파를 일으키는 줄로 알았다. '10월편지'를 받은 후 왕명 등이 잇따라 당중앙에 편지를 쓴 영문을 알게 됐다. 당중앙은 '10월편지'에 대한 '결의'를 잇따라 발표했다(江明武 외, 2012; 154). 당중앙이 발표한 '공산국제 편지에 대한 결의(11.25)'는 이렇게 썼다. …'10월편지'의 비판을 수용한다. 3중전회는 '입삼노선'을 철저하게 적발하지 못했고 좌경 과오에 대해 타협적 태도를 취했다(中央檔案館, 1998: 199). 결국 '타협주의' 과오를 반성한 '결의'는 왕명의 '당중앙 공격'에 빌미를 제공했다. 12월 초 주은래 등은 유학파의 '당중앙 공격'에 정면으로 대결하며 거센 반격을 개시했다.

중앙기관회의(12.1)에서 주은래는 이렇게 말했다. …왕명 등이 당중앙의 인사명령에 복종하지 않은 것은 명백한 '조직기율 위반'이다. 정치국 회의(12.6)에서 주은래는 이렇게 지적했다. …왕명의 '소그룹' 활동은 당을 분열하는 행위이다(中共中央文獻硏究室, 2007: 200). 한편 '입삼노선'을 반대한 하맹웅·나장룡 등이 왕명·박고 등과 연합해 당중앙을 공격했다. 결국 '반중앙(反中央) 풍조가 빠르게 확산되면서 당중앙은 고립무원에 빠졌다.

1930년 9월 하맹웅은 당중앙에 '정치의견서'를 보내 이립삼의 좌경 과오를 비판했다. 하맹웅을 파면한 장본인인 주은래는 이렇게 자책했다. …3중전회에서 과오를 범했다. 당시 하맹웅의 '정치의견'은 대부분 정확했다(周恩來, 1980: 309). 12월 16일 당중앙은 하맹웅에 대한 '처분'을 철회했다. 한편 왕명 등의 정치적 주장을 반대한 하맹웅은 무자비한 타격을 받았다. 1931년 1월 상해에서 국민당 경찰에게 체포된 후 곧 처형

(2.7)됐다.

공산국제의 정책이 변화된 후 서석근·왕극전(王克全)[1021] 등과 함께 소그룹 활동을 진행한 나장룡은 이렇게 주장했다. …3중전회는 '입삼노선'의 과오를 철저하게 시정하지 않았다. 당중앙의 '타협주의'로 '입삼노선'은 더욱 악화됐다(郭德宏 외, 1989: 121). 12월 상순 당중앙은 '새로운 결의안'을 통과시켜 '당중앙 과오' 시정을 결정했다. 한편 미프의 도래로 당중앙의 노력이 수포로 돌아갔다. 결국 승부의 저울추는 왕명 쪽으로 기울었다.

상해에 도착(12.10)한 미프의 주된 목적은 구추백을 정치국에서 축출하고 애제자 왕명을 '중공 지도자'로 등극시키는 것이었다. 왕명의 보고를 들은 미프는 중공중앙이 수용한 '긴급회의 개최'를 반대했다. 지방당조직의 많은 지지자를 보유한 하맹웅과 전국 총공회를 장악한 나장룡과의 경쟁에서 왕명이 승산이 적다고 생각했기 때문이다. 결국 중공중앙에 6기 4중전회 개최를 건의했다. 12월 14일 중공중앙은 미프의 건의를 수용했다.

왕명의 '등극'을 위해 미프가 취한 '실질적 조치'는 ① '4중전회 개최' 건의 ② 왕명 등의 '처분' 철회 ③ '제96호 통고(12.23)' 발표, '당내 변혁' 강요 ④ 왕명을 강남성위 서기로 임명(12.25) 등이다(唐寶林 외, 1997: 291). '제96호 통고'는 '입삼노선'과 '타협주의'를 숙청하는 전주곡이었다. '통고'는 이렇게 썼다. …'입삼노선'을 철저히 시정하기 위해 당내 변혁을 실행해야 한다. '입삼노선' 반대에 적극적인 간부를 중공 지도

1021 왕극전(王克全, 1906~1939), 강소성 서주(徐州) 출신이며 공산주의자(후 변절)이다. 1924년 중공에 가입, 1931년 2월 당적 박탈, 6월 국민당에 변절했다. 1937년 중경(重慶)위수사령부 감찰처장, 1939년 중경에서 자살했다.

부에 발탁해야 한다(中央檔案館, 1983: 479). 강남성위 서기는 강소·절강·안휘의 지방당조직을 총괄하는 요직이었다. 결국 이는 4중전회에서 왕명의 정치국 진입과 '중공 지도자'로 전격 발탁을 위한 '수순 밟기'였다.

공산국제의 지지를 받은 왕명은 '입삼노선' 투쟁에서 '타협주의' 과오를 범한 구추백·주은래를 정치국에서 축출하려고 작정했다. 그러나 미프는 '축구유주(逐瞿留周)'의 방침을 정했다(D. Wilson, 2012: 140). 한편 왕명 등의 공격을 받아 사면초가에 몰린 주은래와 구추백은 '정치국 퇴출'을 결정했다. 그러나 미프는 주은래의 '사임(辭任)'을 수용하지 않았다.

미프의 '주은래 유임' 원인은 ① '왕명 협조자'로 간주 ② '주은래 대체자' 부재 ③ '입삼노선' 시정에 기여 ④ 군사 지도자의 역할 ⑤ '타협주의' 과오 반성 ⑥ 스탈린과의 '양호한 관계' ⑦ 당중앙 안전을 책임진 '특과(特科)' 책임자 ⑧ 당내의 높은 인지도 등이다. '중공 6대' 후 주은래는 당중앙의 군사·조직·인사 등을 책임졌다. 당시 백색 공포에 휩싸인 상해에서 당중앙의 안전을 책임진 주은래의 '부재'는 상상조차 할 수 없었다.

국가 지도자를 뜻하는 '상임위원(常委)'을 50년 간 맡았던 주은래는 중공 역사에서 가장 성공한 '2인자'이다. 1920~1930년대 진독수·구추백·향출발·이립삼·왕명·박고·낙보·모택동 등과 호흡을 맞추며 '중공 2인자' 역할에 충실한 주은래는 '유일무이'한 존재였다. 주은래의 입당 소개인 장신부는 주은래를 '구부러지나 부러지지 않는(彎而不折)' 유연성의 소유자라고 평가했다. '이유극강'의 주은래 기질을 파악한 적절한 평가였다. 한편 군사·조직·외교 '대가(大家)'인 주은래의 재능은 자타가 인정한다. 또 그는 '2인자'의 능력과 겸손의 미덕을 갖췄다.

'만년 2인자'로 '재상(宰相)'에 만족한 주은래는 시종일관 '1인자'에게 충성했다. 모택동을 산, 주은래를 물에 비유한다. 주은래의 보필과 충성은 모택동이 '최종 승리자'가 된 관건적 요소였다. 주은래가 협조한 모택동은 신중국을 창건했고 주은래의 지지를 상실한 장개석은 중국을 잃었다는 것이 정설로 받아들여진다. 손중산·장개석·진독수·이립삼·모택동 등 위인들은 숱한 '염문설'을 뿌려 구설수에 올랐다. 한편 주은래 역시 나름의 단점을 갖고 있다. 최고 권력자에게 무조건 순종하는 '무골호인(無骨好人)'식 처세술과 '결단력 부재' 등이다.

구추백의 '정치국 축출' 원인은 첫째, '강절동향회' 사건으로 왕명과 '악연'을 맺었다. 둘째, '타협주의' 과오를 철저히 반성하지 않았다. 셋째, 원동국의 편지(12.1)와 미프의 편지(12.2)는 구추백에 대한 공산국제의 불신을 심화시켰다. 넷째, 구추백의 '타협주의' 과오에 대한 이립삼의 적발은 설상가상이었다. 다섯째, 공산국제의 확대회의(12.12~15)에서 정적인 장국도가 구추백의 과오를 비판했다. 여섯째, 공산국제는 (上海)원동국에 '밀전(密電, 12.18)'을 보내 '구추백 숙청'을 지시했다. 3중전회에서 '노선착오'를 범한 구추백의 '정치국 축출'은 필연적 결과였다.

1931년 1월 7일 6기 4중전회가 상해에서 열렸다. 회의 참석자는 15명의 중앙위원과 후보위원 8명, 왕명 등 '특별 대표' 15명이다. 미프가 주재하고 강생(康生)[1022] 등이 기록을 맡은 4중전회는 단 하루 동안 진행됐다. 이는 자신이 작성한 '결의안'을 쉽게 통과시키려는 미프의 이해타산에서 비롯된 것이다. 주석단 멤버는 향충발·서석근·나등현(羅登

1022 강생(康生, 1898~1975), 산동성 제성(諸誠) 출신이며 공산주의자이다. 1925년 중공에 가입, 1930~1940년대 중앙조직부장, 중앙당학교 총장, 중앙사회부장, 산동성위 서기 등을 지냈다. 건국 후 전국 정협 부주석, 중공중앙 부주석 등을 역임, 1975년 북경에서 병사했다. 1980년 중공중앙은 그의 당적을 박탈했다.

賢)[1023]·임필시·진욱(陳郁)[1024]이었다. 중공 총서기 향충발이 '정치보고'를 했다. 장금보(張金保)[1025] 등이 발언한 후 '특별 대표'인 왕명이 장시간 발언을 했다. 이는 미프가 왕명에게 부여한 '특혜'였다.

왕명의 '발언' 골자는 ① 이립삼의 '우경 기회주의' 집중 비판 ② 구추백의 '타협주의' 비판 ③ 정치투쟁 전개, '당내 변혁' 주장 ④ '입삼노선' 투쟁에서 선봉장 역할을 한 간부를 중공 지도부 등용 ⑤ 전당 범위에서 우경 기회주의 비판운동 전개 등이다. 왕명의 '발언' 취지는 그 자신이 '입삼노선' 투쟁의 선봉장이며 공산국제의 '정확한 노선' 대표자라는 것을 표방한 것이다. 실제로 왕명의 장시간 발언은 4중전회의 '정치보고'였다.

미프의 '발언' 골자는 ① '입삼노선' 실질은 우경, 이립삼은 우경 기회주의자 ② 구추백의 '타협주의' 과오를 비판 ③ 왕명, 공산국제의 노선을 집행한 대표주자 ④ 하맹웅, 우경 기회주의자 ⑤ 나장룡, '당의 분열'을 시도 등이다. 결국 공산국제 대표 미프는 왕명의 숙적인 구추백을 비판하고 왕명을 '정확한 노선'의 대표자로 치켜세웠다. 실제로 미

1023 나등현(羅登賢, 1905~1933), 광동성 남해(南海) 출신이며 공산주의자이다. 1925년 중공에 가입, 1928~1932년 강소성위 서기, 광동성위 서기, 남방국 서기, 만주(滿洲)성위 서기 등을 역임, 1933년 남경에서 처형됐다.

1024 진욱(陳郁, 1901~1974), 광동성 보안(寶安) 출신이며 공산주의자이다. 1925년 중공에 가입, 192~1930년대 중화전국총공회 부주석, 광동성위 조직부장, 공산국제 중공 대표, 1940년대 중앙직공위원회 위원, 동북국 공업부장, 건국 후 광동성위 서기, 중앙위원 등을 역임, 1974년 광주에서 병사했다.

1025 장금보(張金保, 1897~1984), 안휘성 무호(蕪湖) 출신이며 공산주의자이다. 1926년 중공에 가입, 1920~1930년대 호북성위 부녀부장, 전국총공회 집행위원, 1940년대 전국총공회 부녀부장, 중공중앙 부녀위원, 건국 후 무한총공회 부주석, 전국부녀연합회 위원 등을 역임, 1984년 북경에서 병사했다.

프의 '발언' 취지는 심복인 왕명의 '중앙정치국 진입'에 발판을 마련하기 위한 것이었다.

대회에서 주은래의 '정치국 축출' 여부를 토론했다. 나장룡 등은 엄격한 기율처분을 내려야 한다고 주장했다. 미프는 주은래에게 과오를 시정할 기회를 줘야 한다고 주장했다. 투표 결과 18명이 반대하고 6명이 찬성했다(馮建輝, 1998: 421). 상기 '투표 결과'는 주은래의 조직력과 리더십이 인정받았다는 방증이다. '노선착오'를 범한 주은래가 당내 요직을 계속 맡을 수 있었던 것은 공산국제 대표 미프의 '신임'이 결정적이었다. 결국 주은래는 왕명의 '후임자' 박고를 보좌하는 '2인자' 역할에 충실했다. 한편 '당의 분열'을 주도한 나장룡은 중징계가 불가피해졌다.

미프는 (上海)원동국의 명의로 중앙위원과 정치국 위원 후보자 명단을 작성했다. 왕명·심택민 등 9명이 중앙위원에 선임됐고 중앙위원인 이유한과 하창이 낙선됐다. 또 왕명·진욱·임필시·유소기·왕극전이 정치국에 진입했고 이립삼·구추백·이유한은 정치국에서 축출됐다. 일거에 정치국에 진입한 왕명은 '중공 지도자'로 발탁됐다. 1월 10일 중앙정치국은 향충발·주은래·장국도를 상임위원, 진욱·노복탄(盧福坦)[1026]·서석근을 후보 상임위원으로 선출했다. 공식적인 최고 지도자는 중공 총서기 향출발이었으나, 중공 실세는 왕명과 주은래였다.

양상곤은 이렇게 회상했다. …1930년 5월 미프는 공산국제의 결의안을 선포하며 구추백 등 중공 대표단에게 '축객령'을 내렸다. '정치적 과오'를 범한 대표단 명단에 장국도가 빠져 있었다. 당시 장국도가 구

1026 노복탄(盧福坦, 1890~1969), 산동성 태안(泰安) 출신이며 공산주의자(후에 변절)이다. 1926년 중공에 가입, 1920~1930년대 청도(靑島)시위 서기, 산동성위 서기, 하남성위 서기, 중화전국총공회 (黨團)서기 등을 역임, 1933년 체포·변절, 1969년 비밀리에 처형됐다.

추백·육정일(陸定一)[1027] 등의 '종파 활동'을 일러바쳤다(楊尚昆, 2001: 38). 숙적인 장국도와 구추백은 '중공 6대'에서 알력다툼을 벌여 공산국제의 비판을 받았다. 결국 구추백을 고발한 장국도의 '상임위원 선임'은 '당연한 결과'였다.

'공산국제 결의안(1931.8)'은 4중전회를 이렇게 평가했다. …4중전회는 당내 우파와 취소파의 공격을 물리치고 '입삼노선' 잔재를 철저히 청산했다. 또 '타협주의' 과오를 시정하고 중공을 더욱 볼셰비키화했다(解放軍政治學院黨史敎硏室, 1979: 242). '역사문제 결의(1945.4.20)'는 이렇게 썼다. …1931년 1월 왕명 등 좌경 교조주의자들은 공산국제 대표의 지지 하에 4중전회를 열었다. 그 결과 좌경 노선이 세 번째로 전당을 지배했다(曹仲彬 외, 2008: 160). 실제로 '입삼노선' 청산을 빌미로 개최된 4중전회는 공산국제 대표 미프와 심복인 왕명이 결탁해 연출한 '정권 탈취극(奪取劇)'이었다. 한편 왕명 '등극'의 가장 큰 피해자는 모택동이었다.

4중전회에서 미프는 심복 왕명을 '중공 지도자'로 발탁했다. 총서기 향충발이 살해(1931.6)된 후 왕명을 '총서기 대행'으로 임명했다. 1931년 가을 모스크바 주재 중공 대표단장에 임명된 왕명은 측근 박고를 '총서기'로 추천했다. 한편 미프·왕명 사제 간은 서로 이용하는 관계였다. 미프가 '트로츠키파'로 체포(1937)된 후 왕명을 배신자로 전락했다. '애제자' 왕명이 '트로츠키파' 스승을 앞장서 적발한 것이다. 이는 '낙정하석(落穽下石)'이다.

1027 육정일(陸定一, 1906~1996), 강소성 무석(無錫) 출신이며 공산주의자이다. 1925년 중공에 가입, 1920년대 공청단중앙 선전부장, 공산국제 주재 중공 대표, 1930~1940년대 홍군 총정치부 선전부장, 팔로군 총정치부 선전부장, 중앙선전부장, 건국 후 문화부장, 국무원 부총리, 전국 정협 부주석을 역임, 1996년 북경에서 병사했다.

1920~1930년대 중공은 공산국제의 한낱 지부(支部)였다. 공산국제 대표의 눈에 들면 최고 지도자로 발탁될 수 있었고 눈 밖에 나면 실권하기 일쑤였다. '중공 3대'에서 '중앙국 비서'로 등용된 모택동은 보이틴스키의 '눈 밖에 난' 후 첫 실각을 당했다. 1927년 로미나제의 지지하에 구추백은 제2대 '총서기'로 부임했다. 공산국제의 지지를 잃은 이립삼은 모스크바로 소환돼 15년 간 '감금' 생활을 했다. 왕명은 '은사' 미프의 도움으로 4중전회에서 '중공 지도자'로 등용됐다. 공산국제의 지지로 '최고 권력자'가 된 이들은 모두 비극적인 결말을 맞이했다.

나장룡은 이렇게 평가했다. …당중앙이 범한 '타협주의'는 '입삼노선'보다 더욱 위험하다. 당중앙의 위신이 땅에 떨어졌고 공신력은 제로에 가까웠다(馮建輝, 1998: 79). 나장룡 등은 3중전회 후의 당중앙과 4중전회를 공개적으로 비판했다. '정권 탈취'를 시도한 그들은 불법적 '중앙비상위원회'를 설립했다. 또 그들은 당중앙의 '권고'를 무시했다(中共中央黨史研究室, 2011: 284). 한편 중앙정치국은 '나장룡의 중앙위원직 파면, 당적 박탈 결의(1931.1.27)'를 채택했다. 나장룡은 '입삼노선'을 반대한다는 명의로 왕명·주은래·구추백 등을 모두 반대했던 것이다. 이 또한 대회에서 미프가 '당의 분열'을 시도한 나장룡을 비판한 이유이다.

나장룡은 모택동과 '특별한 인연'이 있다. '친구 찾기(1915)'를 통해 만났던 그들은 '영원한 동지'가 될 것을 약속했다. 모택동은 나장룡의 '제2중앙'을 이렇게 평가했다. …나는 호남 동향 나장룡과 매우 익숙하다. 그의 '제2중앙' 설립 동기는 알 수 없으나, 이는 불법이며 옳지 않다(中共新聞網, 2016.9.29). 모택동이 나장룡을 '평반(平反)'하지 않은 주요인은 ① 나장룡의 '당적 박탈' 결의안, 주은래가 작성 ② '제2중앙' 설립, 엄연한 반당 행위 등이다. 결국 '영원한 동반자' 주은래를 선택한 모택동은 '영원한 동지' 나장룡을 포기했다. 실제로 정치인에겐 영원한 친구도 영원한 적도 없다. 오로지 영원한 정치적 이해타산만 존재한다.

구추백은 '성명서'를 발표해 과오를 반성했다. …왕명을 반대한 이검여(李劍如)[1028] 등을 지지한 것은 잘못됐다. 3중전회에서 '타협주의' 과오를 범했다(戴茂林 외, 2008: 169). 구추백의 '과오 반성'은 왕명의 용서를 받지 못했다. 1935년 6월 구추백은 국민당군에게 살해됐다. '좌경 모험주의' 과오를 범한 구추백은 공산국제의 정치적 희생양이었다. 한편 정치적 리더십 결여와 군사 문외한인 구추백은 '중공 영수'로서 자격미달이었다.

4중전회의 실세 왕명은 '중공 1인자'로 확정된 것은 두 가지 사건과 관련된다. 고순장의 변절(1931.4)과 향충발의 체포(6. 20)·처형(6.24)이다. 체포될 위기에 처한 당중앙은 공개적 활동을 금지했다. 당시 공산국제로부터 '총서기 대행'으로 임명된 왕명은 상해 외곽의 요양원에 칩거하며 두문불출했다. 당시 장개석은 은화 500원 현상금을 내걸고 왕명을 체포하려고 했다. 결국 생명의 위험을 느낀 왕명은 '모스크바행'을 결심했다.

당중앙의 '결의안(9.20)' 골자는 ① 국민당 위기가 도래 ② '9.18사변'[1029], 일제의 소련 공격 도화선 ③ 중간파, 가장 위험한 적 ④ 홍군 임

1028 이검여(李劍如, ?~1932), 상해 출신이며 공산주의자이다. 1925년 중공에 가입, 1930년 '홍6군' 제17사단 정치위원, 1931년 '홍3군' 제4사단 정치위원, 1932년 '홍3군' 제9사단 정치위원, 그해 여름 홍호(洪湖)에서 희생됐다.

1029 '9.18사변(九·一八事變)'은 1931년 9월 18일 일본 관동군이 동북에서 고의로 '유조호사건(柳條湖事件)' 사건을 일으켜 개시한 침화(侵華)전쟁이다. 관동군 참모장 이타가키 세이지로(板垣征四郎) 등은 (瀋陽)외곽의 유조호 철도를 파괴하고 '철도보호'를 빌미로 군사행동을 개시했다. 관동군은 전격적 군사작전으로 만주지역을 점령했다. '9.18사

무, 대도시 공략 등이다(曹仲彬 외, 2008: 167). 상기 '결의안'은 왕명이 작성한 것이며 '소련 공격'과 중간파가 '위험한 적'이라는 주장은 모스크바의 의견을 대변한 것이다. 한편 홍군의 '대도시 공략'은 '입삼노선'과 같은 좌경 모험주의 정책이었다. 결국 이는 왕명의 '좌경 노선' 출범을 의미한다.

9월 중순 박고·낙보·진운(陳雲)[1030] 등을 정치국위원에 임명한 왕명은 박고를 '후임자'로 결정했다. 24세의 박고는 일약 '총서기'로 발탁됐다. '28개반볼세비키' 멤버가 주축을 이룬 임시중앙은 좌경 교조주의를 실시했다. 10월 18일 왕명은 모스크바로 출발했다. 실제로 왕명의 '모스크바행'은 사면초가에 빠진 모택동에겐 '불행 중 다행'이었다. 박고보다 훨씬 노련한 왕명이 중앙 근거지에 왔다면 모택동은 당적을 박탈당했을 것이다.

3. 제2·3차 반(反)'포위토벌' 승전

1) (蘇區)중앙국 설립과 제2차 반'포위토벌' 승전

1931년 초 '주모홍군'은 10만 국민당군의 홍군과 강서 근거지에 대한 공격을 물리치고 제1차 반'포위토벌'에서 승전했다. 이 시기 감남 근거지에 도착해 모택동 등과 회합한 소구중앙국 대리서기 항영의 주관하에 중앙소비에트 근거지에는 두 개의 중요한 지도기관이 설립됐다.

변'은 제2차 세계대전의 서막을 열었다. 당시 장개석 정부는 '부저항(不抵抗)' 정책을 실시했다.

1030 진운(陳雲, 1905~1995), 강소성 청포(青浦) 출신이며 공산주의자이다. 1925년 중공에 가입, 1920~1930년대 송포(淞浦)특위 조직부장, 강소성위 서기, 전국총공회 당단(黨團) 서기, 1940년대 중앙조직부장, 전국총공회 주석, 건국 후 국무원 부총리, 중공중앙 부주석, 중앙기율검사위원회 서기 등을 역임, 1995년 북경에서 병사했다.

즉 중앙 근거지의 최도 지도기관인 (蘇區)중앙국과 소비에트 중앙군위가 정식 설립한 것이다. 한편 '(蘇區)중앙국 설립'은 소공(蘇共) 총서기 스탈린이 제출했다.

1930년 6월 16일 공산국제는 중공중앙에 보내는 '지시문' 원고를 스탈린과 몰로토프에게 제출해 심사 수정을 부탁했다. 6월 19일 스탈린은 '지시문'에 이렇게 보충했다. …중앙 근거지에 권위적인 중앙국을 설립해야 한다(中共中央黨史硏究室第一硏究部, 2002: 175). 7월 10일 공산국제는 중공중앙에 '전보'를 보내 스탈린의 의견을 전달했다. 당시 (蘇區)중앙국 서기로 내정된 주은래는 정치국 위원인 항영을 강서 중앙 근거지에 파견했다.

(上海)원동국은 공산국제 보고서(1930.10.20)에 이렇게 썼다. …'중앙국 멤버'는 항영·모택동, 몇 명의 외국인 동지로 구성한다. 현재 외국인을 근거지에 안전하게 호송할 방도를 찾지 못했다('第一硏究部', 2002: 396). 당 중앙은 '총전위에 보낸 편지(1930.10.29)에 이렇게 썼다. …항영이 도착 전 중앙국을 설립하고 모택동이 대리서기를 맡는다(中央檔案館, 1989: 482). 상기 '외국인 동지'는 군사고문인 갤리스 등을 가리킨다. 한편 모택동은 반'포위토벌' 준비로 '중앙국 설립'에 신경 쓸 겨를이 없었다. 또 그는 총전위의 권력을 견제하는 '중앙국'에 관심이 없었다.

원동국의 군사고문 갤리스가 공산국제에 보낸 편지(1931.2.10)에는 구추백·채화삼·이문림이 '중앙국 멤버' 명단에 포함됐다(余伯流 외, 2017: 369). 상기 갤리스의 '명단'은 신빙성이 매우 낮다. 4중전회 후 정치국에서 '축출'된 구추백이 '중앙국 멤버'로 선택될 가능성은 매우 희박하다. 채화삼은 양광(兩廣)성위 서기로 '광주 파견'이 내정된 상태였다. 모택동이 'AB단' 주모자로 체포한 이문림이 '중앙국 멤버'가 될 가능성은 제로였다.

(蘇區)중앙국 '제1호 통고'는 이렇게 적었다. …당의 영도를 강화하기 위해 설립한 '중앙국'은 전국의 소비에트정권과 중앙 근거지 내 당의 업무를 총괄한다. 전국의 공농홍군은 새로 설립된 '중앙국'의 통일적 지휘를 받는다(江西省委黨史研究室, 2011, 1340). 임필시 등이 아직 근거지에 도착하지 못했고 모택동·주덕은 '군사 훈련'으로 회의에 참석할 정도였다. 또 증산은 회의에도 참석하기 어려운 상황이었다. '중앙국 설립' 초기 항영의 '1인 체제'로 운영됐다(宋留淸 외, 2007: 88). 이는 (蘇區)중앙국이 조직적인 행정체제가 미비하고 불건전했다는 반증이다.

항영은 총전위를 철회하고 '중앙국' 산하에 중앙혁명군사위원회를 설립했다. 항영이 주석, 모택동·주덕이 부주석을 맡았다. 또 항영은 중국공농혁명위원회를 폐지했다. 결국 '근거지 1인자' 모택동은 냉대를 받기 시작했다(曹魯杰, 2008: 132). 황극성은 이렇게 회상했다. …중앙 근거지의 최고 지도자가 된 항영은 군사적 리더십이 부족하고 실전 경험이 전무했다. 당시 군사작전에서 여전히 주도적 역할을 한 모택동의 지휘하에 제2차 반'포위토벌'은 승전했다(黃克城, 1989: 143). 총전위와 중국공농혁명위원회 철회는 항영이 모택동의 권력을 견제하고 그의 권한을 축소했다는 단적인 증거이다. 한편 홍군 총전위와 '공농혁명위원회'는 몇 달 후 회복했다. 이는 임필시가 주도한 '중앙대표단'의 도래와 관련된다.

당중앙의 '제1호 통고(1931.1)'는 이렇게 썼다. …각종 역량을 동원해 적의 '포위토벌'을 격퇴해야 한다. '주모홍군'은 대중의 협력하에 유격전을 전개하고 역량을 집중해 적을 각개격파해야 한다(中央檔案館, 1983: 65). 상기 '통고'는 주은래가 작성했다. 중앙군위 서기 주은래가 모택동이 제정한 '적군 유인, 각개격파'하는 유격전술을 인정한 것이다. (蘇區) 중앙국 서기 주은래는 근거지의 최고 지도자 항영·모택동의 '직속상 관'이었다.

모택동은 국민당군에서 무선전보 통신원을 맡았던 왕쟁(王諍)[1031]· 유인(劉寅)[1032] 등을 만나 그들의 '홍군 가입'을 환영했다. 용강(龍岡)전투 (1930.12)에서 체포된 왕쟁 등은 곧 홍군에 가입했다. 모택동은 무선통신 대를 설립(1931.1)해 왕쟁을 대장, 풍문빈(馮文彬)[1033]을 정치위원에 임명했 다. 주은래는 무선통신을 전공한 오운보(伍雲甫)[1034]·증삼(曾三)[1035]을 근거 지에 파견했다. 결국 당중앙과 근거지는 무선통신 연락이 가능했다.

1931년 1~3월 '주모홍군'은 선후로 광창·석성(石城)·서금 등 현을 공

1031 왕쟁(王諍, 1909~1978), 강소성 무진(武進) 출신이며 개국중장이다. 1934년 중공에 가입, 1930~1940년대 홍군 총사령부 무선통신대대장, 군위(軍委) 통신연락국장, 건국 후 중앙군위 통신(通信)부장, 해방군 부총참모장 등을 역임, 1978년 북경에서 병사했다.

1032 유인(劉寅, 1910~1985), 강서성 안의(安義) 출신이며 공산주의자이다. 1936년 중공에 가 입, 1930~1940년대 '홍1방면군' 무선통신대대 통신원, 군위 제3국 비서장, 건국 후 중앙군위 통신부 부부장, 전국 정협 상임위원 등을 역임, 1985년 북경에서 병사했다.

1033 풍문빈(馮文彬, 19011~1997), 절강성 제기(諸暨) 출신이며 공산주의자이다. 1928년 중공 에 가입, 1930~1940년대 '홍1방면군' 무선통신대대 정치위원, 공청단중앙 서기, 건 국 후 중앙당학교 부총장, 중앙당사연구실 부주임 등을 역임, 1997년 북경에서 병사 했다.

1034 오운보(伍雲甫, 1904~1969), 호남성 형주(衡州) 출신이며 공산주의자이다. 1926년 중공 에 가입, 1930~1940년대 (西安)팔로군 판사처장, 중앙군위 비서장, 중앙기관당위 부 서기, 건국 후 위생부 부부장, 중앙감찰위원회 상임위원 등을 역임, 1969년 북경에서 병사했다.

1035 증삼(曾三, 1906~1990), 호남성 익양(益陽) 출신이며 공산주의자이다. 1925년 중공에 가 입, 1930~1940년대 홍군연락처장, 서로군(西路軍) 신병대대 정치위원, 중앙기관당위 부서기, 건국 후 중앙비서국장, 중앙기관당위 부서기 등을 역임, 1990년 북경에서 병 사했다.

략해 근거지를 확대하고 홍색정권을 설립했다. 홍군은 민단(民團) 등 반동무장을 섬멸하고 적위대·유격대 등 지방무장을 회복했다. 또 대중을 발동해 몰수한 지주의 땅을 농민에게 분배하고 급양과 경비를 마련했다. 제1차 반'포위토벌'의 교훈을 정리한 홍군 지도부는 정치교육을 강화하고 군사훈련을 진행했다. 이로써 적의 공격을 물리칠 제반 준비를 마쳤다.

2월 상순 임필시·왕가상·고작림의 '근거지 파견'을 결정한 당중앙은 항영·모택동·임필시·왕가상을 '중앙국' 상임위원에 임명했다. 대리서기 항영, 조직부장 임필시, 선전부장 왕가상, 모택동을 군사부장에 임명했다. 또 주덕과 모택동을 '홍1방면군' 총사령관과 총정치위원으로 임명했다. 잇따라 중앙군위 총정치부·총참모부를 설립하고 모택동·주운경을 책임자로 임명했다. 2월 22일 '중앙국'의 소재지를 소포(小布)에서 황피로 옮겼다.

장개석은 군정부장 하응흠을 홍군의 '포위토벌'을 통솔하는 책임자로 임명했다. 2월 4일 하응흠은 군사회의를 열고 병력을 집중해 포위망을 형성하고 '가는 곳마다 진을 치는(步步爲營)' 작전 방안을 확정했다. 3월 하순 하응흠은 총 20만 병력을 중앙 근거지의 주변에 집결했다. 적군은 강서성 길안부터 복건성 건녕(建寧)에 이르는 700리에 달하는 포위권을 형성했다. 4월 1일 장개석은 '주모홍군'에 대한 총공격 개시를 명령했다.

모택동이 발표한 '통령(通令, 3.20)'은 이렇게 썼다. …반'포위토벌'의 성패 관건은 적아 간의 형세를 역전시키는 것이다. 적군은 총력 공세를 펼치고 있고 아군은 방어적 태세를 취하고 있다. 피동적 국면을 전환시키려면 기동적 유격전술로 적군에게 치명타를 가해야 한다(逢先知

외, 2005: 337). 한편 당중앙이 전국의 홍군에게 '중앙보고서'를 모택동에게 함께 보내라고 명령했다. 또 항영이 제출한 '공농혁명위원회 철회'를 허락하지 않았다.

3월 18~21일 황피에서 '중앙국 회의'를 주최한 항영은 '입삼노선' 청산에 관한 당중앙의 지시를 전달했다. 이는 항영이 주재한 마지막 회의였다. '중앙대표단'의 도래로 모택동과 항영의 지위는 역전됐다. 한편 '황피회의'는 홍군 전술에 관해 토론하지 않았다. 이는 무선통신을 통해 적의 병력 배치를 파악했고 '홍군 정돈·훈련에 관한 명령(3.23)'을 내린 것과 관련된다. 3월 25일 '주모홍군'은 황피에서 녕도현 청당(靑塘)으로 진격했다.

모택동은 감서남특구 서기 진의가 주최한 연석회의(3.21)에 참가했다. 대회는 당조직과 대중을 발동해 제2차 반'포위토벌'을 협력하는 방안을 토론했다. 모택동은 강서성 소비에트정부가 주최한 연석회의에 참석해 '홍군 협력' 방안을 상세히 연구했다. 또 그는 홍군이 승전할 수 있는 6가지 '유리한 조건'을 분석하고 전투 의지를 북돋우는 '선서대회 개최'를 지시했다. 이로써 제2차 반'포위토벌' 승전에 필수인 대중적 기초를 마련했다.

4월 중순 임필시 등 '중앙대표단'이 청당에 도착했다. '중앙대표단'의 사명은 ① 4중전회의 내용을 전달 ② '중앙국'의 역량 강화 ③ '부전사변' 결정권 행사 ④ '중화소비에트공화국' 설립 준비 등이다. 막강한 권한을 지닌 '중앙대표단'의 도래로 (蘇區)중앙국 대리서기 항영의 권한은 크게 축소되고 '2인자'로 밀렸던 모택동의 권한은 대폭 확대됐다. 한편 군사전략과 토지정책 등에서 '중앙대표단'과 모택동과의 '의견 대립'이 격화됐다.

'청당회의 결의' 골자는 첫째, 총전위가 제정한 전략과 유격전술은 당중앙의 방침에 부합된다. 둘째, 홍군에 대한 당의 영도를 강화했고 홍군의 제도를 확립했다. 셋째, 이립삼의 좌경 노선을 수용해 무모하게 대도시를 공격했다(江西省檔案館, 1982: 300). '청당회의'는 홍군의 전술을 긍정했다. 모택동에 대한 '긍정적 평가'는 모택동·항영의 '지위 역전'을 의미한다. 한편 당중앙은 모택동이 제출한 팽덕회 등의 '보선'을 허락하지 않았다.

항영은 홍군의 실력을 보전하기 위해 근거지를 떠나 새로운 근거지를 개척해야 한다는 당중앙의 '지시문(1931.3.2)'을 근거로 근거지 밖에서 유격전을 전개할 것을 주장했다. 또 일부는 '분병 격퇴'를 주장했다(金沖及 외, 2004: 258). 모택동은 확대회의를 열고 '홍군 전술'을 따로 토론할 것을 건의했고 '대표단'은 그의 건의를 수용했다. 당시 주운경은 이렇게 말했다. …강적의 공격이 눈앞인데 지도자 간 '의견 대립'은 작전에 불리하다(郭化若, 1995: 63). 모택동은 적을 근거지로 유인해 각개격파해야 한다고 주장했으나 '주모'의 지지자는 소수였다. 모택동의 '확대회의 개최' 건의는 전화위복의 반전을 맞이했다. 확대회의(4.18)에 참석한 홍군 지도자 팽덕회·임표·주이률 등은 모택동의 의견을 지지했다.

구양흠은 이렇게 회상했다. …청당회의에서 모택동의 지지자는 주덕·담진림 등 소수였다. 일부 참석자는 '사천 진격'을 주장했다. 이유는 스탈린이 중국의 '이상적 근거지'는 사천성이라고 말했다는 것이다(肖華 외, 1981: 175). 스탈린이 '(四川)근거지 설립'을 건의했다는 일설은 '중공 6대' 기간 항영에게 말한 것으로 전해진다. 한편 청당회의에서 항영이 스탈린 '건의'를 들먹인 것은 중공 지도자들의 '스탈린 숭배'를 단적으로 보여준다.

사천성은 삼국지에서 유비가 촉나라를 세운 곳이다. 항전 시기 장개석은 중경에 천도(遷都)했다. 곡창지대인 사천은 산세가 험준하고 장강(長江)을 끼고 있어 유격전 전개가 안성맞춤이다. 한편 사천성에는 '홍군 승전'에 필수인 대중의 지지가 결여됐다. 또 사천인들은 외부 세력에 대한 거부감이 매우 컸고 천군(川軍)의 전투력이 강했다. 홍군이 무모하게 사천성으로 진격했다면 전멸당하기 십상이었다. 장정 중 '홍군 지도자'로 복귀한 모택동은 천군과의 첫 전투에서 크게 패전했다. 한편 중국의 현실을 외면한 스탈린의 '건의'를 상방보검처럼 여긴 '항영의 사례'는 이 시기 중공 지도자들이 공산국제의 꼭두각시였다는 단적인 방증이다.

확대회의(4.18)에서 모택동이 분석한 적아 형세는 ① 적군은 통일적 지휘가 결여 ② 지형에 익숙하지 못하고 급양 해결이 곤란 ③ 홍군은 지형에 익숙하고 사기가 왕성 ④ 홍군에 대한 대중의 협력 ⑤ 제반 여건이 성숙돼 승산이 크다(逢先知 외, 2005: 341). 모택동의 분석과 홍군 지휘관의 발언을 청취한 '대표단'은 모택동의 주장을 찬성했다. 당시 임필시 등은 군사 문외한 항영보다 유격전술을 창안한 '주모(朱毛)'를 더욱 신임했다.

홍군 총사령관 주덕은 모택동의 주장을 찬성하고 '분병 격퇴' 의견을 반대했다. 항영과 모택동의 의견이 대립된 상황에서 주덕의 '모택동 지지'는 매우 중요했다. 한편 군사전략에 대해 무지한 '중앙대표단'은 주덕·팽덕회 등 홍군 지휘관의 의견을 매우 존중했다. 당시 그 누구도 제1차 반'포위토벌' 승전의 일등공신인 주덕의 의견을 무시할 수 없었다.

모택동과 중국혁명 2

…적들은 일체 역량을 동원해 중앙 근거지를 대한 군사적 공격을 감행할 것이다. 홍군의 당면과제는 적의 제3차 '포위토벌'을 격퇴하는 것이다(中央檔案館, 1983: 312). 상기 '훈령'은 중앙군위 서기 주은래가 작성했다. 한편 주은래는 '훈령'에서 홍군의 '근거지 출격'과 '대도시 공격'을 강조했다. 결국 이는 모택동이 반'포위토벌'에서 적용한 기존 유격전술과 배치됐다.

모택동은 강도우(康都圩)에서 총전위 확대회의(6.20)를 주재했다. 회의에는 왕가상과 주이률 등이 참가해 주석단을 구성했다. 회의는 전장(戰場)을 강서성 홍국·우도·녕도·서금 일대로 잠정 결정하고 총전위 조직부장 주이률을 정주(汀州)에 파견해 민감(閩贛)혁명위원회 설립을 결정했다. 또 홍군 간부를 배양하기 위한 홍군학교 설립을 확정했다. 한편 남경에서 군사회의를 주재한 장개석은 홍군에 대한 제3차 '포위토벌'을 획책했다.

장개석이 책정한 '토벌' 전술은 근거지로 쳐들어가 홍군 주력을 격파하고 근거지를 소탕하는 것이었다. 적군 사단장은 진성·나탁영(羅卓英)[1049]·조관도(趙觀濤)[1050]·장정문·위립황(衛立煌)[1051]이다. 6월 25일 '토벌

1049 나탁영(羅卓英, 1896~1961), 광동성 대포(大埔) 출신이며 국민당 우파이다. 1920~1930년대 제18군 부군단장, 제15집단군 부총사령관, 1940년대 제1로군 총사령관, 광동성장, 1949년 대만 이주, 1961년 대북에서 병사했다.

1050 조관도(趙觀濤, 1892~1977), 절강성 승현(嵊縣) 출신이며 국민당 우파이다. 1920~1930년대 국민혁명군 사단장, 강서 '초비(剿匪)' 제1로군 총지휘, 군사위원회 참의(參議), 1949년 대만 이주, 1977년 대북에서 병사했다.

1051 위립황(衛立煌, 1897~1960), 안휘성 합비(合肥) 출신이며 국민당 좌파이다. 1920~1940년대 남경위수부대 부사령관, 제5로군 총지휘, 육군 부총사령관, 동북 '초비(剿匪)' 사령관, 건국 후 전국 정협 상임위원, 민혁중앙 상임위원, 국방위원회 부주석 등을 역임, 1960년 북경에서 병사했다.

군' 총지휘를 자임한 장개석은 하응흠을 우로군 총지휘, 진명추(陳銘樞)를 좌로군 총지휘로 임명했다. 적의 병력은 총 30만명에 달했다. 적군의 '토벌' 계획은 ① 6월 30일까지 흥국·양촌(良村) 점령 ② 좌로군, 신풍·황피 진격 ③ 우로군, 영풍·흥국 공격 ④ 7월 1일 총공격 개시 등이다. 결국 '홍군토벌'에서 패전한 장개석은 하야(下野, 1931.12.15)했다. 그의 하야는 '양외필선안내(攘外必先安内)'[1052] 정책과 관련된다.

장개석이 제정한 '토벌' 전술은 …두 갈래로 나눠 근거지를 동시에 공격하고 직접 홍군 주력과 결전을 벌이는 것이었다. 또 적군은 감남에서 '주모홍군'을 섬멸하려고 시도했다(金沖及 외, 2004: 267). 당시 민서에서 병력을 분산한 홍군은 '병력 확충'이 뜻대로 되지 않았고 전투력도 보강하지 못한 상태였다. 결국 모택동은 홍군의 '감남 회합'를 결정했다.

7월 상순 민감변에서 집결한 '주모홍군'은 급행군을 강행해 감남으로 진격했다. 이 시기 진성의 제14사단이 광창을 점령했다. 홍군이 감남 중심부에서 집결한다는 것은 불가능했다. 모택동은 흥국을 홍군의 '회합 장소'로 결정했다(郭化若, 1980: 61). 이는 천리 길을 우회하는 '고난의 행군'이었다. 7월 24일 '주모홍군'은 은갱(銀坑)에서 '홍7군'·'홍3군'과 회합했다. 7월 28일 홍군은 고흥우(高興圩)에서 (蘇區)중앙국 지도부와 회합했다.

(蘇區)중앙국은 '긴급통지(7.4)'를 발표해 각급 정부에게 적의 '포위 토벌' 격퇴에 필요한 선전선동 진행을 호소했다. 중앙군위가 발표한

1052 '양외필선안내(攘外必先安内)'는 1931년 후 장개석 정부가 실시한 기본국책이다. 외적을 물리치기 위해선 우선 국내를 안정시키는 것이 중요하다는 뜻이다. 1931년 7월 13일 장개석은 '안내양외서(安内攘外書)'를 발표했다. 이 시기 '안내' 대상은 홍군과 반대파였다. 결국 '양외필선안내' 정책은 장개석의 제2차 하야(1931.12)를 초래했다.

'훈령(7.4)'은 대중을 발동해 홍군 작전에 필요한 '급양 마련'을 지시했다. 또 적군이 통과하는 도로·교량(橋梁)을 파괴하고 적군의 동태를 홍군에게 보고할 것을 요구했다. 8월 12일 중앙군위는 지방유격대에게 명령해 수륙 교통선을 차단하고 유격전을 전개해 적군의 진격을 저지할 것을 지시했다.

고흥우 연석회의(7.31)에서 총전위는 부전을 돌파구로 적의 배후 공격을 결정했다. 즉 적군이 헛물을 켜게 한 후 방황하는 적군을 불의에 급습한다는 전술이다. 전술 핵심은 적의 주력과의 접전을 피하고 적군 허점을 공격하는 것이다(毛澤東, 1991: 220). 홍군이 '부전 공격'을 준비할 때 강적이 주둔했다는 정보를 입수했다. 당시 부전을 점령한 진성·나탁영의 2개 사단이 홍군의 '북진 저지'를 준비했다. 8월 3일 계획을 포기한 홍군은 고흥우로 돌아왔다(宋留淸 외, 2007: 117). 고흥우 회의(8.4)에서 총전위는 강적과의 정면 충돌을 피하기로 했다. 상관운상의 제3로군을 약적(弱敵)으로 판단한 총전위는 연당(蓮塘)을 돌파구로 결정했다(中共中央文獻硏究室, 2004: 269). 한편 적군은 '홍국 포위권'을 좁혀왔다. 고흥우 서쪽은 감강이었고 동·북·남쪽은 적군 12개 사단에게 포위될 위기에 처했다. 결국 홍군은 전멸당할 절체절명의 위기에 놓였다.

적의 주력을 유인하기 위해 '홍35군'·'홍12군'은 감강 방향으로 진격했다. 8월 5일 '주모홍군'은 급행군을 강행해 여리박빙(如履薄氷)으로 '중간지대'를 통과했다. 6일 연당에 도착한 홍군 주력은 마침내 포위망을 탈출했다. 이때 담자균(譚子鈞) 여단이 연당을 행해 이동했다. 홍군 지도부는 '경계심을 늦춘' 적군을 섬멸하기로 결정했다. 7일 '홍3군단'은 몇 시간의 격전을 통해 적군을 전멸하고 여단장 담자균을 사살했다. 또 적군 장란소(張鑾韶) 여단을 섬멸하고 양촌에 주둔한 적군 2개 연대를 섬멸했다. 상기 전투에서 적군 3500여 명을 섬멸했으나, 홍군도 1000여 명의 사상자를 냈다. '홍3군단' 사단장 이실행(李實行)[1053]이 희생됐다.

8월 8일 홍군은 황피에 주둔한 모병문의 제8사단을 공격했다. 8월 11일 홍군은 황피를 공략했다. 총정치부가 작성한 '전투첩보(8.12)'는 이렇게 썼다. …8월 11일 홍군은 적군 4000여 명을 체포하고 1000여 명을 사살했다(金冲及 외, 1996: 261). 8월 7~11일 적의 포위권에서 벗어난 홍군 주력은 연당·양촌·황피에서 3전 전승을 거뒀다. 결국 8개 연대의 적군 1만여 명을 섬멸한 홍군은 전화위복을 맞이했고 작전의 주도권을 장악했다.

8월 중순 강적의 포위를 당한 홍군은 재차 위기를 맞이했다. 총전위는 '성동격서(聲東擊西)'의 전술을 결정했다. 8월 16일 나병휘가 거느린 '홍12군'에게 낙안(樂安)을 공격해 적군을 유인했다. 홍군 주력은 홍국현 백석(白石) 등지로 이동했다. 8월 하순 홍군 지도부는 적군 주력과의 접전을 피해 홍국현 융평(隆坪)과 차원(茶園)으로 진격해 휴식·정비했다.

체포된 국민당 군관의 편지는 이렇게 썼다. …최근 험악한 환경과 강행군으로 수많은 병사들이 지쳐 쓰러졌고 대다수가 홍군에게 사살 됐거나 병들어 죽었다(逢先지 외, 2005: 354). 양광(兩廣)연합군은 장개석이 '홍군토벌'을 진행하는 기회를 이용해 호남에 진입했다. 아군은 홍군을 견제하며 감월(贛粤)지역으로 이동해 '반란군'을 진압했다(臺灣'國防部史政局', 1967: 159). 9월 4일 장개석의 지시를 받은 하응흠은 '퇴각 명령'을 내

1053 이실행(李實行, 1902~1931), 호남성 형산(衡山) 출신이며 공산주의자이다. 1924년 중공에 가입, 1928년 홍군 상악감(湘鄂贛) 지대장, '홍5군' 제2종대장, 1930년 '홍5군' 제1사단장을 역임, 1931년 연당(蓮塘)에서 희생됐다.

렸다. 이는 홍군의 추격전으로 이어졌다. 실제로 장개석은 '(兩廣)연합군'의 반란과 일본군의 동북 침략으로 내우외환의 곤경에 빠졌다.

9월 7일 황공략의 '홍3군'은 노영반(老營盤)에서 장정문의 제9사단을 습격해 적군 3개 연대를 전멸했다. 한편 '홍4군'과 '홍3군단'은 고흥우에서 적군 제60·61사단과 격전을 치렀다. 쌍방은 2천명의 사상자를 내며 무승부를 거뒀다. 9월 15일 홍군 주력은 방석령(方石嶺)에서 장정문의 잔여부대와 한덕근(韓德勤)[1054]의 제52사단을 추격했다. 격전을 거쳐 홍군은 5000명의 적군을 섬멸했다. 결국 홍군은 제3차 반'포위토벌'에서 승전했다.

9월 7일 '홍4군'은 고흥에서 적군 제61사단과 조우전을 벌였다. 양군은 죽고산(竹篙山) 진지 쟁탈을 위해 격전을 벌였다. 탄환을 소진한 양군은 육박전을 벌였다. 61사단은 고흥우 고지를 점령했다. 8일 팽덕회의 '홍3군단'은 고흥우를 공격했다. 격전 끝에 사단장 심한광(沈漢光)은 홍국으로 퇴각했다. 그러나 제1로군 총지휘 채정개는 끝까지 진지를 고수하며 전투를 지휘했다. 홍군의 '상승장군(常勝將軍)' 팽덕회가 호적수를 만난 것이다.

8일 제61사단과 전투력을 보강한 제60사단이 '홍3군단'을 공격했다. 양면 협공을 당할 수 있는 상황에서 '홍3군단'은 퇴각하고 '홍4군'도 균촌(均村)으로 철수했다. 홍군 부상자는 1490명, 사망자가 780명이었다(凌步機 외, 2017: 392). '고흥우 패전'은 '무모한 공격'을 강행한 팽덕회에게 1차적 책임이 있으나, 주된 책임은 적군의 전투력을 무시한 '주모

1054 한덕근(韓德勤, 1892~1988), 강소성 사양(泗陽) 출신이며 국민당 우파이다. 1920~1940년대 제52사단장, 귀주(貴州)성장, 제3전구 사령관, 서주(徐州) '초비(剿匪)' 부총사령관, 1949년 대만 이주, 1988년 대북에서 병사했다.

(朱毛)'에게 있다. '고흥우 패전'은 진지전에 약한 홍군의 단점을 단적으로 보여줬다.

'고흥우 혈전'에서 홍군 사단장 추평(鄒平)[1055]이 희생됐다. 1956년 모택동은 고흥우 전투는 '패전'이라고 시인했다. 국민당정부가 편찬한 '제3차 (贛南)포위토벌'은 가장 '치열한 승전'이라고 자평했다(金一南, 2009: 182). 당시 홍군 지도부는 채정개 부대의 전투력을 저평가했다. 용장(勇將) 채정개는 '10대원수' 서열 제2·3위인 팽덕회·임표와 '무승부'를 거뒀다. 선후로 주은래·모택동을 '골탕 먹인' 채정개는 항일 선봉장이 됐다.

9월 중순 '홍3군' 군단장 황공략이 방공 소개(疏開)를 지휘하다가 적기가 쏜 적탄에 명중돼 33세의 젊은 나이에 희생됐다. 모택동으로부터 '비장군(飛將軍)'으로 불린 황공략은 임표·오중호와 함께 홍군의 '걸출한 지도자'로 간주됐다. 9월 16일 흥국현의 수두장(水頭庄)에서 추도회를 주최한 모택동은 직접 만련(挽聯)을 써서 황공략의 업적을 높게 평가했다. 7월 1일부터 9월 15일 '6전5승'을 거둔 홍군은 적군 3만명을 섬멸(1.8만 체포)했다.

반'포위토벌'에서 홍군이 사용한 것은 적을 유인해 각개격파하는 유격전술이었다. 모택동은 '중국혁명전쟁의 전략문제'에 이렇게 썼다. …제3차 반'포위토벌'이 승전한 후 홍군 특유의 유격전술이 형성됐다(毛澤東, 1991: 204). 운동전과 섬멸전을 병행한 홍군의 '병력 집중'과 적군을 각개격파하는 유격전술은 반'포위토벌' 승전의 주된 원인이다. 한편

1055 추평(鄒平, 1900~1931), 호남성 평강(平江) 출신이며 공산주의자이다. 1924년 중공에 가입, 1928~1930년 홍군 독립사단장, '홍16군' 정치부 주임, '홍5군' 제3사단 정치위원 등을 역임, 1931년 고흥우 전투에서 희생됐다.

모택동이 창안한 유격전술은 '대도시 공격'을 주창한 당중앙의 좌경 노선과 배치됐다.

홍군이 감남·민서 근거지를 통합한 후 서금 중심의 중앙 근거지가 형성됐다. 10월 중 모택동은 엽평(葉坪)에서 (蘇區)중앙국 대리서기로 부임했다. 이 시기 박고를 필두로 한 임시중앙이 정식 출범됐고 좌경 교조주의가 홍군을 지배했다. '좌경 노선'을 집행한 항영·임필시 등과 모택동 간 알력이 심화됐다. 한편 '직속상관'인 주은래의 도래는 모택동의 '동화산 은퇴'로 이어졌다. 결국 '공화국' 주석 모택동은 재차 실각 위기를 맞이했다.

제4절 중화소비에트공화국 주석 당선, '영도회의' 실각

1. 중화소비에트공화국 설립, '공화국' 주석 당선

제1차 전국소비에트 대표대회(1931.11) 기간에 출범한 중화소비에트공화국[1056]은 공산국제 지원으로 설립된 홍색정권이다. '소비에트공화국'이 서금(瑞金)에 설립되기까지는 거의 2년이 걸렸다. 한편 모택동이 '공화국' 주석으로 당선된 것은 (上海)원동국의 신임과 스탈린의 홍군 중시와 관련된다. '소비에트공화국'의 정부시스템은 소련의 제도를 모방했다. 실제로 중화소비에트공화국은 소련과 공산국제가 지배하는 '괴뢰정부'였다.

1056 중화소비에트공화국(1931.11~1937.9)은 1931년 11월 7일 강서성 (中央)근거지에 설립, '공화국' 주석은 모택동, 수도는 서금에 정했다. 1934년 10월 '중앙정부판사처'로 축소, 1936년 '중앙정부서북판사처'로 개명, 1937년 9월 6일 '중화민국섬감녕(陝甘寧) 정부'로 변경됐다.

공산국제가 중공중앙에 보낸 편지(1929.10.26)에서 이렇게 썼다. …현재 중국 전역이 위기에 빠졌다. 중공은 대중을 발동해 소비에트 형식의 노농정부를 설립해야 한다. 지주의 토지를 몰수하고 소비에트정권을 설립해야 한다(中央檔案館, 1990: 798). 중공중앙의 '결의(1930.1.11)'는 이렇게 적었다. …공산국제의 '10월지시(10.26)'를 완전히 수용한다. 중공은 국민당 정권을 전복하고 공농병(工農兵)의 소비에트정권을 설립할 것이다(中央檔案館, 1989: 8). 한편 중앙정치국(1.20)은 상해에서 '준비회의' 개최를 결정하고 주은래에게 '통고 작성'을 의뢰했다.

원동국(遠東局)[1057]은 동방부에 보낸 편지(1930.1.30)에 이렇게 썼다. …전국소비에트대회 소집을 통해 근거지에 대한 당의 지도력을 강화해야 한다. 미프는 소비에트정권 설립은 가장 긴박한 임무라고 강조했다(中共中央黨史研究室第一研究部, 2002: 40, 269). 한편 공산국제의 '소비에트대회 소집' 건의는 이 시기 소련에서 유행된 '제3시기' 이론과 좌경적 '진공노선'과 관련된다. 결국 당중앙이 '소비에트대회' 개최를 당면과제로 추진했다.

정치국 회의(1930.2.3)에서 중공중앙과 전국총공회 명의로 '대회 개최'를 제안한 주은래는 총공회·군위·농위(農委)·공청단에서 각기 파견한 대표를 준비 위원으로 임명하고 임필시를 위원장으로 임명할 것을 건의했다(匡勝 외, 2015: 72). 주은래가 작성한 '통고 제68호(2.4)'는 이렇게 썼다. …혁명 근거지와 홍군은 '혁명고조'를 촉진하는 원동력이다. 각급

1057 원동국(遠東局, 1929.3~1931.8)은 공산국제가 1929년 3월에 상해에 설립한 대표처이다. 원동국은 주로 공산국제 지부인 중공중앙의 업무를 관장하고 지도했다. 원동국의 주요 지도자는 아이슬러(1930.3~8)와 미프 등이다. 1931년 4월 미프 등 원동국 멤버들은 대부분 상해를 떠났다. 1931년 8월 (上海)원동국의 업무는 중지됐다.

당조직은 금년 5.1절 당중앙이 주최하는 '소비에트대회 소집'을 적극 선전해야 한다(中共中央文獻硏究室, 2007: 182). '통고 제68호'는 처음으로 '소비에트중앙정부'를 설립해 전국의 혁명투쟁을 통일적으로 지휘할 방침을 제출했다. 주은래는 중화소비에트공화국의 '발기인' 역할을 했다.

임필시가 주최한 '준비회의(2.7)'에서 주은래는 '5월 대회'에 관해 설명했다. 2월 15일 '소비에트대회' 결의안을 토론한 정치국은 당중앙과 전국총공회 명의로 '대회 소집 선언'을 발표했다(梅黎明 외, 2014: 73). 한편 주은래의 출국과 임필시의 '전근'으로 '대회 개최'는 차질이 빚어졌다. 한편 주은래를 대체해 조직부장을 겸한 이립삼은 '대회 소집'을 등한시했다.

3월 초 주은래는 공산국제에 '상황 보고'를 하기 위해 상해를 떠났다. 무한에 파견된 임필시는 4월에 호북성위 서기로 부임한 후 준비위원장은 '총공회' 책임자 나장룡이 맡았다. 당중앙은 호북성위 선전부장 임육남(林育南)을 상해로 전근시켜 '준비위원회' 비서장에 임명했다. 임육남은 장문추(張文秋)[1058]·팽연경(彭硯耕)[1059] 등과 '대회' 소집을 추진했다. 주은래의 '소련 출국'[1060]은 '대회' 소집에 차질이 빚어진 주된 원인이다.

1058 장문추(張文秋, 1903~2002), 호북성 경산(京山) 출신이며 공산주의자이다. 1926년 중공에 가입1930~1940년대 강소성위 비서, 화북인민정부 사법부 당지부서기, 건국 후 전국금융공회(工會) 판공청 주임, 중앙조직부 교육처장 등을 역임, 2002년 북경에서 병사했다.

1059 팽연경(彭硯耕, 1896~1931), 호남성 평강(平江) 출신이며 공산주의자이다. 1922년 중공에 가입, 1928년 중공중앙 조직부 간사, 1930년 중화소비에트공화국 '추진위원회' 비서, 1931년 상해 용화(龍華)에서 처형됐다.

1060 1930년 3월 초 주은래는 당중앙의 결정에 따라 모스크바로 떠났다. 7월 상순 주은래는 스탈린에게 홍군의 발전 상황을 보고했다. 또 공산국제집행위 회의(7.16) 참석, '목전 중공의 중심 임무'란 제목의 보고를 진행했다. 8월 상순 공산국제의 지시를 받고

'소비에트대회(5.20)'에서 이립삼이 제출한 '결의안' 골자는 ① 소비에트지역 임무 ② 잠행토지법 ③ 홍군 확대와 농민무장 ④ 소비에트조직법 ⑤ 농민에게 고하는 글 ⑥ 노동법 ⑦ 노동자에게 고하는 글 ⑧ 부녀·청년에게 고하는 글 등이다(中共中央文獻硏究室, 1992.4). 대회는 스탈린·칼리닌(Kalinin)[1061]·구추백·모택동·주덕 등을 주석단 명예 멤버로, 향충발·주은래(不參)·이립삼 등 13명을 대회 주석단의 성원으로 추천했다.

5월 23일 주석단이 채택한 '결의(決議)' 골자는 첫째, 1930년 11월 7일 제1차 전국소비에트대회를 개최해 임시중앙정부를 설립한다. 둘째, 전국의 당조직에게 대표자 파견을 요청해 '준비위원회'를 구성한다. 셋째, '준비위원회'가 출범하기 전 임시상무위원회를 구성한다(余伯流 외, 2015: 74). 결국 1930년 11월 '임시중앙정부'를 설립한다는 계획은 수포로 돌아갔다. 실제로 이립삼이 주도한 '입삼노선' 선전이 대회의 주된 목적이었다.

이립삼 등은 상해 '5월 대회'를 '정식 대회'로 성격을 바꿨다. 또 그들은 원동국과 의논하지 않았다. 향충발은 주은래에게 보낸 편지(1930.6.25)에서 원동국과의 '연락 두절'로 그들과 상의하지 못했다고 적었다. 원동국 책임자 아이슬러(Eisler)는 중앙정치국이 '소비에트대회'를 포기했다고 비판했다('第一硏究部', 2002: 202, 189). 이 시기 아이슬러와 알력다툼이 심했던 이립삼은 '상급자'인 원동국을 안중에 두지 않았다. 원

상해로 귀환, 8월 19일 상해에 도착해 구추백과 함께 '입삼노선'을 제지했다.

1061 칼리닌(Kalinin, 1875~1946), 소련 트베리주(Tver州) 출생이며 국가 지도자이다. 1898년 러시아 사회민주당 가입, 1919~1922년 중앙집행위원회 주석, 1926년 소공 정치국 위원, 1938년부터 소련 최고소비에트 주석단 주석을 역임, 1946년 모스크바에서 병사했다.

모택동과 중국혁명 2

동국이 '입삼노선' 추진에 걸림돌 역할을 했기 때문이다. 이 또한 '입삼노선' 주모자 이립삼이 공산국제의 '눈 밖에 난' 한 주된 원인이다.

1930년 6월 중공중앙은 '5월 대회'와 관련된 자료를 공산국제에 송부했다. 6월 16일 동방서기처 책임자 쿠시넨(Kussinen)[1062]은 '지시문' 초안을 스탈린에게 보내 심사를 받았다. 6월 19일 스탈린은 '지시문'에 이렇게 썼다. …중공 소비에트정권 설립을 승인하며 소비에트정권은 대도시로 확장돼야 한다('第一研究部', 2002: 175). 한편 스탈린의 '대도시 확장' 지시는 홍군의 '대도시 공격'을 주창한 '입산노선'을 조장하는 역할을 했다.

원동국은 당중앙에 편지(6.20)를 보내 '결의' 발표 중지를 요구했다. 주은래는 '공산국제 회의'에서 이렇게 말했다. …중국혁명은 '고조기'에 진입했으나 고조가 도래한 것은 아니다(中共中央文獻研究室, 2007: 187). 6월 22일 원동국이 중공중앙에 제출한 건의는 ① 3개월 후 '대회 개최' 선포 ② 근거지·홍군 회의에서 대표 선출 ③ 대기업 대표 선임 ④ 선전활동 전개 ⑤ '대회' 관련 구호 제출 ⑥ '준비위원회' 설립 등이다(凌步機 외, 2017: 410). 당시 원동국과 심각한 마찰을 빚은 이립삼은 원동국의 '건의'를 수용하지 않았다. 공산국제는 중공중앙에 전보(7.30)를 보내 좌경 맹동주의를 중단하고 '6.11결의' 집행을 중지할 것을 지시했다.

이립삼의 좌경 과오에 대해 강력히 비판한 공산국제는 '소비에트 대회' 개최와 임시중앙정부의 설립은 지지했다. 공산국제가 채택한 '중국문제 결의안(1930.7.23)'은 이렇게 썼다. …임시중앙정부 출범은 매우

1062 쿠시넨(Kussinen, 1881~1964), 필란드 출신이며 사회민주당 영수이다. 1918년 모스크바에서 핀란드 공산당을 창건, 1921~1939년 공산국제 동방부 책임자, 1946년 소공(蘇共)중앙 서기처 서기, 1964년 필란드에서 병사했다.

중요한 의의가 있다(中央檔案館, 1990: 585). 또 '결의안'은 이렇게 썼다. …
임시중앙정부는 홍색 근거지에 설립해야 한다. 또 전투력이 강한 '무적
의 홍군'을 소비에트정권의 지주(支柱)로 삼아야 한다(余伯流 외, 2017: 412).
이는 근거지의 중요성을 강조한 공산국제의 정책과 스탈린의 '홍군 중
시'와 관련된다. 상기 '지시'를 가장 먼저 수용한 것은 주은래였다.

'중국문제 결의안'은 이렇게 지적했다. …임시중앙정부는 홍색정
권이 지배하는 근거지에 설립해야 하며 중공이 장악한 홍군의 강력한
지지를 받아야 한다. 현재 중국혁명의 특수한 환경에서 홍군 건설을 당
면과제로 삼아야 한다(中央檔案館, 1983; 119). 상기 '홍군 건설'은 스탈린의
'홍군 중시' 지시와 관련된다. 이 또한 원동국이 홍군의 최고 지도자 모
택동의 중화소비에트공화국 주석 당선에 '결정적 지지표'를 던진 주된
원인이다.

7월 하순 스탈린의 접견을 받은 주은래는 공농홍군의 발전 상황을
보고했다. 스탈린은 주은래에게 '홍군 발전'을 중국혁명의 최우선 과제
로 삼을 것을 건의했다(中共中央文獻研究室, 2007: 187). '입삼노선' 저지자로
변신한 주은래는 스탈린에게 '좋은 이미지'를 남겼다. 스탈린의 심복인
미프가 4중전회에서 주은래를 정치국에 '잔류'시킨 주요인이다. 20년
후 소련을 방문한 모택동의 면전에서 스탈린은 주은래를 '오랜 친구'라
고 말했다.

스탈린이 남창봉기 지도자이며 황포군교 '2인자' 경력을 지닌 주은
래를 싫어할 이유가 없었다. 주은래는 이립삼이 갖지 못한 '겸손한 미
덕'을 갖췄다. 또 스탈린은 모스크바 휴양 중인 임표를 '극구 만류'[1063]

1063 1938~1942년 임표는 소련에서 휴양, 1939년 봄 스탈린은 독일군의 '프랑스 공격'

했다고 한다. 한편 주은래·임표를 '자기편'으로 만들지 못한 것은 장개석이 모택동에게 패전한 원인으로 간주된다. 당시 노동자 출신인 향충발을 '중공 총서기'로 추천한 스탈린은 '추종자' 향영에게 권총을 선물했다. 스탈린이 가장 싫어한 중공 지도자는 지식인 출신 진독수와 '맹동주의자' 이립삼이다. 그들의 공통점은 스탈린에게 순종하지 않은 것이다.

모택동의 '사망부고(1931.1)' 작성자[1064]가 스탈린이라는 것이 일각의 주장이다. '부고'는 모택동의 업적을 매우 높게 평가했다. 이는 스탈린이 모택동의 군사적 리더십을 인정했다는 방증이다. 반'포위토벌' 승전의 일등공신 모택동의 '공화국 주석' 당선은 당연한 결과였다. 박고 등이 모택동의 당적을 박탈하지 못한 것은 스탈린의 '홍군 중시'와 밀접히 연관된다. 또 스탈린은 박고가 획책한 모택동의 '소련 유학'을 반대했다. 모택동이 '중공 영수'로 부상(1938)한 것은 스탈린의 '묵인'과 크게 관련된다. 1930년대 모택동에게 '병주고 약준' 장본인은 스탈린이다.

상해에서 개최한 정치국 회의(1930.9.9)에서 당중앙은 '소비에트공화국' 설립을 정식 결정했다. 9월 12일 '준비위원회' 출범식이 상해에서

에 대해 토론했다. 소련 장군들은 독일군이 마지노선을 공격할 때 큰 대가를 치를 것이라고 말했다. 임표는 방어선을 우회해 적의 후방을 공격한다면 마지노선은 '무용지물'이 된다고 주장했다(少華 외, 2003: 191). 당시 히틀러는 벨기에로 우회해 프랑스를 공격해 승전, 결국 임표의 예상이 적중했다. 임표가 귀국할 때 스탈린은 '소련 잔류'를 권고했다.

1064 중국 드라마에는 모택동의 '사망부고(1931.1)'를 스탈린이 직접 작성하는 장면이 나온다. 이는 스탈린이 '사망부고'의 작성자라는 뜻이다. 실제로 모택동의 위상을 높이기 위해 픽션을 가미한 것이다. 모택동의 '사망부고'는 모스크바 주재 중공대표단장 구추백이 작성했다는 것이 학계의 정설이다. 한편 '부고'가 공산국제 기관지에 실린 것은 스탈린이 모택동의 '생전(生前) 업적'을 긍정했다는 것으로 풀이된다.

진행됐다. '준비위원회'는 공식 명칭을 중화소비에트공화국 임시중앙정부로 결정했다(李壯, 1992.4). 회의는 향충발을 '상무위원회' 주석, 모택동을 조직부장으로 선임했다. 이 시기 모택동은 홍군을 이끌고 퇴각하고 있었다. 실제로 모택동은 시종일관 '소비에트공화국' 설립에 관심을 갖지 않았다.

상해에서 회의(10.18)를 열고 '대회 개최'를 1931년 2월 7일로 미룬 '준비위원회'는 장소를 강서 근거지로 결정했다. 또 당중앙은 '제92호 통고(10.28)'를 발표해 '백구(白區)' 당조직의 대표 파견을 요구했다(匡勝 외, 2015: 76). 1930년 10월 후 중앙과 '주모홍군'과의 연락은 두절됐다. 이 시기 '주모홍군'은 제1차 반'포위토벌' 준비로 '소비에트대회' 개최에 신경을 쓸 겨를이 없었다. 또 '부전사변(12.12)'이 발생하는 악재까지 겹쳤다.

'제92호 통고(10.28)'는 이렇게 썼다. …국민당 군벌의 홍군 공격을 반대한다. '소비에트대회' 개최를 당면과제로 삼아야 하며 개최 시간(1931.2.7)은 변경하지 않는다(中央檔案館, 1989: 429). 한편 감서남 대표들은 1931년 3월에 강서 근거지로 돌아왔다. '주모홍군'은 중앙 근거지에 도착(1931.1)한 항영으로부터 '대회 개최'를 인지했다. 이 시기 '준비위원회' 비서장 임육남이 상해에서 살해(1931.2.7)됐다. 결국 '대회 개최'는 재차 연기했다.

'중앙국 제1호 통고(1931.1.15)'는 이렇게 썼다. …당면과제는 임시중앙정부를 설립하고 정치성이 강하고 전투력이 막강한 홍군을 건설하는 것이다(江西省委黨史研究室, 2011: 1338). 이 시기 '대회 개최'를 주도한 주은래가 '실권 위기'를 겪었고 '총공회' 책임자 나장룡이 당적을 박탈당했다. 이 또한 '대회 개최'가 연기된 주된 요인이다. 한편 항영은 '부전사변'

처리에 몰두했고 모택동은 '소비에트대회' 개최에 의욕감을 상실했다.

11월 17일 공산국제는 '모스크바 지시'를 도외시한 중공중앙을 강하게 비판했다. …현재 홍군이 위기에 봉착하고 토지운동 전개가 어려운 것은 중공중앙이 공산국제 지시를 수용하지 않았기 때문이다(江西省委黨史硏究室, 2011: 134). 1930년 11~12월 왕명·박고·나장룡 등의 공격을 받은 주은래는 사면초가에 몰렸다. 아이러니한 것은 '홍군 발전'을 강조한 공산국제가 홍군의 사활이 걸린 반'포위토벌'에는 수수방관했다는 점이다.

공산국제가 중공중앙에게 보낸 '지시문(1931.1.15)'은 이렇게 썼다. …더 이상 '소비에트임시중앙정부' 설립을 지체해선 안 된다. 이는 혁명 근거지 확대와 홍군 건설에 극히 불리하다. 중공 지도부는 즉각 대회를 개최해 '임시중앙정부'를 설립해야 한다(余伯流 외, 2015: 78). 1931년 2월 임필시를 책임자로 한 '소구(蘇區)위원회'를 발족한 중공중앙은 3월 중 임필시·왕가상·고작림으로 구성된 '중앙대표단'을 중앙 근거지에 파견했다.

(蘇區)중앙국이 발표한 '대회선언(1931.6.1)'은 이렇게 썼다. …금년 8월 1일 '대회'를 개최해 임시중앙정부를 설립한다. '중앙정부'의 지도 하에 전국적 소비에트정권을 설립한다(中共中央書記處, 1981: 137). (蘇區)군위가 발표한 '제14호 통고(1931.6.20)'는 '소비에트대회'를 '10월혁명 기념일'인 양력 11월 7일로 미룬다고 선포했다. '대회 개최'를 미룬 주된 원인은 1931년 여름 '주모홍군'이 제3차 반'포위토벌' 작전에 전념했기 때문이다.

중공중앙의 긴급통지(10.18)는 이렇게 썼다. …소비에트정부의 탄생은 반혁명 정권의 전복을 앞당길 것이다. '노농대중에게 고하는 글

'(10.20)'은 이렇게 썼다. …노농대중의 민주제도를 보장한 '임시중앙정부' 출범은 중국사회의 서막을 열 것이다(江西省委黨史研究室, 2011: 1799, 1802). 10월 24일 당중앙은 제1차 전국소비에트대회를 11월 7일 서금(瑞金)에서 개최된다고 공표했다. 10월 27일 공산국제는 중공중앙의 '개최 계획'을 승인했다.

모택동은 임시중앙에 보낸 전보(10.3)에 이렇게 썼다. …홍군은 훈련과 병력 보충에 주력하고 있다. 또 '대회 개최'를 위해 홍군 지휘부를 서금에 설치했다(江西省委黨史研究室, 1991: 135). '대회 개최지' 변경은 서금 현위 서기 등소평과 관련된다. 중앙비서장과 '홍7군' 정치위원을 지낸 등소평에겐 '현위 서기'는 '대재소용(大才小用)'이었다. 한편 '모택동 추종자' 등소평은 박고 등 교조주의자들로부터 '모파(毛派)'[1065]로 간주돼 실각했다.

서금현 엽평(葉坪)에서 등소평과 재회(9.28)한 모택동은 확대회의(9.29)를 주재했다. 회의에서 등소평은 서금 상황을 모택동에게 보고했다. 또 여택홍(余澤鴻)[1066]은 서금 주변의 상황을 소개했다(凌步機 외, 2017: 425). 모택동은 홍군 지휘부를 서금에 설치하고 홍군 주력은 장정·회창·우도현의 반동무장을 섬멸하기로 결정했다. 한편 대도시와 멀리 떨어

1065 '모파(毛派)'는 홍군 지도자 모택동의 지지자에 대한 약칭, 모택동의 정치·군사적 노선을 무조건 지지하는 추종자를 가리킨다. 한편 (毛派)당사자 등소평은 그 자신이 '모파'라는 일각의 지적을 동의하지 않았다. 실제로 1930년대 등소평은 모택동 추종자였다. 이 또한 박고 등이 그를 '모파'로 간주해 비판한 주된 원인이다. 1933년 전후 모택동이 실각했을 때 '모파'로 간주된 사람들은 좌경 교조주의자들의 정치적 박해를 받았다.

1066 여택홍(余澤鴻, 1903~1935), 사천성 장녕(長寧) 출신이며 공사주의자이다. 1925년 중공에 가입, 1929년, 중앙비서처 비서장, 1930년 북방국 선전부장, 1932년 건녕현위 서기, 1935년 12월 강안(江安)에서 희생됐다.

져 있어 안전하고 대중적 기초가 좋은 서금은 '대회 개최지'로 안성맞춤이었다.

모택동·등소평 두 위인의 '서금 상봉(1931.9)'은 숙명적이었다. 얼마 후 좌경 노선을 반대한 그들은 모두 실권하며 '동병상련' 처지가 됐다. 1933년 5월 '모택동 추종자' 등소평은 첫 실각을 했다. 설상가상으로 부인 김유영이 곁을 떠나갔다. 중공 지도자 중 '삼낙삼기(三落三起)'한 인물은 모택동·등소평뿐이다. 한편 'AB단' 숙청 발기자 모택동이 '불(肅反)'을 일으키는 '부싯돌' 역할을 했다면, 서금의 '사회민주당' 숙청을 종결한 등소평은 '불을 끄는(과오 시정)' 소방관 역할을 했다. 실제로 모택동이 '혁명의 달인'이라면, 등소평은 '혁신의 대가(大家)'였다.

당중앙은 회의(1931.2.20)를 열고 '주석' 후보자에 관해 토론했다. 왕명이 향충발을 '후보자'로 제기했으나 장문천의 반대를 받았다. 참석자들은 '후보자'는 전국적 성망과 홍군 지도자라는 조건을 갖춰야 한다고 인정했다. 결국 모택동이 후보자로 낙정됐다(梅黎明 외, 2015: 83). 상해원동국은 '당중앙 결정'을 승낙했다. 3년 후 낙보는 '인민위원회' 주석으로 부임했다. 한편 '모장(毛張)' 연합체제는 모택동의 '복귀'에 결정적 역할을 했다.

'공화국 주석' 후보자는 결정됐으나, '인민위원회(總理)' 주석은 아직 결정되지 않았다. 임시중앙은 (蘇區)중앙국에 보낸 '지시문(1931.10)'에 이렇게 썼다. …인민위원회 주석은 모택동, 부주석은 장국도와 강서성 소비에트정부 주석으로 결정한다(江西省委黨史研究室, 2011: 1815). 모택동의 답신은 이렇게 썼다. …항영을 인민위원회 부주석으로 추천하며 증산의 토지부장 임명을 건의한다. 모택동의 건의를 수용한 당중앙은 장국도·항영을 부주석으로 결정했다(余伯流 외, 2017: 429). 당시 임시중앙은 '임시중앙정부'의 부주석 후보자로 항영을 고려하지 않았다. 실제로 '중앙국'의 대리서기 모택동이 '2인자'인 항영을 배려한 것이다.

임시중앙은 인민위원회 산하에 16개의 인민위원직을 설치하려고 계획했으나, (蘇區)중앙국의 건의를 수용해 인민위원회 산하에 '9부(部)1국(局)' 설치를 결정했다(江西省檔案館, 1982: 127). 인민위원회 산하의 9개 부서는 외교·군사·노동·토지·재정·사법·내무·교육·공농검찰이며 1개 국은 국가정치보위국이다. 임시중앙의 '제1호 통지(1931.10)'는 왕가상을 외교부장, 구추백을 교육부장에 임명할 것을 지시했다. 한편 '인민위원' 등 소련의 국가시스템을 그대로 적용한 것은 '소비에트공화국'이 소련의 '괴뢰공화국임'을 입증하는 단적인 증거이다.

11월 7일 제1차 소비에트대회가 서금의 엽평에서 개최됐다. 대회에 출석한 대표는 610명으로 '조선인' 대표도 있었다. 주석단 멤버는 모택동·항영·임필시·주덕 등 37명이었고 집행주석 항영이 개막사를 진행했다. 9월 오후 모택동이 정치보고를 진행했다. 11월 20일 새벽 군기(軍旗) 수여식과 메달 발급식이 진행됐다. 14일 동안 진행된 '대회'는 원만하게 끝났다. 대회의 '성공적 개최' 숨겨진 공로자는 서금현위 서기 등소평이었다.

등소평이 대회의 '성공적 진행'을 위해 완성한 '3대 임무'는 ① 대표의 반달 간 식량과 물자 공급 보장 ② 안전하고 편리한 숙박 해결 ③ 대중 동원, 경축활동 참여 등이다(余伯流, 2011: 16). 서금에서 '공화국' 주석인 모택동과 '홍도(紅都)' 책임자 등소평의 '동맹관계'가 결성됐다. 1940년대 모택동의 추천을 받은 등소평은 팔로군 129사단 정치위원을 맡았다. 실제로 1930년대 모택동과 등소평의 실각은 '정치적 도약' 발판이 됐다.

제1차 전체회의(11.27)에서 선출된 '부장(人民委員)'은 외교부장 왕가상, 군사부장 주덕, 노동부장 항영, 재정부장 등자회, 토지부장 장정승, 내무부장 주이률, 교육부장 구추백, 사법부장 장국도, 검찰부장 하숙형, 국가정치보위국장 등발이다. 중화소비에트공화국 주석으로 당선된 모택동의 닉네임인 '모주석(毛主席)' 칭호가 이때부터 사용됐다. 또 장국도·구추백·주이률은 각자의 사정으로 부임하지 못했고 대체자는 서특립·양백대(梁柏臺)[1067]·하숙형이었다. 한편 모스크바의 강요로 설립된 중화소비에트공화국은 발묘조장(拔苗助長)의 '조산아(早産兒)'였다.

11월 25일 중앙혁명군사위원회가 설립됐다. '중혁군위(中革軍委)' 주석은 주덕, 부주석은 왕가상·팽덕회가 임명됐다. 또 총참모장 엽검영, 총정치부 주임 왕가상, 부주임 섭영진·하창, 후근부장 범수덕, 위생부장 하성(賀誠)[1068], 비서처장 서몽추(徐夢秋)[1069], 부관(副官)처장 양립삼, 중앙군사정치학교 총장 소경광(蕭勁光)[1070]이 임명됐다. 한편 임시중앙정부

1067 양백대(梁柏臺, 1899~1935), 절강성 신창(新昌) 출신이며 공산주의자이다. 1922년 중공에 가입, 1931년 임시중앙정부 (代理)사법부장, 1933년 '홍색중화(紅色中華)' 편집장, 1935년 국민당 '산공단(鏟共團)'에 의해 처형됐다.

1068 하성(賀誠, 1901~1992), 사천성 사홍(射洪) 출신이며 공산주의자이다. 1925년 중공에 가입, 1927년 광주봉기 참가, 1930~1940년대, 중앙군위 군의(軍醫)처장, 동북민주연군 위생부장, 건국 후 총후군부 제1부부장, 중앙위원 등을 역임, 1992년 북경에서 병사했다.

1069 서몽추(徐夢秋, 1895~1976), 안휘성 수현(壽縣) 출신이며 공산주의자(후 변절)이다. 1925년 중공에 가입, 1930년대 '홍3군단' 선전부장, 신강(新疆)학원 총장, 1940년대 군통국(軍統局) 연구소장, 1976년 옥중에서 병사했다.

1070 소경광(蕭勁光, 1903~1989), 호남성 장사(長沙) 출신이며 공산주의자이다. 1922년 중공에 가입, 1930~1940년대 '홍11군' 정치위원, '홍29군' 군단장, 산동군구 부상령관, 호남군구 사령관; 해군 사령관, 건국 후 국방부 부부장, 전국 인대(人大) 상무위원회 부위원장, 중앙고문위원회 상임위원 등을 역임, 1989년 북경에서 병사했다.

에 예속된 '중혁군위'는 중공중앙과 (蘇區)중앙국의 영도를 받았다. 또 '중혁군위'가 설립된 후 '홍1방면군' 전위가 철회됐다. 결국 홍군의 지도권은 주은래·주덕이 장악했고 모택동은 군권을 박탈당했다.

'인민위원회' 산하의 부서는 유명무실한 기관으로 '공화국' 건설에 응분의 기여가 없었다. '소비에트공화국'은 공산국제가 조종한 괴뢰정권이었다. 모스크바의 대변자 역할을 한 '소련 유학파'는 소련의 '국익보호'를 최우선 과제로 삼았다. 독립성과 주체성을 상실한 '괴뢰공화국'은 공산국제 지시에 따라 움직이는 꼭두각시 정부로 동시기 일본이 중국을 침략하기 위해 동북에 세운 '위만주국(僞滿洲國)'[1071] 판박이에 다름 아니었다.

감남회의(1931.11)에서 좌경 노선 집행자의 비판을 받은 모택동은 심각한 위기에 빠졌다. '직속상관' 주은래의 도래(1931.12)로 모택동은 '중앙국 서기'에서 해임됐다. 1932년 사면초가에 빠진 모택동은 세 번째로 실각했다. 군권을 박탈당한 '공화국' 주석 모택동은 굴욕적 수모를 감내해야 한다. 한편 보복심이 강한 모택동은 '홍군 통솔자'로 자리매김한 후 자신을 곤경에 빠뜨린 장본인 박고·장국도를 '공화국' 책임자[1072]로 임명했다.

─────────

1071 위만주국(僞滿洲國, 1932~1945)은 일본이 중국 동북을 침략하기 위해 세운 괴뢰정권이다. 당시 국민정부는 이를 승인하지 않았으므로 '위만주국'으로 불린다. 일본 관동군은 1932년 3월 1일 '만주국' 설립을 선포, 수도는 신경(新京)에 정하고 연호를 대동(大同)이라고 불렀다. 1945년 8월 소련 참전으로 부의가 체포, '만주국'이 붕괴됐다.

1072 1931년 11월 7일 서금에 설립된 중화소비에트공화국의 초대 주석은 모택동이었다. 1935년 11월 '홍군 통솔수' 모택동은 실권자 박고를 '공화국' 전신인 '서북판사처' 책임자로 임명했다. 1937년 모택동은 '홍군 분열'을 감행한 장국도를 '섬감녕정부' 책임자로 임명했다. 결국 '소비에트공화국' 책임자는 모두 실권한 지도자가 맡았다.

2. 감남(贛南)회의와 모택동의 '군권' 박탈

(蘇區)중앙국이 설립(1931.1)된 후 제1차 반'포위토벌'에서 승전한 '주모홍군'의 최고 지도자 모택동은 '근거지 2인자'로 밀려났다. 10개월 후 '중앙국 서기'로 임명(1931.10)된 모택동은 소비에트공화국 주석으로 내정됐다. 한편 감남회의(1931.11)에서 임필시·항영·왕가상 등 좌경 노선 집행자들의 비판을 받은 모택동은 정치적 위기를 맞이했다. '중혁군위(中革軍委)'가 출범한 후 '공화국' 주석 모택동은 '홍군 지도권'을 박탈당했다.

모택동의 '군권 박탈' 원인은 첫째, 향충발이 처형(1930.6)된 후 왕명이 '중공 1인자'로 내정했다. 둘째, 9월 왕명의 측근 박고가 임시중앙 책임자로 임명됐다. 셋째, 그간 모택동을 지지했던 '중앙대표단'의 입장 변경이다. 넷째, (蘇區)중앙국 서기 주은래의 근거지 도래이다. 다섯째, 공산국제의 정치노선과 위배된 '정책' 추진이다. 한편 모택동의 독선과 아집, 홍군 내 'AB단' 숙청 확대화에 따른 '군심(軍心) 상실'도 중요한 원인이다.

모택동이 '중앙 근거지 1인자'가 된 것은 주은래와 '중앙대표단'의 지지가 있었기 때문이다. 또 이는 모택동이 홍군을 지휘해 반'포위토벌'에서 승전한 것과 크게 관련된다. 한편 모택동을 지지했던 '중앙대표단'의 입장이 바뀐 것은 주은래가 작성한 '당중앙 지시문(8.30)'과 왕명이 작성한 '당의 긴급임무(9.20)', 박고가 작성한 '10월지시'와 관련된다. 실제로 주은래의 '지시문'은 감남회의에서 통과된 '정치결의안' 밑바탕이 됐다.

1931년 4월 임필시를 필두로 한 '중앙대표단'이 중앙 근거지에 도착했다. '중앙대표단'의 도래로 모택동은 '근거지 1인자'로 복귀했다. 이는 반'포위토벌'에서 보여준 모택동의 군사적 리더십과 관련된다. 한편 박고를 필두로 한 임시중앙이 출범한 후 홍군 지도권을 박탈당한 '(蘇區)중앙국 서기' 모택동은 심각한 위기에 빠졌다. 감남회의에서 모택동을 비판한 '결의안'의 작성자는 그동안 모택동을 지지했던 임필시와 왕가상이었다.

1931년 5월 당중앙이 발표한 '조직결의안'은 이렇게 썼다. …전국 각 근거지에 설치된 중앙국과 중앙분국은 지방당조직의 직권을 대체할 수 없다. '중앙국' 책임자는 당중앙이 파견하며 지방당조직은 대표대회를 거쳐 선출된다(中央檔案館, 1983: 293). 조직부장 주은래가 작성한 '조직결의안'은 근거지에 설치된 '중앙국'의 직능 조정이 주된 목적이었다. 한편 (蘇區)중앙국에 대한 '권한 축소'가 '결의안' 취지라는 것이 일각의 주장이다.

(蘇區)중앙국의 관할 범위는 5개 성에 국한됐다. 이는 왕명이 지배한 당중앙이 근거지에 대한 통제 강화와 주은래가 서기인 (蘇區)중앙국의 권한 축소를 위한 것이었다(黃少群, 2015: 386). 당중앙은 회의(1930.2)를 개최해 공산국제의 '지시 관철'을 토론했다. 당중앙은 장극도를 악예환(鄂豫皖) 근거지 중앙분국 서기, 진창호를 악예환 소공(少共) 서기로 파견했다. 또 하희를 상악서(湘鄂西) 분국 서기, 증홍역(曾洪易)[1073]을 감동북(贛東北) 중앙 대표로 파견했다(凌步機 외, 2017: 417). 상기 '권한 축소' 주장은 설득력이 떨어진다. 실제로 6기 4중전회 후 당중앙의 인사조직은 당중앙 조직부장이며 중앙군위 서기인 주은래가 책임졌다.

당중앙의 '조직결의안(1931.5)'이 발표한 후 (蘇區)중앙국은 당중앙의

1073 증홍역(曾洪易, 1905~1951), 강서성 만안(萬安) 출신이며 공산주의자이다. 1924년 중공에 가입, 1920~1930년대 공청단중앙 선전부 간사, 복건성위 서기, 민절감(閩浙贛)성위 서기, 1935년 변절, 국민당에 가입했다. 1950년 수감, 1951년 옥중에서 병사했다.

'산하 기관'으로 격하됐다. 이 또한 '청당회의(4.17)'에서 보선된 팽덕회·임표·주이률·증산·진의 등 '(蘇區)중앙국 위원'을 당중앙이 줄곧 허락하지 않은 주요인이다(余伯流 외, 2017: 468). 주은래가 작성한 '조직문제 결의(1931.8.30)' 발표에서 확정된 '(蘇區)중앙국 위원'은 모택동·항영·주덕·임필시·왕가상·고작림·등발 7명이었다. 상기 위원 중 '주모(朱毛)'를 제외하면 모두 주은래의 측근자였다. 한편 '청당회의'에서 '보선'된 5명의 '중앙국 위원'은 모두 모택동의 측근들이었다.

6월 22일 향충발이 상해경비사령부에 체포됐다. 국민당 밀정이 향충발의 제보대로 주은래의 거처를 습격했으나 '주은래 체포'에 실패했다. 6월 24일 국민당 정보기관은 장개석의 명령에 근거해 비밀리에 변절한 '총서기'를 처형했다(周國全 외, 1989: 199). 중공 총서기 향출발이 처형된 후 원동국의 책임자 미프는 공산국제 명의로 왕명을 '총서기 대행'로 임명했다. 9월 중순 모스크바 주재 중공대표단장에 내정된 왕명은 측근으로 임시중앙정치국을 구성하고 박고를 '중공 총서기'로 결정했다. 한편 이 시기 왕명이 (蘇區)중앙국에 끼친 영향력은 크지 않았다.

당중앙 서신(1931.8.30)의 '모택동 비판'은 매서웠다. 모택동이 주도한 (蘇區)중앙국이 좌경 기회주의 과오를 범했다고 지적했다. 중앙지도자 중 누가 서신을 썼는지는 확인할 수 없다. 서신에는 '신세대 지도자'인 미프의 사람들의 관점이 반영됐다(V. Pantsov 외, 2017: 364). 상기 '미프의 사람'은 '중공 1인자'로 부상한 왕명을 가리키며 '서신' 작성자는 주은래였다. 상기 '좌경 기회주의' 과오는 상당한 어폐가 있다. 이 시기 (蘇區)중앙국의 주도자는 주은래의 측근인 임필시·항영 등이었다. 당시 '주모홍군' 지도자 모택동은 제3차 반'포위토벌'에 전념했다.

주은래가 작성한 '(蘇區)중앙국과 홍군 총전위에게 보낸 지시문

(8.30)'은 반'포위토벌'에서 '주모홍군'이 거둔 성과를 긍정적으로 평가했다. 또 (蘇區)중앙국의 급선무를 이렇게 썼다. …대중을 발동해 홍군의 반'포위토벌'을 협력해 중앙 근거지를 공고히 하는 것이다(中共中央文獻研究室, 2007: 216). 상기 '지시문'은 임필시가 파견한 구양흠의 보고를 청취한 후 주은래가 작성한 것이다. 한편 주은래의 '지시문'은 심각한 파장을 일으켰다.

'지시문'이 지적한 '성과' 골자는 ① 반'포위토벌' 승전 ② 토지 몰수, 평균분배 실시 ③ 소비에트정권 설립 ④ 전투력이 강한 홍군 ⑤ 당 조직의 역할 발휘 ⑥ 'AB단' 등 반동파의 공격 진압 등이다(中央檔案館, 1983: 371). '지시문'은 '근거지 과오'를 이렇게 썼다. …가장 큰 과오는 계급노선 부재와 '부농노선(富農路線)' 집행이다. 홍군의 유격주의 집착은 당중앙의 '대도시 공격' 전략에 부합되지 않는다(中共中央文獻研究室, 2005: 354). 상기 '부농노선'은 공산국제의 지시를 무조건 수용한 것과 관련된다. 또 홍군의 '유격주의' 비판은 상기 '성과'와 모순된다. 실제로 '주모홍군'은 반'포위토벌'에서 기동적 유격전술을 사용해 승전을 거뒀다.

'지시문'의 '과오'는 현실을 외면한 주관적 판단이다. 또 모택동이 '부농노선'을 범했다는 지적은 사실적 근거가 취약하다. 이른바 '과오'는 모택동을 빗댄 비판이다. 당중앙의 '8월지시' 후 '9월결의안'·'10월 전보문'이 잇따라 발표됐다. 결국 주은래가 작성한 '지시문'은 감남회의에서 중화소비에트공화국 주석인 모택동의 실권을 초래한 '정책적 근거'가 됐다.

당중앙 '지시문'이 지적한 '성과'와 '과오'는 매우 자가당착적이다. '지시문'의 '홍군 성과'는 주은래가 소신껏 작성한 것이다. 또 '근거지 과오'는 공산국제 대표와 왕명의 주장을 수용한 것으로 추정된다(黃少

軍, 2015: 389). 상기 주장은 '2분법적 사고'와 주관적 판단으로 수긍하기 어렵다. 즉 주은래는 모택동을 '일관적으로 지지'했고 왕명은 모택동을 '무조건 비판'했다는 사고방식은 지극히 관념적이고 주관적이다. 한편 이 시기 '중공 실세'인 주은래가 모스크바의 '좌경 노선'을 거부했다면, 그 역시 공산국제의 정치적 희생양인 이립삼의 전철을 밟았을 것이다.

중국 학자들은 '8월지시문'을 부정적으로 평가한다. '지시문'의 '과오'가 '감남회의'의 '결의안' 골자가 됐고 결국 '모택동 실권'을 초래했기 때문이다. '8월지시문'은 작성자 주은래의 의견이 지배적이었다. 홍군의 '문제점'은 군사 문외한 왕명의 견해로 보긴 어렵다. 주은래의 '서기 부임'이 확실시된 상황에서 그의 추종자 임필시·왕가상 등이 이른바 '과오'를 감남회의의 '결의안' 기조(基調)로 결정해 '모택동 비판'에 악용한 것이다.

'입삼노선' 추종자 항영은 주은래의 측근이었다. '(蘇區)중앙국 설립' 후 항영은 '부전사변' 처리에서 모택동과 의견이 대립됐다. 주은래의 최측근 임필시는 '8월지시'를 수용한 후 모택동에 대한 입장을 바꾼 것이다. 또 그는 왕명의 '9월결의안'과 박고의 '10월지시문'을 근거로 모택동에게 치명적인 '협소적 경험론'을 제출했다. 당시 주은래는 홍군 지도자 모택동을 최대 정적으로 간주했다. 결국 '모택동 지지'를 포기한 항영·임필시 등은 '상급자' 주은래를 옹호했다. 실제로 임필시·항영 등이 주최한 감남회의에서 모택동의 '군권 박탈'은 예고된 결과였다.

모택동을 자기편으로 만들려고 시도한 왕명은 반'포위토벌'에서 승전한 모택동의 영향력이 커지면서 위협적인 존재로 간주했다. 또 독특한 전략과 정치적 견해가 뚜렷한 모택동이 쉽게 순종하지 않을 것이라는 것을 예감했다(葉健君 외, 2013: 86). 당시 '소련 출국'이 확정된 왕명은 모택동에게 크게 신경을 쓰지 않았다. 모택동의 '군권 박탈'은 주은 래와 그의 추종자 항영·임필시 등과 관련된다. 한편 상기 '예감'은 주은 래의 예감이었다.

왕명은 동료에게 이렇게 말했다. …대부분 시간을 외국에서 보낸 레닌은 국내의 중요한 정책을 결정했다. '후임자' 박고는 중차대한 문 제에서 왕명의 결정을 따랐다. 제3차 좌경 노선을 왕명의 이름으로 명 명(命名)한 것은 적절했다(黃允升, 2006: 226). 공산국제의 좌경 노선을 집행 한 대표적 인물은 '중공 총서기' 박고였다. '왕명 출국' 후 박고·주은래 의 체제가 이뤄졌다. 모택동을 실각시킨 장본인은 박고·주은래·임필 시·항영이다.

왕명이 작성한 '당의 긴급임무' 결의안(9.20)을 이렇게 썼다. …홍군 의 제3차 반'포위토벌' 승리로 혁명의 위기는 사라졌고 새로운 고조가 도래했다. 중앙 근거지를 대도시로 확장하고 홍군은 '대도시 공격' 작 전을 준비해야 한다(中央檔案館, 1991: 414). 상기 '결의안'에서 왕명이 주장 한 '새로운 고조'와 '대도시 공격'은 좌경적 '입삼노선'과 일맥상통했 다. 실제로 왕명은 공산국제가 주창한 홍군의 '대도시 공략'을 재차 강 조한 것이다.

모택동은 '제3차 좌경 노선 반박(1941)'이란 문장에 이렇게 썼다. … 이는 '좌경 노선'의 강령성(綱領性) 문건이다. 이른바 '새로운 고조'는 사 실무근이며 근거지의 '대도시 확장'과 '대도시 공격'은 홍군의 실패를 초래했다(章學新 외, 2014: 267). 상기 모택동의 '왕명 비판'은 결코 왕명 한 사람에게 국한된 비판이 아니었다. 실제로 모택동의 '좌경 노선 반박' 은 중공중앙에 '좌경 노선' 실시를 강요한 모스크바에 대한 간접적 비 판이었다.

임시중앙이 반포한 '일제의 만주 강점 결의(9.22)'는 이렇게 썼다. …
일제는 소련 침략 서막을 열었다. 소비에트정권을 보호하고 무장으로
소련을 보위해야 한다(中共中央文獻硏究室, 2007: 217). 상기 '소련 보위'는 박
고·낙보 등 '소련 유학파'가 주축을 이룬 임시중앙이 모스크바의 괴뢰
역할을 했다는 단적인 방증이다. 한편 모택동·주덕 등은 '백군(白軍) 장
병에게 고하는 글(9.18)'을 발표해 장개석의 '부저항(不抵抗) 정책'을 비판
했다.

임시중앙의 제4호 '지시전(指示電, 1931.10)' 골자는 ① 주요 성과,
반'포위토벌' 승전 ② 과오, '부농노선'과 '대회 개최' 연기 ③ 핵심 과
제, 홍군 확충과 소비에트중앙정부 설립 ④ 대회 '결의안', 당중앙 지시
를 바탕으로 작성 등이다(江西省委黨史硏究室, 2011: 1817). 당시 임시중앙은
'대회 개최'를 촉성하는 '지시문'을 잇따라 보냈다. 또 당중앙의 지시대
로 '제1차 대표대회(贛南會議)'를 개최하고 관련 '결의안'을 작성할 것을
요구했다(中共中央文獻硏究室, 2014: 267). 상기 '10월지시'는 '총서기' 박고가
작성한 것으로 '8월지시' 취지를 거듭 강조한 것이다. 당시 임시중앙은
주덕을 '중혁군위' 주석, 왕가상을 총정치부 주임으로 내정했다.

모택동이 임시중앙에 보낸 '전보문(10.24)' 골자는 ① 홍군 확충, 훈
련에 주력 ② 홍군 지휘부, 서금에 설치 ③ 서금 주변의 장정·우도 등 4
개 현은 '백구(白區)' 등이다(逄先知 외, 2005: 358). 임시중앙의 '제5호 지시
(10.31)'는 이렇게 썼다. …홍군은 약적(弱敵)이 수비하는 녕도·광창을 공
격해야 한다. 홍군의 '서금 고수'는 매우 보수적이며 민북(閩北)과 감남
으로 진격해 급양을 해결해야 한다(江西省委黨史硏究室, 2011: 1819). 실제로
당중앙은 '주모홍군'에게 근거지 밖으로 세력을 확장할 것을 요구한 것
이다. 그러나 모택동은 당중앙의 '세력 확장' 지시를 무시했다. 결국 모

택동의 '당중앙 지시' 거부는 '군권 박탈'의 결정적 요인이 됐다.

1931년 11월 1~5일 서금 엽평에서 감남회의가 개최됐다. 임필시가 주재한 회의는 모택동의 '중앙국 서기'를 해임하고 항영을 (蘇區)중앙국 대리서기로 임명했다(李志英, 1994: 108). 감남회의에서 모택동의 주장은 '협소적 경험론'·'부농노선'·'우익 기회주의'로 몰려 배격됐다. 또 '홍1방면군' 총정치위원에서 파면된 모택동은 군권을 상실했다(矢吹 晋, 2006: 93). 상기 모택동의 '중앙국 서기 해임' 주장은 사실무근이다. 실제로 모택동의 '서기 해임'은 주은래가 근거지에 도착한 후(1932.1)의 일이다. 또 '감남회의' 기간 모택동은 여전히 홍군 총정치위원이었다.

엽평 사씨종사(謝氏宗祠)에서 5일 간 열린 감남회의에 70명의 대표가 참석했다. 감남회의는 (蘇區)중앙국 지도자가 주재했다. 10월 하순 임시중앙은 이렇게 지시했다. …현재의 (蘇區)중앙국 지도자가 감남회의를 주최한다(余伯流 외, 2017: 477). 임필시가 대회를 주최했다는 일각의 주장은 잘못된 것이다. 대회 주석단 멤버는 모택동·항영·임필시·주덕·왕가상·고작림·등발이었다. 실제로 주석단 멤버 대다수가 주은래의 측근이었다.

'감남회의'의 주요 의제는 '정치결의안' 등 5개 결의를 통과시키는 것이었다. '결의안'을 토론할 때 대표들 간에 격렬한 쟁론이 벌어졌다. 서금현위 서기 등소평, 영길태(永吉泰)특위 서기 모택담, 감동(贛東)특위 서기 사유준, 총전위 선전부장 고백 등은 '정치결의안' 등의 '모택동 비판'을 강력하게 반대했다. 당시 대회 '결의안'의 '비판 대상'인 모택동은 '정치결의안' 등의 '비판'을 수용하지 않았다. 그러나 '주석단 멤버' 대다수가 임시중앙에 순종하는 '좌경 노선' 집행자들이었고 모택동 지지자는 극소수였다. 결국 감남회의에서 5개 '결의안'이 통과됐다.

모택동에게 치명적인 '결의안'은 왕가상이 작성한 '정치결의안'이 었다. '결의안' 골자는 첫째, 3중전회의 '타협주의' 노선을 집행했다. 둘째, '근거지 확장' 지시를 거부했다. 셋째, 지주·부농과 타협하는 '부농노선'과 '우경 기회주의' 과오를 범했다. 넷째, '유격주의' 전통을 고수하고 '대도시 공격'을 중시하지 않았다. 다섯째, '사무주의(事務主義)'가 매우 농후했다. 여섯째, '숙반' 문제에서 대중을 발동하지 않았다. 일곱째, 마르크스주의는 '시골의 산물'이 아니다. 실제로 '정치결의안'은 이름을 거론하지 않았으나 비판대상은 '중앙 근거지 1인자'인 모택동이었다.

모택동의 군사전략과 정치적 주장을 전면적으로 부정한 '정치결의안' 작성자는 '중앙국' 선전부장인 왕가상이었다. '연안정풍'에서 왕가상은 자신이 범한 '중대한 과오'를 솔직하게 반성했다. '중공 7대'에서 모택동의 '호소'에도 불구하고 왕가상은 중앙위원 선거에서 탈락했다(黄少群, 2015: 397). 중앙 근거지에서 '중대한 과오'를 범한 왕가상은 '용두사미' 인생을 살았다. 문혁 시기 '정치결의안'이 화근이 돼 모진 정치적 박해를 받았다.

'홍군문제 결의안'은 이렇게 썼다. …홍군 지도부는 마르크스주의 이론을 무시하고 협소적 경험과 주관적 판단으로 각종 문제를 분석했다. 이는 농민의 낙후된 사상이다(中央檔案館, 1991: 487). 한편 임필시는 모택동이 작성한 '본본주의를 반대하자(1930.5)'는 글을 마르크스주의 이론을 부정한 것이라고 혹평했다. 또 임필시는 '본본주의 반대'는 '협소적 경험론'·'사무주의'라고 비판했다(中共中央文獻研究室, 1994: 224). 상기 '홍군문제 결의안'은 임필시가 작성한 것이다. 한편 임필시가 제출한 '협소한 경험론'은 모택동의 실각에 치명적인 악영향을 끼쳤다.

연안정풍에서 자신의 '과오'를 심각하게 반성한 임필시는 이렇게 말했다. …감남회의에서 내가 제출한 '협소적 경험론'은 대회 지도사상이었다. 또 7중전회(1945.4.20)에서 이렇게 자책했다. …모택동의 '경험주의'를 비판한 나는 교조주의 과오를 범했다(章學新 외, 1994: 225). 임필시는 모택동의 중공 영수 등극(1938)에 결정적 역할을 했다. 한편 임필시가 일찍 병사(1950)하지 않았다면, 그 역시 문혁 시기 액운을 면치 못했을 것이다.

감남회의에서 모택동은 여전히 '중앙국 서기'였다. 한편 '중혁군위'는 당중앙의 결정에 따라 설립된 것이다. 또 '중혁군위' 주석과 부주석도 임시중앙이 결정했다(凌步機 외, 2017: 478). 당중앙은 총전위 서기 모택동을 '중혁군위' 주석으로 내정하지 않았다. 실제로 주덕을 '중혁군위' 주석으로 임명한 것은 '군위' 서기 주은래의 결정이다. 주은래가 모택동을 최대 정적으로 간주했다는 방증이다. 모택동의 '군권 박탈'은 예고된 것이었다.

모택동을 비판한 '정치결의안'의 통과로 '공화국' 주석 모택동은 '협소적 경험론자'·'부농노선' 집행자·'우경 기회주의자'로 낙점됐다. 이는 모택동의 '당권·군권 박탈'의 빌미가 됐다. 한편 박고를 필두로 한 임시중앙과 (蘇區)중앙국의 '좌경 노선' 집행자는 공산국제 지시의 집행에 걸림돌인 모택동의 홍군 지도권을 박탈하려고 작심했다. 또 군사 문외한인 임시중앙의 햇내기 지도자와 (蘇區)중앙국의 '주은래 추종자'를 대놓고 무시한 모택동은 사면초가의 위기를 자초했다. 이는 30대 후반의 홍군 지도자 모택동의 '정치적 미숙'을 보여준 단적인 방증이다.

임시중앙은 감남회의를 이렇게 평가했다. …감남회의에서 '중앙국' 지도자들은 이른바 '협소적 경험론'으로 우경 기회주의를 반대하는 투쟁을 대체했다(中央檔案館, 1991: 220). 훗날 임필시는 임시중앙이 '기회주의 반대' 투쟁을 철저히 전개하지 않은 그를 비판했다고 실토했다.

상기 '평가'는 당중앙의 '지시문(1931.4.20)' 내용이다. 또 '지시문'은 장문천이 쓴 '당내 기회주의 동요(1931.4.4)'와 이 시기 상해를 방문한 항영과 관련된다.

11월 25일 주덕·왕가상·팽덕회·주은래·모택동 등 15명을 '중혁군위' 위원으로 선임하고 주덕을 주석, 왕가상·팽덕회를 부주석으로 임명했다. 1931년 12월부터 '중혁군위'가 전국의 홍군을 지휘했다. 실제로 '중혁군위' 주석·부주석은 주은래가 결정한 것이다. 모택동은 '주모 홍군'의 최고 지도자의 지위를 상실했다. '홍군 2인자' 주덕은 본의 아니게 모택동의 '홍군 지도권'을 계승했다. 결국 이는 모택동의 '정강산 실각'을 초래한 주덕이 두 번째로 모택동의 '권위'에 도전한 것이다. 한편 '인민위원회' 주석으로 당선(11.27)된 모택동은 군권을 상실했다.

11월 27일 모택동은 인민위원회 주석으로 당선됐다. 이때의 '두 주석' 명칭이 '모주석(毛主席)'의 유래가 됐다. 등소평은 이렇게 말했다. … '모주석' 칭호는 강서 근거지에서 나왔다. '모주석'은 인민들의 존경을 나타내는 뜻이 담겨 있다(현이섭, 2017: 155). 한편 '공화국'과 '인민위원회' 주석 모택동은 홍군 지도권을 상실했다. 이 시기 괴뢰 정권인 '공화국' 주석인 '모주석' 명칭은 군권을 박탈당한 모택동에겐 '치욕스러운 호칭'이었다.

대회 후 곽화약은 모택동을 '모주석'이라고 불렀다. 이에 불만스러운 기색이 역력한 모택동은 이렇게 말했다. …곽 참모, 자네는 나를 처음 '주석'이라고 부른 사람이네. 그동안 '모위원'·'모총정위(毛總政委)'라는 호칭에 습관이 된 모택동은 '모주석' 칭호가 친절하게 들리지 않았다(郭晨, 2006: 85). 당시 모택동이 가장 선호한 명칭은 '총정위(總政委)'였다. 그 후 모택동은 '중앙군위 주석(1936)'과 '중공 주석(1943)으로 당선됐다. 이 '두 주석'은 모택동이 세상을 떠나기 전까지 줄곧 맡았던 직책이다. 실제로 '(黨)주석'과 '(軍委)주석'은 중공 영수를 상징한다.

당시 모택동은 '20대 애송이' 박고를 안중에 두지 않았다. 삼국지를 통달한 모택동은 '평범한 사나이' 유비가 제갈량의 도움으로 촉한(蜀漢) 황제로 등극한 사실을 간과했다. 햇내기 박고는 '태상황(太上皇)' 공산국제와 '소련 유학파'의 지지를 받았다. 또 조직력과 친화력을 겸비한 주은래의 '보필'을 받았다. 한편 주은래는 주덕·항영과 '격이 다른' 지도자였다. 주은래의 도래는 사면초가에 빠진 모택동에겐 '흉다길소(凶多吉少)'였다.

'백수의 왕' 사자도 이리떼의 검질긴 공격은 당해낼 수 없다. 홍군 지도자 모택동은 적의 3차례 '포위토벌'을 격퇴했다. 그러나 모스크바에 충성한 '28개반볼셰비키'가 주축을 이룬 임시중앙의 무차별적 공세, 그들의 조정을 받는 소구중앙국 '좌경 노선' 집행자의 협공을 받아 완전히 고립됐다. 39세(1932)의 모택동은 은퇴·'하산(下山)', '백의종군'과 실각을 당하며 인생의 최대 위기를 겪었다. 요컨대 인생사는 새옹지마(塞翁之馬)이다.

3. 모택동의 '동화산 은퇴' 및 '하산(下山)'

1) 주은래의 도래, '동화산(東華山)[1074] 은퇴'

임필시의 전보(11.15)는 이렇게 썼다. ···현재 (蘇區)중앙국 동지들은

1074 동화산(東華山)은 강서성 서금(瑞金)에서 10리 떨어진 곳에 위치해 있다. 중화소비에트 공화국 임시중앙정부 소재지 엽평(葉坪) 사가종사(謝家宗祠)와 4리밖에 안 되며 영정(永定)현의 '제일 명산'으로 불린다. 1932년 1월 하순부터 '당권'을 박탈당한 모택동이 동화산 고묘(古廟)에서 경호원들과 함께 한 달 남짓이 휴양했다.

대부분 군정(軍政) 직책을 맡고 있다. 서기를 파견해 '중앙국' 업무를 주관하기 바란다(中共中央文獻研究室, 2014: 267). 이 시기 항영은 '공화국' 부주석, 왕가상은 '중혁군위' 부주석, 등발은 국가보위국장, 고작림은 공청단 서기를 맡았다. 한편 '중앙국' 업무를 주관한 임필시와 모택동은 견원지간이었다. '모택동 대결'에서 힘겨웠던 임필시에겐 주은래의 '지지'가 절실했다.

'(蘇區)중앙국 서기'로 내정된 주은래는 항영을 근거지에 파견했다. 당중앙은 갤리스가 건의(1931.2)한 주은래의 '근거지 파견'을 수용하지 않았다. 공산국제는 회의(1931.5.7)를 열고 주은래의 파견 기한을 6~12개월로 결정했다. 이 시기 3중전회와 4중전회에 참석한 주은래는 고순장 변절(4.24)과 향충발 처형(6.24) 등 '돌발사건'을 처리했다. 한편 임시중앙의 출범(1931.9)도 주은래의 '중앙 근거지 도착'이 늦어진 또 다른 원인이다.

신생 정부의 실질적인 지도자는 당 서기 주은래였고 모택동은 군사위원(15명) 중 한사람이었다. 공산당 체제에서 당 서기가 국가주석 위에 있는 가장 높은 권력자이다. 주은래가 상해를 떠난 후 당중앙의 기능도 서금으로 옮겨졌고 상해는 소련과 연락을 취하는 연락사무소로 격하됐다(나창주, 2019: 363). 상기 서술은 사실을 왜곡한 오류투성이다. '당 서기'·'국가주석'·'연락사무소'는 상당한 어폐가 있다. 실제로 '군위' 서기 주은래와 '총서기' 박고의 직책을 혼동했다. 한편 거의 모든 외국 학자에게 공통된 이런 '오류'는 이념이 가미된 '주관적 왜곡'이었다.

'소비에트공화국'의 명의상 지도자는 모택동이었으나 실질적 업무는 항영이 주관했다. 한편 서금에 도착(1931.12)한 주은래의 직책은 (蘇區)중앙국 서기였다. 그간 항영·임필시가 주도한 '중앙국'과 '공화국'은 별개의 독립적 조직이며 직속상관은 임시중앙의 박고였다. 한편 임시중앙이 '연락사무소'로 격하됐다는 주장은 사실 왜곡이다. 또 '소비에트 공화국'을 '스탈린주의 국가' 건설에 전력을 기울인 것은 박고 등 '소련 유학파'였다.

근거지에 도착한 주은래는 세 차례 '중앙국 회의'를 개최했다. 1월 하순 모택동은 '병을 핑계'로 동화산으로 은퇴했다. 주은래는 임필시를 조직부장으로 임명하고 '당의 건설' 편집을 맡겼다. 또 그는 측근 고작림을 선전부장으로 임명했다. 이 시기 (蘇區)중앙국은 중앙 근거지와 상감(湘贛)·상악감(湘鄂贛) 근거지의 투쟁을 지도했다. 한편 중화소비에트공화국 주석 모택동의 관심사는 국민당 제26로군의 녕도기의(寧都起義)[1075]였다.

모택동·항영이 발표한 '노농대중에게 고하는 글(12.11)'은 이렇게 썼다. …국민당은 일제의 침략을 도외시하고 있다. 전국의 노농대중은 단합해 국민당 반동파를 섬멸하고 반식민지 통치에서 벗어나야 한다(逄先知 외, 2005: 361). 상기 '글'은 박고 등 '소련 유학파'가 주창한 '소련 보위'를 간과했다. 이는 '좌경 노선' 집행자들에게 비판의 빌미를 제공했다.

1931년 12월 무장봉기를 일으킨 국민당 제26로군이 홍군에 가담했다. 공산당원인 조박생(趙博生)[1076]과 동진당(董振堂)[1077]·계진동(季振

1075 '녕도기의(寧都起義)'는 1931년 12월 국민혁명군 재26로군이 강서성 녕도에서 일으킨 봉기이다. 봉기군 총지휘는 계진동, 부총지휘는 동진당이다. 26로군의 1.7만명은 '홍5군단'으로 개편됐다. 모택동은 소경광을 정치위원으로 임명, 정치사상교육 강화를 강조했다. 1934년 10월 봉기군 지도자 계진동 등은 '반혁명 분자'로 처형됐다.

1076 조박생(趙博生, 1897~1933), 하북성 황화(黃驊) 출신이며 공산주의자이다. 1931년 중공에 가입, 홍군에 가담했다. 1932년 '홍5군단' 참모장, 제14군단장을 맡았다. 1933년 1월 남성(南城)전투에서 희생됐다.

1077 동진당(董振堂, 1895~1937), 하북성 형대(刑臺) 출신이며 공산주의자이다. 1931년 12월

모택동과 중국혁명 2

同)[1078]·황중악(黃中岳)[1079] 등이 주도한 '녕도봉기'가 일어났다. 계진동은 소경광에게 이렇게 말했다. …내가 홍군에 가입한 것은 모택동·유백견 (劉伯堅) 때문이다(蕭勁光, 1986: 65). 26로군은 풍옥상의 서북군 소속이었다. 국공합작 시기 서북군에서 활약한 유백견·등소평 등 공산당원의 영향을 받았다. 1930년 손연중(孫連仲)[1080]의 주력이 26로군으로 편입돼 '홍군 토벌'에 참가했다.

26로군의 중공 대표 원혈졸(袁血卒)[1081]을 이렇게 회상했다. …유백견은 나에게 이렇게 모택동을 소개했다. 홍군의 세 차례 반'포위토벌'은 모택동이 지휘했다. 그는 탁월한 리더십과 독특한 견해를 갖고 있었다(袁血卒, 1993: 193). 한편 강력한 군사 리더십을 지닌 모택동의 '군권 박탈'은 불가사의하다. 실제로 그의 독특한 '정치적 견해'가 '좌경 노선' 집행자들의 눈엣가시가 된 주된 원인이다. 결국 이는 모택동의 실각으로

'녕도기의'를 일으켜 홍군에 가담, 1932년 중공에 가입했다. 1936년 녕하(寧夏)전투에 참가, 1937년 감숙성 고대(高臺)에서 희생됐다.

1078 계진동(季振同, 1901~1934), 하북성 창현(滄縣) 출신이며 공산주의자이다. 1931년 국민혁명군 제26로군 74여단장, '홍5군단' 총지휘, 1932년 1월 중공에 가입, 1932년 8월 '반혁명 분자'로 체포, 1934년 서금에서 처형됐다.

1079 황중악(黃中岳, 1904~1934), 하남성 나산(羅山) 출신이며 공산주의자이다. 1931년 12월 '홍5군단' 제15군단장, 1932년 3월 감주(贛州)전투에 참가, 그해 8월 '반혁명 분자'로 체포, 1934년 10월 서금에서 처형됐다.

1080 손연중(孫連仲, 1893~1990), 하북성 웅현(雄縣) 출신이며 국민당 우파이다. 1929년 감숙성장; 1930~1940년대 제8로군 총지휘, 제26로군 총상령관, 하북성장 등을 역임, 1949년 대만 이주, 1990년 대만에서 병사했다.

1081 원혈졸(袁血卒, 1908~2005), 섬서성 녕섬(寧陝) 출신이며 공산주의자이다. 1927년 중공에 가입, 1931년 국민당 제26로군에 파견, '녕도기의'에 중요한 기여를 했다. 1934년 '홍24사단' 정치부 주임, 건국 후 천진화공대학 총장, 민정부(民政部) 부부장을 등을 역임, 2005년 북경에서 병사했다.

이어졌다.

12월 14일 26로군의 1.7만명이 근거지에 진입했다. '홍5군단'으로 개편된 봉기군의 총지휘는 계진동, 제13군단장은 동진당, 14군단장은 조박생, 제15군단장은 황중악이었다. '홍5군단' 개조(改造)를 직접 책임진 모택동은 소경광을 정치위원으로 임명하고 봉기군에 대한 당의 영도와 정치사상교육 강화를 강조했다. 또 '중혁군위'와 협상해 '군대 개조' 경험과 유학 경력을 가진 우수한 지휘관을 '홍5군단'에 파견했다. 파견된 지휘관은 정치부 주임에 임명된 유백견과 좌권·주량재(朱良才)[1082]·정자화(程子華)[1083]·주서(朱瑞)[1084]·뢰전주(賴傳珠)[1085] 등이었다.

모택동은 하장공을 제13군단 정치위원에 임명하고 부총지휘 동진당의 입당을 허락했다. 당시 동진당은 3천원을 당비(黨費)로 헌납했다.

1082 주량재(朱良才, 1900~1989), 호남성 여성(汝城) 출신이며 공산주의자이다. 1927년 중공에 가입, 1930~1940년대 '홍30군' 정치부 주임, 진찰기(晉察冀)군구 정치부 주임, 건국 후 화북(華北)군구 부정치위원, 전국 인대(人大) 상임위원 등을 역임, 1989년 북경에서 병사했다.

1083 정자화(程子華, 1905~1991), 산서성 운성(運城) 출신이며 공산주의자이다. 1926년, 중공에 가입, 1930~1940년대 '홍25군' 군단장, '홍15군단' 정치위원, 동북군구 제2병단(兵團) 사령관, 건국 후 국가계획위원회 부주임, 민정부장, 전국 정협 부주석 등을 역임, 1991년 북경에서 병사했다.

1084 주서(朱瑞, 1905~1948), 강소성 숙천(宿遷) 출신이며 공산주의자이다. 1928년 중공에 가입, 1930년대, '홍1방면군' 정치부 주임, 북방국 조직부장, 1940년대 연안(延安)포병학교 총장, 동북군정대학 부총장, 동북야전군 포병사령관 등을 역임, 1948년 의현(義縣)전투에서 희생됐다.

1085 뢰전주(賴傳珠, 1910~1965), 강서성 감현(贛縣) 출신이며 공산주의자이다. 1927년 중공에 가입, 1930년대 '홍12사' 참모장, '홍1군단' 제1사단 정치위원, 1940년대 팔로군 지휘부 참모장, 광동군구 부정치위원, 건국 후 북경군구 정치위원, 심양군구 정치위원 등을 역임, 1965년 심양에서 병사했다.

모택동과 중국혁명 2

또 모택동은 계진동·소진(蘇進)[1086]·노수춘(盧壽椿)[1087]과 직접 담화를 나누고 그들을 중공에 가입시켰다. 훗날 주은래는 모택동의 26로군 '개조'가 성공적이었다고 평가했다. 실제로 '감주전투'에 투입(1932.3)된 '홍5군단'은 중요한 역할을 했다. 한편 숙반 확대화로 봉기군 지도자인 계진동·황중악은 체포(1932.8)돼 '반혁명 분자'로 처형(1934.10)됐다. 1972년 주은래는 '처형'을 지시한 그의 책임을 시인했다.

'중앙국' 회의(1932.1.7)에서 주은래는 이렇게 말했다. …'AB단' 숙청은 필요했으나, 반혁명에 대한 잘못된 인식으로 숙청 확대화를 초래했다. 민서의 '사회민주당' 숙청도 큰 실책을 범했다(中央檔案館, 1991: 19). 이는 'AB단'과 '사회민주당' 숙청에서 '확대화·간단화' 과오를 범한 관련 지도자를 비판한 것이다. '과오를 범한' 지도자는 모택동과 등발을 가리킨다. 한편 1932년 '숙반 확대화' 과오는 주은래가 주된 책임을 져야 한다.

임시중앙이 발표한 '결의(1932.1.9)'는 이렇게 썼다. …전국의 홍군은 '대도시 공략'을 당면과제로 삼아야 한다. '주모홍군'은 남창 등 대도시를 탈취하고 분산된 소비에트 근거지를 통합해야 한다. 또 홍군은 우선 감주(贛州)를 공략해야 한다(中共中央文獻研究室, 2005: 364). 임시중앙의 '결의안'은 '입삼노선'이 주창한 '대도시 공격'의 좌경 모험주의를 답습한

1086 소진(蘇進, 1907~1992), 하남성 언성(鄢城) 출신이며 공산주의자이다. 1932년 중공에 가입, 1930~1940년대 항일군정대학 훈련부장, 팔로군 359여단장, 중남군구 특종병부사령관, 건국 후 포병부사령관, 전국 인대 상임위원 등을 역임, 1992년 북경에서 병사했다.

1087 노수춘(盧壽椿, ?~1935), 하북성 부성(阜城) 출신이며 공산주의자이다. 1927년 연경(燕京)대학 입학, 1931년 12월 '녕도기의' 참가, 1932년 '홍15군' 제43사단장, 중공에 가입했다. 1935년 서금(瑞金)전투에서 희생됐다.

것이다. 한편 '감주 공략'을 제출한 것은 중앙군위의 실질적 책임자 주은래였다.

주은래가 작성한 지시문(1931.12.6)은 이렇게 썼다. …적군의 주력은 악예환 근거지를 공격하고 있다. 방어가 허술한 틈을 타 홍군은 감주를 탈취해야 한다(中共中央文獻硏究室, 2007: 218). '감주 공략' 지시는 주은래의 실책이다. '감주 탈취'는 사실상 불가능했다. 근거지에 도착한 주은래는 모택동의 의견을 청취한 후 당중앙에 전보를 보내 '감주 공격'이 어렵다고 말했다(尹家民, 2012: 92). 임시중앙이 '감주 공격'을 고집한 후 주은래는 작전 회의를 개최했다. 회의에서 모택동·주덕은 소수파였다. 한편 주은래가 당중앙에 전보를 보낸 것은 모택동의 체면을 고려한 것이다. 결국 그는 당중앙의 '지시'를 근거로 '감주 공격'을 결정했다.

임시중앙의 '결의안(1.9)'은 홍군의 실정을 도외시했다. 홍군의 반'포위토벌' 승리와 '공화국' 설립으로 '머리가 뜨거워진' 임시중앙 지도자들은 정세를 오판했다. 이 시기 '9.18사변'·'1.28사변'[1088]·'만주국' 설립 등 일제의 대중국 침략이 가시화됐다. '소련 유학파'가 주축을 이룬 임시중앙은 일본의 침략을 '소련 침략' 서막으로 간주했다. 한편 '감주 공격'은 장개석의 '홍군 토벌'과 '양외필선안내' 정책에 빌미를 제공했다.

'햇내기 지도자' 박고 등 '소련 유학파'는 이립삼의 좌경 모험주의

1088 1.28사변(一·二八事變)은 '9.18사변' 후 일본이 장개석 정부를 굴복시키기 위해 1932년 1월 28일 상해의 중국 수비군을 공격한 사건이다. 일본군이 상해 수비군을 공격하자 19로군 군단장 채정개와 총지휘 장광내는 반격을 가했다. 3월 초 일본군이 유하(瀏河)를 기습한 후 수비군은 제2방선으로 퇴각했다. 3월 24일 일본군과 중국군은 영국 영사관에서 정전(停戰)협의를 맺었다. 5월 5일 '(上海)정전협정'이 체결됐다.

를 답습했다. '주모홍군'의 '장사 패전' 교훈을 잊지 않은 모택동이 승산이 적은 '대도시 공격'을 반대한 것이다. 또 '철감주(鐵贛州)'로 불린 감주는 홍군의 장비와 공격 기술로 '공략 가능성'이 제로에 가까웠다. 한편 모택동의 '감주 공격' 반대는 우경 기회주의자로 낙인찍히는 결과를 초래했다.

1월 중순 '(蘇區)중앙국' 회의를 주재한 모택동은 '9.18사변' 후의 정세를 분석했다. 당시 한 '중앙국' 멤버는 이렇게 힐난했다. …일본의 동북 침략은 소련 침략이 주목적이다. '소련 보위'를 제출하지 않으면 우경 기회주의자이다. 비판이 거세지자 모택동은 침묵을 지켰다. 회의 중 주재자가 교체됐다(郭化若, 1989: 73). 이는 '(蘇區)중앙국 서기'를 대행한 모택동이 주최한 '마지막 회의'였다. 상기 '중앙국 멤버' 비판은 모택동의 '서기직 수행'에 대한 불만을 표출한 것이다. 한편 '주재자 교체'는 모택동의 '당권(黨權) 박탈'과 주은래의 '모택동 대체'를 의미한다.

진퇴유곡에 빠진 모택동은 '병가서'를 제출했고 '중앙국'은 '휴양(休養)'을 허락했다. 1월 하순 모택동은 하자진과 경위분대와 함께 동화산에서 휴양했다(黃允升 외, 1997: 319). (蘇區)중앙국의 '허가'를 받은 모택동은 경위원을 거느리고 엽평에서 10리 떨어진 동화산으로 은퇴했다. 당시 엽평에 머문 하지진은 그를 동행하지 않았다(余伯流 외, 2017: 281). 사면초가에 빠진 모택동의 '병가서 제출'은 '당권 박탈'에 따른 정치적 위기와 관련된다. 한편 이 시기 모택동을 기쁘게 한 것은 하자진의 '임신'이었다. 이 또한 하자진이 모택동을 '동행하지 않은' 원인이다.

장정을 떠날 무렵 모택동은 철저히 당중앙으로부터 소외됐다. '기회주의'·'협소한 경험론'으로 비판을 받은 모택동은 서금에서 20여 리 떨어진 산속에 은거했다. 1931년 12월 근거지에 도착한 주은래는 모택동의 중앙서기처 서기 자리를 맡았다(이종, 2012: 63). 모택동의 '동화산 은거'는 1931년 1월 하순이었다. 이는 주은래가 중앙 근거지에 도착한 후 '주모(周毛)' 간에 벌인 '권력투쟁'에서 기인된 것이다. 1월 중순 모택동은 (蘇區)중앙국의 대리서기에서 면직됐다. 상기 '중앙서기처 서기'는 어폐가 있다. 정확한 표현은 '소비에트지역(蘇區)중앙국 대리서기'였다.

동화산에서 '휴양'하는 기간 모택동은 '대일(對日)전쟁선언'을 작성했다. 또 그는 경위분대 전사들에게 문화·시사과목을 개설해 강의했다. 또 그는 동화산을 내방한 당지의 간부와 백성을 회견했다. 실제로 모택동의 '동화산 은퇴'는 '하산(下山)'을 위한 '도광양회(韜光養晦)'였다.

1931년 1월 모택동이 '동화산 은퇴'를 선택한 주요인은 ① '중혁군위' 설립, '군권' 박탈 ② '중앙국' 대리서기 해임, '당권' 박탈 ③ 당중앙의 지시 거부, 임시중앙의 지지 상실 ④ '중앙대표단'의 입장 변화 ⑤ 'AB단' 발기자, 민심 상실 ⑥ 당중앙의 '결의안(1932.1.9)' 통과 ⑦ '감주 공격' 반대, '우경 기회주의자'로 낙점 등이다. 결국 '주래모주(周來毛走)' 국면이 나타났다. 또 박고를 필두로 한 임시중앙의 '주은래 지지', 모택동과 주은래의 '추종자' 임필시·왕가상·항영 간의 갈등 격화 등도 모택동이 '사면초가'의 위기에 빠진 중요한 원인으로 지적된다.

모택동의 경호원 오길청(吳吉淸)[1089]은 이렇게 회상했다. …당시 모주석은 동화산 옛 절 정실(正室)의 왼쪽 이방(耳房)에 숙소를 정했다. 동화산에서 모주석은 책을 보고 우리에게 글을 가르쳤다. 또 정월 대보름

1089 오길청(吳吉淸, 1909~1991), 강서성 회창(會昌) 출신이며 모택동의 경호원이다. 1930년 홍군에 참가, 1934년 중공에 가입, 1930~1936년 모택동의 경호원을 맡았다. 1934년 장정에 참가했다. 건국 후 내몽골자치구 상업국장, 생산건설지휘부 부주임 등을 역임, 1984년 공직에서 물러났다.

에 황사촌(黃沙村) 백성과 연극을 관람했다(吳吉淸, 1977: 87). 1929년 10월 '주모분쟁'에서 패배한 모택동은 소가파(蘇家坡)에서 '휴양'을 했다. 당시 그는 '평민초등학교'를 꾸려 마을 아이들에게 글을 가르친 적이 있었다. 한편 모택동의 가장 큰 관심사는 여전히 홍군의 '감주 공격' 성패 여부였다.

모택동이 작성한 '대일전쟁선언'은 이렇게 썼다. …동북 3성(三省)을 강점한 일제는 상해 등지를 공격하는 도발을 감행하고 있다. 침략자들은 대포·비행기를 동원해 중국인을 학살하고 있다. 임시중앙정부는 정식으로 '대일전쟁'을 선포한다. 중화민족의 독립을 위해 침략자를 축출해야 한다(中央檔案館, 1991: 637). 결국 '은퇴'한 모택동이 '공화국' 주석의 직권을 행사한 것이다. '선언'은 '홍색중화(紅色中華)'[1090]에 게재(1932.4.15)됐다.

1932년 2월 주은래에게 '대형 악재'인 '오호사건(吳豪事件)'[1091]이 발생했다. 2월 16일 상해 '시보(時報)'는 이런 '계시(啓示)'를 게재했다. …홍군을 발전시켜 현 정부를 견제하는 (中共)전략은 항일 역량을 약화시킬 것이다. 소련은 일본의 침략전쟁을 부추기고 있다. 공산국제 지배하에 있는 중공에서 퇴출한다(尹家民, 2012: 86). '오호(吳豪)'는 주은래의 닉네임

1090 '홍색중화(紅色中華)'는 1931년 12월 11일 서금(瑞金)에서 창간, 임시중앙정부의 기관지이다. 주이율·구추백 등이 편지를 맡았다. 서금에서 240기(期)를 출간했다. 1934년 10월 3일 장정(長征)이 시작된 후 휴간(休刊)됐다.

1091 '오호사건(伍豪事件)'은 1932년 2월 국민당 특무조직이 획책한 '주은래 모함' 음모였다. '오호(伍豪)'는 주은래의 화명(化名)이다. 상해 '시보(時報)'는 주은래 등 243명이 '중공에서 퇴출'한다는 '계시(啓示, 1932.2.16)'를 게재했다. '오호사건' 발생 후 '동화산 은거' 중인 모택동은 '공화국' 주석의 명의로 포고문을 작성해 국민당의 음모를 적발했다. 문혁 시기 '오호사건'은 홍위병에 의해 '정치문제'로 불거져 주은래는 큰 곤욕을 치렀다.

이다. 실제로 '오호사건'은 국민당 특무조직이 획책한 '주은래 모함' 음모였다.

'오호사건' 발생 후 모택동은 '공화국' 주석의 명의로 포고문을 작성했다. '포고문'은 이렇게 썼다. …최근 '시보(時報)' 등에 게재된 이른바 '오호계시'는 반동파의 '모명계사(冒名啓事)'로 진실성이 제로이다. 소비에트 근거지에서 요직을 맡고 있는 '오호' 동지는 공산당을 이탈한 적이 없다. 이는 국민당 반동파가 획책한 날조극이다(逄先知 외, 2005: 367). '동화산 은거' 중인 모택동이 주은래에게 '화해 제스처'를 보낸 것이다. '일창일화(一唱一和)'로 주은래는 모택동의 '하산' 명령을 내렸다. 이는 '주모(周毛)' 관계가 완전히 결렬되지 않았다는 단적인 방증이다.

1967년 5월 신문에서 '오호계시'를 발견한 천진의 홍위병들은 기사를 복사해 '중앙문혁소조(中央文革小組)'[1092] 책임자인 강청(江靑)에게 보냈다. 5월 17일 강청은 임표·주은래·강생에게 편지를 써 '오호계시' 문제를 지적했다. 5월 19일 주은래는 강청에게 회신한 후 모택동에게 서신으로 보고했다. 모택동은 '비시문(批示文, 1968.1.16)'에 이렇게 썼다. …이 사건은 국민당의 날조극이라는 것이 이미 밝혀졌다(江明武 외, 2012: 159). 결국 강청이 '오호사건'을 빌미로 시도했던 '주은래 모해(謀害)'는 실패했다. 실제로 '오호사건'과 같은 시기 발생한 모택동의 '동화산 은퇴'를 초래한 주요 장본인인 주은래에 대한 정치적 보복이었다.

'공화국' 주석인 모택동의 '군권'·'당권'을 박탈한 장본인이며 '동

1092 '중앙문혁소조(中央文革小組)'는 1966년 5월 28일에 설립, 문화대혁명을 영도하는 최고 지도기관이다. '문혁소조' 책임자는 진백달(陣伯達), 고문 강생, 강청이 '부조장(副組長)'을 맡았다. 그해 8월 강청이 '대리(代理)조장'을 맡았다. 1967년부터 '문혁소조'는 중앙정치국의 역할을 했다. 1969년 중공 9차 당대회 후 '문혁소조'는 철회됐다.

화산 은거'를 강요한 막후 조정자는 모택동의 '상급자'인 주은래였다. 주은래가 '중앙국' 서기로 부임한 후 모택동은 부득불 동화산으로 은 퇴했다. 또 모택동을 사면초가에 빠지게 한 장본인 임필시·항영 등의 막후 지휘자도 그들의 '직속상관'인 주은래였다. 한편 모택동에게 '하 산'·'백의종군' 기회를 주고 총정치위원으로 복직시킨 것도 (蘇區)중앙 국 서기 주은래였다. 1932년 모택동의 은퇴와 '세 번째 실각'을 유발한 주요 당사자 주은래는 일생 동안 반성을 거듭하며 '응분의 대가'를 치 렀다.

2) '감주(贛州) 패전'과 모택동의 '하산'

1926년 광주에서 만난 '주모(周毛)'는 일면지교였다. '상급자' 주은 래는 모택동의 '홍군 복귀(1929.11)'에 기여했으나, 결정적 역할을 한 것 은 아니었다. 한편 주은래는 (蘇區)중앙국 회의를 개최해 '감주 공략'을 결정했다. 실제로 주은래와 모택동의 대립은 1931년 10월부터 시작됐 다. '공산국제 추종자'인 주은래는 '진공노선'을 강조했으나, 모택동은 '토루(土樓)' 공격을 주장했다. 결국 이는 모택동의 '군권'·'당권' 박탈로 이어졌다.

1930년 3월 '주모홍군'은 '감주 공격'을 중도에서 포기했다. 당시 모택동이 '훈령(3.19)'을 발표해 정리한 실패 교훈은 ① 적정 파악 실패 ② 지형 관찰 부재 ③ 준비 부족 ④ 공격기술 결여 ⑤ 공성(攻城) 장비 부족 ⑥ 협동심 결여 ⑦ 지휘관 실책 등이다(逄先知 외, 2005: 302). 홍군의 장비와 공격기술로는 시설이 견고한 '감주 공략' 가능성은 제로였다. 한편 감주 수비군의 병력은 당년에 비해 훨씬 강화된 반면, 홍군의 장 비와 공격기술은 큰 개선이 없었다. 이 또한 모택동이 '감주 공격'을 반대한 원인이다.

감남(嶺南)에는 반동 세력이 구축한 방어거점인 '토루산채'가 많았다. 당시 서금 주변에 설치된 석성(石城)·우도·흥국·회창·녕도 등 현에는 적군 거점이 200개에 달했다. 이는 소비에트정권의 공고화에 큰 걸림돌이었다. 특히 서금 근처 회창은 정위단(靖衛團)이 점거했다. 그동안 반'포위토벌'에 주력한 홍군은 '거점 제거' 겨를이 없었다. 1931년 9월 홍군 지도부는 소비에트 근거지를 위협하는 '백색거점'을 제거하기로 결정했다.

홍군 지도부가 발표한 '토루 공략 훈령(10.14)'은 이렇게 썼다. …'토루'는 반동 세력의 최후 보루이다. 대중을 발동하고 토호 재산을 탈취해 군비를 마련해야 한다. 이를 위해선 적의 '토루'를 공략하고 수비군을 섬멸해야 한다(解放軍軍事科學院, 1993: 258). 결국 총전위 지시에 따라 홍군은 '백색거점'을 제거하는 총공격을 개시했다. 11월 하순 회창을 공략한 '홍3군단'은 반동 민단 1000여 명을 섬멸하고 '정위단' 800여 명을 체포했다.

10월 하순에 시작된 '백색거점' 제거는 4개월 간 진행됐다. 홍군은 200여 개 '거점'을 제거했고 적군 1100여 명을 사살하고 7800여 명을 체포했다. 또 많은 장비를 노획하고 충족한 군비를 마련한 홍군은 중앙 근거지를 공고히 했다. 한편 '10만홍군' 확충 계획은 '감주 공격'과 모택동의 '동화산 은퇴'로 무산됐다. 결국 홍군 세력을 '근거지 밖으로 확장'하라는 당중앙의 지시(1931.10)를 거부한 모택동은 홍군 지도권을 상실했다.

당중앙의 '지시문(1931.10.22)'에 이렇게 썼다. …공산국제 지시를 근거로 홍군의 '세력 확장'을 명령한다. '중앙국'은 구체적 계획을 당중앙에 보고하기 바란다(中共中央文獻硏究室, 1993: 358). 당시 '백색거점' 제거를 위한 전투를 개시한 모택동은 민월감(閩粤贛) 16개 현을 공략하고 홍군의 '10만 확충'을 계획했다('第一硏究部', 2007: 146). 모택동은 당중앙에 '답전(答電, 10.24)'을 보내 당중앙의 '확장 지시'를 완곡하게 거부했다. 결국 감남회의에서 비판을 받은 모택동은 '중혁군위' 주석에서 제외됐다. 당시 '중혁군위' 지도자 인사는 중앙조직부장 주은래가 주관했다.

임시중앙은 '제5호 지시문(10.31)'을 보내 광창·광녕(廣寧)을 공격해 근거지 확대를 명령했다. 이 '지시문(10.31)'은 주은래가 작성했다. 한편 모택동은 답전(10.31)을 보내 '거점 제거' 필요성과 '지시 불응' 이유를 상세히 밝혔다. 홍군 지도자 모택동이 중앙군위 서기 주은래의 지시를 도외시한 것이다. 결국 당중앙의 지시를 거듭 거절한 모택동은 홍군의 최고 권력기관인 '중혁군위' 주석에 당선되지 못하고 '위원'으로 좌천됐다.

미프는 스탈린에게 보낸 편지(1931.11.20)에 이렇게 썼다. …최근 중국 홍군은 적의 3차례 '토벌'을 격퇴했다. 군사행동 승리는 근거지를 확대하고 '진공노선'을 실시할 유리한 국면을 맞이했다('第一硏究部', 2007: 80). 홍군의 반'포위토벌' 승전을 확대해석한 미프는 국민당 통치가 곧 와해될 것으로 착각했다. 이른바 '진공노선'은 중국의 현실을 외면하고 홍군의 실정을 무시한 중대한 실책이었다. '진공노선' 발기자는 미프였고 최종 결정자는 스탈린이었다. 또 '진공노선' 집행자는 박고·주은래였고 피해자는 모택동이었다.

공산국제 지령을 받은 당중앙이 발표한 '훈령(1931.12.4)'을 이렇게 썼다. …홍군의 급선무는 감남·상감변 근거지를 하나로 통합하는 것이다. 홍군은 대중을 발동하고 길안·감주를 공략해 소비에트 근거지를 확대해야 한다(中央檔案館, 1989: 539). 공산국제의 '진공노선'을 수용한 당 중앙이 '주모홍군'에게 근거지 통합과 대도시 탈취를 명령한 것이다. 결국 이는 '입삼노선'이 주창한 '대도시 공격'의 좌경 모험주의 과오를 답습한 것이다.

임시중앙의 '제12호 지시전(指示電, 12.6)'은 이렇게 썼다. …홍군은 서쪽으로 진격해 우선 감주를 탈취하고 길안으로 진격해야 한다. 또 감서남 지구를 통합시켜 강서 근거지를 공고히 해야 한다(中共中央文獻研究室, 1998: 214). 주은래의 '지시전'은 '훈령(12.4)'과 일맥상통했다. 결국 홍군 지도부에 '감주 공격'을 명령한 것이다. 이는 박고·주은래를 필두로 한 임시중앙과 '공화국' 주석 모택동 간의 '의견 대립'이 심각했다는 반증이다.

1월 상순 '중앙국' 회의에서 '감주 공격' 반대 이유를 밝힌 모택동은 '공격'에 성공한다고 해도 성(城)을 수비할 수 없다고 주장했다. 또 감남·민서북(閩西北) 16개 현을 공격해 '백색거점' 제거에 전력해야 한다고 주장했다(凌步機 외, 2017: 502). '중혁군위' 부주석 왕가상은 이렇게 말했다. …목전 정세는 홍군에게 유리하다. 대도시 공격을 두려워하는 우경 기회주의와 투쟁해야 한다('第一研究部', 2007: 146). 당시 모택동의 주장은 회의 참석자들의 반대를 받았다. 특히 왕가상의 태도가 가장 완강했다. 대다수 참석자의 '공격 찬성'으로 '감주 공격'이 최종 결정됐다.

모택동은 전선 지휘관의 '의견 청취'를 건의했다. 당시 항영은 이렇게 말했다. …내가 팽덕회에게 '감주 공격'에 관해 물었는데 그는 이렇게 말했다. …감주 수비군은 마곤(馬崑)[1093] 여단 6천명, 민단 2천명을 합

1093 마곤(馬崑, 1897~1980), 귀주성 위녕(威寧) 출신이며 '국민당 좌파'이다. 1932년 감주 수

해 8천명이다. 장개석이 원군을 보내지 않으면 공략할 수 있다(彭德懷, 1981: 173). 한 '중앙국' 멤버는 이렇게 말했다. …감주 공략 후 모택동과 결판을 내겠다(金沖及 외, 1996: 281). 한편 감주 수비군은 '8천명'이 아닌 1만 8천명이었다. 상기 '중앙국 멤버'는 (蘇區)중앙국 선전부장 고작림으로 추정된다.

모택동이 '감주 공격'을 반대한 이유는 ① 감주는 군사적 요충지 ② 성벽이 높고 견고 ③ 삼면환수(三面環水), 방어가 쉽고 공격이 곤란 ④ 성내 강적이 주둔 ⑤ 길안·만안(萬安) 일대에 5개 사단 정규군 배치 ⑥ 홍군의 공격기술로, '감주 공략'이 불가능 등이다(趙魯杰, 2008: 154). 결국 모택동의 판단은 적중했다. 한편 '감주 공격' 발기자 주은래는 모택동의 '권고'를 받아들이지 않았다. 결국 이는 '감주 공격' 패전의 중요한 원인이다.

섭영진은 이렇게 회상했다. …모택동은 홍군의 장비·기술로는 성벽이 견고하고 강적이 엄수한 감주에 대한 공격은 승산이 적다고 말했다. 또 성(城)을 포위해 원군을 치는 '위성타원(圍城打援)'[1094] 전술을 사용해야 한다고 주장했다(聶榮臻, 1986: 137). 중앙군위 참모장으로 임명(1931.1)된 섭영진은 주은래의 측근이었다. 중앙 근거지에 도착(1931.12)한 후 섭

비군 사령관, 팽덕회의 공격을 물리쳤다. 1947년 기의(起義), 건국 후 귀주성정부 참사(參事), 1980년 귀양(貴陽)에서 병사했다.

1094 '위성타원(圍城打援)'은 일부분 병력으로 성(城)을 공격하고 주력부대는 적의 원군을 섬멸하는 작전 전술이다. 1930년대 초 홍군이 적의 반'포위토벌'에 자주 사용한 전술로 유격전술의 일종이다. 당시 '대도시 공격'을 반대한 모택동은 홍군의 장비와 공격기술로 성벽이 견고하고 강적이 엄수한 감주를 공격해선 안 된다고 말했다. 결국 '위성타원' 전술을 사용해야 한다는 모택동의 주장을 수용하지 않은 홍군의 '감주 공격'은 실패했다.

영진은 홍군 총정치부 부주임과 '홍1군단' 정치위원을 역임했다.

선전부장 고작림은 '모택동 비판'의 선봉장이었다. 모택동 관련 드라마에는 고작림이 병사(1934.5)하기 전 …다음 생애엔 모택동의 노선을 목숨으로 수호하겠다며 절규하는 장면이 있다. 물론 이는 픽션이다. '가짜 정보'를 제공한 항영은 '감주 패전'의 장본인이다. '감주 공격'을 찬성한 팽덕회는 군사적 실책을 범했으며 재차 모택동의 대립면에 섰다. '감주전역(贛州戰役)'[1095] 총지휘 팽덕회는 '홍군 패전'의 주된 책임을 져야 한다. 한편 왕가상은 모택동을 '우경 기회주의자'로 비판했다. 결국 왕가상은 문혁 시기(1968.4~1969.10) `1년 반의 '격리 취조'를 받았다.

'감주 공략 훈령(1932.1.10)'을 내린 '중혁군위'는 팽덕회를 총지휘로 임명했다. 또 '감주 공격' 주력부대를 공성(攻城)·독전(督戰)·지방부대로 구성됐다. 공성부대는 팽덕회가 거느린 '홍3군단'이 맡았다. 감남의 지방홍군으로 구성된 지원부대의 총지휘는 진의가 맡았다. 또 국가정치보위국은 정찰부대를 편성해 홍군에게 정보를 제공했다. 1932년 2월 초 '주모홍군'의 공성부대와 각 지방홍군은 '감주 공격'의 만반의 준비를 마쳤다.

2월 4일 '홍3군단'은 감주성 밖 오리정(五里亭)·천축산(天竺山)에 진지를 구축했다. 팽덕회의 지휘소는 천축산에 설치했다. 2월 13일 홍군은 고가사다리를 사용해 성벽을 넘으려고 시도했으나 실패했다. 홍군은

1095 '감주전역(贛州戰役, 1932.2)'은 팽덕회가 지휘한 '홍3군단'이 국민당 군대가 주둔한 감주를 한 달 간 포위공격한 전투이다. '주모홍군'은 33일 동안 감주성을 맹공격했으나, 수비군의 완강한 저항과 적군 지원군의 협공을 받아 실패했다. 감주전역에서 홍군은 3000명에 달하는 사상자를 냈다. 군사적 요충지 감주는 성벽이 높고 견고하고 삼면환수(三面環水)로 방어하기 쉽고 공격하기 어려웠다. 당시 모택동은 '감주 공격'을 반대했다.

갱도(坑道)를 이용한 '성벽 폭파(2.17)'를 강행했으나, 적군의 맹렬한 반격에 부딪혀 홍군의 '갱도 폭파'는 무산됐다. 2월 23일 '관재포(棺材砲)'를 사용해 동문 공략에 성공한 '홍7군'이 성내에 진입했으나, 적의 반격으로 대부분 희생됐다. 당시 적군은 비행기로 홍군 진지를 폭격했다. 결국 진퇴양난에 빠진 주덕은 주은래에게 '모택동 협조'를 요청했다.

감주 수비군은 장개석에게 '원군 파견'을 요청했다. 장개석은 길안의 제11·제14사단과 2개 여단의 3만명을 급파해 감주를 지원할 것을 명령했다. 2월 29일 마곤은 총지휘 나탁영을 만나 '내외 협공'을 획책했다(余伯流 외, 2017: 505). 적군은 갱도를 파고 '원군 입성(入城)'을 위한 부교를 설치했다. 3월 5일 '원군' 2개 연대가 북문으로 통한 부교를 이용해 성내에 진입했다. 3월 7일 새벽 적군은 갱도를 이용해 휴식 중인 홍군을 급습했다. 무방비 상태였던 홍군은 많은 사상자를 냈고 진지를 잃었다. 결국 팽덕회가 지휘한 '감주 공격' 전투는 실패로 막을 내렸다.

주은래는 항영을 파견해 모택동에게 '하산' 명령을 전달하게 했다. '긴급 상황'을 보고받고 곧 하산한 모택동은 주덕에게 전보를 보내 기동부대인 '홍5군단' 전투 투입을 건의했다. 모택동의 전보를 받은 주덕은 '홍5군단'에게 공성 지원을 명령했다. 또 '홍5군단'을 이끌고 백운산(白雲山)에 도착해 '홍3군단'과 회합했다. '홍5군단'·'홍4군'의 협력하에 '홍3군단'은 적과 백병전을 벌였다. 3월 7일 홍군은 적군의 포위권에서 벗어났다.

'홍5군단' 연대장 원혈졸은 이렇게 회상했다. …'홍15군'이 감주성 밖에 도착했을 때 '홍3군단'을 협공하기 위해 출격한 수비군을 만났다. 홍군은 대도(大刀)를 들고 적군과 육박전을 벌였다. 홍군의 사생결단으로 수많은 사상자를 낸 적군은 황급히 성안으로 퇴각했다. '홍5군단 대도'는 근거지에서 미담으로 전해졌다(袁血卒, 1993: 199). 위급한 상황에서 모택동이 '홍5군단'을 전투에 투입한 것은 과감한 결정이었다. 이 또한 주덕이 반'포위토벌'을 함께 지휘한 파트너 모택동의 '협조'를 요청한 원인이다. 실제로 모택동의 작전 지휘력은 주은래보다 한 수 위였다.

장장 33일 간 진행된 홍군의 '감주 공격'은 실패했다. 감주전투에서 홍군은 3000여 명의 사상자를 냈다. 제11사단 정치위원 장적남(張赤男)[1096]과 제37사단의 정치위원 구양건(歐陽建) 등 10명의 사단급 간부가 전투에서 희생됐다. 또 홍군 제1사단장 후중영(侯中英)[1097]은 체포된 후 살해됐다. 한편 팽덕회가 지휘한 '감주전역'은 홍군의 병력으로 '대도시 공략' 가능성이 제로에 가깝다는 것을 단적으로 보여줬다. 또 이는 좌경적 '진공노선'의 실패를 보여준 대표적 사례이다. 실제로 '감주 패전'은 모택동의 권고를 수용하지 않은 주은래의 '실패작'이었다. 이 또한 주은래가 부득이하게 모택동에게 '하산' 명령을 내린 주된 이유이다.

'감주 패전'의 원인은 ① 신식 장비 부재, 낙후된 공성 기술 ② '위성타원' 전술 중시 부족 ③ '홍5군단' 불신임 ④ 감주 수비군의 '강한 전투력' 무시 ⑤ 작전 지휘부의 결단력 부재 ⑥ '1.28사변'을 이용한 선전·선동 부재 ⑦ 잘못된 정보 ⑧ 적군의 반격에 대한 무방비 등이다. '감주 패전'은 좌경적 '진공노선'과 좌경 모험주의가 초래한 결과이다. 또 이는 제2차 '장사 공격'에 이어 두 번째로 '대도시 공격'에서 패전한

1096 장적남(張赤男, 1906~1932), 복건성 장정(長汀) 출신이며 공산주의자이다. 1927년 중공에 가입, 1930년 홍군 제11사단 정치위원, 1931년 제3로군 총지휘 등을 역임, 1932년 2월 감주(贛州)전투에서 희생됐다.

1097 후중영(侯中英, 1899~1932), 호북성 양신(陽新) 출신이며 공산주의자이다. 1926년 중공에 가입, 1929년 '홍8군' 제3종대장, 1931년 '홍3군단' 제1사단장을 역임, 1932년 2월 감주(贛州)전투에서 희생됐다.

전투이다.

'중혁군위'는 '홍1·3·5군단 재편 훈령(3.12)'을 내렸다. '홍4군'과 제15군단으로 '홍1군단'을 편성하고 임표를 총지휘, 섭영진을 정치위원으로 임명했다. 제5군·제7군·제13군으로 '홍3군단'을 편성한 후 팽덕회를 총지휘, 둥대원을 정치위원으로 임명했다. 또 '홍3군'·제13군으로 '홍5군단'을 편성했다. 계진동을 총지휘, 동진당을 부총지휘, 소경광을 정치위원으로 임명했다. 각 군단의 군사적 목표는 무주·길안으로 진격하는 것이었다.

3월 9일 감현(贛縣) 강구(江口)에서 주은래가 확대회의에서 모택동은 이렇게 주장했다. …홍군은 적의 통치력이 약하고 대중적 기초가 좋은 감동북(贛東北) 방향으로 발전해야 한다(中共中央文獻研究室, 2005: 368). 주은래·왕가상·임필시 등은 모택동의 '주장'을 수용하지 않았다. 또 그들은 이렇게 주장했다. …적절한 시기에 재차 감주를 공격할 것이다. 또 감강(贛江) 양안을 근거지와 통합하고 감주·길안·장수를 공략해 강서성의 우선 승리를 쟁취해야 한다(凌步機 외, 2017: 509). '강구회의' 취지는 '감주 패전' 교훈을 정리하고 홍군의 행동노선을 결정하는 것이다. 한편 '강구회의'는 홍군 주력을 '중로군'과 '서로군'으로 개편했다.

홍군 총정치부가 발표한 '훈령(3.17)'의 골자는 ① '감주 공략'의 준비 부족, '대도시 공격'의 곤란을 간과 ② 홍군 유격주의가 팽배 ③ 홍군 지휘부의 실책 ④ '감주 패전'을 근거로, '대도시 공격'을 반대한다면 우경 기회주의 등이다(徐則浩 외, 2001: 78). 상기 '훈령'은 공산국제의 '진공노선' 정확성을 표방한 것이며 '유격주의'·'우경 기회주의'는 모택동을 빗댄 비판이다. 결국 왕가상이 작성한 '훈령'은 '모택동 비판'의 기폭제가 됐다.

3월 18일 '중혁군위'는 중로군에게 의황·낙안·숭인(崇仁) 근거지 개척을 명령했다. 모택동은 적정 변화를 근거로 '민서 진격'을 건의했다. 3월 19일 모택동은 '홍1군단'을 이끌고 녕도(寧都)에 집결했다. 모택동은 임표 등에게 '민서 진격'을 설득했다. 3월 21일 임표 등은 '중혁군위'에게 모택동의 '의견 수용'을 건의했다. '홍1군단'은 정강산 시기 모택동이 창건한 홍군 모태였다. 한편 임표는 '위기에 빠진' 모택동을 또 다시 옹호했다.

1932년 3월 초 장정(長汀)에서 제2차 민월감(閩粤贛) 소비에트 대표대회가 열렸다. 좌경적 '진공노선'의 영향하에 회의는 '대도시 공략, 민북(閩北) 발전' 전략을 제출했다. 대회는 새로운 민월감성위 지도부를 선출하고 나명(羅明)을 복건성위 서기로 선임했다. 대회 기간 임시중앙은 '지시문(3.17)'을 보내 대도시를 탈취해 '1개 성 또는 몇 개 성의 승리 쟁취'를 대회 핵심과제로 결정할 것을 지시했다. 또 장정승이 민월감 소비에트정부 주석으로 선출됐다. 한편 나명·장정승은 모택동의 측근이었다. 이 또한 모택동이 '민서 진격'을 주장한 중요한 원인이었다.

1932년 5월 1일 제1차 강서성 공농병 대회가 흥국현 진가사(陳家祠)에서 개최됐다. 대회는 새로운 강서성 소비에트정부 집행위원회를 선출했다. 증산을 소비에트정부 주석, 진정인을 부주석으로 선임했다. 대회에서 통과된 '결의안'은 강서 근거지의 실정에 부합됐다. 1932년 6월 등소평은 회심안(會尋安)중심현위 서기로 임명됐다. 1933년 5월 '모택동 지지자'로 간주된 등소평은 모든 직무를 파면당하고 당내 '엄중경고' 처분을 받았다.

세 차례의 반'포위토벌'을 승리로 이끈 모택동은 홍군 지도권을 박탈당했다. 주은래 도래 후 '파면'된 모택동은 동화산으로 은퇴했다. '중앙국 서기' 주은래와 '공화국' 주석 모택동 간 의견 대립은 '감주 공격'에서 노골화됐다. 공산국제가 제창한 '대도시 공격'의 '진공노선'을 반대한 모택동은 '좌경 노선' 집행자들에 의해 '우경 기회주의자'로 낙인이 찍혔다. 결국 동화산에서 '하산'한 모택동은 치욕적인 '백의종군(白衣從軍)'을 했다.

4. '장주(漳州) 대첩'과 '백의종군'

'홍1군단' 총지휘는 임표, 정치위원은 섭영진이었다. 또 진기함(陳奇涵)[1098]이 군단 참모장, 나영환(羅榮桓)이 정치부 주임으로 임명됐다. '홍1군단' 산하에는 '홍4군'과 '홍5군단' 제15군이 있었다. '홍4군' 군단장은 왕량(王良)[1099], 정치위원은 나서경(羅瑞卿)[1100]이었다. 제15군 군단장은 황중악, 정치위원은 좌권(左權)이었다. 군단 산하에는 3개 사단이 배정됐고 '홍1군단' 총병력은 9500명에 달했다. 한편 눈에 띄는 점은 주은래의 측근 섭영진이 전투력이 막강한 '홍1군단' 정치위원에 임명된 반면, 모택동의 측근자 나영환은 정치부 주임으로 '좌천'된 것이다.

1098 진기함(陳奇涵, 1897~1981), 강서성 흥국(興國) 출신이며 공산주의자이다. 1925년 중공에 가입, 1930~1940년대 '홍1군단' 참모장, 항일군정대학 교육장, 강서군구 사령관 등을 맡았다. 건국 후 해방군 군사법원장, 최고인민법원 부원장을 역임, 1981년 북경에서 병사했다.

1099 왕량(王良, 1905~1932) 중경(重慶) 출신이며 공산주의자이다. 1926년 황포군교에 입학, 1927년 중공에 가입, 1928년 황양계(黃洋界) 전투에 참가, 1932년 '홍4군' 군단장, 그해 6월 복건성 무평(武平)에서 희생됐다.

1100 나서경(羅瑞卿, 1906~1978), 사천성 남충(南充) 출신이며 개국대장이다. 1928년 중공에 가입, 1930~1940년대 '홍4군' 정치위원, (八路軍)야전군 정치부 주임, 화북(華北)군구 정치부 주임, 건국 후 공안(公安)부장, 국무원 부총리 등을 역임, 1978년 서독(西獨)에서 병사했다.

3월 21일 '홍1군단' 지도자는 '중혁군위'에 이렇게 건의했다. …군사행동에 관해 모주석의 의견을 찬성한다. 월군(粵軍)이 민서에 진입해 홍군 공격을 개시한 상황에서 모주석의 의견을 채택할 것을 건의한다(楊得志 외, 2007: 303). 상기 '건의'는 임표 등이 모택동의 의견을 수용한 후 작성한 것이다. 실제로 임표는 '건의'를 통해 위기에 처한 모택동에 대한 지지를 표시한 것이다. 이 또한 임표가 모택동의 최측근이라는 단적인 방증이다.

주은래는 서금에서 '중앙국 회의(3.27)'를 개최해 홍군의 행동노선을 변경했다. '경비 부족'을 이유로 모택동의 '의견'을 채택한 것이다. 회의는 '홍1군단'이 복건성에서 경비를 마련하기로 결정했다(余伯流 외, 2017: 510). 회의 후 '홍1군단'은 민서 근거지로 진격했다. 한편 임시중앙에는 '군비 마련' 후 북진해 '대도시 공격'을 진행한다고 보고했다. 주은래는 모택동의 '동로군 수행'을 허락했다. 결국 모택동의 '백의종군'이 시작된 것이다.

3월 26일 '홍1군단'은 장정(長汀)에 도착했다. 모택동은 나명과 복건군구 사령관 나병휘를 만났다. 나명·나병휘의 보고를 통해 모택동은 장정(張貞)이 거느린 49사단이 장주(漳州)·용암(龍岩)을 점거하고 있으며 진제당(陳濟棠) 부대는 아직 복건에 진입하지 않았다는 정보를 입수했다. 결국 '홍1군단'이 적군 49사단을 섬멸한다면 민서 근거지를 공고히 하고 홍군의 '군비 해결'도 가능하다고 확신한 모택동은 '장주 공격'을 결심했다.

모택동은 '홍1군단' 간부에게 '동정(東征)'의 필요성을 이렇게 말했다. …홍군이 북진하면 강적이 집결된 '남창 대본영'이 있다. 서쪽은 감강에 막혀 있고 남쪽은 월군이 진치고 있다. 그러나 동쪽은 두 가지 유리한 점이 있다. ① 민서 대중의 지지 ② 민남은 적의 통치력이 약하다 (聶榮臻, 1983: 141). 이 또한 주은래가 '동로군 개칭'을 허락하고 모택동을 '의견'을 수용한 주요인이다. 실제로 모택동의 '민남 진격'은 정확한 결정이었다.

모택동이 주은래에게 전보(3.30)를 보내 제출한 '장주 공격안' 골자는 첫째, '장주 공략'은 총체적 난국을 타개할 수 있다. 둘째, 장주는 방어가 어렵고 공격이 쉽다. 셋째, '홍5군단' 협력 작전이 필요하다. 넷째, '홍5군단'은 '홍1군단' 배후를 보호해야 한다(金沖及 외, 2004: 294). 실제로 근거지를 멀리 떠나 적진 장주를 공격한다는 것은 리스크를 동반한 대담한 구상이었다. 모택동의 전보를 받은 주은래는 곧 서금을 떠나 장정에 도착했다.

4월 1일 주은래는 작전 회의를 주재했다. 나명은 이렇게 회상했다. …당시 모택동은 '장주 공격' 필요성을 이렇게 설명했다. 첫째, '장주 공략'은 제49군을 섬멸하고 홍군에게 필요한 물자와 급양을 해결할 수 있다. 둘째, '장주 공략'을 통해 근거지를 공고히 한다(羅明, 1991: 110). 모택동의 '공격안'을 승인한 주은래는 장정에 남아 병력 배치와 물자 군수 공급을 협조했다. 결국 주은래의 '협조'는 모택동의 '장주 공략'에 중요한 역할을 했다.

경호원 오길청은 이렇게 회상했다. …그날 밤은 강바람이 세찼다. 모택동은 뱃사공에게 농담조로 이렇게 말했다. …어르신 순류(順流)·순풍이니 시름 놓고 노를 저으세요. 당시 적군이 강안을 행해 헛총질하자 모택동은 이렇게 말했다. …오늘 밤 목적은 '차동풍(借東風)'이며 '초선차전(草船借箭)'[1101]은 아닙니다(吳吉淸, 1983: 108). 4월 2일 모택동은 주은래에게 전보를 보내 홍군 지휘부의 '장정 이전'을 건의했다. 한편 모택동이 밤도와 상항에 도착한 것은 실사를 통한 '적정 탐지'가 주된 목적이었다. 이 또한 '백의종군'한 '공화국' 주석 모택동의 참모습이었다.

4월 2일 홍군은 백사(白砂)·용암으로 진격했다. 4월 7일 모택동은 백사에 도착해 '홍1군단'과 회합했다. 대지우(大池圩)에 숙영지를 정한 홍군은 적정을 정탐하고 지형을 정찰했다. 2개 연대와 민단이 용암을 수비하고 있다는 것을 탐지한 모택동은 '용암 공격'을 결정했다. 10일 새벽 임표가 지휘한 '홍1군단'은 용암을 급습했다. 수비군 1개 연대를 섬멸하고 680명을 체포했다. 결국 용암을 공략한 홍군은 '장주 공격' 발판을 마련했다.

4월 11일 주은래에게 전보를 보내 '용암 탈취'를 보고한 모택동은 '장주 공격'을 건의했다. 또 그는 '공격 이유'를 이렇게 설명했다. …강서 홍군에 대해 공격적인 광동군(粤軍)은 복건성에서는 방어 태세를 취하고 있다(逄先知 외, 2005: 371). 당시 교통이 편리하고 무역이 발달한 장주는 성벽이 없어 방어가 어렵고 공격이 쉬웠다. 적군은 전투력이 약한 49사단 2개 여단과 지방 민단 1만명이었고 그들은 고립무원의 상태였다(黃少群 외, 2007: 174). 한편 '중혁군위'의 긴급명령을 받은 '홍5군단'은 강행군을 진행해 4월 14일에 용암에 도착했다. '홍5군단'은 용암에 남

1101 '초선차전(草船借箭)'은 삼국연의 적벽지전에서 유래된 고사(故事)이다. '초선차전'은 풀단을 실은 배로, 적군이 쏜 화살을 얻는다는 뜻이다. 제갈량(諸葛亮)의 재주를 시기한 주유(周瑜)가 열흘 안에 10만 개 화살을 만들 것을 요구했다. 사흘째 되는 날 제갈량은 20척의 풀단 실은 배로 안개 자욱한 강을 따라 조조의 수군 영채 가까이 접근해 10만 개 화살을 가져왔다. '초선차전' 주인공은 제갈량이 아닌 손권(孫權)이라는 것이 정설이다.

아 배후를 보호하고 '홍3군'은 '홍1군단'과 함께 장주로 진격했다.

19일 새벽 총공격을 개시한 홍군은 풍상령(風霜嶺) 진지를 맹공격하고 12령(十二嶺)을 공격 목표로 정했다. 마지막 방어선을 공격할 때 적의 완강한 저항을 받았다. 모택동은 오봉령(五峰嶺)에서 12령에 대한 '급강하 공격'을 명령했다. 마침내 고지를 점령한 홍군은 패잔병을 추격해 전멸했다. 사단장 장정은 장주를 버리고 도망쳤다. 장주전투에서 적군 2개 여단을 섬멸하고 2600여 명을 체포했다. 한편 홍군도 450명의 사상자를 냈다.

모택동은 주은래에게 보낸 전보(4.22)에 이렇게 썼다. …적군 49사단을 섬멸하고 물자·급양 등을 해결했다. 또 민서 근거지를 공고히 하고 동강(東江)홍군을 간접 지원한 '정주 공략'은 민남(閩南) 유격전쟁을 격려했다(中共中央文獻研究室, 2005: 372). 장주전투는 모택동이 '하산'한 후 주은래의 협력하에 거둔 '대첩(大捷)'이었다. 한편 '감주 패전'을 초래한 좌경 노선 집행자들은 '우경 기회주의자'인 '모택동 비판'에 더욱 열을 올렸다.

'장주대첩' 원인은 ① 모택동의 치밀한 전략 ② '홍1군단'의 강한 전투력 ③ 임표·섭영진의 모택동에 대한 전폭적 지지 ④ 주은래의 '모택동 지지'와 협조 ⑤ '홍5군단'의 협력 작전 ⑥ 우세한 병력 집중과 기습 작전 ⑦ 민군(閩軍)의 약한 전투력과 고립무원 ⑧ '역공난수(易攻難守)'의 장주 지형 등이다. 한편 모택동의 '동화산 은거'로 소원해졌던 '주모(周毛)'는 장주전투를 통해 한동안 '밀월기'를 보낼 수 있었다. 이 시기 이들의 '관계 완화'에 중요한 역할을 한 숨은 공로자는 '중혁군위' 주석인 주덕이다. 당시 주은래와 모택동은 서로 상대의 장점을 인정했다.

'장주 대첩'과 '감주 패전'은 본보기·교훈의 대표적인 전례(戰例)이다. 장주전투를 통해 주은래는 모택동의 작전 지휘력에 승복했다. 주은래의 '협조'를 받은 모택동은 주은래의 조직력과 친화력을 인정했다. 또 그들의 '호칭 변화'도 '관계 완화'를 보여준다. 모택동이 주은래에게 보낸 전보에서 호칭이 '은래동지'에서 '은래'로 변했다(單秀法, 2008: 95). 중국에서 '상급자'의 성함을 직접 호명한다는 것은 그들 간 '밀접한 관계'를 보여주는 단적인 증거이다. 한편 5월 중 주은래의 '입장 변화'로 모택동은 재차 사면초가에 빠졌다.

섭영진은 '감주 패전'과 '장주 승전'을 이렇게 비교했다. …강적이 집결된 감주는 성벽이 견고하고 수비군은 정규군의 지원을 받았다. 이 또한 모택동이 '감주 공격'을 반대한 이유이다. 장주의 적군은 고립됐고 홍군은 우세한 병력을 집중해 기습 작전을 폈다(聶榮臻, 1983: 150). '감주 패전' 장본인은 팽덕회·주은래였다. 한편 '장주 공략' 주인공은 모택동·임표였다. 결국 유격전술 창조자 모택동의 군사적 리더십을 단적으로 보여줬다.

섭영진은 임표를 책망했다. …재물을 바치지 않은 토호에 대한 가혹한 폭행은 정책에 위배된다. 이에 임표가 반문했다. …군비를 마련하지 못하면 홍군이 전투를 치를 수 있는가? 섭영진은 이렇게 대답했다. …홍군의 이미지를 손상시켜선 안 된다(胡哲峰 외, 2013: 89). 이는 홍군의 '군벌 패습'이 잔존했다는 반증이다. 정치위원 섭영진의 '임표 비판'은 적절했다. 실제로 장기간의 협력 관계를 유지한 임표와 섭영진은 '황금 콤비'였다.

임표와 섭영진의 인연은 황포군교 시절에 맺어졌다. 유럽 유학파이며 소련에서 군사를 전공한 섭영진은 황포군교 정치교관을 맡았다. 제4기 졸업생 임표는 그의 '제자'였다. 남창봉기 당시 섭영진은 11군 당 대표였고 임표는 중대장이었다. 모택동의 중용을 받은 임표는 25세에

군단장이 됐다. 1937년 섭영진은 팔로군 115사단장 임표의 '부수(副手)'
였다. 섭영진은 '주모(周毛)'의 권력투쟁에서 '중립'을 지켰다. 이는 '현
명한 선택'이었다.

팽덕회는 이렇게 회상했다. …'강구회의'에서 감동북(贛東北)으로
발전해야 한다는 모택동의 주장을 반대했다. 내가 모택동의 '의견'을
지지했다면, (蘇區)중앙국은 심사숙고했을 것이다. 나는 '왕명노선(王明
路線)'[1102]이 입삼노선을 답습했다는 것을 인지하지 못했다(李捷 외, 2018:
113). 팽덕회는 '장사 공격(1930.9)' 당시에도 모택동과 '의견 대립'을 보였
다. 또 그는 '감주 공격'에서 모택동의 주장을 반대했다. '정치적 감각'
이 무딘 팽덕회는 모택동이 정치적 위기에 빠졌을 때마다 반대편에 섰
다. 한편 임표는 매번 '위기에 빠진' 모택동의 '구원투수' 역할을 했다.

모택동이 위기에 빠졌을 때 팽덕회·임표가 보여준 태도는 극명하
게 엇갈렸다. '입삼노선'과 '좌경 교조주의'가 득세했을 때 팽덕회는 모
택동의 '반대자'가 됐다. 임표는 동화산에 '은퇴'한 '실권자' 모택동에
게 '구원의 손길'을 내밀었다. 팽덕회가 지휘한 감주전투는 패전한 반
면, 임표가 지휘한 장주전역은 승전했다. 그러나 예외도 있다. 장정 시
기 임표는 모택동의 '작전 지휘'를 반대했으나, 팽덕회는 모택동의 '북
상(北上)'을 지지했다.

장문천이 작성한 '당내 기회주의 동요(1932.4.4)'의 골자는 ① 당중앙

1102 '왕명노선(王明路線)'은 상당한 어폐가 있다. 중국 학자들이 자주 사용하는 '(王明)좌경
모험·교조주의'도 큰 어폐가 있다. 실제로 (左傾)모험주의를 실시(1931~1934)한 대표
적 인물은 임시중앙의 최고 책임자 박고(博古)와 (蘇區)중앙국 서기 주은래였다. 대도시
공격의 입삼노선을 답습한 중공 지도자는 모스크바에 체류한 왕명이 아닌 박고였다.
초기 박고는 왕명의 영향을 받았으나, 1933년 후 박고·주은래의 영향력이 지배적이
었다.

이 제출한 '진공노선'을 무시 ② '백색거점' 제거에 집착 ③ 낙후된 농민의식, 유격주의 전통 고수 ④ 공산국제 노선에 위배된 기회주의를 무자비하게 타격 등이다(中央檔案館, 1991: 610). 이는 임시중앙이 '당중앙 지시'를 무시한 모택동의 군사전략을 비판한 것이다. 결국 '기회주의 비판'에 불을 지핀 장문천의 '동요'는 모택동에 대한 주은래의 '입장 변화'를 유발했다.

당중앙 '결의안(1932.1.9)' 작성자 장문천은 '우경 기회주의' 비판을 당면과제로 설정했다. 3월 상순 박고와 담화를 나눈 장문천은 '기회주의자' 유소기를 문책하고 '당내 기회주의'를 비판한 글을 발표했다(程中原, 2000: 99). 장문천의 '기회주의 비판'은 '우경 비판'을 중공의 정책과제로 확정한 공산국제 '결의(1931.8)'와 관련된다. 1932년 3월 유소기는 전국총공회 조직부장에서 해임됐다. 결국 이 시기 장문천과 유소기의 악연이 맺어졌다.

상해에 도착한 항영은 정치국 회의(4.11)에서 모택동을 적발했다. 항영은 '백색거점' 제거에 주력한 모택동의 전략은 임시중앙의 결의(1.9)'에 완전히 배치된다고 주장했다. 또 그는 근거지에 도착한 후 모택동의 주장을 지지한 '중앙대표단'에 대해서도 불만을 표출했다. 결국 '좌경 노선'에 충실한 항영은 '중공 총서기' 박고의 신임을 얻었다. '입삼노선' 집행자에서 '좌경 노선' 추종자로 둔갑한 항영은 '모택동 비판'의 선봉장이 됐다.

박고는 모택동의 과오에 대해 이렇게 말했다. …그의 관점은 '민수주의(民粹主義)'[1103]와 유사하며 볼세비키와 거리가 멀다. 장문천은 이렇

1103 민수주의(民粹主義)는 나로드니키(Narodniki)주의로 불린다. '나로드니키주의

게 말했다. …'협소적 경험론'은 우경 기회주의의 발현이다(中共中央黨史研究室, 2000: 116). 항영의 사견이 가미된 편파적 보고로 '협소적 경험론'은 '우경 기회주의'로 격상됐다. 4~5월 당중앙은 모택동을 비판한 '지시문'을 잇따라 발표했다. 결국 '모택동 실권'을 초래한 두 개의 '결의안'이 통과됐다.

임시중앙의 '지시문(4.14)' 골자는 ① 일제의 동북 침략은 '소련 공격' 신호 ② 근거지 확대와 홍군 확충 ③ 우경 기회주의 숙청은 당면과제 ④ 공산국제의 '진공노선'을 철저히 관철 등이다(中央檔案館, 1991: 201). 모택동의 답전(5.3) 골자는 첫째, 국민당 군대는 수세적 공격을 취하고 있다. 둘째, 홍군은 공격적인 외선(外線)작전을 진행해야 한다. 셋째, 동로군의 '장주 공격'은 단순한 '군비 마련'이 아니다. 넷째, 동로군은 적의 포위권에서 완전히 벗어났다(解放軍軍事學院, 1994: 54). '홍색중화'에 발표된 모택동의 '대일전쟁선언(4.15)'은 상기 '지시문' 취지에 위배됐다. 실제로 당중앙은 '소련 보위'를 제기하지 않은 모택동을 간접적으로 비판한 것이다. 한편 모택동의 경솔한 '답전(5.3)'은 고립무원의 위기를 자초했다.

모택동의 '외선작전'과 임시중앙의 '진공노선'과 근본적 차이점이 있다. '외선작전'은 적의 역량이 약한 지방에 근거지를 개척하는 것이다. 한편 임시중앙의 '진공노선'은 강적이 집결된 대도시를 공략하는

(1860~1890)'는 러시아 지식인들이 제창한 농본주의(農本主義)적 급진(急進)사상을 가리킨다. 19세기 후반 러시아에서 농민계몽을 통해 사회변혁을 꾀한 '나로드니키 운동'과 미국에서 인민당(人民黨) 중심으로 전개된 농민운동에서 비롯됐다는 견해가 지배적이다. 한편 평민대중에 의해 급진적 개혁을 실행하는 '민수주의'는 엘리트의 역할을 근본적으로 부정했다.

것이다(凌步機 외, 2017: 528). 모택동의 '외선작전'은 유격전술에 속한다. 적의 허점을 노려 우세한 역량을 집중해 적군을 섬멸하는 것이다. 예컨 대 '장주 공격'과 같은 것이다. 이 또한 모택동이 '감동북 진격'을 주장 한 이유이다.

임시중앙에 보낸 '중앙국'의 전보(1932.5.3)는 이렇게 썼다. …모택동 은 근거지의 '민월감 확대'를 주장했다. 당시 왕가상은 '대도시 공격'을 두려워하는 것은 우경 기회주의라고 말했다. '감주 공격'을 반대한 모 택동의 '감동북 진격' 주장은 당중앙의 지시에 위배되는 우경 기회주의 이다('第一硏究部', 2007: 148). 상기 '전보문'은 임필시가 작성한 것으로 추 정된다. 결국 이는 당중앙의 '우경 기회주의' 비판에 보조를 맞춘 것이 다. 실제로 책임을 회피하고 전가하려는 의도가 다분했다. 또 '전보문' 은 모택동을 '우경 기회주의자'로 지목했다는 것을 암시한 것이다.

5월 상순 '중앙국' 회의를 주재한 주은래는 다음과 같은 결정을 내 렸다. …모택동의 과오를 가차없이 비판하며 당 기관지에 비판 문장을 게재한다('第一硏究部', 2007: 148). 또 '중앙국'은 '소련 공격을 반대하는 결 의(5.11)'를 통과시켰다. '결의'는 모택동의 기회주의적 과오를 비판하고 철저한 '기회주의 숙청'을 결정했다(中央檔案館, 1991: 219). 한편 이 시기 중앙 근거지에 도착한 등영초는 박고 등의 '모택동 비판' 의견을 '(蘇區) 중앙국'에 전달했다. 그 후 등영초는 '(蘇區)중앙국' 비서장으로 임명됐 다. 결국 주은래 부부는 본의 아니게 '모택동 비판'에 동참했다.

장주에 있었던 모택동은 그와 관련된 '결의(5.11)'가 통과된 것을 몰 랐다. 9년 후 모택동은 관련 '결의'에 관해 이렇게 적었다. …6월 중 정주 에서 그들이 일방적으로 통과시킨 '결의(5.11)'를 보았다. 이는 '판결'을 내린 후 당사자의 '상소권'을 박탈한 것이다(金沖及 외, 1996: 292). 상기 '중앙국'의 결의(5.11)는 임시중앙의 '지시(4.14)'를 수용한 결과였다. 결국 임시중앙의 정치노선을 비판한 모택동의 '답전(5.3)'이 화근으로 작용했다.

임시중앙의 '지시전(5.20)' 골자는 첫째, (蘇區)중앙국은 '진공노선'을 철저히 관철하지 못했다. 둘째, 주은래가 서기로 부임한 후 상황이 호전됐으나, 우경 기회주의 비판이 심도있게 진행되지 못했다. 셋째, 당중앙의 '진공노선'을 집행해야 한다(逄先知 외, 2005: 375). 항영의 보고를 청취한 박고 등이 '우경 기회주의' 비판에 소극적인 '중앙국'을 문책한 것이다. 실제로 모택동의 '장주 공격'을 지지한 주은래에 대한 불만을 표출한 것이다.

5월 30일 주은래는 '중앙국' 기관지 '실화(實話)'에 '진공노선을 단호하게 집행하자'라는 문장을 발표했다. '문장'의 골자는 ① '중앙국'의 기회주의적 과오는 정세 오판 ② '진공노선' 중시 부족 ③ '두 가지 노선'에 대한 투쟁 전개 ④ 역량을 집중, 우경 기회주의 반대 등이다(中共中央文獻硏究室, 1990: 221). 주은래의 '문장' 취지는 임시중앙의 '중앙국 비판(5.20)'을 수용하고 '우경 기회주의자' 모택동의 '과오 반성'을 촉구한 것이다.

당중앙의 지시(5.20)에 근거해 (蘇區)중앙국은 '진공노선' 집행을 거부한 모택동의 '우경 기회주의' 비판을 전개할 것을 결정했다. 6월 상순 동로군의 '장주 철수'로 장정으로 돌아온 모택동은 '결의(5.11)' 배경과 험악해진 현지 분위기를 인지했다. 결국 '중앙국 회의(6.9)'에서 모택동은 부득이하게 자신의 '우경 기회주의' 과오를 반성했다. 한편 모택동의 '과오 반성'은 주은래의 '반성 촉구'를 수용한 결과라는 것이 일각의 주장이다.

당중앙에 보고한 주은래의 전보문(6.9) 골자는 ① '우경 기회주의'

비판 ② 모택동의 '과오 반성' ③ 모택동, 기존 입장 변경 ④ 당중앙의 지시, 단호하게 집행 등이다('第一硏究部', 2007: 165). 훗날 모택동의 '과오 반성'에 대해 당사자인 '주모(周毛)'는 모두 언급을 회피했다. 그러나 이는 공산국제의 '관련 자료'에 수록된 것으로 엄연한 역사적 사실로 추정된다. 결국 이는 '백의종군'한 모택동이 사면초가에 빠졌다는 단적인 방증이다.

6월 중순 '중앙국' 회의에서 채택한 '강서성과 인근 성(省)의 우선 승리 결의(6.17)'의 골자는 ① 당중앙의 비판 수용 ② 기회주의 과오 반성 ③ '진공노선'을 철저히 집행 ④ '대도시 공략'을 당면과제로 결정 ⑤ 우경 기회주의 숙청 등이다(中央檔案館, 1991: 249). 상기 '6.17결의'는 좌경 모험주의가 '(蘇區)중앙국'을 완전히 지배했다는 것을 단적으로 보여준다. 결국 '우경 기회주의자'로 낙점된 모택동은 굴욕적인 '백의종군'을 지속했다.

연안정풍(1943.11.4)에서 임필시는 이렇게 반성했다. …당시 관련 회의에 모택동은 모두 불참했다. '중앙국'이 내린 '결의'에 대해 당사자 모택동은 관용적으로 받아들였다. '중앙국'이 통과시킨 '5.11결의'·'6.17결의'는 '모택동 비판'의 정책적 근거가 됐다(章學新 외, 2014: 288). 상기 당사자 모택동이 '중앙국 결의'를 관용적으로 받아들였다는 주장은 수긍하기 어렵다. (蘇區)중앙국이 채택한 2개의 '결의'는 모택동에게는 치욕적이었다.

주은래는 '중앙보고서(6.10)'에 이렇게 썼다. …신체가 허약해진 모택동은 불면증에 걸렸고 식욕도 떨어졌다. 군사행동이 시작되면 기력을 회복해 작전 지휘에 주력한다('第一硏究部', 2007: 166). 상기 '보고서'는 '백의종군'한 모택동의 '강한 의지력'을 엿볼 수 있는 대목이다. 이 또한 모택동의 작전 지휘력을 인정한 주은래가 그의 '총정치위원 복직'을 주장한 주된 이유였다. 한편 임필시·항영 등의 반대로 모택동의 '복직'은 무산됐다.

6월 중순 '홍1방면군' 편제가 회복됐다. 모택동은 정치위원에 복직되지 못했다. 주덕이 총사령관, 엽검영이 총참모장, 왕가상이 총정치부 주임을 맡았다. 6월 22일 '중앙전쟁위원회'를 설립했다. 주은래·항영·주덕·등발·등자회 5명을 위원, 주은래를 위원장으로 임명했다. 상기 '위원회'는 혁명전쟁에 관련된 군사·경제·재정·노동 등의 모든 사항을 총괄한다고 결정했다. 한편 '공화국' 주석인 모택동은 재차 군정 대권을 박탈당했다.

'중혁군위'의 명령으로 동로군은 장주에서 철수(5.29)했다. 6월 13일 '홍4군' 군단장 왕량이 민단의 습격을 받아 희생됐다. 6월 말 진제당·여함모(余漢謀)[1104]는 '홍군 공격'에 대비해 대여에 주력부대를 집결시켰다. 7월 4일 '홍3군단'은 팽덕회의 지휘하에 대여를 맹공격했다. 그러나 '공성 기술' 결여와 장비 부족으로 대여 공략에 실패했다. 7월 8일 '홍3군단'은 대여에서 철수했다. 결국 팽덕회의 '홍3군단'은 '감주 패전'을 되풀이했다.

7월 8일 홍군 지도부는 '장매신(張枚新)[1105] 사단 섬멸과 남웅(南雄) 탈취'를 결정했다. 9월 새벽 '홍5군단'은 수구(水口)의 적군을 맹공격했다.

1104 여함모(余漢謀, 1896~1981), 광동성 고요(高要) 출신이며 국민당 우파이다. 1930년대 제1군 군단장, 제12집단군 총사령관, 1940년대 육군 총사령관, 화남군정장관, 1950년 대만 이주, 1981년 대북(臺北)에서 병사했다.

1105 장매신(張枚新, 1894~1953), 광동성 합포(合浦) 출신이며 국민당 소장(少將)이다. 1925년 황포군교 졸업, 1930년대 제2군 제4사단장, 제4전구 사령부 고급참의(高級參議), 1941년 군사참의원 참의, 1953년 고향에서 병사했다.

탄환을 소진한 홍군은 대도를 들고 적과 육박전을 벌였다. '원군 도래'를 인지하지 못한 홍군은 10개 연대의 적을 4개 연대로 여겼다. 마침 진의가 거느린 지방홍군 2개 사단이 도착해 '위기에 빠진' 홍군을 구출했다. 수구전투에서 3000명의 적군을 섬멸한 홍군은 2000여 명의 사상자를 냈다. 훗날 수구전투를 '패전'으로 평가한 모택동은 '병력을 집중하지 않은 것'이 패인(毛澤東, 1991: 225)이라고 주장했다.

7월 중순 '전권 대표'로 전선에 도착한 주은래는 직접 홍군을 지도했다. 당시 '중앙국' 대리서기 임필시와 항영은 주은래가 '홍1방면군' 총정치위원을 맡을 것을 제출했다. 결국 이는 모택동을 철저히 배제하기 위한 것이다. 한편 '중앙국'은 대여·수구 등 전투의 패전을 모택동의 '지휘 실책'으로 간주했다. 실제로 군권을 상실해 '백의종군'한 모택동에겐 '작전 지휘권'이 없었다. 이 시기 홍군 작전의 최종 결정권자는 주덕과 팽덕회였다.

임시중앙의 '지시문(7.21)'은 이렇게 썼다. …'중앙국'은 근거지 확대와 대도시 공격의 핵심과제를 효과적으로 추진하지 못했다. '진공노선' 집행을 당면과제로 삼아야 한다. 한편 '군비 마련'에 전력을 기울인 홍군의 정치 지도자는 대중을 적극 발동하지 않은 과오를 범했다(中共中央文獻硏究室, 2005: 379). '진공노선'을 강조한 박고 등은 '중앙국'에 압력을 가해 '모택동 비판'을 지속 강행할 것을 명령한 것이다. 한편 주은래의 '전선 도래'는 군권을 상실한 모택동에게는 희망적이었다. 드디어 '백의종군'을 끝내고 '총정치위원 복직' 가능성이 커졌기 때문이다.

주은래는 주도면밀한 '인사 방안'을 제출했다. 즉 작전 경험이 풍부한 모택동이 총정치위원을 맡고 '중혁군위' 주석단이 작전 결정권, '전권 대표'인 자신이 행동방침을 확정하는 것이다. 주은래의 '방안'은 주덕 등의 지지를 받았다(余伯流 외, 2017: 533). 상기 '방안'은 모택동·주덕에게 작전 지휘권을 일임하고 주은래가 최종 결정권을 행사하는 '통수권자' 역할을 하는 것이다. 그러나 주은래의 '방안'은 임필시·항영 등의 반대를 받았다.

주은래 등이 연명으로 '중앙국'에 보낸 전보문(7.25)은 이렇게 썼다. …모택동을 총정치위원으로 임명해 작전 지휘를 맡기고 '중혁군위'는 작전 결책권, '중앙국 대표'는 행동방침 결정권을 행사한다(解放軍軍事科學院, 1997: 151). 모택동은 주덕·왕가상의 도움으로 주은래를 자기편으로 만들기 위해 전력했다. 그러나 '관계 개선' 의도가 전혀 없었던 임필시 등은 정치국의 실질적 책임자로 모택동을 지명한 것을 받아들였으나 모택동의 유격전술을 비판했다(V. Pantsov 외, 2017: 376). 한편 모택동의 '진공노선' 집행 여부에 대한 의구심이 컸던 임필시 등은 주은래의 '방안'을 찬동하지 않았다. 한편 상기 '정치국의 실질적 책임자'는 상당한 어폐가 있다. 이 시기 '당정군(黨政軍)' 지위를 박탈당한 모택동은 '백의종군자'였다.

주은래의 지시로 '하산'한 모택동은 '홍5군단'을 투입해 곤경에 빠진 팽덕회의 '감주 퇴각'을 협력했다. 한편 모택동이 '홍1군단'을 지휘해 거둔 '장주 대첩'은 임시중앙의 '진공노선' 집행을 거부한 것으로 간주됐다. '홍1방면군' 편제가 회복됐을 때 모택동은 총정치위원으로 복직되지 못했다. 결국 군정대권을 상실한 모택동은 '백의종군'을 지속했고 '우경 기회주의자'로 낙점됐다. 이는 모택동이 재차 '불면증'[1106]에 걸

1106 모택동의 '불면증'은 1924년 국민당 상해집행부에서 근무할 때 걸렸다는 것이 정설이다. 공산국제 대표 보이틴스키의 배척을 받아 실각(1924.12)한 모택동은 소산충으로 귀환했다. 주은래는 임시중앙에 보낸 보고서(1932.6.10)에 모택동이 '불면증'에 걸

린 주요인이다.

5. 녕도(寧都)회의, 모택동의 '세 번째 실각'[1107]

주은래가 총정치위원을 모택동에게 맡길 것을 주장한 주요인은 ①
반'포위토벌'을 승리로 이끈 주인공 ② '장주 공격' 승전, 군사 리더십
인정 ③ 임표 등 '홍1군단' 지휘관의 절대적 신임 ④ '주모(朱毛)'의 작전
지휘력, 그들의 '돈독한 협력관계' 인지 등이다. 결국 주은래가 군권을
상실한 모택동에게 '개과천선' 기회를 준 것이다. 실제로 임시중앙과
주은래는 공산국제의 인정을 받은 '공화국' 주석 모택동을 무작정 내칠
수 없었다.

주은래가 '중앙국'에 보낸 '편지(7.29)' 골자는 첫째, 주은래·모택동·
주덕·왕가상으로 최고군사회의를 설립하고 주석(周)이 작전 결정권을
갖는다. 둘째, 모택동의 작전 능력을 충분히 발휘하게 한다. 셋째, 총정
치위원(毛)의 권한을 작전 지휘에 한정시킨다(軍事科學院, 1997: 159). 한편
'작전 지휘권'을 맡은 주덕·모택동은 '전적 총지휘'에 해당된다. 실제로
홍군의 최고 결정권자는 주은래였고 '주모(周毛)'는 상하급 관계로 설정
됐다.

렸다고 썼다. 당시 '우경 기회주의자'로 낙인찍힌 모택동은 총정치위원에 복직하지
못하고 '백의종군'을 지속했다. 결국 군정(軍政) 대권을 박탈당한 모택동이 재차 '불면
증'에 시달린 것이다.

1107　1929년 여름 '주모분쟁'에서 패배한 모택동은 반년 간 홍군 지도권을 박탈당했다.
이는 군권을 상실한 모택동의 첫 번째 실각으로 간주된다. 주은래가 중앙 근거지에
도래(1931.12)한 후 모택동은 동화산으로 '은퇴(1932.1)'했다. 이는 당권을 박탈당한 모
택동의 두 번째 실각이다. 녕도회의(1932.10)에서 총정치위원에서 파면된 모택동은
세 번째 실각을 당했다. 모택동의 실각을 초래한 장본인은 주덕·주은래·임필시·항영
등이다.

'중혁군위'가 발표한 통령(1932.8.8)은 이렇게 썼다. …모택동을 '홍1방면군' 총정치위원으로 임명한다. 홍군 장병은 주모(朱毛)의 지휘하에 굳게 뭉쳐 혁명전쟁의 승리를 쟁취해야 한다. 또 강서성의 우선 승리를 쟁취해야 한다(中共中央文獻硏究室, 2002: 380). 총정치위원에 복직된 모택동은 '백의종군'을 끝냈다. 한편 모택동은 '군사회의' 주석 주은래를 안중에 두지 않았다. 이는 녕도회의에서 모택동이 실각한 주된 원인으로 간주된다.

7월 중순 홍군 지도부는 신풍·용남(龍南) 등지에 부대를 분산시켜 군비를 마련했다. 7월 23일 '중앙국'은 전방에 전보를 보내 '길안 공격'을 요구했다. 주은래 등은 답전(7.25)을 보내 감강 하류의 '만안(萬安) 공격'을 주장했다. 7월 27일 홍군은 홍국(興國) 방향으로 진격했다. 8월 초 '홍1방면군' 지도부는 홍국현성의 외각인 파남(壩南)에 도착했다. 파남 진가사(陳家祠)에서 주은래는 전후방의 '의견 통일'을 위해 군사회의를 열었다.

'홍국회의'에서 모택동과 임필시는 홍군의 진격 방향을 두고 격한 언쟁을 벌였다. 모택동이 '길안 공격'을 반대한 원인은 길안 부근에 집결된 7~8개 사단 적군의 포위공격을 당할 수 있다는 것이다(金沖及 외, 2004: 305). 임필시는 '진공노선'을 내세워 모택동의 주장을 반대했다. 당시 모택동은 이렇게 면박했다. …'중앙국'은 전선의 군사행동에 간섭하지 말라(金沖及 외, 1996: 294). 모택동의 핀잔에 앙심 품은 임필시는 임시중앙에 보고할 때 사견을 가미했다. …모택동이 신풍에서 늑장을 부려 북진이 지체됐다(中共中央文獻硏究室, 1998: 225). '진공노선'을 근거로 대도시를 공격해야 한다는 임필시 등의 주장은 '입삼노선' 답습이었다. 한편 모임(毛任) 간 '알력 격화'는 얼마 후 모택동이 녕도에서 실각한 중요한 원인이다.

'중혁군위'가 발표한 '훈령(8.8)'은 이렇게 썼다. …'홍1·3·5군단'은 낙안·의황을 공격해 고수훈(高樹勛)의 부대를 섬멸한다. '홍12군'·'홍21군'·'홍22군'으로 지원부대를 구성한다(凌步機 외, 2017: 537). 섭영진은 이렇게 회상했다. …낙안·의황을 수비한 27사단의 전투력은 비교적 약했다. 홍군의 '낙안 공격'은 정확한 선택이었다(聶榮臻, 1983: 157). 낙안·의황을 공략한 홍군 지도부는 '남풍(南豊) 공격'을 결정했다. 남풍 수비군은 모병원·허극상·이운걸(李雲傑)[1108] 3개 사단이었다. 또 홍군은 진성·나탁영·오기위(吳奇偉)[1109] 부대의 공격을 계획했다.

홍군이 발표한 '낙안 공격 훈령(8.15)'의 골자는 ① 수비군은 2개 연대, 방어시설 설치 ② 16일, '낙안 공략' 개시 ③ '홍1군단', 주공격 ④ '홍5군단', 남촌(南村) 대기 ⑤ '홍3군단', 원군 저격 등이다(軍事科學院, 1993: 276). 한편 홍군은 병참(兵站)병원을 개설하고 작전 지휘부를 망선(望仙)에 설치했다. 홍군 지도부는 '적군 작전 배치'를 작성해 '중앙국'에 보냈다. 16일 새벽 '홍1군단'은 임표의 지휘하에 '낙안 공격'을 개시했다.

16일 낙안을 공격한 '홍3군'은 수비군의 완강한 저항으로 '성 공략'에 실패했다. 17일 새벽 '홍3군'이 동문을 공격하고 '홍4군'은 남문을 강습(强襲)했다. 오전 9시 홍군은 남문·동문의 수비군을 섬멸했다. 오

1108 이운걸(李雲傑, 1889~1936), 호남성 가화(嘉禾) 출신이며 국민당 우파이다. 1928년 제21사단장, '홍군 토벌'에 참가했다. 1930년대 제27군단장, 감강(贛江) 수비군 사령관, 1936년 귀주(貴州)에서 병사했다.

1109 오기위(吳奇偉, 1891~1953), 광동성 대포(大浦) 출신이며 국민당 중장이다. 1930년대 제4군단장, 제19집단군 부총사령관, 1940년대 제6전구 부상령관, 호남성장, 1949년 5월 기의(起義), 건국 후 광동성정부 위원, 전국 정협 위원 등을 역임, 1953년 북경에서 병사했다.

전 11시 동서남북의 성문(城門)을 동시에 맹공격한 홍군은 한 시간의 격전을 거쳐 수비군 3000여 명을 전부 섬멸했다. 8월 19일 홍군 지도부는 '의황 공격' 명령을 발표했다. '홍3군단'이 주공(主攻), '홍1군단'은 '숭인(崇仁) 원군' 저격을 맡았다. 20일 새벽 '의황 공격'을 개시한 '홍3군단' 제2사단은 적의 완강한 저항으로 교착 상태에 빠졌다. 밤 9시 맹공격을 개시한 홍군은 2시간의 격전을 거쳐 의황 수비군 1000여 명을 전멸했다. 22일 홍군은 도망치는 적군을 추격해 1000여 명을 섬멸했다.

주은래는 '중앙보고서(8.20)'에 이렇게 썼다. …낙안·의황 승전은 '진공노선'의 정확성을 증명한다. 또 월군(粵軍)의 '근거지 진격'을 지연시켰고 '홍8군'의 발전 기회를 제공했다. '홍1방면군'은 남풍(南豊)·남성(南城) 공격을 결정했다(軍事科學院, 1997: 151). 8월 19일 민서 독립7사단은 복건성 녕화(寧化)를 점령하고 8월 23일 '홍12군'은 남풍을 공략했다. 한편 상기 '보고서'에서 주장한 '진공노선'의 '정확성'은 상당한 어폐가 있다.

홍군은 낙안·의황 승전을 통해 적군 5000여 명을 섬멸했다. 홍군의 승전 원인은 ① 홍군 지도부의 정확한 전술 ② 우세한 병력을 집중 ③ 각개격파와 속전속결 ④ 신속한 행동과 기습공격 ⑤ 야간 공격 등 과감한 전술 ⑥ 임표·팽덕회 등의 작전 지휘력 등이다. 낙안·의황 승전은 모택동이 총정치위원으로 복직한 후 거둔 대첩(大捷)이었다. 이는 공산국제가 주창한 '진공노선'의 승리가 아닌 모택동이 창안한 유격전술의 승리였다.

엽검영은 '숭인 공격'을 건의했다. 당시 숭인 수비군은 1개 사단이었다. 홍군은 숭인을 공략한 후 적의 원군을 운동전으로 각개격파할 수 있었다. 그러나 홍군 지도부는 그의 건의를 무시했다(范碩 외, 2015: 86). 주은래는 '중앙보고서(8.28)'에서 이렇게 반성했다. …엽검영의 의견은 '적정 변화'에 따라 제출한 것이었다. 홍군 지도부는 '남성 공격'을 변경할 수 없다는 이유로 그의 의견을 수용하지 않았다(黃少軍, 2007: 217). 엽검영의 '정확한 의견'을 채택하지 않은 것은 주은래의 실책이다. 이는 주은래의 융통성 부족과 '결단력 결여'를 단적으로 보여준 것이다.

8월 24일 '남성 공격'을 위해 의황에서 출발한 홍군은 남성에 17개 연대의 적군이 집결돼 있다는 정보를 입수했다. 또 지세가 험준하고 진지가 견고해 공격이 어려웠다. 결국 홍군 지도부는 남풍에서 '군비 마련'을 결정했다(中共中央文獻硏究室, 1986: 110). 8월 28일 '중앙국'은 주은래에게 전보를 보내 홍군의 '행동계획'을 동의하지 않았다. …홍군의 '남풍 활동'은 잘못된 결정이다. 소규모 부대를 남성 부근에 남겨두고 진성의 적군을 선제적으로 공격해야 한다(中共中央文獻硏究室, 2002: 382). 홍군의 '남성 공격' 포기는 현명한 선택이었다. 한편 '중앙국' 의견을 수용한 홍군은 '의황 진격' 중 적군의 기습을 받아 '큰 손실'을 입었다. 이는 후방 중앙국의 '잘못된 지시'를 수용한 주은래가 범한 전략적 실책이었다.

이 시기 국민당군은 악예환(鄂豫皖) 근거지에 대한 대규모적 토벌을 감행했다. 작전에서 연패한 장국도는 (蘇區)중앙국에 전보를 보내 '주모 홍군'의 협력을 부탁했다. 당시 임시중앙은 '협력 작전'을 지시했다. 마침 주은래의 '남성 공격' 포기 전보를 받은 '중앙국'은 '주모홍군'의 '북상'을 촉구했다. 실제로 홍군의 '북진'은 수 천리 밖의 '장국도 위기'를 해결할 수 없었다. 한편 모택동의 '수수방관'은 몇 년 후 장국도의 보복을 받았다.

8월 29일 의황으로 진격하던 홍군은 적의 기습을 당했다. 당시 '홍3군단' 1개 연대가 사방으로 흩어졌다. 의황 적군은 오기위의 4개 연대와 회합해 홍군을 공격했다. 진퇴양난에 빠진 홍군은 동소(東韶)·낙구(洛口)로 퇴각했다. 작전 주동권을 상실한 홍군은 강행군 중 적의 기습을 받아 많은 사상자를 냈다. 결국 이는 후방의 '잘못된 지시'를 수용한 주은래에게 주된 책임이 있다. 이 또한 엽검영의 '정확한 의견'을 무시한 결과이다.

'최고군사회의' 책임자 주은래는 사사건건 '중앙국'에 보고하고 그들의 지시를 받을 필요가 없었다. '2인자' 역할에 충실한 주은래가 '통수권자 직책'에 적응되지 못한 것이다. 이는 '결정권자' 역할에 익숙한 모택동과 대조된다. 모택동의 군사적 리더십이 부각되면서 주은래는 리더십 위기를 느꼈다. 또 총정치부 주임 왕가상의 '모택동 지지'는 주은래의 불안감을 심화시켰다. 결국 후방중앙국의 지지가 '고립'된 주은래에게 더욱 절실했다.

9월 초 선두부대를 이끌고 남진한 모택동은 적군의 '병력 분산'을 발견한 후 주은래에게 전보를 보냈다. …적군은 감강을 끼고 남진하고 있다. 홍군은 동소·낙구에서 분산된 적군을 기습할 필요가 있다(逢先知 외, 2005: 383). 모택동의 '건의'를 수용한 홍군 지도부는 동소 일대에 집결했다. 주은래는 후방중앙국에 전보를 보내 '동소 적군 공격'에 관한 작전 방안을 보고했다. 그러나 후방중앙국은 재차 모택동의 '작전 계획'을 반대했다.

임필시 등은 전방에 보낸 전보문(9.7)에 이렇게 썼다. …홍군이 신속히 적군을 공격하지 않은 것은 전략적 실책이다. 또 홍군의 '청당(靑塘) 퇴각'은 잘못된 결정이다. 홍군은 우선 영풍(永豊)을 공략해야 한다(徐則浩 외, 2001: 84). 당시 강적이 집결된 영풍을 공략한다는 것은 현실적으로 불가능했다. 후방중앙국의 임필시·항영 등은 모두 군사 문외한이었다. 결국 군사 문외한이 (軍事)전문가를 지배하는 아이러니가 벌어진 것이다.

9월 8일 주은래는 후방에 전보를 보내 전방의 의견을 전달했다. …
동소 일대에 집결한 홍군은 피로가 회복되지 않은 상황에서 '영풍 공
격'은 어렵다. 현재 홍군은 일주일 간 휴식이 필요하다(軍事科學院, 1997:
174). 9월 23일 홍군 지도부가 '중앙국'에 보낸 '전보문' 골자는 ① 적의
허점을 노려 승산이 큰 전투를 진행해 적군을 각개격파 ② 남풍·적화
(赤化)를 탈취하고 운동전을 통해 적을 섬멸 ③ 적정의 변화에 따라 대
중을 발동해 '진공' 전략을 실시 등이다(軍事科學院, 1993: 291). 모택동의
주장을 반영한 상기 전보는 홍군 장점인 유격전·운동전을 강조했다.
이는 '최종 결정권자' 주은래가 고립무원에 빠졌다는 단적인 방증이다.
한편 모택동의 유격전술은 주덕·왕가상·엽검영의 지지를 받았다.

9월 24일 주은래가 후방에 보낸 '편지(9.24)'의 골자는 ① 행동원칙
쟁론이 발생, 합의점 도출이 곤란 ② '중앙국' 전원회의 개최, 행동원칙
확정 ③ 전방 지도자 간 '의견 불일치' ④ 광창에서 회의 개최, 근본적
문제를 해결 등이다(軍事科學院, 1997: 187). 상기 편지는 주은래의 고충을
토로한 것이다. 또 그는 전방 지도간 간 '의견 통일'이 어려워 딜레마에
빠진 자신의 처지를 하소연했다. 실제로 후방 측근자의 '협조'를 요청
한 것이다.

주은래가 전달한 메시지는 홍군의 행동방침에 대해 자신이 결정
할 수 없고 지도자(특히 모택동) 간 의견이 엇갈리고 있다는 것이다. 한편
주은래는 '후방 회귀'와 유백승의 '총참모장 임명'을 건의했다(余伯流 외,
2017: 542). 당시 당중앙의 '진공노선'을 수용한 주은래는 홍군 작전에 이
를 관철시키려고 애썼다. 한편 모택동은 '잘못된 지시'를 수용하지 않
았다. 이것이 원칙주의자 주은래가 딜레마에 빠진 이유이다(黃少群, 2015:

459). 상기 주은래의 '후방 회귀' 요구와 '유백승 임명' 건의는 자가당착적이다. 당시 주은래는 대도시 공격의 '진공노선' 실행을 책무로 간주했다. 모택동은 홍군의 '무고한 희생'을 초래하는 '진공노선'을 단호하게 거절했다. 결국 이는 주은래와 모택동 간의 '갈등 격화'를 초래했다.

9월 하순 주은래와 모택동은 심각한 '의견 대립'을 보였다. 홍군 지도부의 '모택동 지지'로 수세에 밀린 주은래는 '최종 결정권'을 행사할 수 없다. 8월 말 주은래의 실책으로 적군의 기습을 받은 '홍3군단'은 많은 사상자를 냈다. 결국 팽덕회 등은 모택동의 지휘를 옹호했다. 또 '진공노선'에 충실한 주은래가 엽검영의 정확한 의견을 무시해 홍군은 작전 주동권을 상실했다. 이 또한 주덕·왕가상 등이 모택동을 지지한 주된 원인이다.

주은래는 '행동원칙'을 지키지 않은 총참모장 엽검영을 후방에 보내고 홍군학교 총장 유백승으로 대체할 것을 '후방'에 건의했다. 푸룬제(Frunze) 군사학원에서 공부한 유백승은 풍부한 작전 경험을 갖고 있었다(黃少群, 2006: 225). 이는 고립된 주은래의 자구책이었다. 당시 엽검영은 '모택동 지지자'였으나, 유백승은 주은래의 추종자였다. 주은래가 측근 섭영진을 모택동의 심복인 임표의 '정치위원 배정'[1110]과 같은 맥락의 조치였다.

'조직·인사 전문가' 주은래는 호락호락 당하지만 않았다. 총참모장

1110 중앙군위 서기 주은래는 측근자 섭영진을 '홍1군단' 정치위원으로 파견했다. 당시 모택동의 심복인 임표는 총사령관 주덕과 '불편한 관계'를 유지했다. 또 임표는 정치위원·정치부 주임 등 '정치 종사자'를 무시하기로 유명했다. 한편 홍군의 '정치위원'은 군사 지도자를 '감시'하는 역할을 한다. 실제로 주은래는 임표의 황포군관학교 스승인 섭영진을 파견해 임표를 '관리'하고 자신의 영향력을 확대하는 일거양득의 효과를 노린 것이다.

'맞바꿈 인사'는 조력자 확보와 함께 살계경후(殺鷄儆猴) 효과를 노린 주은래가 후방 측근자의 힘을 빌린 것이다. '중혁군위' 주석 주덕은 파면 대상이 아니었다. 주은래는 주덕의 입당소개인이며 그들은 상부상조의 돈독한 관계였다. 총정치부 주임 왕가상은 '총서기' 박고가 임명한 실세로 주은래의 '인사대상'이 아니었다. 결국 '만만한 상대'가 엽검영[1111]이었다.

9월 25일 임필시 등은 전방에 보낸 답전(答電)에 이렇게 썼다. …현재 전국의 홍군이 악전고투를 펼치고 있다. '홍1방면군'의 병력 분산을 반대한다. 홍군의 '남풍 체류'는 북진을 1개월 이상 지연시킬 것이며 이는 엄중한 결과를 초래할 것이다(中共中央文獻硏究室, 1993: 386). 상기 전보는 '진공노선'과 '협력 작전' 지시를 거부한 총정치위원 모택동은 비판한 것이다. 한편 '주모홍군'은 무작정 대도시를 공격할 수 있는 상황은 아니었다.

9월 25일 모택동은 '중앙국'에 전보를 보내 기존 입장을 고수했다. 한편 주은래는 '후방 위원'이 전방에 도착해 '중앙국 회의'를 개최할 것을 건의했다. '중앙국 회의' 참가 인원을 두고 주은래와 모택동 등 지도자 간에 미묘한 신경전이 벌어졌다. 총정치부 주임 왕가상은 '중앙국 1명' 참석을 요구했고 모택동은 임필시·항영 '2명 참석'을 희망했다. 한편 주은래는 '전원회의' 개최를 주장했다. 그것이 고립된 주은래에게 유리했기 때문이다.

1111 1932년 9월 '고립'된 주은래는 총참모장 엽검영과 홍군학교 총장 유백승을 '맞바꿈' 하는 인사를 단행했다. 장정 중 엽검영은 장국도의 '홍군 분열' 행위를 모택동에게 알려 모(毛)의 신임을 얻었다. 문혁 시기 중앙군위 부주석 엽검영은 주은래와 함께 (軍政) 업무를 주관했다. 한편 엽검영은 등소평의 '정계 복귀'에 결정적 역할을 했다.

9월 27일 임필시는 주은래가 서금에서 '중앙국 회의'를 주재할 것을 제기했다. 이때 임시중앙이 '중앙국'에 급전(急電)을 보내왔다. …장개석이 여산(廬山)에서 군사회의를 개최해 '홍군토벌'을 준비하고 있다. 홍군은 전쟁 상태에 돌입해야 한다(中共中央文獻研究室, 1990: 39). 결국 이는 주은래의 '서금 복귀' 계획을 무산시켰다. 한편 주은래의 편지(9.24)를 받은 임필시 등은 '진공노선' 걸림돌인 모택동에 대한 '엄중 문책'을 작심했다.

홍군 지도부가 발표한 '훈령(9.26)' 골자는 ① 남풍 일대에서 병력을 분산, 적의 유생역량을 섬멸 ② 홍군 병력을 확충, 적위대·유격대를 설립 ③ 의황·남풍 등지에 전장(戰場)을 마련, ④ 제4차 반'포위토벌' 준비 등이다. 한편 모택동의 분병(分兵)과 '마방남산(馬放南山)' 전술은 임시중앙이 강조한 '홍군 북진'과 대도시 공격의 '진공노선'에 완전히 배치됐다. 결국 '훈령'은 전방·후방의 갈등을 더욱 심화시키는 부정적 역할을 했다.

홍군 지도부는 '중앙국' 건의를 무시하고 홍군을 남풍 일대에 분산시켰다. 임필시 등은 모택동이 고의로 어깃장을 놓는다고 생각했다. 당시 주은래는 모택동의 결책(決策)을 찬성했다(黃少群, 2015: 468). 9월 29일 임필시 등은 전방에 급전(急電)을 보냈다. …'훈령'은 당중앙의 행동원칙에 위배되는 지극히 위험한 결책이다. '중앙국' 위원 4명과 유백승이 30일 오후 서금에서 출발하니 주둔지를 알려주기 바란다(中共中央文獻研究室, 1993: 388). 상기 주은래가 모택동의 '결책'을 찬성했다는 주장은 수긍하기 어렵다. 당시 모택동·주덕·왕가상 등은 '진공노선' 집행자 주은래를 고립시켰다. 한편 '중앙국'의 4명 위원과 유백승이 모두 주은래의 측근이었다. 모택동이 녕도회의에서 패배자가 된 것은 '당연한 결과'였다.

임필시는 '중앙보고서(9.30)'에 이렇게 썼다. …'진공노선' 집행을 거부한 모택동의 우경 기회주의 노선으로, 전방의 주은래의 '진공노선' 관철에 어려움이 있다. '중앙국' 회의를 개최해 모택동의 과오를 비판하고 그를 소비에트정부로 소환하려고 생각한다('第一研究部', 2007: 210). 상기 '보고서'는 전방의 '중앙국' 회의에서 모택동의 과오 비판을 예고했다. 또 '진공노선' 실행을 위해 '모택동 파면'에 대한 당중앙의 '지지'를 요청한 것이다.

녕도회의 개최 원인은 '진공노선' 걸림돌인 모택동을 홍군 지도부에서 '축출'하는 것이다. 임시중앙에 보낸 '보고서(9.30)'와 같이 모택동의 '군권 박탈'이 녕도회의의 주목적이었다. 실제로 주은래의 편지(9.24)가 녕도회의 개최의 촉매제 역할을 했다. 한편 모택동 등이 발표한 '9.26훈령'은 전후방의 갈등을 심화시켰다. 실제로 녕도회의는 '진공노선' 집행자 주은래와 '홍군 이익' 대변자 모택동 간에 벌어진 권력투쟁의 부산물이다.

9월 30일 임필시·항영·고작림·등발과 '참모장' 후임자 유백승이 서금에서 출발했다. 10월 1일 임필시는 재차 전방에 전보를 보내 '훈령(9.26)' 실행 보류를 요구했다. 10월 2일 임필시 등은 홍군 주둔지 소원(小源)에 도착했다. 10월 3~8일 '중앙국 회의'가 녕도현 소원촌 산옹사(山翁祠)에서 열렸다. '녕도회의' 참석자는 후방의 임필시·항영·고작림·등발, 전방의 주은래·모택동·주덕·왕가상이 참석했다. 그 외 유백승이 열석했다.

녕도회의 '간보(簡報, 1932.10.21)'에 따르면 '회의' 내용은 네 가지[1112]

1112 '(蘇區)중앙국 녕도회의 간보(簡報)'는 (會議)주된 내용을 네 가지로 정리했다. 첫째, 임시

였다. 회의는 '당중앙 지시(1932.7.1)'에 근거해 '진공노선' 실행을 거부한 모택동을 비판했다. 또 '북진' 지시를 거절하고 '군비 마련'에 집착한 모택동의 과오를 비판했다(中央檔案館, 1991: 528). '당중앙 지시(7.21)'는 이렇게 썼다. …장주 공략 후 대중을 발동하지 않고 '군비 마련'에 올인한 것은 지도자의 실책이다. 녕도회의 '간보(簡報)'는 이렇게 적었다. …'장주 승전'은 정치적 영향력이 컸으나 홍군의 북상을 지연시켰다(黃允升, 2006: 253). 녕도회의는 '5.11결의'·'6.17결의'를 근거로 당중앙의 '진공노선'과 배치되는 작전 전략을 추진한 모택동의 '우경 기회주의'를 규탄했다. 결국 모택동을 완고한 '우경 기회주의자'로 낙인을 찍었다.

녕도회의에서 임필시·항영·주은래는 수구·의황·낙안전투에서 모택동이 적의 원군을 저지하지 못하고 홍군의 병력 분산은 실책이라고 비판했다. 또 그들은 의황·남풍에서 '홍군 북진'을 거부하는 중대한 과오를 범했다고 지적했다(余伯流 외, 2017: 548). 임필시 등은 홍군이 적의 역량이 약한 감동북(贛東北)으로 진격해야 한다는 모택동의 주장을 '소극적 전략'이라고 비난했다. 또 모택동의 유격전술을 '우경 기회주의'라고 비판했다(逄先知 외, 20005: 390). 임필시 등이 유격전술을 '우경 기회주의'로 비난한 것은 어불성설이다. 홍군이 반'포위토벌'에서 승전한 주요인은 적을 유인해 각개격파하는 유격전술을 사용했기 때문이다.

모택동은 임필시 등의 '막수유(莫須有)' 비판을 반박했다. 또 적의

중앙이 발표한 '장편 지시문(1932.7.21)' 내용을 전달하고 토론했다. 둘째, 임시중앙의 '진공노선'을 근거로 1932년 2월 이래의 홍군의 전투를 평가했다. 셋째, 적의 제4차 '포위토벌'을 격퇴하는 (作戰)전략을 토론했다. 넷째, 전방의 '홍군 지도권' 문제를 토론하고 결정했다. 실제로 녕도회의의 주된 목적은 모택동의 군권(軍權)을 박탈하는 것이었다.

역량이 약한 감동북으로 진격해야 한다고 주장한 모택동은 '감주 패전'·'수구 악전(惡戰)'·'의황 기습'은 '진공노선'의 부산물이라고 강조했다(黃少群, 2015: 474). 실제로 홍군의 '감주 패전'·'수구 악전'은 '진공노선'이 초래한 엄중한 결과였다. 한편 '입삼노선'의 결과물인 '장사 패전' 고배를 마신 모택동은 '진공노선'이 홍군을 전멸시킬 수 있다고 생각했던 것이다.

임필시·항영 등은 모택동의 '유격주의 성향'과 '우경 기회주의'를 통렬하게 비판했다. 또 주은래·주덕·왕가상 등 '타협론자'는 혁명의 승리를 확신하지 못하고 홍군 전력을 과소평가했다고 비난했다(S. Levine, 2017: 377). 회의에서 왕가상은 이렇게 말했다. …나는 왕명 등의 주장을 찬성하지 않으며 모택동의 군사전략을 지지한다. 초미지급의 상황에서 '전방 지도자 교체'는 부적절하다(朱仲麗, 1999: 39). 실제로 녕도회의 획책자는 주은래이다. 상기 '왕명'은 회의를 주재한 주은래·임필시를 대칭(代稱)한 것이다. 한편 모택동의 '군사 리더십'에 탄복한 왕가상의 '입장 변화'는 장정(長征) 중 모택동이 '동산재기'한 중요한 원인이었다.

주덕은 이렇게 술회했다. …녕도회의에서 모택동은 군권을 상실했다. 나는 모택동의 '유임'을 주장했다(金冲及 외, 1993: 296). 4년 후 모택동은 이렇게 회상했다. …1932년 10월 후 나는 장정이 시작될 때까지 대부분의 시간을 소비에트정부를 위해 일했다. 홍군의 작전 지휘는 주덕 등이 맡았다(Edgar Snow, 1996: 13). 훗날 모택동은 녕도회의를 이렇게 평가했다. …반(反)모험주의와 모험주 간 투쟁이었고 이는 노선투쟁이었다(趙魯傑, 2008: 174). 실제로 '주모(周毛) 대립'에서 주덕은 화해자 역할을 했다. 또 홍군 작전에서 주덕은 모택동의 유격전술을 지지했다. 한편 주덕은 '인생의 길라잡이'인 주은래의 '최고 결정권'을 존중했다.

녕도회의는 주은래를 총책임자로 임명하고 모택동을 중앙정부의 일을 하도록 결정했다. 모택동을 후방으로 빼는 결정을 거부한 주은래는 두 가지 의견[1113]을 내놓았다. 회의는 모택동을 주은래의 '보조'로 쓰는 안을 통과시켰다(현이섭, 2017: 159). 고심 끝에 주은래는 절충적 방안을 제출했다. 즉 모택동이 정치위원직을 내놓고 군사고문을 맡는 것이다. 주은래는 모택동이 병가를 내고 잠시 후방에 돌아가기를 희망했다(P. Short, 2010: 264). 상기 '총책임자'·'보조'·'군사고문'은 상당한 어폐가 있다. 또 주은래의 '정치위원 임명'은 녕도회의가 끝난 후였다. 이른바 '절충적 방안'은 '주은래 미화(美化)'[1114]에 집착한 일각의 주장을 수용한 것이다. 실제로 녕도회의에서 모택동은 주은래의 '두 가지 의견'을 거절했다.

모택동이 '두 가지 의견'을 거절한 이유는 ① '중앙국' 신임을 상실, '지휘권 행사' 불가능 ② 주은래의 '조력자' 역할에 불만 등이다. 결국 병을 핑계로 후방으로 휴양을 떠났다(余伯流 외, 2017: 550). '중앙국'의 '간보(簡報, 10.21)'는 주은래의 '조리(助理)'로 남는 방안을 통과시켰다고 썼다. 이는 '홍군 창건자'를 축출한 '모스크바 문책'을 염두에 둔 것이다. 실제로 모택동의 '군권 박탈'은 주은래와 임필시가 '짜고 친 고스톱'이

1113 녕도회의(1932.10)에서 주은래는 모택동의 '유임(留任)' 문제를 두고 '두 가지 의견'을 제출했다. 첫째, 자신이 작전 총지휘를 맡고 모택동을 자신의 '조리(助理)'로 남기는 것이다. 둘째, 모택동이 군사 총지휘를 맡고 자신은 행동방침 제정과 작전 실행을 감독하는 것이다. 결국 모택동은 주은래의 '두 가지 의견'을 모두 거절했다.

1114 주은래는 모택동의 '군권 박탈'을 초래한 장본인이다. 주은래가 통과시킨 '5.11결의'·'6.17결의'는 모택동의 실각에 결정적 역할을 했다. 또 주은래의 편지(9.24)는 '모택동 축출'에 도화선 역할을 했다. 주은래의 '절충적 방안'·'정치위원 복직' 등은 주은래를 '미화(美化)'한 것이다. 실제로 모택동의 실각은 (周毛)권력투쟁의 결과물이다.

었다.

참석자 대다수는 모택동의 후방 복귀를 주장했다. 당시 유백승도 대다수의 의견을 지지했다. 또 유백승은 홍군의 유격주의를 비판하는 글을 발표했다(李曼村 외, 2015: 57). '총참모장' 후임자 유백승은 모택동에게는 반갑지 않은 불청객이었다. 주은래의 편지(9.24)를 받은 임필시가 유백승을 '홍1방면군' 총참모장[1115]대체자로 데리고 온 것이다. 한편 주은래가 제출한 모택동의 전방 유임은 그의 '조력자'로 남는다는 단서를 달았다.

임필시는 연안정풍에서 이렇게 반성했다. …당시 나는 홍군 작전에 대한 이해가 부족해 모택동의 군사전략을 비판했다. 녕도회의에서 '진공노선' 걸림돌인 모택동의 군권을 박탈하고 주은래의 '총정치위원 임명'을 주장했다(章學新 외, 2014: 300). 한편 녕도회의를 '노선투쟁'이라고 평가한 모택동은 임필시를 정적으로 간주하지 않았다. 한편 박고의 신임을 상실한 임필시는 지방에 '하방(下放)'됐다. 이 시기 그들은 '동병상련'의 처지였다.

'중혁군위'는 통령(通令, 10.12)을 발표했다. …모택동은 잠시 후방에 돌아가 임시중앙정부의 사업을 주관한다. 총정치위원은 주은래가 대행한다. 10월 14일 주은래는 전투 계획서에 주석을 달아 '모주석 열람'을 지시했다(中共中央文獻研究室, 2007: 236). 이는 주은래가 모택동의 '불만'을 무마하기 위한 임시방편에 불과했다. 10월 26일 당중앙은 주은래를

[1115] '홍1방면군' 총참모장에 임명된 유백승은 세 번의 임명·복직을 겪었다. 1934년 '홍5군단' 참모장으로 좌천, 1934년 12월 복직한 후 중앙종대 사령관을 겸직했다. 1935년 여름 장국도에 의해 홍군대학 총장으로 '전근', 1936년 10월 복직했다. 1937년 8월 엽검영이 총장모장으로 임명, 유백승은 팔로군 129사단장으로 임명됐다.

총정치위원으로 임명했다. 3년 후 주은래의 총정치위원은 장국도에게 '이양'됐다.

주은래가 통과시킨 두 차례 '결의'와 '9.24편지'는 모택동의 '군권 박탈'에 결정적 역할을 했다. 연안정풍에서 주은래는 주요 비판대상이 됐다. 모택동을 1년 간 '조리(助理)'[1116]로 삼은 주은래는 장장 40년을 '모택동 조리'로 살았다. 모택동은 '비림비공(批林批孔)'[1117] 운동을 일으켜 한풀이를 했다. 모택동을 실각시킨 주은래는 '불행한 말년'을 맞았다.

'주모(周毛) 대결(1932)'에서 주은래가 승자가 된 원인은 ① 박고 등 임시중앙의 지지 ② '중앙국' 임필시·항영의 협조 ③ '중공 2인자'의 유연한 리더십 ④ 조직·인사 전문가, 측근자 중용 ⑤ 군사 지도자의 관록(貫祿), 정치적 노련미 등이다. 모택동이 패배자가 된 원인은 ① 임시중앙의 지지 상실 ② (蘇區)중앙국 지도자 간 '알력 심화' ③ 주은래의 정치·군사·조직 리더십 무시 ④ 숙청 확대화, 군심(軍心) 상실 ⑤ 군사 리더십 중시, 당의 영도권 경시(輕視) 등이다. 실제로 모택동은 '주모분쟁(朱毛紛爭)' 패배자 주덕이 범한 '정치적 과오'를 답습했다. 결국 이는 '주은래 대결'에서 모택동이 패배자가 된 가장 중요한 요인이다.

1116 1932년 3월 하순 동화산에서 '하산'한 모택동은 녕도회의(1932.10) 전까지 사실상 주은래의 '조리(助理)'로 전전긍긍했다. 1935년 1월 준의회의(遵義会議)에서 홍군 지도자로 복귀한 모택동은 반년 동안 주은래의 '조력자'로 있었다. 결국 연안정풍과 문혁 시기 모택동을 실각시킨 장본인인 주은래는 여러 차례 '심각한 반성'을 했다. '

1117 비림비공(批林批孔, 1974.1~7)은 모택동이 허락하고 강청 등이 조종한 임표·공구(孔丘)를 비판하는 정치운동이다. 모택동이 임표·공자를 비판한 저의는 '문혁 부정'을 방지하기 위한 것이다. 1974년 1월 18일 모택동의 승인하에 '비림비공' 운동이 전국적으로 전개됐다. 7월 17일 모택동이 강청 등 '4인방(四人帮)'을 비판한 후 (批林批孔)운동이 종식됐다. 실제로 '비림비공'은 모택동이 녕도회의 주재자인 주은래에 대한 정치적 보복이다.

녕도회의 후 홍군 지도권을 상실한 모택동은 온갖 굴욕과 수모를 당하는 '수난시대'를 맞이했다. '인생사 새옹지마'라는 말이 있다. 한편 '도광양회(韜光養晦)'를 통해 힘을 비축한 모택동은 장문천·왕가상을 자기편으로 만드는 '이이제이' 전략을 구사해 동산재기 밑바탕을 마련했다. 실패와 좌절은 인간을 성숙하게 만든다. 결국 역경 속에서 강인한 의지력을 키운 모택동은 '삼낙삼기(三落三起)'에 성공했다. 이 또한 '사필귀정'이다.

제5절 모택동의 '수난시대'

1. 제4차 반'포위토벌' 승전, 임시중앙의 이전

1) 주은래의 지휘하에 거둔 제4차 반'포위토벌' 승전

'주모홍군'에 대한 제4차 '포위토벌'을 획책한 장개석은 중앙 근거지 주변에 20개 사단의 40여 만 정규군을 집결시켰다. 적군의 병력 배치는 민북(閩北) 제56사단, 감동(贛東) 조관도의 제8로군, 감중(贛中) 주소량의 제6로군, 감남·민서 여한모의 제2로군과 채정개의 제19로군이다. 적군은 '좌중우(左中右)' 포위망을 형성했으나, 북쪽의 건녕(建寧)·여천(黎川)·태녕(泰寧)에는 병력이 적었다. 결국 이는 홍군의 돌파구가 됐다.

홍군 지도부의 작전 계획(10.14)은 이렇게 썼다. …홍군은 지방유격대의 협력하에 적의 역량이 약한 동북지역으로 진격해야 한다. 또 근거지로부터 물자를 제공받고 병력을 확충해야 한다(楊得志 외, 2007: 324). 상기 작전 계획안은 주덕·모택동·주은래의 명의로 발표됐다. 홍군의 병력 배치는 ① '홍22군', 태녕 적군을 소멸 ② '홍1군단', 건녕 적군을 섬멸 ③ '홍3군단', 여천 적군을 섬멸 ④ '홍5군단', 건녕·태녕 공격을 지원한다.

10월 16일 총공격을 개시한 홍군은 19일에 건녕·여천·태녕을 공략했다. 또 10월 24일 소무(邵武)·광택(光澤)을 점령했다. 11월 초에 끝난 '건태여' 작전은 중앙 근거지와 감동북(贛東北) 근거지를 통합했다. 그러나 '병력 분산'으로 대량의 적군 섬멸에는 실패했다.

주은래와 주덕은 '홍군 장병에게 고하는 글(10.29)'을 발표했다. …제4차 '포위토벌' 타깃을 강서로 전환한 적군은 대규모적 '토벌'을 준비하고 있다. 홍군 장병은 일치단결해 제3차 반'포위토벌'보다 더 위대한 승리를 쟁취할 것을 호소한다(中共中央文獻研究室, 2007: 237). 10월 26일 임시중앙은 주은래를 '홍1방면군' 총정치위원으로 임명했다. 홍군 지도부는 '중앙국'에 전보(11.9)를 보내 '결전 장소'를 여천(黎川)으로 결정했다고 보고했다. 이 시기 홍군 지도부는 여전히 항영·임필시의 간섭을 받았다. 한편 '군사 문외한' 항영·임필시가 '군사 전문가' 주덕·주은래를 지휘한 자체가 아이러니 현상이었다.

주은래는 '중앙국'에 보낸 계획(11.13)에 이렇게 썼다. …적의 공격을 기다린다면 각개격파를 당할 수 있다. 홍군은 감동북 방향으로 진격해야 한다(黃少群 외, 2007: 194). 상기 '계획'은 '강구회의(1932.3)'에서 감동북으로 진격해야 한다는 모택동의 전략과 일치했다. 임필시·항영 등은 적에게 퇴로를 차단당할 수 있는 이유로 주은래의 '계획'을 반대했다. 결국 주은래는 광택·소무로 동진해야 한다는 '중앙국'의 주장을 수용했다.

11월 16일 홍군은 여천·소무·광택에서 출발해 북진했다. '홍5군단'은 남풍의 적군을 견제함으로써 주력부대의 북진을 협력했다. 17~19일 '홍1군단'은 자계(資溪)·금계(金溪)현성을 점령했다. 홍군이 2개 현성을 점령한 후 '토벌군' 총사령관 하응흠은 제24·27사단에게 '금계 진격'을 명령했다. 11월 20일 '홍1군단'은 허만(滸灣)에서 '원군' 27사단의 공격을 물리쳤다. '홍3군단'은 남성 위수교(渭水橋)에서 적군 1개 연대를 섬멸했다.

홍군 지도부의 '훈령(11.24)'은 이렇게 썼다. …홍군은 건녕·태녕·여천 등 7개 현성을 공략하고 근거지를 확대했다. 홍군 장병은 역량을 집중해 전쟁의 승리를 쟁취해야 한다(中共中央文獻研究室, 1986: 113). 주은래는 임시중앙에 보낸 답전(11.26)에 이렇게 썼다. …홍군이 채택한 출격 전략은 큰 성과를 거두었다. 현재 홍군과 유격대는 적극적인 공격전을 치르고 있다. '반우경' 투쟁은 아직 기층 당조직까지 확대하지 못했다(中共中央文獻研究室, 2007: 239). 하응흠은 진성의 3개 사단 병력을 무하(撫河)지역에 이동 배치했다. 결국 무하지역에 집결된 적군 9개 사단이 홍군과 대치했다. 한편 주은래는 '홍1방면군' 최고 지도자의 지위를 확보했다. 주덕·왕가상 등이 '주은래 지지자'로 변신했기 때문이다.

주은래·주덕은 홍군의 군사훈련과 정치교육을 강화했다. 홍군 지도부는 선전선동을 강화하고 군사적 기능을 높이는 훈련을 전개했다. 이 또한 황포군교 정치부 주임을 지낸 주은래의 장점이었다. 12월 12일 '홍3군단'은 급양 해결을 위해 복건성 소무(邵武)현성을 공격했다. 한편 수비군이 출격하지 않고 성(城)을 고수하자 홍군 지도부는 공격을 포기했다. 결국 홍군 주력은 여천 일대에서 잠시 병력을 분산해 급양과 군비를 마련했다.

주은래는 '중앙국'에 보낸 전보(12.16)에 '남성 공격' 반대 이유를 이렇게 썼다. …병력을 집결한 적군은 방어시설을 이용해 성을 수비하고 있다. 전략을 바꿔 적을 성 밖에 유인한 후 우세한 병력을 집중해 각개 격파해야 한다(宋留淸 외, 2007: 214). 이는 '감주 패전'의 교훈을 잊지 않은 주은래가 모택동이 창안한 유격전술의 실행을 주장한 것이다. 실제로 주은래는 모택동이 반'포위토벌'에서 사용한 군사전략과 유격전술을 답습했다.

강적을 근거지로 유인한 후 역량을 집중해 각개격파하는 유격전술 사용은 '주모홍군'이 세 차례의 반'포위토벌'에서 승전한 주된 원인이다. 주은래의 '유격전술 중시'는 제4차 반'포위토벌'에서 홍군의 '유격전술 실행'을 암시한 것이다. 결국 '주모홍군'의 '유격전술' 중요성을 인지한 주은래는 적극적인 '출격 전략'에 홍군 특유의 유격전술을 가미했던 것이다.

모택동이 떠난 후 '홍1방면군'의 행정관리와 정치제도는 기존 관례를 따랐다. '중혁군위'의 밀령(10.26)'과 홍군 총정치부의 '정치훈령(10.27)'은 '주모홍군'의 유격전술과 경험을 중시할 것을 요구했다(劉思齊 외, 1993: 383). 이는 모택동이 창안한 유격전술이 적군의 '포위토벌'을 격퇴시킬 수 있는 '법보(法寶)'였다는 반증이다. 한편 '진공노선'을 수용한 주은래가 유격전술을 사용했다. 결국 이는 주은래·항영 간 쟁론을 유발했다.

항영은 주은래에게 전보를 보내 홍군의 병력 분산을 반대했다. 주은래는 답전(12.29)을 보내 후방의 주장을 반박했다. …적의 공격이 박두한 상황에서 집중·분산을 병행해 훈련을 강화하고 급양을 해결해야 한다(黃少群, 2006: 251). 홍군 지도부는 훈련을 강화하고 대중을 발동해 군비를 마련했다. 또 남성 부근에서 유격활동을 전개하도록 배치했다. 이 시기 항영은 임시중앙의 '진공노선'과 좌경 모험주의의 가장 충실한 집행자였다.

12월 30일 '초비(剿匪)' 총사령부는 제4차 '홍군토벌' 명령을 내렸다.

30개 사단의 45만 적군이 좌중우(左中右) 세 갈래로 나누어 홍군에 대한 총공격을 개시했다. '분진합격(分進合擊)' 전술을 사용한 적군은 여천 일 대에서 '홍군 결전'을 시도했다. 한편 홍군 지도부 무하(撫河)지역에서 '선제적 공격'을 결정했다. 이는 '진공노선'을 의식한 홍군의 '출격 전 략'이었다. 1933년 1월 1일 홍군은 북진을 개시했다. 1월 4~5일 '홍3군 단'은 황사도를 공격해 적군 13여단을 격파했다. 황사도전투에서 홍군 은 적군 1500여 명을 섬멸했다. 1월 5일 홍군은 금계를 점령했다.

1월 6일 적군 제27·90사단이 금계로 진격한다는 정보를 입수한 홍 군 지도부는 '홍1군단'에게 풍산포(楓山鋪)에서 '적군 저격'을 명령했다. 1월 7일 적군 주력이 풍산포 일대에 진입했다. 8일 오전 '홍1군단'은 풍 산포에서 적을 맹공격했다. '홍22군'은 적의 원군을 장강포(長岡鋪)에서 격퇴하고 무주(撫州)까지 추격해 잔여부대를 섬멸했다. 풍산포전투에서 적군 2500여 명을 섬멸했으나, '홍5군단' 부총지휘 조박생이 전투에서 희생됐다.

1월 16일 항영 등은 '남성 공격'을 강요했다. 1월 24일 '중앙국' 전 보는 이렇게 썼다. …홍군 지도부는 기존 작전 계획을 변경해 우선 남 성을 공략해야 한다. 홍군은 '진공노선'을 실시해야 하며 반드시 남풍 (南豊)을 점령해야 한다(中共中央文獻研究室, 1990: 240). 당시 남풍에는 제38 군 제8사단의 2만명이 수비했고 견고한 방어 진지가 구축돼 있어 공격 하기 어려웠다. 홍군의 '남풍 강공'은 '감주 패전'을 되풀이할 것이 불 보듯 뻔했다.

주은래의 '남풍 공격' 반대 이유는 ① 공략 승산이 적다 ② 협공을 당할 수 있다 ③ 많은 사상자가 발생 ④ 군비 마련이 어려움 ⑤ 적의 포 위공격에 빠질 수 있다. 무하(撫河) 동안에서 운동전을 전개해 적을 섬

며 '유격전술 창안자'인 모택동은 '수수방관자'였다는 점이다.

2) 임시중앙의 (中央)근거지 이전

주은래가 주재한 녕도회의는 중공 역사에서 '엄중한 과오'를 범한 회의로 간주된다. '주모홍군'의 최고 지도자 모택동의 '홍군 지도권'을 박탈했기 때문이다. 회의 후 모택동은 장정(長汀)의 복음(福音)병원에서 3개월 간 휴양했다. 이 시기 하자진의 '아들 출산'은 그에게 큰 위안이 됐다. 당시 공산국제는 중화소비에트공화국 주석 모택동의 실각에 대해 '동정론'을 펼쳤다. 한편 임시중앙의 중앙 근거지 이전은 '엎친데 덮친격'이 됐다.

정치국 회의(10.6)에서 박고는 이렇게 말했다. …모택동은 줄곧 '진공노선' 실행을 거부했다. 주은래는 타협·굴종의 약점을 노출했다. 모택동의 '홍군 성망'을 감안해 공개적 비판을 삼가는 것이 바람직하다(金沖及 외, 2011: 301). 선전부장 낙보는 이렇게 주장했다. …'진공노선'을 반대한 모택동을 후방으로 소환해 소비에트정부의 사업을 주관하게 해야 한다. 또 그는 자신을 중앙 근거지로 파견해 줄 것을 요구했다(張培森 외, 2010: 130). 공산국제 괴뢰인 박고가 '실각자'인 모택동의 공개적 비판을 반대한 것은 '홍군 중시'를 강조한 모스크바를 염두에 뒀기 때문이다. 한편 박고가 시도한 낙보의 '북방국 파견'은 그들 간 불협화음을 보여준 단적인 증거이다. 2년 후 '모택동 지지자'로 변신한 낙보는 박고의 반대편에 섰다.

임필시에게 보낸 답전(10.7)에서 임시중앙은 '모택동 비판' 입장을 밝혔다. …동지식(同志式) 태도로 '진공노선' 실행을 설득해야 한다. 공개적 비판을 진행해선 안 되며 후방으로 소환해선 안 된다('第一研究部',

2007: 214) 공산국제가 인정한 '공화국' 주석 모택동에 대한 공개적 비판은 임시중앙이 단독으로 결정할 '간단한 사안'이 아니었다. 한편 임필시 등은 임시중앙의 '답전'을 녕도회의가 끝난 후에 받았다. 결국 '엎지른 물'이 됐다.

상해대표처 책임자 유어트(Ewert)는 공산국제 보고서(1932.10.8)에 이렇게 썼다. …홍군 창건자 모택동은 성망이 높은 지도자이다. 모택동의 '군권 박탈'은 반대한다. 상해 임시중앙도 모택동의 '후방 소환'을 반대했다('第一硏究部', 2007: 218). 당시 공산국제는 '소련 유학파'의 '모택동 축출'을 반대했다. 박고 등은 공산국제의 '모택동 보호'[1119]를 모를 리 없었다. 또 부임한 지 얼마 안 된 '총서기' 박고에게는 '독단적 결정권'이 없었다.

오토 브라운(李德)은 이렇게 회상했다. …1932년 말 상해의 정치국 위원들은 늘 중앙 근거지의 '의견 대립'을 거론했다. 당시 유어트와 박고 등 당중앙 지도자들은 모택동에 대해 '강경책'을 취하는 것을 반대했다(Braun, 1980: 24). 임시중앙이 지시문(10.7)을 녕도회의가 끝난 무렵에 보낸 것은 석연치 않은 점이다. 실제로 임필시 등에게 '선참후계(先斬後啓)'의 기회를 준 것이다. 얼마 후 임시중앙은 주은래의 '총정치위원 임명'을 내렸다.

10월 12일 '중혁군위'는 주은래를 (代理)총정치위원으로 임명했다.

1119 공산국제 (上海)대표처가 모스크바에 전보를 보내 '모택동 보호'를 주장한 원인은 첫째, 모택동에 대한 '강경책'은 소련의 '괴뢰정부'인 중화소비에트공화국의 명예를 훼손할 수 있었다. 둘째, '주모홍군' 지도자 모택동의 대체자가 없다. 셋째, 박고 등 '(蘇聯)유학파'의 군사적 리더십을 불신했다. 넷째, 모택동을 세 차례 반'포위토벌' 승전의 수훈갑으로 간주했다. 실제로 제5차 반'포위토벌' 패전은 모택동의 '군권 박탈'이 주요인이었다.

10월 26일 임시중앙은 주은래를 '홍1방면군' 총정치위원으로 정식 임명했다. 이는 박고를 필두로 한 임시중앙이 녕도회의에서 임필시·항영·주은래 등이 결정한 모택동의 '군권 박탈'을 인정한 것이다. 실제로 주은래가 주재한 녕도회의 결과를 수용한 임시중앙이 (蘇區)중앙국의 '모택동 파면'을 묵인한 것이다. 한편 이 시기 박고와 주은래의 '연합체제'가 형성됐다.

박고 등은 주은래의 '모택동 변호'에 대해 불만을 표시했다. 또 그들은 주은래를 '무원칙한 화해자'로 간주했다. 원동국이 '중앙국'에 전보를 보낸 일주일 후 공산국제는 '모택동 축출'을 반대한다는 전보를 보내왔다. 원동국은 주은래의 '의견이 정확하다'는 전보를 '중앙국'에 보냈다(楊奎松, 2012: 31). 상기 주장은 사실 왜곡이다. 주은래의 '모택동 변호'에 대해 불만을 표시한 것은 임필시·항영이었다. 또 주은래의 '의견이 정확하다'는 전보를 보낸 것은 임시중앙이었다. 한편 공산국제가 '모택동 강경책'을 반대한다는 전보를 보낸 것은 1933년 3월이었다.

'중앙국'은 중앙보고서(1932.11.12)에 이렇게 썼다. …주은래는 전방의 동지들과 비슷한 입장을 취했다. 또 그는 모택동의 '과오 적발'에 소극적이었고 오히려 모택동을 변호했다. 주은래는 '타협주의' 과오를 범했다(中共中央文獻硏究室, 1990: 233). 주은래는 임시중앙에 보낸 전보문(11.12)의 골자는 첫째, '온화한 태도' 지적은 인정하나 '타협주의'는 동의하지 않는다. 둘째, '비판'이 도를 넘었고 일부는 사실을 왜곡했다. 셋째, '전방 조리(助理)' 방안은 작전에 유리했다(黃少軍, 2015: 480). 항영 등은 주은래의 '조리 방안'을 강력히 반대했다. 한편 주은래의 취지는 모택동의 '과오 반성' 후 그를 '전방 조리'로 남기려고 한 것이다. 결국 모택동이 '두 가지 방안'을 단호히 거절하면서 '군권 박탈'이 기정사실화됐다.

11월 하순 임필시는 왕성영(王盛榮)[1120]을 상해로 파견해 상황을 보고했다. 임시중앙은 '중앙국'에 보낸 답전(11.23)을 이렇게 썼다. …모택동이 과오를 반성하면 중앙정부를 주관하게 해야 한다. 주은래에 대한 '타협주의' 지적은 잘못된 것이다(中共中央文獻研究室, 1998: 238). 결국 공산국제를 염두에 둔 임시중앙은 '모택동 강경책'을 반대했다. 실제로 군사 문외한인 박고에게는 '군사 지도자' 주은래가 임필시 등보다 더욱 중요했다.

임필시는 임시중앙에 보낸 답전(11.26)에 이렇게 썼다. …현재 '휴양'을 떠난 모택동을 제외하면 '진공노선' 반대자가 없다. 모택동은 '중앙국'에 보낸 편지에 '진공노선'을 반대하고 자신의 과오를 인정하지 않았다(中共中央文獻研究室, 1993: 196). 모택동이 '중앙국'에 보낸 편지의 골자는 첫째, 강적이 집결된 견고한 성을 무모하게 공격해선 안 된다. 둘째, 제4차 반'포위토벌' 준비를 당면과제로 삼아야 한다. 셋째, 녕도회의의 일방적 결정을 승복할 수 없다(凌步機 외, 2017: 552). 임필시의 '답전'은 임시중앙의 '전보(11.23)'에서 제출한 질문에 대한 답변이다. 한편 모택동이 과오를 반성하지 않는다고 간주한 임필시 등은 '모택동 비판'을 계속했다. 모택동이 장장 3개월 동안 복음병원에서 '휴양'한 주된 원인이다.

모택동은 정치국 회의(1936.9)에서 이렇게 말했다. …녕도회의에서 그들이 나의 총정치위원직 박탈한 것은 독단적 결정이며 이는 오만한 종파주의이다(金冲及 외, 1996: 298). 모택동이 언급한 '종파주의자'는 임필

1120 왕성영(王盛榮 1907~2006), 호북성 무창(武昌) 출신이며 공산주의자이다. 1927년 중공에 가입, 1930~1940년대 공청단중앙 조직부 부부장, (新四軍)제8연대 정치위원, 동북민주연군 군공부(軍工部) 정치위원, 건국 후 중공업부 부부장 등을 역임, 2006년 무창에서 병사했다.

시·항영·주은래·박고 등을 가리킨다. 연안정풍에서 모택동은 왕명·박고 등 '종파주의자'들을 비판하고 그들이 끼친 악영향을 청산했다. 한편 모택동의 군권을 박탈한 임필시와 주은래는 자신의 '과오'를 철저히 반성했다.

11월 중순 복음병원에 도착한 모택동의 내원(來院) 목적은 지친 몸과 마음의 안정을 위한 '휴양(休養)'이었다. 또 다른 목적은 출산한 하자진을 만나기 위해서였다. 11월 초 하자진은 '문제아' 모안홍(毛岸紅)을 낳았다. 병원장 부련장(傅連暲)은 모택동을 고정(古井) 휴양소 2층에 배치했다. 모택동은 '홍색중화' 편집장 주이률과 강소성 정부 책임자 진정인을 만났다. 당시 좌경 교조주의자의 배척을 받은 그들은 '동병상련'의 처지였다.

장정 전 모택동 부부는 모안홍을 모택담에게 맡겼다. 1934년 12월 모택담은 그를 당지 백성에게 맡겼다. 모택담이 희생된 후 모안홍은 행방불명이 됐다. 1949년 하이는 모안홍을 찾다가 교통사고로 사망했다. 하자진은 '주도래(朱道來)'[1121]를 모안홍으로 확정했으나 '양모'가 주도래를 친자식이라고 우기면서 소송이 벌어졌다. 청화대학을 졸업한 주도래는 문혁 시기 반란파가 벌인 '무투(武鬪)'에서 맞아 죽었다는 것이 정설에 가깝다.

나명은 이렇게 회상했다. …당시 모택동은 상항·영정·용암 등지에서 유격전을 벌여 제19로군과 진제당 부대의 공격을 견제해 중앙 근거

1121　주도래(朱道來)는 모택동과 하자진의 아들 모안홍(毛岸紅)으로 간주된다. 1950년대 하자진은 주도래(朱道來)를 모안홍으로 확정, 남경의 '양모'가 주도래를 친자식이라고 우기면서 소송이 벌어졌다. 주도래는 1966년 반란파가 벌인 '무투(武鬪)'에서 맞아 죽었다고 전해진다. 또 다른 일설에 의하면 1971년 간암으로 남경에서 병사했다.

지를 보위해야 한다고 강조했다(羅明, 1991: 120). 한편 복건성에서 유격전을 전개한 나명은 박고 등으로부터 '나명노선(羅明路線)'[1122] 주모자로 지목돼 거센 비판을 받았다. 결국 나명은 일생동안 '험난한 삶'을 살았다.

1932년 겨울 지방당조직이 파괴되고 변절자가 나타났다. 이는 임시중앙의 안전에 큰 위협이 됐다. 왕명은 공산국제 집행위에 중공 지도기관이 '근거지 이전'을 제의했다. 공산국제는 왕명의 건의를 채택했다. 한편 임시중앙의 좌경 정책으로 지하당조직이 붕괴되고 수많은 공산당원이 체포됐다. 또 변절자의 속출로 당중앙은 '일망타진' 위기에 봉착했다. 자칫 박고 등은 국민당 특무에게 체포된 '총서기' 향충발의 전철을 밟을 수 있었다.

1932년 12월 상해 지하당조직은 대부분 파괴됐다. 주요 지도자 호균학(胡均鶴)[1123]이 변절한 후 정치국 상임위원인 진운(陣雲)도 체포될 위기에 놓였다. 당시 양상곤의 경보(警報)를 받은 진운은 신속히 이전했다(楊尙昆, 2001: 66). 이 시기 정치국 상임위원 노복탄(盧福坦)이 체포돼 변절했다. 결국 장문천의 숙박소도 국민당 특무에게 발견됐다. 다행히 외출 중인 낙보는 액운을 면했다(李志英 외, 2007: 99). 결국 공산국제의 지시로 박고·낙보·진운 등은 모두 중앙 근거지로 이전했다. 한편 상해 중앙분

1122 '나명노선(羅明路線)'은 1933~1934년 박고 등이 모택동의 유격전을 반대하기 위해 '모택동 추종자'인 복건성위 서기 나명을 희생양으로 삼아 진행한 정치운동이다. '나명노선' 비판의 실질적 목적은 '공화국' 주석인 모택동의 '노선(遊擊戰)'을 반대하기 위한 것이다. 결국 반'나명노선' 투쟁의 전개로 모택동 측근들이 '수난시대'를 맞이했다.

1123 호균학(胡均鶴, 1907~1993), 강소성 오현(吳縣) 출신이며 공산주의자(후에 변절)이다. 1925년 중공에 가입, 1931년 공청단중앙 서기, 1932년 상해에서 변절했다. 1930~1940년대 국민당 특무로 활동, 1954~1983년 징역살이, 1984년 석방, 1993년 상해에서 병사했다.

국 책임자로 이죽성(李竹聲)이 임명됐다.

임시중앙이 공산국제에 보낸 전보(1932.12.19)는 이렇게 썼다. …진방헌(博古)·장문천(洛甫)·왕운정(王雲程)[1124]·진운 등은 중앙 근거지로 이전한다('第一硏究部', 2007: 281). 1932년 말부터 당중앙 지도자인 유소기·양상곤·동필무·임백거·진담추·이유한·오량평(吳亮平)[1125] 등은 잇따라 상해를 떠나 1933년 1월에 강서성 서금에 도착했다. 정치국 상임위원인 낙보·박고·진운은 1933년 1월에 상해를 떠났다. 낙보가 1월 중순 중앙 근거지에 도착하고 박고·진운은 1월 19일에 서금에 도착했다. 한편 왕운정은 줄곧 상해를 떠나지 않았다.

2. 반(反)'나명노선' 전개, 모택동 측근자 '수난'

1) '나명노선' 비판, 정치적 희생양이 된 나명

1월 초 박고·진운은 상해를 떠났다. 임신 중인 박고의 부인 유군선(劉群先)[1126]은 동행하지 않았다. 산두에 도착한 후 진방례(秦邦禮)[1127]의 도

1124 왕운정(王雲程, 1905~1969), 산동성 청도(青島) 출신이며 공산주의자, 후에 변절자로 전락했다. 1925년 중공에 가입, 1931년 강서성위 서기, 1932년 공청단중앙 서기, 1933년 변절, 건국 후 장기간 수감, 1969년에 처형됐다.

1125 오량평(吳亮平, 1908~1986), 절강성 봉화(奉化) 출신이며 공산주의자이다. 1927년 중공에 가입, 1930~1940년대 중앙선전부 부부장, 무순(撫順)시위 서기 등을 역임, 건국후 화공부(化工部) 부부장, 중앙고문위원회 위원 등을 맡았다. 1986년 북경에서 병사했다.

1126 유군선(劉群先, 1907~?) 강서성 무석(無錫) 출신이며 공산주의자이다. 1926년 중공에 가입, 1928년 박고와 결혼, 1930년 전국총공회 여공(女工)부장, 1934년 홍군 부녀대장, 1938년 모스크바 이주, 그 후 행방불명이 됐다.

1127 진방례(秦邦禮, 1908~1968), 강소성 무석(無錫) 출신이며 공산주의자이다. 1931년 중공에 가입, 1938년 팔로군 (武漢)판사처 근무, 1948년 홍콩 화윤(華潤)회사 사장, 건국 후 대외무역부 계획국장, 국가대외연락위원회 부주임 등을 역임, 1968년 북경에서 병

움으로 광동성 대포(大浦)에 도착했다. 민서에 이동한 후 탁웅(卓雄)[1128]의 호송하에 서금을 행해 출발했다. 영정현에 진입했을 때 지방민단 수백 명에게 포위됐다. 탁웅의 경호대 보호로 위험에서 벗어난 박고 일행은 1월 중순 상항에서 나명 등을 만났다. 며칠 후 그들은 서금에 도착했다.

서금 회의(1.31) 출석자는 박고·낙보·진운·유소기·항영·임필시·고 작림·등발 등이다. 전방의 주은래·주덕·왕가상과 '휴양' 중인 모택동은 회의에 불참했다. 회의는 새로운 (中共)중앙국을 설립해 박고를 '총서기', 박고·낙보·진운을 상임위원으로 선임했다. 또 장문천을 선전부장·당보 (黨報) 서기, 임필시를 조직부장, 이유한을 당무위원장, 고작림을 (少共)중 앙국 서기, 등영초를 비서장, 이견정(李堅貞)을 부녀부장에 임명했다.

나명은 이렇게 회상했다. …'나명로선'은 왕명을 필두로 한 좌경 기 회주의자들이 제출한 것이다. '나명노선' 비판의 목적은 모택동을 대 표로 한 마르크스주의 노선을 반대하기 위한 것이다. 1945년 모택동 은 이렇게 말했다. …반'나명노선'은 나를 타격하기 위한 것이다(羅明, 1991: 117). 녕도회의 후 모택동은 임시중앙정부 행정을 주관했다. 후방 정부는 전방의 식량·군비를 마련하고 병력을 확충하는 등 '후방 지원 부' 역할을 했다. 한편 박고 등은 모택동의 '영향력 제거'를 위해 반'나 명노선' 투쟁을 전개했다(羅平漢, 2013: 103). 상기 '왕명'·'마르크스주의 노 선'은 큰 어폐가 있다. 실제로 교조주의자 박고 등이 '지상매괴(指桑罵

사했다.

1128 탁웅(卓雄, 1915~2009), 강서성 태화(泰和) 출신이며 공산주의자이다. 1930년 중공에 가 입, 1930~1940년대 '홍32군' 보위국장, 동북국 사회부 부부장, 제40군 정치위원, 건 국 후 지질부 부부장, 복건성위 서기, 민정부 부부장 등을 역임, 2009년 북경에서 병 사했다.

槐)'[1129] 전술을 채택해 모택동을 타깃으로 한 반'나명노선' 투쟁을 전개한 것이다.

임시중앙에 보낸 답전(11.26)에서 임필시는 '진공노선'이 실행되지 않은 것은 지방간부의 '이해 부족'이라고 지적했다. 박고가 '진공노선' 관철에 걸림돌인 지방간부 교체를 결심한 것이다. 결국 박고는 '모택동 추종자' 나명을 투쟁대상으로 확정했다. 한편 나명이 복음병원에서 모택동을 만난 것이 화근이 됐다. 모택동이 '휴양' 기간 복건성의 군정 책임자 담진림·장정승 등은 '공화국' 주석인 모택동을 찾아가 그의 지시를 받았다.

복음병원에서 퇴원한 후 나명은 회의를 소집해 모택동의 지시를 전달했다. 회의는 조직부장 유효(劉曉)[1130]를 대리서기, 나명을 복건성위의 특파원으로 임명했다. 나명은 담진림·방방(方方)[1131]과 함께 상항·영정·용암 등지에서 유격전을 전개했다. 또 확대회의를 개최해 모택동의 지시를 전달한 나명은 유격전을 전개해 '홍군 협력'을 호소했다. 결국 모택동의 지시를 '성지(聖旨)'로 간주한 나명이 박고 등의 '비판대상'이

1129 '지상매괴(指桑罵槐)'는 뽕나무를 가리키며 홰나무를 욕을 한다는 뜻으로, 겉으로 다른 사람을 거론하지만 사실은 상대를 비난·위협하는 수법이다. 또 제3자를 처단해 상대를 굴종하게 하는 일종의 책략이다. 손자병법의 '삼십육계(三十六計)'의 제26계에 속한다. 비슷한 사자성어는 '고산진호(敲山震虎)'·'살계경후(殺鷄儆猴)' 등이 있다.

1130 유효(劉曉, 1908~1988), 호남성 진계(辰溪) 출신이며 공산주의자이다. 1926년 중공에 가입, 1930~1940년대 복건성위 대리서기, '홍1방면군' 정치부 주임, 상해시위 부서기, 건국 후 외교부 부부장, 전국 정협 상임위원 등을 역임, 1988년 북경에서 병사했다.

1131 방방(方方, 1904~1971), 광동성 보녕(普寧)출신이며 공산주의자이다. 1926년 중공에 가입, 1930~1940년대 복건성위 조직부장, 민월감(閩粤贛)성위 서기, 남방국 서기 건국 후 통전부(統戰部) 부부장, 전국교련(僑聯)협회 부주석을 등을 역임, 1971년 북경에서 병사했다.

된 것이다.

1월 중순 상항에서 박고는 나명에게 성위 서기인 당신이 왜 지방에 있는 가고 물었다. 나명은 이렇게 대답했다. …모택동의 지시에 따라 상항에서 유격전을 전개하고 있다. 또 박고가 그에게 '진공노선'에 대한 의견을 묻자 나명은 …아직 전달받지 못했다고 대답했다. 이에 화가 난 박고는 이렇게 말했다. …그만 식사합시다(羅明, 1982: 242). 첫 만남에서 '모택동 지시'를 거론한 것이 박고의 불쾌감을 자아냈던 것이다. 실제로 나명은 '지상매괴'의 '뽕나무(桑)', '살계경후(殺鷄儆猴)'의 '계(鷄)'였다. 한편 최종 타깃인 모택동이 '괴(槐)'·'후(猴)'인 것은 자명하다.

증지(曾志)는 나명에 대한 '첫 인상(1930)'을 이렇게 썼다. …장신이며 강마른 체구인 그의 말씨는 부드러웠다. 또 행동거지가 점잖고 품위가 있었다. '나이 어린' 나명은 동지들의 존경을 받았다(曾志, 1999: 107). '모택동 비판'의 희생양인 나명은 장정 중 부상을 당한 후 지방에 남겨졌다. 결국 당조직과의 '연락 중단'으로 청소부로 일하며 생계를 유지했다. 1945년 '나명노선'에 대한 최종 결론이 내려진 후 비로소 '정확성'이 인정됐다.

1928년 복건성위 서기 나명은 모스크바에서 열린 '중공 6대'에 참석했다. 1931년 민월감(閩粤贛)성위 서기로 임명됐다. 당시 그의 직속상관은 이립삼·주은래였다. 나명이 권력투쟁의 희생양으로 전락한 것은 실각자 모택동을 추종했기 때문이다. 또 모택동의 지시에 따라 지방에서 유격전을 전개한 것이 '나명노선' 주모자로 지목된 주요인이다. 결국 '총서기' 박고는 '모택동 숭배자'인 나명을 '모택동 비판'의 속죄양으로 삼았다.

'중앙국' 간부가 박고에게 '모택동 방문'을 권장하자 박고는 이렇게 말했다. …모택동을 만날 필요성을 느끼지 않는다. 이는 실각자 모택동의 '험난한 노정'을 간접적으로 반영했다(金沖及 외, 1996: 300). 박고는 홍군과 지방정부에서 '많은 추종자'를 갖고 있는 모택동을 '질투의 대상'·'잠재적 정적'으로 간주했다. 그러나 공산국제의 '보호'를 받고 있는 중화소비에트공화국 주석인 모택동을 대놓고 비판하지 못하고 '희생양'을 찾은 것이다.

나명은 자신이 작성한 '군사행동에 대한 몇 가지 의견(1933.1.21)'과 신천현위 서기 양문중(楊文仲)이 쓴 편지를 복건성위에 보냈다. 나명은 상기 '의견'에서 지방홍군은 적의 역량이 약한 민서북으로 발전해 기동적 유격전을 전개할 것을 주장했다(余伯流 외, 2017: 1216). 나명이 작성한 '상항·영정·용암 보고서(1933.1)는 이렇게 썼다. …과거의 '공허한 설교' 방식을 개선해야 한다. 그렇지 않으면 위대한 영수 모주석과 소련의 스탈린·레닌이 부활해 3박3일을 연설해도 아무런 소용이 없다(中央檔案館, 1991: 405). 박고 등은 나명의 '의견'을 '기회주의 노선'으로 간주했다. 또 '위대한 영수'라는 나명의 언급은 박고의 분노를 자아냈다. 결국 '애꿎은 피해자' 나명은 '반모(反毛)' 투쟁의 속절없는 희생양이 됐다.

반'나명노선'의 타깃은 모택동이며 '모택동 잔재' 숙청이 실질적 목적이었다. 박고 등이 이름을 직접 거론하지 않은 것은 모택동이 공산국제가 승인한 '공화국' 주석이며 공산국제의 '암묵적 보호'를 받고 있었기 때문이다(金沖及 외, 2011: 308). 모스크바는 모택동의 공적(功績)과 중국혁명에 기여한 공헌을 높게 평가했다. 소공중앙 기관지 '진리보(眞理報)'에는 60여 차례 모택동의 이름이 거론됐다. 모택동의 '부고(訃告, 1930)'는 중국인민의 '전기식(傳奇式) 영수'라고 평가했다(黃少群, 2015: 509). '소련 유학파' 박고 등이 모스크바의 '모택동 중시'를 모를 리 없었다.

한편 '모스크바 충성자'인 그들은 공산국제가 '보호'하는 '소비에트공화국' 주석의 이름을 대놓고 거론하며 '비판대상'으로 삼을 수 없었던 것이다.

공산국제가 모택동을 '보호'한 원인은 ① '주모홍군' 창건자, 근거지 내 높은 성망 ② 반'포위토벌' 수훈갑 ③ 상해대표처의 '모택동 중시' ④ 스탈린의 '홍군 중시' ⑤ 임시중앙과 상해대표처 간 '불협화음' ⑥ 군사 문외한 '유학파' 불신임 ⑦ 공산국제의 '상해대표처' 신임 등이다. 당시 모스크바는 홍군 창건자 모택동을 '공화국' 주석의 적임자로 여겼다. 공산국제의 '암묵적 보호'는 박고가 모택동의 당적을 박탈하지 못한 주요인이다.

'중앙국' 회의(2.8)를 주재한 박고가 통과시킨 '당의 긴급임무' 결의는 이렇게 적었다. …적의 공격에 황급히 도망치는 우경 기회주의를 숙청하고 '진공노선'의 동요분자를 색출해 무자비하게 타격해야 한다(秦紅 외, 2016: 284). 회의 후 '결의' 관찰을 위해 중앙선전부장 낙보가 정주(汀州)에 도착했다. 정주에서 복건성위 보고를 청취한 낙보는 나명의 '의견'·'보고서' 등을 갖고 서금에 돌아왔다. 결국 나명은 '동요분자'로 지목됐다.

박고는 나명의 '보고서'를 아전인수식으로 해석했다. 즉 대중의 혁명 열성을 불러일으키지 않으면 적에게 투항할 수 있다. 결국 나명의 '비관적 태도'를 '기회주의 노선'으로 확정했다(吳葆朴 외, 2007: 111). '중앙국' 회의(2.15)가 통과한 '결정'은 이렇게 썼다. …적의 '토벌'이 임박한 상황에서 일부 동지는 기회주의 노선을 실시하고 있다. '중앙국'은 나명의 기회주의 노선에 대한 '비판 전개'를 호소한다. 또 기회주의자 나명을 파면한다(中央檔案館, 1991: 94). 나명의 '보고서'는 현지 상황을 직접 조사·정리해 작성한 것이다. 한편 '중앙국' 기관지 '투쟁(鬪爭)'은 낙보가 작성한 '나명의 기회주의 노선'이란 글을 실었다. '모택동 비판'을 의미하는 반'나명노선' 투쟁을 주도한 장본인은 '총서기' 박고와 선전부장 낙보였다.

나명은 '의견'에 이렇게 썼다. …민서 유격대는 홍군 작전을 협력해 유격전을 전개해야 한다. 또 큰 전투를 치를 수 있는 전투력을 키워야 한다. 홍군의 병력 확충은 내륙·변구에서 하고 민서 유격대는 홍군에 편입시키지 않는 것이 작전에 유리하다(鄒賢敏 외, 2016: 285). 모택동의 유격전에 '상당한 편견'을 가진 박고 등은 나명의 '건의'를 '기회주의 노선'으로 확정했다. 실제로 그들은 모택동의 유격전을 '진공노선' 걸림돌로 간주했다.

박고는 이렇게 강조했다. …지방유격대의 역할을 중시해 적후(敵後)에서도 유격전을 전개해 적군을 사면초가에 빠지게 해야 한다(曹春榮, 2013.10.18). 상기 '유격대 역할' 중시와 나명의 '유격전 전개'를 '기회주의 노선'으로 폄하한 박고의 행태는 극히 자가당착적이다. 또 그는 천만 인구의 근거지에서 '100만 홍군'을 육성한다는 황당무계한 계획을 발표했다. 박고의 좌경 모험주의에 비하면 '입삼노선'은 '소무견대무(小巫見大巫)'이다.

홍군학교 졸업식(1.16)에서 '진공노선을 옹호하자'는 보고를 한 박고는 이렇게 말했다. …당내 불순분자는 '기회주의 노선'을 실시하고 있다. 대표적 인물이 나명이다(吳葆朴 외, 2007: 114). 장문천(洛甫)은 나명의 '보고서'를 이렇게 평가했다. …비관주의 정서로 충만한 기회주의적 행태이다. '나명노선'은 전형적 기회주의이다(張樹德, 2012: 28). 나명은 이렇게 회상했다. …'투쟁'에 실린 글을 보고 이른바 반'나명노선' 투쟁이 개시된 것을 알게 된 나는 유격전에 집착했다는 그들의 비판을 수용하지 않았다(鄭行棟 외, 1991: 132). 낙보는 반'나명노선' 투쟁의 선봉장 역할을 했다. 또 박고는 나명에게 '반국제·반중앙·반당분자'라는 죄명을 씌웠다.

박고는 나명에게 이렇게 말했다. …당신이 '보고서'에 제출한 유격대의 '홍군 편입' 반대 주장은 '협소한 경험주의'이다. 과오를 인정하지 않으면 당적을 박탈할 것이다(羅明, 1982: 254). 정주에서 개최한 회의(2.24)에서 나명은 '과오'를 반성했다. 한편 양문중은 나명을 변호했다. …나명은 대중을 동원해 유격전을 전개했다. 민서의 현실을 반영한 그의 주장은 정확하다. 당시 중앙대표는 그들에게 '기회주의 동요분자'라는 죄명을 씌웠다(李志英 외, 2007: 115). 박고는 모택동에게 씌운 '협소한 경험주의'를 나명에게 남용했다. 한편 '당적 박탈' 협박은 나명이 자신의 '과오'를 반성한 주된 원인이다. 상기 '중앙대표'는 선전부장 장문천이다.

2월 24일 성위 서기 진수창(陳壽昌)[1132]은 회의를 열고 '중앙국 결정'을 통과시켰다. …각급 당조직은 중앙의 결정에 따라 '나명노선'의 기회주의 과오를 강력히 비판해야 한다. 또 '나명노선'의 엄중한 결과를 분석하고 반'나명노선' 투쟁에 적극 참여해야 한다(江西檔案館, 1981: 384). 나명은 연속 3일 간 투쟁에 시달렸다. 임필시는 이런 '잔혹한 투쟁'에 불만을 느꼈다. 7중전회 발언(1945.4.20)에서 임필시는 이렇게 말했다. …내가 항의한 후 나명은 '노선착오', 성위는 '기회주의 동요'로 바꾸었다(中共中央文獻研究室, 2014: 304). 반'나명노선' 투쟁은 복건성에서 폭넓게 전

1132 진수창(陳壽昌, 1906~1934), 절강성 진해(鎭海) 출신이며 공산주의자이다. 1924년 중공에 가입, 1933년 복건성위 서기, 상악감(湘鄂贛)군구 정치위원, 1934년 중앙정부 집행위원, 그해 11월 호북성 노호동(老虎洞)에서 희생됐다.

개됐다. 한편 '무자비한 타격'을 반대한 임필시는 박고의 눈 밖에 나게 됐다. 얼마 후 임필시가 지방으로 '좌천'된 것은 이와 무관치 않다.

모택동이 '홍색중화(1933.7.29)'에 발표한 '문장'의 골자는 ① 반'포위 토벌' 승리, '진공노선'의 결과물 ② 홍군의 '병력 확충' ③ 도망주의는 적들을 도와주는 것이다(鄒賢敏 외, 2016: 298). 한편 모택동이 '진공노선' 추종자라는 일각의 주장은 수긍하기 어렵다. 실제로 모택동이 박고 등이 주장한 '진공노선'을 거론한 것은 살아남기 위한 '도광양회' 전술이었다.

박고 등이 추진한 반'나명노선' 투쟁의 목적은 당정군(黨政軍) 각 기관에서 모택동의 영향력을 제거하는 것이다(黃少群, 1981: 550). 7차 당대회(1945.5.3)에서 박고는 이렇게 반성했다. …반'나명노선'을 추진한 목적은 모주석의 노선을 반대하고 모택동의 영향력을 제거하기 위한 것이다. 반'나명노선' 투쟁을 이렇게 요약할 수 있다. …교조주의자와 '흠차관'이 합세해 정확한 '우경 기회주의'를 탄압했다(金沖及 외, 2011: 307). 반'나명노선' 투쟁의 목적은 '가해자(博古)'와 '당사자(羅明)'가 인정한 '모택동 타격'이다. 한편 공산국제의 '모택동 보호'로 박고 등의 '모택동 타도'는 성공하지 못했다. 또 이는 모택동의 '도광양회'와 관련된다.

나명은 이렇게 회상했다. …반'나명노선' 투쟁의 목적은 모택동의 영향력을 제거하기 위한 것이다. 그러나 대중 속에 뿌리 깊은 모택동의 막강한 영향력을 제거할 수 없었다(羅明, 1991: 139). 실제로 1년 8개월 간 강력하게 추진한 반'나명노선' 투쟁으로 중앙 근거지에서의 '모택동 영향력'은 대부분 제거됐다. 결국 많은 모택동 측근이 '수난시대'를 맞이했다.

서금의 중앙당교에서 사상을 개조한 나명이 당적을 잃지 않은 것은 '과오'를 반성했기 때문이다. 나명은 부인 사소매(謝小梅)[1133]와 함께 장정에 참가했으나, 루산관(婁山關) 전투에서 중상을 입었다. 1937년 나명은 고향 대포에 돌아가 당조직을 찾았으나, '나명사건' 미해결로 당조직 활동을 회복할 수 없었다. 건국 후 매번 정치운동에서 나명은 비판대상이 됐다. 만년에 당적을 '회복'한 정치적 희생양 나명은 '불행한 삶'을 살았다.

2) '강서(江西)나명노선'과 등소평의 '수난'

반'나명노선' 투쟁이 전개된 후 '좌경 노선' 집행자들은 강서성에서 '나명 대체자'를 찾았다. 결국 회창현위 서기 나병한(羅屛漢)[1134]이 작성해 강서성위에 보낸 보고서에서 돌파구를 찾아냈다. 나병한은 보고서에서 '심오사건(尋烏事件)'은 방어에 집착해 주도적 공격을 포기한 결과물이었다고 지적했다. '심오사건'은 회심안(會尋安)현위 서기 등소평과 관련됐다.

1932년 11월 진제당은 7개 사단 병력을 동원해 '회심안' 근거지를 공격했다. '홍21군'이 근거지를 떠난 후 현위 서기 등소평은 대중을 발동해 유격전을 전개했다. 결국 심오는 적군에게 공략됐다. 당시 강서성위가 나병한의 보고서를 '중앙국'에 보낸 것이 화근이 됐다. '심오사건'을 유발한 등소평의 유격전이 당중앙의 '진공노선'과 완전히 배치됐기

1133 사소매(謝小梅, 1913~2006), 복건성 용암(龍岩) 출신이며 '나명노선' 피해자이다. 1931년 나명과 결혼, 1933년 중앙당교에서 사상개조, 1934년 장정에 참가했다. 건국 후 광동민족대학 도서관리원, 2006년 고향에서 병사했다.

1134 나병한(羅屛漢, 1907~1935), 광동성 흥녕(興寧) 출신이며 공산주의자이다. 1926년 중공에 가입, 1930년대 동강(東江)홍군 독립연대 정치위원, 강서군구 제3분구 정치위원, 회창현위 서기, 1935년 태평(太坪)전투에서 희생됐다.

지 않으면 당중앙에 건의해 볼셰비키 조직에서 축출할 것이다(凌步機 외, 2017: 1229). 결국 나매가 '당적 박탈'을 빙자해 강서의 '4명 나명'에게 '굴복'을 강요한 것이다. 그러나 등소평·모택담 등은 '중앙국'의 위협에 굴종하지 않았다. 직무에서 해임된 모택담 등은 사상개조를 했다. 이 중 '(反黨)소그룹 괴수'인 등소평이 가장 어려운 곤경에 처했다. 설상가상으로 부인 김유영(金維映)이 그에게 '이혼서류 사인'을 요구했다.

'엄중경고' 처분을 받은 등소평은 5월 중 남촌구위(南村區委) 순시원으로 파견됐다. 낙안현위 서기 호가빈(胡嘉賓)[1136]이 등소평을 환대한 것이 알려져 서기직에서 해임됐다. 낙안에 '유배'된 지 열흘 만에 녕도로 호출된 등소평은 뢰촌(賴村)에서 노동개조를 했다. 직무 파면과 노동개조, 부인에게 배신당한 등소평의 절망적인 '첫 수난'이었다. 훗날 모택동은 '모파(毛派) 수괴' 등소평이 중앙 근거지에서 '수난'을 당했다고 술회했다.

위수영(危秀英)[1137]은 이렇게 회상했다. …등소평을 만났을 때 그는 배고파 참을 수 없다고 말했다. 녕도에 돌아온 후 채창 부부와 나는 십시일반 돈을 모아 기아에 굶주린 등소평을 집에 청해 밥 한끼를 배불리 먹게 했다(危秀英, 1988: 261). 이부춘·채창 부부는 등소평의 '수난'에 책임

1136 호가빈(胡嘉賓, 1908~1985), 강서성 감주(贛州) 출신이며 공산주의자이다. 1928년 중공에 가입, 1930~1940년대 만안(萬安)현위 서기, 강서군구 제2분구 정치위원, (延安)행정학원 교육장, 건국 후 중앙민족학원 부서기, 전국 정협 상임위원을 역임, 1985년 북경에서 병사했다.

1137 위수영(危秀英, 1910~2005), 강서성 서금(瑞金) 출신이며 공산주의자이다. 1932년 중공에 가입, 1930~1940년대 강서성 길안(吉安)현위 조직부장, 길림성위 부녀부장, 건국 후 전국부녀연합회 농촌사업부장, 광동성위 감찰원 등을 역임, 2005년 남창(南昌)에서 병사했다.

이 있다. 그들이 '심오사건'에 관한 이병한의 보고서를 당중앙에 보냈기 때문이다. 1950년대 부총리인 등소평과 이부춘은 주은래의 '부수(副手)'였다.

훗날 등소평은 이렇게 말했다. …1930년대 좌경 지도자들은 나를 '모파 두목'이라고 불렀다. 이른바 '모파'는 사실무근이다. 정확하게 말하면 나는 실사구시파이다(余伯流, 2011: 44). 당사자인 모택동·등소평은 모두 '모파' 존재를 부인했다. 결국 이는 '종파주의' 책임을 회피하기 위한 것이다. 실제로 모택동은 '종파주의자'였다. '중앙대 3인단(中央隊三人團)'[1138]이 단적인 증거이다. 한편 모택동과 등소평은 모두 실사구시를 주창했다.

이유한은 이렇게 반성했다. …당시 나는 그들에게 반성을 강요했으나, 그들은 시종 '과오'를 시인하지 않았다. '(江西)나명노선' 비판은 내가 범한 중대한 과오이다(李維漢, 2013: 259). 김유영은 정치적 과오를 범한 남편과 '선 긋기'를 해야 한다는 당조직의 집요한 요구에 심적 압박감에 시달렸다. 이들 '혁명 부부'를 갈라놓은 장본인은 '좌경 노선'이다(徐朱琴, 2004: 177). 회의 주재자 이유한은 등소평의 파면을 선고했다. 결국 이는 회의에 참석한 김유영이 '이혼 결심' 계기가 됐다. 실제로 이유한이 '옛 부하'인 김유영에게 '선 긋기'를 강요한 것이다. 한편 모택동은 혁명자가 반드시 갖춰야 할 '5가지 조건'[1139] 하나로 '부인 이혼'을 두

1138 '중앙대 3인단(中央隊三人團)'은 장정 중 모택동·장문천·왕가상이 '최고 3인단(最高三人團)'을 반대하기 위해 결성된 것이다. 장정이 개시(1934.10)된 후 모택등 등은 중앙종대(中央縱隊)에 소속돼 함께 이동했다. 그들은 '최고 3인단'이 지휘한 상강전역(湘江戰役) 패전의 군사적 책임을 묻기로 결정했다. 결국 준의회의(1935.1)에서 모택동은 '홍군 지도자'로 복귀했다. 1935년 2월 장문천이 박고를 대신해 중공중앙 '총서기'를 맡았다.

1139 모택동이 언급한 혁명자(革命者)가 반드시 갖춰야 할 '5가지 조건'은 ① 죽는 것을 겁

려워해선 안 된다고 말했다. 등소평의 '이혼 사건'이 '5가지 조건'의 경우에 해당된다.

파렴치한 이유한은 등소평에게 '오쟁이를 지게' 한 장본인이다. 1929년 김우영은 강소성위 서기 이유한의 밑에서 부녀부장을 맡았다. 그들은 오랜 '지기(知己)'였다. 김유영과 결혼한 이유한은 아내를 조직과장으로 임명했다. 소련 정신병원에 입원(1939)한 김우영은 1941년 독일군 폭격에 맞아 사망했다. 동지에게 '반당분자' 누명을 씌우고 '실각자(鄧小平)' 부인을 아내로 맞이한 이유한의 비열한 행태는 중공 역사에서 흔치 않는 스캔들(醜聞)이다. 한편 정적(政敵)에 대한 모택동의 '보복주의'를 반대한 등소평은 '연적(戀敵)'인 이유한에게 '관용'을 베풀었다.

(延安)정치국 확대회의에 참석한 등소평에게 등발이 탁림(卓琳)[1140]을 소개했다. '노간부 선입견'이 컸던 탁림이 '청혼'을 거절했으나, 등소평의 끈질긴 구애에 못 이겨 '연안을 떠나는 것'을 전제로 결혼에 동의했다(中共中央文獻硏究室, 2009: 83). 훗날 탁림은 '연안을 떠나는 것'을 전제로 한 것은 그녀가 '시골뜨기'에게 시집갔다고 친구들에게 놀림을 당할 것이 두려웠다고 실토했다. 등소평과 부인 탁림은 12살 차이 띠동갑이었다. 1939년 9월 연안에서 결혼한 그들은 백년해로했다. 한편 등소평의

내선 안 된다 ② 투옥 생활을 무서워해선 안 된다 ③ 관직을 잃는 것은 큰 문제가 아니다 ④ '당적(黨籍) 박탈'을 각오해야 한다 ⑤ 부인과의 이혼을 두려워해선 안 된다. 실제로 모택동이 말한 '부인 이혼'은 등소평의 경우를 염두에 둔 것이다(余伯流, 2011: 51). 상기 '5가지 조건' 중 혁명자에게 있어 가장 치명적인 것은 '당적 박탈'이었다.

1140 탁림(卓琳, 1916~2009), 운남성 선위(宣威) 출신이며 등소평의 세 번째 부인이다. 1937년 (延安)섬북대학에 입학, 1939년 등소평과 결혼했다. 그 후 팔로군 129사단 지휘부 기요비서, 진기로예(晉冀魯豫) 중앙국 조직부 비서를 맡았다. 건국 후 등소평의 지시에 따라 남편의 '개인 비서'로 있었다. 2009년 북경에서 병사했다.

'조강지처' 장석애(張錫瑗)[1141]는 난산으로 1929년에 사망했다.

솔즈베리는 이렇게 서술했다. …'나명노선' 추종자로 신랄한 비판을 받은 등소평은 일개 병사로 장정에 참가했다. 일설에 의하면 등소평은 인부(人夫)로 장정에 참가했다고 한다(Salisbury, 2016: 78). 솔즈베리의 주장은 사실 왜곡이다. 또 저서 제목을 '대장정'과 '등소평'을 연결시킨 것은 어불성설이다. '대장정'의 주인공은 모택동이기 때문이다. 한편 장정(長征) 전 등소평은 홍군 총정치부 비서장과 '홍성보(紅星報)' 편집장을 역임했다.

이부춘은 왕가상에게 등소평의 상황을 보고했다. 마침 양상곤이 '홍3군단' 정치위원으로 부임돼 비서장 자리가 비어 있었다. 부주임 하창 등과 상의한 왕가상은 등소평을 '대리 비서장'으로 임명하기로 결정했다. 왕가상이 '중앙국' 책임자 박고에게 전화를 걸어 '등소평 임명' 허락을 요구했다. 박고는 등소평이 과오를 반성하지 않았다는 것을 이유로 반대했다. 얼마 후 왕가상이 재차 '등소평 임명'을 요구하자 박고는 마지못해 동의했다.

1933년 8월 등소평은 '홍성보' 편집장을 맡았다. 유럽 유학시절 (少年)공산당 기관지 '적광(赤光)' 편집을 맡았던 등소평을 왕가상이 신임한 것이다. '홍성보'는 '중혁군위' 기관지로 홍군 장병들에게 미치는 영향력이 매우 컸다. 당시 등소평은 모택동·주은래·주덕·박고·나영환 등 500여 명의 기고자를 확보했다. 등소평은 1935년 1월까지 70여 기를 발간했다. 1934년 12월 모택동의 제의로 등소평은 재차 당중앙 비서장에

1141 장석애(張錫瑗, 1906~1929), 북경(北京)시 방산(房山) 출신이며 등소평의 첫 번째 부인이다. 1925년 중공에 가입, 1927년, (武漢)중앙비서처 비서, 1928년 등소평과 결혼, 1929년 난산(難産)으로 인해 상해에서 병사했다.

임명됐다.

모택동과 등소평의 '공통점'은 ① '영절불만'의 의지력 ② 문무가 겸비한 정치 지도자의 자질 ③ 정치위원 출신, 강력한 군사 리더십 ④ 각자 특유의 사상·이론·치국방침 ⑤ 실패·좌절을 두려워하지 않는 '부도옹 정신' ⑥ 철두철미한 민족주의자 ⑦ 실리주의자, '실사구시' 중시 ⑧ 스포츠 애호가, 유명한 골초 ⑨ 독선주의적 리더십, 중앙군위 주석 ⑩ 매운 음식 선호, 중산복 애착 ⑪ '3낙3기(三落三起)' 경험자 ⑫ 강인한 인내력, 낙관주의 등이다. '영절불만'의 의지와 문무가 겸비한 지도자의 자질이 그들이 파란곡절 끝에 중공 영수가 된 주요인이다. 그들의 '차이점'은 ① 계급투쟁 집착(毛), 경제건설 주력(鄧) ② 사회주의 노선 견지, 자본주의 시장경제 도입 ③ 농업 중시, 공업현대화 강조 ④ 정치운동 '전문가', 개혁개방 '총설계사' ⑤ 지식인 폄하, 지식인 중용 ⑥ 자력갱생, 대외개방 ⑦ 종신제 선호, 임기제 주장 ⑧ 개인숭배 조장, 우상화 반대 ⑨ 정적 '보복주의', 라이벌 '관용' ⑩ '악처(江靑)', '현모양처(卓琳)' ⑪ '숙청자', '복권자' ⑫ 포커 선호, 브리지 애호가 등이다. 계급투쟁에 집착한 모택동은 신중국 창건에 성공했으나, '부강한 국가' 건설에 실패했다. 개혁개방을 주장한 등소평은 시장경제를 도입해 중국을 경제대국으로 발전시켰다. 이것이 가장 큰 '차이점'이다.

등소평의 '3낙3기'는 모두 모택동과 관련된다. '모파 수괴'로 낙점(1933)돼 처음 '실각의 고배'를 마셨다. 팔로군 129사 정치위원(1938.1)으로 발탁된 등소평은 모택동의 중용을 받아 출세가도를 달렸다. 회해전역(淮海戰役)[1142] 총책임과 서남국(西南局) 서기를 맡았다. 1950년대 국무원

1142 회해전역(淮海戰役)은 '3대 전역' 중 가장 규모가 큰 전역이다. 1948년 11월 6일부터

부총리와 중앙서기처 총서기(1956.9)를 맡으며 중공 '제1세대 지도자 그룹' 멤버가 됐다. 문혁 기간 '주자파'로 몰려 3년 간 노동개조를 했다. 1973년에 복귀했으나 '문혁 부정'으로 재차 실권(1976.4)했다. 세 번째로 복권(1977.7)한 등소평은 개혁개방의 '창도자'가 됐다.

3) 모택동 측근자들의 '수난'

좌경 교조주의자가 주도한 반'나명노선'과 '(江西)나명노선' 비판 전개로 모택동 측근자들이 '수난'을 당했다. 지방간부와 홍군 지도자가 '모택동 추종자(毛派)'로 몰려 투쟁을 받았다. 또 모택동의 친척을 포함한 많은 측근자가 직위에서 파면돼 사상개조를 당했다. '나명노선' 비판 확대로 중앙 근거지에서의 '모택동 영향력' 제거가 거의 이뤄졌다. 훗날 모택동은 '문전작라(門前雀羅)'인 그의 집에는 '귀신도 얼씬거리지 않았다'고 말했다.

나명은 이렇게 회상했다. …반'나명노선' 투쟁은 복건성 각급 당 조직에 신속히 파급됐다. 당시 '중앙국' 대표는 장정승에게 이렇게 말했다. …당신은 완고한 기회주의자·관료주의자이다(羅明, 1991: 135). 상기 '중앙국' 대표는 반'나명노선' 투쟁의 발기자 박고였다. 박고는 모택동의 측근 장정승에게 '강직 처분'을 내렸다. 그 후 장정승은 임시중앙정부 식량부(食糧部) 부부장을 맡았다. '공화국' 주석 모택동이 그를 '좌천'·임용한 것이다.

1949년 1월 10일까지 장장 66일 간 진행됐다. 화동(華東)·(中原)야전군이 참가한 회해전역에서 적군 55.5만명을 섬멸·개편하고 해방군은 13.4만명 사상자를 냈다. 회해전역 총전위(總前委)는 등소평·유백승·진의·속유·담진림으로 구성, 등소평이 서기를 맡았다. 회해전역 승전을 통해 (長江)이북을 해방한 해방군은 도강(渡江)전역을 준비했다.

모택동과 중국혁명 2

모택동 '노선(遊擊戰)'을 집행한 복건성의 지도자 담진림은 '나명노선'의 수난자이다. 1933년 6월 '유격전 전개'로 비판받은 '모택동 추종자' 담진림은 국가보위과장으로 좌천됐다. (省委)선전부장 곽적인은 '나명노선'을 반대했다는 이유로 직위에서 해임됐다. 조직부장 유효(劉曉)는 '부패한 자유주의자'로 지목돼 회창현위 서기로 강등했다. 토지부장 범낙춘(范樂春)[1143]과 군사부장 유단헌(游端軒)[1144] 등도 '강직(降職) 처분'을 받았다.

둥자회는 '엄중경고' 처분을 받았다. 낙보가 사인한 '둥자회 결정 (3.17)'은 이렇게 썼다. ···둥자회는 곡물가격을 높여 간상(奸商)·부농의 투기거래를 조장했다. 결국 둥자회는 재정부 부부장으로 강등됐다(曹春榮, 2013.3.4). 복건성위 서기 진담추는 '면직 처분'을 받았다. 나매는 '투쟁 (1934.1.19)'에 문장을 발표해 진담추의 '과오'를 이렇게 썼다. ···'홍군 확대 운동(1933.12)'에서 진담추는 관료주의 과오를 범했다. 결국 진담추는 임시중앙정부 식량부장에 임명됐다(秦紅 외 2016: 299). 둥자회의 좌천은 식량부장 진담추의 '둥자회 비판'과 관련된다. 당시 진담추의 직속상관은 '공화국' 주석 모택동이었다. '공산당 창건자'인 모택동과 진담추는 박고 등 좌경 지도자에 의해 실권한 '동병상련'의 처지였다.

상감(湘贛)성위 서기 왕수도를 파면한 '중앙국'은 '결의(1933.2.11)'에 이렇게 썼다. ···'숙반(肅反)'에서 상감성위는 자유방임주의적 태도를 취

1143 범낙춘(范樂春, 1903~1941), 복건성 영정(永定) 출신이며 공산주의자이다. 1929년 중공에 가입, 1930년대 민서(閩西)특위 부녀부장, 복건성위 토지부장, 민서군정위원회 부녀부장 등을 역임, 1941년 서계(西溪)에서 병사했다.

1144 유단헌(游端軒, 1901~1934), 호남성 예주(澧州) 출신이며 공산주의자이다. 1928년 홍군에 참가, 1929년 후 '홍12군' 34사단장, 복건군구 참모장, '홍19군' 군단장, 복건성 군사부장을 등을 역임, 1934년 서금에서 희생됐다.

했다. 유사걸(劉士傑)을 성위 서기로 임명한다(章學新 외, 2014: 305). 상기 '결의'는 박고가 총공회 책임자 유사걸(變節者)의 '일방적 보고'를 맹신한 결과이다. 박고의 측근인 유사걸은 왕수도에게 '엄중경고' 처분을 내렸다. 한편 광주 '농강소' 시절 호남성 출신인 왕수도는 모택동의 학생이었다.

건녕(建寧)·여천(黎川)·태녕(泰寧) 중심현위는 신설된 민감(閩贛)성위에 예속됐다. '건여태(建黎泰)' 중심현위 서기 여택홍(余澤鴻)[1145]은 현지 실정을 감안해 급속한 적위대 확충과 '반제옹소동맹(反帝擁蘇同盟)' 설립을 반대했다(凌步機 외, 2017: 1233). 강서군구 총지휘 진의는 주은래에게 보낸 보고서(1933.4)에 이렇게 건의했다. …지방유격대는 이탈자가 늘어나 역량이 약화되고 있다. 비적의 탄압을 받은 대중들은 혁명에 대해 비관적이었다. 지방유격대의 분산 활동이 홍군 작전에 도움된다(國防部黨案處, 1962: 2). 여택홍의 주장은 근거지의 실정에 부합됐으나, '중앙국' 지시와 배치됐다. 진의의 건의와 여홍택의 주장은 대동소이했다. 실제로 '건여태' 근거지의 백성은 홍군·유격대에 대해 신임하지 않았다.

민감성위 서기 고작림은 '(建黎泰)나명노선'의 주도자 여택홍을 비판하는 확대회의(5.17)를 개최했다. 주은래의 '보호'로 군분구 정치위원은 보류된 여택홍의 '기회주의' 죄명은 '태녕사건'과 관련되며 '태녕사건'은 '고전린(高傳遴)[1146]사건'이라고 불린다. 1933년 5월 홍군 사단장 양

1145 여택홍(余澤鴻, 1903~1935), 사천성 장녕(長寧) 출신이며 공산주의자이다. 1925년 중공에 가입, 1929년 중앙비서처 비서장, 북방국 선전부장, 홍군학교 교관 등을 역임, 1935년 강안(江安)전투에서 희생됐다.

1146 고전린(高傳遴, ?~1933), 강서성 수천(遂川) 출신이며 공산주의자이다. 1927년 중공에 가입, 1931년 '중혁군위' 총정치부 청년부장, 복건군구 '건여태(建黎泰)' 군분구 정치위원, 1933년 양우춘(楊遇春)에게 살해됐다.

우춘(楊遇春)[1147]이 정치위원 고전린을 사살한 후 도망쳐 적군에게 투항했다. 민감성위는 여택홍의 '우경 기회주의'로 '태녕사건'이 발생됐다고 결정했다.

심오·안원현 열성분자 회의(1933.10)를 주재한 유효는 이렇게 말했다. …광동 군벌의 '토벌'이 임박한 상황에서 심오·안원현위는 기회주의적 '나명노선'을 실행하고 있다(江西省委黨史研究室, 1989: 33). 회의 후 심오현위 서기 호영가(胡榮佳)[1148]와 안원현위 서기 사옥곤(謝玉昆)[1149]은 파면했다. 한편 유효의 '태도 전환'은 조직부장 이유한과 관련된다.

소경광(蕭勁光)의 병사들은 대부분 신출내기였다. 국민당군 2~3개 대대의 공격을 받게 되자 그들은 큰 혼란에 빠졌다. 브라운은 소경광을 재판에 회부하라고 명령하고 집적 5년형을 언도했다. 이에 모택동이 반기를 들었다. 소경광은 옥살이 대신 훈화 교육을 받게 됐다(Salisbury, 2016: 78). 실제로 적군 3개 사단의 공격을 받은 후 부득불 퇴각한 것이다. 브라운의 '5년형 언도'는 사실 왜곡이다. 소경광의 '훈화'는 모택동 등의 '보호'와 관련된다.

1933년 소경광은 민감(閩贛)군구 사령원을 맡았다. 9월 25일 주혼원

1147 양우춘(楊遇春, 1909~1989), 강서성 서금(瑞金) 출신이며 공산주의자이다. 1929년 중공에 가입, 1932년 '홍12군' 사단장, 1933년에 국민당군에 투항했다. 1949년 대만으로 이주, 1989년 대북(臺北)에서 병사했다.

1148 호영가(胡榮佳, 1905~1968), 강서성 서금(瑞金) 출신이며 공산주의자이다. 1931년 중공에 가입, 1930~1940년대 서금현위 서기, 연화(蓮化)현위 서기, 건국 후 중국인민은행 인사청 부청장, 1968년 북경에서 병사했다.

1149 사옥곤(謝玉昆, 1893~1935), 강서성 감현(贛縣) 출신이며 공사주의자이다. 1929년 중공에 가입, 1932년 강서군구 독립연대 정치위원, 1933~1934년 '홍6사' 정치위원; 안원현위 서기 등을 역임, 1935년 장정 중에 희생됐다.

(周渾元)이 거느린 3개 사단의 적군이 여천을 공격했다. 당시 고작림·소식평(邵式平)[1150] 등 지도자들은 수행했다. 성내에는 소경광이 거느린 70여 명의 교도대와 일부 지방유격대가 남았다. 9월 28일 강적의 공격에 소경광은 부대를 이끌고 퇴각했다. '여천 실수(失守)'로 '도망주의자'가 된 것이다. '홍7군단' 정치위원으로 임명된 소경광은 홍군 3개 사단을 거느리고 '허만(滸灣)전투'[1151]에 참가했다. 당시 제4사단 정치위원 팽설풍(彭雪楓)[1152]이 전투를 지휘했다. '보루 공격'에 실패한 홍군은 1000여 명 사상자를 내고 철수했다. 당시 박고 등은 '여천 실수'를 초래한 소경광에게 '도망주의자' 죄명을 씌워 홍군 내 '나명노선' 집행자로 비판했다.

소경광은 이렇게 회상했다. …나는 '나명노선 대표, 소경광' 작성 자인 홍군 지도자에게 억울함을 하소연했다. 그는 이렇게 말했다. …당 중앙에서 당신을 '기회주의 대표'로 확정했으니 결정에 복종하기 바란다(余伯流 외, 2017: 1237). 상기 '홍군 지도자'는 주은래였다. 당시 주은래는 '철권'에 '소경광을 대표로 한 나명노선을 반대하자'는 문장을 발표했다. 홍군 내 반'나명노선' 투쟁의 발기자가 박고라면 주은래는 '조력자 역할'을 했다.

1150 소식평(邵式平, 1900~1965), 강서성 익양(弋陽) 출신이며 공산주의자이다. 1925년 중공에 가입, 1930~1940년대 '홍10군' 정치위원, 군위종대 참모장, 강서성장, 건국 후 강서성위 서기 등을 역임, 1965년 남창에서 병사했다.

1151 1933년 11월 '홍3군단'·'홍7군단'이 허만(滸灣) 등지에서 벌인 전투이며 총지휘는 팽설풍(彭雪楓)이다. 11일 소경광(蕭勁光)이 거느린 '홍7군단'이 허만을 공격했으나, 적의 3개 사단의 협공을 받아 진지 공략에 실패했다. 결국 홍군은 1000여 명의 사상자를 냈다. 박고와 군사고문 이덕(李德)은 '허만 패전'의 책임을 소경광에게 돌렸다.

1152 팽설풍(彭雪楓, 1907~1944), 하남성 남양(南陽) 출신이며 공산주의자이다. 1926년 중공에 가입, 1930~1940년대 '홍3군단' 제4사단 정치위원, '신4군' 제6지대장, '신4군' 제4사단장, 1944년 팔리장(八里庄)전투에서 희생됐다.

11월 23일 총정치부는 확대회의를 열고 '소경광 비판'을 개시했다. 회의는 '여천 실수'의 직접적 책임자인 소경광은 '도망주의 노선' 실행자라고 비판했다. 또 '특간호' 작성자들은 소경광을 '나명노선' 추종자로 확정했다(劉思齊 외, 1993: 403). 소경광은 이렇게 회상했다. …당의 열성분자 회의에서 박고는 '장개석의 앞잡이 소경광을 타도하자'는 구호를 제출했다. 박고는 이렇게 말했다. …당은 당신을 공개재판할 것이다(蕭勁光, 1987: 140). '소경광 비판'을 주도한 막후 조정자는 '중앙국' 책임자 박고이며 선봉장은 주은래·왕가상이다. 박고 등이 소경광을 '나명노선' 실행자로 비판하고 유기형을 선고한 것은 '살계경후'가 주목적이었다.

1934년 1월 6일 소경광은 군사재판 법정에서 심판을 받았다. 당시 소경관은 이렇게 답변했다. …적군은 3개 사단이었고 나의 수하에는 70여 명의 교도대밖에 없었다. 또 여천을 사수하라는 명령도 없었다(李志英, 1994: 145). 이덕은 이렇게 회상했다. …박고는 이렇게 말했다. 임시중앙정부와 '소경광 처분'에 관한 언급을 삼가야 한다. 모택동이 민감하게 반응한다. 모택동·나명·소경광이 같은 노선을 집행했기 때문이다(O. Braun, 1980: 45). 공판 대회 후 소경관은 수감됐다. 모택동은 하자진을 파견해 감방을 방문하게 하고 그에게 위로를 전했다. 모택동의 '집행거부'로 석방된 소광경은 홍군대학 교관으로 '파견'됐다. 이는 '공화국' 주석 모택동이 여전히 영향력을 행사했다는 단적인 방증이다.

'홍군 지도자'로 복권(1935.1)한 모택동은 주은래에게 '소경광 복귀'를 건의했다. 주은래는소경광에게 이렇게 말했다. …당신에게 내려진 '당중앙 처벌'은 잘못된 것이다. 당신의 당적·군적(軍籍)을 회복하고 '홍3군단' 참모장으로 임명한다(蕭勁光, 1987: 141). '결자해지' 차원에서 주은래가 소경광의 명예를 회복한 것이다. 소경광은 '모택동 노선' 실행자로 낙점된 정치적 희생양이었다. 건국 후 모택동은 소경광을 해군 사령 관에 임명했다.

모택담의 부인이며 하자진의 동생인 하이(賀怡)도 수난자였다. '좌경 노선' 집행자들은 하이에게 모택담의 '과오' 적발을 요구했다. 이를 거절한 하이는 중앙당학교에서 '사상개조'를 했다. 또 그들은 하이의 '당적 박탈'을 시도했으나 '동필무 보호'[1153]로 당적을 유지했다(陳冠任, 2029: 248). 당시 당적을 보전한 하이는 '당내 경고' 처분을 받았다. 한편 하자진의 오빠 하민학(賀敏學)은 홍군 사단장에서 파면돼 홍군학교에서 '사상'을 개조했다. 또 모택동의 장인도 '피해자'가 됐다. 실제로 박고 등은 모택동의 처갓집에 '연좌제(緣坐制)'를 적용했던 것이다.

그들은 모택민과 부인 전희균(錢希均)을 건드리지 않았다. 모택민은 국가은행장(1932.3)으로 일하며 내부 분쟁에 개입하지 않았다. 전희균은 정부기관의 당지부 서기였다. 모택민은 형을 동정했으나 공개적으로 도울 수 없는 처지였다(Levine 외, 2017: 383). 모택민이 수난당하지 않은 주된 원인은 권력투쟁에 무관심했기 때문이다. 결국 '공화국' 대외무역국장 모택민은 장정에 참가했다. 부인 전희균은 홍군 운송대대의 지도원을 맡았다.

1932년 모택동은 복음병원에서 3개월 간 '휴양'했다. 임시중앙의 이전(1933.1)으로 모택동의 '수난시대'가 도래했다. 이 시기 모택동 측근

1153 모택담이 '(江西)나명노선' 대표로 비판을 받은 후 아내 하이(賀怡)도 연루됐다. '좌경 노선' 집행자들은 하이에게 모택담의 '과오' 적발을 요구했다. 이를 거절한 임산부 하이는 중앙당교에 보내져 사상개조를 당했다. 당시 중앙당학교 총장 박고는 하이의 '당적 박탈'을 지시했다. 부총장 동필무의 '보호'로 당적을 보전했으나 하이는 '당내 경고' 처분을 받았다. '(中共)창건자' 동필무의 '하이 보호'는 모택동의 체면을 고려한 것으로 보인다.

자들도 파면·좌천돼 '사상개조'를 받는 등 수난을 겪었다. 또 부인 하자 진은 문서 관리자에서 '우편물 수발'로 밀려났다. '공화국' 주석 모택동 은 중앙 근거지로 복귀한 후 경제건설과 '사전운동(査田運動)'[1154]에 주력 했다. 결국 군권을 상실한 모택동이 '도광양회(韜光養晦)'[1155]를 선택한 것 이다.

3. 경제건설과 '사전(査田)운동'

1) '소비에트공화국' 주석의 '경제건설 전념'

모택동이 주도한 경제건설은 적의 경제봉쇄와 관련된다. 근거지에 대한 장개석의 경제봉쇄는 '홍군 토벌'의 책략이었다. 근거지의 '특산 품 반출'을 통제하고 백구의 생필품이 근거지에 반입되는 것을 철저히 막는 것이었다. 국민당 정부는 적백(赤白) 경계선에 260리에 달하는 '봉 쇄망(封鎖網)'을 설치했다. 또 식염전매국을 설치해 식염의 '근거지 반 입'을 근절했다. 결국 경제봉쇄를 타파하기 위한 경제건설이 당면과제 로 부상했다.

'주모홍군'의 최고 지도자 모택동은 반'포위토벌' 준비로 중앙 근

1154 '사전운동(査田運動)'은 중공 '총서기' 박고가 발기하고 '공화국' 주석 모택동이 주도한 정치운동이다. 1933년 6월부터 1934년 6월까지 1년 간 진행됐다. 강력한 계급노선 과 반동 세력에 대한 무자비한 타격으로 지주·부농의 반역과 중농이 '산속으로 피신' 하는 심각한 결과를 초래했다. 결국 '사전운동'은 반혁명 분자를 숙청하는 '계급투쟁 확대화'로 전락, 수많은 중농·빈농이 피해자가 됐다. 이는 근거지 군민의 강한 불만 을 자아냈다.

1155 '도광양회(韜光養晦)'는 잠시 재능을 감춰 드러내지 않고 때를 기다린다는 뜻이다. '도 광양회' 기원은 '구당서(舊唐書)·선종기(宣宗紀)'이다. 또 정관응의 '성세위언(盛世危言)'에 인용됐다. 젊은 시절 '성세위언'을 통독한 모택동이 처음 '도광양회'를 접했다. 녕도 회의(1932.10) 후 실각자 모택동은 3개월 간 휴양한 후 '도광양회'를 결심했다.

거지의 경제건설에 신경을 쓸 겨를이 없었다. 한편 노동운동 출신인 항영은 경제 문외한이었다. 녕도회의에서 실각한 모택동의 '경제건설 전념'은 울며 겨자 먹기였다. 이는 '총서기' 박고가 '공화국' 주석인 모택동에게 '맡긴 임무'였다. 한편 경제건설은 생사존망과 직결된 '초미의 문제'였다.

2월 중순 '토지분배'에 관한 서금현 편지를 받은 후 왕관란(王觀瀾)[1156]을 파견한 모택동은 이렇게 말했다. …근거지의 경제발전은 정부의 당면과제이다. 홍군의 급양을 해결하지 못하면 반'포위토벌'에서 승전을 거둘 수 없다(王觀瀾, 1981: 352). 근거지의 농민들은 벼·땅콩·대두 등 농산물을 외지에 팔 수 없어 곡물 가격이 폭락하고 식염·양포(洋布)·석유 등 생필품이 부족해 가격이 폭등했다. 당시 근거지에 이런 유행어가 나돌았다. …고객이 소금 한 알을 훔치면 점주(店主)는 수십리를 쫓아간다(姚名琨, 1981: 380). 경제봉쇄로 근거지의 백성들은 심각한 생활난에 봉착했고 전쟁에 필수불가결한 '급양 해결'이 상당히 어려웠다.

임시중앙정부 회의(2.26)를 주재한 모택동은 각급 정부에 '국민경제부'를 설치하고 등자회를 국민경제부장으로 임명했다. 또 '정부 명령(3.23)'은 이렇게 썼다. …과거 정부는 경제건설을 도외시했는데 이는 잘못된 것이다(金沖及 외, 1996: 306). 서금의 '경제건설 대회(8.12)'에서 한 모택동의 '보고' 골자는 ① 경제건설의 중요성 천명 ② 적의 경제봉쇄 극복 ③ '홍군 급양' 해결, 전쟁의 승리 취득 ④ 전쟁과 경제건설 병행 등

1156 왕관란(王觀瀾, 1906~1982), 절강성 임해(臨海) 출신이며 공산주의자이다. 1926년 중공에 가입, 1930~1940년대 '홍색중화' 편집장, (陝甘寧)변구 부서기, 건국 후 농업부(農業部) 부부장, 북경농업대학 총장, 전국 인대 상임위원 등을 역임, 1982년 북경에서 병사했다.

이다(逄先知 외, 2005: 408). 4월 28일 '각급 국민경제부 설립'에 관한 '제10호 훈령(訓令)'을 발표했다. 7월 20일 모택동은 '통고 제2호'를 발표해 국민경제를 발전시켜 적의 경제봉쇄를 타파해야 한다고 강조했다.

젊은이 대다수가 홍군에 입대했기 때문에 '노동력 부족'이 가장 큰 문제였다. 모택동이 제시한 '해결책'은 ① 호조사(互助社)·'이우합박사(犁牛合作社)' 설립 ② 농번기, 부녀자를 노동력으로 활용 등이다. '노동력 문제' 해결로 근거지의 생산량이 급증했다. 1930년대 모택동은 '경제활동 참가'를 통한 여성의 '사회적 지위 향상'[1157]에 중요한 기여를 했다.

1933년 가을 임시중앙정부는 '노동호조사조직강요(綱要)'를 반포해 호조사의 조직·관리를 규범화했다. 노동호조사에 농민과 '선거권을 가진' 남녀노소가 모두 가입할 수 있었으나 지주·부농은 가입이 불가능했다. 호조사는 '노동력 과부족'을 해결하고 곡물 증산에 기여했다. 1930년대 강서·민서의 부녀자 (纏足)누습이 많이 사라졌으나 부녀자가 밭일·논일을 하는 경우는 드물었다. 심지어 '부녀자가 논을 갈면 벼락을 맞는다'는 속언이 유행됐다. 중앙정부는 '부녀교육위원회'를 설치해 '관습 타파' 교육과 함께 농사일을 가르쳤다. 여성의 '농사꾼 변신'은 그들의 사회적 지위 제고와 함께 '남녀평등' 시대의 도래를 앞당겼다.

전쟁의 빈발로 근거지에는 역우(役牛)·농기구가 부족했다. 정부가 발표한 '춘경(春耕) 결의'는 이렇게 호소했다. …대중의 '경우호조(耕牛互助)'를 권장하고 '이우참(犁牛站)'을 설치해 농민의 난제를 해결해야 한다

[1157] '여성 해방'을 위한 필수적 조건은 ① 남녀 평균적 토지분배 ② 봉건 잔재 제거 ③ 구예교(舊禮敎) 폐지 ④ 매매혼인 폐지 ⑤ 민며느리 구박 금지 ⑥ 가정부녀 학대 금지 ⑦ 노동권리 부여 ⑧ 교육권리 부여 ⑨ 남녀 동등한 임금 ⑩ 생활환경 개선 ⑪ 산후(産後) 유급휴가 등이다. 여성의 '사회적 지위 향상' 주된 조건은 경제활동 참가이다.

(紅色中華, 1932.3.16). 최초의 (犁牛)합작사는 서금현에서 설립됐다. 중앙정부의 '농업생산 중시'와 적극적 조치로 근거지의 식량 생산량이 증가됐다. 대풍이 든 흥국현의 곡물 증산율은 10~30%에 달했다. 곡물 생산량 증가는 백성의 '식량문제'를 해결했고 백구에 반출해 '생필품 교환'이 가능케 했다. 또 곡물 생산량 증가로 홍군의 급양이 해결됐다.

'민이식위천(民以食爲天)'의 중요성을 인지한 모택동은 '식량문제 해결'을 위해 전국소비에트대회(1934.1)에서 중앙식량부를 설립하고 진담추를 부장으로 임명했다. 얼마 후 '모택동 추종자'로 좌천된 장정승이 부부장에 임명됐다. 원활한 '식량 공급'을 위해 임시중앙정부가 취한 조치는 ① 식량 수급과 '조달 계획' 제정 ② 식량합작사 설립 ③ 곡창(穀倉) 제조, 식량 비축 ④ 절약 제창, 낭비 불허 ⑤ 식량 반출, 생필품 교환 등이다.

중화소비에트공화국이 출범한 후 (婦女)전담기구를 설립하고 조직 시스템을 정비했다. 정부가 설치한 '전담기구'는 강서성소비에트정부 부녀사업위원회(1930.10)·중앙부녀생활개선위원회(1932.6)·중공중앙부녀사업부(1934.1) 등이다. 또 중앙정부가 여성의 '사회적 지위' 향상을 위해 실시한 일련의 효과적 조치는 ① 정치적 권리 강화, 남녀평등 강조 ② 경제적 지위 향상, 남녀의 동일노동·동일임금 ③ 혼인자유, '혼인조례(1934.1)'·'혼인법(1934.4)' 제정 ④ 문화수준 제고, '문맹퇴치' 운동 등이다. 한편 홍군 장정(長征)에도 30여 명의 여성이 참가했다.

중앙정부는 근거지의 연초·종이·장뇌(樟腦) 등을 백구에 반출하고 백성의 생필품 식염·포필 등을 반입했다. 전국총공회 책임자 유소기·진운이 업무를 총괄했다(王賢選 외, 1981: 351). 중앙정부는 백구 상인의 근거지 내 '무역활동'을 권장하고 적구에 구매처를 설치해 상품유통을 발전시켰다. 또 중앙정부는 현실에 부합한 경제정책을 추진해 유통산업을 활성화시켰다. 결국 근거지의 무역활동과 상품유통·수공업이 크게 발전했다.

경제건설 중 발생한 '좌적 과오'는 '노동법'에서 기인됐다. '공화국 노동법(1931.11)'의 좌적 성향은 ① 많은 휴식시간 ② 높은 급여기준 ③ 과다한 물질적 복리(福利) 등이었다. 상기 현실을 벗어난 규정과 대우는 경제가 발전한 대도시에서는 가능했으나, 생산력 발전 수준이 낮고 경제가 낙후된 근거지에서는 '실현 가능성'이 매우 낮았다. 예컨대 '8시간 노동제'는 근거지의 수공업 발전과 생산력의 향상을 저해하는 요소로 작용했다.

공상국제의 '경제정책 지시(1930.11.15)' 골자는 ① 농민의 입장 대변 ② 토지 몰수, 평균 분배 ③ 반동파 기업 개편 ④ 상품유통 중시 ⑤ 8시간 노동제 실시 ⑥ 고리대금 착취 철폐 ⑦ 구화폐 유통 금지 ⑧ 세수제도 개혁 ⑨ 상품교역 확대, 생필품 해결 ⑩ 산업국유화 등이다(江西省黨史研究室, 2010: 1240). 원동국의 '보고서(1932.10.18)'는 이렇게 썼다. …현실을 외면한 '노동법'은 숙련공 결핍을 초래했다. 미프는 '중국문제 보고(1932.12.21)'에 이렇게 썼다. …경제봉쇄로 근거지의 생필품이 부족하다. 경제정책을 개정해 수공업 발전과 교역 활성화가 필요하다('第一研究部', 2007: 275). 공산국제의 '지시문(1933.3)' 골자는 ① 경제건설 중시 ② 농민 적극성 동원, 곡물 증산 ③ 절약 제창, 화폐 평가절하 방지 ④ 상품 거래 활성화 ⑤ 총공회 역할 강화 ⑥ 합작화 중시 ⑦ 대중 생활수준 제고 등이다('第一研究部', 2007: 354). 근거지의 경제정책은 상기 '지시문'을 모태로 제정했다. 한편 '8시간 노동제' 등은 근거지의 현실을 무시했다. 당시 중앙 근거지의 경제정책은 소련의 경제정책을 모방한 것이었다.

진운은 '투쟁(鬪爭, 1933.4)'에 발표한 '노동자 경제투쟁'이란 문장에 이렇게 썼다. …경제투쟁의 '좌경 과오'는 근거지의 경제발전을 저해하며 '노농연맹'을 파괴한다(陳雲, 1984: 9). 유소기는 '소구(蘇區)노동자(1933.7.1)'에 글을 발표래 '노동법' 시정을 요구했다. 또 그는 '노동자 이익'을 희생하는 '우경 기회주의'를 반대했다(金沖及 외, 2008: 173). 당시 낙보는 '노동법 수정'을 결정하고 양백대(梁柏臺)를 책임자로 임명했다. 결국 '노동법' 수정은 노사갈등 완화와 사기업 발전을 촉진했다. 한편 유소기는 '공장장책임제'[1158]를 주장한 최초의 중공 지도자이다.

근거지의 군수공업은 병기공장이 주류였다. 병기수리팀(1927.12)·기계수리공장(1931.9)·중앙병기공장(1931.12) 등이다. 1933년 관전(官田)병기공장 기술인원은 440명에 달했다. 근거지에서 채광된 텅스텐 광석(鎢砂)은 백구에 반출돼 생필품으로 교환됐다. 국영기업은 제지·방직·통신설비 등 제조업체가 있었고 집체기업은 생산합작사가 위주였다. '좌적 정책'으로 사기업은 대부분 도산했다. 또 모택동은 '기업 발전'은 등한시했다.

1950년대 경제전문가 진운은 경제건설에 중요한 역할을 했다. 1960년대 유소기의 경제정책을 지지한 그는 강서성 남창에 '하방'됐다. 등소평과 함께 중공 2세대 '핵심 지도자'이다. 한편 유소기는 1920년대 모택동의 지도하에 안원 노동자 파업을 주도했다. 모택동·왕명의 권력투쟁에서 모택동을 지지한 유소기는 '중공 2인자'로 부상했다. 문혁 초기 국

1158 '공장장책임제(廠長責任制)'란 기업 책임자 공장장(工場長)이 생산과 판매 등을 구체적으로 책임지는 기업관리제도이다. '공장장책임제'는 계획경제에 위배되는 자본주의 시장경제를 의미한다. 1960년대 국가주석 유소기는 공장장이 책임지는 시장경제 체제를 도입했다. 결국 '중공 2인자' 유소기는 문혁 시기 '주자파(走資派)'로 몰렸다.

가주석 유소기는 '주자파(走資派)'로 몰려 '처참한 죽임(1969)'을 당했다.

1934년 1월 모택동이 정리한 '경제건설' 경험은 ① 최우선 과제, 곡물 증산을 통한 '식량 자급' ② 국민경제, 국영기업·합작사·사기업으로 구성 ③ 절약 제창, 탐오·낭비 징벌, ④ 교역 증진과 상품유통 활성화, 백성의 생필품은 마련 등이다(毛澤東, 1991: 131, 133). 모택동은 이렇게 주장했다. …공무원은 탐오·낭비는 최악의 범죄라는 것은 명심해야 한다. '반탐오' 투쟁에서 일정한 성과를 거뒀으나 방심은 금물이다. '범죄행위'인 관료주의를 똥통에 버려야 한다(余伯流 외, 2011: 292). '식량문제 해결'은 홍군 급양과 근거지 백성의 '자급자족'을 가능케 했다. 경제 문외한인 모택동이 경제건설의 중요성을 새삼 인지한 것은 '중요한 성과'였다. 낭비와 '담 쌓고' 근검하게 생활한 모택동은 '청렴결백'의 본보기였다.

실각자 모택동의 경제건설 전념은 자의반 타의반 성격이 강했다. 곡물 증산으로 백성의 자급자족을 달성하고 부녀자의 생산활동 참여를 통해 여성의 사회적 지위가 향상됐다. 이는 '치국(治國)'의 소중한 경험이 됐다. 한편 군수공업은 병기공장에 한정됐고 '좌적 정책' 영향으로 사기업의 발전은 정체됐다. 건국 후 모택동은 '합작사' 경험을 바탕으로 인민공사화 운동을 실시했다. 이는 '대약진' 운동을 추진하는 사상적 기반이 됐다.

2) '사전(査田)운동'과 '도광양회'

중국 학자들은 모택동과 박고의 '첫 만남(1933.2)'을 이렇게 썼다. …박고가 모택동을 만나보니 수척한 모습이나 유머적이고 노련미가 철철 넘쳤다. 또 그가 '홍군 창건자'라고 생각하니 존경심이 들었으나, '진공노선' 반대자라고 생각하니 묘한 경멸감이 생겼다(劉思齊 외, 1993:

405). 하룻강아지 범 무서운 줄 모른다는 말이 있다. 결국 공산국제라는 '태상황'의 권위에 의지해 '하룻강아지(博)'가 수난당한 '호랑이(毛)'를 2년 간 괴롭혔다.

'총서기' 박고는 모택동의 직속상관이었다. 중국에선 '당(黨) 서기'가 '정부 책임자'의 상급자로 군림한다. 초기 모택동은 군사 문외한 박고를 안중에 두지 않은 반면, 박고는 유학 경험이 없는 '촌뜨기' 모택동을 경멸했다. 한편 3개월 간 '휴양'하며 심각하게 반성한 모택동은 정치 초보자가 아니었다. 결국 '능굴능신(能屈能伸)' 중요성을 실감한 모택동이 '도광양회'를 결심한 것이다. '정치 애송이' 박고는 실각자 모택동을 과소평가했다.

복건성 소비에트정부가 통과한 '토지조례(1932.7.13)'는 '민서 사전(査田)'을 결정했다. 또 '조례'는 지주·부농의 토지를 몰수해 빈고농에게 분배할 것을 요구했으나, 현실을 무시한 '좌적 정책'은 백성의 옹호를 받지 못했다. 이 또한 근거지의 '사전운동'이 본격적으로 전개되지 못한 주된 원인이다. 당시 군권을 상실한 모택동은 '백의종군'을 했다. 한편 정부의 업무를 주관한 항영은 근거지의 토지정책과 농촌 상황에 익숙하지 못했다.

박고는 '홍색중화'에 발표한 문장(1933.2.10)에 이렇게 썼다. …'사전운동'을 통해 지주·부농의 토지를 몰수해 빈고농에게 평균적으로 분배해야 한다. '사전운동'을 '진공노선'과 결부시켜 추진해야 한다(余伯流 외, 2017: 1240). 2월 중순 모택동에게 '사전운동'을 맡긴 박고는 이렇게 주장했다. …지주에게 농지를 분배하지 않고 부농에게 '나쁜 땅'을 주는 공산국제의 원칙을 위반해선 안 된다. 또 '사전'을 통해 토지분배를 실시하고 부농에게 분배된 '좋은 땅'을 회수해야 한다(陳鋼 외, 2011: 260).

정치적 '진공노선'인 '사전운동'은 지주·부농 소멸이 궁극적 취지였다. '사전운동' 주모자는 박고였고 주도자는 모택동이었다. 한편 박고가 '사전운동' 주도권을 모택동에게 맡긴 것은 '군 지휘권' 박탈이 숨은 목적이었다.

모택동이 박고가 '맡겨준 임무'를 수용한 원인은 첫째, 조직의 결정에 반드시 복종해야 하기 때문이다. 둘째, 토지분배가 급속히 진행돼 많은 문제점이 존재했다(蔣伯英, 1993: 469). 모택동이 '조직의 결정'에 복종하기 위해 임무를 수용했다는 주장은 어불성설이다. 모택동이 공산국제의 토지정책에 대해 '반대 의견'을 제출했다면 '당적'을 박탈당했을 것이다. 실제로 '도광양회'를 결심한 모택동이 지고무상한 '권력'에 순종한 것이다.

모택동이 박고가 '맡겨준 임무'를 수용한 원인은 ① '휴양'을 통한 반성 ② 영향력 확대 ③ 토지분배 '문제점' 해결 ④ 정치운동으로 활용 ⑤ 반혁명 분자 숙청 ⑥ 공산국제의 '지시'로 간주 ⑦ 박고와의 '관계개선' 등이다. 당시 모택동은 '중공 1인자' 박고의 지시를 거부할 수 없었다. 또 그는 '지시 거부'로 인해 발생되는 심각한 결과를 잘 알고 있었다. 실제로 면종복배한 모택동이 '도광양회'를 통한 '동산재기'를 노렸던 것이다.

'중공 6대'에서 채택한 '토지문제 결의안'은 이렇게 썼다. …지주계급의 재산을 몰수하고 몰수한 땅을 농지가 없는 농민들에게 나눠줘야 한다(中央檔案館, 1982: 207). 주은래는 이렇게 지적했다. …지주계급의 토지를 몰수해 빈농에게 분배하는 정책은 지주를 축출하는 결과를 초래했다. 이는 근거지의 발전에 악영향을 끼쳤다(周恩來, 1980: 182). (六大)토지정책은 공산국제 '2대'에서 통과된 토지문제제강(提綱)을 근거로 제정한 것이다. 결국 지주에 대한 '육체적 소멸' 정책은 중국의 토지혁명에 부정적으로 작용했다. 한편 좌적인 '부농정책'도 공산국제와 관련된다.

공산국제의 '농민문제 지시(1929.6.7)'는 이렇게 썼다. …중국의 부농은 농민을 착취하는 반동 세력이다. 부농의 '혁명 퇴출'을 두려워해선 안 된다. 결국 (蘇區)중앙국의 '토지문제 결의안(1931.8)'은 부농에게 '나쁜 땅'을 나눠주는 정책을 제정했다(吳葆朴 외, 2007: 125). 모택동은 이렇게 회상했다. …'지주계급 소멸' 정책은 많은 지주들이 홍군을 공격하는 '녹색유격대'에 가담하는 결과를 초래했다. 부농에게 '나쁜 땅'을 분배하는 정책으로 일부는 빈농으로 몰락하고 대부분은 반동파로 전락했다(毛澤東, 1993: 342). 실제로 모택동이 주도한 '사전운동'으로 많은 지주·부농이 백구(白區)로 도망쳐 공산당을 반대하는 반동파로 전락했다. 한편 '계급투쟁 확대화'로 수많은 빈농·중농이 '사전운동'의 피해자가 됐다.

중앙정부의 '제2호 훈령(1933.2.1)'은 이렇게 썼다. …회창 등 8개 현은 '사전'을 통해 2개월 내 전 현의 토지를 재분배한다. 지주의 토지를 몰수하고 부농에게 나쁜 땅을 분배한다(黃允升, 2006: 272). 상기 '훈령'은 토지부가 '중앙국' 지시에 근거에 작성한 것이다. '토지 재분배'가 아닌 계급 조사로 추진된 '사전운동'의 목적은 지주·부농의 '좋은 토지'를 몰수하는 것이다. 결국 지주·부농을 소멸하는 좌경적 정치운동으로 변질했다.

낙보는 '투쟁(鬪爭, 1933.5.26)'에 발표한 '홍색정권 계급투쟁'이란 문장에 이렇게 썼다. …당면과제는 농촌의 '계급투쟁 전개'이다. 토지분배는 완성됐으나 지주·부농에게도 농지를 나눠줬다. '사전운동'은 매우 필요하다(李志英, 1993: 123). 당사자 왕관란은 이렇게 회상했다. …모택동의 지시를 받은 나는 실무팀을 이끌고 엽평에서 시범사업에 착수했다. 나의 의견을 청취한 모택동은 '엽평 경험'을 서금현에 보급했다(王觀瀾, 1918: 355). '사전운동'에서 모택동은 '계급투쟁 방식'을 적용했다. 결국 이는 심각한 결과를 초래했다. 실제로 모택동이 반포한 '훈령'과 (蘇區)중앙국의 '결의'는 '사전운동'의 좌적 경향을 여실히 보여줬다.

임시중앙정부가 발표한 '훈령(1933.6.1)'은 이렇게 썼다. …'사전운동'에서 빈농에 의거하고 중농과 연합해 반동 세력을 무자비하게 타격해야 한다. 지주계급 자산과 부농의 토지·역우(役牛)·농기구·가옥을 몰수해 빈농에게 나눠줘야 한다(逄先知 외, 2011: 317). 모택동과 호해(胡海)[1159]의 보고를 청취한 '중앙국'이 발표한 '사전운동 결의(1933.6.2)'는 이렇게 썼다. …지주계급은 토지 점유를 위해 빈농으로 둔갑했다. 대중적 계급투쟁을 통해 지주계급을 철저히 축출해야 한다(中央檔案館, 1982: 615). 또 '결의'는 '사전운동'을 숙반·검거운동(檢舉運動)[1160]과 결부해 진행할 것을 요구했다(江西省黨史研究室, 2011: 2662). 실제로 '숙반'·'검거운동'과 결부된 '사전운동'은 계급투쟁으로 점철된 좌경적 정치운동이었다.

모택동이 발표한 '사전운동의 계급투쟁'이란 문장(1933.6.14)은 이렇게 썼다. …'사전운동'은 잔혹한 계급투쟁이다. 대중운동으로 발전시켜 계급노선을 관철해야 한다. 그래야 지주계급을 제거하는 최종 목적을 달성할 수 있다('鬪爭', 1933.10.28). 6월 17일 서금에서 8개 현 책임자 400여

1159 호해(胡海, 1901~1935), 강서성 길안(吉安) 출신이며 공산주의자이다. 1928년 중공에 가입, 1933년 중앙정부 토지부장, 1934년 '공만흥(公萬興)'특위 위원, 1935년 '공만흥' 특위 서기, 그해 6월 남창에서 살해됐다.

1160 '검거운동(檢舉運動)'은 1932년 말부터 1934년 여름까지 (中央)근거지에서 진행된 대중운동이다. 주된 목적은 대중의 검거를 통해 간부들의 '직무태만'을 치죄하고 혁명정부에 잠입한 불순분자와 반혁명 적발을 위한 것이었다. 한편 '검거운동'은 좌경 정치운동인 '사전운동'과 결부돼 수많은 혁명 간부를 '반혁명 분자'로 비판·처형했다.

명이 참석한 대회가 개최됐다. 대회에서 연설한 모택동은 이렇게 말했다. …근거지의 토지문제는 철저히 해결되지 않았다. 이는 계급투쟁이 심도있게 전개되지 못했다는 것을 설명한다(李志英 외, 2007: 126). 이는 '계급투쟁 확대화'로 발전했고 근거지에서 억울한 피해자를 양산했다. 이 또한 '계급투쟁 달인'[1161]인 모택동이 범한 좌경적 과오였다.

폐막식(6.21)에서 모택동은 이렇게 지적했다. …소비에트정권을 공고히 하기 위해 '사전운동'을 광범위하게 전개해야 한다. 또 그는 '8개현 빈농단 대회' 개막식(6.25)에서 연설했다. …현재 반동 세력은 빈농·중농으로 가장해 반혁명 활동을 진행하고 있다(逄先知 외, 2005: 405). 실제로 박고와 모택동이 의기투합해 추진한 '사전운동'은 '반동파 숙청'을 취지로, 소비에트정권에 혼입한 '반혁명 분자'를 제거하는 잔혹한 계급투쟁이었다.

7~9월 '사전운동'의 좌적 성향은 급속히 확산됐다. 정부의 잘못된 '계급 조사'로 많은 중농이 피해를 입었고 타격대상이 됐다. 한편 중농이 부농으로 확정되고 부농이 지주로 '격상'돼 재산을 몰수당하는 현상이 비일비재했다. 일부 지방정부는 '계급 조사'를 조상 3대의 출신성분까지 따져 빈농을 '몰락한 지주'로 확정해 재산을 몰수했다. 또 중농 출신의 간부는 '반혁명 분자'로 간주돼 당적을 박탈당하고 소비에트정부에서 축출됐다.

1161 중공 역사에서 모택동은 계급투쟁과 정치운동을 가장 성공적으로 결부시켜 추진한 '계급투쟁 달인'이다. ① 홍군 내 'AB단' 숙청운동(1931) ② 사전(査田)운동(1933) ③ 연안정풍운동(1942) ④ 반우파투쟁(1957~1958) ⑤ 문화대혁명(1966~1976) 등이다. 실제로 '정치운동 전문가'인 모택동은 계급투쟁을 통해 정적(政敵)을 제거하고 전화위복의 계기로 삼았다. 한편 '경제 문외한'인 모택동은 후반생 20년을 계급투쟁에 헌신했다.

3개월 후 강서·복건·월감 3개 성에서 '지주' 6988세대, '부농' 6638세대를 찾아냈다. 이들 '지주·부농'은 대부분 중농이었다. 또 변돈을 놓아 적은 이윤을 챙긴 중농과 노동력을 팔아 생계를 유지하는 노동자도 지주로 확정됐다(凌步機 외, 2017: 1242). 당시 1인당 평균 6~10담(擔)의 논밭은 중농 기준이었다. 매인당 9담의 밭을 소유했거나 노동력 상실로 소작을 준 중농들은 지주로 확정했다. 이 중 '노동력 부족'으로 소작을 준 홍군 가족도 포함됐다(童小鵬, 1986: 219). 한편 '지주계급 축출'을 취지로 한 '사전운동'의 심화로 수많은 중농·빈농·노동자가 피해자가 됐다. 결국 이는 근거지 군민의 강렬한 불만을 자아냈다.

'사전운동'의 심화로 좌적 성향이 강화됐다. 일부 지역에선 10년 전에 소작인을 고용했거나 머슴을 둔 적이 있는 중농을 부농으로 확정했다. '사전운동'의 목적은 빈농·중농으로 둔갑한 지주·부농을 찾아내 숙청하는 것이었으나, 계급투쟁의 타격대상이 확대된 후 중농이 피해자가 되는 현상이 비일비재했다. 당초 모택동은 '사전운동'에서 '중농과 연합'하는 정책을 제정했다. 결국 중농은 '연합 대상'이 아닌 계급투쟁의 대상이 되었다.

모택동은 '투쟁(1933.8.29)'에 발표한 '사전운동 총결'의 골자는 ① '사전운동'은 성공적 대중운동 ② 일부 지역, '사전운동' 포기 ③ 일부 지방 간부, 지주·부농에게 투항 ④ 중농의 피해 현상 근절 ⑤ '중농 피해', 위험한 신호 등이다(中共中央文獻研究室, 2005: 410). 모택동은 일각에서 주장하는 '좌경 과오' 시정이 아닌, '사전운동'의 지속적 전개를 주장했다. 실제로 '계급투쟁 달인'인 모택동은 정치운동을 쉽사리 포기하지 않았다.

'사전운동'의 좌적 성향을 감지한 박고는 (蘇區)중앙국 회의를 개최해 '제2차 사전운동 결의(1933.9.8)'를 발표했다. 박고는 '사전운동'에서 나타난 '좌경 과오'에 대해 모택동이 책임지고 시정할 것을 결정했다. '사전운동' 발기자 박고가 '결자해지' 차원에서 '과오 시정'을 지시한 것이다. 중국 학자들은 '사전운동'의 '과오 시정'을 모택동의 공적(功績)으로 간주하고 있다. 실제로 모택동의 '과오 시정'은 박고의 지시를 따른 것이다.

모택동이 작성한 '토지문제 결정(1933.10.10)'은 이렇게 썼다. …계급 성분이 잘못 확정된 당사자는 성분을 변경해야 한다. 승리현은 '결정'을 근거로 1300여 호를 중농으로 변경했다(余伯流 외, 2001: 1053). 10월 중 임시중앙은 모택동이 작성한 '농촌계급 분석'[1162] 문장 발표를 허락했다. '결정'은 '사전운동'의 피해자 중농에 대해 명확히 규정했다. …중농의 '착취량'은 총수입의 15%에 한정한다. 특수 상황에선 30%까지 인정한다(中央檔案館, 1991: 561). '토지문제 결정'이 발표된 후 서금·회창·우도 등지에서 지주·부농으로 확정됐던 수백 세대가 중농으로 회복됐다. 한편 '좌경 과오'가 일부 시정됐으나 '손실 만회'에는 역부족이었다.

'사전운동'이 초래한 심각한 결과는 ① 중농 이익을 침해 ② '지주 축출'에 따른 역효과 ③ 많은 간부가 '반혁명 분자'로 숙청 ④ 농업생산에 악영향 ⑤ 피해자로 전락한 농민 불만 ⑥ 백구로 도망친 지주·부농의 반역 등이다(凌步機 외, 2017: 1245). '사전운동' 심화로 일부 지역의 농민들은 떼 지어 촌락을 떠났다. 심지어 지방간부가 대중을 선도해 반역

1162 '농촌계급 분석'은 모택동이 1933년 6월에 작성한 것이다. 1933년 10월 중 박고가 주도한 임시중앙은 모택동의 '농촌계급 분석' 발표를 허락했다. 당시 모택동은 지주·부농·중농·빈농·노동자의 성분 분석을 통해 농촌계급 획분(劃分)의 기준을 제시했다. 훗날 '모택동선집(1991)'에 수록된 '농촌계급 분석'은 많은 내용이 수정됐다. 한편 1940년대 '농촌계급 분석'은 재차 발행돼 전국의 토지개혁사업의 지도적 방침으로 사용됐다.

한 사건도 발생했다(黃道炫, 2005). 농민의 '촌락 이탈'은 '홍군 확대 운동 (1934)'[1163]과 관련된다. '사전운동'은 박고·모택동이 의기상투해 진행한 정치운동이다. 실제로 모택동은 박고의 '꼭두각시' 역할을 했다.

1933년 말 박고의 신임을 상실한 모택동이 배척당한 원인은 ① 모택동의 '과오 시정', '성과 부정'으로 간주 ② 군사고문 이덕의 도래 (1933.9) ③ 홍군 내 '나명노선' 숙청, 모택동 간 대립 격화 ④ '진공노선'에 위배된 유격전술 경계 ⑤ '모택동 영향력' 제거 절박성 ⑥ '우경 기회주의' 비판 필요성 ⑦ 모택동을 정적으로 간주 등이다. 당시 박고는 군사고문 오토 브라운(李德)에게 작전 지도권을 위임했다. 홍군 내 성망이 높은 모택동의 '영향력 제거'가 더욱 절박해졌다. 결국 박고는 '강력한 정적'인 모택동을 '우경 기회주의자'로 몰아 비판한 것이다.

모택동은 '중앙국' 지시에 근거해 잘못 확정된 중농의 계급성분을 회복했다. 한편 모택동의 '성분 변경'을 지주계급의 '부활'로 간주한 박고는 '반공도산(反攻倒算)'으로 여겼다. 따라서 모택동이 작성한 '결정'과 '계급성분 분석'을 '우경 기회주의'로 비판했다. 또 5중전회(1934.1)에 불참한 모택동에게 '우경 기회주의자'란 죄명을 씌웠다. 1934년 2월 '인민위원회 주석'에서 파면된 모택동은 유명무실한 '공화국' 주석으로 전락했다.

박고는 모택동을 '중국의 칼리닌(Kalinin)'이라고 빈정댔다. 이유한

1163 1933년 8월부터 1934년 7월까지 중앙 근거지에서 강제로 추진된 '홍군 확대'로 병력이 11.2만명으로 늘어났다. 1934년 9월 근거지의 인력이 고갈된 상태에서 임시중앙은 한 달 내 3만명의 '홍군 확대' 목표를 제정했다. 결국 '강제 징병'을 거부한 근거지의 건장한 남자들은 모두 도망쳤다. 당시 강제로 '홍군에 뽑힌' 신병들을 대거 도주했다. 강박적인 '홍군 확대 운동'으로 (中央)근거지의 대중과 혁명정부 간의 대립이 격화됐다.

은 이렇게 회상했다. …당시 나는 박고와 함께 지주의 저택에 머물렀다. 어느 날 박고는 낙보에게 득의양양한 표정으로 이렇게 말했다. 모택동은 사실상 칼리닌이 됐다(余伯流, 2011: 52) 실제로 모택동은 '당권·군권'에 이어 '정권(政權)'도 상실했다. 당시 칼리닌은 소련 최고소비에트 주석단(主席團) 주석이었으나 실권은 스탈린이 장악했다. 결국 '정치적 애송이' 박고가 낙보를 '인민위원회 주석'으로 임명한 것이 자충수가 됐다. 1년 후 박고는 의기투합한 모택동과 낙보에 의해 실각자가 됐다.

1934년 3월 15일 낙보가 반포한 '제1호 명령, 사전운동 지속적 전개'는 이렇게 썼다. …'좌경 과오'를 시정한다는 미명하에 '사전운동'을 중지한 우경 기회주의를 철저히 숙청해야 한다. 지주·부농이 어떤 증거를 제출해도 '시정'해선 안 되면 이미 성분을 변경한 것도 무효로 처리해야 한다(土地革命文獻選編組, 1987: 746). 결국 모택동의 '과오 시정'은 전면 부정됐다. 또 모택동은 '우경 기회주의자'로 몰렸다. 따라서 '사전운동'은 좌경 정치운동으로 '환원'했다. 한편 제5차 반'포위토벌' 실패로 '사전운동'은 추진된 지 1년 만(1934.6)에 드디어 막을 내렸다.

양상곤은 '사전운동'을 이렇게 평가했다. …모택동이 지도한 '사전운동'은 '좌적 성향'이 강했다. 이 시기 지주·부농은 제거됐고 많은 많은 중농이 피해자가 됐다. 유영(劉英)[1164]은 이렇게 말했다. …나는 우도(于道)에서 '홍군 확충'에 참가했다. 당시 모택동은 '확홍(擴紅)' 반대자는 곧 처형하라고 지시했다(鄒賢敏 외, 2016: 272). 상기 내용은 양상곤·유영의

1164 유영(劉英, 1905~2002), 호남성 장사(長沙) 출신이며 공산주의자이다. 1925년 중공에 가입, 1930~1940년대 공청단 복건성위 서기, 중앙비서처장, 요동(遼東)성위 조직부장, 건국 후 외교부 부장조리(助理), 전국 정협 상임위원 등을 역임, 2002년 북경에서 병사했다.

회상(1986)이며 '염황춘추(炎黃春秋, 2009)'에 게재됐다. 실제로 박고 등이 주도한 '홍군 확대 운동'은 모택동과 큰 관련이 없다. 한편 양상곤·장문천·유영은 '피해자'였고 모택동은 '가해자'였다.

장문천(洛甫)과 양상곤은 모두 '28개반볼셰비키' 출신으로 당과 국가의 '최고 지도자' 반열에 올랐다. '사전운동'에서 계급투쟁을 강조해 '좌적 성향'을 유발한 장문천은 모택동의 '홍군 지도자' 복귀에 중요한 역할을 했다. 1935년 2월부터 '(毛張)연합체제'가 '(博周)체제'를 대신했다. 문혁 시기 장장 12년 간 감금된 양상곤은 1980년대 국가주석(1988)에 등극했다. 한편 낙보·유영 부부의 '결합'은 모택동 부부의 중매로 이뤄졌다.

1934년 재차 실각한 모택동은 완전히 고립됐다. 훗날 그는 이렇게 술회했다. …좌경 지도자들의 '진공노선'을 반대한 나는 배척을 받았다. 당시 나의 집에는 귀신도 얼씬거리지 않았다. 다행히 나는 목숨은 부지했다(毛澤東, 1965.8.5). '사전운동'에 전념한 실각자 모택동은 5중전회에서 '정권(政權)'마저 상실했다. 결국 유명무실한 '공화국' 주석으로 전락했다. 한편 모택동의 '당적 보전'은 공산국제의 '암묵적 보호'가 있었기 때문이다.

1957년 모택동은 증지에게 이렇게 말했다. …1932년 가을부터 실각한 나는 장주(漳州)에서 수집한 마르크스주의 저서를 열심히 읽었다. 2년 간 탐독한 덕분에 마르크스주의 이론을 숙지했다(中共中央文獻研究室, 1993: 402). 이 시기 '도광양회'를 선택한 모택동에게 독서는 각종 번뇌를 잊고 지력(智力)을 키우는 '적절한 대안'이었다. 결국 마르크스주의 저서에 대한 '탐독'은 모택동의 마르크스주의 이론가의 '변신'에 중요한 역할을 했다.

4월 하순 모택동은 주은래의 동의하에 회창으로 시찰을 떠났다. 5월 중 월감(粤贛)성위가 개최한 간부회의에 출석한 모택동은 '사전운동' 전개와 '반혁명 숙청'을 강조했다. 6월 상순 참당(站塘) 시찰 중이었던 모택동은 '홍22사' 행동방침을 제정하고 주은래에게 전보(6.22)를 보내 '홍7군단'의 '남진 중지'를 건의했다. 당시 주은래는 모택동의 건의를 수용했다. 7~8월 주은래의 제의를 수용한 모택동은 '유격전쟁' 소책자를 집필했다.

1932~1934년 '공화국' 주석 모택동은 '수난시대'를 맞이했다. '주은래 도래(1932.1)' 후 모택동은 동화산에 은거했다. 그 후 '백의종군'한 모택동은 '우경 기회주의자'로 몰려 비판을 받았다. 또 녕도회의(1932.10)에서 '군권(軍權)'을 박탈당했다. 박고 등이 주도한 반'나명노선' 투쟁의 전개로 모택동 측근이 줄줄이 수난을 당했다. '중앙국' 지시로 '사전운동'을 주도한 모택동은 박고의 '괴뢰' 역할을 했다. 또 중앙정부인민위원회 주석에서 파면된 모택동은 유명무실한 '공화국' 주석이 됐다. 결국 '중국의 칼리닌'이 된 그의 집 앞에는 '귀신'도 얼씬거리지 않았다.

모택동의 '군권 박탈자' 항영은 1941년 부관에게 살해됐고 임필시는 1950년에 병사했다. 만약 그들이 살아 있었다면 문혁 시기 유소기·이립삼과 같은 '처참한 죽임'[1165]을 당했을 것이라는 것이 학계의 중론이다. '모택동 비판' 선봉장인 고작림은 1934년에 병사했다. '모택동 실

1165 국가주석 유소기는 모택동의 '한 장의 대자보(1966)'로 8기 2중전회(1968.10)에서 '변절자·간첩·역적'이란 죄명을 쓰고 온갖 수모와 혹형에 시달렸다. 유소기는 1969년 11월 12일 개봉(開封)에서 한(恨)을 품고 세상을 떠났다. 1967년 6월 22일 '소련 특무'로 몰린 이립삼은 혹독한 심문에 견디지 못해 대량의 수면제를 복용해 생을 마감했다. 유소기와 이립삼의 공통점은 모두 '노선착오'를 범했고 그들의 죄명은 '반역죄'였다.

각'의 주요 당사자 주은래는 죽을 때가지 반성하며 살았다. 모택동 '수난시대'의 주요 장본인 박고는 1946년 '비행기 사고'로 사망했다. 또 다른 장본인 낙보는 '반당분자(1959)'로 몰린 후 문혁 시기 심각한 정치적 박해를 받았다. 녕도회의 참석자 등발도 박고 등과 함께 조난당했다.

우여곡절을 거쳐 장정에 참가한 모택동은 낙보·왕가상의 도움을 받아 '홍군 지도자' 복귀에 성공했다. 만약 실각자 모택동의 '도광양회'와 '심각한 반성'이 없었다면 동산재기(1935.1)가 불가능했을 것이다. 역설적으로 모택동의 '수난'은 전화위복의 계기가 됐다. 1930년대 모택동이 강력한 라이벌 주은래·장국도·왕명 등과의 권력투쟁에서 '최종 승자'가 된 것은 2년 간의 '도광양회'를 통한 역량 비축이 있었기 때문에 가능했다.

1934년부터 이덕·박고가 직접 홍군 작전을 지휘했다. '홍군 패전'의 장본인은 '지휘권이 없는' 군사고문에게 작전 지휘권을 맡긴 박고이다. 소련 군사고문의 좌경 군사전략을 무조건 집행한 항영·주은래 등도 '문책 대상자'이다.

소비에트대회에서 모택동은 '정권(政權)'을 박탈당했다. 이는 박고의 '모택동 왕따' 전략과 관련된다. 국내에서 고립된 모택동이 국외에선 오히려 위상이 높아졌다. 결국 이는 공산국제의 '모택동 보호'와 '박고 견제'를 위한 왕명의 '추천'과 관련된다. 실제로 박고·왕명 간의 권력투쟁으로 모택동이 어부지리를 얻었다.

'상강 참패'의 장본인 박고가 책임감을 통감하고 '양심의 가책'을 받았다면 이는 '불행 중 다행'이었다. 당시 홍군 장병의 '불평불만'을 감지한 후 그가 보여준 어설픈 행위는 '정치적 쇼'에 불과했다. 한편 연약하고 무능한 박고는 '자살 용기'조차 없었다. 실제로 '상강 패전'의 주범인 박고는 총살감이다.

낙보의 '총서기 부임'은 '모낙(毛洛)' 협력체제의 정식 출범을 의미한다. 장정 후반기 '총서기' 낙보의 지지로 '모주(毛周)'의 지위가 역전됐다. 결국 숙적인 장국도와의 권력투쟁에서 승자가 된 모택동은 '홍군 통수권자'로 등극했다.

'성동격서' 전술과 기동적인 운동전 진수를 여실히 보여준 전투가 네 차례의 '적수하 도하'였다. '적수하 전투'는 홍군의 '유격전 백미'로 꼽아도 손색이 없는 명전투였다.

설산 정복을 통해 달성한 '양군 회사'는 역사적 회합이다. 한편 회합의 희열은 사라졌고 '분열'의 그림자가 짙게 드리웠다. 실세인 장국도가 공산국제가 승인한 당중앙을 안중에 두지 않았기 때문이다. '도망치기 급급'한 모택동은 '패자(敗者)'였다.

장국도는 '당권' 도전에 나섰다. '득촌진척(得寸進尺)', 줄수록 양양이었다. 모택동은 '북상·남하'의 노선투쟁에서 불리한 국면에 처했다. 군권을 챙긴 장국도와 당권을 장악한 모택동 간의 노선투쟁은 점입가경(漸入佳境)이었다.

'(毛張)4살 차이'는 대학생·고등학생 간 차이였다. 모택동은 장국도보다 4년 먼저 정강산에 들어가 홍군을 창건했다. 40개 초반의 모택동은 '3낙3기'한 노련한 정치가였다. 30대 후반이며 '2낙2기(二落二起)'한 장국도는 오만방자하고 미숙한 정치인이었다.

실제로 '아계회의'에서 모택동은 사실상 '홍군 통수권자'로 내정됐다. 모택동·주은래의 지위 역전은 사필귀정이다. 결국 이는 치열한 권력투쟁의 결과물이다.

제5장
장정(長征), '홍군 통솔자' 등극

제1절 제5차 반'포위토벌' 실패

1. 제5차 반'포위토벌' 개시, 좌경 군사전략 추진

1) 장개석의 '포위토벌' 개시, 홍군의 작전 준비

1933년 9월 장개석은 중앙 근거지에 대한 제5차 '포위토벌'을 개시했다. 박고·항영 등 교조주의들은 좌경 군사전략을 실행했다. 소련 군사고문 오토 브라운(李德)의 도래(1939.9)는 홍군 작전에 악재로 작용했다. 박고·이덕은 반'포위토벌' 실패를 초래한 장본인이다. 한편 제5차 반'포위토벌' 실패는 홍군 주력이 '대이동(長征)'을 한 주된 요인이다.

장개석은 군사회의(1933.5)에서 이렇게 말했다. …'공비(共匪)'는 심복지환이다. 누가 '북상항일'을 거론한다면 '항명죄(抗命罪)'로 다스릴 것이다(江西省委黨史研究室, 1991: 226). 5월 21일 남창행궁(南昌行宮)을 설립해 '초공(剿共)' 지휘부로 삼았다. 6월 8일 남창에서 군사회의를 주재한 장개석은 (剿共)작전에서 실패한 경험을 교훈삼아 새로운 작전방침을 수립했다(이건일, 2014: 210). 장개석은 류유원(柳維垣)[1166]·대악(戴岳)[1167]이 제출한 '보루(堡壘) 전략'을 수용했다. 한편 내우외환의 상황에서 장개석은 공농홍군을 일본 침략자보다 더욱 큰 위협으로 간주했다.

여산(廬山)에서 운영된 군관훈련단(1933.7)은 '군학태두(軍學泰斗)' 양걸(楊傑)[1168]이 훈련단 총교관으로 임명됐다. 또 독일·이탈리아 등 국가의 고급장교를 초빙해 군사고문으로 삼았다. 장개석은 '적비(赤匪) 소멸'이 훈련단 운영의 취지라고 강조했다. 또 그는 직접 '초비(剿匪)소책자'·'초비요결(要訣)'·'훈련요지(要旨)' 등을 편찬해 군관들에게 나눠주었다. 2개월 동안 군관훈련단에서 교육을 받은 학원생은 7598명에 달했다.

장개석은 독일 군사고문의 조언대로 수많은 토치카를 설치하고 도로를 건설해 근거지를 봉쇄했다. 또 마을 전체가 연대 책임을 지는 보갑제(保甲制)[1169]를 시행했다(조관희, 2019: 203). 국민당군이 구축한 토치카는 강서성에만 2900개나 됐다. 경제봉쇄를 병행한 정부는 근거지에 대한 모든 물자 반입을 통제하고 병기 반입을 철저히 막았다(나창주, 2019:

1166 류유원(柳維垣, 1892~1960), 호북성 황피(黃陂) 출신이며 국민당 우파이다. 1920~1940년대 호북성 황피현장, 안휘성 경찰청장, 호북성 보안사령관 등을 역임, 1949년 12월 중경(重慶)에서 체포, 1960년 감옥에서 병사했다.

1167 대악(戴岳, 1888~1971), 호남성 신소(新邵) 출신이며 국민당 우파이다. 1920~1940년대 상군(湘軍) 제2사단장, 남창경비사령관, 호남성 보안사령관, 건국 후 호남성 정협위원 등을 역임, 1971년 장사(長沙)에서 병사했다.

1168 양걸(楊傑, 1889~1949), 운남성 대리(大理) 출신이며 국민당 좌파이다. 1920~1940년대 국민혁명군 제6군단장, 제1집단군 참모장, (陸海空)사령부 총참모장, 육군대학 총장 등을 역임, 1949년 홍콩에서 국민당 특무에게 살해됐다.

1169 송조(宋朝) 때 시작된 보갑제(保甲制)는 군사화 성격을 띤 일종의 호적관리(户籍管理) 제도였다. 당시 국민당 정부는 현(縣) 이하의 기층 행정조직 제도로 보갑제를 실시했다. 1932년 예악환(豫鄂皖) 근거지에서 우선적으로 실행했다. 실제로 '상호 감시'와 '공동 책임'의 보갑제는 촌민의 '홍군 협조'를 방지하기 위한 것이 주된 목적이었다.

370). 보갑제 시행과 경제봉쇄 병행은 '3할 군사, 7할 정치'라는 국민당의 작전 방침에서 비롯됐다. 근거지에 필요한 것은 생필품·소금이었다. 한편 '보루 전략'은 국군 참모가 제출했다는 주장이 정설에 가깝다.

장개석은 군비 해결을 위해 미국정부와 5000만 달러의 '면맥차관(棉麥借款)'[1170]과 4000만 달러의 '항공차관' 계약을 맺었다. 국민당군은 미국의 전투기 150대를 제공받았다. 또 일제는 남경정부와 '북방휴전조약'을 체결했다(宋留清 외, 2007: 230). 일본정부는 남경정부가 구입한 미국의 면화를 구입하는 대신 대량의 무기를 제공했다. 독일정부는 70여명 군사고문을 파견했고 미국·캐나다는 150명의 전투기 조종사를 파견했다.

산간지대의 '홍군 작전' 적응을 위해 여단 편제를 취소하고 각 사단에 정찰대·운수대를 증설했다. 보정(保定) 등지에 신병 모집처를 설립해 10여 개 사단을 확충했다. 각지 부대를 강서로 이동 배치하고 신식무기를 구입해 부대의 전투력을 높였다. 당시 국민당군의 병력은 53개 사단, 5개 항공대로 50만명을 상회했다. 또 남창·무창·낙양 등지에 신병 훈련처를 설치해 신병 150~200개 연대를 훈련시켜 '토벌군'으로 편성했다.

남창행궁의 군사 배치는 첫째, 북로군 사령관은 고축동이며 33개 사단 병력을 지휘해 주공격을 맡는다. 둘째, 서로군 사령관은 하건, 9개

1170 '면맥차관(棉麥借款, 1933)'은 국민당 정부가 군비(軍費) 마련을 위해 미국정부와 체결한 조약이다. 1933년 5월 국민정부 대표 송자문(宋子文)은 워싱톤에서 미국의 복흥(復興) 금융회사와 5000만 달러의 '면맥차관'을 체결했다. '차관' 계약에는 (借款)80%를 미국의 면화를 구입하고 나머지는 밀가루를 구입한다고 규정했다. 한편 중국의 면화는 대풍작(大豊作)을 거뒀으나 시장의 가격 폭락으로 중국의 농민들은 막대한 손실을 입었다.

사단과 3개 여단의 병력을 이끌고 상악감(湘鄂贛)의 공하총(孔荷龍)[1171] 부대와 채회문(蔡會文)의 홍군을 공격한다. 셋째, 남로군 사령관은 진제당, 11개 사단을 거느리고 감월(贛粤) 변경에 많은 토치카를 구축해 홍군의 남진·서진을 견제한다. 또 복건성의 19로군은 홍군의 동진을 저지한다.

장개석이 직면한 문제점은 첫째, 재정 상황이 열악했다. 둘째, 연속된 패전으로 '홍군 공포감'이 확산됐다. 셋째, '낭외필선안내(攘外必先安內)' 정책은 민심을 얻지 못했다. 넷째, 장개석과 군벌 간 알력이 심화됐다(葉子龍 외, 1993: 401). 실제로 장개석과 진제당·이종인·장광내 간 갈등이 심각했다. 당시 지방 군벌은 '실력 보존'을 위해 '홍군 토벌'에 소극적이었다. 한편 제국주의국가 간의 재화(在華) '이익다툼'이 날로 격화됐다.

1933년 3월 25일 박고 등은 '홍1방면군'에게 낙안(樂安) 공격을 지시했으나 강적이 집결된 낙안 공략에 실패했다. 6월 4일 홍군은 의황(宜黃) 공격을 개시했다. 3일 간 격전을 거쳐 적군 일부를 섬멸했으나 의황 공략에 실패했다. 홍군은 '중혁군위'의 명령에 따라 부대 개편을 단행했다. 기존의 군(軍) 편제를 취소하고 사단(師團) 병력을 확충했다. '편제 개편'을 통해 전투력 제고와 대병단(大兵團) 운동전 전개의 조건을 갖추었다.

1933년 5월 박고·항영은 '중혁군위' 위원으로 보선됐다. 또 공산국제 건의를 수용해 '중혁군위' 기관을 서금에 옮겨오고 항영을 '중혁군위' (代理)주석에 임명했다. 결국 박고·항영은 홍군 작전의 최종 결정권을 장악했다(凌步機 외, 2017: 1246). 전방에 설치된 홍군총사령부 총사령관

1171 공하총(孔荷龍, 1896~1956), 호남성 평강(平江) 출신이며 공산주의자이다. 1926년 중공에 가입, 1927년 (平江) 유격대장, 1932년 상악감(湘鄂贛) 소비에트정부 부주석, 1934년 국민당 제36군에 투항했다. 1955년 공안(公安)기관에 체포, 1956년 북경에서 병사했다.

은 주덕, 주은래가 총정치위원에 임명됐다. 한편 군사 문외한 박고·항영이 홍군 군사행동에 대한 '최종 결정권' 찬탈은 매우 불길한 징조였다.

적의 '포위토벌'을 대비해 단행한 편제 개편 후 '홍1군단'은 제1~3사단, '홍3군단'은 제4~6사단, '홍5군단'은 제13~14사단, '홍1방면군'의 직할부대는 제23·34사단이었다. 1933년 5~9월 '중앙국'이 주도한 홍군 확충이 본격적으로 전개됐다. 당시 '중앙국'은 '백만 강철 홍군을 확충하자'는 구호를 제출했다. 결국 (中央)근거지의 홍군 병력은 12만에 달했다. 홍군 확충의 결과물로 그해 10월에 '홍7군단'·'홍9군단'이 신설됐다.

'중앙국' 회의(1933.6.6)에서 채택한 '결의'는 근거지 확대를 위해 홍군 확충이 절박하다고 지적했다. 또 '중앙국'은 '100만 홍군' 확충을 호소했다. 항영은 홍군 우대 정책을 실시한 '홍국현 사례'[1172]를 중시했다(王輔一, 2009: 77). 홍군 가족의 '생활문제 해결'을 위해 취한 특단의 조치는 ① 소비합작사, 염가 판매 ② 생필품 가게 운영 ③ 국영기업 이윤율 10%, 홍군 가족에게 지급 ④ 치료비 지원 등이다('第一方面軍史'編審委, 2007: 403). 중앙 근거지에서 '100만 홍군'은 실현 불가능한 임무였다. 초기 '홍군 우대' 정책은 백성의 홍군 가입에 적극적 역할을 했다. 한편 홍군 확충이 강제적으로 진행되면서 백성의 불만을 야기했다.

1934년 9월 '3만 확홍(擴紅)' 목표를 제정된 후 백성들은 산속으로 피신하거나 심지어 백구로 도망쳤다. 승리(勝利)현에서는 간부들의 산

1172 '홍국현 사례'는 1933년 가을에 실행한 '홍군 확대' 범례(範例)이다. 당시 중앙정부는 근거지에서 '100만 홍군'을 확충한다는 좌경적(左傾的) 구호를 제출했다. 1933년 9월 '모범현(模範縣)' 홍국현에서 1600명이 홍군에 가입했다. 입대자 중 공산당원 353명, 공청단원 447명이 포함됐다(王輔一, 1995: 148). 한편 '홍군 확충' 임무 완성을 위해 일부 지역에서는 강제적 징병을 실시했다. 결국 이는 당지 백성들의 강한 불만을 야기했다.

속 도피와 자결 현상이 나타났다(秦紅 외, 2016: 388). 모택동의 조사(1933.12)에 따르면 흥국현 장강향(長岡鄕)의 청장년(16~45세)은 407명이었다. 그 중 홍군 입대자는 320명으로 79%를 차지했다. 상항현 재계향(才溪鄕)의 홍군 입대자는 1018명으로 77%를 차지했다(毛澤東, 1982: 351). 당사자 채장풍(蔡長風)[1173]은 이렇게 술회했다. …근거지의 백성이 전력을 다했으나 홍군 급양을 해결하지 못했다. 이는 제5차 반'포위토벌'이 실패한 중요한 원인이었다(蔡長風, 1994: 12). 인력자원이 고갈된 상태에서 강제적 징병이 근거지 백성의 지지를 상실한 것이다. 또 이는 농업노동력의 부족을 초래했다. 1933년 겨울 근거지의 '식량 부족'은 심각했다.

7월 24일 당중앙이 발표한 '당의 임무에 관한 결의'의 골자는 ① 제5차 '포위토벌'을 격파, 근거지 보위 ② 홍군에 적극 가입 ③ 소비에트 정권 보호 등이다(中央檔案館, 1991: 277). 제5차 반'포위토벌' 승리를 위한 '훈령(7.30)'을 발표한 '중혁군위'는 1934년 1월까지 20개의 신편사(新編師) 설립을 호소했다. 당중앙은 '전국 민중에게 고하는 글(8.15)'을 발표해 대중이 일치단결해 홍군의 반'포위토벌'에 적극 협력할 것을 호소했다.

모택동은 '홍색중화'에 '새로운 임무(7.29)'란 문장을 발표해 중앙 근거지의 농업을 발전시켜 홍군 급양을 해결해야 한다고 주장했다. 또 그는 '소비에트 경제건설 임무'라는 보고(8.12)에서 경제건설의 목적은 적의 군사·경제봉쇄를 타파하고 전쟁에 필요한 물질적 공급을 보장하는 것이라고 강조했다. 이 시기 근거지의 경제건설에 전력한 모택동은 농업생산을 중시하고 '대외무역'을 추진해 백성의 '생필품 부족' 해결에

1173 채장풍(蔡長風, 1910~2001), 강서성 길수(吉水) 출신이며 공산주의자이다. 1932년 중공에 가입, 1930~1940년대 신4군 공급부장, 빈해(濱海)군구 후근부장, 건국 후 화동군구 후근부장, (海軍)총후근부 부부장, 전국 정협 위원을 역임, 2001년 북경에서 병사했다.

주력했다.

중앙정부가 반포한 '긴급동원령(10.18)'은 이렇게 썼다. …각급 정부
는 모든 역량을 동원해 홍군 작전을 협력해야 한다. 대중은 정부의 호
소에 호응해 근거지를 보위하는 전쟁에 적극 참가해야 한다. 소비에트
정부의 최우선 과제는 전쟁의 최종적 승리를 쟁취하는 것이다(江西省檔
案館, 1982: 702). 결국 각급 정부는 '홍군 확충'을 급선무로 추진했다. 중앙
정부는 3.6만명의 적위(赤衛)대원을 동원해 홍군 작전을 지원했다. 이 시
기 '홍군 확충'에 신경을 쓰지 않은 모택동은 '사전운동'의 '좌적 과오'
시정에 전념했다.

10월 28일 '홍7군단'·'홍9군단' 설립됐다. '홍7군단' 군단장 심회주
(尋淮洲)[1174], 정치위원 낙소화(樂少華)[1175], 곽여악(郭如岳)[1176]이 참모장을 맡
았다. 직할부대는 제19·20·34사단이다. '홍9군단' 군단장 나병휘, 정치
위원 채수번(蔡樹藩)[1177], 참모장은 곽천민(郭天民)[1178]이다. 직할부대는 제

1174 심회주(尋淮洲, 1912~1934), 호남성 유양(瀏陽) 출신이며 공산주의자이다. 1928년 중공
      에 가입, 1930년대 '홍12군' 제35사단장, '홍21군' 군단장, 항일선견대(先遣隊) 총지
      휘, 1934년 안휘성 담가교(譚家橋)에서 희생됐다.

1175 낙소화(樂少華, 1903~1952), 절강성 녕파(寧波) 출신이며 공산주의자이다. 1925년 중공
      에 가입, 1930~1940년대 '홍7군단' 정치위원, 섬감녕변구 (兵器)공장장, 건국 후 동북
      공업부 부부장을 역임, 1952년 자택에서 자살했다.

1176 곽여악(郭如岳, 1902~?), 감숙성 임담(臨潭) 출신이며 공산주의자이다. 1931년 중공에 가
      입, 1930~1940년대 '홍13군' 제37사단장, '홍7군단' 참모장, 건국 후 제3야전군 9
      병단 교도연대 참모, 감남(甘南)장족(藏族)자치주 정협 위원 등을 맡았다.

1177 채수번(蔡樹藩, 1905~1958), 호북성 한양(漢陽) 출신이며 공산주의자이다. 1925년 중공
      에 가입, 1930~1940년대 '홍5군단' 정치위원, 화북군구 정치부 부주임, 건국 후 (西
      南)군정위원회 노동부장, 체육부 부부장을 역임, 1958년 비행기 사고로 사망했다.

1178 곽천민(郭天民, 1905~1970), 호북성 황안(黃安) 출신이며 개국상장이다. 1927년 중공에
      가입, 1930~1940년대 '홍9군단' 참모장, 제2야전군 제4병단 부사령관, 건국 후 운

3·14사단과 2개 독립연대이다. 한편 박고 등은 홍군 확충은 중시했으나, 전투력 보강은 등한시했다. 이는 '허만전투' 패전을 초래했다.

모택동은 이렇게 회상했다. …제5차 '홍군토벌'에서 장개석은 90만의 병력을 동원해 홍군을 공격했다. 홍군 병력은 18만에 달했고 20만의 유격대·적위대가 있었다. 홍군은 중무기가 없었고 탄약 공급이 제한됐다(毛澤東, 2008: 78). 국민당군은 신식 무기로 무장했으나 홍군은 재래식 무기가 위주였다. 또 홍군 신병은 전투 경험이 전무했다. 한편 박고·이덕이 장개석의 '보루 전략'에 말려들었고 홍군 특유의 유격전을 포기했다.

2) 좌경 군사전략 추진과 이덕(李德)의 도래

1933년 6월 (上海)원동국이 고안한 여름 시즌의 작전 전술을 (蘇區)중앙국에 보냈다. 박고 등은 원동국의 작전 계획을 '장전(長電)'이라고 불렀다. '장전'의 골자는 홍군이 여름 시즌 동안 2개의 전선에서 병력을 분산해 '분리(分離)작전'을 실시하는 것이다. 6월 13일 박고·항영은 전방의 주은래·주덕에게 '장전'을 보냈다. '장전'은 수석 군사고문 슈테른(Stern)이 작성한 것이다. 당시 홍군 지도부는 '작전 구상'의 권한을 상실했다.

이른바 '분리작전'은 '홍3군단' 위주로 동방군(東方軍)을 편성, 19로군을 공격하고 홍군 주력은 무하·감강 일대에서 활동하는 것이다. (作戰) 세 단계는 ① 동방군은 녕화(寧化) 공격, 홍군 주력은 감강 일대 대기 ② 동방군은 장낙(蔣樂) 공격, 홍군 주력은 동방군 협력 ③ 홍군 주력, 무주(撫州)·남창 공격 등이다. 한편 대도시 공격의 '진공노선'인 '분리작전'은

남(雲南)군구 부사령관, 국방위원회 위원을 역임, 1970년 광주(廣州)에서 병사했다.

우세한 병력을 집중해 각개격파하는 홍군의 유격전술에 위배됐다.

동방군의 '19로군 공격'은 잘못된 결정이었다. 제5차 '포위토벌'이 임박하고 적아 간 역량 차이가 큰 상황에서 홍군 주력인 '홍3군단'을 분산하는 전략은 근거지의 실정을 무시한 것이다(黃少群 외, 2007: 234). 모택동은 '분리작전'을 이렇게 평가했다. …홍군의 병력 분산 작전은 양쪽 주먹으로 동시에 사람을 치는 것과 같다. 즉 병력을 분산해 '동시 승리'를 추구한 것이다. 결국 '한 주먹'은 한가하고 '다른 주먹'은 몹시 지친 결과를 초래했다(毛澤東, 1991: 225). 당시 19로군은 홍군 공격보다 '복건 독립'에 전념했다. 19로군과 장개석 간 아귀다툼이 지속된 상황에서 홍군의 19로군 공격은 간접적으로 장개석을 도와주는 꼴이 됐다. 한편 모택동은 병력을 분산하는 슈테른의 작전을 '미련한 전략'이라고 폄하했다.

박고는 주은래 등에게 이렇게 지시했다. …'홍3군단'을 동방군으로 개편하고 정주(汀洲) 모범사(模範師), 상항 제19군, 녕화 독립사단, 지방유격대를 동방군에 편입시켜야 한다(中央檔案館, 1991: 235). 주은래는 답전(6.14)에 이렇게 썼다. …황피전역 후 12차의 전투를 치른 홍군은 매번 1개 연대 병력을 잃었다. 동방군의 복건 작전은 소모전이 될 것이다(中共中央文獻硏究室, 1990: 247). 군사 문외한인 박고·항영은 전쟁이 임박한 상황에서 병력을 집중해야 한다는 작전 원칙을 무시했다. '진공노선' 집행자인 그들은 작전 지휘 경험이 전무한 '최악의 조합'이었다. 한편 슈테른의 '분리작전'은 홍군 지도자 주은래·주덕의 반대를 받았다.

주은래는 답전(6.18)에 이렇게 썼다. …동방군은 '홍5군단' 위주로 편입하고 소경광을 정치위원으로 임명해 지휘력을 보강해야 한다. 홍군의 복건 진입은 큰 어려움을 감수해야 한다(中央檔案館, 1991: 235). 박고는 전보(6.22)에 이렇게 썼다. …지금은 작전 전략을 토론한 시기가 아니다. '홍3군단'으로 동방군을 편입해야 한다. 주은래는 답전(6.23)에 이렇게 썼다. …명령에 복종한다. 즉각 '작전 계획'을 실행할 것이다(江西省黨史研究室, 2010: 2675). 주은래가 '홍3군단'의 분산을 반대한 주된 원인은 '견원지간'인 팽덕회·채정개의 '양패구상(兩敗俱傷)'을 우려한 것이다. 이 또한 주은래의 '타협·굴종'의 일면을 단적으로 보여준 것이다.

7월 1일 항영이 공표한 '동방군 설립' 지시는 이렇게 썼다. …'홍3군단'을 위주로 동방군을 편성하며 팽덕회를 사령관에 임명한다. 제34사단과 민감(閩贛)군구, 각 독립사단을 동방군에 편입시킨다(余伯流 외, 2017: 1250). 팽덕회는 이렇게 회상했다. …복건에 진입한 후 '홍3군단'은 연성(連城) 공격에 돌입했다. 시간과 공격대상은 사전에 결정됐다. 교조주의자들은 독립병단(獨立兵團) '권한'인 기동권을 부여하지 않았다(彭德懷, 1981: 180). 복건 진격은 '홍3군단'에게 '득소실대(得少失大)'의 힘든 원정(遠征)이었다. 상기 '교조주의자'는 박고와 항영을 가리킨다. 당시 항영은 동방군 사령관 팽덕회에게 독립적 작전권을 부여하지 않았다.

7월 10일 항영은 동방군에게 '청류(清流) 진격'을 지시했다. 7월 11일 주은래는 항영에게 보낸 전보에 이렇게 썼다. …현재 급양을 해결하지 못했고 혹서로 홍군의 전투력이 크게 약화됐다. 군위(軍委)의 '직접 명령'은 작전 금기(禁忌)이다(軍事科學院, 1997: 300). 7월 말과 8월 초에 진행된 연성전투에서 홍군은 적군 2000여 명을 섬멸했다. 사단장 구수년(區壽年)[1179]은 사녕(沙寧)으로 도망쳤다. 8월 15일 홍군 지도부는 동방군에게

1179 구수년(區壽年, 1902~1957), 광동성 나정(羅定) 출신이며 국민당 중장이다. 1930~1940년대 19로군 78사단장, 제26집단군 부총사령관, 제7병단 사령관, 건국 후 광주시 정협 상임위원을 역임, 1957년 광주(廣州)에서 병사했다.

순창(順昌)·장낙 공격을 명령했다. 또 동방군의 전투력을 보강하기 위해 홍군 지도부는 '홍5군단'에게 '협력 작전'을 지시했다.

9월 초 동방군은 원군 섬멸 전투를 개시했다. 9월 3일 하도도구(夏道渡口)에서 적군 1개 대대를 섬멸했다. 근산(芹山)전투(9.18)에서 적군 400여 명을 체포하고 대량의 군수물자를 노획했다. 9월 25일 '중혁군위'는 동방군에게 '강서 회귀'를 명령했다. 동방군은 '복건 원정'을 통해 '천리 적지(赤地)'를 평정하며 '백만 군비'를 마련하는 성과를 취득했다. 그러나 동방군은 제5차 반'포위토벌'에 필요한 휴식·정비의 기회를 상실했다.

8월 15일 항영은 '중앙군 설립 훈령'을 반포했다. '홍1군단' 위주로 중앙군을 편성하고 임표를 사령관, 섭영진을 정치위원에 임명했다. 당시 중앙군은 감강 일대에서 활동하며 유격전을 전개했다. 한편 동방군은 복건에서 고군분투하며 고전을 치렀다. 이 또한 모택동이 '분리작전'을 한쪽은 빈둥빈둥, 한쪽은 기진맥진했다고 평가한 이유이다. 이 기간 오강(烏江)전투는 중앙군이 거둔 유일한 승전이다. 8월 31일 제2사단은 사단장 서언강(徐彦剛), 정치위원 호아림(胡阿林)[1180]의 지휘하에 오강의 적을 기습했다. 결국 4시간의 격전을 거쳐 적군 4000여 명을 섬멸했다.

모택동은 이렇게 평가했다. …강적과의 전투에서 승전하려면 병력을 집중해야 한다. 홍군의 전략은 '일당십(一當十)', 전술은 '십당일(十當一)'이다(毛澤東, 1991: 225). 섭영진은 이렇게 회상했다. …좌경 지도자들은

1180 호아림(胡阿林, 1901~1933), 운남성 대리(大理) 출신이며 공산주의자이다. 1926년 중공에 가입, 1930년 항주(杭州)현위 서기, 1932년 '홍1군단' 제2사단 정치위원, 1933년 12월 대웅관(大雄關)전투에서 희생됐다.

'장전(長電)'을 근거로 '분리작전'을 강행했다(聶榮臻, 1983: 58). '분리작전'은 홍군의 실정을 외면한 전략이다. 한편 적의 공격이 임박한 상황에서 '분리작전'은 제5차 반'포위토벌'에서 홍군이 수세에 몰린 주된 원인이다.

3개월 간의 '분리작전'은 박고·항영의 (軍事)리더십 부재를 보여줬다. 동방군의 혹서(酷暑)원정은 심각한 후유증을 남겼다. '진흙탕 싸움'이 된 19로군과의 전투는 '양패구상' 결과를 초래했다. 한편 '포위토벌' 개시와 함께 도래한 군사고문 이덕(李德)은 '대형 악재'로 작용했다. 홍군 특유의 유격전을 포기한 이덕의 진지전은 장개석의 '보루 전략'에 말려들었다. 제5차 반'포위토벌' 실패를 초래한 장본인은 박고·항영·이덕이다.

1933년 9월 장개석은 '보루 작전' 방침을 이렇게 제정했다. …수비 강화와 점진적 진격, 공격전·운동전을 결합한다. 또 토치카를 촘촘히 구축하며 안정적 공격을 추진한다(臺灣國防部史政局, 1967: 241). '보루 전략'은 근거지를 축소시키고 홍군의 유생역량을 섬멸하는 전략이다. 9월 25일 주혼원의 부대가 여천을 공격했다. 이는 제5차 '포위토벌' 개시를 의미한다. 군사고문 이덕은 '진지전' 위주로 장개석의 '보루 작전'에 대응했다.

이덕(李德)[1181]의 원명은 오토 브라운(Otto Braun)이다. 1929년부터 푸룬제(Frunze)군사학원에서 3년 간 연수했다. 1932년 봄 오스트리아(Austria) 여권을 갖고 중국에 입국한 그의 신분은 소련군 '특공(特工)'이

1181 이덕(李德)은 '이(李)씨 독일인'이란 뜻이다. 또 그는 '화부(華夫, 중국의 사나이)'라는 가명을 갖고 있었다. 이덕의 본명은 오토 브라운(Otto Braun), 독일에서 와그네르(Wagner)이란 닉네임을 사용, (中央)근거지 진입 후 '이덕'이란 중국명(中國名)을 사용했다. 본문에선 (紅軍)군사고문이 된 후 개명한 가명(假名)인 이덕(李德)으로 통일한다.

다. 1932년 11월 상해에 도착한 이덕은 공산국제 (上海)대표처의 지휘를 받으라는 소련 총참모부의 지령을 받았다. 모스크바 시절에 이덕과 안면을 익힌 박고는 유어트(Ewert)[1182]에게 이덕의 군사고문 임명을 간청했다. 1932년 12월 공산국제는 유어투가 요청한 군사고문 임명을 허락했다. 1933년 9월 말 이덕은 동건오(董健吾)[1183] 등의 도움으로 서금에 도착했다. 박고는 군사고문 이덕에게 '(紅軍)통수권자' 역할을 맡겼다.

　박고가 이덕에게 군사 지휘권을 맡긴 원인은 첫째, 이덕은 공산국제가 허락한 군사고문이다. 둘째, 군사작전에 무지한 그가 이덕의 군사 재능과 경력을 신임한 것이다(文顯堂, 2006: 93). 이덕은 이렇게 회상했다. …박고는 유어트에게 나의 '근거지 파견'을 요청했다. 나는 유어트에게 공산국제 '지시'를 요구했다. 1933년 봄 공산국제는 '지휘권이 없는 군사고문'으로 임명한다는 답전을 보내왔다. 그 후 박고는 나에게 작전 지휘권을 맡겼다(葉永烈. 2014: 277). 박고가 이덕에게 '지휘권'을 맡긴 원인은 ① 모택동 견제 ② '진공노선' 실행 ③ 주은래의 '지휘권 독점' 불만 ④ 항영의 군사 리더십 불신 ⑤ '책임 전가' 대상으로 간주 ⑥ 공산국제에 대한 충성심 과시 등이다. 한편 '군사작전 무지'는 박고의 아킬레스건이었다.

1182　유어트(Ewert, 1890~1959), 공산국제 원동국의 (上海)주재 대표이다. 1932년 공산국제 주화(駐華) 대표, (上海)원동국 서기를 맡았다. '복건사변'에서 홍군과 19로군의 합작을 반대했다. 또 이덕을 홍군의 '군사고문'으로 (中央)근거지에 파견하고 '모택동 보호'에 일조했다. 1934년 8월 소련으로 소환, 1959년 동독(東獨)에서 병사했다.

1183　동건오(董健吾, 1891~1970), 상해(上海) 출신이며 공산주의자이다. 1927년 중공에 가입, 1929년 중앙특과(特科) 가입, 상해에서 비밀공작에 참가했다. 1930년대 상해에서 대동(大同)유치원 운영, 모택동의 두 아들을 소련에 보냈다. 1936년 미국 기자 스노우를 연안(延安)으로 호송, 1962년 상해시정부 참사(參事), 1970년 상해에서 병사했다.

솔즈베리는 이렇게 평가했다. …성격이 난폭한 이덕은 게르만족 (German族)의 강한 자부심을 갖고 있었다. 중국에 파견된 것은 독일혁명 에서 '보루전 참가' 경험을 갖고 있었기 때문이다(周少華 외, 2013: 136). 에 드가 스노우는 이렇게 평가했다. …군사전략가 이덕은 소련 홍군의 사 단장을 맡았고 모스크바 홍군대학을 졸업했다(董樂山, 2002: 312). 첩보원 이력과 '홍군 근무' 경력이 소련 참모부가 이덕을 중국에 파견한 주요인 이다. 결국 그가 근거지에 파견된 것은 박고의 요청이 있었기 때문이다. 한편 이덕은 '홍군 사단장'이 아닌 기병사(騎兵師) 참모장을 역임했다.

박고는 홍군의 전략 제정과 지휘권을 모두 이덕에게 맡겼다. 이덕 의 생활 편리와 안전을 위해 서금현 초촌(肖村)에 소재한 '중앙국' 맞은 켠에 거실 2개와 응접실이 딸린 '독립가옥'을 지어 전용 집무실과 거실 로 사용하게 했다. 또 군위에 명령해 러시아어와 군사지식을 숙달한 오 수권(吳修權)[1184]·왕지수(王智濤)[1185]에게 통번역을 맡게 했다. 한편 박고는 물색한 '현지처'는 공청단중앙 기관의 문서(文書) 소월화(蕭月華)[1186]였다.

브라운은 청년 동맹의 유부녀에게 선물을 주며 잠자리 상대로 유 혹했으나 그녀의 남편에게 발각돼 무산됐다. 오수권이 농촌 여성 소월

1184 오수권(吳修權, 1908~1997), 호북성 무창(武昌) 출신이며 공산주의자이다. 1930년 중공에 가입, 1930~1940년대 '홍15군단' 제73사단 참모장, 동북(東北)군구 사령부 참모장, 건국 후 외교부 부부장, 대외연락부 부부장 등을 역임, 1997년 북경에서 병사했다.

1185 왕지수(王智濤, 1906~1999), 하북성 창현(滄縣) 출신, 공산주의자이다. 1931년 (蘇聯)공산 당 가입, 1930~1940년대 홍군대학 군사교관, 팔로군 129사단 385여단 참모장, 건국 후 공군훈련부 참모장, 군사과학원 부비서장 등을 역임, 1999년 북경에서 병사했다.

1186 소월화(蕭月華, 1911~1983), 광동성 대포(大浦) 출신이며 공산주의자이다. 1933년 이덕 과 결혼, 1930~1940년대 섬감녕(陝甘寧)지방연합회 부녀부장, 호남성 교통청(交通廳) 실장, 건국 후 호남성 정협 위원 등을 역임, 1983년 광주(廣州)에서 병사했다.

화를 찾아내 일촉즉발의 상황을 수습했다(Salisbury, 2016: 128). 이덕의 '현지처 물색'을 지시한 박고는 부녀부장 이견정(李堅貞)에게 '부인 물색'을 정치적 임무로 완성할 것을 지시했다. 결국 22세인 소월화는 부녀부장의 '정치적 공세'에 굴복했다. 독일에서 결혼(1924)한 이덕에게는 '생사고락'을 나눈 올가(Olga)라는 '조강지처'가 있었다. 1938년 연안에서 소월화와 이혼한 이덕은 이려련(李麗蓮)[1187]이란 가수와 결혼했다.

상해에 도착(1932.11)한 이덕은 모택동의 기회주의 견해를 인지했다. 박고가 모택동에 대한 적대적 감정을 심어준 것이다. '줏대 없는' 타협주의자 주덕·주은래와 마찬가지로 이덕은 모택동에 대해 적대적이었다(V. Pantsov 외, 2017: 384). 유백승은 이렇게 회상했다. …군사회의에서 이덕은 유격주의 황금시대는 지나갔다고 말했다. 적군 보루를 주동적으로 공격하는 출격전을 강조한 이덕은 진지전으로 적을 섬멸해야 한다고 주장했다(楊國宇 외, 1982: 72). 한편 주덕 등이 '타협주의자'라는 주장은 큰 어폐가 있다. 또 주덕·주은래가 모택동에 대해 적대적이었다는 것은 사실무근이다. 당시 모택동에 대해 가장 적대적인 사람은 박고였다.

오수권은 이렇게 회상했다. …이덕은 명의상 '군사고문'이었으나 사실상 태상황이었다. 홍군 '혈전사(血戰史)' 경험을 무시한 그는 지도에 의지해 전투를 지휘했다(吳修權, 1986: 101). 주덕은 이덕에게 홍군의 반'포위토벌' 승전 경험을 소개했다. 또 적아 간 실력 차이가 큰 상황에서 진지전보다 운동전·기동전 전개를 권장했으나 이덕은 주덕의 권고를 귓등으로 흘렸다(金沖及 외, 1993: 315). 이덕은 이렇게 회상했다. …당시 주덕

1187 이려련(李麗蓮, 1914~1965), 상해(上海) 출신이며 이덕(李德)의 둘째 부인이다. 1937년 연안(延安) 도착, 1938년 연안에서 이덕과 결혼, 1940년대 (延安)노신예술학원 음악학부 조교수, 건국 후 전국부녀아동부 대외연락부장 등을 역임, 1965년 북경에서 병사했다.

은 자주 찾아와 나에게 모택동의 유격전술을 소개했다. 또 반'포위토벌'의 '작전 경험' 중시를 요구했다(Otto Braun, 1980: 63). 실제로 이덕은 주덕의 의견을 수용하지 않았고 '홍군 작전'을 독단적으로 결정했다. 상기 '태상황'은 큰 어폐가 있다. 실제로 '태상황' 역할을 한 것은 공산국제였다.

이덕은 진지전으로 장개석의 '보루 전략'에 대응했다. 1934년부터 이덕·박고가 직접 홍군 작전을 지휘했다. '홍군 패전' 책임을 이덕 한 사람에게 돌리는 것은 적절치 못하다. '홍군 패전' 장본인은 '지휘권이 없는' 군사고문에게 작전 지휘권을 맡긴 박고이다. 소련 군사고문의 좌경 군사전략을 무조건 집행한 항영·주은래 등도 '문책 대상자'이다. 실제로 '진공노선'을 주창하고 군사고문을 파견한 공산국제가 주된 장본인이다.

2. '복건사변(福建事變)'[1188]과 두 차례의 '회의'

1) '복건사변' 발생, '복건 정부'의 패망

제19로군(第十九路軍)[1189]이 일으킨 '복건사변'은 장개석과 군벌 간 파벌투쟁의 결과물이다. '복건사변'은 홍군의 반'포위토벌' 전환점이었

1188 '민변(閩變)'으로 불리는 '복건사변(福建事變)'은 1933년 11월 장광내·채정개 등이 지도한 국민당 제19로군이 복주(福州)에서 일으킨 반장(反蔣)사건이다. 1934년 1월 15일 복주가 함락, 1월 21일 '복건사변'은 실패했다. 한편 '복건사변'은 홍군의 제5차 반'포위토벌'의 전환점이었다. 결국 공산국제의 간섭으로 전화위복의 기회를 놓쳤다.

1189 제19로군(第十九路軍)은 1926년 월군(粵軍)이 개편된 국민혁명군 제4군이다. 1930년 19로군으로 확편(擴編), 1932년 1월 상해에서 일본군을 반격했다. 1932년 6월 복건으로 이동해 '홍군 토벌'에 참가, 1933년 11월 19로군은 '복건사변'을 일으켰다. 1934년 1월 장개석의 국민당군에 의해 '복건사변'이 탄압, 19로군의 (軍)번호가 취소됐다.

으나 공산국제의 간섭과 박고의 결단력 부재로 전화위복의 기회를 놓쳤다. 공산국제가 파견한 유어트·슈테른은 홍군이 곤경에서 벗어날 수 있는 '최적의 기회'를 상실하게 한 장본인이다. 모택동은 홍군이 19로군과의 '합작 기회' 상실을 제5차 반'포위토벌' 실패의 중요한 원인으로 지적했다.

19로군의 전신은 제4군 10사단으로 북벌전쟁에서 수 차례 전공을 세웠다. 19로군으로 확편(擴編, 1930)된 후 장광내가 총지휘, 채정개가 군단장을 맡았다. 1932년 6월 채정개 등의 항전(抗戰)에 불만을 느낀 장개석은 19로군을 복건으로 이동 배치해 '홍군 토벌'을 명령했다. 복건에 진입한 후 홍군과 대치 국면을 형성했다. 한편 19로군이 '홍군 합작'을 추진한 계기는 '열하사변(熱河事變)'[1190]과 중공의 '공동항일선언'[1191]이다.

1933년 1월 모택동 등은 '일제의 화북 침략 반대를 위한 3가지 조건 하에 전국 각 군대와의 공동항일선언'을 발표했다. '3가지 조건'은 ① 근거지 공격 중지 ② 민중의 민주권리 보장 ③ 중국 자주권과 영토 보전 쟁취 등이다(李小三 외, 2006: 157). 즉 '3가지 조건'을 전제로 홍군은 국민당군과 '공동항일협정'을 체결한다는 것이다. '선언'이 발표된 후 19로군은

1190 '열하사변(熱河事變)'은 1933년 2월 21일 일본 관동군과 위만군(僞滿軍) 10만여 명이 금주(錦州)에서 세 갈래로 나눠 열하성(熱河省)을 침략한 사건이다. 3월 4일 일본군은 성도(省都) 승덕(承德)을 공략했다. 4월 21일 일본군이 흥륭(興隆)을 점령, 열하성이 함락됐다. 한편 '열하사변' 후 일제는 '동북4성(東北四省)'을 식민지로 만들었다.

1191 1933년 1월 17일 모택동·주덕은 …일제의 (華北)침략을 반대하기 위해 '3가지 조건' 하에 전국의 군대와 '공동항일'을 선언한다는 '공동항일선언(共同抗日宣言)'을 발표했다. '선언'을 통해 홍군은 일제의 침략에 대항하기 위해 국민당군과 '공격 중지' 협정 체결을 호소했다. 실제로 '선언' 발표 취지는 장개석의 '양외필선안내(攘外必先安內)' 정책을 반대를 위한 것이었다. 한편 '공동선언'은 홍군·19로군 '합작'의 정치적 배경이 됐다.

유백수·매공빈(梅龔彬)[1192] 등을 파견해 중공과 연락을 취하게 했다.

1933년 봄 장개석의 독촉하에 19로군은 근거지를 공격했다. 슈테른은 이렇게 말했다. …전정한 맹우(盟友) 쟁취를 위해 먼저 타격하고 후에 담판해야 한다. 슈테른의 주장은 당중앙의 지지를 받았다(Otto Braun, 2004: 32). 동방군의 '19로군 공격'은 군사고문 슈테른이 제출했다. 당시 3개 연대를 손실당한 채정개는 장개석에게 군사지원을 요청했으나 거절당했다. 실제로 '선타후담(先打後談)'은 19로군에 대한 공산국제의 태도였다.

모택동·주덕이 빌표한 '민월(閩粤)백군 사병에게 고하는 글(5.28)'은 이렇게 썼다. …북상항일을 위해 광동·복건성의 국민당군과 홍군은 '3가지 조건'의 원칙하에 '반장항일' 협정 체결을 호소한다(逄先知 외, 2005: 402). 1933년 6월 하향응(何香凝)을 통해 원동국과의 담판 진행을 건의한 채정개는 '홍군 합작'을 동의한다는 의사를 전달했다(余伯流 외, 2017: 1274). (上海)원동국은 '19로군 담판'을 신중하게 처리할 것을 건의했다. 국민당 좌파 하향응을 통한 채정개의 '담판 건의'는 나름의 성의를 보여준 것이다. 한편 (上海)원동국은 19로군의 '성의'를 무시했다.

공산국제는 유어트에게 보낸 지시문(6.24)에 이렇게 썼다. …현재 19로군과 담판해선 안 된다. 그들이 진짜로 국민당군과 일본군과 싸울 때 통일전선을 구축해야 한다. 19로군의 '담판 건의'는 함정일 수 있다('第一研究部', 2007: 445). 당시 (上海)원동국이 19로군의 담판 건의를 무시한 것은 동방군의 복건 진격에 관한 슈테른의 작전을 염두에 뒀기 때문이다. 19

1192 매공빈(梅龔彬, 1901~1975), 호북성 황매(黃梅) 출신, 국민당 민주파이다. 1923년 국민당에 가입, 1930~1940년대 민맹(民盟)선전처장, (國民黨)혁명위원회 중앙위원, 건국 후 전국 인대(人大) 상임위원, 국민당중앙 비서장을 역임, 1975년 북경에서 병사했다.

모택동과 중국혁명 2

로군과의 '담판'으로 팽덕회의 복건 진격이 무산될 수 있었기 때문이다.

장광내·채정개는 모택동·주덕에게 서신(9.16)을 보내 정전 담판을 건의했다. …'(中共)반장항일' 주장은 19로군의 정치적 목표와 일맥상통하다. 진공배를 담판 대표로 파견하니 협조를 부탁한다(凌步機 외, 2017: 1276). 9월 22일 담판 대표 진공배는 연평(延平)에 도착해 팽덕회 만남을 요청했다. 19로군 지도자가 모택동 등에게 편지를 쓴 것은 원동국의 담판 기피와 관련된다. 한편 모택동은 '19로군 담판'에 대한 결정권이 없었다.

팽덕회는 홍군 지도부에게 전보(9.22)를 보내 19로군의 담판 건의를 보고했다. 주은래는 항영·팽덕회 등에게 전보를 보냈다. …진공박은 '반장운동'에 전념하고 있어 '청객(淸客)'으로 불린다. 원국평을 담판 대표로 보내는 것이 적합하다(軍事科學院, 1997: 309). 9월 23일 항영은 팽덕회에게 원국평·진공박과의 담판을 허락한다는 답전을 보냈다. 한편 박고의 담판 태도 변화는 원동국의 입장 변화와 공산국제의 지시와 관련된다.

팽덕회는 이렇게 회상했다. …나는 이렇게 말했다. 공동항일 전제는 '반장(反蔣)'이다. 장개석의 '낭외필선안내' 정책 때문이다. 저녁은 돼지·닭고기 요리를 세수대야에 닮아 초대했다(彭德懷, 1981: 182). 홍군의 '세수대야 초대' 관습은 '항미원조(抗美援朝)'[1193]가 끝난 후 사라졌다는 것이 팽덕회의 자술이다. 19로군의 담판 간청은 동방군과의 작전에서 큰 손실을 입었고 채정개의 '원병 파견' 요청을 장개석이 거절한 것과

1193 항미원조(抗美援朝)'는 1950년 조선(朝鮮, 韓國)전쟁이 폭발한 후 미국의 '북침(北侵)'을 반대하고 '조선(朝鮮) 원조'를 위한 '지원군(支援軍)'의 참전을 지칭한다. 1950년 10월 '지원군'이 압록강을 건어 입조(入朝)했다. 1953년 7월 27일 '정전협정'이 체결, 2년 9개월의 '항미원조' 전쟁이 끝났다. 1958년 '지원군' 전부가 조선에서 철수했다.

관련된다.

9월 25일 박고 등은 '19로군 담판'에 관해 이렇게 지시했다. …동방군은 '19로군 협력'을 추진해야 한다. '반장(反蔣)'을 목표로 19로군과 정전 협정을 체결해야 한다. 한편 '담판'이 홍군 작전의 걸림돌이 돼선 안 된다(秦紅 외, 2016: 398). 항영은 팽덕회에게 보낸 '담판 지시(9.25)'에 이렇게 썼다. …동방군은 복건 작전을 빨리 끝내고 북진해 적의 공격에 대비해야 한다. 19로군과 정전 협정을 추진하되 '홍군 북진'은 비밀로 해야 한다(解放軍政治學院, 1985: 229). 박고 등이 홍군과 19로군의 정전 협정을 찬성한 것은 '복건 작전'에서 동방군을 철수하기 위한 것이었다. 당시 장개석의 대규모적 홍군 공격이 임박해 '홍3군단'의 '강서 회귀'가 절박했던 것이다. 한편 이 시기 공산국제의 '19로군 담판' 태도가 바뀌었다.

(上海)원동국의 '담판 태도'가 바뀐 원인은 ① 적의 '포위토벌' 임박, 홍군 주력의 집결 필수불가결 ② 동방군의 '복건 작전' 종료, 홍군 주력과 회합 ③ 19로군과의 정전 협정, 홍군 병력이 분산된 상황 종결 ④ 장개석의 주력부대, '여천 공격' 개시 정보를 입수 ⑤ '분리작전' 종료 필요성 ⑥ 정전 협정, 국민당군의 '남북 협공' 방지 등이다. 실제로 동방군과 19로군의 정전 협정은 임시방편이며 '권의지계(權宜之計)'에 불과했다.

팽덕회는 이렇게 술회했다. …'담판 대표'가 서금에 왔을 때 당중앙은 '제3당'이 국민당보다 더욱 위험한 적이며 기만성이 크다고 말했다. 당시 나는 '관문주의(關門主義)'[1194]를 반대했으나 마땅한 이유를 찾지 못

1194 '관문주의(關門主義)'는 1930년대 유행된 (左傾)사조(思潮)이다. '제3당'이 국민당보다 더 위험한 적이라는 주장은 대표적 '관문주의' 견해이다. 모택동은 '일제의 책략을 반대한다'는 강연(1935.12)에서 민족자산계급을 적으로 간주한 '관문주의' 과오를 비판했다. 한편 공산국제는 장광내·채정개 등 19로군 지도자를 '제3당'으로 간주했다.

했다(薛謀成 외, 1983: 156). 이덕은 이렇게 회상했다. …19로군과 '담판'은 얻기 어려운 기회였다. 채정개 등의 '건의'를 수용하고 군사적 원조를 제공해야 했다(Otto Braun, 1980: 84). 당시 이덕이 박고에게 제출한 두 가지 건의는 ① '19로군 담판' 사항은 '공화국' 주석 모택동에게 일임 ② '담판' 사항은 공산국제의 지시에 복종해야 한다(盧弘, 1995: 59). 이 시기 공산국제는 장광내·채정개 등 19로군 지도자들을 '제3당'으로 간주했다. 한편 군사고문 이덕의 '군사적 원조' 제공 주장은 신빙성이 매우 낮다.

공산국제는 중공중앙에 보낸 전보(9.27)에 이렇게 썼다. …19로군이 '협정'을 이행하지 않을 가능성이 크므로 경계해야 한다. 또 다른 지시(9.29)가 제시한 담판 전략은 ① 적의 후방에 유격대 배치 ② 내부 와해 ③ '정전'을 위한 홍군 철수 등이다('第一硏究部', 2007: 608. 515). 공산국제 지시(10.25)는 이렇게 썼다. …국민당 광동파(廣東派)는 영국의 노복으로 전락했다. 19로군의 '담판 건의' 목적은 대중 기만이다(周國全 외, 1989: 251). 공산국제의 '반신반의' 태도가 박고 등이 19로군을 '진정한 맹우(盟友)'로 간주하지 않은 주요인이다. 상기 '노복 전락' 주장은 공산국제가 '소련 입장'에서 분석한 황당무계한 주장이다. 한편 공산국제의 지시 (10.25)는 박고 등이 '복건사변'에 대한 태도가 급변한 주된 원인이다.

10월 하순 담판 대표 서명홍(徐名鴻)[1195]이 서금에 도착했다. 박고는 모택동에게 전화를 걸어 '19로군 담판' 주최를 요구했다. 모택동은 '공화국' 주석의 명의로 '19로군 담판'을 주재했다. 또 그는 반한년(潘漢年)을 담판 대표로 임명했다(葉永烈, 2014: 287). 10월 26일 서금에서 체결

1195 서명홍(徐名鴻, 1897~1934), 광동성 풍순(豊順) 출신이며 국민당 좌파이다. 1926년 국민혁명군 제10사단 정치부 주임, 1927년 제11군 정치부 주임, 1933년 19로군 정치부 주임, 1934년 국민당군에게 살해됐다.

한 '반일반장(反日反蔣) 초보협정'의 골자는 ① 군사행동 중지, 군사분계선 확정 ② '분계선' 근처의 주력부대 철수 ③ 19로군, '반장선언' 공표 ④ 빠른 시일 내 '작전 협정' 체결 등이다('紅色中華', 1934.2.14). '협정' 체결(10.26) 후 홍군은 복주(福州) 주재 대표로 반한년을 파견했다. 장정(長汀)에 파견한 19로군의 대표는 나직남(羅稷南)[1196]이었다. 한편 19로군의 국민당 작전은 전개되지 않았다. 결국 이는 '초보협정'이 무효화된 주요 인이다.

채정개는 이렇게 술회했다. …나는 '담판'이 (反蔣)계기가 되길 기대했으나 '협정'은 분계선 확정에 그쳤다(政協文史委員會, 1978: 86). 당중앙의 편지(11.18)는 이렇게 썼다. …19로군은 '협정'을 실행하지 않을 것이다. 기회주의적 과오를 범해선 안 된다(福建省檔案館, 1984: 133). 상기 '당중앙 편지'는 박고가 복건 당조직에 보낸 것이다. 이는 공산국제의 영향을 받은 박고 등이 19로군을 '잠재적 적'으로 간주했다는 단적인 방증이다.

'협정' 체결 후 모택동은 서명홍 등을 접견했다. '상주(常駐) 대표' 반한년은 서명홍과 함께 복주에 갔다. 11월 20일 이제심 등은 복주에서 '인민권리선언'을 발표했다. 11월 22일 이제심을 '중화공화국인민정부'의 주석으로 선임하고 수도를 복주에 정했다. 이제심·진명추·장광내·채정개 등 11명을 '복건정부' 위원으로 선거했다. 또 진명추를 '생산인민당' 총서기로 추대했다. 한편 '복건정부'는 2개월 후 장개석에 의해 요절했다.

1196 나직남(羅稷南, 1898~1971), 운남성 순녕(順寧) 출신, 국민당 좌파이다. 1926년 북벌에 참가, 1933년 19로군 장정(長汀) 대표, 건국 후 서남(西南)군정 위원, 중국작가협회 (上海)서기처 서기를 역임, 1971년 상해에서 병사했다.

'복건사변' 후 모택동은 이렇게 건의했다. …홍군은 절강 중심의 소절감(蘇浙赣)지역으로 진격해야 한다. 또 토치카가 없는 지역에서 운동전을 전개해야 한다. 적의 '포위토벌'을 격파해 '복건정부'를 지원해야 한다(軍事科學院, 1993: 757). 주은래는 '중혁군위'에 전보(11.24)를 보내 '홍3군단'의 복건 진격과 유격전 전개를 건의했다. 또 장문천은 19로군과의 협력 작전을 건의했다. 한편 박고·이덕은 모택동 등의 '건의'를 무시했다.

국민당중앙은 회의(11.27)를 열고 이제심·진명추·진유인(陳友仁)[1197]의 국민당 당적을 제명했다. 12월 장개석은 장정문·장치중(張治中)[1198]·위립황(衛立煌) 등에게 11개 사단을 이끌고 복건에 진격해 '복건정부' 탄압을 명령했다. 또 그는 진의(陳儀)[1199]를 일본에 파견해 일본군 원조를 요청했다. 당시 일본이 파견한 군함이 마강(馬江)에 진입했다.

슈테른은 '복건사변'을 이렇게 폄하했다. …19로군은 국민당 잔재이며 '사변'은 국민당의 부패 결과물이다. 유어트는 이렇게 평가했다. …'복건정부'는 사회민주파로 소자산계급의 정당이다('第一硏究部', 2007: 633, 173). 상해 판사처는 이렇게 말했다. …'제3당' 추종자 채정개는 '반공파(反共派)'이다(Otto Braun, 2004: 76). 이덕은 이렇게 말했다. …'복건정부'

1197 진유인(陳友仁, 1875~1944), 트리니다드(Trinidad) 출신이며 국민당 좌파(左派)이다. 1920~1930년대 국민정부 외교부장, 남경(南京)정부 외교부장, '복건(福建)정부' 외교부장 등을 역임, 1944년 상해(上海)에서 병사했다.

1198 장치중(張治中, 1890~1969), 안휘성 소현(巣縣) 출신이며 국민당 좌파이다. 1920~1930년대 중앙육군군관학교 훈련부장, (國民黨)군사위원회 정치부장, (首席)담판대표, 건국 후 전국 인대 부위원장, 국민당혁명위원회 중앙부주석 등을 역임, 1969년 북경에서 병사했다.

1199 진의(陳儀, 1883~1950), 절강성 소흥(紹興) 출신이며 국민당 우파이다. 1920~1940년대 절강성장, 복건성정부 주석, 제25집단군 총사령관, 육군대학 총장, 1949년 '내란 음모죄'로 체포, 1950년 대북(臺北)에서 처형됐다.

는 장개석보다 더 위험하며 채정개를 지원해선 안 된다(伍修權, 1991: 110). 공산국제의 '채정개 불신'은 남창봉기의 '채정개 변절'과 관련된다. 이덕의 '주장'은 공산국제의 의견이며 이는 원동국의 '사변 폄하'와 관련된다. 결국 공산국제의 '예스맨' 박고는 '복건사변'을 비하했다.

'중국논단' 기자의 유어트 인터뷰(11.30)는 '복건사변에 대한 공산당 견해'란 제목으로 '중국논단' 잡지에 게재됐다. '견해'는 이렇게 썼다. …홍군은 19로군과 비밀협정을 체결하고 상호 불침을 합의했다('第一研究部', 2007: 652). (協定)비밀 엄수를 무시한 유어트의 비밀 누설에 중공 중앙은 공산국제에 전보(12.27)를 보내 강한 불만을 표시했다. 결국 이는 중공과 19로군의 '불협화음'을 감지한 장개석의 '19로군 공격'에 일조했다.

이 시기 원동국은 '호남계획(11.6)'을 배치했다. 슈테른이 강행한 '분리작전' 재추진을 시도한 것이다. 슈테른은 '19로군 원조'를 구실로 19로군의 퇴로 차단을 지시했다('第一研究部', 2007: 595). 12월 10일 홍군 지도부는 '홍3군단'에게 단촌(團村)에서 '제8종대 저격'을 명령했다. (團村)전투에서 적군 1000여 명을 섬멸했으나 홍군도 수많은 사상자를 냈다. 제4사단장 장석룡(張錫龍)[1200]과 제15사단장 오고군(吳高群)[1201]이 희생됐다.

이덕 등의 '작전 지시(12.20)' 골자는 ① '홍1·5군단'과 4개 독립연대로 편성된 서방군은 서진 ② '홍3·7군단'으로 편성된 동방군은 유격전

[1200] 장석룡(張錫龍, 1906~1933), 사천성 의빈(宜賓) 출신이며 공산주의자이다. 1926년 중공에 가입, 1927년 남창봉기에 참가, 1932년 '홍7군' 군단장, 1933년 '홍3군단' 제4사단장, 그해 12월 단촌(團村)전투에서 희생됐다.

[1201] 오고군(吳高群, 1910~1933), 강서성 상유(上犹) 출신이며 공산주의자이다. 1928년 중공에 가입, 1929~1933년 '홍1군단' 제2사단 연대장, 제2사단장, '홍5군단' 15사단장을 역임, 1933년 12월 건녕(建寧)에서 희생됐다.

도는 (中央)근거지의 모든 행사에 불참했다. 같은 이유로 모스크바 체류 중인 왕명도 '상임위원'에 선정될 가능성이 지극히 낮다.

박고는 공산국제에 전보를 보내 서기처 멤버에서 왕명·장국도·모택동을 입후보자에서 제외할 것을 제출했다. 왕명·장국도는 (中央)근거지에 있지 않고 모택동은 임시중앙정부의 주석을 맡고 있다는 것이 주요인이다. 또 진운·장문천을 입후보자로 제출했다(周國全 외, 2014: 221). 왕명은 박고가 '선거 명단'을 모스크바에 보내주지 않은 것에 대해 강한 불만을 토로했다(熊廷華, 2004). 박고가 공산국제에 보낸 자료는 '(大會)정치결의안'이었다. '선거 명단'을 보내지 않은 주된 원인은 왕명의 '서기처 제외'와 관련된다. 이는 왕명·박고 간 알력 격화를 보여준 단적인 증거이다. 실제로 이 시기 박고는 '중공 1인자'로 자리매김했다.

모택동은 몸이 아프다는 핑계로 회의에 불참했다. 중앙국은 '소비에트운동과 임무'란 보고서를 모택동의 명의가 아닌 낙보의 이름으로 배포했다. 이것이 모택동이 병을 핑계로 불참한 이유이다(Levine 외, 2017: 386). 이덕은 이렇게 회상했다. …모택동은 몸 상태가 좋지 않다는 것을 빙자해 회의에 불참했다. 모택동이 대회 발언 기회를 요청했으나 당중앙은 그의 요청을 거절했다(Otto Braun, 2004: 69). 모택동은 소비에트대회 준비로 5중전회에 불참했다(鄒賢敏 외, 2016: 480). '소비에트운동' 보고서는 낙보가 작성했다. 선전부장의 '보고서'를 회의에 불참한 모택동의 이름으로 배포한다는 것은 어불성설이다. '병 핑계' 주장은 사실무근이다. 며칠 후 모택동은 건강한 상태로 소비에트대회 보고를 했다. 한편 박고가 모택동의 '5중전회 참석'을 불허했다는 일각의 주장은 신빙성이 낮다.

1934년 1월 15일 서금현 대부(大埠)촌에서 5중전회가 열렸다. 회의 주재자는 박고였다. 18일 '정치결의안' 등 3개 문건을 통과시킨 후 주은래가 폐막사를 했다. 주덕·왕가상 등이 중앙위원에 보선됐고 팽덕회·이유한 등이 후보위원으로 선임됐다. 13명의 정치국 위원은 박고·주은래·항영·낙보·진운·임필시·강생·왕명·장국도·모택동·등발·주덕·고작림이다. 서기처 멤버(常委)는 박고·낙보·주은래·항영·진운이다.

박고는 '중공 책임자'로 선임됐으나 총서기의 공식 직함은 부여되지 않았다. 선전부장은 장문천, 조직부장은 이유한, 진운이 백구(白區)부장을 맡았다. 부녀부장은 이견정, (黨報)위원장은 낙보, (黨務)위원장은 동필무가 맡았다. 기존 (蘇區)중앙국을 철폐하고 중공중앙 명의로 전당(全黨)을 지도했다. 중앙조직국 책임자 이유한이 일상적 사무를 처리했다. 한편 이유한의 '정치국 위원 낙선'[1203]은 공산국제의 눈 밖에 났기 때문이다.

박고가 '중공 1인자'인 주된 원인은 ① 군사고문 이덕 중용 ② 항영, '중혁군위' (代理)주석 임명 ③ 왕명·장국도, 서기처 제외 ④ 측근자로 내각 구성 ⑤ 이유한, 조직부장 임명 ⑥ 낙보, '인민위원회' 주석 임명 ⑦ '공화국' 주석 모택동을 고립 ⑧ '최고3인단(三人團)'[1204] 편성 등이

1203 '5중전회(1934.1)'에서 중앙조직부장에 임명된 이유한은 (候補)중앙위원에 보선됐다. 조직부장이 정치국 위원에서 낙선된 것은 이례적이다. 이유한이 공산국제의 '눈 밖에 난' 이유는 구추백의 '(左傾)맹동주의(1927.11~1928.4)'와 이립삼의 '(左傾)모험주의(1930.6~9)'의 중요한 멤버였기 때문이다. 한편 당시 이유한이 중앙조직부장으로 임명된 것은 반'나명노선' 투쟁에서 선봉장 역할을 해 '(中共)총서기' 박고의 신임을 얻었기 때문이다.

1204 1934년 6월에 출범한 '최고3인단(最高三人團)'은 박고·이덕·주은래이다. 제5차 반'포위토벌' 실패가 확정된 후 출범한 '(最高)3인단'은 당중앙의 방침과 홍군 작전의 최종 결정권을 장악했다. 업무 분담은 박고가 정치, 이덕이 군사, 주은래가 '작전계획 실행'을 책임졌다. 당시 군사고문인 이덕이 (紅軍)작전 지휘권을 독점했다. 실제로 '(最

다. 이덕에게 작전 지휘권을 맡긴 것은 반'포위토벌' 실패의 주요인이
다. 한편 박고·왕명 간 권력투쟁은 모택동의 홍군 지도자 복귀(1935.1)에
일조했다.

'5중전회'에서 왕명의 (左傾)노선이 정점에 달했다. 회의는 이렇게
강조했다. …(右傾)기회주의와 단호히 투쟁해야 볼셰비키노선을 발전시
킬 수 있다. (右傾)기회주의는 '모택동 반대'를 의미한다. 정치국 위원 중
모택동은 말석을 차지했다(葉永烈, 2014: 292). 이른바 (右傾)기회주의를 무
조건 '모택동 반대'로 연결시키는 것은 견강부회이다. 상기 모택동 '말
석 주장'은 신빙성이 제로이다. 한편 '(王明)좌경 노선'은 상당한 어폐가
있다.

공산국제의 (左傾)노선 집행자는 왕명·박고·낙보·임필시·항영·주
은래 등이다. 모택동의 '당권·군권' 박탈자는 임필시·항영·주은래, 모
택동을 유명무실한 '공화국' 주석으로 고립시킨 장본인은 박고이다. 한
편 공산국제의 '모택동 보호'는 왕명이 숨은 공로자이다. 1934년 전후
왕명은 박고와의 알력 심화로 모택동과의 '관계 개선'[1205]을 추구했다.

1933~1934년 왕명이 지배에서 벗어난 박고는 '중공 1인자'로 자리
매김했다. 1935년 주은래·박고는 '모택동 지지자'로 변신했다. 연안정

高)3인단'은 '상강 참패(湘江慘敗)'의 장본인이다. 준의회의(1935.1)에서 '(最高)3인단'은
해체됐다.
1205 박고와의 알력 심화로, 왕명은 모택동의 '업적'을 선전했다. (中央)근거지로 이전
(1933.1)한 후 박고가 '중공 1인자'로 자리매김했다. 1933년 하반기 왕명은 여러 차례
귀국을 시도했으나 실패했다. 결국 왕명은 모택동과의 '관계 개선'을 도모했다(高華,
2002: 72). 당시 왕명은 실각한 모택동을 정적으로 간주하지 않았다. 결국 박고·왕명
간의 알력 격화는 '양패구상(兩敗俱傷)' 결과를 초래했다. 한편 3~4년 후 왕명은 모택
동의 정적이 됐다.

풍(1941~1943)에서 박고·주은래는 심각한 반성을 했다. 이 시기 항영은 희생(1941)됐고 1938년 후 임필시는 '모택동 지지자'가 됐다. 한편 귀국(1937.12)한 왕명은 모택동의 정적으로 부상했다. 모택동이 왕명을 '(左傾)노선 대표자'로 확정한 것은 다방면의 정치적 요소를 고려한 결과이다.

대회 '정치결의안'은 좌경 성향이 강했다. ① 근거지 실정을 무시, 중국혁명 정세를 오판 ② 제5차 '포위토벌'을 '심각한 위기'로 간주 ③ '(右傾)기회주의' 투쟁을 호소 ④ 좌경적 토지정책 추진 ⑤ '복건사변', 대중을 속이는 '기만극'으로 폄하 등이다. 특히 '100만 홍군 확충' 구호는 지극히 좌경적이었다. 한편 공산국제의 '결의안'을 무조건 채택한 것은 박고가 주도한 중공중앙이 모스크바의 '괴뢰정권'이었다는 단적인 증거이다.

5중전회에 긍정적 의미를 부여할 수 있는 것은 모택동의 정치국 위원 당선이다. 또 실사구시를 견지한 진운·유소기의 '서기처·정치국 진입'은 긍정적으로 평가된다. 장문천의 상임위원, 왕가상의 정치국 후보위원 당선은 모택동의 '복귀'에 긍정적 역할을 했다(余伯流 외, 2017: 1298). 한편 왕명과 권력투쟁을 한 박고는 공산국제의 지지를 상실했다. 또 낙보와의 '알력 격화'는 더욱 치명적이었다. 결국 이는 '(毛洛)합작' 결과를 낳았다.

1933년 6월 중앙집행위원회는 회의를 열고 제2차 전국소비에트 대표대회 개최 결의(6.8)를 내렸다. '결의'는 개최 시간·장소·준비 자료와 지방정부의 대표 선출 등을 명확히 규정했다. 또 중앙집행위원회는 양백대·조보성(趙寶成)[1206]·사각재 등으로 소비에트대회 준비위원회를 구

1206 조보성(趙寶成, 1902~1935), 산서성 오채(五寨) 출신이며 공산주의자이다. 1924년 중공

성하고 대회의 정치보고서와 '결의안' 작성을 준비하게 했다. 9월 8일 중앙집행위원회는 '선거규칙'과 '지방소비에트잠행조직조례(草案)'을 발표했다.

9월 6~9일 중앙정부는 복건·민감 2개 성(省)과 각 현의 내무부장이 참석한 '선거운동' 대회를 개최했다. 대회에서 '정부 주석' 모택동은 '금년도 선거' 보고를 했다. '정부사업' 보고서는 중앙정부 비서장 사각재가 작성했다. 1933년 11월 모택동은 장강(長岡)·재계(才溪)향에 내려가 2편의 조사보고서를 작성했다. 중앙정부는 조사보고서를 소책자로 출간해 대표들에게 배포했다. 또 대회 회의실로 서금에 대강당을 새로 지었다.

1934년 1월 22일 소비에트대회가 금사파(金沙垻) 대강당에서 열렸다. 오후 2시 회의 주재자 모택동이 개막사를 했다. 대회에는 693명의 대표와 83명 후보 대표, 500여 명 방청 대표가 참석했다. 박고·유소기·주덕·하극전이 중공중앙·전국총공회·공농홍군·소공(少共)중앙국을 대표해 축사를 했다. 대회는 모택동·박고 등 75명을 주석단 멤버로 선정했다. 또 스탈린·칼리닌(Kalinin) 등을 대회 주석단 '명예 멤버'로 선정했다.

1월 24~25일 모택동이 정부업무보고[1207]를 했다. 1월 29일 대회 주

에 가입, 1931년 중앙노농(勞農)통신사 부사장, 1933년 중앙정부 총무청장, 1934년 흥국현위 서기, 1935년 동발산(銅鉢山)에서 희생됐다.

1207 1934년 1월 24일 모택동은 소비에트중앙정부와 중앙인민위원회를 대표해 제2차 전국소비에트 대표대회에서 (政府)업무보고를 했다. '업무보고'에서 중국혁명 정세를 분석한 모택동은 소비에트중앙정부 설립 이래의 소비에트운동 경험을 정리했다. 또 중앙정부의 방침을 설명하고 구체적 임무를 제출했다. 한편 4만여 자에 달한 (業務)보고서에서 제출된 소비에트경제정책은 모택동선집(選集)에 '우리의 경제정책'이란 제목으로 수록됐다.

석단은 임백거의 경제건설보고를 취소했다. (中央)근거지에 대한 국민당군의 공격이 개시됐기 때문이다. 모택동이 긴급동원보고를 한 후 회의를 2월 1일에 앞당겨 폐막하기로 결정했다. 1월 30일 대표들은 주덕·임백거·오량평의 전제(專題)보고를 청취·심의했다. 1월 31일 항영이 '헌법 수정'에 관련된 보고를 했다. 또 대회는 '홍군문제 결의안' 등을 통과시켰다.

2월 1일 폐막식은 이유한이 주최했다. 표결을 통해 모택동 등 중앙집행위원 175명, 나영환 등 후보위원 36명을 선출했다. 모택동이 폐막사를 한 후 '대회 선언'을 통과시켰다. 2월 3일 모택동이 주재한 중앙위원회 제1차 회의는 모택동을 중앙집행위원회 주석, 항영·장국도를 부주석, 장문천을 '인민위원회' 주석으로 선임했다. 또 11개 부처 '인민위원'[1208]을 선출하고 주덕을 '중혁군위' 주석, 주은래·왕가상을 부주석으로 선임했다.

양상곤은 이렇게 회상했다. …박고의 '낙보 임명'은 2가지 목적이 있었다. 첫째, '공화국' 주석 모택동을 고립시키기 위한 것이다. 정부의 구체적 업무는 '인민위원회 주석'이 주관했다. 둘째, 장문천으로 하여금 중앙정부 행정에 전념하게 하기 위한 것이었다(秦紅 외, 2016: 273). 권리욕에 사로잡힌 박고가 왕명과 벌인 권력투쟁과 낙보와의 알력 격화는 치명적 패착이다. 이는 왕명·낙보가 정적 모택동을 지지하는 결과로 이어졌다.

1208 '중앙집행위원회 포고 제1호(1934.2.5)'가 공표한 소비에트중앙정부 산하의 11개 부처 '인민위원(部長)'은 ① 왕가상, 외교부장 ② 주덕, 군사부장 ③ 임백거, 재정부장 ④ 오량평, 경제부장 ⑤ 진담추, 식량부장 ⑥ 등진순, 노동부장 ⑦ 고자립, 토지부장 ⑧ 양백대, 사법부장 ⑨ 증산, (內務)부장 ⑩ 구추백, 교육부장 ⑪ 항영, 검찰부장이다.

유어트는 공산국제에 보낸 전보(1933.7.28)에 이렇게 썼다. …12월 11일 소비에트 대표대회가 개최된다. 공산국제 기관지 '국제신문통신'에 관련 보도 게재를 요청한다('第一硏究部', 2007: 465). 교통 등 문제로 모스크바 중공대표단은 1934년 9월에도 대회 자료를 받지 못했다. 왕명은 편지(9.16)를 보내 대회의 '문건 송부'를 요구했다(凌步機 외, 2017: 1305). 실제로 소비에트 대표대회는 1934년 1월 22일에 개최됐다. 한편 박고가 모스크바에 보낸 문건은 '정치결의안'과 모택동의 '(大會)보고서'였다. 실제로 왕명이 요구한 것은 정치국 위원 등 '대회 명단'이다.

편지(9.16)에서 왕명은 모택동의 문집 출간 소식을 알렸다. …모택동의 보고서 중문판이 출간됐다. 책가위는 반짝이는 금자표제와 질 좋은 도림지(道林紙)를 사용했다. 국내에선 이런 도서를 만들 수 없다(向青, 1988: 184). 당시 모택동의 보고서는 러시아어·중국어로 된 별도의 소책자로 편집돼 5000부가 출간됐다. 모택동의 '높아진 위상'을 단적으로 보여준 것이다. 이는 모택동에 대한 공산국제의 '암묵적 보호'와 관련된다.

소비에트대회에서 모택동은 '정권(政權)'을 박탈당했다. 이는 박고의 '모택동 왕따' 전략과 관련된다. 아이러니한 것은 국내에서 고립된 모택동이 국외에선 오히려 위상이 높아졌다는 점이다. 결국 이는 공산국제의 '모택동 보호'와 '박고 견제'를 위한 왕명의 '추천'과 관련된다. 실제로 박고·왕명 간 권력투쟁으로 모택동이 어부지리를 얻었던 것이다.

3. 제5차 반'포위토벌' 실패

1933년 9월 하순 국민당군은 (中央)근거지를 공격했다. 공격부대는 33개 사단의 병력을 집결한 북로군으로 진성·설악이 정부(正副) 총지휘를 맡았다. 9월 25일 적군 3개 사단이 여천을 공격했다. 수비군 책임자 소경광은 중과부적으로 부득불 철수했다. 여천 함락(9.28)으로 (中央)근거지는 고립상태에 처했다. 당일 주은래는 항영 등에게 적을 유인해 운동전으로 섬멸할 것을 건의했다. 이 시기 '군사고문' 이덕(李德)이 도래했다.

10월 2일 초석(硝石)·자계교(資溪橋) 작전을 계획한 이덕은 홍군에게 여천 수복을 명령했다. 주은래는 항영에게 전보(10.4)를 보내 동방군이 홍군 주력과 회합한후 결전을 치를 것을 건의했다(中共中央文獻研究室, 2007: 257). 당시 항영은 '분리작전'을 지시했다. 10월 7일 동방군은 순구(洵口)를 공격해 적군 3개 연대를 섬멸했다. 10월 9일 이덕은 강적이 집결된 초석 공격을 명령했다. 결국 1000여 명 사상자를 낸 홍군은 철수했다.

당사자 팽덕회는 이렇게 회상했다. …당시 이덕은 초석 강공을 명령했다. 적군의 보루군에 포위돼 기동력을 상실한 홍군은 전멸당할 뻔했다(彭德懷, 1981: 185). 상급자의 명령 복종을 천직으로 삼은 팽덕회는 이덕의 지시에 순종했다. 결국 이는 자계교(資溪橋) 패전을 초래했다. 당시 박고·이덕은 홍군의 '분리작전' 임무를 순조롭게 완성한 동방군을 신임했다. 한편 '홍3군단' 최고 지도자 팽덕회는 '허만·광창 패전'의 장본인이다.

진성은 설악에게 '자계교 점령'을 명령했다. 10월 18일 설악이 거느린 적군 4개 사단이 자계교를 점령했다. 적군은 자계교에 7개 사단의 정규군을 배치해 '홍군 결전'을 준비했다. 한편 초석 패전 교훈을 무시한 이덕·박고는 홍군 주력에게 자계교 공략을 명령했다. 10월 22일 주공 임무를 맡은 팽덕회의 '홍3군단'은 강적이 집결된 자계교 공격을 개시했다. 결국 4일 간 강공했으나 '성 공략'에 실패한 홍군은 수많은 사상자를 냈다.

오수권은 이렇게 회상했다. …중국의 실정에 무지한 이덕은 소련 홍군의 작전 전술을 그대로 적용했다. 또 적의 '보루 전략'에 대해 소극적 방어전략을 실행했다(肖華 외, 1981: 499). 이덕은 홍군의 장점인 유격전을 포기하고 정규전에 집착했다. 결국 이는 초석·자계전 패전을 초래했다. 군사 문외한 박고는 이덕에게 홍군 (作戰)지휘권을 일임했다. 결국 제4차 반'포위토벌'을 승리로 이끈 주은래·주덕은 작전 지휘권을 상실했다.

(上海)원동국이 박고에게 전보(10.14)를 보내 건의한 전술은 ① 기동전 전개 ② 적을 근거지로 유인 ③ 운동전 전개 ④ 적의 내선(內線) 공격 돌파 ⑤ (贛東北)홍군과 협력 작전 실시 등이다('第一研究部', 2007: 547). 박고는 원동국에 보낸 답전(10.20)에 이렇게 썼다. …'(內線)작전 포기'에 대해 동의하지 않는다. 홍군 주력이 적의 측면을 공격하는 유격전술은 위험하다. 군사고문(李德)은 '건의' 사항에 대한 집행 의지가 없다('第一研究部', 2007: 556). 운동전을 전개해 적군을 섬멸해야 한다는 주장은 홍군이 피동적 상황에서 벗어날 수 있는 '최선책'이었다. 한편 박고는 원동국의 '건의'를 거절한 책임을 군사고문 이덕에게 전가했다.

팽덕회는 홍군 주력의 동북 진격을 건의했다. 감동북 근거지를 의지해 소절환(蘇浙皖)지역을 공격한 후 적을 유인해 보루가 없는 곳에서 운동전을 전개해 적군을 섬멸하는 것이다. 이 시기 모택동도 비슷한 건의를 제출했다(余伯流 외, 2017: 1272). 박고·이덕은 그들의 '건의'를 채택하지 않았다. 진지전을 고수한 이덕은 적의 '보루군(群)' 내에서 결전을 벌인 것을 주장했다. 결국 이는 홍군의 허만·운개산전투의 패전을 초래했다.

11월 15일 홍군 제1·9군단은 적의 봉쇄선을 돌파해 북진했다. 고축 동은 의황 등지에 10개 사단을 집결해 홍군 섬멸을 시도했다. 16일 적의 의도를 파악한 홍군은 퇴각해 운개산을 점령했다. 17일 적군 3개 사단이 운개산을 공격했다. 10여 시간의 격전을 벌인 쌍방은 모두 많은 사상자를 냈다. 18일 운개산을 점령한 적군은 대웅관(大雄關) 고지를 선점했다. 19일 홍군은 7시간의 격전을 거쳐 고지를 탈환했으나 많은 사상자를 냈다.

박고·이덕은 '허만 패전' 책임을 '홍7군단' 정치위원 소경광에게 전가했다. 항영은 사단장급 지휘관에게 보낸 편지(11.20)에 이렇게 썼다. …'보루 공격' 기피는 전투 거절과 같다(江西省委黨史資料, 1992: 117). 소경광은 이렇게 회상했다. …모험적 공격과 '단순 방어' 전술은 허만 패전을 초래한 주된 원인이다. 그러나 좌경 지도자는 '진공노선'을 반대한 동지들을 잔혹하게 탄압했다(蕭勁光, 1987: 137). '중혁군위'는 서방군(西方軍)을 설립(1933.11)하고 진의를 사령관, 곽천민을 참모장으로 임명했다. 진의는 기동적 유격전을 전개해 북로군의 진격을 저지했다. 한편 허만 패전의 장본인은 팽덕회였으나 애꿎은 소경광이 희생양이 됐다.

9~11월 적의 '보루군'에서 고전한 홍군은 초석·자계교·운개산·대웅관에서 패전했다. 모택동은 이렇게 평가했다. …적을 유인해 유격전을 전개했다면 홍군 손실을 모면할 수 있었다(毛澤東, 1991: 206). 작전 지휘권을 독점한 이덕과 협조자 박고·항영의 잘못된 전술이 홍군 패전의 주요인이다. 또 그들은 팽덕회·모택동의 '보루 이탈' 건의를 무시했다.

이덕은 통일적 지휘를 구실로 '총사령부 철회'를 건의했다. 전방 총사령부는 후방으로 소환돼 '중혁군위'에 합병됐다. 결국 박고와 이덕이 홍군의 작전 지휘권을 독점했다(中共中央文獻研究室, 2007: 261). 당시 박고가

'군위' 주석을 대신했고 이덕이 총사령관 역할을 했다. 따라서 주은래·주덕은 작전 지휘권을 상실했다. 한편 항영은 '중혁군위 (代理)주석' 사명을 완수했다. 실제로 박고가 항영을 홍군 패전의 희생양으로 삼은 것이다.

1월 6일 박고·이덕은 소경광에게 '도망주의자' 죄명을 씌워 법정에서 심판했다. 주은래는 고소인으로 심판대회에 출석했다. 대회는 소경광에게 5년 징역형을 선고하고 당적·군적(軍籍)을 박탈했다(中共中央文獻研究室, 2007: 262). 박고 등은 소경광을 '(紅軍)나명노선' 대표로 간주해 희생양으로 삼았다. 모택동·왕가상의 '보호'로 징역살이를 모면한 소경광은 홍군대학 교관으로 배치됐다. 이 시기 주은래는 모택동의 반대편에 섰다.

1934년 1월 하순 장개석은 (中央)근거지에 대한 총공격을 개시했다. 국민당군의 작전 배치는 ① 위립황을 전선 총지휘로 한 동로군(17개 사단), 석성·서금 공략 ② 진성을 전선 총지휘로 한 북로군(26개 사단), 건녕·광창 공략 ③ 북로군 사령관은 설악, 공격 목표는 홍국현이다. 1월 22일 장개석은 남경으로 돌아왔다. 25일 진성은 장개석의 명령에 따라 북로군을 이끌고 건녕으로 진격했다. 홍군 총사령관은 군사고문 이덕이었다.

원동국은 박고 등에게 전보(1934.2.1)를 보내 이렇게 건의했다. …'홍5·7·9군단'은 지방유격대의 협력하에 3개 방향으로 나눠 적의 진격을 저지해야 한다. 또 '홍1·3군단'은 금갱(金坑) 지역에 방어선을 설치해야 한다('第一硏究部', 2007: 59). 박고는 원동국의 작전 지시를 수용한다고 표시했으나 이덕은 홍군의 '(金坑)방어선 설치'를 찬성하지 않았다. 당시 원동국의 건의를 무시한 이덕은 '단촉돌격(短促突擊)'이란 전술을 구사했다.

이덕의 '단축돌격'은 진지전을 전제로 짧은 시간 내 전개하는 기동적 '운동전'이다. '단축돌격'은 홍군의 운동전과는 근본적 차이점이 있다. 결국 진지전에 집착한 이덕이 장개석의 '토치카 전술'에 말려든 것이다. 이덕은 '전쟁과 혁명'이란 잡지에 글을 발표해 '단축돌격' 전술의 우수성을 고취했다. 또 박고는 '단축돌격' 전술을 널리 사용할 것을 강조했다.

섭영진은 이렇게 회상했다. …'단축돌격'은 적군이 아군 진지와 200~300m까지 접근하면 빠른 시간 내 출격해 적군을 섬멸하는 전략이다. 이는 소모전으로 전과는 미미했다. 대표적 사례가 모산(毛山)전투였다(聶榮臻, 2007: 153). 모산전투(1933.12)는 당운산(唐雲山)의 제93사단과 '홍1군단' 제1사단이 벌인 전투이다. 실제로 적군 전투기의 폭격으로 '단축돌격' 전술은 별다른 효과를 거두지 못했으며 홍군은 수많은 사상자를 냈다.

재래식 무기로 무장한 홍군이 진지전으로 맞선 상황에서 '단축돌격'이 먹혀들 리 만무했다. 홍군의 '패전' 사례는 ① 횡촌(橫村) 패전(1.25) ② 구가애(邱家隘) 패전(1.27) ③ 웅가채(熊家寨) 패전(2.9) ④ 사현(沙縣)전투(2.24), 사상자 400여 명 ⑤ 건녕 패전(2.25) ⑥ 삼계우(三溪圩)전투(3.17), 사상자 3000여 명 ⑦ 귀화(歸化)전투(3.23), 500여 명의 사상자를 냈다. '단축돌격'이 초래한 대표적 참패(慘敗)는 광창전투(4.10~28)였다.

팽덕회는 '중혁군위'에 편지(4.1)를 보내 이렇게 건의했다. …홍군 지휘관에게 지휘권을 부여해야 한다. 기동성이 부족한 진지전·보루전은 막대한 대가를 치를 것이다. 유격전으로 적을 섬멸해야 한다(江西省委黨史研究室, 1992: 155). 연속된 패전으로 홍군 지휘관은 '단축돌격' 전술에 회의적 태도를 보였다. 당시 슈테른 등은 박고에게 전보(2.11)를 보내 진지전·운동전 결부를 건의했으나 이덕은 그들의 건의를 수용하지 않았다.

'홍1군단' 군단장 임표는 '홍군 전술에 대한 의견'이란 제목으로 '중혁군위'에 편지(4.3)¹²⁰⁹를 보냈다. '편지'에서 '단촉돌격'을 비판한 임표는 기동적 운동전 전개를 건의했다(黃少群, 1991: 326). 초기 '단촉돌격' 전술을 비판한 임표는 두달 후 선동성이 강한 '단촉돌격을 논함(6.17)' 이란 글을 발표했다. 이는 이 시기 임표의 '정치적 입장'이었다(聶榮臻, 1984: 202). 이덕의 '단촉돌격' 전술에 대해 임표와 팽덕회는 뉘앙스 차이를 보였다. 임표의 '편지(4.3) 건의'는 전술적 측면이 강한 반면, '중혁군위' 기관지에 발표한 문장(6.17)은 그의 정치적 입장을 표명한 것이다.

'중혁군위' 기관지에 발표한 임표의 문장은 이렇게 썼다. …'단촉돌격' 전술은 진지전의 일종이다. 홍군이 이 전술에 말려든다면 매우 위험하다. 또 그는 이렇게 주장했다. …'단촉돌격' 전술 무시는 위험천만한 일이다(于化民 외, 2013: 102). 이덕은 이렇게 회상했다. …임표는 운동전에 일가견이 있는 지휘관이었으나 타인의 의견을 수용하지 않았다. 또 그는 그의 숭배자 모택동처럼 타인과의 접촉을 꺼려했다(Otto Braun, 1980: 82). 임표의 입장 변화는 이덕과의 회담과 관련된다. 결국 이덕의 '요청'을 수락한 임표가 정치적 입장을 발표한 것이다. 한편 자타가 인정한 '운동전 대가(大家)'인 임표는 본인 특유의 작전 전술을 갖고 있었다.

1209 임표가 군위(軍委)에 보낸 '편지(1934.4.3)'에서 지적한 '4가지 결점'은 ① 결정 지연, 승전 기회 상실 ② 주관적 작전 배치, 협동작전 불가능 ③ 진지전, 기동적 전투가 불가능 ④ '단순 방어' 전술, 기동성 결여 등이다(金一南, 2017: 212). 상기 임표의 편지는 (軍委)주석 주덕에 대한 불만으로 보는 것이 더욱 적절하다. 당시 (朱林)관계는 견원지간이었다. 한편 이덕과 '담화(談話)'를 나눈 임표의 '단촉돌격(短促突擊)' 태도가 일변했다.

'전쟁과 혁명'에 발표한 '단축돌격'에 관한 문장에서 임표는 27조 실행 조치와 주의(注意) 사항을 명시했다. 당시 임표는 이덕의 칭찬을 받았다. 한편 팽덕회는 이덕의 '잘못된 전술'에 대해 비판적이었다(少華 외, 2003: 92). 팽덕회는 이렇게 회상했다. …당시 나는 이덕의 전술을 그의 면전에서 강하게 비판했다. 또 그들은 나의 문장을 수정해 발표했다. 결국 나의 글은 '단축돌격' 찬양문으로 변질했다(彭德懷, 1981: 192). 팽덕회의 강직한 성격을 확실하게 엿볼 수 있는 대목이다. 한편 임표는 운동전에 강한 반면, 팽덕회는 진지전에 능하다는 것이 전문가의 중론이다.

김일남(金一南)[1210]은 '팽임(彭林)' 차이점을 이렇게 분석했다. …과단성은 팽덕회의 장점이나 지략은 임표가 한 수 위였다. 팽덕회는 열화(烈火), 임표는 정수(靜水)이다. 팽덕회는 태산이 무너져도 낯빛 하나 변하지 않으며 임표는 미록(麋鹿)이 나타나도 눈길을 주지 않는다(金一南, 2017: 197). 1950년대 직설적이고 강직한 팽덕회는 모택동에게 타도됐다. 1960년대 '순수추주(順水推舟)'를 선택한 임표는 모택동의 후계자가 됐다.

근거지의 '북대문(北大門)' 광창은 군사 요충지였다. '중혁군위'는 광창에 보루 구축을 지시했다. 박고·이덕은 광창을 적군과의 결전 장소로 결정했다. 국민당군이 광창전투에 투입한 병력은 11개 사단이며 적장은 제5종대 사령관 나탁영이었다. 홍군의 투입 병력은 9개 사단이었다. 또 박고는 광창에 야전사령부를 설립했다. 주덕이 사령관, 박고가

1210 김일남(金一南, 1952~), 강서성 영풍(永豊) 출신이며 군사전략가·작가이다. 소장(少將)·교수인 그의 주요 연구과제는 국가안전 전략이다. 1972년 입대, 그 후 (解放軍)국방대학 전략연구소장, '중공 17대' 인대(人大) 대표, 제11기(2008) 전국 정협 위원 등을 역임, 2019년 12월 '전국 이직(離職)·퇴직자 간부 선진개인' 표창을 수상했다.

모택동과 중국혁명 2

정치위원을 맡았다. 한편 주은래는 서금에 남아 '군위'의 일상적 사무를 처리했다.

4월 10일 적군 5개 사단이 홍군 진지를 맹공격했다. 적군의 맹렬한 포격과 무차별 폭격으로 홍군이 구축한 '영구공사(永久工事)'는 산산조각이 났다. 27일 홍군은 진종일 적군과 혈전을 벌였다. 홍군 진지는 적군에게 대부분 공략됐다. 27일 야밤 이덕 등은 홍군 철수를 명령했다. 결국 28일 오전에 광창이 함락됐다. 18일 간 진행된 광창전투에서 홍군은 5093명 사상자를 냈다. '광창 패전'으로 제5차 반'포위토벌' 실패가 확정됐다.

양상곤은 이렇게 회상했다. …박고는 나와 팽덕회를 지휘부로 불러 문책했다. 당시 팽덕회는 이렇게 그들을 질책했다. …당신들이 전투를 지휘한 후 통쾌한 전투를 치른 적이 없다. 또 이덕을 행해 '부모 밭을 판 아들은 괴로워하지 않는다'고 말했다(楊尙昆, 2001: 94). 팽덕회는 이렇게 술회했다. …당시 오수권이 통역했는데 이덕은 화를 내지 않았다. 그래서 양상곤에게 다시 통역하게 했다. 그제야 말뜻을 알아차린 이덕은 포효하며 나를 봉건적이라고 욕을 했다(彭德懷, 1981: 191). 오수권은 팽덕회의 '호남 속언'을 잘 이해하지 못했다. 실제로 팽덕회는 '근거지 상실' 장본인인 이덕을 '부모가 물려준 땅을 팔아버린' 패륜아로 매도했다.

모택동은 이렇게 평가했다. …광창전역은 홍군에게 재난이었다. 이덕이 제창한 보루전·진지전과 '단촉돌격' 전술은 계란으로 바위를 치는 격이었다(中共中央文獻硏究室, 1993: 426). 주은래는 '홍성보(紅星報)'에 발표한 사론(4.30)에 이렇게 썼다. …방어적 보루주의(堡壘主義)와 분병(分兵) 방어는 (右傾)기회주의이다(中共中央文獻硏究室, 2007: 264). 낙보는 이렇게 회상했다. …'광창보위전'을 적과의 결전으로 간주한 것은 잘못된 전략이다(張聞天, 1985: 77). 결국 '박낙(博洛)' 간 알력은 더욱 격화됐다. 한편 야전 사령관 주덕은 '광창 패전'에서 결코 자유로울 수 없다.

4월 21일 근거지의 '남대문' 균문령(筠門嶺)도 함락됐다. 균문령 수비군은 홍군 22사단 3개 연대였다. '홍22사' 장병들은 사단장 정자화와 정치위원 방강(方强)[1211]의 인솔하에 강적과 혈전을 벌였으나 중과부적으로 철수했다. 박고 등은 '균문령 실수(失守)' 책임을 추궁해 방강을 국가보위국에 감금했다. 일부 연대장급 간부는 당적을 박탈당했다. 5월 16일 '홍5·7군단'이 수비한 건녕도 함락됐다. (中央)근거지의 정세는 더욱 악화됐다.

5월 18일 장개석은 진제당에게 전보를 보내 토치카 구축 강화와 홍군 서진 저지를 지시했다. 6월 21일 하건은 군사회의를 개최해 장개석의 '초공(剿共)' 지령을 전달했다. 1934년 6월 국민당군은 여섯 갈래로 나눠 근거지 공격을 감행했다. 적군 병력은 31개 사단이었고 공격 목표는 '홍도(紅都)' 서금이었다. 홍군의 방어선은 잇따라 돌파됐고 근거지는 날로 축소됐다. 8월 중 '홍3군단'이 치른 고호뇌(高虎腦) 전투가 가장 치열했다.

8월 5~7일 '홍3군단'은 고호뇌에서 적군 6개 사단과 3일 간 격전을 벌였다. 적군 4000여 명을 섬멸했으나 홍군도 1300여 명 사망자를 냈다. 박고는 '고호뇌 승전'을 '단촉돌격' 전술의 결과물이라고 선전했다. 9월 초 '홍1군단'은 온방(溫坊)전투에서 운동전을 전개해 적군 2000여 명

1211 방강(方强, 1912~2012), 호남성 평강(平江) 출신이며 공산주의자이다. 1927년 중공에 가입, 1930~1940년대 '홍9군' 정치부 선전부장, 팔로군 385여단 정치부 주임, 제4야전군 제44군단장, 건국 후 해군 부사령관, 기계공업부장을 역임, 2012년 북경에서 병사했다.

로 파견하고 항영을 감남성(贛南省) 책임자로 우도(于都)에 파견했다. 또 이덕과 '언쟁을 벌인'[1214] 유백승을 '홍5군단' 참모장으로 좌천시키고 주 덕을 작전 지휘권에서 배제했다(余伯流 외, 2017: 1330). 낙보의 지휘권 배제 는 박고의 리더십 결여를 보여준 단적인 방증이다. 한편 '베테랑 지휘 자' 주덕·유백승 배척은 이덕의 독단적 결정을 합리화하기 위한 것이 었다.

홍군의 '전략적 이동'에 대해 '최고 3인단'은 종래로 정치국 회의에 서 토론하지 않았다. 서기처 멤버 낙보와 '중혁군위' 주석 주덕에게도 비밀에 부쳤다. 또 '3인단'은 '전략적 이동'에 관해 정치국 위원 모택동 에게도 비밀에 부쳤다. (延安)정치국 회의(1943.11)에서 박고는 (長征)군사 계획을 정치국에서 토론하지 않은 것은 '중대한 과오'였다고 반성했다.

이덕은 '3인단'의 비밀 엄수에 대해 이렇게 썼다. …봉쇄선 돌파의 가장 중요한 요소는 비밀 엄수이다. 이는 전략적 이동을 실현하는 기 본적 전제였다(Otto Braun, 1980: 106). '대이동' 계획은 비밀리에 추진됐다. 8월 중 정치국 위원인 모택동·진운에게 전달됐다. 조직부장 이유한이 개별적으로 귀띔한 것이다(葉健君 외, 2017: 18). 섭영진은 이렇게 회상했 다. …9월 상순 주은래는 서금에서 나와 임표에게 홍군의 '전략적 이동' 결정을 알려주었으나 '이동' 방향은 언급하지 않았다(李濤, 2012: 9). '대이 동'에 대한 '3인단'의 비밀 엄수는 심각한 부작용을 초래했다. 한편 8월 중의 '모택동 전달'과 이유한의 '개별적 귀띔'은 신빙성이 제로이다.

1214 이덕이 홍군 병사를 '모욕'하는 장면을 목격한 유백승은 '제국주의 행위'라고 비판했 다. 박고는 이덕과 '격한 언쟁'을 벌인 유백승을 해임하고 '홍5군단' 참모장으로 좌천 시켰다. 유백승이 이덕의 보루전에 대해 불만을 제출한 것이 화근이 됐다. 박고·이덕 의 총참모장 유백승을 배척한 것은 패착이다. 이는 '상강 패전'의 중요한 원인이다.

'3인단'은 홍군의 '전략적 이동'에 관해 모택동에게 알려주지 않았다. 모택동과 좋은 관계인 주은래도 비밀을 지켰다. 10월 초 '3인단'은 '이동' 결정을 모택동에게 알렸다(V. Pantsov, 2015: 362). 9월 중순 모택동은 중앙서기처의 허락을 받아 비서와 경호분대를 거느리고 감남성위(贛南省委) 소재지 우도로 시찰을 떠났다. 당시 '최고 3인단'은 서정(西征) 준비에 착수했으나 모택동에겐 여전히 비밀에 부쳤다(金沖及 외, 1996: 329). 실제로 9월 상순 모택동은 홍군의 '전략적 이동'에 관해 대충 알고 있었다. 관련 소식을 모택동에게 알려준 것은 임표·섭영진이었다.

섭영진은 이렇게 썼다. …9월 초 주은래 회담을 통해 '전략적 이동'을 알게 됐다. 나와 임표는 모택동의 숙소를 방문했다. 모택동이 서금에 왜 왔냐고 묻자, 나는 '홍군 이동'에 관한 임무 때문이라고 말했다. 모택동에게 '이동 방향'을 물었으나 그는 화제를 돌렸다(聶榮臻, 2007: 170). 모택동이 화제를 돌린 것은 그 역시 이동 방향을 몰랐기 때문이다. 한편 우도의 '적정(敵情) 조사'는 주은래의 '전화 지시(9월 중순)'[1215]와 관련된다.

6월 하순 정치국 회의를 주재한 박고는 홍군의 '전략적 이동'에 대해 발설하지 않았다. 회의에서 모택동은 이렇게 건의했다. …홍군은 포위권 돌파 후 서쪽으로 진격해야 한다. 그러나 그의 건의는 채택되지 않았다(金沖及 외, 1991: 327). 모택동이 주은래에게 보낸 전보(6.22)의 골자

1215 9월 중순 '중혁군위' 책임자 주은래는 우도(于都)에 도착한 모택동에게 전화를 걸어 적군의 병력 배치와 지형 관찰을 요구했다. 9월 20일 모택동은 주은래에게 급전을 보내 (于都)적정과 우도하(于都河) 상황을 보고했다. 이는 주은래가 모택동에게 홍군의 '대이동' 개시를 암시한 것이다. 또 주은래는 모택동에게 홍군 집결지와 포위 돌파구를 우도로 결정한다는 언질을 준 것이다. 10월 중순 우도는 홍군의 '전략적 이동' 출발지로 됐다.

는 ① 전제당, '홍군 작전'에 소극적 ② '홍7군단' 남진 재고 ③ 운동전 전개 ④ '홍7군단', 서금 대기 등이다(蔣建農 외, 2014: 27). 회의는 '홍7군단' 의 북상(北上)을 결정했다. 모택동의 건의를 수용한 주은래는 '홍7군단' 을 '선견대'로 파견했다. 한편 사면초가에 빠진 모택동이 '최고 3인단' 멤버인 주은래와 밀접한 관계를 유지한 것은 불행 중 다행이었다.

모택동의 지지 세력은 대이동 준비가 미흡한 상태에서 성급히 실시된 모험·도주라고 말했다. 또 대장정은 무계획적 공포의 소산물이라고 주장했다(Salisbury, 2016: 84). 1934년 10월 중앙지도부는 갑자기 중앙 근거지를 떠난다고 밝혔다. 은밀한 결정이었다. 홍군은 창졸간에 대이동을 하는 상황에 직면했다(현이섭, 2017: 161). '공포의 소산물'·'창졸한 대이동' 주장은 사실과 다른 측면이 있다. 홍군의 '대이동'은 '3인단'의 주도하에 반년 간의 치밀한 준비를 거쳐 이뤄진 것이다. 한편 홍군의 '전략적 이동'에 관해 모택동은 '장정 개시' 한달 전에 이미 알았다.

홍군 '대이동'을 위한 치밀한 준비는 ① 홍군 병력 확충 ② 군수물자 마련, 급양 해결 ③ 후방지원부 역량 강화 ④ 편제 개편 ⑤ 협력작전 배치 ⑤ 선전선동 전개 등이다(秦紅 외, 2016: 514). 한편 홍군 '대이동'이 '창졸한 이동'[1216]이란 일각의 주장도 있다. 한편 (中央)근거지의 인적자원이 고갈된 상태에서 강행된 홍군 확충은 강제적 징병으로 이어졌다.

5월 14일 '중혁군위'는 공문을 발표해 3개월 내 홍군 5만명 확충을

1216 홍군의 '대이동'을 '창졸(倉卒)한 이동'이라고 주장한 총참모장 유백승은 이렇게 회상했다. …1934년 10월 홍군 주력이 (中央)근거지를 떠나 전략적 이동을 개시한 것은 창졸한 결정이었다. 당시 홍군 지도부는 사전에 지휘관과 근거지의 대중에게 '대이동'에 필요한 선전 활동을 전개하지 않았다(劉伯承, 1981: 91). 실제로 홍군의 '대이동'은 치밀하게 준비된 군사행동이었다. 결국 이는 '(最高)3인단'의 비밀 엄수와 밀접하게 관련된다.

요구했다. 6월 30일까지 홍군 입대자는 62269명에 달했다. 9월 1일 '중혁군위'는 '신병 3만명 징집' 통고서를 반포했다. 9월 말 홍군은 8만명으로 확충됐다. 9월 10일 '중혁군위'는 5000명의 짐꾼 모집을 호소했다(李志英 외, 2007: 149). 9월 21일 '중혁군위'는 '홍8군단' 설립을 명령했다. 주곤(周崑)[1217]이 군단장, 황소(黃蘇)가 정치위원으로 임명됐다. 또 '중혁군위'는 중앙교도사(中央敎導師)를 설립해 중앙기관 안전과 경호를 전담하게 했다. 광창전투 후 홍군의 급양 해결은 난제에 직면했다. 임시중앙정부는 군량미 비축을 위해 6월 2일과 6월 27일 두 차례 '긴급지시'를 내려 7월 15일까지 24만단(担)의 식량 조달을 요구했다. 한편 당중앙은 '총공회' 책임자인 진운에게 군수품 생산과 군수물자 공급을 책임지게 했다.

박고는 이유한에게 이렇게 말했다. …홍군은 포위권을 돌파한 후 상서(湘西)지역으로 진격한다. 강서·월감성위 주요 지도자에게 당중앙의 결정을 전달한 후 '대이동'에 참가할 간부 명단을 작성해 당중앙에 교부해야 한다(李維漢, 1986: 343). 당시 '대이동'에 참가하는 당정(黨政) 간부는 박고가 결정했다. 군사 간부는 박고와 주은래가 토론해 확정했다. 실제로 박고가 심복인 이유한에게 '지방간부 명단' 작성 권한을 부여한 것이다.

홍군 '대이동'을 대비해 당중앙은 감남성(贛南省) 설립을 결정했다. 7월 하순 항영은 '성(省) 설립'에 전격 착수했다. 8월 상순 당중앙은 감남성의 주요 간부를 파견했다. 감남성위 서기는 복건성소비에트 주석

1217 주곤(周崑, 1902~), 호남성 평강(平江) 출신이며 공산주의자이다. 1927년 중공에 가입, 1930년대 제34사단장, 민감(閩贛)군구 제21사단장, '홍1방면군' 참모장, 팔로군 제11사단 참모장, 1938년 거금(巨金)을 갖고 도망쳤다.

종순인(鍾循仁)[1218], 조직부장은 나맹문(羅孟文)[1219], 선전부장은 반한년이 임명됐다. (贛南省)소비에트정부 주석은 (粤贛省)소비에트정부 주석 종세빈(鍾世斌)[1220]이 임명됐다. 감남성위 소재지를 우도에 정했다. 한편 항영의 '지방 좌천'[1221]은 박고가 그의 근거지 잔류를 내정했다는 단적인 증거이다.

홍군 '대이동'이 '창졸간 이동'·'도망주의'라는 일각의 주장은 실제 사실과 어긋난다. 이는 결과주의에 근거한 일방적 주장으로 실사구시의 정신에 위배된다. 이른바 '창졸간 이동'은 '최고 3인단'이 홍군의 전략적 이동에 대해 발설하지 않았기 때문이다. 결국 이는 '최고 3인단'의 실책으로, 장정 초기 홍군의 막대한 손실을 초래한 중요한 원인이다.

2) '박낙(博洛)'의 알력 격화, '모낙(毛洛)'의 협력관계 형성

1933년 반'나명노선' 투쟁을 주도한 낙보(洛甫, 장문천)는 '모택동 비판' 선봉장 역할을 했다. 또 낙보는 모택동을 '(右傾)기회주의자'로 낙인

1218 종순인(鍾循仁, 1905~1981), 강서성 흥국(興國) 출신이며 공산주의자이다. 1927년 중공 가입, 1930년대 흥국현위 서기, 강서군구 제3분구 정치위원, 감남성위 서기, 1935년 암정사 주지, 1981년 영태(永泰)에서 병사했다.

1219 나맹문(羅孟文, 1905~1988), 강서성 감현(贛縣) 출신이며 공산주의자이다. 1927년 중공에 가입, 1930~1940년대, 감남(贛南)성위 조직부장, (贛南)군구 제1분구 정치위원, 건국 후 강서성위 조직부장, 강서성 정협 부주석을 역임, 1988년 남창(南昌)에서 병사했다.

1220 종세빈(鍾世斌, 1905~1935), 강서성 흥국(興國) 출신이며 공산주의자이다. 1930년 중공에 가입, 1930년대 민감성(閩贛省) 소비에트정부 토지부장, 감남성(贛南省) 소비에트정부 주석을 역임, 1935년 반역자의 밀고로 살해됐다.

1221 1934년 7월 박고는 항영에게 '감남성(贛南省) 설립' 임무를 맡겼다. 박고가 항영을 지방으로 '좌천'시킨 원인은 첫째, 이 시기 출범한 '최고 3인단'과 관련된다. 둘째, '최고 3인단'에 권력을 집중하기 위한 조치였다. 셋째, 측근자 항영을 '근거지'의 최고 책임자로 내정했다. 이 또한 박고가 모택동의 '잔류 요청'을 불허한 주된 원인이다.

찍은 장본인이다. 낙보가 '인민위원회 주석'으로 임명(1934.2)된 후 모택동은 유명무실한 '공화국' 주석으로 전락됐다. 이는 박고의 '일석이조' 책략과 관련된다. 당시 박고는 모택동의 '고립'과 낙보의 '지도층 축출'을 노렸다. 결국 이는 '모낙(毛洛)'의 협력관계가 형성되는 직접적 계기가 됐다.

5월회의(1933)에서 박낙(博洛) 간에 벌어진 첨예한 설전이 벌어졌다. 이는 그들의 관계 결렬을 의미한다. '최고 3인단'이 출범한 후 낙보는 권력층에서 철저히 배제됐다. '동병상련' 처지가 된 '모낙'의 냉전관계는 종결됐다. '우도 시찰' 중 학질에 걸린 모택동이 생사를 다툴 때 낙보가 구원의 손길을 내밀었다. '대이동' 개시 전후 '모낙'은 상호 신임하는 동지였다. 이는 '중앙대 3인단(中央隊三人團)'[1222]이 결성된 밑바탕이 됐다.

공산국제 지지에 힘입어 정치국 위원에 당선된 모택동은 '인민위원회 주석'에서 밀려나면서 실권자가 됐다. 한편 근거지의 백성과 홍군 장병의 지지를 받고 있는 모택동의 '건재'에 불안감을 느낀 박고 등은 '잠룡(潛龍)' 모택동의 '소련 휴양'을 시도했다. 한편 그들의 계략은 공산국제의 반대로 실패했다. 실제로 박고는 모택동을 잠재적 라이벌로 간주했다.

박고 등은 모택동이 건강이 좋지 않아 고위층 활동에 참가하지 못

1222 중앙대 3인단(中央隊三人團)'은 '최고 3인단'에 대적하기 위해 결성된 조직이다. '최고 3인단' 출범 후 낙보·모택동은 '10월 담화'를 통해 상부상조의 협력관계를 구축했다. 이는 '중앙대 3인단'이 결성된 밑바탕이다. 장정 개시 후 모택동·낙보·왕가상은 정치국 회의에서 이덕 등의 군사 전략을 비판했다. 결국 '중앙대 3인단'은 준의회의에서 '최고 3인단'을 해체했다. 낙보가 박고의 '총서기'를 대체, 모택동은 '홍군 지도자'로 복귀했다.

모택동과 중국혁명 2

하자 소련 치료를 내세워 떼어내려 했다. 골칫거리를 소련에 보내면 신경 쓸 필요가 없었기 때문이다. 그를 코민테른의 감시아래 두면 뛰어봤자 벼룩이었다(현이섭, 2017: 168). 이른바 '건강문제'는 사실무근이다. 당시 건강한 상태인 모택동은 공산국제의 '암묵적 보호'를 받았다. 실제로 박고를 '정적'으로 간주한 중공대표단장 왕명이 '모택동 보호'에 나섰던 것이다.

왕명은 (中央)근거지의 '부농정책' 시정을 요구했으나 박고는 왕명의 '시정 요구'를 수용하지 않았다. 당시 왕명은 박고에 대해 강한 불만을 표시했다. 1934년 전후 모택동에 대한 왕명의 태도가 전환됐다(高華, 2002: 71). 이 시기 왕명은 '도광양회'로 몸을 낮춘 모택동을 라이벌로 간주하지 않았다. 또 왕명이 모택동의 '소련 파견'을 반대한 것은 그의 이해타산과 관련된다. 즉 모택동이 정적인 박고를 견제해줄 것을 기대한 것이다.

이죽성(李竹聲)은 공산국제에 보낸 전보(1934.3.27)에 이렇게 썼다. … 투병 중인 모택동은 업무 중지 상태이다. 그를 '공산국제 7대(七大)'[1223] 대표로 파견할 수 있는지? (上海)원동국 대표는 안전 담보가 어렵고 정치적 결과를 고려해야 한다고 생각한다('第一硏究部', 2007: 101). 박고의 측근 이죽성은 상해에서 체포(1934.6)돼 변절했다. 결국 유어트의 주장을 수용한 공산국제는 모택동이 '7대 대표'로 소련에 오는 것을 반대했다.

1223 '공산국제 7대(七大)'는 1935년 7월 25일부터 8월 20일까지 모스크바에서 열렸다. 왕명·강생·고자립(高自立)이 대회 주석단 멤버로 선정, 8월 7일 왕명은 제23차 회의에서 장시간 발언을 했다. 그의 발언은 '반제(反帝)통일전선문제' 제목의 소책자로 발간됐다. 대회에서 주은래·장국도·모택동은 집행위원, 왕명은 공산국제 서기처 서기로 선임됐다. 한편 모택동을 '(七大)대표'로 파견하려던 박고의 시도는 공산국제의 반대로 무산됐다.

4월 초 공산국제는 중공중앙에 답전을 보냈다. …모택동의 소련행은 적절치 않다. 우선 근거지에서 치료하고 치료가 불가능하다고 판명되면 올 수 있다(Levine 외, 2017: 387). 공산국제는 모택동의 '소련행'이 대회 참석과 병치료가 주목적이 아니라는 것을 잘 알고 있었다. 또 유어트를 통해 박고의 '모택동 파견' 목적이 '정적 제거'라는 것을 인지했다. 이 또한 군사 문외한 박고에 대한 모스크바의 불신을 보여준 단적인 사례이다.

공산국제가 모택동의 '소련 파견'을 반대한 이유는 첫째, 홍군 창건자 모택동은 홍군 장병의 지지를 받았다. 둘째, 반'포위토벌' 경험자 모택동의 군사 리더십을 중요시했다. 셋째, '모박(毛博)' 간 알력을 군사전략 쟁론으로 간주했다(楊奎松, 2012: 17). 당시 공산국제는 반'포위토벌'이 박두한 상황에서 모택동의 '소련 파견'을 시도한 박고 등을 못마땅하게 생각했다. 한편 공산국제의 '파견 반대' 결정에 왕명의 '사견'이 반영됐다.

모스크바에서 고자립(高自立)[1224]은 왕명에게 박고의 메시지를 전달했다. …모택동은 '작은 일'은 무난하나 '큰 일'에서 과오를 범했다. 이에 왕명은 이렇게 말참견했다. 모택동은 중대사를 결정할 수 있다. 또 누가 이런 '거물급'의 안전을 책임질 수 있는가(沈學明 외, 2003: 348). 오량평(吳亮平)은 이렇게 회상했다. …1934년 봄 나는 '중앙회의'에 참가했다. 박고는 회의 말미에 이렇게 말했다. 현재 상황에서 모택동은 '소련 휴양'을 떠날 수 없다(吳亮平, 1985: 55). 당시 박고가 모택동을 '휴양'을 보내려고 시도한 목적은 '골칫거리' 모택동을 공산국제 통제를 받게 하는

1224 고자립(高自立, 1900~1950), 강서성 평향(萍鄉) 출신이며 공산주의자이다. 1927년 중공에 가입, 1930년대 '홍12군' 제34사단 정치위원, '홍12군' 정치위원, 섬감녕(陝甘寧)정부 (代理)주석, 1950년 심양(瀋陽)에서 병사했다.

것이었다. 또 정적인 왕명·모택동의 '양패구상'을 노린 것이다.

박고는 '건강이 안 좋다'는 이유로 모택동·주은래를 소련에 보내려고 시도했다. 결국 공산국제의 반대로 무산됐다(凌步機 외, 2001: 1085). 모택동의 '소련 휴양'은 박고가 꾸민 계략이다. 한편 모택동·주은래가 스스로 '소련 휴양'을 제출했을 가능성이 높다(黃少群, 2015: 511). '모주(毛周)'가 자발적으로 '소련 휴양'을 제출했을 가능성은 매우 낮다. 특히 주은래의 '휴양'은 신빙성이 제로이다. 당시 박고·주은래의 협력체제는 매우 견고했다. '최고 3인단' 출범이 단적인 방증이다. 실제로 박고가 항영·낙보를 '포기'한 상황에서 '주은래 축출' 가능성은 제로였다.

박고가 '중공 1인자'로 확정된 후 주은래는 박고의 '부수(副手)'가 됐다. 결국 '(博周)협력체제'는 3년 반(1931.9~1935.2) 유지됐다. 이 시기 모택동은 '도광양회'로 몸을 사렸다. 모택동을 실각시킨 장본인은 박고·주은래였다. '최고 3인단' 출범으로 '(博周)체제'는 더 견고해졌다. 준의회의(1935.1) 후 모택동·낙보가 실세로 복귀한 후 '(博周)동맹'은 해체됐다. 연안정풍(1943)에서 주은래는 '경험주의자'[1225]로 몰렸고 박고는 '교조주의자'로 비판을 받았다. 한편 '15년 지기' 박고가 비행기 사고로 조난당했다는 '비보(1946.4.11)'를 들은 주은래는 실성통곡했다.

1920년대 초반 모택동은 상해에서 장문천(張聞天)[1226]으로 알려진 낙

1225 연안정풍(1943.7)에서 주은래는 1930년대 범한 과오를 철저하게 반성했다. '정풍' 주도자 모택동은 경험주의자가 교조주의자에 대해 타협·지지했다고 지적했다. 박고는 '교조주의' 과오, 주은래는 '경험주의' 과오를 범했다는 비판을 받았다(毛澤東, 1991: 963). '중공 7대(1945)'에서 박고는 중앙위원, 주은래는 서기처 서기로 선임됐다. 실제로 모택동 역시 철저한 경험주의자였다. 1930년대 모택동의 '유격전 집착'이 단적인 증거이다.

1226 장문천(張聞天, 1900~1976)의 본명은 장응고(張應皐)이며 화명(化名)은 낙보(洛甫)이다. 장

보를 처음 만났다. 낙보는 모택동보다 일곱살 아래였으며 박고와 같은 나이였다. 1925~1930년까지 낙보는 '미프의 어린 새'들과 함께 모스크바 중산대학에서 공부했다(L. Levine 외, 2017: 395). 모택동과 낙보는 상해에서 만난 적이 없고 낙보는 박고보다 7세 연상이다. 한편 '미프의 어린 새'는 왕명·박고 등을 가리키며 낙보는 미프와 별다른 유대관계가 없다.

장문천은 모택동을 이렇게 평가했다. …근거지에 도착(1933.1)한 후 나는 모택동이 어떤 사람인지, 어떤 주장을 갖고 있는지에 대해 전혀 아는 것이 없었다. 당시 나는 모택동을 등한시했다(中央檔案館, 1985: 79). 이 시기 '도광양회' 중인 모택동이 존재감을 드러내지 않았다는 반증이다. 한편 반'나명노선' 투쟁을 주도한 낙보가 모택동의 주장을 '전혀 몰랐다'는 것은 수긍하기 어렵다. 소련 유학파 낙보·박고는 '28개반볼세비키' 멤버였다. 박고가 '총서기'로 내정(1931.9)된 후 (博洛)협력관계가 이뤄졌다. '최고 3인단'이 출범한 후 '동병상련' 처지인 낙보와 모택동은 의기투합했다. 결국 박고의 '섣부른 조치'가 역효과를 초래했다.

'인민위원회 주석'에 임명된 낙보는 이를 이렇게 지적했다. …이는 박고가 꾸민 '일석이조'의 계략이었다. 또 이는 모택동의 '정권(政權)' 박탈을 위한 것이다(張聞天, 1985: 78). 한편 '인민위원회' 주석으로 좌천된 낙보는 박고의 '기대'를 무시했다. 또 '최고 3인단' 출범은 낙보·모택동의 협력관계 형성을 촉진했다. 9~10월 모택동과 낙보는 마침내 의기투합했다. 결국 '박낙' 간의 알력 격화는 '(毛洛)연대'가 결성된 결정적 계기가 됐다.

문천(張聞天)이란 이름은 그의 계몽(啓蒙) 스승이 지어준 것이다. 1930년대 장문천은 '낙보(洛甫)'라는 명의로 많은 문장을 발표했다. 따라서 (中共)당내에서는 '낙보'로 불렸다. 한편 준의회의(1935.1) 후 출범한 '(毛洛)연합' 체제는 4~5년 간 유지됐다.

모택동과 중국혁명 2

'박낙(博洛)' 간 의견 대립은 ① '공동항일선언(1933.1)'에 대한 인식 차이 ② 중앙정부 경제정책에 대한 견해 차이 ③ 19로군 연합, '복건사변'에 대한 태도 차이 ④ 군사전략에 대한 견해 차이이다(程中原, 2016: 14). 낙보는 '19로군 원조'를 주장했으나 공산국제 주장을 수용한 박고는 19로군과의 협력을 반대했다. '광창보위전(1934.4)' 패전 후 이덕이 제정한 군사전략에 대한 박고·낙보 간 의견이 더욱 첨예하게 대립됐다.

군사회의(1933.5)에서 낙보는 이덕의 작전 전술을 대놓고 비판했다. …적군과 결사전을 벌인 광창전투는 전술적으로 잘못됐다. 진지전은 홍군에게 막대한 손실을 입혔다(張樹德, 2012: 46). 당시 박고는 야유적인 어조로 낙보를 비난했다. …당신의 지적은 1905년 러시아 노동자 무장폭동을 반대한 플레하노프(poleyhanov)[1227]와 다를 바 없다(張聞天, 1994: 220). 한편 낙보가 러시아의 '기회주의자' 플레하노프라면 박고는 자신을 '중국의 레닌'으로 간주한 것이다. 결국 중공 지도층에서 '축출'된 낙보는 지방의 순시원으로 파견됐다. 이는 박고의 '보복성 조치'였다.

7월 상순 박고는 낙보를 민월성(閩粵省) 순시원으로 파견했다. 당시 항영이 비교적 긴 시간 동안 민월성에 시찰을 다녀왔다. 따라서 낙보를 재차 파견할 필요가 없었다. 이른바 '지방 순시'는 박고가 낙보의 '지도층 배제'를 위한 조치였다(程中原, 2012: 9). 당시 낙보의 지방 파견은 이 시기 출범한 '최고 3인단'의 지도권 확보를 위한 걸림돌 제거가 주목적이었다. 한편 45일 동안 '지방 순시'를 한 낙보는 8월 하순 서금으로 돌아

1227 플레하노프(poleyhanov, 1856~1918)는 러시야 공산주의자, 후에 멘셰비키(Mensheviki)로 전환했다. 1876년 민수파(民粹派)조직을 창건, 1980년 마르크수주의자로 전향, 1905년 기회주의자로 전략했다. 1917년 '10월혁명' 반대, 1918년 폴란드(Poland)에서 병사했다.

왔다.

1934년 4월 낙보는 '홍색중화'에 사론(社論, 4.27)을 발표해 이덕이 제창한 진지전·보루전을 '단순한 보루주의'라고 비판했다. 또 그는 '단순한 보루주의'는 적에게 각개격파된다고 역설했다(張培森 외, 2010: 159). 7월 26일 '순시원(巡視員)' 낙보는 '민월(閩粤)당조직의 중심과제'라는 문장을 발표해 재차 '보루주의'를 강도 높게 비판했다. 또 그는 대중을 무장시켜 유격전을 전개하는 것이 (閩粤)당조직의 당면과제라고 강조했다(張聞天, 1990: 510). 한편 박고·이덕이 주도한 '진지전·보루전'에 대한 낙보의 비판은 박고와의 '알력 격화'를 보여준 단적인 증거이다.

오량평은 이렇게 회상했다. …'인민위원회 주석'에 취임한 낙보는 모택동과의 소통을 중시했다. 경제정책은 모택동의 소관이 아니었으나, 그는 나에게 관련 업무를 모택동에게 보고할 것을 요구했다(吳亮平, 1985: 54). 또 오량평은 이렇게 술회했다. …모택동은 나에게 이렇게 말했다. 낙보는 늘 나의 건강에 신경 써주고 유의할 것을 당부했다(中共中央黨史研究室, 2000: 1164). 8월 후 중앙정부의 기관은 운산고사(雲山古寺)로 옮겨왔다. 당시 모택동의 이웃인 낙보는 한달 동안 조석(朝夕)으로 함께 지냈다. 한편 9월 하순 '우도 시찰' 중 모택동은 말라리아에 걸렸다.

9월 하순 모택동은 열이 40도까지 올라 혼수상태에 빠졌다. 키니네(kinine) 등의 해열제를 복용했으나 열이 내리지 않았다. 경호원 오길청(吳吉淸)은 서금의 중앙정부에 보고했다(金沖及 외, 2011: 333). 모택동의 병세를 보고한 것은 감남군구 정치부 주임 유백견이다. 낙보는 홍군병원장 부련장(傅連暲)을 우도에 급파했다. 부련장이 우도에 도착했을 때 모택동은 '인사불성'이었다. 부련장의 약을 복용한 모택동은 사흘 후 건강을 회복했다(葉永烈, 2014: 308). 결국 낙보의 '명의(名醫) 급파'로 모택동은 재차 죽음의 고비를 넘겼다. '대난불사 필유후복(大難不死, 必有後福)'이란 말이 있다. 3개월 후 모택동은 '홍군 지도자'로 복귀했다.

모택동은 낙보가 이덕·박고의 권위적 방식에 신경질적으로 반응하고 불만을 토로하는 것에 주목했다. 모택동은 이 기회를 이용하기로 마음먹었다(V. Pantsov, 2015: 366). 낙보는 수개월 전부터 모택동 쪽으로 기울어 있었다. '운석산 대화'는 낙보가 모택동의 주장을 지지하는 계기가 됐다(Salisbury, 2016: 112). 실제로 중공 지도층에서 '축출'된 낙보가 주동적으로 모택동에게 접근했다. 운산고사에서 조석(朝夕)으로 함께 한 모택동·낙보 간 유대관계가 형성됐다. 낙보가 술회한 것처럼 10월 초의 '운석산 담화'가 그들의 협력관계 형성에 결정적 역할을 했다.

낙보는 '정풍필기(1943)'에 이렇게 썼다. …장정 전 나는 모택동과 한담하며 지도부에 대한 불만을 털어놓았다. 그 후 나와 모택동의 관계가 더 가까워졌다. 또 왕가상이 가세해 모택동을 필두로 한 '중앙대 3인단'이 형성됐다(張培森 외, 2010: 166). 장정 개시 후 '중앙대 3인단'은 중앙종대에 편입됐다. 11월 전후 그들은 이덕의 군사적 과오에 대해 집중 토론했다. 결국 '중앙대 3인단'과 '최고 3인단' 간의 권력투쟁이 본격화됐다.

2. 홍군 주력과 중앙기관의 '대이동'

1) '대이동' 준비, '진제당(陳濟棠) 담판'

6월 하순 공산국제는 홍군 주력의 '대이동'을 허락했다. 이 시기 출범된 '최고 3인단'은 적군 일부를 유인하고 (中央)근거지의 압력을 경감하기 위해 '홍7군단'을 항일선견대로 개편했다. '선견대' 군단장은 심회주, 정치위원은 낙소화, 참모장은 속유, 정치부 주임은 유영(劉英)[1228]이 맡았다. '선견대' 파견은 공산국제의 지령과 관련된다. 결국 이는 박고 등이 공산국제 지시를 집행하기 위한 것으로 '진정한 항일'로 보긴 어렵다.

항일선견대의 북상 임무는 ① 민절(閩浙) 일대에서 유격전 전개 ② 반일(反日)운동 진행 ③ 적의 후방 교란, 적군 병력 분산 ④ 민절환(閩浙皖)에서 새로운 근거지 창립 ⑤ (中央)근거지의 적군, 후방으로 유인 등이다(贛州市委黨史辦公室, 2004: 2). 7월 초 '홍7군단'은 서금에서 3개 사단으로 개편했다. 또 2000여 명의 신병을 모집해 병력이 6000여 명으로 확충됐다. 한편 서금에서 출발한 항일선견대는 (北上)임무를 완성하지 못했다.

7월 15일 모택동·주덕은 '북상항일선언'을 공표했다. 일제의 중국 침략이 노골화된 상황에서 선견대 파견은 정치적으로 필요했다. 한편 모택동 등이 '항일선언'을 발표한 목적 역시 선견대 파견과 같은 맥락이었다. 한편 근거지가 곧 함락될 위급한 상황에서 병력 분산은 잘못된 전략이었다. 1935년 1월 항일선견대는 중과부적으로 적군에게 전멸됐다.

7월 30일 민강(閩江) 도하에 성공한 홍군은 제1단계 계획을 완성했다. 8월 중순 '홍7군단'은 나원(羅源)을 공략해 적군 1000여 명을 섬멸했다. 9월 24일 '중혁군위'는 '홍7군단'에게 수안(遂安) 진격을 명령했다. 10월 말 감동북 근거지에 도착한 '홍7군단'은 2500명으로 격감됐다. 11월 초 '홍10군'과 합편(合編)한 '홍7군단'은 '홍10군단'으로 재편됐다.

1228 유영(劉英, 1905~1942), 강서성 서금(瑞金) 출신이며 공산주의자이다. 1929년 중공에 가입, 1930년대 '홍7군단' 정치부 주임, 민절(閩浙)성위 서기, 절강성위 서기 등을 역임, 1942년 반역자의 밀고로 살해됐다.

'홍10군단' 군단장은 유도서(劉疇西)[1229], 정치위원은 낙소화가 맡았다. 민절감(閩浙贛)성위 서기는 중홍역, 정부 주석은 방지민(方志敏)이 맡았다. 11월 18일 '중혁군위'는 방지민을 군정위원회 주석에 임명했다. 1934년 12월 심회주가 담가교(譚家橋)에서 희생됐다. 1935년 8월 적에게 체포된 방지민·유도서는 남창에서 살해됐다. 속유가 거느린 400여 명이 포위권을 돌파했다. 결국 항일선견대'는 (北上)목적을 달성하지 못했다.

7월 23일 '중혁군위'는 '홍6군단 서정훈령'을 반포해 상중(湘中) 진격을 명령했다. '서정' 목적은 ① 유격전 전개, 근거지 설립 ② 홍군의 입각점 마련이다(余伯流 외, 2017: 1336). '홍6군단' 군단장은 소극, 정치위원은 왕진(王震)[1230], 참모장은 이달(李達)[1231]이다. 임필시가 군정위원회 주석을 맡았다. '홍6군단' 병력은 9758명이었다. 임필시·하룡이 거느린 '홍2방면군'[1232]은 홍군 3대 주력의 회합(1936.10)에 중요한 역할을 했다.

1934년 7월 모택동은 이렇게 건의했다. …'홍6군단'은 호남성 중부

1229 유도서(劉疇西, 1897~1935), 호남성 망성(望城) 출신이며 공산주의자이다. 1922년 중공에 가입, 1930년대 '홍1군단' 제8사단장, '홍21군' 군단장, '항일선견대' 총지휘, '홍10군단' 군단장 등을 역임, 1935년 남창에서 희생됐다.

1230 왕진(王震, 1908~1993), 호남성 유양(劉陽) 출신이며 개국상장이다. 1927년 중공에 가입, 1930~1940년대 '홍6군단' 정치위원, 팔로군 제120사단 359여단장, 중원(中原)군구 부사령관, 제1야전군(野戰軍) 제2군단장을 지냈다. 건국 후 신강(新疆)군구 사령관, 국무원 부총리, 국가부주석 등을 역임, 1993년 광주(廣州)에서 병사했다.

1231 이달(李達, 1905~1993), 섬서성 미현(眉縣) 출신이며 개국상장이다. 1932년 중공에 가입, 1930~1940년대 '홍2방면군' 참모장, (八路軍)제129사단 참모장, 제2야전군 (特種兵)사령관, 건국 후 운남군구 사령관, 국방부 부부장을 역임, 1993년 북경에서 병사했다.

1232 1936년 7월에 설립된 '홍2방면군(紅二方面軍)'은 '홍2군단'과 '홍6군단'으로 구성됐다. 하룡이 총지휘, 임필시가 정치위원으로 임명했다. 하룡·임필시가 거느린 '홍2방면군'은 1935년 11월 장정을 개시했다. 1936년 10월에 섬북(陝北)에 도착한 '홍2방면군'은 1937년 8월 팔로군(八路軍) 제120사단으로 개편, 하룡이 사단장을 맡았다.

로 진격해야 한다. (中央)근거지의 적군을 호남성으로 유인해 섬멸해야 한다(中共中央文獻研究室, 2005: 432). '최고 3인단'은 모택동의 건의를 수용해 '홍6군단'의 상중(湘中) 진격을 명령했다. 실제로 모택동의 '건의'는 이 시기 이덕의 '단순 방어' 전술을 반대하기 위한 것이다. 한편 모택동이 제출한 적군의 '호남성 유인'은 현실적으로 실현 가능성이 제로에 가까웠다.

9월 상순 임표·섭영진이 거느린 '홍1군단'은 서금에 집결했다. 당시 주은래는 임표 등에게 홍군 주력의 '대이동'을 알려줬다. 임표·섭영진은 운석고사(雲石古寺)에 찾아가 '휴양' 중인 모택동을 방문했다. 9월 중순 모택동의 '우도 시찰'[1233]은 임표의 방문과 관련된다. 9월 20일부터 '홍1군단'·'홍5군단'은 고흥우에서 주혼원의 적군을 10일 간 저격했다.

9월 8일 '중혁군위'는 '홍3군단'에게 서금 수호 지시를 내렸다. 9월 중순 '최고 3인단'이 수정한 홍군의 '대이동' 계획은 ① 홍군 주력과 중앙기관을 홍군 야전군으로 개편 ② 10월 하순 (粤軍)봉쇄선 돌파 ③ 상서(湘西)로 진격, '홍2·6군단'과 회합 ④ 상악천검(湘鄂川黔) 근거지 개척 등이다. 그러나 상기 '상서 회합'과 '(湘鄂川黔)근거지 개척'은 무산됐다. 결국 이는 이 시기 적정(敵情)의 변화와 모택동의 '서금 복귀'와 관련된다.

10월 초 '중혁군위'는 모택동이 작성한 '유격전쟁' 소책자를 발간해 각급 유격구에 배포했다. 9월 29일 낙보는 '홍색중화'에 사설을 발표해 홍군의 전략적 이동을 암시했다. 10월 3일 중공중앙과 소비에트중

1233 오수권(伍修權)은 이렇게 회상했다. …당초 모택동을 '장정 명단'에서 제외한 박고 등은 모택동을 우도(于都)로 파견해 조사연구를 하게 했다(中共中央黨史研究室, 1982: 176). 9월 중순 모택동은 주은래의 허락을 받고 우도로 '적정 탐지'·'지형 관찰'을 떠났다. 9월 20일 모택동은 주은래에게 급전(急電)을 보내 (于都)상황을 상세히 보고했다.

앙정부는 연명으로 '유격전쟁에 관해 근거지 인민에게 고하는 글'을 발표했다. 글은 대중을 발동해 유격전을 전개하고 '(中央)근거지 수호'를 호소했다.

10월 9일 총정치부 (代理)주임 이부춘과 부주임 하창(賀昌)은 연명으로 지령(指令)을 발표했다. '지령'은 우군(友軍)과 배합, 모든 역량을 동원해 반격하자는 구호를 제출했다(贛州市委黨史辦公室, 2004: 71). 상기 '우군'은 진제당이 거느린 월군(粵軍)을 가리킨다. 당시 제5차 반'포위토벌' 실패의 기정사실화로 홍군 장병들 가운데 비관적 정서가 만연됐다. 한편 10월 초 이부춘이 '투병' 중인 총정치부 주임 왕가상의 직무를 대신했다.

1934년 4월 진제당은 이양경(李楊敬)[1234]의 제3군을 주축으로 남로군 제2종대를 증설했다. 5월 중순 월군이 근거지의 '남대문' 균문령을 공격했다. 균문령 수비군은 지방유격대로 구성된 '홍22사'였다. 홍군은 며칠 간 격전을 벌였으나 중과부적으로 철수했다. 5월 하순 군문령이 함락됐다. 한편 장개석이 월군에게 회창 공격을 지시했으나 진제당은 이를 거절했다. 당시 회창 시찰 중인 모택동은 홍군에게 유격전 전개를 강조했다.

모택동은 '홍22사' 정치위원 방강에게 이렇게 지시했다. …홍군은 우세한 병력을 집중해 각개격파하는 유격전술로 적군을 섬멸해야 한다(方强, 1993: 223). 또 모택동은 참당(站塘)의 이관산(李官山)에 주둔한 홍군 지휘부를 방문해 작전 교훈을 정리하고 대책을 토론했다. 당시 방강은 '홍22사' 중대장 이상 간부들에게 모택동의 '유격전 전개' 지시를 전달

1234 이양경(李楊敬, 1894~1988), 광동성 동완(東莞) 출신이며 국민당 우파이다. 1930~1940 년대 월군(粵軍) 제3군단장, 중앙훈련단 부교육장, 광주(廣州)시장, 1950년 대만으로 도주, 1988년 대북(臺北)에서 병사했다.

했다. 얼마 후 서금에 불려간 방강은 박고 등으로부터 책임 추궁을 받았다.

모택동은 월감(粵贛)성위 서기 유효와 월감군구 사령관 하장공에게 이렇게 지시했다. …통치계급의 알력다툼을 이용해 통일전선을 구축해야 한다. 유격전 전개와 함께 소부대를 진제당의 관할구로 파견해 '(反蔣)항일'을 선전해야 한다(金沖及 외, 2011: 329). 실제로 광동 군벌 진제당과 장개석 간 '알력다툼 이용'을 가장 먼저 제기한 것은 모택동이었다. 한편 모택동은 주은래에게 전보를 보내 진제당의 '월군(粵軍) 동향'을 보고했다.

모택동은 주은래에게 보낸 전보(6.22)에 이렇게 썼다. …균문령을 점령한 월군은 좀처럼 출격하지 않고 있다. 현재 '홍22사'는 유격전을 전개하며 적군을 견제하고 있다. '홍7군단' 남진을 보류할 필요가 있다(逢先知 외, 2005: 429). 하장공은 이렇게 회상했다. …당시 '중혁군위'는 '홍7군단' 사령원 심남주가 거느린 부대를 파견해 '균문령 수복'을 계획했다. (陳毅 외, 1981: 525). 한편 진제당이 '회창 진격'을 거절한 것은 장개석의 직계부대인 중앙군의 '광동 진입'을 우려했기 때문이다. 이를 인지한 모택동이 '홍22사'에게 '월군 격전'을 피할 것을 요구했던 것이다.

진제당이 장개석의 '회창 공격' 지시를 거절한 것은 여러 가지의 원인이 있다. 당시 장개석은 지방 군벌에게 '당근과 채찍' 전술을 병용했다. 즉 '홍군 토벌'에 나서면 군비를 제공했으나, 지휘에 복종하지 않으면 중앙군을 파견해 그들의 '관할구'를 수복했다. 또 장개석은 지방군벌과 홍군의 양패구상을 통한 어부지리를 노렸다. 한편 감주전투(1932.2)에서 팽덕회와 격전을 치른 적이 있는 진제당은 홍군의 '강한 전투력'을 인지했다.

7월 말 광주에 파견된 '밀사(密使)'는 진제당의 측근을 만나 홍군의 '담판 의사'를 전달했다. 또 중국인은 일치단결해 침략자를 몰아내야 한다는 선전선동을 전개했다. 홍군의 '공동항일' 주장을 수용한 진제당은 '비상연락망' 구축을 찬성했다(李濤, 2012: 34). 실제로 진제당이 먼저 홍군 지도부에 특사를 파견해 '담판'을 요청했다. 한편 진제당이 홍군 담판을 권장한 백숭희(白崇禧)[1235]의 건의를 수용했다는 것이 일각의 주장이다.

하장공은 이렇게 회상했다. …9월 중 진제당은 밀사 서씨(徐氏)를 파견해 친필 편지를 주은래에게 전달했다. 편지는 담판 대표로 황유민(黃幼民)을 파견하니 홍군 대표로 하장공을 파견할 것을 바란다고 썼다(蕭華 외, 1981: 526). 실제로 진제당의 '밀사'는 이씨(李氏)이며 담판 대표는 (少將) 참모장 양유민(楊幼敏)[1236]이었다. 주은래가 파견한 담판 대표는 반한년(潘漢年)과 하장공이었다. 당시 박고는 '진제당 담판'을 반대하지 않았다.

원동국의 대표 유어트는 공산국제에 보낸 전보(1933.11.22)에 이렇게 썼다. …홍군 지도부는 국민당 광주 대표와 정전 담판을 진행하고 있다. 월군의 감남 철수를 위해 잠시 군사행동을 중지할 필요가 있다('第一研究部', 2007: 625). 한편 군사고문 슈테른은 공산국제에 전보(1934.2.1)를 보내 '진제당 담판'에 의문을 제기했다. 1934년 4월 공산국제는 슈테른을 국내로 소환했다. 그 후 공산국제는 더 이상 군사고문을 파견하지 않았다.

1235 백숭희(白崇禧, 1983~1966), 광서성 계림(桂林) 출신이며 광서 군벌이다. 1920년대 서정군 총지휘, 북벌군 전적 총지휘, 1930~1940년대 군사위원회 부총참모장, 계림행궁(桂林行宮) 주임, 국방부장을 역임, 1949년 대만 이주, 1966년 대북(臺北)에서 병사했다.

1236 양유민(楊幼敏, 1886~1976), 광동성 매주(梅州) 출신이며 국민당 소장(少將)이다. 1934년 10월 제1군 참모장 양유민은 진제당의 파견을 받고 하장공 등과 비밀 담판, '5가지 협의'를 체결했다. 1976년 홍콩에서 병사했다.

모택동의 지시를 따른 '홍22사'는 기동적 유격전을 벌여 월군(粵軍) 소부대를 섬멸하고 회창현 '산공단(鏟共團)'을 전멸했다. 진제당의 측근 양유민은 홍군에게 탄약 3만 발을 증정했다. 9월 중 국민당군은 '포위망'을 좁혔다. 진제당은 홍군이 (中央)근거지를 포기하고 남쪽으로 철수할 것을 예견했다. 결국 홍군·월군의 결전(決戰)이 '양패구상'을 초래한다는 것을 우려한 진제당이 밀사를 파견해 '정전 담판' 요구를 제출한 것이다.

　　1935년 반한년은 이렇게 술회했다. …광동 군벌은 장개석의 '홍군 섬멸'이 월군에게 매우 불리하다고 여겼다. 진제당은 홍군을 중앙군·월군의 '병풍'으로 간주했다. 결국 두 번째 '정전 담판'에서 '협약'이 체결됐다(秦紅 외, 2016: 552). 9월 중순 진제당의 밀사는 주덕이 쓴 답신을 갖고 돌아갔다. '답신'의 골자는 ① 군사행동 중시, 군사분계선 설정 ② 무역활동 회복 ③ 출판·언론·집회 자유 회복, 정치범 석방 ④ (反蔣)군사적 행동 준비 ⑤ 무기판매 허락 ⑥ 통신망 구축 등이다(朱德, 1983: 18). 한편 8월 중 홍군과 월군은 비상연락망 구축에 합의했다. 당시 진제당의 밀사를 접견한 주은래 등은 월군의 '제의'를 수용했다. 한편 박고의 전보(9.14)를 받은 공산국제는 홍군과 '진제당 담판'을 적극 지지했다.

　　10월 5일 '중혁군위'는 반한년과 하장공을 담판 대표로 임명했다. 출발 전 주은래는 하장공을 불러 담판의 중요성을 재삼 설명하고 그에게 '연락 암호'를 알려주었다. 한편 감남성위 선전부장 반한년은 박고의 최측근이었다. '담판 고수(高手)'로 불린 반한년은 19로군 대표와 국민당 광주정부와 '정전 담판'을 통해 국민당과의 '회담 노하우'를 축적했다.

　　10월 상순 중공대표 반한년·하장공은 진제당의 대표 양유민과 사흘 간 담판을 벌인 끝에 마침내 '5가지 협약'을 체결했다. ① 적대관계

해소 ② 군사정보 교환 ③ 군사봉쇄 해제 ④ 무역활동 재개 ⑤ 군사행동 미리 통보, 상대 퇴로를 차단하지 않는다(何長工, 1987: 328). 상기 '협약' 중 가장 중요한 것은 '상대 퇴로를 차단하지 않는다'는 다섯 번째 내용이다. 결국 이는 장정 초기 홍군의 적의 봉쇄선 돌파에 중요한 역할을 했다.

10월 12일 주은래는 하장공에게 …당신이 기르던 비둘기가 날아갔다는 '밀전(密電)'을 보내왔다. 이는 사전에 미리 약속한 암호로 홍군이 '전략적 대이동'을 시작했다는 뜻이다. 하장공과 반한년은 양유민 등과 작별하고 나당을 떠나 회창으로 돌아왔다(劉喜發 외, 1996: 90). 당시 홍군 지도부가 '진제당 담판'을 통해 '차도(借道, 길을 빌림)'를 결정한 것은 현명한 선택이었다. 한편 박고·주은래의 신임을 받은 '반하(潘何)'는 곧 장정에 참가했다. 반한년·하공장[1237]은 '진제당 담판'을 성공시킨 수훈갑이었다. 건국 후 그들은 중공 지도자 모택동의 중용을 받지 못했다.

진제당은 '협약' 체결에 매우 만족했다. 홍군의 광동 진입을 막음으로써 중앙군에게 '관할구역 침입' 빌미를 제공하지 않았기 때문이다. 또 그는 홍군에게 보병총 탄약 1200여 박스, 식염·의약품과 군용지도 몇 장을 증정했다. 한편 월군은 '협약 누설' 방지를 위해 여단장 이상의 군관에게만 협상 내용을 전달했다. 결국 '협상 전달'을 '여단장급 지휘관'에게 한정한 것이 얼마 후 홍군·월군 간에 '마찰이 빚어진' 주된 원

1237 1936년 8월 연안에 도착한 반한년은 '중공 지도자' 모택동의 냉대를 받았다. 귀국 후 반년 간 왕명이 '부탁한 임무'를 수행한 반한년은 공산국제와 연락할 수 있는 (密電)비번을 9개월 후 전달했다. 1955년 모택동은 '반한년 체포'를 지시했다. 1962년 '국민당 특무'로 최종 확정된 반한년은 1977년 감옥에서 병사했다. 한편 장정(長征) 중 장국도의 '정치노선'을 지지하고 집행한 하장공은 건국 후 줄곧 모택동의 중용을 받지 못했다.

인이다.

2) 모택동의 '거취'와 '근거지 잔류' 명단

실각자인 모택동이 '대이동(長征)'에 참가하게 된 주류적인 견해는 초기 종파주의적 관점을 견지한 박고·이덕 등이 모택동을 장정 명단에서 제외했으나 모택동의 높은 성망과 주은래의 쟁취로 박고 등이 마지못해 동의했다는 것이다. 최근 들어 모택동 본인이 '장정 참가'를 거부한 후 주은래의 설득으로 비로소 '동의'했다는 주장이 지배적이다. 이른바 '주류적 견해'는 오수권·오길청·이유한 등의 회고록에서 기인된 것이다.

고위간부의 '대이동 거취'를 결정할 때 박고 등은 종파주의적 태도를 보였다. 당초 박고는 모택동·왕가상을 장정 명단에서 제외시켰으나, 주은래 등의 반대로 모택동·왕가상을 장정 명단에 포함시켰다(伍修權, 1984: 77). 이덕은 '중국기사(中國紀事, 1973)'에 이렇게 썼다. …모택동은 내가 제정한 작전 전술에 대해 여러 차례 반대 의견을 제출했다. '군위' 회의에서 나는 모택동과 격렬한 설전을 벌였다(李德, 1980: 83). 상기 '종파주의적 태도' 주장은 수긍하기 어렵다. 한편 이덕이 주장한 모택동과의 '격렬한 설전'은 장정이 개시된 후 상강전역(湘江戰役)[1238] 참패 후 발생한 일이다. 결국 이는 모택동의 '장정 참가'와 무관한 일이다.

1238 상강전역(湘江戰役)은 국민당군이 설치한 네 번째 '봉쇄선'을 돌파하기 위해 홍군 주력이 1934년 11월 25일부터 12월 3일까지 9일 동안 전투력이 막강한 계군(桂軍)·상군(湘軍)과 벌인 혈전(血戰)이다. 국민당군의 '봉쇄선 돌파'에는 가까스로 성공했으나 중앙 홍군은 막대한 대가를 지불했다. 상강전역을 치른 후 홍군(6.4만)은 병력이 절반 이상 감원됐다. 결국 상강전역의 '홍군 패전'은 '최고 3인단'이 해체되는 결과를 초래했다.

1984년 3월 오수권은 솔즈베리의 인터뷰를 받을 때 이렇게 말했다. …당시 좌경 지도자들은 모택동을 장정 명단에서 제외시켰다. 당시 모택동을 우도(于都)에 파견한 것은 장정에 불참시키기 위한 구실에 불과했다(Salisbury, 1986: 8). 박고는 군사간부 거취에 대해 주은래의 의견을 청취했으나 정공(政工) 간부는 직접 결정했다. 모택동의 명단 제외를 알게 된 주은래가 '모택동 불참'은 어불성설이라고 주장했다. 결국 박고는 부득불 그의 주장을 수용했다(賴宏 외, 2007: 17). 당시 모택동은 주은래의 허락을 받은 후 주동적으로 '우도 시찰'을 떠났다. 상기 주장은 중국 학자들이 '오수권 회상'을 근거로 픽션을 가미한 것이다. 그 저의는 '모박(毛博)'의 '알력관계'를 부각시키고 '주모(周毛)관계'를 미화하기 위한 것이다.

모택동이 이덕의 통역 오수권을 섬감녕(陝甘寧)정부 비서장에 임명한 것은 '노선착오'를 범한 박고·장국도·이유한 등과 같은 취급을 했다는 단적인 반증이다. 문혁 시기 오수권이 8년 간 옥살이를 한 것은 우연한 것이 아니다. 모택동·주은래 등 당사자가 세상을 떠난 후 그가 펴낸 회고록은 '책임 회피' 지적을 피하기 어렵다. 이 또한 모택동·등소평을 괴롭힌 주요 당사자인 이유한의 회고록[1239]을 맹신해선 안 되는 이유이다.

모택동의 경호원이 군수 공급처에 가 명단을 확인했으나 모택동의 이름을 찾을 수 없었다. 모택동이 '대이동 명단'에 빠졌다는 소식이 알

1239 오수권·이유한의 회고록 '공통점'은 ① 정치성이 강하고 사견 가미 ② '책임 회피'에 치중 ③ '주류적 견해'에 치우쳐 역사적 사실을 도외시 ④ 당사자가 세상을 떠난 후 '자서전' 출간 ⑤ 사실을 왜곡하고 정치성을 부여 ⑥ 이덕·박고를 부정적으로 폄하 등이다. 문혁 시기 '오이(伍李)'가 8년 간 옥살이를 한 것은 '중대한 과오'를 범했기 때문이다. 이 또한 '책임 회피'에 치중한 그들의 '회고록'을 맹신해선 안 되는 이유이다.

려지자 의논이 분분했고 모택동이 부대와 함께 이동해야 한다는 것이 대세였다(현이섭, 2017: 168). 오길청은 이렇게 회상했다. …나는 '군위' 부관처(副官處)에서 모택동의 물품을 수령했다. '명단 기록부'를 한참 뒤지던 유부관(劉副官)은 이렇게 말했다. …박고 등이 포함된 중앙1대(中央一隊)에는 모택동의 이름이 없다(吳吉清, 1978: 171). 실제로 모택동은 왕가상과 함께 중앙종대의 제3제대(梯隊)에 편입됐다. 한편 일개 경호원인 오길청이 중앙종대의 '고위간부 배치'에 대해 잘 알지 못했던 것이다.

박고는 모택동을 현지에 남겨 '공화국' 건재를 과시하자고 제안했다. 모택동에게 중요한 것은 살아남는 일이었다. 모택동은 산속에 숨겨둔 보물 상자를 박고에게 넘겨주면서 앞으로 처신을 조심하겠다며 고개를 조아렸다. 뇌물 공세에 넘어간 박고는 모택동의 동행을 허락했다(나창주, 2019: 376). 상기 주장은 이념을 가미해 사실을 왜곡한 '엉터리 삼류소설'이다. 이른바 '뇌물 공세'는 사실무근이다. 모택동이 '보물 상자'를 박고에게 넘겨줬다는 주장은 신빙성이 제로이다. 실제로 '중공 지도자' 모택동·박고는 뇌물 수수와 담 쌓고 살아온 '청렴결백한 관리'였다.

10월 상순 국가은행장 모택민이 모택동을 찾아와 '비밀금고' 문제를 의논했다. 이른바 '금고'는 장주에서 노획한 금은보화를 산속에 숨겨놓은 것이다. 모택민은 '금고' 물건을 흥국에 옮길 것을 주장했으나 모택동은 각 군단에 나눠줄 것을 지시했다(陣昌奉, 1986: 108). '대이동' 직전 모택민은 '비밀금고' 대부분 은화를 각 군단에 분배해 각기 보관하게 했다. 또 일부분은 중앙정부 재정부에 맡겨 '중앙기관 활동비'로 사용하게 했다.

당초 모택동은 장정 불참을 제출했다. 6월 중 박고에게 장정 불참을 표시한 모택동은 10월 초 우도에서 박고에게 편지를 보내 재차 '불참'

을 요구했다. 결국 주은래의 설득으로 모택동은 '장정 참가'를 동의했다 (黃少群, 2015). 상기 '6월 불참' 주장은 신빙성에 제로이다. 10월 상순 '주모(周毛)·모낙(毛洛)' 간 '담화'가 모택동의 태도 전환에 결정적 역할을 했다. 실제로 주은래·낙보는 모택동의 '장정 참가'에 긍정적 역할을 했다.

6월 중순 박고에게 '상악천(湘鄂川) 이동'에 대한 반대 입장을 밝힌 모택동은 '근거지 철수'는 (右傾)기회주의라고 말했다. 또 근거지의 유격전 전개를 주장했다(秦福銓, 2009: 91). 당시 모택동은 '회창 시찰' 중이었다. 또 홍군의 '상서(湘西) 이동'은 9월에 결정됐다. 상기 '(右傾)기회주의'는 진복전(秦福銓)[1240]이 꾸며낸 픽션이다. 한편 7월 중 홍군의 '호남 진격'을 주장했던 모택동의 '근거지 잔류' 결정은 9월 하순으로 추정된다.

10월 초 모택동이 경호원을 급파해 박고에게 전달한 편지의 골자는 ① 근거지에 남아 진의 등과 함께 유격전 전개 ② 제24사단과 '나병휘(羅炳輝) 잔류' 희망 ③ 2~3년 후 중앙국의 '근거지 귀환' 환영 등이다 (黃少群, 2015: 537). 오길청은 이렇게 회상했다. …9월 하순 모택동은 나와 호반장(胡班長)을 불러 편지를 넘겨주며 엄숙하게 말했다. …내일 오전 10시까지 편지를 박고에게 전달해야 한다(吳吉淸, 1978: 165). 모택동이 경호원을 파견해 서금의 박고에게 편지를 보내 '근거지 잔류'를 요구한 것은 엄연한 사실이다. 이 시기 '중환자'인 모택동의 신체적 원인과 하자진의 임신이 '근거지 잔류'를 결심한 주된 원인으로 추정된다.

모택동의 편지를 받은 박고는 주은래와 토론했다. 주은래는 이렇

1240 진복전(秦福銓, 1929~), 강서성 무석(無錫) 출신이며 박고의 조카이다. 1938년 홍콩 이주, 1958년 '우파분자'로 몰려 북대황(北大荒)에 하방, 문혁 시기 '우파'로 몰려 노동개조를 했다. 1983년 중공에 가입, 2000년대 '박고와 모택동(2009)' 책자를 홍콩에서 출간했다.

게 말했다. …항영·모택동의 '동시 잔류'는 불가능하다. '홍9군단' 군단 장과 24사단을 남기면 군단이 해체된다. 내가 모택동을 설득하겠다(秦福銓, 2009: 96). 실제로 '견원지간'인 모택동과 항영을 동시에 근거지에 남길 수 없다는 것이 박고가 모택동의 '근거지 잔류'를 불허한 주된 원인이다.

박고는 주은래의 '모택동 담화'를 동의했다. …주은래는 경호원과 함께 말을 타고 급히 우도로 출발했다. 다음 날 서금에 돌아온 주은래는 박고에게 이렇게 말했다. …모택동이 '장정 참가'를 동의했다(秦福銓, 2009: 97). 10월 초 '특수임무'가 있다는 비밀 지시를 받은 모택동은 곧 서금으로 돌아갔다. 모택동은 '중혁군위' 사무실로 찾아가 주은래에게 우도 상황을 보고했다(逄先知 외, 2011: 334). 상기 '특수임무'는 모택동 설득을 위한 '(周毛)담화'를 가리킨다. 한편 주은래·모택동의 '우도 담화'는 사실무근이다. '(周毛)담화 장소'는 '중혁군위' 주은래의 집무실이다.

박고를 '변호'한 진복전의 저서는 주은래·항영·이덕에게 그 책임을 전가했다. 한편 '(周毛) 회담'을 대서특필한 일부 학자는 주은래가 홍군의 '위기 만회'에 크게 기여했다고 주장한다. 실제로 주은래는 '총서기' 박고가 맡겨준 '설득 임무'를 완수했을 뿐이다. 또 주은래가 모택동의 건의를 수용한 것은 '상강참패(1934.12)' 후였다. 결국 항영을 근거지에 남긴 박고·주은래는 항영의 '천적' 모택동의 근거지 잔류를 불허한 것이다.

이덕은 이렇게 회상했다. …10월 16일 나는 항영과 밤새워 대화를 나눴다. 통역은 오수권이 맡았다. 항영은 이렇게 경고했다. …현재 모택동이 몸을 낮추고 있는 것은 책략이다. 때가 되면 홍군 중의 영향력을 이용해 최고 지도권 찬탈을 시도할 것이다(盧弘, 2006: 169). 항영의 '예언'은 적중했다. 모택동의 정적 항영을 (中央)근거지에 남긴 것은 박고의 '실책'이었다. 한편 '16일 통역'은 오수권이 아닌 박고라는 것이 학계의 중론이다.

항영의 잔류가 결정된 상황에서 모택동을 남길 수 없는 이유는 첫째, 항영의 당내 직위는 높았으나 모택동의 성망이 더욱 높았다. 둘째, (中央)근거지 창설자 모택동이 동산재기해 당중앙과 대립할 수 있었기 때문이다(鄒賢敏 외, 2016: 579). 박고는 항영이 강력한 군사 리더십을 가진 모택동의 적수가 아니라는 것을 잘 알고 있었다. 실제로 박고가 항영을 '감남성 설립' 책임자로 파견했을 때 사실상 항영의 '근거지 잔류'가 결정됐다.

모택동이 '근거지 잔류'를 결심한 원인은 첫째, 반'포위토벌' 실패가 기정사실화된 후 '유격전 전개'를 작정했다. 둘째, 홍군의 '대이동'이 '만리장정'이 될 줄을 예견하지 못했다. 셋째, 장개석의 '홍군 토벌' 결심을 무시했다(金一南, 2017: 116). 결국 '항영 잔류'를 결정한 박고가 주은래에게 '모택동 설득'을 위탁한 것이다. 한편 모택동이 주은래의 '권고'를 수용한 것은 '최고 3인단' 멤버인 주은래가 당중앙을 대표했기 때문이다. 또 주은래의 '권고'는 박고의 입장을 대변했다. 실제로 조직관념이 강한 모택동은 당중앙의 '권고'를 결코 무시할 수 없었던 것이다.

모택동이 '(中央)근거지 잔류'를 결정한 주요인은 ① 작전 지휘권 박탈에 대한 불만 ② '대이동' 비밀 엄수에 대한 배신감 ③ '작전 건의' 부결, 불신감 증폭 ④ 유격전 전개에 대한 강한 자신감 ⑤ '대이동'을 인근 성(省) 퇴각으로 간주 ⑤ 홍군 지휘관 지지 ⑥ 중병 '후유증' ⑦ 하자진 임신 등이다. 한편 10월 상순의 두 차례 담화가 모택동의 장정 참가에 결정적 역할을 했다. 당시 모택동은 주은래와의 '담화'에서 동기부여를 얻었고 '낙보 대화'를 통해 지휘권 장악 가능성을 확인했다. 실제로 모택동은 '주낙(周洛)'의 지지에 힘입어 지도자 복귀에 성공했다.

'장정 참가' 명단과 간부 거취를 놓고 두 가지 견해가 엇갈린다. '종파주의자' 박고가 '모파(毛派)'인 하숙형·고백·등자회·장정승 등을 '장정 명단'에서 제외시켰다는 것이다. 이는 '모택동 추종자'가 '종파주의' 피해자라는 것을 전제로 한 주류적인 견해이다. 또 다른 견해는 유격전쟁 특수성을 감안한 '적절한 조치'라는 것이다. 한편 남겨진 간부의 대부분이 '모파'라는 점에서 박고의 '선입견'이 가미됐다는 것을 부인할 수 없다.

하숙형은 허약한 체질이었고 폐병환자 구추백은 약골이었다. '(江西)나명노선' 멤버 등소평·사유준은 '장정 명단'에 포함됐으나 모택담·고백은 잔류했다. '나명노선' 대표적 인물 나명·소경광도 장정에 참가했다(秦紅 외, 2016: 578). '모파'의 대표적 인물 하숙형과 '(王明)정적' 구추백을 장정 명단에서 제외시킨 것은 박고의 사견이 가미됐다는 단적인 증거이다. 한편 주은래는 모택동·유백승 등 홍군 지휘관 거취에 깊이 관여했다.

이유한은 이렇게 회상했다. …모택담의 거취에 관해 당중앙의 의견을 청취했는데 박고가 '잔류'를 결정했다. '모택담 희생'에 대해 나는 양심의 가책을 느꼈다(李維漢, 2013: 265). 실제로 박고의 괴뢰인 이유한이 '실각자'인 모택동의 동생 모택담을 '잔류 명단'에 넣었다. '종파주의적 인사'에서 박고가 주범(主犯)이라면 이유한은 영락없는 종범(從犯)이다.

박고는 중상자 왕가상을 백성의 집에 남겨두려고 했다. 당시 왕가상의 근거지 잔류를 반대한 모택동은 왕가상과 함께 행동할 것을 요구했다. 결국 박고 등은 왕가상을 장정 명단에 포함시켰다(朱仲麗, 1999: 47).

당시 '우도 시찰' 중인 모택동은 '왕가상 잔류' 여부에 신경을 쓸 겨를이 없었다. 실제로 '군사간부 거취'에 중요한 영향력을 행사한 주은래가 결정적 역할을 했다. 한편 왕가상은 '입원 치료' 중에 '이동 지시'를 받았다.

모택동은 근거지 잔류자를 높게 평가했다. …근거지에 남은 지휘관은 진의·속유·담진림·항영·방지민·유효·등자회·구추백·하숙형·정정승 등이다. 죽음을 각오한 그들은 자발적인 잔류자들이다(毛澤東, 1996: 82). 항영·구추백·하숙형·유효는 정공(政工) 간부로 군사 간부로 보기 어렵다. '잔류자' 중 진의(元帥)·속유(大將)는 해방전쟁(解放戰爭)[1241]에 큰 공헌을 했다. 건국 후 등자회·장정승은 부총리급 고위직을 지냈다.

박고의 심복인 항영의 근거지 잔류는 타의반 자의반이다. 또 이는 박고의 모택동 불신과 관련된다. 10월 10일 주은래는 입원 치료 중인 강서군구 사령관 진의를 찾아가 '잔류'를 알려줬다. '10대원수' 중 진의는 유일하게 장정에 참가하지 않은 홍군 지휘관이다. 한편 박고 등이 중상자 진의를 잔류 명단에 포함시킨 것은 '종파주의 인사'로 보기 어렵다. 실제로 군사 문외한인 항영 '보필'이 '유격 전문가'인 진의를 남긴 진짜 목적이다.

구추백의 근거지 잔류는 단순한 '건강상 원인'[1242]으로 보기 어렵다.

1241 1946년 6월부터 1949년 9월까지 해방군과 국민당군 간에 진행된 해방전쟁(解放戰爭)은 '국공(國共)내전'으로 불린다. 장개석의 (國民黨)정부를 타도하고 신중국 설립을 위해 치른 이념 전쟁이다. 1947년 7월 전략적 공격으로 전환, 요심(遼沈)·회해(淮海)·평진(平津) 3대 전역을 통해 국민당군 주력을 대부분 섬멸했다. 1949년 4월 장강(長江)을 도하하고 남경(南京)을 해방했다. 1949년 10월 1일 모택동은 신중국 설립을 선고했다.

1242 박고가 '중병자' 구추백을 근거지에 남긴 주된 원인은 ① 폐병 환자, 신체가 허약(건강원인) ② 중앙분국 선전부장, 항영의 조력자(혁명의 수요) ③ 왕명의 정적(政敵, 정치적 요소)

박고가 구추백을 남긴 것은 공산국제를 의식한 '종파주의적 인사'로 간주된다. 한편 '노선착오'를 범한 모택담·하숙형·고백 등의 잔류는 '종파주의자'의 배척을 받은 전형적 사례이다. 또 이덕의 '눈 밖에 난' 유백승의 장정 참가는 주은래의 '쟁취'와 밀접히 관련된다. 장정 중 모택동·주은래의 신임을 받은 홍군 총참모장 유백승은 매우 중요한 역할을 했다.

3. 적의 '봉쇄선' 돌파, 근거지의 유격전쟁

1) '대이동(長征)' 개시를 위한 최종 준비

박고는 공산국제에 전보(1934.9.17)를 보내 홍군 주력의 '대이동' 계획을 보고했다. 즉 10월 초까지 홍군의 역량을 집결한 후 적군의 봉쇄선을 돌파한다는 것이다. 당초 '최고 3인단'이 계획한 '전략적 이동' 시기는 10월 말 또는 11월 초였다. 한편 박고 등이 '대이동 계획'을 앞당긴 주된 원인은 ① 이죽성·성충량(盛忠亮)[1243]의 변절에 따른 (上海)중앙국 붕괴 ② 장개석이 '총공격' 시기를 한 달 앞당겼다는 정보 입수 등이다.

중공중앙에 답전(9.30)을 보낸 공산국제는 '대이동' 계획을 허락한 동시에 3가지 건의를 제출했다. 첫째, 근거지에서 유격전을 전개해 홍군의 '대이동'을 협력한다. 둘째, 동방군을 설립해 '4성(四省)' 변계에서 근거지를 창립한다. 셋째, 남방군을 설립해 복건성에서 근거지를 설립

---

④ 공산국제가 파면한 '중공 총서기' ⑤ 군사 문외한 등이다. 실제로 박고의 '구추백 잔류'는 신체적 원인과 정치적 요소를 감안한 교묘한 '인사조치'였다.

1243 성충량(盛忠亮, 1907~2007), 호남성 석문(石門) 출신이며 공산주의자이다. 1925년 중공에 가입, 1932년 (上海)중앙국 선전부장, 1934년 10월 체포·변절했다. 1964년 미국으로 이주, 2007년 미국에서 병사했다.

한다('第一硏究部', 2007: 256). 상기 '4성'은 강서·복건·절강·안휘성을 말한다. 이는 공산국제가 '잔류' 부대의 유격전 전개를 중요시했다는 방증이다.

9월 28일 '중혁군위'는 장정(長汀)의 '홍9군단'에게 철수를 명령했다. 당중앙·'군위' 등 중앙기관을 서금에 집결하고 홍군 주력을 우도하 연안에 집합시켰다. 당중앙의 '훈령(10.8)'은 '잔류' 부대는 역량을 집중해 홍군 주력의 '대이동'을 협력할 것을 호소했다. 10월 9일 홍군 총정치부는 '지령(指令)'을 발표해 정치교육·군사훈련 강화를 요구했다. 10월 10일 '중혁군위'는 명령을 발표해 홍군 행동방향을 극비에 붙일 것을 강조했다.

10월 11일 '중혁군위'는 중앙기관과 각 군단을 '홍군야전군'으로 편성해 2개 종대로 나눴다. 군위종대의 사령관은 엽검영, 종위검(鍾偉劍)[1244]을 참모장으로 임명했다. '최고 3인단'과 주덕은 군위종대에 편입됐다. '중앙종대'의 사령관은 이유한이며 낙보·모택동·왕가상은 '중앙종대'에 편입됐다. 10월 13일 우도에 도착한 '야전군'의 지도부는 고전요당(古典窯塘)에 주둔했다. 한편 우도로 돌아온 모택동은 우도현 성하(城何)에 머물렀다.

'대이동'에 참가한 각 군단 병력과 주요 지도자는 ① '홍1군단(1.9만)' 군단장 임표, 정치위원 섭영진, 참모장 좌권 ② '홍3군단(1.7만)' 군단장 팽덕회, 정치위원 양상곤, 참모장 등평 ③ '홍5군단(1.2만)' 군단장 동진당, 정치위원 이탁연, 참모장 유백승 ④ '홍8군단(1.1만)' 군단장 주곤,

---

1244 종위검(鍾偉劍, 1907~1935), 호남성 례릉(醴陵) 출신이며 공산주의자이다. 1926년 중공에 가입, 1933년 홍군대학 훈련부장, 1934년 제1야전종대(軍委縱隊) 참모장, 1935년 '홍3군단' 제10연대 참모장, 준의(遵義)에서 희생됐다.

정치위원 황소, 참모장 당준(唐浚)[1245] ⑤ '홍9군단(1.1만)' 군단장 나병휘, 정치위원 채수번, 참모장 곽천민이다. 홍군 총병력은 86859명이었다.

홍군 출발지를 우도로 정한 원인은 ① 돌파구 안원·신풍과 인접 ② 우도하에 부교를 설치해 도하 ③ 홍군 집결지와 근접, 빠른 시간 내 철수 ④ 급양 해결 가능 등이다(凌步機 외, 2017: 1362). 당시 홍군은 우도에 부교를 설치하고 병력을 보충했다. 박고는 감남성 소재지를 우도에 정하고 주은래는 모택동을 '파견'해 적정을 탐지하게 했다. 이 또한 '(紅軍)대이동'이 '창졸간 결정'이 아닌 충분한 준비를 거쳤다는 단적인 반증이다.

10월 중순 서금·회창·우도를 제외한 대부분 (中央)근거지가 함락됐다. 박고·이덕은 홍군 주력이 상서(湘西)로 이동해 '홍2·6군단'과 회합할 것을 결정했다. 한편 홍군의 봉쇄선 돌파를 비밀에 부친 '최고 3인단'은 '대이동'을 황급한 도주로 변질시켰다는 것이 일각의 주장이다. 그러나 '대이동'은 치밀한 계획을 거친 군사행동이라는 것이 지배적 견해이다. 현재 '대이동'을 비밀에 부친 것에 대한 찬반 양론이 엇갈리고 있다.

중앙종대는 수천명의 짐꾼과 그들이 운반하는 짐, 노약자·부상자 때문에 지체될 수밖에 없었다. 결국 중앙종대는 이동 속도가 빠른 야전 종대에게 부담을 안겨줬다(Salisbury, 1985: 87). 중앙종대는 수천명의 짐꾼을 고용해 인쇄기·탄약 제조기·전화 설비 등을 운반했다. 하루에 겨우 3~5킬로 이동한 중앙종대는 작전 행동에 엄청난 부담이 됐다. 이 또한 일각에서 중앙종대를 '움직이는 공화국'·'국가 대이동'에 비유한 원인이다.

1245 당준(唐浚, 1896~1934), 광서성 신정(新靖) 출신이며 공산주의자이다. 1929년 중공에 가입, 1930년 '홍7군' 대대장, 1933년 홍군 제14연대 참모장, 1934년 '홍8군단' 21사단 참모장, 12월 계군(桂軍)과의 전투에서 희생됐다.

'홍7군단' 참모장 속유(粟裕)는 선견대의 '북상 이유'를 몰랐다고 회상했다. 9월 상순 '최고 3인단'은 군단장급 지휘관에게 '대이동 계획'을 알려줬다. '장정 개시' 후에도 홍군 장병들은 목적지를 알지 못했다(李小三 외, 2007: 11). '홍1군단' 연대장 양성무는 이렇게 회상했다. …급박한 '대이동'에 관해 홍군 장병들은 불만이 많았다. 그들이 행동방향을 물었으나 나는 홍군이 어디로 퇴각하는지 몰랐다(楊成武, 1982: 15). '최고 3인단'의 비밀 엄수는 홍군 지도부에 대한 장병들의 불신으로 이어졌다. 결국 극비로 진행된 '(紅軍)대이동'이 '황급한 도주'로 간주된 것이다.

동필무는 이렇게 회상했다. …당시 홍군의 행동방향에 대해 거론하지 않았다. 군사비밀인 출발지·목적지 등을 함부로 물어볼 수 없었다. 실제로 행동노선은 수시로 변경됐다(秦紅 외, 2016: 633). 당초 '대이동'의 목적지는 호남성 서부였다. '상강 패전' 후 홍군은 귀주성(貴州省) 경내로 진입했다. 한편 동필무는 장정 명단에 포함됐으나 부인인 진벽영(陳碧英)[1246]은 '건강 원인'으로 낙선됐다. 결국 이는 이들 부부의 최종 결별이 됐다.

홍군 퇴각은 신속했기 때문에 적군이 사태의 변화를 알아채기 전 9만명의 홍군은 이미 수십일 간 행군했다. 홍군은 주력을 퇴각시킨 후 빨치산으로 그들을 대체했다. 10월 16일 우도에 집결한 홍군은 위대한 대이동을 시작했다(신복룡, 2001: 193). 실제로 홍군의 '대이동'을 눈치챈 적군은 네 겹의 봉쇄선을 설치했다. 한편 '빨치산'·'수십일'은 큰 어폐가 있으며 이는 번역 오류이다. 홍군의 '대이동'은 10월 10일에 정식 개

1246 진벽영(陳碧英, 1908~1983), 중공 '창건자' 동필무(董必武)의 두 번째 부인이다. 1928년 중공에 가입, 1933년 동필무와 결혼했다. 장정(長征) 전 신체검사에서 '불합격', 부득불 동필무와 결별했다. 1983년 고향에서 병사했다.

시됐다.

국민당군은 홍군의 '대이동'을 눈치챘다. 그 이유는 첫째, '선견대' 파견(1934.7)시 포위 돌파 의도를 알아챘다. 둘째, 성충량은 이렇게 회상했다. …국민당 스파이가 당의 비밀조직에 잠입했다(劉喜發 외, 1996: 90). 셋째, '홍3군단' 제4사단 참모장 장익(張翼)[1247]이 투항(1934.9.29)했다. 넷째, 체포된 (上海)중앙국 책임자의 비밀 누설이다(王美芝, 2012.5). 당시 국민당군은 변절자 이죽성 등을 통해 홍군의 '대이동' 정보를 입수했다.

홍군의 장정 부대에는 '양림(楊林)'으로 불린 조선인 김훈(金勛), '무정'으로 불린 김무정(金武亭)이 있다. 장정 당시 양림은 간부연대 참모장, '홍3군단' 포병대대장 무정은 '포병 아버지'로 위명을 떨쳤다(현이섭, 2017: 176). 1927년 김훈은 필사제(畢土悌)로 개명하고 소련에서 군사를 공부했다. 1930년 '양림'으로 개명하고 상해로 돌아왔다. 1936년 동정(東征)에서 희생됐다. 팔로군 포병연대장(1938)에 임명된 무정은 1948년 조선인민군 포병사령관을 맡았다. 1952년 10월 조선 군인병원에서 병사했다.

10월 초 모택동이 '중혁군위'에 제출한 두 가지 의견은 첫째, 자신을 낙보·왕가상과 같은 종대에 편입해 주기를 바란다. 둘째, 여성 간부를 선정해 '장정 명단'에 포함시켜야 한다(金沖及 외, 1996: 331). 상기 '의견'은 모택동이 주은래에게 제출한 것이며 주은래가 박고의 허락을 받았다. 10월 상순 모택동은 우도에서 하자진이 '여성 간부'[1248] 명단에 포

1247 장익(張翼)은 강소성 출신이며 홍군 장령(將領), 변절자이다. '홍3군단' 제4사단 참모장, 1934년 9월 국민당군에 투항했다. 그의 변절로 홍군의 '대이동'이 적군에게 알려졌다. 항일전쟁 기간 한덕근(韓德勤)에게 처형됐다.

1248 장정(長征)에는 30명의 여성 간부가 참가했다. 당시 '(女性)간부 참가'는 모택동이 제출

함됐다는 전화를 받았다. 한편 모택동의 첫 번째 의견은 박고에게 치명적이었다.

당 지도부는 모택동과 하자진을 그대로 두고 출발했다. 10월 18일 홍군 대열이 운산고사를 지나게 됐다. 모택동 부부는 아이를 병사에게 맡긴 채 대열에 합류했다(조헌용, 2007: 103). 10월 10일 저녁 '간부중대'에 편입된 하자진은 서금에서 홍군 대부대와 함께 출발했다. 아들 '모모(毛毛)'는 (中央)근거지에 잔류한 모택담·하이 부부에게 맡겼다. 10월 18일 저녁 모택동은 경호원들과 함께 우도(于都)를 떠나 '장정의 길'에 올랐다.

이유한은 실각자 모택동을 이렇게 평가했다. ① 당중앙의 결정에 복종 ② 맡겨진 임무를 적극 완수 ③ 자신의 역할을 발휘 ④ 정확한 원칙을 견지했다(李維漢, 1986: 338). 중앙회의(1962.1)에서 모택동은 이렇게 술회했다. …좌천은 불굴의 의지를 단련시킨다. 조사연구는 유익한 지식을 습득할 수 있다. 나의 (左遷)경험은 큰 도움이 됐다(毛澤東, 1986: 817). 이 시기 모택동은 독서·집필·시찰에 전념하면서 '도광양회'에 몰두했다. 또 그는 이를 통해 불굴의 정신력과 노련한 리더십을 키웠다. 실제로 '실권자(失權者)' 모택동은 '동산재기'의 기회를 노렸던 것이다.

1931~1934년 모택동은 유명무실한 '공화국' 주석이었다. 박고가 모택동을 장정 명단에서 제외시켰다는 주류적 견해는 정확성이 결여됐다. 실제로 모택동 본인이 '잔류'를 요구했다. '(于都)편지'가 단적인 증거이다. 10월 상순 주은래·낙보와의 '담화'가 결정적이었다. 결국 모택동은 낙보·왕가상·주은래의 지지에 힘입어 '홍군 통솔자'로 부상했다.

하고 주은래가 박고의 승인을 받아 결정한 것이다. '여성 간부' 중에는 주은래의 부인 등영초, 박고의 부인 유군선, 모택동의 부인 하자진, 주덕의 부인 강극청 등이 있었다. 결국 '여성 간부' 중 20명이 섬북에 도착했다. 장정 중 하자진은 중상을 입었다.

2) 세 겹의 '봉쇄선' 돌파, '상강(湘江) 패전'

'대이동'을 개시한 홍군은 좌중우(左中右) 행군종대로 나눴다. 좌로군 선봉은 '홍1군단', '홍9군단'이 후미를 맡았다. 우로군 선봉은 '홍3군단', '홍8군단'이 후미를 책임졌다. 군위 제1·2종대를 중로종대로 편성하고 '홍5군단'이 후위를 맡았다. 10월 17일부터 도하를 시작한 홍군은 파란만장한 정정의 길에 올랐다. 20일 홍군 주력은 안원·감현 목적지에 도착했다. 10월 20 저녁 홍군은 월군이 구축한 '봉쇄선' 최전방에 집결했다.

소련 유학파는 장정에 참가했으나 어느 순간 자취를 감췄다. 코민테른 지시로 자기들만 몽골 쪽으로 도망쳤다. 모택동을 가로막는 자들은 없어졌다(김승일, 2009: 35). 장정 종착지 연안까지 갔을 때 홍군은 1만 명도 안됐으나 모택동은 유일 리더십 체제를 확보했다(박형기, 2014: 88). 소련 유학파가 '몽골로 도망쳤다'는 주장은 사실무근이다. 소련 유학파 박고·낙보·왕가상 등은 장정 종착지 섬북 오기진(吳起鎭)에 도착했다. 한편 모택동이 연안에 진입한 것은 1937년 1월 13일이다. 또 장정 기간 '유일 리더십 체제'가 아닌 '모낙(毛洛)' 연합체제가 이뤄졌다.

월군의 '봉쇄선'은 많은 토치카와 철사망 등 방어시설을 설치했다. 홍군은 월군의 '격렬한 저항'에 부딪혔다. 당시 일부 연대장은 상급자 명령을 제대로 집행하지 않았다. 10월 22일 격전을 벌인 끝에 쌍방은 수많은 사상자를 냈다. 월군 제1군단장 여한모(余漢謀)[1249]는 '상급 명령'을 거부한 연대장을 면직시켰다. 홍군·월군의 '격전' 원인은 첫째, '비

1249 여한모(余漢謀, 1896~1981), 광동성 고요(高要) 출신이며 국민당 우파이다. 1920~1940년대 제4로군 총사령관, 국민당 광동성정부 주석, 육군 총사령관 등을 역임, 1950년대에 정착, 1981년 대북(臺北)에서 병사했다.

밀협약'이 최전방 수비군에게 전달되지 못했다. 둘째, 홍군이 '돌파' 시간을 사전에 통보하지 않았다. 이는 홍군 장병의 '월군 불신'과 관련된다. 한편 홍군이 '첫 번째 봉쇄선' 돌파에서 상대적으로 '적은 사상자(3700여 명)'를 낸 것은 진제당의 '양도(讓道)' 조치와 밀접히 연관된다.

10월 21일 '홍3군단'이 전개한 백석(百石)전투에서 사단장 홍초(洪超)[1250]가 희생됐다. 신전전투(10.21)에서 적군 300여 명을 전멸한 홍군 주력은 안식(安息)에서 1000여 명을 섬멸했다. 24일 적군 습격을 받은 '홍9군단'은 수백명의 사상자를 냈다. 25일 부교를 통해 도강을 도하한 홍군은 '봉쇄선' 돌파에 성공했다. 26일 홍군은 상남(湘南)으로 진격했다.

10월 26일 '중혁군위'의 '명령'은 이렇게 썼다. …월군은 '양도(讓道)'를 승낙했다. 월군이 자발적으로 퇴각하면 홍군은 적을 추격해선 안 된다(贛州市黨史研究室, 2004: 116). '봉쇄선'을 돌파(10.25)한 상황에서 내린 '명령'은 '망우보뢰(亡牛補牢)'라는 비난을 모면키 어렵다. 월군 주력을 남웅(南雄)에 철수한 진제당은 나당담판의 '양도' 협약을 준수했다. 진제당의 협약 준수는 홍군이 '두 번째 봉쇄선'을 순조롭게 통과한 주된 원인이다.

홍군의 '상남 진격' 보고를 받은 장개석은 진제당·하건에게 급전을 보내 '홍군 서진' 저지를 명령했다. 한편 차도(借道) 약속을 지킨 진제당은 월군을 대여·남웅에 배치했다. 홍군의 '광동 진격'을 저지해 중앙군의 '광동 진입'을 견제하기 위한 것이었다. 하건은 1개 여단 정규군을 배치해 홍군 진격을 방어했다. 10월 8일 하건·진제당의 이해타산을 이용한 홍군은 인화·낙창 간 '봉쇄선'을 월군의 '환송'을 받으며 서서히

1250 홍초(洪超, 1909~1934), 호북성 황매(黃梅) 출신이며 공산주의자이다. 1928년 중공에 가입, 1929~1933년 '홍8군' 군부 참모, '홍5군' 제1사단장, '홍3군단' 제4사단장을 역임, 1934년 백석(百石)전투에서 희생됐다.

통과했다.

11월 2일 '홍1군단'은 천마산(天馬山)·성구 사이의 '봉쇄선' 돌파를 개시했다. '차도' 약속을 지킨 월군은 하늘을 행해 헛총질을 했다. 홍군은 군수물자와 탄약을 대량 '노획'했다(黃少群 외, 2007: 38). 월군의 '탄환 선물'은 홍군에게 설중송탄이 됐다. 홍군의 무기공장에서 만든 '저질 탄알'이 늘 불발됐다. '홍3군단'은 호봉장(胡鳳璋)[1251]의 보안단을 격파하고 열수(熱水)를 점령했다. '봉쇄선'을 돌파(11.8)한 홍군은 호남 경내에 진입했다.

상남의 의장은 '세 번째 봉쇄선'의 중요한 거점이었다. 팽덕회는 '의장 공략'을 '홍6사'에게 맡겼다. 11월 13일 사단장 조덕경(曹德卿)[1252]과 정치위원 서책(徐策)[1253]의 인솔하에 적군 수백명을 섬멸하고 의장현성 밑까지 들이닥쳤다. 11월 14일 순조롭게 의장을 공략한 홍군은 의장현에서 소비에트정부를 설립하고 400~500명 신병을 모집했다. 11월 15일 홍군 주력은 양전(良田)·의장 사이에 구축된 적의 '세 번째 봉쇄선'을 돌파했다.

구봉산(九峰山) 공격 여부를 놓고 임표와 섭영진은 격한 언쟁을 벌

1251 호봉장(胡鳳璋, 1874~1949), 호남성 여성(汝城) 출신이며 비적 두목이다. 1920~1940년
대 제3군 독립여단장, 감남(贛南)보안사령관, 상월간(湘粤贛)변구 '초비(剿匪)' 부사령관,
1949년 해방군에 체포된 후 처형됐다.

1252 조덕경(曹德卿, 1909~1935), 호남성 익양(益陽) 출신이며 공산주의자이다. 1928년 중
공에 가입, 1929~1934년 '홍3군단' 제3연대장, '홍3군단' 제6사단장 등을 맡았다.
1935년 2월 찰서(扎西)에서 병사했다.

1253 서책(徐策, 1902~1935), 호북성 대야(大冶) 출신이며 공산주의자이다. 1926년 중공에 가
입, 1928~1935년 '홍3군단' 제3종대 정치위원, '홍6사' 정치위원, 천전검(川滇黔)특위
서기를 역임, 1935년 7월 전투에서 희생됐다.

였다. 섭영진은 이렇게 회상했다. …매복·기습전 등 유격전에 능한 임표는 개인주의가 농후하고 당에 대한 충성심이 부족[1254]했다(聶榮臻, 2007: 174). 결국 이는 지도자 간 정상적 '의견 차이'로 대서특필할 사건은 아니었다. '구봉산 점령'을 지시한 임표는 사실상 '봉쇄선 돌파'에 크게 기여했다. 당시 임표가 거느린 '홍1군단'은 자타가 인정한 '왕패군(王牌軍)'이었다.

세 번째 '봉쇄선'을 돌파한 후 홍군은 2.2만여 명이 감원됐다. 일각의 연구에 따르면 세 차례의 '포위 돌파'에서 홍군은 각기 3700·9700·8600여 명이 감원됐다(石仲泉, 2013.7). 네 번째 '봉쇄선'을 돌파할 때 홍군은 6.4만여 명으로 감소됐다. 유영(劉英)의 회상[1255]에 따르면 수많은 짐꾼이 중도에서 '무거운 짐'을 버리고 도망쳤다. '병영 이탈자' 속출은 홍군 감원의 또 다른 원인이다. 또 이는 '강제적 징병'의 후유증이었다.

'초비(剿匪)' 총사령관으로 임명(11.12)된 하건은 설악의 16개 사단을 통솔했다. 한편 장개석은 월군의 북진과 계군의 관양(灌陽)·전주(全州) 일대 저격, 귀주 군벌 왕가열(王家烈)[1256]의 상검(湘黔)변계 '홍군 저격'을 명

1254 임표가 '(黨)충성심'이 부족했다는 섭영진의 회상은 사견이 가미된 것이다. 결국 이는 섭영진이 '모택동 배반자' 임표의 '최종 결과'를 의식한 것이다. 임표는 중공 9차 당 대회(1969.4)에서 모택동의 후계자로 '선정', 1971년 9월 13일 비행기를 타고 도망치다가 몽골에서 격추됐다. 한편 1930년대 모택동의 최측근인 임표는 당에 '충성'했다.

1255 유영은 이렇게 회상했다. …일부 성실한 짐꾼은 눈물을 흘리며 사정했다. 얼마 후 짐꾼 대부분이 도주했다. (逃走)이유는 …홍군을 도와준 것이 발견되면 목숨을 잃는다는 것이었다(劉英, 2012: 46). 당시 유영은 중앙종대 제3제대(梯隊) 정치부 주임이었다. '무거운 짐'과 중무기를 지닌 제3제대의 '완만한 행동'은 '상강 패전'의 한 원인이었다.

1256 왕가열(王家烈, 1893~1966), 귀주성 동재(桐梓) 출신이며 귀주(貴州) 군벌이다. 1920~1940년대 검군(黔軍) 제2사단장, 귀주성정부 주석, 제2로군 총지휘, (貴州)수정 공서 부주임, 건국 후 귀주성 정협 부주석, (民革)귀주성 위원 등을 역임, 1966년 귀주

령했다. 장개석의 '하건 중용'은 여러 가지 원인[1257]이 있다. 실제로 장개석은 상군(湘軍)·홍군의 '양패구상'을 통한 어부지리를 노렸다.

11월 중순 팽덕회의 '건의' 골자는 ① 상담 진격, 장사 위협 ② 운동전 전개 ③ 숙포(淑浦) 일대, 근거지 개척 ④ 홍군의 '계군 공격', 승산이 적다(彭德懷, 1981: 193). 양상곤은 팽덕회의 '건의'를 이렇게 평가했다. 첫째, '장사 위협'은 하건을 진퇴양난에 빠지게 할 수 있다. 둘째, 장사를 소란하면 적의 '작전 배치'를 변경시킬 수 있다. 셋째, '홍2·6군단'과 회합해 상악천검(湘鄂川黔) 근거지를 설립할 수 있다(楊尙昆 2001: 110). '최고 3인단'은 팽덕회의 '건의'를 무시했다. 팽덕회의 '건의'를 채택했다면 '상강 패전'을 모면할 수 있었다는 것이 전문가의 중론이다.

11월 하순 모택동이 '최고 3인단'에 한 건의는 첫째, 대중의 지지를 받는 상남에서 운동전을 전개해야 한다. 둘째, 중앙군이 도착하지 않은 기회를 이용해 적의 일부를 섬멸해 주동권을 장악해야 한다(金沖及 외, 2011: 339). 모택동은 재차 건의했다. …홍군 주력은 도현을 공격해선 안 된다. 율산포(栗山鋪)를 점령한 후 기양(祁陽)을 공격해야 한다. 또 양시(兩市)·보경(寶慶) 일대에서 적군과 결전을 벌인 후 (中央)근거지로 회귀해야 한다(李濤, 2012: 150). 호남성 출신인 모택동은 '상남 상황'을 인지하고 있었다. 한편 홍군의 '(中央)근거지 회귀' 가능성은 제로였다.

11월 중순 모택동은 장문천·왕가상과 함께 이덕이 범한 군사적 과

에서 병사했다.

1257 장개석의 '하건 중용' 원인은 ① '홍군 토벌' 적극성 ② (紅軍)호남 진입, (湘軍)역할 발휘 ③ 하건·백숭희의 돈독한 관계, 계군과의 (協力)작전 유리 ④ 중앙군의 '호남 진입' 등이다(李濤 2012: 90). 한편 정강산을 초토화시킨 주범인 하건은 '주모홍군'과 악연을 맺었다. 실제로 하건은 상강전역에서 홍군에게 치명적 타격을 입힌 원흉이다.

오에 대해 토론했다. 낙보와 왕가상은 모택동의 주장을 지지했다. '최고 3인단'과 대립한 모택동 주축의 '중앙대 3인단'이 형성됐다(張樹德, 2012: 57). 장문천은 이렇게 술회했다. …(長征)개시 후 모택동·왕가상과 함께 지냈다. 또 모택동은 이덕의 실책을 지적했다. 나는 모택동의 주장을 지지했다(張聞天, 1994: 220). 12월에 열린 두 차례의 정치국 회의에서 '중앙대 3인단'은 이덕·박고와 홍군 행동방향에 대해 격렬한 언쟁을 벌였다. 이는 적나라한 권력 쟁탈전이었다. 결국 '중앙대 3인단'은 주은래의 '태도 전환'과 지지에 힘입어 치열한 권력투쟁에서 승리했다.

브라운은 '가마 음모'에 대해 모택동이 밀담을 나누고 있고 그것이 자신의 지위를 위협하고 있다는 것을 알고 있었다. 브라운은 모택동이 이리저리 옮겨 다니며 여러 지휘관과 이야기를 나눴다고 불평을 늘어놓았다(Salisbury, 2016: 113). 상기 '가마'는 어폐가 있다. 담가(擔架, 들것)가 정확한 표현이다. 한편 이덕의 작전 실책은 제5차 반'포위토벌'이 실패한 주요인이다. 결국 '상강 참패' 장본인인 '최고 3인단' 해체는 사필귀정이다.

'중앙대 3인단'은 공식적 지도기관이 아니었다. '박낙(博洛)' 간 알력 격화와 '최고 3인단'의 독선에 항의하기 위해 자발적으로 결성된 '정치적 소그룹'이었다. '최고 3인단'의 작전 실책으로 빚어진 '상강 패전'은 두 '3인단'의 지위가 역전된 전환점이었다. 지휘 실책 심각성을 인지한 주은래의 '입장 전환'은 '중앙대 3인단'이 주도적인 지위를 차지하는 데 결정적 역할을 했다. 결국 최종적 승자는 모택동 주축의 '중앙대 3인단'이었다.

홍군이 소강을 도하려면 최대 (湘江)나루터 도현을 점령해야 한다. '3인단'은 도현 공략 임무를 '홍1군단'에게 맡겼다. '홍1군단' 지도부는

제2사단장 진광(陳光)[1258]과 정치위원 유아루(劉亞樓)[1259]에게 임무를 배치
했다. 사단 지휘부는 경표(耿飇)[1260]가 거느린 제4연대와 진정상(陳正湘)[1261]
이 지휘한 제5연대에 '공략' 임무를 맡겼다. 22일 새벽 2개 연대 홍군은
도현을 기습했다. 무방비 상태인 (縣城)수비군은 황급히 도망쳤다.

11월 25일 소강을 도하한 홍군은 26일 광서 경내에 진입했다. 27일
홍군 전위대는 상강의 대부분 나루터를 점령했다. 한편 중앙군은 곧 도
현을 수복 고 전주에 진입한 상군은 상강을 봉쇄했다. 또 관양을 점거
한 계군은 홍군 저격을 준비했다. 전투력이 강한 상군·계군은 홍군에
게 버거운 상대였다. 당시 성행한 유행어는 검군(黔軍)은 양(羊), 상군은
늑대, 계군은 날쌘 표범이다. 결국 사면초가에 빠진 홍군은 고전을 면
치 못했다.

11일25일 네 번째 '봉쇄선'을 돌파하는 상강전역이 개시됐다. 전투

1258 진광(陳光, 1905~1954), 호남성 의장(宜章) 출신이며 공산주의자이다. 1927년 중공에 가
      입, 1930~1940년대 홍군 제2사단장, 팔로군 115사단 (代理)사단장, 제4야전군 부참
      모장, 1950년 광주군구 부사령관, 1954년 자살했다.

1259 유아루(劉亞樓, 1910~1965), 복건성 무평(武平) 출신이며 개국상장이다. 1929년 중공에
      가입, 1930~1940년대 '홍1군단' 제1사단장, 동북야전군 참모장, 건국 후 국방부 부
      부장, 공군(空軍)사령관, 국방과학위원회 부주임을 역임, 1965년 상해(上海)에서 병사
      했다.

1260 경표(耿飇, 1909~2000), 호남성 례릉(醴陵) 출신이며 공산주의자이다. 1928년 중공에 가
      입, 1930~1940년대 '홍1군단' 제1사단 참모장, 팔로군 385여단 부여단장, 제2병단
      부사령관, 건국 후 외교부 부부장, 국무원 부총리 등을 역임, 2000년 북경에서 병사
      했다.

1261 진정상(陳正湘, 1911~1993), 호남성 신화(新化) 출신이며 공산주의자이다. 1931년 중공
      에 가입, 1930~1940년대 '홍1군단' 제5연대장, 진찰기(晉察冀)야전군 제2종대 사령
      관, 건국 후 북경군구 부사령관, 전국 정협 상임위원 등을 역임, 1993년 북경에서 병
      사했다.

는 홍군 주력과 강적 계군·상군 간에 벌어졌다. 대표적 격전은 신우(新圩)·광화포(光華鋪)·각산포(脚山鋪)에서 격렬하게 진행된 저격전이었다. 9일 동안 진행된 상강전역에서 '봉쇄선 돌파'를 위해 홍군은 혹독한 대가를 지불했다. 시체는 산더미처럼 쌓였고 전사들의 피는 상강을 붉게 물들였다. 이 또한 상강전역을 '상강혈전(血戰)'이라고 부르는 이유이다.

첫 번째 전투는 28일에 개시된 신우 저격전이다. '홍3군단' 제5사단의 상대는 계군·상군의 3개 사단이었다. 사단장 이천우(李天佑)[1262], 정치위원 종적병(鍾赤兵)[1263]의 인솔하에 3일 간의 격전 끝에 홍군은 2000여 명 사상자를 냈다. 두 번째 전투는 광화포 저격전이다. '홍3군단' 제10연대 정치위원 양용(楊勇)[1264]과 대대장 장진(張震)[1265]의 지휘하에 이틀 밤낮을 고전한 홍군은 400여 명 희생자를 냈다. 세 번째 전투는 각산포 저격전이다. '홍1군단'과 상군 간에 벌어진 저격전은 투입된 병력과 사상

1262 이천우(李天佑, 1914~1970), 광서성 임계(臨桂) 출신이며 개국상장이다. 1929년 중공에 가입, 1930~1940년대 '홍3군단' 제5사단장, 팔로군 343여단 부여단장, 제13병단 부사령관, 건국 후 광주군구 부상령관, (解放軍)부총참모장 등을 역임, 1970년 북경에서 병사했다.

1263 종적병(鍾赤兵, 1914~1975), 호남성 평강(平江) 출신이며 개국중장이다. 1930년 중공에 가입 1930~1940년대 '홍5사' 정치위원, 동북민주연군 후근부장, 제4야전군 포병종대 정치위원, 건국 후 광주군구 부사령관, 국방과학위 부주임을 역임, 1975년 북경에서 병사했다.

1264 양용(楊勇, 1913~1983), 호남성 유양(瀏陽) 출신이며 공산주의자이다. 1930년 중공에 가입, 1930~1940년대 (紅軍)제10연대 정치위원, 팔로군 독립여단장, 제2야전군 제5병단 사령관, 건국 후 북경군구 사령관, 심양군구 부사령관을 역임, 1983년 북경에서 병사했다.

1265 장진(張震, 1914~2015), 호남성 평강(平江) 출신이며 공산주의자이다. 1930년 중공에 가입, 1930~1940년대 '홍4사' 제12연대 참모장, 팔로군 제4종대 참모장, 제3야전군 참모장, 건국 후 무한군구 부사령관, 중앙군위 부주석을 역임, 2015년 북경에서 병사했다.

자가 가장 많았다. 3일 간 격전을 치른 홍군·상군은 각기 수천명 사상자를 냈다. 전사들의 피는 푸른 상강을 '적수하(赤水河)'로 만들었다. 후미를 맡은 '홍5군단' 제34사단은 전멸, 사단장 진수상(陣樹湘)[1266]이 희생됐다. 이것이 홍군사(紅軍史)에서 '대참사'로 불리는 '상강 패전'이다.

'삼강 참패'를 만회할 기회가 있었다. 첫째, 도현 공략(22) 후 계군이 철수했다. 상군의 '전주 점거(27)' 전 상강 수비군이 없었다. 둘째, 저격전을 치른 기간(28-29)은 '상강 도하' 절호의 기회였다(鄒賢敏 외, 2016: 575). 당시 '무거운 짐'을 운반한 중앙종대는 11월 30일부터 상강을 건넜다. 12월 1일까지 치른 격전에서 홍군은 도하 엄호를 위해 막대한 대가를 치렀다. 결국 '상강혈전'은 중앙종대의 굼뜬 행군이 초래한 비극이었다.

'홍군 감원' 원인은 ① '최고 3인단'의 작전 실책 ② 모택동·팽덕회의 '건의' 무시 ③ 완만한 행군 속도 ④ 홍군 특유의 유격전술 포기 ⑤ 근거지 이탈, 대중의 지지 상실 ⑥ 장개석의 치밀한 계획, 적군의 협력 작전 ⑦ 적아 간 병력·장비 차이 ⑧ 상군·계군의 막강한 전투력 ⑨ '병영 이탈자' 속출 등이다. 상기 ①과 ⑥은 대표적인 '주관적 원인'·'객관적 요인'으로 지적된다. 결국 '최고 3인단'의 작전 실책이 가장 주된 원인이다.

주자곤과 부인 증옥(曾玉)[1267]의 담소 장면을 본 이덕은 이렇게 말했다. …34사단은 전멸했는데 사단장인 당신은 한가롭군. 또 이덕은 주자

1266 진수상(陣樹湘, 1905~1934), 호남성 장사(長沙) 출신이며 공산주의자이다. 1927년 중공에 가입, 1930년대 '홍1군단' 총지휘부 (特務)대장, '홍19군' 56사단장, '홍5군단' 제34사단장을 역임, 1934년 12월 전투에서 희생됐다.

1267 증옥(曾玉), 호북성 의장(宜章) 출신이며 주자곤(周子昆)의 부인이다. 1928년 중공에 가입, 정강산에서 홍군 대대장 주자곤과 결혼, 1934년 장정에 참가했다. 1938년 신4군(新四軍)에 근무, 1940년 '고향 귀환' 중 실종됐다.

모택동과 중국혁명 2

곤을 군사법정에 보내라고 호통쳤다. 34사단장은 팽소휘(彭紹輝)[1268]·진 수상이었다. 애꿎은 주자곤에게 화풀이를 했다(葉永烈, 2014: 331). 오수권 은 이렇게 회상했다. …경호원이 움직이지 않자 이덕을 더욱 화를 냈 다. 이때 모택동이 '주자곤 처분'을 자신에게 맡기라고 말했다. 그제야 이덕은 궁지에서 벗어났다(伍修權, 1984). 당시 주자곤은 '홍9군단' 24사단 장이었다. '준의회의' 후 주자곤은 '홍5군단' 부참모장에 임명됐다.

'상강 패전' 후 홍군은 3만여 명으로 급감했다. 희생자·실종자는 3.5만명에 달했다. 미증유의 참패에 홍군 장병들은 실망했다. 절망감에 사로잡힌 이덕은 권총으로 자살을 시도하다가 섭영진의 의해 제지됐 다(王樹增, 2006: 258). 홍군의 궤멸적인 타격에 대한 비난이 쏟아지자 박고 는 권총을 들고 자살소동을 벌였다. 섭영진이 그의 행동을 말리려다 여 의치 않자 주은래에게 사람을 보내 도움을 요청했다. 주은래의 설득에 마음을 돌린 박고가 국면 타개 방침을 묻자 주은래는 모택동에게 중임 을 맡기자고 제안했다(나창주, 2019: 388). '자살 시도자'는 박고였다. '상강 패전' 장본인인 이덕은 종래로 반성하지 않았다. 상기 주은래의 '박고 설득'은 사실무근이다. 한편 이 시기 '박주(博周)' 관계에 금이 가기 시작 했다.

섭영진은 이렇게 회상했다. …박고는 문제의 심각성과 책임감을 통감했다. 어느 날 망연자실한 그는 권총을 꺼내 자기의 머리를 겨눴 다. 그의 행동을 제지한 나는 이렇게 말했다. …위기일수록 지도자로서

1268 팽소휘(彭紹輝, 1906~1978), 호남성 상담(湘潭) 출신이며 개국상장이다. 1928년 중공에 가입, 1930~1940년대 홍군 제1사단장, (西北)야전군 제7종대 사령관, 제1야전군 제7 군단장, 건국 후 서북군구 부사령관, 군사과학원 부원장 등을 역임, 1978년 북경에서 병사했다.

냉정하고 과감하게 책임져야 한다(聂榮臻, 1983: 232). '상강 참패'의 장본인 박고가 책임감을 통감하고 '양심의 가책'을 받았다면 이는 '불행 중 다행'이었다. 당시 홍군 장병의 '불평불만'을 감지한 후 그가 보여준 어설픈 행위는 '정치적 쇼'에 불과했다. 한편 연약하고 무능한 박고는 '자살 용기'조차 없었다. 실제로 '상강 패전'의 주범인 박고는 총살감이다.

'상강 참패'에서 보여준 박고의 리더십 부재는 ① 지휘력 부재 ② 왕명과의 의견 대립 ③ 유격전에 무지한 이덕에게 작전 지휘권 일임 ④ '3인단' 설립, 낙보의 지지 상실 ⑤ 협조자 낙보의 '지도층' 배제 ⑥ 측근 항영의 '근거지 잔류' ⑦ (上海)원동국과 '견원지간' ⑧ 주덕·왕가상의 신임을 상실 ⑨ 공산국제 '보호'를 받는 모택동을 배척 ⑩ 임필시 '좌천', 이유한 중용 등이다. 결국 이덕에 대한 '절대적 신임'은 자충수가 됐다.

'상강 패전' 책임을 주은래에게 전가한 이덕은 회상했다. …홍군은 큰 손실을 입었으나 전투력은 향상됐다. '대이동' 계획을 작성한 주은래는 중무기를 갖고 떠날 것을 요구했다. 이는 홍군의 이동 속도가 완만해진 원인이다(李德, 1980: 111). '최고 3인단' 멤버 주은래는 '상강 패전'의 책임에서 결코 자유로울 수 없다. '중혁군위' 주석 주덕도 책임을 회피할 수 없다. '상강 참패'의 주범이 이덕·박고라면 주은래·주덕은 종범(從犯)이다.

1931년 9월 박고는 일약 중공 지도자로 부상했다. 그 후 낙보·주은래의 지지에 힘입어 '중공 1인자'로 자리잡았다. 한편 낙보의 '총리 임명'은 자충수가 됐다. 또 '최고 3인단' 설립은 낙보·항영 등 협조자와 홍군 지도자 주덕·왕가상의 지지를 상실했다. '상강 참패' 후 그의 권위는 크게 실추됐다. 준의회의(1935.1)의 '박고 실각'은 자업자득이다.

모택동과 중국혁명 2

3) (中央)근거지의 유격전쟁

1934년 10월 상순 중앙서기처 회의를 주재한 박고는 홍군 주력·중앙기관의 '대이동' 개시와 (中央)근거지의 (中共)중앙분국 설립을 결정했다. 10월 13일에 설립된 중앙분국은 항영·진의·하창·진담추·구추백으로 지도부를 구성하고 항영이 서기, 진담추가 조직부장, 구추백이 선전부장으로 임명됐다. 또 중화소비에트공화국 중앙정부 판사처를 설립하고 진의를 주임, 양백대를 부주임, 사연지(謝然之)[1269]를 비서장에 임명했다.

중앙군구(10.22)는 항영이 사령관·정치위원, 하창이 정치부 주임, 공초가 참모장을 맡았다. 당시 진의는 중상자였고 공초는 '변절자(1935.5)'[1270]로 전락했였다. (少共)중앙분국 서기는 이재련(李才蓮)[1271]이 맡았다. 근거지에 남겨진 중앙정부 지도자는 주이율·하숙형·원소선·장정승·등자회·담진림·진정인·호해·주월림(周月林)[1272] 등이다. 그 외 모택민과 하이, 모택동의 장인 하환문(賀煥文), 장모 문두수(文杜秀), 주은래의 장

1269 사연지(謝然之, 1913~2009), 절강성 여요(余姚) 출신이며 공산주의자이다. 1932년 중공에 가입, 1934년 겨울 적군에게 투항(變節)했다. 1949년 '홍콩시보' 편집장, 1981년 미국에 정착, 2009년 로스앤젤레스에서 병사했다.

1270 1935년 5월 적에게 투항해 '(剿共)유격사령관'에 임명된 공초는 10월 13일 유격대로 가장한 월군(粤軍) 30여 명을 이끌고 50여 명 유격대원을 사살했다. 수색 중 정찰원 오소화(吳少華)를 만나 '지휘소 안내'를 부탁했다. 적군의 '음모'를 눈치챈 오소화가 총을 쏘아 긴급 신호를 보냈다. 결국 항영·진의는 급히 피신해 위험에서 벗어났다.

1271 이재련(李才蓮, 1914~1935), 강서성 흥국(興國) 출신이며 공산주의자이다. 1928년 중공에 가입, 1930~1935년 강서성 아동국(兒童局) 서기, (少共)강서성위 서기, (共靑團)중앙분국 서기를 역임, 1935년 서금(瑞金)에서 희생됐다.

1272 주월림(周月林, 1906~1997), 상해(上海) 출신이며 공산주의자이다. 1926년 중공에 가입, 1935년 적군에게 체포, 1938년에 석방됐다. 1955년 '구추백 고발' 혐의자로 수감, 1979년 무죄로 판결, 1997년 고향에서 병사했다.

모 양진덕(楊振德)[1273] 등 중앙지도자의 친족이 (中央)근거지에 남겨졌다.

근거지에 남겨진 홍군 (獨立)제24사단장은 주건병(周建屛)[1274], 정치위원은 양영(楊英)[1275]이다. 독립사단 병력은 2000여 명이었다. 또 7개 독립연대가 중앙군구의 지휘를 받았다. 독립사단·연대의 총병력은 1.6만명이었다. 또 부상자는 2.5만명에 달했다. 강서·복건·민감·월감·감남 등 5개 성(省)과 정부기관이 중앙분국의 지휘를 받았다. 중앙분국의 임무는 홍군 주력의 '대이동'을 협력하고 근거지를 보위하는 것이었다.

당중앙의 '훈령(10.8)'에 이렇게 썼다. …유수(留守)홍군은 유격전을 전개해 근거지를 수호해야 한다. 또 대중을 동원해 병력을 확충해야 한다(解放軍歷史資料編委, 1995: 157). 10월 13일 항영은 병원을 찾아 진의에게 당중앙 지시를 전달했다. 당시 진의는 항영에게 이렇게 직언했다. 첫째, 적군의 공격에 대비해 '유격전 전개'를 준비해야 한다. 둘째, 유수홍군은 독립적 유격전쟁을 진행해야 한다('陳毅傳'編輯組, 2015: 78). 당시 '유격전 편견'이 강한 항영은 진의의 '건의'를 무시했다. 한편 '훈령'은 홍군의 대규모 반격을 진행할 것을 명령했다. 결국 이는 정세에 대한 '낙관적 판단'을 유발해 유수홍군이 큰 손실을 입는 결과를 초래했다.

1273 양진덕(楊振德, 1875~1940), 호남성 장사(長沙) 출신이며 주은래의 장모이다. 1932년 중앙 근거지에서 홍군 병원에 근무했다. 1935년 강서성 구강(九江)감옥에 수감, 1937년 석방됐다. 1940년 중경(重慶)에서 병사했다.

1274 주건병(周建屛, 1982~1938), 운남성 선위(宣威) 출신이며 공산주의자이다. 1926년 중공에 가입, 1930년대 '홍10군' 군단장, 홍군 제19사단장, 팔로군 제115사단 343여단 부여단장을 역임, 1938년 하북(河北)에서 병사했다.

1275 양영(楊英, 1911~1935), 호남성 보경(寶慶) 출신이며 공산주의자이다. 1926년 북벌(北伐) 전쟁에 참가, 1930년대 강서홍군 제24사단 정치위원을 맡았다. 1934년 (中央)근거지에 잔류, 1935년 '(閩西)포위 돌파' 중 희생됐다.

'중혁군위'가 항영에게 보낸 전보(11.3)의 골자는 ① 적후에서 유격전 전개 ② 24사단, 기동적 운동전 전개 ③ 강서·민감·복건군구는 외선에서 군사행동 전개 ④ 중앙분국, 관전(寬典)지역 이동 등이다(解放軍歷史資料編委, 1995: 187). 결국 이는 유수홍군이 적후로 이동해 기동적 운동전을 진행할 것을 요구한 것이다. 한편 박고의 '훈령(10.8)'을 성지로 여긴 항영은 여전히 '유격전 전개'를 무시하고 대규모적 정규전에 집착했다.

11월 초 중앙분국과 중앙정부 판사처는 관전지역으로 이전했다. 당시 진의 등은 항영에게 홍군의 '투쟁방식 전환'을 주장했다. 당시 정세를 낙관적으로 판단한 항영은 박고·이덕의 지시에 순종했다. 실제로 '중혁군위'(代理)주석이었던 항영은 제5차 반'포위토벌' 실패의 주요 장본인이다. 결국 독선적이고 아집이 강한 항영의 주관적 판단은 홍군의 '손실'을 초래했다. 한편 항영의 오만과 독선이 훗날 엽정과의 '불화'를 초래했다.

10월 하순 홍군 주력이 '봉쇄선'을 돌파한 후 20만의 적군이 (中央) 근거지를 포위공격했다. 10월 14일 흥국현성이 함락된 후 녕도·장정(長汀)이 잇따라 공략됐다. 11월 10일 '홍도(紅都)' 서금이 점령됐다. 11월 26·30일 청류(淸流)·녕화(寧化)가 공략된 후 근거지는 철저히 함락됐다. 근거지를 점령한 적군은 반동지주와 '환향단(還鄕團)'을 동원해 무고한 백성을 무자비하게 학살했다. 반동파에게 학살당한 자가 70만명에 달했다.

'12월회의' 개최 후 중앙군구는 '전략 전환'을 위한 일련의 조치를 취했으나 이는 '국부적 전환'에 불과했다. 항영은 이렇게 회상했다. … 방어전술을 포기한 홍군은 유격전술을 선택했으나 여전히 정규전 방침을 유지했다(江西省委黨史研究室, 2011: 3640). 홍군은 양피(洋陂)·우령(牛嶺)

전투(1935.1)에서 1000여 명 사상자를 냈다. 사단장 주건병이 중상은 입었고 유수홍군은 큰 손실을 입었다. 결국 항영의 독선과 아집이 화를 자초했다.

1935년 2월 5일 중앙서기처는 항영에게 급전을 보내 '신속한 돌파'를 명령했다. 또 '급전'은 항영·진의·하창 등 5명으로 구성된 '(軍委)분회' 설립을 지시하고 항영을 '분회' 주석에 임명했다. 항영·진의는 '당 중앙 지시'에 따라 구추백·하숙형·등자회·장량(張亮, 항영 부인)·주월림의 '장정(長汀) 철수'를 결정했다. 하숙형은 돌파 중 희생[1276]됐고 구추백·장량·주월림은 체포됐다. 등자회는 영정(永定)에서 장정승과 회합했다.

2월 24일 장정에서 적군에게 체포된 구추백은 복건성위 서기 만영성(萬永成)[1277]의 처 서씨(徐氏)에 의해 신분이 폭로됐다. 6월 18일 구추백은 나한령(羅漢嶺)에서 처형됐다. 한편 구추백과 함께 체포됐던 장량과 주월림이 '구추백 밀고자'로 간주됐다. 결국 장량은 억울하게 죽임을 당했다. 그녀의 '죽음'은 여전히 미스터리로 남아있다. 장량의 '죽음'에 관한 '두 가지 설'은 ① 남경에서 남편 항영에게 '사살(1938.5)' ② 연안에서 강생(康生)이 '구추백 고발' 혐의자인 장량을 교살(絞殺)했다는 것이다. 한편 또 다른 '혐의자'인 주월림은 20여 년 동안 옥살이를 했다.

2월 13일 중앙서기처가 중앙군구에 보낸 '결의(決議)' 전보를 본 진

1276 1935년 2월 하숙형은 구추백 등과 함께 민서로 퇴각했다. 2월 14일 그들 일행은 상항 수구진(水口鎭)에 도착했다. 밥짓는 연기를 발견한 보안단이 그들을 포위했다. 신체가 허약한 자신이 동지들에게 누를 끼칠 것을 우려한 하숙형은 절벽 아래로 뛰어내렸다. 한편 숨이 붙어 있는 하숙형을 발견한 보안단이 그가 반항하자 총으로 사살했다.

1277 만영성(萬永成, 1898~1935), 강서성 감주(贛州) 출신이며 공산주의자이다. 1926년 중공에 가입, 1930년대 감남성(贛南省) 군사부장, 감동북(贛東北)성위 서기, '홍10군' 정치위원, 복건성위 서기, 1935년 무평(武平)에서 희생됐다.

의는 '모택동 복귀'를 알아챘다(胡石言 외, 2015: 83). 실제로 '(決議)전보'는 모택동이 작성한 것이다. 정강산에서 2년 간 '주모(朱毛)'와 함께 유격전을 치렀던 진의는 모택동의 '복귀'를 직감한 것이다. 한편 모택동의 '복귀'는 항영에겐 결코 희소식이 아니었다. 장정 전 항영은 이덕에게 '모택동 경계'를 충고한 바 있다. 2월 하순 유수홍군은 '포위 돌파'를 시작했다.

2월 23일 중앙서기처가 발표한 '유격전 전개'에 관한 보충 지시의 골자는 ① 심각한 정세 분석, 충분한 설득 ② 가벼운 차림, 신속한 행동 ③ 고위급 간부, 지방 분산 ④ 정공(政工) 간부, 지방유격대 파견 ⑤ 백구(白區)간부, 각 백구에 분산 ⑥ 당조직과 연락이 끊어지면 독립적 활동 ⑦ 비상연락망 구축 ⑧ 일체 혁명파와 연합 등이다(余伯流 외, 2017: 1398). 2월 28일 중앙서기처는 준의회의의 '결의'를 정식으로 (中央)근거지의 중앙분국에 전달했다. 한편 항영 등은 본격적인 '포위권 돌파'를 결정했다. 결국 주도권을 상실한 유수홍군은 '막대한 대가'를 지불했다.

2월 하순 항영·진의는 화풍(禾豊)에서 중앙분국 긴급회의를 개최했다. 회의는 유수홍군의 '포위 돌파'를 정식으로 결정했다. 회의 후 우도현 남부에 집결된 1만여 명 홍군·유격대·지방간부들은 아홉 갈래로 나눠 화풍에서 잇따라 출발했다. 한편 분산적인 '포위권 돌파' 중 수많은 홍군 장병과 중앙정부의 고위급 간부가 국민당군에게 살해됐다. 항영은 2월 19일과 21일 '중혁군위'에 유수홍군의 출격 방향과 행동계획을 보고했다.

3월 9일 항영·진의는 2개 대대를 거느리고 상평(上坪)에서 출발했다. 그러나 염강(濂江)이 크게 불어 진의 등은 상평으로 돌아왔다. 상평에서 진의는 구면인 신풍현위 서기 증기재(曾紀財)[1278]를 만났다. 결국 이낙천(李樂天)[1279]·양상규(楊尙奎)[1280]의 유격대와 합류하기로 결정했다. 3월 말 항영·진의는 유산(油山)에서 이낙천의 유격대와 회합했다. '9로(九路) 돌파'에서 홍군은 큰 손실을 입었으나 다행인 것은 진담추·장정승·등 자회·담진림·주건병·진정인 등 고위간부가 건재했다. 또 2000여 명 병력이 잔존했다. 이는 '3년 유격전쟁'[1281]의 밑천이 됐다.

항일전쟁 발발 후 항영은 국민당 대표와 '정전협정(9.24)'을 맺었다. 1937년 10월 남방의 홍군 유격대는 '신4군(新四軍)'[1282]으로 개편됐다. 12월 25일 (新四軍)군부가 한구에서 설립됐다. 군단장은 엽정, 항영이 부군장(副軍長)을 맡았다. 산하에 4개 지대(支隊)를 설치하고 진의·장정승·장

1278 증기재(曾紀財, 1908~1936), 강서성 신풍(信豊) 출신이며 공산주의자이다. 1928년 중공에 가입, 1930년 신풍현위 서기, 1933년 대영(代英)현위 서기, 1935년 대룡(大龍)지구 서기, 1936년 반역자 밀고로 신풍에서 살해됐다.

1279 이낙천(李樂天, 1905~1937), 광동성 남웅(南雄) 출신이며 공산주의자이다. 1926년 중공에 가입, 1930년대 남웅현위 서기, 감월(贛粤)특위 서기, 감월군구 사령관을 역임, 1937년 유산(油山)에서 '포위 돌파' 중 희생됐다.

1280 양상규(楊尙奎, 1905~1986), 강서성 흥국(興國) 출신이며 공산주의자이다. 1929년 중공에 가입, 1930~1940년대 강서성위 선전부장, 길림성위 부서기(副書記), 강서성위 부서기, 건국 후 강서성위 서기, 화동국 서기처 서기 등을 역임, 1986년 남창(南昌)에서 병사했다.

1281 1935년 4월 항영 등은 대여현 장령(長嶺)촌에서 회의를 소집, '대중 의존, 유격전 전개'의 작전 방침을 제정하고 홍군 유격대를 6개 소분대로 나누었다. 홍군 소분대는 유산·북산을 근거지로 유격전을 진행했다. 1937년 9월 잔존한 홍군 유격대는 1200여 명이었다. 실제로 항영·진의는 간난신고의 '3년 유격전'을 견지한 '1등공신'이다.

1282 신4군(新四軍)은 국민혁명군 신편(新編) 제4군의 약칭이다. 1937년 10월 12일 남방 8개 성의 홍군 유격대가 신편 제4군으로 재편, 엽정이 군단장에 임명됐다. 공산당이 영도하는 무장(武裝)인 신4군은 항영·진의가 거느린 홍군 유격대를 주축으로 개편됐다. 12월 25일 신4군 군부가 한구(漢口)에 설립, 1947년 1월 (新四軍)번호가 취소됐다.

운일·고경정(高敬亭)[1283]을 지대장으로 임명했다. 1938년 4월 엽정·항영이 거느린 신4군은 환남(皖南)으로 이동해 항일전쟁에 참가했다.

제3절 '준의회의', '홍군 지도자' 복귀

1. 세 차례의 회의와 '준의회의' 개최

1) 세 차례의 '정치국 회의'와 준의(遵義) 진입

'상강 참패' 후 당중앙은 통도(通道)·여평(黎平)·후장(猴場)에서 세 차례의 정치국 회의를 진행했다. 통도회의에서 '귀주 진입'을 결정하고 여평회의는 홍군의 행동방향을 확정했다. '중앙대 3인단'과 '최고 3인단' 간에 벌어진 노선투쟁에서 모택동의 '중앙대 3인단'이 압도적 승리를 거둘 수 있었던 것은 주은래의 '입장 전환'과 크게 관련된다. 한편 박고·이덕의 입지가 좁아진 것은 그들이 '상강 참패'의 장본인이었기 때문이다.

'상강 패전' 후 박고·이덕 등의 작전 실책에 대한 홍군 장병의 불만이 커졌다. 최고 지도부에 대한 불신이 절정에 달했고 '지도자 교체' 요구가 갈수록 높아졌다. '상강 참패' 후 홍군 장병들 사이에는 군사고문 이덕의 작전 지휘력에 대한 불신감이 팽배해졌다. 팽덕회·임표 등 고급 지휘관은 '최고 3인단'의 작전력을 불신하기 시작했다. 결국 '중앙대 3인단'과 이덕·박고 간에 홍군의 진로를 둘러싼 첨예한 설전이 벌어졌다.

'비행집회(飛行集會)'로 불린 통도회의의 참석자는 박고·주은래·주

1283 고경정(高敬亭, 1907~1939), 하남성 신현(新縣) 출신이며 공산주의자이다. 1929년 중공에 가입, 1930년대 악예환(鄂豫皖)소비에트정부 주석, '홍28군' 군단장, 신4군(新四軍) 제4지대장, 1939년 군단장 엽정에 의해 처형됐다.

덕·낙보·왕가상·모택동·이덕 등이다. 회의를 주재한 박고는 홍군 진로에 관한 '의견 발표'를 요구했다(李志英 외, 2007: 157). 회의에서 이덕은 홍군이 상서로 진격해 '홍2·6군단'과 회합하는 기존 방침을 변경해선 안된다고 주장했다(李德, 1980: 124). 모택동은 이렇게 말했다. …중병이 배치된 상서로 진격한다면 '상감 참패' 비극이 되풀이될 수 있다. 적의 역량이 약한 (貴州)경내로 진입해야 한다(胡錦昌 외, 2017: 49). 얼마 전 자살 파동을 일으킨 박고가 '회의 주재자'란 주장은 신빙성이 낮다. 실제로 주은래가 회의를 주재했다. 회의에서 '실각자' 모택동은 정면으로 이덕의 권위에 도전했다. 당시 낙보·왕가상은 모택동의 주장을 지지했다.

모택동이 '상서 회합'을 반대한 것은 적의 포위권에 진입하면 홍군이 전멸될 수 있었기 때문이다. 모택동의 주장은 낙보·왕가상의 지지를 받았다. 자신의 제안이 부결되자 화가 난 이덕은 자리를 박차고 나갔다(金冲及 외, 2004: 349). 실제로 기존의 계획을 포기하지 않은 박고는 귀주로 진입한 후 '홍2·6군단'과의 회합을 시도했다. 한편 이덕·박고가 주도한 '최고 3인단'은 아직 해체되지 않았고 여전히 주도적 지위를 차지했다.

주은래가 모택동에게 '회의 참여'를 독촉하자 낙보는 무슨 직책이 있느냐고 힐난했다. 주은래는 모택동을 군사위원회 위원으로 임명했다고 대답했다. 모택동은 통도회의를 제의했고 주은래로부터 모택동의 요구를 전해들은 박고는 통도회의를 소집했다(나창주, 2019: 389). 통도회의에서 주은래는 귀주로 진로를 바꾸자는 모택동의 건의를 지지했다. 국민당군의 중병 배치로 중앙홍군이 상서에서 '홍2·6군단'과 합류한다는 계획은 실현 가능성이 희박했다(현이섭, 2017: 192). 상기 '(軍委)위원 임명'은 사실무근이다. 또 모택동의 '귀주 진격' 건의는 낙보·왕가상·주은래의 지지를 받았다. 실제로 '(毛周)협력관계'가 형성되기 시작했다.

　이덕의 '중도 퇴장'은 주은래의 모택동 지지와 박고의 애매한 태도와 관련된다. 주은래가 진로 변경을 요구하는 모택동의 주장을 지지한 것은 이해불가였다. 또 박고의 나약한 모습에 크게 화가 난 것이다(盧弘, 2006: 225). 이 시기 '박주(博周)'의 지위가 역전돼 주은래가 최종 결정권자 역할을 했다. 결국 이덕의 '중도 퇴장'은 모택동과의 대결에서 패자임을 시인한 격이 됐다. 한편 이덕·박고는 작전 지휘권을 포기하지 않았다.

　모택동·이덕의 군사 리더십을 비교할 필요가 있다. '홍군 창건자' 모택동은 국민당군과 수십 차례의 전투를 겪으며 '유격전문가'로 자리매김했다. 또 그는 세 차례의 반'포위토벌'을 승리로 이끈 일등공신이다. 실각한 후 2~3년의 '도광양회'를 거친 모택동은 '불혹지년(不惑之年)'의 중년이 됐다. 한편 30대 초반의 이덕은 홍군의 실정에 무지하고 '유격전문외한'이었다. 이덕은 홍군 통솔자로서 자격미달이었다. 보루전에 집착한 이덕은 제5차 반'포위토벌' 실패의 장본인이다. 그의 작전 실책으로 5~6만의 홍군이 감원됐다. '홍군 죄인'인 그가 무사히 '귀국(1939.8)'할 수 있었던 것은 공산국제가 인정한 '군사고문'이었기 때문이다.

　모택동의 건의가 정확한 이유는 첫째, '상강 참패'로 대량 감원이 초래된 홍군에게 절실한 것은 휴식과 정비였다. 둘째, 강적과의 접전을 피하고 전투 주도권을 쟁취했다. 셋째, 검군(黔軍)은 전투력이 약했고 장비도 좋지 않았다(葉子龍 외, 2007: 508). 당시 검군 내부에 파벌이 많았고 파벌 간 아귀다툼이 심했다. 이는 적을 각개격파해 전투에서 주도권 쟁취를 가능케 했다. 또 귀주 진입 후 병력을 보충하고 급양을 해결할 수 있었다.

1932년 봄 왕가열은 장개석의 지지하에 정적 모광상(毛光翔)[1284]을 몰아내고 귀주성 패주(覇主)가 됐다. 당시 왕가열과 후지단(侯之担)[1285]·유국재(猶國才)[1286]·장재진(蔣在珍)[1287] 등은 내부파벌이 심각했다. 또 왕가열이 움직일 수 있는 군대는 하지중(何知重)[1288]·백휘장(柏輝章)[1289]의 2개 사단이었다. 또 '쌍창병(雙槍兵)'[1290]으로 불린 검군의 전투력은 매우 약했다. 이것이 중앙홍군이 검군의 방어선을 '쉽사리 돌파(12.15)'한 주요인이다. 결국 이는 모택동의 '귀주 진입' 주장이 정확했다는 것을 단적으로 보

1284 모광상(毛光翔, 1893~1947), 귀주성 동재(桐梓) 출신이며 국민당 우파이다. 1920~1940년대 천남(川南)변방군 사령관, 국민혁명군 제25군 군단장, 귀주성정부 주석 등을 역임, 1947년 귀주성 적수(赤水)에서 병사했다.

1285 후지단(侯之担, 1894~1950), 귀주성 동재(桐梓) 출신이며 국민당 우파이다. 1920~1940년대 국민혁명군 제25군 여단장, 제2군 교도사단장, 천남반공(川南反共)구국군 총지휘, 1950년 귀주성 적수(赤水)에서 처형됐다.

1286 유국재(猶國才, 1897~1950), 귀주성 동재(桐梓) 출신이며 국민당 중장이다. 1920~1940년대 국민혁명군 제25군 제5사단장, 제25군 부군장(副軍長), 귀주성 (剿匪)총지휘, 1949년 대만 이주, 1950년 대북(臺北)에서 병사했다.

1287 장재진(蔣在珍, 1897~1952), 귀주성 동재(桐梓) 출신이며 국민당 우파이다. 1920~1940년대 검군(黔軍) 제25군 사단장, 국민혁명군 제3사단장, 귀주성 제2수정구(綏靖區) 부사령관, 1952년 준의(遵義)에서 처형됐다.

1288 하지중(何知重,1893~1976), 귀주성 동재(桐梓) 출신이며 '항일영웅'이다. 1920~1940년대 국민혁명군 제25군 부사장(副師長), 귀주성 '초비(剿匪)' 부총지휘, 제86군단장, 건국 후 귀양(貴陽)시 참의원, 귀주성 정협 고문을 역임, 1976년 귀양에서 병사했다.

1289 백휘장(柏輝章, ?~1952), 귀주성 준의(遵義) 출신이며 국민당 우파이다. 1920~1940년대 검군 제25군 사단장, 제88군 부군장(副軍長), 검북수정구(黔北綏靖區) 부사령관 등을 역임, 1952년 준의(遵義)에서 처형됐다.

1290 '쌍창병(雙槍兵)'은 왕가열이 지휘한 전투력이 약한 검군(黔軍) 제25군을 지칭한다. 당시 '아편 고향'으로 불린 귀주성의 국부군(國府軍)은 소총과 함께 아편을 피우는 '긴 담뱃대(煙槍)'를 하나씩 더 갖고 다녔다. 또 전투에서 체포된 검군은 소총은 주저없이 버렸으나, '연창'은 버리지 않았다고 전해진다. 실제로 군 기강이 해이한 검군의 전투력이 매우 약했다. 이 또한 모택동이 검군이 수비한 귀주(貴州) 공격을 주장한 주요인이다.

여준다.

'야랑국(夜郞國)'[1291] 패자(覇者) 왕가열은 주색잡기에 탐닉했고 정무는 외면했다. 당시 귀주에는 아편 중독자가 많고 가렴잡세가 많았다. 검군의 '아편 복용' 성행은 전투력 약화를 초래했다. 한편 상검(湘黔) '초비(剿匪)' 사령관 왕가열은 '홍군 토벌'에 적극적이었다. 1931~1934년 검군은 장운일의 '홍7군'과 하룡의 '홍2군단', 소극의 '홍6군단'과 접전했다. 결국 전투력이 약한 왕가열의 군대는 홍군과의 전투에서 대부분 패전했다.

12월 13일 '중혁군위'는 중앙홍군에게 귀주로 진격해 재차 북상할 것을 명령했다. 14일 '군위'는 '홍2·6군단' 지도부에 전보를 보내 홍군 주력의 '북상'에 협력할 것을 지시했다. 13일 중앙홍군은 귀주 경내로 진격했다(第一方面軍編委, 1993: 509). 12월 15일 검군 방어선을 돌파한 홍군은 여평·금병(錦屛)을 점령했다. 12월 16일 '홍1군단'은 청수강(淸水江) 도하를 준비했다. 한편 적정 변화로 '군위'는 '청수강 도하' 계획을 변경했다.

'중혁군위'는 검군·상군·계군이 청수강 대안에 중병을 배치했다는 정보를 입수했다. 여평 진입(12.17) 후 주은래·주덕은 '청수강 도하' 계획을 취소하고 귀주 진입을 제출했다. 당시 '북상'에 집착한 이덕·박고는 이를 반대했다(中共中央文獻硏究室, 2007: 273). 실제로 홍군이 무리하게 청수

1291 '야랑국(夜郞國)'은 전국 시기 기원, 서한(西漢)까지 약 3백년 간 존재했다. 귀주·운남성과 천서(川西)의 소수민족이 중국 서남지구에 세운 나라이다. '야랑국' 국왕은 한조(漢朝) 대신에게 '한나라와 우리 야랑국은 누가 더 큰가'고 물었다. 야랑국왕이 세상 물정을 모른다는 '야랑자대(夜郞自大)' 고사성어가 유래된 것이다. 한편 '야랑국'은 서남지역에서 가장 낙후된 귀주성을 지칭, '야랑국왕'은 귀주성 패자(覇者) 왕가열을 가리킨다.

강을 도하했더라면 십중팔구 '상강 참패'가 재현됐을 것이다. 결국 주은래는 지도부의 '의견 통일'을 위해 여평에서 정치국 회의를 소집했다.

여평회의(12.18)에는 주은래·박고·주덕·장문천·모택동·왕가상·이덕이 참가했다. 회의에서 모택동·박고 간에 격렬한 쟁론이 벌어졌다. 박고는 검동북(黔東北)에 진입한 후 '홍2·6군단'과의 회합을 주장했다. 이에 모택동은 검동북에 중병이 배치된 상황에서 '상서 회합'은 불가능하다고 반박했다(葉健君 외, 2017: 63). 이덕이 여평회의에 불참했다는 것은 자타가 인정한다. '공방전'을 벌인 당사자는 모택동과 기존 행동계획에 집착한 박고였다. 결국 주은래·낙보 등의 지지로 모택동의 건의를 채택한 '행동방침'이 결정됐다. 한편 여평회의에서 입장 전환을 한 주은래의 '모택동 지지'는 '(紅軍)행동방침' 통과에 결정적 역할을 했다.

낙보·왕가상과 접근한 동시에 주은래의 관계를 중시한 모택동은 '중혁군위'의 실질적 책임자 주은래의 지지 '쟁취'를 중요시했다. 장정 중 모택동의 대부분 건의는 주은래에게 한 것이다. 또 주은래는 모택동의 의견을 수용했다(蔣建農 외, 2014: 55). 연안정풍(1943.11.27)에서 주은래는 이렇게 술회했다. …장정 중 홍군의 이동방향에 대해 여평에서 치열한 논쟁이 벌어졌다. 당시 나는 모택동의 '천검(川黔) 근거지' 설립 주장을 찬성했다. 논쟁에서 패한 이덕은 발연대노했다(中共中央檔案館, 1985: 64). 실제로 주은래의 '술회'는 통도·여산회의의 상황을 통틀어 말한 것이다. 또 그는 이덕의 '상서 회합' 주장을 지지한 박고를 '누락'했다.

격렬한 논쟁을 거쳐 대다수 참석자들은 모택동의 주장을 지지했다. 당시 이덕의 전략이 잘못됐다는 것은 인지한 박고는 모택동의 주장을 찬성했다(吳葆朴 외, 2007: 59). 박고는 기존 '행동방침' 추진을 강력히 주장했다. 모택동은 스탈린의 '사천 근거지' 지시를 근거로 박고를 설득했다. 결국 박고는 기존 입장을 고집하지 않았다(盧弘, 2006: 229). 모택동의 '스탈린 지시'를 들먹인 것은 고명한 책략이었다. 상기 박고의 '모택동 주장 찬성'은 신빙성이 제로이다. 이덕이 불참한 상황에서 고립무원의 박고가 마지못해 '결정'을 수용했다. 한편 홍군의 '사천 근거지' 설립은 실패했다. 전투력이 막강한 천군(川軍)[1292]은 '홍군 천적'이었다.

모택동의 건의를 채택한 여평회의는 '전략방침 결정'을 통과했다. '결정'의 골자는 첫째, '상서 근거지'의 설립을 불가능하며 적합하지 않다. 둘째, '준의 중심'의 천검(川黔) 근거지 설립을 결정한다. 셋째, 홍군의 진격을 저지하는 검군을 섬멸해야 한다(中共中央檔案館, 1991: 442). 회의 말미에 주은래는 '회의 결정'을 문서화했다. 결국 이는 통도회의를 교훈으로 삼은 것이다. 실제로 홍군의 행군방침을 결정한 여평회의는 장정의 전환점으로 간주된다. 결국 이는 '최고 3인단'의 사실상 해체를 의미한다. 여평회의 후 주은래는 이덕에게 '회의 결정'을 통보했다.

여평회의 후 주은래는 이덕을 찾아가 '결정'의 번역문을 보여줬다. 노발대발한 이덕은 히스테리적 반응을 보였다. 주은래의 경호원 범금표(範金標)는 이렇게 회상했다. …두 사람은 영어로 격렬하게 논쟁했다. 격노한 주은래가 탁상을 내리치자 석유등이 흔들리면서 등불이 꺼졌다. 나는 곧 등심지에 불을 붙였다(歐陽雪梅 외, 2017: 85). 중국의 드라마 '장정(長征)'에는 이런 장면이 나온다. …주은래가 '정치국 결정'이라고 말하자, 이덕이 당신들의 정치국은 '오합지졸'이라고 비꼰다. 인격모독을

1292 천군(川軍)은 사천 군벌이 지배한 지방군대이다. 1933년 유상(劉湘)이 정적 유문휘(劉文輝)를 격파, '사천왕(四天王)'에 등극했다. 중앙홍군은 사천에 진입해 벌인 첫 전투인 토성전투(1935,1)에서 패전했다. 그 후 장국도가 거느린 '홍4방면군'도 천군에게 대패했다. 결국 천서북(川西北)에서 근거지를 설립하려던 홍군 계획은 수포로 돌아갔다.

당한 주은래·박고가 이덕을 쏘아보며 문을 박차고 나간다. 당시 박고는 주은래의 편을 들었다. 결국 이는 '최고 3인단'의 결렬을 의미한다.

이덕은 회고록에 이렇게 썼다. …고열로 '여평회의'에 출석하지 않았다. 나의 의견을 청취한 주은래에게 이렇게 건의했다. …오강을 건너 검군을 섬멸한 후 준의 중심의 근거지를 설립해야 한다(李德, 1980: 115). '책임 회피'가 주류인 이덕의 회고록은 신빙성이 낮다. 실제로 이덕은 통도·여평·후장회의에서 '홍2·6군단'과의 회합을 주장했다. 통도회의에서 퇴장한 이덕은 여평회의에 불참했고 후장회의에서 지휘권을 박탈당했다.

중앙종대[1293] 정치위원 진운은 이렇게 회상했다. …귀주에 진입한 후 여평 등을 잇따라 공략한 홍군은 후지단(侯之担) 사단의 많은 장비를 노획했다. 또 신군복(新軍服)을 착용한 홍군의 사기가 왕성했다(陣雲, 1995: 56). 양상곤은 이렇게 회상했다. …전투 주도권 확보를 위해 홍군은 운수부대를 해산하고 기동력을 강화했다. 또 홍군은 대중의 지지를 확보하고 약적(弱敵)을 공격했다(楊尙昆, 2001: 117). '귀주 진입' 후 연전연승을 통해 전투력을 회복한 홍군의 면모는 일신됐다. 실제로 홍군의 승승장구는 '병력 보존'을 위한 왕가열의 '홍군 격전' 회피와 크게 관련된다.

여평회의 후 당중앙은 '홍성(紅星)보' 편집장 등소평을 중앙비서장에 임명(1934.12)했다. 그의 직책은 정치국 회의 기록을 정리하고 당중앙의 명령을 작성하는 것이었다. 당시 등소평은 중앙비서장 신분으로 준

1293 1934년 12월 14일 홍군 지도부는 기존 군위(軍委) 제1·2종대를 합편(合編), 중앙종대로 개편했다. 홍군 총사령관 주덕은 총참모장 유백승(劉伯承)을 사령관, 정치국 위원 진운(陣雲)을 (中央縱隊)정치위원으로 임명했다. 한편 그동안 군사고문 이덕(李德)에 의해 '홍5군단' 참모장으로 좌천된 유백승의 '중용'은 홍군 지도부의 선견지명이었다.

의회의에 참석했다(官力 외, 2012: 31). 실제로 등소평의 '중앙비서장 임명'
은 모택동이 제출하고 주은래가 동의한 것이다. 1935년 봄 유영(劉英)이
중앙비서장에 임명된 후 등소평은 '홍1군단' 정치부 선전부장으로 전
근됐다.

12월 20일 왕가상과 낙보는 밀담을 나눴다. '밀담'의 취지는 '최고 3
인단'을 해체하고 새로운 홍군 지도부를 설립하는 것이었다. 22일 '홍1
군단'은 검하(劍河)·동구(洞口)를 점령했다. 28일 '홍3군단'은 군사적 요충
지 황평을 점령했다. 홍군은 두 갈래로 나눠 옹안(甕安)·여경(余慶)을 공격
했다. 30~31일 '홍1군단'은 여경을 점령한 후 '홍3군단'은 오강의 문호(門
戸) 옹안을 공략했다. 31일 중앙종대는 옹안현 후장진(鎭)에 도착했다.

1935년 1월 1일 후장에서 정치국 회의를 개최했다. 회의 참석자는
박고·주은래·모택동·주덕·장문천·왕가상·진운·유소기·등발 등이다.
주은래가 회의를 주재했다. 오강 도하를 반대한 이덕과 박고는 '홍2·6
군단'과의 회합을 주장했으나 모택동은 '여천회의'의 '결정' 집행을 강
력히 주장했다. 결국 회의는 이덕·박고의 주장을 부결하고 오강 도하
의 행동방침을 통과시켰다. '후장회의' 후 이덕은 작전 지휘권을 완전
히 상실했다.

후장회의 '결정' 골자는 ① 천검(川黔)변계 근거지 설립 ② 적의 주
력부대 섬멸 ③ 기동적 운동전 전개 ④ 적화공작(赤化工作) 강화 등이다
(胡錦昌 외, 2017: 69). 회의 후 홍군은 오강 도하를 개시했다. 당시 오강은
물살이 세고 양안에 깍아지른 듯한 절벽이 있어 '천연의 참호'로 불렸
다. 장개석과 왕가열은 '천참(天塹)'을 이용한 '홍군 섬멸'을 시도했다.

오강 수비군은 후지단의 검군이었다. 1월 3일 경표(耿飇)·양득지가 지

휘한 제4연대가 오강 나루터를 점령했고 황진(黃珍)[1294]이 지휘한 제13연대도 도강에 성공했다. 4~5일 홍군 주력이 오강을 건넜다. 1월 6일 홍군은 오강 돌파에 성공했다. 6일 오후 총참모장 유백승의 지휘하에 제6연대는 준의의 근처 계수(溪水)를 점령했다. 1월 7일 검군으로 가장한 선두 부대가 준의성(遵義城)을 공략했다. 1월 9일 중앙종대는 준의에 진입했다.

준의에서 주은래는 주덕·유백승과 함께 숙박했고 이덕·박고는 숙소를 따로 잡았다. 자의반 타의반으로 '최고 3인단'이 격리(隔離)됐다. 1월 중순 중공중앙은 '장정 전환점'으로 불리는 준의회의를 3일 동안 개최했다. 준의회의 후 박고·이덕은 홍군 지휘권을 박탈당했다. 결국 '최고 3인단'은 해체됐고 2년 3개월 후 모택동은 홍군 지도부에 복귀했다.

2) 준의회의 개최, '최고 3인단' 해체

오강 돌파로 장개석의 '홍군 섬멸' 계획이 실패했다. 하건은 상덕(常德)에서 '홍2·6군단 토벌' 진행 중이었고 사천 군벌 유상(劉湘)[1295]과 양광(兩廣) 군벌은 장개석의 '홍군 토벌' 명령을 무시하고 수수방관했다. 군벌의 이해타산으로 장개석이 시도한 '협력 토벌'은 무산됐다. '쌍창병' 검군은 홍군의 적수가 아니었다. 준의회의 개최 여건이 마련됐다.

준의에서 2주 간 휴식·정돈한 홍군은 대중을 동원해 병력을 보충했다. '중혁군위'는 준의회의의 성공적 개최를 위해 일련의 군사적 조

1294 황진(黃珍, ?~1935), 호북성 양신(陽新) 출신이며 공산주의자이다. 1928년 중공에 가입, 1930년대 복건군구 독립연대장, '홍3군' 제10연대장, 섬감(陝甘)지대 제2종대 제10대대장, 1935 10월 오기진(吳起鎭)에서 희생됐다.

1295 유상(劉湘, 1888~1938), 사천성 성도(成都) 출신이며 사천 군벌이다. 1910~1930년대 육군 제15사단 여단장, 사천군 총사령관, 제6로군 총지휘, 사천성정부 주석, 제7전구(戰區) 사령장관, 1938년 한구(漢口)에서 병사했다.

치를 취했다. 북선(北線)은 공격을 전개하고 남선(南線)은 오강 천험을 고수하며 동서 양쪽은 방무(防務)를 강화했다. 즉 남쪽은 오강에 의지하고 북쪽은 루산관(婁山關)을 점령해 준의회의의 안전한 개최를 담보했다.

준의에서 열린 '만인대회(1.12)'에서 모택동은 '소비에트만이 중국을 구할 수 있다'는 제목으로 연설했다. …가난한 자가 해방되려면 공산당의 지도하에 혁명에 참가해야 한다. 또 노농(勞農) 주도의 홍색정권을 설립해야 한다(歐陽雪梅 외, 2017: 106). 대회에서 귀주성 첫 노농정권 준의(遵義)혁명위원회가 설립됐다. '만인대회' 후 각 민족의 젊은이와 지식인이 홍군에 자진 입대했다. 결국 준의에서 홍군은 5000명의 신병을 모집했다.

오수권은 준의회의의 '보고(報告) 분담'[1296]에 관해 이렇게 회상했다. …낙보·왕가상은 박고가 '정보고(正報告)', 주은래가 '부보고(副報告)'를 할 것을 요구했다. 1월 14일 '중혁군위'는 이덕에게 전화를 걸어 회의 열석(列席)을 요구했다(葉健君 외, 2017: 64). 한편 '중앙대 3인단'도 회의에서 할 발언을 준비했다. 그들의 발언 내용은 사전에 토론된 것이다. 종래로 발언 원고를 작성하지 않던 모택동도 직접 '발언 골자'를 정리했다.

준의회의는 중공 역사상 처음으로 코민테른의 간여 없이 치러진 회의였다. 코민테른에 대한 독립선언인 셈이다(박형기, 2014: 91). 1월 8일에 열린 준의회의에서 모택동의 당 지도체제가 확립됐다. 회의가 끝난

1296 중공중앙이 개최한 역대 중요한 당대회에서 대회의 '보고 분담'은 매우 중요했다. '중공 1인자(叢書記)'가 대회에서 정치보고를 하고 군사보고는 (軍隊)최고 통솔자가 하는 것이 일반적인 관례였다. 따라서 '중공 1인자' 박고가 준의회의(1935.1)에서 '정보고(正報告, 정치보고)'를 하고 '최고 3인단' 성원인 주은래가 군사문제에 관한 '부보고(副報告, 군사보고)'를 한 것이다. 한편 준의회의에서 낙보와 모택동은 '장시간 발언'을 했다.

후 이덕은 모스크바로 달아났다(김승일, 2009: 36). 준의회의에서 주은래·장문천·모택동의 3인체제가 결성됐고 최고 지도자의 지위를 모택동에게 넘겨주기로 결의(決議)했다(박상후, 2019: 80). 1월 중순에 열린 준의회의는 결코 '독립선언'이 아니었다. 상기 '3인체제'와 모택동의 '최고 지도자'는 사실무근이다. 한편 준의회의 후 '(毛洛)연합체제'가 결성됐다.

준의회의(1.15)에 참석한 정치국 위원은 모택동·주덕·진운·주은래·낙보·박고, 정치국 후보위원은 왕가상·등발·유소기·개풍(凱豊), 홍군 지휘관은 유백승·이부춘·임표·섭영진·팽덕회·양상곤·이탁연이다. 또 중앙비서장 등소평과 군사고문 이덕, 통역관 오수권이 참석했다. 주요 의제는 ① 반'포위토벌' 실패 원인 토론 ② 홍군 행동방향 확정 ③ 새로운 홍군 지도부 선출 등이다. 회의는 '정보고'를 한 박고가 주재했다.

박고가 정리한 반'포위토벌' 실패 원인은 ① 적아 간 역량 차이 ② 열악한 물질적 여건 ③ 백구(白區) 투쟁의 실패 ④ 근거지의 유격전 중요성 간과 ⑤ 홍군 간 협력 작전 실패 등이다(程中原, 2012: 21). '중공 7대'에서 박고는 이렇게 반성했다. …준의회의에서 나는 작전 실책은 인정했으나 노선착오(路線錯誤)를 승인하지 않았다. 내가 전략적 과오를 인정하지 않은 상황에서 지도부의 교체는 필요했다(李濤, 2012: 328). 결국 박고는 자신의 '노선착오'에 대해 연안정풍에서 심각하게 반성했다. 한편 박고의 '과오 인정' 거부는 회의 참석자의 강한 불만을 자아냈다.

주은래의 중요한 공헌은 ① 여평회의에서 '회의 개최' 결정 ② (會議) 조직자 역할 ③ 회의장 배치, '회의' 통지 ④ '회의' 주재자 등이다(歐陽雪梅 외, 2017: 114). 모택동은 이렇게 회상했다. …당시 주은래의 지지를 쟁취한 것은 자못 중요했다. 주은래가 동의하지 않았다면 준의회의 개최는 불가능했을 것이다(郭宏軍, 2006: 114). 실제로 통도·여평·후장 세 차례

회의에서 귀주 진입을 결정한 주은래는 '회의 개최'를 적극 추진했다.

준의회의에서 주은래는 이렇게 말했다. …결과가 보여주듯이 모택동이 정확했다. 향후 모택동이 군사행동을 지휘할 것을 건의한다. 섭영진은 이렇게 평가했다. …준의회의 개최에 주은래·왕가상이 결정적 역할을 했다. 이덕은 회고록에 이렇게 썼다. …회의에서 주은래는 공개적으로 모택동을 지지했다(胡錦昌 외, 2017: 99). 또 이덕은 이렇게 회상했다. …박고의 보고는 객관적 요인을 강조했고 주은래는 주관적 요소를 중시했다. 또 주은래는 나와 박고와 결렬했다(郭欽 외, 2017: 67). 상기 이덕의 평가는 비교적 적절했다. 한편 '박주(博周)'는 여전히 동지적 관계를 유지했다. 주은래의 입장 전환은 '3인단 해체'에 결정적 역할을 했다.

낙보가 지적한 이덕 등의 '군사적 과오'는 첫째, 반'포위토벌' 초기 모험주의를 범했다. 둘째, '복건사변'에서 관문주의를 실시했다. 셋째, 진지진·보루전은 '광창 패전'을 초래했다. 넷째, 장정 초기 도망주의를 실행했다(張樹德, 2012: 67). 실제로 박고의 배척은 받은 낙보의 불만이 가장 컸다. 이덕 등의 '군사적 과오' 혹평으로 일관한 그의 '반보고(反報告)'는 매우 신랄했다. 낙보의 '발언 골자'는 사전에 모택동과 토론한 것이다.

낙보의 발언이 절정에 다다른 순간 오토 브라운이 문을 박차고 들어와 그를 향해 돌진했다. 팽덕회가 몸을 날려 브라운을 바닥에 넘어뜨렸다. 오토 브라운이 재차 몸싸움을 벌이려 하니 주은래가 엄중히 질책하고 자리에 앉혔다(나창주, 2019: 392). '팽덕회가 몸을 날렸다'는 서술은 천방야담(天方夜談) 같은 이야기다. 당시 실의에 빠진 이덕은 회의 내내 잠자코 있었다. 한편 낙보의 '반보고'는 모택동의 장시간 발언에 힘을 실어줬다.

모택동이 요약한 좌경 군사노선은 ① 정면 방어와 보루전 집착, 전투 주도권 상실 ② '6로분병(分兵)' 실시, 병력 분산 ③ '19로군 협력' 기회 상실 ④ 급박한 '대이동' 실시 등이다(劉華淸 외, 2017: 94). 낙보는 이렇게 회상했다. …당시 정치노선을 언급하지 않은 것은 정확했다. 주은래는 이렇게 평가했다. …모택동 등이 군사노선 해결에 치중한 것은 '회의 성공' 원인이다(葉健君 외, 2017: 127). '19로군 협력' 기회 상실은 무조건 '박고의 책임'으로 보기 어렵다. 한편 홍군의 '대이동'은 '치밀한 준비'를 거쳤다는 것이 학계의 중론이다. 실제로 '정치노선 해결'은 거의 불가능했다. 당시 모택동의 초미의 관심사는 작전 지휘권이었다.

박고·이덕의 군사 실책을 비판한 왕가상이 제출한 의견은 ① 모택동 발언 찬동 ② 작전 경험이 풍부한 모택동이 홍군 지휘 ③ 이덕·박고의 작전 지휘권 박탈, '3인단' 해산 등이다(현이섭, 2017: 197). 당시 왕가상은 들것에 실려 '회의'에 참석했다. 1933년 4월 폭탄 파편에 맞은 상처가 낮지 않았던 것이다. 실제로 왕가상의 '모택동 지지'는 결정적 역할을 했다. 이 또한 모택동이 그를 '(三人)군사소조' 멤버로 추천한 원인이다.

모택동은 강적과 정면대결을 한 이덕을 비판할 때 수호전(水滸傳)[1297]의 '임충(林沖)이 홍교두(洪教頭)를 제압'[1298]한 사례를 예로 들었다. 홍교

1297 수호전(水滸傳)은 시내암(施耐庵)과 나관중(羅貫中)이 '합작'해 쓴 장회(章回)체 장편소설이다. 북송(北宋)의 선화(宣和) 연간에 송강(宋江)을 수령으로 한 108명 호걸이 양산박(梁山泊)에 모여 간악한 무리와 탐관오리를 징벌한다. 그 후 조정에 귀순해 요(遼)·전호(田虎)·방랍(方臘) 반란군을 정벌하며 큰 공을 세웠으나, 호걸들은 대부분 흩어지고 비참한 최후를 마친다는 내용이다. 한편 수호전은 중국 '사대명저(四大名著)'의 하나이다.

1298 '임충(林沖)의 홍교두(洪教頭) 제압'은 수호전(水滸傳) 제9회 '시진은 천하의 호걸을 끌어들이고 임충이 홍교두를 패배시키다'는 이야기의 하이라이트이다. '표자두' 임충은 양산박의 '5호장(五虎將)'으로 서열 6위이다. '재무부장'인 소선풍 시진(柴進)은 서열 10위이다. 한편 모택동은 상대를 유인한 후 일거에 제압한 '총명한 권사(拳師)'인 임충의 전법(戰法)을, 강적을 근거지에 유인한 후 각개격파하는 홍군의 유격전술에 비유했다.

두는 80만금군(禁軍)교두 임충에게 '비무(比武)'를 요구했다. 홍교두가
'돌돌핍인(咄咄逼人)'으로 공격하자 예봉을 피해 몇 발자국 물러선 임충
은 대방의 허점을 노려 단숨에 제압했다(毛澤東, 1993: 203). 준의회의에서
개풍(凱豊)은 이렇게 모택동을 힐난했다. …모택동, 삼국연의·수호전 따
위를 읽은 당신이 무슨 자격으로 전법을 논하는가? 기껏해야 손자병법
이나 읽은 당신은 마르크스주의를 알고 있는가(郭欽 외, 2017: 69). 실제로
개풍의 견해는 절대다수 소련 유학파의 '입장'을 대변했다. 결국 이는
이 시기 모택동이 절대적 권위를 확립하지 못했다는 단적인 반증이다.

1960년대 모택동은 이렇게 술회했다. …준의회의에서 개풍은 내가
삼국연의·손자병법에 의해 전투를 지휘한다고 지적했다. 당시 나는 삼
국연의는 통독(通讀)했으나 손자병법은 아직 읽지 못했다. 그 후 틈틈이
시간을 내 손자병법을 일독했다(黃允升 외, 2006: 362). 준의회의 개최 전 개
풍은 섭영진에게 박고 지지를 부탁했으나 거절당했다. 장정 후반기 박
고·개풍은 (毛張)권력투쟁에서 모택동을 지지했다. 아계(俄界)회의(1935.9)
에서 개풍은 준의회의의 '보류 의견'을 철회했다. 연안에서 손자병법을
읽은 모택동은 중앙간부들에게 '연독(研讀)'[1299]을 권장했다.

이덕은 이렇게 자신을 변호했다. …군사고문인 나는 작전 건의를
제출했을 뿐이다. 중국 동지들의 지휘 실책이 작전 실패를 초래했다.
한편 이덕을 존중한 모택동은 군사행동에서 그의 의견을 청취했다(鄭廣
瑾 외, 2014: 81). 오수권은 이렇게 회상했다. …이덕의 좌석 배치는 원탁이

1299 1939년 8월 모택동은 이렇게 말했다. …중화민족의 역사유산 손자병법을 연독(研讀)
해 손자의 탁월한 전략사상을 이해해야 한다. 또 (兵法)전략을 비판적으로 수용해야 하
며 전술을 보충해 전법(戰法)을 충실하게 해야 한다(成林, 2001: 42). 모택동이 연안에서
손자병법을 정독(精讀)했다는 것이 전문가의 중론이다. 한편 모택동이 손자병법을 연
구해 유격전술을 창안했다는 일각의 주장(A. Faulkner, 2005: 46)은 신빙성이 제로이다.

아닌 문어귀였다. 이는 피고석이나 진배없다. 의기소침한 그는 애꿎은 담배만 피웠다(伍修權, 2009: 346). 이덕은 주은래에게 '패전' 책임을 전가했다. 또 모택동의 '의견 청취'는 신빙성이 제로이다. 실제로 박고에게 '개과천선' 기회를 줬으나 이덕에게는 '낙자압빈(落者壓鬂)' 전략을 취했다. 결국 이는 모택동 등이 '박주(博周)'의 밀착관계를 감안한 것이다.

오수권은 이렇게 회상했다. …준의회의에서 임표는 이덕과 함께 비판대상이었다. 이덕의 '단촉돌격' 전술을 지지한 임표는 좌경 노선의 선봉장 역할을 했다. 모택동이 비판한 이덕의 '단병전(短兵戰)' 전술은 임표를 비판한 것이다(肖華 외, 1981: 502). 임표는 이덕의 전술을 지지하는 '단촉돌격을 논함(6.17)' 글을 발표했다. 한편 준의회의에서 임표는 모택동의 주장을 지지하는 발언을 했다(劉華清 외, 2017: 98). 이덕은 이렇게 회상했다. …준의회의에서 나와 박고를 반대한 임표는 모택동의 파벌적 투쟁을 옹호했다(李德, 1980: 128). 상기 '임표 선봉장' 주장은 '모택동 배신자'로 전락한 임표의 비극적 결과를 의식한 것이다. 당시 모택동의 최측근인 임표가 '모택동 복귀'를 환영하지 않을 이유를 찾아보기 어렵다.

박고와 브라운의 직책을 박탈해야 한다는 것이 주덕의 주장이었다. 참석자들은 두 사람을 군사법정에 넘기자고 주장했다. 주은래는 '3인단'을 해체하고 모택동에게 홍군 영도권을 맡기자고 공식 제안했다(나창주, 2019: 394). 오수권의 회상에 따르면 주덕의 발언은 단 한마디였다. … 현재의 영도(領導)가 지속된다면 우리는 복종할 수 없다(伍修權, 1986: 114). 상기 '군사법정'은 사실무근이며 '3인단 해체'를 주장한 것은 왕가상이다. 한편 '3인단 설립' 피해자 주덕은 '좌경 노선' 집행자[1300]였다. 주덕의

1300 1934년 여름 '최고 3인단' 출범 후 총사령관 역할은 작전 지휘권을 독점한 이덕이 대

언급한 '영도'는 총사령관 역할을 대신한 군사고문 이덕이다.

유소기와 박고의 관계는 밀접했다. 박고가 유소기·진운을 각 군단의 중앙대표로 파견한 것이 명백한 증거이다. '준의회의' 관련 드라마에는 회의 전날 유소기가 박고와 담화를 나누는 장면이 있다. 사실 여부를 차치하고, 이는 '박유(博劉)'의 밀착관계를 보여준 단적인 사례이다. 한편 준의회의에서 '중립을 지킨' 진운은 '명철보신(明哲保身) 달인'[1301]이다.

준의회의에서 '(黔北)근거지 설립' 결의를 개정한 원인은 ① 인구가 적고 당조직과 당원수가 적다 ② 식량 생산량이 적어 급양 해결이 어렵다 ③ 삼면이 강으로 둘러싸여 운동전 전개가 적합하지 않다(李小三 외, 2007: 82). 실제로 귀주는 장강·오강·적수하(赤水河)에 둘러싸여 있어 철수하기 어려웠다. 한편 검군이 수비한 준의지역은 '홍군 피난처'가 됐다. 또 귀주 경내의 '적수하 도하'는 홍군 특유의 유격전 진수를 보여줬다.

유백승·섭영진이 '(川西北)근거지 설립'을 건의한 주요인은 ① 인구가 많고 경제가 발전해 홍군의 발전에 유리 ② '홍4방면군'과 천섬(川陝) 근거지의 협조가 가능 ③ 사천 군벌의 '외세 배척'으로 장개석의 '중앙군 진입'이 쉽지 않다(聶榮臻, 2007: 197). 한편 상기 '천서북 근거지' 설립은 실패했다. 결국 이는 천군(川軍)의 막강한 전투력을 간과한 결과였다.

신했다. 한편 '중혁군위' 주석인 주덕은 이덕·박고가 제정한 '(左傾)군사전략' 집행자였다. 이덕이 제5차 반'포위토벌' 실패의 주범이라면 주덕·주은래는 종범이다. 이 또한 홍군 지도자로 복귀한 모택동이 주덕을 '신3인단' 명단에서 제외한 주된 원인이다.

1301 중앙 근거지에 진입(1933.1)한 후 진운은 '중공 1인자' 박고의 중용을 받았다. 6기 5중전회(1934.10)에서 박고의 신임을 받아 정치국 상임위원에 선임됐다. 준의회의에서 모택동·박고 간 권력투쟁에서 중립을 지켰다. 1950년대 모택동의 중용을 받은 진운은 문혁 시기 강서성에 하방(下放), 한편 모택동 사망 후 '등소평 지지자'가 됐다.

실제로 사천·귀주는 홍군의 이상적 근거지가 아니었다. 한편 '방나진 (榜羅鎭)회의'[1302]에서 (陝北)근거지 설립을 확정하기 전까지 사실상 많은 변화[1303]를 거쳤다.

1972년 주은래는 이렇게 회상했다. …준의회의에서 왕명의 노선착 오를 시정했다. 회의에서 이덕의 지휘권을 박탈했다(中共中央文獻研究室, 2002: 174). 팽덕회는 이렇게 회상했다. …모택동이 '중혁군위' 책임자, 낙 보가 '총서기'로 선출됐다. 상검천(湘黔川) 근거지 설립을 결정했다(彭德 懷, 1981: 195). 한편 주팽(周彭)의 '회상'은 기억착오가 있다. 준의회의는 왕 명과 무관하며 해체된 것은 '최고 3인단'이다. 후장회의(1935.1.1)에서 이 덕은 작전 지휘권을 박탈당했다. 모택동은 상임위원에 보선됐고 '총서 기'는 여전히 박고였다. 또 천서북(川西北) 근거지 설립을 결정했다.

준의회의에서 통과된 최종 결정은 ① 모택동, 정치국 상임위원 보 선 ② 낙보에게 '결의' 작성을 위탁 ③ '최고 3인단' 해체 ④ 주은래, 군 사상 최종 결정권자로 확정 등이다(劉華淸 외, 2017: 100). 1월 18일 중앙서 기처는 모택동을 주은래의 '군사적 협력자'로 결정했다. 결국 이는 모 택동이 '홍군 지도자'로 복귀했음을 의미한다. 한편 1935년 7월 '주모(周 毛)' 지위가 역전됐다. 2월 초 '박낙(博洛)' 간 '총서기 교체'가 이뤄졌다.

1302 1935년 9월 26일 섬감지대(陝甘支隊)는 감숙성 통위(通渭)현 방나진(榜羅鎭)에 도착했다. 홍군 지도부는 국민당 '대공보(大公報)'를 통해 섬북(陝北)에서 홍군이 활동하고 있는 것을 알게 됐다. 당중앙은 방나진에서 정치국 회의를 열고 '섬북 근거지' 설립을 최종 확정했다. 결국 '방나진회의'에서 홍군의 최종 목적지를 섬북으로 결정했다.

1303 홍군의 '근거지 설립' 계획은 ① 장정 초기, 상서(湘西) ② 여평회의, 천검변(川黔邊) ③ 준의회의, 천서북(川西北) ④ 찰서(扎西)회의, 천검전(川黔滇) 변계 ⑤ 양하구(兩河口)회의, 천섬감(川陝甘) ⑥ 아계(俄界)회의, 소련 변계 ⑦ 방나진(榜羅鎭)회의, 섬북(陝北) 등이다. '근거지 설립' 계획이 자주 변경된 것은 홍군의 잦은 이동과 관련된다.

'최고 3인단' 해체는 '(博周)연합체제'의 종료를 의미한다. 장정 후반기 박고는 '모택동 지지자'로 변신했다. 1935년 11월 '홍군 통수권자' 모택동은 박고를 중앙정부 서북(西北)판사처 책임자로 임명했다. 결국 '모박(毛博)' 간 지위가 역전됐다. 연안정풍에서 정치적 과오를 반성한 박고는 모택동의 '지지'로 중공 7차 당대회에서 중앙위원으로 선출됐다.

준의회의에서 지휘권을 박탈당한 이덕은 무난하게 장정을 마쳤다. 섬북에 도착한 후 (延安)홍군대학에서 군사교관을 맡았다. 1938년 봄 소월화(蕭月華)와 이혼한 후 '연예인' 이려련(李麗蓮)과 재혼했다. 1939년 8월 소련으로 소환된 이덕은 부인 이려련과 결별했다. 공산국제는 이덕의 과오를 인정했으나 행정처분은 면제[1304]했다. 1973년 사실을 왜곡한 회고록 '중국기사(中國紀事)'를 출간했다. 1974년 동독(東獨)에서 병사했다.

준의회의에서 축출당한 주은래는 모택동과 장정 후반기에 밀접한 협력 관계를 유지했다(A. Faulkner, 2005: 55). 준의회의 개최 전까지 주은래와 모택동은 라이벌 관계였다. (中央)근거지에 도착한 주은래는 모택동이 역임한 (蘇區)중앙국 서기를 맡았고 녕도회의 후 모택동의 홍군 정치위원을 대신했다(Salisbury, 1985: 162). 준의회의에서 주은래는 군사상 최종 결정권자로 선임됐다. 또 모택동을 라이벌로 간주한 것은 '중공 1인자' 박고였다. 한편 모택동의 '당권(黨權)·군권(軍權)'을 박탈한 주은래는 40년 간 모택동의 조력자 역할을 하며 값진 대가를 치렀다.

1304 공산국제는 이덕에 대한 심사를 진행(1939)했으나 징계를 내리지 않았다. 사철(師哲)은 이렇게 회상했다. …공산국제의 최종 결론은 '과오는 있으나 징계 면제'였다. 그 이유는 첫째, 이덕이 잘못된 결정을 내렸으나 채택권은 중공 지도부에게 있다. 둘째, 이덕의 '건의'를 채택한 책임은 중공 지도부가 져야 한다(郭欽 외, 2017: 80). 한편 공산국제는 더 이상 이덕을 중용하지 않았다. 1940년대 번역자로 근무, 1953년 독일로 귀국했다.

준의회의에는 16~18명의 정치국 위원과 후보위원이 참석했다. 회의에서 모택동은 정치국 상임위원회 주석으로 지명됐다(조관희, 2019: 211). 준의회의에서 모택동은 최고 지도자가 됐다. 주은래가 모택동에게 '양보'했기 때문이다(R. Terrill, 2010: 159). 주은래는 모택동에게 '군위' 주석을 맡을 것을 건의했다. '군위' 주석은 상임위원이 맡는 것이 관례였다(D. Willson, 2011: 127). 회의에 참석한 정치국 위원(후보위원 포함)은 10명이며 회의 참석자는 20명이다. 모택동은 '최종 결정권자' 주은래의 '조력자'로 결정됐다. '중혁군위' 주석은 상임위원이 아닌 주덕이 맡았다.

준의회의에서 심각한 반성을 한 주은래는 '최종 결정권자'로 선임됐다. 모택동 주축의 '중앙대 3인단'은 압도적 승리를 거뒀고 '최고 3인단'은 해체됐다. 실각자 모택동은 '홍군 지도자'로 복귀했다. 준의회의 후 홍군은 기동적 운동전을 전개해 전투 주도권을 장악했다. 모택동이 지휘한 네 차례의 '적수하 도하'는 유격전의 백미를 보여준 '명전투'였다.

2. '신3인단(新三人團)' 멤버, 적의 '포위권' 돌파

1) 토성(土城) 패전, '박낙(博洛)'의 직책 변경

준의회의 기간 왕가열의 검군은 도파수(刀靶水)에 주둔한 '홍3군단'을 공격했다. '중도 퇴장'한 팽덕회는 적의 공격을 물리쳐 회의 진행을 보장했다. '홍1·5·9군단'은 경비를 강화하는 동시에 대중에 대한 선전선동을 전개했다. 또 당의 정책을 선전하고 대중을 동원해 군량을 마련했다. 10여 일 간 홍군은 수천명의 병력을 보충하고 군수물자를 해결했다.

장개석은 중앙홍군의 장강 도하와 '홍4방면군'·'홍2·6군단' 회합을 저지하기 위해 상군·악군(鄂軍)·천군에게 공격 강화를 명령했다. 국민당군이 '홍군 토벌'에 동원한 병력을 40만명을 상회했으나 중앙홍군은

3.7만명이었다. 홍군 지도부는 신속한 장강 도하를 결정했다. 준의회의에서 결정한 '(川西北)근거지 설립' 계획을 실현하기 위한 것이었다.

적군의 병력 배치는 ① 설악의 중앙군, 귀주 진격 ② 왕가열의 검군, 도파수 등의 홍군 공격 ③ 반문화(潘文華)[1305]의 천군, 홍군의 '천남(川南) 진입' 저지 ④ 유건서의 상군(湘軍), 검동(黔東) 진격 ⑤ 악군(鄂軍), 홍군 동진 저지 ⑥ 손도(孫渡)[1306]의 전군(滇軍), 홍군 서진 저지 ⑦ 요뢰(廖磊)[1307]의 계군, 귀주성 독산(獨山)지역에서 협력 작전 등이다.

1월 19일 중앙홍군은 사천 진입을 위한 북상을 개시했다. 20일 '중혁군위'가 각 군단에 하달한 '도강작전 계획'은 ① 장강 도하, 천남 진입 ② 천서북 근거지 설립 ③ '포위권' 돌파, 사천 적화(赤化) 등이다. 홍군의 급선무는 첫째, 홍군은 적수(赤水)·토성(土城)으로 이동해 신속히 도강한다. 둘째, 검군을 섬멸해 적군의 추격에서 벗어난다. 셋째, 신속히 도강하지 못할 경우 역량을 집중해 추격군 일부를 섬멸한다. 넷째, 장강 도하가 저지될 경우 금사강(金沙江) 도하를 준비한다. 한편 '천서북 근거지'와 '사천 적화'는 실패했다. 결국 이는 '토성 패전'과 관련된다.

1월 24일 '홍1군단'은 토성을 점령했다. 25일 '홍3군단'은 토성 남

1305 반문화(潘文華, 1886~1950), 사천성 인수(仁壽) 출신이며 국민당 상장이다. 1920~1940년대 천남초비(川南剿匪) 총지휘, 제25군단 총사령관, 제28집단군 총사령관, 제56군단장 등을 역임, 1950년 성도(成都)에서 병사했다.

1306 손도(孫渡, 1895~1967), 운남성 육량(陸凉) 출신이며 운남 군벌이다. 1920~1940년대, 운남성헌병(憲兵) 사령관, 제1집단군 총사령관, 열하성(熱河省)정부 주석, 건국 후 운남성 정협 위원, 1967년 곤명(昆明)에서 병사했다.

1307 요뢰(廖磊, 1890~1939), 광서성 육천(陸川) 출신이며 국민당 상장이다. 1920~1940년대 제7군 251사단장, 제7군단장, 제21집단군 총사령관, 안휘성정부 주석 등을 역임, 1939년 안휘성 금채(金寨)에서 병사했다.

부의 회룡장·임강장을 공략했다. 천군 2개 여단이 토성 동쪽에서 홍군의 북진을 저지했다. '중혁군위'는 천군 섬멸을 결정했다. 홍군의 병력배치는 ① '홍3·5군단', 풍촌파·청강파 적군 공격 ② '홍9군단'과 '홍1군단' 제2사단, 예비군으로 대기 ③ '홍1군단' 제1사단, 적수의 적군 저격등이다. 한편 홍군 주력의 병력 분산은 '토성 패전'을 초래한 주된 원인이다.

1월 27일 '중혁군위'는 천군 4개 연대가 토성을 진격한다는 정보를 입수했다. 모택동은 청강파에서 우세한 병력을 집중해 곽훈기(郭勛祺)[1308] 여단에 대한 저격전을 건의했다. '중혁군위'는 '홍3·5군단'에게 저격 임무를 맡겼다(賴宏 외, 2007: 112). 양상곤은 이렇게 회상했다. …1월 28일 전투가 개시된 후 홍군은 적군 진지를 점령했다. 이때 1개 여단의 원군이 전투에 가세했다. '정보'가 잘못됐다는 것을 발견한 팽덕회는 '전투 중단'을 건의했다(楊尙昆, 2001: 123). '중혁군위'는 '전투 철수'를 명령했다. 진지전에 강한 '홍3군단'도 지형에 익숙하며 전투력이 강한 천군의 적수가 못됐다. 실제로 곽훈기의 여단은 천군 '왕패군'이었다.

서남 군벌 중 유상의 천군이 가장 강했다. 사단 편제가 없는 용운(龍雲)[1309]의 전군은 13개 연대에 불과했으나 정예부대로 구성된 운남군

1308 곽훈기(郭勛祺, 1895~1959), 사천성 쌍류(雙流) 출신이며 국민당 중장이다. 1920~1940년대 천군(川軍) 여단장, 중경성방(重慶城防) 사령관, 제23집단군 부총사령관, 제5수정구(綏靖區) 부사령관, 건국 후 사천성 교통청장 등을 역임, 1959년 성도(成都)에서 병사했다.

1309 용운(龍雲, 1884~1962), 운남성 소통(昭通) 출신이며 운남 군벌이다. 1920년대 (滇軍)제5군단장, 운남성정부 주석, 1930~1940년대 (滇黔)수정공서 주임, 제1집단군 총사령관, 건국 후 국방위원회 부주석, 민혁중앙위원회 부주석을 역임, 1962년 북경에서 병사했다.

은 응집력이 강했다. 왕가열의 검군이 전투력이 가장 약했다(李濤, 2012: 291). 장비가 낙후된 홍군은 전투력이 막강한 상군·천군의 적수가 못됐다. 홍군 병력으로 싸워 이길수 있는 것은 '쌍창병' 검군이다. 실제로 '홍군 천적'인 상군·천군은 중앙홍군과 '홍4방면군'에게 치명적 타격을 입혔다.

천군과 '홍5군단' 간에 벌어진 공방전이 가장 치열했다. '홍1군단' 이 도착하기 전 '홍5군단' 진지는 한때 적군에게 돌파됐다. 격전 끝에 '홍5군단'은 수많은 희생자를 냈다. 당시 천군은 백마산(白馬山) 홍군 지휘부 코밑까지 들이닥쳤다. 모택동은 간부연대를 최전방에 급파했고 주덕은 직접 '홍5군단'을 지휘해 진지를 수복했다. 특히 연대장 진갱(陣賡)이 지휘한 간부연대의 전투력은 천군에 뒤지지 않았다. '홍1군단' 제2 사단이 전투에 합세한 후 홍군은 겨우 열세를 만회했다. 적아 쌍방은 수많은 사상자를 냈다. 천만다행으로 홍군이 주동적으로 철수한 것이다.

진갱·송임궁이 지휘한 간부연대는 토성전투에 뛰어들었다. 3개 보병대대와 1개 특종부대로 구성된 간부연대 병력은 천여 명이었다. 간부연대는 전세 역전에 결정적 역할을 했다. 당시 망원경으로 관찰한 모택동은 …진갱이 군단장이 될 수 있다고 칭찬했다(劉秉榮, 2006: 162). 간부연대의 '파견'은 모택동이 '열세 만회'를 위해 던진 과감한 승부수였다. 중대장급 이상 지휘관으로 구성된 간부연대는 토성전투에서 100여 명의 사상자를 냈다. 1955년 장개석·주은래의 '구명은인(救命恩人)'인 진갱은 대장(大將) 계급장을 수여받았다. 또 송임궁은 상장 계급을 받았다.

홍군이 수세에 몰린 위급한 상황에서 주덕·유백승의 전방 도착은 설중송탄이었다. '백전장군(百戰將軍)' 주덕은 전세를 역전시켜 진지를 탈환했다. 모택동은 포격의 위험을 무릅쓰고 주덕을 기다려 뜨거운 찻물 한 사발을 드리며 노고에 감사를 표시했다(趙魯杰, 2008: 201). 전세가 악화된 위기일발의 시각에 '주모(朱毛)'가 일심동체가 된 것이다. 한편 '홍1·4방면군' 회합 전 홍군 전투는 모택동·주은래·주덕 세 사람이 지휘했다.

28일 저녁에 열린 정치국 회의는 홍군 행동방향을 토론했다. 모택동은 이렇게 건의했다. …공방전은 홍군에게 매우 불리하다. 홍군을 철수시킨 후 적수하를 건너 서진해야 한다(呂黎平, 1984: 180). 모택동이 설명한 '철수 이유'는 ① 강이 많고 지형이 불리 ② 적의 원군이 곧 도착 ③ 소모전은 홍군에게 불리 등이다(葉健君 외, 2017: 155). 적의 원군이 곧 도착하는 상황에서 모택동의 '홍군 철수' 건의는 정확한 선택이었다. 실제로 기력을 소진한 홍군은 더 이상 전투를 치를 여력을 상실했다. 소모전이 지속될 경우 전투는 '토성 참패'로 될 가능성이 매우 높았다.

청강포는 토성에서 3킬로미터 떨어진 전략상 요충지였다. 홍군은 이곳에 포위망을 구축했다. 잘못된 정보로 전세가 홍군에게 불리했다. 쌍방은 각각 3천여 명 사상자를 내는 치열한 격전을 벌였다(현이섭, 2017: 207). 천군 1000여 명을 섬멸했으나 홍군도 큰 손실을 입었다. 반문화는 유상에게 보낸 전보(1.29)에 이렇게 썼다. …수십 차례의 공방전에서 쌍방은 많은 사상자를 냈다. 아군은 '적비(赤匪)' 2000여 명을 사살했다(劉華清 외, 2017: 113). '토성 패전'은 모택동이 지휘했기 때문에 중국 학자들은 홍군 사상자에 관한 언급을 회피한다. 한편 반문화의 '전보'를 근거로 토성전투의 홍군 사상자를 2000여 명으로 추정할 수 있다.

'토성 패전'의 객관적 요인은 ① 천군의 강한 전투력 ② 적의 천시(天時)·지리(地利) 우세 ③ 천군의 장비 우세, 지형 숙지 등이다. 주관적 원인은 ① 천군의 전투력 무시 ② 잘못된 정보 ③ 홍군의 병력 분산 ④ 천군의 병력 배치에 대한 몰이해 ⑤ '급공근리(急功近利)', 지나친 과시욕 ⑥ 공방·진지전에 대한 지휘력 결여 등이다. 한편 천군 전투력에 대한 중시 부족과 공방전에 대한 전투 경험 부족이 '토성 패전'의 주요인이다.

1956년 모택동은 이렇게 반성했다. …장정 시기 내가 지휘한 토성 전투는 패전했다. 토성 패전으로 '도강 북상'이 좌절됐다. 박고는 이렇게 말했다. …경험론자의 지휘력 문제이다(歐陽雪梅 외, 2017: 156). 모택동의 지휘 실책에도 불구하고 '홍군 철수'는 현명한 결정이었다. '토성 패전'의 모든 책임을 모택동에게 돌리는 것은 무리가 있다. '토성 패전' 후 유격전 백미로 불리는 '네 차례 적수하 도하(四渡赤水)'가 본격적으로 전개됐다.

1월 29일 '중혁군위'는 '적수하 도하 행동배치'를 반포했다. 적수하 도하는 부득이한 선택이었다. '도하'에 필요한 부교 설치는 주은래가 직접 책임졌다. 토성 백성의 도움과 공병(工兵)의 노력으로 부교가 설치됐다. 29일 3만명의 홍군은 3개의 부교를 통해 첫 번째 '적수하 도하'를 무사히 마쳤다. 한편 장개석은 '토벌군'에게 홍군 추격을 명령했다. 2월 초 서영 공략에 실패한 홍군은 유조려(劉兆藜)[1310]의 저격을 받았다. 또 '홍3군단'은 천당파(天堂壩)에서 천군과 격전을 벌였다. '중혁군위'는 장강 도하를 잠정 중단하고 천전검(川滇黔) 변계로 행동방향을 변경했다.

2월 2일 장개석은 하건을 (剿匪)제1로군 총사령관에 임명했다. 작전 임무는 첫째, 병력 일부를 오강 동안에 배치해 홍군 동진을 저지한다. 둘째, 주력은 상서 '홍2·6군단'을 섬멸한다. 또 용운을 제2로군 총사령

1310 유조려(劉兆藜, 1893~1962), 사천성 남부(南部) 출신이며 국민당 중장이다. 1930~1940년대 제21군 146사단장, (川西)반공구국군 총지휘 등을 역임, 건국 후 중경(重慶)북배구(北碚區) 정협 위원, 1962년 중경에서 병사했다.

관, 설악을 전전 총지휘로 임명했다. 산하에 설치한 4개 종대는 ① 제1
종대(4개 사단), 오기위 사령관 ② 제2종대(4개 사단), 주혼원 사령관 ③ 제3
종대(3개 여단), 손도 사령관 ④ 제4종대(5개 사단), 왕가열이 사령관이다.

주덕은 각 군단에 전보(2.6)를 보내 이렇게 지시했다. …적정 변화로
금사강 도하가 어렵게 됐다. (渡江)북상이 불가능할 경우 (川滇)변경에서
근거지를 설립한다(朱德, 1983: 21). 팽덕회는 이렇게 건의했다. …천전검
(川滇黔) 근거지를 설립해야 한다. 현재 낙오자가 많아 1~2일 간 정비가
필요하다(劉秉榮, 2006: 167). 2월 7일 '중혁군위'는 작전 지시를 하달했다.
…기존 계획을 중단하고 (川滇黔)변경에서 새로운 근거지를 설립한다(李
小三 외, 1007: 116). 팽덕회의 건의를 채택한 '군위'가 장강 도하 계획을 장
정 중단하고 천군의 추격을 뿌리치는 '운남 진입'을 결정한 것이다. 2월
8일 홍군 주력은 운남성 찰서(扎西)[1311]지역에 집결했다.

(扎西)정치국 회의(2.9)의 모택동은 '발언' 골자는 ① 사천 진입이 불
가능한 상황에서 새로운 입천(入川) 방도를 모색 ② 검북(黔北)으로 진격,
재차 준의를 점령 ③ 운동전 전개, 적군 섬멸 등이다(葉健君 외, 2017: 164).
결국 홍군 특유의 운동전이 작전 방침으로 확정됐다. 이는 (四渡)적수하
전투가 승전한 주요인이다. 2월 10일 '중혁군위'는 '(軍團)축소 개편' 명
령을 반포했다. 2월 중순 홍군은 찰서에서 신병 3천명을 모집했다.

준의회의에서 많은 참석자가 모택동이 '총서기'를 맡은 것을 요구
했다. 모택동은 건강상 이유로 동의하지 않았다(吳葆朴 외, 2007: 165). 2월 5

1311 '찰서(扎西)'는 이족(彝族)의 언어인 '찰식(扎息)'에서 비롯됐다. 그 의미는 주위에 삼림이
무성한 '해자(海子, 연못)'라는 뜻이다. 당시 찰서(扎西)는 운남성 위신(威信)현의 한개 진
(鎭)으로 소수민족의 집거지(集居地)였다. 한편 '(扎西)정치국 회의(1935.2.9)'에서 모택동
은 '적수(赤水) 도하와 재차 준의(遵義) 공략'의 홍군 전략을 제출했다.

일 낙보는 모택동에게 이렇게 말했다. …준의회의에서 과오를 완전히 인정하지 않은 박고는 위화감을 느끼고 있다. '총서기 교체'가 시의적절하다. 모택동은 주은래에게 낙보의 의견을 전달했다(李志英, 1994: 186). 모택동의 '총서기 거절'은 사실무근이다. 한편 '(博洛)교체'를 결정한 모택동이 주은래에게 '박고 설득'을 부탁했다. 당일 주은래는 박고를 찾아가 허심탄회한 대화를 나눴다. 결국 주은래의 '건의'를 수용한 박고가 '총서기'를 사임했다. 2월 초 '(博洛)총서기 교체'가 순조롭게 이뤄졌다.

준의회의에서 많은 동지들이 낙보를 '총서기'로 추대했다. 2월 5일 찰서진 수전채에서 정치국 회의가 열렸다. 회의는 낙보를 '중공 총서기'로 선임했다(程中原, 2016: 47). '계명3성(鷄鳴三省)'[1312]에서 낙보가 '총서기'를 맡았다. 1972년 주은래는 이렇게 술회했다. …당시 나는 모택동이 '총서기'를 맡아야 한다고 말했다. 그러나 모주석(毛主席)은 낙보가 '총서기'를 맡는 것이 적합하다고 주장했다(遵義會議紀念館, 1990: 59). 낙보의 '총서기 추대'는 신빙성이 낮다. 2월 6일 박고는 중앙문건과 인감 등이 담긴 상자 2개를 낙보에게 넘겨줬다. 이로써 '박낙' 간 '총서기 교체'가 완성됐다. 실제로 주은래는 낙보의 '총서기 부임'을 지지했다.

박고와 단독 대화(2.5)를 나눈 주은래는 이렇게 말했다. …문무가 겸비한 장개석과 싸워 이기려면 더욱 강력한 지도자를 찾아야 한다. 그 적임자가 모택동이다(秦紅 외, 2016: 89). 상기 주장은 신빙성이 낮다. 주은

1312 계명3성(鷄鳴三省)'은 닭이 울면 사천(四川)·운남(雲南)·귀주(貴州) 3개 성(省)에서 동시에 들을 수 있다는 뜻에서 비롯된 지명 이름이다. 한편 '계명3성'은 '계명4현(鷄鳴四縣)'으로 불린다. '계명4현'에는 운남성 진웅(鎭雄)·위신(威信)현, 사천성 서영(叙永)현, 귀주성 필절(畢節)현이 포함된다. 당시 이족·백족·묘족 등 소수민족이 생활하고 있었다. 1935년 2월 초 '계명3성'에서 박고와 낙보 간 '(中共)총서기 교체'가 이뤄졌다.

래는 '대화(2.5)' 내용을 반한년에게 알려줬다. 주은래는 박고에게 이렇게 말했다. ····우리는 외국 유학을 했으나 국정(國情)을 잘 모른다. 중국 혁명에서 승리하려면 모택동과 같이 국정을 잘 아는 사람이 영도해야 한다(金一南, 2017: 121). 장정 전 박고의 부탁을 받은 주은래는 모택동을 설득했다. 2월 5일 모택동의 '부탁을 받은' 주은래는 박고를 설득해 '총서기 교체'를 성공시켰다. 결국 주은래는 '2인자 역할'에 충실했다.

주은래·낙보는 모택동의 '박고 대체'를 요구했다. 한편 '총서기'를 사절한 모택동은 낙보를 후임자로 추대했다. 당시 '(中共)지도자 교체'는 공산국제의 인가를 받아야 했다. '28개반볼셰비키'인 낙보는 왕명·박고와 밀우(密友)로 공산국제의 신임을 받았다(葉永烈, 2014: 387). 왕명·박고와 '밀우'였기 때문에 낙보가 '공산국제 신임'을 받았다는 상기 주장은 설득력이 떨어진다. 한편 모택동이 의식한 것은 모스크바에서 '중공 영수'로 행세한 왕명이었다. 실제로 이 시기 모택동이 관심을 가진 것은 '중공 총서기'가 아닌 '홍군 통솔자' 지위와 작전 지휘권이었다.

모택동의 '총서기 사절' 원인은 첫째, 박고·개풍 등 반대자가 있었다. 둘째, 중공 지도자는 공산국제 지시를 무조건 집행해야 했다. 셋째, 중공 대표단장 왕명은 중공 영수로 자처했다. 셋째, '유학파'가 아닌 모택동은 공산국제 인가를 받기 어려웠다(黃少群 외, 2007: 92). 모택동의 '총서기 사절'은 자지지명(自知之明)의 현명한 선택이다. 모택동의 '총서기 부임'은 공산국제 인가를 얻지 못했을 것이라는 것이 학계의 중론이다. '(毛洛)체제'는 모택동의 '정적 제거'에 결정적 역할을 했다. 이 또한 '도광양회'를 통해 모택동이 '성숙한 정치가'로 거듭났다는 반증이다.

1935년 9월 반한년은 모스크바에 도착했다. 당시 왕명은 반한년의 보고를 상세히 청취했다. 왕명은 박고의 사임을 애석하게 생각했으나 낙보의 '총서기 당선'을 인정했다. 1935년 10월 2일 공산국제는 장문천을 정식으로 '중공 책임자'로 인가했다(鄒賢敏 외, 2016: 82). 상기 박고의 '총서기 사임'은 주은래의 '박고 설득'이 중요한 역할을 했다. 한편 왕명은 공산국제 7차 대회에서 공산국제 집행위원과 서기처 (候補)서기로 임명됐다.

낙보의 '총서기 부임'은 (毛洛)협력체제의 정식 출범을 의미한다. 5~6년 간 유지된 '(毛洛)체제'의 가장 큰 수혜자는 모택동이었다. 장정 중 '중공 총서기' 낙보의 지지로 '모주(毛周)'의 지위가 역전됐다. 결국 숙적인 장국도와의 권력투쟁에서 승자가 된 모택동은 '홍군 통수권자'로 등극했다. 실제로 낙보·주은래의 '모택동 지지'가 결정적 역할을 했다.

2) '신3인단(新三人團)' 설립과 '적수하 도하'

2월 15일 홍군 지도부는 '제2차 적수하 도하 행동계획'을 반포했다. '검군 섬멸'을 작전 목표로 삼은 홍군은 태평도(太平渡)에서 순강장(順江場) 구간 적수하를 건너 동재(桐梓)로 진격했다. 홍군 지도부의 행군방향 변경은 홍군 장병의 불만을 자아냈다. 홍군의 북상 포기는 '토성 패전'과 관련된다. 천군의 강한 전투력을 인지한 홍군이 제2차 '귀주 진입'을 결정한 것이다. 한편 '적수하 도하'는 기동적인 운동전 전개로 이어졌다.

2월 16일 '중혁군위'가 공표한 '홍군 장병에게 고하는 글'의 골자는 첫째, 홍군은 '사천 진입'을 위한 북진을 잠시 중단한다. 둘째, 전검천(滇黔川)에서 운동전을 전개해 근거지를 설립한다. 셋째, '적군 섬멸'을 위해 기동적 이동을 진행한다(劉秉榮, 2006: 173). 2월 16일자로 홍군에게 내려진 명령은 모택동의 친필로 추정된다. 이는 홍군의 활동지침이 됐다. 홍군은 무질서하게 행군하지 않았다. 이는 국민당군을 당혹하게 만들었다(Salisbury, 2016: 235). 홍군 지도부가 결정한 제2차 '적수하 도하'는 적군 미혹이 주목적이었다. 상기 '명령(2.16)'은 '중혁군위'가 반포한 '홍군 장병에게 고하는 글'이다. 한편 '글'은 홍군의 '활동지침'이 아니며 '행군방향 변경'에 대한 홍군 장병의 '불만 해소'를 위해 작성한 것이다.

2월 18일 '홍1군단' 2개 사단은 방어가 허술한 태평도를 신속히 건넜다. 19일 '홍3군단' 제12·13연대가 적수하의 나루터 이랑탄(二郞灘) 점령했다. 나루터 수비군 2개 연대를 섬멸한 홍군은 나룻배를 구하는 동시에 부교를 설치했다. 2월 20~21일 홍군은 전부 적수하를 건넜다. 결국 전동북(滇東北)에서 '홍군 섬멸'을 시도한 장개석의 계획이 수포로 돌아갔다. 한편 '2도(二渡) 적수하' 성공은 '준의전역'[1313] 승전의 밑바탕이 됐다.

홍군의 적수하 도하와 유격전술은 적의 판단 실수를 유발했다. 적군이 북상 저지를 위해 중병을 배치하자 홍군은 동선(東線)으로 진격했다. '홍2·6군단 회합'으로 착각한 장개석은 왕가열에게 전보(2.21)를 보내 홍군 저격을 명령했다(李勇 외, 1995: 225). 장개석이 중앙홍군과 '홍2·6군단 회합' 저지를 위해 병력을 재배치했을 때 홍군은 동재(桐梓)에 접근했다. 결국 동재를 점령한 홍군은 누산관(婁山關)·준의를 잇따라 공략했다.

2월 24일 '홍1군단' 전위대의 동재 공격은 준의전역의 개시를 의미한다. 25일 '중혁군위'는 '누산관 공격' 명령을 내렸다. 교통 요충지 누산관은 준의의 천연 병풍이었다. 흑신묘에는 검군 여단장 두조화(杜肇

1313 준의전역(遵義戰役)은 1935년 2월 24부터 28일까지 중앙홍군이 벌인 전투이다. ① 24일 '홍1군단' 동재(桐梓) 공략 ② 25일 '홍3군단' 누산관 공략 ③ 26일 홍군 판교(板橋) 점령 ④ 27일 검군(黔軍) 3개 연대 섬멸 ⑤ 28일 새벽 재차 준의 공략, 중앙군 2개 사단 공격을 격퇴했다. 결국 준의전역에서 중앙홍군은 적군 3000여 명을 섬멸했다.

華)[1314]의 지휘부가 설치됐다. 25일 오후 '홍3군단' 제13연대는 누산관 애구(隘口) 점금산과 누산관문(關門)을 점거했다. 홍군 제11연대는 정치위원 장애평(張愛萍)의 인솔하에 26일 새벽에 판교(板橋)를 선점했다. 제12연대는 정치위원 소진화(蘇振華)[1315]의 지휘하에 적군을 물리치고 누산관문을 고수했다. 26일 저녁 홍군은 '준의 북대문'인 누산관을 점령했다.

2월 27일 홍군은 국민당군 2개 사단의 포위공격을 물리쳤다. 당시 모택동은 토성 공략에 패퇴한 심경을 '누산관(婁山關)'이란 시로 묘사했다(나창수, 2019: 397). 장개석은 '준의 패전'을 국군의 '치욕적 패배'라고 자탄했다. 준의에서 모택동은 '억진아(憶秦娥)·누산관'[1316]을 지었다(趙魯傑, 2008: 203). 모택동이 '토성 패전(1935.1)' 심경을 '누산관' 시에 묘사했다는 주장은 신빙성이 제로이다. '누산관 승전' 후 모택동이 이 사(詞)를 썼다는 것이 전문가의 중론이다. 한편 준의 공략(2.28) 후 임표가 지휘한 '홍1군단'은 오기위의 '원군(援軍)' 2개 사단을 격파했다.

28일 새벽 '홍3군단' 3개 연대가 격전 끝에 준의를 공략했다. 이때 오기위의 중앙군 2개 사단이 준의성밖에 도착했다. 28일 오전 적군은

1314 두조화(杜肇華, 1898~1952), 귀주성 준의(遵義) 출신이며 국민당 소장이다. 1930~1940년대 검군(黔軍)여단장, 제102사단 참모장, 사천성 의빈관구(宜賓管區) 사령관, 귀주성 수문(修文)현장, 1950년 귀주(貴州)에서 기의(起義), 1952년 '반혁명' 분자로 처형됐다.

1315 소진화(蘇振華, 1912~1979), 호남성 악양(岳陽) 출신이며 공산주의자이다. 1930년 중공에 가입, 1930~1940년대 홍군 제13연대 정치위원, 팔로군 제2종대 정치위원, 제2야전군 제5병단 정치위원, 건국 후 (海軍)정치위원, 상해시위 서기 역임, 1979년 북경에서 병사했다.

1316 1935년 2월 26일 홍군은 '준의(遵義) 북대문'인 누산관을 점령했다. 2월 28일 모택동이 누산관 정상에 올라 즉흥적으로 지은 사(詞)가 바로 '억진아(憶秦娥)·누산관(婁山關)'이다. 1957년 1월 '시간(詩刊)'에 최초로 발표됐다. 한편 사(詞)는 승리의 희열보다 비장한 분위기가 느껴진다. 예컨대 사의 마지막 구절인 '잔양여혈(殘陽如血)'이다.

홍군 홍화강(紅花崗) 진지를 향해 공격했다. 한편 기습 출격한 '홍1군단'은 중앙군을 대파했다. 오강을 건넌 오기위는 홍군의 추격에서 벗어나기 위해 부교를 파괴했다. 오강 북안의 적군 1800여 명이 홍군에게 생포됐다. 적군 2개 사단이 홍군에게 섬멸됐고 준의전역은 홍군의 승리로 끝났다.

동재·누산관·준의를 잇따라 공략한 홍군은 연전승을 거뒀다. 중앙군 2개 사단과 8개 연대의 국민당군을 섬멸하고 3천명 적군을 생포하는 대첩을 거뒀다. '준의대첩'은 과감하게 행군노선을 변경하고 홍군 특유의 운동전을 전개한 것이 주된 원인이다. 한편 홍군의 '(二渡)적수하 도하', 성동격서의 유격전술은 모택동의 군사 전략 정확성을 입증했다. 3월 초 모택동의 '전적(前敵) 총지휘'[1317] 임명은 결코 우연한 것이 아니었다.

장개석이 중경에서 발표한 '선언(宣言, 3.3)'은 이렇게 썼다. …(川黔) 지역 주둔군은 본 위원장의 통일적 지휘를 받아야 한다. 명령을 어기고 함부로 부대를 움직여선 안 된다(鄭廣瑾, 1987: 333). 홍군이 준의 서쪽에 집결하자 장개석은 홍군 행동방향에 관한 두 가지 가능성을 예측했다. ① 준의 포기 후 서진(西進) ② 귀양(貴陽) 진격이다(葉子龍 외, 2007: 531). 장개석은 반문화의 천군 3개 여단에게 준의를 공격하고 상관운상의 2개 사단에게 '천군 작전' 협력을 지시했다. 또 상군 3개 사단에게 홍군

1317 1935년 3월 4일 '중공 총서기' 장문천의 제의로 '중혁군위'는 전적(前敵) 사령부를 설립했다. 주덕을 전적 사령관, 모택동을 전적 정치위원에 임명됐다. 홍군의 관례상 정치위원(政委)이 군대의 최고 지도자였다. 따라서 정치국 상임위원 모택동이 전방의 최고 지도자인 '전적 총지휘'로 임명된 것이다. 이는 '준의대첩'을 통해 모택동의 군사 리더십이 인정받았다는 단적인 반증이다. 한편 일주일 후 모택동은 '(前敵)총지휘'에서 면직됐다.

의 동진을 저지하고 오강(烏江) 이서의 '홍군 섬멸'을 명령했다.

준의전역 후 홍군은 라판등·압계에서 휴식·정비했다. 선전선동을 전개한 홍군은 병력 확충을 위해 3000명 적군 포로에 대한 정치교육을 강화했다. 설득 작업을 거쳐 80%의 포로병이 홍군에 가입했고 이들로 새로운 '홍군사(紅軍師)'를 설립했다. 홍군 가입을 거절한 자는 노비(路費)를 주어 고향으로 돌려보냈다. 3월 4일 당중앙은 모택동을 '전적 총지휘'로 임명했다. 결국 이는 '준의대첩(大捷)'을 이끈 모택동에 대한 '보상'이었다.

3월 5일 주덕·모택동은 '주혼원 부대의 섬멸전 배치'를 반포했다. 홍군의 '압계 집결'을 포착한 장개석은 주혼원에게 급전을 보내 장강산(長崗山) 부근의 방어진지 구축을 지시했다(胡錦昌 외, 2017: 183). 또 장개석은 오기위에게 전보를 보내 방어 강화를 명령했다. 결국 전적 지휘부는 적군 섬멸 계획을 포기했다. 한편 홍군의 '주혼원 작전'에 대한 장개석의 판단은 정확했으나 오강(烏江) 이북의 '유격전 전개' 예측은 빗나갔다.

3월 8일 당중앙이 발표한 '전당 동지에게 고하는 글'의 골자는 ① 귀주 근거지 설립 ② 준의회의 후 군사전략 정확성 입증 ③ '준의대첩', 당의 군사노선 승리 ④ 근거지 설립, 공산당원 책무이다(逢先知 외, 2005: 451). 모택동이 제출한 '귀주 적화'는 실패했다. 얼마 후 적군이 준의를 탈환했기 때문이다. 상기 '고하는 글'은 보여주기 위한 선전용이다. 한편 급양 해결이 어려운 귀주에서 홍군의 근거지 설립은 사실상 불가능했다.

3월 4일 '중혁군위'는 전적 사령부를 설치하고 주덕을 사령관, 모택동을 정치위원으로 임명했다. 작전 지휘권은 모택동에게 일임했으나 '집단적 지도' 체제는 여전히 유지했다. 낙보가 간과한 것은 전세의 순식간 변화와 '병귀신속(兵貴神速)' 중요성이다. 전쟁에서 중요한 것은 빠른 결단력과 지휘권 집중이다. 결국 낙보는 '소하(蕭何)'[1318]의 역할을 했다. 한편 모택동의 '사임'은 임표가 건의한 타고신장(打鼓新場) 공격과 관련된다.

낙보가 주재한 정치국 회의(3.10)에서 주덕이 먼저 발언했다. …타고신장은 검서(黔西)로 통하는 필수 경유지이다. 이 전략적 요충지를 공략하면 홍군 서진에 유리하다(文顯堂, 2006: 183). 모택동은 '반대 이유'를 이렇게 말했다. …타고신장 부근에는 중앙군 2개 종대와 손도의 4개 여단이 주둔했다. 홍군이 타고신장을 공격하면 적의 포위공격을 받을 수 있다(費侃如, 1984.5). 당시 낙보는 거수가결로 '타고신장 공격'을 통과시켰다. '(朱毛)의견 대립'으로 모택동은 회의에서 고립무원에 빠졌다. 결국 이는 모택동의 절대적 권위가 아직 형성되지 못했다는 반증이다.

장문천은 이렇게 회상했다. …압계(鴨溪)회의(3.10)에서 대다수 참석자들은 '신장(新場) 공격'을 주장했다. 오직 모택동만이 반대했다. 대치 상태에서 모택동은 '총지휘 사직'을 제출했다. 회의는 '사표'를 수리하고 팽덕회를 대체자로 결정했다(程中原, 2016: 69). 당시 '총서기' 낙보는 '소수가 다수에 복종'하는 민주제 원칙에 근거해 '타고신장 공격'을 결정했다. 결국 '(毛洛)불협화음'이 발생했고 4월 중 낙보는 '총서기 사직'을 제출했다.

1318 소하(蕭何)는 한고조(漢高祖) 유방(劉邦)의 승상이다. 그와 관련해 '성공도 소하 덕분, 실패도 소하 탓'이라는 고사성어 '성야소하(成也蕭何), 패야소하(敗也蕭何)'가 있다. '성야소야'는 소하가 한신(韓信)을 추천, '패야소야'는 한신의 죽음도 소하와 관련된다. 즉 '성패(成敗)'가 모두 한 사람에게 달렸다는 뜻이다. 한편 모택동을 '전적 총지휘'로 추천한 낙보는 모택동의 '사표(辭表)'를 수리했다. 결국 낙보가 '소하'의 역할을 한 것이다.

3월 10일 임표는 주덕에게 급전을 보내 타고신장 공격을 건의했다. 임표가 수신인에서 '전적 총지휘' 모택동을 '간과'한 이유는 미스터리이다. 한편 이를 두고 임표가 모택동의 '지휘권'에 도전했다는 일각의 주장은 신빙성이 낮다. 그동안 학계에 알려지지 않았던 팽덕회의 '(毛) 대체'는 문혁 시기 낙보가 쓴 '반성문(1969.6.28)'에서 밝혀진 것이다. 결국 '불경죄'를 지은 '대체자'인 팽덕회가 애꿎은 희생양이 됐다. 정강산 시기 모택동의 '대체자' 진의가 홍군 지도부에서 '축출'된 것도 '불경죄'가 주요인이다. 본의 아니게 팽덕회는 재차 모택동의 반대편에 섰다.

1959년 모택동은 이렇게 회상했다. …압계회의에서 나는 '운동전'을 주장했다. 당시 그들은 나의 의견을 무시했다. 회의 후 나는 주은래를 찾아갔고 그는 나의 건의를 수용했다(逢先知 외, 1997: 940) 모택동은 '(前敵)총지휘 파면'을 결코 잊지 않았다. 이튿날 낙보가 주재한 회의에서 '주모(周毛)'는 참석자들을 설득했다. '중혁군위'는 '타고신장 공격' 철회 명령을 내렸다(中央檔案館, 1985: 69). 상기 모택동의 '회상'은 낙보·팽덕회 등에 대한 불만 표출이었다. 한편 주은래의 '모택동 지지'는 매우 중요했다. 결국 주은래의 지지로 모택동은 심각한 위기를 모면했다.

주은래는 이렇게 술회했다. …타고신장 공격은 홍군 손실을 초래할 것이라고 말한 모택동은 운동전으로 적을 섬멸해야 한다고 주장했다. 당시 모주석도 회의 결정에 복종할 수밖에 없었다. 그날 저녁 나는 모주석의 의견을 수용했다(中共中央文獻研究室, 2002: 176). 압계회의에서 주은래는 중립을 지켰다. 모택동이 주은래를 찾아간 것은 그가 최종 결정권자였기 때문이다. 이는 주은래의 '모택동 지지'가 중요했다는 단적인 방증이다.

주은래는 작전 결정권을 가진 '최종 결정권자'였다. 주은래의 '참석자 설득'이 성공한 것이 단적인 증거이다. 이 시기 주은래는 '거족경중 (擧足輕重)' 역할을 했다. 당시 회의에서 모택동의 주장을 반대한 '군위' 주석 주덕도 주은래에게는 이의를 제출하지 못했다. 한편 주은래는 회의에서 '군사 문외한'인 낙보가 군사상 '최종 결정권자' 역할을 하는 것에 심기가 크게 불편했다. 이 또한 주은래가 모택동의 주장을 지지한 중요한 원인이다. 실제로 '주모(周毛)'의 협력관계는 상대방의 단점을 보완하는 상부상조의 관계였다. 결국 이는 '신3인단' 출범의 배경이 됐다.

3월 9일 장개석은 오기위·주혼원·손도·곽훈기가 거느린 각 종대에게 '분진합격(分進合擊)'을 지시했다. 또 준의 이서에서 '홍군 섬멸'을 명령했다. 홍군이 타고신장을 강공했다면 적군 5개 종대의 포위공격을 받았을 것이다(歐陽雪梅 외, 2017: 186). 결국 모택동의 '선견지명'이 입증됐다. 그러나 모택동의 (前敵)총지휘 파면을 초래한 '타고신장 쟁론'은 결코 끝나지 않았다. '파면 사건'은 사건 당사자들에게 심각한 후유증을 남겼다.

3월 11일 모택동은 낙보에게 '주모왕(周毛王)'으로 구성한 '3인단' 설립을 제출했다. 드라마 '장정(長征, 2001)'은 장면을 각색했다. 누가 '3인단' 단장(團長)이 되느냐고 낙보가 묻자 모택동은 이렇게 대답했다. …당연히 주은래이다. 준의회의의 결정을 위반해선 안 된다. 이 시기 홍군의 중대사는 모택동·주은래·낙보 세 사람이 결정했다. 상기 '3인단' 중 '중혁군위' 주석 주덕이 빠졌다. 결국 이는 준의회의의 '결정'을 위반한 것이다.

낙보는 '3인단' 설립을 찬성했다. 군사 작전은 빠른 결단력이 필요하며 회의의 토론·결정은 작전 전개에 불리하다는 것을 인지한 것이다. 3월 12일 주은래를 단장으로 한 '3인단'이 설립됐다(張培森 외, 2010:

175). 낙보가 박고의 전철을 밟지 않은 것은 현명한 선택이었다. 결국 장문천·모택동·주은래를 주축으로 한 새로운 중앙지도부가 출범했다. 한편 '신3인단' 출범으로 모택동은 주은래의 '조력자'라는 오명에서 벗어났다.

준의회의 후 주은래는 참모장 역할을 했다. '홍9군단' 정치부 주임 황화청(黃火靑)은 이렇게 회상했다. …당시 군사전략은 모택동이 제정하고 주은래는 작전 배치를 책임졌다(趙焱森 외, 2017: 187). 주은래가 참모장 역할을 했다는 상기 주장은 수긍하기 어렵다. 당시 주은래는 군사상 최종 결정권자였다. 한편 '신3인단' 설립 후 모택동의 발언권이 강화됐고 '주모(周毛)' 관계가 상하급이 아닌 대등한 위치였다는 점도 부인할 수 없다.

장문천의 제안에 기초해 모택동·주은래·왕가상이 군사 지휘권을 갖게 됐다. 비로소 주은래·모택동 간 주역과 보좌의 관계가 역전됐다(矢吹 晉, 2006: 106). '신3인단'은 당중앙이 위임한 홍군의 최고 권력기관이다. 모택동은 홍군의 최고 통솔자가 됐다(葉永烈, 2014: 400). 3월 11일 모택동은 주은래·왕가상과 함께 군사평의회 위원으로 임명됐다. 모택동은 결정적 존재로 변신했다(Salisbury, 2016: 205). '신3인단' 설립은 모택동이 제의했고 단장(團長)은 주은래였다. 당시 홍군의 '최종 결정권자'는 총정치위원인 주은래였다. 상기 '군사평의회 위원'은 큰 어폐가 있다.

모택동이 주덕을 제외하고 왕가상을 '신3인단' 멤버로 추선한 원인은 ① '타고신장 쟁론'의 의견 불일치 ② 주덕·주은래의 '돈독한 관계' 우려 ③ 왕가상, '모택동 추종자' ④ 주덕, 반'포위토벌' 실패의 '종범(從犯)' ⑤ 준의회의 전후 '왕가상 지지'에 대한 보답 등이다. 한편 장정 전반기 홍군 작전을 지휘한 것은 모택동·주은래·주덕이었다. 실제로 모택동의 '신3인단' 멤버 선정에는 정치적 요소와 치밀한 정략이 깔려 있었다.

'신3인단' 멤버 왕가상은 최고 결정권자가 됐다. 왕가상은 '자술(自述)' 등에서 종래로 '신3인단'을 언급하지 않았다(徐則浩, 2006: 144). 실제로 '유명무실'한 존재인 왕가상은 큰 역할을 하지 못했다. 드라마 '장정' 제13편에서 모택동은 낙보에게 이렇게 말했다. …'3인단' 간에 의견 대립이 생기면 '명군(明君)'인 당신이 최종 결정을 내리면 된다. 결국 이는 최종 결정권자 주은래의 역할 약화를 노린 것이다. '3인단'과 낙보를 감안하면 찬반(贊反) 대비는 3:1로 주은래가 약세였다. 결국 '신3인단' 설립을 통해 모택동은 '모주(毛周)' 지위 역전의 발판을 마련했다.

3월 14일 '중혁군위'는 노반장(魯班場) 공격을 명령했다. 노반장에는 8개 연대의 적군이 주둔했고 보루 등 방어시설이 구축됐다. 15일 제6연대 정치위원 등비(鄧飛)[1319]의 인솔하에 사각지대를 이용해 접근했다. 적군은 보루 등 방어시설을 이용해 완강히 저항했고 홍군은 진지 공략에 실패했다. 전투에서 홍군은 1000여 명 적군을 섬멸했다. 홍군 희생자는 480여 명, 1000여 명 부상자를 냈다. 홍군은 많은 사상자를 냈으나 '도강' 조건을 마련했다. 노반장전투 후 장개석은 병력을 검서북(黔西北)에 집결시켰다. 결국 모택동의 '성동격서' 계책에 말려든 것이다.

'중혁군위'가 반포한 '적수하 도하' 명령(3.16)은 이렇게 썼다. …홍군은 17일 12시까지 모대(茅臺) 근처에서 적수하를 도하해 기동적으로

1319 등비(鄧飛, 1913~2006), 강서성 감주(贛州) 출신이며 공산주의자이다. 1931년 중공에 가입, 1930~1940년대 홍군 181연대 정치위원, (吉南)군분구 정치위원, 동북야전군 제6종대 정치부 주임, 건국 후 남창시장, 광동성 재정부장 등을 역임, 2006년 북경에서 병사했다.

움직인다(趙焱森 외, 2017: 191). 세 번째로 적수하를 건넌 홍군은 활보하며 고린현 경내로 진입했다. 이는 적군에게 홍군이 장강을 도하해 북상한 다는 인상을 심어주기 위한 것이다. 홍군 의도는 적군을 천남(川南)으로 유인한 후 홍군 주력은 갑자기 방향을 돌려 운남성으로 진격하는 것이 었다.

3월 20일 홍군 지도부는 '홍1군단'에게 태평도 나루터 점령과 부교 설치를 명령했다. 또 1개 연대의 홍군에게 유격전 전개를 지시했다. 20 일 저녁 '중혁군위'는 '적수하 도하' 명령을 내렸다. 22일 오전까지 적 수하를 도하한 홍군은 검북(黔北)으로 돌아왔다. 결국 이는 홍군의 네 번째 적수하 도하이다. '성동격서' 전술로 홍군은 수십만 적군의 추격 을 뿌리쳤다. 3월 31일 오강 도하에 성공한 홍군은 장개석의 추격에서 벗어났다.

홍군은 유리한 시기를 잡으면 우세한 병력을 집중해 국민당군을 격 파했다. 중국에서는 적수하 전투를 허허실실과 '성동격서' 전술에 모 택동의 군사사상 백미인 기민하게 치고 빠지는 운동전을 종횡무진으 로 펼친 명전투로 평가한다(현이섭, 2017: 213). 훗날 모택동은 진의에게 이 렇게 술회했다. …내가 가장 만족하는 전투는 장정 초기의 '(四渡)적수하 전투'이다(聶榮臻, 1986: 250). 실제로 '성동격서' 전술과 기동적인 운동전 진수를 여실히 보여준 전투가 네 차례의 '적수하 도하'였다. 적수하 전 투는 주모홍군의 '유격전 백미'로 꼽아도 전혀 손색이 없는 명전투였다.

모택동 등이 지휘한 '사도적수(四渡赤水)'는 적의 포위권을 돌파하고 홍군이 기사회생한 중요한 전투임에 틀림없다. 한편 일각(劉華清 외, 2017: 138)에서 주장한 것처럼 모택동의 군사 전략이 홍군 불패의 '유일한 보 증'이라는 극찬은 사실 왜곡이다. 홍군의 토성·노반장 전투는 자타가 인정한 '패전'이다. 한편 무리한 강행군은 전방 지휘관의 불만을 야기했다. 이는 심각한 후유증을 남긴 회리(會理)회의[1320] 풍파를 초래했다.

3. 금사강(金沙江) 도하와 회리회의 풍파

1) '양동작전'으로 전군(滇軍) 유인, 금사강 도하

네 차례의 적수하 도하를 성공시켜 적의 추격권에서 완전히 벗어난 홍군의 작전 목표는 운남에 진입해 금사강을 건너 북상하는 것이다. 또 금사강을 건너 적의 포위권을 철저히 벗어나려면 운남 경내에 포진한 전군(滇軍)을 유인해야 한다. 한편 '조호이산(調虎離山)'[1321]을 위해 모택동 등 홍군 지도부는 귀양(貴陽)을 양공하는 '양동작전'을 전개했다. 당시 장개석은 '어가친정(御駕親征)'을 위해 임시 지휘소를 귀양에 설치했다.

홍군은 적군을 향해 펼친 공세는 ① 일부 병력은 옹안(瓮安) 방향 진격, '홍2·6군단 회합'을 연출 ② '홍9군단'은 오강 이북에서 적군 견제 ③ 홍군 주력은 귀양 양공 등이다(胡錦昌 외, 2017: 199). 홍군의 '귀양 양공'은 운남 진입을 노린 것이었다. 당시 홍군 지도부는 장개석이 귀양에 진입(3.24)했다는 정보를 입수했다. 귀양이 위급해지면 장개석이 곧 가

1320 회리회의(會理會議, 1935.5.12)는 사천성 양산주(凉山州) 회리현 교외에서 진행한 정치국 확대회의를 가리킨다. 회의는 '(中共)총서기' 낙보가 주최했다. 한편 회의에서 모택동은 홍군의 운동전에 불만을 표시한 임표·팽덕회를 비판했다. 당시 모택동의 주장은 낙보·주은래·주덕의 지지를 받았다. 또 회의는 회리 공격을 중지하고 북진해 '홍4방면군 회합'을 결정했다. (會理)회의 후 낙보·모택동·주은래의 '(三人)지도체제'가 형성됐다.

1321 '조호이산(調虎離山)'은 호랑이를 유인해 산을 떠나게 한다는 뜻이다. 진지를 고수하는 적을 유인해 기회를 노려 섬멸하는 전략이다. 중국의 고대 병법 '36계' 중 15번째 계책이다. 홍군은 전군(滇軍)을 유인하기 위해 귀양(貴陽)을 거짓 공격하는 양동작전을 펼쳤다. 한편 홍군의 '조호이산' 목적은 (雲南)경내의 금사강을 도하하기 위한 것이다.

된다. 주된 이유는 ① 의사와 약이 없는 상황에서 치료가 불가능 ② 안전을 보장할 수 없다(陳冠任, 2019: 285). 당시 홍군 병원장 부련장을 휴양중대에 급파한 모택동은 경호원에게 자신의 담가(들것)를 보내 하자진이 사용하도록 지시했다. 결국 모택동은 '환난지처(患難之妻)' 하자진을 버리지 않았다.

모택동은 이렇게 술회했다. …백성의 통곡소리를 들으면 저절로 눈물이 난다. 나는 경호원이 희생됐을 때 눈물을 흘렸다. 장정 중 하자진의 생명이 위태로웠을 때 눈물이 났다(歐陽雪梅 외, 2017: 211). 이튿날 휴양중대에 도착한 모택동은 중상자 아내를 보고 흘러나오는 눈물을 참지 못했다. 또 화령평(花嶺坪, 1935.5)에서 그를 보호하기 위해 적기 폭탄에 희생된 경호원 호창보(胡昌保)를 바라보며 모택동은 애통의 눈물을 흘렸다.

홍군은 도처에 '곤명을 공략해 용운을 사로잡자'는 구호를 붙였다. 대반교(大板橋)를 점령한 후 '용운을 생포하자'는 구호를 외치며 성세(聲勢)를 조장했다(胡錦昌 외, 2017: 213). 홍군의 곤명 위협에 '운남왕' 용운은 안절부절못했다. 장개석에게 화급한 원군 파견을 요청하고 손도에게 곤명 회귀를 명령했다. 또 각 현의 민단을 곤명에 집결시켰다(葉子龍 외, 2007: 536). 적군의 '곤명 집결'로 전북(滇北) 각지와 금사강 남안의 방어력이 약화됐다. 결국 홍군의 '금사강 도하' 장애물을 제거한 것이다. 결국 이는 모택동의 '성동격서' 전술이 재차 성공했다는 것을 반증한다.

당중앙의 '(川西)근거지 설립' 지시(4.29) 골자는 첫째, 운동전을 통해 사천에 진입해야 한다. 둘째, 금사강 도하 후 (川西)근거지를 창건해야 한다. 셋째, '도하' 배치는 ① '홍1군단', 용가(龍街) 탈취 ② '홍3군단', 홍문도(洪門渡) 점령 ③ 중앙종대, 교평도(皎平渡) 공략이다(第一方面軍史編委,

1993: 537). 상기 '(川西)근거지 설립'은 사실상 불가능했다. 결국 간부연대가 공략한 (皎平)나루터를 통해 대다수 홍군이 금사강을 도하했다.

홍군이 운남성 군용지도를 노획했다는 소식을 들은 모택동은 이렇게 말했다. …유비가 입천(入川)할 때 '장송헌도(張松獻圖)'[1328]가 있었는데 용운이 홍군에게 지도를 바치는구려(葉健君 외, 2017: 214). 상기 '군용지도'는 용운이 설악에게 선물한 것이다. 한편 (雲南)지도는 홍군의 금사강 도하에 큰 역할을 하지 못했다. 금사강을 건넌 홍군이 다시 운남성에 돌아오지 않았기 때문이다. 당시 홍군에게 절실한 것은 사천성 군용지도였다.

양림(楊林)[1329]이 지휘한 간부연대가 홍군을 수송할 배를 모았다. 5월 4일 금사강을 건넌 모택동은 유백승을 찾았다. 유백승은 간부연대가 (皎平)나루터를 빼앗아 교두보를 마련했으나 배가 2척뿐이라고 보고했다(현이섭, 2017: 215). 간부연대 참모장 필사제(畢士悌)는 나루터 탈취의 수훈갑이다. 또 통안진(通安鎭)을 공략해 홍군의 금사강 도하를 보장했다. 제75사단 참모장으로 승진한 필사제는 '황하 도하' 전투(1936.2)에서 희생됐다.

1328 장송(張松, 후한 말 정치가)이 유비에게 서촉(西蜀) 지도를 바친다는 '장송헌도(張松獻圖)'는 삼국연의 제48회에 나오는 이야기이다. 장송은 (西川)지도를 선물로 준비해 조조를 찾아가 도움을 요청, 조조는 용모가 누추한 그를 문전박대했다. 한편 유비의 환대를 받은 장송은 그에게 지도를 헌납했고 장송의 지도에 근거해 '서천 탈취' 전략을 세운 유비는 대업을 이뤘다. 실제로 '장송헌도'는 조조를 추화(醜化)하고 유비를 미화(美化)했다.

1329 양림(杨林, 1898~1936), 원명은 김훈(金勛)이며 (朝鮮)평안북도 출신이다. 1919년 중국으로 이주, 1925년 중공에 가입, 양녕(楊寧)으로 개명했다. 1927년 모스크바에서 필사제(畢士悌)라는 화명을 시용, 1930년 상해에서 양림(楊林)으로 개명, 1936년 동정(東征) 전투에서 희생됐다. 중국에선 (軍委)간부연대 참모장 '필사제'로 잘 알려져 있다.

홍군이 구한 목선(木船)은 7척이었고 뱃사공은 35명이었다. 도강은 밤낮없이 진행됐다. 뱃사공의 하루 품삯은 은화 1원(상여금 1원, 별도로 지급)이었다. 또 사례비로 아편(鴉片)[1330]을 요구하면 하루에 다섯 냥을 주었다(李小三 외, 2007: 142). 금사강 도하를 책임진 참모장 유백승은 (渡江)일등공신이었다. 또 도강 후 나룻배를 전부 소각했다. 마지막까지 운송한 뱃사공에게 30원을 지급하고 나룻배 소유자에게 80원을 배상했다.

5월 4일 용가에 도달한 '홍1군단'은 부교 설치에 실패했다. 홍문도에 도착한 '홍3군단'도 부교를 설치하지 못했다. '중혁군위'는 '홍1·3군단'에게 교평도 이동을 명령했다. '홍3군단' 제13연대는 홍문도에서 금사강을 건넜다. 5월 6일 '홍5군단'은 적의 선두부대 1개 사단을 단가(團街)에서 저격해 홍군 도하를 보장했다. 회택(會澤)에서 금사강을 건넌 '홍9군단'은 금사강 서안에서 적군을 저지해 홍군 주력의 금사강 도하를 엄호했다.

솔즈베리는 이렇게 평가했다. …금사강 도하는 추격군에게 빗장을 지른 격이 됐다. 모택동은 장개석의 추격에서 완전히 벗어나지 못했으나 홍군은 사천 경내에 진입했다. 장정 개시 후 처음 주도권을 잡은 작전이었다(Salisbury, 1985: 222). 금사강 도하는 운동전이 돋보인 유격전술의 성공이었다. 그러나 금사강 도하는 홍군이 '처음 주도권을 잡은' 전투는 아니었다. 홍군이 '주도권을 잡은' 전형적 사례는 '(四渡)적수하 도하'

1330 아편(鴉片)은 양귀비의 열매 액즙을 응결시킨 것이다. 중추신경계를 억제하는 아편은 주로 '통증 조절'에 사용된다. 또 환각 증상·의존성과 내성을 일으키며 금단증상이 나타나 중독된다. 당시 홍군은 부상자들의 '통증 제거'를 위해 소량의 아편을 갖고 있었다. 실제로 장정 중 중상자(重傷者) 왕가상은 상처의 '통증 해소'를 위해 아편을 피운 것으로 전해진다. 한편 '아편 중독자(中毒者)'가 많은 검군(黔軍)은 전투력이 매우 약했다.

전투였다.

홍군의 곤명 양공과 금사강 도하는 '성동격서' 전술의 성공을 의미한다. 결국 홍군은 국민당 추격군을 금사강 남안에 남겨뒀다. 이는 홍군 특유의 기동적 운동전을 전개한 결과였다. 실제로 귀양·곤명 양공에 대한 양동작전과 적수하·금사강 도하는 모택동이 창안한 유격전술의 백미(白眉)로 불리기에 손색없다. 한편 연속된 강행군과 전술에 대한 비밀 엄수는 임표 등 전방의 지휘관과 홍군 지도부 간 '불협화음'을 유발했다.

2) '회리성(會理城) 공략' 실패, '회리회의' 풍파

사천성 서남부에 위치한 회리(會理)는 군사 요충지였다. 회리성은 천강(川康)변방군 제1여단장 유원당(劉元瑭)[1331]이 거느린 천군 3000여 명이 수비했다. 성벽은 견고했고 성벽 주위에 20여 개 보루가 구축됐다. '홍3군단'이 주도한 회리 공격 목적은 급양 해결이었다. 한편 통안진에서 홍군에게 패배한 적장 유원당은 보루를 구축하며 원군(援軍)을 기다렸다. 이 기간 회리에서 모택동·낙보가 주최한 정치국 확대회의가 개최됐다.

5월 8일 회리 근교에 도착한 홍군은 감제고지를 점령했다. 5월 10일 '홍3군단'과 간부연대는 회뢰성을 강공했으나 공격기술 결여로 방어시설이 견고한 '성(城) 공략'에 실패했다. 이때 성밖의 '변방군' 2개 연대가 회리 공격 중인 홍군을 습격했다. '홍3군단'은 '원군' 공격을 격퇴

1331 유원당(劉元瑭, ?~1958), 사천성 대읍(大邑) 출신이며 국민당 중장이다. 1920~1940년대 천강변방군(川康邊防軍) 부사령관, 제24군 137사단장, 제8전구(戰區) 사령부 고참(高參) 등을 역임, 1958년 옥중(獄中)에서 병사했다.

했으나 적군 대부분이 성안으로 도망쳤다. 결국 성안 수비군 병력은 더욱 강화됐다. 한편 홍군 지도부는 갱도(坑道)를 파서 성벽을 폭파할 것을 명령했다.

'회리 공략'에 실패한 팽덕회는 '중혁군위'에 공격 중지를 건의했다. '홍3군단'은 성북(城北)에서 방어진지를 구축해 '원군 저격'을 준비했다. 5월 12일 갱도작업을 완성한 홍군은 성벽 폭격을 강행했다(劉秉榮, 2006: 243). 5월 14일 회리성벽 밑까지 갱도를 판 홍군이 성벽 북쪽의 일부를 폭파했다. 그러나 수비군의 돌파구 봉쇄에 홍군 공격은 재차 무산됐다(黃少群 외, 2007: 146). 당시 홍군의 의도를 눈치챈 적군이 성벽 주변에 도랑을 파고 대량의 물을 쏟아부었다. 이는 '폭파'의 위력을 크게 감소시켰다. 5월 16일 회리 공격을 포기한 홍군은 주동적으로 철수했다. 이는 홍군의 '사천 근거지' 설립이 사실상 불가능하다는 단적인 방증이다.

드라마 '이해결맹(彝海結盟)' 제4집에는 이런 장면이 나온다. …'회리 승전' 격려를 위해 장개석이 전용기를 타고 회리 상공으로 날아가 '수비군' 책임자 유원당에게 '중장 승진' 임명서와 함께 상금 1만원을 투하한다. 물론 이는 픽션이다. 유원당의 '중장 진급'은 1938년 3월이었다. '홍3군단'의 패전은 전투력이 막강한 천군이 '홍군의 천적'이라는 것을 반증한다. '회리 패전' 주요인은 ① 견고한 성벽에 대한 폭파수단 부족 ② 낙후된 장비 ③ '성 사수(死守)'에 대한 적군의 강한 의지력 ④ 천군의 강한 전투력 ⑤ 후진적 갱도작업 ⑥ 대중의 '홍군 협조' 부재 ⑦ '원군' 도착 등이다. 실제로 연속된 전투로 극도로 피로한 홍군이 천시(天時)·지리(地利) 우세를 가진 천군이 사수(死守)한 '회리 공략'에 승산이 없었다.

'홍3군단'이 회리를 공격하는 동안 홍군 주력은 회리 교외에서 5일 간 휴식·정비했다. 이 기간 대중을 동원해 급양을 해결한 홍군은 '빈농단(貧農團)' 등 혁명단체를 설립했다. 또 홍군은 회리현에서 수천명의 신병을 모집했다. 5월 15일 '중혁군위' 지시에 따라 홍군 주력은 서창(西昌)을 향해 진격했다. 5월 16일 '홍3군단'도 회리를 떠나 북진했다. 한편 '홍3군단'은 회리성 공격에 실패했으나 모택동은 회리회의의 '승자'로 군림했다.

5월 12일 회리에서 정치국 확대회의가 열렸다. 회의에 참석한 정치국 위원은 낙보·주은래·모택동·주덕·진운·박고, 전방 지도자 팽덕회·섭영진·임표·양상곤 등이었다. 회의 장소는 임시로 만든 초옥(草屋)이었다(劉英, 2005: 74). 회리회의 취지는 행동방침 확정과 군사전략에 대한 통일적 결론을 도출하는 것이었다. 낙보가 정치보고를 하고 모택동이 장시간 연설을 했다. 양상곤의 회상에 따르면 회의는 단 하루 동안 열렸다.

홍군은 '적수하 도하' 등 대규모적 운동전을 전개했다. 이 와중 하루 60킬로 속도의 강행군이 강행됐다. 이는 감원 속출과 홍군 장병의 불만을 야기했다. 4월 중 전방의 홍군 지휘관 임표·양상곤·유소기가 당중앙에 전보와 편지를 보내 홍군 지도부의 전술 불만을 표출했다. 이는 홍군 지도부와 전방 지휘관 간 소통 부재와 (戰術)비밀 엄수와 관련된다.

4월 하순 정치부 주임 유소기는 '군위'에 보낸 전보는 이렇게 썼다. …연속된 강행군으로 많이 지친 장병들은 홍군의 전술에 불만을 품고 있다. 현재 감원 현상이 지속되고 있다(趙焱森 외, 2017: 222). 4월 중순 유소기는 정치사상교육 강화를 위해 '홍3군단'에 정치부 주임으로 파견됐다. 한편 유소기의 사견이 가미된 전보에 팽덕회는 사인을 거부했으나 정치위원 양상곤이 서명했다. 결국 유소기는 '회리풍파'를 유발한 당사자가 됐다.

임표는 주덕에게 보낸 전보(4.22)에 이렇게 썼다. …현재 연속된 강행군으로 병사들이 지친 상태에서 굽은 길은 지양하고 첩경을 선택해야 한다(于化民 외, 2013: 117). 또 임표는 '신3인단'에게 보낸 편지에 이렇게 적었다. …모택동·주은래·주덕은 홍군의 전략을 제정하고 팽덕회를 전적 총지휘로 임명해야 한다(程中原, 2016: 75). 상기 임표의 편지는 4월 중 '중공 총서기' 낙보에게 보낸 것으로 추정된다. 한편 팽덕회의 '전적 총지휘'는 '타고신장 쟁론(3.10)'과 밀접하게 관련된다. 당시 낙보는 모택동이 '사표'를 수리하고 팽덕회를 '모택동 대체자'로 임명했다.

임표가 전방을 대표해 '3인단' 지휘권을 팽덕회에게 넘기고 사천으로 방향을 틀자고 요구했지만 거절당했다. 4월 중순 홍군은 운남성에 들어갔다. 남쪽은 프랑스가 점령한 베트남[1332]이었다. 결국 적대국 프랑스군과 원주민 이족(彝族)의 위협에 직면했다(나창주, 2019: 398). 실제로 임표는 팽덕회에게 '전적 총지휘'를 맡겨야 한다고 썼다. 또 이는 임표의 개인적 견해였다. 한편 '프랑스군 위협'에 직면했다는 주장은 사실무근이다. 홍군이 베트남을 침입하지 않은 이상 프랑스군이 홍군을 공격할 이유가 없다. 홍군이 이족의 '위협'에 직면한 것은 '사천 진입' 후였다.

무리한 강행군으로 홍군 장병은 크게 지쳤다. 이는 전방 지휘관의

1332 1858~1883년 프랑스는 베트남에 대한 세 차례의 침략 전쟁을 통해 '월남(越南, 베트남) 보호권'을 취득했다. 1884년 베트남은 프랑스 식민지로 전락됐다. 1945년 '8월혁명' 후 호찌민(Ho hiMinh)은 베트남민주공화국 설립을 선포했다. 한편 운남성에 들어간 홍군이 '적대국 프랑스군 위협'에 직면했다는 한국 학자의 주장은 사실무근이며 황당무계한 견해이다. 실제로 홍군의 '운남성(雲南省) 진입'은 '금사강 도하'가 주된 목적이었다.

'불만'을 야기했다. 임표는 전방의 의견을 홍군 지도부에 전달하기 위해 편지를 쓴 것이다. 모택동과 사적인 원한이 없는 임표가 모택동의 권위에 도전한 것은 아니었다(高華, 2002: 55). 임표가 편지를 쓴 의도는 모택동을 홍군 지도부에서 축출하기 위한 것이다. 또 임표는 섭영진에게 '편지 서명'을 요구했으나 거절을 받았다(周少華, 2013: 184). 전방 지휘관 임표가 부대원의 의견을 당중앙에 보고한 것은 당연지사였다. 한편 모택동의 '지도부 축출'을 위해 편지를 썼다는 주장은 사실무근이다.

섭영진은 이렇게 회상했다. …모주석의 영도를 반대하는 것은 준의회의 정신에 위배된다. 오직 모주석만이 위기를 만회할 수 있다. 이 편지에 사인할 수 없다. 또 편지를 보내는 것을 반대하며 모든 결과를 당신이 책임져야 한다(聶榮臻, 1986: 259). 섭영진의 '회상'을 맹신해선 안 된다. 관련 '회상'은 임표가 모택동을 배반한 '반역자'라는 점을 염두에 뒀기 때문이다. 실제로 섭영진은 황포군교 '제자'인 임표를 존경했다. 홍군 중 임표의 성망은 총사령관 주덕에 버금가는 팽덕회와 대등했다. 한편 '사달을 일으킨' 장본인은 임표였으나 팽덕회가 주모자로 오인됐다.

4월 중 모택동은 '심각한 위기'에 봉착했다. 전방 부대원의 고충을 외면한 강행군과 무리하게 강행된 '전략적 이동'이 화를 초래한 것이다. 임표·유소기 등이 보낸 편지와 전보는 모택동 주축의 홍군 지도부에 대한 '불만 표출'이었다. 더욱 심각한 것은 '(毛洛)협력체제'에 신뢰 위기가 닥쳤다. 4월 중순 '(中共)총서기'로 임명된 지 얼마 안 된 낙보가 사임(辭任)을 제출했다. 한편 낙보의 '사임'은 '타고신장 쟁론'과 밀접히 연관된다.

당시 홍군의 강행군과 운동전에 불만이 많았던 왕가상은 낙보에게 이렇게 말했다. …홍군이 전투는 치르지 않고 강행군만 하는 것은 신통한 방법이 아니다. 정치국 회의를 열어 '강행군'과 '전투' 간 의견 대립을 해결해야 한다(劉英, 2012: 58). '신3인단'이 출범한 후 사실상 전투를 지휘한 것은 모택동·주은래·주덕이었다. 유명무실한 왕가상이 모택동에게 불만이 많은 것은 당연했다. 실제로 매일 들것의 '신세를 져야' 하는 왕가상에는 강행군이 큰 고역이었다. 7월 중순 왕가상은 총정치부 주임에서 면직됐다. 그의 대체자는 '모택동 지지자'로 변신한 박고였다.

정치국 회의(4.17)에서 낙보는 상해에 가서 당조직을 재건하겠다고 제출했다. 회의는 낙보의 '유임'을 결정하고 조직부장 진운을 파견하기로 결정했다(程中原, 2016: 63). 실제로 모택동의 설득에 낙보가 '유임'을 동의한 것이다. 당시 모택동이 낙보의 마음을 안정시키기 위해 강구한 해결책이 바로 유영(劉英)의 '비서장 임명'이었다. 한편 연안정풍에서 모택동은 장문천의 '총서기 사임'을 심각한 '사상적 동요(動搖)'라고 비판했다.

낙보의 사임은 '타고신장 쟁론'의 후유증이다. 당시 모택동의 사직을 수용한 낙보가 팽덕회를 '대체자'로 임명했다. 결국 '(毛洛)관계'가 소원해졌다. 작전 지휘권을 장악한 모택동·주은래는 군사 문외한 낙보가 '최종 결정권자' 행세를 하는 것을 마뜩잖게 여겼다. '적수하 도하' 성공으로 위상이 높아진 모택동은 주은래 등과 연합해 낙보의 권위를 약화시켰다. 결국 낙보가 '사임'을 제출하자 당혹감을 느낀 모택동이 만류한 것이다.

모택동은 많은 병력을 전투부대로 배속했다. 중앙비서장 등소평은 제1군 정치위원에 임명됐다. 중앙팀 비서는 유영이 대신했다. 그런 일은 한 번도 해본 적이 없었는데 중앙팀 일원인 낙보가 도와줬다. 유영이 비서를 맡은 후 두 사람은 더욱 가까워졌다(Salisbury, 1985: 230). 등소평은 '홍1군단' 정치부 선전부장으로 임명됐다. 유영은 중앙국 비서장이며 '중앙팀 일원'은 큰 어폐가 있다. 또 낙보는 공산국제가 인가한 '총서기'였다.

유영은 이렇게 회상했다. …내가 중앙국에 도착하자 모택동은 이렇게 말했다. 유영의 비서장 임명은 내가 제출했다. 중앙국은 여성이 필요하다. 또 이렇게 강조했다. …비서장의 임무는 중앙경호대의 사상교육을 책임지고 회의 내용을 기록하는 것이다(劉英, 2012: 55). 1935년 가을 낙보과 유영은 결혼했다. 중매자는 모택동 부부였다. 유영이 중앙국 비서장에 임명된 후 낙보는 마음을 굳혔고 '모낙(毛洛)' 관계가 더욱 돈독해졌다.

유영의 '비서장 전근'은 모택동의 정력적 계산이 깔린 인사 배치였다. 주덕·강극청의 결혼도 모택동 부부의 중매로 이뤄졌다. '중매'는 모택동이 협력자와의 '관계 개선'에 써먹는 상투적 수법이었다. 낙보의 '확고한 지지'는 회리회의에서 모택동이 '도전자'를 물리치고 승자로 군림한 주된 원인이다. 회리회의 후 모택동의 지위가 한층 견고해졌다. 이 또한 장국도와의 권력투쟁에서 모택동이 우위를 선점한 중요한 원인으로 간주된다.

등소평이 '홍1군단' 정치부 선전부장으로 전근(1935.6)된 후 유영은 이렇게 말했다. …유능한 등소평을 대신할 수 있을 지 걱정된다. 모택동은 이렇게 설명했다. …등소평과 같은 인재는 전방에 더욱 필요하다(官力 외, 2012: 34). 모택동은 '동병상련'의 지기(知己)를 결코 잊지 않았다. 1937년 '홍1군단' 정치부 주임 등소평은 팔로군 총정치부 부주임으로 진급했다. 한편 129사단 정치위원(1938.1)인 등소평의 지위는 임표와 대등했다.

'타고신장 쟁론(3.10)'에서 모택동은 고립무원에 빠졌다. '토성 패전'으로 그의 위신이 추락된 것이다. 수세에 몰린 '상반전'이었다. 흔히 '승부'는 후반전에 결정된다. 2개월의 '하프타임'을 통해 모택동은 반격 기회를 마련했다. '신3인단' 설립 후 홍군은 '적수하·'금사강 도하'를 통해 적의 포위권에서 완전히 벗어났다. 이는 모택동이 회리회의라는 '하반전'에서 반전에 성공한 주요인이었다. 결국 사달을 일으킨 임표는 '어린애' 취급을 받았고 팽덕회는 '심각한 반성'을 했다. 한편 '총서기' 낙보와 주은래·주덕의 지지를 받은 모택동은 회리회의의 최종 승자가 됐다.

낙보는 임표 등의 '불신·동요'는 우경이라고 지적했다. 모택동은 임표가 주장한 '굽은 길'에 대해 사실을 들어 반박했다. 또 팽덕회를 '막후 조정자'로 지목한 그는 임표·양상곤의 소행을 (右傾)기회주의라고 비평했다(程中原, 2016: 77). '사건 당사자'인 임표에게 관용을 베푼 모택동은 책임을 추궁하지 않았으나, 팽덕회를 임표 등의 '배후 조정자'라고 비판했다. 실제로 모택동의 '팽덕회 비판'에는 낙보에 대한 불만이 내포됐다.

팽덕회는 이렇게 반성했다. …노반장 전투에서 패배한 후 나는 실의에 빠졌다. 실의에 빠진 것은 우경적 표현이다. 나는 임표의 편지를 비판했다. …'전적 총지휘'로 나를 거론하는 것은 적절치 않다(彭德會, 1981: 199). 실제로 '임표의 전화'가 맞는 표현이다. 팽덕회가 임표의 편지를 본 것은 회리회의였다. 한편 회의 전날(5.11) 임표는 팽덕회에게 전화를 걸어 '전적 총지휘'를 맡을 것을 부탁했다. 당시 팽덕회는 정중하게 거절했다.

양상곤이 서명한 유소기의 전보는 '회리풍파' 발단이 됐다. '홍3군단' 최고 책임자 팽덕회가 한사코 반대했다면 유소기가 전보를 보내지 못했을 것이다. 4월 중 팽덕회는 '홍3군단'과 함께 행군한 낙보에게 전보문과 비슷한 의견을 제출했다. 당시 팽덕회도 무리한 강행군에 불만을 품고 있었다. 팽덕회가 낙보·임표에 의해 모택동의 '대체자'로 지목된 것은 결코 '우연의 일치'가 아니었다. 모택동이 실각했을 때 팽덕회는 여러 번 모택동의 반대편에 섰다. 한편 모택동은 팽덕회·낙보 등이 '결탁'해 자신을 반대했다고 여겼다. 결국 이는 심각한 후유증을 남겼다.

황극성은 이렇게 회상했다. …모택동은 유소기[1333]·임표·팽덕회의 견해를 '우경 기회주의'라고 비판했다. 유소기는 당중앙에 전보를 보내 이렇게 건의했다. …운동전 전개는 적절치 않다(黃克城, 1994:135). 당시 유소기의 전보에는 황극성의 '의견'이 반영됐다. 모택동의 '비판대상'은 유소기 아닌 임표·팽덕회였다. 회리회의 후 '홍3군단' 지도부는 황극성을 '우경 대표'로 비판했다. 실제로 애꿎은 황극성을 희생양으로 삼은 것이다.

팽덕회는 모택동이 홍군을 끌고 다니지 않았다면 오래전에 사천에 진입했을 것이라고 비난했다. 그러자 팽덕회를 우익으로 몰아붙인 모택동은 팽덕회가 임표를 선동했다고 반격했다. 팽덕회는 모택동처럼 이전투구(泥田鬪狗)에 익숙한 사람이 아니었다(나창주, 2019: 399). 상기 '비

1333 팽덕회의 회상에 따르면 유소기는 회리회의에 참석하지 않았다. 회의에서 모택동이 유소기 등의 견해를 '우경 기회주의'라고 비판했다는 황극성의 주장은 설득력이 떨어진다. 당시 모택동이 유소기를 '회의 참석자'에 포함시키지 않은 것은 그의 '전보'를 문제삼지 않았다는 단적인 반증이다. 실제로 유소기는 홍군 장병의 '불만'을 홍군 지도부에 전달한 것이다. 한편 (會理)회의의 '비판대상'은 모택동의 권위에 도전한 임표·팽덕회였다.

난'·'반격'·'우익'·'이전투구'는 어폐가 있으나, 모택동은 팽덕회보다 권모술수에 능했다. 회리회의는 주도권을 장악한 모택동의 최종 승리로 끝났다.

모택동과 팽덕회는 모두 승벽이 세고 승부 근성이 강했다. 모택동이 실권했을 때 팽덕회는 '감주 공격'을 고집해 모택동의 체면을 살려주지 않았다. 또 준의회의 후 팽덕회는 본의 아니게 모택동의 '대체자'로 거론됐다. '회리풍파' 후 '모팽(毛彭)'은 앙금을 풀고 신뢰를 회복했다. 실제로 팽덕회는 장국도와의 대결에서 '위기에 몰린' 모택동의 버팀목이 됐다. 장정 후반기 팽덕회는 모택동의 '홍군 통솔자' 등극에 중요한 역할을 했다. 30년 동안 유지된 '모팽'의 관계는 '이혼 전후'의 부부를 방불케 했다. '이혼' 전엔 서로 이해했으나 '이혼' 후엔 원수가 된 것이다.

주은래는 이렇게 말했다. …홍군은 운동전을 통해 적의 포위권에서 벗어났다. 강적이 추격하는 상황에서 홍군은 강행군을 할 수밖에 없었다. 홍군의 전술은 정확했다. '적수하 도하'가 이를 입증한다(吳超, 2013: 83). '타고신장 쟁론'에서 중립을 지킨 주은래는 회리회의에서 확고하게 모택동을 지지했다. 결국 이는 모택동이 전방 지휘관의 '반항 제압'에 큰 역할을 했다. 한편 모택동의 입지는 한층 강화됐으나 주은래는 권위는 약화됐다.

회리회의 후 모택동은 최고 책임자가 됐다. 결국 임표가 모택동의 '최고 책임자' 등극에 일조했다. 전당·전군의 각도에서 바라보면 모택동의 지위는 주은래의 아래였다(黃少群, 2015: 596). 상기 주장은 자가당착적이다. 모택동이 '최고 책임자'로 등극했다면 지위가 주은래의 아래일

수 없다. 회리회의 후 낙보·모택동·주은래의 '3인지도체제'[1334]가 형성
됐다. 실제로 '3인지도체제'가 장정 후반기 중앙홍군을 영도했다. 한편
임표의 '지도부 불신' 대상은 모택동이 아닌 주은래·주덕일 수 있다. 당
시 주은래는 '3인단' 단장이고 주덕은 '중혁군위' 주석이었기 때문이다.

회리회의 후 모택동의 팽덕회·낙보에 대한 오해의 골이 더 깊어졌
다. 연안정풍에서 모택동은 이렇게 말했다. …당시 낙보는 심각한 동요
가 있었다. 또 그는 임표·팽덕회를 선동해 홍군 지도부를 불신하도록
만들었다(程中原, 2012: 46). 상기 '동요'는 낙보의 '총서기 사임(1935.4)'을
가리킨다. 낙보의 '임표 선동'은 사실무근이다. 또 모택동은 팽덕회의
'임표 선동'을 네 차례 들먹였다. 결국 이는 팽덕회의 '반당 죄증(罪證)'
이 됐다.

회리회의의 최종 승자는 모택동이었다. 한편 '회리풍파'는 사건 당
사자에게 심각한 악영향을 끼쳤다. 연안정풍에서 철저하게 과오를 반성
을 한 낙보는 '중공 총서기'에서 물러났다. 여산회의(廬山會議, 1959)[1335]에
서 팽덕회·황극성은 '반당집단(反黨集團)'으로 몰렸다. 문혁 시기 양상곤

1334 회리회의의 주최자는 '(中共)총서기' 낙보와 모택동이었다. 회리회의를 통해 전방 지휘
　　관들의 도전을 물리친 모택동은 사실상 '(紅軍)작전 지휘권'을 장악했다. 한편 주은래
　　를 단장(團長)으로 한 '신3인단'은 유명무실해졌다. 홍군의 주요 전략은 모택동·주은
　　래·주덕 세 사람이 결정했다. 회리회의 후 중공의 지도체제는 낙보·모택동·주은래 '3
　　인(三人)지도체제'로 변경됐다. 반년 후 '(三人)지도체제'는 '(毛洛)연합체제'로 굳어졌다.

1335 여산회의(廬山會議)는 1959년 7월 2일부터 8월 1일 8월 2~16일까지 강서성 여산에
　　서 개최된 정치국 확대회의와 8기 8중전회를 가리킨다. 7월 14일 팽덕회는 모택동
　　에게 편지를 보내 1958년 이래의 좌경 과오와 경험·교훈에 관한 의견을 진술했다. 7
　　월 23일 모택동은 팽덕회의 편지를 '자산계급의 동요, (右傾)기회주의 강령(綱領)'이라
　　고 비판했다. 실제로 여산회의 후반부는 팽덕회·황극성·장문천 등 '반당집단' 투쟁으
　　로 변질했다.

은 12년 간 수감됐고 낙보·팽덕회는 혹독한 정치적 박해를 받았다. 또 '주자파' 유소기는 타도됐고 '반역자' 임표는 '추락사(墜落死, 1971)'했다.

3) '이해결맹(彝海結盟)'[1336]과 대도하(大渡河) 도강

회리회의 말미에 홍군의 행동방침이 결정됐다. 홍군의 '회리 공격'을 포기하고 신속히 북진해 '홍4방면군'과 회합할 것을 확정했다. 또 회의는 천섬감(川陝甘) 근거지 설립을 목표로 정했다. 5월 15일 홍군 주력은 회리를 떠나 서창(西昌)으로 진격했다. 홍군 지도부는 '선견대(先遣隊) 설립'을 결정하고 '천군 명장(名將)'인 유백승을 사령관으로 임명했다. 결국 '이해결맹'을 맺은 '독안룡(獨眼龍)' 유백승은 '홍군의 전설'로 남겨졌다.

5월 16일 홍군은 덕창(德昌)에 접근했다. (德昌)적장은 유백승의 옛 부하 허검상(許劍霜)[1337]이었다. 유백승은 허검상에게 편지를 보내 양도(讓道)를 요구했다(李曼村 외, 2015: 72). 허검상은 유백승의 편지를 '변방군' 사령관 유원장(劉元璋)에게 보내 '홍군 양도'를 주장했다. 유원장이 확답을 주지 않자 '묵인'으로 간주한 허검상은 홍군에게 '길'을 열어줬다. 17일 홍군은 덕창을 점령했다. 한편 책임 추궁을 당한 허검상은 파면됐다.

1336 '이해결맹(彝海結盟, 1935.5)'은 '선견대' 사령관 유백승(劉伯承)과 이족(彝族) 수령 소엽단(小葉丹)이 의형제를 맺은 것을 가리킨다. '이해결맹'은 홍군의 소수민족 정책 결과물이며 홍군과 이족 간 '우의(友誼)'를 상징하는 사건이다. 5월 22일 결맹의식은 곡마자(谷麻子) 해자변(彝海)에서 거행됐다. 결국 홍군은 순조롭게 이족구를 통과하고 병력을 보충했다. 한편 '결맹'의 공로자는 소화(蕭華), 당사자 소엽단은 국민당군에게 처형됐다.

1337 허검상(許劍霜, 1895~1955), 사천성 노주(瀘州) 출신이며 공산주의자이다. 1926년 중공에 가입, 1930~1940년대 국민혁명군 제2연대장, 천강(川康)변방군 제16여단장, 팔로군총부 참의(參議), 1955년 성도(成都)에서 병사했다.

유원장은 '서창 방어'를 위해 등수정(鄧秀廷)[1338]에게 '내원(來援)'을 지시했다. 당시 등수정의 휘하에는 2개 연대 정규군과 이민(彝民)부대 수천 명이 있었다. 등수정은 서창 남부 황수당(黃水塘)에서 유백승이 보낸 편지를 받았다. '편지'의 골자는 ① 홍군 북진 ② '양도' 부탁 등이다(劉秉榮, 2006: 259). 결국 '양도'를 결정한 등수정은 면녕(冕寧)으로 철수했다. 이 시기 정면충돌을 피한 사천의 지방군대는 병력 보존을 우선시했다.

홍군 주력이 서창에 접근하자 당황한 유원장은 '입성(入城) 저지'를 위해 거리를 소각했다. 소각한 거리는 28개, 민가(民家) 3700여 호, 사찰 10여 개, (回敎)예배당 4개를 불태웠다. 이는 당지 백성의 분노를 야기했다 (李小三 외, 2007: 150). 장개석은 '홍군 저지'를 핑계로 저지른 유원장의 만행을 수수방관했다. 한편 홍군은 중병이 배치된 서창 공격을 포기하고 노고진(瀘沽鎭)을 점령했다. 홍군의 궁극적 목적은 '대도하 도강'이었다.

'대도하 도착'은 두 갈래 길이 있었다. 월서·대수보(大樹堡)를 통하면 대안은 부림(富林)이며 이 길은 대로였다. 또 면녕·안순장(安順場)을 거쳐 가는 산길은 반드시 이족지역을 통과해야 했다. 당시 장개석은 대수보·부림지역에 중병을 배치했다(蔣建農 외, 1977: 190). 5월 17~18일 홍군 지도부는 영주(永州)에서 회의를 열고 홍군의 행동방침을 토론했다. 회의는 이족지역을 통과해 안순장 나루터를 통한 대도하 도하를 결정했다.

한족에 대해 공포·증오심을 가진 이족은 국민당군과 홍군이 충돌하길 바랐다. 모택동은 특별명령을 내려 이족의 공격에 반격하지 말 것을 지시했다. 또 유백승을 이족마을에 파견해 혁명이 성공하면 이족의

[1338] 등수정(鄧秀廷, 1889~1944), 사천성 희덕(喜德) 출신이며 이족(彝族), 국민당 중장이다. 1920~1930년대 천군 제16여단장, 청향(淸鄕) 사령관, 정변(靖邊) 사령관(中將) 등을 역임, 1944년 감상영(甘相營)에서 병사했다.

자치를 허용하겠다고 약속했다(나창주, 2019: 401). '홍군 충돌'과 '이족의 자치'는 꾸며낸 이야기로 사실무근이다. 한편 홍군 지도부는 사천성 출신인 유백승을 홍군 선견대(先遣隊)의 사령관으로 임명했다. '선견대'의 임무는 이족지역 통과와 안순장 나루터 선점, 홍군의 '대도하 도강' 보장이다. 실제로 유백승의 (先遣隊)사령관 임명은 '적재적소 인사'였다.

홍군 지도부는 '홍1군단' 제1연대와 1개 공병(工兵)소대 및 소화(蕭華)[1339]가 거느린 실무팀으로 '선견대'를 설립했다. 유백승이 사령관, 섭영진이 정치위원에 임명했다. 또 좌권·유아루가 이끈 '홍1군단' 제5연대에게 '대수보 점령'을 명령했다. 실제로 대수보 공격은 적의 주의력을 분산시켜 홍군 주력의 '안순장 도하'를 엄호하기 위한 것이었다. 또 '중혁군위'는 부림·성도(成都) 공격을 선전하고 '홍9군단'에게 후위를 맡겼다.

유백승은 문무·지략을 겸비한 군사 전략가이다. 1916년 전투 증 태양혈을 명중한 탄알이 오른 눈을 관통하는 중상을 당했다. 당시 눈수술을 담당한 독일 군의(軍醫)는 '관공괄골료독지(關公刮骨療毒地)'[1340]를 연상케 하는 인내력에 탄복해 '군신(軍神)'이라고 칭찬했다. 소련 푸룬제 군사학원에서 공부한 유백승은 홍군 총참모장과 '홍5군단' 참모장, 중앙

1339 소화(蕭華, 1916~1985), 강서성 감주(贛州) 출신이며 공산주의자이다. 1930년 중공에 가입, 1930~1940년대 '홍1군단' 정치부 조직부장, 팔로군 343여단 정치위원, 제13병단 정치위원, 건국 후 (空軍)정치위원, 전국 정협 부주석 등을 역임, 1985년 북경에서 병사했다.

1340 '관공괄골요독지(關公刮骨療毒地)'는 삼국연의 제75회에 나오는 이야기이다. …전투 중 오른쪽 팔에 독화살을 맞은 관우가 '명의(名醫)' 화타(華佗)를 불러 뼈를 깎아내 독(毒)을 제거한다. 당시 관우는 안색조차 변하지 않고 담소하며 바둑을 둔다. 실제로 관운장은 왼쪽 팔에 부상을 입었다. 당시 수술자는 화타가 아닌 무명씨(無名氏)였다.

종대 사령관을 맡았다. 사실상 유백승은 '선견대' 사령관으로 최적임자
였다.

　5월 20일 '중혁군위'는 '대도하 도강' 훈령을 반포했다. 당시 중앙군
이 대도하 남안에서 추격했고 유문휘(劉文輝)[1341]의 천군이 북안에서 홍군
을 저지했다. 홍군은 도강 기회를 선점하기 위해 노정교(瀘定橋)[1342] 등지
에서 운동전을 전개했다. 홍군의 진짜 목적은 이민지역을 통과해 안순
장(安順場)[1343]을 통한 '대도하 도강'이었다. 5월 22일 홍군 지도부는 유백
승의 건의를 채택해 '안순장 북진'을 결정했다. 한편 사천·운남성 변계
의 양산(凉山)에 분포된 이족은 통일적 정권이 없었고 수십개의 흑이가
지(黑彝家支)가 분할 통치했다. 장기간 한족 상인의 수탈과 지방정부의 억
압을 받아온 이족은 한족에 대한 거부감이 강했다. 또 지방정부 통치권
자들은 이족에 대한 효과적 통치수단으로 '환반좌질제(換班坐質制)'[1344]를

1341　유문휘(劉文輝, 1895~1976), 사천성 대읍(大邑) 출신이며 국민당 상장이다. 1920~1940
　　　년대 국민혁명군 제24군단장, 사천성장, 서강(西康)성장, 1949년 12월 기의(起義), 건
　　　국 후 (西南)군정위원회 부주석, 사천성 정협 부주석 등을 역임, 1976년 북경에서 병
　　　사했다.

1342　1706년부터 사용된 노정교(瀘定橋)는 '대도교(大渡橋)'로 불리며 사천성 노정현 경내에
　　　건축된 대도하(大渡河)를 가로지른 철삭교(鐵索橋)이다. 교량(橋梁) 길이는 103미터, 너비
　　　는 3미터이다. 13개의 쇠밧줄로 동서안을 연결, 사천·서장(西藏)을 연결하는 교통 요
　　　도(要道)였다. 한편 홍군의 '노정교 탈취(1935.5.29)'로 '대교도'가 더 유명해졌다.

1343　안순장(安順場)은 사천성 서남부의 대도하(大渡河) 중류 남안에 위치한 나루터이다. 또
　　　안순장은 1863년 6월 태평천국 익왕인 석달개(石達開)가 거느린 태평군(太平軍)이 청군
　　　(淸軍)에게 전멸된 곳이다. 한편 안순장은 홍군의 '대도하 도하(1935.5)'로 현재 사천성
　　　의 유명한 혁명기념지가 됐다. 19996년 '애국주의 기지(基地)'로 선정됐다.

1344　'환반좌질제(換班坐質制)'는 국민당 지방당국이 이족민(彝族民)에 대한 통제를 위해 실행
　　　한 '인질 수감' 제도이다. 당시 당국은 이족 각 지파의 수령을 인질로 현성(縣城)에 수
　　　감, 만약 이족민이 반항하면 곧 인질을 처형했다. 이는 청조 함풍(咸豊)연간에 시작된
　　　'좌질제'를 답습한 것이다. 결국 한인(漢人)에 대한 이족민의 적대감을 야기했다.

　　　　　　　　　　　　　　　　　모택동과 중국혁명 2

실시했다. 결국 이는 한인(漢人)에 대한 이족의 적대감을 불러일으켰다.

5월 21일 '선견대'는 면녕에 도착했다. 면녕은 제갈량이 '만왕(蠻王)' 맹획(孟獲)을 일곱 번 사로잡았다가 일곱 번 풀어줬다는 '칠금맹획(七擒孟獲)'[1345] 전설 발생지이다. 면녕 지하당원 진야평(陣野苹)[1346]·요지고(廖志高)[1347] 등은 대중을 동원해 홍군 진입을 환영했다. 22일 홍군은 면녕혁명위원회를 설립했다. 진야평을 주석, 이정천(李井泉)[1348]을 부주석에 임명했다. 또 '항연군(抗捐軍)' 책임자로 황응룡(黃應龍)[1349]을 임명했다.

22일 '선견대'는 면녕 탁오(托烏)에서 이족민의 저지를 받았다. 이족 집거지 탁오는 고기(沽基)·나홍(羅洪)·라오(倮伍) 3개 이족 계파로 형성된 부락이었다. 당시 대도(大刀)·사냥총·긴창을 들고 홍군의 길을 막은 이

1345 '칠금맹획(七擒孟獲)'은 삼국연의 제67회에 나오는 이야기이다. …촉나라 승상 제갈량이 '남중 정벌'에서 (蠻王)맹획을 일곱 번 사로잡았다가 일곱 번 풀어준다. 결국 맹획은 다시 반란을 일으키지 않았다. '칠금맹획'은 '욕금고종(欲擒故縱)'의 전례로 평가된다. 한편 '칠금맹획'은 픽션이며 '맹획'도 실존 인물이 아니라는 것이 학계의 정설이다.

1346 진야평(陣野苹, 1915~1994), 사천성 면녕(冕寧) 출신이며 공산주의자이다. 1933년 중공에 가입, 1930~1940년대 면녕현 소비에트정부 주석, 항연군(抗捐軍) 정치위원, (江北)현위 서기 건국 후 중앙조직부 부부장, 전국 정협 위원 등을 역임, 1994년 북경에서 병사했다.

1347 요지고(廖志高, 1913~2000), 사천성 면녕(冕寧) 출신이며 공산주의자이다. 1934년 중공에 가입, 1930~1940년대 중경시위 서기, 중앙직속지대 정치부 주임, 중앙조직부 간부처장, 건국 후 사천성위 서기, 복건(福建)성위 서기 등을 역임, 2000년 북경에서 병사했다.

1348 이정천(李井泉, 1909~1989), 강서성 임천(臨川) 출신이며 공산주의자이다. 1930년 중공에 가입, 1930~1940년대 홍군 제4사단 정치위원, 팔로군 358여단 정치위원, (晉綏)군구 정치위원, 건국 후 사천성장, 전국 인대 부위원장 등을 역임, 1989년 북경에서 병사했다.

1349 황응룡(黃應龍, 1906~1935), 호북성 황매(黃梅) 출신이며 공산주의자이다. 1924년 중공에 가입, 1920~1930년대 홍군 제12군 종대장, '홍8군' 부속병원 정치위원, (冕寧)항연군(抗捐軍) 사령관, 1935년 아안(雅安)에서 살해됐다.

민족은 공병중대의 기자재를 강탈하고 홍군 장병의 옷을 벗겼다. 한편 (紅軍)사상자가 발생하자 홍군은 공중을 향해 신호탄을 쏘았다.

이족민의 '홍군 저지' 보고를 받은 유백승은 민족정책을 선전하고 이족민 공격을 삼가야 한다는 명령을 내렸다(胡錦昌 외, 2017: 151). 당시 홍군의 이족지역 진입에 대한 이족 두령의 이해타산은 상이했다. 따라서 '선견대'는 상이한 정책을 실시했다. 즉 협력적인 고기족에겐 우호적 태도를 취하고 홍군의 민족정책을 이해하지 못한 라오족은 설득했다. 적대적인 나홍족은 정치적으로 쟁취하고 군사적으로 반격하는 정책을 실시했다.

이족 수령 소엽단(小葉丹)[1350]의 넷째 숙부가 도착했다. '선견대' 책임자 소화(蕭華)는 유백승 사령관이 이족 수령과 의형제를 맺으려 한다고 말했다. 홍군의 역량을 빌어 나홍족을 타격하려는 속셈을 가진 숙부는 '결맹'을 동의했다(賴宏 외, 2007: 153). 결국 소화의 '난국 타개'와 넷째 숙부의 '숙적 제거' 이해타산이 맞아떨어졌다. 또 소화는 당장에서 숙부에게 권총 한자루와 소총 몇 자루를 증정했다. 숙부도 타고 왔던 노새를 홍군에게 선물했다. '소년사령관'[1351] 소화의 기발한 아이디어는 매우 적중했다. 실제로 '결맹'의 효과는 '정책 선전'보다 훨씬 컸다.

이족은 독립을 지키고 홍군을 돕겠다며 무기와 총탄을 요구했다.

1350 소엽단(小葉丹, 1894~1942), 사천성 면녕(冕寧) 출신이며 이족(彝族) 수령이다. 1935년 5월 유백승과 소엽단은 '이해결맹(彝海結盟)'을 맺었다. 그 후 5년 간 투쟁을 견지한 소엽단은 1942년 대교진(大橋鎭)에서 사살됐다.

1351 14세에 입당한 소화(蕭華, 1916년생)는 17세에 '소공국제사(少共國際師)' 정치위원을 맡았다. 1935년 1월 '홍1군단' 정치부 조직부장에 임명된 소화는 '홍1군단' 정치부 선정부장으로 전근(1935.6)된 피동갑 등소평(1904)과 동급(同級)이었다. 한편 경호원(20세)이 19세의 '사단장급' 수장(首長) 소화를 보고 놀랐다는 일화는 매우 유명하다.

이족의 손에 들어간 무기가 홍군을 향할 수도 있을 터였다. 홍군은 이족의 요구를 들어주었다. 홍군의 진심을 확인한 이족은 그들을 돕기로 결정했다(박형기, 2014: 92). 드라마 '이해결맹(彝海結盟)' 제33편에는 이런 장면이 있다. …'이해결맹' 소식을 들은 모택동이 독일제 소총 200자루와 은화 수백원을 군비로 제공할 것을 제의한다. 한편 이족 계파 간에 '무투(武鬪)'가 자주 발생하는 상황에서 '소총 증정'은 '가장 좋은' 선물이었다. 실제로 홍군이 이족에게 증정한 소총은 수십 자루였다.

소화는 이렇게 회상했다. …5월 22일 '결맹' 의전은 해자변에서 거행됐다. 사발에 호수물을 담고 수탉의 입을 찢어 떨어지는 붉은 피를 받았다. 하늘에 맹세한 유백승이 '계혈수(鷄血水)'를 단숨에 마시자 소엽단도 '맹주(盟酒)'를 단숨에 비웠다(劉華淸 외, 2017: 154). 만찬 후 유백승은 소엽단에게 '중국이민(彝民)홍군고계지대'라는 깃발을 수여하고 소엽단을 지대장에 임명했다. 또 권총 한 자루와 소총 약간을 증정했다. 5월 23일 '선견대'는 소엽단이 파견한 안내자의 인솔하에 순조롭게 이족지역을 통과했다. 홍군이 떠난 후 소엽단은 5년 동안 투쟁[1352]을 견지했다.

안순장은 태평천국 익왕 석달개가 청군(淸軍)에게 전멸된 곳이다. 1863년 석달개는 4만 대군을 이끌고 안순장에 도착했다. 석달개는 도강 기회를 놓쳤고 강물이 크게 불어 대도하 남안에 발이 묶였다. 송림하(松林河)를 건너 노정(瀘定) 방향 북진이 가능했으나 '득남'을 자축한 석달개는 장병에게 '3일 휴식'을 명령했다. 그 후 여러 번 도강을 시도했으나

1352 홍군이 떠난 후 소엽단은 홍군 모부(某部) 정치위원과 함께 '홍군이족(彝族)지대'를 1000여 명의 부대로 발전시켰다. 1941년 '(彝族)반역자' 등수정의 이간질로 인해 이족지대는 3개 지파(支派)로 분열, 결국 '이족혁명'은 국민당 지방당국에 의해 진압, 홍군 정치위원은 체포됐다. 1942년 소엽단은 나홍 계파의 저격수(狙擊手)에게 사살됐다.

실패했다. 6월 10일 군량이 떨어지고 고립무원에 빠진 태평군은 청군·이병(彝兵)의 협공으로 전멸됐다. 한편 홍군이 안순장에 도착했다는 소식을 들은 장개석은 '주모홍군'이 '제2의 석달개'가 된다고 예언했다.

홍군의 '대도하 도강'을 저지하기 위해 천군은 대도하 남안의 나룻배와 도강(渡江) 도구를 전부 북안으로 운반했다. 또 남안의 민간 식량을 북안으로 옮겼고 도강에 사용할 수 있는 엄폐물과 가옥을 소각했다. 대도하 연안의 대부분 나루터는 유문휘 휘하의 천군이 중병을 파견해 수비했다. 또 적군은 남안의 나룻배를 전부 소각하고 1개의 나룻배만 비상용으로 남겨뒀다. 당시 홍군의 안순장 도하는 상당한 위험을 내포하고 있었다.

5월 24일 '선견대'는 안순장에 도착했다. 유백승은 양득지(楊得志)[1353]와 여림(黎林)[1354]에게 '안순장 공략'을 지시했다. 양득지는 전위대를 거느리고 나루터를 공격하고 여림의 제2대대는 하류에서 양동작전을 펼쳤다. 대대장 손계선(孫繼先)[1355]은 전위대를 이끌고 수비군을 섬멸한 후 나룻배 한 척을 탈취했다. 25일 '선견대' 지도부는 안순장 나루터 점령

1353 양득지(楊得志, 1911~1994), 호남성 예릉(醴陵) 출신이며 공산주의자이다. 1928년 중공에 가입, 1930~1940년대 '홍1군단' 제2사단장, 팔로군 344여단장, 진기로예(晉冀魯豫)야전군 사령관, 건국 후 산동성위 서기, 국방부 부부장 등을 역임, 1994년 북경에서 병사했다.

1354 여림(黎林, 1907~1937), 호남성 평강(平江) 출신이며 공산주의자이다. 1930년 중공에 가입, 1930년대 '홍5군단' 제14군 정치위원, 섬감녕(陝甘寧)독립사단 정치위원, 섬감녕성(省) 군사부장, 1937년 연안(延安)에서 병사했다.

1355 손계선(孫繼先, 1911~1990), 산동성 조현(曹縣) 출신이며 개국중장이다. 1930~1940년대 '홍1군단' 제1연대 참모장, 팔로군 제772연대 참모장, 제3야전군 제22군단장, 건국 후 (志願軍)제20병단 부사령관, 제남군구 부사령관을 역임, 1990년 제남(濟南)에서 병사했다.

을 지시했다. 손계선은 '도강 결사대'로 17명 용사를 선발하고 양득지는 '신포수(神砲手)' 조성장(趙成章)[1356]에게 '결사대 도하'를 엄호하게 했다. 결국 나루터를 점령한 '도강 결사대'는 2척의 나룻배를 노획했다.

대도하 강폭은 300미터, 수심은 10여 미터, 유속(流速)은 매초 4미터였다. 암초가 많았고 물살이 세기로 유명한 대도하는 '천연 요새'였다. 또 부교 설치가 불가능하고 물살이 강해 '나룻배 도하'가 유일한 도강 방법이었다. 홍군 수중에는 3척의 나룻배와 52명 뱃사공이 있었다. 25일 홍군 일부는 3척의 나룻배를 이용해 도강을 시작했다. 26일 안순장에 도착한 모택동·주은래 등은 홍군 '도강'을 토론했다. 3척의 나룻배로 3만명의 홍군이 전부 도강하려면 1개월이 걸렸다. 적의 추격군이 곧 도착하는 상황에서 홍군 주력의 '안순장 도강'은 사실상 불가능했다.

'안순장 도강'을 포기한 홍군 지도부는 노정교 탈취와 (左右)종대로 나눈 양안 진격을 결정했다. 제1사단과 간부연대로 구성된 우종대는 유백승이 사령관, 섭영진이 정치위원, 소화가 정치부 주임을 맡았다. 홍군 좌종대는 대도하 서안에서 북상했다. 홍군 지도부는 좌종대에게 이틀 반에 '노정교 도착'을 명령했다. 노정교는 천군 중 전투력이 가장 약한 원국서(袁國瑞)의 여단이 수비했다. 당시 노정교 수비군은 1개 대대에 불과했다.

5월 27일 연대장 황개상과 정치위원 양성무는 안순장을 출발해 노정교를 향해 강행군했다. 홍군은 큰 비를 맞으며 밤에는 횃불을 들고 달

1356 조성장(趙成章, 1905~1969), 하남성 낙양(洛陽) 출신이며 공산주의자이다. 1931년 중공에 가입, 1930~1940년대 팔로군 129사단 포병연대장, 제2야전군 포병사단장, 건국후 서남군구 포병 부사령관, 해방군 포병부대 부사령관 등을 역임, 1969년 북경에서 병사했다.

렸다. 하루 240리를 달리는 속도로 29일 오전 6시에 노정교 서안에 도착했다(현이섭, 2017: 230). 노정교는 사천·서강성(西康省)[1357]·서장(西藏)을 연결하는 요도(要道)였다. 홍군이 도착했을 때 13개 쇠밧줄만 허공에 걸쳐 있었다. 철삭교(鐵索橋)를 폭파하지 않은 것은 천군의 치명적 실수였다.

29일 오후 4시 홍군 제4연대는 대안 나루터를 점령하는 노정교 전투를 개시했다. 중대장 요대주(廖大珠)가 거느린 22명 돌격대원은 대안을 향해 포복 전진했다. 왕우재(王右才)가 지휘한 제2중대는 쇠밧줄 위에 나무판을 깔았다. 적군은 총격으로 돌격대의 전진을 막지 못하자 나무판·볏짚에 불을 지른 후 화염으로 홍군을 저지하려고 시도했다. 2시간의 격전을 거쳐 돌격대원들은 동안(東岸) 나루터를 점령했다. 한편 유백승이 거느린 우종대는 원국서의 '원군' 2개 연대를 섬멸해 홍군의 노정교 점령에 기여했다. 6월 2일 홍군 주력은 전부 대도하를 건넜다.

희생자 3명의 '적은 대가'로 노정교를 탈취한 것은 기적이다. '노정교 탈취' 원인은 ① 강한 의지력을 가진 홍군의 투혼 ② '원군' 2개 연대를 격퇴한 우종대의 협력 ③ 초강력 강행군으로 노정교에 도착 ④ 적군의 방어진지 구축 부재 ⑤ 제3대대 7중대의 측면 공격 ⑥ 수비군의 '군심(軍心) 동요' 등이다. 실제로 천군에게 노정교 전투는 '일반적 전투'였으나 홍군에겐 사활을 건 결전이었다. 당시 홍군은 천군의 '과객(過客)'에 불과했다. 이 또한 천군이 지방의 발전에 중요한 노정교를 폭파하지 않은 이유이다. '천병(天兵)' 홍군은 결코 '제2의 석달개'가 아니었다.

이부춘은 청말(清末) 수재 송대순(宋大順)을 방문해 석달개의 '패인(敗

1357 서강성(西康省)은 1939년에 설치된 성급(省級)행정구이다. 행정구 산하에 서강행정독찰구(督察區)와 사천성 제17·18행정독찰구 포함, 성도(省都)는 강정(康定)이다. 1953년 (全省)인구는 338만, 전국인민대표대회(1955.9)에서 당중앙은 '서강성 철회'를 결정했다.

困)'¹³⁵⁸을 물었다. 어르신은 이렇게 대답했다. …도하의 최적 기회를 놓

쳤다. 또 이족이 (渡河)교량을 파괴했다. 결국 청군의 추격에서 벗어나지

못했다(賴宏 외, 2007: 165). 한편 이족의 도움을 받은 홍군은 '(大渡河)도강

기회'를 선점했다. 또 운동전을 전개해 적군의 추격을 뿌리쳤다. 결국

대도하 전투에서 승전한 홍군은 석달개의 비극을 되풀이하지 않았다.

제4절 양군(兩軍) 회사(會師), 중앙홍군의 북상

1. '홍1·4방면군' 회합, 북상(北上) 전략 확정

1) 협금산(夾金山) '정복(征服)'과 '무공회사(懋功會師)'

1935년 6월 천연 요새 대도하를 건넌 중앙홍군은 설산 협금산(夾金

山)¹³⁵⁹을 넘어 무공(懋功)에서 4방면군과 회사(會師)했다. 회합의 희열은

잠깐이었고 양군 밀월기는 짧았다. 제1·4방면군 지도부가 '북상'·'남하

(南下)'의 첨예한 노선투쟁을 벌였기 때문이다. 3개월 후 중앙홍군의 북

상과 4방면군의 남하로 홍군은 분열됐다. 1년 후 홍군 3대 주력은 섬북

에서 합류했다. 한편 '모장(毛張)' 권력투쟁의 최종 승자는 모택동이었다.

6월 2일 노정성(瀘定城)을 점령한 중앙홍군은 세 갈래로 나눠 천전(天

1358 석달개의 태평군이 안순장에서 전멸(1863)된 주요인은 ① 태평천국 내부 분열 ② (軍)
기강 해이 심각 ③ 태평군 지도부의 리더십 부재 ④ 최적의 도강 기회를 상실 ⑤ 청군
(淸軍)의 끈질긴 추격 ⑥ 이병(彝兵)의 협조 부재 등이다. 실제로 가장 주된 패인(敗因)은
태평군에겐 홍군과 같은 유격전술이 없었고 강한 신념과 승부욕이 부족했다.

1359 협금산(夾金山)은 사천성 보흥(寶興)현과 소금(小金)현 변계에 위치했다. 협금산은 1936
년 6월 중앙홍군이 처음으로 넘은 대설산(大雪山)이다. 6월 중순 협금산을 넘은 '홍1방
면군'은 '제4방면군'과 무공(懋功)에서 합류했다. 한편 협금산 주봉은 해발 4930미터,
청의강(靑衣江)의 발원지이다. 1994년 협금산은 '성급(省級)' 풍경구로 지정됐다.

全)·노산(蘆山)을 탈취해 4방면군과의 회합을 결정했다. 홍군의 병력 배치는 ① '홍1·5군단'은 우종대, 임표·섭영진이 지휘해 노산을 향해 진격 ② '홍3군단'·군위(軍委)종대는 중앙종대, 천전 방향으로 진격 ③ '홍9군단'은 좌종대, 천전으로 진격 등이다. 6월 7일 홍군 전위대가 천전을 점령했다. 6월 8일 적군 1개 연대를 섬멸한 '홍1군단'은 노산을 공략했다.

대도하를 건넌 중앙홍군이 적군의 추격을 따돌렸으나 열악한 자연조건에 직면했다. 깎아지른 절벽과 울창한 원시삼림, 설산과 변화무상한 기후가 홍군의 걸림돌이 됐다. 6월 5일 성도(成都)에서 고급지휘관 회의를 주재한 장개석은 아안(雅安)지역의 '홍군 섬멸' 계획을 세웠다. 한편 설악의 중앙군은 서창 진격 중이었고 노산 수비를 책임진 등석후(鄧錫侯)[1360]의 제28군이 도착하지 않아 홍군에 대한 적군의 위협은 잠시 해소됐다.

홍군 지도부가 결정한 중대사항은 ① 홍군 주력, 설산을 넘어 제4방면군과 회합 ② 정치국 위원 진운을 상해로 파견, 백구(白區) 당조직 회복 ③ 이유한, 사천성위 책임자로 파견 등이다(葉健君 외, 2017: 247). '이유한 파견'은 장국도의 지배하에 있는 사천성위 반대로 무산됐다. 6월 상순 진운은 성도·중경을 거쳐 상해에 도착했다. 한편 '진운 파견'은 모스크바로 직행해 공산국제에 홍군 상황을 보고하게 하는 것이 주목적이었다.

모택동은 정치적 야망은 없지만 책임감이 투철한 진운을 모스크바로 파견해 홍군 지휘관이 적법한 절차에 따라 모택동을 중공의 최고 지

1360 등석후(鄧錫侯, 1889~1964), 사천성 영산(營山) 출신이며 국민당 상장이다. 1920~1940년대 제22집단군 총사령관, 사천성정부 주석, 1949년 12월 팽현(彭縣) 기의(起義), 건국후 사천성 부성장(副省長), (民革)중앙위원 등을 역임, 1964년 성도(成都)에서 병사했다.

도자로 선출했다는 메시지를 전달하게 했다(나창주, 2019: 400). 당시 모택동은 '최고 지도자'가 아니었다. 공산국제가 승인한 '중공 총서기'는 낙보였다. 또 왕명·박고 등 국제파와 모택동·주은래 등 국내파와 양호한 관계를 갖고 있는 진운은 적임자였다. 모스크바에 도착한 진운은 홍군 장정을 적은 '수군서행견문록(隨軍西行見聞錄)'[1361]을 작성했다. 한편 왕명이 주도한 '중공 대표단'에서 근무한 진운은 1937년 12월에 귀국했다.

6월 초 중앙홍군은 형경(滎經)현에 진입했다. 양삼은 조카 제5여단장 양한충(楊漢忠)[1362]에게 주덕과 연락을 취할 것을 지시했다. 주덕의 편지를 받은 양삼은 홍군에게 양도(讓道)할 것을 명령했다. 6월 7일 형경현을 통과한 중앙홍군은 천전(天全)현에 진입했다. 1926년 여름 주덕은 제20 군단장 양삼의 당대표를 지냈다. 또 그들은 의형제를 맺은 사이였다. 상기 '양도'는 신의를 지키는 사천인(四川人) 특유의 '의리 결과물'이었다.

홍군은 포동강(抱桐崗) 삼림을 지날 때 고전했다. 홍군 간부 오운보(伍雲甫)는 이렇게 회상했다. …포동강 진입(6.7) 후 대나무 숲이 무성해 햇빛을 볼 수 없었다. 또 강한 폭우로 진흙창이 생겼고 가파로운 언덕은 더욱 미끄러웠다. 이튿날 새벽 야영지에 도착했을 때 고작 25리를 행군했다(劉秉榮, 2006: 293). 훗날 모택동은 이렇게 회상했다. …포동강을 넘을 때 '홍1군단'이 보유한 운송용 가축 2/3를 잃었으며 수백명의 홍

1361 '수군서행견문록(隨軍西行見聞錄)' 저자는 장정에 직접 참가한 진운이다. '견문록'은 전세계에 홍군 장정을 알렸다. 1936년 7월 모스크바에서 단행본으로 출간된 '수군서행견문록'은 미국 기자 에드가 스노우의 '서행만기(西行漫記)'보다 1년 먼저 출간된 '장정구술사(長征口述史)'이다. 1985년 진운의 이름으로 된 단행본이 중국에서 출간됐다.

1362 양한충(楊漢忠, 1898~1957), 사천성 광안(廣安) 출신이며 국민당 중장이다. 1920~1930년대 국민혁명군 제20군단 제18여단 여단장, 제20군 제135사단장, 1953년 '반혁명'으로 체포, 1957년 성도(成都)에서 병사했다.

군 병사들이 쓰러졌다(毛澤東, 2008: 96). 울창한 살림의 한습(寒濕)한 기후와 진흙탕 수렁에서 사람과 가축 모두가 기력을 소진한 것이다.

홍군 장병들은 간편한 슬리퍼나 짚신을 신고 있었는데 날씨는 갈수록 추워졌다. 브라운은 이렇게 회상했다. ⋯우리가 행군하는 좁은 길가에 병사들의 시신이 줄을 이었다. 또 동상에 걸려 기진맥진했다(V. Pantsov 외, 2017: 405). 상기 '슬리퍼'와 '동상'은 어폐가 있으며 자가당착적이다. 한편 브라운(李德)이 회상한 '좁은 길가'의 '병사들의 시신'은 설산과 직접적 관련이 없다. 또 '우거진 원시림' 포동강의 상황을 설명한 것도 아니었다.

6월 8일 '중혁군위'가 반포한 '전략 지시'는 이렇게 썼다. ⋯홍군의 임무는 무공·이번(理番) 등지를 탈취해 4방면군과 회합하는 것이다. 노산·보흥(寶興) 수비군을 섬멸하고 무공지역을 점령해 전진 기지로 삼아야 한다(金冲及 외, 2004: 366). 노산 수비군을 격파한 선두부대는 협금산 근처 대교적(大蹺磧)에 도착했다. 한편 무공을 점령한 4방면군 전위대는 중앙홍군 영접 준비를 완료했다. 결국 '협금산 정복'은 중앙홍군의 급선무였다.

협금산에 도착하려면 보흥 이북에 설치된 잔도(棧道)를 경유해야 했다. 홍군 도착 전 반동분자들은 잔도와 적교(吊橋)를 모두 파괴했다. 홍군 장병은 가시나무 덩굴을 잡고 험준한 절벽과 가파른 산비탈을 힘들게 기어올랐다. 나무 덩굴조차 없는 곳이면 각반과 침대 시트를 찢어 단단한 포승(布繩)을 만들었다. 협곡 사이 좁은 곳을 골라 포승 양쪽 끝을 큰 돌과 나무 그루터기에 고정해 '포삭도(布索道)'를 만든 후 매달려 건넜다.

설산 도착 전 홍군은 티베트 전사들과 충돌이 발생했다. 그들은 사

모택동과 중국혁명 2

천 군대를 돕기 위해 그곳에 머물었다. 국민당군 장교들은 동안의 위안부를 백색 모피와 옥으로 치장한 말에 태우고 다녔다. 홍군은 이들을 패퇴시키고 위안부 여성을 노획했다(이준구, 2012: 171). 협금산은 '선산(仙山)'으로 불렸는데 주민들은 신선만이 산을 넘을 수 있다고 말했다. 산 정상에서 입을 벌리고 있으면 산신령이 목을 졸라 죽인다고 했다. 협금산은 '신비의 산'이다(Salisbury 1985: 275). '홍군 충돌'·'동안 위안부'·'위안부 노획'은 황당무계한 픽션이다. 해발 5천미터인 산 정상은 산소가 부족해 숨 쉬기 어려웠다. 실제로 협금산은 '죽음의 산'이었다.

협금산은 일년 내내 눈에 뒤덮여 있어 설산으로 불렸다. 현지인들은 홍군의 설산 등반을 반대했다. 이유는 아사(餓死)·동사(凍死)를 면키 어렵다는 것이다. 꼭 넘을 경우 독주(毒酒)와 고춧물로 혹한 방지를 권고했다(胡錦昌 외, 2017: 248). 당시 이런 가요가 유행됐다. …새도 날아 넘지 못하는 협금산은 신선이 아닌 이상 넘을 생각을 하지 말게. 한편 홍군 선전원들은 산 정상에서 지체해선 안 된다는 '순구류(順口溜)'를 만들었다.

고산지대는 산소가 부족해 고산병(高山病)[1363]으로 쓰러지기 쉽다. 홍군도 고산병으로 쓰러지기 시작했다. 남방 출신인 홍군 전사들은 추위에 익숙하지 않았다. 고산병과 혹한으로 낙오자가 부지기수였다(박형기, 2014: 94). 군단장 임표도 협금산에서 의식을 잃었다. 그는 경호원의 도움으로 겨우 설산을 넘었다. 홍군 정보부장 수띠닌에게도 같은 일이 일어

1363 고산병(高山病)은 높은 지대에서 저산소 상태에 노출됐을 때 발생하는 '환경 증후군'을 지칭한다. 높은 곳에 오르면 기압의 저하와 산소분압의 감소로 산소부족 현상이 일어난다. 한편 설산에서 '홍군 감원' 원인은 고산병이 주된 원인이 아니었다. 극도의 피로와 기아로 인한 사망, 혹한에 따른 동사(凍死) 등이 '홍군(紅軍)감원'의 주된 원인이다.

났다(정성호, 2016: 365). 홍군이 '쓰러진' 원인은 고산병뿐이 아니었다. 극도의 피로와 기아·동상(凍傷) 등도 홍군 생명을 위협하는 요소로 작용했다. 상기 '수띠닌'은 정치보위국 정찰부장 호저(胡底)를 가리킨다.

섭영진은 이렇게 회상했다. …신체가 약한 임표는 산소 부족과 고산 반응으로 산 정상에서 졸도했다. 결국 경호원들이 번갈아 임표를 업고 하산했다(聶榮臻, 1983: 277). 홍군 사단장 이취규는 이렇게 회상했다. …노정교를 건널 때 철삭교에 발을 들여놓은 임표가 몸 중심을 잃으면서 하마터면 넘어질 뻔했다. 경호원이 기민하게 부축했으나 임표는 더 이상 발을 내딛지 못했다(李聚奎, 1986: 151). 허약체질인 임표는 고소공포증이 있었다. 한편 장국도의 '홍군 분열'에 강한 불만을 표출했던 총사령부 정찰과장 호저는 '국민당 특무'라는 죄명을 쓰고 비밀리에 살해됐다.

홑옷만 입은 홍군 전사들은 눈보라 치는 설산 혹한에 적응하지 못했다. 홍군은 매인당 고추 두 개씩 배급했으나 독주는 마련하지 못했다. 아미산(峨眉山)[1364]의 설경(雪景)은 '관상용'이나 협금산의 눈은 사람을 얼어죽인다(陳宇, 2006: 186). 한편 (長征)관련 드라마에는 협금산 등성이에서 동사한 (女)선전원에게 모택동 등이 모자를 벗고 묵례하는 장면이 있다. 실제로 협금산 동사자는 부지기수이며 이는 '심각한 감원'으로 이어졌다.

6월 17일 '설산 등정' 준비를 마친 모택동은 고춧물 한 사발을 마셨다. 지팡이를 짚고 경호원과 함께 도보로 전진한 모택동은 군마를 부상

1364 아미산(峨眉山)은 사천성 아미현(峨眉縣) 서남쪽에 자리잡고 있는 명산이다. 실제로 아미산의 주봉인 만불정(萬佛頂)은 해발 3099미터로 웅장한 기세와 수려한 산세를 뽐낸다. 한편 낙산대불(樂山大佛)은 세계적인 문화유산이며 고건축물은 전국중점문물보호단위(單位)이다. 현재 아미산 풍경구는 국가5A급 여유경구(旅游景區)이다.

병에게 양보했다. 산등성이에서 우박이 쏟아지자 모택동은 이렇게 말했다. …머리를 숙인 후 앞뒤를 보지 말고 잡은 손을 놓쳐선 안 된다(逄先知 외, 2011: 358). 협금산 정상에 오른 후 모택동 일행은 하산할 때 '썰매타기'를 했다. 당시 42세의 모택동은 건강한 체력을 유지했다. 이는 젊은 시절 모택동이 등산·수영 등 체력 단련을 중시한 것과 관련된다. 당일 오후 모택동 등 중앙지도자들은 무공현 달유진(達維鎭)에 도착했다.

희붕비(姬鵬飛)[1365]는 이렇게 회상했다. …강행군으로 병사들은 몹시 피로했다. '빙설세계'에 진입한 후 쓰러진 병사들은 일어나려고 애썼으나 기력이 없었다(Salisbury, 1985: 278). 위수영(危秀英)은 이렇게 회상했다. …설산을 넘은 후 월경(月經) 주기가 변했다. 다른 여성들도 그런 경험을 했을 것이다. 당시 18세인 호요방(胡耀邦)[1366]은 설산 정상에서 국민당 비행기를 행해 '올라와 봐라'고 소리쳤다(黃少群 외, 2007: 182). 혹한과 산소 부족으로 체력이 소진된 수많은 병사들은 소중한 생명을 바쳤다. 당시 20세인 호요방은 '홍3군단' 제13연대의 공청단 서기였다.

중상을 입은 왕가상의 '설산 정복'은 기적에 가까웠다. 그의 경호원 구인화(邱仁華)는 이렇게 회상했다. …설산을 오를 때 산등성이까지 말을 탔다. 도보로 등정한 왕가상은 하산 때도 들것을 사양했다(徐則浩,

---

1365 희붕비(姬鵬飛, 1910~2000), 산서성 임진(臨晉) 출신이며 공산주의자이다. 1933년 중공에 가입, 1930~1940년대, 중앙군위 위생부 보건(保健)국장, 절강성군구 부정치위원, 건국 후 외교부장, 전국 인대 부위원장, 국무원 부총리 등을 역임, 2000년 북경에서 병사했다.

1366 호요방(胡耀邦, 1915~1989), 호남성 유양(瀏陽) 출신이며 공산주의자이다. 1933년 중공에 가입, 1930년대 공청단(共青團)중앙 조직부장, 항일군정대학 정치부 부주임, 1940년대 중앙군위 총정치부 조직부장, 천북(川北) 행정공서 주임, 건국 후 공청단중앙 제1서기, 중공중앙 조직부장, 중공중앙 총서기 등을 역임, 1989년 북경에서 병사했다.

2006: 146). 실제로 '중상자' 왕가상이 만약 강인한 인내력과 강한 의지력이 없었다면 대설산을 넘지 못했을 것이다. 한편 '모장(毛張)' 권력투쟁에서 모택동을 지지했던 왕가상은 '신3인단' 멤버의 역할은 제대로 하지 못했다.

협금산은 조류(鳥類)가 날아 넘지 못하고 모든 길짐승이 종적을 감춘 '죽음의 산'이었다. 만약 홍군에게 확고한 신념과 강한 의지력이 없었다면 '설산 정복'은 불가능했을 것이다. 실제로 초강력 의지로 대설산을 넘은 홍군의 '장거(壯擧)'는 인간이 자연을 정복한 전대미문의 불가사의였다. 한편 무적의 홍군은 '천병(天兵)'으로 불리기에 전혀 손색이 없다.

6월 초 중앙홍군과 4방면군은 불과 100여 리 떨어져 있었다. 장국도는 이선념(李先念)[1367]을 파견했다. 무공을 점령한 이선념은 중앙홍군을 수소문했고 중앙홍군도 이 일대에서 4방면군의 행적을 더듬고 있었다(현이섭, 2017: 235). 5월 상순 4방면군은 중앙홍군 영접을 결정했다. 6월 상순 중앙홍군이 노정교를 건너 북진한다는 정보를 입수한 서향전(徐向前)[1368]은 이선념에게 홍군 영접을 지시했다. 6월 9일 '홍30군'은 달유진을 점령했다(歐陽雪梅 외, 2017: 250). 6월 초 장국도는 당중앙에 전보를 보

1367 이선념(李先念, 1909~1992), 호북성 황안(黃安) 출신이며 공산주의자이다. 1927년 중공에 가입, 1930~1940년대 제30군단 정치위원, 신사군 제5사단장, 중원군구 부사령관, 건국 후 중남국 부서기, 국무원 부총리, 국가주석을 역임, 1992년 북경에서 병사했다.

1368 서향전(徐向前, 1901~1990), 산서성 오대(五臺) 출신이며 공산주의자이다. 1927년 중공에 가입, 1930~1940년대 '홍4방면군' 총지휘, 팔로군 129사단 부사단장, 건국 후 국방위원회 부주석, 전국 인대 부위원장, 국무원 부총리 등을 역임, 1990년 북경에서 병사했다.

내 '전위대 파견'을 알렸다. 홍군 지도부는 제4연대에게 무공 탈취를 명령했다. 12일 제4연대는 달유진에서 4방면군 전위대와 합류했다.

이선념과 군단장 하외(何畏)[1369]는 부대를 이끌고 무공으로 진격했다. 6월 9일 사단장 한동산(韓東山)[1370]은 제74연대에게 협금산 진격을 지시했다. 한동산은 이선념에게 전보를 보내 중앙홍군이 12일 전후 무공에 도착할 것이라고 보고했다. 6월 12일 달유진에서 (兩軍)전위대가 마침내 회합했다. 6월 17일 모택동 등 중앙지도자들은 달유진에 진입했다.

6월 17일 저녁 라마교 사찰 밖에서 '양군 회사'를 축하하는 친목회가 열렸다. 친목회는 주은래가 주최했다. 한동산이 4방면군을 대표해 발언한 후 모택동은 이렇게 말했다. …제1·4방면군은 한집 식구이다. 당중앙의 영도하에 장개석 반동파를 타도하고 일제를 축출해야 한다(李小三 외, 2007: 188). 모택동의 연설은 홍군의 임무가 '북상항일'임을 천명한 것이다. 한편 친목회의 스타는 현란한 춤솜씨를 선보인 이백쇠(李伯釗)[1371]였다.

설산 정복을 통해 달성한 '양군 회사'는 역사적 회합이다. 한편 회

1369 하외(何畏, 1900~1960), 광동성 낙회(樂會) 출신이며 공산주의자이다. 1927년 중공에 가입, 1930년대 제4방면군 제12사단 부사단장, '홍9군' 군단장, 홍군대학 정치위원, 1938년 연안을 이탈, 1960년 해남(海南)에서 병사했다.

1370 한동산(韓東山, 1905~1986), 호북성 대오(大悟) 출신이며 공산주의자이다. 1928년 중공에 가입, 1930~1940년대 '홍9군' 제25사단장, 팔로군 386여단 부여단장, 하남군구 사령관, 건국 후 무한군구 부상령관, 전국 정협 상임위원을 역임, 1986년 무한(武漢)에서 병사했다.

1371 이백쇠(李伯釗, 1911~1985), 중경(重慶) 출신이며 공산주의자이다. 1929년 양상곤과 결혼, 1931년 중공에 가입, 1930~1940년대 홍군 총정치부 선전간사, 화북문련(文聯) 부주임, 건국 후 북경시문련 부주석, 중앙희극대학 부총장 등을 역임, 1985년 북경에서 병사했다.

합의 희열은 사라졌고 '분열'의 그림자가 짙게 드리웠다. 병력 우세를 내세우며 자만심에 빠진 장국도가 공산국제가 승인한 당중앙을 안중에 두지 않았다. 결국 수적 열세에 처한 중앙홍군은 단독으로 북상했다. 3개월 후 홍군은 분열됐다. 한편 도망치기 급급한 모택동은 '패자(敗者)'였다.

2) '모장(毛張)' 제1차 쟁론과 '북상 전략' 확정

준의회의 후 당중앙은 천서북(川西北) 근거지 설립을 결정했다. 이는 장국도가 거느린 4방면군과의 회합을 전제로 한 것이다. 4방면군 설립(1931.11.7)은 장국도가 악예환(鄂豫皖) 근거지 책임자로 파견(1931.3.28)된 것과 관련된다. 몇 년 후 장국도는 8만 대군을 거느린 4방면군 최고 지도자가 됐다. '양군 회사' 후 당중앙의 북상 전략을 반대한 장국도는 '남하(南下)'를 주장했다. 장국도의 권력욕 팽창은 '홍군 분열'의 주요인이었다.

1932년 6월 서향전·진창호의 영도하에 악예환 근거지에 대한 적군의 '포위토벌'을 격파한 4방면군 병력은 4.5만으로 늘어났다. 악예환 중앙분국 서기 장국도는 대도시 공격의 좌경 노선을 집행했다. 이는 4방면군의 손실을 초래했다. 1933년 봄 악예환 근거지를 포기하고 사천에 진입한 4방면군은 천섬(川陝) 근거지를 설립했다. 1933년 10월 4방면군은 8만명으로 증가했다. 당시 (川陝)근거지는 전국에서 두 번째로 큰 근거지였다.

1934년 모택동은 천섬 근거지를 이렇게 평가했다. …불과 1년도 안 되는 기간 4방면군은 20개 현에서 소비에트정권을 설립했다. 천섬 근거지는 양자강(揚子江) 남북의 소비에트 발전에 교두보 역할을 할 것이

다(解放軍政治學院黨史硏究室, 1979: 517). 당시 '공화국' 주석 모택동은 중앙
근거지 창건자의 긍지감과 실각자의 허무감이 교차됐다. 한편 소비에
트공화국 부주석인 장국도는 직속상관인 모택동을 '상급자'로 간주하
지 않았다.

1934년 9월 서향전·이선념이 인솔한 홍군은 황묘아(黃猫埡)전투에서
적군 1.4만명을 섬멸하는 '황묘아대첩'[1372]을 거뒀다. 4방면군은 유상(劉
湘)이 주도한 '6로(陸路)포위토벌'을 격파했다. 제4방면군의 '(陸路)포위토
벌' 승리는 천섬 근거지를 공고히 했다. 한편 이 시기 이덕·박고 등이 지
휘한 중앙홍군은 제5차 반'포위토벌'에서 패전을 거듭했다. 결국 이는
'양군 회사' 후 장국도가 당중앙을 안중에 두지 않은 주된 원인이었다.

제4방면군은 가릉강전역(嘉陵江戰役)[1373]에서 적군 1만명을 섬멸했다.
가릉강전역의 승전 원인은 ① 홍군의 선전선동력 ② 지방당조직의 협조
③ 대중과 지방유격대의 협력 ④ 주도면밀한 전략과 정확한 전술 ⑤ 유
격전·운동전 결합 ⑥ 제4방면군 지도부의 응집력과 강력한 지도력 등이
다. 당시 서향전·진창호·왕수성(王樹聲)[1374]은 모두 장국도를 옹호했다. 한

1372 황묘아대첩(黃猫埡大捷, 1934.9)은 서향전·이선념이 인솔한 4방면군이 천군을 격파한
    섬멸전을 가리킨다. 9월 13일 서향전은 작전 회의를 열고 황묘아 점령과 적군 퇴로
    차단을 결정했다. 14일 천군이 매복권에 진입, 홍군은 백열전을 벌여 적군 1.4만명을
    섬멸했다. 황묘아대첩은 유상(劉湘)이 주도한 '(陸路)포위토벌' 격파에 크게 기여했다.

1373 가릉상전역(嘉陵江戰役 1934.3)은 4방면군이 가릉강 일대에서 등석후·전송요(田頌堯)의
    천군 제28·29군단과 벌인 전역이다. 홍군은 가릉강·부강(涪江) 구간에서 운동전을 진
    행, 적군을 대량 섬멸했다. 24일 간 진행된 전투에서 홍군은 적군 1만여 명을 섬멸했
    다. '위점타원(圍點打援)' 전술과 운동전을 결합한 정확한 전술이 승전 요인이다.

1374 왕수성(王樹聲, 1905~1974), 호북성 마성(麻城) 출신이며 개국대장이다. 1926년 중공에
    가입, 1930~1940년대 '홍4방면군' 부총지휘, '홍31군' 군단장, 중원군구 부사령관,
    건국 후 호북군구 사령관, 국방부 부부장, 군사과학원 부원장을 역임, 1974년 북경에

편 장국도의 (川陝)근거지 포기로 '감남(甘南) 발전' 계획이 무산됐다.

서향전이 분석한 '(川陝)근거지 포기' 원인은 첫째, 천군·중앙군의 연합 공격이다. 당시 근거지 공략을 위해 장개석은 200개 연대의 병력을 동원했다. 둘째, 재력이 바닥나 급양 해결이 어려웠다. 셋째, '중앙홍군 영접'을 위한 전략적 이동이었다(徐向前, 1988: 410). 천섬 근거지 포기로 '감남(甘南) 진격' 기회가 상실됐다. 결국 '천섬감(川陝甘) 발전' 계획이 무산된 것이다. 한편 4방면군은 민강지역에서 '천서북 근거지' 설립을 시도했다. 5월 상순 제4방면군 지휘부를 무현(茂縣) 현성에 설치했다. 실제로 당시 장국도는 중앙홍군과의 '연합 작전'을 기대했다.

1935년 4월 제4방면군은 부강(涪江)지역에서 부대를 정비했다. 또 부강지역은 토지가 비옥하며 물산이 풍부했다. 홍군은 이곳에서 군량을 마련하고 신병을 모집했다. 이 시기 4방면군의 병력은 8만명을 상회했다. 한편 장개석은 '홍1·4방면군' 회합을 저지하고 4방면군이 가릉강·부강 일대에서 '새로운 근거지'를 설립하는 것을 방지하기 위해 대규모적 '토벌'을 준비했다. 결국 제4방면군은 부득불 부강지역에서 철수했다.

4방면군 지도부는 강유(江油)에서 (軍級)간부회의를 열었다. 장국도는 북천(北川)·무창(茂昌) 등지를 점령하고 서강(西康)을 입각점으로 삼을 것을 제출했다. 장국도의 건의를 채택한 회의는 북천 일대를 거점으로 (川康)근거지 설립을 결정했다(張國燾, 1981: 212). 회의에서 제4방면군 지도부는 '송이무(松理茂) 적구(赤區) 발전' 계획을 제정했다. 한편 '송이무 계

서 병사했다.

획'[1375]을 통한 '사천 적화(赤化)' 구상은 실현 가능성이 매우 낮았다.

'중화소비에트서북연방정부'를 설립(5.30)한 장국도는 '연방정부' 주석에 추대됐다. 또 그는 웅국병(熊國炳)[1376]·유백성(劉百成)을 부주석으로 임명했다. 서북혁명군사위원회 주석에 부임한 장국도는 서향전·진창호를 '군위' 부주석에 임명했다. 당시 장국도의 '정부'·'군위' 주석은 당중앙의 승인을 받지 않았다. 장국도가 정치적 야심을 노골적으로 드러낸 것이다. 한편 민강지역에 진입한 4방면군은 중앙홍군 영접을 본격 준비했다.

5월 중순 중앙홍군의 금사강 도하 소식을 입수한 장국도는 회의를 열고 전위대를 파견해 중앙홍군 영접을 결정했다. 또 이선념을 전위대 책임자로 임명하고 '30만 중앙홍군을 맞이하자'는 구호를 제출했다(葉健君 외, 2017: 107). 상기 '구호'에 관해 진창호는 장국도 주석(主席)[1377]과 의논해 결정한 것이라고 부언했다. 장국도가 중앙홍군을 '30만'으로 부풀린 것은 미스터리이다. 이는 그가 중앙홍군 영접을 중요시했다는 반증이다.

1375 '송이무(松理茂) 계획'은 장국도가 구상한 '천강 근거지'의 일환이다. 진창호가 설명한 '송이무 계획'은 ① 교통 발달 ② 풍부한 물산 ③ 소수민족 해방운동 촉진 ④ 서북 근거지의 보루 ⑤ 근거지 설립을 통한 '사천 적화(赤化)' 등이다(黃少群 외, 2007: 177). 한편 '송이무 계획'을 통한 '사천 적화' 실현 가능성은 거의 제로에 가까웠다.

1376 웅국병(熊國炳, 1899~1960), 사천성 통강(通江) 출신이며 공산주의자이다. 1932년 중공에 가입, 1934년 사천성소비에트정부 주석, (西北)연방정부 부주석, 1937년 3월 적군에게 체포됐다. 1960년 고향에서 병사했다.

1377 '장국도 주석(主席)'의 의미는 ① '홍4방면군' 최고 지도자 장국도의 '높은 성망' ② 1인자를 뜻하는 '주석' 칭호는 장국도의 '권력찬탈' 야망을 나타낸다. 실제로 장국도는 서북연방정부의 '주석'과 서북군위의 '주석'을 자임했다. 이는 '일국이주(一國二主)' 국면을 초래했다. 결국 '양군 회사(1935.6)' 후 '모장(毛張)'의 권력투쟁은 불가피해졌다.

6월 12일 '무공회사' 보고를 받은 장국도는 당중앙에 보낸 전보에 이렇게 썼다. …양군 회사 후의 행동방침을 알려주기 바란다. 나는 무현, 진창호는 북천, 서향전은 이번(理番)에 있다(姚金果 외, 2018: 429). 서향전은 당중앙에 보낸 전보에 이렇게 적었다. …홍군의 공격대상이 호종남의 중앙군인지 유상의 천군인지를 알려주기 바란다('紅四方面軍'戰史資料, 1992: 52). 실제로 서향전의 '질문'은 장국도의 지시를 따른 것이며 홍군의 행동방침에 관한 당중앙의 의중을 파악하기 위한 것이었다. 6월 15일 장국도·진창호·서향전은 연명으로 당중앙에 '축하' 전보를 보냈다.

6월 16일 모택동 등은 답전에 이렇게 썼다. …양군은 힘을 합쳐 장개석·유상의 '토벌군'을 격파하고 천서북을 적화해야 한다('紅四方面軍'戰史資料, 1992: 52). 같은 날 장국도 등이 받은 '행동방침' 골자는 ① 천섬감(川陝甘) 근거지 설립 ② 원정군 파견, 신강 점령 ③ 민강·가릉강 지역으로 발전, 호종남의 남진 저지 ④ 무공지역, 급양 해결이 곤란 등이다(賴宏 외, 2007: 196). 이는 당중앙이 '천섬감 근거지' 설립을 전략방침으로 제출한 것이다. 또 당중앙은 서향전의 '질문'에 대한 즉답을 회피했다. 한편 '천섬감 근거지' 설립은 '북상항일'의 전략이 내포돼 있었다.

6월 15일 모택동·주덕은 '일본의 화북 침략과 장개석의 매국 반대 선언'을 반포했다. 모택동은 '선언'을 통해 북상항일 전략을 명확하게 제출했다. 준의회의의 북상항일은 구호에 불과했으나 이 시기 북상항일은 당중앙의 전략방침이 됐다(胡錦昌 외, 2017: 256). 모택동이 '북상항일'을 홍군 전략으로 확정한 주된 목적은 첫째, 장개석의 매국 정책을 비판하기 위한 것이다. 둘째, 천섬감 근거지 설립의 당위성을 천명하기 위한 것이다.

장개석의 병력 배치는 ① 설악의 제2로군, 아안(雅安) 집결 ② 호종남의 제3로군, 송반(松潘) 점령 ③ 서북 군벌 마보방(馬步芳)[1378], '청해 진입' 저지 ④ 사천 군벌 유상·이가옥(李家鈺)[1379]·등석후·손진(孫震)[1380], 민강 이서의 '홍군 섬멸' 등이다(黃少群 외, 2007: 195). 한편 산악지대가 위주인 천강(川康)지역의 소수민족은 유목업에 종사했다. 실제로 열악한 자연조건을 가진 천서북은 10만 홍군의 근거지로 적합하지 않았다.

서향전은 이렇게 회상했다. …인구가 적은 천서북은 식량 해결이 어려워 대부대의 주둔지로 적합하지 않았다. '양군 회사' 후 호종남 주력을 섬멸해 천섬감 근거지를 설립할 수 있었다. 당시 장국도는 최종 결정을 내리지 못했다(徐向前, 1988: 42). 이 또한 장국도가 당중앙의 행군 방침을 거듭 질문한 주요인이다. 한편 장국도는 (川康)근거지를 최선책으로 간주했다. 또 '소련 지원'을 받을 수 있는 신강 근거지를 차선책으로 간주했다.

장국도는 '간부필독' 기관지에 글을 발표(6.14)해 2가지 행동방안을 제출했다. 첫째, 서강·청해·신강에 근거지를 설립한다. 둘째, 성도를 공략한 후 무한을 공격한다(蘇杭 외, 2015: 271). 장국도가 당중앙에 보낸 답전(6.17)의 골자는 ① 북천 일대, 대규모 작전이 부적합 ② 민강지역, 이

1378 마보방(馬步芳, 1903~1975) 감숙성 임하(臨夏) 출신이며 국민당 상장이다. 1930~1940 년대 청해성정부 주석, 서북초비(剿匪) 제5종대 사령관, 제82군단장, 제48집단군 총사령관 등을 역임, 1975년 메카(Mecca)에서 병사했다.

1379 이가옥(李家鈺, 1892~1944), 사천성 포강(蒲江) 출신이며 국민당 중장이다. 1920~1930 년대 육군 제1사단장, (四川)변방군 사령관, 제3로군 총지휘, 항전 시기 육군 제47군 군단장, 제36집단군 총사령관, 1944년 진가파(秦家坡)에서 일본군에 의해 사살됐다.

1380 손진(孫震, 1892~1985), 사천성 화양(華陽) 출신이며 국민당 상장(上將)이다. 1930~1940 년대 '천북초비(川北剿匪)' 전적(前敵) 총지휘, 제22집단군(集團軍) 부총사령관 등을 역임, 1985년 대북(臺北)에서 병사했다.

선념의 의견을 청취 ③ 중앙홍군은 아파(阿壩)로 진격, 4방면군은 청해·
감숙으로 발전 ④ 원정군 파견, 신강 점령 ⑤ 민강 이서에서 천전·아안
공략 등이다('紅四方面軍'戰史資料, 1992: 59). 홍군의 '무한 공격'은 실현 가능
성이 제로이다. 결국 이는 '천섬감 근거지' 설립을 반대한 것이다. 한편
'신강 점령'은 이른바 '국제노선(國際路線)'[1381]과 관련된다.

당중앙이 장국도에게 보낸 전보(6.18)의 골자는 ① 평무(平武) 점령,
'북진'의 거점 ② 송반 공략, 홍군 주력의 '초원 통과' 유리 ③ 홍군의 당
면과제, 평무·송반 공략이다(逢先知 외 2005: 459). 상기 전보는 모택동이
작성한 것이다. 결국 이는 북상항일 전략의 당위성을 재차 천명한 것이
다. 한편 당중앙은 장국도가 제출한 '국제노선'을 찬성하지 않았다.

6월 20일 장국도가 당중앙에 보낸 전보의 골자는 첫째, '평무 공격'
은 홍군에게 불리하다. 둘째, 호종남의 '중병 배치'로 '송반 공격'은 승
산이 적다. 셋째, 중앙홍군은 서강으로 진격해야 한다('紅四方面軍'戰史資
料, 1992: 63). 당중앙이 보낸 답전은 이렇게 썼다. …호종남·전송요(田頌
堯)[1382] 방어선 돌파가 홍군의 발전에 유리하다. 뾰족한 수가 없다면 천
서남(川西南) 진격을 고려할 수 있다(李小三 외, 2007: 197). 결국 당중앙의
'양보'로 장국도가 기선을 제압했다. 한편 당중앙이 '북상 전략'을 포기

1381 장국도가 제출한 '국제노선(國際路線)'은 홍군이 청해·감숙을 거쳐 신강(新疆)을 공략해
      소련의 원조를 받는다는 것이다. 결국 이는 당중앙이 제창한 '북상항일' 전략에 위배
      된다. 당시 '천강(川康) 근거지' 설립을 최선책으로 생각한 장국도는 '홍군 서진'·'신강
      진격'을 차선책으로 간주했다. 한편 '국제노선' 실현 가능성은 매우 낮았다. '홍4방면
      군'으로 구성된 서로군(西路軍)이 '마가군(馬家軍)'에게 전멸된 것이 단적인 방증이다.

1382 전송요(田頌堯, 1888~1975), 사천성 양현(陽縣) 출신이며 국민당 상장이다. 1920~1940
      년대 국민혁명군 제29군단장, 사천초비(剿匪) 제2로군 총지휘, 군사참의원 참의(參議)
      등을 역임, 1975년 성도(成都)에서 병사했다.

한 것은 결코 아니었다. 이는 당중앙의 '권의지계(權宜之計)'였다.

장문천은 '천섬감을 적화하자'는 글을 '전진보(前進報)'[1383]에 발표 (6.24)했다. '문장' 골자는 ① 천섬감 근거지 설립의 당위성 ② '송반 탈취' 필요성 ③ 홍군 급선무, 호종남 섬멸 ④ '서진'·'남하' 주장, 도피주의 등이다(程中原, 2012: 51). 실제로 낙보는 북상을 반대한 장국도를 비판한 것이다. 한편 장국도의 '서진·남하' 주장을 '도피주의'라고 한 것은 부적절했다. 결국 이는 '문제 해결'에 도움이 안됐고 홍군의 분열을 조장했다.

6월 23일 모택동 등은 양하구(兩河口)에 도착했다. 장국도는 이렇게 회상했다. …6월 22일 나는 황초(黃超)[1384]와 경호원들과 함께 무현을 출발했다. 3일 간을 달려 무공의 무변(撫邊)촌에서 모택동과 만났다(葉健君 외, 2017: 120). 무변촌은 양하구 무변하(撫邊河) 왼쪽 대안에 위치했다. 홍군 총정치부는 '장국도 환영'을 위해 간이 연단을 만들고 환영 표어를 붙였다. 25일 오후 모택동 등은 3리를 걸어 무변촌 환영식장에 도착했다.

모택동이 한사코 사천성 진입을 피한 이유는 정치적 계산 때문이었다. 사천에 들어가면 장국도의 제4방면군과 합류하게 되면 군사력 열세로 권력 실세가 될 가능성이 희박했다. 공산국제 집행위 정치위원 장국도는 스탈린과 친분을 갖고 있었다(나창주, 2019: 399). 7월 20일 모택동과 장국도는 양하구에서 만났다. 포스터와 현수막이 걸려 있었고 연

1383 '전진보(前進報)'는 홍군 총정치부가 1935년 6월 10일에 창간한 간행물이다. 박고가 편집장을 맡은 '전진보'는 '북상항일'을 주창, 주요 기고자는 박고·낙보·진운·개풍· 이유한 등이다. 제4기(10.7)를 발행한 후 정간됐다.

1384 황초(黃超, 1906~1938), 귀주성(貴州省) 출신이며 공산주의자이다. 1930년대 장국도의 비서, '홍25군' 정치부 주임, (西陝)군사위원회 비서장, 천섬(川陝)소비에트정부 비서장, '홍 5군' 정치위원, 1937년 겨울 '트로츠키파'로 체포, 1938년 신강(新疆)에서 처형됐다.

단도 준비됐다. 모택동은 4방면군 사령관 서향전과 지칠 정도로 대화를 나눴다(이준구, 2012: 177). 상기 '정치적 계산'은 상당한 어폐가 있다. 장국도의 '스탈린 친분'은 신빙성이 제로이다. 한편 모택동 등은 6월 25에 장국도와 상봉했다. 당시 서향전은 양하구(兩河口)에 오지 않았다.

6월 25일 장국도는 30여 명의 호위를 받으며 양하구로 달려왔다. 1방면군 지휘관들은 큰 비를 무릅쓰고 장국도 영접을 위해 도열했다. 장국도는 오만한 태도로 환영식장까지 말의 속도를 늦추지 않고 그대로 달려왔다(현이섭, 2017: 244). 두 지도자의 모습은 대조적이었다. 환한 얼굴에 건장한 체구의 장국도는 고생한 흔적이 없었으나, 바짝 마른 모택동은 얼굴에 주름이 깊이 패였다(정성호, 2016: 362). 이덕은 이렇게 회상했다. …건장한 체격을 가진 40대의 장국도는 주인행세를 하며 우리를 맞이했다. 군사적 우월감으로 상당한 자만감에 빠져 있었다(李德, 1981: 154). 실제로 장국도의 경호원은 10여 명이었다. 6월 25일 오후 장국도 일행은 무변촌에 도착했다. 당시 장국도는 38세였고 모택동은 42세였다.

장국도는 주덕을 다만 '8년 간 같이 투쟁한 사람'이라고 언급했다. 장정 목표는 북부지역으로 결정됐으나, 장국도는 천강 근거지 설립이 이상적이라고 연설했다(이준구, 2012: 178). 당시 말에서 뛰어내린 장국도가 중앙지도자들과 일일이 악수하며 가장 많이 한 말은 '8년'이다. 장국도와 모택동은 1927년 7월에 갈라졌고 주덕과는 1927년 11월에 헤어졌다(少華, 2014: 200). 장국도가 8년 만에 주덕과 재회했다는 서술이 정확하다. '중공 5대(1927.5)' 후 모택동과 장국도는 만난 적이 없었다. 한편 주덕과 장국도는 '삼하파 분병(分兵, 1927.9)'에서 헤어졌다.

환영회(6.25)에서 장국도는 이렇게 말했다. …이곳에는 약소민족(藏族·回族)이 있다. 천강신(川康新) 지역에 근거지를 설립할 유리한 조건을 갖고 있다. 장국도는 이렇게 회상했다. …무공(懋功) 상봉에서 나와 모택동은 홍군 전략 등 문제에서 의견이 엇갈렸다(歐陽雪梅 외, 2017: 260). 실제로 당중앙의 북상 전략을 반대하기 위해 장국도가 '(川康新)근거지 설립'을 주장한 것이다. 한편 환영사에서 주덕은 '북상항일' 당위성을 천명했다.

만찬회에서 모택동은 혁명자는 '고추(매운 음식)를 잘 먹어야 한다'고 농담조로 말했다. 그러자 '매운 음식'을 싫어하는 박고가 이렇게 반박했다. …'매운 음식'을 좋아하는 증국번은 태평천국을 탄압한 원흉이며 하건은 홍군에게 치명상을 입힌 괴수이다(吳葆朴 외, 2007: 175). 실제로 중국혁명가 중 '매운 음식'을 즐기는 사천·호남 출신이 많았다. '10대 원수(軍事家)'인 주덕·유백승·섭영진·진의는 사천 출신이며 모택동·유소기·호요방 등 정치가는 호남 출신이다. 물론 절대적인 것은 아니다. 정치가 등소평은 사천 출신이며 군사가 팽덕회는 호남 출신이다.

'무공회사' 당시의 양군 병력에 대한 서술은 다양하다. …한쪽은 1만의 패잔병 무리였고 다른 쪽은 사기충천한 5만의 정예 병사였다(조관희, 2019: 215). 장국도의 부대는 8만명, 모택동의 부대는 8천명이었다(박형기, 2014: 101). 장국도의 부대(5만)는 '주모홍군(4.5만)'에 비해 많았고 장비도 좋았다(R. Terrill, 2010: 169). 장국도의 군대는 4.5만, '홍1방면군'은 1만명이었다(P. Short, 2010: 289). '회합' 당시의 '1·4방면군' 병력은 각기 4.5만명이었다(D. Wilson, 2011: 132). 장국도가 4방면군은 10만이라고 대답하자, 주은래는 중앙홍군은 3만이라고 말했다(少華, 2014: 202). 당시 중앙홍군은 2만, 4방면군 병력은 8만이었다(楊尙昆, 2001: 138). 실제로 양상곤의 회상이 가장 정확하다. 이덕도 중앙홍군은 2만명이라고 주장했다.

6월 26일 양하구 사찰(寺刹)에서 열린 정치국 확대회의의 참석자는 장문천·모택동·주덕·주은래·왕가상·장국도·박고·유소기·유백승·개풍·등발·임표·팽덕회·섭영진·임백거·이부춘 등이다. 주요 의제는 홍군 전략을 결정하는 것이다. 회의에서 주은래가 홍군의 작전방침과 군사행동에 관한 보고를 했다. 당시 당중앙의 '북상'과 장국도의 '남하' 주장이 대립됐다. 결국 '다수결 원칙'에 따라 홍군의 북상 방침이 통과됐다.

장국도 등이 준의회의의 '당중앙 개편' 적법 여부를 제기해 논쟁이 격화됐다. 진창호는 장국도를 총서기로 선출할 것을 요구했다(이건일, 2014: 236). 주은래가 진행을 맡았고 모택동이 맨 처음 발언했다. 장국도는 소련 국경 몽골로 이동하라고 공산국제가 지시했다고 말했다(Salisbury, 1985: 292). 군사위원회 주석에 모택동, 장국도는 부주석에 임명됐다. 장국도 부하들은 거세게 반발했지만 대세를 뒤집지 못했다(나창주, 2019: 409). 당시 진창호는 회의에 불참했다. 회의 주재자는 낙보였고 장국도가 맨 처음 발언했다. 장국도의 '몽골 이동' 지시는 사실무근이다. 실제로 '중혁군위' 주석은 주덕이었고 회의에는 '장국도 부하'가 없었다.

주은래는 천섬감과 '천강 근거지'를 이렇게 비교했다. 첫째, 지역이 넓은 천섬감은 기동전에 유리하다. 천강은 협로가 많아 봉쇄하기 쉽고 반격이 어렵다. 둘째, 천섬감은 대중적 기초가 좋고 인구가 많아 병력 확충이 가능하다. 천강은 인구가 적어 신병 모집이 어렵다. 셋째, 천섬감은 물산이 풍부하고 천강은 식량과 가축이 부족하다(中共中央文獻硏究室, 2007: 287). 주은래의 '비교' 취지는 홍군은 북진해 천섬감 근거지를 설립해야 한다는 것이다. 실제로 '북상항일'을 전제로 한 주은래의 '보고'는 모택동·낙보 등 중앙지도자와 사전에 의논해 결정한 것이다.

주은래는 이렇게 주장했다. …홍군의 남진과 민강 이동 진격도 불리하다. 적군이 130여 개 연대를 집결해 홍군의 전진을 저지하고 있다. 초원이 많은 서북보다 인구가 많은 천섬감으로 진격해야 한다(黃少群 외, 2007: 200). 당시 주은래는 천섬감 근거지 실현을 위해 작전 지휘권을 '중혁군위'에 집중하고 홍군을 좌중우(左中右) 3개 종대의 편성을 제출했다. 한편 주은래의 '보고'가 끝난 후 장국도·모택동 등이 잇따라 발언했다.

장국도의 '발언' 골자는 첫째, 섬감(陝甘)은 식량 생산량도 적어 급양 해결이 어렵다. 둘째, 신강에 근거지를 설립하면 소련의 원조를 받을 수 있다. 셋째, 천강의 지방 군벌 세력이 약하다. 넷째, '천강 근거지' 설립에 필요한 제반 여건이 마련됐다(郭欽 외, 2017: 129). 서향전은 이렇게 회상했다. …'북진 곤란'을 과장한 장국도는 홍군의 미래를 비관적으로 전망했다. 또 편벽한 천강에 웅거해 '실력 보존'을 도모한 장국도는 '북상항일'[1385]을 도외시했다(葉健君 외, 2017: 263). 실제로 상기 '신강 근거지'와 '소련 원조'는 실현 가능성이 제로에 가까웠다. 한편 '전략 제정권'은 당중앙에 있었으나 '작전 실행권'은 실세인 장국도가 장악했다.

몇 년 후 변절자로 전락한 장국도는 '국민에게 고하는 글(1938.5.6)을 발표해 자신을 변호했다. 또 그는 '천강 근거지' 설립은 홍군 분열이 목적이 아니며 항일 전략을 실현하기 위한 것이라고 강변했다. 당시 장개석과 장국도의 '공통점'은 항일에 관심이 없었다는 것이 중론이다.

1385 장국도는 회고록에 '북상항일'에 관해 이렇게 썼다. …모택동이 제출한 북상전략에는 섬북(陝北)이 없었고 북상항일을 거론하지 않았다. 당시 격리 상태인 홍군은 '항일'에 대해 아는 것이 적었다(張國燾, 1980: 1129). 상기 '북상항일'을 거론하지 않다는 주장은 신빙성이 낮다. 양군 회사(會師, 1935.6) 후 당중앙이 '북상 전략'을 제출한 취지가 북상항일이다. 한편 장국도의 취지는 '북상·남하' 노선투쟁 존재를 부인하기 위한 것이다.

모택동은 이렇게 말했다. ⋯신강은 내지와 너무 멀리 떨어져 있다. 이에 주덕이 맞장구를 쳤다. ⋯섬북은 유격전 전개에 안성맞춤이다. 이때 주은래가 말참견했다. ⋯우선 전쟁을 피할 수 있고 휴양생식(休養生息)이 가능해야 한다(師博, 1993: 242). 상기 주장은 장국도가 회고록[1386] 작성시 꾸며낸 이야기이며 신빙성이 매우 낮다. 한편 장국도의 '남하'·'서진' 주장을 반대한 모택동 등의 취지는 (川陝甘)근거지 설립과 북상항일이다.

모택동의 '발언' 골자는 첫째, 장국도의 방안은 선택 여지를 제공했다. 그러나 북상이 가장 적절한 전략이다. 둘째, 홍군의 북상방침 실현을 위해 '현실(戰爭)'을 외면해선 안 된다. 셋째, 기동적인 운동전 전개를 위해 천섬감으로 진격해야 한다. 넷째, 역량을 집중해 송반을 점령해야 한다(中共中央文獻研究室, 2011: 360). 실제로 장국도의 주장을 반대한 모택동은 주은래가 제출한 '북상 방침'을 지지한 것이다. 또 회의는 낙보에게 '전략 방침' 작성을 의뢰했다. 결국 이는 짜고 치는 고스톱이었다. 결국 '소수자(少數者)' 장국도는 당중앙 결정에 복종할 수밖에 없었다.

6월 28일 낙보가 작성한 '전략 방침 결정'의 골자는 ① 북진해 천섬감 근거지를 설립 ② 송반 탈취, 감남(甘南)으로 진격 ③ 도하(洮河)·하하(夏河)지역을 선점, 대소금천(大小金川)에서 유격전을 전개 ④ 도피주의·(右傾)기회주의는 주요 위험 요소이다(賴宏 외, 2007: 202). 29일 참석자

1386 역사 사실을 왜곡한 장국도의 회고록은 허위·날조·픽션으로 점철됐다. 그는 북경에서 체포(1924)된 후의 변절행위를 기만하고 양군 회사(1935.6) 후 홍군 분열과 '제2중앙 설립'에 관해 아전인수식으로 해석하고 구구하게 변명을 늘어놓았다. 또 변절자로 전락한 장국도는 '국민당 스파이'·'반공(反共) 분자'로 전락한 사실을 애써 회피했다. 1960년대 미국정부의 원고료를 받아 작성한 장국도의 회고록은 신빙성이 매우 낮다.

들은 일본군의 화북사변(華北事變)[1387]에 관한 박고의 보고를 청취했다. 같은 날 장국도를 '중혁군위' 부주석에 임명했다. 상기 '(右傾)기회주의'는 낙보가 모택동에게 적용한 죄명이다. 한편 소련 유학파가 주도한 당 중앙을 안중에 두지 않았던 장국도는 대수롭게 여기지 않았다.

장국도는 회상했다. …주은래의 전보문은 이렇게 썼다. '중혁군위' 주석 모택동, 부주석 주덕·주은래·장국도였다. 좌로군의 (正副)총지휘는 팽덕회·임표, 우로군의 총지휘는 서향전, 정치위원은 진창호였다. 나는 '(軍委)부주석 임명'에 내심 만족했다(張國燾, 1980: 1137). '중혁군위' 주석은 주덕, 부주석은 주은래·장국도·왕가상이다. 좌로군 총지휘는 임표, 팽덕회는 부총지휘였다. 한편 장국도는 '(軍委)부주석'에 만족하지 않았다.

양하구회의에서 고립무원에 빠진 장국도는 '실의자(失意者)'였다. '당권(黨權)'을 장악한 당중앙의 적수가 될 수 없었다. 6월 30일 장국도는 무현으로 돌아갔다. 올 때의 의기양양한 자태는 사라졌고 주눅이 든 의기소침한 모습이었다. 회의 기간 장국도는 종파적 활동을 멈추지 않았다. 회의 '결정'에 면종복배한 그는 '(北上)방침 실행'을 거부했다. 한편 중앙홍군의 실정을 파악한 장국도는 '권력 찬탈' 야망을 본격적으로 드러냈다.

1387 '화북사변(華北事變)'은 1935년 일본 침략군이 중국의 화북지역을 잠식하기 위해 일으킨 일련의 사건을 통칭한다. 주요한 사건은 ① 1월 중순, 찰동(察東)사건 ② 5월 초, 하북(河北)사건 ③ 5월 29일, 당고(塘沽)협정 ④ 5월 30일, 장북(張北)사건 ⑤ 6월, 하응흠(何應欽)과 우메즈요시지로(梅津美治郎)가 체결한 하매(何梅)협정 ⑥ 6월 27일, 진사(秦土)협정 등이다. 한편 '화북사변' 후 화북지역의 일제 식민지화(植民地化)가 가속화됐다.

2. '북상'·'남하'의 노선투쟁(路線鬪爭) 격화

1) 장국도의 '군권(軍權)' 장악, 주은래의 '실권(失權)'

양하구회의에서 당중앙은 북진해 천섬감 근거지를 설립한다는 홍군의 (北上)전략을 결정했다. 회의는 장국도가 제출한 '남하'·'천강 근거지' 설립안을 압도적으로 부결했다. 결국 '전략 제정권'을 장악한 낙보·모택동·주은래 등의 일방적 승리로 끝났다. 당중앙은 북상전략 실현을 위해 '군위' 총참모장 유백승에게 '송반전역계획안' 작성을 의뢰했다. 결국 '송반전역'은 무산됐다. 실세인 장국도가 '작전 실행'을 거부했기 때문이다.

적군의 병력 배치는 ① 천군 주력, 강유(江油)·문천(汶川) 방어 ② 호종남, 송반·평무 고수 ③ 양삼·등석후, 보흥·대천(大川)에서 저지 ④ 유문휘·이포빙(李抱冰)[1388], 강정(康定) 등지 보루 구축 ⑤ 중앙군, 면양(綿陽) 집결 ⑥ 곽훈기의 천군, 신진(新津) 대기 ⑦ 우학충(于學忠)[1389], 섬감초비(剿匪)사령관 임명 등이다. 상기 '배치'의 취지는 홍군의 감남(甘南) 진입을 저지하고 서북 초원에서 홍군을 '포위섬멸'하는 것이다.

'송반전역계획안' 골자는 ① 민강 동안에 1개 지대 파견, 호종남 부대 유인 ② 홍군을 3개 종대로 나눠 북진 ③ 협력 작전, 적의 방어선 돌파 ④ 협금산·무공에 1개 지대를 남겨 홍군 북진 엄호 등이다(李小三 외, 2007:

1388 이포빙(李抱冰, 1877~1948), 호남성 녕원(寧遠) 출신이며 국민당 중장이다. 1920~1930 년대 장사(長沙)경비사령관, 상군(湘軍) 제38사단장, 육군 제16군단장, 제5종대 사령관, 1938년 파면, 1948년 영릉(零陵)에서 병사했다.

1389 우학충(于學忠, 1890~1964), 산동성 봉래(蓬萊) 출신이며 국민당 상장이다. 1920~1940 년대 동북군 제1군단장, 제1집단군 총사령관, 섬감(陝甘)초비(剿匪) 사령관, 군사참의원 부원장, 건국 후 하북성 체육부장, 국민당혁명위원회 중앙위원을 역임, 1964년 북경 에서 병사했다.

204). 상기 '계획안'은 적의 병력 배치에 근거해 제정한 것이다. 6월 29일 '군위'는 각 부대에 '계획안'을 하달했다. 상기 '계획안'은 실현 가능성이 매우 높았으나 장국도의 '늦장 대응'으로 실천에 옮겨지지 못했다.

송반에 주둔한 적군은 많지 않았다. 당시 홍군의 천섬감 진격을 예상하지 못한 장개석은 송반 방어를 등한시했다. 또 홍군 주력이 성도(成都)를 공격할 것으로 판단한 '행궁(行宮)' 참모부는 홍군의 감청(甘靑)·신강 퇴각을 예측했다('紅四方面軍'戰史資料, 1992: 541). 상기 적군의 '판단'은 장국도의 주장과 일맥상통했다. 적군의 '병력 배치'도 이런 판단을 전제로 제정됐다. 결국 장개석은 홍군의 '성도 진격'을 대비해 '천성(川省) 보루구축계획'을 반포했다. 한편 호종남의 부대는 '무현 진격' 중이었다. 홍군이 신속히 송반을 공격했다면 '공략' 가능성이 매우 높았다.

홍군의 군량미가 바닥을 드러냈다. 식량을 보급받지 못한 병사들은 들판의 보리를 베고 민가를 약탈하는 사태까지 벌어졌다. 티베트인들은 숲속으로 들어가 홍군을 대상으로 유격전을 펼치고 낙오병을 살해했다(나창주, 2019: 410). 기율이 엄격한 홍군의 '민가 약탈'은 신빙성이 낮다. '티베트인'은 천강(川康)지역의 장족·회족 등 민족을 가리킨다. 홍군과 소수민족의 '상호 불신'은 모택동이 '(川康)근거지 설립'을 반대한 주요인이다.

장족지역에 진입한 홍군은 식량 해결이 어려웠고 장민(藏民)의 방해로 송반 진격에 지장을 받았다. 7월 3일 당중앙은 '장민들에게 고하는 글'을 반포했다. '글'은 장민들에게 홍군 가입과 민족자치 실현을 호소했다(逢先知 외, 2005: 462). 홍군의 장족 '밀 수확'에 관한 규정은 첫째, 식량을 구할 방도가 없을 때 장민의 여문 밀을 벨 수 있다. 둘째, 우선 부자의 밀을 베고 부득이한 상황에서 백성의 밀을 거둘 수 있다. 셋째, 물량은 메모지에 적어 목패에 붙여 밀밭에 세워놓아야 한다(聶榮臻, 2007: 222). 당시 일부 병사들은 '식량 마련'을 위해 백성의 밀을 수확했다. 한편 상기 '규정'은 장민이 '쪽지'를 갖고 홍군을 찾아가 돈으로 환산할 수 있게 한 것이다. 이는 굶주림으로 사지에 몰린 홍군의 '궁여지책'이었다.

'북상전략' 실행에 태만한 장국도는 송반 공격을 신경을 쓰지 않았다. 당시 '송반전역'을 반대한 장국도는 여전히 '천강 근거지' 설립에 집착했다. 한편 중앙홍군의 '약한 전투력'을 확인한 그는 권력 찬탈 야망을 본격적으로 드러냈다. 또 '군위 부주석'에 불만족한 그는 측근자에게 지시해 당중앙에 '군위'·홍군 총사령부 개편을 요구했다. 한편 회의 기간 준의·회리회의 내막을 탐지한 장국도는 '관련자 설득'을 은밀하게 추진했다.

제1방면군 고위 지휘관 포섭에 관심을 쏟았던 장국도는 군대 파견의 뜻을 표시하는 등 호의를 보였다. 비서를 팽덕회에게 보내 말린 소고기와 쌀, 200~300원의 돈을 전달하는 등 선심공세를 폈다(현이섭, 2017: 246). 섭영진은 이렇게 회상했다. …(兩河口)회의 기간 나와 팽덕회는 장국도의 식사 초대를 받았다. 당시 장국도는 우리에게 2개 연대의 병력을 보충해주겠다고 약속했다(聶榮臻, 1986: 279). 실제로 장국도가 병력 보충을 미끼로 '팽섭(彭聶)'을 자기편으로 끌어들이려고 시도한 것이다. 결국 장국도는 '부인 잃고 병사마저 잃은(賠了夫人又折兵)'[1390] 꼴이 됐다. 한

1390 '부인 바치고 군사도 잃다(賠了夫人又折兵)'는 삼국지(三國志) 제54회에 나오는 고사이다. 유비가 형주를 돌려주지 않자 오나라의 대도독(大都督) 주유가 결혼을 미끼로 유비를 인질로 삼아 형주를 되찾는다는 계책을 꾸민다. 주유의 술책을 간파한 제갈량이 '(劉備)결혼'을 성공시키고 관우를 배치해 추격군을 격파한다. 한편 '팽덕회·섭영진 포섭'

모택동과 중국혁명 2

편 장국도가 군단장 임표를 간과한 것은 또 다른 '패착'이었다.

팽덕회는 이렇게 회상했다. …1935년 7월 장국도의 비서 황초가 은화 200~300원을 갖고 찾아왔다. 그는 회리회의 상황을 자세히 캐물었다. 세객(說客) 황초는 나에게 마가군(馬家軍)[1391]의 전투력이 뛰어나다고 강조했다(彭德懷, 1981: 201). 양상곤은 이렇게 회상했다. …당시 팽덕회는 나에게 이렇게 말했다. 장국도가 나를 군벌 취급을 하네. 금전으로 나를 유혹하려 들다니 참 어처구니가 없네(楊尙昆, 1979: 60). 결국 장국도의 '팽덕회 포섭'은 실패했다. 회리회의의 내막을 파악한 장국도가 '모팽(毛彭)'의 '불편한 관계'를 이용하려고 시도했으나 성공하지 못했다. 실제로 팽덕회는 '(毛張)권력투쟁'에서 확고부동하게 모택동을 지지했다.

7월 상순 '전진보'에 '레닌의 연방을 논함'[1392]이란 문장을 발표한 개풍은 '레닌의 글'을 인용해 장국도가 설립한 서북연방정부(1935.5)를 비판했다. 레닌이 '유럽연방'을 반대한 것을 근거로 서북연방정부가 레닌주의에 위배된다고 주장했다(少華, 2014: 214). 개풍의 문장이 '홍성보(紅星報)'[1393]에 전재된 것을 황초가 장국도에게 보여줬다. 글을 읽은 장국도

에 실패한 장국도는 '은화(300원)'와 '군사(1000여 명)' 모두 상실하는 결과를 초래했다.

1391 마가군(馬家軍)은 중화민국 시기 감숙(甘肅)·녕하(寧夏)·청해(靑海) 등지를 사실상 통치한 서북 군벌이다. 대표적 인물은 마보방·마홍규·마홍빈이며 이들을 '서북3마(西北三馬)'라고 부른다. 또 마가군은 청해·녕하(馬家軍)로 분류된다. 한편 서로군(西路軍) 2만여 명이 마보방·마보청(馬步靑)의 마가군에게 전멸됐다. 1949년 마가군은 해방군(解放軍)에게 전패, 마홍빈은 해방군에게 투항하고 마보방·마홍규는 국외로 도망쳤다.

1392 1935년 7월 홍군 총정치부가 주관한 '전진보(前進報)'에 발표된 '레닌의 연방(聯邦)을 논함'이란 개풍(凱豊, 何克全)의 문장은 장국도가 설립한 서북(西北)연방정부를 비판한 것이다. 실제로 개풍의 '장국도 비판' 주장은 소련 유학파인 낙보와 박고 등의 지지를 받았다. 결국 이는 장국도의 '홍군 분열'을 촉진하는 부정적인 결과를 초래했다.

1393 '홍성보(紅星報)'는 1931년 12월 11일 강서성 서금(瑞金)에서 창간됐다. 홍군 총정치부

는 낙보·주은래 등에게 강하게 항의했다. 결국 주은래의 지시를 받은 개풍은 장국도의 집무실을 찾아가 사과했다. 한편 이는 준의회의에서 모택동을 '반대'한 개풍이 '모택동 지지자'로 변신하는 계기가 됐다.

장국도가 '박고형'이라고 부르자, 박고는 '호형호제'는 군벌 관습으로 볼셰비키와 어울리지 않는다고 말했다. 장국도는 이렇게 반박했다. …호형호제는 동지 간 평등·우애를 나타내는 말이네(胡錦昌 외, 2017: 133). 당시 박고는 '서진'은 참새가 하수도에 들어간 격으로 죽음의 길이라고 비난했다. 모욕감을 느낀 장국도가 이렇게 반격했다. …(中央)근거지를 잃은 당신이 나를 거론할 자격이 있는가? 당신은 근거지를 잃은 죄인이야(楊尚昆, 2001: 139). 소련파와 장국도 간 불신의 골이 더 깊어졌다. 실제로 박고는 '(中央)근거지 상실' 주범이었다. 20일 후 주은래는 총정치위원을 장국도에게 이양했다. 박고의 총정치부 주임도 진창호가 맡았다.

7월 중 낙보는 진창호와 대화를 나눴다. 낙보가 4방면군의 '실적'을 칭찬하자 진창호는 이렇게 말했다. …이는 4방면군 최고 지도자 장국도의 강력한 리더십 때문이다. 그의 능력으로 '군위 주석'을 맡아야 한다(少華, 2014: 210). 장국도는 위문단장 이부춘에게 조직문제 해결이 급선무라고 강조했다. 이부춘은 당중앙에 전달(7.6)한 장국도의 '의견'은 … 서향전을 부총사령관, 진창호를 총정치위원에 임명해야 한다('紅四方面軍'戰史資料, 1992: 83). 진창호가 낙보에게 장국도의 '군위 주석' 임명을 강요한 것이다. 또 장국도의 지시를 받은 주순전(周純全)[1394]은 천섬성위(川

의 명의로 발행, 등소평이 편집장을 맡았다. 1933년 3월 후 32절판 유인본(油印本) 간행물로 발간됐다. 또 '홍성부간(紅星副刊)'을 출간했다. 주요 기고자는 주은래·왕가상·박고·낙보·주덕·진의·팽덕회 등이었다. 1935년 8월 '홍성보'는 정간됐다.

1394 주순전(周純全, 1905~1985), 호북성 황안(黃安) 출신이며 개국상장이다. 1926년 중공에

陝省委) 명의로 당중앙에 전보를 보내 '총사령부 개편'을 건의했다.

4방면군 간부회의(7.8)에서 장국도는 중앙홍군은 전투력을 상실했다고 말했다. 또 양하구회의는 모택동 등이 사전에 획책한 음모라고 혹평한 장국도는 중앙홍군은 제4방면군을 아군으로 간주하지 않는다고 선동했다(郭欽 외, 2017: 138). 장국도의 '악의에 찬' 비방은 4방면군 장병에게 악영향을 끼쳤다. 당시 4방면군 장병들은 북상을 '전쟁 도피'로 여겼다. 결국 장국도의 악의적 선전으로 4방면군의 당중앙 불만이 절정에 달했다.

서향전은 이렇게 회상했다. …양군 회사 후 모택동은 홍군 단합을 강조했다. 당시 '비적 근성'·'정치적 낙오자'로 4방면군을 매도하는 것은 납득하기 어려웠다(葉健君 외, 2017: 140). 실제로 개풍·박고 등 소련파와 1방면군 일부 지휘관의 '4방면군 편견'이 컸다. 한편 군사적 리더십이 뛰어난 서향전은 모택동·장국도가 모두 중요시한 '쟁취대상'이었다.

7월 중순 서향전은 노화(蘆花)에서 모택동 등 중앙지도자들과 상봉했다. 모택동은 서향전에게 홍군의 행동방침은 북상해 천섬감 근거지를 설립하는 것이라고 말했다. 당시 당중앙은 서향전에게 홍성(紅星)메달[1395]을 수여해 4방면군에게 이바지한 공헌을 표창했다(賴宏 외, 2007: 208). 당중앙의 메달 수여는 '서향전 쟁취'를 위한 일종의 역공작이다.

가입, 1930~1940년대 '홍4군' 정치위원, (陝甘)성위 서기, 제4야전군 후근(後勤)부장, 건국 후 해방군 총후근부 부부장, 감찰부 제1부부장 등을 역임, 1985년 북경에서 병사했다.

1395 홍성(紅星)메달은 '중혁군위'가 수훈을 세운 홍군 장병에게 수여하는 메달이다. 메달 재질은 금·은·동 세 가지 종류, 1933년 7월 금질(金質) 메달을 받은 이들은 주은래·주덕·팽덕회 등이다. 1935년 7월 18일 홍군 지도부는 서향전·진창호에게 홍성메달을 발급했다. 실제로 '메달 발급'은 서향전 등에 대한 당중앙의 '포섭 정책'이다.

실제로 모택동이 1방면군 지휘관 팽덕회 등을 '포섭'한 장국도에게 앙 갚음을 한 것이다.

진창호는 '군위'에 보낸 전보(7.18)에서 이렇게 썼다. …장국도를 군 위 주석, 주덕을 전적 총지휘, 주은래를 참모장에 임명해야 한다. 당중 앙이 행동전략을 결정한 후 '군위'에게 독단적 결정권을 부여해야 한다 ('紅四方面軍'戰史資料, 1992: 89). 결국 이는 장국도의 비위를 맞추기 위한 꼼 수였다. 진창호의 취지는 '최고 지도자' 주은래·주덕을 좌천시키고 장 국도의 '홍군 통솔자' 임명을 낙보·모택동이 주도한 당중앙에 강요한 것이다.

최고 권력에 대한 장국도의 야망을 간파한 모택동은 '당권'을 확보 하고 (紅軍)작전 지휘권을 양도하기로 결정했다. 당시 '도광양회'를 통 해 노련한 정치가로 변신한 모택동은 낙보의 '총서기'를 보전한 동시에 '(軍委)주석'도 챙겼다. 모택동이 탐낸 직책은 '중혁군위' 주석이다. 모택 동·낙보는 주은래의 총정치위원을 장국도에게 이양하기로 합의했다. 결국 '병마 시달림'을 받고 있던 주은래가 '(毛張)권력투쟁'의 희생양이 됐다.

드라마 '장정(長征, 2001)' 제20편에 나오는 장면이다. …모택동·낙보 가 주은래의 숙소를 찾아가 장국도에게 그의 '총정치위원 이양'을 완 곡하게 권유한다. 말뜻을 알아차린 주은래는 모택동의 입에 문 담배를 와락 빼앗아 피우다가 연거푸 기침하며 격앙된 표정으로 이렇게 말한 다. …당이 요구하면 나의 모든 직책을 내려 놓겠다. 당시 주은래의 돌 발 행동에 놀란 모택동·낙보는 곧 격노한 그를 달랜다. 얼마 후 마음을 가라앉힌 주은래는 '총정치위원 양도'를 동의했다. 결국 이는 주은래의 '군권 상실'을 의미한다. 37세의 주은래가 인생의 최대 위기를 맞이한 것이다.

유영은 이렇게 회상했다. …낙보가 '총서기'를 양보하려 하자 모택동은 이렇게 말했다. 장국도가 탐내는 것은 군권이다. 그가 '총서기'가 되면 공개적으로 당의 노선을 변경할 것이다. 결국 이해득실에 연연하지 않은 주은래가 군권 이양을 동의했다(劉英, 1992: 79). 모택동이 '총서기 이양'을 반대한 것은 정치적 계산이 깔려 있었다. 실제로 '당권'을 보전한 것은 정확한 결정이었다. 한편 주은래의 '총정치위원 이양'은 필연적 결과였다.

양군 회사 후 '신3인단'은 유명무실해졌고 주덕의 (軍委)주석직은 상징성이 강했다. 홍군의 통일적 지휘 요구가 높아짐에 따라 권력쟁탈 초점이 된 '(軍委)주석'은 홍군 통솔자를 상징하는 최고의 직급으로 부상했다. 군권이 최대 관심사인 '모장(毛張)'이 '(軍委)주석'을 탐낸 것은 당연했다. 한편 '모장'이 '중공 총서기'를 넘보지 못한 것은 공산국제 지지를 확보하지 못했기 때문이다. 실제로 그들이 '총서기'가 될 가능성이 희박했다.

노화(蘆花)회의(7.18) 취지는 홍군의 '통일적 지휘' 해결이다. 낙보가 선포한 '결정'은 ① 주덕 총사령관, 장국도 총정치위원 임명 ② '군위' 상임위(常任委) 설치, 진창호 보선 ③ 주은래, 중앙상임위로 전근 ④ 박고, 총정치부 주임 임명 등이다. 상기 '결정'은 낙보와 모택동이 사전에 의논한 것이다. 한편 장국도에게 '군권'을 양보한 주은래는 '최종 결정권자'에서 밀려났다. 결국 야심가 장국도는 '(紅軍)작전 지휘권' 독점에 성공했다.

장국도가 '총정치위원 임명'을 수용한 주요인은 ① '최종 결정권자' 주은래 대체 ② '작전 결정권'을 가진 총정치위원은 최고 (軍事)책임자였다. 총사령부의 출범으로 '신3인단' 역할이 끝났다. 한편 장국도는 4개 연대의 병력을 1방면군에 보충하겠다며 생색냈다. 7월 21일 서향전이 전적 총지휘, 진창호가 정치위원에 임명됐다. 결국 4방면군의 '삼두마차(三頭馬車)'가 홍군의 작전 지휘권을 장악했다. 노화회의의 승자는 장국도였다.

모택동은 '일석이조' 효과를 거뒀다. 장국도의 권력욕을 만족시켰고 주은래의 '좌천'을 통해 '(周毛)지위 역전' 발판을 마련한 것이다. 한편 장국도는 '당권' 도전에 나섰다. '득촌진척(得寸進尺)', 줄수록 양양이었다. 모택동은 '북상·남하' 노선투쟁에서 불리한 국면에 처했다. 군권을 챙긴 장국도와 '당권'을 장악한 모택동 간의 노선투쟁은 점입가경이었다.

주은래·모택동 등이 주도한 양하구회의는 장국도의 반대를 물리치고 홍군 북상전략을 확정했다. '전략 결정권'을 가진 당중앙이 기선제압에 성공했다. 한편 주은래의 실각과 함께 군권을 장악한 장국도는 노화회의의 승자가 됐다. 노화회의의 또 다른 승자는 '군위 주석'을 자신에게 남긴 모택동이다. '화불단행(禍不單行)'으로 노회회의에서 실권(失權)한 주은래는 8월 중 병마(病魔)로 저승 문턱까지 갔다가 '기사회생'을 했다.

2) 장국도의 '당권' 도전, '모장(毛張)' 권력투쟁 본격화

군권을 탈취한 장국도는 낙보·모택동 등이 주도한 '당권(黨權)'에 도전했다. 정치국을 장악하기 위해서였다. 정치국 회의에서의 수적 열세를 만회하기 위해 장국도는 4방면군 고위간부 9명의 '정치국 진입'을 강력히 요구했다. 모택동 등의 반대로 '당권 탈취'에 실패한 장국도는 북상전략에 위배되는 '서진(西進)'을 주장했다. 결국 장국도의 '북진 반대'로 '송반작전'이 무산됐다. 8월 중 모택동과 장국도의 권력투쟁이 본격화됐다.

'중혁군위'는 '홍군 간부 임명 결정(7.21)'을 발표했다. 제1군 군단장 임표, 정치위원 섭영진, 참모장 좌권, 제3군 군단장 팽덕회, 정치위원 양상곤, 참모장 소경광, 제5군 군단장 동진당, 정치위원 증일삼(曾日三)[1396], 참모장 조리회(曹里懷)[1397], 제32군단 군단장 나병휘, 정치위원 하장공, 참모장 곽천민이다. 제4군 군단장 허세우, 정치위원 왕건안(王建安)[1398], 참모장 장종손, 제9군 군단장 손옥청(孫玉淸)[1399], 정치위원 진해송(陳海松)[1400], 참모장 진백균, 제30군 군단장 정세재(程世才)[1401], 정치위원

1396 증일삼(曾日三, 1904~1937), 호남성 의장(宜章) 출신이며 공산주의이다. 1928년 중공에 가입, 1930년대 복건(福建)군구 정치위원, '홍5군' 정치위원, '홍9군' 정치위원을 역임, 1937년 홍류원자(紅柳園子)전투에서 희생됐다.

1397 조리회(曹里懷, 1909~1998) 호남성 자흥(資興) 출신이며 공산주의자이다. 1928년 중공에 가입, 1930~1940년대 '홍5군' 참모장, 기로예(冀魯豫)군구 참모장, 제4야전군 47군단장, 건국 후 광주군구 (空軍)사령관, 공군 부총사령관을 역임, 1998년 북경에서 병사했다.

1398 왕건안(王建安, 1908~1980), 호북성 황안(黃安) 출신이며 개국상장이다. 1927년 중공에 가입, 1930~1940년대 '홍30군' 제88사단 정치위원, '홍4군' 정치위원, 제7병단 사령관, 건국 후 (志願軍)제9병단 사령관, 심양군구 부사령관을 역임, 1980년 북경에서 병사했다.

1399 손옥청(孫玉淸, 1909~1937), 호북성 황안(黃安) 출신이며 공산주의자이다. 1929년 중공에 가입, 1930년대 '홍9군' 군단장, '홍5군' 군단장 등을 역임, 1937년 5월 서녕(西寧)에서 마보방(馬步芳)에게 처형됐다.

1400 진해송(陳海松, 1914~1937), 호북성 대오(大悟) 출신이며 공산주의자이다. 1931년 중공에 가입, 1930년대 '홍4군' 제1연대 정치위원, '홍9군' 제25사단 정치위원, '홍9군' 정치위원, 1937년 이원구(梨園口)전투에서 희생됐다.

1401 정세재(程世才, 1912~1990), 호북성 대오(大悟) 출신이며 개국중장이다. 1931년 중공에 가입, 1930~1940년대 '홍30군' 제88사단장, '홍30군' 군단장, 요서(遼西)군구 사령

이선넘, 참모장 이천우, 제31군 군단장 여천운(余天雲)[1402], 정치위원 첨재방(詹才芳)[1403], 참모장 이취규, 제33군 군단장 나남휘(羅南輝)[1404], 정치위원 장광재(張廣才)[1405], 참모장 이영(李榮)[1406]이다.

당중앙은 장국도 설득을 위해 조직상 중대한 양보를 했다. 총정치위원에 임명된 장국도는 각 군단이 서로 정보를 교환하는 암호책(密電本)을 회수했다. 자신이 직접 1방면군을 총괄 지휘하며 권력을 강화하려는 의도였다(현이섭, 2017: 248). 팽덕회는 이렇게 회상했다. …내가 군단(軍團) 지휘부에 돌아왔을 때 총사령부는 군단의 암호책을 가져갔다. '홍1·3군단'이 모주석(毛主席)에게 밀전(密電)을 보내는 암호책도 회수해갔다(彭德懷, 1981: 201). 황초의 '뇌물공세'를 물리쳤던 팽덕회는 장국도의

관, 건국 후 심양군구 부사령관, 장갑병(裝甲兵) 부사령관을 역임, 1990년 북경에서 병사했다.

1402 여천운(余天雲, 1911~1936), 호북성 황안(黃安) 출신이며 공산주의자이다. 1928년 중공에 가입, 1932년 '홍4군' 연대장, 1933년 '홍30군' 군단장, 1935년 '홍31군' 군단장, 1936년 사천성 단파(丹巴)에서 익사했다.

1403 첨재방(詹才芳, 1907~1992), 호북성 황안(黃安) 출신이며 개국중장이다. 1927년 중공에 가입, 1930~1940년대 '홍31군' 정치위원, 기동(冀東)군구 사령관, 해방군 제46군단장, 건국 후 호남군구 부사령관, 광주군구 부사령관 등을 역임, 1992년 북경에서 병사했다.

1404 나남휘(羅南輝, 1908~1936), 사천성 성도(成都) 출신이며 공산주의자이다. 1927년 중공에 가입, 1930년대 천동(川東)특위 군위(軍委) 서기, '홍33군' 군단장, '홍5군' 부군장(副軍長), 1936년 감숙성 회녕(會寧)에서 희생됐다.

1405 장광재(張廣才, 1900~1970), 호북성 황피(黃陂) 출신이며 공산주의자이다. 1928년 중공에 가입, 1930~1940년대 '홍31군' 정치위원, 팔로군 병기공장 정치위원, 건국 후 호북군구 부정치위원, 무한군구 부정치위원을 역임, 1970년 호북성 은사(恩施)에서 병사했다.

1406 이영(李榮, 1901~1940), 사천성(四川省) 출신이며 공산주의자이다. 1930년 중공에 가입, 1930년대 '홍33군' 참모장, 팔로군 129사단 동진종대 참모장, 기남(冀南)군구 제4분군 사령관, 1940년 임명관(臨洺關)에서 희생됐다.

야망을 간파했다. 실제로 장국도의 '홍군 분열'로 모택동이 심각한 위기에 빠졌을 때 팽덕회는 '당중앙 보호'에 수훈갑 역할을 했다.

장국도는 탁극기(卓克基)에 도착한 후 북진 중지를 명령했다. 7월 말 설악의 중앙군은 강유·평무 일대에서 방어선을 구축했다. 송반·포좌(包座) 방어에 전력한 호종남 부대는 보루를 구축하고 간이 비행장을 건설했다. 또 위주(威州)·무현(茂縣)·무공을 점령한 천군은 '포위망'을 좁혀왔다. 당시 적군은 민강 이서와 무공 이북의 홍군 섬멸을 시도했다.

병력이 분산된 호종남의 부대는 고립무원의 상태였다. 홍군이 병력을 집중해 공격했다면 송반 공략은 완전히 가능했다. 1943년 호종남은 주은래에게 이렇게 말했다. …당시 송반에 배치된 병력이 적었다. 홍군이 공격했다면 곧 함락되었을 것이다(成仿吾, 1985: 116). 호종남은 황포군관학교에서 자기를 가르쳤던 주은래를 회상했고 그가 자신을 도와줄 것이라고 생각했다(Salisbury, 2016: 381). 당시 장국도는 '송반 공격'을 양동작전으로 변경했다. 한편 주은래는 호종남을 가르친 적이 없다. '황포 1기'인 호종남이 졸업(1924.11)한 후 주은래가 정치부 주임에 임명됐다.

7월 말 4방면군 간부회의를 주재한 장국도는 이렇게 선동했다. …당중앙이 집행한 것은 기회주의 노선이다. 박고·주은래는 중앙서기처와 '군위'에서 퇴출해야 한다. 장국도는 당중앙 주둔지 근처에서 군사적 시위를 벌였다(中共中央, 1936.7.14). 상기 내용은 당중앙이 공산국제에 보낸 전보의 골자로 장국도의 '죄행'을 고발한 것이다. 장국도가 박고·주은래의 '퇴출'을 요구한 것은 '(毛張)권력투쟁'에서 최종 패배한 한 원인이다.

'하도(夏洮)전역계획(8.3)' 골자는 첫째, 송반 공격 기회를 상실한 상황에서 신속히 북진해 하하(夏河)유역에 진입한다. 둘째, 적의 포위권을 돌파해 동쪽으로 진격한다. 셋째, 감남(甘南)지역에서 새로운 근거지를 설립한다(軍事科學院硏究部, 1987: 270). 상기 '하도계획'은 당중앙의 (北上)방침과 배치된다. 이는 장국도가 주장한 '서진(西進) 전략' 일환이었다. 한편 장국도는 홍군 주력을 '좌·우(左右)로군'으로 나눌 것을 요구했다.

8월 초 당중앙은 홍군을 좌·우로군으로 편성했다. 탁극기에 집결한 제5·9·31·32·33군을 좌로군으로 편성하고 주덕·장국도가 통솔해 아파(阿壩)를 거쳐 북상한다. 모아개에 집결한 제1·3·4·30군을 우로군으로 편성하고 서향전·진창호가 거느리고 반우(班佑)를 통해 북진한다. 당중앙은 우로군을 따라 이동하기로 했다. 또 팽덕회가 지휘한 제3군과 제4군 일부를 총예비대로 편성하고 중앙기관을 보호해 북진하기로 결정했다. 한편 좌·우로군 편성은 모택동의 '치밀한 전략'이 숨겨져 있었다. 또 이를 수용한 장국도의 '정략적 계산'이 깔려 있었다.

장국도의 분병(分兵)은 병력 집중 원칙에 위배됐으나 급양 해결 어려움을 감안한 모택동은 그의 건의를 수용했다. 당시 모택동은 북진을 홍군의 급선무로 간주했다. 한편 '모장(毛張)'은 상대방의 책략을 역이용했다. 장국도는 혼합 편성을 통해 중앙홍군을 자기편으로 만들려고 시도한 반면, 모택동은 전투력이 강한 4방면군을 앞세워 북상전략 실행을 꾀한 것이다. 결국 좌·우로군 편성은 '북상·남하'의 홍군 분열로 이어졌다.

장국도는 모아개에서 정치국 회의를 열어 당중앙의 '정치노선 해결'을 요구했다. 정치국 열세를 만회하기 위해 4방면군 간부를 대거 정치국에 발탁하려는 의도였다. 당시 중앙정치국 위원은 7명으로 장국도가 요구한 '보선(補選, 9명)'보다 적었다. 결국 '보선'을 통한 정치국 장악

모택동과 중국혁명 2

이 장국도의 주된 목적이었다. 한편 당중앙의 정치노선에 대한 '청산(清算)'을 통해 당권·군권을 독점하려는 것이 장국도가 세운 '야심찬 계획'이었다.

양군 회사 후 2개의 혼합 편성 부대로 나눠 모택동과 장국도가 인솔했다. 장국도의 '총정치위원 임명'은 주덕이 건의했다. 모택동은 군위 주석의 명의로 작전 지휘에 간섭했다(D. Wilson, 2011: 132). 상기 '혼합 부대'는 새로 편성한 좌·우로군을 가리킨다. 장국도의 '총정치위원 임명'은 모택동이 주은래를 '설득'해 군권을 이양한 것이다. '중혁군위' 주석은 모택동이 아닌 주덕이었다. 당시 장국도는 모택동을 '군위 주석'으로 착각했다.

장국도는 이렇게 주장했다. …주덕은 자원해서 남하했다. 이는 모택동의 전횡에 보복하기 위해서였다. 익숙한 지방에서 생활하는 것이 편리하다고 생각한 주덕은 모택동의 독선과 아집에서 벗어나고 싶었다 (R. Terrill, 2010: 171). 주덕이 장국도가 지휘하는 서방종대로 갔다. 사천 출신인 주덕이 잔류를 주장한 장국도에게 간 것이라는 설명도 있다(조관희, 2019: 218). 장국도와 가까운 주덕은 장국도와 모택동 간의 공통점을 지적하려고 애썼으나 위급할 때는 모택동의 지지자였다(Salisbury, 1985: 303). 상기 주덕의 '자원'·'전횡 보복'은 사실무근이며 장곡도의 '사실 왜곡'을 근거로 한 것이다. 한편 '사천 출신'과 '남하'는 직접적 관련이 없다.

장국도와 주덕은 남창봉기(1927.8)에서 만났던 '일면지분'에 불과했다. 그러나 '주모홍군(朱毛紅軍)' 창건자인 주덕과 모택동은 8년 동안 생사고락을 나눈 '문경지우(刎頸之友)'였다. 실제로 모택동이 주덕·유백승을 장국도의 좌로군에 '배치'한 것은 장국도를 '견제'하기 위한 지모(智謀)였다. 한편 모택동의 '서향전 포섭'[1407]은 절반 이상의 성공을 거두었다.

장국도가 '좌·우로군 편성'을 요구한 주된 원인은 당중앙의 통제에서 벗어나기 위한 것이었다. 좌·우로군의 인솔자는 제4방면군의 '삼두마차'로 불리는 장국도·진창호·서향전이었다. 얼핏 보면 장국도와 측근 진창호가 홍군 전체를 장악한 것처럼 보인다. 실제로 모택동이 장국도와 측근자 진창호·서향전을 갈라놓아 그들의 역량을 약화시킨 것이었다. 노련한 전략가 모택동이 장국도의 계략을 역이용한 장계취계(將計就計)였다.

좌·우로군 편성과 주요 책임자는 주덕과 유백승이 모택동의 의견을 수용해 내정했다. 모택동·주은래가 가장 신임하는 주덕·유백승을 좌로군 지휘부에 배치하고 장국도의 최측근 진창호를 당중앙의 감시 하에 둔 것이다. 주덕은 조조의 진영에 있는 관우와 같은 존재였다. 모택동은 주덕의 '굳은 절개'를 확신했다. 장국도가 '진서(陣徐)'의 우로군 편성을 반대하지 않은 것은 심복 진창호를 통한 '당중앙 통제'가 주된 목적이었다.

장국도는 이렇게 회상했다. …모아개 도착 후 나는 회의 소집을 건의했다. 당중앙은 나의 건의를 채택했다. '모아개회의'로 통칭된 이는 유일한 정치국 회의였다(張國燾, 1991: 255). 8월 초에 열린 정치국 회의는 사와회의였다. 6~7월에 열린 양하구·노화회의도 정치국 회의였다. 장

1407 중앙홍군이 단독 북상(1935.9.10)할 때 서향전은 허세우에게 '중앙홍군 북상'을 저지해선 안된다고 과단성 있게 명령했다. '홍군 상잔' 내란을 방지한 서향전은 공화국 원수(1955)가 됐다. 모택동이 서향전에게 홍성메달을 발급한 것은 은밀한 포섭이었다. '서향전 포섭'은 거의 성공적이었다. 한편 서향전은 장국도의 '(南下)지시'를 수용하는 중대한 과오를 범했다. 결국 1937년 서향전은 팔로군 129사단 부사단장으로 '좌천'됐다.

국도의 '회의 소집' 건의는 정치노선 해결을 빌미로 측근을 정치국에 대거 진입시키려는 속셈이었다. 결국 '당권 장악'이 장국도의 숨겨진 목적이었다.

8월 초 '북진계획'이 확정됐다. 모택동의 말을 빌린다면 …소련 변경에 접근해 비행기·대포를 지원받는다는 것이다. 또 소련 위성국 신강에 부대를 파견해 비행장·병기공장을 신설한다. 모택동은 장국도가 먼저 소련과 접촉하지 못하도록 전략을 짰다(J. Halliday, 2016: 390). 모택동과 장국도의 논쟁이 합의에 이르지 못하자 당 지도부는 소련 원조를 받을 수 있는 외몽골·신강 이동을 결정했다(나창주, 2019: 411). 상기 '소련 지원'을 위해 서진(西進)을 주장한 것은 장국도였다. 한편 '(新疆)소련 위성국'은 큰 어폐가 있다. 또 '외몽골·신강 이동'은 사실무근이다.

사와회의에 관해 장국도는 이렇게 회상했다. …곳곳에 설치된 초소의 초병은 특정 암호를 사용했다. 당중앙은 종대사령부를 설치해 중앙기관 안전을 책임지게 했다. 회의장은 강적을 대하듯 경계가 삼엄했다(張國燾, 1991: 256). 장국도에 따르면 1방면군이 마을을 에워싸고 있어 모든 접근이 허락되지 않았다. 정치위원 진창호마저 참석이 허용되지 않았다(Salisbury, 2016: 386). 실제로 사와촌은 제4방면군 11사단 정치위원 진석련(陳錫聯)[1408]의 '방어지역'이었다. 당시 회의장 경계는 그다지 삼엄하지 않았다. 한편 8월 초에 열린 사와회의에는 진창호가 참석했다.

8월 4일부터 3일 간 열린 사와회의 참석자는 낙보·모택동·주덕·주

1408 진석련(陳錫聯, 1915~1999), 호북성 홍안(紅安) 출신이며 공산주의자이다. 1930년 중공에 가입; 1930~1940년대 '홍11사' 정치위원, 팔로군 384여단장, 천동(川東)군구 사령관, 건국 후 포병사령관, 북경군구 사령관, 국무원 부총리를 역임, 1999년 북경에서 병사했다.

은래·장국도·진창호·유백승·부종(傅鍾)[1409]·개풍·등발·박고 11명이었다. 회의 전 낙보는 모택동·주은래 등과 토론해 '결의안'을 작성했다. 회의의 두 번째 의제인 조직문제 해결에서 정치국 위원 보선을 두고 모택동과 장국도가 격돌했다. 결국 '모장'의 권력투쟁이 첨예화됐다.

당중앙의 과오 지적에 대해 장국도는 이렇게 말했다. …1방면군 지도자는 자신의 과오를 반성해야 한다. 이른바 4방면군의 '근거지 포기'와 '도피주의'는 사실무근이다(賴宏 외, 2007: 214). 장국도가 당중앙의 '정치노선'을 쟁론화한 것이다. 회의에서 진창호는 낙보가 작성한 '결의안'의 '장국도 비판'은 잘못됐다고 지적했다. '장국도 추종자'인 진창호는 당중앙의 반대편에 섰다. 결국 노선착오를 범한 진창호는 '엄청난 대가'를 치렀다.

섭영진은 이렇게 회상했다. …진창호는 나에게 준의회의에 관한 태도를 물었다. 또 그는 일장연설을 통해 나에게 '모택동 반대'를 설득했다. 돌아올 때 나와 경호원은 장탄하고 경각심을 늦추지 않았다. 우리는 진창호의 음해와 불의의 총격을 당할까 봐 은근히 두려웠다(聶榮臻, 1986: 283). 상기 진창호의 '모택동 반대' 설득은 신빙성이 낮다. 당시 '홍1군단' 제2사단 참모장 이당악(李棠萼)[1410]이 장족 반동분자의 총격에 희생됐다. 이는 홍군·장족 간 관계가 좋지 않았다는 반증이다. 이른바 '진창호

1409 부종(傅鍾, 1900~1989), 사천성 서영(敍永) 출신이며 개국상장이다. 1921년 중공에 가입, 1920~1940년대 제4방면군 정치부 비서장, 홍군 12사단 정치위원, 사천성 선전부장, 건국 후 해방군 총정치부 부주임, '문련(文聯)' 부주석을 역임, 1989년 북경에서 병사했다.

1410 이당악(李棠萼, 1907~1935), 중경(重慶) 출신이며 공산주의자이다. 1926년 중공에 가입, 1930년대 '홍1군단' 작전 과장, 홍군 2사단 제5연대장, 제2사단 참모장을 맡았다. 1935년 장족(藏族) 반동분자의 총격에 희생됐다.

음해'는 '1·4방면군' 간 불신의 골이 깊었다는 단적인 방증이다.

장국도는 이렇게 말했다. …당중앙의 정치노선이 잘못됐거나 공산 국제의 정책이 틀렸을 수 있다. 아니면 우리가 잘못 집행했을 수 있다. 그러나 소비에트운동 실패는 엄연한 사실이다(張國燾, 1980: 258). 낙보는 이렇게 반박했다. …홍군은 일시적 좌절에 봉착했다. 소비에트운동이 완전히 실패했다는 주장은 일방적 견해이다. 모택동은 이렇게 말했다. …장정은 혁명 저조기인 것은 확실하지만 홍군의 출로는 북상항일이다(郭欽 외, 2017: 160). 당시 장국도의 주장은 낙보·박고 등 소련파의 단호한 반대를 받았다. 실제로 장국도가 홍군의 '생사존망'이 걸린 절체절명의 시기에 당중앙의 '정치노선 해결'을 거론한 것은 매우 부적절했다.

(延安)정치국 회의(1943.11)에서 모택동은 이렇게 말했다. …준의회의 는 종파 와해가 시급했다. 이는 '축가장(祝家庄)을 세 번 공격'[1411]하는 내 부 분열 전략이었다. 정치노선 해결을 제출했다면 '3인단'은 와해됐을 것이다(胡喬木, 1994: 294). 상기 '3인단'은 모택동·장문천·왕가상을 가리킨 다. 준의회의 급선무는 군사문제 해결이었다. 한편 모택동이 장국도의 '정치노선 해결'을 찬성했다면 낙보 등 소련파의 지지를 잃었을 것이다.

왕가상의 경호원 구인화(邱仁華)[1412]는 이렇게 회상했다. …주덕은 왕

1411 '축가장 세 번 공격(三打祝家庄)'은 수호전(水滸傳) 제46~50회의 이야기이다. 양산박 두 령 송강(宋江)이 대군을 이끌고 축가장을 공격했으나 패전한다. 두 번째 공격에서 '연 맹'을 와해하고 축가장을 고립시킨다. 세 번째 공격에서 안팎에서 호응하는 전략을 펼쳐 '성 공략'에 승리한다. 상기 '연맹 와해'와 소련파의 '내부 분열'은 별개의 문제 이다. 한편 모택동이 '홍군 통솔자' 등극에 중요한 역할을 한 낙보와의 결렬은 '배신 행위'이다.

1412 구인화(邱仁華, 1914~2014), 복건성 상항(上杭) 출신이며 공산주의자이다. 1932년 중공에 가입, 1930~1940년대 (軍委)작전 참모, 동북군구 168사단 정치위원, 건국 후 공군 제1 군단 부정치위원, 심양군구 (空軍)부정치위원을 역임, 2014년 복주(福州)에서 병사했다.

가상에게 '장국도 설득'을 부탁했다. 왕가상의 숙소에서 시작된 대화는 새벽 3시까지 진행됐다. 왕가상의 장시간 설득 끝에 장국도는 북상을 동의했다(胡錦昌 외, 2017: 274). 장국도는 회고록에 이렇게 썼다. …당시 왕가상은 나에게 (中央)정치노선에 대한 '책임 추궁' 보류를 간청했다(張國燾, 1980: 1166). '왕가상 설득'으로 장국도가 북상에 동의했다는 상기 주장은 신빙성이 매우 낮다. 한편 장국도의 회상은 사실일 가능성이 높다. 실제로 왕가상은 주덕이 맡겨준 '임무'를 완수했을 따름이다.

모택동의 '발언' 골자는 ① 국민당군 역량이 갈수록 약화 ② 서북지역, 제국주의의 통치력 취약 ③ 서북지역, 소련 지원 가능 ④ 인구가 적고 교통 불편 ⑤ 양대 홍군 단합해 북진 ⑥ '주모홍군' 경험 공유 등이다(黃少群 외, 2007: 215). 상기 서북은 섬감(陝甘)지역을 가리킨다. 당시 서북에는 중앙군·마가군·동북군이 있었다. 실제로 '주모회사(會師)' 초기의 불협화음이 발생했다. 결국 장국도는 주덕이 범했던 '과오'를 답습했다.

당중앙은 4방면군의 6명 간부를 중앙위원에 보선했다. 3명의 중앙위원은 서향전·진창호·주순전, 3명의 후보위원은 하외·이선념·부종이다. 또 진창호를 정치국 위원에 보선하고 주은래를 제1방면군 사령관에 임명했다(張培森, 2000: 259). 장국도는 이렇게 회상했다. …나의 제안은 모택동에 의해 부결됐다. 그는 1·4방면군은 당중앙의 정치노선을 검토할 수 없다고 주장했다. 모택동은 제4방면군 간부의 '중앙 진입'을 거절했다(王朝柱, 2013: 579). 이는 장국도가 요구한 9명의 '정치국 진입'과 거리가 멀었다. 모택동의 반대로 장국도의 '야망'은 수포로 돌아갔다. 한편 주은래의 사령관 임명은 '좌천성 발령'이다. 사와회의의 승자는 모택동이다. 또 모택동의 정치적 리더십과 권모술수는 장국도보다 한 수 위였다.

창당 발기인 중 공산당에 남은 고위간부[1413]는 장국도와 모택동이었다. 이들은 출신 배경과 경력, 정치적 지향점이 사뭇 달랐다. 그들의 공통점은 모두 남의 지휘를 받는 것에 익숙하지 않다는 점이다(박형기, 2014: 100). 이덕은 이렇게 회상했다. …장국도의 권력욕은 모택동에 뒤지지 않았다. 모든 중공 대표대회에 참가한 장국도는 공산국제의 신임을 받았다(盧弘, 2006: 310). 실제로 장국도와 모택동은 공산당을 창건한 '창당 멤버'였다. 한편 1927년 공산국제 대표 로미나제의 '눈 밖에 난' 장국도는 '(中共)총서기 경쟁'에서 구추백에게 밀린 후 두 번째로 실각했다.

중공중앙의 '핵심 멤버' 장국도는 중공 1~5차 대표대회에서 모두 정치국 위원에 당선됐다. 스탈린으로부터 권총을 선물 받은 항영이 자부심을 느꼈다면 레닌과 '면대면 대화'를 나눈 장국도는 직접 연설을 들었다. 당시 장국도의 당내 지위는 진독수·주은래가 비견할 만했다(金一南, 2017: 153). '중공 3대(1923)'에서 진독수의 지지를 잃은 장국도는 '중앙위원 선거'에서 탈락했다. 진독수의 신임을 얻은 모택동은 '중공 2인자'로 발탁됐다. 1924년 체포된 후 변절자[1414]로 전락한 장국도는 남창봉기(1927.8)에서 훼방꾼 역할을 했다. 결국 장국도는 두 번째로 실권했다.

1413 '창당 발기인' 중 공산당에 남은 '고위간부'는 장국도·모택동 외 동필무가 있다. 당시 (武漢)공산주의소조 설립자 동필무는 중공 창당대회(1921.7)에 참석했다. 1949년 10월 동필무는 '중공 창건자'로서 모택동 등과 함께 천안문(天安門) 성루에 올랐다. 건국 후 국무원 부총리, 전국 인대(人大) 부위원장, (代理)국가주석(國家主席)을 맡았다.

1414 1924년 5월 21일 장국도 부부는 북경에서 경사경찰청(京師警察廳)에 체포됐다. 5월 29일 경찰청은 혹독한 고문과 겁박을 통해 장국도의 자백을 받아냈다. 변절자 장국도는 '자백서'에 진독수 만남과 중공 가입을 승인했다. 5월 30일 혹형에 견디지 못한 장국도는 이대쇠·진독수·담평산 등 북경의 공산당원과 전국 철도공회(工會)의 공산당원 명단을 제공했다. 결국 이대쇠 등에게 전국적 수배령을 내려졌고 북방 철도의 노동자운동은 엄청난 타격을 입었다. 한편 장국도는 회고록에 자신의 변절 행위에 대해 일언반구도 비치지 않았다.

모택동이 최종 승자가 된 원인은 첫째, '북상항일' 대의명분을 내세워 민심을 얻었다. 둘째, (毛洛)체제는 공산국제의 지지를 받았다. 셋째, 주덕·팽덕회·임표 등 전방 지휘관 지지를 받았다. 넷째, 주은래와 낙보 등 소련파의 지지를 받았다. 다섯째, 실각·'도광양회'를 통해 노련한 정치가로 거듭났다. 한편 장국도는 '총(軍隊)'로 '당'을 협박하는 중대한 과오를 저질렀다. 실제로 '(毛張)4살 차이'는 대학생·고등학생 간 차이였다. 모택동은 장국도보다 4년 먼저 정강산에 들어가 홍군을 창건했다. 40개 초반의 모택동은 '3낙3기'한 노련한 정치가였다. 30대 후반이며 '2낙2기(二落二起)'한 장국도는 오만방자하고 미숙한 정치인이었다.

홍군 지휘기관 명칭과 책임자는 '중혁군위' 주석 주덕, 부주석 장국도·주은래·왕가상, 홍군 총사령부의 총사령관 주덕, 총정치위원 장국도, 총참모장 유백승, 총정치부 주임, 진창호, 부주임 양상곤·주순전, 전적 총지휘부의 총지휘 서향전, 정치위원 진창호, 참모장 엽검영, 부참모장 이특, 정치부 주임 진창호, 부주임 부종, 제1방면군 사령관 주은래, 참모장 주곤, 정치부 주임 주서, 부주임 나영환, 제4방면군 총지휘 서향전, 부총지휘 왕수성, 정치위원 진창호, 참모장 예지량(倪志亮)[1415], 부참모장 왕굉곤(王宏坤)[1416], 부주임은 부종·증전육(曾傳六)[1417]이다.

1415 예지량(倪志亮, 1900~1965), 북경(北京) 출신이며 개국중장이다. 1926년 중공에 가입, 1930~1940년대 '홍4방면군' 총사령부 참모장, 팔로군 129사단 참모장, 요북(遼北)군구 사령관, 건국 후 해방군무장역량(武裝力量)감찰부 부부장을 역임, 1965년 북경에서 병사했다.

1416 왕굉곤(王宏坤, 1909~1993), 호북성 마성(麻城) 출신이며 개국상장이다. 1929년 중공에 가입, 1930~1940년대 '홍4군' 군단장, 팔로군 제385여단장, 기로예(冀魯豫)군구 사령관, 건국 후 해군 부사령관, (海軍)정치위원 등을 역임, 1993년 북경에서 병사했다.

1417 증전육(曾傳六, 1904~1983), 호북성 황안(黃安) 출신이며 공산주의자이다. 1927년 중공에 가입, 1930~1940년대 '홍31군' 정치위원, '홍4방면군' 정치부 부주임, 건국 후 상

민당군 주력과의 접전을 피할 수 있다. 둘째, 국제노선을 개통할 수 있다(葉健君 외, 2017: 277). 8월 14일 장국도는 우로군에게 전보를 보내 반우를 거쳐 도하(洮河)의 좌안(左岸)으로 진격할 것을 명령했다. 결국 이는 사와회의에서 모택동이 그의 요구를 거절한 데 대한 사실상의 보복 조치였다.

당중앙은 장국도에게 전보(8.15)를 보내 북진을 촉구했다. '전보' 골자는 ① 북상 후 감남(甘南) 근거지 설립 ② 북진은 홍군 급선무 ③ 하도(夏洮)지역, 적군 전투력 취약 ④ 반우 이북, 홍군 주둔지로 적합 ⑤ 서진은 부적절 등이다(中央檔案館, 1991: 541). 진창호·서향전은 장국도에게 보낸 전보(8.18)에 이렇게 썼다. …좌·우로군은 병진해야 한다. 좌로군은 아파를 공략한 후 우로군과 함께 북진해야 한다. 장국도는 답전(8.19)에 이렇게 썼다. …좌로군이 아파를 점령하지 못하면 급양 해결이 어렵고 장족(藏族) 공격을 받을 수 있다(郭欽 외, 2017: 164). 한편 군권을 장악한 장국도는 (北上)전략을 실행에 옮길 생각이 전혀 없었다.

8월 19일 당중앙은 사와에서 정치국 상임위(常任委) 회의를 열고 상임위원의 '역할 분담'을 결정했다. 즉 낙보는 조직, 모택동은 군사, 박고는 선전부를 관장한다. 이는 당중앙의 영도권은 '총서기'와 상임위, 군사 지도권은 모택동에게 넘겨준 것이다(程中原, 2016: 103). 당시 '중환자'인 주은래는 회의에 불참했다. 실제로 모택동을 '군사 책임자'로 결정한 것이다. 또 회의는 낙보·모택동·주은래의 '상임위원 역할' 강화를 결정했다.

1935년 8월에 열린 정치국에서 모택동이 주은래의 군권을 대행하는 결정이 내려졌다. 그해 9월에 설립된 군사위원회에서 모택동이 주석, 주은래가 부주석을 맡음으로써 군권은 모택동에게 넘어갔다(조영남,

2019: 106). 사와(沙窩)회의(8.19)에서 모택동이 '군사 작전'을 책임졌다. 이는 '임시 분공'으로 정치국의 정식 결정이 아니었다. 한편 박고는 '모정주부(毛正周副)' 국면이 확정됐다고 주장했다(黃少群, 2015: 607). 상기 '9월 군사위원회'는 잘못된 서술이다. 실제로 모택동과 주은래의 '지위 역전(毛正周副)'은 중앙홍군이 섬북에 도착(1935.11)한 후 이뤄졌다.

1935년 8월 모택동은 당중앙의 최고 지도자가 아니었다. '중공 1인자'는 낙보였다. 한편 '군사 책임자' 모택동이 주도적 역할을 한 것은 의심할 바 없다. 한편 주은래를 모택동의 '부수(副手)'로 보기 어렵다. 또 작전 지휘권을 장악한 것은 장국도였다. 정치국 상임위원인 '모주(毛周)'는 동급자(同級者)였다. 이 시기 '(毛洛)체제'가 본격적으로 가동됐다.

장국도는 이렇게 회상했다. …장족 거주지 아파에는 천여 가구의 장민이 거주했다. 강변에는 푸른 보리밭이 펼쳐져 있었다. 홍군 도착 전에 모조리 도망친 장민들은 홍군에게 몇 달치 식량을 남겨놓았다(張國燾, 1991: 270). 상기 '몇 달치 식량'은 신빙성이 제로이다. 홍군 적대감이 강한 장민이 식량을 남겨놓을 리 만무했고 아파에서 홍군은 급양을 해결할 수 없었다. 한편 아파에서 장국도가 결정한 것은 북진이 아닌 '서진'이었다.

모아개의 정치국 회의(8.20)에서 모택동이 '동진'을 주장한 주된 이유는 첫째, 황하 이서는 급양 해결이 매우 어렵다. 둘째, 난주·동관(潼關)은 근거지 설립 조건을 갖췄다. 셋째, 서북은 경제가 낙후해 식량 해결이 어렵다. 넷째, 소수민족이 많아 병력 확충이 어렵다(胡錦昌 외, 2017: 166). 모아개 회의(8.20)에서 통과된 '보충결정'은 장국도의 서진을 위험한 도피주의라고 비판했다. 또 '하도계획' 배치에 3가지를 보충했다. ① '분병(分兵)'에서 병력 집중 ② '양군 병진'에서 선후(先後) 북진 ③ '북진

주력'을 우로군으로 확정했다(歐陽雪梅 외, 2017: 279). 상기 '보충결정'은 북
진을 포기한 장국도에게는 먹혀 들지 않았다. 실제로 당중앙은 장국도
에 대한 통제력을 상실했다. 결국 이는 홍군의 '남북 분열'을 초래했다.

장국도는 당중앙이 파견한 허계진을 '반혁명 분자'로 처형(1931.11)
했다. 또 숙반 확대화를 비판한 '서북군위' 참모장 증중생(曾中生)[1424]은
장기간 감금됐다. 1935년 8월 탁극기에서 증중생은 비밀리에 살해됐
다(李小三 외, 2007: 219). 1932년 서향전의 부인 정훈선(程訓宣)[1425]이 처형됐
다. 이와 관련해 서향전은 이렇게 회상했다. …1937년 나는 주순전에게
문책했다. 그는 이렇게 이실직고했다. …그녀(程訓宣)는 죄가 없다. 당신
을 음해하기 위한 '비밀자료 수집'을 위해서였다(徐向前, 2016: 92). 4방면
군 정치부 비서장 요승지(廖承志)[1426]도 장국도의 기회주의를 비판한 것
이 화근이 돼 당적을 박탈당했다. 한편 숙반운동 막후 지휘자 장국도의
'윤허'가 없었다면 주순전이 '군단장 부인'을 감히 처형하지 못했을 것
이다.

주덕은 이렇게 회상했다. …양하구회의에서 북상을 동의한 장국도

1424 증중생(曾中生, 1900~1935), 호남성 자흥(資興) 출신이며 공산주의자이다. 1925년 중공
　　　에 가입, 1920~1930년대 남경시위 서기, 악예환(鄂豫皖)특위 서기, '홍4군' 정치위원,
　　　1935년 사천성 탁극기(卓克基)에서 처형됐다.

1425 정훈선(程訓宣, 1911~1932), 호북성 황안(黃安) 출신이며 서향전의 부인이다. 1928년 중
　　　공에 가입, 1929년 서향전과 결혼, 1932년 소비에트정부 보위국에 체포, 서향전이
　　　'간첩'이란 진술을 거절했다. 서향전 부인을 처형한 주범은 (鄂豫皖)보위국장 주순전(周
　　　純全)이다.

1426 요승지(廖承志, 1908~1983), 광동성 혜양(惠陽) 출신이며 공산주의자이다. 1927년 중공
　　　에 가입, 1930~1940년대 4방면군 정치부 비서장, 중앙선전부 부부장, 건국 후 통전
　　　부(統戰部) 부부장, 대외연락부 부부장, 화교(華僑)대학 총장을 역임, 1983년 북경에서
　　　병사했다.

가 모아개에 도착한 후 비관적 태도로 돌변했다. (北上)전략에 위배되는 남진을 결정한 장국도는 독재자로 전락했다(中共中央文獻研究室, 1993: 352). 제2방면군과 회합(1936.6)한 후 주덕은 하룡·임필시 등과 함께 4방면군 북상과 홍군 3대 주력의 회사(1936.10)에 중요한 역할을 했다. 한편 '독재자 전락'은 장국도가 임의로 설립한 '제2중앙(第二中央)'[1427]을 가리킨다.

홍군의 북상 의도를 간파한 장개석은 30만 대군을 동원해 세 겹의 봉쇄선을 구축했다. 홍군이 초지(草地)를 통해 북상할 수 없다고 판단한 장개석은 이 일대에 병력을 배치하지 않았다. 장개석의 의표를 찌른 모택동은 초지를 통과해 북진할 것을 결정했다(현이섭, 2017: 250). 거대한 소택지인 사천의 대초지는 설산과 함께 홍군 전진을 막는 자연 장애물이었다. 결국 6~7일 간의 험난한 여정을 거쳐 홍군은 마침내 초지를 정복했다.

8월 17일 모택동은 제4연대장 양성무를 불러 이렇게 말했다. …적군은 '초지 통과'의 홍군 북진을 예측하지 못하고 있다. 소수민족을 존중하고 그들과 단결해야 한다. 4방면군과 협력하고 서향전의 지시를 받아야 한다(逄先知 외, 2005: 467). 홍군 지도부는 제6연대에게 선발 임무를 맡겼으나 장족의 습격과 식량 부족으로 중도에서 돌아왔다. 한편 양성무가 찾은 60세의 장민 길잡이가 들것에 실려 우로군의 초지 행군로를 안내했다.

8월 18일 선두부대는 엽검영과 정세재의 인솔하에 초지 행군을 개

1427 '제2중앙(第二中央, 1935.10~1936.6)'은 장국도가 설립한 '가짜 중앙'을 가리킨다. 10월 5일 사천성 탁목조(卓木碉)에서 '제2중앙'을 설립한 장국도는 '(中共)총서기'를 자임, 모택동 등의 당적을 '박탈'했다. 1936년 6월 '제2중앙'을 취소한 장국도는 연안에서 군권(軍權)을 박탈당했다. 결국 이는 장국도가 변절자로 전락(1938.4)한 주요인이다.

설립(1935.10) ⑤ '채수번 억류' 명령 ⑥ 4방면군 고급간부 회의, 당중앙 '폄하' ⑦ '밀전'을 본 모택동의 '금선탈각' ⑧ 총사령관 주덕을 '연금' ⑨ 연안 도주, 국민당 투항(1938.4) 등이다. 당시 모택동이 밤도와 '36계 줄행랑'을 놓지 않았다면 진창호의 '협박'에 의해 부득불 남하했을 것 이다.

모택동은 엽검영을 이렇게 평가했다. …제갈량은 한평생 근신했 고 여단(呂端)[1437]은 대사를 결단성 있게 처리했다. 1967년 모택동은 양성 무에게 이렇게 술회했다. …장정 당시 장국도가 홍군 분열을 시도했을 때 엽검영이 큰 공로를 세웠다. 원칙성이 강한 엽검영이 홍군을 구했다 (楊成武, 1989.4). 문혁 시기 모택동의 신뢰를 받은 엽검영은 (軍委)부주석과 국방부장을 맡았다. 한편 모택동이 사망한 후 엽검영은 강청을 괴수로 한 '4인방(四人幫)'[1438]을 체포했다. 또 그는 모택동이 선정한 후계자 화국 봉(華國峰)[1439]을 '실각'시키고 '등소평 복권'에 결정적 역할을 했다.

9일 오후 당중앙은 '홍3군' 지휘부에서 긴급회의를 열고 중앙기

1437 여단(呂端, 935~1000), 하북성 랑방(廊坊) 출신이며 북송(北宋) 재상이다. 995년 송태종(宋 太宗)에 의해 재상으로 승진한 여단은 일처리가 공정하고 청렴결백해 명망이 높았다. 1000년 개봉(開封)에서 병사했다. 송태종은 이렇게 그를 평가했다. …평소 어수룩한 여단은 큰 일에는 원칙성이 강하다. 1967년 모택동은 엽검영을 여단에 비유했다.

1438 '4인방(四人幫)'은 왕홍문(王洪文)·장춘교(張春橋)·강청(江靑)·요문원(姚文元)이 문혁 시기에 결성한 파벌이다. '4인방'은 1974년 1월 모택동이 명명(命名)한 것이다. 문혁 후기 '4 인방'은 종파 활동을 진행하며 '당권 찬탈'을 시도했다. 1976년 10월 6일 화국봉(華國 鋒)·엽검영 등은 중앙정치국을 대표해 '4인방'을 긴급 체포했다. '4인방 체포'는 문화 대혁명의 종결을 의미한다. 1981년 1월 25일 최고인민법원은 '4인방'을 심판했다.

1439 화국봉(華國峰, 1921~2008), 산서성 교성(交城) 출신이며 모택동의 후계자이다. 1938년 중공에 가입, 1940년대 교성현위 서기, 진수변구(晉綏邊區) 조직부 부부장, 진중지위 (晉中地委) 선전부장을 지냈다. 건국 후 호남성위 제1서기, 공안(公安)부장, 국무원 총리, 중공중앙 주석, 중앙군사위원회 주석 등을 역임, 2008년 북경에서 병사했다.

관·'홍3군'·군위종대·홍군대학[1440] 간부연대가 10일 새벽에 비밀리에 북진하기로 결정했다. 목적지는 '홍1군'이 주둔한 아계(俄界)였다. 모택동의 지시를 받은 팽덕회는 제10연대에게 후미를 맡기고 정치위원 양용(楊勇)에게 중앙기관의 경호를 책임지게 했다. 모택동·팽덕회는 후위군 제10연대와 동행했다. 결국 모택동은 '주위상책(走爲上策)'을 선택했다. 장국도의 지배를 받는 전적 총지휘부의 통제에서 벗어나기 위한 '금선탈각'이었다. 한편 '호사다마'로 홍군대학에서 '내부 고발자'가 출현했다.

10일 새벽 북진 명령을 받은 홍군대학 정치위원 하외(何畏)는 급히 전적 지휘부로 달려가 진창호에게 이렇게 말했다. …당중앙과 군위 직속기관이 모택동의 인솔하에 비밀리에 북진했다(鄭廣瑾 외, 2014: 251). 중앙홍군이 북진한다는 왕근산(王近山)[1441]의 보고를 받은 허세우는 곧 전적 지휘부에 전화를 걸어 '저지' 여부를 물었다. 전화를 받은 진창호는 서향전에게 의향을 타진했다. 당시 서향전은 이렇게 말했다. …홍군이 홍군을 공격하는 것은 어불성설이다(少華, 2014: 254). 1938년 '지은 죄'가 있는 하외는 연안에서 도주해 은거생활을 하다가 1960년에 사망했다. 한편 '홍군 상잔' 내란 발생을 저지한 서향전은 '공화국 원수'가 됐다.

서향전은 이렇게 회상했다. …진창호는 중앙홍군의 북상 저지를

1440 '홍1·4방면군'이 회합(1935.6) 후 (軍委)간부연대와 4방면군 군사학교를 합편(合編)해 홍군대학을 설립했다. 총장 유백승, 정치위원 하외(何畏), 교육장은 이특(李特)이 맡았다. 간부연대는 특과단(特科團)으로 개편, 위국청(韋國淸)이 연대장, 송임궁이 정치위원에 임명됐다. 홍군대학의 간부는 1방면군, 학원생 대다수는 4방면군의 장병이었다.

1441 왕근산(王近山, 1915~1978), 호북성 홍안(紅安) 출신이며 개국중장이다. 1932년 중공에 가입, 1930~1940년대 팔로군 386여단장, 제2야전군 제3병단 사령관, 건국 후 (志願軍)제3병단 부사령관, 공안부(公安部) 부부장 등을 역임, 1978년 북경에서 병사했다.

반대한 나의 의견을 수용했다. 실제로 정치위원인 그가 공격 명령을 내렸다면, 나도 별다른 방도가 없었을 것이다(徐向前, 1988: 363). 이특(李特)에게 기병대를 이끌고 중앙홍군을 추격해 '남하 강권'을 지시한 진창호는 '홍3군'을 이끌고 남진하라는 친필 편지를 펑덕회에게 전달하게 했다(蔣建農 외, 1997: 294). 전적 지휘부 정치위원이며 공산당원인 진창호가 중앙홍군의 북상을 저지하지 않은 것은 '당연지사'였다. 한편 장국도의 남하 명령을 집행한 진창호는 '홍군 분열' 장본인으로 낙인이 찍혔다.

양군 회사 후 당중앙은 진창호에게 홍성금질메달을 수여했다. '홍군 분열' 종범으로 간주된 진창호는 (毛張)권력투쟁의 정치적 희생양이다. 중공 역사에서 진창호는 '용두사미'의 인생을 산 대표적 인물로 꼽힌다. 잔혹한 권력투쟁에서 중대한 과오를 범한 진창호는 자살(1967.7)로 인생을 마친 비극적 인물로 역사에 남겨졌다. 한편 진창호와 '짧은 혼사(婚史)'가 있었던 전 부인 장금추(張琴秋)[1442]도 자살(1968.4)로 일생을 마감했다.

10일 오전 모택동 등이 아서 북쪽의 작은 마을에서 휴식하고 있을 때 이특이 거느린 기병대가 도착했다. 이특은 말 위에서 이렇게 소리쳤다. …4방면군 장병은 기회주의자를 따라 북진해선 안 된다. 당시 이덕과 이특은 러시아어로 격렬한 언쟁을 벌였다(劉統, 2016: 159). 모택동이 이특에게 북상은 '정치국 결정'이라고 타일렀으나, 이특은 모택동에게 북상은 '도피주의'라고 호통쳤다. 결국 4방면군 장병들은 이특을 따라

1442 장금추(張琴秋, 1904~1968), 절강성 동향(桐鄕) 출신이며 공산주의자이다. 1924년 중공에 가입, 1930~1940년대 4방면군 부녀독립연대장, 4방면군 정치부 조직부장, 항일군정대학 여성대장, 건국 후 방직공업부 부부장, 문혁 시기 '반당분자'로 비판, 1968년에 자살했다.

남진했다.

송임궁은 이렇게 회상했다. …군사고문 이덕은 장국도의 남하를 반대하며 북상을 옹호한다고 말했다(宋任窮, 1994: 89). 이덕은 이특이 모택동에게 행패를 부릴까 봐 염려했다. 무기를 휴대한 이특이 모택동에게 다가서며 기회주의자라고 고함치자 '모택동 보호'에 나섰다. 왜소한 이특은 힘이 센 이덕에게 제압됐다(賴宏 외, 2007: 241). 팽덕회는 이렇게 회상했다. …(中央)근거지에서 전략적 과오를 범한 이덕은 '이특 대결'에서 매우 용감했다(彭德懷, 1981: 203). 9월 12일 아계회의(俄界會議)[1443]에 열석해 '편제위' 책임자로 임명된 이덕은 '(長征)방관자'에서 '공로자'로 인정받았다. 1938년 장국도의 심복인 이특은 신강에서 처형됐다.

양상곤은 이렇게 회상했다. …9월 9일 유지견(劉志堅)[1444]과 아내(李伯釗)가 찾아와 전적 지휘부로 간다고 말했다. 나는 당중앙의 '단독 북상'을 알려주지 않았다. 저녁 10시 경호원을 파견해 편지를 전달하게 했으나, 경호원은 억류되었고 그와 아내는 간첩으로 심사를 받았다(楊尙昆, 2001: 147). 1년 후 양상곤 부부는 재회했다. 한편 '28개반볼셰비키' 출신 진창호·양상곤이 '북상·남하' 노선투쟁에서 취한 입장은 전혀 달랐다.

장국도의 '밀전'을 본 모택동은 '금선탈각'을 선택했다. 훗날 모택

1443 아계회의(俄界會議, 1935.9.12)는 중공중앙이 감숙성 아계(俄界)에서 열린 정치국 확대회의를 가리킨다. (俄界)회의 참석자는 장문천·모택동·박고·왕가상 등 21명이다. 회의의 주된 내용은 ① 장국도의 '홍군 분열'과 부대 개편을 토론 ② 모택동의 '전략방침' 보고를 토론 ③ '장국도의 과오' 결정을 통과 ④ 중앙홍군을 섬감지대(陝甘支隊)로 개편 ⑤ 모택동·주은래·팽덕회·임표·왕가상으로 구성된 (軍事)5인단'을 설립 등이다.

1444 유지견(劉志堅, 1912~2006), 호남성 평강(平江) 출신이며 개국중장이다. 1930년 중공에 가입, 1930~1940년대 팔로군 129사단 정치부 부주임, 제2야전군 제4병단 부정치위원, 건국 후 중앙군위 정보부장, 곤명(昆明)군구 정치위원을 역임, 2006년 북경에서 병사했다.

모택동과 중국혁명 2

동은 중앙홍군의 단독 북상을 가장 암울한 시기였다고 술회했다. 한편 '제2중앙'을 설립한 장국도는 중대한 과오를 범했다. 1년 후 홍군의 3대 주력은 섬북에서 회합(1936.10)했다. (毛張)노선투쟁에서 상반전의 '패자(敗者)'는 모택동이다. 하반전에 전세를 역전시킨 모택동은 '최종 승자'였다. 결국 장국도는 '역사의 죄인', 모택동은 '홍군 통솔자'로 자리매김했다.

3. 섬북(陝北)에 정착, '홍군 통수권자' 등극

1) '아계(俄界)회의'와 '섬북 근거지' 설립 확정

9월 10일 랍계(拉界)에 도착한 중앙홍군은 4방면군의 추격권에서 벗어났다. 아계에서 열린 정치국 확대회의(9.12)에서 군사보고를 한 모택동은 '홍군 통솔자' 입지를 다졌다. 9월 중순 천연 요새 납자구(臘子口)를 공략한 홍군은 '감남(甘南) 진입' 장애물을 제거했다. 방나진(榜羅鎭)회의(9.28)에서 당중앙은 섬북홍군 회합과 섬북 근거지 설립을 확정했다.

9일 저녁 임표는 지휘부에 전보를 보내 '우로군 북진' 상황을 물었다. 팽덕회가 임표에게 보낸 답전(9.10) 골자는 ① 당중앙은 장국도 남하를 견책 ② 당중앙과 '홍3군'은 내일 아계에 도착 ③ '홍3군' 주둔지 배치 등이다(劉華淸 외, 2017: 214). 랍계에 도착(9.10)한 모택동이 진창호 등에게 보낸 전령(電令)의 골자는 첫째, 우로군은 북상전략을 실행해야 한다. 둘째, 장국도의 '남하 명령(9.8)'은 북상방침에 위배된다. 셋째, 우로군 총지휘는 주은래가 맡는다('紅四方面軍'戰史資料, 1992: 145). 팽덕회의 전보는 받은 '홍1군' 지도부는 사태의 심각성을 인지했다. 한편 모택동이 '홍1군'을 북진시켜 아계를 선점하게 한 것은 선견지명이었다.

모택동이 '탈출' 작전을 서향전에게 알리지 않은 것은 장국도의 동료였기 때문이다. 대경실색한 서향전은 부대를 거느리고 장국도의 좌로군과 합류했다. 이 사실을 들은 모택동은 '큰 실수를 했다'고 후회했다(이준구, 2012: 188). 10일 정심 전적 지휘부 긴급회의를 주재한 진창호는 분노에 찬 표정으로 당중앙의 '금선탈각'을 '기회주의·도피주의'라고 거칠게 욕설을 퍼부었다. 반나절 애꿎은 부하들에게 화풀이를 한 진창호는 '우로군 남하'를 선포했다(少華, 2014: 259). 실제로 당중앙의 '단독 북상'에 대경실색한 것은 서향전이 아닌 진창호였다. 실제로 모택동의 '탈신지계'를 간파하지 못한 진창호가 동료들에게 분풀이를 한 것이다.

당중앙이 장국도에게 보낸 전보(9.10)의 골자는 ① 총사령부의 '우로군 남하' 명령은 부적절 ② 남하는 홍군 발전에 불리 ③ 좌로군은 신속히 북상 ④ 감청녕(甘靑寧) 점령 후 동진 등이다(逄先知 외, 2005: 242). 훗날 장국도는 이렇게 회상했다. …'탈신지계'는 모택동이 꾸민 술책이었다. 양군 회사 후 모택동은 온갖 권모술수를 다 써왔다. 유치한 교조주의자들은 모택동의 기만적 술책에 놀아난 것이다(張國燾, 1991: 268). 실제로 '감청녕 점령' 후의 '동진'은 홍군 분열 방지를 위해 당중앙이 취한 최선의 차선책이었다. 한편 장국도는 모택동의 '금선탈각'을 유발한 장본인이 진창호에게 '밀전(9.9)'을 보낸 자신이라는 것을 망각했다.

9월 12일 당중앙은 아계(俄界)에서 정치국 확대회의를 소집했다. 회의 취지는 장국도의 '홍군 분열' 비판과 홍군의 행동방침 확정이다. 회의 참석자는 모택동·낙보·박고·왕가상·개풍·유소기·등발과 '홍1·3군' 지도자를 포함한 총 21명이다. 특별 참석자는 이덕이며 주은래의 '회의 불참'[1445]은 미스터리이다. 회의는 낙보가 주최하고 모택동이 군사보고를

1445 중국 학자들이 분석한 주은래의 '회의 불참' 원인은 첫째, '큰 병'에 걸려 움직일 수

했다. 반날 동안 진행된 아계회의는 그 중요성이 준의회의에 비견된다.

모택동의 '보고' 골자는 첫째, 당중앙은 '장국도 과오' 시정에 많은 노력을 했다. 둘째, '장국도 과오'에 대한 최종 결론은 성급하게 내릴 필요가 없다. 셋째, 유격전을 전개해 소련 변경에 근거지를 설립해야 한다(李小三 외, 2007: 245). '보고' 취지는 ① 장국도에게 개과천선 기회를 부여 ② 섬감(陝甘) 근거지, 잠시 포기 ③ 소련 변경지역, 근거지 설립 등 이다. 결국 이는 '최악의 경우'를 대비한 것으로 실현 가능성은 매우 희박했다.

아계회의에서 모택동은 이렇게 말했다. …장국도의 남하는 중대한 손실을 초래했다. 낙담하지 말고 섬북과 감숙성 서북부로 진격해야 한 다(Levine, 2017: 410). 아계에 도착한 모택동은 당면한 위기를 최악의 상황으로 판단했다. 아계회의에서 최악의 경우를 대비한 모택동은 소련 변경의 근거지 설립을 결정했다(金一南, 2017: 160). 당시 중앙홍군의 목적지는 '감숙 동북쪽'이 아닌 감남(甘南)이었다. 또 '소련 접경지대'는 신강·내몽골·감서북(甘西北) 등 여러 가지 주장이 엇갈리고 있다. 한편 상기 '섬북 진격'은 아계회의가 아닌 '방나진회의(9.28)'에서 결정됐다.

장문천의 '발언' 골자는 ① 북상·남하, 노선투쟁 ② 좌로군 북상, 인내성 있게 설득 ③ 기존 전략방침 변경 ④ '공산국제 연락망' 복원 등이다(張培森 외, 1997: 30). 낙보의 '발언'과 모택동의 '보고'는 일맥상통했다. 이는 아계회의에서 '(毛洛)체제'가 정식 출범했다는 반증이다. 한편 낙보가 언급한 '공산국제 지시'는 사실상 모택동의 지론(持論)과 배치된다.

없었다. 둘째, 후위군과 함께 당일(9.12) 오후에 도착했다. 상기 분석은 신빙성이 낮다. 9월 11일 저녁 모택동·낙보는 주은래의 숙소에 찾아가 '회의'에 관해 토론했다. 실제로 모택동에게 '권력 이양'을 결심한 주은래가 병을 핑계로 회의에 불참한 것이다.

아계회의는 '홍1·3군'과 군위종대를 섬감지대(陝甘支隊)[1446]로 개편하고 팽덕회를 사령관, 모택동을 정치위원으로 임명했다. 또 모택동·주은래·팽덕회·임표·왕가상으로 구성된 '5인단'을 설립하고 이덕을 편제위원회 책임자로 임명했다. 결국 한때 소원했던 '모팽(毛彭)'은 밀월기를 맞이했다. 팽덕회가 '모택동 신임'을 얻은 원인은 ① 장국도의 비서 황초의 회유(懷柔)를 거부 ② 부대를 파견해 모택동을 경호 ③ '모택동 추종자'로 변신 ④ 진창호의 '남하 요청'을 단호히 거절 등이다. 실제로 이 시기 모택동의 최측근은 임표가 아닌 '홍3군단장' 팽덕회였다.

'장국도 과오 결정(9.20)'의 골자는 ① 당중앙과 장국도의 '의견 대립'은 노선투쟁 ② 장국도의 남하는 기회주의 ③ 장국도의 '홍군 분열'은 군벌적 행태 ④ 장국도의 '당중앙 협박'은 군벌주의 ⑤ 장국도는 '당중앙 영도'를 거부 등이다('紅四方面軍'戰史資料, 1992: 145). 장국도에 관한 '결정'은 중앙위원과 제1방면군의 고위간부에게 구두로 전달했다.

엽검영·양상곤이 장국도의 '당적 박탈'을 요구하자 모택동은 이렇게 말했다. …당적 박탈은 장국도를 막다른 궁지에 몰아넣는 곳과 같다. 그는 공산당원의 자격을 상실했으나 여전히 제4방면군을 장악하고 있다(楊尚昆, 2001: 148). 당시 모택동은 이렇게 강조했다. …'당적 박탈'은 개인적 문제만이 아닌 제4방면군 장병의 운명과 직접적으로 관련된다. 제4방면군 통솔자인 그는 장병들을 기만할 것이다. 또 이는 껄끄러운 만남이 될 것이다(彭德懷, 1981: 204). 장국도의 '당적 보류'는 모택동의 현

1446 아계회의(9.12)에서 중앙홍군이 섬감지대(陝甘支隊)로 축소·개편한 것은 위급한 상황에서 선택한 비상대책이었다. 당시 1방면군은 8천명으로 감소됐다. 섬감지대 사령원은 팽덕회, 정치위원은 모택동이 맡았다. 결국 중앙홍군은 '모팽(毛彭)홍군'으로 변했다. 11월 초 섬북지대는 서해동의 '홍15군단'과 합류, '홍1방면군' 편제가 회복했다.

우학충을 제2로군 총지휘, 양호성을 제3로군 총지휘, 마홍규(馬鴻逵)[1459]를 제1변방구 사령관, 마린(馬麟)[1460]을 제2변방구 사령관에 임명했다. 또 그는 측근자 연도강(宴道剛)[1461]을 장학량의 참모장으로 파견했다. 한편 장개석의 '장학량 불신'은 서안사변을 초래한 주요인이다. 또 동북군의 '(陝北)홍군 접전' 패배는 홍군과 동북군의 '합작'을 유발했다.

9월 29일 섬감지대는 통위현성을 공략했다. 이는 감숙성에 진입한 후 공략한 첫 현성이었다. 9월 30일 간부회의를 소집한 모택동은 '섬북 근거지' 중요성을 재차 강조했다. 회의에서 모택동은 '근거지 진입' 후의 주의사항을 설명했다. 한편 홍군 정치부는 모택동의 지시에 따라 '(陝北)근거지 설립 토론대강(大綱)'을 편찬했다. 또 '근거지 약도(略圖)'를 작성해 각 중대에 발급했다. 당시 중앙홍군은 '섬북 진입'을 코앞에 두고 있었다.

2) 장국도의 남하, '제2중앙' 설립

9월 10일 모택동이 지휘한 중앙홍군은 단독으로 북상했다. 9월 중순 장국도는 진창호·서향전이 거느린 우로군에게 남하 명령을 내렸다.

1459 마홍규(馬鴻逵, 1892~1970), 감숙성 하주(河州) 출신이며 서북 군벌이다. 1920~1940년 대 제4로군 총사령관, 제2집단군 제4군단장, 녕하성(寧夏省)정부 주석, 서북행원(西北行轅) 부주임을 지냈다. 1949년 대만 이주, 1970년 로스앤젤레스(Los Angeles)에서 병사했다.

1460 마린(馬麟, 1873~1945), 감숙성 하주(河州) 출신이며 국민당 중장이다. 1920~1930년대 감숙보안사령관, 감숙기병(騎兵)제1사단장, 청해성정부 주석, 1936년 마보방에게 성장(省長)직을 내준 후 고향에 돌아가 은거했다.

1461 연도강(宴道剛, 1889~1973), 호북성 한천(漢川) 출신이며 국민당 중장이다. 1920~1940년 대 국민혁명군 제33군단 참모장, 서북행궁 참모장, (重慶)항일당정위원회 군무팀장, 건국 후 호북성정부 위원, (民革)호북성 참사(參事) 등을 역임, 1973년 고향에서 병사했다.

홍군 분열이 기정사실화된 것이다. 한편 장국도는 좌로군과 함께 남하한 '인질(人質)' 주덕·유백승에게 정치적 박해를 가했다. 또 불법적 '제2중앙'을 설립한 장국도는 '중공 총서기'·'중혁군위 주석'을 자임했다. 결국 중공 역사에서 두 개 당중앙이 병존하며 대결하는 이례적 현상이 나타났다.

장국도는 '홍군 분열' 원인을 이렇게 지적했다. …당시 나는 천강 근거지를 주장하고 모택동은 천섬감 근거지를 고집했다. 한동안 정비한 후 북상해야 한다는 나의 의견을 모택동은 수용하지 않았다(葉健君 외, 2017: 220). 실제로 당중앙의 북상전략을 장국도가 한사코 반대하며 남진한 것이 '홍군 분열'의 주된 원인이다. 9월 15일 당중앙의 '북상 지시(9.14)'를 무시한 장국도는 아파에서 '천강성위와 열성분자 회의'를 주재했다. 회의에서 장국도는 당중앙의 '단독 북상'을 빌미로 '제2중앙 설립' 의도를 드러냈다. 또 장국도는 '홍군 분열'의 책임을 당중앙에 전가했다.

장국도는 당중앙의 북상항일을 우경 기회주의라고 맹공을 퍼부었다. 또 아파에서 사천성위 확대회의를 열고 주덕을 공격했다. 당시 주덕은 장국도의 인질이나 마찬가지였다(현이섭, 2017: 267). 여홍원(余洪遠)[1462]은 이렇게 회상했다. …회의는 '당중앙 비판' 발언이 난무했다. 즉 북상항일은 '기회주의·도피주의'라는 것이다. 당시 주덕은 태연자약하게 앉아 있었다(蘇杭 외, 2015: 297). 장국도의 '발언 요청'에 주덕은 이렇게

1462 여홍원(余洪遠, 1907~1991), 섬서성 서향(西鄕) 출신이며 공산주의자이다. 1932년 중공에 가입, 1930~1940년대 (川陝)성위 조직부장, 제2야전군 제15군단 정치부 주임, 건국 후 서남군구 포병 부사령관, (成都)군구 부정치위원을 역임, 1991년 남경(南京)에서 병사했다.

말했다. …홍군 북진 전략은 정확하며 북상항일은 홍군의 책무이다. 정치국 회의에서 나는 당중앙의 '북상 결정'은 찬성했다. 공산당원인 나는 당의 결정을 집행해야 할 의무가 있다(中共中央文獻硏究室, 1993: 358). 이때 황초가 주덕에게 거친 욕설을 퍼부었다. …당신은 고집불통이며 완고한 우경 분자이다. 주덕은 이렇게 말했다. …나와 모택동은 정강산 시절부터 함께 했다. 나는 그를 완전히 신임한다(歐陽雪梅 외, 2017: 305). 실제로 장국도는 '당중앙 북상' 비판을 통해 '제2중앙 설립'을 위한 여론몰이를 한 것이다. 한편 주덕이 자신의 책략에 말려들지 않자, 장국도는 부하에게 명령해 주덕의 경호원을 경질하고 군마를 훔치는 등 비열한 수법을 썼다.

참석자들은 중구난방으로 떠들었다. …북상을 옹호한다면 당장 4방면군을 떠나가라. 이에 주덕은 이렇게 대답했다. …당중앙이 나를 좌로군에 파견했다. 당신들을 따라 남진할 것이다. 이에 '장국도 추종자'들은 욕설을 퍼부었다. …양면파 주덕을 파면해야 한다(金沖及 외, 1993: 358). 이때 유백승이 나서서 주덕을 변호했다. …이 회의는 총사령관을 투쟁하는 대회가 아니다. 이에 '추종자'들은 유백승을 공격했다. …유백승, 당신은 말할 자격이 없다. '1방면군 패배'의 장본인인 당신은 죄인이다(少華, 2014: 266). 당시 유백승은 이렇게 말했다. …당중앙이 결정한 '북상 전략'은 정확하다. '4방면군 남하'는 장개석의 중앙군과 천군의 강력한 반격에 부딪칠 것이다(李聚奎, 1986: 159). 실제로 장국도는 '모택동 지지자'인 주덕·유백승을 자기편으로 끌어들이려고 시도했다. 한편 '유화책'이 실패로 돌아가자, 장국도는 주덕을 '연금'하고 유백승을 좌천시켰다.

강극청은 이렇게 회상했다. …당시 주덕은 이렇게 말했다. 나는 당중앙이 맡겨준 임무를 완수할 것이며 좌로군을 이끌고 북상할 것이다 (康克清, 1993: 172). 서향전이 이렇게 회상했다. …나는 이렇게 말했다. 천하의 홍군은 한집안이다. 당중앙의 영도하에 분열하지 말고 단결해야 한다. 내부의 문제는 힘을 합쳐 해결책을 마련해야 한다(徐向前, 1987: 459). 상기 '좌로군을 이끌고 북상할 것'이라는 강극청의 회상은 신빙성이 낮다. '홍군 분열'로 좌로군의 존재는 사려졌다. '4방면군 통솔자'인 장국도가 최종 결정권을 장악한 상태에서 주덕의 '단독 북상'은 불가능했다.

장국도는 회고록에 이렇게 썼다. …주덕은 당중앙은 합법성을 상실했으나 그들에게 전향의 기회를 줘야 한다고 말했다. 당시 나는 이렇게 말했다. …당대회를 열고 당중앙을 개편해야 한다(張國燾, 1980: 1177). 상기 장국도의 회상은 신빙성이 제로이다. 이른바 '당중앙 개편'은 불법적 '제2중앙 설립'을 위한 자기변호이다. 만약 주덕이 장국도에게 굴종했다면 '주덕 협조'가 절박한 장국도가 결코 비열한 수법을 감행하지 않았을 것이다.

장국도의 경호대장 하복성(何福聖)[1463]은 이렇게 회상했다. …어느 날 장국도는 '주덕·유백승 체포'를 명령했다. 새벽 2시 주덕의 숙소를 급습했다. 주덕이 '불청객'인 나를 문책하자 나는 '두 분을 모셔오라'는 장주석의 명령을 받았다고 변명했다. 주덕은 장국도를 이렇게 책망했

1463 하복성(何福聖, 1913~?), 하남성 광산(光山) 출신이며 공산주의이다. 1933~1938년 장국도의 경호원을 담당했다. 장국도가 변절(1934.4)한 후 연안으로 돌아왔다. 그 후 남니만(南泥灣) 수용소에서 도망쳐 고향으로 돌아가 (隱居)생활을 했다. 1986년 당적을 회복했다.

다. …당신은 조광윤(趙匡胤)[1464]을 본받아 황포가신(黃袍加身)할 작정인가
(何福聖, 1992.2). 실제로 장국도는 주덕 등을 협박해 '제2중앙 설립'에서
그들의 지지를 받으려는 심산이었다. 한편 주덕 등은 장국도의 협박에
굴종하지 않았다. 그 후 주덕의 '경호'는 장국도의 경호원이 대체했다.

  장국도는 군마 일곱 필을 갖고 있었으나 주덕은 도보로 행군했다.
또 장국도는 주덕 부부를 억지로 갈라놓았다. 당시 분노한 강극청이 홀
로 당중앙을 찾아가겠다고 하자 주덕은 이렇게 말했다. …단독 북상은
'차도살인(借刀殺人)' 빌미를 제공하게 될 것이다(康克淸, 1992: 71). 홍군 총
사령관인 주덕의 군마를 훔쳐가는 '비열한 행위'는 장국도의 묵인이 있
었기 때문에 가능한 것이었다. 당시 이 소식을 들은 '홍5군' 군단장 동
진당은 주덕에게 군마 한 필을 증정했다. 한편 장국도의 '엄격한 감시'
를 받은 상황에서 주덕 부부의 '단독 북상' 가능성은 제로에 가까웠다.

  주덕의 '군마 절도' 사건에 관해 이명(李明)[1465]은 이렇게 회상했다.
…당시 교통대는 장민(藏民)으로 가장해 총사령관의 군마를 훔쳤다. 주
덕의 군마는 '홍9군' 정치위원 진해송이 증정한 것이었다. 정치부 주
임 사부치(謝富治)[1466]가 '군마 증정'을 장국도에게 고발했다. 장국도의

1464 조광윤(趙匡胤, 927~976), 하남성 낙양(洛陽) 출신이며 송조(宋朝, 960~976)의 개국황제이
      다. 오대(五代)·북송(北宋) 초기의 군사가·정치가이며 '문치주의(文治主義)' 터전을 마련
      한 '창업황제'로 불린다. 960년 '진교의 변(陳橋兵變)'을 통해 황제로 추대됐다. 즉위(卽
      位) 후 그는 두 차례 '술을 권해 석권(釋權)'하는 방식으로 중앙집권을 강화했다. 한편
      변절자 장국도를 송태조(宋太祖) 조광윤과 비교하는 것은 견강부회(牽强附會)이다.

1465 이명(李明, 1918~1986), 사천성 창계(蒼溪) 출신이며 공산주의자이다. 1937년 중공에 가
      입, 1930~1940년대 태항군구 정치부 조직부장, 제2야전군 제44사단 부정치위원,
      건국 후 운남군구 부정치위원, 곤명군구 포병 정치위원을 역임, 1986년 곤명(昆明)에
      서 병사했다.

1466 사부치(謝富治, 1909~1972), 호북성 황안(黃安) 출신이며 개국상장이다. 1931년 중공에

'훈계를 받은' 진해송이 경호원을 파견해 군마를 훔쳐간 것이다(肖恩科, 2013: 268). 얼마 후 진해송을 만난 주덕은 군마를 도둑맞은 일을 말하며 미안함을 전했다. 결국 이실직고한 진해송은 주덕에게 군마를 되돌려 줬다. 한편 진해송은 이원구(梨園口)전투(1937.3)에서 희생됐다.

장국도는 측근들과 함께 밤 늦게까지 회의를 열고 '주유(朱劉) 회유' 와 '홍5·9군단 개편' 대책을 토론했다. 결국 그들은 유백승을 처형하지 않고 연금하기로 결정했다. 장국도는 '홍5군단 개편'을 위해 황초를 정치위원에 임명했다(劉伯承, 1961.1.26). 장국도는 북상을 지지한 정치위원 증일삼(曾日三)을 '홍9군단' 정치부 주임으로 좌천시켰다. 한편 주덕은 '홍5군' 군단장 동진당과 보위국장 구양의(歐陽毅) 등을 보호했다. 또 장국도는 '홍9군단'에 측근 이특을 파견했다. 결국 장국도는 '홍9군단 회유'에 성공했다. 당시 '홍9군단'의 정치위원은 하장공이었다.

총사령부 작전국장 조리회(曹里懷)는 중앙홍군의 '섬북 도착' 소식을 전우들에게 알려줬다. 홍군 북상을 극비에 붙였던 장국도는 조리회를 '군사기밀 누설'로 처형하려고 했으나 주덕의 변호로 처형을 면했다 (曹里懷, 1986.2). '홍30군' 참모장 팽소휘(彭紹輝)는 '남하 반대' 편지를 주덕에게 보냈다. 공교롭게 이 편지가 장국도에게 전해졌다. 사령부로 압송된 팽소휘는 장국도에게 문책을 당했다. 주덕의 보호로 팽소휘는 홍군대학으로 전근됐다(張衛, 1981.7.30). 한편 당적을 박탈당한 조리회는 홍군대학 교관으로 좌천됐다. 또 남하를 반대한 곽천민·진백균·하성(賀誠) 등은 주덕의 보호를 받아 처형을 면한 후 홍군대학으로 보내졌다.

가입, 1930~1940년대 4방면군 총정치부 조직부장, 팔로군 385여단장, 제2야전군 제3병단 정치위원, 건국 후 운남성위 서기, 공안부장, 국무원 부총리 역임, 1972년 북경에서 병사했다.

장국도는 4방면군에서 신격화된 존재였다. 양상곤은 이렇게 회상했다. …장국도를 맹신한 일부 병사들은 그를 신선(神仙)으로 간주했다. 그들은 장국도에게 적의 행동을 예측하는 보물이 있다고 말했다. 실제로 증종성(曾鍾聖)이 장악한 전보 암호를 해독하는 기술이다(楊尙昆, 2001: 149). 당시 장국도는 4방면군 장병의 '숭배 대상'이었다. 이는 장국도가 4방면군에서 독재자로 군림한 주된 원인이었다. 한편 '홍군 귀재(鬼才)' 증종성은 장국도의 홍군 분열을 당중앙에 적발한 것이 발각돼 비밀리에 처형(1935.8)됐다. 또 양상곤의 부인 이백쇠도 당적을 박탈당했다.

9월 하순 모택동은 이렇게 말했다. …우리는 주덕·유백승과 제5·9군 동지들을 걱정하고 있다. 또 그들이 북상항일 전략을 찬성할 것이라고 확신한다. 명년 이 시기 그들은 섬북에 도착할 것으로 기대한다(胡錦昌 외, 2017: 315). 실제로 주덕·유백승 등은 '장국도 협박'에 시달리고 있었다. 주덕은 연금 상태에 놓였고 1방면군 출신의 고급 지휘관들은 '막수유 죄명'으로 좌천됐다. 한편 상기 모택동의 '섬북 도착' 예언은 적중했다.

장국도는 이렇게 요언을 날조했다. …모택동은 무기고의 총기·탄약과 식량을 불살랐다. 또 홍군 부상병을 모두 소사(燒死)했다. 이에 주덕은 이렇게 반박했다. …모택동은 '포로 우대' 기율을 제정했다. 포로도 우대한 그가 어떻게 부상병을 '소사'할 수 있는가(趙魯傑, 2008: 226). 상기 장국도의 '요언 날조'는 신빙성이 낮다. 또 '부상병 소사'는 신빙성이 제로이다. 이는 일부 학자들이 '장국도 폄훼'를 위해 유언비어를 날조한 것이다.

아파회의에서 통과된 '결정'의 골자는 ① 홍군 임무는 주동적 퇴각 ② '북상항일'은 도피주의 ③ 모택동·주은래, '홍군 단결' 파괴 ④ 회개하지 않은 자, '기율제재(紀律制裁)'[1467] 등이다(蘇若群 외, 2018: 474). 9월 15일 장국도가 발표한 '남진 계획'은 이렇게 썼다. …홍군 전략방침은 역량을 집중해 남쪽으로 진격하는 것이다. 천군 잔여부대를 섬멸해 사천성을 적화(赤化)시키고 천강지역에 홍색 근거지를 설립한다('紅四方面軍'戰史編委, 2007: 340). 9월 17일 '홍군 남하' 명령을 내린 장국도는 '남하해 흰쌀밥을 먹자'는 구호를 제출했다. 9월 18일 장국도는 '홍31군' 군단장 여천운과 정치위원 왕유주(王維舟)[1468]에게 남하를 명령했다.

9월 중순 이선념이 거느린 제30군은 초지에서 2개 연대를 잃었고 기타 부대도 25% 이상 감원됐다('李先念傳'編輯組, 1999: 212). 행군 중 서향전은 이선념에게 이렇게 말했다. …홍군 분열이 납득되지 않는다. 북상·남하 중 어느 것이 정확한지 알 수 없다(李先念, 1991.8.6). 당시 서향전·이선념은 장국도의 '남하' 지시를 수용했다. 건국 후 서향전은 '원수' 칭호를 받았고 이선념은 주은래와 등소평의 '조력자(副手)' 역할을 했다.

10월 5일 장국도는 탁목조(卓木碉)의 라마사원에서 고급간부 회의를 열었다. 회의에는 홍군 총사령부와 각 군단의 지도자 40~50명이 참석했다. 회의에서 장국도의 주문을 받은 진창호는 당중앙의 단독 북상은

1467 이른바 '기율제재(紀律制裁)'는 홍군 지도부가 정한 기율을 위반한 자를 처벌하는 제도를 가리킨다. 상기 장국도가 말한 '기율제재'는 '남하노선(南下路線)'을 반대한 '홍1방면군' 출신의 장병을 처벌하거나 반대자 제거를 의미한다. 당시 '정치적 과오'를 범한 홍군 지휘관들은 직위에서 면직된 후 홍군대학에 보내져 사상교육을 받았다. 한편 장국도는 '중대한 과오'를 범한 홍군 지휘관에 대해 당적을 박탈하거나 비밀리에 처형했다.

1468 왕유주(王維舟, 1887~1970), 사천성, 선한(宣漢) 출신이며 공산주의자이다. 1921년 중공에 가입, 1920~1940년대 '홍33군' 군단장, 팔로군 385여단장, (西北)군구 부사령관, 건국 후 (西南)군정위원회 부주석, 서남민족대학 총장 등을 역임, 1970년 북경에서 병사했다.

홍군 분열을 초래했다고 역설했다. 한편 장국도의 '연설' 골자는 ① 남하는 '진공노선(進攻路線)' ② 당중앙의 북진, 도피주의 ③ 당중앙은 홍군 분열 장본인 등이다. '연설' 취지는 '제2중앙 설립'의 당위성을 강조한 것이다.

장국도는 연설 말미에 이렇게 말했다. …당중앙은 전당(全黨)을 지도할 자격을 상실했다. 나는 제2국제(第二國際)[1469]와 결렬한 레닌을 본받아 임시중앙 설립을 제의한다(張國燾, 1991: 272). 서향전은 이렇게 회상했다. …회의장은 한동안 침묵이 흘렀다. 장국도는 제1방면군 간부에게 발언을 요구했다. 그는 구체적 사례를 들어가며 '당중앙 불만'을 표출했다. 그의 발언 후 '당중앙 성토' 분위기가 절정에 이르렀다(徐向前, 1985: 459). 장국도가 '제2중앙 설립'을 레닌의 '제2국제 결렬'과 비교하는 것은 어불근리(語不近理)이다. 한편 회의장의 '침묵을 깬' 제1방면군의 간부는 장국도의 회유에 넘어간 '홍32군' 정치위원인 하장공이었다.

장국도의 '발언 요구'는 사전에 치밀하게 계획된 것이다. 장국도는 그의 신분을 이용해 당중앙 적발을 유도했다. 권모술수에 능한 장국도의 '이이제이(以夷制夷)'[1470] 술책이 효과를 거뒀다(少華, 2014: 269). 당시 장

1469 1889년 7월 14일 프랑스 파리(Paris)에서 설립된 제2국제(第二國際)는 '사회주의국제 (1889~1916)'로 노동자 운동을 지도하는 세계적 조직이었다. 당시 제2국제는 '국제노동절(5.1)'·'국제부녀절(3.8)'을 확정하고 '8시간 노동제'를 창시했다. 제1차 세계대전 폭발 후 자동적으로 해산됐다. 한편 '(紅軍)분열자'인 장국도가 레닌의 '제2국제(第二國際) 결렬'과 자신의 '제2중앙 설립'을 연계시키는 것은 황당무계하며 견강부회이다.

1470 '이이제이(以夷制夷)'는 오랑캐로 오랑캐를 무찌른다는 뜻으로, 한 세력을 이용해 다른 세력을 제어한다는 것이다. 또 다른 해석은 외족(外族)과 외국 간 내부적 모순과 갈등을 부추겨 상호 충돌하게 함으로써 상대 역량을 약화시킨다는 것이다. 또 상대편을 회유해 자기편으로 만든 후 적을 효과적으로 공격한다는 뜻으로 사용된다. 한편 장국도는 '모택동 측근' 하장공을 회유해 당중앙을 공격했다. 결국 이는 '이이제이' 전

국도는 이특을 '홍32군'에 파견해 '설득 작업'을 벌였다. 한편 '홍9군단'에게 맡겨진 '단독적 작전'[1471] 수행이 하장공의 '당중앙 불만'으로 누적됐다. 결국 하장공은 '제2중앙(第二中央)' 정치국 후보위원에 '선임'됐다.

하장공은 '주모회사(朱毛會師,1928.4)'에 중요한 역할을 했다. '홍9군단' 정치위원에 임명된 후 홍군 엄호에 큰 공훈을 세웠다. 한편 양군 회사 후 그는 장국도의 회유책에 넘어갔다. 이것이 훗날 그가 중용되지 못한 주요인이다('快樂老人報', 2012.2.2). 나병휘·하장공이 거느린 '홍9군단'은 장국도의 좌로군에 편입됐다. 섬북에 도착한 후 하장공은 자신의 '정치적 과오'를 심각하게 반성했다. 물론 모택동의 '용서'를 받았으나 중용을 받지 못했다(裴毅然, 2014.12.25). 건국 후 '지질부(地質部) 차관' 등 한직에 머물렀던 그는 문혁 시기 '정치적 박해'를 면치 못했다.

장국도가 통과시킨 '임시중앙 명단'·'관련 결의' 골자는 ① 모택동·주은래·낙보·박고의 당적을 박탈, 양상곤·엽검영을 파면 ② 주덕·장국도·진창호·서향전·하장공 등 38명을 중앙위원에 임명 ③ 주덕·장국도·진창호·주순전·서향전 등을 정치국 위원, 하장공 등을 후보위원에 임명 ④ 주덕·장국도·진창호·주순전·서향전으로 서기처를 구성 ⑤ 주덕·장국도·진창호·서향전·유백승·주순전·동진당 등을 군위(軍委) 위원, 주덕·장국도·서향전·진창호·주순전을 상임위원에 임명 등이다 한편 '중앙 총서기'·'군위 주석'은 장국도가 자임했다.

략이었다.

1471 '홍9군단'은 장정 전반기(1935.3~5) 3차례의 단독적 작전을 진행했다. ① 오강(烏江) 이북, 적군을 견제 ② 홍군 주력의 금사강 도하를 위해 적군 주력을 유인 ③ 홍군 주력 북상을 위해 적의 추격군 저지 등이다. '단독적 작전' 임무를 완성한 '홍9군단'은 구사일생으로 홍군 주력과 합류했다. 양군 회사(1935.6) 후 좌로군에 편입, '홍32군'으로 개편됐다. 결국 중앙홍군의 '버림을 받은' 하장공 등은 장국도의 '남하노선'을 찬성했다.

'중앙위원·정치국·군위' 명단은 장국도와 황초가 사전에 내정한 것이다. 한편 모택동·주은래·낙보 등에 대한 '당적 박탈'은 장국도가 '역사의 죄인'으로 전락했다는 단적인 방증이다. 공산국제의 승인을 받지 못한 장국도의 '제2중앙'은 불법적이었다. 이 또한 장국도가 '제2중앙'을 대외에 공표하지 않은 주된 원인이다. 결국 불법적 '제2중앙'과 장국도의 '황포가신'은 8개월밖에 가지 못했다. '남하' 후의 군사작전 실패와 공산국제 특파원의 도래, '홍2·4방면군' 회합 등이 중대한 노선착오를 범한 장국도가 부득불 '제2중앙'을 철회(1936.6)한 주된 원인이다.

주덕은 장국도에 대해 투쟁·단결을 병행하는 전략을 폈다. 서향전은 이렇게 회상했다. …장국도의 '제2중앙 설립'에 관해 주덕은 인내성 있게 설득했다. 한편 장국도는 주덕에게 당중앙을 설득해 임시중앙 합법성을 인정할 것을 요구했다(徐向前, 1987: 475). 주덕과 장국도는 서로 이용하는 관계였다. 장국도의 '제2중앙'은 주덕의 지지가 없다면 '정당성 확보'가 불가능했다. 한편 주덕의 전략은 이유극강(以柔克剛)의 대표적 사례였다.

유백승은 이렇게 회상했다. …장국도의 악행 저지를 위해 공산국제와 통신할 수 있는 '암호책 소각'을 결정한 후 '군위' 비서 유소문(劉少文)[1472]에게 소각을 지시했다. 통신 암호는 '노빈손표류기(魯濱逊漂流记)'였다(郭欽 외, 2017: 213). 총사령부 정치교도원 유소문은 주덕의 측근이었다. 장국도는 '중앙비서장' 직급으로 유소문을 회유했으나 실패했다. 한편

1472 유소문(劉少文, 1905~1987), 하남성 신양(信陽) 출신이며 개국중장이다. 1925년 중공에 가입, 1930~1940년대 '홍2방면군' 정치부 선전부장, 중앙사회부 부부장, 건국 후 (華東)방직공업부장, 총참모부 정보부장, 전국 정협 상임위원을 역임, 1987년 북경에서 병사했다.

장국도의 '제2중앙 설립'을 반대한 유백승은 홍국대학 총장으로 좌천됐다.

장국도가 주덕에게 '극단적 수단'을 감행하지 못한 주요인은 ① 주덕의 높은 이미지와 숭고한 성망 ② 유백승·서향전·동진당 등 '주덕 추종자'를 감안 ③ 북상한 중앙홍군 실패를 단정 ④ 주덕이 제4방면군 최고 지도자인 그의 정적이 될 수 없다고 확신 등이다(王朝柱, 2013: 663). 한편 장국도는 '백전노장(百戰老將)'인 주덕의 군사적 재능을 중요시했다. 실제로 우유부단한 장국도에게는 홍군 총사령관을 '음해'할 담략이 없었다.

장국도는 '홍군 분열'을 이렇게 회상했다. …당중앙은 '분열' 책임은 져야 한다. 잠시적 분열은 완전한 결렬이 아니었다. 홍군 간의 쟁집(爭執)은 일시적 현상이었다. 홍군은 시종일관 국민당군을 타격했다. 중공 역사에서 홍군 분열은 에피소드에 지나지 않는다(張國燾, 1980: 274). 상기 아전인수식의 해석은 자기변호에 불과했다. 장국도의 '홍군 분열'·'제2중앙 설립'은 중대한 정치적 과오이며 결코 '간단한 에피소드'가 아니었다.

'중공 창건자' 장국도는 자신의 '권력 찬탈' 야망을 달성하기 위해 불법적 '제2중앙'을 설립했다. 몇 년 후 국민당에 투항(1938.4)한 후 '상갓집 개' 신세가 된 변절자 장국도의 행보는 한 마디로 촌보난행(寸步難行)이었다. 실제로 정처 없이 떠돈 장국도의 '박복한 후반생'은 그 자신이 자초한 것이다. 결국 이는 자업자득이며 자작지얼(自作之孼)이었다.

3) 섬북 오기진(吳起鎭) 도착, '홍군 통솔자' 등극

방나진회의(9.28)에서 모택동은 섬북홍군 회합을 확정했다. 10월 중순 중앙홍군은 섬서성 경내에 진입했다. 당시 홍군의 주요 적수는 동북군(東北軍)[1473]과 '마가군(馬家軍)' 기병대였다. 10월 19일 모택동이 거느린 섬감지대는 (陝北)오기진에 도착했다. 이는 장정 종료를 뜻한다. 11월 초 '서북군위 주석'으로 당선된 모택동은 '홍군 통솔자'로 등극했다.

10월 1일 서해동이 거느린 '홍15군단(紅十五軍團)'[1474]은 감천(甘泉)현 노산(勞山)에서 매복전을 전개해 동북군 110사단을 섬멸하고 사단장 허입중(何立中)을 사살했다. 10월 3일 섬감지대와 중앙기관은 정녕현 계석포(界石鋪)에 도착했다. 3일 저녁 모택동·팽덕회는 각 종대의 지휘관인 임표·팽설봉·엽검영 등에게 4일 계석포에서 하루 동안 휴식하면서 기율교육을 강화하고 당지 부잣집을 털어 홍군 급양을 해결할 것을 지시했다.

10월 4일 고계(高界)에서 매복전을 벌인 홍군은 수많은 군수물자를 노획했다. 섭영진·진광 등은 융덕(隆德)현성을 공략했다. 5일 단가집(單家集)을 점령한 제1종대는 적군 1개 대대를 섬멸했다. 섬감지대는 군사 요충지 육반산(六盤山)에 도착했다. 녕하(寧夏) 남부와 감숙 동부에 위치

1473 동북군(東北軍)은 국민혁명군동북변방군의 약칭이며 전신은 장작림(張作霖)의 봉군(奉軍)이다. 1929년 남경정부의 의해 '동북변방군'으로 개편, 장학량(張學良)이 최고 통솔자였다. 1935년 여름 서북초비(剿匪) 부총사령관에 임명된 장학량은 16만의 동북군을 이끌고 서북에 진입, (陝北)홍군과의 전투에서 3개 사단을 잃었다. 한편 동북군이 주도한 서안사변(西安事變, 1936.12.12)은 제2차 국공합작(國共合作)에 결정적 역할을 했다.

1474 1935년 9월 중순 서해동이 거느린 '홍25군'은 섬북 근거지에서 '홍26·27군'과 합류했다. 9월 18일 '홍15군단(紅十五軍團)'을 설립하고 서해동이 군단장, 정자화가 정치위원, 유지단이 참모장, 고강(高崗)이 정치부 주임을 맡았다. 당시 '홍15군단'의 총병력은 7000여 명이었다. 1935년 11월 초 '홍1방면군'에 편입, 직나진(直羅鎭)전투(1935.11)와 동정(東征, 1936.2)에 참가했다. 1937년 8월 팔로군 제115사단 344여단으로 개편됐다.

한 육반산은 해발이 2928미터이며 위하(渭河)·경하(涇河)의 분수령이다. 산을 오르는 길이 굽이굽이 여섯 굽이라고 해서 '육반산'으로 불린다.

중앙홍군이 납자구를 돌파해 북상했다는 소식을 들은 장개석은 '6년 간 노력'이 수포로 돌아갔다고 한탄했다. 한편 장개석은 모병문·마홍빈·동북군에게 융덕·평량(平凉)·고원(固原)에 견고한 방어선 설치를 명령했다. 극도로 지친 홍군에게 '숨 쉴 틈'을 주지 않은 장개석은 홍군의 '회합 저지'를 시도했다. 10월 상순 장개석은 직접 서안 지휘부에 도착했다. 한편 동북군과 '마가군'의 기병대는 중앙홍군을 집요하게 추격했다.

10월 6일 모택동은 팽설봉 등에게 보낸 전보에 이렇게 썼다. …제3종대는 환현(環縣) 쪽으로 진격해 추격군을 일거에 섬멸하야 한다. 홍군은 (陝北)근거지 진입을 위해 계석포에서 철수했다(賴宏 외, 2007: 260). 6일 두 갈래로 나눠 북진한 섬북지대는 장의포(張義鋪)에 도착해 재차 회합했다. 10월 7일 홍군은 오솔길을 따라 육반산에 올랐다. 적군이 도착했을 때는 홍군이 산을 넘어간 뒤였다. 중앙홍군은 적의 세 번째 방어선을 돌파했다.

홍군은 북쪽으로 질주했다. 국민당군과 마족의 모슬렘 기병대에 시달렸다. 홍군은 서란(西蘭) 대로를 지나 육박산에 올랐다(Salisbury, 2016: 425). 팽덕회는 이렇게 회상했다. …합달포에서 보안(保安)까지는 천리 거리였고 육반산을 넘어야 했다. 또 홍군은 적의 방어선을 돌파하고 기병대의 추격에서 벗어나야 했다(彭德懷, 1981: 205). 상기 '마족 모슬렘'은 어폐가 있다. 10월 2일에 서란 대로를 통제한 홍군은 10월 7일에 육반산을 넘었다. 당시 추격군은 동북군인 하주국(何柱國)[1475]의 기병대였다.

1475 하주국(何柱國, 1897~1985), 광서성 용현(容縣) 출신이며 국민당 중장이다. 1920~1930

실제로 '마가군' 기병에게 큰 손실을 입은 것은 제4방면군이었다.

적군 기병대와 전투를 해본 경험이 없었던 홍군은 '동에 번쩍 서에 번쩍'하는 기병을 당해내지 못했다. 홍군 참모부는 '기병대 섬멸' 방안을 마련했고 홍군 정치부는 '기병 타파' 노래를 작성했다. 홍군 지도부가 '기병 격파' 훈련을 중시하면서 홍군 장병들은 '기병 작전'에 몰두했다. 결국 이는 홍군이 전투력이 막강한 '마가군'을 전승한 주된 원인이었다.

10월 7일 제1종대는 청석취(靑石嘴)에 주둔한 적군을 발견했다. 적군 섬멸을 결정한 모택동은 이렇게 말했다. …동북군 기병대의 전투력을 과소평가해선 안 된다. 정면과 우회적 공격을 결합해야 한다(鄭廣瑾 외, 2014: 272). 섭영진은 이렇게 회상했다. …작전 회의에서 모택동은 이렇게 지시했다. 4대대는 정면으로 공격하고 1·5대대는 우회해 공격해야 한다. 또 이 시기 제1종대는 홍군 기병대를 편성했다(聶榮臻, 1983: 284). 몇 시간의 격전을 거쳐 제1종대는 적군 기병 500여 명을 섬멸하고 군마 100여 필을 노획했다. 이는 홍군이 동북군 기병을 격파한 첫 전투였다. 홍군의 '기병대 설립'은 '마가군' 전승에 중요한 역할을 했다.

육반산은 대설산에 비하면 작은 산이지만 깊고 긴 계곡이 유명했다. 모슬렘의 공격을 받은 홍군은 많은 사상자를 냈다. 이때 모택동의 경호원도 전사했다(이준구, 2012: 198). 모택동은 육반산 정상에서 '청평락(淸平樂) 육반산'이란 시를 지어 장정을 끝맺는 심회를 읊었다. 또 모택동은 비록 쫓기는 몸이지만 언젠가 장개석을 무너뜨리겠다는 꿈을 드러

년대 동북군 제3여단장, 기병(騎兵) 제2군단장, 제15집단군 총사령관, 건국 후 (民革)중앙 상임위원 등을 역임, 1985년 북경에서 병사했다.

냈다(나창주, 2019: 417). 상기 '모슬렘 공격'과 '경호원 전사'는 사실무근이다. 한편 10월 7일에 지은 '청평락 육반산'은 적의 추격에서 벗어나 '섬북홍군 회사'를 눈앞에 둔 모택동의 뿌듯한 심정을 사에 닮은 것이다.

사의 마지막 구절은 이렇게 썼다. …긴 포승줄로 언제 창룡(蒼龍)을 결박할 것인가? 1958년 모택동은 '창룡'을 이렇게 해석했다. …창룡은 장개석을 가리킨다. 당시 홍군의 적수는 장개석의 '토벌군'이었기 때문이다(逄先知 외, 2005: 479). 모택동의 해석은 북상항일 전략과 다소 모순적이다. 한편 이 시기 홍군의 당면과제는 장개석의 '포위토벌'을 격파하는 것이다. 실제로 팔로군으로 개편(1937.8)된 홍군은 '북상항일' 선봉장이 됐다.

섬서성 공산당 주석은 습근평(習近平) 아버지 습중훈(習仲勳)[1476]이었다. 모택동은 이전부터 습중훈이란 이름을 알고 있었다(박형기, 2014: 96). 모택동은 습중훈을 제갈량보다 지략이 뛰어나다고 치켜세울 정도로 높이 평가했다(하진이, 2012: 76). 습중훈은 이민족의 추장을 열 번 잡았다 열 번 놓아준 끝에 공산당에 협조하도록 만들었다. 모택동이 맹획을 7종7금(七縱七擒)한 제갈량보다 한 수 위라고 평가했다(박형기, 2014). 섬감진(陝甘晉)성위 서기는 주이치(朱理治)[1477]였다. 습중훈의 직위는 섬감변(陝

1476 습중훈(習仲勳, 1913~2002), 섬서성 부평(富平) 출신이며 공산주의자이다. 1928년 중공에 가입, 1930~1940년대 섬감(陝甘)변구 소비에트정부 주석, 서북국 서기, 섬감녕진수(晉綏)연방군 정치위원, 서북야전군 부정치위원, 건국 후 서북군정위원회 부주석, 중앙선전부장, 국무원 부총리, 중앙서기처 서기 등을 역임, 2002년 북경에서 병사했다.

1477 주이치(朱理治, 1907~1978), 강소성 남통(南通) 출신이며 공산주의자이다. 1927년 중공에 가입, 1930~1940년대 섬감·하남성위 서기, 섬감녕변구 은행장, 동북야전군 (後勤部)부부장, 건국 후 교통부 부부장, 하북성 부성장 등을 역임, 1978년 북경에서 병사했다.

甘邊) 소비에트정부 주석이다. 모택동은 습중훈을 알지 못했고 '이민족 추장'을 '10종10금(十縱十擒)'했다는 주장은 사실무근이다.

모택동이 섬북 도착 직전 습중훈·유지단이 강생(康生)에게 체포돼 처형될 것을 알게 된다. 모택동은 곧바로 석방하라고 명령해 습중훈은 목숨을 부지했다. 10월 20일 섬북에 도달한 모택동에게 습중훈은 원조의 손을 내밀었다(E. Homare, 2019: 82). 상기 '도착 직전'과 '원조의 손'은 사실 왜곡이다. 한편 습중훈을 감금한 주범은 섭홍균(聶洪鈞)[1478]과 대계영(戴季英)[1479]이다. 당시 모택동에게 '도움의 손길'을 내민 것은 서해동이다.

10월 14일 모택동은 팽덕회에게 보낸 전보는 이렇게 썼다. …14일 제1종대는 홍덕성 방어선을 통과할 것이다. 적군 기병과의 접전이 예상된다. 제2·3종대는 밤새 적군 방어선을 통과한 후 15일 제1종대와 회합해야 한다(李小三 외, 2007: 261). 한편 홍군의 '홍덕성 돌파'는 매우 위험한 순간이었다. 얼마 후 정치국 회의(10.22)에서 모택동은 이렇게 말했다. …홍덕성에서 지체했다면 적의 포위공격을 당했을 것이다(中共中央文獻研究室, 2005: 480). 신속한 행동으로 적의 추격권에서 벗어난 홍군은 섬감 분계에 위치한 홍륭산(興隆山)을 넘어 경만(耿灣)에 도착했다.

경만에 도착한 홍군이 하룻밤 300명이 사망한 사건이 발생했다. '경

1478 섭홍균(聶洪鈞, 1905~1966), 호북성 함녕(咸寧) 출신이며 공산주의자이다. 1925년 중공에 가입, 1930~1940년대 '홍7군단' 정치위원, (陝甘晉)군위 주석, 팔로군 (南下支隊)정치부 부주임, 건국 후 호북성 부성장, 식량부 부부장 등을 역임, 1966년 북경에서 병사했다.

1479 대계영(戴季英, 1906~1997), 호북성 홍안(紅安) 출신이며 공사주의자이다. 1927년 중공에 가입, 1930~1940년대 홍군 참모장, (西北)군위 정치보위국장, 신사군 제4지대 부지대장, 건국 후 개봉(開封)시위 서기, 당적 박탈(1952), 1997년 정주(鄭州)에서 병사했다.

만 참안'을 반혁명사건으로 여긴 보위국은 혐의자를 조사했으나 '사인(死因)'을 밝혀내지 못했다. 54년 후 사건의 진실이 밝혀졌다(劉華淸 외, 2017: 232). 이 일대에서 수질 검사(1989)를 했는데 샘물과 개울에서 높은 함량의 칼륨이 검출되었고 다량의 시안이 포함됐다. 희생자들은 시안·칼륨이 결합돼 발생한 청산가리 성분이 함유된 샘물을 마셨다(나창주, 2019: 416). 드라마 '장정대회사(2016)'에는 당지 유일한 샘물터를 폭파하려던 불순분자들이 홍군에게 설득돼 '폭파'를 포기하는 장면이 있다. 이는 섬북 근거지가 불청객 홍군의 도래를 환영하지 않았다는 반증이다.

모택동이 팽덕회에게 보낸 전보(10.16)의 골자는 ① 오기진(吳起鎭)[1480]에서 휴식·정비 ② 겨울용 군복 해결, 보안에 연락원 파견 ③ 기율교육 강화, 급양 해결 등이다(王朝柱, 2013: 688). 장개석이 하주국 등에게 보낸 급전은 이렇게 썼다. …공비(共匪)는 '유지단 회합'을 시도하고 있다. 기병대를 동원해 끝까지 추격해야 한다(黃少群 외, 2007: 262). 10월 17일 모택동은 팽덕회에게 보낸 전보에 이렇게 썼다. …적의 기병부대 추격은 지속되고 있다. 1종대는 18일 장가만(張家灣)에 진입하고 제2·3종대는 1종대와 회합해 협력 작전을 펼쳐야 한다(劉秉榮, 2006: 395). 결국 오기진에 도착한 홍군과 적군 기병대와의 격전은 피할 수 없었다. 10월 18일 안변(安邊)현 철변성(鐵邊城)에 도착한 당중앙은 정치국 회의를 열었다.

회의(10.18)에서 모택동은 이렇게 말했다. …홍군의 급선무는 오기진에서 부대를 정비한 후 적의 추격군을 섬멸하는 것이다. 홍군 정치부가

1480 오기진(吳起鎭)은 섬서성 연안시 오기현(吳起縣)에 속한다. 전국 시기 위국(魏國) 대장잉 오기(吳起)가 주둔했던 데서 유래된 이름이다. 장정 후반 홍군의 입각점이 됐기 때문에 더욱 유명해졌다. 1935년 10월 19일 오기진에 진입한 모택동은 '장정 종료'를 선언했다. 당중앙은 오기진 정치국 회의(10.22)에서 '섬북 근거지' 설립을 확정했다.

반포한 '훈령'의 골자는 ① 부대의 전투력 제고 ② 병력 확충, 유격대 설립 ③ 군수물자, 스스로 해결 등이다(逄先知 외, 2005: 481). 성방오(成仿吾)[1481]는 이렇게 회상했다. …오기진에 진입(10.19)했을 때 거리에는 '공산당 만세'·'유지단을 옹호한다'는 등 표어가 곳곳에 붙어 있었다. 나는 이곳이 홍색 근거지라는 것을 실감했다(成仿吾, 1977: 164). 회의에서 모택동은 섬북홍군을 존중할 것을 재삼 강조했다. 실제로 모택동은 '장국도 부하'[1482] 서해동의 중앙홍군에 대한 '환영 여부'를 우려했다. 오기진을 주둔지로 적합하다고 판단한 홍군 지도부는 '7일 간 정비'[1483]를 결정했다.

10월 20일 4개 연대의 기병대가 추격해왔다. 추격군 섬멸을 결정한 홍군은 매복·공격전을 결합하는 전술을 사용했다. 21일 홍군은 매복권에 진입한 마홍빈(馬鴻賓)[1484]의 기병대를 일거에 섬멸했다. '마가군'

1481 성방오(成仿吾, 1897~1984), 호남성 산화(新化) 출신이며 공산주의자이다. 1928년 중공에 가입, 1930~1940년대 악예환(鄂豫皖)성위 선전부장, 섬북공학 총장, (晉察冀)변구 참의장(參議長), 건국 후 산동대학·중국인민대학 총장 등을 역임, 1984년 북경에서 병사했다.

1482 중앙홍군이 섬북에 도착했을 때 서해동의 '홍25군'이 섬북을 장악했다. '홍25군'은 4방면군 부대이며 서해동의 직속상관은 장국도였다. '장국도 부하' 서해동이 중앙홍군을 환영하지 않을 경우 홍군의 섬북 정착이 어려웠다(金一南, 2017: 163). 군단장 서해동이 장국도의 '지시'를 수용해 중앙홍군을 불신했다면 '홍군 내전'이 불가피했을 것이다. 다행히 그는 '제2의 진창호'가 아니었다. 실제로 서해동은 중앙홍군의 '복장(福將)'이었다.

1483 홍군이 오기진에 도착(10.19)했을 때 소비에트정부 책임자는 홍군 지도부에게 이렇게 보고했다. …부근의 천불산(千佛山)에 반동무장이 있는 외 주위 80리 안에 적군이 없다. 3일 내 식량 5백담(担)과 돼지·양 등 가축 100여 마리를 홍군에게 공급할 수 있다(陣宇, 2006: 263). 상기 '홍군 급양'은 소비에트정부가 부잣집의 재산을 몰수해 마련한 것이었다. 중앙홍군은 오기진에서 7일 동안 정비했고 모택동은 '장정 종료'를 선포했다.

1484 마홍빈(馬鴻賓, 1884~1960), 감숙성 임하(臨夏) 출신이며 육군 중장이다. 1920~1940년대 감숙(甘肅)신군 사령관, 감변초비(甘邊剿匪)사령관, 감숙성정부 주석, 녕하병단(寧夏兵

을 격파한 홍군은 동북군 백봉상(白鳳翔)[1485] 2개 기병연대를 격파했다(劉華淸 외, 2017: 235). 팽덕회가 지휘한 오기진전투는 홍군이 섬북에서 거둔 첫 승전이었다. 적군 600여 명을 사살한 홍군은 수백필의 군마를 노획했다.

21일 모택동은 팽덕회의 군사력을 칭송한 육언시(六言詩)[1486]를 지었다. 육언시를 지은 이유는 ① '추격군 격파' 격려, 절대적 신임 전달 ② 군사적 재능 인정 ③ 장정 후반기에 세운 공훈 격찬 ④ (毛張)권력투쟁에서 자신을 지지해 준데 대한 감사 등이다. 한편 섬감지대 사령관으로 임명된 팽덕회는 '주덕 대체자'로 부상했다. 이는 '회리풍파(1935.5)'로 소원해진 관계를 끝낸 '모팽(毛彭)'이 밀월기에 진입했다는 것을 반증한다.

10월 19일 중앙홍군은 오기진에 도착해 '홍25군'과 합류했다. 애초 8.6만명의 홍군이 출발했으나, 10분의 1인 8천5백여 명이 오기진에 도착했다(현이섭, 2017: 272). 상기 '홍25군 합류(10.19)'는 잘못된 서술이다. 10월 22일 모택동은 오기진에서 '장정 종료'를 선언했다. 한편 섬북에 도

團) 부사령관, 건국 후 녕하성 부성장, 감숙성 부성장을 역임, 1960년 난주(蘭州)에서 병사했다.

1485 백봉상(白鳳翔, 1897~1942), 하북성 창주(滄州) 출신이며 국민당 중장이다. 1927년 동북군 가담, 1933년 기병 제6사단장, 서안사변(1936.12) 중 장학량 지시로 서안에서 장개석을 생포했다. 1938년 열하(熱河)·수원(綏遠)에서 일본군 저격, 1942년 내몽골에서 희생됐다.

1486 섬감지대 사령관 팽덕회는 오기진전투(10.21)에서 적군 2000여 명을 섬멸, 추격군을 대파했다. 10월 21일 모택동은 팽덕회의 지휘력을 찬송하는 육언시(六言詩)를 지었다. …산 높고 길을 멀어 구덩이 깊은데, 적군이 사방에서 몰려온다. 누가 감이 그들을 저격할 수 있을 것인가? 오로지 팽대장군(彭大將軍)뿐이네. 모택동의 시는 이 시기 '모팽(毛彭)' 간 견고한 파트너십을 과시하고 돈독한 신뢰관계를 구축했다는 단적인 반증이다.

착한 중앙홍군 숫자에 대해 여러 가지 주장[1487]이 크게 엇갈린다.

오기진 정치국 회의(10.22)에서 한 '모택동 보고'의 골자는 ① 홍군의 급선무, 섬북 근거지 확대 ② 향후 섬감진(陝甘晉) 발전 ③ 섬북홍군과 협력 작전 전개 ④ 병력 확충, 군수물자 마련 ⑤ '장정 종료' 선언 등이다(賴宏 외, 2007: 266). 모택동의 정치국 회의(10.27) 발언 골자는 ① 섬북홍군과 회합, 적의 '포위토벌' 격파 ② 동북군 동영빈(董英斌)[1488] 2개 사단 섬멸 ③ 섬북홍군과 협력 작전 전개, 손울여(孫蔚如)[1489] 부대 섬멸 등이다(中共中央文獻硏究室, 2005: 483). 모택동은 '홍15군단' 군단장 서해동에게 '도움을 청하는' 편지를 보냈다. 또 모택동이 군사작전, 주은래가 조직부·후방, 박고가 소비에트정부를 책임지기로 결정했다.

모택동이 지은 '7율(七律)·장정'[1490]의 마지막 구절은 이렇게 썼다. …

1487 장정 초기 9만 명이었던 홍군이 섬북 도착 당시 천명을 넘지 않았다(조헌용, 2007: 11). 출발 당시 8만6000명이었으나 마지막에 '초죽음이 된' 4000명만 남았다(정성호, 2016: 436). 섬북까지 모든 행군을 마친 장병은 5000명을 넘지 못했다(V. Pantsov 외, 2017: 412). 11월 5일 모택동은 이렇게 말했다. …강서 출발 때 8만명이었으나 현재 1만명이 남았다(黃少群 외, 2007: 267). 팽덕회는 이렇게 회상했다. …홍군이 오기진에 도착했을 때 7200여 명이 남았다(彭德懷, 1981: 206). 한편 섬북 오기진에 도착한 홍군은 8000명 전후로 추정된다.

1488 동영빈(董英斌, 1894~1960), 요녕성 심양(瀋陽) 출신이며 국민당 중장이다. 1920~1940년대 동북군 제3여단장, 제57군단장, 기찰(冀察)전구 부총사령관, 동북초비(剿匪) 부총사령관 등을 역임, 1960년 대만(臺灣)에서 병사했다.

1489 손울여(孫蔚如, 1896~1979), 섬서성 서안(西安) 출신이며 국민당 상장이다. 1920~1940년대 섬서성정부 주석, 제4집단군 총사령관, 제6전구 사령관, 호남평화기의(1949) 참가, 건국 후 섬서성 부성장, 민혁중앙 상임위원을 역임, 1979년 서안(西安)에서 병사했다.

1490 '7율(七律)·장정(長征)'은 이렇게 썼다. …홍군은 고단한 원정길 두려워하지 않거니, 깊은 강물 험난한 산도 대수롭지 않게 여기네. 민산(岷山)의 천리 눈은 더욱 반갑기도 하구려, 산 정상에 오른 홍군 전사들의 얼굴에는 웃음꽃이 만발하네. 이 '7율시(七律詩)'는 1935년 9월 하순에 홍군이 설산(雪山)인 민산을 넘은 후 모택동이 '장정(長征) 종료'

민산 정상에 선 홍군 전사들의 얼굴에 웃음꽃이 활짝 피었네. 또 그는 '염노교(念奴嬌)·곤륜(崑崙)'이란 사를 지었다. 1958년 모택동은 '곤륜'은 제국주의 반대를 뜻한다고 해석했다(黃少群 외, 2007: 267). '7율·장정'은 장정 종료를 앞둔 모택동의 벅찬 감정을 표현했다. 실제로 '곤륜'은 일본 침략자를 상징한다. 한편 모택동은 '북상항일' 사명감[1491]을 잊지 않았다.

홍군의 '만리장정'은 거의 매일 조우전을 벌였다. 장정 기간 홍군은 235일을 낮에 행군하고 18일을 야간행군을 했다. 44일을 휴식한 홍군은 일평균 74리를 이동했다. 홍군이 넘은 18개의 고산(高山) 중 5개는 설산이다. 또 대도하·금사강 등 24개 강을 건넜다. 홍군은 11개 성(省)[1492] 10개 군벌 포위권을 돌파하고 6개 소수민족 지역을 통과했다.

공산국제는 장정을 용감하게 투쟁한 '모범적 사례'라고 극찬했다. 에드가 스노우는 …한니발(Hannibal)의 알프스산맥 행군은 장정에 비교하면 한낱 휴일의 여행과 같다고 평가했다(신복룡, 2001: 224). 미국 작가 솔즈베리는 장정은 …세계에서 전례가 없는 행적이며 역사에 길이 전해질 것이라고 절찬했다(蔣建農 외, 2014: 275). 인류 역사상 대장정과 같은

를 눈앞에 두고 쓴 것이다. 10월 중 (詩)원고를 최종 마무리한 것으로 추정된다.

1491 '북상항일(北上抗日)' 전략은 모택동이 주창한 중공의 행동지침이다. '북상항일' 대의명분을 강조한 모택동은 섬북 근거지에 안주하지 않고 '항일 전초지' 산주성에 진격해 '동정(東征)'을 전개했다. 한편 모택동이 '북상항일'을 제출한 주요인은 ① 일본을 '잠재적 적'으로 간주한 소련 비위를 맞추려는 의도적 전략 ② '홍군 토벌'에 치중한 장개석에 대한 불만 표출 ③ 장국도에게 '북상전략 정확성'을 과시하기 위한 정략(政略)이다.

1492 장정(長征) 중 중앙홍군이 경과한 11개의 성(省)은 강서·광동·복건·호남·귀주·광서·운남·사천·서강(西康)·감숙·섬서성이다. 그 외 청해성(靑海省)을 합해 12개의 성(省)이라는 것이 일각의 주장(田樹德, 2002: 203)이다. 한편 중앙홍군이 대장정(大長征)에서 경과한 것은 상기 '11개의 성(省)'이라는 것이 전문가의 중론이다.

것이 존재했는가? 대답은 노(No)다. 장정을 통해 홍군은 결코 파멸되지 않는다는 신화를 세웠다(이준구, 2012: 205). 대문호 노신(魯迅)은 대장정은 용감한 홍군 장병이 이뤄낸 '위대한 승리'이며 민족 해방사에서 불멸의 업적을 남겼다고 평가했다. 실제로 장정은 기적 그 자체였다.

섬감지대가 발표한 '섬북홍군에게 보내는 글(10.29)'의 골자는 ① 중앙·섬북홍군과 회합, 소비에트 운동 전개 ② 섬북홍군 회합, 서북혁명 진행 ③ 양군 협력, 섬북 근거지 보위 ④ 무장으로 소련을 보위'[1493]하는 투쟁 전개 등이다(歐陽雪梅 외, 2017: 324). 상기 '소련 보위' 주장은 공산국제의 승인을 받은 (陝北)당중앙이 진정한 중앙임을 암시했다. 실제로 장국도가 설립한 '제2중앙'은 불법적[1494]이라는 것을 에둘러 지적했다.

11월 3일 모택동 등은 하사만에서 곽홍도(郭洪濤)[1495] 등의 '보고'를 청취했다. 섬북의 숙반 확대화와 유지단 등의 감금된 상황을 사전에 인지한 모택동은 감금자에 대한 '심사·처형 중지'를 명령했다(逄先知 외,

---

[1493] '홍25·26군 장병에게 보내는 글(10.29)'은 모택동이 작성한 것이다. 한편 '무장(武裝)으로 소련을 보위'한다는 소련파의 주장을 줄곧 반대했던 모택동이 '소련 보위' 투쟁을 제출한 주된 원인은 ① 소련정부에게 보여주기 위한 책략 ② '소련 원조'를 받을 가능성을 고려 ③ 직속상관인 공산국제와 '잠재적 정적' 왕명을 의식 등이다.

[1494] 모택동·낙보 등이 주도한 당중앙이 '섬북홍군에게 보내는 글(10.29)'을 발표한 취지는 두 가지이다. 첫째, 중앙홍군과 섬북홍군의 화합을 기대한 것이다. 둘째, '장국도의 부하'인 서해동과 '홍4방면군' 소속인 '홍25군' 장병에게 장국도의 '제2중앙'이 불법적이라는 것을 강조한 것이다. 실제로 장국도가 설립한 '제2중앙'은 공산국제의 인정을 받지 못한 '불법적 당중앙'이었다. 결국 1936년 6월 장국도는 부득불 '제2중앙'을 철회했다.

[1495] 곽홍도(郭洪濤, 1909~2004), 섬서성 미지(米脂) 출신이며 공산주의자이다. 1925년 중공에 가입, 1930~1940년대, 섬감진(陝甘晋)성위 부서기, 산동분국 서기, 북평(北平)철로관리국장, 건국 후 철도부 부부장, 교통운수협회장 등을 역임, 2004년 북경에서 병사했다.

2005: 484). '숙반 발기자'인 모택동의 당면과제는 '숙반 확대화' 해결이었다. 이 또한 역사의 아이러니이며 '결자해지'였다. 모택동은 측근 왕수도(王首道)를 국가보위국 책임자로 임명해 섬북 근거지의 숙반 시정을 지시했다.

11월 3일 오기진 정치국 회의에서 내린 결정은 ① '서북중앙국'·'서북판사처' 명의 사용 ② 서북혁명군사위원회 설립 ③ 적의 '포위토벌' 격파 ④ 낙보 등은 중앙기관을 이끌고 와요보(瓦窰堡)[1496]로 진격 등이다. 한편 회의는 모택동을 '서북군위' 주석, 주은래·팽덕회를 부주석으로 임명했다. 같은 날 팽덕회를 '홍1방면군' 사령관, 모택동을 정치위원, 엽검영을 참모장, 왕가상을 정치부 주임에 임명했다. '서북판사처' 주석은 박고, 임백거·등발·최전민(崔田民)[1497]·서특립을 각 부서장으로 임명했다. 또 나재명(羅梓銘)[1498]을 공농(工農)검사국장에 임명했다.

'모주(毛周)'의 지위 역전은 1935년 7~8월에 결정됐다. 장국도에게 홍군 총정치위원을 넘겨준 주은래는 '최종 결정권자' 지위를 상실했다. 중앙홍군을 이끌고 북상한 모택동이 홍군 통솔자 역할을 했다. 실제로

1496　섬서성 자장(子長)현 와요보진(瓦窰堡鎭)은 '와요보회의'로 유명해졌다. 중공중앙은 1935년 11월부터 1936년 6월까지 와보요에서 행정적 사무를 처리, 모택동·주은래·낙보 등 중공 지도자들은 와보요에 거주했다. 한편 1935년 12월 17~25일 중공중앙은 와요보에서 정치국 회의를 개최, '(抗日)민족통일전선'을 결성하는 전략을 채택했다.

1497　최전민(崔田民, 1912~1991), 섬서성 수덕(綏德) 출신이며 개국중장이다. 1928년 중공에 가입, 1930~1940년대 '홍78사' 정치위원, 기로예(冀魯豫)군구 사령관, 철도병단 부정치위원, 건국 후 철도병 정치위원, 국방위원회 위원 등을 역임, 1991년 북경에서 병사했다.

1498　나재명(羅梓銘, 1907~1939), 호남성 유양(瀏陽) 출신이며 공산주의자이다. 1927년 중공에 가입, 1930년대 감남(贛南)성위 조직부장, 홍군 공급부 정치부 주임, 섬감(陝甘)성위 조직부장을 역임, 1939년 평강(平江)에서 살해됐다.

아계회의(9.12)에서 모택동은 사실상 '홍군 통솔자'로 내정됐다. 모택동·주은래의 지위 역전은 사필귀정이며 치열한 권력투쟁의 결과물이다.

서북군위(西北軍委)[1499] 주석에 임명된 모택동은 '홍군 통솔자'로 등극했다. 모택동의 '(紅軍)통솔자 등극' 주요인은 ① 탁월한 군사 리더십, 문무 겸비한 '통솔자' 자질 ② 장정 중에 과시한 군사적 통솔력 ③ 위급한 시기에 보여준 과감한 결단력 ④ 왕명·진운 등 중앙대표단 지지 ⑤ 낙보·왕가상 등 소련파의 지지 ⑥ 주은래·주덕·팽덕회 등 홍군 지도자의 지지 ⑦ '삼낙삼기(三落三起)' 후 노련한 정치가로 변신 ⑧ '중공 창건자'의 정치 경력 ⑨ 권모술수에 능한 '정치 고단수' 등이다. '통솔자 등극'의 주된 원인은 모택동 특유의 강력한 군사적 리더십[1500]이다. 이 또한 '역사가 모택동을 선택했다'는 중론에 힘이 실리는 이유이다.

1935년 11월 홍군 통솔자 모택동은 섬북홍군과 협력해 적의 제3차 '포위토벌'을 격파했다. 결국 중앙홍군은 섬북 근거지에 안착했다. 또 그는 섬북 근거지의 숙반 확대화 문제를 해결했다. 한편 모택동은

1499 서북군위(西北軍委, 1935.11.3)는 사실상 '중혁군위(中革軍委)'이다. 당시 장국도가 설립한 '제2중앙'·'중앙군위(中央軍委)'를 감안해 '서북군위'로 호칭한 것이다. 당중앙은 1935년 11월 3일에 서북혁명군사위원회를 설립, 모택동을 주석, 주은래·팽덕회를 '서북군위' 부주석으로 선임했다. 한편 '서북군위'는 대외적인 호칭이며 대내로는 '중앙군위'로 불렸다. 1937년 가을 기존 '서북군위'는 정식으로 중앙군위(中央軍委)로 개명되었다.

1500 1927년 가을 모택동은 정강산에 진입해 '주모(朱毛)홍군'을 창건했다. 또 특유의 유격전술을 사용해 세 차례의 반'포위토벌'에서 승전하며 '유격전술 대가'로 거듭났다. 또 그는 장정 중 과감한 결단력으로 위기에 빠진 홍군을 만회했다. '(四度)적수하 도하'는 유격전술 백미로 손색없다. 중앙홍군을 이끌고 섬북에 도착(1935.10)한 후 '홍군 통솔자'로 등극했다. 결국 군사전략가로 변신한 모택동은 (毛張)권력투쟁의 최종 승자가 됐다.

'동정·서정전역(西征戰役)'[1501]을 통해 '북상항일' 언약을 실현했다. 또 공산국제가 파견한 '특파원(張浩)'의 도움을 받아 (紅軍)3대 주력의 회합 (1936.10)을 달성했다. 이 시기 모택동은 명실상부한 '중공 리더'로 자리매김했다.

1501 '서정전역(西征戰役, 1935.5.27~7월 말)'은 '홍1방면군'이 섬녕감(陝寧甘) 일대에서 진행한 전역이다. 1935년 5월 5일 '동정'을 끝내고 섬북에 회귀한 홍군 지도부는 '정전(停戰)·공동항일통전(通電)'을 반포했다. 한편 16개 사단을 동원한 장개석은 '홍군 토벌'을 준비했다. 홍군은 2개월 간 '서정(西征)'을 통해 3개 연대의 적군을 격파, 2000여 명을 체포했다. 결국 '서정전역'을 통해 홍군 3개 주력의 회합에 유리한 조건을 마련했다.

모택동은 '홍15군단' 군사 지도자 서해동의 신임과 '섬북홍군 창건자' 유지단의 지지를 획득했다. 한편 이 시기 모스크바 주재 (中共)대표단이 파견한 '특파원'이 섬북에 도착했다. '특파원' 지지를 얻은 모택동으로서는 천군만마를 얻은 것과 진배없었다.

모택동이 '노련한 정치가' 조조에 비견된다면 임표는 '용맹한 장수' 여포(呂布)를 연상케 한다. 결국 손오공(孫悟空)이 여래불의 손바닥을 못 벗어나듯 임표는 한평생 모택동의 손아귀에서 벗어나지 못했다.

'장비·관우 혼합체'인 팽덕회는 조직에 충성하고 직설적이며 성품이 강직했다. 이 또한 팽덕회가 '토사구팽'을 당한 주요인이다. 문혁 시기 모택동의 후계자로 낙점된 임표는 '호가호위'의 여우로 둔갑했고 '(中共)1인자 야망'을 지닌 정치가로 변신했다.

'국민당 지지자'인 스탈린의 '중공 원조'는 불가능했다. 이는 '영향력 확대'를 위한 왕명의 계략이었다. 이를 역이용한 책략가 모택동은 장국도의 '병력 약화'에 성공했다. 모택동의 '병력 분산'을 장계취계한 장국도는 '(新疆)독립왕국'을 꿈꿨다.

'서안사변'의 평화적 해결은 주은래·장학량·(宋氏)형매가 협력한 결과이다. 가장 큰 수혜자는 중공이며 최종 승자는 모택동이다. '서안사변' 후 '전국적 영수(領袖)'로 추대된 장개석은 또 다른 승자이다. 한편 반 세기 동안 수감자로 생활한 장학량과 온 가족이 몰살된 양호성은 '실의자(失意者)'이다.

1920~1930년대 선후로 세 차례 실각한 장국도는 두 차례의 '굴기'에는 성공했으나 '삼기(三起)'에는 실패했다. 중공 역사에서 '삼낙삼기(三落三起)'에 성공한 위인은 모택동과 등소평 두 사람밖에 없다. 이 또한 그들이 중공 영수로 자리매김한 주요인이다.

잦은 접촉을 통해 유부녀 오리리(吳莉莉)가 유부남 모택동을 사모한 것이다. 실제로 오리리의 '매력에 빠진' 모택동이 '유부녀 애모(愛慕)'를 묵인하고 받아들인 것이다. 결국 이는 하자진의 '(戀敵)오리리 구타'에 빌미를 제공했다.

신중국 창건 주역인 모택동·주덕·주은래의 '황금 콤비'는 촉국(蜀國)을 설립한 유비·관우·장비의 '3인 조합'보다 훨씬 강력했다. 유비 등은 '삼국 통일'에 실패했으나, '모주주(毛朱周) 콤비'는 중국 대륙을 통일했기 때문이다.

강청을 '악처'라고 하는 이유는 문혁 시기 모택동의 '하수인' 노릇을 했고 모택동의 '정치적 과오'에 일조했기 때문이다. '현모양처' 강청이 '악처'로 전락한 것은 그녀의 '정치 참여'와 관련된다. 실제로 강청을 '악처'로 만든 장본인은 모택동이다.

제6장
'홍군 통솔자'에서 중공 영수로 등극

제1절 섬북(陝北) 근거지 정착, 중앙홍군의 '동정(東征)'

1. 섬북의 숙반 확대화 시정, 직나진(直羅鎭) 승전

모택동이 거느린 중앙홍군은 유지단의 섬북홍군과 서해동이 지휘한 제25군이 합류해 설립한 '홍15군단 회합'이 급선무였다. 중앙홍군의 '섬북 정착' 필수적 조건은 ① (陝北)숙반 확대화 해결 ② 최고 지도자 서해동의 '중앙홍군 지지' ③ 적의 제3차 '포위토벌' 격파 등이다. 결국 중앙홍군은 '숙반 시정'과 직나진(直羅鎭) 승전을 통해 섬북에 안착했다.

섬감(陝甘) 근거지는 유지단과 사자장(謝子長)[1502]이 설립한 근거지를 합친 것이다. 섬감변 특위는 관할 부대를 제26군 42사단으로 개편하고 왕태길(王泰吉)[1503]을 사단장에 임명했다. 그 후 유지단·양삼(楊森)[1504]이 사

[1502] 사자장(謝子長, 1897~1935), 섬서성 안정(安定) 출신이며 공산주의자이다. 1925년 중공에 가입, 1920~1940년대 (西北)유격지대 부총지휘, 섬감(陝甘)유격지대 총지휘, (陝北)유격대 총지휘, 1935년 안정(安定)에서 병사했다.

[1503] 왕태길(王泰吉, 1906~1934), 섬서성 임동(臨潼) 출신이며 공산주의자이다. 1924년 중공에 가입, 1920~1930년대 위화(渭華)공농혁명군 참모장, (西北)항일의용군 사령관, '홍26군' 424사단장, 1934년 서안(西安)에서 희생됐다.

[1504] 양삼(楊森, ?~1936), 섬서성 건주(乾州) 출신이며 공산주의자이다. 1927년 중공에 가입, 1930년대 (陝甘)유격지대 대대장, '홍26군' 제42사단 정치위원, '홍30군' 참모장을 역임, 1936년 삼교진(三交鎭)에서 희생됐다.

단장·정치위원을 맡았다. 특위는 (陝甘邊)소비에트정부와 군사위원회를 설립했다. 유지단이 '군위' 주석, 습중훈이 '정부' 주석을 맡았다. 한편 섬북 근거지와 섬북홍군의 주요 창건자 유지단은 '동정' 중 희생됐다.

    (陝北)홍군유격대의 총지휘는 사자장, 정치위원은 곽홍도, 참모장은 하진년(賀晉年)[1505]이었다. '홍27군' 제84사단장은 양기(楊琪)[1506], 장달지(張達志)[1507]가 정치위원을 맡았다. 1935년 5월 '홍26군'과 '홍27군'이 적원(赤源)현에서 합류하고 전적 총지휘부를 설립했다. 유지단이 총지휘, 고강이 정치위원으로 임명했다. 1935년 여름 제2차 반'포위토벌'에서 승전한 섬북홍군은 병력이 5천명으로 확대됐다. 에드가 스노우는 유지단을 '현대판 로빈후드(Robin Hood)'[1508]라고 절찬했다. 한편 섬북홍군을 창건한 유지단은 섬서성위 서기 두형(杜衡)[1509]의 배척을 받았다.

1505 하진년(賀晉年, 1910~2003), 섬서성 안정(安定) 출신이며 공산주의자이다. 1928년 중공에 가입, 1930~1940년대 (陝甘)유격대 참모장, '홍15군단' 제81사단장, 강서군구 부사령관, 건국 후 동북군구 부사령관, 장갑병 부사령관 등을 역임, 2003년 북경에서 병사했다.

1506 양기(楊琪, 1895~1936), 섬서성 연천(延川) 출신이며 공산주의자이다. 1932년 중공에 가입, 1930년대 '홍26군' 제3연대 참모장, '홍27군' 제84사단장, '홍28군' 252연대장 등을 맡았다. 1936년 오보(吳堡)에서 희생됐다.

1507 장달지(張達志, 1911~1992), 섬서성 가현(佳縣) 출신이며 개국중장이다. 1929년 중공에 가입, 1930~1940년대 홍군 15군단 제81사단 정치위원, 팔로군 제6연대 정치위원, 섬북군구 사령관, 건국 후 난주(蘭州)군구 사령관, 서북국 서기 역임, 1992년 북경에서 병사했다.

1508 로빈후드(Robin Hood, 1160~1247)는 영국의 전설적 인물이며 '헌팅던 백작(伯爵)'으로 불린다. 15세기 후반부터 서민의 사랑을 받아온 '문학적 인물'이다. 또 로빈후드는 의적들과 함께 포악한 관리와 욕심 많은 귀족의 재산을 빼앗아 가난한 사람을 돕는 인물이다. 한편 섬북홍군 창시자인 유지단을 로비후드에 비유한 것은 적절치 못하다.

1509 두형(杜衡, ?~1965), 섬서성 가주(葭州) 출신이며 공산주의자이다. 1925년 중공에 가입, 1920~1930년대, 섬감(陝甘)특위 서기, 섬서성위 서기, '홍26군' 제2연대 정치위원,

1935년 하반기 곽홍도·섭홍균·주이치 등 중앙대표가 섬북에 도착했다. '중앙대표'를 표방한 이들을 누가 파견했고 어디에서 왔는지는 문헌에서 찾아볼 수 없다(黃少群 외, 2007: 272). 곽홍도는 이렇게 회상했다. …1935년 7월 초 북방국의 '파견자' 주이치가 섬북에 도착했다. 그해 8월 (上海)중앙국의 파견을 받은 섭홍균이 섬북 근거지에 도착했다(郭洪濤, 2004: 68). 1935년 7월 주이치가 전달한 '북방대표' 지시 골자는 …섬감 당조직에는 (右傾)취소주의가 존재한다. 취소주의자는 일제와 반동파의 이익을 대변한다. '취소주의 반대' 투쟁을 활발하게 전개해야 한다(賈巨川 외, 2013: 199). 하북성위 부서기 주이치는 북방대표 공원(孔原)[1510]이 파견했다. 또 다른 '중앙대표'를 파견한 (上海)중앙국 책임자와 북방대표는 박고가 임명했다. 결국 '(右傾)취소주의 반대' 투쟁은 (陝北)근거지에서 막수유(莫須有)의 반혁명을 찾아내는 숙반운동으로 전개됐다.

보안(保安)에 진입(9.9)한 제25군은 '정부' 주석 습중훈과 군사부장 유경범(劉景范)[1511]의 환영을 받았다. 9월 15일 주이치·섭홍균·정자화로 구성된 북방국 (西北)대표단이 출범했다. 주이치 등이 확대회의(9.17)에서 내린 '결정'은 ① 섬감진(陝甘晉)성위 설립 ② 주이치·곽홍도, 정부(正副)

1933년 변절했다. 1965년 대만(臺灣)에서 병사했다.

1510 공원(孔原, 1906~1990), 강서편 평향(萍鄕) 출신이며 공산주의자이다. 1925년 중공에 가입, 1930~1940년대 중앙사회부 부부장, 남방국 조직부장, 무순(撫順)시위 서기, 건국 후 해관총서(海關叢署) 서장(署長), 대외무역부 차장 등을 역임, 1990년 북경에서 병사했다.

1511 유경범(劉景范, 1910~1990), 섬서성 보안(保安) 출신이며 공산주의자이다. 1930년 중공에 가입, 1930~1940년대 '홍26군' 제2연대장, 섬감녕(陝甘寧)성위 서기, 섬감녕정부 부주석, 건국 후 감찰부 부부장, 민정부(民政部) 부부장 등을 역임, 1990년 북경에서 병사했다.

서기 ③ '홍15군단' 설립 ④ 서해동 군단장, 정자화 정치위원, 유지단 부
군단장 ⑤ 섭홍균, '서북군위' 주석 ⑥ 우파분자 숙청(肅淸) 등이다.

좌파들은 반혁명 분자를 숙청한다는 미명 아래 유지단을 우파 분
자로 체포했다. 나중에 유지단에게 '백군 군관'·'반혁명' 딱지를 붙여
감옥에 가뒀다. 좌파들은 근거지의 현급(縣級) 간부와 대대장 이상 홍군
간부들을 잡아들였다(현이섭, 2017: 276). 상기 '좌파'는 좌경노선 집행자가
정확한 표현이다. '백군 군관'은 풍옥상의 서북군에서 제4로군 정치처
장 역임한 것을 가리킨다. 이른바 '반혁명'은 막수유의 죄명을 날조한
것이다.

9월 21일 주이치는 대계영을 보위국장에 임명했다. '숙반 대권'을
장악한 대계영은 섬북홍군 창건자 유지단을 '숙청 1호'로 결정했다(賴宏
외, 2007: 273). 10월 6일 대계영은 '유지단 체포'를 밀모했다. 와요보로 가
던 도중 유지단은 연락병이 넘겨준 '명령서'를 받고 직접 보위국을 찾
아갔다. 그들은 손쉽게 유지단을 '체포'했다(徐占權 외, 2004: 205). 당시 유
지단과 함께 수감된 (陝甘)근거지와 홍군의 지도자는 고강·습중훈·마문
서(馬文瑞)[1512]·장수산(張秀山)[1513]·양삼 등이다. 한편 10월 상순까지 보위국
에 의해 처형된 홍군과 근거지의 간부가 200명에 달했다.

1512 마문서(馬文瑞, 1912~2004), 섬서성 미지(米脂)출신이며 공산주의자이다. 1928년 중공에
      가입, 1930~1940년대 섬서(陝西)성위 비서장, 팔로군 385여단 정치위원, 서북국 부
      서기, 건국 후 중앙당학교 부총장, 전국 정협 부주석 등을 역임, 2004년 북경에서 병
      사했다.

1513 장수산(張秀山, 1911~1996), 섬서성 신목(神木) 출신이며 공산주의자이다. 1929년 중공
      에 가입, 1930~1940년대 섬감(陝甘)특위 서기, 홍군 독립사단 정치위원, 요녕(遼寧)성
      위 서기, 건국 후 동북국 부서기, 국가농업위원회 부주임을 역임, 1996년 북경에서
      병사했다.

제25군은 영평(永坪)에서 섬북홍군과 합류했다. 10월 '홍15군단'은 동북군과의 2차례 전투에서 대승을 거뒀다. 10월 1일 하입중(何立中)[1521]이 거느린 2개 연대가 홍군 매복권에 진입했다. 5시간의 격전을 벌여 적군 1000여 명을 사살하고 3700여 명을 체포했다. 10월 25일 홍군은 적군 4개 대대를 궤멸하고 연대장 고복원(高福源)[1522]을 체포했다.

모택동은 임표·팽설봉 등에게 전보(11.2)를 보내 환영객에 대한 '감사의 말'과 구호 등을 준비하고 '홍15군단' 장병과의 '언행 조심'을 강조했다. 11월 5일 상비자만에 도착한 모택동은 연설을 발표해 섬북홍군과의 '합류 필요성'과 중요성을 재삼 강조했다. 11월 6일 중앙홍군과 '홍15군단'은 상비자만에서 회합했다. '양대 홍군'의 합류는 적의 제3차 '포위토벌'을 격파한 주요인이다. 한편 모택동은 '서해동 쟁취'에 상당한 공을 들였다. 서해동의 '중앙홍군 지지'가 중요했기 때문이다. 실제로 모택동은 '수감자' 유지단보다 홍군 실세인 서해동을 더 중요시했다.

양상곤은 이렇게 회상했다. …모주석은 장국도의 '분열'에 관해 발설하지 말 것을 강조했다. 서해동는 다짜고짜 4방면군이 북상하지 않은 것에 관해 질의했다. 나는 모주석이 직접 이야기할 것이라며 대답을 피했다(楊尙昆, 2001: 156). 실제로 모택동은 서해동의 '환영' 여부를 파악하지 못한 상태에서 입단속을 철저히 시켰다. 결국 이는 '장국도 후유

1521 하입중(何立中, 1893~1935), 요녕성 신민(新民) 출신이며 동북군의 장령(將領)이다. 1931년 동북군 제10여단장, 1933년 동북군 제110사단장, 1935년 10월 서해동의 (陝北)홍군에게 대패, 감천(甘泉)에서 사망했다.

1522 고복원(高福元, 1901~1937), 요녕성 영구(營口) 출신이며 동북군 소장(少將)이다. 1933년 동북군 67군단 619연대장, 1935년 10월 (陝北)홍군에게 체포, 1936년 비밀리에 중공에 가입, 장학량의 (聯共)항일'에 긍정적 역할을 했다. 1937년 유다전(劉多荃)에게 살해됐다.

증'이었다. 한편 서해동은 먼 곳의 '옛 상사(張國燾)'보다 눈앞의 당중앙을 옹호했다.

11월 7일 모택동 등은 도좌포(道佐鋪)에 주둔한 '홍15군단' 지휘부에 도착했다. 당시 서해동은 '장촌(張村) 공격' 중이었다. 정자화의 연락을 받은 서해동은 군마를 타고 3시간을 달려 지휘부로 단숨에 달려왔다 (劉秉榮, 2006: 401). 모택동은 양지성(楊至誠) 인편에 중앙홍군에게 2500원을 빌려 달라는 편지를 서해동에게 보냈다. '홍15군단'은 은화 7000원을 갖고 있었다. 서해동은 재정부장 사국정(查國楨)[1523]에게 '5000원 지급'을 지시했다(劉華淸 외, 2017: 246). 해방전쟁 시기 서해동은 대련(大連) 등지에서 휴양하며 병치료에 전념했다. 1940년대 '별다른 공훈'을 세우지 못한 서해동은 '10대 대장' 서열 2위에 배정됐다. 모택동이 어려운 시기 중앙홍군을 도와준 서해동을 잊지 않았다(金一南, 2017: 164). 당시 서해동은 중앙홍군에게 무기·탄약·의약품·겨울용 군복을 지원했다. 당중앙은 왕수도·송시륜(宋時輪)[1524]·필사제(畢士悌, 양림) 등 홍군 간부를 15군단에 파견했다. 이는 '예상왕래(禮尙往來)'였다.

모택동의 '서해동 쟁취'는 정치적 계산의 결과물이다. 주은래의 '부수(副手)'로 유지단을 배치한 것도 정략적 타산이 깔려 있었다. 그들은

[1523] 사국정(查國楨, 1905~1980), 호북성 기춘(蘄春) 출신이며 공산주의자이다. 1930년 중공에 가입, 1930~1940년대 '홍15군단' 공급부장, 팔로군 제115사단 공급부 부부장, 화북군구 군수부 정치위원, 건국 후 무장경찰부대 부사령관 등을 역임, 1980년 북경에서 병사했다.

[1524] 송시륜(宋時輪, 1907~1991), 호남성 예릉(醴陵) 출신이며 개국상장이다. 1927년 중공에 가입, 1930~1940년대 '홍28군' 군단장, 팔로군 제4종대 사령관, 제3야전군 제9병단 사령관, 건국 후 (志願軍)제9병단 사령관, 군사과학원장 등을 역임, 1991년 상해에서 병사했다.

황포군교 사제(師弟) 간이었다. 한편 모택동이 섬북 숙반 주모자 주이치 등에게 면죄부를 준 것은 박고의 '정치적 입김'이 작용한 것으로 풀이된다. 실제로 노련한 정치가 모택동이 '각개격파'의 유격전술을 정치투쟁에 적용했던 것이다. 이 또한 장국도와의 정치투쟁에서 얻은 '학습효과'였다.

장개석은 동북군 5개 사단을 집결시켜 '홍군 토벌'을 추진했다. 모택동 등 홍군 지도부는 역량을 집중해 직나진에서 매복전을 전개해 적군 1~2개 사단을 섬멸하기로 결정했다. '군위'는 임표·섭영진에게 전보를 보내 작전 준비를 지시했다. 20일 선두부대 109사단이 직나진으로 진격했다. 홍군 지도부는 적의 선두부대 섬멸을 결정했다. 홍군의 작전 배치는 ① 직나진 북산(北山) 점거, 15군단 협력해 직나진 탈취 ② 2개 연대 배치, 호로하 동쪽으로 도망치는 적군 섬멸 ③ 1개 연대는 노인산(老人山) 방향으로 진격해 적의 원군을 저격 ④ 적군 후위대 섬멸 등이다. 한편 제15군단 주력은 직나진 남쪽에서 '공격전 전개'를 준비했다.

21일 새벽 홍군은 직나진 공격을 개시했다. 12시간 격전을 통해 109사단을 거의 전멸했다. 사단장 우원봉(牛元峰)[1525]은 잔여부대를 이끌고 동남 토채(土寨)로 도망쳐 원군을 기다렸다(葉子龍 외, 2007: 590). 서해동은 이렇게 회상했다. …홍군이 토채 공격을 개시하려고 할 때 지휘부에 도착한 주은래는 이렇게 말했다. …패잔병은 '옹중착별(甕中捉鱉, 독안에 든 자라)'이다. 토채에 식량·음료수가 적어 곧 도망칠 것이다. 운동전으로 적을 섬멸해야 한다(徐海東, 1985: 364). 홍군은 주은래의 지시에 따라

1525 우원봉(牛元峰, 1891~1935), 산동성 기수(沂水) 출신이며 국민혁명군 소장(少將)이다. 1920~1930년대 동북군 치중(輜重)부대 사령관, 국민혁명군 제109사단장, 1935 11월 직나진(直羅鎭)에서 홍군에게 대패 후 사망했다.

'위성타원(圍城打援)' 전략을 펼쳤다. 모택동·주은래·팽덕회는 수많은 전투를 지휘한 백전노장이다. 이 또한 직나진 승전의 원인이다.

22일 홍군 지도부는 '동영빈(董英斌)[1526] 57군단 섬멸'을 확정했다. 23일 제1군단은 안가천(安家川)에서 원군 111사단을 격파했다. 제15군단은 흑수사·태백진(太白鎭) 구간을 통제해 동영빈을 고립시켰다. 23일 토채에 포위된 109사단 잔여부대는 홍군에게 전멸됐고 사단장 우원봉은 사살됐다. 24일 동영빈 잔여부대는 태백진으로 도망쳤다. 홍군은 철수해 왕이철(王以哲)[1527]의 제67군 117사단을 찾아 동진했다. 결국 직나전 전역은 홍군 대승으로 끝났다. 임표의 제1군단은 강한 전투력을 과시했고 서해동의 제15군단은 협동작전을 펼쳤다. 제4연대 정치위원 황소(黃甦)가 희생됐고 '패장(敗將)' 동영빈은 장학량에 의해 파면됐다.

모택동이 제1방면군 대대장 이상 간부회의(11.30)에서 분석한 직나진 승전 원인은 ① '홍1·15군단' 회합과 단결 ② 정확한 전략 방침의 제정 ③ 충분한 전투 준비 ④ 대중의 지지 등이다(金沖及 외, 2011: 377). '직나전 승전'의 또 다른 원인은 ① 홍군 특유의 매복전과 기습전 결합 ② 지세적 우세 발휘 ③ 홍군 지도부의 세밀한 작전 분석, 탁월한 군사 리더십 ⑤ 동북군의 홍군 전투력 무시 ⑥ 제15군단의 협동작전 전개 등이다.

'서해동 담화(11.24)' 중 15군단에 300명의 반혁명 혐의범이 있다는 것을 알게 된 모택동은 '혐의 해소'를 지시했다. 서해동은 이렇게 회상

1526 동영빈(董英斌, 1894~1960), 요녕성 심양(瀋陽) 출신이며 동북군 중장이다. 1930~1940년대 동북군 제57군단장, 기철전구(冀察戰區) 부총사령관, '동북초비(剿匪)' 부총사령관 등을 역임, 1960년 대만(臺灣)에서 병사했다.

1527 왕이철(王以哲, 1896~1937), 흑룡강성 강빈(江賓) 출신이며 국민당 중장이다. 1920~1930년대 제39연대장, 제19사단장, 제67군단장 등을 역임, 1936년 주은래의 소개로 중공에 가입, 1937년 서안(西安)에서 살해됐다.

했다. …모주석의 지시를 받은 나는 '혐의자'의 조직관계를 회복시켰다 (徐海東, 1983: 48). 결국 악예환 근거지의 '숙반 잔재'가 제거됐다. 한편 모택동의 강력한 리더십에 감복한 서해동은 '모택동 추종자'로 변신했다. 서해동의 '굴종'은 모택동에게 힘이 된 반면 장국도에게는 큰 타격이 됐다.

직나전 승전과 (陝北)숙반 시정을 통해 모택동은 '홍15군단' 군사 지도자 서해동의 신임과 '(陝北)홍군 창건자' 유지단의 지지를 획득했다. 결국 이는 중앙홍군이 섬북에 안착할 수 있는 결정적 요인이 됐다. 한편 공산국제가 파견한 '특사(特使)'가 와요보에 도착했다. 모스크바 주재 (中共)대표단이 파견한 '특파원'이 적절한 시기에 섬북에 도착한 것이다. '특파원'의 지지를 얻은 모택동으로서는 천군만마를 얻은 것과 진배없었다.

2. 공산국제 '특파원'의 도래, 와요보(瓦窯堡) 회의

공산국제와 (中共)대표단이 파견한 '특파원'은 장호(張浩, 林育英)[1528]였다. 1935년 11월 공산국제 제7차 대표대회(1937.7~8)에 참가한 임육영은 간난신고 끝에 와요보(瓦窯堡)에 도착했다. 모택동의 신임을 받은 장호는 '국제대표(國際代表)'[1529]로 변신해 장국도 설득 임무를 맡았다. 공산국

1528 장호(張浩)는 임육영(林育英)의 화명(化名)이다. 1935년 여름 공산국제 파견을 받아 (陝北) 근거지로 귀환, 안전을 고려해 '장호'란 닉네임을 사용했다. 그 후 임육영은 줄곧 '장호'로 불렸다. 1920년대 노동운동가 임육영은 장국도의 '환난지교(患難之交)'였다. 한편 1930년대 공산국제의 '특파원'인 장호는 '모택동 추종자'로 변신했다.

1529 장호의 주된 임무는 공산국제의 '7대(七大)' 회의 정신을 중공중앙에 전달하고 공산국제와 중공중앙 간의 '단절된 관계'를 회복하는 것이었다. 한편 모택동·낙보의 신임을 받은 장호는 '국제대표(國際代表)'로 둔갑해 '장국도 설득' 임무를 맡았다. 결국 '국제대

제 '특사' 장호는 장국도의 북상(北上)에 중요한 역할을 했다. 결국 장국도의 '환난지교(患難之交)' 장호는 모택동의 '구세주' 역할을 했다.

모스크바에서 유학한 장호는 상해호서(滬西)구위 서기를 맡았다. 만주성위 서기인 그는 13개월 간 수감됐다. 석방(1932.1)된 후 해원공회(海員工會) 서기를 맡았다. 1933년 모스크바 주재 적색직공(赤色職工) 국제대표로 파견했다. 1930년대 임육영의 상급자는 주은래·유소기·박고였다. 이들은 모두 장국도와 대립한 모택동·낙보가 주도한 당중앙 정치국 위원이었다. 1935년 (中共)대표단장 왕명은 임육영의 '직속상관'이었다.

장호의 '특파원 파견'은 공산국제 '7대'와 관련된다. 공산국제는 '7대' 취지를 전달하고 그동안 '단절된 연락채널' 회복을 위해 당내 지명도가 높은 임육영을 '특사'로 결정했다(劉統, 2016: 243). 실제로 임육영은 왕명의 파견을 받고 귀국했다. '중공 지도자'로 부각된 왕명의 '특사 파견'은 자신의 영향력 확대가 주된 목적이었다. 결국 모택동·낙보의 신임을 받은 장호가 '국제대표'로 발탁돼 '장국도 설득' 임무를 맡게 된 것이다.

당시 장호는 비교적 안전하고 빠른 노선인 '몽골 귀국'을 선택했다. 공산국제가 장호를 '특사 적임자'로 간주한 것은 임육영이 공산국제 '7대' 참석자이며 '8.1선언(八一宣言)'[1530] 작성자였기 때문이다. 한편 모스크바 출발 당시 임육영은 장호로 변성명했다. 결국 1935년부터 사망

표' 장호는 장국도의 '제2중앙 철회'와 '홍군 북상(北上)'에 중요한 역할을 했다.

1530 1935년 8월 1일 왕명 등은 공산국제의 '7대' 취지에 근거해 '항일구국을 위한 전체 동포들에게 고하는 글'을 발표, 이를 '8.1선언(八一宣言)'이라고 부른다. '8.1선언'은 1935년 10월 1일 프랑스 파리의 '구국보(救國報)'에 최초로 발표됐다. 한편 '8.1선언'은 제2차 '국공합작'의 중요한 문헌이며 항일민족통일전선 전략의 효시(嚆矢)로 간주된다.

(1942.3)할 때까지 줄곧 장호로 불렸다. 1935년 11월 초 상인으로 변장한 장호는 석달 간 간난신고를 거쳐 섬감(陝甘)변계 정변(定邊)에 도착했다.

11월 중순 낙보는 등발을 파견해 장호를 와요보로 영접했다. 장호를 옆 방에 배치한 장문천은 그와 허심탄회한 이야기를 나눴다. 12월 8일 와요보로 돌아온 주은래는 장호와 장시간 대화를 나눴다. 또 장호는 박고·유소기·이유한 등 중앙지도자와 면담을 나눴다. 12월 중순 장호는 전방에서 돌아온 모택동과 진지한 담화를 나눴다. 모택동·낙보 등은 장호가 직접 회의 참석자들에게 공산국제 '7대' 정신을 전달하기로 결정했다.

모택동은 장호에게 이렇게 말했다. ⋯'중국의 레닌'이라고 자부한 장국도는 공산국제 지시는 거절하지 못할 것이다. 당신이 '장국도 설득'에 나서야 한다. 이에 임육영을 이렇게 말했다. ⋯공산국제는 연안의 당중앙과 모택동 동지를 지지한다(王波, 2009: 27). 와요보회의(12.17~25)에서 장호는 공산국제 '7대'의 정신을 전달하고 '8.1선언' 제정 경과를 설명했다. 중앙비서장 유영은 장호의 공헌을 이렇게 평가했다. ⋯단절된 공산국제 관계를 회복하고 '통일전선 결성'에 크게 기여했다(何立波, 2013: 141). 상기 '(延安)당중앙'은 큰 어폐가 있다. (陝北)당중앙이 정확한 표현이다. 당시 장호는 무선통신 '비밀번호'[1531]를 갖고 왔다. 회의에서 통과된 '군사전략 결의(12.23)'는 6개월 내 '소련과 통신연락'[1532]을 완성

1531 장호가 무선통신 '비밀번호'를 갖고 왔으나 공산국제와의 '연락'에는 실패했다. 또 와요보에 도착(1935.12)한 염홍언(閻紅彦)도 '비밀번호'를 갖고 왔다. 그러나 공산국제와의 '통신 연락'에 성공하지 못했다. 한편 유장승(劉長勝)이 갖고 온 '비밀번호'에 의해 중공 지도부가 공산국제와의 무선통신이 개통(1936.6)됐다는 것이 일각의 주장이다.

1532 1935년 12월 (上海)지하당 조직은 섬북에 100와트(watt)의 무선 통신기를 보냈다. 1936년 6월 6일 당중앙은 와요보에서 장호의 '비밀번호'를 이용해 모스크바 중공 대표단에

한다고 썼다.

당중앙이 장호에게 '장국도 설득' 임무를 맡긴 원인은 ① 당중앙의 주장 찬성 ② 장국도와의 친분 ③ 공산국제 '특사' ④ (中共)대표단이 파견한 '특파원' 신분 등이다(黃函康, 2007.2.23). 장국도는 이렇게 회상했다. …임육영은 임표의 숙부이며 나와 환난지교(患難之交)였다. 그는 나와 함께 노동운동에 종사했다(張國燾, 1980: 1198). 모택동 등이 장호에게 '장국도 설득' 임무를 맡긴 주요인은 '국제대표' 신분과 장국도와의 '특수관계'를 고려한 것이다. 임육영은 임표의 당형(堂兄)이다. '중공 3대'에서 모택동과 장국도가 대립할 때 임육영은 '장국도 지지자'였다. 한편 공산공제의 '특파원' 장호는 '모택동 추종자'로 변신했다. 이는 장호가 '왕명의 부하'[1533]이며 모택동의 최측근 임표와 사촌 간인 것과 무관치 않다.

장국도가 당중앙에 보낸 전보(12.5)의 골자는 ① 본 중앙은 당중앙 명의를 사용 ② 섬북은 북방국 명칭 사용 ③ 당중앙 명의 도용 불가 ④ 1·4방면군 편제 철회 등이다('紅四方面軍'戰史資料, 1992: 286). 장국도의 전보(12.5)를 받은 모택동 등은 장호에게 '국제대표' 신분으로 장국도를 설득할 것을 요구했다. 결국 '특파원' 장호를 '국제대표'로 활용한 것은 모택동의 정치투쟁 수준을 보여줬다(金一南, 2017: 292). 12월 18일 장국도는 임표를 통해 장호에게 보낸 두 번째 전보에서 모택동의 '(右傾)기회주

장문의 전보를 보냈다. 7월 2일 당중앙은 왕명의 답전을 받았다(何立波, 2013: 141). 한편 공산국제와의 '무선통신 연락' 회복은 장호의 '국제대표 역할'을 약화시켰다.

1533 장호를 섬북에 파견한 것은 (中共)대표단장 왕명이었다. 한편 '중공 총서기' 야심을 버리지 않았던 왕명은 낙보·박고·왕가상 등 소련파가 활약한 (陝北)당중앙을 지지했다. 왕명이 공산국제의 허락을 받지 않은 장국도의 '제2중앙'을 지지할 리가 만무했다. 이 또한 '왕명의 부하'인 장호가 '장국도 설득' 임무를 선뜻 수락한 주된 원인이다.

의'를 비판하고 북상전략을 '도피주의'라고 폄하했다. 한편 12월 중순 장호가 장국도에게 '첫 전보'[1534]를 보낸 것으로 추정된다.

장호가 모택동을 지지한 주요인은 ① 장정을 지휘한 '홍군 통솔자' ② 직나진 승전, 섬북에 정착 ③ 낙보·왕가상 등 소련파의 '모택동 지지' ④ 공산국제의 '모택동 인정' ⑤ 서해동 쟁취, 섬북 숙반 시정 ⑥ 주은래·팽덕회 등 군사 지도자의 '모택동 지지' ⑦ 모택동의 북상항일 전략, 공산국제의 취지에 부합 ⑧ (陝北)당중앙에 대한 '왕명의 지지' ⑨ 장국도의 불법적 '제2중앙', 공산국제의 인가 미획득 ⑩ 모택동과 당제(堂弟)인 임표의 '돈독한 관계' 등이다. 1920년대 노동운동가 임육영은 '장국도 지지자'였다. 한편 '특파원' 장호는 '모택동 추종자'로 변신했다.

장국도는 이렇게 회상했다. …섬북에 도착한 임육영이 나에게 보낸 전보에 이렇게 썼다. 섬북에 도착한 후 사천에 도착해 나를 만나려고 했는데 교통문제로 무산됐다. 전보를 받은 나는 그의 안전을 고려해 섬북에 남을 것을 권고했다(張國燾, 1991: 293). 상기 회상은 신빙성이 제로이다. 임육영이 사천에 도착해 장국도를 만났다는 것은 사실상 불가능했다. 장호의 임무는 (陝北)당중앙에 공산국제 '7대' 정신을 전달하는 것이었다.

장호는 답전(12.22)에 이렇게 썼다. …당내 갈등을 첨예화해선 안 된다. 현재 급선무는 홍군 단결이다(蘇杭 외, 2015: 303). 장호가 보낸 전보(12.22)의 골자는 ① 당중앙 산하에 북방국·서남국 등을 설립 ② 당중앙

1534 장호가 장국도에게 보낸 '첫 전보' 원본은 찾아볼 수 없다. 이른바 '첫 전보'는 장국도의 회고록에 근거한 것이다. 현재 '공식 자료'에서 찾아볼 수 있는 '첫 전보'는 장호가 1936년 1월 16일에 장국도에게 보낸 것이다. 따라서 이 전보가 장호의 '첫 전보(1.16)'라는 것이 일각의 주장이다. 장국도에게 보낸 장호의 '첫 전보'는 미스터리이다.

이 관장 또는 모스크바의 (中共)대표단에 예속 ③ 4방면군에 대한 '공산 국제 기대' 등이다(劉統, 2016: 246). 즉 장국도에게 '서남국 설립'을 권고하고 '서남국'을 모스크바의 (中共)대표단에 예속시킨다는 임시방편이었다.

장국도에게 보낸 전보(12.16)에서 '홍군 분쟁' 해결을 위해 파견됐다는 점을 강조한 장호는 갖고 온 무신통신 '비밀번호'로 섬북과 모스크바가 곧 연락할 수 있다고 말했다. 한편 '통신번호'는 유장승(劉長勝)[1535] 이 갖고 왔다는 것이 일각의 주장이다(葉永烈, 2014: 415). 11월 중순 섬북에 도착한 임육영은 모스크바와 무선통신을 재개할 수 있는 암호를 갖고 왔다. 또 그는 몽골 국경으로 이동해 소련과 가까이 있어야 한다는 스탈린의 메시지를 전했다(나창주, 2019: 421). 상기 전보는 1936년 1월 16일에 장호가 장국도에게 보낸 것이다. 장호가 '홍군 분쟁' 조정자로 자처한 것이다. 한편 모택동은 '몽골 진격'의 메시지를 수용하지 않았다.

장호는 '홍군 분쟁' 조정자의 역할을 톡톡히 해냈다. 장국도는 그의 회고록에 '국제대표' 임육영의 역할이 컸다는 점을 인정했다. 1937년 8월 중앙군위는 팔로군 129사단의 사단장에 유백승, 장호를 정훈(政訓)처 장에 임명했다. 또 정치위원 제도가 회복(1936.10)된 후 모택동은 장호를 129사단 정치위원으로 임명했다. 1938년 1월 '뇌병(腦病)'에 걸린 장호는 정치위원직을 사직했다. 그의 후임은 팔로군 정치부 부주임 등소평[1536]

1535 유장승(劉長勝, 1903~1967), 산동성 해양(海陽) 출신이며 공산주의자이다. 1927년 중공 에 가입, 1930~1940년대 강서성위 조직부장, 화중국(華中局) 도시사업부장, 상해시 총공회(總工會) 주석, 건국 후 전국총공회 부주석 등을 역임, 1967년 북경에서 병사했 다.

1536 1938년 1월 모택동이 '장호의 후임'으로 등소평을 팔로군 129사단 정치위원 요직에 등용했다. 1930년대 초반 '모택동 추종자' 등소평은 박고·이유한 등의 비판을 받아 실각했다. 특히 '4방면군 총지휘'인 서향전(副師長)의 상급자가 된 것은 파격적 승진이

이었다. 1942년 3월 9일 모택동·주덕은 장호의 발인식에 참가했다. 모택동은 직접 '장호 동지의 묘(墓)'라는 비석의 이름을 썼다.

11월 20일 장문천은 정치국 회의에 방금 도착(11.18)한 '특파원' 장호를 참석시켰다. 회의에서 장호는 '부농(富農)문제'에 관해 발언했다. 한편 장호를 가장 먼저 '국제대표'라고 부른 낙보는 '특파원' 장호를 왕명의 대변자로 간주했다. '특파원' 장호의 또 다른 기여는 '중간역량(中間力量)'을 적으로 간주하지 않는다는 공산국제의 정책을 전달한 것이다.

유영은 이렇게 회상했다. …하루 세끼를 우리집에서 먹은 장호는 갖고 온 잡동사니를 공소사(供銷社)에 팔아 은화 2원을 식비(食費)로 주었다. 낙보는 장호를 정치국 위원에 보선했다(劉英, 2012: 73). 낙보는 장호를 '장국도 설득' 적임자로 간주했다. 모택동·낙보가 장호를 '국제대표'로 활용한 것은 정확한 결정이었다. 낙보는 장호의 '모택동 지지'에 중요한 역할을 했다. 이는 '(毛洛)체제'의 견고함을 보여준 단적인 방증이다.

11월 20일 장문천은 사람을 파견해 모택동에게 장호 귀국을 전달했다. 21일 모택동은 낙보에게 전보를 보내 승전보를 알렸다. 24일 낙보는 모택동에게 전보를 보내 직나진 승전을 축하했다. 이 시기 '홍군 통솔자' 모택동과 '총서기' 낙보는 서로 신뢰하는 관계였다. 이런 견고한 '(毛洛)체제'는 와요보회의가 순조롭게 진행된 결정적 요소가 됐다. 한편 (毛洛)관계에서 모택동이 주도적 위치를 차지하고 낙보는 '협조자 역할'을 했다.

'특파원' 장호의 도래로 새로운 전략 제정과 정치노선 확정이 당중앙의 급선무로 부상했다. 또 항일민족통일전선 결성을 위해 '(左傾)관문

───────────

었다. 실제로 모택동은 등소평이란 '천리마'를 발견한 '백락(伯樂)'의 역할을 했다.

주의'를 극복할 필요성이 대두됐다. 이것이 와요보에서 정치국 확대회의(12.17)가 열린 배경이다. 낙보의 토굴집에서 열린 회의 참석자는 장문천·모택동·주은래·박고·왕가상·유소기·등발·개풍·장호·이유한 등 10여 명이었다. 9일 간 진행된 회의는 '항일통일전선 결성'의 방침을 확정했다. 또 회의에서 모택동은 '군사문제'에 관한 보고를 했다. 외요보회의 하이라이트는 모택동·박고 간에 벌어진 격렬한 설전이었다.

회의 주재자 장문천은 '목전 정세와 전략방침'에 관한 보고를 했다. '특파원' 장호는 공산국제 '7대' 취지를 전달했다. 모택동은 팽덕회에게 보낸 전보(12.19)에 3일 간의 토론을 거쳐 당의 정치노선을 확정했다고 썼다(程中原, 2012: 84). 12월 25일 장문천이 작성한 '결의'가 통과됐다. 회의 결과물인 '와요보회의 결의'[1537]는 6개 부분으로 나뉜다. 또 회의의 중요한 성과는 당내 '가장 위험한 적'인 (左傾)관문주의'를 극복한 것이다.

모택동은 이렇게 말했다. …일제의 화북 침략이 가속화되고 있다. 노동자·농민·소자산계급 및 민족자산계급과 연합해야 한다. 박고는 중간세력이 가장 위험한 적이라는 스탈린의 말을 인용해 민족자산계급 연합은 마르크스주의에 위배된다고 주장했다(黃少群 외, 2007: 316). 모택동은 이렇게 반박했다. …민족자산계급은 자산계급과 다르며 양면성을 띠고 있다. '복건사변' 실책은 중간세력이 가장 위험하다는 이론에서 비롯됐다(金沖及 외, 2011: 382). 곽홍도는 이렇게 회상했다. …모택동은 박고를 향해 이렇게 힐문했다. 민족자산계급 연합이 선조에 대한 충성심

1537 장문천이 작성한 '와요보회의 결의'는 12월 25일에 통과됐다. '결의'의 골자는 ① 목전 정세 ② 당의 전략방침 ③ 서북국방정부 ④ 소비에트인민공화국 ⑤ 당내 가장 위험한 요소, '관문주의' ⑥ 공산당의 지위 등이다(程中原, 2016: 141). 상기 '결의'에서 언급한 '서북국방정부'는 실패됐다. 와요보회의의 전략 방침은 '항일통일전선 구축'이다.

이 부족하고 조상에 대한 불효인가? 말문이 막힌 박고는 낙보의 침대에 드러누워 침묵했다(郭洪濤, 1995: 371). 모택동은 '관문주의' 과오를 범한 박고의 아픈 상처를 건드렸다. 한편 '(毛博)언쟁'은 결코 간단한 설전이 아니었다.

정치국 회의(11.29)에서 낙보는 이렇게 말했다. …당의 주된 임무는 광범위한 통일전선을 구축하는 것이다. 통일전선 구축에 걸림돌 역할을 하는 것은 당내에 잔존하는 관문주의이다(程中原, 2016: 137). 모택동은 이렇게 말했다. …관문주의자는 일제·매국적의 충실한 노복이다. '특파원' 장호의 도래는 항일통일전선을 촉성했다. 당시 '관문주의'를 비판한 장호는 모택동의 든든한 협력자였다(文顯堂, 2006: 330). 장호와 낙보의 '모택동 지지'는 '(毛博)설전'에서 모택동이 최종 승자가 된 주요인이다. 결국 '(左傾)관문주의'를 고집한 박고는 사면초가에 몰렸다. 실제로 '국제대표(張浩)' 지지를 상실한 박고의 도전은 예견된 패배였다.

박고가 '서북판사처' 책임자로 좌천된 후 (毛博)당내 지위가 역전됐다. 당정군(黨政軍) 대권을 장악한 실세는 모택동이었다. '특파원' 장호의 도래 후 당과 홍군 중 모택동의 영도적 지위가 공산국제의 인정을 받았다(盧弘, 2006: 329). 당시 모택동의 '영도적 지위'는 공산국제 인정을 받지 못했다. 회의에서 장호의 지지를 받는 '(毛洛)체제'에 대한 박고의 불만이 폭발된 것이다. 실제로 박고는 유명무실한 '정부 책임자'로 좌천된 불만을 표출한 것이다. 한편 고립무원에 처한 박고의 무모한 도전은 실패했다. 결국 실권자(失權者) 박고는 주은래의 '부하'로 전락했다.

모택동의 '군사보고(12.23)' 골자는 첫째, 홍군 전략방침: ① 섬북 근거지 확대 발전 ② (對日)작전을 위한 병력 확충 ③ '소련 통로' 개척이다. 둘째, 작전 지휘의 기본적 원칙: ① 적극적 방어 ② 후발제인(後發制

시) ③ 운동전으로 적군 섬멸 등이다. 셋째, 홍군 행동방침: ① 산서성 진격, 진수군(晉綏軍)을 격파 ② 수원(綏遠)으로 이동, 일본군과 유격전 전개 등이다. 총체적 전략방침은 소련과의 '연락 통로'를 개척한다는 것이다.

'당의 열성분자' 회의(12.27)에서 모택동이 한 보고의 골자는 ① '중간세력' 민족자산계급과 연합 ② 폐쇄적인 관문주의 극복, 광범위한 민족통일전선 설립 ③ 기존의 '노농공화국'을 '인민공화국'으로 변경 등이다(逢先知 외, 2005: 500). 모택동의 '보고' 취지는 관문주의를 극복하고 광범위한 항일민족통일전선 결성이 현재의 당면과제라는 것을 재천명한 것이다. 한편 '인민공화국'은 장호가 전달한 공산국제의 '지시'를 수용한 것이다.

습중훈은 모택동·주은래 인상을 이렇게 썼다. …나는 정신을 집중해 모택동의 보고를 들었다. 그의 연설은 현실적 상황을 반영했고 취지가 명확했다. 처음 모택동을 본 나는 감동으로 가슴이 박찼다(習仲勛, 1978.12.20). …나는 긴 수염을 기른 주은래를 처음으로 봤다. 섬북 일대에는 주은래와 관련된 신화(神話)가 많았고 그는 전설적 존재였다. 나는 그의 늠름한 풍채에 매료됐다(習仲勛, 1979.4.8). 1940년대 모택동의 중용을 받은 습중훈은 문혁 기간 강생(康生)에 의해 16년 동안 수감됐다. 1950년대 주은래의 '부수(副手)'인 습중훈은 국무원 부총리를 역임했다.

와요보회의에서 행동방침을 산서 진격으로 확정해 '동정(東征) 명분'을 쌓은 것은 큰 성과였다. '박고 대결'에서 승리한 모택동은 중요한 정적을 제거했다. 낙보·주은래·장호의 지지하에 모택동은 '(毛博)설전'에서 최종 승자가 됐다. 와요보회의 후 '모낙(毛洛)'이 주도한 당중앙은 공산국제와 왕명의 지지를 받았다. '(毛洛)체제'에서 홍군 통솔자 모택동이 주도적 지위를 차지했다. 결국 이는 '(博周)체제'와의 가장 큰 차이점이다.

정치투쟁 고단수인 모택동은 '장국도 부하'인 서해동을 쟁취한 후 공산국제가 파견한 '특사' 장호의 설득에 성공했다. 모택동·낙보가 '특파원' 장호의 특수한 신분을 활용해 '국제대표'로 발탁한 것은 '신의 한 수'였다. 결국 이는 장국도의 '북상'을 촉성했고 홍군 3대 주력 회합의 결정적 요소가 됐다. 한편 와요보회의에서 강력한 리더십을 과시한 모택동은 '군사결의(12.23)'를 통과시킴으로써 '동정(東征) 추진' 발판을 마련했다.

3. 중앙홍군의 '동정(東征)'

1) '동정' 추진 원인과 다방면의 준비

와요보회의에서 모택동은 '군사결의'를 통해 '산서 진격(東征)'을 확정했다. 동정 추진을 위해 당중앙은 적정(敵情) 파악과 도강을 위한 선박 제조 등 만반의 준비를 했다. 낙보·주은래 등의 지지하에 반대 의견을 물리친 모택동의 '동정 단행'은 선견지명이었다. 75일 간 진행된 '동정'을 통해 홍군의 병력 확충과 '(抗日)선전 전개' 등 성과를 달성했다.

와요보회의에서 통과된 '군사전략 결의(12.23)'는 홍군 방침을 산서 진격으로 확정했다. 즉 산서성에서 근거지를 개척한 후 직접 북진해 '소련 통로'를 개척하는 것이었다. 모택동이 주도한 '동진'은 낙보·주은래의 전폭적 지지가 매우 중요했다. 또 '특파원' 장호의 '동정 찬성'은 필수적이었다. '소련 통로' 개척은 구호였고 '항일구국'은 명분이었다. 실제로 홍군의 병력 확충과 '근거지 확대'가 군사 전략가 모택동의 주된 목적이었다.

양상곤은 '동정 추진' 원인을 이렇게 썼다. …섬북은 인구가 적고 경제가 낙후했다. 1만명 홍군의 식량 해결에 역부족이었다. 또 겨울용 군복을 마련하지 못했다. 새로운 근거지 개척은 필수적이었다(楊尙昆, 2001: 162). 팽덕회는 '동정 원인'을 이렇게 분석했다. …섬북은 대규모 홍군의 정착지로 적합하지 않았다. 적의 포위공격이 쉽지 않은 이점이 있었으나 홍군의 발전은 매우 제한적이었다(李捷 외, 2018: 207). 섬북 근거지의 북쪽은 유림(楡林) 사막이었고 수덕(綏德)에는 염석산의 2개 사단이 포진했다. 서쪽·남쪽은 장개석의 중앙군과 장학량의 동북군이 주둔했다. 결국 '홍군 출로'는 동쪽으로 발전해 황하를 건너 동진하는 것이었다. 실제로 '빈곤지역' 섬북에서 홍군의 의식주(衣食住) 해결이 매우 어려웠다.

모택동이 추진한 '동정 원인'은 ① 홍군의 영향력 확대 ② 인구가 많고 물산이 풍부한 산서에서 '병력 확충' ③ 동북군과 '격전 기피', 통일전선 구축에 유리 ④ '진수군 철거', 섬북 근거지 발전에 유리 등이다(徐占權 외, 2004: 226). 한편 '산서 진격(東征)'은 중공 지도부와 홍군 지도자의 반발에 부딪쳤다. 이는 당중앙이 장호가 전달한 공산국제의 지시와 '군사결의(12.23)'가 전방의 지도자들에게 제때에 전달되지 않았기 때문이다.

'동정 추진'에 관해 당 지도부와 홍군 지도자 간 의견이 엇갈렸다. ① 섬북 정착, 근거지 확대 발전 ② 녕하(寧夏) 진격, '소련 통로' 개척 ③ 산서 진격, 근거지 개척 등이다('第一方面軍'編委, 2007: 619). '첫 번째 견해'의 대표자는 팽덕회·왕가상이다. 또 공산국제 '지시'를 수용한 낙보는 '몽골 변경' 진격을 주장했다. '동정 추진'의 대표적 인물은 모택동·주은래였다. 한편 '섬남(陝南) 진격'을 주장한 임표는 유격전 전개를 강조했다.

모택동은 팽덕회에게 전보(1936.1)를 보내 홍군이 황하를 건너 '여량산(呂梁山) 근거지'를 개척한다는 당중앙의 결정을 전달했다. 당시 '당중앙 지시'를 옹호한다는 답전을 보낸 팽덕회는 이렇게 요구했다. …섬북 근거지를 반드시 보전해야 한다(周少華 외, 2013: 233). 팽덕회는 이렇게 회상했다. …'동정 명령'을 받은 나는 두 가지를 우려했다. 첫째, 극도로 피곤한 홍군의 도강 성공에 의구심을 가졌다. 둘째, 장개석의 중앙군이 산서성에 진입할 경우, '근거지 퇴각' 가능성 여부였다(彭德懷, 1981: 211). 결국 팽덕회의 직설적 표현이 '직속상관' 모택동의 비위를 거슬렸다. 한편 팽덕회의 '근거지 상실' 우려는 환득환실의 성격이 강했다.

장문천은 모택동에게 보낸 편지(11.20)에 녕하로 북진한 후 수원(綏遠)으로 진격하는 방안을 건의했다. 모택동은 …홍군이 산서로 진격한 후 수원으로 북진해야 한다는 답전을 보냈다(程中原, 2016: 146). 모택동은 녕하로 진격해 '소련 통로'를 개척해야 한다는 '방안'을 원칙적으로 동의했다. 그러나 우선 산서로 동진한 후 다시 북진해야 해야 한다는 것이 모택동의 주장이었다. 주은래는 이렇게 주장했다. …북진은 적합하지 않다. 이는 홍군 '주변화(周邊化)'를 초래할 것이다(王波, 2009: 21). 모택동은 낙보에게 보낸 답전(12.1)에 이렇게 썼다. …'소련 통로' 개척을 찬동하나 산서 진격 후 다시 북진해야 한다. 또 섬북을 이탈하지 않는 것을 전제로 해야 한다(逄先知 외, 2005: 493). 한편 '북진' 주장은 낙보가 공산국제 '지시'를 수용한 것과 관련된다. 상기 답전(12.1) 취지는 홍군의 병력 확충을 위한 '동정(東征)'을 급선무로 삼아야 한다는 것이다.

장호는 모택동에게 이렇게 말했다. …공산국제는 홍군의 '소련 변경' 진격을 요구했다. 이는 공산국제의 무기 지원을 받을 수 있다. 모택동은 이렇게 대답했다. …북진은 항일 전초지에서 멀어지는 결과를 초래할 수 있다. 이는 '북상항일'에 위배된다(王波, 2009: 29). 결국 모택동에게 설득된 장호는 홍군의 '동정'을 지지했다. 장호의 태도 변화는 낙보의 입장 전환에 큰 영향을 미쳤다. 한편 공산국제의 '무기 지원'은 가능성이 제로였다.

유영은 이렇게 회상했다. …모택동이 제안한 '동정'을 적극 찬동한 낙보는 모택동이 작성한 '군사결의'를 통과시켰다. 또 홍군 확충과 의천(宜川)·낙천(洛川) 적화(赤化) 등지의 '도강 준비'에 전력했다(劉英, 2007: 77). 일부 소련파는 낙보를 '모택동 추종자'라고 힐난했다. 장문천은 뒷공론에 대해 이렇게 반박했다. …'진리 소유자'를 따라가는 것은 당연지사이다(楊尙昆, 1985: 5). 결국 모택동에게 설득된 낙보가 '동정 지지자'로 변신했다. 낙보의 입장 전환은 행동방침 확정에 큰 역할을 했다. 또 낙보의 입장 변화는 팽덕회 등의 '동정 지지'에 긍정적 영향을 미쳤다.

임표는 모택동에게 보낸 편지(12.9)에 섬남(陝南) 진격과 유격전 전개를 주장한 이유는 ① '유격전 전개'는 오랜 숙원 ② 부대에 남아도는 간부를 이용 ③ (陝南)지역은 '유격전 전개'에 안성맞춤 등이다(胡哲峰 외, 2013: 138). 모택동이 임표에게 보낸 답전(12.19)은 이렇게 썼다. … 당신의 '남진'과 '유격전 전개' 건의를 반대하며 와요보 면담을 요구한다(于化民 외, 2013: 139). 12월 21일 모택동은 임표에게 재차 전보를 보냈다. …'섬남 발전'과 '동정 추진' 중 후자가 훨씬 중요하다. 당중앙이 직접 설명할 것이다. 조속히 와요보에 도착하기 바란다(葉健軍 외, 2015: 62). 한편 아집이 강한 임표는 자신의 주장을 굽히지 않았다. 실제로 모택동이 임표의 '남진 건의'를 채택했다면, 임표는 '제2의 장국도'로 전락했을 것이다.

임표가 유격전 전개에 집착한 것은 독자적 세력을 형성하기 위해

서였다. 임표는 자신을 이렇게 평가했다. …나는 때론 호랑이(1인자)고 때론 여우(2인자)이다. 그는 호랑이가 되고 싶었으나 모택동의 신변에선 여우 신세를 면키 어려웠다(文顯堂, 2006: 350). 실제로 군사적 재능을 맹신한 임표는 '호가호위'의 '여우 처지'에서 탈피하고 싶었던 것이다. 모택동이 노련한 정치가 조조에 비견된다면 임표는 용맹한 장수인 여포(呂布)[1538]를 연상케 한다. 결국 손오공(孫悟空)[1539]이 여래불의 손바닥을 못 벗어나듯 임표는 한평생 모택동의 손아귀에서 벗어나지 못했다.

12월 29일 당중앙은 임표에게 '강력한 어조'의 전보를 보냈다. …즉각 와요보에 도착하라. 당신의 직무는 좌권이 대신한다. 그제야 임표는 …곧 출발하겠다는 답전(1936.1.1)을 보냈다. 결국 와요보에 도착한 임표는 '동정 찬동'을 표시했다(程波 외, 2015: 63). 임표가 도착한 후 모택동은 장호에게 '임표 설득'을 의뢰했다. 당시 장호는 이렇게 말했다. …아우가 주장한 '섬남 유격전'은 현재 시점에선 적절치 않네(王波, 2009: 34). 임표는 당형(堂兄)의 진지한 권고를 받아들였다. 한편 임표는 모택동의 '진서남 점령' 지시를 무시하고 진동남으로 진격했다. 또 그는 모택동의 '섬북 회귀'[1540]를 건의했다. 이는 모택동의 강한 불만을 야기했다.

1538 여포(呂布, ? ~ 198), 내몽골 구원(九原) 출신이며 동한(東漢) 명장이다. 여포는 무장(武將) 중 무예가 가장 뛰어난 장수로 간주되나 절개가 없고 물욕이 많으며 유혹에 쉽게 넘어가는 단점을 지녔다. 결국 원소(袁紹) 부하가 된 여포는 조조에게 패해 처형됐다. 흔히 '여포'는 용맹·무예가 뛰어나지만 지략이 부족한 '우직한 장수'를 가리킨다.

1539 손오공(孫悟空)은 중국의 4대 명저인 서유기(西遊記)의 주인공이며 신화적 인물이다. '72변술'과 10만 8천리를 날아가는 '근두운(筋斗雲)' 법술을 장악했다. 삼장법사 수제자이며 천축(天竺, 印度)에 여행해 불교 경전을 손에 넣도록 도와준다. 흔히 손오공은 '정의·지혜의 상징'으로 간주된다. 한편 손오공의 '천적'은 여래불(如來佛)이었다.

1540 1936년 3월 '동정(東征)'에 참가한 낙보 등 중앙지도자들은 대부분 섬북으로 철수했다. 당시 임표는 모택동에게 '섬북 회귀'를 건의했으나 모택동은 그의 '건의'를 일축

'동정'을 반대한 이덕(李德)은 모택동에게 보낸 편지에 이렇게 썼다. …소일(蘇日)전쟁이 금년에 폭발할 것이다. 홍군이 장개석을 전승하려면 소련의 원조를 받아야 한다. 홍군은 몽골 변경으로 진격해야 한다(盧弘, 2006: 331). 이덕의 '반대' 이유는 홍군이 진수군과 싸워 이길수 없으며 자칫 일제의 '몽골 침략'을 유발할 수 있다는 것이다. 한편 '동정 준비'를 마친 모택동은 소련 입장에서 제출한 이덕의 '건의'를 수용하지 않았다.

모택동이 낙보 등의 '몽골 진격'을 반대한 이유는 ① 홍군의 '주변화' ② 섬북 근거지와 단절 ② '소련 원조' 불신 등이다. 임표의 '섬남 유격전'을 반대한 이유는 ① 동북군과의 '격전 기피' ② 동북군·서북군을 '쟁취대상'으로 간주 ③ 중앙군의 '서북 진입' 빌미 제공 우려 등이다. '섬북 고수(固守)'를 반대한 이유는 ① 인구가 적고 경제가 낙후 ② '홍군 확충'과 '급양 해결' 곤란 ③ '항일전략 추진' 가능성 희박 등이다. '동정'을 단행한 이유는 ① 진수군의 약한 전투력 ② 물산이 풍부한 산서에서 '급양 해결' ③ 장개석의 '내전 중지' 촉구 등이다. 결국 모험성이 강한 '동정'은 성공했고 모택동은 정치가의 '선견지명'을 보여줬다.

와요보호의에서 '동정 방침'을 확정한 모택동은 낙보·주은래 등의 협조하에 '동정 준비'를 차질없이 진행했다. 모택동은 '준비 없는 전쟁'을 치르지 않았다. '동정 승리'를 위해 다방면의 준비를 진행했다. 예컨대 병력 확대와 급양 마련, 적정 탐지와 나룻배 제조 등이다. 특히 '인내성 있는' 설득을 통해 반대 의견을 물리치고 '동정 승리'의 신념을 다

했다. 실제로 임표는 모택동이 후방으로 물러나고 전방 지휘관에게 '작전 지휘권' 일임을 요구했다. 결국 이는 '사사건건 간섭'하는 모택동에 대한 불만을 표출한 것이다.

졌다. 결국 치밀한 계획과 사전 준비는 '동정 승리'의 결정적 요인으로
작용했다.

'동정'의 첫 번째 단계는 ① 섬북 근거지 확대 발전 ② 홍군 5000명
확충, '홍28·29군' 설립 ③ 기병여단 창립 ④ '도강' 준비 진행 등이다.
두 번째 단계는 6개월 간 '동정 작전'을 통해 다음의 임무를 완성한다.
① 진수군 일부 섬멸, 진서(晉西)에서 근거지 개척 ② 홍군 확충, 군수물
자 탈취 ③ 섬북 진수군의 '산서 퇴각' ④ 도강에 필요한 선박 마련 등
이다. 세 번째 단계는 산서에서 수원으로 북진해 '대일 작전'을 준비한
다. 홍군 지도부는 2개월 반 동안 진행된 '동정'을 끝내고 '서정(西征)'을
단행했다. 이는 장개석의 중앙군 '산서성 진입'과 관련된다.

모택동이 팽덕회에게 보낸 전보(12.24) 골자는 ① 동정 방침 확정 ②
40일 간 준비, 동정 준비 완료 ③ 홍군 5000명 확충 계획 ④ '홍28군'·'홍
29군' 설립 등이다(中共中央文獻硏究室, 2005: 499). 홍군 지도부는 '홍28군' 군
단장에 유지단, 송임궁을 정치위원으로 임명했다. 1936년 1월에 설립된
'홍29군' 군단장에 소경광, 정치위원에 주이치를 임명했다. 또 '홍30군'
군단장은 염홍언(閻紅彦)[1541], 채수번을 정치위원으로 임명했다.

1월 4일 모택동·주은래는 팽덕회·좌권·섭영진에게 전보를 보내
'신병 훈련'을 위한 교도대 설립을 요구했다. 1월 7일 모택동은 유지단·
송임궁이 거느린 북정군(北征軍)에게 한가차(韓家岔)·석패자(石牌子) 방향
의 북진을 지시했다. 1월 9일 모택동은 팽덕회에게 전보를 보내 한간·
매국적의 재산을 몰수해 '항일기금 마련'을 요구했다. 1월 10일 모택동

1541 염홍언(閻紅彦, 1909~1967), 섬서성 안정(安定) 출신이며 개국상장이다. 1925년 중공에 가
     입, 1930~1940년대 '홍30군' 정치위원, 진기로예(晉冀魯豫) 야전군 제3종대 부사령관,
     건국 후 사천성위 서기, 곤명군구 정치위원을 역임, 1967년 곤명(昆明)에서 자살했다.

은 유지단에게 전보를 보내 정악수(井岳秀)[1542] 부대를 섬멸할 것을 지시했다.

모택동이 분석한 진수군의 우세는 ① 병력 우세 ② 정규전에 일가견 ③ 비교적 강한 방어력 ④ 민단 지지, 보갑(保甲)제도이다. 약점은 ① 고립무원 ② 전략적 방어 ③ 백성의 지지 상실 ④ 작전 지휘력 부재 ⑤ 공격력 부족이다. 홍군 장점은 ① 강한 공격력 ② 기동적 유격전 ③ 정찰력·정보력 ④ 유격대 협력 ⑤ 백성의 지지 ⑥ 강력한 작전 지휘력이다(逄先知 외, 2005: 505). 장정 중 무수한 전투를 치른 홍군은 수적으로 열세이나 승리에 대한 강한 신념과 일당백 전투력을 갖고 있었다. 한편 진수군은 전투력이 약했고 홍군의 '황하 도강' 대응책이 미비했다.

정치국 회의(1.17)에서 모택동은 이렇게 제출했다. …'항일구국'과 홍군 확충을 위해 산서로 진격해야 한다. '동정 추진'이 섬북 근거지의 발전에 도움될 것이다(金沖及 외, 2004: 391). 회의는 팽덕회·장호를 정치국 위원으로 보선했다. 또 '후방중앙국'을 설립하고 주은래를 서기로 임명했다. 1월 19일 모택동이 내린 '동정 명령'의 골자는 ① 홍군 주력, 산서에서 항일전선을 개척 ② 지방홍군, 근거지 보위에 전력 ③ 홍군 유격대, 근거지 개척 등이다(逄先知 외, 2005: 507). 홍군의 '동정 목적'은 산서성에서 (抗日)근거지를 창건하고 홍군의 병력을 확충하는 것이었다.

연장(延長)현에서 열린 (軍委)확대회의(1.31)에서 모택동은 근거지의 공고와 발전관계를 재천명함으로써 '동정 추진' 후의 근거지 상실 우려를 해소했다. 또 '동정'이 '소일전쟁'을 유발한다는 이덕의 견해를 비판했다

1542 정악수(井岳秀, 1879~1936), 섬서성 포성(蒲城) 출신이며 국민당군 중장이다. 1910~1930년대 섬북(陝北)진수사(鎭守使), 섬북국민군 총사령관, 국군 제18사단장, 제22군단장 등을 역임, 1936년 유림(楡林)에서 사망했다.

(中共中央文獻研究室, 2011: 383). '군위'는 팽덕회를 총지휘, 모택동을 정치위원, 엽검영을 참모장, 양상곤을 정치부 주임으로 임명했다. 또 '홍1군단'을 중로군, '홍15군단'을 우로군, '홍28군'을 좌로군으로 재편성했다.

1936년 2월 모택동이 주은래에게 보낸 전보의 골자는 ① 주은래가 직접 '홍28군'을 지휘 ② 대중을 발동, 적군 보루 격파 ③ 도강 나루터 탈취, '원활한 운송' 보장 등이다(楊尙昆, 20001: 163). 홍군 지도부는 도강 장비 수집·제조를 요구했다. 지방정부는 선박 기자재를 모으고 목공과 뱃사공 300여 명을 모집해 '나룻배 제작'에 박차를 가했다. 2월 상순 양피뗏목 100개와 목선 4척을 건조했다('第一方面軍'編委, 1993: 624). 팽덕회는 이렇게 회상했다. …당시 도강을 위해 제조한 선박은 15척이었다. 이는 홍군 운송에 역부족이었다. 지방정부의 협조로 100여 개 나룻배가 제작됐고 한 척의 나룻배에 3~4명의 뱃사공이 배치됐다(彭德懷, 1981: 211). 모택동은 전방 지도자들에게 도강에 필요한 '나루터 탈취'를 지시했다. 2월 8일 모택동은 원가구(袁家溝)에 도착해 나루터 적정을 관찰했다. 한편 도강에 필요한 '나룻배 제작'은 홍군의 퇴각에도 필요했다.

곽홍도는 이렇게 회상했다. …중앙군위가 '황하유격사단'을 설립한 취지는 도강에 필요한 나룻배를 만드는 것이다. 나룻배 제조는 염홍언·모택민이 책임졌다(郭洪濤, 2004: 108). '황하유격사' 사단장은 염홍언, 정치위원은 채수번이다. 1936년 4월 '홍30군'으로 재편됐다. 지방유격대의 적극적 협력과 대중의 전폭적 협조는 동정 승리의 중요한 원인이다.

섬북성위는 '홍군 확대' 운동을 전개했다. 제2차 (擴紅)시기 입대자는 6000여 명에 달했다. 당시 섬북성위 서기는 곽홍도였고 그의 직속상관은 주은래였다. 한편 홍군 지도부는 '홍군 확충'을 위해 포로 정책을 변경했다. 포로를 교육해 '보충사(補充師)'를 설립했다. 결국 포로 우대와 포로 정책의 변경으로 3000여 명의 동북군 포로가 홍군에 입대했다.

홍군 지도부는 나루터 정찰을 통해 이렇게 판단했다. ① 황하 동안, 손초(孫楚)[1543]의 4개 여단 수비 ② 중양(中陽)·석루(石樓) 구간, 진수군 1개 여단 주둔 ③ 이 구간, 굽이돌이·계곡이 많아 도강지점으로 적합 등이 다(于俊道 외, 2018: 211). 팽덕회는 이렇게 회상했다. …도강 전 적군의 병력 배치를 세밀하게 정찰했다. 홍군 지도부는 도하 방법과 나루터 선택에 대해 세심하게 연구했다(彭德懷, 1981: 212). 진수군은 홍군의 도강 방어를 위해 토치카·보루 등 방어시설을 구축했다. 염석산은 양애원(楊愛源)[1544]을 전적 총지휘, 양요방(楊耀芳)[1545]을 진서(晉西) 경비사령관, 양징원(楊澄源)[1546]을 진남(晉南) 경비사령관으로 배치했다.

도하 방식과 나루터 선택은 '황하 방어선' 돌파 여부를 결정하는 결정적 요소였다. 홍군은 결빙기를 이용한 도강 계획을 포기하고 연수(延水)·복록평(福祿坪) 구간에서 나룻배를 타고 도하하기로 결정했다. 2월 11일 모택동은 임표·서해동에게 전보를 보내 직접 나루터 지형을 정찰

1543 손초(孫楚, 1890~1962), 산서성 해현(解縣) 출신이며 국민혁명군 상장이다. 1930~1940년대 제1군단장, 제3행서(行署) 주임, 제33군단장, 제6집단군 총사령관, 제8집단군 총사령관을 역임, 1962년 태원(太原)에서 병사했다.

1544 양애원(楊愛源, 1886~1959), 산서성 오대(五臺) 출신이며 진군(晉軍) 상장이다. 1920~1940년대 제3집단군 총지휘, 제6집단군 총사령관, 제2전구(戰區) 부총사령관을 역임, 1959년 대만(臺灣)에서 병사했다.

1545 양요방(楊耀芳, 1896~1978), 산서성 녕무(寧武) 출신이며 진군(晉軍) 중장이다. 1920~1940년대 (晉西)경비사령관, 진군 제71사단장, 제6군단장, 건국 후 산서성정부 참사(參事) 등을 역임, 1978년 태원(太原)에서 병사했다.

1546 양징원(楊澄源, 1889~1970), 산서성 가장(賈庄) 출신이며 진군(晉軍) 상장이다. 1920~1940년대 (保安)제2종대 사령관, 제34군단장, (晉南)경비사령관, 건국 후 산서성 정협위원 등을 역임, 1970년 태원(太原)에서 병사했다.

할 것을 요구했다. 홍군 지도부는 도강 작전에 필요한 기술 연마를 지시했다. 또 도강 나루터에 지휘부를 설치해 도강 작전을 지휘할 것을 명령했다.

2월 12일 홍군 지도부는 전방 지휘관에게 '도강지점 집결'을 명령했다. 모택동은 주은래에게 전보를 보내 1개 연대를 배치해 황하 연안의 나루터를 점령할 것을 요구했다. 또 염홍언이 거느린 황하유격사단은 황하 동안을 점령하고 홍군 주력의 '산서 작전' 배합을 지시했다. 결국 이는 홍군의 퇴각로 마련을 위한 작전 조치였다. 2월 17일 모택동은 주은래에게 전보를 보내 직접 청간 지휘부에서 '홍28군'을 지휘할 것을 요구했다.

모택동이 (軍委)간부회의에서 한 보고(2.18)의 골자는 ① 섬북의 진수군 4개 여단, 산서로 퇴각 ② '12.9운동'[1547]의 여세를 몰아 항일애국운동을 선도, '내전 중지' 운동 전개 ③ '병력 확충'을 통한 홍군의 군사적 역량을 강화, 통일전선 결성 등이다(蔣建農 외, 2014: 287). 같은 날 모택동·팽덕회는 '동정 작전' 명령을 내렸다. 2월 19일 모택동은 주은래에게 전보를 보내 '황하 도강' 일시를 2월 20일 저녁으로 앞당겼다고 통지했다.

모택동이 연안 동굴에서 중국혁명을 완수하겠다는 신념을 드러낸 시의 제목은 '심원춘(沁園春) 설(雪)'이다. 과거 왕조에서 이런 포부와 용기를 가지고 시를 쓴 인물을 찾아볼 수 없다. 장정을 통해 최고 권위를

1547 '12.9운동(一二·九運動)'은 '12.9항일구국운동'으로 불린다. 1935년 12월 9일 수천 명의 북경 대학생들은 항일구국(抗日救國) 시위행진을 벌였다. 그들은 '화북자치(華北自治)'를 반대하고 일치단결해 일본 제국주의에 반항할 것을 호소했다. 12월 12일 제5차 시위행진을 진행한 학생들은 '수원(綏遠) 항전을 원조(援助)하자'라는 구호를 외쳤다. 한편 중공이 지도한 북평(北平) 학생의 애국운동은 항일민족통일전선의 구축을 촉진했다.

장악한 모택동이 영웅적 기개를 갖췄음을 시사한다(김승일, 2009: 39, 43). 1936년 2월 하순 항일선봉군이 산서성 유촌(留村)에 도착한 후 모택동이 이 사(詞)를 지었다(人民網, 2020.5.9). 1936년 2월 일본군 교전을 준비 중 폭설이 이어지자 모택동이 쓴 시다(디지털타임스, 2020.1.19). 상기 '연안 동굴'·'최고 권위'·'일본군 교전'은 큰 어폐가 있다. '심원춘 설'은 모택동이 청간현 원가구에서 지었다는 것이 전문가의 중론이다.

2월 상순 청간현 원가구 일대의 도강 나루터를 관찰한 모택동은 '도강 진행'을 독찰했다. 모택동의 '동정' 전략과 작전 배치는 장문천·팽덕회의 전폭적 지지를 받았다. 마침 내린 '큰 눈'에 시흥(詩興)이 도도해진 모택동이 '심원춘 설'을 지었다(程中原, 2016: 148). 남방 출신의 모택동에겐 북방 대설(大雪)이 무척 '신기한 존재'였다. 섬북의 아름다운 설경(雪景)은 시인의 '시흥'을 자극하기에 충분했다. 또 후반부의 '역사인물 평가'는 작품의 하이라이트이다. 한편 '풍류인물(風流人物)'을 당대에서 찾아야 한다는 마지막 구절은 이 '심원춘 설'의 '백미'로 꼽는다.

'심원춘 눈'에서 모택동은 '봉건제왕'을 이렇게 평가했다. …진시황(秦始皇)[1548]·한무제(漢武帝)는 문화적 방면에서 치적을 쌓지 못했고 문장력을 갖추지 못했다. 또 '문화군주' 당태종(唐太宗)[1549]·송태조(宋太祖)

1548 진시황(秦始皇, 기원전 259~전 210), 한단(邯鄲) 출신이며 정치가·개혁가이다. 기원전 230~전 221년 한(韓)·조(趙)·위(魏)·초(楚)·연(燕)·제(齊) 6국을 멸망, 중앙집권적 진나라(秦朝)를 설립했다. 처음 '황제' 칭호를 사용, '시황제(始皇帝)'라고 불린다. 또 삼공구경(三公九卿)·군현제(郡縣制)를 실시, 화폐·도량형(度量衡)을 통일, 흉노(匈奴) 침공 방지를 위해 만리장성을 쌓았다. 기원전 210년 형대사구(邢台沙丘)에서 붕어했다.

1549 당태종(唐太宗, 599~649), 감숙성 임도(臨洮) 출신이며 정치가·군사가·시인, '불세출의 명군(明君)'으로 불린다. 626년 '현무문(玄武門)사변'을 일으켜 즉위, 연호(年號)를 '정관(貞觀)'으로 정했다. 즉위 기간 그는 문치(文治)·절약을 강조하고 '정관지치(貞觀之治)'를 실행, 북방민족과 화목하게 보냈다. 649년 함풍전(含風殿)에서 승하했다.

는 문학적 재능이 결여됐다. 징기스칸(Chingiz Khan)[1550]은 활솜씨가 대단한 궁사(窮士)에 불과했다. 역사를 창조한 걸출한 인물은 당대에서 찾아야 한다(竹內實, 2012: 142). '심원춘 눈'은 모택동의 대표작이다. 사를 통해 웅대한 포부와 호방한 기세, 영웅적 기개를 남김없이 표현했다. 실제로 '20세기 위인' 모택동은 한 시대를 풍미한 '풍류인물'이었다.

전국(戰國) 6국을 멸망시키고 '통일국가'를 세운 진시황은 유생(儒生)을 구박하고 사상통제를 강화했다. 진시황은 '분서갱유(焚書坑儒)'[1551]을 감행했고 '공맹(孔孟)'을 비판한 모택동은 지식인을 푸대접했다. '한무성세(漢武盛世)' 시대를 연 한무제는 '융성한 나라'를 건설했으나, 침략전쟁을 발동해 국고를 탕진하고 백성을 괴롭혔다. '문무가 겸비'한 한무제·모택동은 모두 시인이다. 당태종은 '정관지치(貞觀之治)'[1552]를 펼쳐 당제

1550 징기스칸(Chingiz Khan, 1162~1227), 몽골국 켄트성(省)에서 출생, 세계적인 군사가·정치가로 불린다. 1206년 알난하원(斡難河源)에서 즉위, 몽골제국을 설립했다. 또 그는 재위 기간 여러 차례 침략전쟁을 발동, 서하(西夏)·금나라(金朝)를 정복했다. 1223년 동서양에 걸친 대제국을 건설했다. 1227년 서하를 점령하던 도중에 병사했다.

1551 '분서갱유(焚書坑儒)'는 진시황이 유가 경전을 불사르고 방사(方士)·술사(術士) 등을 생매장한 사건이다. 기원전 213년 진시황은 이사(李斯)의 건의를 수용, '상서(尙書)'·'시경(詩經)' 등 (儒家)서적을 불사를 것을 명령했다. 기원전 212년 조정을 비방하고 자신을 폄하하는 방사·술사 460명을 생매장했다. 실제로 생매장한 것은 유생이 아닌 '방사' 무리였다는 것이 중론이다. 진시황의 '분서갱유'는 전제주의 통치의 단적인 증거이다.

1552 '정관지치(貞觀之治)'는 당나라 제2대 황제 당태종의 치세(治世, 626~649)를 가리킨다. 연호가 정관(貞觀), '정관지치'로 불린다. 주된 내용은 ① (道家)사상으로 평천하(平天下) ② 신하의 간언(諫言) 수용 ③ 적재적소에 인재 배치 ④ 농업 중시, 절약 제창 ⑤ 문교 부흥, 과거제도 완선(完善) ⑥ 소수민족 풍속 존중, 변강 안정 등이다. '정관지치'는 당제국의 기틀을 마련, 이는 당태종이 '불세출의 명군(名君)'으로 불리는 이유이다.

국 번영의 기틀을 마련했다. 정치가·문장가인 당태종·모택동은 농민과 농업을 중시했고 서예에 일가견이 있었다. '문치주의(文治主義)'의 터전을 마련한 송태조(宋太祖)는 '송조(宋朝) 융성'을 이끌었다. 한편 '환난지우(患難之友)'를 무자비하게 탄압한 모택동에 비해 조광윤의 '배주석병권(杯酒釋兵權)'은 '고명한 책략'이었다. 또 송태조·모택동은 유명한 '독서광'이었다. 몽골제국의 시조(始祖)인 징기스칸은 결코 '단순한 궁수'가 아니었다. 한때 유라시아 대륙을 석권한 징기스칸의 강력한 군사 리더십은 장개석·일제·미제(美帝)를 '전승'한 모택동에게 뒤지지 않는다. 한편 모택동과 상기 '제왕'의 가장 큰 차이점은 ① 시종일관 계급투쟁을 중시 ② 살벌한 정치운동을 전개해 정적(政敵)을 제거 등이다.

'동정' 개시 전에 작성한 '심원춘 눈'은 항일전쟁 후에 발표됐다. 역사적 전환점에 작성되고 발표된 이 사는 모택동 시사(詩詞)의 대표적 작품이다. 유아자(柳亞子)는 모택동의 이 사를 '천고절창(千古絶唱)'이라고 절찬했다(丁三省, 2017: 117). '심원춘 눈'은 중국의 아름다운 자연경관을 찬미하고 봉건시대를 끝내고 새로운 세상을 열겠다는 포부를 밝히고 있어서 더욱 애창된다. 이 사의 발표 일시와 장소는 1945년 11월 중경(重慶)이었다(박성진, 2020.6.25). 한편 신민보만간(新民報晚刊)에 발표(1945.11.14)된 이 사(詞)는 '국공내전(國共內戰)'의 필승 신념과 '일국의 군주(君主)'가 되려는 모택동의 정치적 야망을 드러낸 것이다.

2) 홍군의 '동정' 개시, '동정' 전역의 승리

2월 20일 황화 도하에 성공한 홍군은 진수군의 방어선을 격파했다. 도강 전투(2.22)에서 75사단 참모장 필사제(畢士悌)가 희생됐다. 3월 중 (分兵)유격전을 전개한 '동정군'은 진수군의 반격을 물리쳤다. 또 병력을 확충한 홍군은 '항일선전'을 전개했다. 4월 중 '홍28군' 군단장 유지단이 전사했다. 장개석이 파견한 중앙군의 산서 진입으로 홍군은 부득불 (陝北)근거지로 철수했다. 5월 중순 당중앙은 '서정(西征) 추진'을 결정했다.

모택동이 임표·서해동에게 보낸 전보(2.20)의 골자는 ① '황하 도강' 시간, 20일 저녁 ② 각 군단, 수시로 '도강 상황' 보고 ③ 소부대 파견, 복록평·신관(辛關)에서 양동작전 진행 ④ 2개 대대, 마화평(馬花坪) 도강 등이다(中共中央文獻硏究室, 2005: 513). 20일 저녁 '동정군'은 진수군의 방어선을 격파했다. 21일 모택동은 '황하유격대'의 '하구(河口) 도하'와 제1군단의 '중양 탈취'를 지시했다. 또 22일 제15군단의 '석루 공략'을 명령했다. 23일 홍군은 신관·삼교진 구간의 나루터를 점령했다. 결국 염석산은 (陝北)진수군을 유림(柳林)·중양 등지로 철수시켰다.

1936년 2월 양림은 제15군단 75사단 참모장으로 임명됐다. 22일 밤 양림이 이끈 제223연대 전사들이 탄 배가 대안 도착 전에 진수군에 발각됐다. 양림은 종심 진지를 공격할 때 총탄에 복부를 맞고 쓰러졌다. 몽롱한 상태에서 '나는 괜찮으니 빨리 진격하라'고 명령한 뒤 혼절했다(현이섭, 2017: 305). 정자화는 '필사제 희생'을 이렇게 회상했다. …'홍15군단' 지도부는 각 중대에서 선발한 40명 장병으로 '도하 돌격대'를 설립했다. 전위대를 지휘한 필사제는 적군 진지를 맹공격할 때 총탄에 맞아 장렬하게 희생됐다(李捷 외, 1996: 312). 양림이 적의 총탄에 맞아 혼절한 시간은 20일 야밤으로 추정되며 2월 22일에 사망했다. 장정 참가자 필사제는 '동정'에서 가장 먼저 희생된 사단급 간부였다. 1936년 9월 그의 아내 이추악(李秋岳)[1553]도 흑룡강성 통하(通河)현에서 적에게 살해됐다.

1553 이추악(李秋岳, 1901~1936), 조선 평안남도(平安南道) 출신이며 공산주의자이다. 원명은

모택동은 팽덕회·임표에게 보낸 전보(2.23)에 이렇게 썼다. …동정군의 '방어선 돌파'에 당황한 염석산이 홍군 저격을 시도할 것이다. 홍군의 방침은 중양·석루 등지에서 작전 근거지를 설립하는 것이다(逢先知 외, 2005: 515). 실제로 염석산은 섬북에 진출했던 진수군 주력을 황급하게 이동 배치를 진행하는 등 '홍군 반격'을 준비했다. 한편 모택동은 팽덕회·서해동 등에게 전보를 보내 2월 24일 장가탑에 도착할 것을 지시했다.

진수군의 '작전 배치'는 ① (陝北)진수군 산서로 철수, '홍군 북진'을 저지 ② 제66사단, 개휴(介休)로 북진 ③ 제72사단과 제68사단, '홍군 반격'에 투입 ④ 독립 제2여단, 관상촌(關上村)에서 '홍군 동진'을 저격 ⑤ 제69사단은 습현(隰縣) 등지에서 '홍군 남진'을 저지 등이다. 결국 진수군의 '홍군 반격'을 물리치는 것은 '동정군'의 급선무로 떠올랐다.

모택동·팽덕회 등이 발표한 훈령(訓令, 2.24)은 이렇게 썼다. …'황화도강'을 통해 '동정 전략'의 제1단계 임무를 완수했다. '동정군'은 역량을 집중해 제2단계 임무를 실현해야 한다(金沖及 외, 1996: 381). 모택동은 주은래 등에게 보낸 급전에 이렇게 썼다. …조속히 '홍28군'을 동쪽으로 이동시켜야 한다. 홍군의 '전진 배치'는 진수군이 점령한 오보(吳堡)·가현(佳縣)·신부(神府) 등 허다한 지역을 탈취할 수 있을 것이다(中共中央文獻研究室, 2004: 393). 홍군 지도부의 지시에 따라 유지단·송임궁은 '홍28군'을 지휘해 진수군이 섬북에서 점거한 지역을 수복했다.

2월 25일 진수군 전위대가 관상(關上)에 진입했다. 홍군은 전위대를

김금주(金錦珠), 양림(楊林)의 부인이다. 1925년 중공에 가입, 1927~1930년 소련 연수, 1932년 (珠河)현위 부녀부장, 1935년 (延方)지부 서기, 1936년 통하(通河)에서 살해됐다.

격파하고 400여 명을 체포했다. 27일 곽가장(郭家庄)의 적군 제3연대를 섬멸했다. 제1군단은 삼천(三泉)·태구욕(兌九峪)을 점령하고 제15군단은 수두(水頭)에 집결했다. 도강 후 300여 명 사상자를 낸 홍군은 진수군 5개 연대를 격파하고 1200여 명을 체포했다. 또 석루·중양·효의·습현 등을 점령했다. 이는 산서 근거지의 설립에 유리한 조건을 마련했다.

홍군 지도부는 주은래에게 보낸 전보(3.1)에 이렇게 썼다. …염석산은 5개 사단을 동원해 '홍군 반격'을 진행할 것이다. '제2차 승전'을 위해 부대를 정비하고 대중을 발동해야 한다('第一方面軍史'編委, 1993: 630). 당시 염석산이 배치한 작전은 ① 제1종대장 양징원, 습현 방향으로 북진 ② 제2종대장 양효구(楊效歐)[1554], 효의 방향으로 서진 ③ 제3종대장 이생달(李生達)[1555], 삼천으로 진격 ④ 제4종대장 손초, 중양으로 진격 등이다.

홍군의 작전 배치는 ① 제2사단, 관상에서 제4종대 저격 ② 제15군단 1개 대대, 습현에서 제1종대 견제 ③ 홍군 주력은 태구욕에 집결, 제2·3종대 섬멸 준비 등이다. 3월 8일 홍군 지도부는 태구욕의 적군 격파를 결정했다. 3월 9일 진수군 제2·3종대는 태구욕·하보(下堡)에 진입했다. 3월 10일 홍군 주력은 태구욕을 포위공격했다. 8시간의 격전을 거쳐 진수군 2개 연대를 섬멸했다. 결국 염석산의 '제1차 반격'은 실패로 끝났다.

1554 양효구(楊效歐, 1894~1937), 호북성 수주(隨州) 출신이며 진군(晉軍) 중장이다. 1920~1930년대 국민혁명군 제3군단장, 진수군(晉綏軍) 제2군단장, 진군 제2군단장, 육군 34군단장 등을 역임, 1935년 중장으로 진급, 1937년 5월 염석산의 부하에게 독살(毒殺)당했다.

1555 이생달(李生達, 1890~1936), 산서성 진성(晉城) 출신이며 진군(晉軍) 중장이다. 1920~1930년대 진군 제5여단장, 제5군단장, 제2로군 부총지휘, 제4군단장, 강서 제2수정구(綏靖區) 부총사령관을 역임, 1936년 5월 산서성 이석(離石)에서 염석산의 부하에게 암살됐다.

홍군의 '동정'에 앙앙불락한 장개석은 홍군의 '하북(河北) 진격'을 우려했다. 염석산의 '산서 진입' 요청을 수락한 장개석은 중앙군 10개 사단을 산서에 파견하고 진성을 (剿匪)총지휘로 임명했다(葉子龍 외, 2007: 633). 한편 홍군 반격에 실패한 진수군은 제2차 홍군 반격을 준비했다. 실제로 전투력이 강한 중앙군의 산서 진입은 '동정군'이 섬북으로 퇴각한 주요인이다. 한편 진수군과 중앙군은 서로 불신하고 알력다툼이 심각했다.

3월 12일 홍군 지도부가 배치한 작전은 첫째, 제81사단, 분하(汾河)·동포(同蒲) 철도를 따라 남진한다. 둘째, 제75·78사단, '동정군' 남진을 엄호한다. 셋째, '홍30군', 참모장 엽검영이 지휘한다(逄先知 외, 2005: 522). 양상곤은 이렇게 회상했다. …진수군이 '홍군 반격'을 개시한 후 '동정군'은 남북으로 진격해 '분병(分兵) 유격전'을 전개했다. '홍1군단'은 홍동(洪洞)·조성(趙城) 방향으로 남진하고 '홍15군단'은 진서북(晉西北)으로 진격했다(楊尙昆, 2001: 164). 3월 17일 염석산은 석루 공격을 명령했다. 당시 '동정군'은 대중을 발동해 병력을 확충하고 급양을 해결했다. 한편 모택동과 임표는 진격 노선을 두고 팽팽한 신경전을 벌였다.

'동정군'은 '분병 작전'을 통해 괄목할 만한 성과를 거뒀다. 우로군은 3000여 명의 병력을 확충하고 7만원의 경비를 마련했다. 성도(省都) 태원을 위협한 좌로군은 500여 명의 신병을 모집했다. 한편 유격전을 전개해 진수군을 견제한 중로군도 500여 명의 병력을 보충했다. 당시 임표가 거느린 우로군이 병력을 대폭 확대하고 많은 경비와 급양을 해결한 것은 인구가 밀집하고 경제가 발전한 진서남(晉西南)에 진격했기 때문이다.

정치국 회의(3.23)에서 모택동은 이렇게 말했다. …와요보회의 결의는 '공산국제 결의안'에 부합된다. 또 그는 이렇게 역설했다. …중국의 문제는 중국인 자신이 해결해야 한다. 우리는 자신을 믿어야 하며 친구의 도움을 받아야 한다(逢先知 외, 2011: 386). 모택동이 한 군사전략 보고 (3.25)의 골자는 ① 산서성, 항전 전초지 ② 홍군의 방침, 전략적 공격 ③ 병력을 집중, 적군 섬멸 ④ 하북·수원 진격 ⑤ '분병' 유격전 ⑥ 홍군 확충, 주된 임무 등이다(金沖及 외, 2004: 395). 실제로 모택동은 '동정 추진'이 공산국제의 '취지'에 부합된다는 점을 강조한 것이다. 또 그는 항일에 적극적인 동북군을 '친구(友軍)'로 간주해야 한다는 것을 암시했다. 회의 후 낙보 등 중앙지도자들은 '당중앙 소재지'인 와요보로 돌아갔다.

3월 하순 염석산·진성은 부대를 재편했다. 중앙군을 제1로군으로 편성, 진성이 총지휘를 맡았다. 제1로군 임무는 우로군을 '토벌'하고 홍군의 하북 진격을 저지한다. 진수군 주력을 제2로군으로 개편, 양애원을 총지휘로 임명했다. 제2로군 임무는 좌·중로군을 공격하는 것이다. 26일 진수군은 석루 등지에 주둔한 '동정군'을 대거 공격했다. 29일 홍군 지도부는 중로군에게 나루터 고수를 포기하고 '영화(永和) 철수'를 지시했다.

3월 29일 홍군 지도부는 주은래에게 전보를 보내 '홍28군'의 '작전 협력'을 요구했다. 31일 유지단이 거느린 '홍28군'은 도강한 후 진서북에 진입했다. 4월 3일 홍군 지도부는 '적군 반격'을 결정했다. 4월 11일 좌로군은 금나진(金羅鎭)에서 진수군 2개 대대를 섬멸했다. 4월 12일 좌로군은 사당(師庄)·삼각장(三角庄) 일대에서 제2종대 196여단과 조우전을 벌였다. 격전을 통해 좌로군은 진수군 393연대를 전멸하고 적군 연대장과 600여 명을 체포했다. 4월 14일 좌로군은 대맥교로 진격해 부대를 정비했다. 한편 이날(4.14) '홍28군' 군단장인 유지단이 전사했다.

4월 14일 유지단은 황하의 포구마을에서 총에 맞았다. 200미터 떨어진 야산에서 망원경으로 전투 상황을 관찰했고 그가 총에 맞았을 때 오직 두 사람이 함께 있었다(J. Halliday, 2016: 415). 한 사람은 홍군의 정치위원이며 다른 한 사람은 유지단의 호위병이었는데 정치위원이 의사를 데려오라며 후방으로 보냈다. 유지단의 임종을 지킨 정치위원이 유지단을 살해했다는 것은 의심의 여지가 없다(나창주, 2019: 423). 당시 제28군 정치위원은 송임궁이었다. '정치위원(宋任窮)'이 유지단을 살해했다는 주장은 황당무계한 픽션이다. 유지단이 적군이 쏜 총탄에 흉부를 맞았을 때 함께 있는 사람은 주은래가 28군단에 파견한 특파원 배주옥(裴周玉)[1556]이다. 배주옥이 중상자 유지단을 '살해'할 이유가 전혀 존재하지 않는다.

4월 12일 유지단·송임궁이 거느린 '홍28군'은 황하 운송선 회복을 위해 삼교진으로 진격했다. 4월 14일 친히 전초 진지에 도착해 적정(敵情)을 관찰하던 유지단이 적의 총탄을 맞고 희생됐다('第一方面軍史'編委, 2007: 641). 섬북홍군 창건자 유지단의 전사는 '동정군'의 중대한 손실이었다. 유지단은 '동정' 작전에서 희생된 유일한 '군단장급' 간부였다. 1936년 당중앙은 유지단의 고향 보안현(保安縣)을 '지단현(志丹縣)'으로 개명했다.

습중훈은 이렇게 회상했다. …유지단의 (死亡)소식을 들은 후 많은 동지들이 통곡했다. 유지단의 주머니에는 몽당연필과 담배꽁초 2개

1556 배주옥(裴周玉, 1912~2015), 호남성 평강(平江) 출신이며 개국소장이다. 1932년 중공에 가입, 1930~1940년대 '홍28군' 특파원, 팔로군 358여단 정치보위과장, 건국 후 북경군구 정치부 부주임, 신강(新疆)군구 부정치위원 등을 역임, 2015년 북경에서 병사했다.

가 들어있었다. 그는 후대들에게 소중한 정신적 자산을 남겼다(習仲勛, 1979.10.16). …모택동은 유지단을 '인민영수(領袖), 민족영웅'이라고 평가했다. 주은래는 제사(題詞)에 이렇게 썼다. …지난 5천 년 수많은 인민영웅이 배출됐다. 그 대표적 인물이 유지단이다(習仲勛, 1997: 1). 상기 모택동 등의 '유지단 평가'는 1940년대 초반에 쓴 것이다. 유지단의 발인식 (4.23)에는 후방중앙국 책임자 주은래가 참가했다. 추도식(4.24)에는 '중공 1인자' 낙보가 참가했고 '유지단 스승'인 주은래가 추도사를 읽었다.

1962년 습중훈은 '유지단 사건'으로 낙양(洛陽)에 좌천됐다. 습중훈과 유지단은 섬북 근거지를 개척한 혁명 전사였다. 수십 년 후 습중훈은 유지단의 동지였다는 이유로 반동분자로 내몰렸다(임명현, 2019: 178). 상기 '유지단 사건'은 '소설 유지단 원안(冤案)'[1557]을 가리킨다. 습중훈은 1965년에 낙양에 하방됐다. 한편 습중훈의 '좌천'은 '고강·요수석(饒漱石)[1558] 사건'[1559]과 관련된다. 유지단과 함께 섬북 근거지를 창건한 고

1557 1962년 9월 중순 강생(康生) 등은 팽덕회를 투쟁하는 동시에 소설 '유지단'을 비판했다. 결국 습중훈·유경범 등은 '반당집단'으로 몰렸고 소설 '유지단'은 '반당강령'으로 간주됐다. 습중훈은 (反黨)음모가·야심가로 비판을 받았다('習仲勛傳'編委, 2013: 276). 당시 당중앙은 전안조(專案組)를 설립, 강생을 책임자로 임명했다. 1979년 당중앙은 '소설 유지단 원안(冤案)'을 억울한 사건으로 확정, 1980년 습증훈은 억울한 누명에서 벗어났다.

1558 요수석(饒漱石, 1903~1975), 강서성 무주(撫州) 출신이며 공산주의자이다. 1925년 중공에 가입, 1930~1940년대, 전국총공회 선전부장, 신사군 정치부 주임, 화동군구 정치위원, 건국 후 상해시위 서기, 중앙조직부장 등을 역임, 1975년 옥중(獄中)에서 병사했다.

1559 '고강·요수석(高岡·饒漱石) 사건'은 '고요(高饒)반당연맹' 사건으로 불린다. 1953년에 발생, 1955년에 마무리됐다. 1953년 국가계획위원회 주임 고강과 중앙조직부장 요수석은 당을 분열하고 국가 권력을 찬탈하는 활동을 전개했다. 7기 4중전회(1954.2)에서 당중앙은 '고요(高饒)'의 반당활동을 폭로, 결국 고강은 자살(1954)했다. 7기 5중전회 (1955.4)에서 당중앙은 '고강·요수석의 반당연맹(反黨聯盟)에 관한 결의'를 통과시켰다.

강은 '반당분자'로 몰려 1954년 8월에 자살했다. 결국 '죽은 고강'이 '산 사람(習仲勛)'을 괴롭힌 것이다. 이 또한 정치투쟁의 결과물이다.

모택동·임표는 우로군의 '진서남·진동남' 진격을 두고 분쟁을 벌였다. 3월 25일 모택동은 임표에게 전보를 보내 '진서남·나루터 확보'가 우로군의 주된 임무라는 것을 강조했다. 3월 27·30일 임표는 모택동에게 보낸 답전에서 설명한 '진동남 진격' 이유는 ① 활동 공간이 넓고 자유로운 이동이 가능 ② 유격전 전개에 안성맞춤 ③ 인구가 많고 상업이 발전 ④ 병력 확충과 급양 해결에 도움 등이다. 또 다른 전보(3.31)에서 임표는 '(毛彭)섬북 회귀'를 제출(王龍彪 외, 2015: 63)했다. 이는 '작전 지휘'에 불복한 임표가 '모택동 권위'에 도전한 것으로 비쳐졌다.

모택동이 임표에게 보낸 전보(4.2)의 골자는 ① 정세 오판 ② 작전 방침 대한 이해 부족 ③ '산서 근거지'의 중요성 간과 ④ 행동방침 잘못 설정 ⑤ '유격전' 전략에 대한 잘못된 인식 ⑥ 선 '임무 완수', 후 '진동남 진격' 등이다(中共中央文獻研究室, 2005: 530). 임표는 모택동에게 전보(4.7)를 보내 우로군의 '진동남 진격'을 고집했다. 모택동은 답전(4.8)에 이렇게 썼다. …우로군은 진서남에서 장기간 활동하며 적군을 섬멸해야 한다(逢先知 외, 2005: 533). 모택동은 임표에게 보낸 전보(4.12)에 이렇게 썼다. …우로군은 역량을 집중해 향녕(鄕寧)·길현(吉縣)·포현에서 진수군 1~2개 연대를 섬멸해야 한다(于化民 외, 2013: 145). 한편 '진동남 진격' 계획을 포기하지 않은 임표는 '홍1군단'의 '이익 확대'에 치중했다.

섭영진은 이렇게 회상했다. …(汾河)지역에서 산서의 지주들이 얼마나 풍족하고 섬북이 얼마나 가난한지를 실감할 수 있었다. 즐비한 주택과 호화스러운 마차(馬車)를 처음 목격했다. 이곳에는 전당포가 많았고 고리대금업이 창궐했다(聶榮臻, 1983: 91). '홍1군단'은 진동남에서 5000여

명 병력을 확충하고 넉넉한 경비를 마련했다. 얼마 후 임표는 홍군대학으로 전근(左遷)됐다. 주된 원인은 임표가 '모택동 권위'에 도전했기 때문이다.

전방 지휘관 임표가 독립적인 '작전 지휘권'을 요구한 것은 홍군 지도부의 '사사건건 간섭'과 관련된다. '모팽(毛彭)'의 섬북 회귀를 주장한 임표는 본의 아니게 모택동의 권위에 도전했다. 당시 임표가 지휘에 복종하지 않은 주요인은 모택동의 '팽덕회 중용'이었다. 5월 중 모택동은 '불복자' 임표를 홍군대학에 '전근'시켰다. 그러나 이는 장국도의 '유백승 좌천'[1560]과 근본적 차이가 있다. 모택동이 측근 임표의 '작전 지휘권' 박탈은 '한철불성강(恨鐵不成鋼)'의 성격이 강했다. 한편 모택동의 '임표 좌천'은 '권위 도전자'에 대한 살계경후(殺鷄儆猴)가 주된 목적이었다.

모택동이 홍군 지도자에게 보낸 전보(4.28)의 골자는 ① 산서 방면, 진수군·중앙군의 보루 구축 ② 섬서 방면, 장개석의 '근거지 토벌' 명령 ③ '산서 작전', 동기부여 상실 등이다(中共中央文獻研究室, 2005: 538). 섬북 근거지가 사라질 위기가 발생한 상황에서 홍군의 섬북 회귀는 사세고연이었다. 홍군 지도부의 '황하 도하' 결정은 정확한 결정이었다.

5월 초 '동정군'은 청수관(淸水關)·찰나관(鐵羅關) 나루터를 통해 섬북으로 철수했다. 제1·15군단 일부와 제30군이 황하 도하를 엄호했다. 주은래는 도강지휘연대를 설립해 '도강'을 협조했다. '동정' 승리자는 만

1560 장국도가 총참모장 유백승을 홍군대학 총장으로 '전근(左遷)'시킨 것은 유백승이 장국도의 '(南下)노선'을 반대했기 때문이다. 결국 이는 유백승의 '작전 지휘권'을 박탈함으로써 홍군 총사령관 주덕을 고립시키기 위한 장국도의 책략이었다. 한편 모택동은 유백승을 '중용'했다. 팔로군 129사단장으로 임명(1937.8)한 것이 단적인 증거이다.

재이귀(滿載而歸)한 홍군 장병이었다. 한편 진성의 명령을 받은 추격군이 황하 나루터에 도착했을 때는 '홍군 서도(西渡)'가 끝난 뒤였다. 결국 황하 동안에서 '홍군 섬멸'을 시도한 장개석·염석산의 계획이 무산됐다.

75일 간 진행된 홍군의 '동정'은 중대한 성과를 거뒀다. 첫째, 진수군 7개 연대를 전멸하고 4천여 명을 체포했으며 수많은 장비를 노획했다. 둘째, '도강 작전' 경험을 쌓은 홍군의 전투력은 크게 제고됐다. 셋째, 진수군의 퇴각은 '(陝北)근거지 공고화'에 도움이 됐다. 넷째, 8000여 명의 병력을 보충하고 30여 만원의 경비를 마련했다. 다섯째, 산서성 20여 개 현에서 항일유격대를 설립하고 '항일선전' 활동을 전개했다. 결국 이는 홍군의 영향력 확대와 항일근거지 개척에 크게 도움됐다. 한편 '동정'을 통해 모택동이 주창한 '북상항일' 정책의 정확성이 입증됐다.

홍군의 '동정' 승리 원인은 ① (東征)군사전략 확정 ② 강한 전투력과 협동심 ③ 치밀한 작전 준비 ④ '분병' 유격전 ⑤ 진수군의 약한 전투력 ⑥ 진수군·중앙군의 '불협화음' ⑦ 지방 유격대의 협력 작전 ⑧ 홍군 지도부의 작전 지휘력 ⑨ (後方)중앙국의 협력 등이다. 한편 '동정'의 부작용은 ① 섬북홍군 창건자 유지단의 전사 ② 염석산·진성의 '협력 작전' 유발 ③ '장염(蔣閻)'의 결탁 ④ '모임(毛林)' 간 '의견 대립' 등이다.

홍군 '동정'을 주도한 모택동은 재차 최종 승자가 됐다. 중앙군의 '산서 진입'으로 6개월의 예정 기간을 채우지 못했으나, '병력 확충'·'급양 해결'·'근거지 개척' 등 소기의 목표를 대부분 달성했다. 홍군의 '동정 승리'는 이덕(李德) 등 '동정 반대자'의 의구심을 깨끗이 불식시켰다. 결국 '동정 지휘자'인 모택동의 '홍군 통솔자' 지위는 더욱 확고해졌다.

4. 홍군의 '서정(西征)'과 '녕하전역(寧夏戰役)'[1561]

5월 초 '동정'을 끝내고 섬북 근거지로 철수한 홍군은 2개월 반의 '서정(西征)'을 개시했다. '서정'을 지휘한 홍군 지도자는 서방야전군(西方野戰軍)[1562] 사령관인 팽덕회였다. '서정'을 통해 섬북 근거지는 섬감녕(陝甘寧) 근거지로 크게 확대됐고 2개 기병연대를 신설한 홍군 병력은 더욱 확충됐다. 한편 모택동·낙보 등은 '소련 원조'·'소련 통로' 개척을 위한 '녕하전역(寧夏戰役)'을 추진했다. 결국 이는 '서로군'의 참패를 초래했다.

모택동·팽덕회가 군단 지도자에게 보낸 전보(5.5)의 골자는 ① 사상교육 강화, '동정 경험' 정리 ② 군사·정치교육 진행, '산서 작전' 교훈 정리 ③ 장개석의 '항일 반대' 음모 적발 ④ 섬감 근거지 확대, (對日)작전 준비 등이다(中共中央文獻硏究室, 2005: 539). 홍군 지도부는 동정 승리 축하와 유지단 추도회 개최를 결정했다. 당중앙은 '내전 중지' 통전(通電, 5.5)을 반포했다. 한편 '내전 중지(通電)'는 중공의 일방적 러브콜이었다.

'근거지 토벌'을 위한 장개석의 작전 배치는 ① (剿共)지휘부 설립, 진성을 총지휘 임명 ② 섬감 근거지 동쪽에 탕은백(湯恩伯)[1563]을 배치 ③

1561 '녕하전역(寧夏戰役)'은 1936년 봄여름 당중앙이 녕하 탈취를 통한 '소련 통로' 개척을 위해 추진한 전역이다. '녕하전역'의 취지는 마홍규의 '마가군'을 섬멸하고 서북(西北) 근거지를 공고히 하기 위한 것이다. 한편 여러 가지 원인으로 성공하지 못했고 이는 '서로군' 참패를 초래했다. 1936년 11월 8일 당중앙은 '녕하전역' 추진을 중지했다.

1562 1936년 5월 18일 '서북군위'는 (陝北)근거지 확대를 위해 서방야전군(西方野戰軍)을 설립, 2개월 반의 '서정(西征)'을 개시했다. '야전군' 사령관은 팽덕회, 산하에 좌중우(左中右) 3개 종대를 설치했다. 총 병력은 1만7천여 명이었다. 결국 '서정'을 통해 근거지는 섬감녕(陝甘寧)으로 확대됐고 (騎兵)연대를 신설한 홍군의 전투력이 강화됐다.

1563 탕은백(湯恩伯, 1900~1954), 절강성 무의(武義) 출신이며 육군 상장이다. 1930~1940년 대 국민혁명군 제2사단장, 제2로군 부총지휘, 제31집단군 총사령관, 육군 부총사령

진수군 2개 사단, 섬북 진격 ④ 정악수·고계자(高桂滋)[1564] 2개 사단, 보루 구축 ⑤ 마홍규·마홍빈, '홍군 진격' 저지 ⑥ 동북군·서북군, (陝北)근거지 공격 등이다. 당시 장학량·양호성 부대는 홍군과 '상호 불가침' 관계를 구축했다. 한편 동북군·진수군은 '홍군 토벌'에 소극적이었다.

모택동이 한 '목전 정세와 전략방침'에 관한 보고(5.8)의 골자는 첫째, 전국적인 반일·반파쇼운동이 전개되고 있다. 둘째, 항일구국 전략은 대중의 옹호를 받고 있다. 셋째, 장개석은 항일민족통일전선을 반대하고 있다. 넷째, 급선무는 '서북국방정부(西北國防政府)[1565] 설립'이다(程中原, 2012: 92). 모택동이 홍군 행동방향을 섬북·섬남·녕하·감숙 중 '4중택일(四中擇一)'해야 한다고 강조한 주된 원인은 ① 섬북, 식량 해결이 어렵다 ② 녕하, 홍군 주둔지로 적합하지 않다 ③ 섬남, 철수하기 어렵다 ④ 감숙, 적당한 주둔지이다(金冲及 외, 2004: 397). 한편 '서북국방정부'는 동북군의 환득환실과 홍군의 '통로 개척' 실패로 요절했다.

이덕(李德)은 이렇게 회상했다. …5월 상순 주은래는 나에게 회의 참석을 요청했다. 당시 나는 자기비판을 요구한 박고의 건의를 수용했다. '동정'이 나의 예측대로 전개됐고 '몽골 진격' 후유증을 걱정할 필요가

관 등을 지냈다. 1954년 일본(日本)에서 병사했다.

1564 고계자(高桂滋, 1891~1959), 섬서성 정변(定邊) 출신이며 국민혁명군 중장이다. 1920~ 1940년대 국민혁명군 제4군 47군단장, 제36집단군 부총사령관, 건국 후 섬서성 정협 부주석 등을 역임, 1959년 북경에서 병사했다.

1565 1936년 봄여름 중공과 장학량은 비밀리에 '서북국방정부(西北國防政府)' 설립을 추진했다. 정치국 회의(5.8)에서 모택동은 동북군과의 '국방정부 설립'을 제출했다. 5월 12일 주은래와 장학량이 밀담, '설립' 계획을 결정했다. 그러나 중공 정책이 '반장(反蔣)항일'에서 '핍장(逼蔣)항일'로 바뀌고 '소련 통로' 개척을 위한 '녕하전역' 실패로 '설립' 계획은 요절했다. 한편 '(西北)국방정부 설립' 계획은 서안사변 발생에 긍정적 역할을 했다.

없었기 때문이다(盧弘 외, 2006: 332). 이덕의 회상은 궤변이며 자기변호에 불과하다. '동정'은 그의 예상대로 진행되지 않았다. 한편 박고는 '자기 비판'을 한 이덕을 권력에 아첨하는 중국식 악습에 물들었다고 조롱했다. 실제로 실권자(失權者) 이덕은 장정 후반기에 '모택동 지지자'로 둔 갑했다.

고급간부 회의(5.14)에서 모택동은 제1군단의 '본위주의(本位主義)'[1566] 를 비판했다. 산서 진격 후 제15군단은 많은 사상자를 냈다. 임표는 모택동의 '병력 지원' 요구을 거절했다(胡哲峰 외, 2013: 147). 양상곤은 이렇게 회상했다. …제1군단은 진동남에서 많은 병력을 보충했으나 제15군단은 병력을 보충하지 못했다(楊尙昆, 2001: 165). 섭영진은 이렇게 회상했다. …당시 하급 지휘관의 의견을 청취했는데 모두 '병력 분배'를 반대했다. 나는 '병력 지원'을 반대한다는 전보를 보냈다(聶榮臻, 2007: 251). 모택동의 '권위'에 도전해 작전 지휘권을 박탈당한 것은 임표가 자초한 것이다. 이 또한 중공 특유의 '추후산장(秋後算帳)'[1567]이다.

하장공은 이렇게 회상했다. …정강산 시절 31연대는 고롱(高隴)전투에서 많은 사상자를 냈다. 당시 '병력 지원' 지시를 거절한 임표는 병력과 장비 모두 지원할 수 없다고 말했다(何長工, 1987: 161). 한편 '동정 승리'

1566 '본위주의(本位主義)'는 확대된 개인주의로 불린다. 자신의 이익과 자신이 소속된 단체 이익만 추구하고 '총체적 이익'을 도외시하는 것이다. 모택동이 작성한 '당내 착오사상 시정' 문장에서 처음 사용됐다. 도덕적 관념에서 '본위주의'는 사리사욕을 채우는 이기적 행태를 뜻한다. 한편 모택동은 임표의 '협동심 결여'를 '본위주의'로 비판했다.

1567 추후산장(秋後算帳)은 적당한 시기 진행하는 '정치적 보복'을 가리킨다. 상기 '추후(秋後)'는 '가을걷이 후'가 아니다. '추후'는 봄이 될 수 있고 1년 또는 '몇 십년 후'가 될 수 있다. 1937년 봄에 개시한 '장국도 비판'이 대표적 '추후산장'이다. 또 모택동은 '수십 년 후'인 문혁 시기 많은 반대파를 제거했다. 결국 이는 전형적 '추후산장'이다.

의 수훈갑인 임표의 지휘력과 '홍군 확충' 공로를 부인해선 안 된다. 임표의 이기적 '본위주의'는 '노선착오'를 범한 것은 결코 아니었다. 상기 하장공의 임표 비판은 '아가사창(我歌査唱)'[1568]이란 비난을 모면키 어렵다.

섭영진은 '본위주의' 과오를 철저히 반성했으나 임표는 회의 내내 침묵을 지켰다. 얼마 후 임표는 홍군대학 전근령을 받았다(文顯堂, 2006: 353). 자신의 과오를 종래로 반성하지 않는 철면피는 '모임(毛林)'의 공통점이다. 강한 아집과 독선, 지휘권 독점도 그들의 공통점이다. 한편 모택동의 '임표 좌천'은 길들여지지 않은 야생마에 굴레를 씌우고 재갈을 물린 것과 진배없다. 궁극적 목적은 조랑말을 '천리마'로 키우기 위한 것이었다.

1년 후 모택동은 임표를 팔로군 115사단장으로 임명했다. '주모분쟁(1929)'에서 고립된 자신을 지지한 임표를 모택동은 평생 잊지 않았다. 회리회의에서 '죄 없는' 팽덕회를 비판한 모택동은 '장국도 남하'를 반대한 팽덕회를 섬감지대 사령관으로 중용했다. 이는 임표의 불만을 야기했다. 또 '섬남 유격전'을 고집하고 작전 지휘에 불복한 임표의 지휘권을 박탈했다. 한편 모택동의 '백락일고(伯樂一顧)'가 없었다면 임표는 결코 '천리마'가 되지 못했을 것이다. 팽덕회·임표는 동시에 모택동의 중용을 받지 못했다. 이는 그들이 '강력한 라이벌'이었다는 반증이다.

'10대원수' 서열 2·3위인 '팽임(彭林)'은 각기 장단점이 있다. 대규모 작전에 일가견이 있는 팽덕회는 정규전·장기전에 강했다. '군사 천재'

1568 아가사창(我歌査唱)은 '내가 부를 노래를 사돈이 부른다'는 뜻으로, 책망이나 비판을 받아야 할 사람이 도리어 큰소리를 치는 것을 가리킨다. 비슷한 사자성어로 도둑이 매를 든다는 뜻의 적반하장(賊反荷杖)이 있다. 장정 중 장국도의 남하를 지지한 하장공은 중대한 과오를 범했다. 한편 하장공의 '임표 비판'은 '아가사창'의 대표적 사례이다.

임표는 유격전·단기전에 강했다. 정강산 시절 임표가 모택동의 중용을 받았으나 항전 시기 팽덕회가 더욱 중용됐다. '여포의 용맹'을 지닌 임표는 정치적 식견이 부족했다. 한편 '장비·관우 혼합체'인 팽덕회는 조직에 충성하고 직설적이며 성품이 강직했다. 이 또한 팽덕회가 '토사구팽'을 당한 주요인이다. 결국 모택동의 '대약진'을 직설적으로 비판한 팽덕회는 실각했다. 문혁 시기 모택동의 후계자로 낙점된 임표는 '호가호위'의 여우로 둔갑했고 '(中共)1인자 야망'을 지닌 정치가로 변신했다.

이 시기 중공과 '통일전선 관계'를 구축한 동북군과 제17로군은 '홍군 토벌'에 매우 소극적이었다. 당시 염석산은 대량의 병력을 섬북에 투입하는 것을 꺼렸다. '섬북 초비(剿匪)' 주력부대는 탕은백이 거느린 중앙군 제13군단이었다. 한편 감숙·녕하지역에는 '마가군'인 마홍빈·마홍규 부대가 포진했다. 감숙성 환현(環顯)·경양(慶陽)·진원(鎭原) 일대에 마홍빈의 제25사단 보병·기병 8개 연대가 주둔했다. 또 제15로군 총지휘인 마홍규의 기병 12개 연대는 녕하 내지에 집결돼 있었다. 실제로 마홍빈·마홍규의 부대는 병력은 분산돼 '각개격파'가 가능했다.

양상곤이 분석한 '서정 원인'은 ① 섬감 근거지 확대 ② 홍군 전략, '발전·공격'으로 대체 ③ 마홍빈·마홍규 부대는 전투력이 약하고 분산 ④ 동북군·서북군 접전 회피 ⑤ '몽골 통로' 개척, 소련 '원조물자'[1569] 수령 등이다(楊尙昆, 2001: 166). 당시 공산국제가 '몽골 변경'을 통해 중공

1569 '원조물자'에 대해 양상곤은 이렇게 회상했다. …공산국제는 (蒙古)군수물자를 신강으로 이전하려고 했다. 그러나 성세재(盛世才)가 '반소(反蘇)'로 전향한다는 정부를 입수한 후 알마티(Almaty)로 옮겼다(楊尙昆, 2001: 167). '군수물자 이전'은 홍군의 '녕하전역' 중지(1936.11)와 관련된다. 한편 이 시기 (新疆王)성세재는 '친소친공(親蘇親共)' 정책을 실시했다. 성세재의 소공(蘇共) 가입(1938.8)과 '서로군 보호(1937.5)'가 단적인 증거이다.

에 '원조물자' 제공을 계획했다는 것이 일각의 주장이다. 홍군 '동정'이 주동적 군사행동이었다면, '서정'은 부득이하게 진행한 피동적 작전이었다.

'군위'의 '서정명령(5.18)'은 이렇게 썼다. …항일 근거지 확대를 위해 소련·몽골 변경으로 진격한다. 홍군을 '서방야전군'으로 개편하고 팽덕회를 사령관에 임명한다(逄先知 외, 2005: 541). 팽덕회는 이렇게 회상했다. …'서정군' 정치위원은 배정하지 않았고 섭학정(聶鶴亭)[1570]이 참모장, 유효가 정치부 주임을 맡았다(彭德懷, 1981: 215). '간섭꾼'인 정치위원을 배치하지 않은 것은 모택동의 '팽덕회 신임'을 단적으로 보여준다. 한편 '홍29·30군'은 진수군을 견제하고 섭남(陝南)으로 진격한 '홍28군'은 진선서(陣先瑞)[1571]의 74사단과 합류해 '서정군 협력'을 결정했다.

홍군 '서정'의 주된 임무는 '마가군' 섬멸과 '섭감녕 근거지' 확대였다. 한편 녕하의 마홍규 부대가 '홍군 토벌'에 더욱 적극적이었다. 당중앙은 섭감녕성위를 설립(5.17)하고 이부춘을 서기로 임명했다. 또 주은래·장호를 책임자로 한 동북군공작(工作)위원회를 설립했다. 당시 당중앙은 장학량의 동북군과 마홍빈 부대를 '통전(統戰)대상'으로 간주했다.

홍군 지도부의 '작전' 준비는 ① '서정' 중요성 강조 ② '근거지 상

1570 섭학정(聶鶴亭, 1905~1971), 안휘성 부남(阜南) 출신이며 개국중장이다. 1926년 중공에 가입, 1930~1940년대 '홍4군' 참모장, (晉察冀)군구 참모장, 요북(遼北)군구 사령관, 건국 후 장갑병부대 부사령관, 공정병(工程兵) 부사령관 등을 역임, 1971년 북경에서 병사했다.

1571 진선서(陣先瑞, 1914~1996), 하남성 상성(商城) 출신이며 개국중장이다. 1930년 중공에 가입, 1930~1940년대 악예섬(鄂豫陜)특위 상임위원, 팔로군 제115사단 유수(留守)처장, 제38군단 부군단장, 건국 후 북경군구 정치위원 등을 역임, 1996년 북경에서 병사했다.

실' 우려 불식 ③ '회민공작(回民工作)' 지시 ④ 회민족의 풍속 존중 ⑤ 적정 관찰 등이다(徐占權 외, 2004: 234). 홍군이 '민족정책'을 중요시한 것은 회민이 많은 녕하에서 회민족의 지지를 얻기 위한 것이다. 한편 홍군 지도부는 기병대 격파와 공습 방지 등 임전(臨戰) 훈련을 실시했다.

모택동은 '홍군학교'에 관해 이렇게 설명했다. …간부 양성 문제를 해결하지 않으면 장래에 후회하게 될 것이다. 홍군 앞날을 위해선 홍군대학 설립이 급선무이다(中共中央文獻硏究室, 1996: 387). '홍군학교'에 관한 모택동의 '건설적 의견(5.20)' 골자는 ① 교육방침 제출 ② '임원 인선'은 총장 임표, 교육장 나서경 ③ 장문천·박고·장호 등을 강사로 결정 등이다(逄先知 외, 1993: 542). 회의(5.20)에서 모택동은 이렇게 말했다. …황포군교는 북벌전쟁에서 큰 역할을 했다. 홍군대학은 인재 육성의 중대한 사명을 완성해야 한다. 임표의 리더십을 확신한다(黃瑤 외, 1996: 84). 모택동은 홍군대학 정치위원을 맡았다. 이는 홍군대학을 중시했다는 단적인 반증이다. 한편 임표의 (紅大)총장 임명은 '일석이조'[1572] 묘책이었다.

'회족민(回民族) 선언(5.25)'의 골자는 ① 회민족 자치를 보장 ② 신앙 자유 보장 ③ '회민항일군' 설립 ④ 가렴잡세 철회, 생활 개선 등이다(中央檔案館, 1991: 796). 6월 8일 모택동은 홍군 지도자들에게 '회민공작' 원칙을 준수할 것을 지시했다. 결국 홍군의 '회민정책'은 (寧夏)회민족의 환영을 받았다. 모택동의 '소수민족 정책'은 회민의 지지를 받았다.

1572 1936년 6월 모택동은 '동정(東征)' 작전에서 지휘에 불복한 임표를 홍군대학으로 '전근', 개과천선 기회를 주었다. '총장 부임' 기간 군사적 리더십을 양성하고 사명감을 키운 임표는 더욱 성숙한 모습으로 탈바꿈했다. 결국 팔로군 제115사단장으로 복권 (1937.8)한 임표는 문무가 겸비한 작전 지휘관으로 거듭났다. 한편 모택동의 임표 좌천은 '권위 도전자'에 대한 살계경후(殺鷄警猴) 역할을 했다. 결국 이는 '일석이조' 묘책이었다.

5월 19일 '서방야전군'은 좌우 두 갈래로 나눠 출격했다. 좌로군(紅一軍團)은 오기진에서 출격하고 우로군(紅十五軍團)은 신성보(新城堡)에 집결했다. 27일 우로군은 안변보(安邊堡)·녕조량(寧條梁)을 향해 진격했다. 28일 좌로군은 원성(元城)·곡자(曲子)로 진격했다. 한편 '서북초비' 지휘부는 마홍빈의 제35사단에게 '홍군 저격'을 명령했다. 또 동북군 120사단에게 '경양 진입'을 지시했다. 모택동은 장학량에게 전보(5.26)를 보내 곡자·환현·홍덕성(洪德城)을 향해 진격하는 홍군을 '통과'시킬 것을 요구했다. 이는 '우군' 동북군과의 접전을 피하기 위해서였다.

6월 1일 좌로군 제2사단은 105여단장 야성장(冶成章) 부대를 격파했다. 6월 2일 '야전군' 지도부는 야성장을 석방했다. 야성장은 '마홍빈 전향'에 긍정적 역할을 했다. 6월 3일 좌로군은 부성(阜城)에서 적의 원군 3개 연대를 크게 격파했다. '마가군' 7개 대대를 전멸한 좌로군은 곡자·환현·홍덕성 등지를 점령했다. 마홍빈의 제35단은 제1군단의 적수가 못됐다. 6월 10일 '야전군' 지도부는 송시륜(宋時輪)을 중로군 총지휘로 임명했다.

6월 14일 '야전군' 지도부는 확정한 제2단계의 임무는 ① 감숙·녕하를 적화(赤化) ② 새로운 근거지 설립 ③ 안변·정변·예왕(豫旺) 등을 공략 ④ 반동 민단 숙청 ⑤ 급양 해결, 동복(冬服) 마련 등이다('第一方面軍史' 編委, 1993: 655). 홍군의 작전 배치는 ① 좌로군, 제35단을 섬멸하고 근거지 개척 ② 우로군, (豫旺)현성 공략과 마홍규의 제7사단 격파 ③ 중로군, 안변성을 공격하고 염지·영무(靈武)에서 유격전을 전개 등이다.

6월 21일 (陝軍)86사단장 고쌍성(高雙成)[1573]이 파견한 기병부대가 와

1573 고쌍성(高雙成, 1882~1945), 섬서성 위남(渭南) 출신이며 국민당군 중장이다.

요보를 급습했다. 와요보에는 1개 통신 중대가 당중앙을 경호했다. 자요(磁窯)에 머문 주은래는 '홍30군'에 급전을 보내 '원군 파견'을 지시했다(胡哲峰 외, 2013: 152). 경호원들의 보호하에 남문으로 퇴각한 모택동은 위험천만한 상황에서 탈출했다. 결국 중공중앙의 소재지는 와요보에서 보안으로 이전됐다. 한편 섭군의 '와요보 점령'은 동북군의 불만을 자아냈다.

6월 16일 중로군은 마홍규의 '마가군'이 수비한 정변(定邊)을 공략했다. 21일 중로군은 '마가군'과 민단 200여 명을 전멸하고 염지성을 탈취했다. 7월 3일 제81사단은 '안변보 증원(增援)'을 위해 고쌍성이 파견한 원군 1개 연대를 격퇴했다. 6월 27일 예왕현성을 공략한 우로군은 마홍규의 '마가군'과 민단 1000여 명을 전멸하고 280여 명을 체포했다. 7월 4일 우로군은 위주성(韋州城)을 점령했다. 7월 5일 우로군 제75사단은 홍성수(紅城水)에서 적의 원군 3개 연대를 격파하고 300여 명을 섬멸했다. 우로군은 홍성수·예왕 일대에서 새로운 근거지를 개척했다.

7월 초 장학량은 '회의 참가'를 위해 남경으로 떠났다. 동북군 기병군단장 하주국은 7개 사단을 동원해 홍군을 공격했다. 모택동은 홍군 지도부에 보낸 전보(7.14)에 이렇게 썼다. …적군을 유인한 후 역량을 집중해 섬멸해야 한다(中共中央文獻研究室, 2005: 557). 7월 17일 양득지가 거느린 제2사단은 향칠열(向七營)에서 동북군 제6사단을 크게 격파했다. 7월 27일 '군위'의 '서정전역 종결' 선포로 70여 일 간의 '서정'이 종료됐다.

홍군은 8월부터 '부대 정비'에 들어갔다. 2개월 동안 진행된 '서정'

1920~1930년대 제9로군 제2사단장, 제22군단장, 진섬수(晉陝綏)연방사령부 부총사령관 등을 지냈다. 1945년 섬서성 유림(楡林)에서 병사했다.

에서 홍군은 '마가군' 2천여 명을 섬멸하고 수백필의 전마(戰馬)를 노획했다. 또 근거지는 섬감녕으로 확대했다. 2개 기병연대를 설립한 홍군은 대량의 군수물자를 노획했다. '서정' 승리는 4방면군의 북상에 활동 기반을 마련했다. 한편 '소련 통로' 개척은 여전히 미완성의 과제로 남았다.

연안을 방문한 첫 서방 기자 스노우는 '모택동 인상'을 이렇게 썼다. …야윈 얼굴의 모택동은 링컨(Lincoln)[1574]을 연상케 했다. 보통 중국인보다 키가 컸고 등이 약간 구부정했다. 긴 흑발에 높은 콧날, 광대뼈가 튀어나온 그의 두 눈은 생기가 넘쳤다(D. Wilson, 2011: 143). 상기 '모택동 인상'은 '동정'을 끝내고 섬북에 정착한 모택동의 참모습이었다. 이는 스노우의 저서 '서행만기(西行漫記, 1979)'[1575]에 실린 모택동(43세)의 참모습이었다. 수척하고 야윈 모택동의 모습은 비대하고 살찐 장국도와 대조적이었다. 한편 미국 16대 대통령 링컨과 40년 간 중공 영수로 군림한 모택동은 '비교성'이 적다. 또 '인터뷰' 장소는 보안(保安)이었다.

또 스노우는 이렇게 썼다. …모택동은 흥미롭고 복잡한 사람이었다. 그는 소박한 품성과 유머적 기질, 낙천적 성격을 드러냈다. 솔직하

1574 링컨(Lincoln, 1809~1865). 켄터키주(州) 출신이며 미국 제16대 대통령이다. 1856년 미국 공화당 입당, 1861년 3월 4일 (제16대)대통령에 취임, 1864년 재선 성공, 1865년 4월 워싱턴 포드극장에서 암살됐다. 링컨이 '국민에 의한 국민을 위한 국민의 정부'를 추구했다면, 모택동의 모토는 '농민에 의한 농민을 위한 농민의 정부' 설립이다.

1575 '서행만기(西行漫記)'는 미국 기자 에드가 스노우가 작성한 실화문학 작품이다. 1937년 10월 런던에서 처음으로 출간, 1938년 2월 중문판(中文版)으로 처음 발간됐다. 1936년 6~10월 스노우는 보안(保安) 등지에서 직접 모택동 등 중공 지도자들을 인터뷰해 작성한 것이다. 1928년부터 중국에서 활동한 스노우는 섬북 근거지에 도착한 첫 서방 기자이다. 한편 역사적 사실과 다소 어긋나는 '서행만기'는 학술 도서로 보긴 어렵다.

게 자신의 단점을 시인했으나 흔들리지 않는 필승의 신념을 갖고 있었다. 또 강한 집착과 예리한 판단력, 노련한 처세술을 겸비했다(金沖及 외, 2004: 400). 한편 모택동은 삼국연의 등 고전에 조예가 깊었다. 서예·시사(詩詞)에 일가견이 있었고 강한 문장력과 입담의 소유자였다. 또 전략가·정치가 기질을 갖춘 모택동은 아집이 강하고 독선적이며 승부욕이 강했다. 실제로 강한 의지력과 승부 근성은 '최종 승자'가 된 주요인이다.

모택동은 중공과 공산국제 관계에 대해 이렇게 말했다. …공산국제는 '자문역할'을 하며 정치적 권력을 갖고 있지 않다. 중공은 공산국제의 지부이나 그의 하급기관이 아니다. 중공은 중화민족의 이익을 대변한다. 소련과 공산국제는 중공은 대체할 수 없다(中共中央文獻研究室, 2005: 561). 이는 '독립적 조직'인 중공이 공산국제 부속물이 아니며 '소련의 괴뢰'가 아니라는 것을 강력하게 주장한 것이다. 실제로 중국문제는 '중국인 자신'이 해결해야 한다는 모택동의 주장은 '모택동사상'[1576]의 맹아였다. 한편 이는 '상급자' 공산국제의 역할을 무시한 것은 아니었다.

모택동은 '스노우 대담'에서 '국공합작'에 관해 이렇게 설명했다. 첫째, 일제의 침략 가속화가 '국공합작 추진' 원인이다. 둘째, 대중은 제2차 '국공합작'을 기대한다. 셋째, 애국적 인사와 항일 장령은 (國共)양군이 합작해 '대일작전'을 벌일 것을 요구하고 있다(逢先知 외, 2011: 395). 중공의 '동북군 쟁취'는 상당한 진전을 보였다. 이는 '서정전역'에서 긍

1576 모택동사상(毛澤東思想)은 모택동이 마르크스·레닌주의 기본적 원리를 중국혁명의 구체적 현실에 맞게 발전시킨 것이며 중국 공산당의 집체적 지혜로 이뤄진 결정(結晶)이다. 또 마레주의(馬列主義) 이론을 중국혁명의 구체적 실정에 맞게 적용한 것이다. '중공 7대(1945)'에서 모택동사상을 중공의 지도사상으로 공식 확립하고 당장(黨章)에 적어 넣었다. 한편 작금의 '중국 특색의 사회주의 건설'은 모택동사상의 구체적인 발현이다.

정적 효과를 발생했다. 또 마홍빈의 '마가군'에 대해 '통전' 정책을 펼친 것은 '마홍빈 전향'에 큰 역할을 했다. 한편 중공은 장개석의 '항일 촉구'를 위해 기존 '(反蔣)항일'을 '핍장항일(逼蔣抗日)'[1577]로 변경했다.

'녕하전역'은 모택동이 제출한 '서북국방정부'와 관련된다. 식량과 중장비가 부족한 상황에서 공산국제의 '원조'가 절박했다. 모택동은 팽덕회에게 보낸 전보(6.29)에서 '소련 통로' 개척은 급선무라고 강조했다 (金沖及 외, 1996: 398). 상기 '서북국방정부'는 중공의 동북군 쟁취와 항일 민족통일전선 구축 일환으로 추진된 것이다. 한편 공산국제의 '원조물자'를 수령하기 위한 '소련 통로' 개척은 '녕하전역'은 뜨거운 감자로 떠올랐다.

'특파원' 장호는 홍군이 몽골 변경에 진입해 소련이 제공한 '군수 물자 수취'를 요구했다. 장호의 '전달'을 받은 낙보가 모택동에게 전보를 보내 '홍군 북진'을 요구했다. 당시 '동정'을 급선무로 간주한 모택동은 '북진'을 반대했다. '서정'이 끝난 후 공산국제의 '원조물자' 수령을 위한 '녕하전역'은 당면과제로 부상했다. 당중앙은 '녕하전역 추진'을 승인한 공산국제 '지시'를 장국도에게 전달했다. 여기에는 '정치적 계산'이 깔려 있었다.

모택동이 팽덕회에게 보낸 전보(6.29)에 이렇게 썼다. …'소련 변경' 접근법은 두 가지가 있다. 첫째, '녕하·수원' 통로는 거리가 가깝고 경

1577 '핍장항일(逼蔣抗日)'은 중공이 광범위한 항일민족통일전선 구축을 위해 제정한 전략적 방침이다. 1931~1936년 장개석은 일제의 '중국 침략'에 대해 줄곧 '부저항(不抵抗)' 정책을 실시했다. 한편 중공 지도부는 '와요보회의 결의(1935.12)'에서 '반장(反蔣) 항일' 정책을 제정했다. 1936년 8~9월 장개석의 '일치(一致) 항일'을 촉구하기 위해 '반장항일'을 '핍장항일'로 변경했다. 결국 이는 서안사변(1936.12.12)의 발발을 야기했다.

제적 여건이 좋은 이점이 있으나 근거지 설립이 어렵다. 둘째, '감숙 서부'는 근거지 설립은 가능하지만 진격로 개척이 어렵다(中共中央文獻研究室, 2005: 555). 모택동은 '출격 시간'을 가을로 결정할 경우에 나룻배를 이용해야 한다고 부언했다. 또 마홍규의 '마가군'을 섬멸해야 한다는 단서를 달았다.

8월 12일 모택동이 주덕·장국도·임필시에게 보낸 전보의 골자는 첫째, 동북군의 협력하에 수원으로 출격해 '소련 통로'를 개척해야 한다. 둘째, 9월 말까지 제2·4방면군은 (甘西)근거지를 설립해야 한다. 셋째, 10~11월 홍군은 감북에서 회합 후 '녕하전역' 준비를 끝내야 한다. 넷째, '황하 결빙기'를 이용해 녕하를 탈취해야 한다(葉子龍 외, 2007: 668). 당시 홍군이 '소련 통로' 개척을 추진한 것은 '서북국방정부' 설립을 위해서였다. 또 이는 당중앙의 '핍장항일' 정책과 관련된다. (保安)정치국회의(8.10)에서 당중앙은 기존의 '반장항일'을 '핍장항일'로 변경했다.

9월 14일 모택동은 장국도 등에게 보낸 전보에 이렇게 썼다. …공산국제는 홍군의 '녕하·감숙 진격'을 승인하고 '원조물자 제공'을 약속했다. 홍군은 향후 2개월 내 녕하를 탈취해야 한다('第一方面軍史'編委, 1993: 671). 9월 19일 모택동은 장국도·임필시 등에게 전보를 보내 '녕하 공략'의 중요성을 재차 강조했다. …공산국제는 '녕하 탈취'를 전제로 '원조 제공'을 약속했다. 홍군의 '녕하 탈취'는 '소련 통로' 개척의 중요한 전제조건이다(逄先知 외, 2005: 582). 한편 '녕하 진입'을 위해서는 홍군은 마홍규의 '마가군'을 반드시 섬멸해야 했다. 실제로 '녕하전역'의 가장 큰 걸림돌은 전투력이 강하고 병력이 우세한 호종남의 중앙군이었다.

모택동은 10월 작전강령에 근거해 '홍30군'의 황하 도하를 지시했다. 또 10여 척의 나룻배를 준비하고 (黃河)도하를 며칠 연기할 것을 요구했다(何明, 2003: 594). 10월 24일 모택동은 '녕하전역 계획(10.23)'을 승낙하는 답전에 이렇게 썼다. …호종남의 3개 군단과 관린정(關麟征)[1578]의 1개 사단이 북진하고 있다. 홍군이 호종남 등의 북진을 저격해야 한다(逢先知 외, 2011: 403). 10월 25~26일 '홍30군'과 '홍9군'은 황하를 건어 '하서주랑(河西走廊)'[1579]에 진입했다. 한편 그곳에는 전투력이 막강하고 잔인하기로 유명한 마보방의 '마가군'이 홍군을 기다리고 있었다.

10월 28일 중앙군위는 팽덕회에게 '호종남 저격'을 지시했다. 10월 30일 팽덕회는 1방면군 주력과 4방면군 31군단을 투입한 '선두부대 섬멸' 작전을 배치했다. 한편 장국도가 31군단에게 내린 '퇴각 명령(10.30)'으로 '선두부대 섬멸' 작전은 무산됐다(金沖及 외, 2004: 412). 당시 모택동은 장국도에 보낸 전보(10.30)에 이렇게 썼다. …홍군 작전방침은 선 '(胡宗南)격파', 후 '(寧夏)공략'이다. 3개 방면군은 팽덕회의 '작전명령(10.29)'[1580]을 차질없이 집행해야 한다(中共中央文獻研究室, 2005: 604). 장국도

1578 관린정(關麟征, 1905~1980), 섬서성 호현(鄠縣) 출신이며 국민당군 중장이다. 1930~1940년대 제52군단장, 제15집단군 총사령관, 동북보안(保安)사령장관, 육군 총사령관을 역임, 1949년 홍콩 이주, 1980년 홍콩에서 병사했다.

1579 감숙성 서부에 위치한 '하서주랑(河西走廊)'은 황하의 서쪽에 있고 양산 사이에 뻗은 '긴 복도'로 불린다. 또 하서(河西)·양주(涼州)로 약칭한다. 난주(蘭州)에서 돈황(敦煌)에 이르는 '하서주랑' 길이는 1000킬로미터에 달한다. 중국 내륙에서 서역(西域)으로 통하는 요도(要道)이며 방어하기 쉽고 공격하기 어려운 군사적 요충지였다. 한편 '하서주랑'에서 고립무원에 빠진 '서로군(西路軍)'은 마보방의 '마가군' 기병부대에게 전멸됐다.

1580 1936년 10월 29일 팽덕회는 각 군단에게 '호종남 섬멸' 명령을 내렸다. '명령'의 골자는 ① 제1군단은 고서안주(古西安州)·관교보(關橋堡)·마춘보(麻春堡)에 집결 ② 제15군단은 염지(盐池)에 집결 ③ 제4방면군 제4·5·31군은 타랍지에 집결한다(逢先知 외, 2005: 604). 한편 팽덕회의 지시에 불복한 장국도는 제4군과 제31군에게 '하가집(賀家集) 퇴각'을 명령했다. 결국 이는 홍군의 협동작전과 호종남 저격에 큰 차질을 초래했다.

의 '지시 불복'으로 '호종남 저격'에 차질이 빚어졌다. 결국 황하 양안의 홍군은 호종남의 중앙군에 의해 '분단'되는 결과가 초래됐다.

호종남의 중앙군은 '녕하 증원' 통로를 개척했다. 홍군 주력과 하서 (河西)의 4방면군 부대가 단절됐다. 한편 중앙군위가 '녕하 탈취' 작전을 중지한 후 (河西)4방면군 2만여 명은 고립무원에 빠졌다(中共中央文獻研究 室, 1996: 401). 11월 2일 서향전·진창호는 모택동에게 보낸 전보는 이렇게 썼다. …이곳은 인구가 적고 식량이 부족해 대부대의 작전이 어렵다. 홍군 주력이 도강하지 않는다면 양주(涼州) 방향으로 진격할 것이다(逢 先知 외, 2011: 404). 11월 8일 중앙군위는 '녕하전역'을 전격 중지했다. 또 하서 부대를 '서로군(西路軍)'으로 개명하고 '독립 작전'을 지시했다. 한 편 '녕하전역' 요절을 무조건 장국도만 탓하기엔 무리가 있다.

모택동의 '녕하전역' 실질은 첫째, '소련 통로' 개척을 위한 '녕하전 역'은 공산국제에 보여주기 위한 것이었다. 둘째, '원조물자'를 미끼로 4방면군의 '병력 분산'을 시도한 책략이었다. 셋째, 4방면군과 중앙군 의 '양패구상'을 예상한 계산된 수순이었다. 넷째, 4방면군 주력인 '서 로군'과 마보방의 '마가군' 격전을 통한 어부지리를 노린 모략이었다. 실제로 공산국제 '지시'를 이용해 4방면군의 군사력을 약화시키려는 것이 모택동이 '녕하전역'을 추진한 숨은 목적이다. 한편 '소련 원조'는 공중누각(空中樓閣)[1581]에 불과했고 소위 '원조물자'는 '유령(幽靈)' 같은 존

1581 1936년 6월 당중앙은 등발(鄧發)을 소련에 파견해 공산국제에 상황을 보고하고 비행 기·대표 등 중무기 지원을 요구했으나, '무기 지원'이 장개석과 (美英)제국의 불만 야 기를 우려한 스탈린은 '지원'을 거절했다. 한편 국민당 대표 양걸(楊傑) 방문(1937.8)시 스탈린은 전투기 130대, 탱크 82대, 대포 138문 지원을 약속했다(王波, 2009: 121). 실 제로 스탈린은 홍군의 군사적 역량을 신임하지 않았다. 당시 스탈린은 수백만 군대 를 가진 장개석을 중국의 '항일 역량'으로 간주했다. 결국 중공에 대한 '무기 지원' 가

재였다.

1938년 4월 임필시는 디미트로프(Dimitrov)에게 팔로군에 대한 '무기 지원'을 요청했다. 당시 디미트로프는 이렇게 말했다. ···'무기 제공'은 소련정부가 결정한다. 한편 '무기 제공'은 중공을 해치는 격이 된다. 이는 '국공(國共)관계'를 악화시키고 장개석에게 '연안(延安) 봉쇄' 빌미를 제공할 것이다(袁南生, 2014: 468). 한편 스탈린은 중공에게 일부 '경제적 원조'를 제공했으나 국민당에 대한 '대규모 원조'에 비한다면 보잘것없었다. 결국 이는 '중공 원조'에 인색한 스탈린에 대한 '모택동 불만'을 야기했다. 실제로 1940년대 중반까지 스탈린은 '장개석 지지자'였다.

'섬북 회합'을 앞두고 모택동에겐 고민거리가 있었다. 1방면군 병력은 2만(절반 신병)에 불과했다. 이는 제2·4방면군(4~5만)의 절반도 안 됐다. 당시 '병력 우세'를 믿고 당중앙을 괴롭힌 장국도의 행태를 잊지 않은 모택동은 장국도의 '지시 불복'을 우려했다. '모장(毛張)'에겐 '소련 원조'가 명분에 불과했다. 장국도가 4방면군의 병력 분산을 묵인한 것도 '장계취계'였다. 신강에서 새로운 근거지를 개척해 당중앙과 '분정항례(分庭抗禮)'하려는 심산이었다. 결국 공산국제가 책동한 '녕하전역'은 모택동·장국도에게 역이용됐다. 그 결과는 '서로군'의 참패였다.

11월 20일 팽덕회는 정덕융(丁德隆)[1582]이 거느린 적군 78사단이 산성보(山城堡)에 진입한다는 모택동의 전보를 받았다. 이때 '전선 위문단'을 거느리고 온 주은래에게 팽덕회는 (山城堡)전투의 '공동 지휘'를 요청했

_____

능성은 제로에 가까웠다.

1582 정덕융(丁德隆, 1904~1996), 호남성 유현(攸縣) 출신이며 국민당군 중장이다. 1930~1940년대 제1여단장, 제78사단장, 제1군단장, 제38집단군 부총사령관 등을 역임, 1949년 대만 이주, 1996년 대북(臺北)에서 병사했다.

다. 21일 적군 제78사단이 매복권에 진입했다. 홍군은 적군에 대한 포위공격을 개시했다. 하루 동안의 격전을 거쳐 78사단의 1개 여단과 2개 연대를 전멸했다. '산성보대첩'은 홍군 주력이 섬북에서 회합한 후 거둔 첫 승전이었다. 한편 염지에 진입한 중앙군도 '홍28군'에게 격파됐다. 결국 '산성보 승전'을 통해 홍군은 섬감녕 근거지를 확보했다.

모택동·팽덕회가 지휘한 '동정·서정전역'은 대체로 목표를 달성했다. '동정' 승리를 통해 모택동은 홍군 통솔자 지위와 정치적 기반을 확고히 다졌다. 그러나 모택동이 주도한 '서북국방정부'는 성공하지 못했다. 결국 이는 '통일전선 구축'의 실패작이었다. 또 '녕하전역' 요절과 '서로군 참패'는 홍군의 최고 지도자인 모택동에게 중요한 책임이 있다. 한편 홍군 3대 주력의 '성공적 합류(1936.10)'로 모택동은 최종 승자가 됐다.

제2절 장국도의 '남하'와 홍군 3대 주력의 '섬북 회합'

1. 당중앙의 '장국도 설득', 요절(夭折)된 '제2중앙'

와요보회의 후 모택동과 낙보 등은 '특파원' 장호에게 '장국도 설득' 임무를 맡겼다. 당중앙의 임무를 흔쾌히 수락한 '국제대표' 장호는 본의 아니게 장국도의 '제2중앙 철회'와 북상에 중요한 역할을 했다. 한편 남하한 장국도는 천군(川軍)과의 전투에서 크게 패전한 후 궁지에 몰렸다. 군사력 급감과 '국제대표'의 '설득'하에 사면초가에 빠진 장국도는 부득불 '제2중앙'을 철회했다. 결국 장국도의 '제2중앙'은 8개월 후 요절했다.

장호가 '장국도 설득' 임무를 수락한 원인은 첫째, 공산국제 지시를 전달한 후 '특파원 임무'를 완성했다. 둘째, 공산국제와 왕명은 낙보·왕가상 등 소련파가 포진한 당중앙을 지지했다. 셋째, 장국도의 '제2중앙'은 공산국제의 승낙을 받지 못했다. 넷째, 와요보회의를 통해 '(毛洛)체제'의 정당성을 확인했다. 다섯째, 당중앙은 '국제대표'의 건설적 역할을 주문했다. 1936년 1월 당중앙은 장호를 정치국 위원에 보선했다. 실제로 당중앙의 절대적 신임이 장호가 새로운 임무를 흔쾌히 수락한 주요인이다. 결국 '국제대표' 장호는 당중앙의 기대를 저버리지 않았다.

장호가 모택동을 지지한 원인은 ① '직나진 승전' 후 모택동의 '통솔자' 지위가 견고 ② 와요보회의의 '군사보고자', 명실상부한 '홍군 통수권자' ③ '국제대표'의 신분 상승, 모택동의 지지가 중요 ④ 모택동에 대한 낙보·주은래·팽덕회의 확고한 지지 ⑤ 당제(堂弟) 임표, 모택동의 최측근 등이다. 장호가 임표의 '상급자' 모택동을 지지한 것은 당연한 결과였다. 장호가 '홍군 통수권자' 모택동을 지지한 것은 현명한 선택이었다.

12월 중순 전방에서 돌아온 모택동은 장호와 허심탄회한 대화를 나눴다. 그들은 허물없는 대화를 통해 서로 간 신뢰를 확인했다. 와요보회의 후 당중앙은 장호에게 '국제대표' 자격으로 '장국도 설득' 임무를 맡겼다. 장호는 장국도에게 '공산국제 위임'을 받아 '홍군 분쟁'을 해결한다는 취지의 전보(1936.1.16)를 보냈다. 이는 장국도에게 악재로 작용했다.

모택동은 주덕에게 보낸 답전(1936.1.1)에 이렇게 썼다. …'특파원' 장호에 따르면 전 세계는 홍군 장정을 매우 높게 평가했다. 향후 4방면군의 행동방침은 당중앙의 허락을 받아야 한다(逢先知 외, 2005: 502). 장국도는 '당중앙'의 명의로 장호에게 보낸 전보(1936.1.6)의 골자는 ① 제5차 반'포위토벌' 실패, (右傾)기회주의 ② 방어적 노선으로 '공격노선' 대체 ③ '복건사변', 관문주의 ④ 소수민족의 역할 과소평가 ⑤ 도피주의 과오 등이다(郭欽 외, 2017: 231). 당시 모택동은 장국도가 '전보(12.5)'에서 언급한 '북방국 건의'[1583]를 일축했다. 한편 장호에게 보낸 전보(1.6)는 장국도가 적반하장으로 모택동 등에게 책임을 전가한 것이다.

낙보는 장국도에게 보낸 답전(1.13)에 이렇게 썼다. …'제2중앙'은 '홍군 단합'의 걸림돌이다. 그동안 '홍군 분열'에 대해 최종 결론을 내리지 않은 것은 '개과천선' 기회를 준 것이다. '제2중앙'은 공산국제의 간섭을 야기할 것이다(程中原, 1993: 309). 1월 22일 당중앙이 공표한 '장국도의 제2중앙 설립에 관한 결정'의 골자는 ① '제2중앙', 불법적 ② '제2중앙', 당의 조직원칙에 위배 ③ '제2중앙'을 철회, 반당적 행위 중지 등이다(中央檔案館, 1991: 3). '결정'은 '아계회의(1935.9)'에서 내린 것이다. 한편 낙보가 공산국제를 들먹인 것은 공산국제의 '상방보검(尙方寶劍)'[1584]을 갖고 있었기 때문이다. 그 '상방보검'이 '국제대표'로 둔갑한 장호였다.

1월 23일 주덕은 장문천에게 보낸 전보에 이렇게 썼다. …혁명의 전환기를 맞이한 시점에서 '당내 통일'은 급선무이다. 또 주덕은 이렇

1583 1935년 12월 5일 장국도는 모택동 등에게 전보를 보냈다. '전보'의 골자는 ① 북방국·섬감정부·북로군 명의를 사용할 것 ② 제1·4방면군 명의를 취소할 것 ③ 북방국·북로군 설립을 보고하고 허락을 받을 것 등이다(紅四方面軍戰史資料, 1992: 286). (陝北)당중앙은 장국도의 '북방국 건의'를 일축했다. 이는 장국도의 치명적인 패착이었다.

1584 '상방보검(尙方寶劍)'은 황제가 하사한 검으로, '선참후주(先斬後奏)'의 막강한 권한을 갖고 있었다. 당시 공산국제의 지시는 황제의 '성지(聖旨)'나 마찬가지였다. 한편 불법적인 '제2중앙'을 설립한 장국도에게는 공산국제의 '특파원(張浩)'은 암행어사에 다름 아니었다. 결국 장국도의 '치명적 약점'을 간파한 모택동이 '국제대표' 장호를 '상방보검'으로 활용했다. 실제로 '상방보검'은 모택동·낙보가 제작한 인위적인 '모조품'이었다.

게 건의했다. …잠시 대외적으로 '남방국·북방국'으로 통칭하고 모스크바 (中共)대표단이 당중앙의 직능을 대체하는 것이다(黃少群 외, 2007: 301). 상기 전보는 장호의 전보(12.22)에서 힌트를 받은 장국도가 '주덕 명의'로 보낸 것이다. 한편 전보의 취지는 (陝北)당중앙의 정당성을 부정하기 위한 것이다.

장문천은 답전(1.24)에 이렇게 썼다. …'제2중앙 철회'가 선결 조건이다. 한편 '서남국'을 설립해 모스크바 (中共)대표단의 직속기관이 되는 것에 대해 큰 이견이 없다(張培森 외, 1997: 60). 장호는 장국도에게 보낸 전보(1.24)에 이렇게 썼다. …공산국제는 당중앙의 정치노선을 완전히 찬동한다. '서남국 설립'과 (中共)대표단의 직속기관이 되는 것을 허락한다('紅四方面軍'戰史資料, 1992: 329). 당중앙은 '북방국 개편'을 요구한 장국도의 '건의'를 가차없이 거절했다. 장호가 공산국제의 '역할'을 대신했다. 장호의 전보는 '홍군 분열' 장본인 장국도에게 중대한 타격이 됐다. 한편 장호의 '최후통첩'은 모택동·낙보 등과 의논해 작성한 것이다.

장호의 전보(1.24)를 받은 장국도의 불안감은 더욱 커졌다. '정치노선 찬동'은 공산국제가 당중앙의 '북상항일' 전략을 찬성하고 장국도의 남하를 반대한다는 의미이다(何立波, 2013: 144). 장국도는 '국제대표' 장호를 무시하지 못했다. 또 그는 공산국제의 '눈 밖에 난' 구추백·이립삼의 비참한 결과와 공산국제 지지를 받은 왕명의 '출세'를 누구보다 잘 알고 있었다. 결국 장호의 지시에 복종하기로 결심했다(趙維, 2013: 63). 서향전은 이렇게 회상했다. …공산국제의 '(陝北)지지'는 '홍군 분열' 장본인인 장국도가 망연자실에 빠진 주된 원인이다. 당시 진창호는 '공산국제 지시'에 대한 복종 의사를 표명했다(徐向前, 1985: 456). 한편 '국제대표' 장호의 출현으로 '기호지세'인 장국도는 진퇴유곡에 빠졌다. 결국 불법적

'제2중앙'은 장국도에게 '양인검(兩刃劍)'이 됐다. 또 군사 작전의 패전과 최측근 진창호의 '입장 변화'로 장국도가 사면초가에 처했다.

1월 27일 장국도는 장호·낙보에게 두 통의 전보를 보냈다. 첫 번째 전보에서 '와요보회의 결의'에 대해 '원칙적 동의' 의사를 표시했다. 두 번째 전보에 장국도는 이렇게 썼다. …(陝北)당중앙의 '홍군 분열'을 '홍2·6군단'에게 통보하지 않았다. 또 대외적으로 여전히 '모주석' 명의를 사용했다('紅四方面軍'戰史資料, 1992: 331). 장국도는 심각한 고민에 빠졌다. 모택동에 대한 열등감에 빠진 것이다. '국제대표' 장호의 지지하에 제정된 모택동의 항일민족통일선 정책은 공산국제의 '7대' 취지에 부합됐다(蘇杭 외, 1015: 304). 모택동의 '당적을 박탈(1935.10)'한 장국도가 '모주석 명의'를 사용했다는 상기 주장은 신빙성이 제로이다. 당시 임육영의 '지지 상실'로 불리한 국면에 빠진 장국도가 자격지심에 빠졌던 것이다.

'제2중앙'을 설립(1935.10.5)한 장국도는 천군(川軍)과의 군사 작전을 잇따라 추진했다. '작전 승리'를 통해 북상한 모택동에게 '4방면군 남하'의 정당성·당위성을 보여주기 위한 것이었다. 10~11월 천군과의 두 차례 전역에서 4방면군은 연이어 승전했다. 결국 이는 '천군 무시'로 이어졌으려 '백장전역(百丈戰役)'[1585]의 패전을 초래했다. 한편 성도(成都)평원을 점령해 '흰 쌀밥을 먹자'던 장국도의 야심찬 계획은 수포로 돌아갔다.

1585 백장전역(百丈戰役)은 1935년 11월 4방면군과 천군(川軍)이 사천성 명산현(名山縣) 백장진에서 진행한 전역이다. 결국 '양패구상(兩敗俱傷)'의 결과를 초래했다. 11월 16일 백장을 공략한 홍군은 7주야의 격전을 거쳐 적군 1.5만명 사살, 홍군도 1만여 명 희생자를 냈다. 11월 21일 기력을 소진한 홍군은 부득불 철수했다. 백장전역 후 홍군은 천전(天全)지역으로 퇴각, 1936년 4월 감자(甘孜)에 도착한 4방면군은 4만명으로 감원됐다.

'수숭단무(綏崇丹懋)전역'[1586] 승리 후 홍군 지도부는 '성도평원 점령'을 위한 남진을 결정했다. 한편 '홍군 저격'을 위해 '중경행궁(重慶行宮)'을 설립한 장개석은 유상(劉湘)을 '사천초비(剿匪)' 사령관에 임명하고 중앙군을 사천성으로 이동 배치했다. 10월 20일 장국도는 '군위 주석' 명의로 '천전(天全)·노산(蘆山) 전역계획'을 반포했다. '전역' 취지는 천서북(川西北) 근거지를 설립하는 것이다. 10월 24일 홍군은 '5로 분병(五路分兵)'[1587]해 진격했다. 보흥(寶興)현성을 공략한 중종대(中縱隊)는 양삼의 3개 여단을 격파하고 좌종대는 등석후의 제7여단을 섬멸했다.

홍군 남진 중 강정(康定) 탈취를 고집한 장국도와 동진해 (川西)평원 점령을 주장한 4방면군 지도부 간에 분쟁이 발생했다. 당시 장국도의 의도는 장민(藏民)이 집중된 서강(西康)지역에 근거지를 설립하는 것이었다. 한편 서향전·진창호의 '동진' 취지는 천전·노산·보흥 등지에서 천서북 근거지를 설립하는 것이었다. 장국도의 '양보'로 '천서평원 공략' 전투가 진행됐다. 결국 '백장 패전'을 당한 4방면군은 불리한 국면을 맞이했다.

장국도는 서향전 등에게 보낸 전보(10.31)에 이렇게 썼다. …강정·도부(道孚) 일대를 점령하면 식량 해결이 가능하고 서창(西昌)으로 발전

1586 10월 7일 장국도는 '수숭단무(綏崇丹懋)전역' 계획을 반포했다. 작전 배치는 ① 왕수성이 거느린 우종대 8개 연대는 수정(綏靖)·담파(丹巴)를 공략 ② 서향전이 거느린 좌종대 16개 연대는 무공·달유를 점령한다(葉健君 외, 2017: 263). 상기 '계획'은 유백승·서향전이 제정했다. 결국 열흘 간의 격전을 거쳐 천군 3000여 명을 섬멸했다.

1587 홍군 지도부의 '5로 분병(五路分兵)'은 ① 제4·32군 우종대, 사령관 예지량 ② 제4군 천전 공격, 제32군 양동작전 ③ 제30·31군 중종대(中縱隊), 사령관 왕수성 ④ 제9군 좌종대, 사령관 진해송 ⑤ 제5군 우지대, 제33군 좌지대로 개편했다(胡錦昌 외, 2017: 265). 11월 9일 우종대는 천전을 공략하고 11월 12일 좌종대는 노산을 점령했다.

할 수 있다. 11월 6일 장국도는 이렇게 강조했다. …행동방침을 변경해 강로(康濾) 방향으로 진격해야 한다(葉健君 외, 2017: 267). 서향전 등이 답전 (11.7)에서 설명한 '성도 공략' 이유는 ① 식량 해결, 병력 보충 가능 ② 승전 가능 ③ '홍2·6군단'과 협력 작전 가능 ④ 서강, 급양 해결 곤란 등 이다(徐向前, 1985: 375). 장국도의 '강정 점령' 취지는 '서강 근거지'를 설 립하는 것이다. 한편 천군의 '적정 변화'를 파악하지 못한 것은 치명적 패인이었다. 천군의 전투력을 무시한 홍군은 크게 낭패했다.

그동안 천군의 군정(軍情)은 근본적 변화가 일어났다. 첫째, 천군의 전투력이 크게 보강됐다. 둘째, '초비군(剿匪軍)'은 7개 군단으로 확충됐 고 많은 중무기·탄약을 보충했다. 셋째, 설악의 중앙군이 수시로 전투 에 투입될 수 있었다(少華, 2014: 284). 한편 격전을 거쳐 천전·노산 등을 공략한 홍군은 대부분의 천서북 지역을 점령했다. 이는 4방면군 전방 지도부의 '(川軍)전투력 무시'를 유발했다. 결국 '(川軍)전투력 홀시(忽視)' 는 심각한 결과를 초래한 패착이었다. 한편 정규전에서 4방면군은 병 력과 장비가 모두 절대적으로 우세한 천군의 적수가 되지 못했다.

11월 16일 공래(邛崍)·명산(名山)의 요충지 백장(百丈)을 공략한 4방면 군 주력은 천군 6개 여단의 공격을 격퇴했다. 11월 19일 새벽 천군 80여 개 연대(20만)가 수십대의 폭격기 지원하에 백장을 집중 공격했다. 이는 '배수진'을 친 천군의 '성도보위전(成都保衛戰)'이었다. 칠주야(七晝夜)의 격전을 거쳐 홍군은 천군 1.5만명을 섬멸했다. 그러나 홍군도 1만여 명 의 사상자를 냈다. 4방면군 주력부대의 '1만명 손실'은 홍군에게 치명 적이었다. 결국 치명상을 입은 홍군은 적군과의 '소모전'을 치를 여력 이 없었다. 11월 하순 기진맥진한 홍군은 부득불 백장에서 철수했다.

백장전투 후 설악의 중앙군 6개 사단은 아안·천전지역에 주둔했고 이포빙(李抱冰)의 제53사단은 강정·노정(瀘定)지역에 포진했다. 당시 '홍군 섬멸'을 위해 보루 전술을 사용한 적군은 견고한 방어 진지를 구축했다(張樹軍, 2009: 300). 한편 천전 등 3개 현에서 방어 진지를 구축한 4방면군의 주력은 적군과 대치했다. 한편 제4방면군 지도부는 이곳에서 대중을 발동해 군량(軍糧)을 마련한 후 겨울을 보내려고 작정했다. 결국 한족·장족(漢藏) 집거지역인 천서북(川西北)의 '근거지 설립' 계획은 무산됐다.

서향전이 분석한 '패전 원인'은 ① 천군의 '성도 보위' 결심과 전투력 중시 부족 ② 적아 간 병력 차이와 '병력 집중' 중요성 간과 ③ '결전(決戰)' 장소, 잘못 선택 ④ 개활지인 백전, 적기 폭격에 쉽게 노출 등이다(徐向前, 1985: 379). 홍군의 장점은 산지(山地) 유격전과 기동적인 운동전이다. 한편 홍군은 '평원 작전'과 정규전에는 비교적 약했다. 또 병력 열세와 낙후된 장비, 홍군 지휘부의 실책도 '백전 패전' 원인으로 간주된다. (川軍)전투력 강화와 병력 배치, '적정 변화'를 파악하지 못한 전방 지휘관인 서향전·진창호가 '작전 실패'의 주된 책임을 져야 한다.

천전·노산 등지에서 4방면군은 공농정권을 설립했다. 11월 중순 금천(金川)에 (藏民)혁명정부를 설립했다. 한족과 장민이 잡거한 금천지역의 민족 갈등이 매우 심각했다. 또 대군의 주둔으로 본토인과의 식량 쟁탈전이 더욱 심화됐다('紅四方面軍'戰史編委, 2007: 345). '백장 패전'은 장국도의 '남하'가 실패로 전락하는 변곡점이었다. 동진당은 지휘부에 보낸 보고(1936.1.8)에 이렇게 썼다. …적군의 식량을 빼앗아 반개월을 버텼으나 이미 군량미가 바닥났다. '흰 쌀밥'은 구경도 못했고 홍군은 생존 위기에 직면했다(葉健軍 외, 2017: 271). 당시 장족 반동분자들은 장민 무력을 동원해 '침략자' 홍군을 수시로 급습했다. 한편 이 지역은 인구가 적어 홍군의 병력 보충이 어려웠고 경제가 낙후돼 급양을 해결할 수 없었다.

2월 상순 주덕·서향전은 임가파에서 '(康道壚)전역계획'을 제정했다. '전역' 취지는 ① '홍군 승리' 기반 확대 ② 통일전선 구축 ③ '홍2·6군단' 화합 준비 등이다(胡錦昌 외, 2017: 283). 상기 '전역'은 설악의 중앙군 7개 사단이 홍군 주둔지를 대거 공격한 것과 관련된다. 2월 중순 홍군은 천전 등지에서 철수했다. 결국 '죽음의 협곡산'을 넘은 홍군은 많은 사상자를 냈다. 3월 하순 4방면군 주력부대는 감자 일대에 머물며 정비했다.

장호·낙보는 주덕·장국도에게 보낸 전보(2.14)에 이렇게 썼다. …임 육영이 소련을 떠날 때 스탈린의 의견을 청취했다. 스탈린은 홍군은 북쪽으로 발전해야 한다고 건의했다. 4방면군은 섬감 근거지를 설립하고 '항일선봉대'로 거듭나야 한다(劉統, 2016: 253). 서향전은 이렇게 회상했다. …토론 결과는 북상 방안이었다. 주덕·유백승·진창호와 나는 당 중앙의 북상전략을 찬성했다. 작전 실패와 스탈린이 '북상'을 지지했다는 '국제대표'의 전보에 장국도는 울며 겨자 먹기로 북진을 동의했다(徐向前, 1985: 479). '스탈린 의견' 거론은 장국도의 정곡을 찌론 치명타가 됐다. 당시 불법적 '제2중앙'을 설립한 장국도가 가장 두려워한 것이 공산국제와 스탈린이었다. 상기 '스탈린 의견'은 장호의 '사견(私見)'일 가능성이 높다.

4월 상순 홍군은 단파·감자·첨화(瞻化)·태녕을 아우르는 광범위한 지역을 관장했다. '급양 해결' 후 북진하려고 했으나 '홍2·6군단'과 합류를 위해 대기했다(蘇若群, 2015: 305). 4월 초 이선념이 지휘한 88사단이 감자를 점령했다. 장족 두령 하극도등(夏克刀登)[1588]이 거느린 장민 기병

1588 하극도등(夏克刀登, 1898~1960), 사천성 덕화(德化) 출신이며 장족(藏族) 두령이다. 1936년 (紅軍)265연대에게 체포, '홍군 지지자'로 변신, 1949년 (西藏)평화적 해결에 기여, 건국 후 (西康省)정부 부주석, 사천성 정협 부주석을 역임, 1960년 성도(成都)에서 병사했다.

대에게 '홍군 저격'을 지시했다. 홍군 제265연대는 장병(藏兵) 숙영지를 급습해 하등도등을 체포했다(郭欽 외, 2017: 240). 이선념은 하극도등에게 민족정책을 선전하고 그의 도움으로 장족과 '상호 불침 협정'을 맺었다. (漢藏)갈등이 심각한 감자에서 홍군·장병 간에 불상사가 자주 발생했다. 이는 서강이 근거지로 적합하지 않다는 단적인 반증이다.

홍군 지도부는 '부대 개편'을 단행했다. '개편' 후의 편제와 각 군단·기관 지휘관은 ① 방면군 지휘부 총지휘 서향전, 정치위원 진창호, 부총지휘 왕수성, 참모장 이특, 정치부 주임 이탁연 ② 제4군단 군단장 진재도(陣再道)[1589], 정치위원 왕굉곤 ③ 제5군단 군단장 동진당, 정치위원 황초 ④ 제9군단 군단장 손옥청, 정치위원 진해송 ⑤ 제30군단 군단장 정세재, 정치위원 이선념 ⑥ 제31군단 군단장 왕수성, 정치위원 주순전 ⑦ 제32군단 군단장 나병휘, 정치위원 이간휘(李干輝)[1590] ⑧ 항일구국군 총지휘 왕유주 ⑨ 홍군대학 총장 유백승, 정치위원 하외이다.

주덕과 장국도는 '홍2·6군단 회합'에 대한 속셈이 달랐다. 주덕은 이렇게 회상했다. …당시 감자 일대에서 실력 보존을 꾀했던 장국도는 북상이 결정된 후 '홍2·6군단 합류'를 찬성했다. 나는 '양군 회합'이 북상에 도움이 될 것이라고 확신했다(金沖及 외, 2009: 209). 1936년 4월 '홍2·6군단'은 금사강을 건너 강남(康南)에 진입했다. 홍군 지도부는 나병

1589 진재도(陣再道, 1909~1993), 호북성 마성(麻城) 출신이며 개국상장이다. 1928년 중공에 가입, 1930~1940년대 (紅軍)제4군단장, (八路軍)동진(東進)종대 사령관, 건국 후 무한군구 사령관, 철도병(鐵道兵) 사령관, 전국 정협 부주석을 역임, 1993년 북경에서 병사했다.

1590 이간휘(李干輝, 1905~1974), 광동성 혜주(惠州) 출신이며 공산주의자이다. 1925년 중공에 가입, 1930~1940년대 '홍3군단' 제3사단 정치위원, '홍32군' 정치위원, 제3야전군 제30군단 정치위원, 건국 후 상해시 조직부 부부장 등을 역임, 1974년 상해에서 병사했다.

휘의 제32군단을 이화(理化)로 파견해 '홍2·6군단'을 맞이하게 했다. 당시 장국도가 '양군 회합'을 중시한 주된 원인은 '병력 확충'인 반면 주덕의 '회합 목적'은 북상(北上) 추진이었다. 한편 '양군 회합'으로 주덕은 '든든한 지지자'를 얻은 반면, 장국도에게는 '악재'로 작용했다.

4월 1일 장호가 주덕에게 보낸 전보의 골자는 첫째, '홍2·6군단'은 운남·귀주에서 근거지를 설립해야 한다. 둘째, '홍2·6군단'과의 '서강 회합'을 찬성하지 않는다. 셋째, 4방면군의 '남하 기회'를 상실해선 안된다(趙魯傑, 2008: 237). 4방면군 지도부는 '국제대표 지시'에 쉽사리 납득할 수 없었다. 결국 주장을 굽히지 않은 주덕은 '감자 회합'을 추진했다(徐向前, 1987: 483). 장호의 '지시'는 사전에 모택동 등과 의논한 것이다. 당시 당중앙은 양대 홍군의 합류가 자칫 장국도의 '세력 확대'로 이어질 것을 우려했다. 한편 임필시·하룡과 합세해 장국도의 '북상'을 촉구한 주덕은 하룡·장국도의 '앙숙관계'[1591]를 교묘하게 이용했다.

장국도는 여원홍에게 '청해 진격로' 탐지를 지시했다. 여원홍은 이렇게 회상했다. …감자에서 출발한 나는 라마교에 들러 '청해 경로'를 타진했다. 그들은 나에게 이렇게 말했다. …48개 마참(馬站)을 거쳐야 하고 말을 타고 가도 48일 간 소요된다(胡錦昌 외, 2017: 243). 여원홍은 상황을 금천성위 책임자 소식평(邵式平)에게 알렸고 소식평은 장국도에게 전보를 보내 보고했다. '청해 진격로'를 찾지 못했다는 소식을 듣고 장국

[1591] 하룡·장국도의 악연(惡緣)은 남창봉기 시기에 맺어졌다. 당시 국민혁명군 군단장 하룡은 (南昌)봉기군 총지휘였다. '중앙특파원' 장국도가 '봉기 저지'를 시도하자, 하룡의 입당소개인 담평산(하룡 묵인)은 '장국도 체포'를 계획했다. 결국 주은래의 반대로 무산됐다. '감자 회합(1936.7)' 후 하룡은 장국도를 '겁박'해 1개 군단 병력을 지원받았다. 당시 장국도는 '비적 출신'인 하룡을 무서워했다. 실제로 하룡은 장국도의 '천적'이었다.

도는 실망했다. 실제로 장국도의 '북진 목적지'는 섬감이 아닌 청해성이었다. 결국 이는 '서로군'의 '청해 진격(1936.11)' 복선(伏線)이 됐다.

당중앙은 '제2중앙 철회'를 전제로 장국도의 '서북국'과 '횡적 관계'의 유지를 인정했다. 당시 장국도는 '제2중앙 철회' 조건으로 당중앙의 '북방국 개편'을 요구했다. 6월 3일 '홍2·6군단'의 선두부대와 4방면군이 파견한 제32군단이 회합했다. 6월 6일 장국도는 로곽에서 열린 열성분자 대회에서 제2중앙의 철회를 정식 선포했다. 결국 '단명(短命)'인 불법적 '제2중앙'이 요절했다. 실제로 장국도의 '제2중앙 철회'는 궁여지책이었다.

열성분자 회의(6.6)에서 장국도는 '철회' 원인을 이렇게 설명했다. ⋯섬북 동지들은 '국제대표' 지도권을 인정하고 '당중앙 명의'를 취소했다. '당중앙 직능'은 (中共)대표단이 대신한다(蘇杭 외, 2015: 306). 장국도는 당중앙에 보낸 전보(6.10)에 이렇게 썼다. ⋯4방면군은 6월 말 하도(夏洮)지역으로 출격해 7월 중에 도착할 것이다(李小三 외, 2007: 307). 상기 '당중앙 명의' 취소는 장국도의 '일방적 염원'에 불과했다. 한편 장국도가 '북진 목적지'를 하도로 선택한 것은 '섬북 합류'를 거절한 것이다. 이는 '홍2·4방면군'의 북진이 결코 순탄치 않다는 것을 예고했다.

장국도가 '제2중앙'을 철회한 주요인은 ① 장호의 끈질긴 설득 ② 잇따른 패전, 대량 감원 ③ '백장 패전', 성도 공략 실패 ④ 천서북 근거지 설립 실패 ⑤ 장민의 거센 반발, 서강 근거지 실패 ⑥ (陝北)당중앙의 '횡적 관계' 인정 ⑦ '홍2·6군단 회합'이 박두 ⑧ 주덕·서향전의 '제2중앙' 반대 ⑨ 진창호의 '입장 변화' 등이다. 실제로 장호의 집요한 설득과 '철회 압박'이 가장 중요했다. 장국도의 '아킬레스건'을 공격했기 때문이다.

임육영의 무선 외교는 장국도를 설복시켰다. 장국도는 인민의회가 조직상의 문제를 해결한다는 약속을 받고 임시중앙위원회를 포기했다. 모택동은 장국도를 남동부 지국장으로 임명했다(Salisbury, 2016: 465). 상기 '무선 외교'·'인민의회'·'남동부 지국장'은 큰 어폐가 있다. 실제로 '국제 대표' 장호는 장국도에게 '서남국(西南局) 설립'을 건의했다. 장국도가 '제 2중앙'을 철회한 후 당중앙은 그를 '서북국(西北局)' 책임자로 임명했다.

당중앙은 장국도에게 보낸 답전(6.29)에 이렇게 썼다. …북진 목적지 는 감남(甘南)이 적합하며 '하도 진격'을 반대한다. 주요인은 ① (回漢)충 돌 가능성 ② '청해 3마(青海三馬)'[1592] 쟁취에 유리 ③ (甘南)주둔군의 약한 전투력 ④ 병력 확충 가능 등이다('紅四方面軍'戰史資料, 1992: 557). 상기 답전 은 장국도의 하도 진격에 대해 당중앙의 '반대 입장'을 표명한 것이다. 당중앙의 건의를 수용한 장국도는 4방면군 북상명령(6.28)을 공표했다.

장국도의 '남하'가 실패한 주된 원인은 첫째, 당중앙의 '북상전략' 과 배치됐고 '항일구국' 취지를 위반했다. 둘째, 잇따른 '작전 실패'와 '백장 패전' 후 수세에 몰렸다. 셋째, 천강(川康)지역에서 식량·군수물자 를 해결할 수 없었다(賴宏 외, 2007: 303). 장국도의 '남하'가 실패한 또 다른 원인은 ① 불법적 '제2중앙' 설립, 공산국제의 지지 상실 ② '제2중앙 철회'를 두고 주덕·서향전·진창호와 갈등을 초래 ③ 군사작전 실패로 '남하노선'에 대한 의구심 증폭 ④ 홍군이 정착할 '근거지 설립'에 실패 ⑤ '제2중앙 설립' 후유증으로 홍군 장병의 지지 상실 등이다.

1592 '청해 3마(青海三馬)'는 ① 국민당 청해성(青海省)정부 주석 마린(馬麟) ② '서북초비(剿匪)' 제1로군 제5종대 사령관이며 신편(新編) 제2군단장 마보방(馬步芳) ③ '서북초비' 제5 종대 기병(騎兵) 제5사단장 마보청(馬步青)이다. 당시 홍군은 마보방 형제의 '쟁취'에 실 패했다. 한편 마보방의 '마가군'은 '서로군(西路軍)'을 전멸한 장본인이다.

모택동·낙보는 '특파원' 장호를 '국제대표'로 신분을 상승시켰다. 장국도의 '환난지교' 임육영은 '장국도 설득'에 골인했다. '국제대표' 장호는 장국도의 '제2중앙 철회'에 결정적 역할을 했다. 결국 잇따른 작전 패전과 근거지 설립 실패로 장국도는 부득불 북진을 결정했다. 장국도의 불법적 '제2중앙'은 '강보(襁褓)'에서 요절했다. 이는 사필귀정이었다.

2. '홍2·4방면군' 감자(甘孜) 회합, '공동북상(共同北上)'

1936년 6월 말 '홍2·6군단'은 우여곡절 끝에 감자(甘孜)에서 4방면군과 회합했다. 7~8월 중 '공동북상'한 제2·4방면군은 '죽음의 초지'를 지나며 대량 감원이 발생했다. 9월 중 장국도의 '서진' 주장으로 인해 4방면군 내부에서 심각한 '내부 갈등'이 일어났다. 이는 4방면군의 '황하 서도(西渡)'와 '서로군 참패'로 이어졌다. 10월 하순 홍군 3대 주력은 감숙성 회녕(會寧)에서 합류했다. 결국 이는 홍군의 '장정 종료'를 의미한다.

1936년 3월 4방면군은 도부·로곽·감자 등 천강(川康)지역에 진입해 3개월 간 주둔했다. 남하 후 잇따른 고전을 치른 4방면군은 정비가 절실했다. '장기 주둔' 원인은 '홍2·6군단'과 회합해 '공동북상'을 하기 위한 것이었다. '홍2·6군단'은 상악(湘鄂) 근거지에서 활동한 두 갈래의 홍군 부대였다. 하룡·관향응이 거느린 제2군단과 임필시·소극·왕진이 지휘한 제6군단이 합류한 것이다. 1936년 7월 제2방면군으로 개편됐다.

1934년 7월 제6군단은 '호남 진격' 명령을 받았다. 8월 7일 소극·왕진이 거느린 9000여 명은 '서정의 길'에 올랐다. 6군단의 최고 지도자는 임필시였다. 감계(甘溪)에서 상계검(湘桂黔) 연합군의 포위공격을 받아 패전한 선두부대는 참모장 이달(李達)의 인솔하에 포위권을 돌파한 200여 명이 상서(湘西)로 철수해 하룡이 지휘한 '홍3군(紅三軍)'[1593]과 회합했다. 후위부대 52연대는 주가파(朱家壩)에서 적군에게 전멸됐고 사단장 용운(龍雲)[1594]이 희생됐다. 1934년 10월 '홍3군'은 목황(木黃)에서 임필시가 거느린 제6군단과 회합한 후 '홍2군단' 편제를 회복했다.

1932년 '홍3군' 병력은 2만이었다. 상악서(湘鄂西) 중앙대표로 파견(1932.4)된 하희(夏曦)는 3년 간의 숙반을 통해 3000명의 장병을 'AB단' 등의 죄명을 씌워 살해했다. 하룡의 두 동생을 포함한 사단장급 간부 11명이 '개조파'로 살해됐다. 제9사단장 단덕창(段德昌)[1595]과 정치부 주임 유직순(柳直荀)이 하희에게 처형됐다. 하룡의 회상(1961.6.5)에 따르면 홍호(洪湖) 근거지에는 하희·하룡·관향응·노동생(蘆冬生)[1596] 4명의 공산당원이 남았다. '목황 합류(1934.10)' 당시 '홍3군'은 3200여 명으로 감소됐다. 1936년 2월 '살인귀(殺人鬼)' 하희는 '익사'했다.

1934년 10월 25일 임필시는 '홍2·6군단 회합'을 '군위'에 보고했다. '군위'의 답전(10.26)은 이렇게 썼다. …'홍군 합류'를 찬성하지 않는다.

1593 1931년 3월 '홍2군단'은 '홍3군(紅三軍)'으로 개편하고 하룡이 군장(軍長), 등중하(鄧中夏)가 정치위원(1932.1. 關向應)을 맡았다. 1934년 10월 27일 임필시·소극·왕진이 지휘한 제6군단과 회합, '홍2군단' 편제를 회복했다. 하룡이 군단장, 관향응이 정치위원을 맡았다. 1936년 7월 '홍2군단'과 '홍6군단'은 '홍2방면군'으로 합편(合編)됐다.

1594 용운(龍雲, 1904~1936), 귀주성 금병(錦屛) 출신이며 공산주의자이다. 1927년 중공에 가입, 1930년대 중앙군사정치학교 제1대대장, '홍7군' 21사단장, '홍6군단' 제18사단장을 지냈다. 1936년 무한(武漢)에서 살해됐다.

1595 단덕창(段德昌, 1904~1933), 호남성 남현(南縣) 출신이며 공산주의자이다. 1925년 중공에 가입, 1920~1930년대 국민혁명군 제2연대 당대표, (鄂西)유격대 참모, '홍6군' 정치위원을 역임, 1933년 호북성 파동(巴東)에서 살해됐다.

1596 노동생(蘆冬生, 1908~1945), 호남성 상담(湘潭) 출신이며 공산주의자이다. 1927년 중공에 가입, 1930~1940년대 '홍3군' 제7사단장, '홍2군단' 제4단장, 송강(松江)군구 사령관을 역임, 1945년 하얼빈(哈爾濱)에서 살해됐다.

두 군단은 '군위' 지시에 따라 단독적인 군사행동을 전개해야 한다(蕭克, 2018: 181). '군위' 지시에 불복한 '홍2·6군단' 지도부는 곧 답신을 보냈다. …현재 제2·6군단은 병력을 분산하면 적군에게 '각개격파'될 가능성이 매우 크다('紅二方面軍'戰史資料, 1996: 207). 이 시기 '중혁군위'는 군사고문 이덕과 박고가 관장했다. 실제로 '군위'는 제6군단이 계속해 '선발대 역할'을 하면서 중앙홍군의 '장정 협력'을 요구했던 것이다.

1934년 10월 하순 '홍2군단' 편제가 회복된 후 하룡이 군단장, 임필시가 정치위원을 맡았다. 3개 연대로 감축된 제6군단은 소극이 군단장, 왕진이 정치위원을 맡았다. '양군 화사(10.24)' 후 제2·6군단 최고 지도자는 하룡·임필시였다. 1935년 2~8월 제2·6군단은 30여 차례 전투를 거쳐 적군 1만여 명을 섬멸하고 8000여 명을 체포했다. 결국 반'포위토벌'에서 승리한 홍군 병력은 7000여 명에서 21000여 명으로 대폭 확충됐다.

11월 19일 '홍2·6군단'은 전략적 이동을 개시했다. '홍군 이동' 원인은 ① '홍군토벌'에 동원된 적군, 130개 연대 ② 상악(湘鄂) 근거지, 유격전 전개에 불리 ③ 경제·문화가 낙후, 반동 세력이 창궐 등이다(蕭克, 2018: 197). 실제로 홍군의 '전략적 이동'은 전투력이 강하고 병력·장비가 우세한 중앙군과 상군(湘軍)을 이길 승산이 적었기 때문이다. 또 상서(湘西)지역에는 '아편 흡연자'가 많아 홍군의 '병력 보충'이 거의 불가능했다.

1935년 10월 장개석은 4개 종대의 병력을 배치해 (湘黔)근거지를 공격했다. 하룡·임필시는 귀주성 중부로 진입해 새로운 근거지를 설립했다. 한편 11월 중순 '대장정의 길'에 오른 '홍2·6군단'은 '전기적 색채'가 가장 농후한 부대였다. 당시 2만명에 달한 홍군 대열에는 '연창(煙槍)을 멘' 신병, 국민당군 중장 사단장, 영국 출신의 외국인 선교사, 백발이 성성한 개명신사(開明紳士), 또 태어난 지 얼마 안 된 신생아도 있었다.

소극은 '(湘西)흡연 성행'을 이렇게 회상했다. …아편 재배가 성행된 상서지역은 (鴉片)흡연자가 많았다. 당지 군벌들은 아편 장사를 위해 재배를 권장했고 청장년 대부분이 아편을 피웠다. 홍군은 병력 보충을 위해 부득불 '아편 흡연자' 입대를 허락했다(蕭克, 1980.1). '흡연자' 입대는 강서 근거지에선 상상조차 할 수 없었다. 신병의 '아편 근절'을 위해 증류수를 황산(黃酸) 마그네슘에 용해시켜 정맥주사를 놓는 치료법을 사용했다. 소극의 회상에 따르면 이 '치료법'은 위생부장 대정화(戴正華)[1597]가 개발했다. 한편 상기 '치료법'에 대해 고증(考證)할 문헌이 없다.

홍군은 황평(黃平)에서 외국인 선교사를 체포했다. 소극은 이렇게 회상했다. …'선교사 억류'는 군사적 수요였다. 석방 조건으로 국민당 정부에 소정의 경비(銀貨 10만원)를 요구했다(薄復禮, 1989: 2). 선교사 편견이 컸던 소극과 선교사 루돌프(Rudolf) 간 적대관계를 개선한 '우연한 일'이 있다. 당시 홍군은 (貴州)지도를 압수했는데 지명이 프랑스어로 적혀 있었다. 루돌프 도움으로 지도 지명을 중국어로 번역했다. 심야까지 함께 일하며 신뢰를 회복했다(蕭克, 2018: 175). 루돌프의 중국명은 박복례(薄復禮)[1598]였다. 이는 '극기복례(克己復禮)'[1599]에서 따온 것이다. 한편 소고기

1597 대정화(戴正華, 1901~1966), 안휘성 합비(合肥) 출신이며 개국소장이다. 1934년 중공에 가입, 1930~1940년대 상감(湘贛)군군 (醫務)부장, 팔로군 120사단 위생부 정치위원, 건국 후 동북군구 (後勤)부장, (解放軍)총후근부 위생부 부부장을 역임, 1966년 북경에서 병사했다.

1598 박복례(薄復禮, Rudolf Bosshardt, 1897~?), 영국 맨체스터(Manchester) 출생이며 선교사이다. 1922년부터 귀주성에서 선교 활동, 1934년 10월 1일 제6군단에 체포, 1936년 4월 12일 석방, 18개월의 '장정'을 끝냈다. 1939~1951년 재차 귀주에서 선교 활동, 귀국 후 '신(神)의 손'을 런던에서 출간해 '홍2방면군'의 장정을 상세히 소개했다.

1599 '극기복례(克己復禮)' 자신의 사욕을 극복하고 예(禮)로 돌아갈 것을 가리키는 유교 용어이다. 송대(宋代) 유학자 주희(朱熹)는 '극기(克己)'는 사욕을 전승하고 '복례'는 자신의

통조림과 노새(交通手段)가 제공되는 등 처우가 개선됐다.

'홍2·6군단'과 함께 장정에 참가한 국민당군 사단장은 장진한(張振漢)[1600]이다. 1935년 6월 제41사단장 장진한은 4개 여단을 이끌고 홍군을 공격했다. 홍군은 적군을 충보(忠堡)에 유인해 4000여 명을 섬멸하고 부상당한 장진한을 체포했다. 하룡의 '전향 설득'을 수용한 장진한은 홍군학교 교관으로 근무했다. '장정 참가자' 장진한은 연안에 도착해 모택동·주은래의 접견을 받았다. 건국 후 장사(長沙)시 부시장 등을 지냈다.

2월 하순 홍군은 귀주성 필절(畢節)에 도착했다. 개명신사 주소원(周素園)[1601]은 청말(淸末) 수재로 북양정부의 고급 관료를 지냈다. 정치위원 왕진이 방문했을 때 중공의 '반장항일' 정책을 지지했다. (貴州)항일구국군 사령관 직책을 흔쾌히 수락한 주소원은 1000여 명의 '구국군'을 이끌고 홍군과 함께 북상했다. 운남(雲南) 경내에 진입했을 때 그는 '친분이 있는' 손도(孫渡) 등에게 편지를 보내 홍군에게 '양도(讓道)'할 것을 호소했다. 결국 설산·초지를 지나 섬북에 도착한 주소원은 모택동의 접견을 받았다. 백발 노장의 '장정 주파(走破)'는 미담으로 회자됐다.

습성(習性)·결점을 고치는 것이라고 말했다. 또 '동방의 주자' 이황(李滉)은 '극기복례'의 길은 '천리를 따르고 욕심을 멀리하는(存天理遏人欲)' 것이라고 주장했다.

1600 장진한(張振漢, 1898~1967), 강소성 서주(徐州) 출신이며 국민당군 중장이다. 1930~1940년대 국민혁명군 제48여단장, (國軍)제41사단장, 강소성 연운항(連雲港) 시장, 건국 후 호남성 장사(長沙)시 부시장, 전국 정협 위원 등을 역임, 1967년 북경에서 병사했다.

1601 주소원(周素園, 1879~1958), 귀주성 필절(畢節) 출신이며 민주인사이다. 1920~1940년대 검군(黔軍)사령부 비서장, (貴州)항일구국군 사령관, 감숙성 교육부장, 귀주성정부 참의(參議), 건국 후 귀주성 부성장, 전국 정협 위원을 역임, 1958년 귀주(貴州)에서 병사했다.

하룡·소극은 건선임(甐先任)[1602]·건선불(甐先佛)[1603] 자매와 결혼했다. 1935년 11월 건선임이 딸을 낳았다. 전방에서 '대첩'을 거둔 하룡은 딸의 이름을 하첩생(賀捷生)[1604]이라고 지었다. 하룡 부부는 갓난아기를 품고 '장정의 길'에 올랐다. 한 전투에서 말을 탄 하룡이 애를 품은 채 포위권을 돌파했는데 애가 빠져나간 것을 발견하지 못했다. 결국 '애를 주은' 선량한 백성이 아기를 돌려줬다. 기적적으로 살아난 아기가 섬북에 도착했을 때 겨우 1주세(周歲)였다. 한편 동서 간인 하룡·소극은 '불편한 관계'였다. 이는 하룡·건선임의 이혼(1942)[1605]과 관련된다.

1935년 9월 하순 '홍2·6군단' 지도부는 주은래의 명의로 된 전보를 받았다. 지도부는 진위 파악을 위한 답전(9.29)을 보냈다. …'관계 증명'을 위해 성위(省委) 서기, 위원 명단을 알려주기 바란다. 총사령부가 보낸 전보(9.30)는 이렇게 썼다. …(省委)서기는 임필시, 위원은 하룡·관향응·소극이다('紅二方面軍'戰史資料, 1996: 229). 당시 임필시 등은 당중앙과의

1602 건선임(甐先任, 1909~2004), 호남성 자리(慈利) 출신이며 하룡의 전처이다. 1927년 중공에 가입, 1930~1940년대 항일군정대학 여성대 지도원, 하얼빈시구위(區委) 부서기, 건국 후 (武漢)기율위원회 부서기, 중앙조직부 부비서장 등을 역임, 2004년 북경에서 병사했다.

1603 건선불(甐先佛, 1916~?), 호남성 자리(慈利) 출신이며 소극의 부인이다. 1936년 중공에 가입, 1930~1940년대 진찰기(晉察冀) 조직부 비서, 북방국 당학교(黨校) (支部)서기, 건국 후 중남(中南)군정대학 조직부 부부장, 전력공업부(電力工業部) 부부장 등을 역임했다.

1604 하첩생(賀捷生, 1935~?), 호남성 상식(桑植) 출신이며 해방군 소장(少將)이다. 1955년 북경대학 입학, 청해(青海)민족대학 강사 등을 지냈다. 1983년 중국작가협회 가입, 군사백과(百科) 연구부장, 1996년 소장 계급을 받았다.

1605 하룡과 결혼한 5명의 여자는 ① 1910년 7세 연상 서월고(徐月姑)와 결혼, 1918년 서씨(徐氏) 병사 ② 1920년 향원고(向元姑)와 재혼, 1929년 향씨(向氏) 병사 ③ 1928년 호금선(胡琴仙)과 재혼 ④ 1929년 건선임과 재혼, 1942년 이혼 ⑤ 1942년 20세 연하인 설명(薛明)과 재혼, 결국 하룡은 설명과 '백년해로(百年偕老)'를 했다.

'통신 회복'으로 착각했다. 주덕·장국도의 명의의 전보는 장국도가 보낸 것이다. 실제로 장국도는 '감자 회합' 전까지 '홍군 분열'을 기만했다. 결국 이는 부메랑이 돼 장국도의 고립무원을 자초했다.

11월 4일 하룡 등은 회의를 열고 귀주(貴州) 진격과 근거지 설립을 결정했다. 11월 중순 홍군 1.7만명은 '전략적 이동'을 개시했다. 홍군 '이동'이 금사강을 건너 섬북에 진입하는 대장정이 될 줄은 누구도 예상치 못했다. 상중(湘中)지역을 점령한 홍군은 급양을 해결하고 3000여 명 신병을 모집했다. 1936년 1월 홍군은 변수(便水)에서 '추격군' 1000여 명을 섬멸했다. 1월 12일 제2·6군단은 귀주성 석천(石阡)지역에 진입했다.

홍군의 '장사 공격'을 우려한 장개석은 번숭보(樊崧甫)[1606]·이각(李覺)[1607]에게 '홍군 섬멸'을 명령했다. 번숭보 등은 5개 종대를 지휘해 홍군을 추격했다. 제6군단은 황현(晃縣) 일대에서 '추격군 저지'를 위해 소모전을 치렀다. 당시 황급히 철수한 소극이 용계구(龍溪口)에 주둔한 임필시에게 미처 알리지 못했다. 하룡이 파견한 부대가 (龍溪口)고지를 점령해 적의 '퇴각로 차단'을 방지했다. 제4종대 사령관 이각은 '홍군 돌파'를 막지 못한 '죄'로 대과(大過) 처벌을 받았다. 한편 항간에 떠도는 번숭보의 '모택동 체포설'[1608]은 사실무근이라는 것이 학계의 중론이다.

1606 번숭보(樊崧甫, 1894~1979), 절강성 진운(縉雲) 출신이며 국민당군 상장이다. 1930~1940년대 제34집단군 총사령관, 제6전구(戰區) 사령장관을 지냈다. 건국 후 상해시 정협 위원 등을 역임, 1979년 상해(上海)에서 병사했다.

1607 이각(李覺, 1900~1987), 호남 장사(長沙) 출신이며 국민당군 중장이다. 1930~1940년대 제25집단군 부총사령관, 제14수정구(綏靖區) 사령관, 1949년 (湖南)평화봉기에 참가, 건국 후 중남군구 고급참의, 전국 정협 위원 등을 역임, 1987년 상해(上海)에서 병사했다

1608 1934년 번숭보가 모택동을 '체포·석방'했다는 것이 일각의 주장이다. 이 기간 모택

1월 하순 홍군은 용계(龍溪) 봉쇄선을 격파했다. 2월 2일 압지하(鴨池河)를 건넌 홍군은 검서(黔西)·필절(畢節) 등을 잇따라 점령했다. 하룡 등은 검서·필절 등지의 '근거지 설립'을 결정했다. 필절에서 20일 동안 휴식한 홍군은 병력을 확충하고 급양을 해결했다. '(黔畢)근거지'는 제2·6군단의 장정사(長征史)에서 '황금시대'로 불린다. 2월 27일 병력이 우세한 적군과 10여 일 간 격전을 치른 홍군은 부득불 필절에서 철수했다.

홍군이 필절에 머문 기간은 25일 밖에 안 됐으나 큰 성과를 거뒀다. 첫째, 천전검성(川滇黔省) 혁명위원회를 설립하고 하룡이 주석, 진희운(陳希雲)[1609]이 부주석을 맡았다. 둘째, '항일구국군'을 설립하고 주소원을 사령관에 임명했다. 셋째, 묘족(苗族)독립연대를 설립했다(章學新 외, 2014: 415). 필절에서 5000여 명 신병을 모집한 홍군의 병력은 2만을 상회했다. 한편 필절에서 철수한 홍군은 '방어선 돌파' 실패로 궁지에 몰렸다.

임필시는 이렇게 회상했다. …홍군은 안순(安順) 진격을 시도했으나 적군의 방어선을 격파하지 못했다. 또 위녕(威寧) 방어선에 막혀 홍군의 남진·서진은 모두 실패했다. 결국 위녕을 우회해 강행군을 단행한 홍군은 (雲南)동부에 진입했다(任弼時, 1996: 131). 한편 험난한 산길로 행군한 홍군은 몹시 지쳤고 군량도 바닥났다. 또 추운 날씨와 극심한 기아로 대량 감원이 발생했다. 필절에서 입대한 신병 중 많은 도주자가 발생했다.

동은 서금·우도 일대에서 활동했다. 번승보의 '회고문'에 따르면 그는 1934년 여천(黎川)에서 활동했다. 당시 모택동은 여천에 있지 않았다. 장개석의 중용을 받은 번승보가 모택동을 '석방'할 이유가 전혀 없다. 실제로 '모택동 체포설'은 사실무근이다.

1609 진희운(陳希雲, 1902~1957), 호남성 차릉(茶陵) 출신이며 공산주의자이다. 1929년 중공에 가입, 1930~1940년대 2방면군 공급부 정치위원, 팔로군 120사단 공급부장, 건국 후 서남군정위원회 재정부 부부장, 식량부(食糧部) 부부장을 역임, 1957년 북경에서 병사했다.

3월 12일 하룽은 만요황(萬耀煌)[1610]의 13사단이 진웅(鎭雄)으로 진격한다는 정보를 입수했다. 매복전을 펼친 홍군은 적군 300여 명을 섬멸했으나 학몽령(郝梦齡)[1611]의 원군 도착으로 적의 주력을 섬멸하지 못했다. 전투에서 왼팔에 중상을 입은 여추리(余秋里)[1612]는 '외팔장군'이 됐다. 3월 23일 제6군단은 매복전을 전개해 전군(滇軍) 유정부(劉正富)[1613]의 여단을 대파했다. 같은 날 홍군 주력은 선위에서 (滇軍)2개 여단을 격파했다.

3월 23일 '홍2·6군단' 지도부는 주덕·장국도가 보낸 전보를 받았다. '전보' 취지는 ① 4월 중 '금사강 도하' ② 회합 후 '공동북상'이다. 임필시의 답전(3.29) 골자는 ① 홍군의 대량 감원 ② 전검(滇黔) 변계, 근거지 설립 가능 ③ 도하 경험 부족 등이다(郭欽 외, 2017: 251). 3월 30일 (紅軍)총사령부는 답신을 보내 양군 합류를 건의했다. 장국도는 양군 회합을 병력 확대로 간주했으나, 주덕은 하룽·임필시를 '북상 지지자'로 여겼다.

1610 만요황(萬耀煌, 1891~1977), 호북성 황강(黃岡) 출신이며 국민당군 상장이다. 1920~1940년대 국민혁명군 제27군단장, 제2수정구(綏靖區) 사령관, (成都)중앙군교 교육장, 1949년 대만 이주, 1977년 대북(臺北)에서 병사했다.

1611 학몽령(郝梦齡, 1898~1937), 하북성 고성(藁城) 출신이며 국민당군 중장이다. 1920~1930년대 서북군 제26여단장, 국민혁명군 제54사단장, 정주(鄭州)경비사령관, 제9군단장을 역임, 1937년 흔구(忻口)전투에서 전사했다.

1612 여추리(余秋里, 1914~1999), 강서성 길안(吉安) 출신이며 개국중장이다. 1931년 중공에 가입, 1930~1940년대 '홍6군' 18연대 정치위원, 팔로군 3지대 정치위원, 제1야전군 2군단 부정치위원, 건국 후 석유공업부장, 국무원 부총리를 역임, 1999년 북경에서 병사했다.

1613 유정부(劉正富, 1892~1942), 운남성 안녕(安寧) 출신이며 전군(滇軍) 사단장이다. 1920~1930년대 (滇軍)제5군단 제13연대장, 제2여단장, 제58군단 부군장(副軍長)을 지냈다. 1942년 '가정문제'로 부인에게 살해됐다.

모택동과 중국혁명 2

홍군 북상을 정치적 임무로 간주한 '홍2·6군단' 지도부는 '4방면군 회합'을 결정했다. 임필시는 '군위'에 보낸 답전(3.30)에 이렇게 썼다. … 4월 1일 전후 전서(滇西)로 진격해 금사강을 건널 예정이다(任弼時, 1987: 127). 4월 9일 보도하(普渡河)에서 전군과 격전을 치른 홍군은 금사강 도하에 실패한 후 여강(麗江) 상류 석고(石鼓)로 진격했다. 주소원은 손도에게 편지를 보내 북상항일이 취지인 홍군에게 길을 열어줄 것을 호소했다(中共中央文獻研究室, 2014: 422). 4월 25 홍군은 석고와 중전(中甸) 사이 나룻터를 이용해 금사강 도하를 개시했다. 28일 오후 1.5만명의 홍군 주력은 나룻배와 뗏목을 이용해 순조롭게 금사강을 건넜다.

5월 5일 제2·6군단은 좌우 2개 종대로 나눠 중전을 출발했다. 홍군은 열악한 자연환경과 식량 부족으로 큰 어려움을 겪었다. 또 무장 티베트인의 습격을 받아 전사들이 사살되는 등 곤욕을 치렀다. 7월 1일 감자에서 양대 홍군이 합류했다. 4방면군 총지휘 서향전은 '부대 합류' 환영대회에서 홍군 단결을 강조했다(현이섭, 2017: 295). 당시 서향전은 4방면군의 선두부대를 이끌고 로곽(爐霍)에 머물렀다. 감자에서 열린 '홍군 회합' 경축대회에는 주덕·장국도 등이 참가했다. 한편 장족(藏族)지역의 반동무장은 홍군 낙오자에 대한 기습을 감행했다. 실제로 홍군의 '대량 감원'은 5월 중 대설산(大雪山)을 넘을 때 발생한 것이다.

왕진은 이렇게 회상했다. …홍군은 감자 도착 전 3개의 설산을 넘었다. ① 5월 2일 소중전(小中甸) 설산 ② 5월 12일 역와(易窩) 설산 ③ 6월 1일 덕와(德窩) 설산이다. 설산을 넘은 적이 없는 제2·6군단은 많은 희생자를 냈다(胡錦昌 외, 2017: 29'). 감사기(甘泗淇)[1614]는 이렇게 회상했다. …설

1614 감사기(甘泗淇, 1903~1964), 호남성 녕향(寧鄕) 출신이며 개국상장이다. 1926년 중공에

산을 지날 때 동사자가 속출했다. 남방 출신 병사들은 강추위를 견디지 못해 동사했다. 아사자는 부지기수였다(甘泗淇, 1996: 162). 운남 여강에서 감자(甘孜)로 진격하는 기간 대량 감원이 발생했다. 임필시의 통계에 따르면 홍군의 낙오자·도주자·사상자가 7000명을 상회했다. '회합(1936.6)' 당시 '홍2·6군단' 병력은 8000여 명으로 추정된다.

주덕은 서향전에게 전보(4.27)를 보내 32군단을 파견해 '홍2·6군단'을 영접하고 주둔지 마련을 지시했다. 6월 3일 전위대인 16사단과 32군단이 남갑와(南甲洼)에서 회합했다. 6월 19일 당중앙은 주덕·장국도에게 전보를 보내 '감남(甘南) 진격'을 건의했다. 당시 모택동은 서강에 죽치고 있는 장국도의 '북상 단념'을 우려했다. 6월 22일 제6군단은 보옥융(普玉隆)에서 4방면군과 회합했다. 6월 30일 하룡·임필시 등은 융파차(絨垻岔)에 도착했다. 7월 1일 감해자(甘海子)에서 주덕과 하룡이 상봉했다. 이는 남창봉기 지도자인 '주하(朱賀)'가 8년 만에 상봉한 것이다.

주덕은 하룡·임필시 등에게 제1·4방면군 회합과 장국도의 '제2중앙 설립'에 관해 자세히 소개했다. 또 하룡 등에게 '양하구·모아개회의'의 문건을 보여준 주덕은 당중앙과 '국제대표'의 독촉하에 장국도의 '제2중앙 철회', '공동북상' 결정이 마침내 이뤄졌다고 설명했다(程中原, 2012: 115). 당시 유백승은 인내심을 갖고 '장국도 설득'에 임해야 한다고 조언했다. 한편 하룡·주덕·유백승은 남창봉기 주요 지도자였다. 또 정치국 위원인 임필시는 주덕의 주장을 지지했고 군벌 출신인 하룡은 장국도의 '천적(天敵)'이었다. 결국 장국도는 '고립무원'의 처지에 빠졌다.

가입, 1930~1940년대 '홍6군단' 제18사단 정치위원, 제1야전군 정치부 주임, 건국 후 서북(西北)군구 부정치위원, (解放軍)총정치부 부주임 등을 역임, 1964년 북경에서 병사했다.

'양군 회합' 후 장국도는 '분열' 활동을 지속했다. 장국도의 지시를 받은 '공작단(工作團)'은 모택동 등의 '도피주의'를 선전했다. 또 장국도는 온갖 수단을 동원해 '홍2·6군단' 지도자들을 회유했다. 하룡·임필시 등은 장국도의 '꼼수'를 보이콧했다(程中原, 2016: 199). 장국도는 임필시에게 제2·6군단의 '정치위원 교체'를 요구했다. 장국도의 '월권행위'를 배격한 임필시는 '공작단'에게 '반중앙' 선전 지양을 요구했다. 또 '문건'은 한 부만 남겨두고 전부 소각할 것을 지시했다(章學新 외, 1994: 359). 한편 하룡은 장국도에게 병력 지원을 요청해 32군단을 제2방면군에 귀속시켰다. 실제로 '병력 지원' 요청은 '주덕의 아이디어'[1615]였다.

왕진은 이렇게 회상했다. …장국도는 '홍2·6군단' 분열을 시도했다. 남창봉기 총지휘 하룡은 '군대의 상징'이며 임필시·관향응은 중앙위원이었다. 결국 나와 소극을 만만한 상대로 여긴 장국도는 우리를 회유했다(中共中央文獻硏究室, 2014: 435). 왕진은 이렇게 술회했다. …당시 장국도는 나에게 군마 4필을 선물하겠다고 말했다. 하룡에게 보고하자 그는 이렇게 말했다. …이런 일은 북벌 시기 나도 했다(王震, 1960.11.22). 한때 군벌로 불렸던 하룡은 장국도의 (膳物)꼼수를 '군벌 관행'에 빗댄 것이다. 당시 왕진은 장국도의 '회유'에 넘어가지 않았다. 한편 소극은 본의 아니게 '장국도 부하'가 됐다. 이는 소극에게 '악영향'[1616]을 미쳤다.

1615 주덕이 하룡을 만나 귀띔한 것이 '병력 지원' 요구였다. 당시 주덕은 장국도가 32군단이 '홍2·6군단'과 함께 행동할 것을 동의했다고 알려줬다. 주덕은 이렇게 회상했다. …장국도의 (紅軍)분열 제지에 기여한 하룡은 32군단을 2방면군에 귀속시켰다(劉秉榮, 2011: 210). 나병휘가 거느린 제32군단은 '홍1방면군' 부대(제9군단)로, '홍2·6군단'을 맞이하기 위해 파견됐다. 한편 장국도의 '병력 지원'은 하룡의 환심을 사기 위한 책략이었다.

1616 1936년 9월 주덕은 측근인 소극을 제4방면군 31군단장으로 임명했다. 결국 '하룡의

하룡은 '장국도 인상'이 좋지 않았다. 무한에서 '중공 가입'을 요구했으나 장국도가 '군벌'이란 이유로 거절했다. 또 장국도의 훼방으로 남창봉기가 무산될 뻔했다. 임필시·장국도는 모스크바에서 함께 일했다. 장국도는 임필시를 두려워했다(葉健君 외, 2017: 259). 남창봉기 중 하룡은 담평산의 소개로 중공에 가입했다. '임장(任張)'은 모스크바에서 함께 일한 적이 없다. 한편 장국도가 가장 두려워한 것은 '비적' 출신인 하룡이었다.

장국도는 회고록에 이렇게 썼다. …임필시는 상당한 노련미를 보였다. 이전에 '아우'라고 불렀으나 콧수염을 기른 그를 '수염쟁이(任胡子)'라고 불렀다. 하룡은 명실상부한 공산군인으로 변신했다. 토비(土匪) 기질이 완전히 사라졌다. 소극은 문인처럼 불평이 많았다(張國燾, 1980: 301). 상기 '아우·공산군인·토비' 등은 큰 어폐가 있다. 임필시·장국도는 모두 정치국 위원으로 '대등한 관계'였다. '홍2·6군단'의 군사 지도자 하룡을 '비적(匪賊)'으로 폄하한 것은 장국도의 '하룡 공포증'을 보여준 단적인 증거이다. 한편 장국도는 소극을 '홍31군' 군단장으로 임명했다.

7월 2일 감자에서 열린 '경축대회'에서 장국도가 발언하려고 할 때 옆에 앉았던 하룡이 이렇게 말했다. …단결을 강조하고 분열을 거론해선 안 되네. 나의 권총이 당신을 겨누고 있다는 것을 명심하게. 연단에 선 장국도는 단결에 불리한 말을 하지 않았다('賀龍傳'編輯組, 1993: 203). 실제로 '식칼 두 자루'로 혁명을 일으켜 홍군 군단장이 된 하룡은 장국도

부하'인 소극이 본의 아니게 '장국도 부하'로 변신했다. 한편 정강산 시기 소극은 '주모(朱毛) 분쟁'에서 주덕을 지지했다. 당시 동서 간인 하룡·소극의 관계는 '견원지간'이었다. 결국 모택동의 '눈 밖에 난' 소극은 항일·해방전쟁 시기 한직에 머물렀다.

의 '천적'이었다. '녹림 두목' 출신 하룡이 거느린 제2·6군단을 불러들인 것은 장국도의 패착이었다. 울며 겨자 먹기로 장국도는 '모택동 회합'을 위한 북상의 길에 올랐다. '북상'은 역전이 불가능한 대세였다.

감자회의(7.2)에서 홍군 지도부는 '공동북상'을 결정했다. 당시 고립무원에 빠진 장국도는 부득불 '북진'을 동의했다. 제4방면군은 좌중우(左中右) 3개 종대로 편성됐다. 7월 2일 서향전은 중로종대(제9군단, 제4·31군단 일부)를 이끌고 로획에서 북진했다. 7월 3일 주덕·장국도가 거느린 좌종대(제30군단, 제4군단 일부)는 감자에서 출격했다. 7월 10일 동진당이 지휘한 우종대(제5군, 제31군단 일부)는 수정(綏靖)에서 진격했다. 한편 하룡·관향응의 인솔하에 감자에서 출발(7.7)한 '홍2방면군'[1617]은 대초지를 통과할 때 수많은 희생자를 내며 대량 감원을 초래했다.

'초지 통과' 경험이 있는 4방면군은 식량 마련과 선발대 파견 등 나름의 준비를 거친 후 출발했다. 서향전은 '진격로 개척'을 위한 전위대로 허세우의 기병사단을 파견했다 8월 1일 4방면군은 초지를 벗어나 포좌에 도착했다. 한편 2방면군의 '초지 행군'은 '촌보난행'이었다. '아파 도착'을 열흘 간 예정했으나 20일 후 도착했다. 휴대한 식량이 바닥났고 산나물도 선두부대가 싹쓸이했다. 초지에서 아사자·동사자·낙오자·실종자가 속출했다. 결국 한 달 간의 '초지 주파'에서 수많은 사망자가 나타났다. 감사기는 이 기간을 가장 '어려운 시기'[1618]라고 술회했다.

1617 1936년 6월 말 '홍2·6군단'은 감자(甘孜)에서 '홍4방면군'과 회합했다. 7월 5일 당중앙과 '서북군위'는 '홍2·6군단'을 '홍2방면군(紅二方面軍)'으로 개편했다. 또한 '서북군위'는 하룡을 총지휘, 임필시를 정치위원으로 임명했다. 1935년 11월에 장정을 개시한 '홍2방면군'은 1936년 10월 22일에 회녕(會寧)에서 '홍1방면군'과 회사(會師)했다. 1937년 8월 '홍2방면군'은 국민혁명군 팔로군 제120사단(師團長 賀龍)으로 개편됐다.

1618 1936년 7월 11일 '초지(草地)행군'을 개시한 제2방면군은 8월 13일에 포좌에 도착했

모택동·낙보는 주덕·장국도·임필시 등에게 전보(7.1)를 보내 홍군의 '감자 회합'을 축하했다. 7월 5일 당중앙은 제2·6군단을 '홍2방면군'으로 개편했다. 하룡을 총지휘, 임필시를 정치위원에 임명했다. 이는 홍군의 '공동북상'에 긍정적 역할을 했다. 7월 22일 당중앙은 주덕·장국도 등에게 전보를 보내 '감남(甘南) 진격'을 건의했다. 7월 27일 당중앙은 '서북국 설립'을 결정했다. 장국도를 서기(書記), 임필시를 부서기로 임명했다. 한편 '서북국 서기' 장국도는 당중앙의 지시에 복종하지 않았다. 실제로 장국도는 '모택동 부하'가 되는 것을 달가워하지 않았다.

장개석이 배치한 '감남 방어'는 ① 왕균·모병원·노대창을 동원, 서고·도주(洮州)와 천수·난주 방어선 구축 ② 마보방의 '마가군', 홍군의 서진 저지 ③ 호종남, 홍군의 '감남 저격' 지시 ④ '천험 사수'와 보루 구축, '(紅軍)감남 진입' 저지를 시도했다(李小三 외, 2007: 333). 8월 2일 모택동은 제2·4방면군 지도부에 전보를 보내 납자구를 신속히 점령한 후 북진할 것을 지시했다. 한편 서북국은 구길사(求吉寺)에서 군사회의(8.5)를 열고 '민도서(岷洮西)전역계획'을 제정했다. 또 제4방면군을 2개 종대로 나누고 제2방면군(제3종대)의 '4방면군 협력'을 결정했다.

8월 5~16일 2·4방면군은 포좌에서 출발해 감남으로 진격했다. 8월 9일 납자구를 공략한 제1종대는 북상 진격로를 개척했다. 납자구를 통

다. 정치부 주임 감사기는 이 기간을 가장 '어려운 시기'라고 회상했다. '초지행군' 특징은 ① 황량한 초원, 촌보난행(寸步難行) ② 향도(嚮導) 부재, 선두부대 족적(足跡)을 따라 전진 ③ 변화무상한 날씨, 동사자(凍死者) 발생 ④ 식량 부족, 아사자 속출이다(甘泗淇, 1996: 183). 결국 한달 간의 '초지행군'에서 기력이 소진된 제2방면군은 수천명이 감원됐다.

과해 감남에 진입한 4방면군은 '작전계획(8.5)'에 따라 (岷洮西)전투를 개시했다. 8월 19일 제1종대는 대초탄(大草灘) 등지에서 적군 1400여 명을 섬멸했다. 홍군 주력은 (岷縣)현성을 공격해 적군 2000여 명을 섬멸했다. 8월 중순 제2종대는 마보방의 기병 공격을 수차례 격퇴했다. 8월 하순 제1종대는 장현(漳縣)·위원(渭源)을 잇따라 공략했고 9월 7일 제2종대는 통위를 점령했다. 결국 '민도서전역'은 홍군의 승리로 끝났다.

제2방면군의 '작전명령(9.8)'은 이렇게 썼다. …적군의 병력 분산 약점을 이용해 성현(成縣)·휘현(徽縣) 등지를 점령한 후 새로운 근거지를 설립해야 한다. 이를 위해 본 방면군을 3개 종대로 나누고 9월 말까지 전략계획을 완성해야 한다(中共中央文獻研究室, 2004: 288). 한편 장국도의 '서진(西進)' 주장으로 작전 기회를 놓친 제2방면군은 애꿎은 희생양이 됐다. 결국 맨 나중에 북상한 제2방면군은 또 다시 수많은 사상자를 냈다.

8월 31일 1방면군은 감숙으로 진격했다. 2·4방면군 '북진 협력'을 위한 작전이었다. 9월 초 1방면군은 감숙성 해원(海源)현을 점령했다. '홍1·15군단'은 2개의 특별지대를 설립해 서란(西蘭)공로를 통제했다. 9월 중순 1방면군은 융덕현의 장대보(將臺堡)·타랍지를 잇따라 공략했다. 한편 4방면군 군사 지도자 간에 첨예한 분쟁이 발생했다. 결국 장국도의 '북상 동요'와 '서진' 주장으로 '녕하전역' 추진에 심각한 차질이 빚어졌다.

3. 장국도의 '서진' 무산, '서로군'의 참패

1936년 8월 초지를 벗어난 제2·4방면군은 감남 진입을 준비했다. 9월 중 장국도는 '서진(靑海省 進入)'을 주장했다. 4방면군 지도자인 주덕·장국도 간에 '북상·서진'을 두고 첨예한 갈등이 발생했다. 우여곡절 끝에 장국도는 '서진'을 포기하고 부득불 북진했다. 10월 중 홍군 3대 주력은 회녕(會寧)에서 회합했다. 한편 '서도(西渡)'한 '서로군' 2만여 명은 반년 간 고군분투했다. 결국 중과부적으로 마보방의 '마가군'에게 섬멸됐다.

당중앙이 4방면군 지도부에 보낸 전보(8.23)의 골자는 첫째, 독자적으로 황하를 건너 신강까지 진격할 수 있는가? 둘째, 도강에 필요한 나룻배를 마련할 수 있는가? 셋째, 결빙기는 언제쯤 시작되는가?('紅四方面軍' 戰史資料, 1992: 659). 상기 전보는 녕하·신강 진격을 통한 '소련 통로' 개척에 관한 공산국제 '지시'를 전달한 것이다. 이는 '서북국방정부'와 관련된다. 결국 이는 장국도의 '서진' 욕망을 부추기는 부정적 역할을 했다.

8월 25일 당중앙이 왕명에게 보낸 전보의 골자는 첫째, (蘇聯)전투기·대포를 지원받을 수 있다면 (黃河)결빙기를 이용해 신강·몽골로 진격할 것이다. 둘째, 작전 배치는 ① 1방면군, 녕하 진입 ② 4방면군, 청해 진격 ③ 2방면군, 감남 근거지를 공고히 한다(郭欽 외, 2017: 277). 홍군에겐 대포와 같은 중무기가 절실했으나, 모택동에게 절박한 것은 공산국제의 지지였다. 한편 '장국도 제압'을 위해선 왕명의 지지는 필수적이었다.

9월 4일 당중앙은 '섬북 상황'을 이렇게 소개했다. …산이 많고 물이 부족하며 토지가 척박하다. 또 인구가 적고 교통이 불편하며 대규모 작전에 불리하다. 농산품은 좁쌀 외 밀·잡곡이 부족해 대부대 주둔지로 적합하지 않다(徐向前, 1985: 494). 당시 인구가 80여 만인 감남이 섬북에 비해 근거지로 더욱 적합했다. 결국 이는 장국도에게 '청해 진격'의 빌미를 제공했다. 이 또한 당중앙이 감서(甘西)·녕하 진격을 주장한 원인이다.

당중앙이 '소련 통로' 개척을 추진한 목적은 ① 소련의 군사적 원조를 받아 홍군 전투력 강화 ② 항일민족통일전선 구축 ③ '우군' 동북군의 홍군을 통한 '소련 원조' 요구를 감안했다(賴宏 외, 2007: 336). 모택동은 이렇게 말했다. …총체적 전략과 우군과 연합한 '서북국방정부' 관점에서 볼 때 '소련 통로'를 개척해 군수물자 원조를 받는 것은 홍군의 당면과제이다(中共中央文獻研究室, 1993: 554). 실제로 당중앙의 '소련 통로' 개척은 공산국제의 비위를 맞추기 위한 '책략'이었다. 또 다른 원인은 (友軍)동북군의 지지를 얻어 군사적 신뢰를 구축하기 위한 것이었다.

'양광사변(兩廣事變)'[1619]을 해결한 장개석은 각지 병력을 감숙에 집중시켰다. 호종남의 제1군을 이동 배치해 '감남 공략'을 명령하고 호종남에게 정녕(靜寧)·회녕 점령을 통한 '홍군 단절'을 지시했다. 9월 상순 호종남 부대는 천수·보계(寶鷄)로 진입했다. 장개석은 왕균의 제3군단과 모병문의 제37군단에게 2·4방면군의 '북상 저지'를 명령했다. 또 그는 녕하 마홍규, 동북군 하주국, 감숙 마홍빈에게 1방면군에 대한 '남북협공'을 지시했다. 한편 호종남의 '서진 저지'를 둘러싸고 모택동·장국도, 장국도·주덕 간에 '치열한 암투'와 격렬한 쟁론이 벌어졌다.

호종남의 제1군은 '천하 제1군'이라고 불릴 만큼 무기가 최신식이고 병력도 막강했다. 호종남 부대는 살기등등한 기세로 감숙으로 진격했다. 호종남 부대의 매서운 공격을 맛본 장국도는 위태롭다고 여기고

1619 '양광사변(兩廣事變, 1936)'은 광동·광서성의 실세 진제당·이종인 등이 장개석의 '지방병탄'을 반대해 일으킨 (軍事)정변이다. 장개석은 '호한민(胡漢民) 사망(5.12)'을 계기로 '(兩廣)군정대권 이양'을 요구했다. 6월 4일 진제당·이종인은 '항일구국군'을 설립, 진제당이 사령관을 맡았다. 7월 초 월군(粤軍) 군단장 여한모(余漢謀)가 변절, 진제당은 홍콩으로 피신(7.18)했다. 결국 '양광사변'은 쌍방의 타협으로 평화적으로 해결됐다.

'홍군 저지' 전략을 짜는 데 머뭇거렸다(현이섭, 2017: 301). 실제로 황포군관학교의 제1기 졸업생인 호종남은 '황포생(黃埔生)' 중 가장 먼저 군단장으로 진급했다. 한편 호종남의 천적은 '10대 원수' 서열 2위인 팽덕회였다.

임육영은 모택동에게 모스크바는 홍군 생존을 위해 몽골로 들어가도 좋다고 생각한다고 말했다. 또 장국도에게 신강으로 진격해도 좋다고 전했다(Salisbury, 2016: 465). 9월 11일 공산국제는 당중앙에 답전을 보내왔다. …중공중앙의 '녕하·감서 점령' 계획을 동의한다. 그러나 홍군의 '신강 진격'은 찬동하지 않는다. '녕하 공략' 후 군수물자를 제공할 것이다(蘇杭 외, 2015: 312). 상기 '몽골 진격'은 '홍군 생존'이 아닌 군수물자 수령을 위해서였다. 한편 공산국제가 '신강 진격'을 반대한 것은 '항일 전초지'를 이탈해선 안 된다는 모택동의 주장을 수용했기 때문이다.

4방면군 지도부는 1·4방면군이 협동작전을 펼쳐 '호종남 서진'을 저격해야 한다는 방안을 당중앙에 제출했다. '방안' 취지는 1방면군의 '감남 진입'이다(張樹軍, 2009: 319). 장국도가 예측한 '작전' 결과는 ① (紅軍)협동작전, 적군 전멸 ② 호종남 부대에 의한 '홍군 양분'이다(葉健軍 외, 2017: 280). 호종남 부대는 '무적의 군대'가 아니었다. 당시 협동작전이 이뤄지지 않은 것은 '병력 보존'을 위한 '모장(毛張)'의 암투 때문이었다.

장국도는 4방면군 지도부에 보낸 전보(9.13)에 이렇게 썼다. …4방면군의 최선책은 청해 진격이다. 전세가 유리할 경우 호종남 저격을 진행해야 한다(程中原, 2012: 122). 모택동은 4방면군 지도부에 보낸 답전(9.13)에 이렇게 썼다. …4방면군은 정녕·회녕지역에 집결해 호종남 서진을 저지해야 한다. 1방면군은 1개 사단을 정녕에 파견해 협력할 것이다(中共中央文獻硏究室, 1993: 579). 모택동은 이렇게 썼다. …1방면군 주력이 남진할 경우 마홍빈·마홍규의 부대에게 근거지를 내줘야 한다. '마가군' 섬멸전 홍군 주력은 남하할 수 없다(趙魯傑, 2008: 239). 실제로 호종남과의 '단독 작전'은 대량 사상자를 내야 했다. 장국도가 '호종남 저격'을 반대한 이유였다. 결국 '(毛張)암투'로 홍군의 협동작전이 수포로 돌아갔다.

서북국 회의(9.16)에서 주덕·진창호·임필시 등은 북상을 주장했으나 장국도는 '서진'을 고집했다. 부종(傅鍾)은 이렇게 회상했다. …회의에서 임필시는 장국도와 격렬한 쟁론을 벌였다. 고립무원에 처한 장국도는 북상을 동의했다(劉華淸 외, 2017: 300). 당시 장국도는 신강으로 진격해야 한다고 주장했다. 진창호는 '감남 이동'을 원했다. 장국도는 하룡에게 황하를 건너자고 간청했으나 거절당했다(나창주, 2019: 425). 회의에서 장국도와 쟁론을 벌인 것은 주덕·진창호였다. 진창호의 '입장 변화'는 장국도에게 악재로 작용했다. 한편 상기 '하룡 거절'은 사실무근이다.

진창호는 이렇게 회상했다. …1936년 봄부터 장국도가 중대한 과오를 범했고 '당중앙 북상'을 반대한 것이 잘못됐다는 것을 느꼈다. 나는 장국도에게 '제2중앙 철회'를 강요했다(胡錦昌 외, 2017: 297). 장국도는 이렇게 말했다. …1방면군 주력이 남하하지 않으면 4방면군의 '단독 작전'이 어렵다. 4방면군은 황하를 도하한 후 '소련 통로'를 개척해야 한다(姚金果 외, 2018: 495). 진창호의 입장 변화는 장국도의 '제2중앙 철회'에 기여했다. 또 이는 '홍군 회합'에 긍정적 역할을 했다. 그러나 진창호의 환득환실과 '당중앙 지시'에 대한 무조건 순종은 '서로군'의 서진에 걸림돌 역할을 했다. 한편 장국도의 '서진' 목적은 '병력 보존'이었다.

9월 18일 장국도는 '(西北局)서기 사직'을 선포했다. 그리고 경호원을 데리고 민강 대안의 공급부로 갔다. 당시 주덕은 이렇게 말했다. …그가 사직하면 내가 서기직을 맡을 것이다(金沖及 외, 2009: 214). 18일 저녁 장국도는 자신의 '경솔한 처사'를 사과하며 '회의 지속'을 요구했다. 회의에서 주덕·진창호의 '북상 주장'이 통과됐다. 장국도는 이렇게 말했다. …당의 민주집중제에 따라 북상을 찬동하며 나는 의견을 보류한다 (潘開文, 1979.7.6). 9월 18일 주덕·장국도·진창호의 명의로 '정회(靜會)전역 강령'이 반포됐다. 한편 장국도는 '서진 주장'을 포기하지 않았다.

진창호는 이렇게 회상했다. …장국도는 나에게 '서진 중지' 명령 철회를 요구했다. 당시 나의 주장은 ① 4방면군 북상 ② '홍군 분열', 혁명에 불리 ③ 과오 반성 등이다(陣昌浩, 1992: 763). 서향전은 이렇게 회상했다. …장국도는 눈물을 흘리며 이렇게 말했다. 당적 박탈과 감옥살이를 각오하고 있다. 당중앙은 진창호에게 지도권을 맡길 것이다(徐向前, 1985: 497). '진창호 설득'에 실패한 장국도는 장현으로 돌아갔다. 한편 장국도의 '눈물쇼'에 넘어간 서향전 등은 '서진'을 찬동했다. 결국 이는 '장국도 남하' 지시에 복종한 서향전이 재차 범한 정치적 과오였다.

장국도는 당중앙에 보낸 전보(9.20)에 이렇게 썼다. …적의 포위공격을 당할 수 있는 정녕에서 호종남 부대와 결전을 치르는 것은 승산이 적다(宗成康, 1996: 731). 장국도는 주덕에게 보낸 전보(9.21)에 이렇게 썼다. …전적 지휘부는 새로운 방안을 제정했다. 장현에 도착해 협상하길 바란다(程中原, 2016: 211). 당시 주덕보다 먼저 장현에 도착한 진창호는 '정치위원 사의'를 표시했다. 이선념은 이렇게 회상했다. …나와 서향전은 진창호의 사직을 반대했다. 또 그에게 '장국도 화해'를 권고했다(李先念, 1991.10.24). 결국 진창호는 '북상 의견'을 보류했다. 한편 진창호의 '의견 보류'는 '장현회의'에서 주덕이 고립무원에 처한 원인이다.

주덕이 당중앙에 보낸 전보(9.22)의 골자는 ① 장국도, '(靜會)전역계획' 실행 저지 ② 4방면군 지도자, '서진 방안' 토론 ③ 나는 '서진 방안'

반대 등이다('紅四方面軍'戰史資料, 1992: 713). '장현회의(9.23)'에서 장국도와 설전을 벌인 주덕은 홍군 회합을 반대한 장국도가 '모택동 만남'을 두려워하고 있다고 지적했다. 장국도는 '4방면군 북상'이 시의적절치 않다고 주장했다(郭欽 외, 2017: 289). 당시 4방면군 무전실은 총사령관 주덕의 전보 발송을 거절했다. 결국 부종의 '끈질긴 설득'으로 무전실 책임자 왕자강(王子綱)[1620]이 전보를 발송했다. 실제로 장국도가 '서진'에 집착한 가장 주된 원인은 '모택동 상봉'을 두려워했기 때문이다.

장국도의 '서진' 이유는 ① 청해·신강, 급양 해결 쉬움 ② '마가군' 병력이 약함 ③ 4방면군, 전투력 상실 ④ 호종남 부대, 전투력 막강 등이다(少華, 2014: 319). 장국도의 주장은 일리가 있는 것처럼 보이나 사실은 그렇지 않다. 소수민족 밀집지역인 청해·신강은 인구가 희소하며 경제가 낙후돼 식량·음료수 해결이 어려웠다. 실제로 마보방의 기병부대는 전투력이 막강했다. 결국 이는 '서로군'이 하서주랑에 진입한 후 실증됐다.

모택동은 팽덕회에게 보낸 전보(9.24)에 이렇게 썼다. …북상을 거부한 장국도가 서진을 책동하고 있다. 호종남 저격을 위해 전투력이 강한 제1군단을 파견해야 한다(逄先知 외, 2005: 586). 팽덕회가 분석한 장국도의 '북상 거부' 원인은 ① '호종남 대결' 기피 ② 작전 지휘권 집착 ③ '군권' 상실 우려 등이다(王波, 2009: 162). 실제로 팽덕회의 '판단'은 매우 적확했다. 한편 팽덕회는 모택동에게 2방면군의 '신속한 북진'을 건의했다.

1620 왕자강(王子綱, 1909~1994), 하북성 정주(定州) 출신이며 공산주의자이다. 1929년 중공에 가입, 1930~1940년대 4방면군 무선통신부장, 팔로군 유수병단 무선통신 중대장, 건국 후 (電信)총국 부국장, (郵電)부장, 전국 정협 상임위원을 역임, 1994년 북경에서 병사했다.

당중앙은 장국도에게 보낸 전보(9.26)에 이렇게 썼다. …호종남 부대는 약양(略陽)에 진입했다. 4방면군이 서란대로를 통제한다면 주도권을 쟁취할 수 있다(解放軍歷史資料, 1995: 1149). 장국도의 답전 골자는 ① (蘇聯) 군수물자, 홍군에게 도움 ② 감북(甘北) 점령 ③ 홍군 집결, 작전 불리 등이다('紅四方面軍'戰史資料, 1992: 721). 실제로 장국도가 언급한 '(蘇聯)군수물자'는 명분이며 숨은 목적은 '북상 회합'을 기피하기 위한 것이었다.

당중앙은 장국도에게 보낸 전보(9.27)에 이렇게 썼다. …'소련 통로' 개척을 위해 1·4방면군은 협력해야 한다. 홍군 주력이 분열하면 적에게 각개격파된다. 서란대로가 적군에게 통제되면 '홍군 회합'은 수포로 돌아간다(中共中央文獻硏究室, 1985:155). 실제로 당중앙은 장국도의 독선적 행동에 대한 통제력을 상실했다. 이 시기 '국제대표' 장호의 역할도 약화됐다. 결국 장국도의 '서진'을 방임한 당중앙은 '북상 설득'을 포기했다.

임도(臨洮)에 도착한 서향전은 황하 대안은 '대설봉산(大雪封山)' 시즌이며 악천후로 전진이 불가능하다는 사실을 인지했다. 서향전은 도주(洮州)로 돌아와 주덕·장국도에게 상황을 보고했다. 장국도는 부득불 '서진'을 포기했다(劉華淸 외, 2017: 304). 장국도의 '서진'을 찬성한 서향전의 '입공속죄(立功贖罪)'였다. 한편 대의명분은 '항일구국'을 주창한 모택동에게 있었다. 4방면군이 '서진'을 강행했다면 '마가군'에게 전멸됐을 것이다.

(洮州)군사회의(9.27)에서 한 장국도의 발언 골자는 ① '서진' 계획 추진 ② 신강 진격, '소련 통로' 개척 ③ '군수물자 수령'이 당면과제 ④ 남쪽 우회(西進) 등이다. 당시 장국도의 주장은 참석자의 반대를 받았다(少華, 2014: 321). 부종은 이렇게 회상했다. …진창호는 '남쪽 우회'는 많은 도주자가 생길 것이라며 반대했다. 서향전도 홍군 장병은 '초지행군'을

동의하지 않을 것이라고 말했다(傅鍾, 1987.12). 도주회의에서 고립무원에 빠진 장국도의 지지자는 한 명도 없었다. 장국도의 서진 포기는 '북상회합'을 주장한 주덕·진창호·서향전이 중요한 역할을 했다.

9월 28일 4방면군 지휘부는 '북상계획'을 발표했다. 29일 당중앙은 팽덕회에게 전보를 보내 4방면군 협력을 지시했다. '북진'을 개시한 4방면군은 서란대로를 향해 진격했다. 제1사단이 회녕을 공략(10.2)한 후 통위(通渭)를 공략한 4방면군은 회녕으로 진격했다. 10월 8일 4방면군 선두부대는 계석포에서 제1사단과 회합했다. 10월 9일 서향전과 제1사단장 진갱이 회녕에서 재회했다. 당시 회녕에 도착한 4방면군은 3.2만 명이었다.

10월 초 북진한 2방면군은 적의 기습과 폭격기 공습으로 대량 감원이 발생했다. 하룡은 이렇게 회상했다. …위하 도하에서 적의 습격을 받은 홍군은 많은 사상자를 냈다. 나는 적기의 공습으로 하마터면 폭사(爆死)할 뻔했다('紅二方面軍'戰史資料, 1996: 280). 2방면군의 '감원' 장본인은 '서진'에 집착한 장국도였다. 10월 22일 2방면군은 장대보(將臺堡)에서 1방면군 전위대와 회합했다. 결국 홍군 3대 주력의 '(陝北)회합'이 완성됐다.

10월 11일 중공중앙은 '10월작전 강령'을 발표했다. 당중앙은 모택동·팽덕회·왕가상·주덕·장국도·진창호 6명으로 '(軍委)주석단'을 구성했다. 홍군의 군사행동은 당중앙과 '군위'의 결정에 따라 주덕 총사령관과 장국도 총정치위원이 직접 지휘한다고 결정했다(劉統, 2016: 335). 이 시기 주은래는 '장학량 담판'과 항일통일전선 구축에 주력했다. 당시 모택동이 (張國燾)책임 추궁을 미룬 것은 '고명한 책략'이었다. 결국 장국도는 상황을 오판했다. 중공 특유의 '추후산장'을 간과했다. 반년 후

'국도노선(國燾路線)[1621] 숙청' 운동이 연안에서 본격적으로 전개됐다.

팽덕회는 이백쇠에게 부종을 찾아가 '송강(松崗)회의(1935.10.5)' 기록을 당중앙에 넘겨줄 것을 요구했다. 부종은 '기록 교부'를 흔쾌히 동의했다. 황초가 작성한 '제2중앙 설립' 회의 기록이 비밀리에 팽덕회에게 전해졌다. 얼마 후 기밀 문서는 모택동에게 넘겨졌다(李尙志, 1984.2). 모택동이 팽덕회에게 부탁해 장국도의 '범죄 증거'를 수집한 것이다. 결국 양상곤의 부인 이백쇠가 '스파이' 역할을 했다. 당시 부종은 주덕의 지지자였다. 한편 정적에 대해 무자비로 일관한 모택동이 장국도를 용서할 리 만무했다. 실제로 모택동은 '추후산장'의 시작용자(始作俑者)였다.

모택동이 '유인술을 펼친' 금군 교두 임충(林沖)이라면 장국도는 패배자 홍교두(洪敎頭)였다. 모택동은 '천자를 끼고 제후를 호령한' 조조의 권모술수를 답습했다. 장국도는 환득환실한 '조조 정적'인 원소(袁紹)[1622]와 흡사했다. 원소의 패인은 결단력 부재와 독선·아집 및 책사를 활용하지 못한 것이다. 숙명의 라이벌 '모장(毛張)'은 15개월 동안 치열한 암투를 벌였다. 한편 최종 승자는 '하반전'에 전세를 역전시킨 모택동이었다.

제4방면군의 '황하 도하'는 '군위'가 제정한 '10월작전 강령(10.11)'

1621 1937년 3월 장문천이 개괄한 '국도노선(國燾路線)'은 ① (右傾)기회주의 ② 군벌·토비(土匪)주의 ③ 반당·반중앙(反中央) 파벌주의이다. 구체적 근거는 ① 호종남 '공포증' ② '독재적 권력' 집착 ③ '제2중앙' 설립 등이다(蘇若群 외, 2015: 325). 당중앙은 1937년 3월부터 '국도노선'을 숙청했다. 이는 중공의 전형적 '추후산장(秋後算帳)'이다.

1622 원소(袁紹, ?~202), 하남성 여남(汝南) 출신이며 동한 말년의 군벌이다. 190년 동탁(董卓) 토벌군의 맹주, 하북 중심으로 강력한 세력을 구축했다. 200년 '관도전투(官渡戰鬪)'에서 조조에게 대패했다. 202년 '기주정변(冀州政變)'을 평정, 그해 여름에 분사(憤死)했다. 한편 모택동은 원소의 패인(敗因)을 '우유부단'·'결단성 부족'이라고 지적했다.

에 따른 것이다. 호종남을 필두로 한 적군의 맹렬한 공격으로 제4방면 군은 (黃河)동서 양안에 양분됐다. 결국 황하 서안에 고립된 '서로군' 2만명은 중과부적으로 마보방의 '마가군'에게 거의 '전멸'됐다. 한편 '서로군 참패'를 무조건 장국도에게 책임을 전가하는 것은 견강부회이다. 또 이를 무작정 '장국도 노선'과 연결시키는 것은 공정성을 상실한 억지 주장이다.

서향전·진창호는 서로군을 편성해 녕하 근거지 설립을 결정했다. 서로군의 사령관은 서향전, 참모장은 유백승, 정치위원은 진창호였다(나창주, 2019: 426). '서로군'은 황하를 건넌 4방면군 2만명이 (黃河)서안에 고립된 후 개칭(11.11)된 것이다. 한편 4방면군의 '서도(西渡)' 목적은 '녕하전역'을 실행해 '소련 통로'를 개척하기 위한 것이다. 한편 '서로군' 참모장은 이특(李特)이었고 진창호는 '서로군군정(軍政)위원회' 주석이었다.

서향전이 분석한 '통로 개척' 원인은 ① 사회주의 국가 소련은 우호적 인방(隣邦) ② 소련은 '원조 제공'이 가능한 유일한 국가 ③ '소련 원조'는 항일통일전선의 긍정적 요소 ④ 장학량의 '소련 원조' 희망 등이다(徐向前, 2016: 294). 당시 동북군과 연합해 '서북국방정부' 설립을 추진한 당중앙은 장학량의 '건의'를 무시할 수 없었다. 아이러니한 것은 소련군에게 대패(1929)한 장학량이 '원수 국가' 소련의 원조를 요구했다는 점이다.

장개석의 '홍군 토벌' 첫 단계는 '통위회전' 전개이다. 작전 배치는 ① 호종남 부대, 진안(秦安)·청수(淸水) 진격 ① 왕균의 제3군과 관린정 부대, 천수·감곡(甘谷) 집결 ③ 모병문 부대, 롱서(隴西)·무산(武山) 집결 ④ 동북군 우학충·왕이철·동영빈 부대, 정녕·고원(固原)에 대기한다. 주된 목적은 서란도로에서 홍군에게 '치명적 타격'을 가하는 것이다. 두 번째 단계는 수십만 대군을 집결해 100여 대 전투기의 배합하에 황하 이동에서 홍군을 섬멸하는 것이다. 한편 '통위회전' 계획을 당중앙에 통보한 장학량은 '녕하전역'을 앞당겨 진행할 것을 건의했다.

당중앙이 발표한 '10월작전 강령'은 이렇게 썼다. …역량을 집중해 '녕하 탈취' 전역을 추진한다. 4방면군은 선박 기술팀을 정원(靖遠)·중위에 파견해 11월 10일까지 도강에 필요한 선박을 제조해야 한다('紅四方面軍'戰史資料, 1992: 813). 상기 '강령'이 결정한 4방면군의 작전 임무는 ① 2개 군단, '호종남 서진' 저지 ② 2개 군단, 신속하게 황하 도하 후 '녕하 공격' 등이다. 당시 '선박 건조' 임무는 이선념이 거느린 30군단이 맡았다.

10월 18일 제3로군 사령관 주소량은 '홍군토벌'의 주목적은 4방면군 섬멸이라고 밝혔다. 21일 적군은 총공격을 개시했다. 22일 서안에 도착한 장개석은 동북군·서북군의 '초비 참전(剿匪參戰)'을 강요했다. 이 시기 30군단은 선박 16척을 건조했고 나룻배도 적지 않게 모았다. 10월 24~30일 당중앙의 지시에 따라 제30·9군단과 4방면군 지휘부가 선후로 황하를 건넜다. 한편 31군단은 팽덕회의 '건의'로 황하 동안에 남겨졌다.

10월 26일 '군위'는 주덕·장국도에게 전보를 보냈다. '전보'는 도하한 2개 군단의 영등·정원영(定遠營) 공략을 지시한 후 '도하' 중단을 요구했다. 27일 주덕·장국도는 서향전에게 보낸 전보에 이렇게 썼다. …'군위' 지시에 따라 부대의 '황하 도하'를 중지한다(蘇若群 외, 2018: 502). 서향전은 답전(10.27)에 이렇게 썼다. …4방면군 주력의 '도하'를 건의한다. 병력 분산은 북진에 불리하다('紅四方面軍'戰史資料, 1992: 846). 한편 팽덕회는 31군단의 '(黃河)도하 보류'를 건의했다. 결국 팽덕회의 '건의'를 수용한 모택동은 31군단에게 '마성보(麻城堡) 진격'을 명령했다.

관린정의 2개 사단의 '타랍지 방어선' 공략으로 황하 동안의 4방면군이 위기에 몰렸다. 4방면군 지도부는 동진당의 5군단에게 '정원 수비' 포기와 삼각성(三角城)지역 집결을 명령했다(蘇杭 외, 2015: 317). 서란대로를 통제한 '토벌군'은 정원·타랍지 등지를 점령했다. 적의 '녕하 진격로' 차단으로 홍군 주력과 (黃河)서안에 진입한 4방면군이 단절됐다. 결국 당중앙은 '녕하전역'을 포기했다(金沖及 외, 2004: 412). 황하를 건넌 제5군단은 수난을 면치 못했다. 당시 고립된 4방면군 3개 군단은 고군분투했다. 한편 장국도는 여전히 '독립왕국' 야망을 포기하지 않았다.

당중앙의 '녕하전역' 포기 원인은 ① 4방면군의 '양안 분산' ② 홍군 주력의 협동작전 실패 ③ 1·4방면군 지도부의 의견 대립, '서란대로 통제' 실패 ④ 1·4방면군 지도부와 장병 간 불신감 팽배 ⑤ 2방면군의 전투력 약화 등이다. 홍군 지도자 모택동은 '병력 분산'이라는 전략적 과오를 범했다. 또 장국도의 '서진' 집착으로 '홍군 분열'과 '양안 단절'이 초래됐다. 실제로 '서로군'의 참패는 '모장(毛張)' 간 권력투쟁의 결과물이다.

진창호는 이렇게 회상했다. …장국도의 '서진'은 이기적인 이해타산이 깔려 있었다. '소련 통로' 집착은 '무기 지원'을 받아 전투력을 강화해 당중앙과 대항하려는 것이다(陳昌浩, 1961.5.10). 장국도는 이렇게 회상했다. …'4방면군 서진'은 정확하고 매우 시의적절했다. 공산국제의 지원을 받아 신강에 서북연합항일정부를 설립할 수 있었다(張國燾, 1991: 309). 실제로 장국도의 '서진' 목적은 당중앙과 '분정항례(分庭抗禮)'를 노린 것이었다.

진창호는 보고서(1937.9.30)에 이렇게 썼다. …당시 '서로군'에는 부상병 1500여 명, 어린이 1500여 명, 중상자 400여 명, 방대한 행정기관이 있었다('紅四方面軍'戰史資料, 1992: 982). 방대한 비전투인원은 '서로군'

작전의 걸림돌이었다. 또 하서주랑에는 '살인마(殺人魔)'로 불린 마보방 형제의 '마가군'이 있었다. 실제로 '마가군'은 '서로군'의 천적이었다.

11월 5일 주덕·장국도는 서향전·진창호에게 전보를 보내 기동적 운동전을 전개해 고랑·영등·양주(涼州) 점령을 지시했다. 한편 감숙·청해성을 지배한 회족 군벌 마보청(馬步靑)[1623]·마보방 형제에겐 정규군 3만명, 민단 10만명이 있었다. 기병 제5사단장 마보청의 산하에 3개 기병여단과 1개 보병·포병연대가 있었다. 제2군단장 마보방은 4개 기병여단과 3개 보병여단을 갖고 있었다. 장개석은 마보방을 '서북초비' 제2로군 사령관에 임명했다. 한편 마보방은 전적 총지휘 마원해(馬元海)[1624]에게 2개 기병여단을 이끌고 '서로군'을 공격할 것을 명령했다.

11월 8일 당중앙이 발표한 '작전계획'은 하서 부대를 '서로군'으로 개편했다. 또 군정위원회를 설립하고 진창호를 주석, 서향전을 부주석에 임명했다. '서로군' 총지휘 서향전, 정치위원 진창호, 부총지휘 왕수성, 참모장은 이특이다. '서로군' 병력은 동진당·황초의 5군단, 손옥청·진해송의 9군단, 정세재·이선념의 30군단이며 기병사단·여성독립연대·회민지대가 있었다. 총 병력은 2만1800여 명, 비전투인원이 절반을 차지했다.

군사회의(11.12)에서 '서진 이점'[1625]를 강조한 서향전은 신강 진입을

1623 마보청(馬步靑, 1898~1977), 감숙성 임하(臨夏) 출신이며 회족(回族), 국민당군 중장이다. 1920~1940년대 국민혁명군 제65여단장, (洛陽)경비사령관, 제40집단군 부총사령관 등을 역임, 1977년 대북(臺北)에서 병사했다.

1624 마원해(馬元海, 1888~1951), 감숙성 하주(河州) 출신이며 회족(回族), 국민당군 중장이다. 1920~1940년대, 청해성 경비사령부 제2여단장, '마가군' 전적 총지휘, 청해성 참의(參議)회장, 1951년 서녕(西寧)에서 병사했다.

1625 '서로군(西路軍)' 군사회의(1936.11)에서 서향전은 '서진(西進) 이점'을 네 가지로 설명했

주장했다. 한편 '마가군' 기병여단에게 포위돼 고전을 치렀던 고랑전투에서 '서로군' 제9군단은 2천여 명 사상자를 냈다. 군단장 손옥청이 부상당했고 수많은 간부가 희생됐다. 한편 '영창·양주 근거지'를 설립하라는 '군위'의 전보가 왔다. 결국 '서로군'의 신강 진격 계획은 무산됐다.

11월 18~19일 당중앙이 '서로군' 지도부에 보낸 2통의 전보 골자는 첫째, '서진'을 멈추고 군사훈련을 진행해야 한다. 둘째, 영창·양주에 근거지를 설립해야 한다. 셋째, 숙주(肅州)·안서(安西)를 공략해야 한다('紅四方面軍'戰史資料, 1992: 888). 서향전의 '근거지 설립' 반대 이유는 ① 인구가 적고 촌락 희소 ② 대사막, 기병 작전 유리 ③ 병력 보충 불가능 ④ 당지 백성의 '마가군' 지지 ⑤ 적의 병력·장비 우세 등이다(徐向前, 1985: 525). 서향전과 '당중앙 지시'를 지지한 진창호 간에 격렬한 쟁론이 벌어졌다. 11월 23일 당중앙의 전보는 신강 진격을 단호히 반대했다. 결국 근거지 설립에 실패한 '서로군'은 심각한 위기에 빠졌다.

11월 24일 서향전이 '군위'에 보낸 전보의 골자는 ① 양주에 3만 적군 배치 ② 적군 기병의 신속한 이동 속도, 작전 전개 불리 ③ 개활지가 많아 우회 공격 불가능 ④ 탄약·무기 보충 불가능 ⑤ 9군단의 '대량 감원' ⑥ 30·5군단의 전투력 약화 등이다(徐向前, 1985: 528). 모택동은 답전(11.25)에 이렇게 썼다. …'서로군'은 동진해 '하동 작전'을 협력해야 하며 '군수물자 수령'을 단념해야 한다(中共中央文獻硏究室, 1993: 679). 모택동은 서향전의 신강 진격을 무시한 것은 신강 지입을 반대한 공산국제의

다. 첫째, '서로군'의 정착지를 마련할 수 있다. 둘째, 소련이 제공한 무기를 수령할 수 있다. 셋째, '무기 보충' 후 '마가군 격파'가 가능하다. 넷째, 하동(河東)의 홍군·우군(友軍)을 유력하게 협력할 수 있다(徐向前, 2016: 306). 얼마 후 당중앙은 '서로군'의 '신강 진격'을 단호하게 반대했다. 한편 상기 '(蘇聯)무기 수령' 가능성은 제로에 가까웠다.

지시(9.11)와 관련된다. 12월 중순까지 홍군은 '마가군' 6천명을 섬멸했으나, 1.5만으로 감원된 '서로군' 전투력이 크게 약화됐다.

모택동이 '신경 진격'을 반대한 이유는 첫째, '서로군'의 하서 활동은 홍군 작전에 유리했다. 둘째, '하서 근거지' 설립은 총체적 전략에 부합됐다. 셋째, '신강 진격'은 장국도의 '서진' 주장과 일맥상통했다. 넷째, '군수물자 수령'은 장국도의 '지휘 불복'을 유발할 수 있다. 다섯째, '신강 정착'은 홍군 분열을 초래할 수 있다. 결국 '하서 근거지' 설립은 실패했고 '서로군'은 전멸됐다. '서로군 참패'는 장국도가 주장한 '서진'의 필연적 결과였다. 또 이는 '마가군'의 전투력을 간과한 자업자득이다. 실제로 모택동은 '졸(卒)'을 죽여 '장(將)'을 보호하는 전략을 구사했다.

1937년 1월 20일 '마가군' 5개 여단이 고대(高臺)현성의 5군단을 공격했다. 홍군에게 '투항'한 민단의 반란으로 내외 협공을 받은 3000여 명 장병과 군단장 동진당은 격전 끝에 희생됐다. 적군은 동진당의 수급(首級)을 마보방에게 보냈다. 28일 '서로군'은 예가영자(倪家營子)에 집결했다. 31일 적군은 예가영자를 공격했다. 20일 간 혈전을 거쳐 포위를 돌파(2.21)한 '서로군'은 위적보(威敵堡)에 진입했다. 한편 진창호는 '서로군'의 '예가영자 회귀'를 결정했다. 결국 이는 '서로군 참패'를 초래한 치명적 패착이었다. 또 이는 당중앙의 '비판 전보(2.17)'와 관련된다.

2월 17일 '군위'가 '서로군'에 보낸 전보의 골자는 ① 비관적 전망을 지양 ② 당의 '정치기율(政治紀律)'[1626] 엄격히 준수 ③ 과거의 '정치적

1626 당의 '정치기율(政治紀律)'은 당장(黨章)에 '당조직과 당원의 정치언론과 정치적 행동의 규범'이라고 적혀 있다. 당의 '정치기율'을 위반하면 당원은 '경고(警告)'·'당적 박탈' 등 당조직의 기율적 처벌을 받아야 한다. 한편 당시 당중앙이 '기율 준수'를 강조한

과오' 반성 등이다('紅四方面軍'戰史資料, 1992: 945). 당중앙의 비판은 진창호에게 거대한 압력이 됐다. 결국 이는 진창호가 전시(戰時) 상황을 무시하고 '당중앙 지시'에 순종하는 결과를 초래했다. 2월 27일 '군위'는 '원서군(援西軍)'[1627]을 설립했다. '소 잃고 외양간 고치기'[1628] 늦장대처였다.

예가영자로 회귀(2.22)한 '서로군'은 5주야의 격전을 거쳐 포위를 돌파했다. 당중앙은 '2가지 원칙'[1629] 준수를 요구했다. 3월 11일 이원구(梨園口)에서 진해송이 희생됐고 30군단 2개 연대가 전멸됐다. 한편 '석와산(石窩山)회의'[1630]에서 진창호는 선포한 결정은 ① 진창호·서향전, '상황보고'를 위해 섬북 출발 ② '서로군' 지도자로, 이선념·이탁연을 임명 등이다. '서로군 참패' 장본인인 '진서(陣徐)'는 도피주의 과오를 범했다.

서향전은 문전 걸식으로 끼니를 때웠고 도중에 진창호와 갈라졌

것은 '서로군' 최고 책임자 진창호에게 거대한 '정치적 압박'으로 작용했다.

1627 '원서군(援西軍)'은 1937년 2월 27일 '군위' 지시로 설립된 것이다. 사령관은 유백승, 정치위원은 장호였다. '원서군'은 제4군·31군·28군·32군으로 구성됐다. 3월 중순 '원서군'이 진원(鎭原)에 도착했을 때 '서로군 참패'가 기정사실화됐다. 당시 당중앙은 '원서군'에게 '대기 명령'을 내렸다. 실제로 '원서군'은 별다른 역할을 하지 못했다.

1628 '원서군(援西軍)'은 정원(靖遠) 나루터를 점령했다. '원서군'은 매일 선박 한 척을 건조하며 '도하'를 준비했다. '원서군'의 '감주(甘州) 도착'에 30여 일이 소요됐다. 또 조선(造船)·도강에 많은 시간이 걸렸다(劉統, 2016: 422). 이 또한 '원서군' 설립이 '늦장대처'로 불린 이유이다. 실제로 '원서군'은 '행차 뒤 나팔'로 아무런 도움도 안 됐다.

1629 모택동은 팽덕회·유백승에게 보낸 전보(2.22)에 '원서군' 설립의 '2가지 원칙'을 이렇게 정했다. 첫째, '서안사변' 평화적 해결에 영향을 미쳐선 안 된다. 둘째, '원서군'이 진퇴양난에 빠지는 것을 피해야 한다('紅四方面軍'戰史資料, 1992: 958). 한편 당중앙의 '원서군 설립' 목적은 '서로군 구원'이 아니었다. 실제로 당중앙은 '서로군'을 방임했다.

1630 석와산(石窩山)에서 열린 '서로군' 회의(3.14)에서 진창호는 이렇게 말했다. …병력을 분산해 역량을 보존해야 한다. 30군단을 좌지대, 9군단을 우지대로 개편, 기련산에서 유격전을 전개해야 한다(劉統, 2016: 427). 당시 좌지대는 1000여 명, 우지대는 400여 명이었다. 한편 부대(西路軍)를 이탈한 서향전은 '평생 참회했다'고 회고록에 적었다.

다. 4월 하순 유백승은 '원서군' 지휘부에 도착한 초라한 '거지'를 알아보지 못했다. 야위고 초췌한 모습의 서향전(36세)은 50세가 넘어 보였다. 유백승은 모택동에게 '서향전 도착'을 보고했다(少華, 2014: 330). 진창호는 산단(山丹)현 마영(馬營)의 중의사 집에 머물며 위병을 치료했다. 얼마 후 서안에서 당조직을 찾지 못한 그는 고향 한구(漢口)로 돌아갔다. 8월 하순 진창호는 연안에 도착했다(何立波, 2013: 155). 한편 서향전·진창호의 대우는 크게 달랐다. 당시 모택동은 서향전에게 '개과천선' 기회를 주었다. 그러나 '과장'으로 좌천된 진창호의 정치생명은 종결됐다.

4월 말 이선념은 좌지대(左支隊) 400여 명을 이끌고 감숙·신강 변경인 성성협(星星峽)에 도착했다. 5월 1일 '중앙대표' 진운 등의 영접하에 이선념은 부대를 거느리고 신강에 진입했다. 1937년 12월 중순 당중앙의 지시를 받은 이선념은 연안으로 돌아왔다. '대난불사(大難不死), 필유후복(必有後福)'이란 말이 있다. 1950~1960년대 국무원 부총리 이선념은 주은래의 '부수(副手)' 역할을 했다. 1980년대 '중공 1인자'인 등소평의 신임을 받은 이선념은 국가주석을 역임했다. 한편 이 시기 서향전은 국방부장과 국무원 부총리, 중앙군위 부주석으로 중용을 받았다.

'서로군'의 희생자 7천여 명, 체포자 1만2천여 명, 고향 회귀자 3천여 명, 실종자 1천여 명, 연안 회귀자 4500여 명이다(蘇若群 외, 2017: 507). 여성연대는 1300여 명, 연대장은 왕천원(王泉媛)[1631]이었다. 당시 양주에 수감된 여홍군은 100여 명이었다(劉統, 2016: 436). 최고위직 체포자

1631 왕천원(王泉媛, 1913~2009), 강서성 길안(吉安) 출신이며 공산주의자이다. 1934년 중공에 가입, 1930~1940년대 천서(川西)성위 (婦女)부장, '서로군(西路軍)' 총지휘부 (婦女)항일선봉연대장, 건국 후 강서성 정협 위원 등을 역임, 2009년 강서성 태화(泰和)에서 병사했다.

는 진창호 부인이며 '서로군' 정치부 조직부장 장금추였다. '임택 철수 (1937.1)' 후 그녀가 낳은 아기는 눈 속에서 요절했다. 장금추는 남경으로 압송(1937.8)됐고 10월에 구출돼 연안으로 돌아왔다. 1968년 방직공업부 부부장을 지낸 장금추는 반란파의 핍박에 못 이겨 자살했다.

서향전이 분석한 '서로군 참패' 원인은 첫째, '작전 임무'가 명확하지 못했다. 둘째, '작전 지휘권' 부재이다. 셋째, '기동권·결정권' 상실이다. '작전 기동권' 상실 원인은 ① 상급자가 '작전 지휘권' 독점 ② 진창호의 환득환실과 결단력 부족 등이다(徐向前, 2016: 329). 진창호가 '서로군 보고서(1937.10)'에 적은 '실패 원인'은 ① 장국도의 '서진', '녕하전역' 위배 ② '서로군'의 '군위' 지시 불복 ③ '서로군'의 작전 실패 ④ '국도노선' 악영향 등이다(何立波, 2013: 158). 상기 '상급자'는 모택동을 가리킨다. 지휘권을 독점하고 '서진·동진' 지시를 반복한 모택동에게 가장 큰 책임이 있다. 또 '서진'을 주장한 장국도에게 큰 책임이 있다. 한편 '서로군 참패' 장본인인 진창호의 주장은 '책임 전가'로 설득력이 떨어진다.

'서로군 참패'는 '녕하전역'과 관련된다. '녕하전역'은 왕명이 공산 국제 명의로 제출한 '소련 통로' 개척과 '군수물자 제공'에서 비롯됐다. '국민당 지지자'인 스탈린의 '중공 원조'는 불가능했다. 이는 영향력 확대를 위한 왕명의 계략이었다. 이를 역이용한 책략가 모택동은 장국도의 병력 약화에 성공했다. 또 모택동의 병력 분산을 장계취계한 장국도는 '(新疆)독립왕국'을 꿈꿨다. 한편 '서로군 참패'는 장국도에게 설상가상이 됐다.

제3절 '서안사변(西安事變)' 발발과 '평화적 해결'

1. 동북군 '쟁취'와 '반장항일(反蔣抗日)'

일제의 대중국 침략 가속화에 따른 민족항쟁의 결과물인 서안사변은 항일민족통일전선 구축의 성과물이다. 당시 '양외필선안내(攘外必先安內)' 정책을 고집한 장개석은 '홍군 토벌'에 집착했다. 결국 이는 홍군과 동북군·서북군의 '합작'을 초래했다. 궁지에 몰린 장학량·양호성은 궁여지책으로 장개석을 감금하는 '병간(兵諫)'을 일으켰다. 한편 서안사변은 중공중앙이 실행한 동북군 '쟁취'와 '반장항일' 정책과 밀접히 관련된다.

중공의 동북군 쟁취는 포로 우대 정책에서 비롯됐다. 홍군과의 전투에서 3개 사단을 잃은 동북군은 홍군과 '상호 불침' 조약을 체결했다. 이는 홍군과 동북군 고위층의 담판 결과물이다. 중공의 '(反蔣)항일' 정책은 동북군 쟁취에 걸림돌 역할을 했다. 한편 '서북국방정부' 설립을 목적으로 추진한 중공의 '서북정변'은 공산국제 반대와 장학량의 환득환실로 무산됐다. 결국 '반장(反蔣)'을 포기한 중공중앙은 '핍장(逼蔣)'을 선택했다.

'서북초비' 총사령관 장개석은 '4방면군 토벌'에 주력했다. '섬북홍군 토벌'은 (剿匪)부총사령관 장학량이 관장[1632]했다. 10~11월 서해동이 거느린 제15군단과 모택동·팽덕회가 지휘한 제1방면군은 동북군 3개

1632 상해 중화일보(中華日報, 1935.10.3)는 '서북초비(剿匪) 총사령부 설립'이란 타이틀로 관련 내용을 게재했다. … 비적에 의한 재난(匪患) 숙청을 위해 서안에 (剿匪)총사령부를 설립한다. 장위원장(蔣委員長)이 총사령관, 부총사령관 장학량이 군무(軍務)를 총괄한다. '(川陝甘)비적 토벌'을 곧 개시할 것이다(葉永烈, 2014: 63). 당시 장개석의 신임을 받은 장학량은 '(國民黨)2인자' 역할을 했다. 한편 장학량은 중공과 담판, '공동항일'을 추구했다.

사단을 궤멸하며 섬북에 정착했다. 한편 '염전(厭戰)' 분위기가 확산된 동북군을 통전(統戰)대상으로 간주한 중공중앙은 '(反蔣)항일' 정책을 추진했다. 이 시기 일제의 중국 침략 가속화로 '항일구국(抗日救國)'이 대세였다.

'만주사변(滿洲事變)'[1633]을 일으켜 중국 침략을 본격화한 일제는 동북 3성·열하(熱河)·차하얼(察哈尔) 등지를 잇따라 점령했다. 1935년 '화북5성 자치운동(華北五省自治運動)'[1634]을 획책한 일제는 기동(冀東)에 괴뢰정권을 세웠다. '양외필선안내' 정책에 집착한 남경정부는 일제와 굴욕적 타협을 했다. 한편 중공의 항일구국은 강력한 호소력을 갖고 있었다. 특히 '부저항 장군'으로 낙인찍힌 장학량에겐 '떨칠 수 없는 유혹'이었다.

와요보에서 장문천은 '항일반장(抗日反蔣) 결정(11.13)'을 공표했다. '백군공작(白軍工作)' 중점을 동북군으로 확정한 '결정'은 이렇게 썼다. …홍군은 '항일반장'을 지지하는 모든 부대와 작전 협력을 체결할 것이다(中央檔案館, 1986: 565). 당시 동북군은 60개 연대, 서북군(十七路軍)은 20개 연대였다. 이 시기 혐전(嫌戰) 분위기가 팽배한 동북군의 항일 욕망은 매우 강했다. 이것이 중공중앙이 동북군 쟁취를 결정한 주된 요인이다.

1633 '만주사변(滿洲事變)'은 '봉천(奉天)사변'·'유조호사건(柳條湖事件)'으로 불린다. '유조호사건(1931.9.18)'으로 개시된 '만주사변'은 일제의 중국 침략 효시(嚆矢)이다. 관동군 참모 이타가키(板垣征四郎) 등은 봉천 유조호에서 만주철도를 파괴한 후 중국측 소행이라고 트집잡아 군사행동을 개시했다. 일제는 만주국(滿洲國, 1932.3.1)을 세워 실질적 지배권을 행사했다. 한편 일제 반격을 포기한 장학량은 '부저항(不抵抗) 장군' 오명을 썼다.

1634 '화북5성자치운동(華北五省自治運動)'은 '화북자치운동'·'화북사변'으로 불린다. 1935년 하북·산동·산서·열하(熱河)·차하얼(察哈尔) 5개 성의 병탄을 위해 일제가 획책한 음모이다. 일본 특무기관이 책동하에 중화민국에서 이탈해 일본 지배를 받는 이른바 '자치운동'이 일어났다. 대표적인 것이 '기동사변(冀東事變, 1935.11)'이다. 한편 '양외필선안내' 정책에 집착한 장개석의 남경정부는 일제가 사주한 '자치운동'을 수수방관했다.

장문천은 전방의 모택동에게 보낸 전보(11.26)에 이렇게 썼다. …'항일반장' 영향력 확대를 위해 포로가 된 동북군 군관을 우대하고 '항일구국'을 깨우친 후 석방해야 한다(張培森 외, 2010: 199). 모택동은 동북군 제57군단장 동영빈에게 전보(11.26)를 보내 '(捕虜)우대 정책'을 설명했다. 전보는 이렇게 썼다. …홍군은 포로를 처형하지 않으며 부상자를 치료해준다. 또 '상호 불침' 조약 체결을 요구했다(中共中央文獻研究室, 1993: 490). '(捕虜)군관 우대' 제출은 직나진전투에서 궁지에 몰린 동북군 109사단장 우원봉의 자살과 관련된다. 상기 모택동의 전보는 동북군 고위층을 설득한 첫 사례라는 점에 긍정적인 의미를 부여할 수 있다.

중공과 장학량과의 밀접한 관계는 '포로 우대' 정책의 결과물이다. 유림교전투(10.25)에서 동북군 연대장 고복원(高福源)을 체포한 홍군은 그의 상처를 치료해주고 군사 교관으로 배치했다. 고복원은 중공의 '내전 중지, 공동항일' 주장을 수용했다(程中原, 2017: 18). 67군단장 왕이철의 측근인 고복원은 장학량의 신임을 받고 있었다. 한편 고복원이 이극농(李克農)에게 '장학량 설득'을 요구했고 주은래가 고복원의 '(張學良)설득 요구'를 허락했다는 일각의 주장은 신빙성이 낮다. 실제로 '전향자' 고복원을 '동북군 설득자'로 파견한 것은 홍군 지도자 팽덕회였다.

1936년 1월 고복원은 감천 수비군에게 항복을 권고했다. 적장(敵將)은 수비군의 '안전' 보장을 요구했다. 모택동은 팽덕회에게 보낸 전보에 이렇게 썼다. …동북군 항일을 전제로 모든 것을 협상할 수 있다(趙維, 2013: 69). 팽덕회는 이렇게 회상했다. …어느 날 고복원은 나에게 이렇게 말했다. 장학량·왕이철 등은 항일을 갈망하고 있다. '설득자'로 파견한다면 홍군 기대를 저버리지 않겠다(彭德懷, 1981: 209). 고복원을 신임한 팽덕회는 200원을 경비로 지급하고 호위대를 파견해 67군단 주둔지

(洛川)로 호송했다. 1936년 고복원은 비밀리에 중공에 가입했다. 한편 주은래가 고복원을 파견했다는 일각의 주장은 설득력이 떨어진다.

장작림은 황고둔(皇姑屯)에서 일본인에 의해 폭사(1928.6)당했다. 일제는 장학량의 '불구대천 원수'였다. 한편 동북3성을 일본군에게 내준 장학량은 '부저항 장군'이란 오명을 썼다. 1935년 가을 서해동·팽덕회가 거느린 '홍1방면군'에게 대패한 동북군은 3개 사단의 병력을 잃었다. 결국 (陝北)홍군과 화해한 장학량이 '공동항일'을 선택했다. 장학량의 '저의'는 실력을 보존하고 중공중앙을 통해 소련정부의 '군사적 원조'를 받는 것이었다. 결국 이는 동북군 총수인 장학량과 중공중앙이 서로 상대를 이용하는 '서북정변'을 밀모(密謀)하는 중용한 계기로 작용했다.

1935년 10월 장학량은 '신생사건(新生事件)'[1635]으로 감금 중인 두중원(杜重遠)[1636]과 밀담을 나눴다. 당시 두중원은 장학량에게 중공과 연합해 '서북대연합'을 건의했다. 12월 중순 장학량은 동북의용군 장령(將領)이며 중공 비밀당원 이두(李杜)와 비밀리에 만났다. 이두 역시 장학량에게 '중공 연합'을 권장했다. 이들의 충언과 진심어린 권고는 장학량의 '연공항일(聯共抗日)' 전환에 중요한 역할을 했다. 장학량은 이두에게 그

1635 '신생사건(新生事件)'은 상해 신생주간(新生週刊)이 천황에 대한 '불손한 표현'을 사용, 중일(中日) 간에 발생한 외교적 분쟁이다. '신생'을 창간(1934.2)한 애국지사 두중원(杜重遠)은 1935년 5월 4일 '황제 여담'이란 글을 게재했다. 이튿날 (上海)일본 낭인들은 '천황 모욕'에 항의하는 시위행진을 벌였다. (上海)주재 일본 총영사관은 국민당정부에 강력히 항의했다. 결국 국민당 상해당국은 '신생' 주간을 폐쇄, 편집장 두중원을 체포했다.

1636 두중원(杜重遠, 1898~1944), 길림성 공주령(公主嶺) 출신이며 애국지사이다. 1920년대 요녕성(遼寧省)상무(商務)총회장, 1934년 상해에서 '신생(新生)주간' 창간, 1939년 신강대학 총장, 1944년 신강 군벌 성세재에게 처형됐다.

를 도와줄 '공산당 책사' 물색을 부탁했다. 한편 낙천에서 고복원과 밤
새워 대화를 나눈 장학량은 (中共)대표와의 '공식 협상'을 부탁했다.

장학량은 이렇게 회상했다. …1935년 겨울 나는 상해에서 이두와
만나 '동북 수복'에 관해 진지하게 토론했다. 그는 나에게 '동북 수복'을
위해선 '소련·중공 협력'이 필수적이라고 말했다(楊奎松, 2006: 67). 상기
회상은 장학량이 '동북 수복'을 염두에 뒀다는 반증이다. 또 이두는 공
산당원 유정(劉鼎)[1637]을 장학량에게 천거했다. 한편 중공 당원 동건오(董
健吾)[1638]의 부탁을 받은 이두는 모안영(毛岸英) 형제를 소련에 보내줬다.

장학량은 자신의 '연공항일'은 국민당 제5차 대표대회(1935.11)의 감
회와 관련된다고 회상했다. '6가지 감회'는 ① 심균유(沈鈞儒)[1639]·왕조시
(王造時)[1640]의 충고 ② 소장파의 '친일파 지탄' ③ '왕정위 암살자' 송봉명
(孫鳳鳴)[1641]의 언행 ④ 이기적 '당내 분쟁' ⑤ (國民黨)중앙 책임자의 '항일

1637 유정(劉鼎, 1902~1986), 사천성 남계(南溪) 출신이며 공산주의자이다. 1924년 중공에 가
      입, 1930~1940년대 장학량의 수행부관, 중앙군관학교 정치교관, 팔로군 군공(軍工)부
      장, 건국 후 중공업부 부부장, 전국 정협 상임위원 등을 역임, 1986년 북경에서 병사
      했다.

1638 동건오(董健吾, 1891~1970), 상해시 청포(靑浦) 출신이며 공산주의자이다. 1927년 중공
      에 가입, 1930~1940년대 상해에서 대동(大同)유치원을 경영, 모택동의 두 아들을 소
      련에 보냈다. 송경령의 위탁을 받아 에드가 스노우를 연안에 호송, '홍색목사(紅色牧
      師)'로 불렸다. 1962년 상해시정부 참사(參事), 1970년 상해(上海)에서 병사했다.

1639 심균유(沈鈞儒, 1875~1963), 절강성 가흥(嘉興) 출신이며 공산주의자이다. 1920~1940년
      대 국회참의원 비서장, 전국각계구국연합회 조직부장, 중국인민구국회장, 건국 후 최
      고인민법원장, 전국 인대 부위원장, (民盟)중앙 주석 등을 역임, 1963년 북경에서 병사
      했다.

1640 왕조시(王造時, 1903~1971), 강서성 길안(吉安) 출신이며 애국지사이다. 1930~1940년대
      상해문화계구국회 집행위원, 전국각계구국연합회 위원, 국민참정회 참정원, 건국 후
      복단대학 교수, 1971년 상해(上海)에서 병사했다.

1641 송봉명(孫鳳鳴, 1905~1935), 강소성 동산(銅山) 출신이며 애국지사이다. 국민당 6중전회

모택동과 중국혁명 2

외면' ⑥ 왕정위의 '소극적 항일' 등이다(楊奎松, 2012: 60). 상기 회상은 장개석의 '지시'로 작성된 '서안사변 참회록(懺悔錄, 1964)' 내용으로 신빙성이 낮다. 한편 '왕정위 암살사건'[1642] 목격자인 장학량에게 애국지사 송봉명의 거사(擧事)가 준 충격이 컸을 것은 자명하다.

장학량의 '중공 연합' 원인은 ① 동북군 손실 ② '동북 수복'을 위한 병력 보존 ③ 홍군의 강한 전투력 ④ '홍군 주장' 인지 ⑤ 장개석의 '군번호 철회' ⑥ 중공의 '항일구국' 정책 ⑦ 장개석의 항일 외면 ⑧ '부저항 장군' 오명 탈피 ⑨ 애국지사의 충고 ⑩ 소장파의 '동북 회귀' 주장 등이다. 실제로 장학량의 '중공 연합' 목적은 '소련 원조' 취득이었다.

지방군에게 '홍군 토벌'을 강요한 후 '양패구상'을 통해 어부지리를 노리는 것은 장개석의 상투적 수법이다. 이는 지방군의 세력을 약화시킨 후 중앙군이 진입해 병탄하는 일석이조의 책략이었다. 20만의 병력을 가진 장학량을 (剿匪)부총사령관에 임명한 장개석은 홍군에게 섬멸된 3개 사단의 군번호를 철회했다. 또 '작전 실패'를 빌미로 군향을 줄인 것은 동북군 장병의 불만을 야기했다. 결국 장학량은 '중공 합작'을 추진했다.

1월 17일 고복원과 함께 낙천에 도착한 이극농은 왕이철과 회담했다. 20일 이극농은 장학량과 3시간 밀담했다. 이극농은 당중앙에 보낸 전보(1.21)에 이렇게 썼다. …장학량은 중공 연합과 '국방정부 설립'을

(1935.11.1)에서 왕정위를 겨냥해 총 세 발을 발사, 왕정위는 중상을 입었고 경호원의 총격을 받은 송봉명은 이튿날 병원에서 사망했다.

1642 1932년 1월 28일 왕정위는 국민정부 행정원장에 임명, 장개석이 군사위원장에 취임 (1932.3.6)해 '장왕(蔣汪)체제'가 확립됐다. 4중전회(1935.11.1) 기념 촬영 중 왕정위는 애국지사 손봉명의 총에 맞아 중상을 입었다. 당시 손봉명의 '암살 목표'는 장개석이었다. 한편 5기 1중전회(1935.12.7)에서 장개석은 당정군(黨政軍) 대권을 독점했다.

찬동했다(中共中央文獻研究室, 1998: 300). 이극농의 보고를 청취한 모택동·낙보 등은 동북군과 연합한 '서북국방정부' 설립을 결정했다. 또 당중앙은 홍군과 동북군이 연합해 '항일연군'을 설립하는 파격적 주장을 제기했다.

2월 21일 중공중앙은 통전(通電)을 발표해 '항일연군 설립'을 주장했다. 또 당중앙은 '상호 불침' 조약 체결을 취지로 한 훈령(訓令)[1643]을 발표해 동북군과 담판 중인 이극농에게 전달했다. 2월 25일 이국농은 낙천에서 왕이철과 '항일구국협정초안(草案)'을 체결하고 홍군·동북군의 '상호 불침'을 확정했다. 1936년 7월 왕이철은 중공 비밀당원이 됐다.

장학량은 이국농과의 '담판(3.5)'에서 이렇게 주장했다. …나는 '반장(反蔣)항일'을 찬동하지 않는다. 군정대권을 장악한 장개석과 연합해야 한다. 이에 이극농은 '반장 이유'를 이렇게 설명했다. …장개석은 항일을 외면하고 '홍군 토벌'에 집착하고 있다(程中原, 2016: 165). 회담 말미에 장학량은 이렇게 말했다. …모택동·팽덕회·주은래·박고 중 한 사람이 연안에서 나와 직접 면담하기 바란다('西安事變'編輯組, 1986: 6). 장학량이 요청한 '면담 대상'은 모택동·주은래 중 한 사람이라는 것이 학계의 정설이다. 3월 16일 석루(石樓)에서 이극농의 보고를 청취한 모택동·낙보 등은 주은래를 연안에 파견해 장학량과 담판할 것을 결정했다.

4월 9일 주은래와 장학량은 천주교회당에서 회담했다. 장학량의

1643 1936년 2월 21일 중공중앙은 '훈령(訓令)'을 발표, 동북군과의 '담판 전략'을 제정했다. '훈령'의 골자는 ① 장학량의 입장을 존중 ② '상호 불침' 조약 체결 ③ 항일구국과 공동항일이 취지 ④ 항일구국과 '매국적 토벌' 병행 ⑤ 내전 중지, '(抗日)선견대' 파견 ⑥ 원칙 견지, '담판 결렬' 상황을 방지 등이다(張培森, 1997: 303). 1936년 2월 25일 (中共)대표인 이극농은 '훈령'에 근거해 동북군 대표 왕이철과 '항일구국협정'을 체결했다.

'발언' 골자는 ① 항일통일전선, 장개석 포함 ② 장개석 쟁취, '연공항일' 불가능 ③ (蔣)민족 자존감에 탄복 ④ (蔣)주변, 친일파 득세 ⑤ 일본에 항복하면 장개석과 결별 등이(程中原, 2017: 27). 주은래가 당중앙에 보낸 전보(4.10)의 골자는 ① 국방정부·항일연군 설립 가능 ② 내전 중지, 공동항일 ③ '소련 파견' 대표, 신강 호송 ④ 4방면군 북진, '양도(讓道)' ⑤ '항일선언' 공표 전, '근거지 진격' 명령 수용 ⑥ 동북군 관할구, 군용품 매장 설치 ⑦ 상주(常駐)대표 파견 등이다(李小三 외, 2007: 362). 장학량의 '(聯蔣)항일' 주장은 중공이 '반장'을 포기하고 '핍장'을 결정한 주요인이다. 한편 장학량은 주은래에게 3만 법폐(法幣)[1644] 조달을 약속했다. 6월 중 '동북군 보호'하에 중앙대표 등발은 신강을 경유해 소련으로 떠났다.

'연장항일'을 강조한 장학량은 이렇게 주장했다. …최고 집권자 장개석을 빼놓고 항일을 운운할 수 없다. 장개석은 강력한 지도력을 갖고 있다. 나의 관찰에 따르면 그는 '항일 의지'를 갖고 있다(張魁堂, 1988.3). 또 그는 이렇게 말했다. …중공이 핍박하고 내가 권장하면 장개석의 (抗日)전향을 유도할 수 있다. 장개석이 일본에 투항하지 않는 한 나는 '반장(反蔣)'을 찬성하지 않는다(申伯純, 1979: 35). 주은래가 당중앙에 보낸 전보(4.10)에는 '연장(聯蔣)'이란 민감한 주제가 누락됐다. 한편 장학량의 '연장' 주장은 중공이 '반장'을 '핍장'으로 전환한 직접적 계기였다.

장학량은 '참회록'에 이렇게 썼다. …당시 주은래는 장공(蔣公, 蔣介

1644 법폐(法幣)는 국민당의 남경(南京)정부가 1935~1948년까지 사용한 유통 화폐의 명칭이다. 당시 중국에선 장기간 '은본위제도(銀本位制, silver standard system)'가 사용됐다. 남경정부의 '폐량개원(廢兩改元)' 정책이 실시되기 전 '은량(銀兩)'과 '은원(銀元)'이 병용됐다. 결국 '폐량개원' 화폐 정책의 출범으로 중국의 화폐가 통일됐다. 한편 '폐량개원' 정책은 남경정부의 재정적 위기와 경제적 문제점을 근본적으로 해결하지 못했다.

石)의 영도하에 항일해야 한다는 나의 주장을 수용했다. 쌍방이 토론한 결과는 ① 중공군 개편 ② 홍군 명칭 변경 ③ 공산당, 군대 퇴출 ④ 중공, 투쟁 중지 ⑤ 공산당 부대 해산 등이다(楊奎松, 2020: 71). 또 장학량은 이렇게 회상했다. …내가 가장 탄복하는 현대 정치가는 주은래이다. 첫 대면에서 나는 그의 언행에 깊이 매료됐다. 첫 번째 만남이었으나 오랜 지기와 같은 '일견여고(一見如故)'[1645]였다(聶茂 외, 2020: 243). 1960년대 발표된 '서안사변 참회록'은 사실 왜곡으로 점철된 정치 소설에 다름 아니다. 당시 장개석·장학량은 의형제·'동서'[1646] 간이었다. 한편 장학량은 주은래의 은사 장백령(張伯苓)[1647]과 '특수한 관계'[1648]를 갖고 있었다.

　　모택동·낙보 등은 양호성 설득에 공을 들였다. 서안수정공서 주임이며 17로군 총지휘 양호성은 섬북의 최고 실력자였다. 양호성은 중공

1645 '일견여고(一見如故)'는 첫 대면에서 옛 친구와 같이 친해지거나 첫 만남에서 의기투합하는 것을 뜻한다. 장학량이 주은래를 오래 지기와 같은 '일견여고'라고 회상한 원인은 ① 황포군교 '2인자' 주은래에 대한 존경심 ② 장백령(張伯苓)과의 '특수한 관계' ③ 주은래의 '동북 생활' 경력 ④ '서안사변'의 '평화적 해결'에 대한 기여 등이다.

1646 1929년 장개석과 장학량은 의형제를 맺었다. 1931년 송미령과 장학량의 '조강지처(糟糠之妻)' 우봉지(于鳳至)는 남경에서 의자매(義姉妹)를 맺었다. 남편끼리 의형제, 부인끼리 의자매를 맺은 것은 장개석·장학량 부부를 제외하고 유례를 찾아보기 어렵다. 한편 '서안사변' 후 장개석은 의제(義弟)·'동서'인 장학량을 50여 년 동안 감금했다.

1647 장백령(張伯苓, 1876~1951), 천진(天津) 출신이며 유명한 교육자이다. 1900~1920년대 천진남개(南開)중학교, 남개대학을 설립, 1930~1940년대 국민참정회 부의장, 국민당 중앙 감찰위원을 역임, 1951년 천진에서 병사했다.

1648 1916년 장학량은 남개중학교장 장백령의 (瀋陽)연설을 듣고 깊은 감명을 받았다. 강연 제목은 '중국의 희망'이었다. 1928년 장학량은 장백령에게 남개(南開)대학 발전 기금으로 '20만원 협찬'을 약속했다. 1930년 육해공(陸海空) 부총사령관 장학량은 장백령의 요청을 받아 남개대학에서 강연했다. 당시 동북대학 교무위원장 장학량은 장백령을 '(大學)교무위원'으로 초빙했다. 한편 장백령은 주은래의 남개(南開)중학교 은사였다.

가입을 '두 차례 신청'[1649]했으나 성공하지 못했다. 섬서성정부 주석 양호성은 공산당원 남한신(南漢宸)[1650]을 정부 비서장으로 등용했다. 한편 '양외필선안내'를 반대한 양호성은 항전 참가를 요구했으나 장개석에게 거절당했다. 결국 장개석의 배척을 받은 양호성은 '중공 합작'을 선택했다.

양호성에 대해 삭권약세(削權弱勢)를 실행한 장개석은 서북군 1개 사단 군번호를 철회한 후 측근 소력자를 섬서성 정부 주석에 임명했다. 양호성의 묵인하에 공산당원 사화(謝華)[1651] 등은 서북특별지부를 설립했다. 한편 이 시기 양호성은 공산당을 완전히 신임하지 않았다. 양호성의 '중공 불신' 원인은 ① '중공 가입' 신청이 거절 ② '장한민 살해 (1935)' 사건이다. '서북왕' 양호성과 서북에 주둔한 중공중앙은 서로 이용하는 관계였다.

1935년 12월 관중(關中)특위 서기 왕봉(汪鋒)[1652]은 모택동의 친필 편

1649 1927년 겨울 양호성은 '중공 가입'을 신청했으나, 그의 입당(入黨)을 불허한 하남성위는 '사보진(謝葆眞, 共産黨員) 결혼'은 허락했다. 1928년 4월 일본에서 휴양 중인 양호성은 재차 '중공 가입'을 신청했다. 당시 당중앙은 동경(東京)지부에 서한(書翰)을 보내 양호성의 입당을 허락, 당지에서 '입당 수속'을 할 것을 지시했다. 한편 서한이 도착했을 때 양호성은 귀국했다. 결국 '입당 불허'로 여긴 양호성은 '중공 가입'을 단념했다.

1650 남한신(南漢宸, 1895~1967), 산서성 홍동(洪洞) 출신이며 공산주의자이다. 1926년 중공에 가입, 1930~1940년대 섬서성정부 비서장, 중앙공위(工委)재정위 부주임, 중국인민은행장, 건국 후 국제무역촉진회장, 전국 인대 상임위원 등을 역임, 1967년 자살했다.

1651 사화(謝華, 1895~1987), 호남성 형남(衡南) 출신이며 공산주의자이다. 1925년 중공에 가입, 1930~1940년대 섬서성위 조직부 부부장, 팔로군 (延安)유수병단 비서장, 건국 후 호남성위 통전부장, 호남성 정협 부주석을 역임, 1987년 장사(長沙)에서 병사했다.

1652 왕봉(汪鋒, 1910~1998), 섬서성 남전(藍田) 출신이며 공산주의자이다. 1927년 중공에 가입, 1930~1940년대 홍군 제2연대 정치위원, 예악섬(豫鄂陝)군구 정치위원, 제38군단 정치위원, 건국 후 감숙성위 서기, 전국 정협 부주석을 역임, 1998년 북경에서 병사

지를 갖고 서안에 진입했다. 모택동의 편지를 받은 양호성은 비서 최맹박(崔孟博)[1653]을 북방국에 파견해 '남한신 확인'을 지시했다. 최맹박과 함께 서안에 도착한 북방국 정보부장 왕세영(王世英)[1654]은 중공 당원 왕국인(王菊人)[1655]을 통해 양호성을 만난 후 편지가 모택동의 친필임을 확인했다. 1936년 8월 장문빈(張文彬)[1656]은 모택동의 '두 번째 편지'[1657]를 갖고 서안에서 양호성을 만났다. 8월 13일 모택동은 17로군 총참의 두빈승(杜斌丞)[1658]에게 편지를 보내 '양호성 설득'을 부탁했다.

했다.

1653 최맹박(崔孟博, 1903~1955), 섬서성 함녕(咸寧) 출신이며 공산주의자이다. 1923년 중공에 가입, 1920~1940년대 황포군관학교 정치교관, 섬서성 위남(渭南)현장, 서안시 민정국장을 역임, 1955년 서안(西安)에서 병사했다.

1654 왕세영(王世英, 1905~1968), 산서성 홍동(洪洞) 출신이며 공산주의자이다. 1925년 중공에 가입, 1930~1940년대 북방국 정보부장, 진기로예(晉冀魯豫)군구 부참모장 등을 지냈다. 건국 후 산서성위 서기, 전국 정협 상임위원 등을 역임, 1968년 서안(西安)에서 병사했다.

1655 왕국인(王菊人, 1906~1975), 섬서성 포성(蒲城) 출신이며 공산주의자이다. 1926년 중공에 가입, 1930~1940년대 양호성의 수행비서, 서안시(西安市)정부 위원을 지냈다. 건국 후 섬서성 교통청 부청장, 섬서성 정협 부주석 등을 역임, 1975년 서안(西安)에서 병사했다.

1656 장문빈(張文彬, 1910~1944), 호남성 평강(平江) 출신이며 공산주의자이다. 1927년 중공에 가입, 1930~1940년대 '홍5군' 당대표, '홍7군' 정치위원, '홍3군단' 보위국장, 광동성위 서기를 역임, 1944년 옥중(獄中)에서 사망했다.

1657 모택동은 양호성에게 보낸 두 번째로 편지(1936.8.13)는 이렇게 썼다. …선생의 '연합전선' 지지에 존경을 표시한다. 중공은 서북군을 '항일 동반자'로 간주한다. 홍군은 서북군과 '상호 불침'을 약속하며 통상 전개를 기대한다. '통신연락망 구축' 협상을 위해 장동지(張同志)를 파견한다(中央文獻硏究室, 1983: 39). 서북군을 '동맹자'로 간주한 중공은 '양호성 쟁취'에 공을 들였다. 9월 초 (中共)대표 장문빈은 서북군과 '(合作)협의'를 체결했다.

1658 두빈승(杜斌丞, 1888~1947), 섬서성 유림(楡林) 출신이며 애국지사이다. 1930~1940년대 서북군 총참의(總參議), 섬서성 정부 비서장, (民盟)중앙 상임위원 1947년 3월 호종남에

1935년 10월 (天津)북방국은 '양호성 설득'을 위해 신백순(申伯純)[1659]
을 17로군에 파견했다. 1936년 2월 서북군과 홍군은 '상호 불침' 협정
을 체결했다. 1936년 봄 공산국제는 왕병남(王炳南)[1660]을 서북군에 파견
했다. 당중앙은 정치국 회의(1936.4.5)를 열고 양호성을 '동맹자'로 확정
했다. 한편 서안에서 양호성과 밀담을 진행(9.6)한 장문진은 '합작협의
(9.7)'[1661]를 체결했다. 또 당중앙은 가탁부(賈拓夫)를 책임자로 한 '서북군
공작(工作)위원회'를 설립하고 장문천이 직접 영도했다. 1936년 가을 '적
화(赤化)'된 양호성은 '연공항일(聯共抗日)'을 결심했다.

모택동·주덕의 명의로 발표된 '통전(通電, 5.5)'은 이렇게 썼다. …(國
共)양당은 섬감진(陝甘晉)에서 내전을 중지해야 한다. 쌍방은 대표를 파
견해 '항일구국'에 관해 협상할 것을 호소한다(中央檔案館, 1991: 21). '통전'
은 '반장(反蔣)' 구호를 제출하지 않았으며 항일 필요성을 강조했다. 또

게 체포, 그해 10월 옥중(獄中)에서 처형됐다.

1659 신백순(申伯純, 1898~1979), 하북성 완편(宛平) 출신이며 공산주의자이다. 1937년 중공
      에 가입, 1930~1940년대 서북군(西北軍) 정치처장, 제18집단군 지휘부 비서장, 팔로
      군 북경(北平)판사처장, 건국 후 전국 정협 상임위원 등을 역임, 1979년 북경에서 병
      사했다.

1660 왕병남(王炳南, 1909~1988), 섬서성 건현(乾縣) 출신이며 공산주의자이다. 1926년 중공
      에 가입, 1930~1940년대 국제반제(反帝)동맹 동방부장, 남경 주재 외사처장, 중앙외
      사처 부처장, 건국 후 외교부 부부장, 전국 정협 상임위원 등을 역임, 1988년 북경에
      서 병사했다.

1661 장문빈은 '양호성 면담(9.6)' 결과를 근거로 왕국인과 '(合作)협의'를 체결(9.7)했다. '협
      의' 골자는 ① 서북군 배치, 홍군 통보 ② 민단(民團) 활동 제한, (民團)두목 사상개조 진
      행 ③ 화물운송 사무소 설립 ④ 연락망 개통 등이다(楊奎松, 2020: 142). 양호성은 '상호
      불침'에는 동의했으나 여전히 홍군을 경계했다. 결국 이는 홍군의 '장한민(中共黨員) 처
      형'과 관련된다. 한편 '연락망 개통'은 홍군·서북군의 협력관계 구축을 의미한다.

'장씨(蔣氏)' 호칭은 사회 각계에 커다란 반향을 일으켰다(金忠及 외, 2011: 408). 정치국 회의(5.8)에서 당중앙은 항일통일전선 구축을 위한 '서북국방정부' 설립을 당면과제로 확정했다. 한편 '양광사변(6.1)'의 폭발은 '서북국방정부'의 출범을 촉구하는 중요한 계기로 작용했다.

장문천이 공산국제에 보낸 '전보(6.16)'의 골자는 첫째, 홍군·동북군은 고위급 연합전선을 구축했다. 둘째, 중공은 송철원(宋哲元)[1662]·유상 등과 '협상 준비' 중이다. 셋째, '서북국방정부' 설립이 가능하다. 넷째, 작전 배치는 ① 제1방면군, 감북(甘北) 점령 ② 제2·4방면군, 감남(甘南) 통제 ③ 동북군, 주소량의 중앙군을 섬멸 ④ '항일연군' 총사령관은 장학량, 중공은 부직(副職)을 맡는다(楊奎松, 2006: 113). 6월 18일 당중앙은 '홍4방면군'에 전보를 보내 당중앙의 급선무는 '서북정변'[1663]을 일으켜 '양광사변'에 호응하는 것이라고 강조했다. 한편 상기 동북군의 '주소량 섬멸'은 중공의 주관적인 희망에 불과했다. 결국 '서북정변'은 중공과 장학량의 '동상이몽(同床異夢)'[1664] 및 공산국제의 반대로 무산됐다.

'전보(6.16)'는 이렇게 썼다. …동북군이 남경정부를 이탈하면 매달

1662 송철원(宋哲元, 1885~1940), 산동성 낙릉(樂陵) 출신이며 국민당군 상장이다. 1920~1930년대 국민혁명군 제11사단장, 제4로군 총지휘, 제1전구(戰區) 부총사령관 등을 지냈다. 1940년 사천성 면양(綿陽)에서 병사했다.

1663 1936년 6월 '양광사변(1936.6.1)' 호응을 위해 중공중앙이 계획한 '쿠데타'이다. '서북정변'의 목적은 홍군·동북군이 연합해 서북에 남경정부와 대적하는 '서북국방정부'를 설립하는 것이다. 당시 홍군은 동북군·서북군과 '상호 불침' 조약을 체결했다. 결국 공산국제의 반대와 장학량의 환득환실로 중공중앙이 시도한 '서북정변'은 무산됐다.

1664 '동상이몽(同床異夢)'은 같은 침상에서 서로 다른 꿈을 꾼다는 뜻이다. 중공의 '서북정변' 목적은 '서북국방정부' 설립이었다. 장학량의 저의는 남경정부와 결렬할 경우 소련을 '후원자'로 대체하는 것이었다. 중공의 숨은 목적은 '동북군 적화(赤化)'였다. 한편 장학량의 목적은 '소련 원조'를 받아 고향으로 회귀해 동북3성을 수복하는 것이었다.

300만원의 군비가 소요된다. 또 전투기·대포 등 중무기는 소련의 지원을 받아야 한다(楊奎松, 2020: 108). 당중앙의 '서북정변 결정(6.19)' 골자는 첫째, 연합전선의 구축을 위해 '국방정부' 설립은 필수이다. 둘째, '서북정변'을 일으켜 '양광사변'에 호응해야 한다. 셋째, 일시와 작전 배치는 성공을 전제로 결정해야 한다(中共中央文獻研究室, 1993: 549). '소련 원조'에 집착한 장학량은 중공의 '서북정변' 답변을 차일피일 미뤘다. 한편 동북군의 '와요보 진격'[1665]으로 당중앙 기관은 부득불 철수했다.

장문천은 공산국제에 보낸 전보(7.2)에 이렇게 썼다. …'중공 접촉'을 통해 소련정부를 신뢰하고 있는 장학량은 '중공 가입'을 신청했다. 그의 '입당'은 홍군에게 도움이 될 것이다(楊奎松, 2012: 116). 또 그는 동북군을 이렇게 소개했다. …'망국망가(亡國亡家)'의 동북군은 '항일 욕망'이 매우 강하다(張培森 외, 2010: 237). 한편 장학량의 '중공 가입' 주목적은 '소련 관계' 회복을 통해 '소련 원조'를 획득하는 것이었다. 실제로 '전보(7.2)'의 취지는 장학량·동북군에 대한 공산국제의 신뢰를 확보하고 '서북정변'을 허락받아 소련의 군사적 지원을 얻기 위한 것이었다.

'서북정변'에 대한 장학량의 입장은 ① '소련 통로' 개척이 우선 ② '통로 개척'을 위해 수원(綏遠) 공략 ③ '통로 개척'은 홍군 위주, 동북군 협력 ④ 4방면군 일부, 청해 진격 ⑤ 동북군, '신강 통로' 개척 협력 ⑥ 홍군의 '(陝北)중앙군 유인' ⑦ 홍군의 '동북군 개조' 협력 등이다(楊奎松, 2020: 153). 한편 양호성은 '홍군 합작'은 동의하나 서북군의 '홍군 개편'

1665 동북군 참모장 연도강은 동북군에게 '와요보 공격'을 명령했다. 6월 11일 동북군 107사단과 117사단은 세 갈래로 나눠 반룡(蟠龍) 등지를 향해 진격했다. 당시 홍군은 무방비 상태였다. 동북군의 '반룡 점령' 후 (紅軍)부상병이 미처 철거하지 못해 손실이 발생했다. 6월 13일 주은래는 왕이철에게 전보를 보내 '공격 중지'를 강력히 요구했다.

을 반대했다. 실제로 '장양(張楊)'의 전제조건은 '소련 원조' 획득이었다.

중공중앙은 장학량[1666]에게 보낸 편지(8.9)[1667]에 이렇게 썼다. …'국방정부' 설립에 관한 정치강령을 토론하고 있다. '통일적 정책'이 출범해야 강한 호소력을 가질 수 있다. 홍군과 동북군의 정치적 입장은 일치하다. 중공은 동북군의 '건의'를 대체적으로 찬동한다(中共中央文獻硏究室, 2005: 567). 중공이 김칫국부터 마신 격이다. '편지'에서 중공은 장학량을 '동지(同志)'라고 호칭했다. 이는 중공이 장학량의 '중공 가입'을 허락한다는 반증이다. 한편 장학량은 '동지(共産黨員)'로서 자격미달이었다. 실제로 장학량은 장개석·모택동 사이에서 '양다리 걸치기'[1668]를 했다.

공산국제의 '정치지시(8.15)'[1669]는 이렇게 썼다. …우리를 당혹스럽게 한 것은 '장학량 입당' 요청이다. 중공의 '양광사변 지지' 성명은 실책이다. 장학량을 맹우(盟友)로 간주해선 안 된다. 그는 수시로 중공을

1666 장학량(張學良, 1901~2001), 요녕성 반금(盤錦) 출신이며 동북 군벌이다. 1920~1930년대 동북3성 보안사령관, 동북변방사령장관, '서북초비' 부총사령관, 1936년 12월 12일 양호성과 함께 장개석을 감금했다. 1938~1990년 대륙·대만에서 구금, 2001년 미국에서 병사했다.

1667 중공중앙은 장학량에게 보낸 편지(8.9)에 이렇게 썼다. …홍군의 전략방침은 ① 난주 점령 ② '소련 통로' 개척 ③ 내부 역량 강화 ④ 수원 출병 등이다(中共中央文獻硏究室, 1993: 567). 실제로 중공의 전략은 동북군의 협조가 없이 스스로 실행할 수 없었다. 한편 중공과 장개석 사이에서 '양다리 걸치기'를 장학량은 비협조적 태도를 취했다.

1668 장학량이 중공중앙이 제출한 '서북국방정부' 설립을 동의한 목적은 '중공 관계'를 이용해 '소련 원조'를 획득하는 것이었다. 당시 장학량은 동북군이 남경정부를 이탈할 경우, 장개석의 '군향 지급' 중지를 우려했다. 한편 장학량의 환득환실과 '양다리 걸치기'는 중공이 계획한 '서북정변'이 요절하고 '서북국방정부'가 무산된 주된 원인이다.

1669 공산국제의 '정치지시(8.15)' 골자는 ① 중공중앙의 '반장(反蔣)항일' 비판 ② 장개석과 '공동항일(共同抗日)'을 위한 '담판 진행' ③ 중공중앙의 '장학량 동맹(同盟)' 전략을 반대 ④ '민주공화국' 설립, '소비에트 포기' 요구 등이다. 결국 이는 중공중앙이 '반장(反蔣)항일' 전략을 포기하고 '서북국방정부' 설립이 무산되는 결과를 초래했다.

배반할 수 있다(楊奎松, 2020: 170). 7월 중순 공산국제는 중공중앙에 보낸 전보에서 '장학량 경계'[1670]를 요구했다. 실제로 공산국제가 중공중앙이 제출한 '서북국방정부' 설립을 반대한 것이다. 공산국제 총서기인 디미 트로프(Dimitrov)[1671]는 중공의 '반장항일'을 비판[1672]했다. 한편 공산국제 의 '장학량 불신'은 스탈린의 입김이 작용한 것으로 풀이된다.

스탈린의 '장학량 불신'은 장작림·장학량 부자의 악연과 관련된 다. 장작림은 일본 지지를 얻기 위해 (北京)소련대사관을 압수수색했다. 또 '중동로사건'으로 장학량은 스탈린의 미움을 샀다. 소련을 적대시한 장학량에게 스탈린이 '경비·무기'를 지원할 리 만무했다. 스탈린의 지 배를 받는 공산국제가 장학량의 '중공 가입'을 반대한 것은 당연한 결 과였다. 한편 스탈린은 '친소파(親蘇派)' 성세재를 소련 공산당에 가입 (1938.8)시켰다.

중공중앙의 '동북군 지도원칙(6.20)'은 이렇게 썼다. …동북군은 항 일부대로 전향할 수 있다. '통전(統戰)' 목적은 동북군을 항일부대로 거

1670 7월 중순 공산국제는 중공중앙에 보낸 전보에 이렇게 썼다. …동북군을 쟁취해 '공동 항일(共同抗日)'을 추진하는 것은 시의적절하다. 그러나 장학량을 신임해선 안 되며 각 별히 경계해야 한다. 정치적 환경이 변화에 따라 그는 수시로 '중공 배반자'가 될 수 있다(楊奎松, 2012: 174). 실제로 공산국제의 '장학량 경계'는 나름의 일리가 있었다.

1671 디미트로프(Dimitrov, 1882~1949), 불가리아(Bulgaria) 출생이며 걸출한 국제활동가이 다. 1934년 모스크바에 도착, 1935~1943년 공산국제 총서기를 맡았다. 1946년 불 가리아 공화국 총리(總理), 1948년 불가리아 공산당중앙 총서기, 1949년 모스크바에 서 병사했다.

1672 공산국제 총서기 디미트로프는 '중국문제 토론회(7.23)'에서 이렇게 말했다. …정치적 으로 성숙하지 못한 중공은 장개석과의 '연합항일' 문제에서 전략적 과오를 범했다. 항일통일전선 중 '실력파' 장개석을 배제한 '반장항일' 전략은 잘못됐다(中共中央黨史·文 獻研究院, 1988.2). 실제로 장학량과 연합해 추진하는 '서북국방정부'를 반대한 것이다.

듭나도록 도와주는 것이다(中央檔案館, 1991: 31). 정치국 회의(7.27)에서 모택동은 이렇게 말했다. …기존 전략은 ① 근거지 설립 ② 유격전 전개 ③ 항일연합전선 구축이다. 향후 '항일연합전선 구축'을 급선무로 삼아야 한다(金忠及 외, 2004: 419). 홍군의 (統戰)목적은 '동북군 적화(赤化)'였다. 항일연합전선은 '서북국방정부' 설립을 의미한다. 한편 중공·동북군 연합은 주은래·장학량·왕이철 등 고위층 간에 구축된 연합전선이었다.

모택동의 보고(8.10) 골자는 ① '서북국방정부' 설립 협상 중 ② 2·4 방면군 북상, '소련 통로' 개척에 큰 역할 ③ '반장(反蔣)', 부적절 ③ 항일연합전선 구축 등이다(逄先知 외, 1993: 568). 당시 모택동은 장개석이 '홍군토벌'을 중지하면 '남경담판(南京談判)'[1673]이 가능하다고 주장했다. 상기 '소련 통로' 개척은 장학량·양호성의 '건의'를 수용한 결과였다. 한편 '반장항일' 포기는 '연장(聯蔣)항일'로 전환하는 중요한 계기가 됐다.

공산국제의 '정치지시(8.15)' 골자는 ① 장개석·일제, '공동의 적' 간주는 정치적 과오 ② 중공의 급선무는 항일 ③ (國共)군사행동 중지 ④ '민주공화국(民主共和國)[1674]' 제창 ⑤ 항일민족통일전선 구축 등이다(程中原, 2016: 177). 상기 '정치지시'는 중공의 '반장항일'을 반대한 것이다. 중공

1673 모택동은 주덕에게 보낸 전보(8.12)에서 '남경담판'에 관해 이렇게 썼다. …남경정부를 통일전선의 '주요 협력자'로 삼아야 한다. 중공은 남경정부와 '공동항일'을 위한 담판을 진행해야 한다. '홍군 토벌' 중지를 전제로 담판을 통해 '통일적 지휘' 등을 토론할 수 있다(逄先知 외, 2005: 569). 당시 '장학량 쟁취'를 위해 '반장(反蔣)'을 포기한 중공은 '핍장(逼蔣)'으로 전략을 변경했다. 한편 공산국제의 '연장(聯蔣)'과 뉘앙스 차이가 있다.

1674 공산국제의 '정치지시(8.15)'에서 제출한 '민주공화국(民主共和國)'은 기존 '중화소비에트공화국'의 포기를 의미한다. 이는 중공이 국민당과 연합해 항일민족통일전선을 구축하고 장개석이 주도하는 남경정부에 (中共)소비에트정권이 귀속된다는 뜻이다. 실제로 장개석이 지배한 '독재(獨裁)' 정부에서 '민주공화국' 설립의 가능성은 제로였다.

중앙은 왕명에게 편지(8.25)를 보내 소련정부의 '중무기 지원'을 요구했다. 한편 당중앙의 '공개편지' 발표는 공산국제 지시에 순응한 것이다.

당중앙이 '공개편지(8.25)'에서 장개석을 '장위원장(蔣委員長)'[1675]으로 호칭한 것은 장개석의 '영수(領袖)' 지위를 인정한다는 반증이다. 한편 '민주공화국' 제출은 '국공합작'에 성의를 보여준 것이다. 또 (國共)양당의 전권대표 파견과 담판 진행을 요구했다. 8월 30일 당중앙은 주덕·장국도에게 보낸 편지에서 처음으로 '박장항일(迫蔣抗日)'을 언급했다.

당중앙이 당내에 하달한 '핍장항일 지시(9.1)' 골자는 ① '반장항일' 구호 부적절 ② '핍장(逼蔣)' 목적, 항일연합전선 구축 ③ '핍장'은 '홍군 토벌' 포기 ④ '연합항일' 담판 추진 ⑤ '통일적 지휘' 복종 등이다(中央檔案館, 1991: 90). 정치국 회의(9.15)에서 장문천이 한 '보고'의 골자는 ① '민주공화국' 설립 ② 당면과제, '공동항일' 전개 ③ (逼蔣)목적은 '항일구국' ④ 중공의 독립성 보전 등이다(蔣培森 외, 2010: 257). 실제로 '핍장항일'은 제2차 '국공합작' 추진에 긍정적인 역할을 했다. 또 '핍장항일'을 성사시킨 것은 '서안사변'의 주모자 장학량·양호성이다. 한편 '민주공화국'은 정치적 구호에 불과하며 실현 가능성은 제로였다.

'서북정변'과 '서북국방정부'가 무산된 원인은 ① 중공과 장학량의 '동상이몽' ② 공산국제의 '정치지시' ③ 동북군 '쟁취', 고위층에 국한 ④ 장학량의 환득환실 ⑤ 동북군 '적화' 실패 ⑥ '소련 통로' 개척 실패 ⑦ 소련의 '무기 지원' 거절 ⑧ 스탈린의 '장학량 불신' ⑨ 중공의 '장학

1675 1936년 전반기까지 중공은 '홍군 토벌' 장본인이며 항일을 외면하는 장개석을 '매국적·반역자'라고 폄하했다. 한편 '공개편지(8.25)'에서 중공중앙이 장개석을 '장위원장(蔣委員長)'이라고 공식 호칭한 것은 장개석의 (領袖)지위를 인정한 것이다. 결국 이는 중공이 기존 '반장(反蔣)항일' 전략을 '핍장(逼蔣)항일'로 변경했다는 단적인 반증이다.

량 맹신' 등이다. 당시 중공과 동북군이 연합한 '서북정변'이 발생했다면, 이는 서안사변 못지않게 거대한 센세이션을 일으켰을 것이다. 결국 '서북정변' 무산은 중공의 '동북군 쟁취'에 실패했다는 단적인 방증이다. 한편 중공이 제창한 '서북국방정부'는 중대한 실책[1676]으로 간주된다.

와요보회의 후 중공중앙은 '반장(反蔣)항일' 전략을 추진했다. 중공의 '반장전략'은 장학량 '쟁취'에 걸림돌 역할을 했다. 또 장학량은 주은래와의 (延安)담판에서 '연장(聯蔣)항일'을 제출했다. 중공의 '(反蔣)전략' 포기에 결정적 역할을 한 것은 공산국제의 '정치지시(8.15)'였다. 결국 '정치지시'를 수용한 중공중앙은 '(逼蔣)항일'을 최종 결정했다. 한편 중공의 '핍장항일' 전략은 장학량·양호성이 주도한 서안사변을 촉발했다.

2. 장학량의 '간곡한 간언(諫言)' 및 '병간(兵諫)' 단행

1936년 10월 장개석은 본격적인 '홍군 토벌'을 획책했다. 홍군과 '상호 불침' 협의를 맺은 장학량·양호성은 '홍군 토벌'을 반대했다. '장양(蔣楊)'은 장개석에게 수차례 내전 중지와 공동항일을 권간(勸諫)했다. '양외필선안내'에 집착한 장개석은 장학량의 간언(諫言)을 매섭게 거절했다. 결국 궁지에 몰린 '장양'은 병간(兵諫)을 단행해 장개석을 감금했다.

장학량 등이 '병간'을 단행하게 된 것은 복잡한 정치적 배경이 깔려 있다. 서안사변이 발발한 밑바탕에는 장학량의 '동북 수복'과 장개

1676 '서북국방정부'가 중대한 실책으로 간주되는 이유는 첫째, 중공과 동북군은 서로 상대를 이용했고 동기가 불순했다. 둘째, 홍군의 동북군 '적화(赤化)'는 가능성이 제로였다. 셋째, 제2차 '국공합작'에 걸림돌 역할을 했다. 넷째, 공산국제의 '연장(聯蔣)항일' 지시에 위배됐다. 다섯째, '뱀이 코끼리를 삼키는' 것과 같은 주관적 의도와 욕망이었다. 결국 중공의 '서북국방정부' 추진은 녕하(寧夏)전역의 실패와 '서로군'의 참패를 초래했다.

모택동과 중국혁명 2

석의 '내전 치중', 중공의 '반장항일' 정책이 얼기설기 얽혀 있다. 실제로 제2차 '국공합작'을 유발한 서안사변은 '공동항일'을 주장한 장학량과 '홍군 토벌'에 집착한 장개석 간의 모순과 쌓인 갈등이 폭발한 결과물이다.

1936년 공산당은 장학량과 접촉해 내전을 중단하고 항일투쟁에 나설 것을 촉구했다. 그러나 장학량은 '안내양외(安內攘外)' 정책을 고수했다(임명현, 2019: 128). 만주사변 후 '부저항 장군'이란 비난을 받은 장학량은 관내(關內)[1677]에 남은 동북군을 달랠 수밖에 없었다. 결국 중공의 정치적 영향을 받은 장학량은 민족주의자에서 공산주의자로 전향했다(김승일, 2009: 57). 섬북에 터를 잡은 모택동은 소련의 지원으로 무력을 증강했다. 장학량은 항일통일전선을 구축하고자 중공에 유화적 태도를 취했다(나창주, 2019: 423). 실제로 '양외필선안내' 정책에 집착한 것은 장개석이었다. 또 장학량은 결코 '공산주의자'가 아니었다. 한편 모택동이 '소련 지원'을 받아 무력을 증강했다는 주장은 사실무근이며 신빙성이 제로이다.

서안에서 장개석은 장학량에게 이렇게 말했다. …지금은 일본의 침략을 논할 때가 아니다. 일본인은 멀리 있으나 공산당은 눈앞에 있다. 2개월 후 장개석은 모택동의 포로가 됐다(R. Terrill, 2010: 183). 장개석은 '모택동 포로'가 아닌 장학량의 '포로'였다. 결국 장학량의 (抗日救國)요구를 도외시한 장개석은 '의제(義弟)' 장학량에 의해 서안에서 구금됐다.

1677 관내(關內)는 흔히 하북성에 위치한 산해관(山海關) 이서의 지역과 감숙성의 가욕관(嘉峪關) 이동의 일대를 가리킨다. 고대에서는 섬서성의 장안(長安) 부근, 즉 동관(潼關) 이서의 왕기(王畿)를 '관내'로 지칭했다. 또 명청(明淸) 시기에는 산해관 이서를 '관내'로 통칭했다. 한편 사천성 강정(康定)현 이동을 '관내'라고 불렀다는 주장도 있다.

중앙군 30개 사단을 서북으로 이동 배치한 장개석은 장정문을 전적 사령관, 위립황을 진섬수녕(晉陝綏寧) 총지휘로 내정했다. 이는 '(張楊) 지휘 불복'을 대비한 것이다. 또 그는 마보청·마홍규에게 (黃河)방어선 고수를 지시했다. 11월 19일 주은래·팽덕회는 홍군 주력을 산성보(山城堡)에 매복시켰다. 11월 21일 홍군은 매복전을 전개해 적군 78사단을 대부분 섬멸했다. 산성보전투에서 치명적 타격을 입은 호종남은 곧 퇴각했다.

모택동 등이 (19명)홍군 장령(將領)[1678] 명의로 장개석에게 보낸 '공개편지(12.1)'의 골자는 ① '내전 중지' 요구 ② '초비 명령' 중단 ③ '수원항전(綏遠抗戰)'[1679] 협력 ④ 당면과제, '항일구국' 등이다(中共中央文獻研究室, 1993: 617). 장개석은 중공의 '항일구국' 요구를 일축했다. 12월 초 '장양(張楊)'에게 최후통첩을 내린 장개석의 '항일 탄압'은 더욱 노골화됐다. '수원항전' 제지와 '칠군자사건(七君子事件)'[1680]이 단적인 사례이다.

1678 1936년 12월 1일 모택동은 '(19명)홍군 장령'의 명의로 장개석에게 편지를 보내 '공동항일'을 호소했다. 상기 19명 장령은 모택동·주덕·장국도·주은래·왕가상·팽덕회·하룡·임필시·임표·유백승·엽검영·장운일·서향전·진창호·서해동·동진당·나병휘·소식평·곽홍도였다. 당시 소식평과 곽홍도는 지방정부의 간부였다.

1679 '수원항전(綏遠抗戰)'은 1936년 11~12월 내몽골 수원에서 국민혁명군 제35군과 일본군의 사주를 받은 '위몽군(偽蒙軍)' 간에 벌어진 국부전이다. 11월 중순 수원성장 부작의 장군이 거느린 진수군(晉綏軍)은 홍격이도(紅格爾圖)를 침공한 '위몽군(偽蒙軍)'을 대파했다. 또한 승승장구로 이수신(李守信)의 '위몽군'을 대파한 진수군은 백령묘(百靈廟)대첩을 거뒀다. 결국 전국적인 항일운동 붐을 일으킨 '수원항전'은 서안사변을 유발했다.

1680 '칠군자사건(七君子事件)'은 1936년 11월 23일 국민당의 남경정부가 상해에서 전국각계구국연합회 주요 멤버인 심균유·왕조시·이공박·사천리·장내기·추도분·사량 등 7명을 체포해 구금한 정치적 사건을 지칭한다. 결국 국민당의 '항일 탄압'은 국민적 공분을 일으켰다. 한편 '7.7사변' 후 남경정부는 심균유 등 '칠군자'를 석방했다.

11월 중순 일제의 사주를 받은 '위몽군(僞蒙軍)'[1681]은 왕영(王英)[1682]의 인솔하에 진수군(晉綏軍)[1683]이 수비한 홍격이도(紅格爾圖)를 공격했다. 수원성장 부작의(傅作義)[1684]의 지휘하에 홍격이도전역[1685]에서 승전한 진수군은 승승장구로 이수신(李守信)[1686]의 '위몽군'을 대파하고 백령묘(百靈廟)를 수복했다. 당시 장개석은 탕은백이 거느린 중앙군 8개 연대를 수원에 파견했다. 한편 장개석은 장학량의 '수원 참전' 요구를 거절했다.

　　12월 1일 중공중앙은 '수원 참전' 취지의 '통전(通電)'을 발표했다. 실제로 홍군의 '수원 참전'은 현실적으로 불가능했다. 장개석이 '홍군 섬

1681　'위몽군(僞蒙軍)'은 분열(分裂) 분자 덕왕(德王)이 일본군의 지지하에 설립한 것이다. 실제로 '위몽군'은 일본 관동군의 지배를 받는 괴뢰군(傀儡軍)이었다. 1936년 4월 하순 덕왕은 친일파를 골간으로 한 '몽골군 정부'를 설립했다. 11월 중순 수원을 공격한 '위몽군'은 진수군에게 대패했다. 한편 일본이 투항(1945.8)한 후 '위몽군'은 해체됐다.

1682　왕영(王英, ?~1951), 내몽골 오원(五原) 출신이며 '위몽군(僞蒙軍)' 장령이다. 1930~1940년대 진수군 제4단장, '대한의군(大漢義軍)' 사령관, 평포로(平蒲路) '초비(剿匪)' 사령관, 1950년 해방군에게 체포, 1951년에 처형됐다.

1683　진수군(晉綏軍)은 진군(晉軍)·염군(閻軍) 등으로 불리며 통솔자는 염석산·부작의 등이다. 1927년 진수군은 국민혁명군 북방군, 1928년 국민혁명군 제3집단군으로 개칭, 1933년 진군은 (太原)수정공서 통괄, 1937년 제2전구 사령부 통괄, 1949년 해방군에게 전멸됐다.

1684　부작의(傅作義, 1895~1974), 산서성 영하(榮河) 출신이며 국민당군 상장이다. 1930~1940년대 진수군(晉綏軍) 제35군단장, 제7집단군 총사령관, '화북초비' 사령관, 건국 후 수리전력(水利電力)부장, 전국 정협 부주석, 국방위원회 부주석을 역임, 1974년 북경에서 병사했다.

1685　홍격이도전역(紅格爾圖戰役)은 수원 항전을 유발한 첫 전역이다. 1936년 11월 중순 왕영(王英)이 거느린 '위몽군'이 진수군이 수비한 홍격이도를 공격했다. 11월 18일 진수군은 전면적 공격을 개시, '위몽군' 1000여 명을 섬멸했다. 20일 '위몽군'은 부득불 퇴각했다. 부작의는 (紅格爾圖)승전을 이용해 백령묘(百靈廟) 전역을 본격 개시했다.

1686　이수신(李守信, 1892~1970), 내몽골 탁색도맹(卓索圖盟) 출신이며 '위몽군(僞蒙軍)' 총사령관이다. 1920~1940년대 동북군 (騎兵)연대장, '위몽군' 사령관, 제10로군 사령관 등을 역임, 1971년 후허호트(Huhhot)에서 병사했다.

멸'을 급선무로 확정했기 때문이다. 당중앙의 '통전 취지'는 여론몰이를 통해 장개석에게 압력을 가하고 전국적인 항전을 유발하는 것이었다.

장개석의 책략은 '선초비(先剿匪) 후항일(後抗日)'이었다. 한편 장개석은 친일파가 아니었고 매국적으로 보긴 어렵다. 민족주의자 장개석은 망국노가 되는 것을 원치 않았다. 장개석에게 있어 '공산주의 실현'이 궁극적 목표인 공산당이 '양광사변'을 일으킨 서남 군벌보다 더 위험하고 두려운 적수였다. 실제로 공산당은 장개석의 '불공대천 원수'였다. 이것이 그가 '홍군 섬멸'을 당면과제로 삼은 주된 원인이다. 장개석의 예감은 적중했고 그의 우려는 현실로 나타났다. 20년 후 장개석의 중화민국(中華民國)[1687]을 멸망시킨 것은 모택동의 '해방군(解放軍)'[1688]이었다.

1936년 5월 31일 송경령·하향응·심균유·장내기(章乃器)[1689] 등이 상해에서 설립한 전국각계연합회는 (國共)양당에게 '내전 중지·(抗日)정권 설립'을 건의했다. 7월 15일 심균유·장내기·추도분(鄒韜奮)[1690]·도행지(陶

1687 중화민국(中華民國, 1912~1949)은 신해혁명 후 설립된 '민주공화국'이다. 주요 지도자는 원세개·손중산·장개석이다. 1912년 원단 남경에서 임시정부를 설립, 손중산을 임시 대통령으로 추대했다. 북벌전쟁·중원대전을 통해 중국을 통일한 장개석은 국민당 영수로 부상했다. 국공(國共)내전(1946~1949) 패전 후 장개석은 대만으로 도주했다.

1688 '해방군(解放軍)'은 중국인민해방군의 약칭이다. '해방군'의 주요 지도자는 모택동·주덕·주은래이다. '해방군' 전신은 공농홍군·팔로군이다. 최고 군사기관은 '중앙군사위원회(軍委)'이다. 1945년 8월 15일 팔로군 산동군구 사령관 나영환이 처음으로 팔로군을 '인민해방군'으로 개칭할 것을 제출했다. 결국 '해방군'은 중국 대륙을 통일했다.

1689 장내기(章乃器, 1897~1977), 절강성 청전(靑田) 출신이며 애국지사이다. 1930~1940년대 안휘성 재정청장, 중국민주건국회 상임위원을 지냈다. 건국 후 식량부장, 전국 정협 상임위원 등을 역임, 1977년 북경에서 병사했다.

1690 추도분(鄒韜奮, 1895~1944), 복건성 영안(永安) 출신이며 애국지사이다. 1920~1930년대 '중화직업교육사' 편집장, '생활주간' 편집장, 1940년대 중경·홍콩 등지에서 '항일구국' 활동을 전개, 1944년 상해(上海)에서 병사했다.

行知)[1691] 등은 호소문을 발표해 '통일전선 구축'을 촉구했다. 11월 12일 사량(史良)[1692] 등은 '손중산 기념' 행사를 열고 '연공(聯共)'을 호소했다. (上海)일본영사관은 정부 비서장 유홍균(兪鴻鈞)[1693]에게 강경 진압을 요구했다. 11월 23일 국민당 정부는 심균유·이공박(李公朴)[1694]·사천리(沙千里)[1695]·사량·왕조시·장내기·추도분을 체포했다.

12월 12일 북평(北平) 학생들은 시위행진을 벌여 '애국지사 석방'을 외쳤다. 송경령·하향응 등은 남경정부에 항의했고 일부 국제우인(友人)도 '칠군자 석방' 운동에 동참했다. 장개석의 항일 탄압과 애국지사 체포는 전국적 항일운동을 야기했다. 한편 장개석은 장군(張群)[1696]·허세영

1691 도행지(陶行知, 1891~1946), 안휘성 흡현(歙縣) 출신이며 교육자·애국지사이다. 1920~1940년대 국립동남대학교 교수, (上海)중국교육학회장, 중국민주동맹 교육부장 등을 역임, 1946년 상해(上海)에서 병사했다.

1692 사량(史良, 1900~1985), 강소성 상주(常州) 출신이며 여권(女權)운동의 선구자이다. 1920~1940년대 (上海)문화계구국회 조직부장, 전국각계구국회 집행위원, 민맹(民盟) 중앙 상임위원, 건국 후 사법부장, 전국 인대 부위원장을 역임, 1985년 상해(上海)에서 병사했다.

1693 유홍균(兪鴻鈞, 1898~1960), 광동성 신회(新會) 출신이며 국민당 우파이다. 1930~1940년대 상해시장, 남경정부 재정부장, 중국은행 총재를 지냈다. 1950년대 국민당 행정원장 등을 역임, 1960년 대만(臺灣)에서 병사했다.

1694 이공박(李公朴, 1902~1946), 강소성 회안(淮安) 출신이며 애국지사이다. 1920~1940년대 상해전국각계국회 상임위원, 민맹(民盟)중앙 교육부장, 중경(重慶)사회대학 부총장, 1946년 곤명(昆明)에서 국민당 특무에게 암살됐다.

1695 사천리(沙千里, 1901~1982), 상해(上海) 출신이며 공산주의자이다. 1938년 중공에 가입, 1920~1940년대 '구망주간(救亡週刊)' 편집장, '홍콩구국회' 상임위원, 상해시정부 부비서장, 건국 후 경공업부장 식량부장, 전국 정협 부주석을 역임, 1982년 북경에서 병사했다.

1696 장군(張群, 1889~1990), 사천성 화양(華陽) 출신이며 국민당 우파이다. 1920~1930년대 상해시장, 국민정부 외교부장, 행정원 부원장, 1940년대 사천성장, 중경시장, 서남군 정장관을 역임, 1990년 대북(臺北)에서 병사했다.

(許世英)[1697]을 파견해 일본정부와 담판했으나 굴욕적 타협은 지속됐다.

'역치(易幟)'[1698] 후 장개석은 장학량에게 '중동로(中東路) 인수'를 지시했다. 결국 이는 '중동로사건'을 유발했다. 한편 '10만 출병'을 약속한 장개석은 식언(食言)했다. 고유균(顧維鈞)[1699]은 이렇게 지적했다. …장개석이 장학량을 부추겨 소련과 전쟁을 치르게 한 주목적은 '장학량 굴복'이었다(王充闖, 2015: 176). 장학량이 장개석의 정치적 농간에 놀아난 것이다. '중동로사건'은 스탈린과 장학량의 악연을 초래했다. 스탈린이 중공·장학량이 추진한 '서북국방정부'에 무기 지원을 거절한 주요인이다. 결국 장학량은 '14살 차이'[1700]의 경력 딜레마를 극복하지 못했다.

1697 허세영(許世英, 1873~1964), 안휘성 지덕(至德) 출신이며 국민당 우파이다. 1920~1940년대 안휘성장, 북경정부 국무총리, (東京)주재 일본대사, 국민정부 고문을 역임, 1949년 홍콩으로 이주, 1964년 대북(臺北)에서 병사했다.

1698 '역치(易幟)'는 동북3성에서 장학량의 동북변방군이 북양정부의 오색기(五色旗)를 내리고 남경정부의 청천백일기(靑天白日旗)를 바꿔 건 '정치적 사건'이다. 1928년 12월 29일 봉계(奉係) 군벌 수장인 장학량은 남경정부에 복종한다는 '통전(通電)'을 전국에 반포했다. 12월 31일 남경정부는 장학량을 동북변방군 사령장관에 임명했다. 한편 '동북역치(東北易幟)'는 16년 동안의 북양군벌 통치 종결과 남경정부의 '전국 통일'을 의미한다.

1699 고유균(顧維鈞, 1888~1985), 강소성 가정(嘉定) 출신이며 '국민정부 외교가'로 불린다. 1910~1920년대 외교총장, 재정총장, 국무총리, 1930~1940년대 국민정부 외교부장, 영미(英美)대사, 1985년 뉴욕(New York)에서 병사했다.

1700 장개석(1887)과 장학량(1901)은 '14살 차이' 의형제였다. 결국 이는 '세대 차이'·'경력 차이'에 따른 리더십 차이를 유발했다. 중국 근대사에서 '14살 차이'의 '경력 차이'에 따른 정적(政敵)·천적(天敵) 관계를 유발한 사례는 적지 않다. ① 모택동(1893)은 평생 '천적'인 스탈린(1879)의 지배권 예속 ② 초대 (中共)총서기(陳獨秀)보다 14세 연하인 모택동과 진독수는 '라이벌 관계' ③ 모택동보다 14세 어린 임표(1907)는 한평생 모택동의 통제에서 생활 등이다. 한편 '정적(政敵)관계'인 모택동·박고(博古)의 연령 차이도 14살이었다.

모택동과 중국혁명 2

장개석의 '(張學良)부총사령관 임명'은 일종의 '삭번(削藩)'[1701]정책이다. 홍군과 동북군의 소모전을 통한 '일석이조' 어부지리를 노린 장개석은 측근 연도강(宴道剛)을 서북행궁 참모장으로 임명해 장학량의 일거수일투족을 감시하게 했다. 또 '국민당 십삼태보(十三太保)'[1702] 서열 1위 유건군(劉健群)[1703]을 파견해 장학량의 정치적 동태를 살피게 했다. '군통(軍統)'[1704] 두목인 대립(戴立)은 서안에 특무를 파견해 장학량을 미행했다.

정적(政敵)과 의형제를 맺는 것은 장개석의 상투적 수법이었다. '중원대전'에서 장학량의 협력으로 승전한 장개석은 (義兄)풍옥상의 당적을 박탈했다. 대만 작가 이오(李敖)[1705]는 이렇게 평가했다. …장개석은 많은 이들과 의형제를 맺었으나 '지기지우(知己之友)'는 한 명도 없었다(王充閭, 2015: 175). '항일구국'을 위해 서안사변을 일으킨 장학량은 '의형'

1701 삭번(削藩)'은 군주(君主)가 제후(諸侯)와 지방 세력가의 권력을 박탈한 정략(政略)이다. '삭번'의 주목적은 지방정권의 '위협 제거'와 중앙집권 강화이다. 실제로 중국 역사에서 서한·당조·명조·청조에서 네 차례의 '삭번'이 있었다. 한편 '권모술수 대가'인 장개석은 지방군벌의 세력을 약화시키기 위한 '삭번 조치'를 여러 차례 실행했다.

1702 '국민당 십삼태보(十三太保)'는 '중화민족복흥사(復興社)'의 13명 멤버를 가리킨다. 이른바 '13태보'는 유건군·하충한·등문의·강택·계영청·풍제·정제민·증확정·양간교·초찬육·등걸·대립·호종남이다. 1932년에 설립된 '중화문화복흥사'는 특무(特務) 조직이었다. '13태보' 중 대립과 호종남은 장개석의 신임을 받는 최측근이었다.

1703 유건군(劉健群, 1902~1972), 귀주성 준의(遵義) 출신이며 국민당 우파이다. 1920~1940년대 (南京)행궁 판공실장, 중앙군관학교 정치부장, 화북(華北)항일선전대장, '입법원' 부원장을 역임, 1972년 대북(臺北)에서 병사했다.

1704 '군통(軍統)'은 남경정부가 설립한 '군사위원회 조사통계국(BIS)'의 약칭, 중화민국 정보기관이다. 1938년 설립된 '군통' 두목은 장개석의 최측근 대립(戴笠)이다. 1946년 대립이 사망, 모인봉(毛人鳳)이 계임(繼任)했다.

1705 이오(李敖, 1935~2018), 흑룡강성 하얼빈(哈爾濱) 출신이며 대만 작가이다. 1937년 북경이주, 1949년 부모를 따라 대만에 정착, 대만대학 역사학부 졸업, 유명한 작가·평론가·역사학자이다. 2018년 대북(臺北)에서 병사했다.

장개석에 의해 50여 년 간 감금됐다. 한편 오십보백보로 스탈린·모택동은 어려운 시기 도와준 '동지(同志)'에 대한 '숙청'을 서슴지 않았다. 실제로 '토사구팽'[1706]은 모든 독재자에게 공통된 정치적 수법이었다.

장학량은 그와 장개석의 갈등은 '정견(政見) 차이'라고 말했다. … 장개석은 '선통일'을 주창했으나 나는 '선항전(先抗戰)'을 주장했다. 장학량은 '중원대전'에서 의형 장개석을 지지했다. 이는 장개석의 '염풍(閻馮) 연합군' 전승에 결정적 역할을 했다(聶茂 외, 2020: 246). '국군 통수권자'인 장개석이 통일대업을 국정과제로 책정한 것은 당연지사였다. 한편 '부저항 장군' 장학량이 '항일구국'을 당면과제로 삼은 것은 '정확한 선택'이었다. 실제로 장학량은 제2차 국공합작을 성공시킨 수훈갑이었다. 그러나 이를 위해 장학량은 '정치적 자유'와 작전 지휘권을 박탈당했다.

서안·낙양(1936.10~12)에서 장학량은 장개석 설득을 위해 6차례 간언했다. 6차례의 '간언'은 '대간(代諫)'·'은간(隱諫)'·'직간(直諫)'·'공간(空諫)'·'노간(怒諫)'·'곡간(哭諫)'이다. 한편 의제의 '간곡한 간언'을 일축한

1706 '토사구팽(兎死狗烹)'은 토끼를 잡은 후 쓸모 없게 된 사냥개를 삶아 먹는다는 뜻으로, 필요할 때 요긴하게 써먹고 쓸모가 없어지면 가차없이 버린다는 것이다. 또 천하를 평정한 뒤 공신이 버림받음을 비유적으로 이르는 말이다. 책략가 장개석은 '의형' 풍옥상의 당적을 박탈했다. (義弟)장학량의 협력이 없었다면 장개석은 '중원대전' 최종 승자가 될 수 없었다. 한편 장학량은 '의형' 장개석에 의해 50여 년 간 감금됐다. 배은망덕한 스탈린은 (蘇共)15차 당대회(1929.4)에서 최대 정적 트로츠키(Trotskii) 숙청에 중요한 역할을 한 부하린(Bukharin)을 '자본주의 제도 수호자'·'(富農)사상 대변인'으로 몰아 파면했다. 이는 전형적 '과하탁교(過河拆橋)'이다. 1940년대 모택동은 '소련파 제거' 수훈갑 유소기를 발탁해 '협력자' 장문천을 대체, 이는 '사마살려(卸磨殺驢)'이다. (文革)시기 모택동은 (走資派)유소기를 무자비하게 타도했다. 실제로 '토사구팽'은 모든 독재자의 상투적 수법이다.

장개석은 서안으로 날아와 장학량·양호성에게 '홍군 토벌'을 핍박했다. 결국 궁지에 빠진 장학량은 '무정한 의형'에게 무력을 사용해 감금하는 병간(兵諫)을 단행했다. 실제로 장학량 등의 병간은 궁여지책이었다.

10월 24일 장학량은 서안을 방문한 장개석 부부를 동반해 서악화산(西岳華山)[1707]에 올랐다. 정상에서 장학량은 시 한수를 읊었다. …타향에 정들어 고향 회귀를 망각했구나. 고향을 바라보니 불안한 마음만 갈마드네. 강산은 변함이 없는데 마음은 한없이 슬퍼지네(歷雷 외, 2020: 250). 장학량은 시를 통해 '동북 수복' 염원을 나타냈다. 이른바 시를 통해 간언한 '은간(隱諫)'이었다. 당시 장개석은 문인의 '무병신음(無病呻吟)'이라고 훈계했다. 장학량의 '제1차 간언'은 공상희가 파견한 '밀사'와 관련된다. 이는 공상희를 통해 장개석에게 간언을 전한 '대간(代諫)'이었다.

장개석이 서안에서 연대장급 군관에게 한 연설(10.27)의 골자는 첫째, 군인은 상급자의 명령에 복종해야 한다. 둘째, 가장 위험한 주적은 '적비(赤匪)'이다. 셋째, 일본군은 위험한 적이 아니다. 넷째, 명령에 불복한 군인은 제재를 받아야 한다(程中原, 2017: 76). 28일 장학량은 장개석에게 '내전 중지'를 건의했다. 장개석은 일기(日記, 10.28)에 이렇게 적었다. …장학량의 아집은 나의 심병(心病)이다. 그는 '초비' 명령을 거부하고 '항일'에 집착하고 있다(李勇 외, 1995: 236). 장개석의 '연설' 취지는 '홍군 토벌' 명령에 복종하지 않은 장학량에게 경고 메시지를 전한 것이다. 한편 장개석의 항일 거절은 동북군 소장파의 불만을 야기했다.

1707 섬서성 위남(渭南)시에 위치한 화산(華山)은 '서악(西岳)'·'태화산(太華山)'으로 불린다. 화산은 서안에서 120킬로미터 떨어져 있다. 중화(中華)의 '화(華)'는 화산에서 기원, 화산은 '화하지근(華夏之根)'으로 불린다. 2004년 화산은 '(中華)10대 명산'으로 선정됐다. 한편 장학량은 화산에서 장개석에게 시(詩)를 통한 '간언(諫言)'을 올렸다.

'항일동지회(抗日同志會)'[1708] 부장 묘검추(苗劍秋)[1709]는 장개석의 연설 (10.27)을 신랄하게 비판했다. …어제 장개석은 일제는 '외적(外敵)'이며 공산당은 '내환(內患)'이라고 역설했다. '동북 수복'을 반대한 그는 동북군에게 망국노가 될 것을 강요했다. 현재 동북군에는 일본의 '2.26사건'[1710]을 일으킨 영웅이 없는가?(應德田, 1980: 83). 묘검추의 '장개석 비판'은 동북군 소장파의 항일 욕망과 '동북 수복'의 강한 의지를 표출한 것이다.

항일동지회 발기자는 장학량이며 응덕전(應德田)[1711]·손명구(孫銘九)[1712]·묘검추 등 급진적 소장파로 구성됐다. 이들은 장학량의 신임을 받는 측근자였다. 장개석의 '양외필선안내' 정책에 불만이 컸던 '동지회' 멤버들은 '연설(10.27)'을 들은 후 항일을 외면하고 '홍군 토벌'에 집착하는 장개석에게 강한 불만을 표출했다. 한편 '동지회' 소장파들은

1708 '항일동지회(抗日同志會, 1936.9)'는 장학량이 '동북군 개조'를 위해 설립한 급진적인 정치조직이다. '동지회' 회장은 장학량, 응덕전(應德田)·손명구(孫銘九) 등 소장파 군관으로 구성됐다. '항일동지회' 골간(骨幹)들은 장개석의 '양외필선안내' 정책에 강한 불만을 갖고 있었다. 장학량이 감금된 후 소장파들은 67군단장 왕이철을 살해했다.

1709 묘검추(苗劍秋, 1902~?), 요녕성 철령(鐵嶺) 출신이며 장학량의 보좌관이다. 1920년대 (東京)제국대학 유학, 귀국 후 장학량의 부관(副官)을 맡았다. 1936년 '항일동지회' 이론부장, 장개석의 '양외필선안내' 정책을 반대했다.

1710 '2.26사건(二二六事件)'은 (日本)육군 제1사단 소장파가 동경에서 일으킨 군사정변 (1936.2.26)이다. 동경을 점령한 반란자들은 전 내각총리와 대신을 살해했다. 2월 29일 '쿠데타'가 진압, '사건' 주모자들은 대부분 처형됐다.

1711 응덕전(應德田, 1900~1980), 요녕성 등탑(燈塔) 출신이며 장학량의 측근이다. 1930~1940년대 동북군 정훈(政訓)처장, 항일연군 군사위원회 설계위원, 하남성 교육청장, 한간(漢奸)으로 전락했다. 1980년 북경에서 병사했다.

1712 손명구(孫銘九, 1909~2000), 요녕성 신민(新民) 출신이며 장학량의 측근이다. 1931~1935년 동북군 경호대대장, 장학량의 수행부관(隨行副官)을 맡았다. 1940년대 한간(漢奸)으로 전락, 2000년 상해(上海)에서 병사했다.

'2.2사건(二二事件)'[1713]을 일으켜 동북군의 사분오열을 초래한 주요 장본인이다.

10월 31일은 장개석의 50세 생신이었다. 장학량과 염석산은 생신 축하를 위해 낙양에 도착했다. 31일 기선제압을 노린 장개석은 이렇게 훈계했다. …'초비'는 최우선 과제이며 중공은 철천지원수이다. '연공(聯共)' 주장자는 2등한간(漢奸)이다(聶茂 외, 2020: 253). 당시 장학량은 '생신'을 감안해 쟁론을 자제했다. 이것이 '공간(空諫)'이다. 한편 장개석은 장학량의 수원 참전 요구를 거절했다. 이는 장학량의 '노간(怒諫)'을 유발했다.

1936년 10월 '위몽군'은 수원성(綏遠省)[1714]을 침략했다. 장학량은 장개석에게 전보를 보내 '수원 참전'을 요구했다. …동북군을 수원에 파견하면 '침략자 섬멸'에 전력할 것이다(應德田, 1980: 181). 11월 24일 진수군은 백령묘를 수복했다. 장학량은 장개석에게 '수원 참전'을 요구한 편지(11.27)에 이렇게 썼다. …동북군 장병의 '항일 염원'이 실현될 수 있기를 간절히 희망한다(畢萬聞 외, 1992: 1050). 한편 장학량의 참전 요구는 '한강에 돌멩이 던진 격'이었다. 장개석은 묵묵부답으로 일관했다. 결국 낙양으로 날아간 장학량은 장개석에게 '노간(怒諫)'을 단행했다.

1713 '2.2사건(二二事件)'은 동북군 소장파가 일으킨 군사정변이다. 1937년 2월 2일 묘검추·손명구·응덕전 등 '항일동지회' 간부는 동북군 '타협파' 숙청과 '중앙군 결전'을 결정했다. 손명구 등이 지휘한 (特務)연대는 67군단장 왕이철 등을 사살했다. 그들의 반란은 동북군 장병의 지지를 받지 못했다. 결국 이는 동북군의 사분오열을 초래했다.

1714 수원성(綏遠省)의 약칭은 수(綏), 성도(省都)는 후허호트, 내몽골 중남부 지역이 포함된다. 1928년 수원성으로 개칭, 1939년 일본군은 수원성에 '몽강(蒙疆)연합자치정부'를 설립했다. 1954년 중국정부는 수원성을 철회했다.

12월 2일 장학량은 단도직입적으로 말했다. …손중산의 선례를 참조해 '공산당 문제'는 정치적으로 해결해야 한다. 장개석은 이렇게 답변했다. …공산당은 참초제근(斬草除根)해야 하며 영수인 나의 명령에 복종해야 한다. 장학량은 이렇게 말했다. …애국지사를 감금하고 일제에게 관용을 베푼 당신의 행위는 원세개·장종창(張宗昌)[1715]에 다름 아니다. 이에 장개석은 노발대발하며 호통쳤다. …건방진 놈 냥시피(娘希匹)[1716]!(張德良 외, 1987: 390). 상기 장학량의 '불손한 언사'는 신빙성이 낮다. 한편 장개석의 서안에 간 원인을 두고 여러 가지 주장이 엇갈린다.

1936년 12월 장개석이 공산당 잔존 세력을 소탕하고 최종 작전을 위해 서안에 비행기를 타고 왔다(D. Spence, 2003: 137). 장학량이 모택동의 중공군과 비밀리에 어울린다는 소식을 들은 장개석은 만일의 경우 장학량을 체포하기 위해 서안에 날아갔다(이준구, 2012: 233). 장개석의 서안행은 연안의 공산당 토벌을 독려하기 위해서였다. '장개석 연금' 사건에 중공이 개입했는지 밝혀지지 않았다(A. Faulkner, 2005: 55). 12월 4일 장개석이 서안으로 간 원인은 '장학량 체포'가 아니었다. 또 당중앙의 '연안 이주'는 1937년 1월 13일이었다. 상기 '공산당 개입' 설은 사실무근이다. 1936년 11월 하순 중공과 장학량 간 관계는 매우 소원해졌다.

대만 학자 이운한은 이렇게 주장했다. …장학량은 '서안 변란' 방지를 위해 장개석이 직접 서안에 와서 동북군을 안무(按撫)해줄 것을 부탁

1715 장종창(張宗昌, 1881~1932), 산동성 액현(掖縣) 출신이며 봉계(奉係) 군벌 두목이다. 1910~1920년대 호법군 제2로군 총지휘, 봉군(奉軍) 제2군 부군장(副軍長), (直魯)연합군 총사령관을 역임, 1932년 제남(濟南)에서 피살됐다.

1716 냥시피(娘希匹)'는 중국 절강성(浙江省)의 방언, 상대에 대한 불만을 나타내는 구두어(口頭語)이다. 또 '냥시피'는 장개석 특유의 '입버릇'으로, 부하에게 사용하는 구두선(口頭禪)이다. 한국어의 '제기랄'·'씨팔' 등에 해당된다.

모택동과 중국혁명 2

했다(李雲漢, 1982: 26). 당시 장학량은 이렇게 말했다. …동북군의 '홍군 토벌'이 진행되려면 장위원장의 훈화(訓話)가 필요하다. 장개석은 이렇게 대답했다. …내가 곧 임동(臨潼)에 가서 동북군 장병을 설득할 것이다(張魁堂, 1991: 94). 상기 '서안 요청'은 장학량이 장개석을 서안으로 유인했다는 뜻으로 풀이된다. 실제로 장학량이 낙양으로 간 주된 목적은 동북군의 '수원(綏遠) 참전' 요구를 장개석에게 전달하기 위한 것이다.

장개석은 일기(12.2)에 이렇게 썼다. …'수원 참전'을 제출한 동북군 군심(軍心)이 동요되고 있다. '초비' 작전의 공든 탑이 무너질 수 있다. 서안으로 가서 사태를 진정시키고 위급한 국면을 만회해야 한다(李雲漢, 1982: 42). 장개석이 서안행 목적은 동북군의 '군심 안정'이라는 것을 알 수 있다. 또 장개석의 일기에는 '서안 요청' 내용이 없다. 실제로 장개석의 서안행은 동북군 장병을 안무하고 '초비' 작전을 독려하기 위해서였다.

12월 초 장학량은 엽검영을 만나 이렇게 말했다. …장개석은 동북군에게 '홍군 토벌'을 핍박하고 있다. 쿠데타를 일으키는 방법밖에 없다. 얼마 후 엽검영은 장학량에게 중공중앙의 '신중한 처사' 건의를 전달했고 장학량은 이를 수용했다(張魁堂, 1991: 192). 상기 '쿠데타'는 신빙성이 제로이며 '중공중앙 건의'는 사실무근이다. 한편 장학량·엽검영의 '밀담'은 '홍군 토벌'에 관계되는 내용으로 유정에게 보낸 전보(12.2)와 유사했다.

당중앙은 장학량과 장개석이 낙양 쟁론을 알지 못했다. 다만 유정의 전보(11.30)[1717]를 근거로 1~2개월 내 정세가 큰 변화가 일어날 것으로

1717 유정(劉鼎)이 중공에 보낸 전보(1936.11.30)의 골자는 ① 장학량, 왕이철에게 '진격 중지' 명령 ② 향후 1~2개월 내 서북연합군이 설립 등이다(楊奎松, 2020: 277). 상기 '서북연합군'은 장학량이 '수원항전'이 확대되면 동북군·홍군이 연합할 수 있을 것으로 판

추정했다. 당중앙이 엽검영을 통해 장학량의 (政變)계획을 알고 있었다는 주장은 신빙성이 낮다(楊奎松, 2020: 278). 12월 초 장학량이 '정변'을 결정하지 않았다는 것이 학계의 정론이다. 실제로 장개석이 서안에 도착한 며칠 후 병간을 결정했다. 한편 중공은 장학량의 '정변' 계획을 몰랐다.

중공과 장학량의 관계가 소원해진 원인은 ① '녕하전역' 실패 ② '소련 원조' 가능성 희박 ③ 공산국제의 '장학량 불신' ④ 장학량의 '양다리 걸치기' ⑤ '서북국방정부' 무산 ⑥ 장개석의 '홍군 토벌', 장학량이 수용 ⑦ 동북군·홍군의 상호 불신 ⑧ 중공·장학량 간 소통 부족 ⑨ 스탈린과 장학량의 '악연' 등이다. 중공과 장학량의 관계가 소원해진 단적인 증거는 장학량이 '정변' 계획을 사전에 중공에게 알려주지 않았다는 것이다.

12월 4일 장개석은 서안으로 떠났다. 주변에서 말렸지만 자신은 아무런 잘못된 짓을 하지 않았다며 단신으로 장학량에게 갔다(遠藤 譽, 2019: 90). 장개석이 숙소를 정한 화청지(華淸池)[1718]는 백거이(白居易)[1719]의 작품

단한 것이다. 한편 장개석의 '수원참전 불허'로 서북연합군은 설립되지 못했다.

1718 4대 황가원림(皇家園林)인 화청지(華淸池)는 '당화청궁(唐華淸宮)'으로 불린다. 당나라 황제의 별궁(別宮) 화청지는 섬서성 서안 임동구(臨潼區)에 위치했다. 당현종(唐玄宗)은 막대한 비용을 들여 화청궁(華淸宮)을 건축했다. '안사의 난(安史之亂)' 후 당나라 황제는 더 이상 화청궁을 찾지 않았다. 1959년에 화청지는 대규모 중축(重築)됐다.

1719 백거이(白居易, 772~846), 하남성 신정(新鄭) 출신이며 당나라 '3대 시인'이다. 통속적인 언어 구사와 풍자에 뛰어나며 평이하고 유려한 시풍으로 인해 '시왕(詩王)'으로 불린다. 그의 대표적 작품은 '장한가(長恨歌)'·'비파행(琵琶行)'·'백씨문집(白氏文集)'·'백씨장경집(白氏長慶集)' 등이 있다. 846년 백거이는 낙양(洛陽)에서 병사했다.

모택동과 중국혁명 2

'장한가(長恨歌)'[1720]에서 다룬 당현종(唐玄宗)[1721]·양귀비(楊貴妃)[1722]의 러브 스토리 발생지이다(程中原, 2017: 80). 당시 장개석은 많은 군정간부를 이끌고 서안으로 갔다. 화청지는 장개석의 수난처가 됐다.

서안에 도착한 남경정부 군정요원은 군정부 차장 진성, (鄂豫皖)변구 주석 위립황, (福建)수정공서 주임 장정문, (蘭州)수정공서 주임 주소량, (豫皖)수정공서 주임 진계승(陣繼承)[1723], 군사참의원장 진조원(陣調元)[1724], 제25군단장 만요황 등이다. 당시 장정문·번숭보·만요황·배창회(裴昌會)[1725] 등의 10개 사단이 서안을 행해 진격했다. 한편 장정문·위립황은

1720 '장한가(長恨歌)'는 당나라 시인 백거이(白居易)의 대표작이며 당현종(唐玄宗)과 양귀비(楊貴妃)의 애정을 노래한 장편 서사시(敍事詩)이다. 시(長恨歌)의 주제는 '장한(長恨)'이며 '애틋한 사랑'의 영원함을 구가한 것이다. 한편 시아버지 당현종(56세)과 며느리 양귀비(22세) 간의 사랑은 '불륜 애정(不倫愛情)'이라는 것이 일각의 주장이다.

1721 당현종(唐玄宗·李隆基, 685~762), 하남성 낙양(洛陽) 출신이며 재위 기간(712~756)이 가장 긴 황제이다. 즉위 후 인재를 중용하고 개혁 조치를 단행, '개원성세(開元盛世)'를 구가했다. 한편 재상 이임보(李林甫)·양국충(楊國忠)의 독재 정치는 '안사의 난(安史之亂, 755)'을 유발했다. 숙종(肅宗)에게 양위(756), 762년 서안(西安)에서 붕어했다.

1722 양귀비(楊貴妃·楊玉環, 719~756), 사천성 촉주(蜀州) 출신이며 당조(唐朝)의 귀비(貴妃)이다. 궁정 음악가, 중국 '4대 미인'이다. 745년 당현종에 의해 귀비로 책봉, 황후(皇后) 역할을 했다. 755년 양귀비의 '양아들' 안녹산(安祿山)과 4촌 오빠 양국충(楊國忠)의 갈등으로 '안사의 난'이 일어났다. 756년 마외파(馬嵬坡)에서 목을 매어 죽었다.

1723 진계승(陣繼承, 1893~1971), 강소성 정강(靖江) 출신이며 국민당군 중장이다. 1930~1940년대 제1군단장, 제4수정구(綏靖區) 사령관, (武漢)경비사령관, 제6전구 부사령장관, (北平)경비사령관, 1971년 대북(臺北)에서 병사했다.

1724 진조원(陣調元, 1886~1943), 하북성 안신(安新) 출신이며 국민당군 상장이다. 1920~1930년대 제3군단장, 제5방면군 총지휘, 제2군단 총지휘, 안휘(安徽)성장, 군사참의(參議)원장을 역임, 1943년 중경(重慶)에서 병사했다.

1725 배창회(裴昌會, 1896~1992), 산동성 유방(濰坊) 출신이며 국민당군 중장이다. 1920~1940년대 국민혁명군 제9군단장, 제4집단군 부총사령관, 제7병단 사령관, 건국 후 중경시 부시장, 사천성 인대 부위원장, 1989년 중공에 가입, 1992년 중경(重慶)에서 병사했다.

'장양(張楊)'의 대체자였고 진성은 '홍군 토벌' 감독관으로 내정됐다.

서영창(徐永昌)[1726]은 장개석의 '서안행'을 이렇게 회상했다. …당시 장개석은 이렇게 말했다. 동북군의 '통공(通共)'은 사실이나 장학량은 정변을 일으키지 않을 것이다. 그는 일기(12.10)에 이렇게 썼다. …'항일'에 집착한 장학량은 지조(志操)를 굳히지 못했을 뿐이다(中央研究院近代史研究所, 1991: 478). 당시 장학량의 '중공 내통'을 보고받은 남경정부는 무력 해결을 준비했다. 한편 (義弟)장학량을 신임한 장개석은 '무력 해결'을 반대했다.

12월 7일 장학량은 눈물을 흘리며 장개석에게 간곡하게 간언했다. 이른바 '곡간(哭諫)'이다. 장개석이 서안 도착 후 장학량의 간언 횟수와 날짜에 대한 견해가 엇갈린다. 12월 7~10일 장학량이 3~4차 간언했다는 것이 주류적인 견해이다. 현재 12월 7일과 9일 장학량이 장개석에게 '곡간'·'정간(情諫)'을 진행했다는 것이 학계의 중론이다. 한편 장학량이 병간을 결정한 날짜는 12월 7·8·9일이라는 상반된 견해가 엇갈리고 있다.

12월 7일 저녁 장학량은 화청지로 찾아갔다. 장개석은 선수를 쳤다. …'철수'·'초비' 중 하나를 선택하게. 장학량이 '철수'를 반대하자 장개석은 이렇게 말했다. …'초비'는 막바지에 이르렀네, 더 이상 지체해선 안 되네(聶榮 외, 2020: 259). 장학량은 '연공(聯共)항일' 필요성을 눈물을 흘리며 간곡하게 어필했다. 격노한 장개석은 장학량을 '한간'이라고 욕하며 축객령을 내렸다. 결국 '곡간 실패'는 장학량의 '병간 결정' 계

1726 서영창(徐永昌, 1887~1959), 산서성 곽현(崞縣) 출신이며 국민당군 상장이다. 1920~1940년대 제3군 제1여단장, 제1로군 총지휘, 섬서(陝西)경비사령관, 육군대학 총장, 국방부장 등을 역임, 1959년 대북(臺北)에서 병사했다.

기가 됐다.

장학량의 '병간 결정'에 결정적 역할을 한 것은 양호성이며 가장 먼저 병간을 제출한 것도 양호성이다. 한편 '서북국방정부'가 무산된 후 중공과 장학량의 관계는 매우 소원해졌다. 중공은 장학량의 '정변 결정'에 아무런 역할을 하지 못했다. 양호성의 '긴밀한 협조'가 있었기에 병간이 성공할 수 있었다. 이 시기 장학량·양호성은 '한 배를 탄' 동지였다.

당초 '외지인' 장학량과 '토박이' 양호성의 관계는 견원지간이었다. 장학량은 장개석의 신임을 받는 측근자였으나, '적화분자(赤化分子)' 양호성은 장개석의 미움을 받았다. 한편 주은래·엽검영 등의 노력과 장학량·양호성의 협력으로 홍군·동북군·서북군은 '삼위일체(三位一體)'를 이뤘다. 결국 장개석의 '초비 강요'로 '장양(張楊)'은 '환난지우(患難之友)'가 됐다. 당시 장학량은 최종 결정권자, 양호성은 책사(策士) 역할을 했다.

장학량의 '병간 단행' 날짜에 대한 각종 주장은 ① '서안 곡간(12.7)' 실패 후 '감금'을 결정(張魁堂, 1991: 197) ② 장학량·양호성의 '화청지 간언 (12.8)'이 실패한 후 병간을 결정(程中原, 2017: 86) ③ 12월 10일 '장양(張楊)'의 체포 방안이 확정된 후 결정(周毅 외, 1987: 394) ④ 12월 11일 장학량·양호성이 밀담을 나눈 후 '병간 실행'을 확정(傅虹霖, 1988: 188) ⑤ '서안 지급(至急) 도착'을 요구한 엽검영에게 보낸 전보(1936.12.7)에서 알 수 있듯이 12월 7일에 병간을 결정(楊奎松, 2012: 289) 등이다. 12월 9일 저녁 장학량이 병간을 최종 결정한 것으로 추정된다.

생신연회(1989.6.1)에서 장학량은 이렇게 술회했다. …12월 9일 나는 장위원장을 대표해 학생들의 요구를 수락한다고 약속했다. 9일 저녁 나는 (蔣)위원장과 장시간 담화를 나눴다. 나의 요구를 무시한 장개석은 학생들에 대한 '기관총 소사'를 명령했다(張友坤 외, 1996: 1208). 실제로 장학량은 청년 학생들의 '애국 열정'에 감동됐다. 또 그는 고집불통이며 무자비한 '의형'에게 환멸을 느꼈다. 특히 '수무촌철(手無寸鐵)'인 학생들에게 '기관총 소사'를 명령한 의형(義兄, 蔣介石)을 결코 용서할 수 없었다. 결국 이는 장학량이 병간을 최종 결정한 결정적인 계기가 됐다.

장개석은 장학량·양호성에게 '양자택일(兩者擇一)'을 강요했다. ① '초비' 명령에 복종, '홍군 토벌'에 참가 ② 거절할 경우 동북군은 복건, 서북군은 안휘로 이동 배치한다('葉劍英傳'編輯組, 2015: 137). 장학량·양호성은 상기 '양자택일' 방안을 모두 거부했다. 병력 손실과 장개석의 부대 개편을 통한 부대 와해를 우려한 것이다. 12월 10~11일 장학량은 화청지에 찾아가 장개석에게 눈물을 뿌리며 간언했다(현이섭, 2017: 310). 상기 '2가지 방안'은 장학량에게 경고 메시지를 전한 것이다. 이는 소력자에게 보낸 장개석의 편지(12.9)와 관련된다. 한편 장학량의 두 차례 '곡간(哭諫)'은 12월 7일, 12월 9일이라는 것이 학계의 중론이다.

12월 9일 장개석은 소력자에게 밀신을 보내 '대공보' 발표를 지시했다. '밀신' 골자는 ① 장정문, (剿匪)전적 사령관 ② 위립황, 진섬수녕(晉陝綏寧) 총지휘 ③ 진성, 중앙군 통솔 ④ 중앙사(中央社)와 기타 신문에 발표해선 안 된다(社會科學院現代研究所, 1980: 12). 장개석의 취지는 '대공보' 발표를 통해 '초비(剿匪)' 결심을 동북군·서북군의 장병에게 알리기 위한 것이다. 실제로 '장양(張楊)'을 협박하기 위해 강구한 비상수단이다(汪榮祖 외, 2012: 210). 장개석의 주목적은 첫째, 장학량을 간접적으로 경고하고 '명령 복종'을 강요했다. 둘째, 장학량 등이 '명령'에 불복할 경우 중앙군으로 동북군·서북군을 대체하려는 속셈이었다(楊奎松, 2020: 284). 결국 장개석의 비상수단은 또 다른 '비상수단(兵諫)'을 유발했다.

12월 10일 장개석은 장학량과 '홍군 토벌'을 거부하는 부대장들은 공산주의자로 내몰아 처단할 계획을 세웠다. 12월 12일 장학량과 그의 부대장들은 장개석을 감금하는 쿠데타를 실행했다(조현용, 2007: 111). 12월 10일 장개석과 그의 수행인원은 '초비 작전' 회의를 비밀리에 열었다. 회의는 동북군·서북군이 '명령'에 불복할 경우 무장을 해제하기로 결정했다(程中原, 2017: 90). 상기 '장학량 처단' 계획은 사실무근이다. 한편 소력자는 장개석의 지시에 따라 (剿匪)인사 배치에 관한 소식을 '대공보'에 게재했다. 결국 장학량 등은 '무장 해제'를 당하기 전에 '선제 공격' 개시를 결정했다. 12월 10일 '장양(張楊)'은 병간 단행을 확정했다.

12월 10일 아침 양호성은 장학량 관저로 찾아갔다. 그들은 동북군·서북군에 대한 장개석의 '행동 임박'을 확인한 후 '정변'을 앞당겨 실행할 것을 결정했다. 10일 오전 장학량은 기병 6사단 연대장 유계오(劉桂五)[1727]에게 '장개석 알현'을 빌미로 화청지 주변의 지형에 대한 '상세한 관찰'을 지시했다. 10일 저녁 장학량은 양호성의 관저로 찾아가 '병간 실행'에 관한 구체적 사항을 밤 늦게까지 토론했다. 결국 '양외필선안내' 정책 개편을 병간의 정치적 목적으로 결정했다. 한편 동북군은 (臨潼)장개석을 체포하고 서북군은 (西安)군정요원을 체포하기로 결정했다.

12월 11일 '장양(張楊)'이 결정한 '3대 사항'은 ① 12일 새벽 임동·서안 동시 작전 ② 장개석의 '행동 파악'을 위해 통화 감청 ③ 유다전(劉多荃)[1728] 부대에게 '체포(12.12) 협조' 명령 등이다(楊瀚, 2014: 99). 장학량은 부

1727 유계오(劉桂五, 1902~1938), 열하성(熱河省) 조양(朝陽) 출신이며 항일지사이다. '서안사변 (1936.12)'에서 '장개석 체포' 작전 지휘를 맡았다. '서안사변' 후 기병 제6사단장(少將) 으로 진급, 1938년 포두(包頭)에서 희생됐다.

1728 유다전(劉多荃, 1897~1985), 요녕성 봉성(鳳城) 출신이며 국민당군 상장이다. 1920~1940

관인 담해(譚海)[1729]를 '체포 작전'의 총지휘로, 백봉상(白鳳翔)[1730]·유계오·손명구를 작전 지휘자로 결정했다. 12월 11일 저녁 양호성은 측근들에게 '군정요원 체포' 작전을 배치했다. 조수산(趙壽山)[1731]을 총지휘로, (特務)대대장 송문매(宋文梅)[1732]를 작전 지휘자로 임명했다. 또 (警備)여단장 공종주(孔從洲)[1733]에게 '작전 협조'를 지시했다.

12일 새벽 호위부대 제2대대장 손명구는 200여 명 병사들을 이끌고 장개석의 처소를 습격했다. 총소리가 들리자 장개석은 침실 창문을 넘어 경호병의 호위하에 눈 덮인 언덕의 좁은 틈새에 숨었다. 2시간 후 발각된 그는 맨발에 잠옷만 걸친 상태였다(V. Pantsov 외, 2017: 426). 장개석이 황급히 도망쳐 숨어있던 곳은 (驪山)산등성이 바위 틈새였다. 당시

년대 동북군 사단장, 제49군단장, 제12전구 부사령장관을 지냈다. 건국 후 요녕성 정협 부주석 등을 역임, 1985년 북경에서 병사했다.

1729 담해(譚海, 1891~1954), 요녕성 의현(義縣) 출신이며 장학량의 수행부관(副官)이다. 1936년 12월 '서안사변'에서 '장개석 체포' 총지휘를 맡았다. 1940년대 천진(天津)에서 '은거생활'을 했다. 1954년 천진(天津)에서 병사했다.

1730 백봉상(白鳳翔, 1897~1942), 하복성 창주(滄州) 출신이며 국민당군 중장이다. 1933년 (騎兵)제6사단장, '서안사변(1936.12)'에서 '장개석 체포' 작전 지휘를 맡았다. 1942년 내몽골 달무기(達茂旗)에서 일본 특무에서 독살됐다.

1731 조수산(趙壽山, 1894~1965), 섬서성 호현(鄠縣) 출신이며 서북군 장령(將領)이다. 1920~1940년대 서북군 제17사단장, 제3집단군 총사령관, 서북민주연군 사령관을 지냈다. 건국 후 청해(靑海)·섬서(陝西)성장, 국방위원회 위원을 역임, 1965년 북경에서 병사했다.

1732 송문매(宋文梅, 1910~1955), 광서 남녕(南寧) 출신이며 공산주의자이다. 1927년 중공에 가입, 1930~1940년대 서북군 (特務)대대장, 소주(蘇州) 감옥에 수감, 건국 후 국무원 호텔관리처장 등을 역임, 1955년 북경에서 병사했다.

1733 공종주(孔從洲, 1906~1991), 섬서성 서안(西安) 출신이며 개국중장이다. 1938년 중공에 가입, 1930~1940년대 서북군 경비 제2여단장, 제38군단장, 제2야전군 (特種兵)종대 부사령관, 건국 후 서안군구 포병사령관, 포병 부사령관을 역임, 1991년 북경에서 병사했다.

화청지에 돌입해 장개석의 경호원에게 가장 먼저 총을 쏜 사람은 장학량의 경호연대 제1대대장 왕옥찬(王玉瓚)[1734]이었다. 한편 장개석을 체포한 '구체적 시간'[1735]에 대한 학계의 주장이 서로 엇갈리고 있다.

12일 아침 7시 서북군은 서안에 주둔한 '장개석 군대'의 무장을 해제했다. 양호성이 파견한 하권중(許權中)[1736]은 (新城)북문에서 반항하는 경찰부대 1개 중대를 섬멸했다. 아침 8시 서북군은 서안호텔에 진입해 군정요원을 체포했다. 구금된 군정요원은 진성·장작빈(蔣作賓)[1737]·진계승·진조원·위립황·장정문·장백리(蔣百里)[1738]·주소량·만요황·장서구(蔣

1734 왕옥찬(王玉瓚, 1896~1984), 요녕성 흑산(黑山) 출신이며 장학량 측근이다. 1936년 동북군 경호연대 제1대대장, 제15여단 연대장, 1946년 운남성 교양(敎養)원장, 1949년 '운남(雲南)기의' 참가, 1984년 고향에서 병사했다.

1735 12월 12일 새벽 4~6시 장개석이 체포됐다는 일각의 주장은 잘못된 것이다. 일부 중국 학자들은 장학량·유정이 중공중앙에 전보를 발송한 시간, 즉 아침 5~6시에 장개석을 체포했다고 주장한다. 한편 서안사변 당사자들은 '장개석 체포' 시간을 '동틀 무렵'이라고 회상했다. 상기 회상은 신빙성이 매우 높다. 즉 12월 12일 아침 7~8시에 체포, 손명구가 업고 하산한 후 대기하고 있던 전용차로 장개석을 서안(西安)으로 이송했다.

1736 하권중(許權中, 1894~1943), 섬서성 임동(臨潼) 출신이며 공산주의자이다. 1925년 중공에 가입, 1930년대 항일동맹군 부사령관, 서북군 경비(警備)여단장을 역임, 1943년 섬서성 미현(眉縣)에서 국민당 특무에서 암살됐다.

1737 장작빈(蔣作賓, 1884~1942), 호북성 응성(應城) 출신이며 국민당군 상장이다. 1910~1930년대 (南京)임시정부 육군부 부부장, 호북성 총감(總監), 국면혁명군 총사령부 참의(參議) 등을 역임, 1942년 중경(重慶)에서 병사했다.

1738 장백리(蔣百里, 1882~1938), 절강성 항주(杭州) 출신이며 국민당군 상장이다. 1920~1930년대 (保定)육군군관학교 교장, 군사위원회 (高級)고문, 육군대학 (代理)총장 등을 역임, 1938년 광서성 의산(宜山)에서 병사했다.

鋤歐)[1739]·장충(張冲)[1740] 등이다. 또 서북군은 소력자와 (剿匪)참모장 연도강을 체포됐다. 당시 창문을 열고 도망치던 입법원 부원장 소원충은 사병에게 사살됐다. 장개석의 조카 장효선(蔣孝先)[1741]은 손명구에게 처형됐다. 결국 병간은 3~4시간 내 성공적으로 끝났다.

12월 12일 장학량·양호성·마점산(馬占山)[1742]·우학충·하주국·풍흠재(馮欽哉)[1743]·손울여(孫蔚如)[1744]·왕이철·동영빈은 연명으로 '시국 선언'을 반포했다. '선언'의 정치적 주장은 ① 남경정부 개편 ② 내전 중지 ③ (上海)애국지사 석방 ④ 정치범 석방 ⑤ 민중의 애국운동 제창 ⑥ 집회·결사(結社) 등 정치적 자유 보장 ⑦ 손중산의 유언 실행 ⑧ '구국회의' 개

1739 장서구(蔣鋤歐, 1890~1978), 호남성 동안(東安) 출신이며 국민당 우파이다. 1920~1940년대 국민혁명군 제2사단장, 철도(鐵道)포병사령관, 교통(交通)경비사령관, 형양(衡陽)운수사령관을 역임, 1978년 대만(臺灣)에서 병사했다.

1740 장충(張冲, 1901~1980), 이족(彝族)이며 운남성 노서(瀘西) 출신, 공산주의자이다. 1930~1940년대 제60군 184사단장, 제3군단장, 동북해방군 고급참의, 건국 후 운남성 부성장, 서남민족위원회 부주임, 전국 정협 부주석 등을 역임, 1980년 북경에서 병사했다.

1741 장효선(蔣孝先, 1900~1936), 절강성 봉화(奉化) 출신이며 장개석의 조카이다. 1924년 황포군관학교 입학, 1930년대 헌병(憲兵) 연대장, 헌병사령부 부사령관, 장개석 경호실장을 역임, 1936년 서안에서 동북군에게 사살됐다.

1742 마점산(馬占山, 1885~1950), 길림성 회덕(懷德) 출신이며 국민당군 중장이다. 1930~1940년대 동북군 기병(騎兵) 제17사단장, 흑룡강성장, 항일원수(援綏)집단군 총지휘, (東北)부사령장관을 역임, 1950년 북경에서 병사했다.

1743 풍흠재(馮欽哉, 1889~1963), 산서성 만천(萬泉) 출신이며 국민당군 상장이다. 1920~1940년대 서북군(西北軍) 제71사단장, 제14집단군 부총사령관, '화북초비(剿匪)' 부총사령관을 역임, 1963년 서안(西安)에서 병사했다.

1744 손울여(孫蔚如, 1896~1979), 섬서성 서안(西安) 출신이며 국민당군 상장이다. 1920~1940년대 제2집단군 제10군 참모장, 제38군단장, 제4집단군 총사령관, 제6전구(戰區) 사령장관, 건국 후 섬서성 부성장, 전국 정협 위원을 역임, 1979년 서안(西安)에서 병사했다.

최 등이다. 상기 '시국 선언' 작성자는 여천재(黎天才)[1745]라는 것이 일각의 견해이다. 그러나 당사자인 장학량은 그의 비서장 오가상(吳家象)[1746]이 선언 작성자라고 주장했다. 한편 상기 정치적 주장이 '중공 지시'라는 혹자의 주장은 사실무근이며 신빙성이 제로이다.

12월 12일 새벽 5~6시 장학량은 모택동 등에게 전보를 보내 '장개석 감금'을 통보했다. 비슷한 시기 유정도 당중앙에 서안에서 발생한 (兵諫)상황을 보고했다. 또 장학량은 행정원장 공상회와 송미령에게 전보를 보내 '장개석 구금' 상황을 알렸다. 한편 서안사변 해결 방법을 두고 중공중앙과 공산국제·소련정부(Stalin)는 '미묘한 입장' 차이를 보였다.

3. 서안사변의 '평화적 해결'과 최종 결과

서안사변 발발 후 중공중앙은 장개석을 석방하는 '평화적 해결'을 결정했다. 이는 모스크바 입김이 작용했다는 것이 학계의 중론이다. 중공대표 주은래와 송미령·송자문 등 주화파(主和派)가 중요한 역할을 했다. '정변(政變)' 주모자인 장학량이 '장개석 살해' 계획이 없었던 것이 가장 주된 원인이다. 이 또한 결자해지(結者解之)이다. 결국 장학량의 연금과 양호성의 '출국'을 초래한 서안사변은 제2차 국공합작(國共合作)을 촉발했다.

장학량은 중공에 보낸 전보에 이렇게 썼다. …항일구국을 위해 장

1745 여천재(黎天才, 1900~1961), 산동성 봉래(蓬萊)출신이며 장학량의 측근이다. 1920~1930년대 장학량의 책사, '서북초비(西北剿匪)' 정훈처(政訓處) 부처장, 1955년 '반혁명 분자'로 수감, 1961년 옥중(獄中)에서 사망했다.

1746 오가상(吳家象, 1891~1981), 요녕성 의현(義縣) 출신이며 장학량의 '비서실장'이다. 1920~1940년대 (西北)총사령부 비서장, 입법원 입법위원, 건국 후 요녕성 사법청장, 전국 정협 위원 등을 역임, 1981년 고향에서 병사했다.

개석을 체포하고 진성 등을 감금했다. 빠른 답신을 부탁한다. 공상희에게 보낸 전보(12.12)에 이렇게 썼다. …개공(介公)을 서안에 남겨 반성하게 하고 있다. 장공(蔣公)의 생명을 해치지 않을 것이다('西安事變'編輯組, 1986: 47). 당시 전보를 보낸 당시(새벽 5시) 장개석을 체포하지 못했다. 한편 장학량은 군벌과 국민당 원로에게 전보를 보내 그들의 지지를 부탁했다.

12월 14일 장학량·양호성은 서북초비총사령부를 철회하고 항일연군서북군정위원회를 설립했다. '장양(張楊)'이 정부(正副) 위원장을 맡았다. 장학량은 '중공 참가'를 요청했다. 당중앙은 정치국 회의(12.23)를 열고 주덕·팽덕회·하룡·엽검영·서향전을 '서북군정위원회' 멤버로 추천했다. '서북군정위원회'는 동북군·서북군의 '수원 참전'을 준비했다. 장학량은 동북군의 관할지역을 홍군에게 내줬다. 대표적 지역이 연안(延安)이다.

장학량 등이 취한 일련의 조치는 ① 고숭민(高崇民)[1747]·두빈승 등으로 설계위원회[1748] 구성, 하주국·손울여 등으로 참모단(參謀團) 설립 ② 왕일산(王一山)[1749], 섬서성 주석에 임명 ③ 응덕전, 정치처장 임명 ④ 손명구, 항일선봉대대장에 임명 ⑤ 왕병남, 서북민중운동위원회 책임자

1747 고숭민(高崇民, 1891~1971), 요녕성 개원(开原) 출신이며 공산주의자이다. 1920~1940년대 동북구망(救亡)총회 조직부장, 중공에 가입(1946), 동북행정위원회 부주석, 건국 후 최고법원 (東北)분원장, 전국 정협 부주석 등을 역임, 1971년 심양(瀋陽)에서 병사했다.

1748 1936년 12월 12일 장학량의 지시에 따라 고숭민·두빈승·신백순·응덕전 등으로 구성된 '설계위원회(設計委員會)'를 설립, 고숭민을 소집인으로 선임했다. '설계위원회'의 급선무는 ① '정변 명칭' 문제 ② '장개석 처리' 문제 ③ '대내 선전' 문제이다(申伯純, 2008: 123). 결국 명칭은 '서안사변'·'쌍12사변(雙十二事變)'으로 결정됐다.

1749 왕일산(王一山, 1884~1955), 섬서성 순양(旬陽) 출신이며 애국지사이다. 1920~1940년대 국민혁명군 제21사단 참모장, 제17로군 참모장, 서북군 총참의(總參議), 섬서성정부 (代理)주석을 역임, 1955년 서안(西安)에서 병사했다.

봉자'로 탈바꿈한 것은 부인 송미령의 영향을 받았기 때문이다.

　장개석과 본처 모복매(毛福梅)[1756] 사이에서 태어난 장경국은 모스크바 중산대학에서 유학했다. 소련 태생인 '장방량(蔣方良)'[1757]과 결혼한 장경국은 소공(蘇共)에 가입한 '공산주의자'였다. 장경국과 계모 송미령은 '경이원지(敬而遠之)' 관계였다. '사생아' 장위국은 장개석의 양자(養子)라는 것이 일각의 주장이다. 장개석의 '시첩' 요야성(姚冶城)[1758]이 그의 양모(養母)였다. 여러 명의 처첩을 맞이한 장개석이 송미령을 '유일지처'라고 한 것은 '정치적 혼인'[1759] 미화가 주목적이다. 당시 위기에 처한 장개석이 기댈 곳은 뛰어난 정치적 수완을 가진 송여사뿐이었다.

　서안사변에 대한 지방 군벌들의 태도는 크게 엇갈렸다. 광서의 이

1756　모복매(毛福梅, 1882~1939), 절강성 봉화(奉化) 출신이며 장개석의 본처이다. 1901년 장개석(14세)과 결혼했다. '5살 연상'인 모씨(毛氏)는 '현모양처'였다. 1910년 장경국(蔣經國)을 출산, 1927년 장개석과 이혼했다. 한편 '이혼 조건'은 생활비는 장개석이 지급, '장씨 집안 맏며느리'로 대우하는 것이다. 1939년 일제 공습으로 폭사(爆死)당했다.

1757　장방량(蔣方良, 1916~2004)', 러시아 예카테린부르크(Yekaterinburg) 출생이며 장경국(蔣經國)의 부인이다. 1935년 장경국과 소련에서 결혼, 1937년 장경국과 함께 귀국, 3남 1녀(三男一女) 출산, 1978년 (臺灣)당국의 '제1부인'이 됐다. 2004년 대북(臺北)에서 병사했다.

1758　요야성(姚冶城, 1887~1966), 강소성 오현(吳縣) 출신이며 장개석의 '시첩(侍妾)'이다. 1911년 장개석과 상해(上海)에서 동거, 일본에서 태어난 '사생아' 장위국(蔣緯國)을 양자(養子)로 삼았다. 1927년 장개석과 결별, 1949년 대만 이주, 1966년 대중(臺中)에서 병사했다.

1759　1922년 12월 상해에서 송미령을 만난 장개석은 그녀의 재모(才貌)에 반했다. 당시 송경령은 처자가 있는 장개석과 동생의 혼인을 반대했다. 1927년 봄 송애령의 주선으로 송미령은 장개석의 구애(求愛)를 수용, 혼인관계를 청산한 장개석과 송미령은 상해에서 '세기의 결혼식(1927.12.1)'을 치렀다. 손중산·공상희와 동서인 장개석은 경제력이 막강한 (宋氏)가문의 지지를 받았다. 이 또한 그들의 결혼을 '정치적 혼인'이라고 부르는 이유이다. 한편 서안사변에서 슈퍼우먼 파워를 과시한 '제1부인' 송미령은 '장개석 구출'에 성공했다.

종인·백숭희는 통전(通電)을 발표해 '항일정부 설립, 공동항일'을 주장했다. 사천 군벌 유상은 '장양'의 '항일구국' 주장을 찬성했고 남경정부의 '무력 토벌'을 반대했다. 수원성의 부작의는 홍군·동북군 연합과 '공동항일'을 지지했다. 산서 군벌 염석산은 장학량의 전보(12.13)를 받은 후 '군사정변'을 반대하는 답전(答電)[1760]을 보냈다. 한편 장개석을 반대한 신강(新疆) 군벌 성세재는 서안사변 발생 초기에 장학량의 '정변'을 지지했으나, 소련정부의 태도를 확인한 후 곧 '반대 입장'[1761]을 표명했다.

미국 '민생강단보(民生講壇報, 1936.12.14)'는 이렇게 썼다. …'정변'은 중국을 위기에 몰아넣을 수 있다. 서안사변의 평화적 해결을 희망한다. 영국 타임즈(Times)는 이렇게 평론했다. …장학량의 반란은 일본 침략을 부추기는 역할을 할 것이다(政協文史資料委員會, 1980: 217, 220). '진리보(眞理報)' 등 소련 언론이 발표한 사설의 골자는 ① 장학량이 왕정위와 합작해 일으킨 쿠데타 ② '반일(反日)' 명의로 남경정부를 반대 등이다. (程中原, 2017: 124). 12월 17일 일본 외상은 남경정부가 '장양'과 타협하면 일본정부는 좌시하지 않겠다고 표명했다. 관동군은 남경정부에게 '반공방공(反共防共)'을 강요했다(中共中央文獻硏究室, 1993: 624). 외국 언론의 주장은

1760 장학량의 전보(12.13)를 받은 염석산은 답전(答電)을 보내 '사변'이 항일에 도움이 안 되며 대규모 내전을 유발할 수 있다고 지탄했다. 염석산의 '답전'을 받은 후 장학량을 극대노했다(程中原, 2017: 122). 이는 '노련한 군벌' 염석산이 장개석에게 보여주기 위한 것이었다. 실제로 '중원대전'에서 장개석을 지지한 장학량에게 '보복'한 것이다.

1761 소련의 '입장'을 확인한 성세재는 기존 '입장'을 변경했다. 12월 18일 성세재는 (南京)판사처를 통해 '서안사변'은 신강과 아무런 관계도 없다는 성명을 발표했다('西安事變'編輯組, 1986: 65). 당시 소련의 후원을 받은 성세재는 스탈린과 '돈독한 관계'를 유지했다. 1940년대 '반공반소(反共反蘇)'로 전향한 성세재는 '장개석 지지자'로 둔갑했다.

자국 이익을 우선시한 것이다. 특히 소련의 '입장'[1762]은 '소련 지지'를 기대한 장학량을 실망시켰다. 한편 소련정부의 주장은 '장개석 처리'에 대한 중공의 '입장 변화'[1763]에 결정적 영향을 미쳤다.

12월 14일 '진리보'는 마이니치신문의 보도를 반박한 '(TASS)통신사'의 사설을 전재했다. 마이니치신문은 이렇게 썼다. …장학량은 소련의 지지를 받는 자치정부를 설립하고 소련정부와 동맹을 체결했다. 이에 '타스통신'은 이렇게 반박했다. …일본의 보도는 사실무근이며 날조한 것이다(袁南生, 2003: 489). 당시 장개석을 항일전쟁 지도자로 간주한 소련정부가 장학량을 '일제 앞잡이'로 매도했다. 이는 중공의 역할을 무시한 것이다.

12월 15일 전국각계구국연합회는 '긴급 선언'을 발표해 '공동항일'을 주장했다. 북평(北平)학생연합회는 '결의(決議)'[1764]를 통과해 '항일구국'을 호소했다. 중공중앙은 회의를 열고 서안사변에 대한 해결방침을 토론했다. 당시 중공 지도자들의 최대 관심사는 '장개석 처형' 여부에

1762 12월 14일 소련 '진리보'·'소식보'는 잇따라 사론을 발표해 장학량을 혹평했다. 또 서안사변은 (中國)내전을 유발할 것이며 일본이 어부지리를 얻을 것이라고 지적했다(趙維, 2013: 80). 소련 언론은 서안사변이 장학량이 일본의 사주를 받아 획책한 정치적 음모라고 폄하했다(楊尚昆, 2001: 170). 소련 언론의 (事變)평가는 '소련정부(Stalin) 입장'을 대변한 것이다. 이는 서안사변에 대한 중공중앙의 '입장 변화'에 결정적인 역할을 했다.

1763 서안사변의 초기 중공중앙의 입장은 장개석을 '정의의 심판대'에 세우는 것이었다. 당시 중공 주요 지도자와 홍군 장령들은 '장개석 처형'을 강력히 주장했다. 한편 소련 언론의 입장을 인지하고 공산국제 지지를 수용한 중공중앙은 '장개석 석방'의 평화적 해결로 입장을 바꿨다. 중공의 '입장 변화'는 스탈린의 '지시'와 밀접하게 관련된다.

1764 결의(決議)'의 골자는 ① 대일선전(對日宣戰) ② 대의제(代議制)정부 설립 ③ 내전 반대 ④ '장장(蔣張)' 연합, '항일구국' ⑤ 장학량의 '항일 주장' 수용 ⑥ 국방회의 개최 등이다 (楊瀚, 2014: 212). 상기 '결의'의 골자는 '내전 중지'와 '항일구국'이다. 한편 '결의'는 장학량의 '서안사변'이 청년학생과 대중의 지지를 받았다는 단적인 반증이다.

관한 것이었다. 모택동·주덕·장국도 등 국내파는 '장개석 처형'을 주장했다. 공산국제의 '연장(聯蔣)' 지시를 감안한 장문천·박고 등 소련파는 '처형'을 반대했다. 장학량의 '입장'을 존중한 주은래는 '장개석 처형'이 대규모 내전을 유발할 수 있다고 강조했다. 결국 이는 공염불에 불과했다. '장개석 처리' 최종 결정권은 장학량이 갖고 있었기 때문이다.

모택동은 장학량에게 보낸 답전(12.12)에 이렇게 썼다. …동북군·서북군 주력을 서안·동관(潼關) 일대에 집결시킬 것을 건의한다. 홍군은 '호종남 견제' 임무를 맡고 주은래를 서안에 파견하겠다(金冲及 외, 1996: 415). 당중앙은 회의(12.13)를 열고 대책을 토론했다. 모택동은 서안사변 성격과 '장개석 처결' 등 문제에 대해 과학적 분석을 진행했다. 회의에서 장국도만 '장개석 처형'을 주장했다(申伯純, 2008: 137). 회의(12.13)는 '입장 차이'만 확인하고 이튿날 낙보의 거처(窯洞)에서 재차 토론하기로 결정했다. 당시 임산부 하자진이 '해산 징조'를 보인 것이다. 당초 모택동·주덕 등 국내파 대다수가 '장개석 처형'을 주장했다.

중앙회의(12.12)에서 주덕·장국도는 장개석을 연안에 연행해 사형에 처하자고 말했다. 주은래는 장학량의 태도를 지켜보자는 관망책을 내놓았다. 모택동은 장학량에게 답신을 보내 가장 좋은 선택은 장개석 처형이라며 신병(身柄)을 넘겨 달라고 요청했다(나창주, 2019: 450, 451). 오토 브라운은 이렇게 회상했다. …군중대회에서 모택동은 장개석을 청산하고 인민재판에 넘겨야 한다고 말했다. 장개석을 군중재판에 회부한다는 결의안이 채택됐다(V. Pantsov, 2015: 398). 정치국 회의(12.13)에서 장개석 체포는 혁명적 거사라고 말한 모택동은 회의 경과를 코민테른에 보고했다(Leivine, 2017: 429). 상기 '연안 연행'·'신병 인도'·'장개석 청산'·'인민재판'

는 큰 어폐가 있다. 한편 공산국제 보고서[1765]는 장문천이 작성했다.

정치국 회의(12.13)에서 모택동은 이렇게 말했다. …서안사변은 혁명적 사건이며 '정치적 주장'은 긍정적 의미가 있다. 우리는 서안사변을 옹호해야 한다(金冲及 외, 2011: 418). 모택동은 '사태 발전'을 이렇게 전망했다. 첫째, 남경정부는 (親日)괴뢰정권으로 전락할 수 있다. 둘째, 남경정부 분열과 지방 군벌 간 갈등으로 내전이 유발할 수 있다(張樹德, 2012: 137). 모택동은 이렇게 말했다. …서안 중심으로 전국의 항일운동을 지도해야 하며 서안을 통일전선 중심으로 만들어야 한다(葉永烈, 2014: 139). 모택동의 '전국항일정부'는 공산국제의 반대로 무산된 '서북국방정부'를 의미한다. 즉 남경정부와 대립한 '전국항일정부'를 서안에 설립하는 것이다. 결국 이는 공산국제의 지시와 스탈린의 '중국전략'[1766]에 위배된다.

장국도의 회고록에 따르면 주덕도 장개석을 죽여야 한다고 주장했다. 신중론을 편 주은래는 이렇게 말했다. …이 사건은 우리가 주역이 아니다. '정변' 주모자 장학량 등의 태도를 지켜봐야 한다(현이섭, 2017: 312). 주은래는 장개석을 죽이면 국내의 지지를 잃을 수 있고 이는 일본에게 득이 된다고 여겼다. 결국 장개석을 살려주어 통일전선을 성사시

1765 이 시기 공산국제 보고서는 '(中共)총서기' 장문천이 작성했다. '군위(軍委)' 주석 모택동은 홍군 지도부와 '협력자' 장학량 등에게 보낸 (軍事)전보'를 취급했다. 당시 '총서기'와 '홍군 통솔자'의 역할 분담이 이뤄졌다. 한편 공산국제의 지시는 낙보에게 보내졌다. 이는 공산국제가 모택동을 '중공 영수'로 아직 인정하지 않았다는 반증이다.

1766 소련의 '중국전략'은 중국이 항일전쟁(抗日戰爭)을 진행해 일본군의 '소련 침공'을 저지하게 하는 것이었다. 한편 스탈린은 수백만의 병력을 거느린 장개석을 (中國)항일전쟁의 (中國軍)통수권자로 간주했다. 이 또한 공산국제가 중공에 '연장항일(聯蔣抗日)'을 지시하고 '서안사변'에 대한 '평화적 해결(蔣介石 釋放)'을 강조한 주된 원인이다.

키는 것이 유리하다고 판단했다(박형기, 2014: 112). 당시 주은래는 남경정부와 대립되는 '서안항일정부' 설립을 반대했다. 한편 '통일전선 구축'에 악재로 작용할 수 있는 '장개석 처형'은 대규모 내전을 촉발할 수 있었다.

회의(12.13)에서 주은래는 이렇게 주장했다. …친일파의 '서안 공격'에 대비해야 한다. 또 남경정부와의 대립을 지양하고 '서안항일정부'를 설립할 필요가 없다(劉伯根 외, 2007: 339). 주은래는 이렇게 말했다. …친일파를 제외한 남경정부 주류파를 쟁취해야 한다. 손과·송자문·공상희 등을 설득하고 하응흠을 고립시켜야 한다. 통일전선이 일정한 성과를 거둔 상황에서 중공은 정치무대로 등장해야 한다(吳超, 2013: 97). 송자문·공상희 등 친미파는 서안사변의 '평화적 해결'을 주장했다. 이는 '장개석 처형'을 주장한 중공의 의견과 대립됐다. 한편 모택동과 '입장 차이'를 보인 주은래의 주장은 낙보·박고 등 국제파의 지지를 받았다.

회의에서 장국도는 이렇게 말했다. …'항일정권 설립'은 서안을 중심으로 전국의 항일전쟁을 지도하는 것이다. 남경정부를 타도하고 항일정권을 설립해야 한다(程中原, 2017: 132). 장국도는 회고록에 이렇게 썼다. …회의에서 평화적 해결을 주장한 중공 지도자는 한 사람도 없었다. 혹자는 장개석을 공개재판에 넘긴 후 처형해야 하며 어떤 이는 장개석을 인질로 삼아 남경정부를 핍박해야 한다고 말했다(張國燾, 1991: 332). 장국도의 '남경정부 타도' 주장은 낙보·박고·주은래의 반대를 받았다. 실제로 장국도는 '장개석 처형'을 주장한 모택동 등의 입장을 지지했다.

장문천은 이렇게 말했다. …서안사변은 남경정부 타협파를 타격한 군사행동이다. '장개석 처형'을 반대한 장문천은 '서안 중심'의 정권 설립과 남경정부 대립을 반대했다(張培森 외, 2010: 275). 모택동이 분석한 '내전 종결' 역량은 ① 홍군 ② 동북군 ③ 서안 우군 ④ 인민대중 ⑤ 남경정부 ⑥ 공산국제이다. 또 그는 내전을 항일전쟁으로 전환해야 한다고 말했다(張樹德, 2012: 140). 장문천의 견해는 '서안 중심'의 항일정권 설립을 주장한 모택동과 선명한 입장 차이를 보였다. '남경정부 대립'을 반대한 장문천의 주장은 주은래의 견해와 일맥상통했다. 실제로 모택동은 '장학량 연합'을 중시하고 장문천은 '통일전선 구축'을 중요시했다.

당중앙은 서안사변 입장을 잠시 대외에 공표하지 않기로 결정했다. 당시 공산국제의 지시를 받지 못했고 장학량의 의향을 파악하지 못했기 때문이다. 중공 지도부는 '장개석 처형'과 '내전 발발'을 전제로 일련의 '군사적 행동'을 준비했다. 이는 남경정부 친일파의 '서안 공격'을 대비하기 위한 것이었다. 12월 14일 장문천은 '회의 결과'를 공산국제에 보고했다. 같은 날 소련 언론은 서언사변에 대한 소련정부의 입장을 발표됐다.

서안사변 소식을 들은 왕명은 당중앙에 전보를 보내 '장개석 처형'을 주장했다(趙維, 2013: 76). 맹경수는 이렇게 회상했다. …12월 12일 스탈린이 왕명에게 보낸 쪽지는 이렇게 썼다. …서안사변은 일본에게 유리한 쿠데타이다(周國全 외, 2014: 261). 상기 왕명의 '장개석 처형' 주장은 사실무근이다. 이는 왕명이 '장개석 처형'을 결정한 모택동을 지지했다는 것을 강조하기 위한 픽션이다. 한편 스탈린의 '쪽지(12.12)'는 사실 왜곡이다.

12월 14일 스탈린은 디미트로프에게 이렇게 질문했다. …왕명은 도발자인가? 그가 '장개석 처형' 전보를 보내려고 했는가? 당시 디미트로프는 관련 전보에 관한 이야기를 들은 적이 없다고 대답했다('第一研究部', 2007: 523). 왕명은 장개석 처형을 지지하는 지시문을 스탈린에게 제출했다. 이에 스탈린은 '왕명 체포' 명령을 내렸다. 며칠 후 모택동이 '일본 첩자'라는 문서가 작성됐다(나창주, 2019: 452). 장문천이 보내온 전보(12.14)에서 중공의 '방침(蔣介石 處刑)'을 확인한 왕명이 소련 지도부에 보고한 후 스탈린이 디미트로프에게 전화를 걸어 '장개석 처형'을 반대한 것이다. 한편 모택동이 '일본 첩자'라는 주장은 역사 왜곡이다.

12월 14일 등발의 보고를 받은 디미트로프는 이렇게 말했다. …서안사변은 일본에게 유리하다. 스탈린은 디미트로프에게 공산국제의 묵인하에 발생됐냐고 질문했다(李玉貞, 2005: 23). 12월 15일 스탈린이 작성한 전보[1767]가 중공에 전해졌다. 전보는 장학량이 통일전선을 이끌 힘과 재능이 있다고 여기지 않는다고 썼다(조관희, 2019: 230). 12월 16일 디미트로프는 스탈린의 지시에 따라 지시문을 작성해 중공에 보냈다. '지시'의 골자는 '평화적 해결'이다(V. Pantsov, 2017: 431). 디미트로프는 왕명으로부터 '사변 보고(12.13)'를 받았고 공산국제 지시는 스탈린이 작성한 것이 아니다. 한편 공산국제 지시는 스탈린의 '의중'이 반영된 것이다.

'지시문(12.16)' 골자는 첫째, '정변'은 통일전선 역량을 약화시킬 것이며 일본 침략을 부추기는 역할을 할 것이다. 둘째, 중공은 서안사변을 평화적으로 해결해야 한다(申長友, 1994: 201). 공산국제가 제출한 '해결책'은 ① 애국지사, '정부 개편'에 참여 ② 인민의 민주적 권리 보장 ③ '홍군 토벌' 중지 ④ '(中國)항일 지지' 국가와 협력 등이다(袁南生, 2014:

1767 스탈린은 중공중앙에 보낸 전보(12.13)에 이렇게 썼다. …대규모 내전을 피하기 의해 중공은 서안사변을 평화적으로 해결해야 한다. 장개석이 항일을 찬성하면 곧바로 석방해야 한다(劉傑城, 2013: 238). 스탈린이 중공중앙에 전보(12.14)를 보내 '(聯蔣)항일'과 10일 내 장개석 석방을 지시했다는 일각의 주장은 신빙성이 낮다(袁南生, 2014: 403). 실제로 스탈린이 중공중앙에 전보를 보내 '장개석 석방'을 지시했다는 주장은 사실 무근이다.

400). 12월 20일 '지시 전문'[1768]을 읽었다는 것이 중국 학자들의 지배적 견해이다. 상기 '지시'는 '장개석 석방'을 중공에게 강요한 것이다. 중공의 '평화적 해결' 방침에 결정적 영향을 미친 것은 모스크바였다.

스탈린은 중공중앙에 전보를 보내 장개석 석방을 요구했다. 모택동은 스탈린을 위안하기 위해 장개석에게 전보(12.19)를 보내 '연합항일'을 요구했다(D. Wilson, 2011: 146). 장개석 감금을 일본의 음모로 간주한 스탈린은 모택동에게 전보를 보내 무조건 석방을 요구했다(R. Terrill, 2010: 184). 스탈린이 직접 '장개석 석방'을 요구했다는 주장은 사실 왜곡이다.

1936년 11월 소련정부는 남경정부를 '맹우'로 확정했다. 당시 소련·남경정부 대표는 모스크바에서 '반공산국제협정'[1769] 반대를 위한 비밀 담판을 진행했다. 장학량의 '장개석 체포'는 '소련 계획'이 수포로 돌아갈 수 있었다(P. short, 2010: 307). 스탈린은 '반일연맹'을 체결하면 장개석이 항일에 나설 것이라고 확신했다. 또 스탈린은 '남경정부 중심'으로 각 당파가 단합해야 한다는 정책을 제정했다(袁南生, 2003: 488). 소련

1768 12월 16일 공산국제는 중공중앙에 전보를 보내 '(西安事變)평화적 해결'을 지시했다. 중공중앙은 공산국제에 전보(12.18)를 보내 '번역 차질'이 발생해 재차 보내줄 것을 요청했다. 중공중앙은 '답전(12.21)'에 이렇게 썼다. …20일 '지시문(指示文)'을 받았다. 관련 지시대로 평화적 해결 방침을 결정했다(楊奎松, 2012: 340, 344). 실제로 12월 18일 전후 중공중앙은 소련정부의 입장을 인지했다. 한편 12월 20일에 '(指示)전문'을 인지했다는 일각의 주장은 중공중앙이 독자적으로 '평화적 해결'을 결정했다는 것을 강조하기 위한 것이다.

1769 1936년 11월 독일과 일본은 베를린에서 '반공산국제협정(11.25)'을 체결했다. 소련 정보부의 보고를 받은 스탈린은 독일·일본의 '(東西)협공'을 당할 수 있다고 판단했다. 결국 스탈린은 (蘇中)관계 개선과 장개석 협력을 강화하기로 결정했다(袁南生, 2014: 399). 소련의 국익을 최우선시한 스탈린이 중공 몰래 남경정부를 '맹우(盟友)'로 결정한 것이다. 이 또한 스탈린이 서안사변의 '평화적 해결'과 장개석 석방을 요구한 주요 인이다.

국익을 우선시한 스탈린은 장개석을 '통일전선 지도자'로 간주했다. (中共)이익을 무시한 스탈린의 '장개석 지지'는 모택동의 불만을 자아냈다. 이는 '장개석 처리'에 대한 스탈린과 모택동의 '입장 차이'를 유발했다.

'장개석 처리'에 대한 모택동·스탈린의 차이점은 첫째, 모택동은 서안사변을 '혁명적 사건'으로 평가했으나, 스탈린은 '일본의 음모'라고 폄하했다. 둘째, 모택동은 장학량을 '(抗日)동반자'로 간주했으나, 스탈린은 장학량을 '일제의 앞잡이'로 매도했다. 셋째, 모택동은 '장개석 처형'을 주장했으나, 스탈린은 장개석을 '반일(反日) 협력자'로 간주했다. 넷째, 모택동은 '핍장(逼蔣)항일'을 주장했으나, 스탈린은 중공에게 '옹장(擁蔣)항일'을 강요했다. 상기 차이점은 모택동과 스탈린이 중공·소련의 이익을 최우선시하고 서안사변을 바라보는 시각의 차이에서 비롯됐다.

모택동이 공산국제 지시를 수용한 원인은 ① 공산국제, (中共)상급자 ② '중공 영수' 지위 미확보 ③ 국제파의 반대와 견제 ④ '(蔣介石)처형' 결정권 부재 ⑤ 소련의 '군사적 원조' 기대 ⑥ '지시 거절'에 따른 불이익 등이다. 당시 모택동은 여래불의 손아귀에 있는 손오공과 같은 신세였다. 중화소비에트공화국은 소련의 괴뢰정권이었다. '공화국 주석' 모택동의 직속상관은 스탈린이었다. 실제로 스탈린은 모택동의 '천적'이었다.

12월 17일 주은래는 장학량에게 중공의 입장을 이렇게 표명했다. …장개석의 안전을 보장하나 친일파가 내전을 일으키면 안전을 보장할 수 없다(劉伯根 외, 2017: 341). 장학량은 이렇게 말했다. …장개석이 '항일'을 동의한다면 '항일정권 영수'로 추대할 것이다. 주은래는 양호성에게 이렇게 말했다. …중공은 장개석이 '공동항일'을 동의하면 '전국 영수'로 옹호할 것이다(程中原, 2017: 139, 142). 당시 양호성은 '깊은 우려'[1770]를 표시했다. 한편 주은래의 언급은 당중앙의 '장개석 처형' 방침에 위배된다. 장학량의 주장을 수용한 주은래가 '중공 방침'을 변경한 것이다.

중공은 방송을 통해 소련의 입장을 확인했다. 이는 중공의 '방침 변경'에 영향력을 끼쳤다. 국민당중앙에 보낸 전보(12.18)에서 '장개석 심판' 주장을 포기한 중공은 장개석 안전을 보장한다고 썼다(沈志華 외, 2011: 63). 정치국 회의(12.19)에서 참석자들은 '장개석 처형' 방침이 적절치 않다는 주장에 공감했다(張培森, 1988.8.15). 18일 전후 중공중앙은 소련 언론을 통해 소련정부의 입장을 확인했다. 이는 중공이 '평화적 해결'로 방침을 변경한 주요인이다. 이 또한 중공이 독자적으로 '평화적 해결'을 결정했다는 일각의 주장[1771]이 설득력이 떨어지는 이유이다.

12월 17일 당중앙은 소련 언론의 입장을 인지했다. 언론 보도가 소련정부의 입장을 대변하는 것이 아니라고 판단한 모택동은 장학량에게 보낸 전보(12.17)에 이렇게 썼다. …외교전에 치중한 소련정부는 '중

1770 12월 18일 중공의 '평화적 해결' 방침을 들은 양호성은 주은래에게 깊은 우려를 표시했다. 그는 주은래에게 이렇게 말했다. …공산당과 국민당은 지위가 평등하다. 중공은 장개석과 싸울 수도 담판할 수도 있다. 장개석 부하인 우리는 장개석의 보복을 면키 어렵다(申伯純, 1979: 148). 실제로 주은래가 '장학량 담화(12.17)' 내용을 양호성에게 전달한 것이다. 한편 양호성의 '우려'가 현실이 됐다. 얼마 후 양호성은 '강제 출국'을 당했다.

1771 12월 18일 중공중앙은 공산국제에 전보를 보내 '지시문 재발송'을 요청했다. 12월 19일 중공중앙은 정치국 회의를 열고 서안사변에 대한 '평화적 해결' 방침을 독자적으로 결정했다. 20일 중공중앙은 공산국제가 보내온 '지시문'을 완벽하게 번역했다('中共黨史學會' 외, 2015: 193). 실제로 12월 18일 전후 중공중앙은 소련 언론의 '사설' 내용을 인지했다. 결국 중공중앙은 정치국 회의(12.19)를 열고 기존 '장개석 처형' 방침을 포기했다.

공 지지' 입장을 발표할 수 없는 상황이다(中共中央文獻硏究室, 1986.6). 실제로 모택동이 장학량에게 '선의의 거짓말'[1772]을 한 것이다. 12월 19일 당 중앙은 정치국 회의를 열고 '(蔣)처형' 방침을 포기하고 평화적 해결을 확정했다.

중공중앙은 정치국 확대(12.19)를 열고 서안사변 방침을 토론했다. 장문천의 '발언' 골자는 ① 전국적 항일투쟁 쟁취 ② '장개석 처형' 주장 포기 ③ '재판 회부' 구호 부적절 ④ 당의 방침을 '평화적 해결'로 변경 등이다(張培森 외, 2010: 277). 모택동은 이렇게 말했다. …'진리보'는 서안사변을 '양광사변'으로 간주하고 있다. 일본은 소련이 사주했다고 우기는 반면, 소련은 일본이 장본인이라고 주장하고 있다. 이들의 주장은 '사변' 본질을 흐리고 있다(金冲及 외, 1996: 419). 당시 모택동은 서안사변을 폄하한 소련 언론에 상당한 불만을 표시했다. 한편 장문천은 소련 언론의 입장을 이해하고 소련정부의 주장을 수용하는 태도를 보였다.

당중앙이 서안의 주은래에게 전보(12.21)를 보내 제시한 담판 원칙은 ① '(抗日)주전파' 위주로 남경정부 개편 ② 친일파 축출 ③ 민주적 권리 보장 ④ '홍군 토벌' 중지 ⑤ '항일 지지' 국가와 협력 ⑥ 상기 조건이 수용, '장개석 석방' 등이다(中央檔案館, 1991: 124). 가장 중요한 전제조건은 '홍군 토벌' 중지이다. 이는 중공이 장개석 석방을 확정했다는 반증이다. 한편 장학량은 주은래가 제출한 중공중앙의 담판 원칙을 수용했다.

1772 모택동은 주은래에게 보낸 전보(12.20)에 이렇게 썼다. …중공의 '장개석 석방' 전제조건은 ① '항일 주전파(主戰派)' 위주로 남경정부를 개편 ② '홍군 토벌' 중지 등이다(金忠及 외, 1998: 410). 실제로 모택동은 공산국제의 '지시문(12.20)'에서 장학량에게 '불리한 내용'을 모두 삭제했다. 한편 이 시기 장학량은 서안사변에 대한 소련정부의 입장을 인지하고 있었다. 결국 이는 '감금자(監禁者)' 장개석의 석방을 촉구하는 역할을 했다.

20일 서안에 도착한 송자문은 장개석에게 송미령의 편지를 전했다. …송자문이 3일 내 돌아오지 않으면 서안에 날아가 당신과 생사를 같이 할 것이라는 편지를 읽은 장개석은 대성통곡했다('西安事變'編輯組, 1986: 83). 송자문은 곽증개(郭增愷)[1773]를 파견해 주은래와 면담하게 했다. 당시 주은래는 이렇게 말했다. …장개석이 내전을 중지하고 항일을 찬성한다면 중공은 남경정부를 옹호할 것이다(金冲及 외, 1998: 412). 21일 남경에 돌아간 송자문은 공상희에게 상황을 보고했다. 공상희는 송미령 등의 장학량 담판을 허락했다. 22일 오후 송미령은 서안에 도착했다. 송미령의 서안행은 서안사변의 '평화적 해결'에 결정적 역할을 했다.

송미령의 도래로 '(蔣張)냉전관계'가 종식됐다. 단식을 중지한 장개석은 장학량의 '항일 주장'을 일부 수용했다. 장학량의 본처와 의자매인 송미령은 견원지간이 된 의형제(蔣張) 사이에서 윤활제 역할을 했다. 송미령은 '외교가'의 자질을 여실하게 드러냈다. 한편 주은래는 활동력과 정치적 수완을 겸비한 퍼스트레이디(宋美齡)에게 '좋은 인상'을 남겼다. 결국 이는 주은래가 제2차 국공합작에서 중요한 역할을 한 밑바탕이 됐다.

장개석이 송자문에게 전한 '담판 의견'은 ① 남경정부 개편 ② 3개월 후 '구국회의' 개최 ③ '연아연공(聯俄聯共)' 동의 등이다(中共中央文獻研究室, 1997: 70). 또 그는 2가지 추가적 조건을 제시했다. 첫째, 송씨 형매(兄妹)가 그를 대표해 담판에 참가한다. 둘째, '협의서' 사인을 거부하며 영수(領袖)의 인격으로 담보한다(葉永烈, 2014: 165). 22일 장개석은 송

1773 곽증개(郭增愷, 1902~1989), 하북성 안차(安次) 출신이며 공산주의자이다. 1930~1940년대 서안(西安)수정공서 참의(參議), 송자문의 비서, 1986년 중공에 가입, 전국 정협 상임위원 등을 지냈다. 1989년 북경에서 병사했다.

자문을 통해 주은래에게 전달한 '4가지 요구'는 ① 소비에트정부 철회 ② '홍군' 명칭을 철폐 ③ 계급투쟁 중지 ④ '영수 인정' 등이다(J. Taylor, 2012: 95). 이는 송미령의 도래에 따른 장개석의 '입장 전환'을 보여준다. 한편 상기 '계급투쟁 중지'·'영수 인정'은 사실무근이다.

23일 오전 장공관(張公館)에서 진행된 담판에서 주은래는 담판 조건을 제시했다. 이를 수락한 송자문은 '장개석 전달'을 약속했다. 오후 담판에서 송자문은 남경정부 개편을 승낙했다. 또 주은래는 장학량을 통솔자로 한 '서북항일연군'[1774]을 설립하고 군비 조달은 남경정부가 책임질 것을 요구했다. 송자문은 관련 사항을 장개석에게 전달하겠다며 즉답을 피했다. 송미령이 참가한 24일 담판에서 구체적인 협의안[1775]이 도출됐다.

24일 주은래는 당중앙에 전보를 보내 '담판 결과'를 보고했다. …장개석이 장학량에게 승낙한 약속은 ① 중앙군 철수 ② 하음흠 파면 ③ 애국지사 석방 ④ '연홍용공(聯紅容共)' ⑤ 국민대회 개최 ⑥ 소련·영미(英美)와 연합한다(李勇 외, 1995: 241). 24일 저녁 주은래는 장개석과 면담했다. 장개석이 주은래에게 약속한 3가지는 ① '홍군 토벌' 중지, '연홍(聯紅)항일' ② 송자문·장학량, 전권대표 ③ 남경 귀환 후 주은래와 담판

1774 12월 14일 모택동은 장학량에게 전보를 보내 '서북군정(軍政)위원회'를 설립해 장학량·양호성·주덕을 주석단, 장학량이 위원장을 맡을 것을 제출했다(劉志靑, 2010: 125). 결국 '서북항일연군' 설립은 무산됐다. 이는 공산국제가 요구한 '장개석 석방'과 관련된다. 실제로 장학량 중심의 '서북항일연군'은 중공의 주관적인 희망에 불과했다.

1775 12월 24일 주은래 등이 송자문·송미령과의 담판을 통해 도출한 '협의안'은 ① 공상희·송자문 주축, 행정원 개편 ② 친일파 숙청 ③ 중앙군 철수 ④ 애국지사 석방 ⑤ '홍군 토벌' 중지 ⑥ '구국회의' 개최 ⑦ 공동항일 ⑧ 러시아·영미와 연합 ⑨ 정치범 석방 등이다(劉伯根 외, 2007: 346). 송자문은 주은래와 '단독 회담(12.24)'에서 매달 50만원의 경비 지급을 약속했다. 12월 24일 저녁 장개석은 주은래에게 '(聯共)항일'을 약속했다.

등이다(金沖及 외, 1998: 416). 실제로 '중앙군 철수'·'하음흠 파면'·'연홍(聯紅)'은 이뤄지지 않았다. 한편 '연홍항일'은 어폐가 있다.

송미령은 '석방' 날짜를 성탄절인 25일로 정했다. 공상희는 장학량에게 보낸 전보(12.22)에 이렇게 썼다. …성탄절 전후 장위원장을 호송해 남경으로 돌아오기 바란다. 이는 가장 멋진 '성탄절 선물'이 될 것이다. 25일 송자문은 장개석에게 '이외의 상황'[1776]을 보고했다(葉永烈, 2014: 171). 장학량은 '변장 탑승'을 권고했으나 송미령은 '이미지 손실'을 이유로 거절했다. 오후 4시 장개석은 '장양(張楊)'에게 '훈시(訓示)'[1777]를 마친 후 곧 탑승했다. 한편 장학량은 주은래·양호성의 반대에도 불구하고 '남경 동행'을 단행했다. 12월 26일 장개석 일행은 남경에 도착했다.

양호성은 장개석의 보복을 우려해 극구 말렸으나 장학량은 '항명'을 한 만큼 군인으로서 당당하게 처벌을 받겠다며 남경행을 고수했다. 주은래가 만류하러 급히 공항으로 갔으나 비행기가 기수를 동쪽으로 돌린 뒤였다(현이섭, 2017: 316). 장학량은 '장개석 호송'[1778] 원인을 이렇게

1776 25일 아침 동북군·서북군 지휘관들은 송자문에게 보낸 편지는 이렇게 썼다. …쌍방 협의안에 반드시 최종 결정권자가 서명하고 중앙군은 우선 (潼關)이동으로 철수해야 한다. 상기 조건을 수용하지 않으면 장개석을 석방할 수 없다(中共中央文獻研究室, 1998: 417). 이외의 상황 발생으로 비행기 출발이 지연됐다. 오후 4시 장개석 부부가 탄 전용기가 마침내 (西安)공항을 이륙해 낙양으로 날아갔다. 결국 남경행이 낙양행으로 변경됐다.

1777 전용기를 탑승하기 전 장개석은 '장양(張楊)'에게 이렇게 훈시(訓示)했다. …오늘 이전의 내전 발생은 당신들이 책임져야 한다. 향후 내전 발생은 내가 책임질 것이며 홍군 토벌을 없을 것이다(中共中央文獻編委, 1980: 73). 또 그는 이렇게 말했다. 내가 약속한 것은 반드시 지킬 것이다. 그렇지 않으면 당신들의 영수가 될 자격이 없다. 추후 서북 5개 성(省)의 군수부는 당신들이 맡아야 한다(張仲田 외, 1995: 241). 실제로 남경에 돌아간 장개석은 (紅軍)토벌 중지 약속을 지켰으나 장학량·양호성의 작전 지휘권을 박탈했다.

1778 중국 학자들이 분석한 장학량의 '장개석 호송' 원인은 ① '장개석 석방'이 국가에 유

술회했다. …내가 남경에 간 것은 장개석이 약속을 지키도록 독촉하기 위해서였다. 또 친일파 기세를 압도하고 그들의 험담을 막기 위해서였다(王充閭, 2015: 213). 주은래는 이렇게 한탄했다. …장학량은 '연환투(連環套)'[1779]와 같은 연극에 중독됐다. 황천패(黃天覇)[1780]를 환송하고 '부형청죄(負荊請罪)'[1781]를 했다(申伯純, 1979: 163). 한편 '의리의 사나이' 장학량은 '감금자'에서 '수감자'로 전락했다. 결국 이는 동북군의 '와해'를 초래했다.

남경에 도착한 장학량은 감금됐다. 12월 31일 (南京)군사법정은 장학량에게 10년 징역형을 선고했다. 얼마 후 사면된 장학량은 50여 년 간

리 ② '이외의 사태' 방지 ③ 소련의 '장양(張楊)' 비난 ④ '서안 회귀' 확신 ⑤ 장개석의 '안전 담보' ⑥ (個人)생사를 도외시 등이다(唐若玲 외, 1991.2). 실제로 상기 ④·⑤가 주된 원인으로 간주된다. 한편 장개석의 '안전 담보'는 설득력이 크게 떨어진다.

1779 경극(京劇) '연환투(連環套)'은 소설 '시공안(施公案)'에서 비롯됐다. 녹림객 두이돈(竇爾墩)은 표창을 사용한 황삼태(黃三太)에게 패한 후 연환투에서 산적 두목이 된다. 10년 후 두이돈은 강희제의 심복 양구공(梁九公)의 어마(御馬)를 훔치고 황삼태에게 죄를 전가했다. 청관(清官) 팽붕(彭朋)은 황삼태의 아들 황천패(黃天覇)를 불러 문죄한 후 3일 내 '도적 색출'을 명령했다. 단신으로 연환투에 찾아간 황천패는 그의 신분을 밝히고 이튿날 두이돈과 무예 시합을 합의했다. 황천패의 지우 주광조(朱光祖)는 두이돈의 병기를 훔친 후 황천패의 대도(大刀)를 남겨놓았다. 이튿날 주광조는 두이돈에게 황천패가 그의 병기를 훔쳤다고 말했다. 이를 믿은 두이돈은 '목숨을 살려준' 은혜에 감사를 표시하고 그를 따라가 조정에 귀순했다. 한편 주은래는 장학량을 '협객' 두이돈에 비유했다.

1780 황천패(黃天覇)는 소설 '시공안(施公案)'의 주인공, 경극 '연환투'와 드라마 '협객 구양덕(歐陽德)'에 등장한 '주연'이다. 녹림객 황천패는 황삼태(黃三太)의 아들이다. 강희제는 자신의 목숨을 구해준 총표두(總鏢頭) 황삼태에게 황마고자(黃馬褂)를 하사했다. 한편 실존 인물인 황천패는 청조정(清朝廷)에서 벼슬, 관직이 정2품(正二品)에 달했다.

1781 '부형청죄(負荊請罪)'는 가시나무를 등에 지고 찾아가 용서를 구한다는 뜻이다. 즉 자신의 잘못을 인정하고 처벌을 자청한다는 말이다. 흔히 '부형청죄'를 하면 상대가 '지은 죄'를 용서하는 것이 관례이다. 한편 남경(南京)까지 직접 자신을 호송한 장학량의 '중대한 과오'를 용서하지 않은 장개석은 50여 년 동안 '의제(義弟)'를 연금했다.

수감됐다. 결국 2주 간 '의형'을 감금한 대가를 혹독하게 치른 것이다. 한편 '출국 고찰'을 강요당한 양호성은 1949년 대립이 파견한 특무에게 척살됐다. 1937년 2월 5일 서안에서 철수한 동북군은 10개 사단으로 축소 개편됐다. 한편 제38군단으로 개편된 17로군(西北軍) 번호는 철회됐다.

모택동은 서안사변에 대해 매우 높은 평가[1782]를 내렸다. … 서안사변이 없었다면 국민당의 '항일 결정'은 더욱 지연됐을 것이다. '내전 종결'에 결정적인 역할을 한 서안사변은 제2차 국공합작을 촉발했다(逄先志 외, 2011: 425). 1956년 주은래는 이렇게 술회했다. …서안사변은 대중의 '항일 의지'를 반영한 것이다. '장양(張楊)'은 천고(千古)의 공신이다. 우리는 그들을 영원히 기억할 것이다(中共中央文献研究室, 1989: 638). 사안사변 후 장개석은 '내전 중지, 공동항일'로 정책을 전환했다. 한편 중공중앙은 기존 '핍장(逼蔣)항일'을 '연장(聯蔣)항일'로 전략을 변경했다.

서안사변의 '평화적 해결'은 주은래·장학량·(宋氏)형매가 협력한 결과이다. 중공중앙의 방침 전환은 공산국제의 압력 행사와 관련된다. 가장 큰 수혜자는 중공이며 최종 승자는 모택동이다. 서안사변 후 전국적 영수(領袖)로 추대된 장개석은 또 다른 승자이다. 한편 반 세기 동안 수감자로 생활한 장학량과 온 가족이 몰살된 양호성은 '실의자(失意者)'이다. 또 서안사변 '평화적 해결'의 수훈갑은 주은래·장학량·송미령이다.

1782 '연합정부 논함' 보고(1945.6)에서 모택동은 서안사변을 이렇게 평가했다. …1936년 12월 항일지사 장학량·양호성은 동북국·서북군 장병을 인솔해 장개석을 감금하는 역사적 사변을 일으켰다. 결국 국민당 당국은 내전을 포기했다. 서안사변의 평화적 해결은 국공합작과 전국적 항일을 촉발했다(程中原, 2017: 216). 서안사변의 '평화적 해결'은 모스크바의 개입과 관련된다. 이는 중공의 방침 변경과 장학량의 장개석 석방을 촉구했다.

제4절 연안(延安) 이주, '국공합작' 실현

1. 연안(延安)[1783] 정착과 '정적(政敵)' 제거

서안사변은 제2차 국공합작(國共合作)[1784]을 유발했다. 또 중공은 기존 '핍장항일'을 '연장항일'로 전환했다. 1937년 1월 중공중앙은 연안으로 이주했다. 이는 홍군·동북군의 '합작(合作)' 결과이다. 실제로 장학량이 연안을 중공에게 넘겨준 것이다. 연안이 '혁명의 성지(聖地)'로 불리는 것은 모택동이 이곳에서 중공 영수로 자리매김했기 때문이다. 한편 '연안 정주' 후 모택동이 최우선 과제로 추진한 것은 '장국도 비판'이다.

연안은 옛 성벽이 남아 있는 상당한 규모의 상업 도시였다. 현지 주민들은 수백 년 동안 언덕에 굴을 파고 살았다. 동굴은 물자가 거의 없는 공산당원의 집으로 적합했다(A. Faulkner, 2005: 55). 1936년 가을 연안에 본부를 두기로 결정했다. 모택동이 동굴집에 살고 있다는 사실은 혁명적 소박함을 보여주는 상징적 의미를 지니고 있다(D. Spence, 2003: 135). 1937년 1월 중공기관은 연안으로 이주했다. '겨울에 따뜻하고 여름에 선선한' 이점이 있는 동굴집은 적기의 폭격을 피할 수 있었다. 당시 연안의 인구는 3000여 명에 불과했다. 또 연안에 동굴집에 많은 것은 두꺼

1783 연안(延安)의 약칭은 '연(延)'이며 섬서성의 북부에 위치, 연주(延州)·부시(膚施) 등으로 불렸다. 1937년 연안(延安)으로 개칭됐다. 한편 '혁명의 성지(聖地)'로 불린 연안은 중공중앙의 소재지(1937~1947)가 됐다. 1937년 1월 13일 중공중앙은 연안에 진주(進駐), '중공 영수(領袖)' 모택동은 연안의 동굴집(窯洞)에서 10년 동안 생활했다.

1784 제2차 국공합작(第二次國共合作)은 (抗日)전쟁시기 중국 공산당과 국민당이 두 번째로 합작한 (抗日)민족통일전선이다. 1937년 8월 홍군은 국민혁명군 제8로군(八路軍)으로 개편, 9월 22일 (國民黨)중앙통신사는 '합작선언'을 발표했다. 또 장개석은 담화를 발표(9.23), 중공의 합법적 지위를 승인했다. 10월 중 (南方)홍군유격대는 신4군(新四軍)으로 개편됐다. 1946년 6월 국민당군이 해방구(解放區)를 공격, '(國共)합작'이 종결됐다.

운 황토층과 사막으로 된 황토고원(黃土高原)[1785]에 위치한 것과 관련된다. 한편 연안의 동굴집과 모택동의 '혁명적 소박함'은 직접적 관련이 없다.

방이 세 개인 동굴집에서 생활한 모택동은 얼마 후 양가령(楊家嶺)[1786]으로 이주했다. 연안의 요동(窯洞)들은 '동난하량(冬暖夏凉)'해 생활하기 편했다(D. Wilson, 1993: 190). 모택동 부부는 봉황산 기슭에 자리한 유명한 상인의 동굴집에 보금자리를 마련했다. 일부 고위급 지도자는 모택동·주은래가 선택한 호화로운 집보다 동굴의 검소한 생활을 선호했다(V. Pantsov, 2017: 437). 모택동의 '양가령 이주(1938.11)'[1787]는 적기의 폭격을 피해기 위해서였다. 상기 '호화로운 집'은 '번역자 개작(改作)'[1788]이다. 한편 모택동·주은래는 검소한 생활의 본보기였다. 당시 (延安)중공 지도자들은 모두 방 하나에 응접실이 1개인 동굴집에서 생활했다.

1785 황토고원(黃土高原)은 서북부에 위치, 중국의 '4대 고원'이다. 고원(高原)의 동서 길이는 1000킬로미터, 남북 너비는 750킬로미터에 달한다. 동쪽은 태항산(太行山), 북쪽은 만리장성, 남쪽은 진령(秦嶺), 서쪽은 오초령(烏鞘嶺)에 닿아있다. 해발은 800~3000미터, 가장 두터운 지역은 180미터에 달한다. 서북에서 동남쪽으로 경사, 수많은 계곡이 생겨 자연경관을 이룬다. 한편 황토고원은 동굴집이 많고 (黃河)발원지로 간주된다.

1786 양가령(楊家嶺)은 연안 서북쪽 2킬로미터에 떨어진 곳에 위치, 1938~1947년 중공중앙의 소재지였다. 당시 모택동은 (延安)양가령에서 '대생산운동'·'정풍운동'을 주도했다. 1938년부터 모택동은 다년간 양가령의 동굴집에서 생활했다. 1946년 모택동은 양가령에서 루이스 스트롱(Louise Strong)에게 '일체 반동파는 종이호랑이'라고 말했다.

1787 모택동의 '양가령 이주(1938.11)'는 신변 안전을 위한 조치였다. 1938년 11월 20일 일본군 폭격기가 연안을 공습, 모택동은 양가령의 동굴집으로 이주했다. 1940년 조원(棗園)으로 거처를 이전, 1942년 모택동은 양가령으로 돌아왔다. 1947년 3월 '호종남 공격'으로 연안에서 철수했다. 실제로 10년 동안 모택동은 14차례 거처를 옮겼다.

1788 '번역자 (飜譯)수준'은 원문을 왜곡하는 오역의 주된 원인이다. '한국인 번역자'의 오역은 중국어 원문을 제대로 이해하지 못했거나 '낮은 중국어' 수준에 기인된다. 특히 4자성어 번역은 '오류투성이'이다. 이념을 가미한 '오역'이 더욱 큰 문제이다. 예컨대 '바람난 철학가', 중화소비에트공화국을 '소련'으로 번역한 것은 '번역자 개작'이다.

장학량의 동북군은 그들이 점령한 섬서성의 부시(膚施)¹⁷⁸⁹에서 철수해 서안으로 이동했다. 연안은 장학량과 중공 간에 합의된 결정에 근거해 홍군이 접수했다(이건일, 2014: 268). 1937년 1월 모택동은 연안을 중공의 새로운 근거지로 정했다. 그때부터 시작된 10년 동안의 연안 생활을 매우 평온했다(나창주, 2019: 463). 주은래와 장학량이 서안에서 맺은 협정(1936.12.7)의 골자는 ① 동북군은 서안 부근의 동관(潼關) 일대에 집결 ② 연안은 홍군이 접수 ③ 홍군은 동북군의 '중앙군 공격' 저지에 협력 ④ 홍군이 연안에 진입, 동북군은 헛총질 등이다(黃少群, 2015: 631). 1937년 1월 중순 당중앙은 연안에 정착했다. 한편 모택동이 연안에서 10년 동안 '평온한 생활'을 보낼 수 있었던 것은 제2차 국공합작이 실현됐기 때문이다. 실제로 연안은 장학량이 중공에 내어준 '선물'이나 진배없다.

연안은 청량산(清涼山)¹⁷⁹⁰·보탑산(寶塔山)¹⁷⁹¹·봉황산(鳳凰山)¹⁷⁹²에 둘러쌓인 요충지로 역사적으로도 번화한 군진(軍鎭)이었다. '수호전'의 호걸

1789　부시(膚施)는 연안(延安)의 구명(舊名)이다. 송조(宋朝)에서 청조(清朝)까지 연안부(延安府) 소재지인 수현(首縣)이었다. 중화민국이 설립된 후 '부(府)'가 폐지되고 섬서성에 예속, 서안사변 후 홍군이 부시(延安)에 진주(進駐)했다. 1937년 1월 중공중앙은 부시를 연안시(延安市)로 승격, 1937년 2월 부시현은 '연안현(延安縣)'으로 개칭됐다.

1790　연안시 북쪽에 위치한 청량산(清涼山)은 '혁명의 성지(聖地)'인 연안의 명산이다. 청량산 만불사(萬佛寺)는 송대(宋代)의 석굴, 섬북(陝北)의 '4대 석굴(石窟)'이다. 1937~1947년 청량산은 '연안의 신문산(新聞山)'으로 불렸다.

1791　'연안의 상징'인 보탑산(寶塔山)은 연안 동남쪽에 위치, 해발이 1135미터이다. 자연·인문 경관과 역사문물·유적지를 겸비한 유명한 명승지이다. 당조(唐朝) 때 건축한 보탑산의 명물 보탑(寶塔)은 높이 44미터, 보탑산은 풍림산(豊林山)·가령산(嘉嶺山) 등으로 불렸다.

1792　연안의 서북 병장(屛障)인 봉황산(鳳凰山)은 연안의 '4대 명산'이다. 봉황산의 유래는 첫째, 산 지형이 봉황과 비슷하다. 둘째, 봉황이 열반(涅槃)해 산으로 환화(幻化)됐다. 봉황산 주봉의 해발은 1132미터, 군산(群山) 중 가장 높은 봉우리다. 봉황산의 고적(古蹟)은 진서루(鎭西樓)·봉황각(鳳凰閣)·문창각(文昌閣)·육랑채(六郎寨) 등이 있다.

노지심(魯智深)[1793]은 연안부 제할(提轄)이었다(賈章旺, 2012: 466). 부시·연주 (延州)로 불린 연안은 중화민족의 발상지이다. 1938년 모택동은 산서성 오대산(五臺山)[1794]에서 항일 근거지를 개척하는 진찰기(晉察冀)군구 사령 관 섭영진(聶榮臻)을 '오대산을 소란'한 노지심에 비유했다.

1936년 12월 말 중공 지도부는 '연안 이주'를 결정했다. 연안에서 주은래와 장학량은 비밀리에 만나 담판했다. 또 모택동과 하자진은 봉 황산 자락의 한 부자상인(富商)의 동굴집에 입주했다(P Shot, 2010: 310). 주 은래와의 회담(12.17)에서 장학량은 연안을 중공에 넘겨주기로 약속했 다. 한편 (朝鮮人)음악가 정율성(鄭律成)[1795]이 작곡한 가곡 '연안송(延安 頌)'[1796]은 매우 유명하다. 또 관련 드라마로 '연안송(延安頌, 2003)'이 있다.

'연안송'은 2003년에 제작된 '모택동 찬송'의 장편 드라마이다. '고

1793 노지심(魯智深), 본명은 노달(魯達)이며 별명은 화화상(花和尙)이다. 고전소설 수호전(水滸 傳)의 보병 장수, 연안부의 제할(提轄)을 맡았다. 당지 '깡패' 진관서(鎭關西)를 타살, 출 가해 승려가 되었고 법호가 지심(智深)이다. 양산박(梁山泊) 108명 호한 중 서열 13위이 다. 방납(方臘)을 생포한 후 항주 육합사(六合寺)에서 원적(圓寂)했다. 한편 모택동이 '지 장(智將)' 섭영진을 '단순한 무장(武將)'인 노지심에 비유한 것은 적절치 않다.

1794 오대산(五臺山)은 산서성 흔주(忻州)에 위치, 중국 '4대 불교(佛敎)' 명산이다. 주봉(主峯)인 북대정(北臺頂)의 해발은 3061미터, 다섯 개의 높은 봉우리가 있어 오대산으로 불린 다. 오대산에는 현통사(顯通寺)·보살정(菩薩頂)·남산사(南山寺) 등 47개 사찰이 있다. 한 편 2004년 '10대 중화(中華)' 명산, 2009년 세계문화유산으로 등재됐다.

1795 정율성(鄭律成, 1914~1976)의 본명은 정부은(鄭富恩), 전라남도 광주(光州) 출신이며 '군가 지부(軍歌之父)'로 불린다. 1938~1939년 '연안송(延安頌)'·'팔로군 대합창'을 작곡, 공산 당에 가입했다. 1942년 화북(華北)조선혁명군정학교 교육장, 1946년 황해도 선전부 장, 1950년 북경에 정주, 중국 국적을 취득했다. 1976년 북경에서 병사했다.

1796 '연안송(延安頌)'은 중국 기자 막야(莫耶)가 작사, 조선인(朝鮮人) 정율성이 작곡한 혁명 가곡(歌曲)이다. 당초 곡명(曲名)은 '연안 가송(歌頌)', 중공 (文化)선전단이 당사자의 동의 를 얻어 '연안송'으로 개명했다. 1938년 4월 가곡 '연안송'이 발표, 빠르게 전국으로 확산됐다. 2009년 중공 선전부가 추천한 '100수 애국가곡(愛國歌曲)'이다.

명사의(顧名思義)'[1797]로 '(10년)연안 생활'을 묘사한 드라마는 모택동의 업적을 칭송했다. 결국 이를 통해 모택동의 '중공 영수' 당위성을 부여했다. 드라마 전반부에서 모택동의 '정적(張國燾) 제거'에 치중했다면 후반부는 정풍운동을 통해 모택동이 '중공 영수'로 자리매김하는 과정을 실감나게 연출했다. 한편 드라마 '연안송'은 '금기(禁忌)'로 여겨진 모택동의 '사생활(私生活)'을 과감하게 다뤘다. 예컨대 모택동 부부의 '불화' 발생 원인과 '파경을 맞는' (訣別)사건의 자초지종을 상세하게 밝혔다.

12월 31일 모택동은 주은래에게 보낸 전보에 이렇게 썼다. …당중앙은 곧 연안으로 이전할 것이다. 감천(甘泉)·와요보를 홍군에게 넘겨줘야 한다. 양호성이 고계자(高桂滋)에게 전보를 보내 '와요보 철수'를 명령해야 한다(中共中央文獻硏究室, 1993: 633). '연안 양도'를 승낙한 장학량이 남경에 수감된 상황에서 중공의 '연안 이주'는 양호성의 승인을 받아야 했다. 결국 '장학량 결정(12.17)'을 존중한 양호성은 (中共)연안 진주를 허락했다.

모택동은 이렇게 말했다. …(延安)대중은 홍군을 잘 모르고 있다. 대중 관계를 잘 처리하고 선전공작을 게을리해선 안 된다(逢先知 외, 2011: 427). 모택동은 딸 이민(李敏)을 안고 이렇게 말했다. …아가야 네가 시대를 따라가는구나. 우리는 도시에서 살게 됐다(Leivine, 2017: 435). 실제로 연안의 백성들이 '불청객' 홍군을 신임하기까지 상당한 시간이 걸렸다. 반년 후 '모택동 관계'가 악화된 하자진은 딸을 두고 홀로 연안을 떠났다.

1797 '고명사의(顧名思義)'는 이름을 보면 그 뜻을 대충 짐작할 수 있다는 뜻이다. 출처는 '(魏書)왕창전(王昶傳)'이다. (韓國)국어사전은 …어떤 일을 당해 자신의 명예를 더럽히는 일이 아닌지 돌이켜 보고 또 의리에 어긋나는 일이 아닌지 생각한다고 설명, 이는 잘못된 해석이다. 또 '이름을 돌아보며 그 의미를 생각한다'는 해석도 어폐가 있다.

모택동이 거주한 공석동(孔石洞)은 낭중(郎中)[1798] 이가당(李家堂)의 거처였다. 햇빛이 들어오지 않아 습도가 높았고 일년 내내 음산한 냉기가 감돌았다(何明, 2003: 611). 환경이 열악한 공석동에서 1년을 생활한 모택동은 무릎 관절염을 얻었다. 1년 후 주위의 권고에 따른 모택동은 오씨(吳氏) 원락(院落)으로 이주했다. 1938년 11월 모택동은 양가령으로 이사를 했다. 그 후에도 모택동은 '안전 문제'로 여러 차례 거처를 옮겼다.

정치국 회의(1.15)에서 모택동이 한 발언의 골자는 ① 상인 보호, 가렴잡세(苛斂雜稅) 폐지② 항일구국회, 과도기적 정부 ③ (抗日)혁명위원회 설립 ④ 국민당의 백표(白票)와 소비에트정권의 지폐(蘇票) 혼용 등이다 (逄先知 외, 2005: 642). 1937년 1월 중순 당중앙은 홍군대학을 '항일군정대학(抗日軍政大學)'[1799]으로 개명했다. 한편 (抗日)혁명위원회 설립과 '대학' 개명은 중공 정책이 '전면적 항일'로 전환했다는 단적인 반증이다.

연안에서 정적 장국도·왕명을 제거한 모택동은 '중공 영수'로 부상했다. 또 '환난지처' 하자진과 결별한 후 강청을 후처로 맞이했다. 또 그는 (延安)정풍을 통해 '소련파'를 숙청하고 명실상부한 '중공 1인자'로 자리매김했다. 이는 모스크바의 지배권에서 벗어나는 계기가 됐다. '중공 7대'에서 모택동사상은 중공의 지도사상으로 확정됐다. 한편 호종

1798 낭중(郎中)은 제왕의 시종관(侍從官)에 대한 통칭이었다. 근대에서는 주로 '중의(中醫)'를 지칭, 강호낭중(江湖郎中)은 '떠돌이 의사(游醫)'·'돌팔이 의원'을 뜻한다. 송대(宋代) 후에는 '의사(醫師)'에 대한 존칭으로 사용됐다. 한편 한국에서는 낭중이 육조(六曹)에 딸린 정5품(正五品) 벼슬을 지칭하며 남도지방의 '남자 무당'을 뜻한다.

1799 항일군정대학(抗日軍政大學)의 약칭은 '항대(抗大)', 전신은 서북항일홍군대학이다. 연안 이전(1937.1) 후 항일군정대학으로 개명했다. 항일전쟁시기 중공이 군사 간부와 정치 간부를 배양하는 최고의 학부였다. 임표가 총장, 모택동이 '(抗大)교육위원회' 주석을 맡았다. 건국 후 국방대학으로 발전, 화북·화동·서남에 분교(分校)를 설립했다.

남의 '연안 침공(1947.3)'으로 모택동은 10년 동안 생활한 연안에서 철수했다.

1937년 1~3월 장국도는 서로군에게 '당중앙 지시 복종'을 요구한 2통 전보를 보냈다. 2월 초 장국도는 자신이 범한 '과오'에 대한 반성문을 제출했다. 그러나 그의 죄를 탕감하기에는 역부족이었다. 3월 하순 연안에 안착한 모택동은 '정적 제거'를 당면과제로 추진했다. 모택동·낙보 등은 '홍군 분열'의 중대한 정치적 과오를 범한 '장국도 비판'[1800] 운동을 당내에서 전개했다. 결국 이는 중공 특유의 전형적 '추후산장(秋後算帳)'이다.

'장국도 비판'은 모택동이 정적 제거를 위한 정치운동이다. '연안회의(延安會議)'[1801]에서 '장국도 과오 결정'이 통과됐다. 한편 '비판 운동'의 확대화는 허세우 등의 '폭동' 사건을 유발했다. '7.7사변(七七事變)'[1802] 후 항전 본격화로 '비판' 운동은 중단됐다. 지방정부로 좌천된 장국도는

1800 1937년 봄여름 모택동이 주도한 '장국도 비판'은 정치적 운동이다. 3개월 간 진행된 '비판' 운동을 통해 4방면군의 '장국도 잔재' 숙청에 성공했다. 한편 '장국도 비판' 확대화는 4방면군 장병의 불만을 야기, 항일군정대학의 '폭동사건'을 유발했다. 결국 장국도는 지방으로 좌천됐다. '비판' 운동 후 '모낙(毛洛)' 체제는 더욱 견고해졌다.

1801 '연안회의(延安會議)'는 1937년 3월 23~31일 중공중앙이 연안에서 개최한 정치국 확대회의를 가리킨다. '회의'의 의제는 ① 국민당 3중전회 이후의 중공 임무 ② '장국도 과오' 문제를 토론·결정 등이다. 회의에서 '장국도 과오에 대한 결정(3.31)'을 통과시켰다. 결국 이는 4방면군 장병의 강한 반발을 야기하고 '장국도 변절'을 촉발했다.

1802 '7.7사변(七七事變, 1937)'은 '노구교(蘆溝橋)사변'으로 불리며 항일전쟁의 발단이다. 7월 7일 밤 노구교 인근에서 훈련하던 일본군은 사병 1명의 '행방불명'을 구실로 노구교를 점령했다. 중공중앙은 통전(7.8)을 발표해 '공동항일'을 호소, 7월 17일 장개석은 (對日)작전을 선포했다. 결국 제2차 국공합작과 본격적인 (抗日)투쟁을 유발했다.

군권(軍權)을 상실했다. 왕명이 귀국(1937.12)한 후 장국도는 '트로츠키분자'로 간주됐다. 결국 1938년 4월 변절을 작심한 장국도는 연안을 탈출했다.

왕유주(王維舟)는 이렇게 회상했다. …1936년 12월 나와 유백승은 모택동을 찾아가 장국도의 '홍군 분열' 행위를 보고했다. 모택동은 이렇게 말했다. …'장국도 문제'는 조사 중이다. 잠시 비밀에 붙여야 한다(冰崑, 1984: 217). 당시 장국도의 '제2중앙 설립'에 관한 자료를 확보한 모택동은 홍군대학 교육장 나서경에게 4방면군 장병과의 면담을 통한 '현황 파악'을 지시했다. 이는 모택동이 사전에 치밀한 준비를 했다는 것을 반증한다.

'중국혁명 전략문제' 제목으로 연설(1936.12)한 모택동은 이렇게 말했다. …장국도는 (右傾)기회주의 과오를 범했다. 이는 당과 홍군의 기율을 파괴하고 홍군이 막대한 손실을 입는 결과를 초래했다(毛澤東, 1991: 185). 연설은 '장국도 비판' 효시이다. 한편 장국도는 반성문(1937.2.6)을 작성해 당중앙에 바쳤다. '후폭풍'을 예감한 장국도가 선수를 친 것이다.

장국도의 '반성문' 골자는 ① 제5차 반'포위토벌' 실패의 주관적 요소를 강조 ② 중앙홍군의 강인한 정신력 과소평가 ③ 당중앙의 '북상 지시' 불복 ③ 당중앙의 '과오' 비판 거절 ④ 4방면군 남하(南下), 조직상 대립 초래 등이다(姚金果, 2018: 514). '반성문'에서 '제2중앙 설립'과 모택동 등의 '당적 박탈'을 '조직상 대립'이라고 문제의 본질을 호도한 장국도는 '북상·남하' 간 노선투쟁을 '군사전략 쟁론'이라고 변명했다(葉健君 외, 2017: 305). 실제로 장국도의 '반성문'은 자기변호와 '책임 회피'에 불과했다. 결국 장국도의 '시말서'는 당중앙의 불만을 야기했다.

중앙선전부장 개풍은 '당중앙과 국도노선(國燾路線) 의견 대립'이란 글을 발표했다. '글'에서 '13개 문제'[1803]를 열거한 개풍이 내린 결론의 골자는 ① '국도노선', 기회주의·군벌주의 ② 주관적 원인, 장국도의 '과오 반성' 거절 ③ 당중앙 이탈, 도피주의로 발전 등이다(盛仁學, 1982: 71). 개풍이 분석한 '국도노선'의 '사회적 기초'는 ① 편협한 농민의식, 유맹(流 氓)적 파괴성 발로 ② (中國)군벌주의 반영 등이다. '역사적 근원'은 ① 장국도의 '일관적 과오' ② 협소한 경험론, 기계적 유물론 ③ 종파주의적 파벌성(派閥性) 등이다(蘇杭 외, 2015: 323). '모택동 추종자' 개풍이 '장국도 비판' 서막을 열었다. 실제로 개풍의 '결론'은 당중앙의 입장을 대변한 것이다. 결국 개풍의 '글'은 4방면군 장병의 강한 불만을 야기했다.

개풍의 '글'은 4방면군 전체를 폄하했다는 지적을 면키 어렵다. 또 '혁혁한 전공'을 세운 4방면군을 '군벌'로 매도했다. 종파주의 성격을 띤 개풍의 문장은 '장국도 비판' 확대화를 초래했다(劉統, 2016: 452). 개풍의 '글'은 4방면군 장병의 강한 불만을 야기했다. 모택동은 개풍의 '경솔한 행동'을 엄격히 비평했다. 장국도와 4방면군 장병을 동일시해선 안된다는 것이 '비평 이유'였다(蘇若群 외, 2018: 516). 모택동이 개풍을 '엄격히 비평'을 했다는 주장은 설득력이 떨어진다. 가장 먼저 장국도의 과오를 '(右傾)기회주의'로 낙인찍은 사람이 바로 모택동이었다. 실제로 '국도노선'에 대한 개풍의 '결론'은 모택동 등의 주장과 일맥상통했다.

나서경의 보고서(3.22) 골자는 ① 많은 고위간부, 장국도를 '4방면군

1803 개풍(凱豊)이 발표한 '당중앙과 국도노선(國燾路線)의 의견 대립'이란 글에서 열거한 '13 개 문제'는 ① 정세에 대한 판단 ② 군사전략 ③ 북상·남하 ④ 홍군 단결 ⑤ 홍군과 소비에트 건설 ⑥ 근거지 ⑦ 숙반 정책 ⑧ 당의 건설 ⑨ 민족 관계 ⑩ 통일전선 ⑪ 민족과 토지혁명 관계 ⑫ 소련 관계 ⑬ 당의 통일이다(蘇若群 외, 2015: 323). 결국 이는 '장국도 비판' 서막을 열었다. 한편 상기 '13개 문제'는 당중앙의 입장을 대변한 것이다.

리더'로 간주 ② 대다수의 장병, '4방면군 남하'가 정확하다고 간주 ③ '4방면군 과오' 지적에 대해 강한 불만 표출 ④ 대다수 지휘관, '장국도 과오' 심각성을 무시 ⑤ 4방면군 각급 지휘관, 자기반성이 절실 등이다. 나서경의 보고서는 '비판 확대화'를 유발하는 부정적 역할을 했다. 한편 총수(張國燾)의 몰락과 '서로군 참패'로 4방면군은 '줄초상난' 분위기였다.

공산국제가 중공중앙에 보낸 답전(3.22)의 골자는 ① '장국도 과오'에 대한 결론 도출 부적절 ② 당내 파벌투쟁 유발 ③ 일치단결해 '항일투쟁' 주력 ④ '서로군 패전' 원인을 객관적으로 분석 등이다('第一研究部', 2007: 289). 한편 '공산국제 지시(3.22)'를 무시한 당중앙은 정치국 확대회의(3.23)를 개최해 '장국도 비판'을 전개하고 '과오 결정'을 통과시켰다. 실제로 중공중앙의 '공산국제 무시'는 서안사변 당시에 조짐이 나타났다.

연안에서 열린 정치국 확대회의(1937.3)의 주요 의제가 '장국도 과오' 비판이었다. 회의에 출석한 정치국 위원은 모택동·장문천·주덕·박고·장국도·개풍이다. 홍군의 주요 지도자와 지방간부·열석자를 포함해 총 56명이 참가했다. 사상(史上) '연안회의'로 불리는 정치국 회의는 9일 간 진행됐다. 한편 '국제대표' 장호의 '회의 불참'[1804]은 토사구팽의 성격이 짙다. '회의' 후 하장공은 모택동을 찾아와 자신의 '과오'를 반성했다.

1804 '연안회의(1937.3)' 개최 전 장국도는 장문천에게 장호의 '회의 출석'을 요구했다. 장국도는 내막을 잘 알고 있고 '조정자' 역할을 한 장호가 도와줄 것으로 기대했다. 장문천은 장국도의 요구를 거절했다(劉統, 2016: 455). 당시 당중앙이 장호의 '회의 참석'을 불허한 것은 '토사구팽' 성격이 짙다. 한편 이 시기 장호의 역할은 중요하지 않았다.

3월 27일 장국도는 이렇게 반성했다. …나는 '반당·반중앙'의 과오를 범했다. 또 북상전략을 반대하는 '(右傾)기회주의' 과오를 범했다. 4방면군 남하는 '홍군 분열' 결과를 초래했다(姚金果 외, 2018: 517). 주덕은 이렇게 말했다. …당 위에 군림한 장국도는 당의 영도와 홍군의 조직원칙을 무시했다. '남하' 후 '제2중앙'을 설립했다. 발언 말미에 주덕은 장국도에게 '개과천선' 기회를 줄 것을 요구했다(劉統, 2016: 456). 당시 장국도와 함께 남하한 주덕은 장국도의 '피해자'이자 '협조자'였다. 자신의 입장을 밝힐 필요성을 절감한 주덕은 장국도를 비판하며 '의견 표출'을 한 것이다. 결국 이는 모택동의 '채찍·당근' 병용[1805]과 관련된다.

3대 홍군의 '감숙 합류' 후 장국도의 '(軍委)부주석 임명'에 불만을 느낀 혹자는 주덕을 '군위 부주석'에 임명해야 했다고 주장했다. 군정대학 개학식(3.2)에 참가한 모택동은 이렇게 제사(題詞)를 썼다. …주덕 총사령관의 바다와 같은 흉금과 강철같은 의지력을 따라 배워야 한다(魯傑里, 2008: 247). 결국 이는 '병주고 약준' 모택동의 책략이었다. 12월 7일 모택동은 주은래와 장국도를 '군위 부주석'에 임명했다. 실제로 유명무실한 '군위 주석' 주덕을 좌천시킨 것이다. 한편 '주덕 좌천'이 '경고 메시지'를 전달한 채찍이었다면 '주덕 칭송(題詞)'은 당근책이었다.

임필시는 이렇게 말했다. …2·4방면군 회합 후 장국도는 당중앙을 공격하는 '흑색선전'을 감행했다. 합달포 도착 후 '1방면군 회합'을 반대한 장국도는 서진을 주장했다(中共中央文獻研究室, 1993: 331). 팽덕회는

1805 정적을 '좌천(채찍)'시킨 후 '복직(당근)'시키는 것은 모택동의 상투적 수법이었다. 결국 이는 반대자에게 '추종자 변신'을 강요하는 술책이다. 실제로 모택동은 박고·장국도·왕명에 대해 '채찍·당근'을 병용하는 정략을 구사했다. '장국도 비판' 운동을 벌여 군권을 박탈한 후 유명무실한 '정부 주석'으로 좌천시킨 것이 단적인 증거이다.

이렇게 지적했다. …'4방면군 남하'로 홍군 주력이 분열됐다. 장국도의 '제2중앙 설립'은 당의 단결을 파괴했다. 하룡도 '장국도 비판'에 가세했다. …군벌 출신인 나는 지금 공산당이 됐으나 '중공 창건자'인 당신은 오히려 군벌로 전락했다(蘇若群 외, 2018: 518). 회의에 열석한 강극청은 장국도의 '주덕·유백승 박해'를 폭로했다. 또 부종·왕유주·나세문(羅世文)[1806] 등 4방면군 지휘관은 장국도의 '군벌 작태'를 성토했다.

모택동의 발언(3.30) 골자는 ① '국도노선', 노선착오 ② 장국도의 과오, '경험론·기계론'에서 비롯 ③ (右傾)기회주의 노선을 실행 ④ 무력으로 당중앙을 협박 ⑤ 밀전(密電)을 보내 '철저한 당내투쟁' 지시 등이다(逢先知 외, 2005: 666). 발언 말미에 모택동은 장국도의 '환골탈태(換骨奪胎)'를 요구했다. 상기 '밀전'은 '(黨中央)무력 해결' 음모라는 것이 일각의 주장이다. 실제로 불법적 '제2중앙 설립'이 가장 중대한 정치적 과오였다.

회의 참석자들은 장국도의 '당적 박탈'을 주장했다. 당시 '조직적 결론' 보류를 주장한 장문천은 장국도에게 '환골탈태' 기회를 줄 것을 건의했다. 장국도는 이렇게 말했다. …나는 엄중한 정치적 과오를 범했다(劉統, 2016: 459). 드라마 '연안송(延安頌, 2003)' 제12편에는 박고가 장국도의 '당적 박탈'을 제출했으나 모택동은 '당적 박탈'을 반대한다. 이에 '감격에 겨운' 장국도가 눈물을 흘리며 통절하게 반성한다. 당시 장국도의 '통절한 반성'은 '당적 보류' 결정과 관련된다. 실제로 모택동·장문천이 '장국도 비판'을 반대한 공산국제의 '의견(3.22)'을 감안한 것이다.

1806 나세문(羅世文, 1904~1946), 사천성 위원(威遠) 출신이며 공산주의자이다. 1925년 중공에 가입, 1930년대 사천성위 선전부장, 천강(川康)특위 서기 등을 역임, 1940년 (國民黨)특무에게 체포, 1946년 중경(重慶)에서 살해됐다.

3월 31일 장문천은 '국도노선'[1807]에 대해 이렇게 결론을 내렸다. …
'국도노선'은 ① (右傾)기회주의 ② 군벌·비적주의 ③ '반당·반중앙'의
파벌주의이다(張培森 외, 2010: 307). 회의에서 장문천은 이렇게 말했다. …
장국도에 대한 '조직적 결론'은 잠시 보류하는 것이 적절하다. 한편 '조
직적 결론'을 보류한 이유는 ① 공적(功績)을 무조건 부인해선 안 된다
② 자신의 과오를 반성하고 있다 ③ '개과천선' 기회를 줘야 한다(中央黨
史研究室, 2012: 157). 실제로 장국도의 '당적 보류'·'군권 박탈'은 모택동과
낙보가 사전에 결정한 것이다. 결국 장국도의 '군권 박탈'과 '지방 좌
천'은 모택동이 정적 제거의 목적을 달성했다는 것을 의미한다.

3월 31일 '장국도 과오에 대한 결정'[1808]을 통과됐다. 장국도는 이렇
게 회상했다. …당시 공산국제 지지를 받은 모택동이 '서안사변 해결'
을 통해 국민당과 화해했다. '서로군 참패'는 나에게 불리한 요소로 작
용했다(張國燾, 1980: 356). 장국도는 '실의자(失意者)'에 대한 '잔인한 보복'
이라고 주장했다. 결국 장국도가 모택동과의 권력투쟁에서 패배를 인
정한 것이다. 실제로 '군사력 맹신'이 장국도의 결정적 패인이었다. 한
편 '소련파 단결'을 통해 공산국제 지지를 얻은 모택동은 홍군 지휘관
의 전폭적 지지를 받았다. 이것이 모택동이 최종 승자가 된 주된 원인

1807 1938년 6월 장문천이 지적한 '국도노선(國燾路線)'은 ① (右傾)기회주의자, 혁명을 배반
한 변절자 ② 극단적 군벌주의자, 홍군 분열자 ③ 면종복배의 양면파, 반혁명 분자이
다('張聞天選集'編輯組, 1985: 189). 한편 '조직적 결론'을 보류한 '연안회의(1937.3)'에서 통
과된 '국도노선'에 대한 '장국도 과오 결정(決定)'은 극단적 악평(惡評)을 삼갔다.

1808 '연안회의'에서 통과된 '장국도 과오 결정(3.31)' 골자는 ① 작전 중 도피주의 과오 ②
혁명에 대한 비관적 태도 ③ (中共)지도적 역할 부인 ④ 가부장적 군벌주의 ⑤ 반당·반
중앙의 '제2중앙' 설립 ⑥ 북상 거부, 서진 주장 ⑦ 당의 영도 거절 ⑧ (紅軍)작전 실패
장본인 ⑨ '국도노선' 청산, 조직적 결론 보류 등이다. 한편 장국도의 당적을 보류한
당중앙은 군권(軍權)을 박탈했다. 당시 장국도는 '결정'에 면종복배의 태도를 취했다.

이다.

　장국도는 재차 쓴 '반성문(4.6)'의 골자는 ① 자신의 과오, 철저히 반성 ② 정치국의 '결정(3.31)', 완전히 찬동 ③ '공산국제 배반자'와 근본적 차이 ④ '협소한 경험론' 과오 ⑤ '국도노선'의 철저한 파산 등이다(姚金果 외, 2018: 526). 상기 '반성문'은 '구시심비(口是心非)'의 반성에 불과했다. 1년 후에 변절한 장국도는 자신이 '반성'한 중대한 과오를 전부 부인했다. 한편 이 시기 장국도는 자포자기와 '절망적 상태'에 빠져 있었다.

　'장국도 비판' 확대화로 '군벌' 출신 하룡이 비판대상이 됐다. 2방면군에서 '군벌주의 반대' 운동이 전개됐다. 한편 하룡의 명망과 2방면군 지휘관들의 강력한 반대로 흐지부지하게 끝났다('賀龍傳'編輯組, 2015:124). 1961년 하룡은 이렇게 회상했다. …당시 2방면군에서 전개된 '군벌주의 반대' 운동은 나를 목표로 한 것이다(第二方面軍戰史資料, 1996: 281). 모택동은 '하룡 타도'에서 자신이 '과오를 범했다'[1809]고 자책했다. 한편 '장국도 비판' 확대화로 허세우가 주도한 '폭동사건(1937.4.3)'[1810]이 발생했다. 1938년 '장국도 추종자'인 하외(何畏)도 도주를 선택했다.

　허세우는 이렇게 회상했다. …'장국도 비판' 후 그들은 나를 비적

1809　1973년 12월 21일 (軍委)확대회의에서 모택동은 이렇게 말했다. …하룡 타도는 잘못된 것이다. 내가 주요 책임을 겨야 한다. '하룡 타도'는 임표가 주도했다. 나는 임표의 허위 보고를 맹신했다(顧永忠 외, 2015: 386). 실제로 모택동이 타도된 임표에게 책임을 전가한 것이다. 1974년 9월 29일 중공중앙은 '하룡의 명예회복 통지'를 공표했다.

1810　항일군정대학에서 '학습' 중인 허세우·왕건안·홍학지 등은 4월 4일 비밀리에 연안을 탈출하기로 모의했다. 한편 '홍4군' 정치위원 왕건안은 고민 끝에 사부치를 찾아가 허세우 등의 '폭동' 음모를 적발했다. '폭동' 보고를 받은 임표는 즉각 모택동에게 보고, '폭동사건' 주모자 허세우 등에 대한 (逮捕)지시가 내려졌다. 6월 6일 '최고 법원'은 허세우를 징역 1년 반 선고, 당적을 박탈했다. 얼마 후 모택동의 '지시'로 허세우는 석방됐다.

이라고 모욕했다. 또 장국도·주순전 등을 처형한다는 요언이 떠돌았다. 나는 전우들과 토론해 파산(巴山)에서 유격전을 전개하고 있는 유자재(劉子才)[1811]와 합류하기로 결정했다(凱旋, 1995.5.5). 제4군단 정치위원 왕건안의 적발로 허세우 등의 '폭동'은 무산됐다. 상기 '요언'은 사실무근이다. 실제로 '장국도 비판'에 불만을 느낀 허세우가 연안 탈출을 시도한 것이다.

양상곤은 이렇게 회상했다. …홍군대학에서 '장국도 비판' 대회가 열렸다. 교육장 나서경은 모택동에게 보고하지 않고 대회를 개최했다. 1방면군 간부가 그들을 심문한다고 여긴 허세우 등 4방면군 간부들은 도주사건을 모의했다(楊尙昆, 2001: 169). 실제로 임표·나서경은 모택동의 지시에 따라 '장국도 비판'을 전개했다. 한편 나서경과 함께 감금된 허세우를 찾아갔던 모택동은 허세우에게 '손찌검 봉변(中國網, 2008.7.25)'을 당했다.

당시 수감된 허세우를 찾아간 모택동이 '불의의 일격'을 당했다. 실제로 허세우가 모택동에게 행패를 부린 것은 부인 뢰명진(雷明珍)[1812]의 '결별' 편지와 관련된다. 이 시기 '장국도 추종자'인 허세우는 '장국도 비판'을 주도한 모택동에게 '강한 불만'을 품고 있었다. 결국 '반혁명 폭동'을 획책한 허세우의 '처형'이 결정됐다. 자신의 '경솔한 행동'을 후회한 허세우는 '모택동 일견(一見)'을 요청했다. 모택동의 처소로 찾아간

1811 유자재(劉子才, 1912~1940), 안휘성 육안(六安) 출신이며 공산주의자이다. 1927년 중공에 가입, 1930년대 역북(亦北)현위 서기, 수정도위(綏定道委) 서기, 파산(巴山)유격대장 역임, 1940년 6월 사천성 남강(南江)에서 처형됐다.

1812 뢰명진(雷明珍, 1916~2017), 허세우의 두 번째 부인이다. 1934년 10월 허세우와 결혼, '홍4군' 정치부 비서를 맡았다. 1936년 연안현(延安縣) 부녀부장, 1937년 4월 허세우가 '폭동사건'으로 체포된 후 이혼을 제출했다.

허세우는 무릎을 꿇고 용서를 빌었다. 모택동은 '반혁명 분자' 허세우를 용서하고 석방했다. 결국 허세우는 '모택동 옹호자'[1813]로 변신했다.

장국도는 이렇게 회상했다. …'사건' 심사를 책임진 동필무가 사건 무마에 기여했다. 당사자들과 면담한 그는 허세우 등의 조직적 행동이 없었고 사건 배후자도 없다는 것을 확인했다. '군정대학'의 투쟁방식에 분노한 그들이 항의한 것이다(張國燾, 1991: 363). 서향전은 이렇게 술회했다. …이른바 '폭동'은 억울한 사건이다. 군정대학이 전개한 '국도노선 청산'이 사건의 발단이다. 4방면군 출신의 학원생을 괴롭힌 것이 그들의 반발을 야기했다(徐向前, 1988: 567). 결국 '폭동' 주모자 허세우는 당적을 박탈당했다. 얼마 후 허세우 등은 모두 석방됐다. 실제로 4방면군 장병들의 '반발 무마'를 위해 모택동이 '경한 처벌'을 지시했던 것이다.

1944년 모택동은 이렇게 회상했다. …'장국도 비판' 확대화는 잘못됐다. '폭동사건'에서 허세우에게 '모택동 살해' 혐의를 씌워 '반혁명 폭동'이라는 결론을 내린 것은 잘못됐다. 그들은 모두 좋은 동지이다(劉統, 2016: 465). 실제로 허세우에게 '반혁명' 혐의를 씌운 장본인은 군정대학 총장 임표였다. 임표는 사실을 부풀려 보고했고 이를 맹신한 모택동이 '반혁명 폭동'으로 최종 결론을 내린 것이다. 1955년 왕건안은 모택동에 의해 '상장(上將)'에서 중장으로 '강등(降等)'됐다. 한편 광주군구 사령관, 국방부 부부장 등을 역임한 (上將)허세우는 모택동의 중용을 받았다.

당중앙이 발표한 '국도노선 토론대강(大綱, 4.24)'이 분석한 '국도노

1813 허세우의 '과오 반성'을 받아들인 모택동은 1937년 7월 허세우에 대한 '형사처벌' 결정을 철회하고 항일군정대학에 돌아와 학습하게 했다. 반년 후 당중앙은 허세우에 대한 '당내 처분(處分)'을 취소하고 그의 당적을 회복했다. 결국 '장국도 추종자'에서 '모택동 옹호자'로 변신한 허세우는 수십 년 동안 중공 영수인 모택동에게 충성했다.

선'의 심각한 결과는 ① 객관적으로 반혁명을 협조 ② 당과 홍군의 이미지 손상 ③ '서로군 참패' 초래 등이다(姚金果 외, 2018: 533). '서로군 참패'를 '국도노선'과 연결시키는 것은 견강부회이다. 실제로 '서로군 참패'를 초래한 주된 원인은 '중앙군위' 책임자 모택동의 (指揮)실책이다. 당시 '국도노선 비판'은 주로 4방면군 내에서 전개됐다. 한편 '서로군' 잔여부대의 주둔지인 신강(新疆)에서도 '국도노선 청산'[1814]이 추진됐다. 얼마 후 '두문불출'하던 장국도는 연안 교외의 낡은 사찰로 이주했다.

섬감녕변구정부(陝甘寧邊區政府)[1815] 주석은 임백거, 장국도가 부주석에 임명됐다. 당시 자포자기에 빠진 장국도는 '(邊區)정부'의 행정에 참여하지 않았다. 행정 사무는 비서장 오수권이 대부분 처리했다. 장국도의 거주 환경은 연안 동굴집에 비해 훨씬 우월했다. 1937년 9월 장국도는 부인 양자열(楊子烈)과 갈라진 지 7년 만에 재회했다. 또 9살이 된 아들도 고향에서 연안으로 오면서 장국도는 '천륜지락(天倫之樂)'[1816]을 누렸다.

1814 1937년 11월 정치국 후보위원 등발(鄧發)이 신강 주재 '(中共)대표'로 임명됐다. 등발의 주된 임무는 서로군(西路軍) 내에서 '국도노선 청산'을 전개하는 것이었다. 12월 초 당중앙은 이선념 등 6명의 '연안 회귀'를 명령, 장국도 최측근인 황초·이특은 신강에 남겨졌다. 1938년 1월 황초·이특은 '트로츠키파'로 몰려 비밀리에 처형됐다.

1815 1937년 9월 6일 섬감녕변구정부(陝甘寧邊區政府)가 설립된 후 임백거가 주석, 장국도가 부주석을 맡았다. 임백거가 서안에 간 후 장국도가 (代理)주석을 맡았다. 1937년 11월 국민정부는 섬감녕특구(特區)정부로 개명했다. '변구정부'는 23개 현과 신부(神府)특구를 관할, 인구는 200만에 달했다. 1950년 1월 섬감녕변구정부는 철회됐다.

1816 '천륜지락(天倫之樂)'은 가족이 단란하게 모여 생활하며 즐기는 삶을 뜻한다. 1937년 가을 장국도는 아내와 아들을 연안으로 데려왔다. 모처럼 가족이 모여 '천륜지락'을 누리며 '정치적 실의(失意)'를 극복했다. 1938년 4월 장국도는 단신으로 무한으로 도망쳐 국민당에 투항했다. 한편 얼마 후 당중앙은 그의 가족을 장국도에게 보내줬다.

장국도의 변절은 왕명의 '연안 회귀'와 관련된다. 장국도는 이렇게 회상했다. …왕명은 등발의 심문(審問)을 받은 황초·이특이 '트로츠키파'로 확정돼 처형됐다는 소식을 나에게 알려줬다. 또 그는 이렇게 말했다. …당신은 '트로츠키파'가 아니다. 다만 그들에게 이용됐을 뿐이다(張國燾, 1991: 426). '황초·이특 처형'[1817]이 장국도에게 준 충격은 매우 컸다. 그러나 '측근 처형'이 장국도가 '국민당 투항'을 결정한 주된 원인이라는 일각의 주장은 수긍하기 어렵다. 실제로 장국도는 스탈린의 '특사' 왕명이 '중공 영수'가 되길 기대했다. 왕명이 '모낙(毛洛)'을 대신하면 '정계 복귀'가 가능할 것으로 착각한 것이다. 1938년 초 왕명이 '장강국(長江局)'[1818] 책임자로 부임하자 절망한 장국도가 '변절'을 결심했던 것이다.

장국도가 변절을 선택한 원인은 ① '장국도 비판' 운동 ② '홍군 분열' 장본인으로 낙인 ③ 지방 좌천, 군권 박탈 ④ 지속적 '국도노선 청산' ⑤ 중공 지도자의 불신 ⑥ 왕명의 '트로츠키파' 숙청 ⑦ 등발의 '(新疆)측근 처형' ⑧ 공산국제 지지 상실 ⑨ 측근자 배반 등이다. 결국 '주중적국(舟中敵國)'[1819]·사면초가에 빠진 장국도는 '국민당 투항'을 작심했

1817 1938년 1월 황초·이특은 '트로츠키파' 죄명을 쓰고 비밀리에 처형됐다. 당시 서로군 간부들은 이들이 소련으로 간 것으로 알고 있었다(劉統, 2016: 479). '황초·이특 처형'은 미스터리로 남아있다. 장국도는 '(黃李)처형'을 듣고 '연안 이탈'을 결심했다고 회고록에 썼다. 황초는 장국도의 최측근, 이특은 중앙홍군의 '북상 저지' 장본인이다.

1818 1937년 12월 23일 당중앙은 무한에 장강국(長江局)을 설립했다. 동시에 (中共)대표단을 설립, '국민당 담판'을 책임지게 했다. 얼마 후 이 두 조직을 합병(合併)해 '장강국'을 설립했다. 장강국은 왕명·주은래·항영·박고·엽검영·동필무·임백거로 구성, 왕명이 서기, 주은래가 부서기를 맡았다. 1938년 11월 당중앙은 장강국을 철회했다.

1819 '주중적국(舟中敵國)'은 한 배를 탄 사람이 모두 적이 됐다는 뜻이다. '장국도 비판' 운동으로 측근들이 장국도를 배반하거나 처형됐다. 특히 최측근 '진창호 전향'은 장국

다. 한편 모택동과의 권력투쟁에서 패배한 장국도는 '삼낙삼기(三落三起)'에 실패[1820]했다. 실제로 그가 '삼기(三起)'를 포기했다. 1940년대 '반공(反共)' 활동에 종사한 변절자 장국도는 갖은 시련과 고난을 겪었다.

1938년 4월 장국도는 황제릉(黃帝陵)[1821] 참배를 빌미로 연안을 이탈했다. 4월 11일 무한에 도착한 장국도는 당중앙이 제출한 '세 가지 조건'[1822] 중 '(本人)탈당 성명 후 (黨中央)당적 박탈'을 선택했다. 4월 22일 당중앙은 신화일보(新華日報)[1823]에 '장국도의 당적 박탈 결정'을 발표했다. 5월 5일 섬검녕변구정부는 신화일보에 '장국도 파면'을 공표했다. 결국 '중공 창건자' 장국도는 '군통(軍統)' 두목인 대립의 '부하'[1824]로 전락했다.

도에게 설상가상이었다. 측근자 허세우 등의 '폭동'은 진압됐고 심복인 하외는 도주했다. 결국 고립무원에 빠진 장국도는 '연안 이탈'과 '국민당 투항'을 최종 결정했다.

1820　1920~1930년대 장국도는 선후로 세 차례 실각했다. 그는 두 차례의 '굴기'에는 성공했으나 '삼기(三起)'에는 실패했다. 결국 권력투쟁의 패배자가 된 장국도는 '국민당 투항'을 선택했다. 한편 중공 역사에서 '삼낙삼기(三落三起)'에 성공한 위인은 모택동과 등소평 두 사람밖에 없다. 이 또한 그들이 중공 영수로 자리매김한 주된 원인이다.

1821　황제릉(黃帝陵)은 헌원(軒轅) 황제의 능침(陵寢)으로 '사기(史記)'에 기재, 섬서성 연안시 황릉현(黃陵縣) 성북(城北) 교산(橋山)에 위치해 있다. '교릉(橋陵)'으로 불린 황제릉은 역대 제왕들이 황제(黃帝)의 제사(祭祀)를 지내는 곳이다. 기원전 422년 진영공(秦靈公)이 가장 먼저 '황제 제사'를 치렀다. 2014년 '세계문화유산'으로 지정됐다.

1822　4월 17일 당중앙이 제출한 '세 가지 조건'은 ① 과오 반성 후 연안 회귀 ② 당조직에 '휴가 신청' 후 한동안 휴양 ③ 자동 탈당 후 당조직이 '당적(黨籍) 제명'을 선포 등이다 (劉山, 2016: 483). 결국 '국민당 투항'을 결심한 장국도는 '세 번째 조건'을 선택했다. 4월 18일 주은래의 '건의'를 수용한 (延安)당중앙은 장국도의 당적을 제명했다.

1823　신화일보(新華日報, 1938~1947)는 항일전쟁과 해방전쟁 초기 중공중앙의 기관지였다. 1937년 중공중앙은 남경에 신화일보를 창간했다. 얼마 후 무한으로 신문사(新聞社)를 이전했다. 1938년 1월 11일 신화일보는 무한에서 정식으로 발간, (中共)장강국에 예속됐다. 1949년 남경(南京)에서 '복간(復刊)', 1952년 강소성위의 기관지가 됐다.

1824　'군통'에서 몇 년 간 일한 장국도는 별다른 공을 세우지 못했다. 이는 (地下黨)조직의 엄밀한 방어와 관련된다. 변절자를 멸시한 장개석은 대립에게 말했다. …그들을 이용

1949년 홍콩에 정주한 장국도는 '대륙 회귀(1953)'[1825]를 계획했다. 1961년 미국 캔사스대학 요청을 수락해 '나의 회억'이란 회고록을 작성했다. 1965년부터 홍콩 '명보(明報)'[1826]에 연재를 시작했다. 회고록 작성(4년) 기간 대학측은 매달 2000(Hong Kong) 달러를 장국도에게 지불했다. 문화대혁명 기간 캐나다로 이주(1968)한 장국도는 1977년 토론토에서 병사했다. 결국 '중공 18년, 반공 40년'의 파란만장한 일생을 마쳤다.

2. '환난부부(患難夫妻)' 모택동·하자진의 '연안 결별'

'연안 이주(1937.1)' 후 하자진과 모택동은 파경 위기를 맞이했다. 이는 모택동의 '외도(外道)'와 하자진의 심각한 우울증(憂鬱症)[1827] 증세와 관

하되 중용해선 안 된다. 언제든지 우리를 배반할 수 있다(劉統, 2016: 501). 얼마 후 장국도에게 부여된 '높은 예우'는 철회, (軍統)두목 대립의 버림을 받았다. 대립의 측근 심취(沈醉)가 '공무'로 승용차를 요구한 장국도에게 낡은 삼륜차를 보내준 것이 단적인 증거이다.

1825 1953년 장국도는 중공중앙에 편지를 보내 '대륙 회귀'를 신청했다. 중앙정부 부주석 유소기는 '전언자'에게 이렇게 말했다. …장국도 '회귀'를 동의하나 공개적으로 과오를 인정하고 변절 후 반공(反共) 활동을 낱낱이 밝혀야 한다. 결국 장국도는 '대륙 회귀'를 단념했다(姚金果, 2000: 634). 당시 장국도가 대륙에서 돌아가지 않은 것은 '현명한 선택'이었다. '반혁명 분자'로 낙인찍힌 그는 문화대혁명에서 결코 살아남지 못했을 것이다.

1826 홍콩에서 영향력이 큰 신문인 '명보(明報)'는 1959년 김용(金庸)과 심보신(沈寶新)이 창간했다. '명보'의 논조는 중도·보수주의를 포용하며 중공과 홍콩정부에 우호적이었다. 1989년 '퀄리티 페이퍼'인 '명보'의 발행부수는 18만 부를 기록했다. 또 홍콩증권거래소에 상장(上場), 현재 미디어차이니즈 인터내셔널 그룹에 소속돼 있다.

1827 우울증(憂鬱症)이란 생각·사고·동기·의욕·관심·행동·수면·신체적 활동 등 전반적인 정신기능이 지속 저하돼 일상생활에 악영향을 미치는 상태를 의미한다. 정식 명칭은 우울장애이다. 우울장애를 겪게 되면 공허·무기력·불안·공포 등 증상이 나타난다. 한편 하자진의 우울장애는 '장정(長征) 부상'과 잇따른 출산과 관련된다.

련된다. 하자진의 우울장애는 '장정 부상'과 잇따른 임신·출산에 따른 후유증이 주요인이다. 한편 홧김에 가출한 하자진은 모택동의 '간곡한 만류'를 물리치고 난주와 적화(迪化)[1828]를 거쳐 소련으로 출국했다. 결국 이는 '환난부부(患難夫婦)' 모택동·하자진의 '(延安)결별'을 의미한다.

소련 도착 후 하자진은 연안에서 임신한 아기를 출산했다. 10개월 후 하자진의 정신적 지주인 아들이 요절했다. 설상가상으로 하자진은 모택동이 강청과 재혼했다는 청천벽력 같은 소식을 들었다. 극심한 정신적 고통을 겪은 하자진은 정신병원(瘋人院)에 이송돼 강제 치료를 받았다. 1947년 귀국한 하자진은 여전히 정신질환에 시달렸다. 이는 '소련 생활' 후유증이었다. 연안 결별 22년 후 모택동 부부는 여산(廬山)에서 재회했다.

하자진은 10년 간 6명의 아기를 출산했다. 용암(龍岩)에서 출산(1929)한 여자 아이는 요절했고 장정 전에 남겨둔 모안홍(毛岸紅)은 행방불명이 됐다. 보안(保安)에서 출산(1936.12)한 이민(李敏)이 '유일한 생존자'였다. 잇따른 출산은 하지진의 '출산기피증'[1829]을 초래했다. 장정 중 하자진은 적기 폭격에 전신에 파편이 박히는 중상을 입었다. 또 그녀의 동생 하민인(賀敏仁)의 '처형사건(1935.8)'이 발생했다. 라마교 사찰에 들어

1828 적화(迪化)는 신강위그르(Uyghur) 자치구 수부(首府) 우루무치(Urumchi)의 옛 이름이다. 서북지역의 중심 도시이며 국제적인 상업·무역 도시로 상주 인구(2019)는 355만명이다. 청조 건륭제(乾隆帝) 시기 대규모적 개발을 개시, 1763년 적화(迪化)로 개명했다. 1884년 신강성(新疆省)의 성도(成都), 1954년 우루무치로 명칭을 바꿨다.

1829 모택동과 결혼한 하자진은 10년 동안 선후로 10차례 임신했다. 또 6명의 아기를 출산, 생존자는 4명이다. 이민을 제외한 기타 3명은 행방불명이 됐다. 잇따른 임신과 출산은 하자진의 건강을 크게 손상, 결국 이는 '출산기피증'으로 이어졌다. 1937년 여름 재차 임신한 그녀는 '인공유산'을 주장했다. 결국 이는 '가정 불화'로 이어졌다.

가 동전을 훔친 것이다. '기율 위반자' 하민인은 곧 처형됐다. 한편 장국도와의 권력투쟁이 절정에 달했던 시점에서 모택동이 '처남사건'에 개입할 계제가 못됐다. 결국 '하민인 죽음'[1830]은 (訣別)화근이 됐다.

'모하(毛賀)' 불화는 모택동이 (老戰友)주덕의 거수경례를 태연히 받아들인 것에서 비롯됐다. 모택동의 지위 변화와 출산 등 문제로 모택동 부부는 10년 만에 파경을 맞이했다(김범송, 2009: 101). 결국 이는 '악처'[1831] 강청과의 '운명적 만남'으로 이어졌다. 1936년 12월 보안의 모택동 처소를 방문한 주덕이 '군위 주석' 모택동에게 '주석'이라고 부르며 거수경례를 했다. 당시 하자진은 모택동의 '오만한 태도'[1832]를 못마땅하게 여겼다.

하자진이 군정대학 연수를 요구하자 모택동은 이렇게 물었다. ⋯ '대학'은 엄격한 군사화 관리를 실시하는데 당신이 견딜 수 있겠는가? 하자진은 이렇게 장담했다. ⋯그처럼 어려운 장정도 참고 견뎌냈는데 군사화 관리에 적응하지 못하겠는가(思夏 외, 2013: 199). 어느 날 포복 전

1830 '동전 100닢'으로 처형된 동생(賀敏仁)이 억울하다고 여긴 하자진은 모택동이 부하에게 '청탁'했다면 죽음을 면할 수 있다고 생각했다. 당시 모택동은 '기율 위반자' 처남의 처형을 방관시했다. 이 일로 하자진은 매정하고 '융통성 없는' 남편을 미워했다. 이 일로 부부관계가 매우 소원해졌다. 결국 이는 '연안 결별(1937.8)'의 한 원인이 됐다.

1831 결혼 전 (男女)관계가 문란했던 강청은 모택동의 '환난지처' 하자진의 비극적 결과를 초래한 장본인이다. 한편 강청이 초기의 '현모양처'에서 문혁 시기 '악처(惡妻)'로 변신한 것은 그녀의 정치적 야망과 관련된다. 악명 높은 '4인방' 괴수인 강청은 수많은 무고한 동지들에게 정치적 박해를 가했고 당과 국가의 '권력 찬탈'을 시도했다.

1832 1936년 겨울 장국도와 함께 모택동의 처소를 방문한 주덕이 모택동을 '주석'이라고 부르며 거수경례를 했다. 실제로 주덕의 '공손한 태도'는 장국도에게 보여주기 위한 것이었다. '노전우(朱德)'를 무시한다고 여긴 하자진은 모택동의 '오만한 태도'에 불만을 표출했다. 결국 모택동의 지위 변화가 '모하(毛賀)'의 불화를 초래한 원인이 됐다.

진 등 실전성이 강한 훈련 중 하자진이 졸도했다. 3월 중 상태가 호전된 하자진은 강한 체력을 요구하는 군사훈련에 참가했다. 학원생들은 화장실에서 의식을 잃고 기절한 그녀를 발견했다(邸延生 외, 2011: 70). 출산한 지 석 달도 안 된 '부상자' 하지진이 강도 높은 군사훈련에 적응한다는 자체가 큰 무리였다. 한편 '임신기피증'이 생긴 하자진의 '잠자리 회피' 성향이 강했다는 것이 일각의 주장이다. 결국 이는 '부부관계 소원'을 초래했다.

'대학 중퇴'로 하자진은 절망감에 빠졌다. 가정주부로 전락한 그녀는 신경질적으로 변했고 이는 우울장애로 이어졌다. 이 시기 '장국도 비판'을 통해 정적을 제거한 모택동의 당내 지위는 더욱 공고해졌다. 결국 모택동의 (黨內)지위 상승과 하자진의 '주부 전락'으로 그들 간의 괴리감이 더욱 커졌다. 한편 '(毛賀)혼인 파탄'을 초래한 장본인은 비슷한 시기 연안에 도착한 스메들리(Smedley)와 '모던 여성'인 오리리(吳莉莉)[1833]였다.

3월 중순 스메들리와 통역 오리리가 모택동의 처소를 방문했다. 구면인 스메들리는 모택동을 '군사전략가'라고 친절하게 불렀다. 그날 저녁 하자진은 남편과 크게 다퉜다. 경호원은 부근의 사각재(謝覺哉)에게 달려가 '싸움 중재'를 부탁했다(邸江楓 외, 2013: 275). 모택동 부부의 '말다툼'은 스메들리 방문과 관련된다. 모택동의 '과도한 친절'에 불만을 느낀 하자진이 '도발자'였다. 한편 '춤꾼'인 스메들리는 '자본주의 상징'

1833 오리리(吳莉莉, 1911~1975), 하남성 출신이며 본명은 오광혜(吳光惠)이다. 1935년 (南京) 희극학교 입학, 1936년 섬서성정부 민정국 직원, 1937년 2월 연안에 도착, 모택동·주덕의 영문 통역을 담당, '오리리사건(吳莉莉事件)' 후 연안을 떠났다. 1975년 대만에서 병사했다.

모택동과 중국혁명 2

학부를 졸업한 오광위는 남경(南京)희극학교에서 연극을 전공한 엘리트였다.

스메들리와 모택동은 보는 순간부터 서로에게 매력을 느껴 침실까지 가는 시간은 길지 않았다. 그들의 관계에 대한 경호원 구술이 있다. …첫 만남에서 스메들리는 30분 간 교성을 질렀다. 오광위는 스메들리의 소개로 모택동의 연인이 됐다(유일, 2016: 65, 72). 젊고 매력적 여성들이 연안에 몰려들자 모택동은 공개적으로 연애를 즐겼다. 첫 연인은 여배우 오리리(吳莉莉)였다. 또 그는 스메들리와 은밀한 관계를 가졌다(나창주, 2019: 463). 모택동을 '색광(色狂)'으로 묘사한 상기 주장은 이념이 가미된 황당한 픽션이다. 한편 '경호원 구술'[1842]은 사실무근이다.

오토 브라운은 이렇게 회상했다. …연안 이주 후 엄격한 기율과 단조로운 생활방식이 점차 변화됐다. 나와 죠지 하템(George Hatem)[1843]은 무도회에 자주 참가했다(李德, 1980: 339). 주말 사교댄스는 많은 이들이 기대하는 사회적 활동이었다. 젊은 여성들은 파트너 선정에 주목했다. 이는 중국의 전통에 위배되며 '여성 해방'을 의미한다(D, Wilson, 1993: 191). 연안의 '춤바람'은 사적 모임에서 진행된 시범적인 오락 프로였다. 주

1842 모택동의 경호원은 충성심이 강하고 정치적 자질을 겸비한 공산당원을 엄선한다. 대부분의 경호원은 모택동의 추천을 받아 나중에 고위직에 근무하게 된다. 당시 '모하(毛賀)'의 가정불화에서도 경호원은 모택동의 편을 들었다. '오리리사건' 후 하자진이 당중앙에 '(毛)경호원 징계'를 요구한 이유이다. 실제로 경호원이 모택동과 관련된 '민감한 사생활'을 기록하거나 '불리한 사실'을 폭로한다는 것은 결코 있을 수 없는 일이다.

1843 죠지 하템(George Hatem, 1910~1988), 뉴욕 출생이며 중공 당원이다. 중국 이름은 마해덕(馬海德), 1941년 중국인 소비(蘇菲)와 결혼, 1950년 중국 국적(國籍)을 취득했다. 건국 후 위생부(衛生部) 고문, 전국 정협 상임위원 등을 역임, 1988년 북경에서 병사했다.

말 무도회를 주도한 것은 스메들리·오광위·정령(丁玲)[1844]이었다. 한편 일각에서 주장한 모택동·정령의 '염문설'[1845]은 신빙성이 낮다.

1937년 2월 춤꾼 스메들리가 주최한 저녁 파티에서 시작된 사교댄스가 '춤바람 효시(嚆矢)'가 됐다. 그 후 연안에서 급속히 유행된 사교댄스는 공개적 파티에서 빠질 수 없는 '단체 활동'으로 활발하게 전개됐다. 사교춤을 배우는 사람들이 갈수록 많아졌고 댄스 거부감도 줄어들었다. 가장 주목받은 주말 무도회는 왕가평(王家坪)·(中央)대례당에서 진행된 '댄스 파티'였다. 이곳 무도회에는 모택동·주덕·주은래 등 중공 지도자와 홍군 지휘관들이 자주 참석했기 때문이다. 한편 하자진 등 '(長征)여간부'들은 '자본주의 악습'인 사교댄스를 반대하는 단체를 조직했다.

연안에서 파마하고 립스틱을 바른 여인은 헬렌 스노우와 오리리였다. 스메들리와 오리리, 여작가 정령은 사교무대에서 눈부신 활약을 펼쳤다. 또 오리리는 이념 차이로 남편 장연전(張硯田)[1846]과 별거 중이었다

1844 정령(丁玲, 1904~1986), 호남성 임례(臨澧) 출신이며 작가·사회활동가이다. 1932년 중공에 가입, 1940년대 '문예월간(文藝月刊)' 편집장, 섬감녕변구(文協)부주석, 1950년대 '우파분자'로 몰려 흑룡강성에서 노동개조, 문혁 시기 5년 간 수감, 1986년 북경에서 병사했다.

1845 1936년 겨울 하자진은 딸을 출산하기 위해 고향에 갔다. 이 시기 모택동은 정령의 처소를 들락거렸다. 성해방과 여권주의 사상에 탐닉한 정령은 부담스러워하지 않고 모택동을 맞아들였다. 또 정령은 팽덕회와 사랑에 빠졌다. 이 사실을 알고 분개한 모택동은 여산회의에서 팽덕회를 실각시켰다(유일, 2016: 61). 당시 하자진은 (保安)동굴집에서 이민을 출산, 모택동과 팽덕회가 '연적(戀敵)'이라는 주장은 사실무근이며 신빙성이 제로이다.

1846 장연전(張硯田, ?~1986), 국민당군 고위 장령(將領)이며 1934년 오리리와 결혼했다. 1940년대 서안·중경에서 국민당군 고위급 장교를 지냈다. 1950~1960년대 (臺灣)농학원장, 경제부 정무차장(政務次長), '대당(臺糖)' 이사장 등을 역임, 1986년 대만에서 병

(薩蘇 외, 2012: 39). 스메들리 등이 주도한 주말 무도회에는 많은 고위간부가 참가했다. 이 시기 모택동도 '댄스 파티'의 단골이 됐다. 한편 하자진은 '사교댄스 반대자'였다. 결국 이는 모택동 부부의 관계를 악화시켰다.

스메들리는 이렇게 회상했다. …주덕은 나와 함께 사교춤을 추는 것을 서슴지 않았다. 주은래는 수학문제를 푸는 것처럼 계산하며 춤을 췄다. 리듬 감각이 뛰어난 하룡은 춤꾼이었다. 모택동은 사교춤을 배우지 않았고 생리적으로 율동이 무뎠다(현이섭, 2017: 380). 당시 댄스에 '일가견이 있는' 스메들리가 주말 무도회를 조직해 직접 사교춤을 가르쳤다. 한편 연안의 여성들은 스메들리가 사회적 풍속을 문란하게 한다며 미워했다.

헬렌 스노우는 이렇게 회상했다. …5월 31일 스메들리가 주최한 파티에 참가했다. 모택동이 도착하자 리리는 영웅을 숭배하듯이 쳐다보았다. 얼마 후 나는 술 취한 리리가 모택동의 곁으로 다가앉으며 그의 무릎에 손을 올려놓는 것을 보고 어안이 벙벙했다. 모택동은 놀란 것 같았으나 오리리를 밀어내지 않았다(V. Pantsov 외, 2017: 441). 잦은 접촉을 통해 유부녀 오리리가 유부남 모택동을 사모한 것이다. 실제로 오리리의 '매력에 빠진' 모택동이 '유부녀 애모(愛慕)'를 묵인하고 받아들인 것이다. 결국 이는 하자진의 '(戀敵)오리리 구타'[1847]에 빌미를 제공했다.

모택동은 이렇게 회상했다. …시기심이 강한 하자진은 내가 여기

사했다.

1847 하자진이 '연적(戀敵)'인 오리리를 구타한 사건은 1937년 7월에 발생했다. 당시 모택동은 오리리의 처소에서 친절하게 이야기를 나누고 있었다. 그들의 관계를 의심한 하자진은 무작정 처소에 뛰어들어 '유혹자' 오리리에게 무력을 행사했다. '구타 사건'은 모택동의 이미지를 크게 손상시켰다. 결국 오리리와 하자진은 모두 연안을 떠났다.

자 등 여성 동지와 만나는 것을 싫어했다. 당시 모택동이 오리리와 춤추는 것은 보고 질투심이 발동한 하자진은 그녀와 언쟁을 벌이다가 스메들리에게 얻어맞았다(傅惠烈, 1993: 108). 하자진에게 폭행당한 오리리가 울고 있는 것을 보고 '정의감'이 폭발한 스메들리는 하자진을 향해 주먹을 날렸다. 당시 경호원이 하자진을 두 팔로 감싸 안았다(石永言, 2008: 279). '스메들리 폭행'은 사실무근이며 '구타자'는 하자진이었다. 한편 '경호원 개입'은 하자진의 '스메들리 구타'를 우려한 모택동이 지시한 것이다.

1937년 여름 모택동은 자신을 취재한 외국인 여기자를 청해 술을 마셨다. 모택동이 여기자와 술잔을 부딪칠 때 하자진이 들어와 그의 술잔을 빼앗았다. 결국 모택동 부부는 크게 싸웠다(毛新宇, 2016: 414). 하자진은 올케 이립영(李立英)에게 이렇게 술회했다. …나는 통역이 '품행이 단정하지 못한 여인'이라는 말을 들었다. 어느 날 모택동이 그녀의 숙소로 찾아갔다. 내가 들어섰을 때 두 사람은 다정한 모습으로 이야기를 나눴다. 화가 난 나는 그녀에게 손찌검을 했다(江涌 외, 2013: 203). 모택동이 스메들리의 처소에서 오리리와 춤을 추고 있는 것을 본 하자진은 오리리를 '희자(戱子)'[1848]라고 욕하며 손전등으로 그녀를 때렸다. 또 스메들리를 제국주의자라고 욕설했다(金振林, 2011: 76). 모택동은 증지(曾志)에게 이렇게 말했다. …당시 나는 스메들리 등과 함께 그들의 방에서 한

1848 '희자(戱子)'는 민간예술 종사자를 일컫는 말이다. 과거 '날라리·낭인(浪人)' 취급을 받은 '희자'는 비천했다. 단적인 사례는 ① '부정당한 직업' 종사자로 간주 ② 창기(娼妓)와 같은 부류로 취급 ③ 과거시험 자격을 박탈 ④ 족보(族譜) 기입에 불가 ⑤ '양민(良民) 결혼' 불가능 등이다. 당시 하자진이 연극배우 오리리를 '희자'라고 욕한 것은 지극히 모욕적인 언사였다. 한편 모택동은 '희자'인 영화배우(映畵俳優) 강청과 결혼했다.

담했다. 하자진이 들어와 다짜고짜로 통역에게 손찌검질을 했다. 오토 브라운은 이렇게 회상했다. …모택동의 '외도'를 발견한 하자진은 당중 앙에 고발하겠다며 협박했다. 나는 그들이 처소에서 격렬하게 싸우는 것을 목격했다(田涌, 2012: 41). 이른바 '오광위사건'에 대한 십인십색의 견 해이다. 사실을 호도한 모택동의 적손 모신우(毛新宇)[1849]는 '모택동 실수' 를 외면했다. 당사자 모택동·하자진의 '회상'은 아전인수식 변명이다.

1937년 여름 임신한 하자진은 남편에게 상해에 가서 아이를 유산 하고 몸에 박힌 파편 조각도 제거하겠다고 말했다. 이 시기 그녀는 모 택동이 다른 여자에게 관심을 보이고 있다고 의심했다(D. Spence, 2003: 149). 잇따른 출산은 그녀의 건강을 해쳤고 정상적 활동을 방해했다. 자 신의 임신을 발견한 하자진은 한동안 모택동의 곁을 떠날 것을 결심 했다(陣冠任, 2019: 329). 당시 출산문제를 둘러싸고 모택동 부부는 극명한 '의견 대립'을 보였다. 한편 1937년부터 하자진은 심각한 '부정망상(不貞 妄想)'[1850] 증세를 보였다. 이는 '오광위사건'을 유발한 주된 원인이다.

하자진은 당중앙에 스메들리와 오리리, 모택동의 경호원에 대한 징계를 요구했다. 또 (毛)경호원이 음모를 꾸몄다고 원망한 하자진은 동 료들에게 '남편 비난'을 늘어놓았다(文夫 외, 2004: 122). 1937년 여름부터

1849 모신우(毛新宇, 1970~), 북경(北京) 출신이며 모안청 아들, 모택동의 적손(嫡孫)이다. 2003 년 군사과학원 박사학위 취득, 2008년 군사과학원 전략부 부부장, 2010년 소장(少將) 으로 승진, 현재 전국 정협 위원 등을 맡고 있다.

1850 '부정망상(不貞妄想)'은 배우자의 '외도(外道)'를 무작정 의심하는 정신질환으로, 의처증 (疑妻症)·의부증(疑夫症)으로 불리는 망상장애이다. 한편 하자진의 '의부증(疑夫症)' 원인 은 ① 잇따른 임신과 잦은 출산 ② '군정대학' 중퇴 ③ '가정주부' 전락 ④ 모택동의 지 위 변화 ⑤ '장정(長征) 중상'에 따른 후유증 등이다. 실제로 하자진의 '부정망상'은 이 시기 그녀의 심각한 우울장애와 관련된다. 결국 이는 '오리리 구타' 사건을 촉발했다.

상해에서 온 여배우 강청과 어울리기 시작한 모택동은 아내 하자진과 애인 릴리 우, 스메들리를 모스크바로 쫓아냈다(나창주, 2019: 463). '오광위사건' 장본인인 하자진의 행위는 적반하장이었다. 한편 1937년 여름부터 강청과 어울렸다는 주장은 사실 왜곡[1851]이다. '모택동 만류'를 뿌리친 하자진은 '자진 출국'을 했다. 또 상기 '애인'은 큰 어폐가 있다.

1937년 8월 말 연안에 도착한 강청(江青)[1852]은 '당적 확인'을 위해 10월 중순까지 초대소에서 숙박했다. 입당소개인 황경(黃敬)[1853]이 연안에 도착한 후 심사가 끝났다. 1937년 11월부터 중앙당학교에서 연수한 강청은 모택동과 만날 기회가 없었다(田樹德, 2002: 58). 1938년 4월 노신예술학원 교사로 임명된 강청은 서이신(徐以新)을 사모했다. 1938년 8월 중앙군위 사무실 비서로 전근됐다. 1938년 11월 모택동과 결혼[1854]했다.

'환난부부' 하자진·모택동의 결별 원인은 ① 모택동의 '외도', '오

1851 (韓國)학자들의 '모택동 폄하'와 '사실 왜곡' 원인은 ① 중국 역사에 대한 무지와 몰이해 ② 잘못된 외국 학자들의 주장을 그대로 인용 ③ 이데올로기를 가미한 '인위적 폄하' ④ 중공 지도자 모택동에 대하 선입견 ⑤ 잘못된 역사 인식 등이다. 이 중 '모택동 선입견'과 이념을 가미한 인위적인 폄하가 '사실 왜곡'의 주요인으로 간주된다.

1852 강청의 본명은 '이운학(李雲鶴)'이다. 어렸을 때 이름은 이숙몽(李淑蒙), 1921년 이운학(李雲鶴)으로 개명했다. 1933년 이학(李鶴), 1934년 장숙정(張淑貞), 또 그녀의 예명(藝名)은 남평(藍蘋)이며 1937년 강청(江青)으로 개명했다. 마지막으로 사용한 이름은 이재(李梓)였다. 한편 서방의 문헌에는 '마담 마오(Madame Mao)'로 적혀 있다.

1853 황경(黃敬, 1912~1958), 북경(北京) 출신이며 강청의 전 남편이다. 1932년 중공에 가입, 1930~1940년대 북경시위 서기, 천진(天津)시장, 건국 후 기계공업부 부장, 국가기술위 주임 등을 역임, 1958년 광주(廣州)에서 병사했다.

1854 1938년 11월 모택동과 강청은 결혼했다. 이는 모택동의 네 번째, 강청의 다섯 번째 결혼이다. 연안 시기 강청은 '현모양처(賢母良妻)'였다. 이는 중공중앙의 '약법3장(約法三章)'과 관련된다. '모강(毛江) 결혼'에 '중매자' 역할을 한 사람은 강청의 동향인 강생이다. 문혁 시기 모택동의 '괴뢰 역할'을 강청은 '현모양처'에서 '악처'로 전락했다.

모택동과 중국혁명 2

리리 구타' 사건 ② 잇따른 출산에 따른 육체적 고통 ③ 출산에 대한 '의견 대립' ④ '의부증(疑夫症)'에 따른 혼인 위기 ⑤ '장정 부상' 후유증 ⑥ 군정대학 중퇴, 우울증 증세 ⑦ 동생 하민인의 처형 ⑧ 모택동의 지위 변화에 따른 괴리감 확대 ⑨ 하자진의 (西安)결별 편지' ⑩ 연안 '춤바람', (賀)과민반응 등이다. 실제로 '오광위사건' 발생과 그에 따른 부부관계의 악화가 '모하(毛賀) 결별'의 가장 주된 원인이다. 8월 말 하자진은 모택동이 '출장'을 간 틈을 타 홀로 연안을 떠나 서안으로 갔다.

1937년 8~9월 하자진과 오광위는 모두 연안을 떠났다. 오리리의 '연안 이탈'이 강제적이라면 하자진의 '이탈'은 자발적이었다. '오광위 사건'은 '하오(賀吳)'의 양패구상(兩敗俱傷)[1855] 결과를 초래했다. 한편 연안 '춤바람' 장본인 스메들리는 그해 9월에 연안을 떠나 (山西)항일전선으로 갔다. '환난지처' 하자진이 연안을 떠났을 때 모택동의 네 번째 부인 강청이 연안 땅에 들어섰다. 결국 이는 '이별'·'만남'의 숙명적 인연이었다.

연안 시기 대서특필된 사회적 변화는 사교댄스 보급에 따른 춤바람 유행이다. 또 다른 변화는 고위간부 중심으로 성행된 '부인 물갈이'이다. '혁명의 성지' 연안으로 대도시의 젊은 여성들이 대거 몰려든 것이 '부인 물갈이'의 사회적 원인이다. 1938년 가을 모택동은 상해에서 온 여배우 강청과 재혼했다. 이는 '부인 물갈이' 효시가 됐다. 결국 중공

1855 '의부증(疑夫症)' 증상이 발작한 하자진이 일으킨 '(吳莉莉)사건'으로, '사건' 당사자 하자진·오리리는 모두 연안을 떠났다. 결국 '양패구상(兩敗俱傷)' 결과가 초래됐다. 오리리는 국민당으로 전향, 소련으로 출국한 하자진은 '조현병' 환자로 간주돼 정신병원에서 대부분 시간을 보냈다. 1937년 9월 연안을 떠난 스메들리는 1940년에 귀국했다.

지도자 모택동은 '간부 재혼' 바람을 일으킨 '시작용자(始作俑者)'[1856] 역할을 했다.

1937년 봄 임표는 장매(張梅)[1857]와 결혼했다. 그해 9월 팔로군 115사단장 임표는 '평형관대첩(平型關大捷)'[1858]을 거뒀다. 1938년 겨울 임표 부부는 소련에 가서 휴양했다. 1941년 5월 장매는 모스크바에서 딸을 출산했다. 한편 임표는 모스크바에서 유학 중인 손유세를 사모했다. 1941년 9월 '국내 회귀' 명령을 받은 임표는 연안에 돌아왔다. 당시 임표는 장매 모녀를 모스크바에 두고 왔다. 결국 이는 임표 부부의 결별이 됐다.

귀국 후 임표는 부인과 한 '약속'[1859]을 어기고 결혼 상대를 물색했다. 그 '상대'가 임표의 셋째 부인 엽군(葉群)[1860]이다. 1938년에 연안으로

1856 시작용자(始作俑者)는 처음으로 순장(殉葬) 인형(人形)을 만든 사람이라는 뜻으로 악례(惡例)를 만든 장본인을 가리킨다. 하자진과 결별한 모택동은 강청과 재혼(1938.11)했다. 연안 시기 많은 홍군 지도자들이 전처와 이혼, 젊은 여성과 재혼했다. 임표·하룡의 재혼이 대표적 사례이다. 모택동은 연안에 '재혼 바람'을 일으킨 '시작용자'였다.

1857 장매(張梅, 1919~?), 섬서성 미지(米脂) 출신이며 임표의 두 번째 부인이다. 1937년 봄에 임표와 결혼했다. 1948년 소련에서 귀국, 중국의과대학(瀋陽)에 입학했다. 1954년 해방군 소장(少將)인 서개번(徐介藩)과 재혼했다.

1858 평형관대첩(平型關大捷)'은 1937년 9월 25일 팔로군 115사단이 산서성 대동(大同)시 영구(靈丘)현 평형관에서 매복전을 벌여 일본군을 격파한 전역이다. 팔로군 지휘관은 115사단장 임표, 적장은 제5사단장 이타가키 세이시로(板垣征四郞)였다. 한편 평형관 전투에서 일본군의 사상자는 1000여 명, 팔로군의 사상자는 600여 명이었다.

1859 1941년 임표는 귀국할 때 부인과 딸을 모스크바에 남겨뒀다. 훗날 장매(張梅)는 이렇게 회상했다. …1941년 9월에 귀국한 임표는 나에게 이렇게 말했다. …아이를 잘 키우며 러시아어를 잘 배워라. 향후 귀국해 (俄文)번역자로 일할 수 있다. 당신이 귀국할 때 내가 직접 마중을 하겠다(田涌, 2012: 33). 결국 임표는 소련에서 부인(張梅)과 한 '약속'을 저버렸다. 1942년 여름 임표는 셋째 부인인 엽군(葉群)과 연안(延安)에서 재혼했다.

1860 엽군(葉群)의 본명은 엽정의(葉靜宜), 임표의 원배(元配, 본처)는 왕정의(汪靜宜)이다. 엽군이 임표와 연애할 때 자신의 이름과 임표 본처의 이름(靜宜)이 같다는 것을 알게 된 후 '엽군'으로 개명했다는 것은 학계의 정설이다. 혹자는 임표의 일생을 이렇게 요약했

온 엽군은 지식과 미모를 겸비한 재녀(才女)였다. 당시 그녀는 연안의 '8대 미녀'로 불렸다. 1942년 봄 귀국한 임표는 (延安)여자대학의 엽군과 연애를 시작했다. 그해 7월 그들은 연안에서 결혼식을 올렸다. 한편 임표·엽군의 결혼에 '촉매자' 역할을 한 것은 하룡·설명(薛明)[1861] 부부였다.

5명 여인과 결혼한 하룡은 복잡한 '혼사(婚史)'를 갖고 있었다. 20세 연하인 설명과의 재혼이 인구에 회자됐다. 진서북(晉西北)군구 사령관 하룡은 20대 초반 대학생 미녀에게 애정공세를 벌였다. 1942년 8월 하룡은 팽진(彭眞)[1862]의 '중매'로 설명과의 결혼에 골인했다. '환난지처'를 포기한 하룡의 재혼은 전형적인 '부인 물갈이'이었다. 문혁 시기 '현모양처(賢母良妻)'[1863] 설명은 정치적 박해를 받은 하룡의 곁을 시종 떠나지 않았다.

1938년 모택동은 주변 반대를 무릅쓰고 여배우 강청과 재혼했다. 이는 '부인 물갈이' 효시로 '희신염구(喜新厭舊)'[1864] 악례를 남겼다. 모택

다. …공과(功過)는 '한 도사(導師, 毛澤東)', 시종(始終)은 '두 정의(靜宜)'이다.

1861 설명(薛明, 1916~2011), 하북성 패현(霸縣) 출신이며 하룡의 부인이다. 1936년 중공에 가입, 1942년 하룡과 결혼, 1940년대 (延安)현위 조직부장, (陝甘寧軍區)정치처장, 건국 후 (解放軍)총참모부 군사검찰장, 전국 정협 상임위원을 역임, 2011년 북경에서 병사했다.

1862 팽진(彭眞, 1902~1997), 산서성 곡옥(曲沃) 출신이며 공산주의자이다. 1923년 중공에 가입, 1920~1940년대 천진시위 서기, 중앙당학교 부총장, 중앙조직부장, 건국 후 북경시장, 중앙서기처 서기, 전국 인대 위원장 등을 역임, 1997년 북경에서 병사했다.

1863 하룡과 결혼한 설명은 1남2녀를 출산했다. 문혁 시기 하룡이 임표 일당에게 '정치적 박해'를 받았을 때 설명은 시종일관 그의 곁을 지켰다. 이는 등소평·팽덕회가 실각됐을 때 이혼을 선택한 김유영·포안수와 대비된다. 한편 하룡과 백년해로한 설명은 '현모양처'였다.

1864 '희신염구(喜新厭舊)'는 새것을 탐해 낡은 것을 버린다는 뜻으로, '조강지처'를 버리고 젊은 후처를 맞이하는 부도덕적 행위를 가리킨다. 연안 시기 모택동·임표·하룡 등은

동의 과오를 답습한 임표는 연안에서 10세 연하 엽군과 재혼했다. 하룡은 '환난지처' 건선임을 버리고 20세 연하 설명과 재혼했다. '상탁하부정(上濁下不淨)', 윗물이 맑아야 아랫물이 맑다. 한편 소련에 간 하자진과 모스크바에 남겨진 장매, 소련으로 보내진 건선임은 '동병상련' 처지였다. 특히 후반생 내내 정신질환에 시달린 하자진이 가장 불행한 삶을 살았다.

팽덕회의 첫사랑은 주서련(周瑞蓮)이란 죽마고우였다. 상군(湘軍) 중대장 팽덕회가 고향에 회귀했을 때 그녀는 이미 저승에 갔다. 1922년 유곤모(劉坤模)[1865]와 결혼한 팽덕회가 평강봉기(1928)에 참가 후 연락이 두절됐다. 1938년 10월 팽덕회는 이부춘의 '중매'[1866]로 20세 연하 포안수(浦安修)[1867]와 재혼했다. 1958년 팽덕회가 모택동에 의해 '반혁명' 분자로 몰려 실각했다. 결국 1962년 10월 그들 부부는 결별했다. 한편 팽덕회·포안수 결혼은 당조직이 나서서 맺어준 '조직결혼'[1868]이다. 당시 이

'환난지처'를 포기하고 젊은 여성과 재혼했다. 이는 이 시기 '부인 물갈이'의 대표적 사례이다. 실제로 중공 영수 모택동은 '부인 물갈이'의 시작용자(始作俑者)였다.

1865 유곤모(劉坤模, 1910~?), 호남성 출신이며 팽덕회의 본처이다. 1922년 팽덕회와 결혼, 1928년 팽덕회와 연락이 두절된 후 무한(武漢)에서 타인과 결혼했다. 건국 후 하얼빈시 양식(糧食)국장, 흑룡강성 정협 위원 등을 맡았다.

1866 모택동의 지시를 받은 중앙조직부 부부장 이부춘(李富春)이 팽덕회의 '중매'를 섰다. 이 시기 재혼한 팔로군 (高級)지휘관은 팽덕회·등소평·진갱 등이다. 한편 진갱이 팽덕회 결혼에 '중매자' 역할을 했다는 일각의 주장은 신빙성이 매우 낮다. 왕명의 부인 맹경수의 중매로 팽덕회 부부가 결혼했다는 혹자의 견해는 신빙성이 제로이다.

1867 포안수(浦安修, 1918~1991), 북경 출신이며 팽덕회의 두 번째 부인이다. 1936년 중공에 가입, 1938년 팽덕회와 결혼, 1940년대 섬북공학원 간사, 중앙조직부 비서, 건국 후 경공업부 노동공자사장(工資司長)을 역임, 1962년 팽덕회와 이혼, 1991년 북경에서 병사했다.

1868 '조직결혼(組織結婚)'은 항일전쟁 시기 연안에서 중공 지도자와 팔로군 고위간부 사이

런 '조직결혼'의 수혜자는 사각재·진운·등소평 등이다.

1937년 여름 왕정국(王定國)[1869]은 난주 판사처에 파견됐다. 당조직에 그에게 맡겨준 임무는 사각재(謝覺哉)의 생활을 돌보는 것이었다. 얼마 후 난주에서 사각재와 결혼한 그녀는 이렇게 말했다. …공산당원인 나는 조직의 배치에 복종해야 했다(雪揚 외, 1996: 170). 1938년 1월 조직부장 진운은 3개월 간 휴양했다. 조직부 비서장 등결(鄧潔)[1870]은 섬북공학원 공산당원 우약목(于若木)[1871]을 적임자로 선정했다(郭思敬 외, 1995: 285). 사각재·진운 부부의 결합은 당조직이 맺어준 전형적 '조직결혼'이었다. 당시 사각재에겐 곽향옥(郭香玉)[1872]이란 본처가 있었다.

1936년 아랍계 미국인 죠지 하템은 섬감녕변구 병원을 설립했다. 마해덕(馬海德)으로 개명한 그는 노신예술학원에서 연수 중인 소비(蘇

에서 성행된 결혼이다. 당중앙이 '연안 이주' 후 전국의 젊은 여성들이 연안으로 대거 몰려들었다. 당중앙은 관련 부서에 독신인 고위간부의 '결혼문제' 해결을 지시했다. 당시 '조직결혼'의 혜택을 입은 고위간부는 팽덕회·사각재·진운·등소평 등이다.

1869 왕정국(王定國, 1913~2020), 사천성 영산(營山) 출신이며 사각재의 부인이다. 1936년 중공에 가입, 1937년 사각재와 결혼, 1940년대 (延安)부녀회장, 사법부 기요비서, 건국 후 최고법원 사무국 부국장, 전국 정협 판공청(辦公廳) 비서 역임, 2020년 북경에서 병사했다.

1870 등결(鄧潔, 1902~1979), 호남성 안향(安鄕) 출신이며 공사주의자이다. 1923년 중공에 가입, 1920~1940년대 대련(大連)시위 서기, 중앙조직부 비서장, 중앙종대(縱隊) 부사령관, 건국 후 경공업부 부부장, 석유공업부 부부장 등을 역임, 1979년 북경에서 병사했다.

1871 우약목(于若木, 1919~2006), 산동성 제남(濟南) 출신이며 진운의 부인이다. 1936년 중공에 가입, 1938년 진운과 결혼, 건국 후 중국과학원 식물연구소 연구원, 중앙판공청 비서국 사무국장을 역임, 2006년 북경에서 병사했다.

1872 곽향옥(郭香玉, 1897~1940), 복건성 용암(龍岩) 출신이며 사각재의 본처이다. 1929년 중공에 가입, 1934년 사각재와 결혼, 그해 10월 사각재가 장정에 참가, 곽향옥은 (中央) 근거지에 남았다. 1940년 장정(長汀)에서 희생됐다.

菲)[1873]와 결혼했다. '의사·환자 관계'인 그들이 인연을 맺게 된 것은 주말 사교댄스이다. 1941년 12월 '군가지부(軍歌之父)'[1874]로 불린 정율성은 사천 출신 정설송(丁雪松)[1875]과 연안에서 결혼했다. 그들이 혼인에 '촉매제 역할'을 한 것은 정율성이 사인한 '안나 까레니나(Anna Karenina)'라는 책이다. 국제 결혼이 실패한 케이스는 오토 브라운과 이여련(李麗蓮)의 결합(1938)이다. 이덕의 '소련 귀환(1939.8)'으로 1년 만에 파경을 맞았다. 특이한 사례로 '황극공안(黃克功安, 1937.10)'[1876]이 있다.

8월 하순 모택동이 '낙천회의(洛川會議)[1877]에 참가한 사이 하자진은 (西安)팔로군 판사처를 찾아갔다. 하자진은 동서 전희균의 '연안 회귀'

1873 소비(蘇菲, 1920~), 절강성 주산(舟山) 출신이며 공산주의자이다. 1939년 연안에 도착, 1940년 연안에서 마해덕과 결혼, 1943년 중공에 가입했다. 건국 후 영화 감독, '광등(礦燈)'·'춘뢰(春雷)' 등 많은 영화를 찍었다. 1988년 '(馬海德)기금회' 이사장을 맡았다.

1874 1937년 10월 연안에 도착한 음악가 정율성은 (延安)예술학원에서 연수했다. 1938년부터 항일군정대학·노신예술학원에서 음악 교사로 활동, '팔로군행진곡'·'연안송' 등 많은 가곡을 작곡했다. '팔로군행진곡(1939)'은 1965년에 '중국인민해방군진행곡'으로 개명, 1988년 '중국인민해방군진행곡'을 중국인민해방군의 군가(軍歌)로 결정했다.

1875 정설송(丁雪松, 1918~2011), 사천성 파현(巴縣) 출신이며 정율성의 부인이다. 1937년 중공에 가입, 1941년 연안에서 정율성과 결혼했다. 1947년 조선(朝鮮)노동당중앙교무(僑務)위원회 비서장, 1949년 신화사(新華社) 평양(平壤)지사장, 건국 후 대외연락부 조선(朝鮮)처장, 대외우호협회 부회장 등을 역임, 2011년 북경에서 병사했다.

1876 '황극공안(黃克功安, 1937.10)'은 항전 시기 연안(延安)에서 발생한 '살인 사건'이다. '사건'의 당사자는 (抗日)군정대학 제6대대장 황극공(26세)이다. '사건'의 피해자는 섬북공학원의 학원생 동추월(董秋月, 16세)이다. 당시 황극공은 그녀가 자신의 '결혼 요구'를 거절하자 당장에서 사살했다. 결국 (邊區)고등법원은 황극공에게 사형을 선고했다.

1877 낙천회의(洛川會議)는 1937년 8월 22~25일 섬서성 낙천에서 열린 정치국 확대회의를 가리킨다. 회의는 '지구전(持久戰)' 방침과 항일전쟁의 '중공 임무' 등을 확정했다. 당시 모택동은 '국공(國共)관계문제'에 대한 보고를 했다. 또 회의는 '당의 임무 결정'을 통과시키고 중앙군위 주석으로 모택동, 주덕·주은래를 (軍委)부주석으로 선출했다.

모택동과 중국혁명 2

2019: 347). 당시 말에서 떨어져 오른팔이 골절된 주은래는 수술하기 위해 모스크바로 갔던 것이다. 주은래의 '오른팔 골절'[1886] 장본인은 강청이었다. 한편 모택동의 '결별 편지'는 하자진에게 엄청난 정신적 고통을 안겨줬다.

당시 '국내 회귀'를 포기한 임표의 전처 장매도 하자진과 함께 '국제아동원'에서 일했다. 그들은 '동병상련'의 처지였다. 1940년 가을 사교댄스를 배우고 파마한 하자진은 모스크바의 무도장에 출입했다. 이 시기 하자진에게 '구애자(求愛者)'가 나타났으나 그녀는 그들의 '청혼'[1887]을 모두 거절했다. 실제로 하자진의 무도회 출입은 '용기 있는 반란'이었다.

1940년 8월 강청은 딸 이눌(李訥)[1888]을 출산했다. 당시 모택동은 천

1886 1938년 7월 주은래는 대청마(大靑馬)를 타고 중앙당학교 강의를 떠났다. 당시 강청은 주은래와 동행했다. 그들이 오솔길에 들어섰을 때 강청이 갑자기 말에 박차를 가해 달렸다. 놀란 대청마가 속도를 내면서 주은래가 말에서 굴러 떨어졌다. 8월 27일 주은래는 '오른팔 치료'를 위해 소련으로 떠났다. 소련 측이 제출한 2가지 방안은 첫째, 두 번에 나눠 수술하면 결과가 비교적 이상적이나 많은 시간이 소요된다. 둘째, '짧은 시간'의 치료는 팔을 완전히 펼 수 없다. 결국 '두 번째 방안'을 선택한 주은래는 오른팔이 골절된 '불구자'가 됐다.

1887 사교댄스에 선입견이 강했던 하자진은 학교에서 조직한 '댄스 파티'에 참가했다. 당시 파마하고 화려하게 단장한 하자진이 무도회(舞蹈會)에 드나들자, 대놓고 그녀에게 청혼하는 '구애자(求愛者)'가 나타났다. 그러나 하자진은 그들의 '청혼'을 모두 거절했다(陳冠任, 2019: 351). 하자진의 '화려한 변신'과 무도회 출입은 일부 중국 동지들의 빈축을 샀다. 실제로 하자진의 '댄스 파티' 참가는 '배신자' 모택동에게 대한 불만 표출이었다.

1888 이눌(李訥, 1940~), 모택동과 강청이 연안(延安)에서 낳은 딸이다. 1959년 북경대학 역사학부 입학, 1965년 '해방군보(解放軍報)' 편집, 문혁 시기 반란파로 활동, 모택동의 연락원을 맡았다. 1974~1975년 북경 평곡(平谷)현위 서기, 북경시위 부서기를 맡았다. 1986~1990년 중앙판공청 비서국 근무, 2003년 전국 정협 위원으로 선임됐다.

덕꾸러기인 딸 교교를 친모에게 보내기로 결정했다. 이민의 '회상'[1889]을 통해 알 수 있듯이 당시 하자진은 소련 생활에 적응하려는 모습이 역력했다. 한편 하자진 모녀의 '극적인 상봉'은 결코 기쁨만이 아니었다. 1941년 6월 독일군이 소련을 침공한 후 그들 모녀는 모진 시련을 겪었다. 딸 이민은 구사일생으로 살아났으나 하자진은 정신병원에 강제로 이송됐다.

6월 22일 히틀러(Hitler)[1890]는 독일군에게 '소련 공격'을 명령했다. 1941년 가을 국제아동원은 이바노프(Ivanov)로 이전했다. 그 후 배급량은 급감했고 보조금도 취소됐다. 하자진은 하루 400g의 빵을 배급받았다 (耘山 외, 2011: 377). 하자진의 소련 생활은 불행·고통의 점철이었다. 아동원장과 '격렬한 충돌'[1891]이 발생한 후 하자진은 '조현병 환자'[1892]로 취

1889 이민(李敏)은 이렇게 회상했다. …당시 머리를 파마하고 스커트를 입은 어머니는 굽 높은 구두를 신고 있었다. 이는 단발·군복·천신발(布靴)의 (延安)여성들과 대조적이었다. 또 어머니는 얼굴이 창백하고 혈색이 돌지 않았으며 깡마른 모습이었다(陣冠任, 2019: 357). 실제로 하자진의 '외모 가꾸기'는 공허감과 외로움을 달래기 위한 것이었다.

1890 히틀러(Hitler, 1889~1945), 나치(Nazi)독일의 원수(元首)이며 제2차 세계대전을 일으킨 장본인이다. 1919년 독일 나치당에 가입, 1921년 나치당 원수, 1933년 독일 국가원수가 됐다. 1939년 폴란드 침략, 1939~1941년 유럽의 14개 국가를 점령했다. 1941년 6월 22일 소련을 침공, 1945년 4월 30일 독일 총리부(總理府) 지하실에서 자살했다.

1891 1941년 가을 하자진의 지극정성 간호로 딸 이민의 병세가 호전됐다. 국제아동원장은 하자진에게 이민을 '아동원'에 보내고 일을 시작할 것을 요구했다. 하자진이 요구를 거절하자 원장은 모욕적 언사를 사용했다. 결국 하자진은 원장과 대판 싸웠다. 당시 원장은 정신병원에 이송하겠다고 위협했다(雲汀 외, 1996: 237). 며칠 후 하자진은 강제로 (蘇聯)정신병원에 이송됐다. 결국 하자진은 5~6년 간 정신병원에서 '강제 치료'를 받았다.

1892 '조현병' 환자로 취급돼 강제로 (蘇聯)정신병원에 이송된 하자진은 자신이 '정치적 박해'를 받았다고 회상했다. 1941년 하자진은 사실상 조현병 증상이 나타나기 시작했

급돼 정신병원에서 6년 간 생활했다(孔東梅, 2005: 172). 설상가상으로 혹한을 견디지 못한 딸 교교가 급성뇌막염에 걸렸다. 결국 교교는 하자진의 '지극정성 간호'로 죽음의 위기에서 벗어났다. 건국 후 하자진의 '조현병'은 여러 차례 발작했다. 결국 이는 '정신병원 후유증'이었다.

정치적 박해를 받았다고 생각한 하자진은 왕명이 아동원장에게 지시한 것이라고 여겼다. 왕명은 하자진이 모택동의 '부인'이었기 때문에 추종자들에게 지시해 박해를 가했다(傅惠烈, 1993: 117). 왕명이 하자진에게 박해를 가했다는 주장은 황당무계한 픽션이다. 실제로 하자진을 '조현병 환자'로 만든 장본인은 모택동이다. 또 이는 하자진이 자초한 것이다.

1947년 봄 왕가상·주중려(朱仲麗)[1893]는 모스크바에서 하자진을 만났다. 왕가상이 그녀에게 향후 타산을 묻자 '귀국'이라고 대답했다. 왕가상의 보고를 받은 모택동은 '(賀)귀국'을 동의했다(思夏 외, 2013: 210). 모택동은 채창에게 전보[1894]를 보내 하자진의 '인사 배치'를 지시했다. 1947년 가을 하자진·모안청·이민은 하얼빈에 도착했다. 한편 모안영은 1946년에 귀국[1895]했다. 1949년 모택동은 모안청·이민을 북경에 데려갔다.

다. 조현병 증상이 나타난 주된 원인은 ① 1939년 봄 아들의 요절 ② 모택동과 강청의 재혼 소식 ③ 1941년 가을 딸 이민(李敏)의 중병 ④ 심각한 '정신적 고통' 등이다.

1893 주중려(朱仲麗, 1915~2014), 호남성 장사(長沙) 출신이며 왕가상의 부인이다. 1938년 중공에 가입, 1940년대 중앙기관 의무소장, 북경시 위생국(衛生局) 부국장, 건국 후 중소우의(中蘇友誼)병원 부원장, 전국 정협 위원 등을 역임, 2014년 북경에서 병사했다.

1894 모택동은 동북국 채창에게 보낸 전보(1947.5.30)에 이렇게 썼다. …하자진이 곧 귀국할 것이다. 하얼빈에 도착하면 적절히 배치하길 바란다(朱仲麗, 1999: 218). 당시 하자진 등이 하얼빈에 도착(1947.9)했을 때 이부춘·채창은 역전에서 마중했다. 하자진은 동북 재정부 기관(機關) 당지부 서기로 임명, 2년 후 모안청·이민은 북경에서 생활했다.

1895 1943년 소련 군사학교를 졸업(中尉, 중대장)한 모안영은 소련 공산당에 가입했다. 그

1949년 하이·하자진은 천진행 기차를 탔다. 기차가 산해관에 도착했을 때 조직에서 파견한 책임자가 그들 자매에게 이렇게 말했다. … 당신들은 계속 남하해 상해로 가야 한다(于俊道 외, 2012: 69). 주단화(朱旦華)[1896]는 이렇게 회상했다. …방지순(方志純)[1897]이 출발할 때 이부춘은 그에게 특수한 임무를 맡겼다. 하자진을 남방으로 보내고 그녀의 생활을 도와주는 것이다(金振林, 2011: 80). 상기 '임무'는 모택동이 이부춘에게 지시한 것이다. 천진 도착 후 시위 책임자가 하자진을 역전까지 환송했다. 남방 도착 후 하자진은 '항주부련회(婦聯會)' 부주석에 임명됐다.

1954년 모택동의 연설을 들은 하자진은 크게 흥분했다. 밤새껏 듣다보니 라디오가 고장이 났다. 식음을 전폐한 그녀는 정신이 오락가락했다. 이민의 인편에 편지를 보내 하자진에게 금연(禁煙)을 권유한 모택동은 '연우(煙友)'[1898]가 된 그녀에게 명패 담배를 보내줬다. 한편 하자진

후 푸룬제(Frunze) 군사학원에 입학, 소련 홍군 탱크(Tank)중대의 당대표로, (白)러시아·폴란드·체코 공격전에 참가했다. 귀국(1946.1) 전 스탈린의 접견을 받은 모안영은 권총 한 자루를 선물로 받았다. 1946년 모안영은 연안(延安)에서 중공에 가입했다.

1896 주단화(朱旦華, 1911~2010), 절강성 자계(慈溪) 출신이며 모택민의 셋째 부인이다. 1938년 중공에 가입, 1940년 모택민과 결혼, 1940년대 중앙부녀회(婦女會) 비서, 전국부련(婦聯) 조직과장, 건국 후 강서성 정협 부주석 등을 역임, 2010년 남창(南昌)에서 병사했다.

1897 방지순(方志純, 1905~1993), 강서성 익양(弋陽) 출신이며 공산주의자이다. 1924년 중공에 가입, 1920~1940년대, '홍10군'(警衛)사단장, 감동북(贛東北)성위 서기, 중앙위수(衛戍) 사령부 참모장, 건국 후 강서성위 서기 등을 역임, 1993년 남창(南昌)에서 병사했다.

1898 1949년 이민이 하자진을 떠나 (北京)모택동 신변으로 갔다. 동생 하이가 교통사고로 사망한 후 슬픔에 잠긴 하자진은 외로움을 달래기 위해 담배를 피우기 시작했다. '라디오 사건(1954)' 후 그녀는 정신병이 도졌다. 한편 하자진에게 금연을 권유한 모택동은 고급 담배를 보내줬다. 결국 그들은 '연우(煙友)'가 됐다. 골초인 모택동에게는 담배가 커피 같은 존재였으나, 하자진의 흡연은 허무감을 달래고 화병을 치유하는 수단이었다.

은 모택동에게 보낸 편지에서 '왕명 경계'를 부탁했다. 이는 '왕명 트라우마'[1899]에서 벗어나지 못한 하자진이 피해망상증에 걸렸다는 단적인 반증이다.

모택동 부부의 '여산 재회(1959)' 수훈갑은 증지였다. 남창에서 하자진을 만난 증지는 상황을 모택동에게 보고했다. 모택동은 왕동흥(汪東興)[1900]에게 지시했다. '만남 주선'은 양상규(楊尚奎)[1901] 부인 수정(水靜)[1902]이 맡았다(丁曉平, 2009: 79). 여산 호텔방에서 모택동이 하자진에게 안부를 묻자 그녀는 왕명이 당신을 해칠 수 있으니 조심하라고 엉뚱한 대답을 했다. 침대 옆의 탁자위에 놓인 수면제를 본 하자진은 갑자기 흥분하면 이렇게 말했다. …이는 당신을 해치려고 준비한 독약이다. 그리고는 수면제를 자신의 가방에 챙겨 넣었다. 모택동은 곧 호출벨을 눌렀다(云汀 외, 1999: 251). 모택동은 수정에게 이렇게 말했다. …그녀는 여전히 제정신

1899 하자진은 '병신병원 이송'을 '왕명의 지시'라고 여겼다. 1950년대 모택동에게 보낸 편지에 '왕명 경계'를 당부한 것이다. 1959년 모택동과의 여산 상봉에서 하자진은 재차 '왕명의 박해'를 언급했다. 한편 하자진의 '왕명 트라우마'는 1930년대 모택동의 실각과 관련된다. 이는 하자진이 '피해망상증'에 걸린 정신질환자라는 단적인 반증이다.

1900 왕동흥(汪東興, 1916~2015), 강서성 익양(弋陽) 출신이며 공산주의자이다. 1932년 중공에 가입, 1930~1940년대 (軍委)위생부 정치부 부주임, 팔로군 (軍醫)병원 정치위원, 건국 후 공안부(公安部) 부부장, 중공중앙 부주석 등을 역임, 2015년 북경에서 병사했다.

1901 양상규(楊尚奎, 1905~1986), 강서성 흥국(興國) 출신이며 공산주의자이다. 1929년 중공에 가입, 1930~1940년대 강서성위 선전부장, 감월(贛粵)특위 서기, 길림성위 조직부장, 건국 후 강서성위 서기, 전국 인대 상임위원 등을 역임, 1986년 남창(南昌)에서 병사했다.

1902 수정(水靜, 1929~2021), 안휘성 무위(無爲) 출신이며 양상규(楊尚奎)의 부인이다. 1946년 중공에 가입, 건국 후 강서성 정부에서 근무, 양상규 (江西省委)서기의 기요비서 등을 맡았다. 2012년 남창(南昌)에서 병사했다.

이 아니다. 줄곧 동문서답했다. 흥분한 하자진을 자극하지 말고 내일 하산하게 하라. 수면제는 잘못 먹으면 위험하니 곧 찾아와야 한다(趙志超, 2017: 76). 결국 갑작스러운 대면으로 충격을 받은 하자진의 정신병은 더욱 악화됐다. 그 후 모택동이 서거(1979.9.9)했다는 부보(訃報)를 받은 하자진은 이민에게 '모택동 사망'은 강청이 음해한 것이라고 말했다.

1979년 '정협 위원'으로 보선된 하자진은 '301의원(醫院)'[1903]에 입원했다. 9월 18일 이민·공령화(孔令華)[1904]의 동반하에 휠체어를 탄 하자진은 '모주석기념당(毛主席紀念堂)'[1905]에 가서 모택동의 유용(遺容)을 첨앙했다. 하자진 사망(1984.4.19) 후 상해시위는 장례 기준을 당중앙에 문의했다. 당시 등소평은 골회의 '1실(一室) 배치'를 지시했다(陣冠任, 2019: 478). 결국 등소평의 '지시'[1906]는 장례의 기준을 정했다. 팔보산(八寶山)혁명공

[1903] '301의원(醫院)'은 해방군총의원(總醫院)의 약칭, 1953년에 설립됐다. 원명은 북경301의원, 의료·보건·교학·과학연구를 겸비한 현대화된 종합적 병원이다. 중앙군위에 예속된 정군급(正軍級) 병원, 중공 지도자 등소평·이선념·왕진 등이 이 병원에서 치료를 받았다.

[1904] 공령화(孔令華, 1935~1999), 섬서성 서안(西安) 출신이며 이민(李敏)의 남편이다. 포병 부사령관 공종주(孔從洲)의 아들, 모택동 사위이다. 1950년대 북경항공대학 졸업, 국방과학기술공업위원회 근무, 1962년 이민과 결혼, 1999년 광주(廣州)에서 교통사고로 사망했다.

[1905] 북경 천안문광장에 위치한 '모주석기념당(毛主席紀念堂)'은 모택동의 유체를 안치한 곳이다. 1977년 5월 4일에 준공, 8월 18일에 수정관을 기념관에 이입(移入), 모택동의 유체를 '기념당'에 안치했다. 1977년 9월 9일 '기념당' 낙성식 거행, 정식으로 대외에 개방했다. 2021년 북경시 정부는 '모주석기념당'을 혁명 문물(文物)로 확정했다.

[1906] 1980년대 등소평은 중국의 실질적인 최고 지도자였다. 이 시기 중공중앙은 문화대혁명 시기 타도된 노간부들의 '억울한 누명'을 벗겨주고 '명예 회복'을 추진했다. 1930년대 등소평은 '모택동 추종자'로 몰려 수감됐다. 당시 모택동의 지시를 받은 하자진은 감방에 찾아가 등소평에게 먹을 것을 주고 '모택동 문안'을 전했다. 결국 등소평의 '지시'는 '수난자' 하자진에 대한 보상이었다. 전국 정협 위원 '보선(補選)'이 단

모택동과 중국혁명 2

동묘지[1907]에 설치된 '1실'은 당중앙 지도자의 골회함을 안치하는 곳이다. '정협 위원' 하자진은 국가 지도자로 '추인'됐다.

1984년 4월 25일 하자진의 유체 고별식이 (龍華)혁명공동묘지에서 거행됐다. 호요방·등소평·진운이 화환을 보냈다. (中央)대표 학건수(郝建秀)[1908]와 상해시위 서기 진국동(陣國棟)[1909] 등이 고별식에 참가했다. 유체를 화장한 후 전용 비행기로 고인의 골회를 북경으로 옮겼다. 4월 26일 중공중앙은 '하자진 사망'을 공표했다. '일시적 판단' 실수로 모택동과 결별한 하자진은 반평생을 '정신줄을 놓은' 상태에서 비극적 삶을 살았다.

3. 제2차 (國共)합작을 위한 (國共)담판과 홍군 개편

서안사변 중 주은래는 서안에서 감금된 장개석을 만났다. 당시 장개석은 주은래에게 '남경 담판'을 요청했다. 이는 국공(國共) 담판의 성공적 교두보를 마련했다. 1937년 2~7월 주은래를 필두로 한 중공 대표단은 서안·항주·여산에서 고축동·장충 등 국민당 대표와 장개석 등과 담판을 진행했다. '노구교사변(1937.7.7)'은 (國共)합작 달성에 촉매제 역할을 했다.

적인 증거이다.

1907 팔보산(八寶山)혁명공동묘지의 점지(占地) 면적은 150무(畝), 북경시 석경산(石景山)구 팔보산 남록에 위치해 있다. (八寶山)공동묘지는 전국에서 규모가 가장 큰 원림식(園林式) 공동묘지이다. 1950년 북경시 정부는 주은래의 지시로 '묘지(墓地)'를 구축하기 시작했다. 주덕·동필무·팽덕회·임필시 등 중공 지도자의 골회가 안치돼 있다.

1908 학건수(郝建秀, 1935~), 산동성 청도(靑島) 출신이며 공산주의자이다. 1950~1990년대 산동성 부련(婦聯)회장, 방직공업부장, 중앙서기처(中央書記處) 서기 등을 역임했다. 2003년 전국 정협 부주석(副總理級)으로 임명됐다.

1909 진국동(陣國棟, 1911~2005), 강서성 남창(南昌) 출신이며 공산주의자이다. 1932년 중공에 가입, 1930~1940년대 (共靑團)강소성위 서기, (華東)재정위원회 부주임, 건국 후 재정부 부부장, 식량(食糧)부장, 상해시위 서기 등을 역임, 2005년 상해(上海)에서 병사했다.

한편 (國共)담판을 성공시킨 수훈갑은 (中共)수석대표 주은래였다.

당중앙의 지시에 따라 '장개석 석방'을 제출한 주은래는 장개석 면회를 요구했다. 당시 주은래의 요구를 전달받은 장개석은 중공 연합과 홍군 개편을 수락했다. 또 중일전쟁이 폭발할 경우 (紅軍)정규군 개편과 군향(軍餉) 지급을 동의했다. 한편 서안사변의 '평화적 해결'에 중요한 기여를 한 주은래는 장개석의 부인 송미령과 실세인 송자문에게 '좋은 인상'을 남겼다. 결국 이는 '주장(周蔣) 담판(1937)'[1910]에 긍정적 역할을 했다.

당덕강(唐德剛)[1911]은 이렇게 평가했다. …서안사변은 제2차 국공합작에 중요한 역할을 했다. 장학량이 장개석을 감금하지 않았다면 국공(國共)의 공동항일은 불가능했을 것이다(顧月華, 2010: 105). 실제로 서안사변의 '평화적 해결'은 시국의 전환에 결정적 역할을 했다. 결국 중공중앙은 '연장(聯蔣)항일'로 통전(統戰) 정책을 전환했다. 한편 당중앙의 '입장 전환'은 중공의 '반장(反蔣)' 정책에 대한 공산국제의 비판과 밀접하게 관련된다.

12월 24일 저녁 송자문의 동반하에 장개석 처소를 방문해 장(蔣)과 회담한 주은래가 제출한 요구는 ① 내전 중지 ② 공동항일 ③ (國共)대표 구체적 협상 등이다(李勇 외, 1995: 241). 장개석은 이렇게 대답했다. …

1910 1937년 3~8월 주은래는 항주(杭州)·여산(廬山)·남경 등지에서 장개석과 만나 (國共)합작에 관해 여러 차례 담판했다. '노구교사변(1937.7.7)' 발발 후 장개석은 중공의 요구를 수락, 홍군의 '팔로군 개편(1937.8)'을 허락했다. 제2차 (國共)합작의 수훈갑은 주은래, '국군 통수권자'인 장개석은 제2차 (國共)합작 성공에 결정적 역할을 했다.

1911 당덕강(唐德剛, 1920~2009), 안휘성 합비(合肥) 출신이며 역사학자이다. 1943년 (重慶)국립중앙대학에 입학, 1948년 미국 유학, 1960년대 컬럼비아대학교 (中文)도서관장, 1970년대 뉴욕시립대학교 교수, 아세아연구학부장 역임, 2009년 샌프란시스코에서 병사했다.

모택동과 중국혁명 2

나의 지휘에 복종하면 홍군도 국군과 같은 대우를 받을 수 있다. 남경
에서 구체적 협상을 해야 한다(葉成林 외, 2017: 132). 장개석이 서안에서 주
은래를 남경에 요청한 것은 (國共)담판이 지속적으로 진행될 수 있는 중
요한 계기가 됐다. (國共)담판은 서안·항주·여산·남경에서 반년 간 진행
됐다. 한편 (國共)합작의 성공은 중일전쟁 발발과 관련된다.

중공중앙이 당내에 발표한 '지시(12.27)'는 이렇게 썼다. …장개석 석
방은 '공동항일' 개시를 의미한다. 중공의 임무는 장개석을 핍박해 그
가 약속한 '언약 이행'을 독촉하는 것이다('中共統戰部' 외, 1985: 341). 12월
28일 중공중앙이 발표한 장개석의 '훈화(訓話, 12.26)'를 반박하는 성명
은 이렇게 적었다. …장개석은 자신의 언약을 철저하게 이행해야 한다.
'공동항일'을 외면한다면 혁명의 물결에 휩쓸려 사라지고 말 것이다(毛
澤東, 1991: 247). 한편 중공의 강경책이 서안사변의 성과와 노력이 수포로
돌아간다고 판단한 공산국제는 '강경한 어조'로 중공중앙을 비판했다.

장개석이 내린 '임면령(任免令, 1937.1.5)' 골자는 ① 양호성·우학충 해
임 ② 고축동, 서안행궁 책임자 ③ 왕수상(王樹常)[1912], 감숙성장 ④ 손울
여, 섬서성장 등이다. 남경정부는 35개 사단을 동원해 다섯 갈래로 나
눠 서안으로 진격할 것을 명령했다. 장개석의 보복으로 실권한 양호성
은 '출국고찰(1937.6)'을 강요당했다. 그해 12월 귀국한 양호성은 체포돼
남창에서 12년 간 수감됐다. 한편 왕수상은 '감숙성장'에 취임하지 않
았다.

당중앙이 주은래에게 보낸 전보(1937.1.5)의 골자는 첫째, 남경정부

1912 왕수상(王樹常, 1885~1960), 요녕성 요중(遼中) 출신이며 국민혁명군 상장이다.
1920~1940년대 안국군(安國軍) 제10군단장, 동북군(東北軍) 제2집단군 군단장, 건국
후 전국 정협 위원 등을 역임, 1960년 북경에서 병사했다.

가 서북문제를 정치적으로 해결하려면 다음의 조건을 수락해야 한다. ① '서안 공격' 중지 ② 장학량 석방 ③ '서안 언약' 이행 등이다. 둘째, 반한년을 '(談判)전권 대표'로 위임한다(逄先知 외, 2005: 639). 당중앙의 '관련 지시(1.9)'[1913]를 받은 주은래는 장개석에게 보낸 답신(1.11)에 이렇게 썼다. …중앙군이 철수하지 않았고 장학량이 감금된 상황에서 잠시 남경으로 갈수 없다(中共中央文獻研究室, 1988: 127). 당시 중공중앙의 '(周)남경행 반대'는 장개석의 '주은래 연금'을 우려했기 때문이다.

당중앙은 장개석의 '주은래 (南京)요청'에 대해 의도가 불순하다고 여겼다. 장개석을 '호송'한 장학량이 남경에서 감금됐기 때문이다. 1월 6일 모택동은 주은래에게 전보를 보내 서안에 남아 장충(張冲)[1914]과 협상할 것을 요구했다(葉永烈, 2014: 189). 당중앙은 반한년에게 전보(1.5)를 보내 주은래의 '남경 요청'을 거절하고 서안에서 담판할 것을 요구했다. 한편 이 시기 반한년은 국민당 실세인 송자문과 돈독한 관계를 유지했다.

1월 9일 장개석은 측근 왕화일(王化一)[1915] 등을 서안에 파견해 갑을 (甲乙) 방안을 제출했다. '갑안' 골자는 ① 동북군, 감숙으로 이동 배치

1913 중공중앙은 (西安)주은래에게 전보(1937.1.9)를 보냈다. '전보'의 골자는 ① 내전 중지 ② 장개석의 '주전파(主戰派)' 견제 ③ 장학량 석방, '서북문제 해결' 유리 ④ 중앙군 철수 ⑤ '(周恩來)남경행', 불찬성 등이다(中共中央文獻研究室, 1993: 641). 결국 중공중앙의 '관련 지시'를 받은 주은래는 장개석에게 답신(1.11)을 보내 남경행을 거절했다.

1914 장충(張冲, 1904~1941), 절강성 낙청(樂淸) 출신이며 국민당 '중통(中統) 2인자'이다. 1920~1930년대 중앙조직부 조사과장, 국민당 '담판(談判)' 대표, 중앙조직부 (代理)부장 등을 역임, 1941년 중경(重慶)에서 병사했다.

1915 왕화일(王化一, 1899~1965), 요녕성 요중(遼中) 출신이며 애국인사이다. 1930~1940년대 '동북민중항일국국회' 군사부장, 고북구(古北口) 경비(警備)사령관, 건국 후 국무원 참사 (參事) 등을 역임, 1965년 북경에서 병사했다.

② 서북군, 서안에 주둔 ③ 홍군, 섬북 회귀 등이다. '을안' 골자는 ① 동북군, 하남·안휘 이동 ② 서북군, 감숙 주둔 ③ 홍군, 섬북 철수 등이다(中共中央文獻硏究室, 1993: 641). 당시 당중앙이 장개석에게 제출한 요구는 ① 내전 중지 ② 군비 지급 ③ 홍군의 섬남(陝南) 진주 ④ 마보방의 '서로군 공격' 중지 등이다(中央檔案館, 1985: 370). 결국 중공의 요구를 거절한 송자문은 홍군의 '섬북 철수'를 전제로 군비 지급을 수락했다.

1월 8일 중공중앙은 장개석에게 전보를 보내 '(西安)언약 이행'을 호소했다. 1월 14일 장개석은 하응흠에게 '서안 공격' 중지를 지시했다. 실제로 서안사변에서 주은래의 '도움을 받은' 장개석은 중공과의 관계 악화를 바라지 않았다. 이 시기 (南京)중공대표인 반한년은 국공 담판의 윤활제 역할을 했다. 또 그는 상해에서 '특과(特科)' 책임자인 주은래를 보좌한 '베테랑 공작원'이었다. 2월 8일 반한년은 장충과 함께 서안에 도착했다.

모택동은 반한년에게 보낸 전보(1.21) 골자는 ① 전쟁 중지 ② 군비 지급 ③ 홍군의 (陝南)주둔 ④ 장개석의 답신 등이다(劉伯根 외, 2007: 354). 당중앙은 반한년에게 보낸 전보(1.25)에 이렇게 썼다. …장개석의 '친필 담보서'가 필요하다. '담보서'를 받으면 직접 주은래에게 전달해야 한다(解放軍黨史硏究室, 1985: 550). 모택동의 '장개석 답신' 요구는 주은래의 안전 담보를 위해서였다. 한편 장개석은 중공의 '담보서 요구'를 일축했다.

중공의 협조하에 남경정부와 서안측 담판(1.25)이 동관(潼關)에서 개시됐다. 동북군 내부의 분열로 '왕이철 살해(2.2)' 사건이 발생했다. 이는 서안측의 '역량 약화'로 이어졌다. 결국 동북군은 장개석의 '을안'을 수락했다. 2월 5일 양호성·우학충 등은 '평화선언'을 발표했다. 2월 9일 고축동이 '서안행궁' 책임자로 부임했다. 동북군은 하남·안휘로 이동 배치됐고 서북군은 위북(渭北)으로 퇴각했다. 이는 '삼위일체' 해체를 의미한다.

공산국제가 중공중앙에 보낸 전보(1.19)의 골자는 첫째, 중공의 방침은 잘못됐다. 둘째, 국민당 분열을 조장하고 있다. 셋째, '장양(張楊)'과 결탁해 남경정부를 반대하고 있다. 넷째, 중공의 정책은 친일파에게 유리하다(袁南生, 2014: 431). 당시 공산국제는 중공중앙의 남경정부 지지와 국민당과 연합해 일제 침략에 대응할 것을 요구했다. 결국 이는 스탈린의 '괴뢰정부'[1916]인 공산국제가 중공중앙에 '장개석 복종'을 강요한 것이다.

공산국제는 중공중앙에 요구한 '4가지 불가(不可)'는 ① 공산당 명의로 '공개적 활동' 불가 ② 장개석의 '언약 이행' 강조 불가 ③ 잠시 '대일선전(宣戰)' 요구 제출 불가 ④ '소련연맹' 과시 불가 등이다('中共黨 史研究'編委, 1988: 79). 공산국제의 '4불(四不)'은 중공 독립성을 부인한 것이다. 실제로 스탈린의 사주를 받은 공산국제가 중공의 '장개석 순종'을 강요한 것이다. 결국 당중앙은 '상급자'인 공산국제 지시를 대부분 수용했다.

주은래와 송자문이 담판(1936.12)할 때 '홍군 급양'과 관련된 협의가 있었다. 1937년 1월 서안측은 홍군에게 1개월 군비를 지급했다(中央檔案 館, 1985: 371). 홍군의 '군향 조달'에 대한 남경정부의 태도는 ① '섬남 진

1916 본부(本部)를 모스크바에 둔 공산국제는 스탈린의 통제를 받았다. 당시 공산국제의 운영경비와 사무실 등을 모두 소련정부가 제공했다. 스탈린은 공산국제 책임자에 대한 '임면(任免)권'을 장악, 공산국제의 '정책 제정'은 소련정부의 허락을 받았다. 결국 자주권을 상실한 공산국제는 국익을 최우선시하는 스탈린의 '괴뢰정부'와 진배없었다.

주' 포기, 섬북 철수 ② 3중전회(1937.2) 후 중앙군과 같은 대우로 조달 등이다(李蓉 외, 2017: 138). 반한년에게 보낸 전보(1.25)에서 모택동은 (紅軍)군향은 매달 120만원이 소요된다고 썼다(逄先知 외, 2005: 646). 장개석은 고축동에게 보낸 전보에 이렇게 썼다. …매달 30만원을 양호성을 통해 조달하라(中共中央文獻研究室, 2007: 356). 1월 22일 고축동은 주은래에게 수행참모 이문밀(李文密)[1917]을 '군비 조달' 사무관이라고 소개했다. 당시 고축동·장충과 주은래·엽검영은 '양호한 관계'를 유지했다.

엽검영은 이문밀에게 보낸 편지(4.3)에 이렇게 썼다. …한구(漢口)에서 구매한 쌀 1500포대, 군복 6000벌을 3월 29일 서안으로 운반했다(寇永國, 2012.6). 주은래가 당중앙에 보낸 전보(7.30)는 이렇게 썼다. …남경정부가 조달한 군수물자 307톤을 트럭 150대에 나눠 싣고 운반했다(中共中央黨史研究室, 2007: 9). 남경정부는 항일 전선에 배치된 부대에게 매달 60만원 법폐(法幣)를 조달하고 매월 밀가루 1만 포대와 백미 3000포대를 조달했다(星光 외, 1988: 40). 1937~1941년 팔로군은 남경정부로부터 매달 소정의 군비와 군복·무기·군량 등 군수문자를 제공받았다.

2월 1일 장개석은 '곤면기(困勉記)'[1918]에 (國共)합작에 관해 이렇게 썼다. …반드시 신중하게 고려해야 한다(楊奎松, 2008: 351). 2월 5일 장개석

1917 이문밀(李文密, 1906~1996), 사천성 랑중(閬中) 출신이며 국민혁명군 소장이다. 1930~1940년대 '(西安)행궁'(兵站)과장, 21사단장, 1948년 해방군에게 체포, 건국 후 (南京)군사학원 교육부장, 사천성정부 참사(參事) 등을 역임, 1996년 성도(成都)에서 병사했다.

1918 장개석의 '곤면기(困勉記)'는 (蔣介石)일기인 '5기(五記)' 중의 일부분이다. 실제로 '곤면기'는 1920~1940년대 '국군 통수권자' 장개석이 북벌(北伐)과 항일전쟁 기간 그의 진솔한 속마음과 심득(心得)을 적은 것이다. 한편 '5기(五記)' 중 '곤면기'가 내용이 가장 많고 '사료적(史料的) 가치'가 가장 크다는 것이 학계와 전문가의 중론이다.

은 '일기(日記)'[1919]에 적은 '5가지 방침'은 ① '안내(安內)' 기회 포착 ② 3~5년 내 전국 통일 ③ 항전 제출 ④ 전투력 강화 ⑤ 유능한 인재 물색 등이다(朱小平 외, 1997: 569). 당시 장개석은 중공을 '근절대상'으로 간주했다. '3중전회'에서 '적화(赤禍) 근절 결의'를 통과시킨 것이 단적인 증거이다. 한편 장개석은 (日本)침략자를 몰아내려는 '항전 의지'를 굳혔다. 2월 5일 공산국제는 중공중앙에 '압력 행사' 전보를 보내왔다.

정치국 회의(1.24)에서 모택동은 이렇게 말했다. …중공중앙은 새로운 방침을 제출할 것이다. 즉 기존 인민전선(人民戰線)이 아닌 항일민족전선이다(逢先知 외, 2005: 645). 1월 29일 당중앙은 중공 기관지 '홍색중화'를 '신중화보(新中華報)'[1920]로 개편했다. 한편 당중앙이 제출한 새로운 방침은 중공에 '방침 전환'을 요구한 공산국제의 전보(1.20)와 관련된다.

공산국제가 중공중앙에 보낸 전보(1.20) 골자는 ① 소비에트정부, 인민혁명정부 변경 ② 홍군, 국민혁명군 개편 ③ 소비에트, 대중조직 보전 ④ '토지 몰수' 정책 포기 등이다('第一研究部', 2007: 274). 중공은 공산국제의 지시를 대체로 수용했다. 또 홍군 개편은 중공의 방침에 부합됐다. 한편 공산국제의 '(中共)방침 전환' 요구는 스탈린의 지시에 따른 것이다. 실제로 국익을 최우선시한 스탈린이 '남경정부 귀순'을 강요한

1919 장개석은 28~85세까지 57년 동안 일기를 썼다. 장개석의 일기는 당시 상황을 파악하고 장개석의 본심을 제대로 이해할 수 있는 '중요한 자료'로 간주된다. 1972년 장개석은 '손 근육 위축'으로 일기 쓰기를 중지했다. 현재 53년 간의 일기 63권이 보존됐다. 한편 '증국번 숭배자' 장개석은 '(曾國藩)일기 습관'을 답습한 것으로 알려진다.

1920 '신중화보(新中華報)'는 1937년 1월 29일 중공중앙이 중화소비에트 중앙정부 기관지 '홍색중화(紅色中華)'를 개칭한 것이다. 1939년 2월 7일 중공중앙 기관지로 확정됐다. '신중화보'는 당의 항일민족통일전선 전략과 '항일구국' 운동, (陝甘寧)변구의 경제·문화를 소개했다. 1941년 5월 16일 신화사의 '오늘신문'과 합병, 해방일보로 개편됐다.

것이다.

중공의 '정책 전환' 전보를 받은 공산국제는 답전(2.5)에 이렇게 썼다. …잠시 '정책 전환'을 언급하지 않은 것을 건의한다(袁南生, 2003: 525). 2월 6일 디미트로프는 내용을 변경했다. …중공의 '초안'을 동의한다. 홍군 장병과 인민대중에게 '정책 전환'에 대해 충분히 설득했는가(楊奎松, 2012: 52). 디미트로프는 '일기(2.5)'에 이렇게 썼다. …몰로토프가 크레믈린궁(Kremlin宮)[1921] 전용 전화로 중공중앙의 정책 전환을 반드시 수용해야 한다고 지시했다(馬細譜 외, 2002: 53). 실제로 스탈린이 몰로토브를 통해 중공중앙의 '정책 전환'을 공산국제에 지시한 것이다. 한편 모택동의 급격한 '정책 전환'은 '일석이조(一石二鳥)'[1922]를 노린 것이다.

공산국제의 '지시전(指示電, 2.6)' 골자는 ① '남경정부 지지' 성명 발표 ② 강한 '항전' 의지 공표 ③ 남경정부를 '전국정부(全國政府)'[1923]로 인정 ④ 남경정부 복종 등이다('中共黨史研究'編委, 1988: 80). 장개석을 중국에서 각종 역량을 단합할 수 있는 국가 지도자로 여긴 스탈린은 국민당군

1921 크레믈린궁(Kremlin宮)은 14세기~17세기 러시아 건축가들이 건설한 궁전(宮殿)으로, 제정 러시아의 황제 차르(tsar)가 거주한 왕실이었다. 현재는 러시아 총통의 집무실로 사용되고 있다. '크레믈린'은 러시아로 '내성(內城)'이란 뜻이다. 크레믈린궁 성벽 아래 '붉은 광장'의 대성당은 러시아 정교회(正敎會)의 가장 아름다운 기념물이다.

1922 모택동이 노린 '일석이조(一石二鳥)'는 공산국제의 지지와 '장개석 신임'을 동시에 얻는 것이다. 당시 중공 영수(領袖) 지위를 확보하지 못한 모택동은 결코 모스크바의 '지시'를 거절할 수 없었다. 또 '약자(弱者)'인 중공의 입장에서는 소련의 경제적·군사적 지원이 절실했다. 한편 (國共)담판을 통한 '내전 중지'와 '군향 해결'은 중공의 급선무였다. 이 또한 모택동이 공산국제가 지시한 '남경정부 복종'을 수용한 주된 원인이다.

1923 공산국제가 언급한 '전국정부'는 당중앙이 제출한 '서북국방정부'와 대치되는 개념이다. 1936년 봄여름 당중앙은 '서북국방정부' 설립을 제출, 공산국제의 강한 반대를 받았다. 한편 공산국제가 언급한 '전국정부'는 장개석이 주도하는 남경정부를 뜻한다. 결국 스탈린의 지시에 따른 공산국제가 중공에게 '남경정부 순종'을 강요한 것이다.

에 의거해 '일본 견제'·'소련 보위' 목적을 달성해야 한다고 주장했다 (劉傑誠, 2013: 252). 이덕(李德)은 소련의 '중국 지원'[1924]을 이렇게 표현했다. …소련정부는 국민당에는 '무기(武器)'를 지원하고 공산당에는 '서적(書籍)'을 제공했다(廖盖隆, 1983: 304). 결국 스탈린은 소련 국익을 위해 '중공 이익' 희생을 강요한 것이다. 실제로 스탈린은 장개석에게 비행기·대포 등 많은 중무기를 지원하고 연안에는 많은 '경전(經典)'을 보냈다.

'남경정부 순종'을 요구한 스탈린과 중공의 '정체성 유지'를 암묵적으로 지지한 디미트로프 간에 '미묘한 입장' 차이가 있었다. 한편 공산국제 지시를 대부분 수용한 모택동은 장개석과의 담판에서 실익을 챙기는 전략을 구사했다. 당시 중공에겐 모스크바의 '지지'와 '군향 해결' 모두가 중요했다. '군 통수권자' 스탈린과 장개석에게 있어 '국익 수호'가 정책과제였다면, '홍군 통솔자' 모택동에게는 '의식주(衣食住)' 해결이 급선무였다.

2월 10일 중공중앙이 '(國民黨)3중전회'에 제출한 5가지 요구는 ① 내전 중지, 공동항일 ② 언론·집회 자유 보장, 정치범 석방 ③ 역량 집중, 항일구국 ④ 항전 준비, 신속히 완료 ⑤ 인민생활 개선 등이다(中共中央文獻研究室, 2007: 358). 상기 '요구'를 수용할 경우 4가지를 약속했다. ① '정부 전복' 무장폭동 중지 ② (工農)정부, (特區)정부로 개명 ③ '특구' 내 민주제도 실시 ④ 토지 몰수 중지, (抗日)통일전선 공동강령 실행 등이다('中央統戰部' 외, 1985: 386). 상기 '4가지 약속'은 공산국제 지시(1.20)와

1924 1940년 12월 스탈린은 장개석의 남경정부에 15명의 (蘇聯)군사고문을 파견했다. 동시에 150대 전투기, 100여 대 폭격기, 300문 대포 등 중무기(重武器)를 무료로 제공했다. 한편 이 시기 소련정부는 (延安)중공중앙에 의료설비(醫療設備)와 약품, 마르크스의 경전(經典) 저서를 대량 지원했다(劉傑誠, 2013: 251, 252). 이것이 일각에서 스탈린이 '(重慶)국민당에 무기(武器), (延安)공산당에 서적(書籍)'을 지원했다고 주장하는 주요인이다.

관련된다. 이는 중공이 공산국제 '지시'에 복종했다는 단적인 증거이다. 또 이는 '일석이조'를 노린 모택동의 궁여지책이었다.

장문천이 작성한 '5가지 요구'·'4가지 약속'은 중공의 입장을 표명한 것이다. 한편 중공은 '독립자주' 원칙과 '영도권'을 포기하지 않았다(程中原, 2000: 238). 당시 중공이 견지한 두 가지 원칙은 ① 국민당의 '부저항' 정책과 '공산당 근절' 방침을 포기 ② '홍군 영도권' 유지, '독립성' 확보이다(李蓉, 2016: 67). 중공중앙의 '중대한 양보'는 절충적 방안이었다. 한편 장개석의 '공산당 근절'과 중공의 '독립성 유지'는 매우 이율배반적이다.

2월 15~22일 '3중전회'가 남경에서 열렸다. 송경령·하향응 등이 제출한 '3대정책 회복안'은 이렇게 썼다. …중공의 '공동항일' 주장을 수용해야 한다. 공산당과 연합하는 '3대정책'을 회복해야 한다(榮孟源 외, 1985: 436). 대회에서 연설(2.18)한 송경령은 이렇게 말했다. …'항일필선초공(抗日必先剿共)'이란 주장은 황당무계하다. 내전을 중지하고 중공을 포함한 모든 역량을 동원해 외적을 물리쳐야 한다(宋慶齡, 1952: 78). 결국 '3대정책 회복안'이 통과됐다. 한편 '적화(赤化) 근절 결의안' 통과(2.21)는 장개석이 여전히 '중공 근절'을 포기하지 않았다는 반증이다.

'적화 근절 결의안' 골자는 ① 일국의 군대, 통일된 편제·구호 필수 ② 국가 통일을 위해 소비에트정부 철폐 ③ 삼민주의에 위배되는 '적화선전' 중지 ④ 계급투쟁 근절 등이다(葉永烈, 2014: 197). 주은래는 '적화 근절'에 대해 이렇게 해석했다. …이중적 해석이 가능하다. 국민당은 '홍군 근절'이라고 말했으나 홍군은 여전히 존재했다. '적화 선전 중지'는 백구의 '정치활동 금지'를 뜻한다(周恩來, 1984: 194). '3중전회'의 '적화 근절 결의안'은 중공의 '4가지 약속'과 공산국제의 '지시(2.6)'와 관련된다.

실제로 장개석이 여전히 '공산당 근절' 정책을 포기하지 않았다.

모택동은 임필시에게 보낸 전보(3.6)에 이렇게 썼다. …'3중전회'는 '서안담판' 법적 확인을 의미한다. 이는 '공동항일'의 새로운 단계 진입을 뜻한다(解放軍黨史硏究室, 1985: 553). 중공 선전부는 '선전대강(大綱, 4.3)'에 이렇게 썼다. … '3중전회'의 담판 조건은 중공의 원칙과 비슷했다. (中央檔案館, 1991: 169). 상기 주장은 아전인수식 해석이다. 한편 '3중전회'에서 '중공 건의' 일부 수용은 (談判)성공 가능성을 단적으로 보여준 것이다.

'3중전회'에서 '연아용공(聯俄容共)'·'중공 연합'을 강조했다는 점에 긍정적 의미를 부여할 수 있다. '적화 근절 결의안'은 모스크바의 간섭을 수용한 중공의 '4가지 약속'과 관련된다. 한편 '연장(聯蔣)'을 정책과 제로 설정한 중공은 (國共)담판에서 중대한 양보를 했다. 결과적으로 공산국제의 지시는 (國共)합작에 긍정적 역할을 했다. 반년 간의 우여곡절 끝에 (國共)담판이 결실을 맺었다. 결국 홍군은 팔로군(八路軍)으로 개편됐다.

1937년 2~7월 주은래·엽검영·박고 등은 서안·항주·여산 등지에서 고축동·장충·장개석과 여러 번 담판했다. 중공은 '독립자주' 원칙을 전제로 국민당과 정치적 타협을 했으나 담판은 실질적 성과를 거두지 못했다. '노구교사변(7.7)'은 (國共)담판 성공의 결정적 계기였다. 홍군 개편의 절박성을 느낀 장개석은 '팔로군 개편' 명령을 반포(8.22)했다.

서안담판의 골자는 ① (國共)정치적 협력 ② 홍군 개편 ③ 근거지 제도 개선 등이다. 주은래는 이렇게 술회했다. …담판의 초점은 홍군의 독립성 보장과 '합법적 지위' 인정이었다(周恩來, 1980: 195). 당시 홍군 개편을 수용한 장개석은 공산당과의 '연합'은 승낙하지 않았다(秦孝儀 외, 1981:

265). 실제로 장개석은 중공의 삼민주의 수용과 '적화 선전' 중지를 전제로 (國共)담판을 허락했다. 한편 (國共)수석대표는 고축동·주은래였다.

고축동은 장개석에게 '합의 초안'[1925]을 보고했다. 2월 16일 장개석은 답전을 보내 '담판 조건'[1926]을 제시했다. 2월 24일 주은래는 당중앙에 전보를 보내 '홍군 개편'[1927]과 '담판 방침'을 제출했다. ① 삼민주의 수용, '공산주의 포기' 거절 ② 국민당의 영도적 지위 인정, '공산당 근절' 정책 반대 ③ 중공 독립성 보장 등이다(中共中央文獻硏究室, 1988: 130). 주은래의 '건의'를 수용한 당중앙은 그에게 전보를 보내 '보충지시'[1928]를 내리고 '(西安)담판 방침(3.1)'[1929]을 제시했다. 3월 초 국공 (談判)대표는

1925 2월 13일 고축동이 장개석에게 보고한 '합의 초안' 골자는 ① 국민당의 영도적 지위 인정 ② 소비에트정부 철회 ③ 홍군 개편 ④ 국민회의, 공동 개최 ⑤ 국방회의, (中共) 대표 파견 ⑥ (國共)공동항일 등이다(秦孝儀 외, 1981: 263). '서안담판'의 초점은 홍군 개편과 (紅軍)편제였다. 당시 중공의 관심사는 남경정부의 '군향 조달' 여부였다.

1926 장개석이 제시한 '담판 조건'은 ① 제3자의 '해결 방침' ② '홍군 개편', 2개 사단(1.5 만) ③ '홍군 참모장', 중앙정부 파견 ④ 부사장(副師長) 등 '부직(副職)', 중앙정부 파견 ⑤ 정치적 문제, 주은래와 남경에서 담판 등이다(張仲田 외, 1995: 245). 쌍방은 격렬한 논쟁을 거쳐 주은래가 '(談判)합의안' 정리, 장개석이 최종 결정하기로 합의했다.

1927 주은래가 건의한 '홍군 개편' 골자는 ① '홍군 개편' 후 병력수 6~7만 ② '홍군 편제' 4개 사단, 1개 사단(6개 연대, 1.5만) ③ 국민당 정훈(政訓) 인원 파견 거절 ④ 통일적 정치 강령 제정 ⑤ '(紅軍)장병 학대' 반대 등이다(中共中央文獻硏究室, 1988: 130). 한편 '서안담판'에서 국공 간 가장 큰 의견 대립은 '홍군 편제'와 '정훈인원 파견'이었다.

1928 중공중앙의 '보충지시(2.25)' 골자는 ① 중공, '항일구국' 공동강령 준수 ② 국민당, 민중의 정치적 권리 보장과 경제생활 개선 ③ 중공, '경제적 빈곤'에 따른 (民衆)반항을 저지 불가능 등이다(金冲及 외, 1998: 433). 상기 '보충지시'는 국민당의 '(中共)계급투쟁 중지'와 관련된다. 이 또한 '3중전회'에서 '(赤化)근절안'이 통과된 주된 원인이다.

1929 3월 1일 중공중앙은 주은래에게 전보를 보내 '병력'·'군향'에 대한 '(西安)담판 방침'을 제시했다. 전보의 골자는 ① (紅軍)병력수 5만명, (軍餉)국군 수준 ② 군향 매달 50만 원 ③ '홍20군'·'홍30군', 지방부대는 보안부대(保安部隊)로 개편 ④ 보안부대 군비, (特區)행정비용으로 지급 등이다(中共中央文獻硏究室, 2005: 657). 당시 홍군의 '병력수(兵力數)'

격렬한 쟁론을 거쳐 '홍군 개편'에 대한 의견 합의를 도출했다.

3월 11일 하충한(賀衷寒)이 '수정안(修正案)'[1930]을 제출했다. 3월 12일 당중앙은 주은래에게 전보를 보내 '(談判)조건'[1931]을 제시했다. 3월 14일 장개석과의 '남경 담판'을 제출한 주은래는 연안으로 돌아왔다. (西安)담판의 성과는 ① (西安)홍군연락처 설립 ② 홍군 군향 조달(1937.3) ③ '서로군' 포로 석방 등이다. 3월 24일 항주에 도착한 주은래는 송미령에게 중공의 '담판방안'[1932]을 넘겨줬다. 3월 26일 장개석과 회담한 주은래는 중공의 입장을 천명했다. 즉 (國共)합작을 진심으로 희망하나 중공에 대해 '투항'·'근절'과 같은 모욕적 언사를 삼갈 것을 요구했다.

(杭州)서호에서 주은래와 만난 장개석은 이렇게 말했다. …향후 중공은 나와의 '영구합작(永久合作)'[1933]을 모색해야 한다. 이는 영국·일본

와 '군향 조달'은 중공중앙의 관심사였다. 한편 장개석은 중공의 요구를 무시했다.

1930 국민당 대표 하충한의 '수정안(修正案)' 골자는 ① 섬감녕변구, 지방행정구로 격하 ② 홍군 편제 3개 사단(2.7만) ③ 홍군, 국민당의 '일체 명령'에 복종 ④ '서로군' 문제는 제외 등이다(逢先知 외, 2005: 661). 장개석의 심복인 하충안의 상기 '수정안'은 사실상 장개석의 의지를 반영한 것이다. 결국 중공중앙의 반대로 '수정안'은 철회됐다.

1931 중공이 제시한 '(談判)조건'은 ① 홍군 편제, 3개 국방사단(4.5만) ② '부직(副職) 파견' 거절 ③ '통일적 지휘'에 복종 ④ 보안부대 편제, 9000여 명 ⑤ '정치적 공세' 유지, '담판 결렬' 방지 등이다(中共統戰部 외, 1985: 428). 당시 하충안의 '수정안'을 반대한 중공의 취지는 '담판 유지'를 전제로 중공이 (談判)주도적 지위를 점하는 것이다.

1932 중공의 '담판 방안' 골자는 ① 삼민주의를 옹호 ② '적화 선전' 중지 ③ 소비에트정부 철폐 ④ 홍군 병력, 3개 사단(12개 연대) ⑤ 보안대대 설립, 군향 조달 등이다(中央檔案館, 1985: 448). 한편 중공이 국민당에게 요구한 조건은 ① '홍군 토벌' 중지 ② '공산당원 체포' 중지 ③ 중공의 '정치적 권리' 보장 ④ 전국의 정치범 석방 등이다.

1933 장개석이 자신과의 '영구합작'을 주장한 것은 공산당을 (抗日)파트너로 인정하지 않았다는 반증이다. 이는 '공상당 근절' 정책으로 중공의 '국민당 융합'을 강조한 것이다. 이념이 다른 (國共)영구합작'은 불가능했다. 한편 장개석은 '(第一次)국공합작'을 결렬시킨 장본인이다. 결국 이는 장개석이 주은래에게 '국민당 전향'을 암시한 것이다.

모택동과 중국혁명 2

등 제국주의의 침략을 방지할 수 있다(李蓉 외, 2017: 155). 이에 주은래는
이렇게 대답했다. …국공 간 '합작 달성'을 위해 공동강령(共同綱領) 제정
이 필요하다. 당시 장개석은 중공에게 '강령(草案)' 제정을 요구했다(中央
檔案館, 1985: 450). 실제로 장개석의 '개인 합작' 주장은 공산당을 대등한
협력자로 인정하지 않았다는 것을 반증한다. 이른바 '영구합작'은 공산
당의 '(國民黨)융합'을 의미한다. 한편 주은래와의 '서호(西湖) 회담'은 장
개석이 서안에서 한 '남경 요청' 언약을 이행한 것에 불과했다.

공산국제가 중공중앙에 보낸 '지시(3.5)'의 골자는 ① 중공, '항일 의
지' 공표 ② '3중전회'의 담판 조건, (國共)담판 기준 ③ 중공, 남경정부
지휘에 복종 ④ 항일통일전 결성, 외래 침략자 대적 등이다('中共黨史研
究'編委, 1988: 80). '중화민족의 유일한 출로'라는 문장(1937.3)을 (蘇共)기관
지 '볼셰비키'에 발표한 왕명은 이렇게 주장했다. …홍군은 장개석의
군사적 지휘에 복종해야 하며 소비에트정부는 남경정부의 통일적 배
치에 복종해야 한다(戴茂林 외, 2008: 200). 공산국제가 중공중앙에 (國共)담
판의 기준을 제시한 것이다. 이는 공산국제가 중공중앙을 불신했다는
반증이다. 한편 중공대표단장 왕명은 '스탈린 대변자' 역할을 했다.

서북구국대표대회(4.12)에서 한 모택동의 연설 골자는 ① 항일구국
정책 실시 ② 항일민족통일전선 설립 ③ 모든 역량 단합, 항일에 주력
④ '국공합작' 선전 등이다(逄先知 외, 2005: 669). (中共)궁여지책인 (國共)합
작은 일종의 '휴양생식(休養生息)'[1934] 전략이었다. 4월 초 연안에 돌아온

1934 '휴양생식(休養生息)'은 나라가 전쟁이나 큰 변혁을 겪은 뒤 정비를 통해 원기를 회복
한다는 것이다. 또 백성의 부담을 경감시켜 생산을 회복하는 정책을 뜻한다. 당시 섬
북에서 동북군과 몇 차례의 전투를 치른 중앙홍군은 극도로 피곤한 상태였다. 실제로
'서로군 참패'로 큰 손실을 입은 홍군의 당면과제는 '내전 중지'와 '휴양생식'이었다.

주은래는 (杭州)담판 상황을 보고했다. 4월 15일 중공중앙은 '전당 동지에게 고하는 글'을 발표해 (聯蔣)항일과 (國共)합작을 정식 제출했다. 5월 23일 낙양에서 장개석을 만난 주은래에게 '여산 담판'을 제안했다. 5월 25일 중공중앙은 주은래에게 '(廬山)담판방침'[1935]을 제시했다.

4월 25일 주은래는 서안으로 가던 도중 비적의 공격을 받았다. 주은래와 진유재(陳有才)[1936] 등은 경호원 30여 명과 함께 2대의 트럭을 타고 노산(勞山) 도착했다. 차량이 노산 협곡에 들어섰을 때 200여 명 비적의 습격을 받았다. 무방비 상태에서 비적의 매복권에 진입한 주은래 등은 비적에게 반격을 가하는 동시에 적이 매복하지 않은 오른쪽 산등성이로 철수했다. 한편 총소리를 듣고 달려온 부근 홍군 부대의 도움으로 주은래는 안전하게 퇴각할 수 있었다. 동행한 경호원들은 대부분 희생됐고 생존자는 주은래·장운일·공석천(孔石泉)[1937]·유구주(劉九洲) 4명이었다. 결국 주은래는 구사일생(九死一生)[1938]으로 목숨을 건졌다.

1935 중공중앙이 제시한 '(廬山)담판 방침' 골자는 ① '(特區)정부' 위원, 임백거·장국도·박고 등 9명 ② '개편' 후 홍군 지휘부 설치 ③ 홍군 사단장, 임표·하룡·유백승·서향전 ④ 개편 후 (紅軍)정치부 설치 ⑤ 북평·상해 등지, (國共)합작 파괴자 단속 ⑥ 홍군 방어지역 확대 등이다. 한편 '홍군 지휘부' 설치는 장개석의 반대를 받았다.

1936 진유재(陳有才, 1914~1937), 호남성 침현(郴縣) 출신이며 공산주의자이다. 1929년 중공에 가입, 1930년대 통신(通迅)중대장, 중앙군위 참모, 주은래의 부관(副官)을 지냈다. 1937년 감천(甘泉)현 노산(勞山)에서 희생됐다.

1937 공석천(孔石泉, 1909~2002), 호남성 유양(瀏陽) 출신이며 개국중장이다. 1930년 중공에 가입, 1930~1940년대 (紅軍)독립사단 정치부 주임, 팔로군 제5여단 정치위원, 건국 후 (解放軍)정치학원 부원장, 광동성위 서기, 성도군구 정치위원을 역임, 2002년 북경에서 병사했다.

1938 대표적 사례는 ① 1931년 고순장·향충발 변절, 상해에서 '체포' 위기 모면 ② 장정(長征, 1935.8) 중 혼수상태, 들것에 실려 초지 통과 ③ 1937년 4월 감천현 노산(勞山)에서 비적의 습격, 구사일생으로 죽음의 위기 탈출 ④ 1950년대 동남아 출국 당시 (臺灣)국

6월 8~15일 주은래는 '미여(美廬)'[1939]에서 장개석과 회담했다. 주은래가 제출한 '강령(草案)' 골자는 ① 민족독립 쟁취 ② 민권 실행 ③ 민생행복 실현 ④ 국방경제 추진 등이다. 주은래가 제출한 '의견'은 '중요·일반문제'[1940]를 포함했다. 한편 '강령'을 무시한 장개석은 국민혁명동맹회(同盟會)[1941] 설립을 제출했다. 결국 중공의 '강령'은 폐지(廢紙)가 됐다. 이 또한 장개석의 까탈스러운 성격[1942]을 보여준 단적인 사례이다.

장개석이 제출한 '구체적 문제'는 ① (中共)선언 발표 ② '(朱毛)출국 고찰' ③ (邊區)책임자, 정부 임명 ④ '홍군 급양' 해결 ⑤ '근거지' 책임

민당 특무가 주은래의 전용기에 폭탄을 설치, 기적적으로 목숨을 건졌다.

1939 장개석의 별장인 '미여(美廬)'는 장개석 부부가 혹서(酷暑)를 피해 머무는 피서지이다. 또 '미여'는 송미령의 '거소(居所)'라는 뜻도 있다. '미여'는 영국인의 사택이었으나, 장개석이 거금을 주고 구입(1933)했다. 1937년 6월 중순 주은래는 '미여'에서 장개석 등과 담판했다. 한편 20년 후 중공 영수 모택동이 이 '별장(美廬)'의 주인이 됐다.

1940 6월 중 주은래가 여산에서 제출한 '중요문제' 골자는 ① 강령 및 조직문제 ② '초공(剿共) 중지, 정치범 석방 ③ (邊區)정부 조직문제 ④ '홍군 개편' 문제 ⑤ '홍군 급양' 해결 ⑥ (國大)선거법 개정 ⑦ 국방회의 소집 ⑧ 각 당파의 대표대회 개최 등이다. '일반문제' 골자는 ① 항일자유 ② 섬감녕변구 정부(委員) 명단 ③ 홍군 지휘부, 사단장 명단 ④ 정치부 설치 ⑤ 당보(黨報) 경영 ⑥ '(兩黨)합작' 파괴자 단속 등이다('紅岩革命紀念館' 외, 1992: 858). 한편 장개석은 중공의 '강령(草案)'과 주은래가 제출한 '의견'을 수용하지 않았다.

1941 장개석이 제출한 '동맹회' 골자는 ① '(同盟會)회장' 장개석이 최종 결정권을 행사 ② (兩黨)대외정책, '동맹회'가 토론·결정 ③ 양당의 골간(骨幹)으로 '합작당(合作黨)' 창설 ④ '동맹회'가 중공을 대표해 공산국제와 관계를 발생 등이다(中央檔案館, 1985: 514). 실제로 '동맹회' 설립 취지는 장개석 주도의 '동맹회'로 중공을 대체하는 것이다.

1942 장개석은 아집이 강하고 독단적이며 까다로운 성격의 소유자라는 것이 중국 학자의 중론이다. 이는 장개석의 '독재자 성향'을 크게 부각시킨 것이다. 실제로 장개석은 '이중적 성격'을 지니고 있었다. 57년 동안 날마다 일기를 쓴 장개석은 술담배와 커피·차(茶)를 멀리한 독실한 '기독교 신자'였다. 결국 이는 장개석의 송미령 결혼과 크게 관련된다. 한편 생활이 규칙적인 장개석은 골초이며 '밤낮이 바뀐' 모택동과 크게 대조된다.

자 교체 ⑥ 정치범 석방 ⑦ 국민대회, 공산당 참석 ⑧ 국방회의, 중공 참가 ⑨ 기타 당파와 '합작' 불허 ⑩ '공산당 명의' 삼가 등이다('中央統戰部' 외, 1985: 515). 주은래의 답변 골자는 ① '동맹회' 문제, '당중앙 보고' 후 결정 ② '변구' 인사 반대 ③ '출국 고찰'[1943] 거절 등이다(周恩來, 1980: 195). 실제로 '(朱毛)출국고찰'은 장개석의 정치적 보복이었다. (國共)견해 차이는 '미여(美廬)·(延安)요동과 같은 '하늘땅 차이'였다.

중공중앙의 '합작 문제' 골자는 ① 공동강령 확정 ② '최고회의' 의장, 장개석 추대 ③ (中共)독립성 보장 등이다. 또 '구체적 문제 해결안'[1944]을 제출했다(葉成林 외, 2017: 159). 6월 22일 장개석에게 전보를 보내 (紅軍)지휘부 설치를 요구한 주은래는 '(朱毛)출국'을 동의할 수 없다는 입장을 전달했다. 한편 장개석은 중공의 요구를 일축했다. 장개석의 '강경한 태도'[1945]에 굴복한 당중앙은 주덕의 '정훈처장 임명' 쟁취를 결정했다.

1943 이른바 '출국 고찰'은 장개석이 정적(政敵)에 대해 일관적으로 사용한 관용적 수법이었다. 정적 호한민과 '서안사변' 주도자인 양호성에게 강요한 '출국 고찰'이 대표적인 사례이다. 당시 장개석이 '주모(朱毛)'의 '출국 고찰'을 제출한 주된 목적은 '홍군 지도력' 약화와 (朱毛)홍군을 국민당 군대에 '동화(同化)'시키기 위한 것이었다. 결국 이는 10년 동안 국민당군 싸운 홍군과 '공비(共匪) 두목'인 '주모(朱毛)'에 대한 보복적 조치였다.

1944 장개석의 '구체적 문제'에 대한 중공중앙의 '해결안' 골자는 ① 7월 '중공 선언' 발표 ② '홍군 지휘부' 설치 ③ 남경정부의 (邊區)책임자 파견 거절 ④ 홍군 개편, '항일의용군(抗日義勇軍)' 명의 사용 ⑤ (獄中)공산당원·정치범 석방 ⑥ 해방주보(解放週報), 공개적 발행 ⑦ 주덕의 '홍군 지휘자' 임명 등이다(中央檔案館, 1985: 519). 결국 중공중앙의 '해결안'을 거절한 장개석의 '(朱毛)출국 고찰' 요구는 (廬山)담판 결렬을 초래했다.

1945 당시 장개석의 '강경한 태도'는 중공의 '저자세'와 크게 관련된다. 국민당 '3중전회'에 보낸 중공의 '4가지 약속'과 '장개석 굴종'을 의미하는 '(蔣介石)영수 추대'가 단적인 증거이다. 결국 이는 공산국제의 '남경정부 복종' 지시와 소련정부의 '중국관계 완화' 정책과 관련된다. 한편 스탈린의 '장경국 귀국' 허락은 장개석의 기세를 부추겼다.

'요중개 척살(1925.8)' 후 장개석은 호한민의 '출국고찰'을 강요했다. 1937년 6월 양호성도 부득불 '출국'을 했다. '(朱毛)출국고찰'은 '강제 축출'이었다(葉永烈, 2014: 210). 장개석이 '홍군토벌'에 실패한 것은 지략을 겸비한 '주모'가 있었기 때문이다. 한편 장개석에게 영원한 정적인 모택동은 가장 위협적 존재였다. 장개석의 '(朱毛)파면'은 홍군을 국민혁명군에 융합하기 위한 정략이었다. 결국 이는 (廬山)담판이 결렬된 주요인이다.

서안사변 후 '(國共)협력' 활동이 다양하게 전개됐다. 예컨대 ① (陝甘寧)변구에 대한 국민정부의 재정 지원 ② 공산국제·중공의 '장경국 귀국(1937.4)' 추진 ③ '분열 활동'에 대한 중공의 반대 ④ 황제릉(黃帝陵) 공동 참배(1937.4.5) ⑤ (國民黨)대표단의 연안 고찰(1937.5) ⑥ '서로군' 포로에 대한 의견 교환 ⑦ 정치범 석방(1937.8) 등이다. 이는 (國共)합작을 통한 공동항일(共同抗日)은 대세로 자리매김했다는 단적인 방증이다.

서안사변 후 장경국은 스탈린과 디미트로프에게 편지를 보내 귀국을 요구했다. 1937년 3월 당중앙은 공산국제에 전보를 보내 '장경국 귀국' 협조를 요청했다. 장개석의 역할을 중시한 스탈린은 '귀국'을 허락하고 귀국 전 장경국을 접견했다(袁南生, 2003: 502). 디미트로프는 일기(3.10)에 이렇게 썼다. …장개석의 아들에게 '귀국 지시'를 전달[1946]했다(馬細譜 외, 2002: 54). 3월 초 장충은 주은래에게 장경국을 통한 '장개석 설득'

1946 장경국과 면담(3.10)한 디미트로프는 이렇게 말했다. …소비에트(soviet) 제도로 중국을 구할 수 없다는 것이 증명됐다. 중공은 국민당과의 공동항일을 요구한다. 걸출한 전략가·정치가인 장개석은 중국의 영수이다(袁南生, 2003: 510). 상기 디미트로프의 '장개석 평가'는 신빙성이 낮다. 한편 공산국제의 '장경국 중시'는 스탈린의 지시와 관련된다. 또 이는 공산국제가 (蘇共)당원인 장경국에게 '장개석 설득'을 간접적으로 부탁한 것이다.

을 요구했다. 주은래는 당중앙에 전보를 보내 공산국제와 '장경국 귀국' 협의를 건의했다(中央檔案館, 2007: 9). 스탈린이 '인질' 장경국의 귀국을 하락한 것은 장개석과의 '관계 개선'을 위한 것이었다. 한편 장개석은 '적화(赤化)된 태자'[1947]에 대한 '세뇌(洗腦)' 작업에 무던히 신경을 썼다.

7월 8일 북경시장 진덕순(秦德純)[1948]은 급전을 보내 장개석에게 '7.7 사변'을 보고했다. 중공중앙의 '통전(通電, 7.8)'은 이렇게 썼다. …평진(平津)·화북이 위급하다. 전민족의 항전만이 유일한 출로이다(中央檔案館, 1991: 274). 팽덕회 등이 장개석에게 보낸 '통전(7.9)'은 이렇게 썼다. …홍군은 '국민혁명군 개편'을 희망하며 전선에서 침략자와 결전을 벌일 각오를 다지고 있다. 한편 '노구교사변'에 대한 일본정부 '성명(7.11)'은 이렇게 썼다. …이번 사건은 중국측이 획책한 무장폭동이다(葉永烈, 2014: 212). 실제로 '노구교사변(7.7)'은 (國共)담판 재개의 중요한 계기가 됐다. '여산담화회(廬山談話會)'에서 친일파 두목 왕정위도 '항전'을 주장했다. 결국 장개석은 여산에서 연설(7.17)을 발표해 항전(抗戰) 의지를 밝혔다.

장개석은 이렇게 말했다. …우리는 도마 위에 오른 물고기 신세가 됐다. 중국은 평화를 희망하지만 항전을 포기하지 않을 것이다. 민족

1947 장개석이 '4.12사변(1927)'을 일으킨 후 장경국이 발표한 '성명'은 이렇게 썼다. …변절자이며 제국주의 방조자 장개석은 장작림과 같은 반혁명이다. 혁명을 배반한 장개석은 노동계급의 원수이며 나의 적이다(盛岳, 1971: 119). 장경국은 친모(毛福梅)에게 보낸 편지에 이렇게 썼다. …공산당원인 나는 공산주의 신념을 동요하지 않는다. 오직 소비에트 정권만이 중국을 구할 수 있다. 소련은 나의 조국이다(York Times, 1936.2.12). 상기 '성명'은 보여주기 위한 것이다. 이는 소련에서 13년 간 생활한 장경국이 '적화(赤化)'됐다는 반증이다.

1948 진덕순(秦德純, 1893~1963), 산동성 기수(沂水) 출신이며 국민당군 중장이다. 1920~1940년대 국민혁명군 제14군단장, 북평(北平)시장, 국방부 차장, 청도(靑島)시장 역임, 1949년 대만 이주, 1963년 대북(臺北)에서 병사했다.

모택동과 중국혁명 2

존엄을 짓밟는 행위는 용서할 수 없다(尹家民, 2012: 177). 중일 간의 무력 충돌은 '북경 문호'인 노구교에서 벌어졌다. 북경은 '제2의 심양(瀋陽)', 남경은 '제2의 북경'이 될 수 있다(葉永烈, 2014: 214). 연설에서 '항전 의지'[1949]를 표명한 장개석은 (駐日)대사 허세영에게 '일본정부 협상'과 29 군단장 송철원에게 '일본군 담판'을 지시했다(李蓉, 2016: 74). 한편 (抗戰) 의지를 밝힌 장개석은 여전히 '최종 결전' 결심을 내리지 못했다.

　　7월 중순 주은래가 '국공합작선언(宣言)'[1950]을 장개석에게 넘겨줬을 때 그의 태도는 매우 냉담(冷淡)[1951]했다. 7월 14일 장개석이 장충을 통해 주은래에게 전달한 '담판 핵심'은 ① '개편'된 홍군, '서안행궁'에 예속 ② 정치기관(政治處), 지휘권 부재 등이다(劉伯根 외, 2007: 379). 당중앙이 주은래에게 보낸 전보(7.17)는 이렇게 썼다. …'정치처 설립'을 인정하며 주덕·팽덕회의 '정부(正副) 처장' 임명을 요구한다(中共中央文獻硏究室, 1998: 448). 한편 장개석은 중공 대표단의 '(廬山)담화회 참석'을 불허했다. 주은래 등의 공개적 활동을 제한한 것이다. 7월 18일 주은래는 '(談判)12가지

1949　장개석은 송철원에게 보낸 전보(7.18)에 이렇게 썼다. …1932년 국민정부와 '평화협정'을 체결한 일본군은 8시간 후 상해를 공격했다. 일제의 음모를 경계해야 한다. 또 그는 하응흠에게 보낸 전보(7.19)에 이렇게 썼다. …대일(對日)항전은 결정됐다(李勇 외, 1995: 250). 7월 21일 장개석은 중국 주재 영국 대사에게 '항전 의지'를 밝혔다.

1950　'국공합작선언(宣言, 1937.7)'의 골자는 ① 중공, 삼민주의 수용 ② 무장폭동·적화(赤化) 선전 등을 중지 ③ 민권(民權)정치 실행 ④ 홍군, 국민혁명군 개편 등이다(中共中央文獻編委, 1980: 77). 주은래가 작성(7.4)한 상기 '선언'을 7월 15일 (國民黨)정부에 넘겨줬다. 9월 22일 '(紅軍)팔로군 개편'이 확정, (國民黨)중앙통신사가 전국에 발표했다.

1951　훗날 주은래는 이렇게 회상했다. …나는 중공이 작성한 '국공합작선언'을 장개석에게 넘겨줬다. 그는 나에게 '약간한 수정'이 필요하다고 말했다. 그러나 '선언 발표'를 불허한 장개석은 공산당의 합법적 지위를 인정하지 않았다(金冲及 외, 1998: 448). 결국 장개석의 '냉담한 태도'는 제2차 여산(廬山)담판이 무산되는 결과를 초래했다.

의견'[1952]을 송미령에게 넘겨준 후 상해로 돌아갔다.

'(紅軍)지휘부 설치'를 반대한 장개석은 남경정부의 '참모장 파견'을 고집했다. 또 그는 정치부 주임은 주은래, 모택동의 '부주임 임명'을 제출했다. 주은래는 장개석의 '건의'를 일축했다(葉成林 외, 2017: 189). 당중앙은 주은래에게 보낸 전보(7.20)에 이렇게 썼다. …일제의 화북 침략은 기정사실화됐다. 더 이상 장개석과 '항전' 방침을 의논할 필요가 없다(金冲及 외, 1998: 449). 실제로 당중앙의 전보는 장개석의 '조삼모사(朝三暮四)'[1953] 술수에 대한 불만을 표출한 것이다. 한편 장개석의 '주정모부(周正毛副)'[1954]제출은 모택동과 주은래를 이간질하는 꼼수였다.

장개석이 주은래에게 보낸 전보(7.27) 골자는 ① 10일 내 '홍군 개편' 완성 ② 홍군 사단장 명단 보고 ③ (紅軍)정치처 부처장에 강택(康澤)[1955] 임명 등이다(楊奎松, 2008: 379). 당중앙의 답전(7.28) 골자는 ① 8월 15일,

---

1952 '(談判)12가지 의견' 골자는 ① '선언'에 대한 국민당의 서면 답변 ② (邊區)책임자 명단 발표 ③ '(國共)합작' 방침 공표 ④ 홍군유격대 개편 ⑤ (延安)해방주보 발행 ⑥ '홍군 개편' 의견 등이다(中共中央文獻硏究室, 2007: 380). 결국 '(紅軍)지휘부 설치'와 '정훈처 설립'에 대한 쌍방의 의견 대립으로 (廬山)담판은 합의를 도출하지 못했다.

1953 '아침에 3개, 저녁에 4개를 준다'인 '조삼모사(朝三暮四)'는 당장 눈앞의 차이만 알고 그 결과가 같음을 모르는 어리석음을 뜻한다. 또 간사한 꾀로 남을 속이거나 변덕스러워 종잡을 수 없다는 뜻이다. 한편 '(國共)담판'에서 장개석의 '조삼모사' 술수는 '중공 깃들이기' 정략(政略)이었다. 결국 장개석의 '영수(領袖)' 권위를 과시한 것이다.

1954 1935년 11월 모택동이 중앙군위(中央軍委) 주석, 주은래가 부주석인 '모정주부(毛正周副)'의 체제가 출범했다. 1937년 주은래는 '홍군 통솔자' 모택동의 '부수(副手)'였다. 한편 장개석의 '주정모부(周正毛副)' 제출은 중공 내부의 분열을 조장하기 위해 꼼수를 부린 것이었다. 이 또한 그가 '주모(朱毛)'의 '출국 고찰'을 주장한 주된 원인이다.

1955 강택(康澤, 1904~1967), 사천성 안악(安岳) 출신이며 국민당군 중장이다. 1930~1940년 대 '남경행궁(南京行宮)' 별동대장, 국민당중앙 위원, 제66군단장을 역임, 건국 후 13년 동안 감옥에서 개조, 1967년 북경에서 병사했다.

'홍군 개편' 완성 ② 홍군 지휘부, '주정팽부(朱正彭副)' ③ 3개 사단(4.5만),
보안부대(1만) ④ 수원방선(綏遠防線) 수호 ⑤ 무기 보충 등이다(中共中央文
獻研究室, 1993: 6). 장개석이 심복 강택을 '정치처 부처장'에 임명한 것은
'팔로군 감시'를 위한 것이었다. 한편 '지휘부 설치'는 팔로군이 전선에
서 '독립 작전'을 수행할 수 있는 중요한 보장이 됐다.

장개석이 중공중앙에 보낸 전보(8.4)의 골자는 ① 8월 10일까지 출
전 준비 ② (紅軍)지휘관 명단, 항전 개시 후 발표 ③ '홍군 참모장', 중앙
정부 파견 등이다('紅岩革命紀念館' 외, 1992: 864). 8월 13일 일본군은 나가노
오사미(永野修身)[1956]와 마쓰이 이와네(松井石根)[1957]의 지휘하에 상해를 공
격했다. 항전성명서(8.14)는 이렇게 썼다. …중국 영토를 침점하는 침략
자에게 강력한 자위권을 행사할 것이다(中共中央文獻研究室, 2007: 384). 북
경·천진 함락을 국부전으로 간주한 장개석의 타협이 화를 자초했다.
일본군의 '상해 공격'은 (國共)합작을 촉진했다. 당중앙은 주은래에게 전
보(8.18)를 보내 '(談判)10가지 조건(訓令)'[1958]을 제출했다.

1956 나가노 오사미(永野修身, 1880~1947), 일본 고치(高知) 출생이며 해군대장, 갑급전범(戰犯)
   이다. 1910~1940년대 제3전대 사령관, 연합함대 총사령관, 군령부(軍令部) 총장, 원
   수(元帥), 1947년 옥중(獄中)에서 병사했다.

1957 마쓰이 이와네(松井石根, 1878~1948), 일본 나고야(名古屋) 출생이며 '남경대학살' 주범이
   다. 1910~1940년대 보병 제35여단장, 제11사단장, (臺灣)일본군사령관(大將), (上海)파
   견군 사령관, 1948년 (東京)감옥에서 처형됐다.

1958 중공중앙의 '(談判)10가지 조건' 골자는 ① '(中共)선언'·'(蔣介石)담화', 동시 발표 ② (邊
   區)책임자 확정 ③ 홍군 지휘부 설치 ④ (紅軍)급양 해결 ⑤ 군수품 조달 ⑥ 유격지대
   설립 ⑦ 독립자주적 유격전 전개 ⑧ 유격전 원칙에 따라 출병 ⑨ 병력 집중 ⑩ 홍군
   의 '산서 진격' 등이다(中共中央文獻研究室, 2005: 14). 상기 '담판 조건'에서 주목되는 것은
   '독립자주 원칙'과 '유격전 전개'이다. 결국 이는 (國共)담판이 마무리 단계에 진입했다
   는 것을 반증한다.

8월 18일 장개석은 '(紅軍)지휘부 설치'를 동의하고 교수인(喬樹人)[1959]·초어환(肖御寰)[1960]·이극정(李克廷)[1961]을 팔로군 연락참모로 임명했다. 이른바 '연락참모'는 '3가지 임무'[1962]를 완수해야 했다. 8월 22일 팔로군 지휘부와 3개 사단의 번호(番號)를 반포한 남경정부는 '주팽(朱彭)'을 (正副)총지휘로 임명했다. 중공도 정치위원(政委)[1963]을 설치하지 않았고 (紅軍)정치부를 '정훈처(政訓處)'[1964]로 변경하는 등의 일부 양보를 했다.

8월 25일 중앙군위는 홍군을 팔로군(八路軍)[1965]으로 개편했다. 총지

1959 교수인(喬樹人, 1898~1967), 사천성 북천(北川) 출신이며 국민당군 소장이다. 1930~1940년대 (南京)군사위원회 참모, (八路軍)연락참모, 제32보훈처장, 동준사관구(潼遵師管區) 사령관(少將)을 역임, 1969년 고향에서 병사했다.

1960 초어환(肖御寰, 1906~?), 강서성 흥국(興國) 출신이며 국민당군 소장이다. 1937년 (南京)군사위원회가 팔로군 지휘부에 파견된 연락참모로 활동, 1940년대 국민혁명군 형주의창(荊州宜昌)사관구(師管區) 사령관(少將)을 맡았다.

1961 이극정(李克廷, 1906~1978), 호남성 자흥(資興) 출신이며 국민당군 소장이다. 1926년 황포군관학교, 1937년 팔로군 제11사단 연락참모(上校)로 파견, 1948년 (南京)군사위원회 특파원(少將)을 역임, 1978년 고향에서 병사했다.

1962 팔로군 각 사단에 파견된 (國民黨)연락참모에게 맡겨진 임무는 첫째, 남경정부의 지시를 전달하고 관철한다. 둘째, '지시 불복'을 발견하면 곧 (國民黨)중앙에 보고해야 한다. 셋째, '이상행동'을 제때에 보고하지 않으면 독직죄로 다스린다(康澤, 1980: 23). 실제로 연락참모는 남경정부가 '팔로군 감시'를 위해 파견한 '독찰관(督察官)'이었다.

1963 정치위원(政委)은 소련 홍군이 설정한 당대표(黨代表)이다. (朱毛)홍군의 정치위원 제도는 '고전회의(古田會議, 1929.12)'에서 시작, '팔로군 개편(1937.8)' 당시 정치위원 제도를 철회, 1937년 10월 (政委)제도를 회복했다. 한편 중앙군위는 115사단 정치위원 섭영진, 120사단 정치위원 관향응, 129사단 정치위원 장호(1938.1, 鄧少平)를 임명했다.

1964 정훈처(政訓處)는 국민당의 정치훈련기관이다. 국민당은 군대조직에 정훈처를 설립, 많은 정훈소(政訓所)를 창설했다. 장개석은 '홍군 개편' 조건으로, 정치기관 철폐와 '정훈처 설립'을 요구했다. 국민당의 요구를 수용한 중공중앙은 정치위원 제도를 폐지, 정훈처를 설립했다. 1937년 10월 팔로군은 정훈처를 철회, 기존 정치부를 회복했다.

1965 팔로군(八路軍, 1937.8~1946.9)은 중공이 영도하는 항일무장이다. 1937년 8월 22일 홍군은 국민혁명군 제8로군(八路軍)으로 개편, 산하에 3개 사단을 설치했다. 3개 사단의

휘 주덕, 부총지휘 팽덕회, 참모장 엽검영, 부참모장 좌권, 정치부 주임 임필시, 부주임에 등소평을 임명했다. 팔로군의 제115사단장 임표, 부 사장단 섭영진, 정훈처장 나영환, 제120사단장 하룡, 부사단장 소극, 정 훈처장 관향응, 제129사단장 유백승, 부사단장 서향전, 정훈처장 장호 이다. 또 중앙군위는 유수(留守)부대를 설립하고 소경광을 유수처장에 임명했다.

9월 11일 (南京)군사위원회는 팔로군을 제18집단군으로 개칭했다. 주덕을 총사령관, 팽덕회를 부총사령관으로 임명했다. 18집단군은 염 석산이 지휘한 제2전구에 예속됐다. 국방회의에서 남경정부는 전국을 '5개 전구(戰區)'[1966]로 나눴다. 9월 상순 박고와 강택은 격렬한 쟁론 끝에 '선언 수정'[1967] 후 '선언'과 '장개석 담화'를 동시에 발표하기로 결정했 다. 9월 23일 장개석은 '선언에 대한 담화(談話)'[1968]를 발표했다. 당시 모 택동은 '선언'과 '담화'의 발표는 제2차 (國共)합작 설립을 의미하며 '장

번호(番號)는 115·120·129사단이다. 9월 11일 제18집단군으로 개칭, 여전히 '팔로 군'으로 불렸다. 1946년 9월 (國共)내전 발발 후 '해방군(解放軍)'으로 재편됐다.

1966 1937년 8월 12일 국민당중앙은 국방최고회의를 설립, 장개석을 의장으로 추대했다. 남경정부는 작전 지휘 강화를 위해 전국을 5개 전구(戰區)로 나눴다. 제1전구 사령장 관 장개석, 제2전구 사령장관 염석산, 제3전구 사령장관 풍옥상, 제4전구 사령장관 하응흠, 재5전구 사령장관 이종인이다. 당시 팔로군은 염석산의 제2전구에 예속됐다.

1967 9월 상순 박고·엽검영은 국민당 대표 강택과 (中共)선언 발표'에 관해 담판했다. 박 고 등은 국민당 대표의 '대폭 수정'을 거절, (宣言)일부 수정'에 동의했다. 쌍방 대표는 '선언'과 (蔣介石)담화' 동시 발표를 결정했다(中共中央黨史硏究室, 2007: 28). 한편 (國共)합 작 삭제는 장개석이 여전히 (國共)합작을 인정하지 않았다는 단적인 반증이다.

1968 장개석의 '담화' 골자는 ① '선언', 항일구국 우선시 ② '3중전회' 결의안에 부합 ③ (國 共)양당의 공통점, 국가통일과 민족해방 ④ 양당은 긴밀히 협력, 역량을 강화해 외적 을 축출 등이다(中央檔案館, 1986: 824). 한편 담화에서 장개석이 (國共)합작을 언급하지 않은 것은 공산당을 '(國共)협력 파트너'로 간주하지 않았다는 단적인 증거이다.

개석 담화'는 중공의 합법적 지위를 인정한 것이라고 평가[1969]했다.

반년 간의 우여곡절을 거쳐 (國共)담판은 마침내 합의를 도출했다. 홍군 개편은 제2차 (國共)합작[1970] 달성을 뜻한다. (八路軍)지휘부 설치와 '(中共)독립자주' 원칙은 팔로군의 병력 확충과 승전을 거듭한 주요인이다. 한편 팔로군의 세력 확대는 새로운 갈등을 유발했다. 실제로 장개석과 스탈린은 팔로군 특유의 유격전술과 '강한 전투력'을 간과했다.

제5절 정적(政敵) 왕명 제어, 중공 영수 등극

1. 팔로군의 작전 방침, 독립자주적 (山地)유격전

1936~1937년 '홍군 통솔자' 모택동은 군사·철학 저서 집필에 주력했다. 장정 등을 겪으며 얻은 귀중한 역사적 경험을 정리해 군사전략의 이론적 기초를 마련하기 위한 것이었다. '이론 정립'의 목적은 마르크스주의 이론을 중국혁명의 구체적 실천과 결합시키는 것이었다. 한편 낙천회의(1937.8)를 주재한 모택동은 독립자주적 (山地)유격전을 팔로군의 작전 방침으로 확정했다. 결국 이는 스탈린의 '특사' 왕명의 비판을 받았다.

이론은 실천에서 비롯되며 이론과 실천은 밀접히 연관된다. 이는

1969 모택동은 '(蔣介石)담화(9.23)'에 대해 이렇게 평가했다. …장개석의 '담화'는 공산당의 합법적 지위와 (兩黨)합작을 공개적으로 인정했다. '담화'가 사실상 인정한 (國共)합작은 역사의 새 기원을 열었다(毛澤東, 1991: 364). 상기 공산당의 '합법적 지위 인정'은 아전인수식 해석이다. 장개석의 '공산당 연합'은 공존이 아닌 '(中共)근절' 정책이었다.

1970 제2차 (國共)합작이라는 설법은 중공의 일방적 주장이다. 장개석은 시종일관 사실상의 (國共)합작을 인정하지 않았다. (杭州)담판(1937.3)에서 주은래에게 그 개인과의 '합작'을 건의한 장개석은 중공의 '선언'에서 (國共)합작 문구 삭제를 지시했다. 결국 이는 장개석이 중공을 (協力)상대가 아닌 '(根絶)대상'으로 간주했다는 단적인 반증이다.

모택동이 이론 연구에서 깨달은 심득(深得)이다. 모택동의 '심득'은 ①
이론의 기초는 실천, 이론은 실천을 위해 복무 ② 이론은 구체적 실천
지도 ③ 이론은 실천 중에서 검증 등이다(逄先知 외, 2011: 437). 모택동의
군사이론은 반'포위토벌' 경험·교훈에서 얻어진 것이다. 모택동의 이
론 정립은 (左傾)교조주의자가 끼친 악영향 제거와 잔재 청산이 주된 목
적이었다.

　　(陝北)정치국 회의(1936.9.16)에서 모택동은 박고의 과오에 대해 이렇게
말했다. …준의회의에서 박고 등의 '군사노선(軍事路線)' 과오[1971]를 시정했
다. 한편 그가 범한 종파주의·모험주의는 '정치노선(政治路線)' 과오[1972]에
속한다(中共中央文獻研究室, 1996: 435). 이 시기 중공은 (國共)내전에서 전국적
항일전쟁으로 전환하는 역사적인 전환점을 맞이했다. 중공 당내에는 관
문주의·모험주의가 잔존했고 (左傾)교조주의가 당의 정책노선 제정에 걸
림돌로 작용했다(金沖及 외, 2004: 449). 실제로 모택동의 '새로운 이론' 정립
취지는 (左傾)교조주의자의 영향력을 철저하게 제거하고 공산국제에 충
성하는 '소련파 숙청'이 주된 목적이었다.

　　'연안 진주' 후 '이론 연구'에 전력할 수 있는 환경적 여건이 마련됐
다. 모택동의 대표적 저서는 '일제 침략을 반대하는 전략'·'중국혁명전

1971　준의회의(1935.1)의 최우선 과제는 박고 등이 범한 '군사노선' 과오를 시정하는 것이
　　　었다. 준의회의는 제5차 반'포위토벌' 실패와 '상강참패(湘江慘敗)'의 장본인인 박고·
　　　이덕(李德)·주은래로 결성된 '(最高)3인단'을 해체했다. 준의회의 후 주은래·주덕·모택
　　　동 '(三人)군사체제'가 형성됐다. 한편 당시 '정치노선 해결'은 시의적절치 않았다.
1972　중공 지도자의 '정치노선(政治路線)' 과오는 가장 치명적이다. 흔히 '정치노선'을 범한
　　　지도자는 파면은 물론 엄중한 경우 당적(黨籍)이 박탈된다. 초대 (中共)총서기 진독수가
　　　대표적 사례이다. 또 당적 박탈은 정치생명의 종결을 의미한다. 이 또한 당시 '군사노
　　　선' 과오는 인정한 박고가 '정치노선'은 틀리지 않았다고 항변한 주된 원인이다.

쟁의 전략문제'·'실천론'·'모순론' 등이다. 저서 집필 목적은 (左傾)교조
주의의 과오를 시정하고 정책 제정을 위한 것이었다. 실제로 왕명과의
숙명적 대결을 염두에 둔 정략적 포석이었다. 궁극적 취지는 (中共)영수
지위 확보에 필요한 이론적 기초와 사상적 바탕을 마련하기 위한 것이
었다.

당의 열성분자회의(1935.12.27)에서 일제의 '중국 식민지화'가 목전
정세의 특징이라고 역설한 모택동은 통일전선 설립을 위해 교조주의
극복이 당면과제라고 주장했다. '연설'의 취지는 당의 정치노선을 체계
적으로 해결하고 항일전쟁 진입을 위한 중요한 사상적·이론적 준비를
하기 위한 것이었다. 한편 '이론 정립'은 '홍군 통솔자'인 모택동의 독
보적 지위 확보와 관련된다. 역사적 전환기에서 모택동은 '정책 제정
자' 역할을 했다.

모택동의 '중국혁명전쟁의 전략적 문제' 저서는 이덕(李德)이 쓴 '의
견서(1936.1.27)'의 잘못된 견해를 반박하기 위해 쓴 것이다. 당시 모택동
은 클라우제비츠(Clausewitz)[1973]의 '전쟁론(戰爭論)'[1974], 손무(孫武)[1975]의 '손

1973 클라우제비츠(Clausewitz, 1780~1831), 프로이센(Preussen)의 (軍事)이론가이다. 저서로
    '전쟁론(戰爭論)'이 있다. 1803년 (Berlin)군관학교 졸업, 전략학·전술학·군사역사학을
    독학, 1831년 브레슬라우(Breslau)에서 병사했다.

1974 '전쟁론(戰爭論)'은 클라우제비츠가 육군대학 교장으로 재임(1818~1830)한 기간에 집
    필한 것이다. 부인 마리 폰이 미완의 초고를 보완해 1832년 8월 30일에 출간, 전쟁
    에서 인적 요소와 정신력이 매우 중요하며 통솔자의 리더십이 결정적 역할을 한다고
    주장했다. (西方)군사이론의 '경전'인 '전쟁론'은 전략학의 '성경(聖經)'으로 불린다.

1975 손무(孫武, 기원전 545~기원전 470), 춘추 말기 제나라의 군사가·정치가이며 '동방병학(東
    方兵學)의 시조'로 불린다. 오나라 왕 합려(闔閭)에게 '병법 13편'을 바쳐 왕의 중용을
    받은 그는 백거(柏擧)에서 초나라 군대를 크게 격파했다. '병학성전(兵學聖典)'으로 불리
    는 손무의 '손자병법'은 일본어·독일어·프랑스어·영어 등으로 번역됐다.

자병법(孫子兵法)'[1976]을 탐독했다. 모택동은 중국혁명의 특점과 '아홉 가지 문제'[1977]에 대해 설득력 있게 해명했다. 한편 모택동의 군사사상 형성을 상징하는 상기 저서는 연안에서 단행본(1941)으로 발간됐다.

1937년에 '실천론'·'모순론'을 집필한 모택동의 이론 정립은 중국식 사회주의 혁명이론을 탄생시키는 결과로 이어졌다. 상기 이론서는 중국혁명의 이론적 기초가 됐다(김승일, 2009: 45). 에드가 스노우는 이렇게 썼다. …모택동은 (哲學)연구에 천착한 철학 연구자였다. 또 마르크스의 저서와 서방의 철학서도 숙독했다(Edgar Snow, 1979: 312). 모택동이 '철학 연구자'라는 상기 주장은 견강부회이다. 사범학교 시절 모택동은 장인(丈人) 양창제의 도움으로 '서방 철학'을 두루 섭렵했다. 한편 중앙 근거지에서 실각했을 때 '마르크스 서적'을 탐독한 것이 크게 도움됐다.

'실천론'은 인식론적 관점으로 당내 교조주의를 비판하기 위해 작성했다. 중국의 구체적 문제와 연계시킨 모택동은 이렇게 썼다. …교조주의자들은 현실을 외면하고 공허한 이론에만 집착한다(中共中央文獻研究室, 1988: 9). 변증법적 원칙을 위반한 교조주의자들은 인식이 실천에

1976 '손자병법(孫子兵法)'은 손무가 지은 대표적 병법서이다. 중국에서 현존하는 가장 오래된 병서이자 세계 최초의 군사 저서이며 '병학성전(兵學聖典)'으로 불린다. '지피지기 백전불태'는 적을 알고 나를 알면 백 번을 싸워도 위태롭지 않다는 의미이며 '손자병법'의 골자이다. 한편 '손자병법'은 모택동이 연안에서 가장 애독한 병서로 알려진다.

1977 모택동이 지적한 중국혁명(戰爭)의 '4가지 특점'은 ① 중국은 경제발전이 불균형한 반식민지 국가 ② 적의 병력 우세 ③ 홍군 열세 ④ 중공 영도, 토지혁명이다. '아홉 가지 문제'는 ① 적극적 방어와 소극적 방어 ② 반'포위토벌' 준비 ③ 전략적 퇴각 ④ 전략적 반격 ⑤ 반격 개시 ⑥ 병력 집중 ⑦ 운동전 ⑧ 속결전 ⑨ 섬멸전이다. 모택동은 적강아약(敵强我弱)을 감안해 전쟁에서 승리하려면 유격전·운동전을 결합해야 한다고 주장했다.

서 온다는 것을 부인했다. 또 그들은 마르크스주의의 이론을 천편일률적으로 중국혁명에 적용했다(金冲及, 2011: 452). '모순론'은 모택동이 '대학 강의'를 위해 작성한 변증법적 유물론의 일부분이다. 한편 '실천론'의 취지는 마르크스주의 이론과 중국혁명의 실천과 결합시켜야 한다는 것이다.

'모순론'에서 모택동은 이렇게 썼다. …사물의 대립·통일 법칙은 유물변증법의 가장 근본적 법칙이다. 데보린(Deborin)[1978]의 유심론은 중공에 악영향을 끼쳤다. 중공의 교조주의는 데보린 학파와 관련된다(毛澤東, 1991: 299). 레닌은 이렇게 말했다. …마르크스주의의 진수(眞髓)는 구체적 상황을 구체적으로 분석하는 것이다. 교조주의자들은 사물을 구체적으로 분석하지 않는다(정차근 외, 2008: 49). '모순론'의 궁극적 취지는 중국혁명의 실제적 상황을 감안하지 않고 소련의 혁명경험을 그대로 적용하는 중공 교조주의자들의 '좌경 과오'를 비판하기 위한 것이었다.

모택동은 이론과 실천의 변증법적 관계 분석을 통해 마르크스주의 이론과 중국혁명의 실천 결합을 강조했다. '실천론'·'모순론'은 연안정풍(延安整風)[1979]과 교조주의 청산을 위한 사상적 준비였다(解放軍軍事科學院, 2010: 163). 이 시기 대표적 (左傾)교조주의자는 이립삼·박고·왕명이었다.

1978 데보린(Deborin, 1881~1963), 소련의 철학자·역사학자이다. 1920년부터 철학 연구에 종사, 1930년대 소련과학원 원사(院士), (哲學)연구소장 등을 역임했다. 1931년 '멘셰비키' 입장에 선 유심론자로 지목, 데보린의 철학사상은 비판을 받았다. 한편 모택동은 데보린의 유심론(唯心論)이 (中共)교조주의자들에게 악영향을 끼쳤다고 주장했다.

1979 연안정풍(延安整風)은 1940년대 모택동이 '소련파'를 제거하기 위해 정치운동이다. 1941년 5월 모택동이 (延安)고급간부회의에서 한 '우리의 학습을 개조하자'는 보고가 '정풍' 개시이다. 6기 7중전회에서 통과된 '약간 역사문제의 결의(1945.4.20)'는 '정풍'의 종결을 의미한다. '교조주의'를 청산한 연안정풍은 모택동사상의 출범에 기여했다.

모택동의 저서 집필 취지는 '왕명 제어'의 이론적 기초를 마련하기 위한 것이었다. 결국 이는 '모택동사상'이 형성되기 시작했다는 반증이다.

모택동이 (西安)엽검영을 통해 장개석에게 보낸 전보(7.14)는 이렇게 썼다. …홍군은 유격전을 전개해 우군(友軍)을 협력할 것이며 일부 병력을 적후(敵後)로 파견해 후방을 교란할 것이다. 모택동이 최초로 '유격전 전개' 의지를 표출한 것이다(肖顯社 외, 2007: 338). 모택동은 팽덕회에게 보낸 전보(7.16)에서 유격사단 편성을 요구했다. 실제로 '유격전 달인'[1980]인 모택동의 또 다른 '경험주의'[1981]이다. 또 이는 전형적 '내로남불'[1982]이다.

모택동은 장개석의 '담화 발표(7.17)'를 이렇게 평가했다. …담화는 '항전 단행' 방침을 확정했다. 이것이 중공과 전국 동포의 환영을 받는 원인이다(毛澤東, 1991: 344). 7월 30일 모택동이 제출한 '구체적 방안'은 ①

1980 '유격전술 창시자' 모택동은 유격전을 전개해 장개석의 세 차례 '홍군 토벌'을 격파했다. 모택동이 '유격전 달인'으로 불리는 이유이다. 낙천회의(1937.8)에서 모택동은 독립자주적 (山地)유격전을 홍군의 작전 방침으로 결정했다. 이는 적강아약(敵强我弱)의 당시 상황에 부합되는 정확한 선택이었다. 모택동의 유격전쟁은 '(紅軍)병력 보전'이 주된 목적이다. 한편 '유격전 중심'의 전술은 팽덕회 등 팔로군 전방 지휘관의 반대를 받았다.

1981 '실천론'에서 모택동은 이렇게 지적했다. …제한된 시간·지역에서 얻은 편면적인 감성인식에 국한된 경험주의는 주관적 인식으로 문제를 판단하며 이론의 지도적 역할을 간과했다(金冲及 외, 2004: 462). 모택동의 주장에 따르면 경험주의는 이론과 실천 결합의 중요성을 무시했다는 것이다. 한편 모택동의 '유격전 집착'은 전형적 경험주의이다.

1982 '내가 하면 로맨스, 남이 하면 불륜'이라는 뜻으로, 자신의 행위를 합리화하는 태도를 뜻한다. 또 이중잣대를 갖고 자신과 상대방의 행위에 대해 평가할 때 사용된다. 한편 '실천론(實踐論)'에서 모택동의 '경험주의 비판'은 '내로남불'이란 지적을 모면키 어렵다. 실제로 항전 시기 유격전쟁에 집착한 모택동은 '철두철미한 경험주의자'였다.

군대 총동원 ② 인민의 총동원 ③ 정치기구 개혁 ④ 항일 외교 ⑤ 인민 생활 개선 ⑥ 국방교육 ⑦ 재정정책 ⑧ 통일전선 구축 등이다(中共中央文獻研究室, 2004: 472). 상기 '방안'은 중공의 '항전 의지'를 밝힌 것이다. 한편 장개석이 '중공 방안'을 수용할 가능성은 매우 희박했다. 실제로 모택동이 '(國共)합작선언' 발표를 간접적으로 촉구한 것이다.

모택동·낙보는 주은래에게 전보(8.1)를 보내 홍군 작전의 '2가지 원칙' 견지를 요구했다. 첫째, 홍군의 방침은 독립자주적이고 병력 분산의 유격전쟁이다. 둘째, 초기 단계에서 병력 집중을 피해야 한다. 적의 집중 공격을 받을 수 있다(中共中央文獻研究室, 1993: 8). 당시 모택동이 집중 작전과 진지전을 반대한 것은 '유격전 전개'에 불리했기 때문이다. 실제로 병력 분산은 홍군의 유격전 전개와 병력 보존에 유리했기 때문이다.

모택동이 주은래·주덕에게 보낸 전보(8.4)의 골자는 ① 정규전·유격전의 배합전술 구사 ② 독립자주적 지휘권 확보 ③ '유격전'은 지형과 상황에 따라 결정 ④ 병력을 집중하지 말고 분산 등이다(金冲及 외, 1996: 459). 당시 일본군과의 정면전을 피하고 '유격전 전개'를 요구한 모택동은 '적후 파견' 병력을 1개 연대로 한정했다. 홍군의 '정규전·진지전 회피'는 병력 열세와 관련된다. 홍군의 '유격전 전개'는 부득이한 선택이었다.

모택동은 주덕에게 답전(8.5)을 보내 제출한 작전 방침은 ① 독립자주적 유격전 전개 ② 진찰기수(晉察冀綏), 우군 협조 ③ 정면전 회피, 측면 공격 전개 ④ '병력 분산' 원칙 견지 등이다(逄先知 외, 2011: 465). 당시 모택동은 '주력 참전'을 주장한 전방 지휘관의 건의를 수용하지 않았다. '(紅軍)주력 출병'을 강요한 장개석은 (陝甘)일대에 10개 사단의 정규

군을 배치했다. 한편 이 시기 남방유격대의 '무장해제 사건'[1983]이 발생
했다.

7월 말 북경·천진이 잇달아 함락됐다. 당시 중공중앙과 지휘관들
간에 (紅軍)방침을 두고 '의견 대립'이 존재했다. 팽덕회·임표 등은 모택
동의 독립자주적 유격전쟁 방침에 의구심을 품고 있었다. '홍군 출격'
전 중공중앙은 낙천에서 '정치국 회의' 소집을 결정했다. 8월 9일 중공
중앙은 연안에서 '예비(豫備)' 회의를 개최했다. 회의에서 장문천이 '정
세'와 관련된 보고를 했다. 또 모택동은 홍군 행동방침에 관해 중요한
발언을 했다.

회의에서 모택동은 이렇게 말했다. …홍군은 독립적이고 분산된
유격전을 치러야 한다. 독립적 지휘권을 확보해야 홍군의 장점을 충분
히 발휘할 수 있다. 또 일각의 '속전속결' 주장을 경계해야 한다고 강조
했다(中共中央文獻硏究室, 2004: 477). 모택동의 '발언' 취지는 '(紅軍)지휘권 확
보'와 독립적 유격전쟁을 전개하는 것이었다. 모택동은 '십대강령(十大
綱領)'[1984]을 제출하고 장문천은 '평진(平津) 함락 후 정세'에 관한 보고를
했다.

1983 모택동은 팽덕회에게 전보(8.4)를 보내 민월(閩粵)변구 홍군 유격대가 국민당군에 의해
　　　무장해제를 당한 사건을 교훈으로 삼을 것을 요구했다. 유격대 지도자 하명(何鳴)의
　　　'경각심 부재'로 천여 명의 유격대가 국민당군 157사단에 강제로 무장해제를 당했다
　　　(中共中央文獻硏究室, 1993: 9). 1939년 하명은 신사군 주둔지에서 '변절자'로 처형됐다.

1984 '십대강령(十大綱領)'의 주된 내용은 ① 일제 타도 ② 군사적 총동원 ③ 전국인민 총동
　　　원 ④ 정치기구 개혁 ⑤ 외교정책 ⑥ (戰時)재경정책 ⑦ 인민생활 개선 ⑧ 교육정책 ⑨
　　　한간(漢奸)·친일파 숙청 ⑩ 민족단결 등이다(逄先知 외, 2005: 15). 모택동이 작성한 '10대
　　　강령'은 기존 '8대강령'에 정치국 회의(8.9)에서 두 가지를 보충한 것이다.

'송호회전(淞滬會戰, 8.13)'[1985]은 '국공 담판'의 중대한 전환점이 됐다. 일제의 '상해 침공'은 국민당의 통치권을 직접 위협했고 영미(英美) 등 서방국가의 '재화(在華) 이익'을 침해했다. 결국 장개석은 중공 대표단에 제출한 각박한 '담판 조건'을 철회했다. 8월 하순 주은래 등은 치열한 설전을 통해 협의를 달성했다. 장개석은 팔로군의 지휘부 설치를 동의했다. 결국 중공 대표단은 반년 동안 진행된 (國共)담판의 최종 승자가 됐다.

8월 20일 모택동 등은 '낙천회의' 참석을 위해 연안에서 출발했다. 8월 22~25일 정치국 확대회의가 풍가촌(馮家村)에서 열렸다. '낙천회의'의 의제는 ① 정치임무 ② 군사전략 ③ (國共)양당관계 문제였다. 8월 22일 '낙천회의' 주재자 모택동은 군사전략과 '국공(兩黨)관계'에 대한 정치보고를 했다. 8월 24일 모택동은 '항전 정세'에 대해 장시간 발언했다. '발언' 골자는 첫째, 전쟁에서 승전하려면 전국 인민이 참여한 '전국적 항전'이 돼야 한다. 둘째, 전쟁의 특징은 지구전(持久戰)[1986]이며 최종적 승자는 중국이다. 실제로 8년 간 진행된 항일전쟁은 '지구전'이었다.

모택동의 정치보고(8.22) 골자는 첫째, 홍군의 기본적 임무는 ① 근거지 설립 ② 적군 견제·섬멸 ③ (友軍)협력작전 ④ 홍군의 병력 확충

1985 송호회전(淞滬會戰, 1937.8.13~11.12)은 중일(中日) 간에 벌어진 규모가 가장 크고 가장 치열했던 전역이다. 당시 전쟁에 동원된 중일 쌍방의 병력을 100만명, 일본군(20만)은 4만명, 중국군(80만)은 30만명의 사상자를 냈다. 3개월 간의 격전을 거쳐 중국군이 대패하고 상해(上海)가 곧 함락됐다. 한편 송호회전은 (國共)담판의 중대한 전환점이 됐다. 결국 장개석은 각박한 '담판 조건'을 철회하고 팔로군의 지휘부 설치를 동의했다.

1986 지구전(持久戰)은 단번에 승부를 내는 속결전(速決戰)이 아닌 장기전을 가리킨다. 한편 항일전쟁의 방침인 지구전은 '적강아약' 상황에서 적의 역량을 약화시킨 후 대반격을 개시해 최종적 승리를 거두는 전략이다. '와요보 보고(1935.12)'에서 모택동이 처음으로 제출했다. 1938년 5월 모택동은 연안에서 '지구전을 논함'이란 저서를 집필했다.

⑤ 전쟁의 지도권 쟁취이다. 둘째, 전략 방침은 독립자주적 (山地)유격전이다. 셋째, '유격전' 중심으로 운동전을 병행한다. 넷째, 병력을 분산해 대중을 발동하고 우세한 병력을 집중해 적을 섬멸한다(逢先知 외, 2005: 15). '유격전' 중심 전술은 (八路軍)병력 보전이 주된 목적이었다. 또 독립자주는 '통일 전략'을 전제로 한 '상대적 독립자주'였다. 한편 임표·팽덕회 등 전방의 팔로군 지휘관들은 '유격전 중심'의 전술에 불복했다.

낙천회의에서 결정한 '유격전' 중심의 방침은 중대한 전략 전환이었다. 6기 6중전회[1987]에서 모택동은 이렇게 술회했다. …적강아약(敵强我弱)[1988]의 상황에서 홍군의 전략은 정규전·운동전에서 '병력 분산'의 유격전으로 전환됐다(毛澤東, 1991: 551). 회의에서 모택동은 유수부대의 (陝北)근거지 방어를 주장했다. 한편 회의 참석자들은 독립자주적 원칙을 찬성했으나 유격전·운동전의 관계 정립에서 의견이 엇갈렸다. 당시 시간적 제약으로 충분한 토론을 거치지 않고 작전 방침을 확정했다. 결국 이는 심각한 후유증을 남겼다.

유수부대 사령관 소경광(蕭勁光)은 이렇게 회상했다. …낙천회의에서 전략을 토론할 때 의견이 엇갈렸다. 당시 홍군 지휘관 간에 '유격전

1987 1938년 9월 29일 6기 6중전회가 연안(延安)에서 열렸다. '6중전회'의 개최는 왕가상의 '연안 회귀'와 관련된다. 회의에서 왕가상이 공산국제의 지시와 디미트로프의 '의견'을 전달, 모택동이 '신단계를 논함'이란 정치보고를 했다. 한편 '6중전회'에서 모택동은 중공 영수(領袖) 지위를 굳혔다. 결국 무한·연안 간의 '대립 국면'이 종결됐다.

1988 일본군·국민당군·홍군의 (軍事)역량은 일본군: 현역병 38만, 예비역 73만, 후비역 87만, 제1보충병역 157만, 제2보충병역 90만, 총병력 448만, 전투기 2700대이다. 국민당군: 보병사단 182개, 독립여단 46개, 기병사단 9개, 포병여단 4개, 총병력 200만, 전투기 300대이다. 홍군 병력은 6만, 병종(兵種)이 단일하고 장비가 낙후했다(少華, 2013: 242). 적강아약(敵强我弱) 상황에서 모택동의 독립자주적 유격전쟁은 정확한 선택이었다.

쟁' 인식 차이가 존재했다. 실천 중에서 모택동의 정확성과 선견지명이 증명됐다(蕭勁光, 1987: 204). 적강아약의 상황에서 '유격전 중심' 작전 방침은 별 무리가 없었다. 다만 유격전과 운동전의 경중(輕重)·주차(主次) 문제가 쟁점으로 부상했다. 팔로군 유수처(留守處) 책임자인 소경광은 (陝北)근거지 수호와 당중앙의 안전 확보에 크게 기여했다. 건국 후 모택동의 신임을 받은 소경광은 초대 해군(海軍) 사령관으로 중용됐다.

임필시의 발언(8.22) 골자는 ① 항일전쟁은 장기전, '홍군 지도권' 확보 ② 작전 독립권 쟁취 ③ 역량 집중, 적군 섬멸 ④ 독립자주적 유격전 전개 등이다(蔡慶新 2012: 122). 8월 22일 주은래는 이렇게 말했다. …홍군 지도권과 독립자주의 작전 지휘권을 확보해야 한다. (敵後)유격전을 전개하는 동시에 우세한 역량을 집중해 적을 섬멸해야 한다. 이는 운동·유격전에 속한다(金冲及 외, 1998: 457). 임필시가 주장한 '운동전 중심'의 유격전 전개는 모택동의 (作戰)방침과 다소 차이가 있다. 또 주은래가 찬동한 운동·유격전은 (山地)유격전 전략과 '뉘앙스 차이'가 있다. 당시 운동전 중심의 유격전 전개는 전방 지휘관들의 지지를 받았다.

회의에서 모택동의 주장을 찬동한 주덕은 이렇게 보충했다. …지구전은 단순한 소모전이 아니다. 대중을 동원하고 전면적 유격전을 전개해야 한다. 화북지역에서 장기적 유격전을 치를 준비를 해야 한다(趙魯傑, 2008: 260). 장문천은 '보충보고(8.24)'[1989]에서 이렇게 말했다. …전국적 항전을 거부한 국민당은 국부적 승전을 거둘 수 있으나 최종적 승

1989 장문천의 '보충(補充)보고(8.24)'는 주덕의 발언과 관련된다. 회의에서 발언한 주덕은 이렇게 말했다. …낙보의 '보충보고' 분석은 매우 치밀하다. 나는 그의 주장을 찬동한다(程中原, 2012: 172). 상기 주덕이 언급한 '보충보고'는 큰 어폐가 있다. '보충발언' 또는 '장시간 발언'이 정확한 표현이다. 실제로 낙천회의의 정치보고는 모택동이 했다.

리를 거두기 어렵다(程中原, 2012: 173). 결국 모택동의 '절대적 지지자'[1990] 주덕은 '중앙군위' 부주석과 화북군분회(華北軍分會) 책임자로 임명됐다. 한편 장문천의 '발언' 취지는 인민대중을 동원한 '전국적 항전', 중공의 지도권 확보 및 지구전이다. 이는 모택동의 보고와 일맥상통했다.

팽덕회의 발언 골자는 ① 운동전, '적군 유인' 가능 ② 운동전·유격전 병행 ③ 운동전 중심의 유격전 전개 등이다(張樹德, 2008: 94). 섭영진의 회상에 따르면 임표는 유격전 중심의 전략 방침을 반대했다. 임표는 운동전 위주의 대규모 정규전을 통해 적을 섬멸해야 한다고 주장했다(聶榮臻 1984: 341). 하룡은 이렇게 회상했다. …낙천회의에서 임표는 모택동이 제출한 '근거지 수호'의 방위부대 설립을 반대했다('賀龍傳'編輯組, 1993: 608). 실제로 팽덕회는 '운동전 중심' 전술로 적군을 섬멸해야 한다고 강조했다. 임표도 '운동전 중심'의 유격전을 주장했다. 한편 임표가 '모택동 주장'을 반대했다는 상기 주장은 사견이 가미된 것이다.

낙천회의에서 작전 방침에 대한 '3가지 의견'이 엇갈렸다. ① 산지유격전 ② 운동·유격전 ③ 운동전이다. 운동전과 유격전의 차이점은 병력 집중과 분산의 차이이다. 유격전이 '병력 분산'이라면 운동전은 '병력을 집중'해 기동적 작전을 펼치는 것이다(任大立 외, 2013: 244). 모택동·낙보·주덕이 '(山地)유격전'을 주장한 반면, 주은래·임필시·팽덕회·유백승은 '운동전 중심'의 유격전을 선호했다. 한편 중공중앙의 '독립자주'는 장개석의 '통일적 지휘'에 복종해야 한다는 공산국제의 지시에

1990 홍군 총사령관 주덕이 '홍군 통솔자' 모택동의 절대적 지지자가 된 것은 1937년 봄 연안에서 개신된 '장국도 비판'과 관련된다. 본의 아니게 장국도와 함께 남하(南下)한 주덕은 '장국도 비판'에서 모택동의 주장을 확고하게 지지, 중앙군위 주석인 모택동의 신임을 얻었다. 결국 주덕은 낙천회의(1937.8)에서 '(軍委)2인자'로 자리매김됐다.

위배된다. 이 또한 공산국제가 '왕명 귀국'[1991]을 결정한 주요인이다.

중공중앙은 모택동·주덕·주은래·팽덕회 등 11명으로 구성된 중앙군위(中央軍委)[1992]를 설립했다. 모택동이 중앙군위의 주석, 주덕·주은래가 부주석으로 선임됐다. 모택동이 주덕을 부주석으로 임명한 것은 중대한 '인사 조치'였다. 신중국 창건 주역인 모택동·주덕·주은래의 '황금 콤비'[1993]는 촉국(蜀國)[1994]을 설립한 유비·관우·장비의 (三人)조합보다 훨씬 강력했다. 유비 등은 삼국 통일에 실패했으나, '모주주(毛朱周) 콤비'는 중국 대륙을 통일했기 때문이다. 실제로 모택동의 정치적 리더십과 군사전략가의 자질은 '우유부단'한 유비보다 훨씬 뛰어났다.

모택동의 군사전략에는 '3가지 요소'가 밀접히 연계된다. 첫째, '통

1991 1937년 가을 공산국제가 '왕명 귀국'을 결정한 것은 제2차 '국공합작(1939.9)'의 기정 사실화와 '통일전선 우선시'의 공산국제 방침과 밀접히 연관된다. 결국 이는 낙천회의에서 결정한 (中共)독립자주적 원칙과 영도권 쟁취의 '통전(統戰)' 방침과 관련된다. 또 이는 국공(國共)이 협력해 '일본군 견제'를 기대한 소련의 국익과 크게 관련된다.

1992 중앙군위(中央軍委)는 중공이 영도하는 (最高)군사지도기관이다. 전신은 '중혁군위(中革軍委)'이다. 낙천회의에서 모택동이 중앙군위의 주석, 주덕·주은래가 부주석으로 임명됐다. 또 왕가상(1938.8)·유소기·팽덕회가(1943.3) '군위' 부주석으로 보선됐다. 한편 '홍군 통솔자'인 모택동은 41년(1935.11~1976.9) 동안 (軍委)주석을 맡았다.

1993 모택동·주덕·주은래가 중앙군위의 정부(正副) 주석을 맡은 것은 사필귀정이다. 장정(長征) 개시 후 홍군의 전투를 지휘한 것은 이들 세 사람이다. 선후로 홍군 총정치위원을 맡았던 '모주(毛周)'와 '중혁군위' 주석 주덕의 군사적 리더십은 상호 보완적이다. '황금 콤비(黃金combination)'로 불린 '모주주(毛朱周)'의 (軍事)지도 체제는 수십 년 간 지속됐다. 실제로 항일전쟁·해방전쟁을 승리로 이끈 이들은 신중국을 창건한 주역이다.

1994 촉국(蜀國, 221~263)은 221년 유비가 제위에 오르며 개국했다. 국호는 한(漢)·촉한(蜀漢)·촉(蜀)·계한(季漢)으로 불린다. 208년 '삼고초려(三顧草廬)'로 제갈량을 책사로 삼은 유비는 손권과 연합해 '적벽대전(赤壁大戰)'에서 조조를 대파했다. 221년 성도(成都)에서 황제가 된 유비는 연호를 장무(章武)로 정했다. 한편 263년 위나라에 의해 멸망된 촉국은 사천·귀주·섬서·감숙·광서·미얀마(Myanmar)·베트남 지역을 아우른다.

일적 지휘'하에 상대적인 독립자주는 팔로군의 '작전권 강화'를 의미한
다. 둘째, 유격전쟁은 (抗日)근거지 설립과 평원(平原) 발전이다. 셋째, 전
쟁의 원칙은 병력 분산과 대중의 동원이다(沈麗文 외, 2007: 339). 유격전쟁
전략은 '적군이 강하고 아군이 약한' 상황에서 선택한 궁여지책이었다.
당시 운동전을 통해 승전을 거듭한 홍군 지휘관들 사이에는 '속결전(速
決戰)'[1995] 성향이 팽배했다. 결과적으로 모택동의 '유격전 선택'은 정확
했다. 이 또한 군사전략가 모택동의 '선견지명'[1996]이었다.

　　낙천회의가 중공 역사에서 '중요한 회의'로 간주되는 이유는 첫째,
항전이 개시된 역사적 전환기에 당의 강령을 제출했다. 둘째, 전면적
항전과 독립자주 원칙을 확정했다. 셋째, 지구전 방침과 유격전 전략,
당의 영도권 강화를 결정했다(程中原, 2012: 174). 회의는 모택동의 '유격전
중심' 전략 방침을 통과시켰다. 한편 '독립자주'에 관한 쟁론은 '12월회
의(1937)'에서 지속됐다. 공산국제가 '(中共)독립자주 원칙'을 반대했기
때문이다.

　　임필시는 이렇게 회상했다. …고원·산지가 많은 산서의 복잡한 지
형은 '정규전 전개'에 걸림돌이 됐다. 산서는 방어하기 쉽고 공격하기
어려운 전략적 요충지였다(任弼時, 1987: 137). 당시 염석산은 장개석과의

1995　속결전(速決戰)'은 비교적 짧은 시간 내 승부를 결정짓는 '속전속결' 전쟁을 지칭한다.
　　　'지구전'과 상대적이며 (戰略)속결전과 (戰役)속결전으로 나뉜다. 흔히 '(戰略)속결전'은
　　　공격측이 선택하는 군사작전 원칙이다. 당시 홍군 지휘관들 사이에는 '속결전(速決戰)'
　　　성향이 팽배했다. 한편 적강아약(敵强我弱)의 상황에서 '속결전'은 불가능했다.

1996　선견지명(先見之明)은 앞을 내다보는 안목과 장래를 예측하는 견식을 이르는 말이다. 또
　　　사물의 발전과 추세를 예견하는 판단력을 지칭한다. '후한서(後漢書)·양표전(楊彪傳)'에
　　　서 기원했다. 한편 낙천회의에서 중공중앙은 '독립자주적 유격전쟁' 방침을 결정했다.
　　　팔로군이 전투력이 막강한 일본군과 정규전·진지전 등 정면대결을 피한 것은 '현명한
　　　선택'이었다. 결국 이는 팔로군의 병력을 확충하고 '생존영역(根據地)'을 확보했다.

알력이 심각했다. 한편 박일파(薄一波)[1997] 등 북방국의 '정치공작'으로 염석산은 '중공 합작'[1998]을 희망했다. 염석산은 '연락처' 설립과 팔로군의 '산서 진입'을 허락했다(逄先知 외, 2011: 474). 7월 중순 모택동은 염석산에게 편지를 보내 홍군의 '산서 진입'과 '협동작전'[1999]을 요구했다. 9월 초 모택동은 주은래 등을 파견해 염석산과의 '협상'을 지시했다.

섭영진은 이렇게 회상했다. …낙천회의에서 일부 지휘관들은 '유격전 중심'의 전략을 찬동하지 않았다. 모택동은 일부 동지들의 '일의고행(一意孤行)'[2000]을 걱정했다(聶榮臻, 1984: 359). 모택동은 팽덕회에게 보낸 전보(9.21)에 이렇게 썼다. …홍군의 장점을 충분히 발휘해야 한다. '유격전' 방침을 준수하고 병력을 분산해 대중을 동원해야 한다. 현 시점에서 병력 집중은 실질적 성과를 거둘 수 없다(中共中央文獻硏究室, 1993: 22). '일부 동지'는 정규전·운동전을 선호한 팽덕회와 임표를 가리킨다.

1997 박일파(薄一波, 1908~2007), 산서성 정양(定襄) 출신이며 공산주의자이다. 1925년 중공에 가입, 1920~1940년대 팔로군 태악(太岳)군구 사령관, 화북국 서기, 건국 후 국가건설위원회 주임, 국무원 부총리, (中央)고문위원회 부주임을 역임, 2007년 북경에서 병사했다.

1998 '중공 합작(合作)'을 희망한 염석산은 나(薄一波)에게 이렇게 말했다. …공산당과의 통일전선은 위험이 존재하나 현재로서는 국공(國共) 협력이 필요하다. 또 팔로군과 연합해 일본군을 견제하고 장개석을 방지해야 한다(薄一波, 1983: 32). 당시 팔로군의 '직속상관'인 염석산은 팔로군의 '태원(太原) 판사처' 설립과 '산서성 진입'을 허락했다.

1999 모택동은 주소주(周小舟)를 태원에 파견해 염석산에게 중공의 항전 방침을 전달했다. 7월 17일 재차 염석산에게 편지를 보내 팽설봉(彭雪峰)의 '(太原)연락처 설립' 허락을 부탁했다(逄先知 외, 2005: 5). 당시 염석산은 중공과의 '합작(合作)'을 희망했다. 9월 초 모택동은 주은래·팽덕회 등을 파견해 염석산과의 '협동작전' 협상을 지시했다.

2000 일의고행(一意孤行)은 남의 의견을 수용하지 않고 자기의 고집대로만 하는 것을 뜻한다. 당시 전방 지휘관 임표·팽덕회 등은 모택동의 '(山地)유격전' 방침을 찬성하지 않았다. 팽덕회 등의 '운동전 집착'은 나름의 일리가 있었다. 또 이를 '일의고행'으로 보긴 어렵다. 한편 '운동전' 취지는 적군 섬멸, '유격전' 목적은 (紅軍)병력 보전이었다.

당시 전방 지휘관들은 '(山地)유격전' 전략에 거부감을 나타냈다. 실제로 임표가 지휘한 평형관전투는 모택동의 '병력 분산' 주장에 위배된다.

팔로군 (太原)판사처에서 주은래·유소기·주덕·팽덕회·임필시·하룡 등은 연석회의(9.21)를 열었다. 주서는 이렇게 회상했다. …유소기는 유격전 전개와 홍군 확충을 주장했다. 유소기의 주장을 반대한 중앙대표는 '홍군 확충'은 통일전선의 결렬을 초래할 수 있다고 강조했다(朱瑞, 1945.3.12). 상기 '중앙대표'는 주은래를 가리킨다. 당시 팽덕회·임표·임필시 등 전방 지휘관들은 '운동·유격전'을 선호했다. 또 국민당군의 정규전과 팔로군의 운동전이 배합한다면 '일본군 진격'을 저지할 수 있다고 여겼다. 한편 유소기는 모택동의 '독실한 추종자'[2001]였다.

모택동은 팽덕회 등에게 보낸 전보(9.23)에 이렇게 썼다. …(山西)유격전은 적의 측면을 공격하거나 적후에서 전개해야 한다. 오대산(五臺山) 일대에서 병력을 분산해 대중을 동원해야 한다(逄先知 외, 2005: 23). 모택동은 주은래·주덕 등에게 전보(9.25)를 보내 이렇게 강조했다. …화북에서 병력 배치와 통일전선은 유격전을 둘러싸고 진행해야 한다(解放軍 軍事科學院, 1993: 57). 모택동의 (電報)취지는 일본군과의 정면전을 피하고 오대산 일대에서 항일근거지를 설립하는 것이었다. 또 그는 '유격전 전개'와 '근거지 설립'을 팔로군의 급선무로 삼을 것을 요구했다.

유소기는 근거지의 중요성을 이렇게 강조했다. …(敵後)근거지가 없으면 장기적 유격전을 전개할 수 없다. 화북 각 향촌에 근거지를 설립

2001 북방국 책임자 유소기는 낙천회의(1937.8)에서 결정한 '독립자주적 유격전쟁' 방침을 가장 충실하게 실행했다. 결국 유소기는 '운동전 중심'의 유격전을 주장한 주은래·임필시 등과 격렬한 쟁론을 벌였다. 이는 (軍委)주석 모택동의 '암묵적 지지'와 관련된다. 한편 유소기의 '(敵後)항일근거지 설립' 주장은 모택동의 작전 방침과 일맥상통했다.

해 유격대의 기지로 삼아야 한다(劉少奇, 1981: 89). 실제로 유격전 전개와 근거지 설립에 대한 (毛劉)주장은 일맥상통했다. 이 시기 유소기는 모택동의 든든한 협력자로 자리매김했다. 한편 섭영진이 창건한 오대산 중심의 진찰기(晉察冀) 항일근거지[2002]는 팔로군의 화북 발전에 중요한 역할을 했다.

팔로군 지휘관의 '운동전 집착' 원인은 ① 운동전을 통한 승전 경험 ② 전투력 과시 ③ 지형에 익숙한 지리적 우세 ④ 승전을 통한 '불신' 해소 ⑤ 염석산의 '팔로군 기대' 등이다. 당시 팔로군은 직속상관 염석산의 '기대'를 무시할 수 없었다. 한편 임표가 지휘한 팔로군 115사단은 평형관에서 매복전을 벌려 일본군에게 치명타를 안겼다. 이는 팽덕회·임필시 등 전방 지휘관의 (日軍)전투력 무시와 '낙관적 전망'[2003]을 유발했다.

임표의 전보(9.19)를 받은 모택동은 답전에 이렇게 썼다. …팔로군의 급선무는 광분하는 일본군을 타격하고 대승전을 거두는 것이다. 이를 통해 팔로군의 사기를 북돋고 (華北)피동적 국면을 타개해야 한다(汪幸福, 2004: 393). 평형관전역 문제점은 팔로군의 단독작전으로 큰 전과(戰果)를

2002 진찰기(晉察冀) 근거지는 중국 공산당이 영도하는 팔로군이 산서·차하얼·하북성에서 개척한 첫 (抗日)근거지이다. '평형관 승전(1937.9)' 후 팔로군 115사단 3000여 명의 장병은 섭영진의 인솔하에 오대산(五臺山)에서 (敵後)항일근거지를 개척했다. 1937년 11월 7일 중앙군위는 진찰기(晉察冀)군구를 설립, 섭영진을 사령관으로 임명했다.

2003 '평형관 승전'에 고무된 팽덕회는 이렇게 말했다. …만약 팔로군 병력이 20만이 되고 (軍事)장비가 장개석의 적계(嫡係)부대와 같은 수준이면 '산서(山西) 수호'가 가능하다(少華, 2013: 248). 결국 이는 매우 낙관적인 전망이었다. 한편 국민당군의 정규전은 '일본군 저지'에 실패했다. 2~3개월 후 태원(太原)과 남경(南京)이 잇따라 함락됐다.

거두지 못했다. 일본군 1000여 명을 섬멸했으나 팔로군도 600여 명[2004] 사상자를 냈다(任志剛, 2013: 279). 실제로 모택동은 병력 보전을 위한 '유 격전 전개'를 지시했다. 한편 평형관전역은 일본군의 '불패신화(不敗神 話)'[2005]를 타파했다는 일각의 주장은 과장된 측면이 있다.

'전지(戰地)동원회'[2006] 책임자인 속범정(續范亭)[2007]은 이렇게 평가했 다. …팔로군의 승전은 황군(皇軍)[2008]의 '불패신화'를 타파했다. 남구(南 口)전역 후 파죽지세로 돌진하던 일본군은 진격을 멈췄다. 이는 흔구(忻 口)전역[2009]에 긍정적 영향을 미쳤다(聶榮臻, 2007: 285). 1959년 임표는 이

2004 임표 등은 팔로군 지휘부에 보낸 보고서(1937.9.26)에 이렇게 썼다. …아군 사상자는 300~400명이다. 10월 1일 모택동이 엽검영·박고에게 보낸 전보에 이렇게 썼다. … (平型關)전투에서 일본군 1000여 명을 사살했다. (八路軍)사상자는 400여 명, 부연대 장·대대장 2~3명이 포함된다(蔡慶新, 2012: 127). (八路軍)사상자가 '400여 명'이란 상기 주장은 신빙성이 높다. 한편 평형관전역은 팔로군 115사단 지휘부가 직접 결정한 것 이다.

2005 '노구교사건(蘆溝橋事件)' 후 북경·천진을 공략한 일본군은 화북지역을 점령했다. 일본 군의 '불패신화(不敗神話)'는 장개석의 '낭외필선안내' 정책과 관련된다. 당시 국민당군 의 전력(戰力)은 전투력이 막강한 일본군의 '침공 저지'에 역부족이었다. 한편 '평형관 승전'이 '(日軍)불패신화'를 타파했다는 일각의 주장은 침소봉대한 측면이 크다.

2006 1937년 가을 주은래는 염석산과 협상해 '전지(戰地)동원회'을 설립했다. 주된 임무는 안북(雁北)에서 유격전을 전개하고 신병을 동원해 전선에 보는 것이다. 책임자는 속범 정(續范亭), 중공 대표는 정자화·등소평 등이다(楊尙昆, 2001: 177). 한편 국공(國共)이 합작 해 설립한 '전지동원회'는 산서·하북의 유격전쟁 발전에 긍정적 역할을 했다.

2007 속범정(續范亭, 1893~1947), 산서성 곽현(崞縣) 출신이며 국민당군 중장이다. 1920~1940년대 제6혼성(混成)여단장, 신편(新編) 제1군단 총참의(總參議), 진서북(晉西 北)군구 부사령관, 1947년 산서성 임현(臨縣)에서 병사했다.

2008 황군(皇軍)은 '천황(天皇) 군대'를 지칭한다. (日本)침략군을 뜻하는 (皇軍)호칭은 일제 앞 잡이들이 자주 사용했다. 일본군의 (華北)병력은 186만, 중국 경내의 '황군'은 관동 군·(中國)파견군 양대 집단으로 나뉜다. 당시 동북삼성을 점령한 관동군 병력은 120 만에 달했다.

2009 흔구전역(忻口戰役, 1937.10)은 중국군이 산서성 흔구에서 일본군을 저격한 '태원 보위

렇게 회상했다. …평형관에서 팔로군은 적지 않은 손실을 입었다. 이는 임필시가 내린 결정이다(于化民 외, 2013: 172). 섭영진의 회상(聶榮臻, 2007: 278)에 따르면 평형관전역은 115사단 지휘부가 내린 결정이었다. 한편 '평형관 승전' 후 모택동과 장개석은 동시에 '축하 전보(9.26)'를 보냈다. 당시 '모장(毛蔣)'의 '축하 목적'[2010]은 사뭇 달랐다.

(八路軍)화북분회는 '팔로군의 지시(10.8)'를 발표했다. '지시'의 골자는 ① '평형관 승전'으로, 항전 의지 강화 ② '운동·유격전'으로, 승리를 쟁취 ③ (友軍)협력 작전, 팔로군 영향력 확대 ④ '화북 멸망' 숙명론 반대 등이다(周少華, 2013: 249). 양상곤은 이렇게 회상했다. …상기 '지시'는 임필시가 작성했다. 임필시는 '유격전 전개'에 주력해야 한다는 유소기의 주장을 '민족 실패주의'로 비난했다. 주은래는 '통일전선 결렬'을 방지해야 한다고 말했다(楊尚昆, 2001: 175). 10월 17일 모택동은 주덕·임필시 등에게 보낸 전보에 이렇게 썼다. …군분회의 '지시(10.8)'는 원칙적 과오를 범했다. '(指示)하달 중지'를 요구한다(逢先知 외, 2005: 31). 연안정풍(1943.11.4)에서 임필시는 이렇게 반성했다. …당시 우군과 팔로군의 작전 능력을 과대평가했다. 모택동은 이렇게 말했다. …낙천회의의 취지를 제대로 전달하지 않은 것이 주요인이다(章學新 외, 2014: 498). 상기 화북분회의 '지시'는 유소기의 '유격전' 주장을 비난한 것이다. 실제로 모택동

전(保衛戰)'이다. 전역에 참가한 중국군은 20만명, 중국군 지휘자는 염석산·위립황·주덕이다. 일본군 병력은 7만, 지휘관은 이타가키 세이시로이다. (雙方)사상자는 중국군 10만, 일본군 2만명이다. 결국 흔구전역의 패배로 태원·남경이 잇따라 함락됐다.

2010 '평형관 승전' 후 모택동은 최측근 임표의 작전 지휘력을 칭찬했으나 팔로군의 전력을 폭로한 (平型關)전투를 지지하지 않았다. 한편 황포군관학교 제자인 임표의 '승전'을 대거 축하한 장개석의 숨은 목적은 팔로군·일본군의 '양패구상(兩敗俱傷)'이었다. 결국 모택동은 평형관전역을 임의로 결정한 '임표·섭영진(林聶)조합'을 갈라놓았다.

의 '지시 비판(10.17)'은 주은래에 대한 불만을 표출한 것이다.

팽덕회는 군분회의 '지시(10.8)'에 관해 이렇게 회상했다. …산서성을 화북전쟁의 보루로 삼아야 한다는 '지시'의 취지는 태원 함락(11.8)으로 무색해졌다. 군분회의 동지들은 (敵後)유격전쟁의 중요성을 철저히 인식하지 못했다(彭德懷, 1981: 223). 팽덕회는 전방의 주요 지도자이며 군분회의 부서기(副書記)였다. 한편 '운동·유격전'을 주장한 팽덕회의 낙관적 전망이 '원칙적 과오'를 범한 군분회의 '지시' 발표에 부정적 역할을 했다.

9월 29일 모택동은 (山西)주은래·주덕에게 보낸 전보에 이렇게 썼다. …작전 방침은 대중의 지지를 쟁취하고 기동적 유격전을 전개하는 것이다. 모택동은 영국 기자 제임스 버트넘(James Bertram)[2011]와의 담화(10.25)에서 이렇게 말했다. …팔로군의 전술은 독립자주적 유격전이다(金冲及 외, 1996: 473). 또 그는 '지구전 논함(論持久戰)'[2012]이란 저서에 이렇게 썼다. …팔로군의 기본적 작전 방침은 유격전이다. 그러나 유리한 조건하에 운동전을 병행한다(毛澤東, 1991: 500). 실제로 전방의 '운동·유격전' 전술을 비판한 모택동은 '(山地)유격전'을 강조했다. 또 적후에서 대중을 발동해 유격전을 전개하고 '(八路軍)병력 확충'을 지시했다.

2011 제임스 버트넘(James Bertram, 1910~1993), 뉴질랜드 오클랜드(Auckland) 출생이며 영국 타임스(Times) 기자이다. 항전 초기 연안에서 모택동 등을 인터뷰, '모택동과 제임스 버트넘 담화(1937.10.25)'는 (毛澤東)선집에 수록, 대표작으로 '중국의 위기'·'화북전선' 등이 있다.

2012 '지구전 논함(論持久戰)'은 1938년 5월에 작성했다. 당시 '집필' 목적은 항전 10개월 간의 경험 정리와 '망국론'·'속승론'을 반박하기 위해서였다. 모택동은 (中國)항전을 전략적 방어·전략적 대치·전략적 반격 3개 단계로 나누고 팔로군의 (作戰)방침은 유격전을 전제로 운동전을 병행한다고 썼다. '지구전 전략'은 실제적 상황에 부합됐다.

모택동은 주덕 등에게 전보(10.6)를 보내 (友軍)협력작전을 지시했다. 흔구전역(10.13~11.2) 기간 팔로군은 우군을 협력하는 '협동작전'[2013]을 벌였다. 129사단은 일본군에게 포위된 증만종(曾萬鍾)[2014]의 부대 1000여 명을 구출했다. 흔구전역은 '국공 양당'의 성공적 협력 작전이다. 낭자관 (娘子關) 함락(10.28) 후 염석산은 흔구에서 퇴각(10.31)했다. 결국 일본군의 태원 공략(11.8) 후 팔로군의 (敵後)유격전쟁이 본격적으로 전개됐다.

독립자주적 (山地)유격전 방침은 군사전략가 모택동의 선견지명이었다. 한편 팽덕회·임표·임필시 등 전방의 팔로군 지도자들은 여전히 운동전 위주의 군사 작전에 집착했다. 태원 함락(11.8) 후 (敵後)항일근거지 개척과 독립적 유격전쟁이 주도적 지위를 점했다. 결국 이는 장개석의 '통일적 지휘' 복종을 강조한 모스크바(Stalin)의 지시에 위배됐다.

2. 스탈린의 '특사' 왕명의 도래, '12월회의(1937)'

왕명의 국내 귀환은 낙천회의에서 제정한 중공의 '독립자주적 방침'과 관련된다. 공산국제의 파견을 받은 한 왕명은 '소련 국익'[2015]을 대

2013 '(友軍)협동작전'을 위해 팔로군은 (敵後)유격전을 전개했다. 안문관(雁門關)을 점령한 120사단은 일본군 수송선을 차단, 115사단은 장가구(張家口)에서 흔구로 통하는 육로 교통을 봉쇄했다. 10월 19일 129사단은 양명보(陽明堡) 비행장을 습격, (日軍)전투기 24대를 불살랐다. 한편 팔로군의 '유격전 전개'는 흔구전역 협력을 위한 것이었다.

2014 증만종(曾萬鍾, 1894~1968), 운남성 대관(大關) 출신이며 국민당 중장이다. 1920~1940년대 (滇軍)제1여단장, 제5집단군 사령관, 제1작전구 부사령장관, 건국 후 운남성 정협 위원 등을 역임, 1968년 곤명(昆明)에서 병사했다.

2015 이른바 '소련 국익'은 '소련 보위'이다. 소련의 '동서협공(東西挾攻)'을 피하기 위해선 중국군의 '일본군 견제'가 필수적이라고 생각한 스탈린은 '(日軍)견제' 적임자로 '국군 통수권자' 장개석을 선택했다. 이 또한 공산국제가 중공에게 장개석의 '지휘 복종'을 강요한 주요인이다. 결국 스탈린의 '특사' 왕명은 귀국 후 '소련 국익'을 우선시했다.

변했다. '12월회의'에서 스탈린의 '성지(聖旨)'를 전달한 왕명은 낙천회의
방침을 전면 부정했다. 한편 수세에 몰린 모택동은 '퇴각(誘引)·반격·결
정타를 안기는 홍군의 '유격전술'을 왕명과의 권력투쟁에 이용했다.

왕명의 '카멜레온' 본색[2016]은 장개석에 대한 '태도 변화'에서 여실
히 드러났다. '8.1선언'에서 '반장(反蔣)' 구호를 제출한 왕명은 '구국시
보(救國時報)'[2017]에 '장개석의 자멸의 길'이란 사론(1936.2.24)을 발표해 '항
일토장(討蔣)'을 호소했다. 공산국제가 '(聯蔣)항일' 방침을 확정(7.7)한 후
그는 중공대표단 회의(7.22)에서 '장개석 옹호'를 강조했다. 모스크바가
'남경정부 복종'·'항일 우선시' 방침을 확정한 후 왕명은 장개석의 '통
일적 지휘'에 무조건 복종할 것을 요구했다. 왕명의 이런 '태도 변화'는
장개석에 대한 스탈린의 '입장 변화'[2018]와 크게 관련된다.

왕명이 '구국시보'에 발표한 문장(11.7)은 이렇게 썼다. …(對日)작전
을 위해 군대 통일과 단합된 국가정권이 절실하다(戴茂林 외, 2008: 203). 왕

2016 카멜레온은 빛의 강약과 온도, 감정 변화에 따라 몸의 빛깔을 바꾸는 동물이다. 한편
     권력자에게 영합하기 위해 비굴하게 태도를 바꾸는 기회주의적 행태에 대한 비판적
     인 표현이다. 실제로 스탈린의 '추종자'인 왕명은 공산국제의 정책 변화에 따라 수시
     로 입장을 바꿨다. 이 또한 기회주의자 왕명을 카멜레온에 비유하는 주된 이유이다.

2017 1935년 12월 9일 '구국시보(救國時報)'는 프랑스 파리에서 창간됐다. 전신은 '구국보
     (救國報)', 공산당원 오옥장(吳玉章) 등이 파리(Paris)에서 중문판(中文版)을 발행했다. 초
     기에는 주간(週刊)으로 발간됐으나, 1936년 1월(제6기)부터 5일간(刊)으로 출간됐다.
     1938년 8월 뉴욕에서 '선봉보(先鋒報)'와 합병, 1939년 10월에 정간(停刊)됐다.

2018 1936년 11월 독일과 일본은 '반공산국제(反共産國際)협정'을 체결했다. '동서협공' 위
     협을 느낀 스탈린은 '중국관계'를 더욱 중요시했다. 1937년 8월 소련은 남경정부와
     '중소(中蘇)상호불침조약'을 체결했다. 이 또한 서안사변에서 스탈린이 모택동에게
     '장개석 석방'을 강요하고 '장경국 귀국(1937.3)'을 허락한 주된 원인이다. 결국 '연장
     항일(聯蔣抗日)' 방침을 제출한 공산국제는 1937년 가을 왕명의 '연안(延安)' 귀환'을 결
     정했다.

명의 주장은 장개석의 '통일적 지휘' 복종을 강요한 모스크바의 입장을 대변했다. 이는 중공의 '독립자주적 원칙'과 '영도권 강화'를 주장한 모택동과 스탈린의 '특사'로 자처한 왕명 간 치열한 정치투쟁을 예고했다.

서기처 회의(1937.8.10)에서 디미프로프는 이렇게 말했다. …급속한 '정책 전환' 요구는 중공 지도자들이 수용하기 어려울 것이다. 자칫 그들이 공산당의 정체성을 포기할 가능성이 있다(中共中央黨史研究室, 2012: 3). 또 그는 이렇게 강조했다. …중공의 지도적 역량을 강화해야 한다. 국제 정세를 파악하고 정치적 리더십을 갖춘 지도자를 파견할 필요가 있다(袁南生, 2014: 439). 공산국제가 '왕명 귀국'을 결정한 것은 중공의 '정책 전환'을 협조하기 위한 것이었다. 상기 '정책 전환'은 중공이 남경정부를 협조해 항일투쟁에 주력하는 것이다. 한편 '왕명 귀국'이 '장개석 요청' 때문이라는 맹경수(孟慶樹)의 주장[2019]은 신빙성이 제로이다.

왕가상은 이렇게 회상했다. …스탈린이 홍군수를 물자 나는 3만명이라고 대답했다. 당시 왕명은 30만으로 부풀렸다. 또 스탈린은 중공은 민족해방투쟁에 적극 참가해야 한다고 강조했다(朱仲麗, 1982: 264). 스탈린은 왕가상에게 이렇게 말했다. …홍군은 모택동의 인솔하에 승리한 부대이다. 모택동의 건강을 축하한다는 나의 문안을 전하기 바란다(朱仲麗, 1985.12.16). 11월 11일 스탈린은 왕명 등에게 이렇게 말했다. …중국은 전투기·탱크 등 무기를 자체로 제조해야 한다. 중무기가 없는 팔로군은 정규전을 벌이지 말고 적을 후방으로 유인해 섬멸해야 한다(馬細譜

2019 맹경수(孟慶樹)는 '왕명 전기와 회고' 문장에 이렇게 썼다. …(抗日)통일전선 결성 후 장개석은 측근자 장충(張冲)을 모스크바로 파견해 왕명의 귀국을 요청했다(周國全 외, 2014: 265). 상기 맹경수의 주장은 신빙성이 제로이다. 왕명의 '국내 회귀'은 공산국제가 결정했다.

외, 2002: 60). 상기 주중려의 '모택동 관련'[2020] 회상은 신빙성이 낮다. 스탈린이 언급한 '민족해방투쟁'은 (國共)양당이 연합해 일제를 몰아내야 한다는 뜻이다. 한편 스탈린은 장개석에게 전투기·대포 등 중무기를 지원했다.

1941년 10월 왕가상은 이렇게 말했다. …디미트로프는 왕명에게 '총서기 사양'을 권고했다. 왕명은 스탈린에게 이렇게 말했다. …주달문(周達文)[2021]·유수송(兪秀松)[2022]은 트로츠키파이다(郭德宏 외, 2014: 264). 사철(師哲)[2023]은 이렇게 회상했다. …디미트로프는 주은래에게 이렇게 말했다. 미프가 트로츠키파로 체포됐을 때 왕명은 미프의 '죄행'을 적발했다. 그는 약삭빠른 이기주의자이다(師哲, 1983: 251). 우루무치(1937.11)에서 왕명은 성세재에게 유수송 등을 트로츠키파로 무함했다. 왕명은 '은사'인 미프에게 낙정하석(落井下石)을 서슴지 않았다. 이 또한 디미프로프가 배은망덕한 왕명을 '중공 총서기'로 추천하지 않은 이유이다.

2020 왕명·왕가상을 접견(1937.11)한 스탈린이 왕가상에게 …홍군은 모택동의 인솔하에 승리한 부대이며 모택동에게 나의 문안을 전달하기 바란다는 주중려(朱仲麗)의 회상은 신빙성이 매우 낮다. 당시 '회담 참가자'인 디미트로프의 일기에는 관련 기록이 없다. 한편 주중려의 '모택동 거론' 취지는 남편인 왕가상을 '변호'하기 위한 것이었다.

2021 주달문(周達文, 1903~1938), 귀주성 진원(鎭遠) 출신이며 공산주의자이다. 1923년 중공에 가입, 1924년 모스크바 동방대학 연수, 레닌학원 교사로 근무했다. 1937년 7월 트로츠키파로 체포, 1938년 4월 소련에서 처형됐다.

2022 유수송(兪秀松, 1899~1939), 절강성 주기(諸暨) 출신이며 공산주의자이다. 1920년, (上海)공산주의소조에 참가, 1920~1930년대 사회주의 공청단 서기, 신강(新疆)학원장, 1937년 트로츠키파로 체포, 1938년 소련에서 처형됐다.

2023 사철(師哲, 1905~1998), 섬서성 한성(韓城) 출신이며 공산주의자이다. 1926년 중공에 가입, 1930~1940년대 소련 (Siberia)국가안전부 근무, 중앙서기처 비서실장, 건국 후 중앙편역(編譯)국장, (外文)출판사장, 산동성 서기처 서기 등을 역임, 1998년 북경에서 병사했다.

디미트로프가 왕명을 '총서기'로 추천하지 않은 원인은 ① 정치적 리더십 결여 ② 미프에 대한 배신행위 ③ 정치적 경험 부족 ④ (代理人) 박고가 범한 정치적 과오 ⑤ 장문천의 '충성' ⑥ '후원자' 미프 숙청 ⑦ 스탈린의 '왕명 불신' 등이다. 스탈린이 왕명을 '총서기' 적임자로 간주하지 않은 원인은 ① 실전 경험과 정치적 리더십 부족 ② '트로츠키주의자' 미프와의 밀착관계 ③ 장정 불참, 군사 문외한 ④ 종파주의적 기질, 기회주의적 행태 ⑤ 서안사변 이중적 태도 ⑥ '지식인 출신' 지도자 불신 ⑦ '향충발 변절' 등이다. 실제로 '트로츠키파'가 발탁한 왕명을 '총서기'로 추천할 수 없었다. 향충발은 스탈린의 추천에 의해 총서기로 임명됐다. 소심한 스탈린이 '향충발 변절(1931.6)'을 교훈으로 삼은 것이다.

1937년 11월 스탈린이 왕명을 접견하고 '관련 지시'를 내린 것은 '(王明)특사 자격'을 부여한 것이나 마찬가지였다. 귀국 후 '스탈린 특사'로 자처한 왕명은 공산국제의 지시를 '당권 찬탈'에 이용했다. 이 또한 '호가호위(狐假虎威)'[2024]한 왕명이 귀국 초기 득세한 이유이다. '12월회의'에서 '특사'의 위엄에 눌린 중공 지도자 모택동은 코너에 몰렸다.

(中蘇)변경에 위치한 신강과 성세재에 대해 스탈린은 '각별한 관심'[2025]을 가졌다. 우루무치에 도착(1938.3)한 임필시는 성세재에게 이렇

2024 '호가호위(狐假虎威)'는 여우가 호랑이의 위세를 빌려 호기(豪氣)를 부린다는 뜻이다. 즉 실력이 없는 자가 위인(偉人)의 세력을 빌어 위세를 부리는 것을 가리킨다. 왕명은 스탈린 '특사' 신분을 이용해 '12월회의'에서 득세했다. '노련한 호랑이(老虎)' 모택동은 한발 물러서는 유인전술을 폈다. 결국 여우는 '노련한 호랑이'에게 잡아먹혔다.

2025 성세재를 모스크바에 요청(1938.8)한 스탈린은 이렇게 말했다. …(對日)작전 중 신강(新疆)의 역할은 매우 중요하다. 당신은 (國共)양당과 밀접한 관계를 유지해야 한다고 말했다(袁南生, 2014: 514). 스탈린은 모스크바를 방문한 성세재를 소련 공산당에 가입시

게 말했다. …중공은 '입당'을 동의하나 공산국제의 승낙을 받아야 한다(袁南生, 20003: 652). 1938년 8월 소련을 방문한 성세재는 스탈린의 접견을 세 차례 받았다. 귀국할 무렵 소련정부의 당국자가 성세재를 찾아와 그를 소공 당원으로 받아들인다고 말했다. 성세재의 당증(黨證) 번호는 1859118였다(熊廷華, 2009: 216). 귀국 후 성세재는 '친소친공(親蘇親共)'[2026] 정책을 실시했다. 한편 성세재의 '중공 가입'은 흐지부지해졌다. 1942년 '기회주의자'인 성세재는 '반소반공(反蘇反共)'[2027]으로 전향했다.

우루무치에 도착한 왕명 일행은 신강 독판(督辦) 성세재의 환대를 받았다. 왕명은 성세재에게 유수송 등을 트로츠키파로 체포할 것을 요구했다. 해방(解放)주간[2028]에 '트로츠키파를 숙청하자'는 글을 발표한 강

킨 목적은 '성세재 통제'를 통한 소련의 '신강 지배'이다(蔡錦松, 2005: 187). 소련은 성세재에 대한 군사적 원조와 경제적 지원을 아끼지 않았다. 소련 홍군의 '신강 파견'은 성세재의 '신강왕' 등극에 결정적 역할을 했다. 이는 성세재가 '친소친공(親蘇親共)' 정책을 펼친 주요인이다.

2026 소련정부는 성세재에게 전투기·장갑차 등 각종 무기를 지원했다. 또 750만 루블의 재정적 지원과 소련 전문가와 군사고문, 유수송(兪秀松) 등 중국 출신의 간부 20여 명을 신강(新疆)에 파견했다. 1936년 4월 성세재는 '반제·친소(親蘇)' 골자의 '6대 정책'을 실행했다(袁南生, 2003: 618). 결국 성세재의 '소련 친화(親和)' 정책은 (親共)관계를 유발했다. 1937년 11월 성세재는 왕명에게 '(延安)간부 파견'과 '중공 가입'을 신청했다.

2027 독소전쟁 폭발(1941.6) 후 성세재는 '친소(親蘇)' 정책을 변경했다. 장개석은 주소량(朱紹良)을 특사로 신강에 파견, '중앙군 진주(進駐)' 문제를 담판했다. 당시 국민당 충성을 맹세한 성세재는 장개석에게 보낸 편지(1942.7.7)에 '반소반공(反蘇反共)' 전환을 다짐했다. '기회주의자'인 성세재는 신강으로 파견된 (中共)간부에게 마수를 뻗쳤다. 한편 '변절자' 성세재에게 처형(1943.9.27)된 중공 간부는 모택민(毛澤民)·진담추(陳潭秋) 등이다.

2028 해방(解放)주간은 항전 시기 (中共)기관지이다. 1937년 4월 24일 창간된 (解放)주간은 연안해방사(延安解放社)가 편집, (延安)신화서점에서 출간했다. 1941년 8월 31일 (中共) 기관지 해방일보에 전력하기 위해 당중앙은 (解放)주간을 정간, (解放)주간은 총 134기를 발간했다.

생은 유수송·동역상(董亦湘)[2029]은 '일본 간첩' 진독수와 밀접한 관련이 있다고 주장했다(周國全 외, 2014: 266). 왕명은 '중공 가입'을 신청한 성세재의 손을 빌어 보복을 감행했다. 결국 이는 남의 손을 빌어 사람을 해치는 '이도살삼사(二桃殺三士)'[2030] 책략이다. 한편 왕명이 성세재와 밀모(密謀)해 황초·이특을 비밀리에 처형했다는 것이 학계의 중론이다.

1937년 8월 진독수의 대표 나한(羅漢)[2031]은 엽검영을 만나 조직관계 회복 요구했다. 서안에 도착한 나한은 임백거에게 진독수의 의향을 전달했다. 당중앙은 임백거에게 전보(9.10)를 보내 '3가지 조건'[2032]을 제출했다. 한편 왕명은 진독수를 '한간(漢奸)'으로 매도했고 강생은 진독수를 (上海)일본 특무기관의 조종을 받는 '일본 간첩'[2033]으로 모함했다. 진독수

2029 동역상(董亦湘, 1896~1939), 강소성 무진(武進) 출신이며 공산주의자이다. 1922년 중공에 가입, 1933년 소련의 원동(遠東) 내무부 정치보위국 (軍事)대표를 지냈다. 1937년 왕명의 모해를 받아 체포, 1939년 5월에 처형됐다.

2030 '이도살삼사(二桃殺三士)'는 '복숭아 두 알로 장사 셋을 잡는다'는 고사(故事)에서 비롯됐다. 남의 손을 빌어 자신의 적수를 제거한다는 뜻이다. 1937년 11월 우루무치에 도착한 왕명은 성세재에게 '트로츠키파' 유수송의 체포를 요구했다. 소련으로 압송된 유수송은 곧 처형됐다. 결국 성세재의 힘을 빌어 '정적'에게 정치적 보복을 감행했다.

2031 나한(羅漢, ?~1939), 호남성 유양(瀏陽) 출신이며 공산주의자이다. 1922년 중공에 가입, 1930년 중공을 이탈, '트로츠키파'로 전락했다. 1937년 가을 진독수(陳獨秀)의 대표로 서안을 방문, 1939년 중경(重慶)에서 사망했다.

2032 모택동이 제출한 '세 가지 조건'은 ① '트로츠키파'와 결별, '과오'를 반성 ② '(抗日)통일전선 옹호' 입장을 발표 ③ 실제적 행동으로 '통일전선 옹호' 등이다('林伯渠傳'編輯組, 1986: 214). 진독수는 당중앙이 제출한 '세 가지 조건'을 수용하지 않았다. 실제로 모택동은 이미 당적을 박탈당하고 '트로츠키파'로 전락한 진독수와 '합작'할 수 없었다.

2033 강생은 해방(解放)주간에 발표(1938.1)한 글은 이렇게 썼다. …진독수가 주도한 '트로츠키파중앙' 조직부장 나한(羅漢)은 상해의 (日本)간첩기관으로부터 매달 300원의 보조금을 받았다. 결국 진독수는 일본의 재정적 지원을 받는 '간첩'으로 몰렸다(郭德宏 외, 2014: 282). 상기 강생의 '글'은 진독수에 대한 모스크바의 입장을 대변한 것이다.

의 '중공 합작' 포기는 모택동이 제출한 '각박한 조건'이 주된 원인이다.

1937년 11월 14일 왕명·맹경수 부부와 강생·증산(曾山) 등은 모스크바에서 전용기를 타고 신강에 도착했다. 왕명 등은 적화(迪化, 우루무치)에서 1주간 체류했다. '신강왕(新疆王)'[2034]으로 불린 성세재는 공산국제가 파견한 왕명 일행을 환대했다. (新疆)팔로군 판사처 책임자 등발은 왕명에게 장회례(張懷禮)[2035]를 부관(副官), 파방정(巴方廷)[2036]을 경호원으로 배치했다. 11월 29일 왕명 일행이 탄 전용기가 (延安)공항에 착륙했다. 왕명의 아킬레스건은 국내 실정 무지와 정치적 리더십 부족이었다. 한편 '홍군 통솔자'로 자리매김한 후 '룰 메이커(rule maker)'[2037] 역할을 한 모택동은 실질적인 '(中共)최고 지도자'였다.

30대 초반의 왕명은 '정치적 애송'이었으나 산전수전을 겪은 모택동은 '3낙3기(三落三起)'를 마친 40대 중반의 '베테랑 정치가'였다. 모택

2034 1933년 9월 마중영(馬仲英)·장배원(張培元)의 협공으로 곤경에 처한 성제세는 소련정부에 구원을 요청했다. 1934년 1월 신강(新疆)에 진입한 소련 홍군의 도움을 받은 성세재는 '강력한 적수' 마중영·장배원을 크게 격파했다. 결국 스탈린의 '출병 원조(出兵援助)'로 강력한 군사적 라이벌을 물리친 성세재는 '신강왕(新疆王)'에 등극했다.

2035 장회례(張懷禮, 1916~1990), 안휘성 금채(金寨) 출신이며 공산주의자이다. 1934년 중공에 가입, 1930~1940년대 (少共)공청단위 서기, 제4야전군 (宣傳)대장, 건국 후 녕하(寧夏)군구 부사령관, 녕하회족(回族)자치구 부주임 등을 역임, 1990년 은천(銀川)에서 병사했다.

2036 파방정(巴方廷, 1915~1992), 안휘성 육안(六安) 출신이며 공산주의자이다. 1936년 중공에 가입, 1940년대 홍군 정치지도원, 군분구(軍分區) 부사령관, 건국 후 (湖北)군구 부정치위원 등을 역임, 1992년 무한(武漢)에서 병사했다.

2037 정강산(井岡山) 시절 '3대규율 8항주의'를 제정한 모택동은 '룰 메이커' 역할을 했다. 준의회의에서 복귀한 모택동은 '홍군 통솔자'로 자리매김(1935.11)했다. 또 그는 낙천회의(1937.8)에서 독립자주적 '(山地)유격전'을 팔로군의 작전 방침으로 확정했다. 왕명 귀국 전 '(中共)정책 제정자' 역할을 한 모택동은 사실상의 (中共)최고 지도자였다.

동은 주덕·임필시 등 홍군 지휘관의 절대적 신임과 장문천·왕가상 등 '소련파'의 지지를 받았다. 또 그는 (國共)담판의 막후 조정자였다. '유격전 달인' 모택동은 임충(林冲)²⁰³⁸이 기세등등한 홍교두(洪教頭)²⁰³⁹3와 무예를 겨룰 때 사용한 유인술을 폈다. 일단 한발 물러나 허점을 보인 후 치명타를 가하는 일종의 '유격전술'이었다. 결국 '검려기궁(黔驢技窮)'²⁰⁴⁰의 기량을 뽐낸 왕명은 곧 '(貴州)당나귀'의 진면모를 드러냈다.

'음수사원(飮水思源)' 제목의 환영사를 한 모택동은 이렇게 말했다. …당신들은 곤륜산(崑崙山)²⁰⁴¹에서 내려온 '신선(神仙)'²⁰⁴²이다(劉俊民,

---

2038 임충(林冲)은 수호전(水滸傳)에 등장하는 호한(好漢), '표자두(豹子頭)'라는 닉네임을 갖고 있다. 양산박(梁山泊)의 서열 6위, '5호장(五虎將)'의 일원이다. 80만 금군(禁軍) 교두로, 창술·봉술은 양산박 호걸 중 '제일의 실력'을 자랑한다. 한편 모택동은 송강(宋江) 등의 '조정 귀순'을 반대한 (教頭)임충을 '총명한 권사(拳師)'라고 칭찬했다.

2039 홍교두(洪教頭)는 소선풍 시진(柴進)의 집에 머물며 '식객(食客)' 노릇을 했다. 어느 날 시진인 80만 금군 교두 임충을 깍듯이 모시는 것을 본 홍교두는 무예를 겨룰 것을 요구했다. (武藝)교전이 시작된 후 홍교두는 기세를 몰아 '비겁자'인 임충을 행해 돌진했다. 한발 물러선 임충은 상대가 허점을 보이자 결정타를 날려 단번에 제압했다.

2040 '검려기궁(黔驢技窮)'은 (貴州)당나귀의 뒷발질로 '보잘것 없는' 기량을 뜻한다. 옛날 귀주(黔)에는 당나귀가 없었다. 당나귀 한 마리를 사온 이 지방의 농민은 근처의 야산에 풀어놓았다. 그 산에 살던 호랑이는 처음 보는 당나귀에게 감히 접근하지 못하고 주위를 빙빙 돌며 덤벼들 듯이 위협했다. 이에 당나귀는 '유일한 (攻擊)수단'인 뒷발질로 호랑이를 걷어찼다. (貴州)당나귀의 기량을 파악한 호랑이는 달려들어 순식간에 잡아먹었다.

2041 곤륜산(崑崙山)은 중국의 '제1신선산(神仙山)'·'만조지산(萬祖之山)'으로 불린다. 파미르고원 동부에서 시작된 신강·서장(西藏)·청해(靑海)성을 관통하는 곤륜산맥의 길이는 2500킬로미터, 평균 해발이 5500~6000미터에 달한다. 한편 곤륜산은 중국 신화에 나오는 도교(道敎) 최고 여신인 '서왕모(西王母)'가 살았다고 전해져 더욱 유명하다.

2042 '신선(神仙)'은 선도(仙道)를 수행해 '장생불사(長生不死)'하는 신화 속의 인물이다. 최고의 경지에 도달한 선인(仙人)이며 앞날을 예견하고 세상만사를 통찰한다. 모택동은 중공의 직속상관 공산국제를 신선이 사는 '곤륜산'에 비견했다. 또 '특사' 왕명을 곤륜산의 '신선'이라고 치켜세웠다. 이는 권모술수에 능한 모택동의 '연막(煙幕)전술'이다.

1982.1). 장국도는 이렇게 회상했다. …서로 포옹하며 친절하게 악수했다. 나눈 이야기는 겉치레 인사와 상대에 대한 찬사 일색이었다(張國燾, 1981: 417). 한편 '곤륜산'은 공산국제를 뜻하며 '신선'은 왕명에 대한 최고의 찬사이다. 이는 정적에 대한 모택동의 '선례후병(先禮後兵)'[2043] 책략이다.

이광찬(李光燦)[2044]은 이렇게 회상했다. 모택동의 연설 후 왕명은 이렇게 말했다. …우리는 공산국제와 스탈린이 파견을 받아 귀국했다. 별로 환영할 바가 못 된다. 환영할 사람은 모택동 동지이다(戴茂林 외, 1991: 287). 이덕(李德)은 이렇게 회상했다. …모택동의 지도적 역할을 강조하고 장국도를 포함한 집체적 영도의 중요성을 피력한 왕명은 장개석과 긴밀히 협력해야 한다고 말했다(李德, 1980: 298). 이덕의 회상은 자가당착적이다. 장국도의 '연안 이탈'은 왕명의 '배척'이 주요인이다. 이는 모택동과 왕명이 상대의 의중을 떠보기 위한 '연막전술'[2045]이었다.

모택동의 권력을 찬탈하기 위해 왕명이 귀국했다는 일각의 주장은 설득력이 떨어진다. 당시 '총서기'는 낙보였다. 왕명의 지위는 모택

2043 '선례후병(先禮後兵)'은 처음에는 예의로써 상대하지만 곧 싸움을 벌인다는 뜻이다. 먼저 예의를 지켜 상대한 후 통하지 않을 경우에는 강력한 수단이나 무력을 행사한다는 것이다. 실제로 모택동이 왕명을 곤륜산의 '신선'이라고 치켜세운 것은 스탈린의 '특사'이며 강력한 정적인 왕명에 대한 '선례후병(先禮後兵)'의 교묘한 책략이었다.

2044 이광찬(李光燦, 1918~1988), 산동성 양산(梁山) 출신이며 공산주의자이다. 1935년 중공에 가입, 1940년대 해방(解放)주간 편집장, 화북(華北)연합대학 교육장, 건국 후 요녕(遼寧)대학 부총장, 중국과학원 법학(法學)연구소장 등을 역임, 1988년 북경에서 병사했다.

2045 '연막(煙幕)전술'은 적이 볼 수 없도록 연막을 치는 전술이다. 즉 교묘하고 능청스러운 수단으로 상대방에게 문제 핵심을 숨겨 갈피를 못 잡게 한다는 뜻이다. '왕명(王明)귀국' 환영사에서 모택동은 왕명을 '곤륜산 신선'이라고 치켜세웠다. 당시 왕명은 당중앙이 자신을 '중공 영수'로 간주한다고 착각했다. 결국 모택동의 '연막전술'은 성공했다.

동보다 높았다(郭德宏 외, 2014: 270). 왕명의 '국내 회귀'는 공산국제가 맡겨준 임무를 완성하기 위한 것이다. 또 공산국제는 왕명의 '지도자 당선' 여부에 관심이 없었다(Thomas Campin, 1991: 85). 왕명의 '(毛)권위 도전'은 불가능했다. 실제로 왕명은 낙보의 (叢書記)지위를 대체하려고 시도했다. 이는 무한·연안의 '분정항례(分庭抗禮)'²⁰⁴⁶를 초래했다. 한편 '왕명 지위'가 모택동보다 높다는 주장은 지극히 아마추어적인 견해이다.

남경정부 대표 왕총혜(王寵惠)²⁰⁴⁷는 (駐華)소련 대사와 '(中蘇)상호불가침조약'²⁰⁴⁸을 체결(8.21)했다. 당시 소련과 영미(英美)의 '장개석 지원'이 일본군을 견제할 수 있다고 여긴 스탈린은 중공에게 '장개석 복종'을 강요했다(曹仲彬 외, 2008: 207). 공산국제의 '왕명 파견' 주목적은 '항일통일전선 결성'에 대한 (中共)추진력 강화이다. 한편 권력욕이 팽창한 왕명은 '총서기에 집착하지 말라'는 디미트로프의 충고를 귓등으로 흘렸다.

'12월회의'의 주된 의제는 왕명이 공산국제 지시를 전달하는 것이었다. 참석자는 장문천·모택동·왕명·강생·진운·주은래·박고·임백거·팽덕회·개풍·유소기·항영·장국도이다. 당시 장문천·유소기는 '모택동

2046 '분정항례(分庭抗禮)'은 지위·실력이 대등한 양측이 서로 상대를 인정하지 않고 대립하고 있는 상황을 가리킨다. '12월회의' 후 무한에 간 왕명은 장강국(長江局)을 개편해 (延安)중공중앙과 대립하는 국면을 연출했다. 결국 이는 무한·연안의 '분정항례(分庭抗禮)'를 초래했다. '6중전회' 후 '모왕(毛王)' 간의 '분정항례' 상황은 종결됐다.

2047 왕총혜(王寵惠, 1881~1958), 광동성 동완(東莞) 출신이며 국민당 우파이다. 1920~1940년대 중화민국의 사법부장·외교부장·국무총리 등을 역임했다. 1949년 대만(臺灣)으로 이주, 1958년 대북(臺北)에서 병사했다.

2048 1937년 8월 21일 남경·소련정부는 남경에서 '(中蘇)상호불가침조약'을 체결했다. '조약' 체결 후 소련은 남경정부에 경제적·군사적 원조를 했다. 1938~1939년 소련은 남경정부에 2.5억 달러의 '차관'을 제공, 전투기 등 대량의 중무기와 군사고문을 중국에 보냈다. 스탈린의 '장개석 지원'은 일본의 '소련 침공'을 견제하기 위한 것이다.

지지자'[2049]였고 강생·박고·개풍·항영은 '왕명 추종자'[2050]였다. 실제로 팔로군 대표 팽덕회와 주은래의 입장[2051]이 매우 중요했다. 한편 모택동·장문천 등의 저지로 '12월회의'는 (會議)결의안을 도출하지 못했다.

모택동은 모스크바에서 공인한 중공 지도자였지만 스탈린처럼 절대 권력을 행사할 수 없었다. 상임위 통솔권을 왕명에게 빼앗겼다. 항영은 모택동을 싫어했고 장국도는 그를 증오했다. 모택동은 멘셰비키로 전락했다(나창주, 2019: 500). 당시 모택동은 '영수 지위'를 확보하지 못했다. '상임위 통솔권'은 낙보와 모택동이 갖고 있었고 장국도는 측근 이특·황초를 '처형'한 왕명을 미워했다. 상기 '멘셰비키' 주장은 큰 어폐가 있다.

왕명의 '낙천회의 비평' 골자는 ① '결의안', 국민당의 정책 전환 무시 ② 통일된 국방군 역할 간과 ③ '항일 우선시' 정책에 위배 ④ '유격전 중심' 방침, 시대착오 등이다(黃修榮 외, 2012: 11). 유소기의 이름을 거론한 왕명은 그의 '소책자 주장'[2052]을 이렇게 지적했다. …유격전 전개

2049 '12월회의'에서 모택동은 득세한 (特使)왕명의 의해 코너에 몰렸다. 당시 모택동 지지자는 '총서기' 장문천과 북방국 책임자 유소기였다. 회의에서 '자기반성'을 한 장문천은 낙천회의의 독립자주적 원칙을 지지, 왕명의 '비평'을 받은 유소기는 모택동의 방침을 지지했다. 한편 '6중전회'에서 유소기는 왕명의 '과오 비판' 선봉장 역할을 했다.

2050 소련 주재 (中共)대표단 멤버인 강생은 왕명 추종자였다. 그러나 강생은 '3월회의(1938)'에서 '모택동 지지자'로 전향했다. 한편 '소련파'인 박고·개풍은 (毛張)권력투쟁에서 모택동을 지지했다. '12월회의'에서 왕명이 득세하자 박고 등은 '왕명 지지자'로 변신했다.

2051 '12월회의'에서 팔로군 지휘관 팽덕회는 모택동의 주장을 지지하지 않았다. '(國共)담판' 주도자 주은래는 왕명의 '통일전선 우선시' 주장을 찬동했다. 이들의 '입장 변화'는 모택동이 '코너에 몰린' 한 원인이다. 실제로 팽덕회·주은래는 모택동의 '(山地)유격전' 전술을 찬성하지 않았다. (延安)정풍에서 주은래·팽덕회는 심각한 반성을 했다.

2052 1937년 가을 유소기는 '(抗日)유격전쟁 중 기본적 정책문제(10.16)'라는 소책자에서 이

와 근거지 설립은 (抗日)통일전선 구축을 저해할 것이다(羅平漢, 2013: 129). 왕명의 취지는 (國共)합작과 항일통일전선 결성을 위해 중공의 독립성을 포기하고 무조건 '장개석 지휘'에 복종해야 한다는 것이다. 결국 이는 낙천회의에서 제정한 '독립자주적 방침'을 전면 부정한 것이다.

장국도는 이렇게 회상했다. …왕명의 언행은 '상방보검'을 갖고 온 암행어사를 방불케 했다. 왕명은 '성지(聖旨)'를 전달하듯이 공산국제 지시를 하달했다. 실전 경험이 부족한 왕명이 모택동의 적수가 못 된다는 것을 예감했다(張國燾, 1998: 424). '제3자'의 입장에서 느낀 장국도의 예감은 적중했다. 실제로 왕명은 스탈린의 '지시'를 전달하는 '특사'에 불과했다. 또 그는 공산국제가 임명한 '중공 총서기'가 아니었다. 결국 '뒷발질(黔驢之技)'을 사용한 후 호랑이에게 잡아먹힌 '(貴州省)당나귀'에 불과했다. 한편 허실을 파악하기 전 호랑이는 당나귀를 무서워했다.

장문천은 이렇게 주장했다. …낙천회의 결의안과 방침은 대체적으로 정확하다. 팔로군은 화북에서 '일본군 저지'에 큰 역할을 했다. 중공은 독립성을 확보해야 한다(程中原, 2012: 207). 12월 12일 장문천은 이렇게 말했다. …낙천회의에서 중공의 독립성과 비판 자유를 강조한 것은 매우 필요했다. 당시 '(山地)유격전'을 팔로군의 작전 방침으로 제정한 것은 정확했다(張樹德, 2012: 168). 실제로 낙천회의 결의안을 제정한 낙보가 왕명의 '비판'을 무조건 수용할 수 없었다. 결국 낙천회의에 대한 왕명의 '작심비판'[2053]은 '(毛洛)연맹'이 더욱 강화되는 결과로 이어졌다.

렇게 주장했다. …화북(華北)의 주된 임무는 유격전쟁을 광범위하게 전개하는 것이다. (敵後)유격전 전개는 적을 타격하는 가장 유효한 수단이다(黃崢 외, 2008: 259). 한편 유소기의 '소책자 주장'은 모택동의 '독립자주적 (山地)유격전' 전략과 일맥상통했다.

2053 낙천회의 결의안에 대한 왕명의 '작심 비판'은 모택동이 제출한 '독립자주 원칙'과 관

'12월회의'에서 유소기는 일부 참석자의 공격을 받았다. 소책자에서 유격전 역할을 과대평가한 유소기는 전쟁을 비관적으로 전망했고 실패주의적 성향이 강했다(金沖及 외, 1998: 299). 12월 12일 유소기는 이렇게 반성했다. …국민당의 정책 전환에 대한 인식이 부족했다. 전쟁에 대한 '비관적 전망'은 국민당의 소극적 항전과 관련된다(黃崢 외, 2008: 275). 유소기의 '반성'은 자기변호적 성향이 강했다. 그의 '반성'은 왕명의 '지명 비판'과 강생·주은래의 '유소기 비난'과 관련된다 '12월회의'에서 왕명의 주장에 '반대 의견'을 제출한 유소기는 '모택동 지지자'였다.

유소기는 이렇게 설명했다. …'유격전 전개'는 (勞農)무장을 설립하기 위한 것이다. 소책자를 쓴 목적은 유격전 견지와 통일전선 확대이다 (金沖及 외, 2008: 276). '6중전회'에서 모택동은 이렇게 말했다. …유소기의 '유격전 견지' 주장은 정확했다(毛澤東, 1991: 539). '12월회의'의 또 다른 쟁점은 '유격전'과 '통일전선'을 둘러싼 유소기·주은래의 '의견 대립'이었다. 결국 유소기는 '모택동 지지자', 주은래는 '왕명 추종자'로 전락했다.

강생(康生)은 이렇게 말했다. …중공은 장위원장(蔣委員長)의 지휘에 복종해야 한다. 향후 국민당의 '소극적 항전'을 거론하지 말아야 한다 (張樹軍 외, 2001: 157). 주은래는 이렇게 발언했다. …산서의 상황으로 볼 때 '항일 우선시' 방침은 실행되지 않았다. '독립자주' 원칙에 대한 지나친 강조는 통일전선 구축에 부정적 역할을 했다(中共中央文獻研究室, 1989: 393). 얼마 후 기회주의자 강생은 '모택동 추종자'로 변신했다. 한편 주은래의 발언은 유소기의 '(小冊子)독립자주 원칙'을 정면으로 비난한

련된다. 낙천회의에서 모택동이 제정한 '독립자주 원칙'은 공산국제가 확정한 '통일전선 우선시' 방침에 위배된다. 실제로 왕명의 (中共)독립성' 비판은 공산국제의 지시에 따른 것이다. 한편 '12월회의'에서 스탈린의 '특사' 왕명의 득세는 당연한 결과였다.

것이다. 실제로 왕명의 '(劉少奇)소책자 비판'을 지지한 것이다.

주서(朱瑞)의 회상(1945.3.12)에 따르면 (太原)연석회의(1937.9)에서 주은래와 유소기는 유격전쟁 방침을 놓고 '치열한 설전'을 벌였다. 양상곤의 회상에 따르면 주은래는 '운동전·통일전선' 중요성을 강조한 반면 유소기는 '(敵後)유격전·독립자주' 원칙을 중요시했다. 당시 모택동은 유소기의 손을 들어줬다. 연안정풍에서 유소기는 '중공 2인자'로 부상했다. 한편 동갑내기인 주은래·유소기는 30년 간 '견원지간'[2054]으로 지냈다.

'12월회의'에서 왕명은 유소기의 '(小冊子)주장'을 비평한 것은 '유소기 후원자' 모택동을 겨냥한 것이다. 이는 모택동과 유소기의 연맹을 촉성했다(周國全 외, 2014: 278). '12월회의'에서 모택동과 왕명은 중공의 '최고 권력'을 양분했다. 스탈린의 '특사' 신분을 이용해 득세한 왕명이 득의양양해할 때 모택동은 와신상담(臥薪嘗膽)[2055]을 하며 힘을 비축했다(高華, 2002: 131). 당시 왕명의 '유소기 지탄'은 '지상매괴(指桑罵槐)' 계책이었다. 한편 호랑이가 (貴州)당나귀를 공격하지 않은 것은 '허실 탐문'이었다. 실제로 승부의 저울추는 이미 모택동에게 기울어져 있었다.

모택동은 통일전선 구축에 영향을 주지 않는 전제하에 중공 이익

2054 주은래와 유소기의 '앙숙관계'는 낙천회의와 크게 관련된다. 유소기는 모택동의 '(山地)유격전' 방침을 지지했으나, 주은래는 '운동전' 위주의 작전을 주장했다. 연안정풍(1943)에서 모택동의 신임을 얻은 유소기는 '중공 2인자'로 부상, 주은래는 (權力)서열이 하락했다. 실제로 1940~1950년대 유소기와 주은래는 앙숙인 '견원지간'이었다.

2055 와신상담(臥薪嘗膽)은 원수를 갚기 위해 섶에 누워 쓸개를 맛보는 등 괴로움을 참고 견딘다는 뜻이다. 월왕(越王) 구천(勾踐)이 오나라에 참패한 후 쓸개를 핥으며 마침내 복수에 성공했다는 고사에서 비롯됐다. 한편 모택동의 '와신상담'은 어폐가 있다. 당시 (政敵)장국도를 제거한 모택동은 홍군 통솔자 지위를 확보했다. 또 (毛洛)체제는 건재했고 팔로군 지도자 주덕·임필시와 모스크바 주재 (中共)대표 왕가상의 지지를 받았다.

을 도모하려고 했다. '12월회의'에서 모택동은 전략적 과오를 시인했다
(楊奎松, 1999: 60). '12월회의'에서 정책적 과오를 반성한 모택동은 '회의
에서 고립됐다'고 회상했다(袁南生, 2003: 538). 모택동이 '전략적 과오'를
시인했다는 주장은 설득력이 떨어진다. 모택동은 시종일관 '독립자주'
방침이 정확하다고 주장했다. 또 '회의 고립'과 '과오 반성'은 직접적
연관이 없다.

   '12월회의'에서 많은 참석자가 왕명의 보고를 지지했다. 이는 왕명
이 그의 주장이 '스탈린 의견'이라고 강조했기 때문이다. 회의에서 발
언(12.11)한 모택동은 낙천회의 방침은 정확했다고 주장했다('第一研究部',
1988: 497). 낙천회의 결의안을 비판한 왕명은 모택동의 정책을 정면으로
반대했다. 모택동은 왕명의 주장을 철학적으로 반박하려고 애썼다(V.
Pantsov, 2017: 453). 실제로 왕명의 '낙천회의 비판'을 반대한 모택동은 시
종일관 '독립자주'의 방침을 포기하지 않았다. 한편 상기 '철학적 반박'
은 '장관이대(張冠李戴)'[2056]로 문제의 본질을 제대로 파악하지 못했다.

   모택동은 이렇게 주장했다. …통일전선은 국공 간 대등한 협력이
다. 국민당은 공산당의 정치적 주장을 수용하게 해야 한다. 중공이 무
조건 국민당에 복종한다면 공산당의 정체성을 잃을 것이다(中共中央文獻
硏究室, 1996: 508). 왕명의 '항일 우선시' 주장은 국익을 중시한 스탈린의
견해였다. 소련 국익을 우선시한 스탈린의 '특사' 왕명은 '성지 전달'에

2056 '장관이대(張冠李戴)'는 장씨의 모자를 이씨가 썼다는 뜻으로, 이름과 실상이 일치하지
     않다는 것이다. 또 사건의 진상을 제대로 파악하지 못하고 본질을 간파하지 못했다
     는 뜻으로 사용된다. '유청일찰(留青日札)'에서 기원했다. 한편 소련 학자가 주장한 모
     택동의 '철학적 반박'은 '장관이대'로 문제의 본질을 파악하지 못했다. 실제로 1937
     년 여름에 출간한 '실천론'·'모순론' 등 철학 저서는 '12월회의(1937)'와 직접적인 관
     련이 없다.

충실했다. 이는 왕명이 '(中共)영수 자격'[2057]을 갖추지 못했다는 단적인 방증이다.

모택동은 이렇게 주장했다. …중공의 기본적 원칙은 군대 보존이다. 이 원칙을 전제로 생존과 발전을 모색해야 한다. 중공의 '독립자주'는 일본군과의 독립적 작전을 뜻한다. (山地)유격전은 홍군의 장점이다(楊奎松, 2010: 364). 12월 12일 모택동은 작전 방침을 이렇게 설명했다. …항일전쟁은 지구전이다. 아군은 유격전을 전제로 운동전을 전개해 적군을 섬멸해야 한다(逄先知 외, 2005: 41). 상기 유격전을 전제로 한 '운동전 전개'는 모택동이 팔로군 전방 지휘관의 의견을 수용한 것이다. 한편 '국군 통솔자' 장개석은 모택동의 '지구전' 전략을 항일전쟁에 적용했다.

왕명이 득세한 원인은 ① '특사'의 특수한 신분 ② 귀국 전 스탈린 접견 ③ 공산국제 파견자 ④ 전방 지휘관의 '(山地)유격전' 방침 불만 등이다(王龍彪 외, 2013: 138). 연안정풍(1943.11)에서 모택동은 이렇게 술회했다. …'12월회의'에서 고립된 나는 독립자주적 원칙을 견지했다. 당시 일부 '무골호인(無骨好人)'[2058]은 자기반성을 했다(金冲及 외, 2004: 525). 왕명

2057 '중공 영수(領袖)'가 모름지기 갖춰야 할 자격(資格)은 ① 일관적인 정치적 주장과 강력한 리더십 ② 정치적 지도력과 (軍事)실전 경험 ③ 군사적 리더십과 군사전략가 자질 ④ 문무(文武) 겸비와 강인한 의지력 ⑤ 강력한 통치력과 '선견지명(先見之明)' ⑥ 중공의 '강력한 적수'인 장개석과 대결할 수 있는 정치적 자력과 (軍隊)통솔력 등이다. 실제로 '기회주의자'인 왕명이 갖춘 것은 '(貴州省)당나귀'의 '검려지기(黔驢之技)' 뿐이었다.

2058 '무골호인(無骨好人)'은 줏대가 없는 호인(好人)이라는 뜻으로, 성격이 착해 남의 비위나 잘 맞추는 사람을 풍자하는 말이다. 당시 모택동이 언급한 '무골호인'은 '12월회의'에서 왕명의 기세에 눌려 자기반성을 한 장문천 등을 가리킨다. 한편 회의에서 낙보는 낙천회의에서 결정한 '독립자주적 방침'은 정확했다고 주장했다. 결국 이는 모택동이 '12월회의'에서 '왕명 주장'을 지지한 주은래·팽덕회 등을 간접적으로 비판한 것이다.

과 정면대결을 피한 모택동이 '코너에 몰린 것(孤立)'은 주은래·팽덕회 등이 '왕명 주장'을 지지했기 때문이다. 한편 '무골호인'은 왕명의 기세에 눌려 자신들의 '과오'를 반성한 낙보·유소기를 가리킨다.

'12월회의'에서 팔로군의 지도자 팽덕회는 모택동과 왕명 간 '의견 대립'에서 중립을 지켰다. 팽덕회는 '(山地)유격전' 방침에 대한 왕명의 '비판'에 찬성했다(張樹德, 2008: 98). 팽덕회는 이렇게 술회했다. …'12월회의'에서 나는 모택동의 정확한 노선을 지지하지 않았다. 또 왕명의 잘못된 주장에 대해 애매모호한 태도를 취했다(彭德懷, 1981: 225). 회의 후 팽덕회는 낙보가 작성한 '대강(大綱)'[2059]을 팔로군 지휘관에게 전달했다. 결국 (毛彭)관계가 재차 소원해졌다. 한편 여산회의(1959)에서 모택동은 팽덕회가 '왕명노선(王明路線)'[2060]을 추종했다고 비판했다.

'12월회의'는 왕명·진운·강생을 서기처 서기[2061]로 보충했다. 주은

2059 팽덕회는 회고록에 이렇게 썼다. …회의 후 나는 낙보가 작성한 '12월회의 총결과 정신'이란 '대강(大綱)'을 갖고 화북에 돌아가 팔로군 지도부에 전달했다. 또 '대강'에 세가지 원칙을 보충했다. ① 당의 영도 확보 ② 노농(勞農)비중 확대 ③ 정치선전 견지 등이다(彭德懷, 1981: 226). 실제로 모택동의 '(山地)유격전' 방침을 반대한 팽덕회는 '병력집중'의 운동전을 견지했다. 팽덕회가 주도한 '백단대전(白團大戰)'이 단적인 증거이다.

2060 '왕명노선(王明路線)'은 1930년대 초반 (左傾)모험주의와 항일전쟁 초기 (右傾)기회주의를 지칭한다. 실제로 홍군의 참패를 초래한 (左傾)모험주의 장본인은 박고·이덕(李德)이다. 항일전쟁 초기 왕명은 '통일전선 우선시'의 (右傾)기회주의 과오를 범했다. 이른바 '왕명노선'은 소련의 국익을 위해 (中共)이익을 희생하는 스탈린의 '우경적(右傾的)' 정책이다. 한편 '스탈린 대변인' 역할을 한 왕명은 철두철미한 (右傾)기회주의자였다.

2061 '12월회의'에서 왕명·진운·강생이 서기처 서기로 보선됐다. '서기처 서기'는 정치국 상임위원에 해당된다. '왕명 귀국' 전 서기처 멤버는 모택동·장문천·주은래·박고 4명, '12월회의' 후 서기처 멤버는 7명이었다. 일각에서 주장하는 '5명'·'9명'은 사실과 어긋난다.

래·항영·박고·동필무로 장강국(長江局)[2062]을 설립하고 당의 일상사무는 장문천, 군사문제는 모택동, 통일전선은 왕명이 맡았다. 또 '(七大)준비위원회'[2063]를 설립해 모택동을 주석, 왕명을 서기로 임명했다. 한편 왕명의 '무한 체류'[2064]로 장강국과 (延安)중앙의 대립 국면이 형성됐다.

'12월회의'에서 '특사' 왕명이 득세했다. 이는 정치 고단수인 모택동이 '한발 물러서는' 유인술을 펼친 것과 관련된다. 모택동의 연막전술에 넘어간 왕명은 최고 권력에 대한 욕망을 포기하지 않았다. 또 (得勢)여세를 몰아 '(中共)7대 준비위원회' 서기직을 맡은 왕명은 모택동과 '권력'을 양분했다. 결국 이는 무한·연안의 '분정항례' 국면을 초래했다.

3. 무한·연안의 '분정항례(分庭抗禮)', '6중전회(1938)'

장개석의 '만류'로 무한에 남은 왕명은 장강국의 업무를 총괄했다. 왕명의 '우경적 행보' 가속화로 장강국과 (延安)중앙의 '분정항례' 국면이 나타났다. 한편 '3월회의(三月會議)'[2065] 후 공산국제 (中共)대표로 파견

2062 중공중앙은 세 차례 장강국(長江局)을 설립·철회했다. 1927년 10월 나역농을 서기로 한 장강국은 설립된 지 한 달 후 철회, 1930년 8월 항영을 서기로 한 장강국은 4개월 후 폐지됐다. 한편 '12월회의(1937)'에서 장강국을 회복했다. 왕명이 서기, 주은래가 부서기를 맡았다. 왕명이 장강국을 주도한 후 무한·연안의 대립 구도가 형성됐다.

2063 '12월회의'에서 통과된 '결의안(12.13)'은 '7대(七大) 개최'를 위한 '준비위원회(25명)' 설립했다. '준비위원회' 주석은 모택동, 왕명을 서기(書記)로 임명했다. 또 '결의안'은 '중공 7대'에서 왕명이 정치보고, 모택동이 사업보고를 하기로 결정했다(胡喬木, 1994: 367). 이는 '12월회의'에서 득세한 왕명이 '총서기' 장문천을 대체했다는 반증이다.

2064 왕명은 무한에서 8개월(1937.12~1938.8) 간 체류했다. 왕명의 무한행(武漢行)은 장개석의 '요청'과 관련된다. '(抗日)통일전선' 책임자인 왕명의 '무한 체류'는 사세고연이었다. 한편 왕명은 장강국을 '제2정치국'으로 개편, (延安)당중앙과 '분정항례' 국면이 나타났다. 결국 '통일전선 우선시'를 강조한 왕명은 '장개석 대변인' 역할을 했다.

2065 '3월회의(三月會議)'는 왕명의 제의에 근거해 중공중앙이 1938년 2월 27일부터 3월 1

된 임필시는 모택동의 영수(領袖) 지위 확보에 중요한 역할을 했다. '6중전회(1938)'에서 정치보고를 한 모택동은 중공 영수로 자리매김했다.

'9성통구(九省通衢)'[2066] 무한은 전국의 정치 중심이었다. 남경 함락(1937.12) 후 많은 군정기관이 무한으로 이전했고 전민항전(全民抗戰)[2067] 등 진보적 간행물이 무한에서 발간됐다. 동필무가 무한에 팔로군 판사처를 설립(1937.10)한 후 (南京)판사처 직원은 무한으로 철거했다. (敵後)기관지 군중주간(群衆週刊)'[2068]과 장강국의 기관지 신화일보가 무한에서 출간됐다. 이 또한 '12월회의'에서 '(武漢)장강국 설립'을 결정한 이유이다.

12월 23일 중공 대표단과 장강국은 연석회의를 열었다. '연석회의'의 결정은 첫째, (中共)대표단과 장강국을 합병한다. 둘째, 장강국 위원은 왕명·주은래·항영·박고·엽검영·동필무·임백거 7명이다. 셋째, 장강

일까지 연안에서 개최한 정치국 회의를 가리킨다. 회의 참석자는 모택동·왕명·장문천·주은래·강생·임필시·개풍·장국도(8명)이다. 회의에서 정치보고를 한 왕명은 여전히 '통일된 군대'·'통일적 지휘' 복종을 강조했다. 한편 모택동·장문천·임필시는 왕명의 '우경 과오'를 지적했다. '3월회의' 후 왕명은 제멋대로 '3월회의 총결'을 발표했다.

2066 '9성통구(九省通衢)'는 사통팔달(四通八達)한 교통 중추라는 뜻이다. 중국 내지에서 가장 큰 수륙공(水陸空) 교통 중심인 무한(武漢)은 장강(長江) 중류의 항운(航運) 중심이었다. '남경 함락' 후 남경정부가 무한으로 이전, 중공중앙은 (武漢)팔로군 판사처를 설립(1937.10)했다. 한편 장개석의 '대변자' 왕명은 '무한 보위전(保衛戰)'을 주창했다.

2067 전민항전(全民抗戰)은 국민당 통치지역에서 발행한 진보적인 간행물이다. 1938년 7월 7일 무한(武漢)에서 창간됐다. 심균유(沈鈞儒)의 전민주간(全民週刊)과 추도분(鄒韜奮)의 항전(抗戰)주간이 합병, '3일간(三日刊)'으로 출간했다. 당시 '칠군자(七君子)'인 추도분이 (全民抗戰)편집장을 맡았다. 1941년 2월 22일 국민당 당국에 의해 폐간됐다.

2068 군중주간(群衆週刊)은 1937년 12월 11일 한구(漢口)에서 창간, 중공이 '백구(白區)'에서 발간한 진보적 간행물이다. 1938년 10월 25 일본군이 한구 점령 후 폐간, 그해 12월 중경에서 복간(復刊)됐다. 1947년 1월 (群衆週刊)홍콩판을 출간, 1949년 10월 20일 정간됐다.

국 서기는 왕명, 주은래를 부서기로 임명한다. 넷째, 장강국 산하에 '6개 부서'[2069]를 설치한다(金沖及 외, 1998: 484). 한편 왕명이 '중공 지도자'로 자처한 후 (武漢)장강국과 (延安)당중앙 간 '의견 대립' 국면이 초래됐다.

중공중앙은 공산국제에 보낸 보고서(12.28)에 왕명의 무한행에 대해 이렇게 썼다. …왕명의 무한행 목적은 '장개석 회담'이다. 얼마 전 장개석이 왕명을 무한으로 요청했다(中共中央文獻硏究室, 1998: 481). 장개석이 왕명을 무한에 요청한 것은 공산국제의 입장을 파악하기 위한 것이었다. 한편 장개석의 '(武漢)잔류' 요청을 수락한 왕명은 무한에 남아 장강국을 개편했다(金沖及 외, 1996: 588). 왕명을 '중공 영수'로 치켜세운 장개석의 '(武漢)잔류 요청'은 정치적 의도가 깔려 있었다. 이는 장개석이 '모왕(毛王)' 관계를 이간질을 시키기 위한 은밀한 계략이었다.

장강국의 개편은 전형적 '선참후주(先斬後奏)'[2070]였다. 당시 과반수의 정치국 위원이 집결된 (武漢)장강국은 '제2정치국'으로 불렸다. 장개석의 '암묵적 지지'로 기고만장해진 왕명은 대놓고 (延安)당중앙을 무시했다. 한편 '3월회의'에서 모택동은 임필시를 히든카드(hidden card)로 사용해 승부수를 띄웠다. 회의 후 '임필시 (蘇聯)파견'은 왕명에게 치명적

2069 장강국을 개편(12.23)한 왕명은 산하에 6개 부서를 설치했다. ① 비서처, 이극농(秘書長) ② 참모부, 엽검영(參謀長) ③ 민운부(民運部) 동필무(部長) ④ 조직부, 박고(部長) ⑤ 선전부, 왕명(部長, 후 개풍) ⑥ 당보(黨報)위원회, 왕명이 책임자를 맡았다(劉伯根 외, 2007: 403). 한편 왕명은 장강국 산하의 각 부문 책임자를 독단적으로 결정했다.

2070 선참후주(先斬後奏)는 최고 권력을 상징하는 황제 보검을 하사받은 자가 '먼저 처단하고 나중에 보고하는' 권한을 지칭한다. 상급자의 허락을 받지 않고 독단적으로 일을 처리한 후 나중에 상급기관에 보고하는 독선적 행위를 가리킨다. 한편 왕명의 '장강국 개편'은 전형적 '선참후주'이다. 결국 이는 무한과 연안의 대립 구도를 형성했다.

결정타가 됐다. 결국 이는 모택동 특유의 '이이제이(以夷制夷)'[2071] 계책이었다.

장개석과의 제1차 회담(12.21)에서 왕명은 '(國共)양당관계위원회' 설립을 제출했다. 왕명의 제의를 수락한 장개석의 목적은 소련의 '무기지원' 확보였다. 1938년 초 장개석은 '(軍委)정치부'를 신설했다. 주은래는 당중앙의 동의를 거쳐 부부장직을 수용했다. 이는 주은래의 '국민당전향'을 유도하기 위한 장개석의 책략이었다. 한편 '제2정치국(長江局)' 2인자 역할을 한 주은래는 왕명의 '(右傾)과오' 책임에서 결코 자유로울 수 없다.

왕명이 중공중앙 명의로 발표한 '시국 선언(12.25)'은 이렇게 썼다. …중공은 국민당과 연합해 '공동구국'을 해야 한다. 이를 위해선 통일된 국방군을 설립해야 한다(中央黨案館, 1991: 412). 왕명은 '시국 관건'이란 연설(12.27)에서 장개석을 이렇게 평가했다. …전국 항전을 이끄는 최고 지도자로 불멸의 민족영웅이다(周國全 외, 1989: 325). 왕명의 '연설' 취지는 중공의 '독립자주 원칙'을 포기하고 장개석의 지휘에 복종해야 한다는 것이다.

왕명은 주덕 등 팔로군 지휘관에게 보낸 전보(1938.1.28)에 이렇게 썼다. 첫째, '(邊區)통전'은 통일전선에 악영향을 미친다. 둘째, (邊區)명의는 국민당의 유언비어를 확산시킨다. 셋째, '통전'은 장개석의 불만을 야기할 것이다(李明三 외, 1989: 328). 왕명이 당중앙에 보낸 전보(2.9)의 골자

2071 '이이제이(以夷制夷)'는 적을 이용해 다른 적을 제어(制御)한다는 뜻이다. '이이제이'는 '반대자(蘇聯派)'의 전향을 유도해 정적을 제거하는 모택동의 '정치적 술책'이었다. '3월회의' 후 모택동은 '소련파' 임필시를 모스크바에 파견했다. 결국 '소련파' 왕가상이 갖고 온 공산국제의 '중요한 지시'에 의해 정적 왕명을 '6중전회'에서 제어했다.

는 ① 국민당의 '당정군(黨政軍) 통일' 주장을 찬성 ② 모택동 명의로 왕명이 '담화문' 작성 ③ '남경정부 옹호'의 중공 입장 발표 등이다(曹仲彬 외, 2008: 219). 왕명은 제2전구(戰區) 최고 장관 염석산의 허락을 맡은 후 중공이 '통전'을 발표해야 한다고 주장했다. 한편 자신을 중공중앙의 '최고 책임자'로 착각한 왕명은 '장개석 대변인' 역할을 했다.

팔로군 지휘관에 대한 왕명의 '지시'는 모택동의 권위를 무시한 '월조대포(越俎代庖)'[2072]로 월권(越權) 행위이다. 신화일보에 담화문을 발표(2.10)한 왕명은 시간이 급박해 (延安)중앙의 허락을 받지 못했다고 핑계를 댔다. 왕명의 '선참후계'는 당중앙을 안중에 두지 않았다는 반증이다. 한편 왕명의 '(毛)명의 도용'은 모택동의 영향력을 인정한 것이다.

모택동은 주덕에게 보낸 전보(2.9)에 이렇게 썼다. …열하성(熱河省)[2073]과 무룡산(霧龍山) 지역에 정예부대를 파견해 근거지를 창설해야 한다. 파견부대의 지휘관은 작전 지휘력이 강해야 한다(毛澤東, 1993: 153). 1938년 5월 모택동의 지시에 근거해 섭영진은 팔로군 제4종대 정치위원 등화(鄧華)[2074]를 파견해 '유격전 전개'와 '근거지 개척'을 명령했다(張

2072 '월조대포(越俎代庖)'는 제사를 담당하는 사람이 부엌에 들어가 음식을 만든다는 뜻이다. 자신의 직분을 벗어나 남의 영역에 뛰어들어 주제넘은 행동을 하는 것을 가리킨다. 당시 '특사' 신분을 이용해 당중앙 위에 군림한 왕명은 '장개석 대변자' 역할을 했다. 팔로군 지휘관에 대한 왕명의 '지시'는 모택동의 권위를 무시한 '월조대포'였다.

2073 열하성(熱河省)은 중국의 (省級)행정구로 '동4성(東四省)'의 하나였다. (省)소재지는 승덕(承德), 1914년 '(熱河)특별구(特別區)' 설립, 1928년 '열하성(省)'으로 개편됐다. 1955년 7월 중국정부는 열하성을 철회, 관할지역은 내몽골(內蒙古)·하북(河北)·요녕성(遼寧省)에 분포됐다.

2074 등화(鄧華, 1910~1980), 호남성 침현(郴縣) 출신이며 개국상장이다. 1927년 중공에 가입, 1930~1940년대 '홍1군단' 1사단 정치위원, 제4야전군 15병단 사령관, 건국 후 (志願軍)부정치위원, 동북군구 부사령관, 군사과학원 부원장을 역임, 1980년 상해(上海)에

樹德, 2012: 170). 등화는 10만여 명의 항일무장을 설립하고 (冀東)근거지를 창설했다. 1938년 봄여름 산서에 4개 (抗日)근거지가 설립됐다. 이는 화북지역에서 팔로군의 '유격쟁 전개'에 유리한 조건을 마련했다.

모택동은 항영·진의에게 보낸 답전(2.15)에 이렇게 썼다. …소절환(蘇浙皖) 지역에서 유격전을 전개해야 한다. 같은 날 모택동은 주덕 등에게 전보를 보내 이렇게 지시했다. …하북·산동·강소 지역에서 (抗日)근거지를 개척해야 한다(逄先知 외, 2005: 49). 2월 하순 모택동은 미국 통신사(UPI) 기자 왕공달(王公達)[2075]에게 이렇게 말했다. …팔로군은 화북에서 유격전을 전개하고 있다. 이는 '국토 수복'의 확고한 기반이 될 것이다 ('解放', 1938.3.5). 모택동은 팔로군 129사단에 전보(4.21)를 보내 하북·산동의 '유격전 전개'를 지시했다. 유격전은 '사세당연'이었다.

2월 23일 모택동·임필시가 연명으로 내린 '(八路軍)행동방침 지시'는 이렇게 썼다. …하북에 진출한 팔로군은 근거지를 개척해 중원을 확보해야 한다. 1개 사단의 병력을 산서·하북에 남겨 우군을 지원해야 한다 (中央黨案館, 1991: 426). 한편 모택동은 임필시를 총정치부 주임으로 임명했다. (紅軍)총정치위원이 '철회'[2076]된 상태에서 총정치부 주임은 막강한 실세였다. 결국 '(毛任)연합'은 모택동의 '왕명 제어'에 결정적인 역할을

서 병사했다.

2075 왕공달(王公達, 1909~?), 산동성 임기(臨沂) 출신이며 美國 UPI 기자를 역임했다. 1938년 2월 연안(延安)에서 '중앙군위' 주석 모택동은 인터뷰했다. 1946년 국민당 중앙사(中央社) 기자, 1954년 미국으로 이주했다.

2076 '국공합작' 후 홍군의 정치위원 제도가 철폐됐다. 당시 팔로군은 국민당의 요구에 따라 정치위원 대신 '정훈처(政訓處)'를 설치했다. 한편 이 시기 중공중앙의 '총정치위원 철회'는 총정치위원 장국도의 '홍군 분열'과 관련된다. 1938년 1월 중앙군위 주석 모택동은 '군위(軍委)' 산하에 총정치부(主任 任弼時)를 설치해 총정치위원을 대체했다.

했다.

　왕명 등은 당중앙에 보낸 전보(2.7)에 이렇게 썼다. …현재 많은 '엄중한 문제'[2077]가 발생했다. 장강국은 2월 20일 전후 '정치국 회의' 개최를 제의한다(劉伯根 외, 2007: 412). 당시 국민당 우파는 '(八路軍)근거지 제거'를 시도했다. 이런 문제 해결을 위해 왕명 등이 중앙 서기처에 '정치국 회의' 개최를 건의한 것이다. 당중앙은 장강국의 건의를 수용했다(郭德宏 외, 1989: 329). 왕명의 '회의' 취지는 회의를 통해 '독립자주' 원칙을 포기하고 남경정부에 복종하는 '통일전선 강화'였다. 왕명의 주목적은 정치국 회의를 통해 '(中共)영수 지위'를 확립하기 위한 것이었다.

　2월 27~3월 1일 연안에서 정치국 회의(三月會議)가 열렸다. 회의 참석자는 왕명·장문천·모택동·주은래·임필시·강생·개풍·장국도였다. 당시 왕명의 세력은 크게 약화됐다. 낙보가 모택동을 지지했고 임필시도 모택동 편에 섰다. 또 강생은 '모택동 편향' 조짐을 보였고 장국도는 '왕명 지지'를 포기했다. 결국 '3대3 대결'[2078] 국면이 형성됐다. '3월회의'의 또 다른 쟁점은 왕명의 '무한 회귀'와 임필시의 '모스크바 파견'이었다.

　왕명의 '보고(2.27)' 골자는 ① 팔로군의 유격전, 적후 전개 ② 장개

2077　강택(康澤) 등은 '양당(兩黨)관계위원회' 회의(1938.1)에서 '하나의 당(黨)·영수(領袖)·주의(主義)'를 주장했다. 장강국은 연석회의(2.6)를 열고 국민당이 주장한 '당파 철회'와 '신당 설립' 문제를 토론했다(中共中央文獻硏究室, 2007: 412). 당시 국민당 대표는 중공을 포함한 모든 당파가 '국가원수' 장개석에게 무조건 복종할 것을 요구했다.

2078　'3월회의'에서 모택동·낙보·임필시와 왕명·주은래·개풍의 '3대3 대결' 국면이 형성됐다. 당시 낙보·임필시는 왕명의 '정치보고' 문제점을 지적했다. '소련파' 개풍과 장강국 부서기 주은래는 '왕명 지지자'였다. 한편 연안에서 고립된 강생은 '모택동 지지자'로 전향됐다. 당시 이미 '변절'을 결심한 장국도는 회의에서 줄곧 침묵을 지켰다.

석, '군사적 통일' 주장 ③ 팔로군, (南京)군사위원회에 복종 ④ 팔로군 작전 배치, 장개석 승낙 등이다(周國全 외, 2014: 305). 3월 11일 왕명이 발표한 '3월회의 총결'은 이렇게 썼다. …운동전 위주로 진지전에 배합하고 유격전을 보조로 해야 한다. '무한 수호'를 위한 조치는 ① 야전군단 편성 ② 대규모 병력 투입 ③ 요새(要塞) 고수 ④ '7통일(七統一)'[2079] 견지 등이다(李明三 외, 1989: 332). 당시 왕명의 우경화는 극단으로 치달았다. 결국 이는 모택동·낙보·임필시의 불만을 야기했다. 한편 왕명이 '장개석 대변인' 역할을 자처한 것은 '패착 중의 패착'[2080]이었다.

회의에서 발언(2.28)한 모택동은 군사전략에 대한 견해를 피력했다. '발언' 골자는 ① 항전, 장기전 ② 정규전 집착, 패전 초래 ③ (八路軍) 유격전 노하우, 충분히 발휘 ④ (中共)독립성 보전 등이다(逢先知 외, 2011: 517). 장문천의 '발언(2.28)' 골자는 ① 중공의 지도권 포기 불가 ② '국민당 협력' 중요, 경각심은 필수 ④ '(八路軍)병력 확충' 중시 등이다(張聞天, 1985: 158). 실제로 모택동의 '(八路軍)유격전 경험' 강조는 왕명의 '운동전 위주' 작전을 정면으로 반박한 것이다. '12월회의'에서 왕명의 기세에 눌려 '자기반성'을 한 장문천은 '3월회의'에서 모택동을 지지했다. 이 또한 '(三月會議)결의안'이 도출되지 못한 주된 원인이다.

2079 왕명은 '통일된 국민혁명군' 문제에서 '7통일(七統一)'을 주장했다. 이른바 '7통일'은 ① 통일적 지휘 ② 통일된 편제 ③ 통일된 무장 ④ 통일적 규칙 ⑤ 통일적 대우 ⑥ 통일된 작전계획 ⑦ 통일된 작전행동 등이다(周國全 외, 2014: 306). 실제로 '7통일'은 팔로군에 대한 (中共)영도권을 포기하고 팔로군의 '장개석 복종'을 강조한 것이다.

2080 '3월회의'에서 왕명은 팔로군에 대한 '(中共)영도권 포기'를 요구한 것은 실책이었다. 결국 이는 모택동·낙보 등에게 반격의 빌미를 제공했다. 한편 왕명의 '장개석 추종'은 장정(長征) 불참과 오랫동안 소련에서 생활한 것과 밀접히 관련된다. 결국 '정치적 애송이' 왕명이 주제넘게 '장개석 대변인' 역할을 자처한 것은 치명적인 패착이었다.

'3월회의'에서 주은래가 제출한 '건의안'은 ① 운동전 위주, 진지전·유격전 보조 ② 새로운 군대 창설 ③ 국방공업 강화 ④ 후방(後方) 공고화 등이다(中共中央文獻研究室, 2007: 415). 주은래의 '건의안'은 왕명의 주장과 대동소이(大同小異)했다. 또 '운동전 위주'의 작전은 모택동의 '유격전 중시' 전략에 위배됐다. '3월회의' 후 주은래의 '왕명 지지'[2081]가 약화됐다. 한편 '왕명 지지자' 개풍의 무한행은 주은래의 '건의'와 관련된다.

2월 28일 임필시는 이렇게 말했다. …진찰기변구(晉察冀邊區)는 통일전선을 대표하는 모범지역이다. 또 이렇게 지적했다. …동북의 통일전선 경험을 무조건 화북 지역에 적용할 수 없다. 일제가 조직한 유지회(維持會)[2082]는 반동적 지방 유지로 구성됐다(章學新 외, 2014: 517, 518). 임필시의 발언은 '(晉察冀)근거지'를 지적한 왕명의 '전보(2.28)'를 반박한 것이다. 한편 모택동·임필시의 '연합전선'은 '왕명 견제'에 중요한 역할을 했다.

모택동은 왕명의 '무한 회귀'를 반대했다. 이는 안하무인격으로 행동하며 '지시'를 남발한 왕명의 언행을 통제하게 위한 것이었다. 왕명이 무한행을 고집하자 모택동의 제의에 근거해 표결에 부쳤다. 장문천·강생이 '(毛)제의'를 지지했으나 과반수가 왕명의 무한행을 찬성했다(熊廷華, 2009: 242). 한편 강생의 '입장 변화'는 연안에서 '고립무원'에

2081 '3월회의' 후 주은래의 '왕명 지지'는 약화된 것은 왕명의 노골적 우경화와 관련된다. 왕명이 공개적으로 장개석의 '대변자'로 자처한 것은 주은래의 강한 불만을 자아냈다. '3월회의'에서 모택동·낙보 등은 장강국의 (右傾)노선을 비난했다. 이는 주은래의 '전향'을 촉발했다. 주된 원인은 '검려기궁'을 드러낸 왕명의 패색이 짙었기 때문이다.

2082 '유지회(維持會)'는 항일전쟁 초기 일제가 '친일파'와 한간(漢奸) 등을 이용해 세운 (傀儡)정권이다. '3월회의'에서 발언한 임필시는 '유지회 타도'를 주장했다. 실제로 임필시의 발언 취지는 진찰기(晉察冀)변구(邊區)를 지적한 왕명의 비난을 반박하기 위한 것이다.

빠진 것과 관련된다. 강생의 '전향'은 승부추가 모택동 쪽으로 기울었다는 반증이다.

진운의 '모택동 지지'는 강생의 '전향'에 큰 영향을 미쳤다. '장정 참가자'인 진운은 왕명이 '노련한 전략가' 모택동의 적수가 못 된다는 것을 인지했다. 결국 모택동은 강생을 '자기편'[2083]으로 만들었다. 또 기회주의자 강생이 저지른 악행은 이루 헤아릴 수 없다. '개관논정(蓋棺論定, 1980)'[2084] 후 음모가의 진면모가 드러났다. 문혁 기간 모택동의 '하수인' 강생은 '회자수(劊子手)'[2085] 역할을 했다. 한편 강생·'4인방(四人幇)' 같은 간신배를 중용한 모택동은 인생 말년에 중대한 '정치적 과오'를 범했다. 모택동과 '악처' 강청의 결합은 '만년 비극'[2086]의 주요인이다.

'3월회의'에서 당중앙은 임필시의 '모스크바 파견'을 결정했다. 즉 임필시가 공산국제 집행위에 중국의 항전과 통일전선을 보고하고 공

2083 모택동이 정적인 왕명의 측근자 강생을 '자기편'으로 만든 것은 권모술수에 능한 '노련한 책략가'라는 반증이다. 정강산 시절 모택동은 '주덕의 부하'인 임표를 심복으로 만들었다. 또 '장국도 부하' 허세우, '주은래 지지자' 임필시를 자신의 '추종자'로 만들었다. 강생의 '(毛澤東)추종자 변신'은 모택동의 '정적(王明) 제어'에 큰 역할을 했다.

2084 '개관논정(蓋棺論定)'은 사람이 죽고 난 뒤 올바른 평가를 내린다는 뜻이다. 한 사람의 시비(是非)·공과(功過)에 대해 사후에 최종 결론을 내릴 수 있다는 것이다. 1975년 12월 16일 중앙방송국의 부고(訃告)는 강생을 '무산계급 혁명가'라고 평가했다. 1980년 10월 16일 중공중앙은 강생의 당적을 박탈, '(八寶山)유골 이전' 결정을 내렸다.

2085 '회자수(劊子手)'는 조선 후기 군영에서 사형 집행을 맡아보는 천역(賤役), 통치자의 앞잡이·졸개·심복 노릇을 하는 자를 가리킨다. (延安)정풍과 문혁 기간 모택동의 '하수인' 역할을 한 강생은 수많은 '날조된 사건'을 만들어냈다. 결국 '천하의 간신배' 강생을 중용한 모택동은 말년에 문화대혁명과 같은 심각한 '정치적 과오'를 범했다.

2086 모택동이 '정치적 과오'를 범한 원인은 ① 강생·강청 등 간신배 중용, 문혁(文革) 발동 ② 충신 팽덕회·유소기 타도, 공식 후계자 임표의 변절 ③ 계급투쟁 확대화, 국가안정 파괴 ④ 경제발전 법칙 무시, 대약진(大躍進) 강행 ⑤ 소련 관계 악화, '고립무원' 자초 등이다. 결국 '임표 사건(1971.9.13)' 후 그는 '고독한 황제'로 전락했다.

산국제의 '지시'를 받는 것이다('第一研究部', 2012: 13). 왕명 역시 임필시의 '모스크바 파견'을 제의했다. 임필시의 보고를 통해 공산국제 지지를 희망한 것이다(袁南生, 2014: 450). 왕명의 '임필시 파견' 제의는 설득력이 떨어진다. '임필시 파견'은 모택동·낙보가 주도한 (延安)당중앙이 결정한 것이다.

'3월회의'에서 모택동·낙보·임필시의 반대로 (王明)보고가 통과되지 못했다. '결의안 도출'에 실패한 왕명은 모스크바에 대표를 파견해 '상황 보고'를 제의했다(熊廷華, 2009: 241). 1938년 봄 임필시가 '모택동 추종자'가 됐다는 것을 전혀 몰랐던 왕명은 본의 아니게 모택동이 '쾌재를 부를' 일을 했다. 모택동은 왕명의 제의를 흔쾌히 수용했다(高華, 2002: 140). '대표' 파견은 왕명이 제의했으나 '파견자'는 모택동이 결정했다. '대표 파견' 결정권은 당중앙이 갖고 있었다. '정치적 애송이' 왕명이 허점을 노출한 것이다. 결국 모택동은 왕명에게 치명적 결정타를 날렸다.

중앙군위 주석인 모택동은 임필시를 '군위 2인자'인 총정치부 주임에 임명했다. 결국 '3월회의'에서 임필시는 '왕명 독선' 견제의 선봉장을 맡았다. 1938년 3월 모스크바에 파견된 '중공대표' 임필시는 공산국제 총서기 디미트로프의 '모택동 지지'에 결정적 역할을 했다. '연안정풍(1943.3)' 기간 모택동·유소기·임필시의 '3인 지도체제'가 출범했다.

4월 4일 장국도는 무한 인근의 황제묘 제사를 주관하기 위해 연안을 떠났다. 모택동은 장국도를 공산당에서 제명하고 연안의 장국도 지지자 200명을 생매장했다(나창주, 2019: 502). 황제릉(黃帝陵)은 연안 부근의 황릉(黃陵)현에 위치했다. 상기 '200명 생매장'은 사실 왜곡이다. 한편 장국도의 도주는 '왕명 배척'과 관련된다. '3월회의'에서 (毛王)권력투쟁 '패배자'가 왕명이라는 것을 확신한 장국도가 '연안 이탈'을 결심한 것

모택동과 중국혁명 2

이다.

1938년 4월 장국도는 연안을 떠났다. 장국도의 당적을 박탈한 모택동은 그를 '기회주의자'로 비난했다. 공산국제 지도부는 중공의 결정을 긍정적으로 받아들였다(Levine, 2017: 463). 4월 12일 모택동은 장국도에게 전보를 보내 '연안 회귀'를 요구했다. 17일 탈당을 선포한 장국도는 국민당에 투항했다. 4월 18일 당중앙은 장국도를 제명했다(金冲及 외, 2011: 518). 장국도는 회고록에 자신의 '전향'은 왕명이 측근 황초·이특을 처형했기 때문이라고 썼다. 실제로 왕명의 배척을 받은 장국도가 '동산재기(東山再起)'[2087]가 불가능하다는 것을 확인한 후 변절한 것이다.

'3월회의' 후 왕명은 장국도에게 황초·이특이 트로츠키파로 확인돼 처형됐다는 소식을 알려줬다. 또 장국도 심복 하외(何畏)의 '도주 사건'[2088]이 발생해 그의 처지는 더 어려워졌다(黃少群, 2015: 651). 한편 강생이 성세재의 협조를 받아 황초 등을 살해했다는 일각의 주장[2089]은 신빙

2087 '동산재기(東山再起)'는 '동산에서 다시 일어난다'는 뜻으로, 은퇴·실패한 사람이 재기(再起)해 다시 세상에 나온다는 뜻이다. 한편 연안에서 전개(1937.3)된 '장국도 비판' 후 군권(軍權)을 상실한 장국도는 모택동의 정적인 왕명의 '국내 귀환' 후 '동산재기'의 기회를 노렸다. 한편 '3월회의(1938)' 후 왕명의 '패배'를 확신한 장국도가 '국민당 투항'을 결심한 것이다. 1938년 4월 연안을 이탈한 그는 무한에서 탈당, 변절자로 전락했다.

2088 1938년 봄 하외(何畏)는 병치료를 핑계로 연안을 이탈했다. 하외의 '연안 이탈'은 당중앙의 '장국도 비판'과 크게 관련된다. 장정 중 '장국도 추종자' 하외는 정치적 과오를 범했다. 장국도가 좌천된 후 '지은 죄'가 있는 하외는 고향으로 잠적한 것이다. 한편 '(何畏)도주 사건'으로 장국도의 처지가 더 어려워졌다는 주장은 설득력이 떨어진다.

2089 박고의 주장에 따르면 '황초·이특 처형' 주모자는 강생이다. 왕명 일행이 우루무치에 도착 후 황초 등은 모택동이 '서로군 참패'의 장본인이라고 고발했다. 당시 사태의 심각성을 느낀 강생이 성세재에게 전화를 걸어 2명의 자객이 '왕명 암살'을 시도한다고 말했다. 성세재는 곧 사람을 파견해 '황이(黃李)'를 압송, 비밀리에 처형했다(黃少群, 2015: 652). 실제로 왕명이 성세재에게 부탁해 '트로츠키파'인 '황이(黃李)'를 처형했다

성이 낮다. '우루무치 체류(1937.11)' 기간 왕명이 성세재와 밀모(密謀)해 '황이(黃李)'를 트로츠키파로 몰아 처형했다는 것이 전문가의 중론이다.

화교가 팔로군에게 헌납한 기부금을 국민당에게 전달해야 한다고 말한 왕명은 광동에서 유격대를 설립할 필요가 없다고 주장했다. 주은래는 왕명의 주장을 반대했다(周國全 외, 2014: 308). 주이치(朱理治)는 이렇게 회상했다. …하남성위는 당중앙의 지시에 따라 '유격전 전개' 계획서를 장강국에 제출했다. 당시 왕명은 정치적 문제가 있다고 말했다(郭德宏 외, 1989: 333). 이는 모택동의 '유격전'을 반대한 왕명과 당중앙의 '지시'를 존중한 주은래 간에 '의견 대립'이 있었다는 반증이다. '3월회의' 후 주은래는 동필무·엽검영 등의 지지하에 왕명의 '우경화'를 견제했다.

왕명은 장강국의 명의로 연안에 전보를 보내 '회의' 개최를 제의했다. 2월 24일 당중앙에 보낸 전보에서 왕명은 명령조로 장강국의 '정치국 회의 결의(決議)'[2090]를 전달했다(中共黨史·文獻研究室, 1988: 17). 이덕(李德)은 회고록에 이렇게 썼다. …장강국은 '제2정치국'으로 불렸다. 무한·연안 간에 명확한 '업무 분담'이 있었다. 왕명은 통일전선에 주력하고 모택동은 '독립자주' 원칙을 견지했다(李德, 1980: 306). 당시 박고·개풍·주은래 등의 '왕명 지지'는 왕명의 '우경화'에 일조했다. 실제로 왕명이 범한 '(右傾)과오'는 '제2중앙'을 설립한 장국도보다 더욱 심각했다.

3월 24일 왕명은 '중공의 제의'를 국민당에 제출한 후 연안에 전송

는 것이 학계의 중론이다.

2090 왕명은 당중앙에 전보(1938.2.24)를 보내 장강국이 결정한 정치국 회의 '결의(決議)'를 전달했다. '결의' 골자는 ① 왕명·주은래, 장강국 대표로 '회의' 참가 ② '회의'는 2일 간 진행 ③ '회의' 후 무한으로 회귀 ④ 장강국에 '유력한 간부' 파견 등이다(中共黨史·文獻研究院, 1988: 17). 상기 왕명의 전보는 상급자가 하급자에게 명령하는 어조로 '지시'를 하달했다. 당시 여전히 자신을 스탈린 '특사'로 착각한 왕명은 (延安)중앙을 무시했다.

모택동과 중국혁명 2

했다. 3월 25일 당중앙은 '8가지 의견'[2091]을 적은 의견서를 장강국에 보냈다(李明三 외, 1989: 341). 왕명은 당중앙에 보낸 답전(4.1)에 이렇게 썼다. … 3월 24일 장강국은 정치국 결의에 근거해 작성한 '건의안'을 국민당에 전달했다. '의견서(3.25)'는 시간상 제약으로 국민당에 전달하지 못했다(曹仲彬 외, 2008: 222). 상기 '시간적 제약'은 궁색한 변명이다. (中共)최고지도자로 자처한 왕명이 '(中央)의견서'를 무시한 것이다. '(貴州)당나귀'가 호랑이를 우습게 본 것이다. 이는 치명적인 실책이었다.

5월 26일 모택동은 '(延安)항일전쟁연구회'에서 '지구전을 논함(論持久戰)'이란 제목으로 강연했다. 모택동은 항전의 지구전 방침을 천명하고 '망국론(亡國論)'[2092]·'속승론(速勝論)'[2093]을 반박했다(中共中央文獻硏究室, 1993: 73). 이국화(李國華)[2094]는 '왕명의 자료(1943.9.20)'라는 문장에 이렇게 썼다. …왕명은 '지구전 논함'을 이렇게 평가했다. 지구전은 스탈린의

2091 당중앙은 '(國民黨)전국대표대회에 보내는 전보(3.25)'를 작성, 8가지 의견을 제출했다. (意見)골자는 ① 항전 지속 견지 ② '서북·무한 보위전' 전력 ③ 통일전선 공고화 ④ 국민혁명군 확충 ⑤ 정치기구 개선 ⑥ 전국인민 동원 ⑦ 민생 개선 ⑧ 국방공업 발전 등이다(周國全 외, 2014: 314). 한편 (延安)중앙을 안중에 두지 않은 왕명은 '(中共)의견'을 '(國民黨)대회'에 전달하지 않았다. 결국 연안·무한 간 대립은 악화일로로 치달았다.

2092 '망국론(亡國論)'은 항일전쟁 발발 후 왕정위(汪精衛)를 필두로 한 국민당 친일파들이 주장한 잘못된 논조이다. 즉 중국은 경제력이 강하고 막강한 전투력과 (軍事)장비가 우세한 일본과 싸우면 반드시 패전한다는 것이다. 항전 초기 국민당군의 정규전(正規戰)이 패배, 남경·상해·무한 등 대도시가 함락됐다. 결국 '망국론'은 더욱 확산됐다.

2093 '속승론(速勝論)'은 항전 초기 비교적 짧은 시간 내 일본 침략군을 전승할 수 있다고 주장한 잘못된 논조이다. 즉 중국이 땅이 넓으며 인구도 많아 거국적으로 항일투쟁에 나선다면 빠른 시일 내 일본에 승리할 것이라는 것이다. 한편 모택동은 '지구전을 논함' 저서에서 이른바 '속승론'을 반대하고 지구전(持久戰)을 전개해야 한다고 강조했다.

2094 이국화(李國華, 1913~1992), 하남성 황현(潢縣) 출신이며 공산주의자이다. 1935년 중공에 가입, 1930~1940년대 독립사단 참모장, 팔로군 385여단 (教導)대대장, 건국 후 (陝西)군구 작전처장, 방공병(防空兵) 사령관 등을 역임, 1992년 서안(西安)에서 병사했다.

방침이다. 모택동이 구체화하고 내용을 보충했다(郭德宏 외, 2014: 315). '지구전'이 '스탈린 방침'이라는 왕명의 주장은 어불성설이다. 모택동의 저서 '지구전 논함'은 중공의 '강령성(綱領性)' 문건이었다.

모택동의 '지구전 논함'은 변증법·유물론으로 점철됐다. 또 실제적 상황에 근거해 객관적으로 항일전쟁 배경과 전쟁의 진행과정을 고찰했다. 전쟁의 전체적 국면에 착안점을 둔 저서는 (敵我)쌍방의 특징을 분석하고 정확한 결론을 도출했다(逢先知 외, 2011: 499). 모택동의 저서는 국내외의 인정을 받았다. 또 동서고금의 '모범적 (戰爭)사례'[2095]를 설득력 있게 논증했다. 이는 모택동이 문무가 겸비한 '군사전략가'[2096]라는 반증이다.

이종인(李宗仁)의 비서 정사원(程思遠)[2097]은 이렇게 회상했다. …(毛)저

2095 '지구전 논함(1938.5)'에서 모택동은 러시아가 지구전을 전개해 나폴레옹을 격파한 사례를 들었다. …1812년 나폴레옹은 50만 대군을 이끌고 러시아를 공격했다. 당시 병력이 20만인 러시아군은 정면대결을 피해 전략적 퇴각을 했다. 결국 퇴각로를 차단당한 프랑스군은 러시아군의 반격을 받아 대패했다. 나폴레옹은 2만명의 패잔병을 거느리고 도주했다(毛澤東, 2008: 518). 실제로 프랑스군(61만) 중 40만이 사살, 10만이 포로가 됐다.

2096 (朱毛)홍군은 모택동이 창안한 유격전술을 사용, 장개석의 세 차례 '포위토벌'을 격파했다. 준의회의에서 홍군 지도자로 복귀한 모택동은 홍군을 이끌고 섬북에 도착, 동정(東征)·서정(西征)에서 승전했다. 연안에서 모택동은 '실천론'·'모순론'·'중국혁명전쟁의 전략문제'·'지구전 논함' 등 철학·군사 저서를 집필했다. 낙천회의에서 모택동이 제정한 독립자주적 '(山地)유격전' 방침을 실행한 팔로군은 병력 확충에 성공했다. 결국 3년 (國共)내전에서 승리한 모택동은 신중국을 창건했다. 이는 모택동이 '(軍事)전략가'라는 반증이다.

2097 정사원(程思遠, 1908~2005), 광서성 빈양(賓陽) 출신이며 애국지사이다. 1930~1940년대 제4집단군 총사령관 이종인과 부총참모장 백숭희 비서를 지냈다. 건국 후 전국 정협 부주석, 전국 인대 부위원장, (中國)평화통일촉진회장 등을 역임, 2005년 북경에서 병사했다.

모택동과 중국혁명 2

서가 발표된 후 주은래는 백숭희에게 선물했다. 백숭희의 소개를 들은 장개석은 '지구전 전략'을 항전 전략사상으로 삼았다(程思遠, 1994: 131). 모택동의 저서는 영문으로 번역돼 해외에서 출간됐다. 당시 주은래가 저서를 홍콩으로 우송했고 송경령(宋慶齡)이 전문가에게 번역을 의뢰했다. 엡스타인(Epstein)[2098] 등이 저서 번역에 참가했다(Epstein, 1985.5.7). 장개석이 '지구전 전략'을 '(抗戰)전략사상'으로 삼았다는 주장은 신빙성이 낮다. 한편 영미(英美) 등 국가에서 출간된 모택동의 소책자는 커다란 반향을 일으켰다. 항일전쟁이 영미의 국익과 직결됐기 때문이다.

모택동은 '실천(戰爭)' 중에서 얻은 경험을 정리해 '중국혁명전쟁의 전략문제' 등 저서를 집필했다. 또 그는 애사기(艾思奇)[2099]의 '철학과 생활', 반재년(潘梓年)[2100]의 '논리와 논리학' 등 철학서를 탐독하고 '전쟁론' 연구팀을 발족해 (軍事)이론을 정립했다. 막문화(莫文驊)[2101]는 모택동이

2098　엡스타인(Epstein, 1915~2005), 폴란드 바르샤바(Warszawa) 출생이며 국제기자이다. 1938년 '(Hong Kong)중국보위동맹' 참가, 1951년 '오늘의 중국' 편집장, 1957년 (中國)국적 취득, 1964년 중공에 가입, 1983년 전국 정협 상임위원, 2005년 북경에서 병사했다.

2099　애사기(艾思奇, 1910~1966), 운남성 등충(騰沖) 출신이며 공산주의자이다. 1935년 중공에 가입, 1930~1940년대 중앙선전부 문화사업위원회 비서장, '중국문화' 편집장, 건국 후 중국과학원 철학연구부 위원, (中共)당학교 부총장을 역임, 1966년 북경에서 병사했다.

2100　반재년(潘梓年, 1893~1972), 강소성 의흥(宜興) 출신이며 공산주의자이다. 1927년 중공에 가입, 1930~1940년대, (上海)신화일보 사장, 성시공작부(城市工作部) 연구실장, 건국 후 (武漢)중원대학 총장, (中南)군정위원회 교육부장을 역임, 1972년 (秦城)감옥에서 사망했다.

2101　막문화(莫文驊, 1910-2000), 광서성 남녕(南寧) 출신이며 개국중장이다. 1930년, 중공에 가입, 1930~1940년대 항일군정대학 정치부 주임, 제4야전군 13병단 정치위원, 건국 후 복주(福州)군구 부정치위원, 장갑병(裝甲兵) 정치위원 등을 역임, 2000년 북경에서 병사했다.

'병력 집중'²¹⁰² 중요성을 강조했다고 회상했다. 실제로 '군사 저서 집필'은 장개석·왕명이 갖추지 못한 모택동 특유의 '(軍事)이론가 자질'이다.

7월 상순 당중앙은 장강국에 전보를 보내 신화일보에 모택동의 '저서 게재'를 요구했다. 왕명은 '문장이 길다'는 것을 빌미로 거부했다. 당중앙은 여러 번에 나눠 게재할 것을 요구했으나 왕명은 재차 거절했다(郭德宏 외, 2014: 315). 7기 2중전회(1947.3)²¹⁰³에서 왕명은 이렇게 변명했다. …'(毛)저서 게재'를 거부한 것은 장강국의 다른 동지였다. 신화일보가 '지구전 논함'을 게재하지 않은 것은 나와 아무런 관련이 없다(李明三 외, 1989: 342). 당시 신화일보를 관장한 왕명이 '(毛)저서'를 게재하지 않은 주된 원인은 모택동의 '지구전' 주장을 반대했기 때문이다.

왕명은 '중공 50년'²¹⁰⁴에 이렇게 썼다. …나와 박고·항영·개풍은 (毛)저서를 게재하지 않기로 결정했다. 소극적 항일과 일본의 '소련 침략' 좌시가 저서의 취지였다(曹仲彬 외, 2008: 229). 나는 '지구전'에 대한 의견을 작성한 후 (武漢)소련 동지에게 '디미트로프 전달'을 의뢰했다. 당

2102 막문화는 이렇게 회상했다. …군사이론가 클라우제비츠가 강조한 '병력 집중'이 매우
　　　중요하다고 역설한 모택동은 나폴레옹의 작전 특징도 '병력 집중'이라고 말했다(莫文
　　　驊, 1992: 17). 실제로 '병력 집중'은 모택동이 창안한 유격전술 일종이다. 적을 근거지
　　　로 유인해 우세한 병력을 집중, 적군을 포위 공격하는 것이 홍군 특유의 전술이다.

2103 7기 2중전회는 1949년 3월 5~13일 하북성 평산(平山)현 서백파(西柏坡)촌에서 열렸
　　　다. 회의에서 정치보고를 한 모택동은 '전국적 승리 쟁취 방침'을 제출했다. 또 그는
　　　당의 정책과제를 농촌에서 도시로 이전 신민주주의 사회에서 사회주의 사회로 전환
　　　해야 한다고 지적했다. '2중전회' 후 중공중앙 소재지를 서백파에서 북경으로 옮겼
　　　다.

2104 왕명 회고록 '중공 50년'은 소련에서 발표(1971)했다. '회고록'은 문혁과 모택동사상
　　　을 비판하고 모택동 개인에 대한 인신 공격이 주된 내용이다. 1960년대 중소(中蘇) 관
　　　계는 악화일로로 치달았다. 왕명의 '모택동 비판'은 소련정부의 구미에 맞았다. 1981
　　　년 중국에서 출간된 왕명의 저서(回顧錄)는 사실 왜곡과 '오류투성이'로 점철됐다.

시 디미트로프는 '공산국제' 잡지에 '게재 불가'를 지시했다(王明, 1979: 149). 이른바 '(日帝)소련 침략'은 왕명이 '스탈린 대변인' 역할에 충실했다는 반증이다. 또 모택동의 '지구전 전략'과 '(日蘇)전쟁'은 직접적 관련이 없다. 한편 디미트로프의 '게재 불가' 지시는 사실무근이다.

모택동이 정리한 왕명의 '과오'는 ① 정세를 낙관적으로 전망 ② 통일전선 강조, 독립성 간과 ③ '유격전' 방침 반대 ④ 장강국 명의로 '지시' 남발 등이다(周國全 외, 2014: 322). 1945년 주은래는 이렇게 반성했다. …무한 시기 나는 국민당의 역량을 맹신하고 팔로군의 전투력을 간과했다. 운동전을 중시하고 유격전을 무시했다(周恩來, 1980: 197). 등영초는 왕명의 '과오'를 이렇게 평가했다. …시국에 일정한 영향을 미쳤으나 전반적 악영향은 끼치지 않았다(武漢市黨史研究會, 1991: 473). 등영초의 '왕명 평가'는 주은래의 '과오'[2105]에 대한 변호적 성향이 짙다. 한편 박고·개풍·주은래·팽덕회는 (延安)정풍에서 심각한 반성을 했다.

4월 중순 (中共)보고서를 코민테른 주석단에 제출한 임필시는 왕명이 귀국한 후 중공의 많은 과오를 시정했다고 썼다. 또 모택동을 필두로 한 중공중앙은 모든 일을 정확하게 처리하고 있다고 강조했다(V. Pantsov 외, 2017: 462). 4월 14일 임필시가 공산국제 주석단에 제출한 '항일전쟁 정세와 중공 임무' 서면보고의 골자는 ① 항일전쟁 정세 ② 통일전선 현황 ③ 팔로군 역할 ④ 중공 현황 ⑤ 중공 급선무 등이다(章學新 외, 2014: 520). 당시 임필시는 디미트로프를 직접 만나 상황을 보고했다.

2105 1945년 4월 주은래는 자신이 범한 중대한 과오를 반성했다. '12월회의(1937)'와 '3월 회의(1938)'에서 주은래는 왕명의 '통일전선 우선시' 주장을 지지했다. 또 그는 '독립 자주' 원칙이 (抗日)통일전선을 저해한다고 말했다(金沖及 외, 1998: 520). 한편 왕명이 범한 '우경(右傾) 과오'에서 장강국의 주요 책임자 주은래는 결코 자유로울 수 없다.

한편 '(王明)귀국' 후 '(中共)과오'를 시정했다는 주장은 사실무근이다.

공산국제 주석단 회의(5.17)에서 임필시가 한 보고의 골자는 첫째, 당초 남경정부는 '지구전 전략'을 반신반의했다. 상해 함락 후 중공의 촉구하에 전면적 항전을 확정했다(中共中央文獻研究室, 2014: 521). 둘째, 국민당은 중공과의 '대등한 합작'을 거부했다. 또 공산당 역량 약화를 위해 '하나의 주의(主義)·정당·영수'를 강조하고 '공산당 근절' 전략을 구사했다('第一研究部', 2012: 14). 셋째, 유격전을 전개한 팔로군은 대중의 지지하에 일본군에게 심대한 타격을 입혔다. 근거지를 창설한 팔로군은 병력을 확충했다(中共中央黨史研究室, 2002: 470). 넷째, 팔로군은 대중을 동원해 유격전을 전개했다. 영향력 강화와 당조직 발전이 중공의 임무이다(任弼時, 1987: 207). 임필시의 '보고' 후 왕가상이 '보충발언'[2106]을 했다. 결국 설득력이 강한 임필시의 '보고'는 '결의안' 통과에 큰 역할을 했다.

임필시의 보고를 청취한 만누일스킬(Manuilskil)[2107]은 이렇게 말했다. …왕명에 대한 인상이 좋지 않다. 그는 매우 간교하다(梅雪, 2016: 356). 당시 미프가 '반혁명'으로 수감됐다. 이는 미프가 추천한 '중공 지도자(王明)'에 대한 모스크바의 불신으로 이어졌다(楊奎松, 2003: 78). 왕명의 패배는 사필귀정[2108]이다. 한편 미프가 스탈린의 숙청대상으로 전락된 것이

2106 왕가상의 '보충발언(補充發言)' 골자는 ① 제2차 (國共)합작 필요성 ② '독립자주적 원칙' 중요성 ③ 모택동의 지도하에 정확한 정책을 제정 ④ 진독수의 '(右傾)과오' 재발 방지 등이다(朱仲麗, 1999: 92). 결국 임필시의 '서면보고'와 왕가상의 '보충발언'은 공산국제의 인정을 받았다. 결국 이는 공산국제의 '결의안(6.11)' 통과에 큰 역할을 했다.

2107 만누일스킬(Manuilskil, 1883~1959), 우크라이나(Ukraina) 출생이며 (國際)공산주의자이다. 1924년 공산국제 집행위 주석단(主席團) 위원, 1928~1943년 공산국제 집행위(執行委) 서기를 역임, 1959년 키예프(Kiev)에서 병사했다.

2108 사필귀정(事必歸正)은 처음에 시비곡직(是非曲直)을 가리지 못해도 모든 일은 반드시 옳

디미트로프·만누일스킬 등 공산국제 지도자의 '왕명 불신'을 야기했다.

공산국제의 '결의안(6.11)' 골자는 ① (中共)정치노선 정확 ② 중공의 '독립성' 확보, 항전 승리 보장 ③ 팔로군은 (敵後)유격전 전개, 항일근거지 설립 ④ 중공, 항일통일전선 주도 등이다(章學新 외, 2014: 524). 중공의 정치노선을 긍정한 상기 결의안은 제23호 문건이다. 결국 공산국제의 '결의안'은 중공중앙의 '독립성' 확보와 유격전 전개를 긍정했다. 이는 공산국제 지도부가 모택동을 '중공 영수'로 인정했다는 단적인 반증이다.

1938년 봄여름 소련·공산국제의 간행물에 '중국 항전' 선전이 크게 늘어났다. 4월 14일 '진리보(眞理報)'[2109]는 '(中國)팔로군'이란 글을 게재했다. '공산국제' 잡지는 주덕의 '팔로군의 항전 경험', 임필시의 '산서 항전의 회고'를 실었다. 7월 6일 '진리보'는 '중국의 항전 1주년' 특집을 만들어 항일전쟁을 폭넓게 소개했다. 신문은 모택동·주덕의 사진을 대문짝만하게 실었다. 결국 공산국제가 모택동의 '항전 전략'을 인정한 것이다.

7월 초 왕가상·임필시를 접견한 디미트로프는 이렇게 말했다. … 전당 동지들은 모택동 주위에 굳게 뭉쳐야 한다. 모택동의 영도하에 중국문제를 해결해야 한다. 또 공산국제는 30만 달러를 지원하기로 결정했다고 말했다(周國全 외, 2014: 327). 왕가상은 이렇게 회상했다. …디미트로프는 모택동은 중국혁명에서 배출된 '중공 지도자'라고 말했다. 왕명

은 이치대로 돌아간다는 뜻이다. 한편 1937년 7월 스탈린의 '숙청대상'으로 전락한 미프는 사형 판결을 받았다. 결국 이는 디미트로프·만누일스킬 등 공산국제 지도자의 '왕명 불신'을 야기했다. 왕명의 '낙선'은 사필귀정이며 인과응보(因果應報)이다.

2109 '진리보(眞理報)'는 '프라우다(Pravda)'로 불리며 소공(蘇共)중앙 기관지(1918)이다. 1908년 비엔나(Vienna)에서 창간, 1918년 (蘇共)중앙 기관지로 선정, 1991년 러시아연방 총통 보리스 옐친(Boris Yeltsin)에 의해 폐간됐다.

에게 '권력 집착' 중지를 전달하기 바란다(徐則浩, 2001: 190). 이는 왕명의 '(中共)지도자 자격' 박탈을 의미한다. 모스크바 (中共)대표단 집무실에 걸렸던 왕명의 '초상화'가 모택동으로 대체된 것이 단적인 증거이다.

8월 초 왕가상은 공산국제 '지시'를 갖고 귀국했다. 정치국 회의(8.3)에서 당중앙은 모택동이 '항전 정세와 총결(總結)' 보고를 하기로 결정했다. '9월회의'는 6중전회 개최를 준비하기 위한 것이다. 왕가상의 도래로 승부추는 완전히 모택동에게 기울어졌다. 한편 '연안 회귀' 중 생명 위협에 봉착한 왕가상은 구사일생(九死一生)[2110]으로 목숨을 부지했다.

왕명은 연안에 전보(8.7)를 보내 왕가상이 무한에서 공산국제 '지시'를 전달할 것을 요구했다. 당중앙은 답전(8.10)에 이렇게 썼다. …(長江局) 책임자들은 '9월회의' 개최 전 연안에 도착해야 한다(徐則浩, 2006: 192). 왕가상이 갖고 온 '상방보검(尚方寶劍)'[2111]을 손에 쥔 모택동은 왕명의 '무한 개최' 요구를 일언지하로 거부했다. 또 공산국제 '지시' 내용을 철저히 비밀에 부쳤다. 결국 왕명은 울며 겨자 먹기로 연안에 도착했다.

'9월회의(9.14)'에서 왕가상은 전달한 '지시' 골자는 첫째, 중공의 '통일전선 구축'과 팔로군의 유격전을 긍정했다. 둘째, '모택동 중심'

2110 왕가상은 난주(蘭州)에서 연안으로 가던 중 (匪賊)약탈을 당했다. 당시 왕가상은 손목시계를 비적 두목에게 주며 팔로군은 '돈이 없다'고 말했다. (延安)도착 무렵 기사의 졸음 운전으로 차량이 산 밑으로 추락했다. 다행히 차량이 큰 나무에 걸려 왕가상은 무탈했다(申長友, 1994: 252). 차사고를 당한 왕가상이 구사일생(九死一生)으로 목숨을 건졌다. 한편 왕가상의 '연안 회귀'는 모택동에겐 '복음(福音)', 왕명에겐 '화음(禍音)'이었다.

2111 상방보검(尚方寶劍)은 황제가 하사한 보검(寶劍)을 가리킨다. 황제의 보검을 하사받은 장수나 신하에게는 '선참후주(先斬後奏)'의 막강한 권한이 주어진다. 한편 왕가상이 갖고 온 공산국제의 '중요한 지시'는 모택동에게는 '상방보검'이나 마찬가지였다. (中共)대표 왕가상이 황제(共産國際)의 '성지(聖旨)'를 갖고 온 것이다. 결국 공산국제 총서기 디미트로프가 하사한 '상방보검'으로 정적 왕명을 제거한 모택동은 '최종 승자'가 됐다.

으로 문제를 해결하고 당중앙은 단결해야 한다(郭德宏 외, 2014: 329). 왕가상의 '지시 전달'은 중요한 의미가 있다. 우선 공산국제가 '(中共)정치노선 정확성'을 인정했다. 결국 왕명의 '흠차대신 자격'이 박탈됐다(逢先知 외, 2011: 519). 1963년 모택동은 이렇게 말했다. …디미트로프는 '호인(好人)'[2112]이다. 그는 '기회주의 근절'에 협조했다(中共中央文獻研究室, 2003: 2369). 왕가상의 '지시 전달'은 공산국제가 모택동의 '영수 지위'를 인정한 것이다. 결국 이는 왕명의 '당권 도전자' 자격을 박탈한 것이다.

9월 15일 왕명 일행이 연안에 도착하자 왕가상은 디미트로프의 발언을 인용해 모스크바가 중공 지도자로 모택동을 지지함을 강조했다. 모택동은 감사의 표시로 왕가상에게 의학교 졸업생을 신부로 주선했다(나창주, 2019: 503). 주중려는 1937년부터 중공 지도자의 보건의사를 담당했다. 또 그녀의 부친 주검범은 모택동과 '망년지교(忘年之交)'[2113]였다. 실제로 '중매' 역할을 한 것은 왕가상과 '특별한 관계'[2114]가 있는 소경광이었다.

2112 '호인(好人)'은 모든 이들과 두루 사이좋게 지내는 '좋은 사람'을 가리킨다. 또 호인(好人)은 막연한 칭찬으로 '무골호인(無骨好人)'과 직결된다. 한편 디미트로프의 '지시'는 모택동의 '중공 영수' 등극에 결정적인 역할을 했다. 실제로 모택동은 자신을 지지한 공산국제 대표인 마링(Maring)에게도 '호인(好人)'과 같은 비슷한 평가를 내렸다.

2113 1918년 주검범(朱儉凡)은 서특립 등과 함께 '건학회(建學會)'를 설립해 장사(長沙) 학생운동을 지지했다. 1919년 모택동 등이 주도한 '장경요 축출' 운동을 적극 지지한 주검범·서특립은 직접 '축출 운동'에 참가했다. 1920년 주검범은 모택동을 청해 사회문제를 토론, '문화서사'에 자금을 기부했다. 이 시기 그들은 '망년지교(忘年之交)'였다.

2114 1939년 왕가상·주중려의 결합에 '중매자' 역할을 한 것은 팔로군 유수(留守)부대 사령관 소경광이다. 1934년 1월 '홍7군' 정치위원 소경광은 공개 재판에서 당적(黨籍)을 박탈, 5년 징역형에 선고됐다. 당시 홍군 총정치부 주임인 왕가상은 이덕(李德)·박고의 '소경광 처형'을 반대했다. 5년 후 왕가상과 소경광은 동서(同壻) 간이 됐다.

디미트로프의 '구두 지시'는 모스크바가 모택동의 '영수' 지위를
승인한 것이다. 당시 모택동은 자타가 인정한 사실상의 최고 지도자였
다(高華, 2002: 147). 한 소련 학자는 왕가상이 전달한 디미트로프의 '지시'
는 모택동과 왕가상이 꾸민 '음모'라고 주장했다. 당시 공산국제는 모
택동을 '중공 영수'로 인정하지 않았다(周國全 외, 2014: 330). 소련 학자의
'음모설(陰謀說)'[2115]은 설득력이 떨어진다. 또 공산국제의 '모택동 지지'
에 결정적 역할을 한 것은 임필시였다. 한편 왕가상이 전달한 '지시'가
만누일스킬의 '의견'[2116]이었다는 맹경수의 주장은 신빙성이 제로이다.

왕명의 '보고(9.20)' 골자는 ① 항전 총결 ② 항전 현황과 '무한 보위'
③ 지구전과 최종 승리 ④ 새로운 정세 ⑤ 항전 전망 등이다. 한편 모
택동의 '지구전 전략'을 수용한 왕명은 항전은 장기전이라고 주장했다
(李明三 외, 1989: 351). 왕명은 (右傾)주장을 포기하지 않았다. '무한 수호' 필
요성과 '통일된 군대' 중요성을 강조한 것이 단적인 증거이다(郭德宏 외,
2014: 333). 당시 서안에 도착한 왕명은 '(六中全會)정치보고'를 '연안 회귀'
조건으로 내걸었다. 당중앙은 '9월회의'에서 토론해 결정한다는 '답전'
을 보냈다. 왕명의 '회의 불참'을 우려한 모택동이 양보한 것이다.

2115 공산국제에 충성한 '소련파'이며 당성(黨性)이 강한 임필시·왕가상이 공산국제 최고
　　 지도자의 '지시'를 왜곡하거나 잘못 전달한다는 것을 결코 있을 수가 없다. 실제로 다
　　 년 간 소련에서 활동하며 '인맥을 쌓은' 왕명이 공산국제 '지시'의 진위를 곧 파악할
　　 수 있었다. 따라서 소련 학자가 주장한 모택동·왕가상의 '음모설'은 사실무근이다.
2116 맹경수는 왕가상이 전달한 '지시'가 만누일스킬의 의견이라고 주장했다. 1965년 왕
　　 명은 이렇게 말했다. …만누일스킬은 디미트로프에게 모택동을 중공 총서기로 임명
　　 해야 한다고 요구하자 디미트로프는 마지못해 승낙했다(郭德宏 외, 2014: 331). 상기 왕
　　 명 부부의 주장은 사실 왜곡이며 만누일스킬의 '(毛澤東)총서기 임명' 요구는 사실무근
　　 이다.

왕명의 '보고(9.20)' 후 모택동은 장시간 발언(9.24)[2117]을 했다. 회의에서 유소기는 왕명의 '통일전선 우선시' 주장에 대해 강도 높게 비난했다. 9월 26일 장문천은 왕명의 '무한 보위' 주장을 반박하는 장시간 발언[2118]을 했다. 모택동의 '장시간 발언'과 유소기·장문천의 '반박'은 왕명의 '보고'가 부결되고 왕명이 회의에서 고립된 주요인이다. 회의 말미(9.27)에 모택동이 당중앙을 대표해 '6중전회'의 정치보고를 하기로 결정했다.

9월 29일 '6중전회'가 (延安)교회당에서 열렸다. 모택동·왕가상·왕명·강생·주은래·주덕·팽덕회·박고·유소기·진운·항영·장문천이 주석단 멤버로 선정됐다. 주석단은 '모택동 명의'로 장개석에게 편지[2119]를 보낼 것을 결정했다. 모택동의 '신단계 논함(論新階段)'[2120]의 정치보고(10.12) 골자는 ① '6중전회' 의미 ② 항일전쟁 총결 ③ 통일전선의 새로운 단계 ④ 민족의 급선무 ⑤ 장기적 항전과 (國共)합작 ⑥ 반침략전쟁

2117 모택동의 '장시간 발언' 골자는 ① '9월회의' 의의 ② 공산국제 지시 ③ 항전 경험을 총결 ④ 통일전선의 새로운 정세 ⑤ 중공의 주된 임무 등이다(毛澤東, 1995: 231). 당시 모택동은 공산국제의 (中共)정치노선 평가'는 적시적이며 적중하다고 강조했다. 또 그는 중공의 주된 임무는 '통일전선 공고화'와 '지구전(持久戰) 견지'라고 주장했다.

2118 장문천의 '장시간 발언(9.26)' 골자는 ① 공산국제의 (中共)정치노선 평가' 중요성 ② (抗日)통일전선, 모순 속에서 발전 ③ 항일전쟁, 대치단계 ④ 유격전·운동전으로 정규전을 대체 ⑤ '무한(武漢) 함락' 불가피 ⑥ 장기전 대비 등이다(程中原, 2012: 216). 실제로 모택동을 지지한 장문천은 왕명의 '무한 보위(保衛)' 주장을 반박한 것이다.

2119 모택동은 장개석에게 보낸 편지에 이렇게 썼다. …항일전쟁이 새로운 단계에 진입했다. (抗戰)신단계에서 더욱 어려운 상황에 직면할 것이다. 그러나 전국 인민이 단결해 지구전(持久戰)에 대비한다면 각종 어려움을 극복하고 최종 승리를 거둘 수 있을 것이다(黃少群, 2015: 665). 10월 4일 주은래는 모택동의 편지를 직접 장개석에게 전달했다.

2120 모택동의 '신단계를 논함(論新階段)' 정치보고의 골자는 ① 항일전쟁, '전략적 대치' 상태에 진입 ② 항일민족통일전선, 광범위하게 발전 ③ 마르크주의 이론, 중국의 실정에 맞게 적용 ④ 교조주의(敎條主義) 반대 등이다(逄先知 외, 2005: 92). 실제로 10월 하순 '무한 삼진(武漢三鎭)'이 함락된 후 항일전쟁은 '전략적 대치' 상태에 빠졌다.

과 반파쇼운동 ⑦ 중공의 민족전쟁사 지위 ⑧ '(中共)7대' 개최 등이다. 상기 '중공의 민족전쟁사 지위'[2121]는 '모택동 선집'에 수록됐다.

모택동의 '보고' 골자는 ① 통일전선, (中共)독립성 ② 마르크스주의 '구체화(具體化)'[2122]이다. 모택동은 이렇게 말했다. …중공은 사상·정치·조직적 독립성을 보전해야 한다(毛澤東, 2008: 524). 모택동은 마르크스주의를 교조적으로 신봉해선 안 된다고 쐐기를 박았다. 또 그는 전당은 마르크스주의 원칙을 중국의 구체적 환경에 적용해야 한다고 말했다(현이섭, 2017: 368). 모택동의 '구체화'는 '소련파 제거'를 위한 사상적 무기였다. 또 그의 '구체화' 주장은 명분이 정당하고 사리에 맞는 '명정언순(名正言順)'이다. 실제로 '구체화' 취지는 '소련파'의 교조주의 극복이다.

왕명이 제출한 주의사항은 ① 마르크스의 이론 숙지 ② 용속화(庸俗化) 지양 ③ 공자 철학과 유물변증법 ④ 중국 문화와 마르크스주의 ⑤ 국제적 경험 중시 등이다(王明, 1980: 638). 왕명의 '이견 제기'는 마르크스주의 왜곡을 우려한 것이다. 왕명의 '주의사항'은 소련의 입장을 대변했다(高華, 2002: 157). 정통 마르크스주의자 왕명이 '아마추어 이론가' 모택동을 비난한 것이다. 실제로 '스탈린 대변자' 왕명의 교조주의 논리

2121 '(中共)6중전회' 정치보고(10.14)에서 모택동은 이렇게 천명했다. …'중공의 민족전쟁사 지위' 문제는 전당(全黨) 동지들이 항일전쟁에서 중공의 사명감을 확실하게 인식시키기 위한 것이다. 또 그는 (抗日)통일전선에 무조건 복종해야 한다는 주장을 잘못된 것이라고 지적했다(毛澤東, 2008: 519). 실제로 모택동은 '통일전선 우선시'를 주장한 왕명의 '우경(右傾) 과오'를 비평(批評)한 것이다. 또 모택동은 중공의 영도권과 '독립성'을 강조했다.

2122 마르크스주의 '구체화(具體化)'는 마르크스주의 원리를 중국의 구체적 실정과 결합시키는 것이다. '6중전회'에서 모택동이 처음 제출했다. 정치보고(10.12)에서 모택동이 제출한 마르크스주의 '구체화'는 '소련파'의 교조주의 극복이 주된 취지였다. 결국 이는 마르크스주의 이론을 중국의 실정에 맞게 적용하는 모택동사상의 형성을 의미한다.

이다.

　'총결(總結)보고(11.5)'에서 왕명을 신랄하게 비판한 유소기를 지지한 모택동은 이렇게 말했다. …'통일전선 우선시'는 '장개석 복종'을 강조한 것이다(郭德宏 외, 1989: 355). 모택동은 이렇게 강조했다. …'통일전선 우선시'는 잘못된 것이다. 중공은 '독립자주' 원칙을 견지해야 한다(毛澤東, 2008: 540). 실제로 공산국제 '지시'에 순종하는 '소련파'의 교조주의를 비판한 것이다. 모택동의 유소기 지지는 '(毛劉)연맹'2123 결성을 의미한다.

　모택동은 왕명을 이렇게 평가했다. …왕명은 당의 역사에서 큰 공을 세웠다. 통일전선에 기여한 왕명의 역할을 간과해선 안 된다(黃允昇, 2006: 380). 모택동은 이렇게 해석했다. …'6중전회'에서 '왕명 과오'에 대한 심각한 비판을 삼갔다. 당시 환경에서 긍정적 평가가 문제 해결에 도움이 됐다(金冲及 외, 1996: 599). 실제로 왕명의 모스크바 '배경'을 감안한 것이다. 한편 모택동은 진운·강생이 제출한 '총서기 취임'을 거절2124했다.

　'왕명 반대자'2125로 변신한 팽덕회는 이렇게 말했다. …영수(領袖)는

2123　준의회의(1935.1)에서 유소기는 모택동의 주장을 지지했다. 실제로 (延安)6월회의 (1937.5~6)에서 '모유(毛劉)연맹'이 형성됐다. '12월회의(1937)'에서 '모택동 추종자' 유소기는 모택동의 입장을 지지했다. '6중전회(1938.9)'에서 모택동·유소기는 연합해 왕명의 (右傾)과오를 비판했다. (延安)정풍(1943)에서 유소기는 '중공 2인자'로 부상했다.

2124　모택동의 '(中共)총서기 취임' 거절 원인은 ① 공산국제의 '총서기 임명' 지시 부재 ② '(毛洛)연합' 체제, '왕명 잔재' 청산에 유리 ③ '소련파'의 불복 우려 등이다. 당시의 당면과제는 '영수(領袖) 지위' 공화화와 소련파 영향력 제거였다. 공산국제 해산(1943.5) 전 '(中共)지도부 교체(1943.3)'를 단행한 모택동은 '중공 총서기'로 등극했다.

2125　훗날 팽덕회는 이렇게 회상했다. …'6중전회(1938.9)'에서 나는 '왕명노선'을 반대했다. 당시 (日本)점령지역에서 팔로군은 모택동의 '독립자주(獨立自主)' 원칙을 실행했다. 1938년 가을 팔로군의 병력은 25만으로 확충됐다(彭德會, 1981: 229). 실제로 모택동이

장기적 투쟁을 통해 배출된다. 모택동의 지위는 정확한 영도력의 결과이다(逄先知 외, 2011: 525). '6중전회'에서 모택동은 정적 왕명을 제어하고 '중공 영수'로 자리매김했다. 또 '장강국 철회'[2126]는 '무한삼진(三鎭) 함락'[2127]과 왕명이 장강국 명의로 '지시'를 남발한 것이 주된 원인이다. 한편 '(毛王)지위' 역전은 (大會)단체사진의 '위치 변화'[2128]에서도 확인된다.

모택동이 '최종 승자'가 된 원인은 ① 군사적 리더십, 팔로군 지휘관의 지지 ② 정치적 리더십, '권모술수'에 능한 지략가 ③ '삼낙삼기(三落三起)'의 강인한 의지력, 풍부한 정치투쟁 경험 ④ 장문천·왕가상 등 '소련파'의 지지 ⑤ '중공대표' 임필시의 중요한 역할 ⑥ 공산국제 최고 지도자의 '지도력 인정' 등이다. 한편 왕명이 패배한 원인은 ① 정치적 리더십 부족, 지도자 자질의 결여 ② 공산국제의 '지지' 상실 ③ 팔로군 고급지휘관의 지지 부재 ④ 군사 문외한, 장정(長征) 불참 ⑤ 스탈린 불신, 미프의 숙청 ⑥ '소련파' 지지 상실, 측근 강생의 배반 등이다.

'중공 지도자'로 자격미달인 '정치 미숙아' 왕명이 '귀주 당나귀(黔

'(中共)영수 지위'가 확정된 후 팽덕회는 비로소 '모택동 지지자'로 전향한 것이다.

2126 (武漢)연석회의(12.23)에서 장강국에 회복된 후 왕명이 서기, 주은래가 부서기를 맡았다. 한편 왕명이 장강국을 주도한 후 무한·연안의 대립 국면이 형성, '6중전회 (1938)'에서 당중앙은 장강국을 철회, 남방국을 설립했다.

2127 1938년 10월 25일 장개석은 부득불 무한을 이탈했다. 25~27일 한구(漢口)·무창(武昌)·한양(漢陽) 무한 삼진(三鎭)이 잇따라 함락됐다. '무한 함락' 후 항전은 '전략적 대치' 단계에 진입했다. 국민당군의 정규전은 일단락되고 팔로군의 유격전은 활발히 전개됐다. 이 또한 '6중전회'에서 당중앙이 왕명이 주도한 장강국을 철회한 한 원인이다.

2128 대회의 기념사진을 찍을 때 최고 지도자는 중심 위치에 서는 것이 관행이다. '9월회의(1938)'에서 정치보고를 한 왕명은 단체사진의 중심에 서고 모택동은 맨 가장자리에 섰다. 한편 '6중전회'의 단체사진에는 왕가상이 앞줄 중심, 좌우에 모택동과 주덕, 왕명은 앞줄의 맨 가장자리에 섰다. 이는 '모왕(毛王)'의 지위가 역전됐다는 반증이다.

모택동과 중국혁명 2

驢)’라면 40대 중반의 모택동은 ‘노련한 호랑이(老虎)’이었다. 모택동은 ‘무림 고수’ 임충의 유인전술을 사용해 ‘가짜 무사(武士)’ 홍교두에게 결정타를 날렸다. 결국 이는 ‘정치 고단수’의 성공적인 ‘유인전술’이었다.

임필시의 모스크바 파견과 공산국제 ‘지시’를 갖고 온 왕가상의 ‘연안 회귀’는 모택동의 ‘중공 영수’ 지위 확보에 결정적 역할을 했다. 결국 ‘6중전회’에서 정치보고를 한 모택동은 왕명을 누르고 중공 영수로 등극[2129]했다. 한편 문혁 시기 ‘악처(惡妻)’[2130]로 전락한 강청은 모택동이 만년(晚年)에 범한 중대한 과오에 ‘추파조란(推波助瀾)’ 역할을 했다.

4. 연안에서 ‘현모양처(賢母良妻)’[2131]로 변신한 강청

하자진의 ‘연안 이탈’과 강청의 ‘연안 도착’은 운명적 배치였다. ‘당적(黨籍) 회복’[2132] 후 강청은 중앙당학교에서 반년 간 연수했다. 노신예

2129 ‘공산국제(俄文版)’ 제6기(1939.6)는 이렇게 썼다. …진정한 볼셰비키이며 걸출한 군사전략가 모택동은 중공 영수이다(黃少群, 2015: 674). (蘇共)기관지 ‘진리보(眞理報)’는 60여 차례 모택동 관련 소식을 실었다. 또 모택동을 ‘중국의 전기적(傳奇的) 영수’라고 치켜세웠다. 1939년 후 공산국제와 소련정부는 모택동을 중공 영수로 공식 인정했다.

2130 이른바 악처(惡妻)는 마음이 바르지 못하고 행실(行實)이 사나운 아내를 지칭한다. 한편 강청을 ‘악처’라고 하는 주된 이유는 문혁 시기 모택동의 ‘하수인’ 노릇을 했고 모택동의 ‘정치적 과오’에 일조했기 때문이다. ‘현모양처’ 강청이 ‘악처’로 전락한 것은 그녀의 ‘정치 참여’와 관련된다. 실제로 강청을 ‘악처’로 만든 장본인은 모택동이다.

2131 현모양처(賢母良妻)는 ‘현명한 어머니’와 ‘어진 아내’를 의미한다. 1938년 가을 연안에서 모택동과 결합한 강청은 ‘현모양처’ 역할을 했다. 결국 이는 당중앙의 ‘약법 3장’과 모택동의 ‘엄격한 요구’, 강청 본인의 ‘근신’ 및 겸양의 자세와 관련된다. 실제로 연안 시기 강청은 모택동의 ‘현내조(賢內助)’, 딸 이눌(李訥)의 ‘훌륭한 어머니’였다.

2132 1933년 2월 강청은 청도에서 유계위의 소개로 중공에 가입했다. 그해 7월 유계위가 청도에서 체포, 상해로 피신한 강청은 당조직과의 관계를 상실했다. 1934년 9월 상해에서 ‘좌익교련(左翼敎聯)’ 책임자 손달생(孫達生)의 소개로 재차 공산당에 가입했다. 1937년 10월 ‘입당 소개인’ 유계위가 증명, 강청은 연안에서 당적(黨籍)을 회복했다.

술학원(魯迅藝術學院)²¹³³에 전근된 강청은 연극무대에서 두각을 드러냈다. (軍委)비서로 임명된 후 1938년 11월 모택동과 '재혼'했다. 딸 이눌(李訥)을 출산한 강청은 자신의 전업을 포기하고 '현모양처'로 변신했다. 결국 이는 '(毛江)결합'에 대한 당중앙의 '약법3장(約法三章)'²¹³⁴과 관련된다.

남평(藍苹)이란 예명으로 상해 연극무대를 뜨겁게 달구던 '연예인' 강청이 상해에서 유명해진 것은 영화 평론가 당납(唐納)²¹³⁵과 화극(話劇)²¹³⁶ 감독 장민(章泯)²¹³⁷과의 '(同居)스캔들' 때문이다. 한편 강청은 유계위(俞啓威)²¹³⁸의 영향하에 중공에 가입(1933.2)했다. 이는 '연안 진

2133 노신예술학원(魯迅藝術學院)은 1938년 4월 10일 연안에서 출범했다. 중공이 '항전문예(抗戰文藝)' 간부를 배양하기 위해 설립한 고등학부이다. '학원' 본부는 연안 교아구(橋兒溝)에 위치, 1943년 4월 (延安)대학과 합병, 연안대학 문예학원으로 개명했다. 1945년 '학원'은 동북(東北)지역으로 이전, 1961년 '전국문물(文物)보호단위'로 지정됐다.

2134 '약법3장(約法三章)'은 1938년 가을 모택동과 강청의 결합을 두고 당중앙이 강청의 '정치 참여' 등을 제한하는 '단서(但書)'를 가리킨다. '약법3장' 존재 여부에 대한 찬반 양론이 엇갈리고 있으나, '약법3장'이 확실하게 존재했다는 것이 학계와 전문가의 중론이다. 한편 당중앙의 '약법3장'은 강청의 '현모양처'로 변신에 중요한 역할을 했다.

2135 당납(唐納, 1914~1988), 강소성 소주(蘇州) 출신이며 강청의 전 남편이다. 1934년 상해 예화(藝華)영화회사 극작가, 1935년 영화배우로 활약, 1936년 4월 강청과 결혼했다. 항일전쟁 후 '대공보(大公報)' 기자, 1952년 프랑스 이주, 1988년 파리(Paris)에서 병사했다.

2136 화극(話劇)은 대화 방식을 위주로 한 희극의 일종이며 20세기 초 중국에 유입됐다. 현대 화극가(話劇家)로 곽말약·전한(田漢)·노사(老舍) 등이 있다. 항전 개시 후 전면적으로 보급, 1935년 봄여름 강청은 화극 '인형의 집' 여주연으로 낙점, 일약 스타로 부상했다.

2137 장민(章泯, 1906~1975), 사천성 아미(峨嵋) 출신이며 화극·영화 감독이다. 1926년 중공에 가입, 1930~1940년대 (上海)좌익극련(左翼劇聯) 집행위원, (中國)영화제작소 감독, 건국 후 (中國)영화예술위원회 부주임, 북경영화학원 원장을 역임, 1975년 북경에서 병사했다.

2138 1933년 중공 당원 유계위의 영향하에 '반(反)제국주의연맹'에 가입(1932)한 강청은 유계위와 청도시위 서기 이대장(李大章)의 소개로 공산당에 가입했다. 1935년 가을 유계위는 북경대학 수학학부에 입학, 그해 겨울 '학생운동 영수' 유계위는 황경(黃敬)으로

입' 1년 만에 모택동의 '생활 비서'로 발탁된 결정적 요소였다.

강청은 1914년 산동성 제성(諸城)에서 태어났다. 1912년·1915년에 출생했다는 것이 일각의 주장[2139]이다. 강청은 운학(雲鶴)은 '군계일학(群鷄一鶴)'이라고 자의적으로 해석했다. 20개 닉네임[2140]을 갖고 있는 그녀의 대표적 이름은 이운학·남평·강청이다. 산동실험극원(實驗劇院) 입학은 인생의 전환점이다. 1년 간 연극을 공부한 후 북경에 진입해 화극을 연출했다. 또 북경의 경극원(京劇院)에서 몇 개월 동안 경극을 전공했다.

1931년 5월 강청은 부잣집 도련님 배명륜(裴明倫)과 결혼했다. 배씨와 강청의 혼인은 겨우 2개월 간 유지됐다. 1937년 7월 배씨와 이혼한 강청은 해변도시 청도(靑島)로 떠났다. 한편 청도에서 그녀의 삶에 '중요한 영향력'을 미친 유계위(黃敬)와 재혼했다. 결국 '운 좋은' 강청은 (濟南)실험학원 원장의 도움을 받아 청도대학 도서관 사서로 배치됐다.

강청을 '사서'로 배치한 원장은 조태모(趙太侔)[2141]이며 도서관장은 양실추(梁實秋)[2142]였다. 강청은 이렇게 회상했다. …나는 도서관에서 마

개명했다. 1937년 가을 강청은 전부(前夫) 황경의 보증으로 당적(黨籍)을 회복했다.

2139 에드가 스노우(Edgar Snow)는 강청은 1912년생이라고 적었다. '(中國)공산당 대사전(大辭典, 2004.11)'은 이렇게 썼다. …강청은 1915년생이며 원명은 이운학이다(葉永烈, 2019: 11). 최고법원의 특별법정 판결서는 피고(被告) 강청은 1914년생이라고 적었다. 실제로 강청이 1914년에 출생했다는 상기 (法院)주장이 신뢰성이 가장 높다.

2140 강청이 사용한 닉네임(假名)은 20개에 달한다. 이진해(李進孩)는 유명(乳名), 이운학은 학명(學名)이다. 또 이학(李鶴)·장숙정(張淑貞)·이운고(李雲古) 등 가명을 사용했다. 남평은 예명(藝名), 강청은 연안에서 사용한 이름이다. 건국 후 이진(李進)·고거(高炬)·준령(峻嶺)을 필명(筆名), 1991년 이윤청(李潤靑)이라는 화명(化名)을 사용했다.

2141 조태모(趙太侔, 1889~1968), 산동성 익도(益都) 출신이며 교육자이다. 1920~1940년대 산동성실험극원 원장, 청도대학 교무장, 산동대학 총장, 건국 후 산동대학 교수, 청도해양대학 교수 등을 역임, 1968년 청도에서 자살했다.

2142 양실추(梁實秋, 1903~1987), 절강성 항주(杭州) 출신이며 교육자이다. 1930~1940년대

르크스의 저서를 섭렵했다. 레닌의 문장을 읽은 후 사회주의에 대해 흥미를 느꼈다(葉永烈, 2019: 29). 상기 '저서 섭렵'·'사회주의 흥미'는 신빙성이 낮다. 조태모는 유계위의 누나 유산(兪珊)[2143]과 결혼했다. 유계위의 죽음(1958)과 조태모·유산의 사망(1968)은 '악처' 강청과 직접적 관련이 있다.

모택동과 강청의 '공통점'은 ① 북경·청도대학의 도서관 '사서' ② 대학 '방청생', 지식인 콤플렉스 ③ 학생운동 참가, 중공 가입 ④ 북경·상해·청도·장사 등 대도시에서 '고군분투' ⑤ 연극 애호자, 경극(京劇) 극성팬 ⑥ 자유연애 선호, 개방적 결혼관 ⑦ '친모소부(親母疏父)' 등이다. 한편 경극에 '일가견이 있는' 강청과 경극팬인 모택동의 '(延安)결합(1938.11)'은 결코 우연적인 관계가 아닌 운명적인 만남이었다. 실제로 '모강(毛江)'의 결혼 골인에 '오작교(烏鵲橋)' 역할을 한 것은 강청이 주역을 맡아 열연(1938.7)한 경극 '타어살가(打漁殺家)'[2144]였다.

유계위와 동거한 강청은 그의 소개로 1933년에 중공에 가입했다. 강청은 천진의 공산당 지부에 입당을 신청했는데 주은래는 혁명활동을 할 여자 같이 보이지 않아 입당을 거절했다. 그러나 유계위의 보증

청도대학 도서관장, 산동대학 교수, 북경대학 교수, 국민참정회 참정원(參政員), 1949년 대만 이주, 1987년 대북(臺北)에서 병사했다.

2143 유산(兪珊, 1908~1968), 절강성 산음(山陰) 출신이며 공연예술가(公演藝術家)이다. 1933년 산동대학 총장, 조태모와 결혼했다. 건국 후 강소성 경극단(京劇團)과 중국희곡(戱曲)연구원에서 근무, 1968년 북경에서 자살했다.

2144 '타어살가(打漁殺家)'는 유명한 경극(京劇)의 제목으로 '토어세(討漁稅)'라고 부른다. 양산박(梁山泊) 호한 원소칠(阮小七)의 이야기를 경극으로 개편한 것이다. 노신예술학원은 항전(抗戰) 1주년을 기념해 '타어살가'를 개작한 '송화강(松花江)' 등의 현대극을 창작했다. 당시 강청(江靑)이 주인공 계영(桂英)역을 맡았다. 결국 산동성극원(劇院)에서 '타어살가'를 연출한 적이 있는 강청의 출중한 연기력은 중공 지도자 모택동의 환심을 샀다.

으로 그녀의 입당을 허락했다(유일, 2016: 146). 상기 '천진 지부'에 입당을 신청했다는 주장은 사실무근이며 주은래의 '입당 거절'은 사실 왜곡이다. 한편 강청의 '(中共)가입'을 허락한 사람은 청도시위 서기 이대장(李大章)[2145]이다.

1932년 강청은 좌익희극가연맹(左翼戱劇家聯盟, '劇聯')[2146] (靑島)지회에 가입했다. 남국사(南國社)[2147] 회원 유계위는 청도에서 해구극사(海鷗劇社)[2148]를 설립했다. 강청은 '해구극사' 주축 멤버로 활약했다. 1933년 2월 유계위의 소개와 청도시위 서기 이대장의 허락을 받은 강청은 중공에 가입했다. 한편 유씨 가문의 반대로 유계위와 강청은 결혼식을 치르지 못했다. 유계위가 체포(1937.7)된 후 강청은 당조직과의 연계가 끊어졌다.

상해에 도착한 강청은 '극원(劇院)' 동창 위학령(魏鶴齡)[2149]의 도움으

2145 이대장(李大章, 1900~1976), 사천성 합강(合江) 출신이며 공산주의자이다. 1924년 중공에 가입, 1930~1940년대 청도(靑島)시위 서기, 북방국 선전부장, 건국 후 사천성장, (中共)통전부장 등을 역임, 1976년 북경에서 병사했다.

2146 좌익희극가연맹(左翼戱劇家聯盟, '劇聯')은 중공이 영도한 희극(戱劇) 종사자의 혁명단체이다. 1930년 8월 '좌익희극단(戱劇團)' 연맹이 설립됐다. 1931년 1월 상해에서 좌익희극가연맹이 설립, 북경·남경·무한·태원·청도 등지에 지회(支會)가 설립됐다. 1936년에 자동 해산됐다. 한편 당시 강청은 좌익희극가연맹 (靑島)지회에 가입했다.

2147 남국사(南國社)는 1927년 상해(上海)에서 설립된 문예단체이다. 전신은 남국전영극사(南國電影劇社)이며 전한(田漢)이 책임자였다. 남국사는 '남국예술학원'을 설립, 전한이 원장을 맡았다. 1929년 5월 1일 '남국월간(南國月刊)'을 창간, 전한이 편집장을 맡았다. 1930년 9월 (國民黨)당국에 의해 차압, 남국사 회원들은 좌익희극운동에 참가했다.

2148 해구극사(海鷗劇社)는 1932년 3월 중국해양대학의 연극사단(社團), 황경(黃敬) 등이 설립한 단체이다. 황경의 소개로 '극사(劇社)'에 가입한 강청은 주축 멤버로 활약, 대표적 작품은 '해지혼(海之魂)'·'산해정(山海情)' 등이 있다. 1933년 여름 해구극사는 활동을 중지했다.

2149 위학령(魏鶴齡, 1907~1979), 천진(天津) 출신이며 영화배우이다. 1930~1940년대 (上海)좌

로 전한(田漢)[2150]을 만났다. 남국사(南國社) 설립자 전한은 유계위·유산·왕박생(王泊生)[2151]과 익숙했다. 또 좌익작가연맹(左翼作家聯盟, '左聯')[2152]과 '극련(劇聯)' 책임자인 전한의 소개로 서명청(徐明淸)[2153]이 책임진 신경공학단(晨更工學團)[2154]에 배치됐다. 신경공학단은 도행지(陶行知)[2155]가 설립한 교육단체였다. 1934년 1월 상해에서 시위행진에 참가한 유계위·강청은 체포될 위기에 놓이자 북경으로 피신했다. 1934년 5월 상해로 복귀한 강청은 여공(女工)야학교에서 교사로 근무했다.

익희극가연맹·상해문화계(敎亡)협회에 가입, '방운영(方芸英)'·'인지초(人之初)' 등 영화에서 주연, 건국 후 연원극단(演員劇團) 부단장 등을 역임, 1979년 상해에서 병사했다.

2150 전한(田漢, 1898~1968), 호남성 장사(長沙) 출신이며 희극작가·영화감독이다. 1920~1940년대 상해예술대학 총장, 남해예술학원 원장, 좌익희극가연맹 책임자, 건국 후 문화부(文化部) 예술국장 등을 역임, 1968년 강청 일당의 박해를 받아 옥중(獄中)에서 사망했다.

2151 왕박생(王泊生, 1902~1965), 하북성 준화(遵化) 출신이며 희극예술가이다. 1930~1940년대 (山東)성립극원 원장, (燕京)대학 교수, 건국 후 국립가극학교장, (南京)희곡음악연구원 연구원 등을 역임, 1965년 고향에서 병사했다.

2152 좌익작가연맹(左翼作家聯盟)은 1930년 3월 상해에서 설립된 문학단체이다. 주요 간행물은 '맹아월간(萌芽月刊)'·'개척자(開拓者)' 등이 있다. '좌련(左聯)'의 대표적 인물은 노신(魯迅)이다. 1936년 봄 문예계의 항일민족통일전선 설립을 위해 '좌련'은 자동 해산했다.

2153 서명청(徐明淸, 1911~2008), 절강성 임해(臨海) 출신이며 공산주의자이다. 1929년 중공에 가입, 1930~1940년대, 신경공학단 단장, 섬감녕변구(婦聯)회장, 건국 후 국무원 교육처 부처장 등을 역임, 2008년 북경에서 병사했다.

2154 1932년 가을에 설립된 신경공학단(晨更工學團)은 도행지(陶行知)가 설립한 교육단체이다. 중공 당원 서명청(徐明淸)이 단장(團長)을 맡았다. '좌련(左聯)'·'교련(敎聯)' 혁명활동의 아지트인 신경공학단은 1934년에 폐쇄됐다.

2155 도행지(陶行知, 1891~1946), 안휘성 흡현(歙縣) 출신이며 교육자이다. 1920~1940년대, 국립(國立)동남대학 교수, 중국교육학회 회장, 민맹(民盟)중앙 상임위원과 교육부장 등을 역임, 1946년 상해(上海)에서 병사했다.

서명청의 소개로 강청은 '좌익교련(左翼敎聯)'[2156] 책임자 손달생(孫達生)[2157]을 알게 됐다. '좌익교련'의 당단(黨團) 조직부장 손달생은 강청과 두 차례의 담화를 나눈 후 '(江靑)입당 소개인'이 되기로 결정했다. 1934년 9월 손달생의 '(江靑)상황' 보고를 받은 '좌익교련' 당조직은 강청의 입당을 허락했다. 한편 이 시기 강청은 갑자기 행방불명이 됐다.

강청은 국민당 특무에게 체포돼 8개월 간 수감됐다. 미국인 항의로 강청은 보석 석방됐다(D, Wilson, 2011: 157). 상해에서 여러 가지 아르바이트를 한 강청은 영화 출연을 위해 있는 힘을 다했다. 1934년 9월 고향에서 체포된 강청은 그해 11월에 석방됐다(유일, 2016: 156). '미국인 항의'로 석방됐다는 주장과 '고향 체포'는 사실무근이다. 1934년 10월 '야학교'에서 교사로 근무하던 이운학이 상해에서 국민당 특무에게 체포됐다.

강청은 지하당원 '아락(阿樂)'을 만나기 위해 조풍공원(兆豊公園)에 갔다가 국민당 특무에게 체포됐다. 당시 '체포' 소식을 들은 서명청·손달생은 '기독교여자청년회' 명의로 보석을 신청했다. 한편 구치소에서 강청이 변절했다는 '일각의 주장'[2158]은 신빙성이 낮다. 1935년 봄 상해업

2156 '좌익교련(左翼敎聯)'은 1932년 4월 상해(上海)에서 설립된 '(中國)좌익종사자연맹'을 지칭한다. 당시 '신흥교육사(新興敎育社)'로 불렸던 '교련(敎聯)'은 중공이 영도하는 (敎育)종사자의 단체이다. 1936년에 자동 해산했다.

2157 손달생(孫達生, 1911~?), 길림성(吉林省) 쌍료(雙遼) 출신이며 공산주의자이다. 1933년 중공에 가입, 1934년 9월 강청(江靑)의 '입당 소개인'이 됐다. 연안에서 손달생(孫達生) 닉네임을 사용, 1939년 5월에 (抗日)전선으로 갔다.

2158 1977년 주대계(朱大啓)는 강청의 '구치소 상황'을 이렇게 회상했다. …1934년 하반기 이운고(李雲古)는 (上海)공안국 구치소에 수감됐다. '심사팀'의 유도하에 변절한 그녀는 자수서(自首書)에 공산주의를 반대하고 삼민주의를 옹호한다고 썼다(葉永烈, 2019: 45). 한편 최고법원 특별법정(1980)은 '증거 부족'으로 강청의 '변절'을 인정하지 않았다. 상기 '이운고'는 강청, 주대계는 이운고의 심문을 맡았던 국민당 조사과의 심사팀장이다.

여극인협회(上海業余劇人協會)[2159]가 헨릭 입센(Henrik Ibsen)[2160]의 대표작 '인형의 집(A Dolls House)'[2161]의 여주연으로 강청을 낙점했다. 감독 만뢰천(萬籟天)[2162]과 위학령이 추천했다. 화극 남주연은 조단(趙丹)[2163], 김산(金山)[2164]·오미(吳湄)[2165] 등 실력파 배우가 가세했다. '화극' 성공으로 스타로 부상한 '남평(藍苹)'[2166]은 영화배우로 탈바꿈했다.

2159 상해업여극인협회(上海業余劇人協會)는 1936년 6월 상해에서 설립된 화극(話劇)단체이다. 1930년대 중공의 영도하에 '좌익희극운동'을 전개한 극단(劇團)이다. 1935년에 공연된 '인형의 집'·'흠차대신'이 대표적인 작품이다.

2160 헨릭 입센(Henrik Ibsen, 1828~1906), 노르웨이 극작가이며 유럽 근대 희극의 창시자이다. 대표적 작품 '인형의 집'으로 세계적 화제를 모으며 '근대극 1인자'가 됐다. 1879년 대표작 '인형의 집'을 완성, 1906년에 병사했다.

2161 '인형의 집(A Dolls House, 1879)'은 노르웨이(Norway) 극작가 입센(Ibsen)의 대표작이며 '나랍(娜拉)'·'괴뢰가정(傀儡家庭)'으로 번역됐다. '인형의 집'은 근대 여성해방론의 교본, 주인공 노라는 근대적 자의식을 가진 '여성형 표본'으로 간주된다. 한편 '인형의 집' 주연으로 낙점된 강청은 화극(話劇)의 대성공으로 일약 대스타로 부상했다.

2162 만뢰천(萬籟天, 1899~1977), 호북성 무창(武昌) 출신이며 화극·영화감독이다. 1920~1940년대 (南國社)연극감독, 중경배도극예(重慶陪都劇藝) 사장, 중화극전(劇專) 교수, 건국 후 노신문예학원 교수, (遼寧省)인민극원 감독을 역임, 1977년 반금(盤錦)에서 병사했다.

2163 조단(趙丹, 1915~1980), 강소성 양주(揚州) 출신이며 영화배우·영화감독이다. 1930~1940년대 (上海)좌익희극가연맹 가입, 영화 '대가정'·'길거리 천사'·'여인행(麗人行)'의 주연을 맡았다. 1957년 중공에 가입, 문혁 시기 5년 간 수감, 1980년 북경에서 병사했다.

2164 김산(金山, 1911~1982), 강소성 소주(蘇州) 출신이며 영화배우이다. 1932년 중공에 가입, 1930~1940년대 '동방극사(東方劇社)'·상해업여극인(劇人)협회를 설립, 영화 '장한가(長恨歌)' 등의 주연이다. 건국 후 중앙희극학원 원장 등을 역임, 1982년 북경에서 병사했다.

2165 오미(吳湄, 1907~1967), 상해(上海) 출신이며 화극·영화배우이다. 1930~1950년대 (左聯)상임위원, 상해시음식복무(飮食服務)회사 부사장, 상해시 인대(人大) 대표, 상해시 (婦聯)집행위원을 역임, 1967년 상해에서 사망했다.

2166 1935년 봄 강청은 '남평(藍平)'으로 개명했다. '취명(取名)' 이유는 남색(藍色) 옷을 선호하고 북평(北平)에서 상해(上海)로 왔기 때문이다(葉永烈, 2014: 54). 결국 연예인으로 탈바꿈한 강청의 예명은 '남평(藍苹)'으로 결정됐다.

1935년 가을 영화 '도시풍광(都市風光)' 주연 당납과 조연 남평은 동거를 시작했다. 1936년 4월 26일 항주 육화탑(六和塔)에서 결혼식을 치렀다. 결혼식 주례는 정군리(鄭君里)[2167], 결혼식 증인은 심균유(沈鈞儒)였다. '화극(인형의 집)' 주연으로 일약 스타덤에 오른 강청은 영화계 진출을 위해 상해전통영편회사(上海電通影片公司)[2168]에 가입했다. 한편 영화 '자유신(自由神)'에 단역(端役)으로 출연했으나 신출내기 남평은 성공하지 못했다. 유명한 (映畫)평론가 당납은 '영화화보(畫報)' 편집장을 맡은 다재다능한 인재였다. 얼마 후 당납이 '(濟南)자살소동'[2169]을 벌인 것은 아내의 '옛 연인(黃敬) 사통(私通)'을 발견했기 때문이다.

1937년 상반기 강청은 영화 '왕노오(王老五)'[2170]의 주역을 맡았으나 영화 흥행에 실패[2171]했다. 한편 화극계로 복귀한 강청은 (左聯)멤버 장민

2167 정군리(鄭君里, 1911~1969), 상해(上海) 출신이며 영화감독이다. 1930~1950년대 영화 '화산정혈(火山情血)'·'신여성'의 주연, '임칙서(林則徐)'·'우리 부부'·'이선자(李善子)' 등 영화를 찍었다. 1969년 상해에서 사망했다.

2168 상해전통영편회사(上海電通影片公司)는 중국에서 가장 먼저 출현한 '(左翼私營)영화회사' 이다. 1934년 사도일민(司徒逸民) 등이 상해에서 설립, 1935년 여름 '전통(電通)'에 가입한 강청은 '자유신(自由神)' 단역으로 출연, 1935년 말 (國民黨)당국의 간섭으로 '촬영'이 중지됐다.

2169 1936년 5월 황경이 '학련(學聯) 설립'을 위해 상해(上海)로 왔다. 강청과 '밀회(密會)'한 황경은 '북경 회귀'를 권유했다. 결국 강청은 '(濟南)어머니를 만난다'는 것을 구실로 북경으로 돌아갔다. 당시 제남에서 이 사실을 알게 된 당납은 '자살소동(6.26)'을 벌였다. 실제로 강청은 남편 당납과 전부(前夫, 黃敬) 사이에서 '양다리 걸치기'를 했다.

2170 1937년 상해에서 찍은 영화 '왕노오(王老五)'의 여주연은 남평(江青)이다. 처음으로 주연에 낙점된 강청은 영화에서 35세 노총각인 '왕노우'의 배우자 역을 맡았다. 일제의 만행과 '일제의 앞잡이' 한간(漢奸) 통책(痛責)이 영화의 취지이다. 한편 (國民黨)당국의 저해로 영화 '왕노우'는 흥행에 실패했다. 결국 강청의 '영화배우 꿈'은 무산됐다.

2171 강청이 주연을 맡은 영화 '왕노오'가 흥행에 실패한 것은 영화 내용에 불만을 느낀 국민당 당국이 훼방을 놓았기 때문이다. 당시 당국은 '영화 심사'에서 '한간(漢奸) 견책'

과 '깊은 관계'를 맺었다. 장민의 '동거녀'가 된 강청은 그가 감독인 화극 '대뢰우(大雷雨)'[2172]의 여주연을 맡았다. 1930년대 감독과 여배우가 '불법 동거'를 하는 것은 비일비재한 스캔들이다. 결국 이는 당납의 '두 번째 자살(1937.5)'을 유발했으며 유부남 장민의 '가정파탄'[2173]을 초래했다.

강청이 서안으로 간 원인은 ① '후견인' 서명청의 '서안 전근(1936.7)' ② '노구교사변', 상해 함락 위기 ③ 당납의 '자살소동'·'장민 동거', 언론의 질타 ④ '영화계 진출' 실패 등이다. 당시 그녀가 주연을 맡은 영화(王老五) 흥행이 실패했다. 한편 황경의 '연안행(延安行, 1937.5)'이 강청의 연안행(1937.8)에 큰 영향을 미쳤다는 일각의 주장(葉永烈, 1993: 137)은 신빙성이 낮다. 결국 강청의 '연안행'은 인생의 중요한 전환점이 됐다.

1937년 7월 하순 서안에 도착한 강청은 '서명(徐明)'으로 개명한 서명청과 재회했다. 서명청의 대외적 직함은 '유치원 원장'이었다. 서명청의 '서안 주소'를 강청에게 알려준 것은 왕동약(王洞若)[2174]이었다. 서명청의 대학 동창 왕동약은 그녀의 '입당 소개인(1933)'이었다. 결국 강

에 딴지를 걸었다. '중국에 한간이 없다'고 주장한 정부 당국자는 영화의 관련 내용을 삭제할 것을 요구했다. 결국 '영화 흥행'에 실패한 강청은 '화극 공연'에 전념했다.

2172 화극(話劇) '대뢰우(大雷雨)'는 19세기 러시아 극작가인 오스트로프스키(Ostrovskii)의 대표작이다. 작품이 완성된 1859년은 러시아의 '노예제 반대' 투쟁이 최고조에 이른 시기였다. 작가는 '가정 비극'을 통해 노예제와 가부장제를 신랄하게 비판했다. 한편 강청은 '대뢰우' 주연(主演)을 맡기 위해 감독 장민(章泯)의 '동거녀'가 되었던 것이다.

2173 장민·강청의 '불법 동거'는 처자가 있는 장민의 '가정 파탄'을 유발했다. 결국 남편 외도에 격노한 부인 소곤(蕭珉)은 이혼을 제출했다. 소곤은 유명한 시인 소삼(蕭三)의 여동생이다. 또 강청의 '장민 동거'는 당납의 '두 번째 자살(1937.5.27)'을 초래했다. 한편 강청이 연안(延安)으로 간 후 장민은 중경에서 본처 소곤과 복혼(複婚)했다.

2174 왕동약(王洞若, 1909~1960), 강소성 단도(丹徒) 출신이며 공산주의자이다. 1933년 중공에 가입, 1930~1950년대 '좌익교련' (黨團)서기, 상해지하당 (工委)책임자, 강소성위 군위(軍委) 위원, 1960년 진강(鎭江)에서 병사했다.

청이 '낯 설은 타향'인 서안에서 '(上海)지인'을 쉽게 만날 수 있었다.

서명청은 강청의 상황을 엽검영의 부인 위공지(危拱之)[2175]에게 보고했다. 위공지는 강청을 등영초에게 소개했고 등영초는 강청에게 '박고(博古) 만남'을 주선했다. 며칠 후 조직부장 박고는 강청을 만나 진지한 대화를 나눴다. 이는 강청에 대한 구두심사(口頭審査)였다. 황경이 그녀의 '입당 소개인'이라는 것을 들은 박고는 곧 강청의 연안 진입을 허락했다. 당시 박고는 (延安)전국대표대회에 참석(1937.5)한 황경을 잘 알고 있었다.

1937년 2월 북경시위 서기 이보화(李葆華)[2176]가 전근된 후 황경이 서기를 맡았다. 그해 5월에 황경은 '전국대회 참석'을 위해 연안으로 출발했다. 당시 님 웨일즈가 황경과 동행했다. 대회 기간 님 웨일즈가 모택동을 인터뷰할 때 황경도 동참했다. 5월 20일 황경은 연안을 떠나 북경으로 돌아갔다. 1937년 10월 황경은 강청이 '중공 당원'임을 증명했다.

1972년 강청은 모택동과의 '첫 만남'을 이렇게 회상했다. …내가 낙천에 도착했을 때 중앙 지도자들이 총출동해 나를 맞이했다. 나는 불안한 마음을 가다듬고 그들과 일일이 악수했다(田樹德, 2002: 61). 8월 25일 서명청과 강청은 낙천에 도착했다. 26일 강청은 중앙 지도자의 트럭에 동승했다. 27일 왕관란(王觀瀾)·서명청 부부는 강청을 데리고 모택동의 거처를 방문했다(傅惠烈, 1993: 145). 낙천회의 기간 강청이 모택동 등의 영

2175 위공지(危拱之, 1905~1973), 하남성 신양(信陽) 출신이며 공산주의자이다. 1927년 중공에 가입, 1930~1940년대 하남성위 조직부장, 오단지위(烏丹地委) 부서기, 적봉(赤峰)시위 서기, 건국 후 전국부녀연합회 집행위원 등을 역임, 1973년 북경에서 병사했다.

2176 이보화(李葆華, 1909~2005), 하북성 낙정(樂亭) 출신이며 공산주의자이다. 1931년 중공에 가입, 1930~1940년대 (河北)성위 선전부장, (北平)시위 부서기, 건국 후 수리전력부(水利電力部) 부부장, 안휘성위 서기, 중국인민은행장을 역임, 2005년 북경에서 병사했다.

접을 받았다는 주장은 사실무근이다. 당시 서명청은 강청과 동행하지 않았고 왕관란 부부와 강청의 '(毛)거처 방문'은 신빙성이 제로이다.

주중지(朱仲芷)[2177]는 이렇게 회상했다. …8월 말 나는 강청과 함께 모택동의 거처를 찾아갔다. 우리는 마당에서 모택동과 잠깐 대화를 나누고 돌아왔다. 주중지는 강청 인상을 이렇게 말했다. …25세인 그녀는 야무지고 영리했다(朱鴻召, 2012: 61). 노신예술학원에서 모택동이 강의할 때 맨 앞자리에 앉은 강청은 고의적으로 유치한 질문을 함으로써 모택동에게 깊은 인상을 남겼다(R. Terrill, 1992: 114). 주중지의 회상은 신빙성이 제로이다. 강청과 모택동의 첫 만남은 '1938년 1월'이라는 것이 전문가의 중론이다. 실제로 '(毛江)첫 만남'은 화극을 통해 이뤄졌다. '(毛江)만남'의 직접적 계기는 화극 '혈제상해(血祭上海, 1938.2)'[2178]였다.

1937년 강청을 동반해 연안으로 간 것은 유계위였다. 강청은 이렇게 회상했다. …연안 도착 후 모택동은 나에게 마르크스학원 입장권을 주며 '보고' 방청을 요청했다(D. Wilson, 1993: 203). 연안에 도착한 강청이 신분을 밝혔으나 이미 공산당에서 제명됐다. 결국 모택동의 강력 추천으로 강청은 당적을 회복했다. '강청' 이름도 모택동이 지어준 것이다(유일, 2016: 163, 164). 상기 '유계위 동반'·'보고 방청'은 사실무근이다. 모택동의 '강력 추천'은 신빙성이 제로이며 '강청 이름'은 모택동이 지어

2177 주중지(朱仲芷, 1904~1996), 호남성 장사(長沙) 출신이며 공산주의자이다. 1927년 중공에 가입, 1930~1940년대 녕하성(寧夏省) 부련회(婦聯會) 상임위원, 건국 후 전국 정협위원 등을 역임, 1996년 장사에서 병사했다.

2178 1938년 1월 28일 연안(延安)문예계는 화극(話劇) '혈제상해(血祭上海)' 공연을 결정했다. 당시 강청은 화극에서 '둘째 첩' 역을 맡았다. 실제로 중앙선전부가 '출연자 초대'를 위해 마련한 연회에서 강청은 처음으로 모택동을 만났다. 1938년 2월 '혈제상해'는 연안에서 20일 간 공연됐다. 한편 모택동은 화극 '혈제상해'를 매우 높게 평가했다.

준 것이 아니다.

당시 '연안 진입자'는 당원일 경우 반드시 심사를 받아야 했다. 강청은 '당적 확인'을 위해 서북여사에서 두달 간 묵었다. 10월 중순 '입당소개인' 황경의 연안 도착 후 심사가 끝났다(田樹德, 2002: 58). 곽잠(郭潛)[2179]은 이렇게 회상했다. …'증거 부족'으로 강청의 '당적 회복' 요구는 거절됐다. 10월 중 황경의 증명으로 당적을 회복했다(葉永烈, 1993: 143). 1938년 가을 강청의 '당적 확인'을 위해 당조직은 기중구위(冀中區委) 서기 황경에게 편지를 보내 '당원 여부' 증명을 요구했다. 결국 황경의 긍정적 답신을 받았다(薩蘇 외, 2012: 62). 황경의 '(10월)연안 도착'은 사실무근이다. 당시 황경은 편지를 보내 강청이 '당원'임을 증명했다.

1936년 여름 남평이 당납과 '재결합'한 후 황경과 강청은 다시 만나지 않았다. 황경과 강청의 '관계 소원'은 당납의 '자살소동'과 강청의 '장민 동거(1937)'와 크게 관련된다. 특히 황경의 부모가 '강청 결혼'을 단호하게 반대했기 때문이다. 당시 중공 고위 지도자인 황경이 강청의 '당원 가입'을 증명한 것은 역사적 사실을 존중했기 때문이다. 1939년 황경은 여기자 범근(范瑾)[2180]과 연안에서 결혼했다. 1940년 그들 부부

2179 곽잠(郭潛, 1909~1984), 광동성 매현(梅縣) 출신이며 공산주의자이다. 1930~1940년대 항일군정대학 정치지도원, 강서(江西)성위 서기, 1942년 중통(中統) 특무에게 체포된 후 곧 변절했다. 1984년 대만(臺灣)에서 병사했다.

2180 범근(范瑾, 1919~2009), 절강성 소흥(紹興) 출신이며 공산주의자이다. 1938년 중공에 가입, 1930~1940년대 팔로군 총정치부 (從軍)기자, 신화사 기중(冀中)지사장, 건국 후 천진시위 선전부 부부장, 북경일보 사장, 북경시 부시장을 역임, 2009년 북경에서 병사했다.

는 장자 유강성(兪强聲)[2181]을 낳았다. 한편 셋째 아들인 유정성(兪正聲)[2182]은 중국정부의 '전국 정협 주석(全國政協主席)'[2183]을 역임했다.

이덕은 이렇게 회상했다. …강청이 연안에 도착했을 때 '당외 인사(黨外人士)'[2184]로 취급됐다. 강청은 1930년대 초반에 강생의 소개로 입당했다고 주장했다(中共中央文獻研究室, 1992: 203). 딕 윌슨은 강청의 '연안 진출'을 이렇게 적었다. …건전한 성풍습이 주된 원인이었으나, 나중에 권력 욕망이 팽창됐다(中共中央文獻研究室, 1992: 203). 강생은 대세가 모택동에게 기울자 충성의 대상을 바꿨다. 강생은 모택동에게 강청을 소개하고 신원 보증까지 서주면서 둘 사이의 관계가 돈독해졌다(나창주, 2019: 505). 강생과 남평은 구면이다. 1930년대 초반 그의 정부(情婦, 애인)였기 때문이다(V. Pantsov, 2017: 467). 강청이 '강생의 정부'였다는 주장은 어불성설이다. 또 강청의 '연안 진출'은 청년학생들의 '연안 러시'[2185]와 크게

2181 유강성(兪强聲, 1940~1987), 절강성 소흥(紹興) 출신이며 황경(黃敬)과 범금(范瑾)의 큰 아들이다. 1980년대 북경시 국가안전국(國家安全局) 처장, 북미(北美)정보사장(司長)·외사(外事)국장 등을 맡았다. 1986년 미국으로 도주, 1987년 남미(南美)에서 암살됐다.

2182 유정성(兪正聲, 1945~), 절강성 소흥(紹興) 출신이며 공산주의자이다. 1964년 중공에 가입, 1960~1990년대 산동성(煙臺)시장, (青島)시위 서기, 건설부장, 2000년대 호북성위 서기, 상해시위 서기, (中央)상임위원, 제12기 전국 정협 주석(2013~2018)을 맡았다.

2183 전국 정협(政協) 주석은 중공 총서기·국무원 총리·전국 인대(人大) 위원장에 이어 서열 4위이다. 전국 정협은 중국인민정치협상회의전국위원회(全稱)의 약칭이다. '정협 주석'의 임기는 5년이며 주요 직능은 정치협상·민주감독·참정의장이다. 초대 (政協)주석은 모택동이며 주은래·등소평·등영초·이선념 등이 전국 정협 주석을 역임했다.

2184 통일전선의 특정 개념인 '당외 인사(黨外人士)'는 중공 외의 각 민주당파(民主黨派)와 무당파(無黨派) 중 광범위한 영향력을 가진 유명 인사를 가리킨다. 흔히 '당외 인사'는 높은 문화 수준과 사회적 활동력이 강한 인사를 지칭한다. 한편 청도(青島)·상해(上海)에서 두 차례 입당(入黨)한 강청을 '당외 인사'라는 상기 주장은 큰 어폐가 있다.

2185 1937년부터 외국 기자들이 몰려드는 '연안 러시' 현상이 나타났다. 또 많은 문화계 인사들과 진보적 청년학생들이 국민당군의 봉쇄선을 뚫고 연안으로 달려갔다. 강청

모택동과 중국혁명 2

관련된다. 한편 강청의 '권력 욕망'은 불가능했다. 삼장법사(三藏法師)[2186]
가 손오공에게 씌웠던 '긴고주(緊箍咒)'[2187]와 같은 '약법삼장'이 있었기
때문이다. 실제로 연안 시기 강청은 '현모양처'였다.

    강생이 제성초등학교 교장(20세)이었을 때 강청은 겨우 네 살이었
다. 강생이 26세(1924)에 제성을 떠났을 때 강청은 10세 소녀였다(葉永烈,
1993: 148). 1927년 강생은 조일구(曹軼歐)[2188]와 재혼했다. 강청이 상해에
도착(1933.7)했을 때 강생은 이미 모스크바로 떠났다. 강생이 중앙당학교
총장에 임명(1938.3)됐을 때 강청은 '(中央)당학교 연수'를 마쳤다. 실제로
1938년 봄여름부터 동향인 강청과 강생은 '밀접한 관계'를 유지했다.

    중앙당학교(中央黨校)[2189] 총장 이유한은 이렇게 술회했다. …1938년
11월 '당적 심사'를 마친 강청은 '당교' 제12반(班)에 편입됐다. 또 '당과

    도 이들과 생각이 비슷했다(현이섭, 2017: 376). 강청의 '상해 이탈'은 '(同居)스캔들'과
    '영화 흥행' 실패 등이 주요인이다. 한편 강청의 '연안 진출'은 인생의 전환점이 됐다.

2186 삼장법사(三藏法師)는 율장(律藏)·경장(經藏)·논장(論藏)의 삼장(三藏)에 통달한 승려를 높여
    부르는 불교적 용어이다. '삼장법사'는 인도·서역(西域)에서 중국으로 들어와 활동한
    뛰어난 승려에게 붙이는 칭호였다. 가장 유명한 삼장법사는 당승(唐僧) 현장(玄奘)이다.

2187 '긴고주(緊箍咒)'는 중국의 고전소설 서유기(西遊記)에서 기원했다. 삼장법사(唐僧)는 손오
    공을 굴복시키기 위해 그의 머리에 금테를 씌웠다. 당승이 주문을 외우면 금테가 머
    리를 옥죄면서 극심한 두통에 시달리게 된다. 당중앙은 강청의 '정치참여'를 제한하
    는 '약법3장'을 제정했다. 결국 이는 손오공에게 씌운 '긴고주'와 같은 역할을 했다.

2188 조일구(曹軼歐, 1903~1989), 북경(北京) 출신이며 강생(康生)의 두 번째 부인이다. 1927년
    상해에서 강생과 재혼, 1949년 산동성(山東省) 조직부 부부장, 문혁 시기 (康生)사무실
    장, 1981년 모든 직무 박탈, 1989년에 병사했다.

2189 중앙당학교(中央黨校)는 1933년 3월 13일 '마르크스 서거' 50주년을 기념하기 위해
    서금(瑞金)에서 설립됐다. 초대 총장은 임필시, 부총장은 양상곤이었다. 얼마 후 장
    문천이 총장을 맡았다. 섬북 도착 후 (黨校)총장은 동필무, (延安)교아구(橋兒溝) 이전
    (1937.1) 후 이유한이 총장을 맡았다. 1938년 3월 강생이 '(中央黨校)총장'으로 임명됐
    다.

대중사업 연구실'을 설치했는데 실장은 가경시(柯慶施)[2190]가 맡았다(李維
漢, 1986: 388). 1976년 곽잠은 이렇게 회상했다. …당의 회의에서 강청은
발언할 엄두를 내지 못했다. 장정에 참가한 (女性)학원생들은 '연예인'
출신인 강청을 무시했다(葉永烈, 2019: 120). 중앙당학교에서 강청이 무시
당했다는 상기 주장은 신빙성이 낮다. 실제로 '스타 출신'인 강청은 이
시기 명성에 걸맞는 활약상을 보였다는 것이 학계의 중론이다.

1938년 춘절 연안에 도착한 상해구망연극대(上海救亡演劇隊)[2191]
와 (延安)연극 종사자들은 연합해 화극 '혈제상해'를 연출했다. 강청
이 화극 주연을 맡았다. 중앙선전부는 만찬을 마련해 출연자를 초대
했다. 이 연회에서 강청은 처음으로 모택동을 만났다(林克, 2000: 98). '혈
제상해'의 주요 출연자는 사가부(沙可夫)[2192]·주광(朱光)[2193]·이백쇠·조품

2190 가경시(柯慶施) 1902~1965), 안휘선 흡현(歙縣) 출신이며 공산주의자이다. 1922년 중
공에 가입, 1920~1940년대 안휘성위 서기, 하북성위 조직부장, (中央)통전부장, 건국
후 상해시위 서기, 화북국 서기, 국무원 부총리 등을 역임, 1965년 성도(成都)에서 병
사했다.

2191 상해구망연극대(上海救亡演劇隊)는 1937년 (上海)희극계구망(救亡)협회가 설립한 유동적
인 연극대(演劇隊)이다. 항일전쟁 기간 상해를 본거지로 전국 각지에서 항일구국(抗日救
國)을 선전했다. 1938년 1월 연안에 도착한 상해구망연극대는 연안(延安)의 문예계 종
사자들과 연합해 화극(話劇) '혈제상해(血祭上海, 1938.2)'를 연출했다. 당시 연안에서 '혈
제상해'를 관람한 모택동 등 중앙 지도자들은 연극(血祭上海)을 매우 높게 평가했다.

2192 사가부(沙可夫, 1903~1961), 절강성 해녕(海寧) 출신이며 극작가이다. 1926년 중공에 가
입, 1903~1940년대 '홍색중화(紅色中華)' 편집장, (延安)노신예술학원 부원장, 건국 후
문화부 사무국장, 중앙희극대학 당위서기·부총장을 역임, 1961년 청도(靑島)에서 병
사했다.

2193 주광(朱光, 1906~1969), 광서성 박백(博白) 출신이며 공산주의자이다. 1931년 중공에 가
입, 1930~1940년대 (延安)노신예술학원 비서장, 팔로군 129사단 정치부 선전부장,
(長春)시위 서기, 건국 후 광주시장, 광동성위 부서기 등을 역임, 1969년 북경에서 병
사했다.

삼(趙品三)[2194]·서이신·임백과(任白戈)[2195]·좌명(左明)[2196]·손유세 등이다. 1938년 1월 28일부터 20일 간 공연됐다(艾克恩, 1987: 44). 화극은 대성공을 거뒀고 주연을 맡은 강청은 높은 인지도를 얻었다. '연회(1938.2)'에서 강청이 모택동을 처음으로 만났다는 주장은 신빙성이 매우 높다.

축하 연회(1932.2)에서 누군가가 '(延安)예술학월 설립'을 제의했다. 그의 건의는 참석자들의 호응을 얻었고 모택동 등의 지지를 받았다. 일주일 후 사가부(沙可夫)가 작성한 '(學院)창립 발기문'가 공표됐다. 모택동·주은래·임백거·서특립·성방오·애사기·주양(周揚)[2197]을 발기인으로 결정됐다. 4월 10일 노신예술학원 설립식이 연안 대예당(大禮堂)에서 개최됐다. 한편 강청의 공개적 신분은 희극학부의 '지도원(指導員)'이었으나, 진짜 신분은 '망원(網員, 비밀정보원)'이었다. 강청의 '망원 임명'[2198] 당

2194 조품삼(趙品三, 1904~1973), 산서성 유차(楡次) 출신이며 공산주의자이다. 1925년 중공에 가입, 1930~1940년대 서북항일극사(劇社) 사장, 중앙군위 비서국 부비서장, 건국 후 동북철로관리국 관리부장, 중국혁명군사박물관 부관장 등을 역임, 1973년 북경에서 병사했다.

2195 임백과(任白戈, 1906~1986), 사천성 남충(南充) 출신이며 공산주의자이다. 1926년 중공에 가입, 1930~1940년대 '좌련(左聯)' 선전부장, 중경(重慶)시위 선전부장, 건국 후 중경시장, 사천성 정협 주석, 서남국(西南局) 서기 등을 역임, 1986년 성도(成都)에서 병사했다.

2196 좌명(左明, 1902~1941), 섬서성 남정(南鄭) 출신이며 극작가·연출가이다. 1930년대 (上海)좌익희극가연맹 상임위원, 항일구망연극대(抗日救亡演劇隊) 제5대장, (延安)노신예술학원 희극학부 강사를 역임, 1939년 '중국진행곡'을 창작, 1941년 중경(重慶)에서 병사했다.

2197 주양(周揚, 1908~1989), 호남성 익양(益陽) 출신이며 공산주의자이다. 1927년 공산당에 가입, 1930~1940년대 (延安)노신예술학원 원장, 연안(延安)대학 총장, 화북국 선전부장, 전국 문련(文聯) 주석을 지냈다. 건국 후 (中央)선전부 부부장, 문화부 부부장, (中國)작가협회 부주석, (中國)사회과학원 부원장을 역임, 1989년 북경에서 병사했다.

2198 중앙보위부장 허건국(許建國)이 강청을 '비밀정보원(網員)'으로 임명한 원인은 ① 5년

사자는 중앙사회부 보위국장 허건국(許建國)[2199]이었다.

노신예술학원은 경극 '타어살가'를 개작한 '송화강(松花江)' 등 현대극을 창작했다. 강청이 계영(桂英) 역, 아갑(阿甲)[2200]이 소은(蕭恩) 역을 맡았다. 리허설을 본 강생은 강청에게 모택동이 공연을 관람한다고 귀띔했다(朱鴻召, 2012: 62). '타어살가'는 (梁山泊)호한 원소칠(阮小七)[2201]의 이야기를 다룬 것이다. 고향으로 돌아가 변성명한 원소칠은 어민을 착취하는 악패(惡覇)를 죽인 후 타향으로 도주한다. 경극을 전공한 강청이 주연을 맡았다(葉永烈, 2019: 129). 강청의 출중한 연기력은 모택동에게 확실하게 눈도장을 찍었다. 당시 모택동은 강생과 함께 휴게실에 들어가 노고를 치하했다. 한달 후 강청은 모택동의 신변으로 전근됐다.

모택동의 기요비서 엽자룡(葉子龍)[2202]은 이렇게 회상했다. …어느

간의 '당령(黨齡)' ② 상해의 '지하공작(地下工作)' 경력 ③ (上海)연예인 경력, '비밀공작'에 유조(有助) ④ 사교력(社交力)과 강한 활동 능력 등이다(葉永烈, 2014: 125). 당시 강청의 임무는 노신예술학원에 '잠복'한 국민당 특무(特務)를 가려낸 후 (中共)상급자에게 보고하는 것이다. 결국 이는 강청에 대한 당조직의 '신임'을 단적으로 보여준 것이다.

2199 허건국(許建國, 1903~1977), 호북성 황피(黃陂) 출신이며 공산주의자이다. 1922년 중공에 가입, 1930~1940년대 (紅軍)정치보위국장, 중앙사회부 보위부장, 천진시 부시장, 건국 후 공안부(公安部) 부부장, 상해시 부시장을 역임, 1977년 안휘성 합비(合肥)에서 병사했다.

2200 아갑(阿甲, 1907~1994), 강소성 무석(無錫) 출신이며 공산주의자이다. 1914년 중공에 가입, 1930~1940년대 연안평극원(延安平劇院) 부원장, 노신예술학원 평극연구단장, 건국 후 경극원(京劇院) 부원장, 희극가협회 부주석 등을 역임, 1994년 무석(無錫)에서 병사했다.

2201 원소칠(阮小七)은 양산박 호한 중 서열 31위, 천패성(天敗星)에 속한다. 수군(水軍) 두령이며 닉네임은 '살아있는 염라대왕' 활염라(活閻羅)이다. 귀순 후 개천군(蓋天軍) 도통제(都統制), 용포(龍袍)를 입고 장난질을 쳐 서민으로 좌천됐다. 고향인 석갈촌(石碣村)으로 돌아가 소은(蕭恩)으로 변성명, 딸과 함께 고기잡이로 생계를 유지했다.

2202 엽자룡(葉子龍, 1916~2003), 호남성 유양(瀏陽) 출신이며 모택동의 비서이며 공산주의자

날 강청은 연극티켓 두 장을 주며 모주석(毛主席)과 나에게 연극 관람을 요청했다. 강청이 요청한 연극은 그녀가 주연인 '타어살가'였다(溫衛東, 2000: 65). 강청의 '요청'을 수락한 모택동은 연극을 관람했다. 그 후 모택동이 여러 차례 강청을 거처로 초대했다. 1938년 8월 강청은 '군위' 비서로 전근됐다. '(毛江)결합'의 수훈갑은 모택동의 '추종자'로 둔갑한 강생이다.

'(毛江)결합' 원인은 ① '오리리사건(1937.7)'에 따른 (毛賀)결별 ② 강생의 '모택동 추종자' 변신 ③ 1938년 강청의 '(延安)연극계 활약' ④ 강생의 '강청 추천'과 유대적 역할 ⑤ '모강(毛江)'의 '개방적 결혼관' ⑥ '현대적 여성'인 강청의 연예인 기질 ⑦ 모택동의 '경극(京劇) 애호', 연예인에 대한 높은 호감도 ⑧ '독신'인 모택동·강청이 상대에게 느낀 '성적 매력' ⑨ 이 시기 모택동의 '영수(領袖) 지위' 확보 등이다. 실제로 '모강결합'은 경극을 유대로 맺어진 혼인이다. 한편 '(毛江)결합'은 하자진을 동정하는 (長征)간부들과 중공 원로들의 강력한 반대를 받았다.

모택동과 강청의 공개적 동거는 연안에서 가십거리로 회자됐다. 중공 지도자 중 '(毛江)결합'을 반대한 대표적 인물은 장문천·항영·진운이다. 이들이 '(毛江)결합'을 반대한 이유는 첫째, 남평의 문란한 남녀 관계와 (性)스캔들이 '영수 이미지'를 손상시킨다. 둘째, 모택동의 '환난지처' 하자진에 대한 동정심 촉발이었다. 당시 장문천은 '반대 의견'을 정리해 모택동에게 전달했다. 결국 이는 모택동·장문천의 '관계 악화'를 초래했다.

이다. 1932년 중공에 가입, 1930~1940년대, 중앙군위 (機要)과장, 모택동의 기요비서, 건국 후 북경시 부시장, 북경시 정법위원회 부주임 등을 역임, 2003년 북경에서 병사했다.

유영(劉英)은 이렇게 회상했다. …당내 원로들은 '모강(毛江) 결합'을 반대했다. '당학교 연수' 중인 왕세영(王世英)은 강청의 (上海)염문설을 거론하며 '모강 결합'을 반대했다(劉英, 2012: 95). 양상곤은 이렇게 회상했다. …'모강 결혼'을 반대한 낙보는 모택동의 미움을 샀다. 나는 나서경을 통해 모택동에게 보낸 낙보의 '편지'[2203]를 봤다. 또 조직부장 진운도 '모강 결합'을 반대[2204]했다. 강청은 이렇게 회상했다. …항영의 '(結婚)반대 전보'를 본 모주석은 이렇게 말했다. 손중산·송경령의 나이 차이는 30세[2205]이다(薩蘇 외, 2012: 67). 유효(劉曉)는 당중앙에 보낸 보고서에 이렇게 썼다. …강청은 '국민당 간첩'일 가능성이 있다. 결국 강생이 강청의 '정치적 신뢰성'을 장담했다(L. Levine, 2017: 471). '모강 결합'을 반대한 왕세영[2206]과 유효[2207] 등은 문혁 시기 정치적 박해를 받았다. 상기 강청의

2203 낙보(洛甫)가 모택동에게 보낸 편지의 골자는 ① 이혼을 동의, 재혼은 당연 ② 재혼, 재고를 부탁 ③ '연예인(江青) 결합' 부적절 등이다. 당시 장문천의 권고를 무시한 모택동은 (結婚)축하연에 낙보는 청하지 않았다(劉英, 2012: 95). 한편 모택동이 '축하연'에 낙보를 청하지 않았다는 (洛甫)부인 유영(劉英)의 상기 주장은 신빙성이 매우 낮다.

2204 '모강(毛江) 결합'을 반대한 진운(陳雲)은 강청에게 모택동과 하자진의 결혼이 유효하다고 귀띔했다. 당시 모택동은 진운에게 전화를 걸어 이렇게 말했다. …조직부장이 남의 사생활에 간섭하는가(朱鴻召, 2012: 68). 결국 '총서기' 낙보와 조직부장 진운의 반대로 '약법3장'이 출범한 것이다. 실제로 당중앙은 '모하(毛賀) 이혼'을 인정하지 않았다.

2205 실제로 손중산(1866)과 부인 송경령(1892)의 실제 나이 차이는 26세이다. 또 주덕(1986)은 25세 연하인 강극청(1911)과 재혼했다. 한편 모택동(1893)과 강청(1914)의 나이 차이는 21세였다. 또 프랑스 대통령 마크롱(1977)은 24세 연상인 여인과 결혼했으며 브라질 대통령 자이르 보우소나루(1955)는 27세 연하의 여성과 결혼했다.

2206 1938년 연안으로 전근된 왕세영은 장문천에게 장문의 편지를 보내 연예인 강청의 '(上海)스캔들'을 적발했다. 당시 편지에 남한신(南漢宸)·왕초북(王超北) 등이 서명했다(王凡, 1997: 4). 문혁 시기 강청·강생의 잔혹한 박해를 받은 왕세영은 1968년에 사망, 남진한은 자살(1967.1)했다. '반혁명 분자' 왕초북은 강생에 의해 17년 간 수감됐다.

2207 강소성위 서기 유효는 강청의 '체포·변절'과 '국민당 특무' 최만추(崔萬秋)와의 '밀접

모택동과 중국혁명 2

회상과 '국민당 간첩'이란 주장은 신빙성이 매우 낮다.

모택동은 이렇게 술회했다. …어느 회의에서 주은래는 나에게 자리를 피해달라고 말했다. 당시 주은래는 '(結婚)반대 의견'을 표시했으나 다수결 원칙에 의해 정치국은 나와 강청의 결혼을 동의했다(潘相陳 외, 1997: 93). 당중앙은 강청의 '정치 간섭 불허'[2208]를 골자로 한 '삼장약법'을 토론했다. 한편 '(婚姻)반대자'는 장문천일 가능성이 높다. 드라마 '연안송'에는 '강청 결합' 문제를 두고 모택동과 장문천이 옥신각신하는 장면이 있다.

'모강 재혼'을 동의한 모택동의 동료들은 전제조건을 달았다. 결혼 후 강청이 당내 정치활동에 참가해선 안 된다는 것이다(D. Wilson, 2011: 159). 중공 원로들은 모택동과 강청의 결혼을 반대했다. 모택동이 주위의 반대를 물리치자 강청이 정치에 간여하지 않는다는 등 3가지 조건을 내걸었다(현이섭, 2017: 382). 중공 지도자들은 (毛江)결혼을 찬성했으나 단서를 달았다. 즉 강청 재혼은 모택동 개인의 결혼에 불과하며 당주석과의 결혼이 아니라는 것이다(유일, 2016: 165). 상기 '3가지 조건'은 강청의 정치참여를 제약하는 '약법3장(約法三章)'이다. 상기 '당주석(黨主席)'[2209]은 큰 어폐가 있다. 당시 모택동은 당주석이 아니었다.

한 관계'를 적발하며 '(毛江)결합'이 적합하지 않다고 주장했다(陳修良, 1990.1). 문혁 기간 알바니아(Albania) 대사로 '추방'된 외교부 부부장 유효는 정치적 박해를 받았다. 한편 '강청전전(前傳)'의 저자 최만추가 '국민당 특무'라는 주장은 신빙성이 낮다.

2208 당중앙은 강청의 '정치 참여'를 제약하는 규정을 제정했다. …강청은 가정주부와 사무 보조의 신분으로 모택동의 생활을 돌보고 건강을 책임진다. 또 당내 직무를 맡지 않으며 정치에 간여해선 안 된다(葉永烈, 1993: 162). 상기 '(制約)규정'이 바로 강청의 '정치 간섭'을 불허하는 '약법3장'이다. 실제로 '약법3장'이 존재했다는 것이 정설이다.

2209 '6중전회(1938.9)'에서 '중공 영수' 지위를 확보한 모택동은 '당주석(黨主席)'은 아니었

이은교(李銀橋)[2210]는 이렇게 회상했다. …이른바 '약법3장'은 꾸며낸 이야기이다. 누구도 '약법3장'을 본 사람이 없고 이를 증명한 사람도 없다(權延赤, 1989: 80). 양상곤은 이렇게 회상했다. …당중앙이 '(江靑)정치참여'를 불허했다는 것은 사실무근이다. 내가 진운에게 물었을 때 그는 '그런 일(約法三章)'이 없었다고 딱 잘라 말했다(李明三, 2011.6). 이은교의 회상은 신빙성이 낮다. 당시 이은교는 모택동의 신변 경호원이 아니었다. 또 양상곤·진운의 주장은 설득력이 떨어진다. 실제로 진운이 강청과의 담화에서 제출한 '원칙적 의견'은 '약법3장'과 일맥상통한다.

남녀 관계가 문란한 강청은 온갖 염문설에 휩싸였다. 당중앙이 '체포' 경력이 있는 강청의 '정치참여'를 불허한 것은 합리적이었다(葉永烈, 2014: 163). 유가동(劉家棟)[2211]은 이렇게 회상했다. …당중앙은 강청의 책무에 대한 단서를 달았다. 즉 강청이 모택동의 정치활동에 간여해선 안된다는 것이다(劉家棟, 1995: 160). 상기 '단서'는 '약법삼장' 취지와 일치한다. 1938년 5월 진운의 비서로 임명된 유가동의 회상은 신빙성이 매우 높다.

다. 1935~1942년 '(中共)총서기'는 장문천(洛甫)이다. (延安)정풍 기간(1943.3) 모택동은 명실상부한 '중공 1인자(黨主席)'로 자리매김했다.

2210 이은교(李銀橋, 1927~2009), 하북성 안평(安平) 출신이며 공산주의자이다. 1948~1962년 모택동의 경호원·경호실장을 맡았다. 건국 후 천진시 공안국(公安局) 부국장, 인민대회당 관리국 부국장, 2009년 북경에서 병사했다.

2211 유가동(劉家棟, 1917~2012), 하남성 수무(修武) 출신이며 공산주의자이다. 1936년 중공에 가입, 1930~1940년대 하얼빈(哈爾濱)시위 선전부장, (吉林)시위 서기, 건국 후 사천성위 선전부 부부장, 중앙기율검사위원회 연구실장 등을 역임, 2012년 북경에서 병사했다.

최만추(崔萬秋)[2212]가 '왕약비(王若飛) 일기'[2213]에 근거해 기술한 '약법3장' 골자는 ① 모택동·하자진의 부부관계 상존 ② 강청의 '모택동 부인' 행세 불가 ③ 강청, 모택동의 일상 돌봄 ④ 20년 내 '정치활동 참여' 불가 등이다(丁曉平, 2009: 88). 현재 대륙에 보존된 '왕약비 일기' 중 1938년 일기가 누락됐다. '분실된 (王若飛)일기'가 대만에 보존됐다. 최만추가 인용한 '약법3장'은 대만에서 출간(1976)된 진수민(陳綏民) 저서에 기록된 내용이다(葉永烈, 2019: 161). '약법3장'의 여러 판본(版本)[2214]에서 홍콩에서 출간된 '강청전전(前傳)'이 신뢰성이 가장 높다. 당시 섬감녕변구 선전부장 왕약비는 중공중앙 비서장(1941.12)을 역임했다.

소련 방문 중(1950.1) 모택동은 강청에게 보낸 전보에 이렇게 썼다. …'해방구(解放區) 견학'을 동의하지만 유소기의 허락을 받아야 한다. '정책연구원' 명의는 요로언(廖魯言)[2215]의 승낙을 받아야 한다(謝柳青,

---

2212 최만추(崔萬秋, 1903~1982), 산동성 신현(莘縣) 출신이며 '강청전전(江青前傳)'의 저자이다. 1930~1940년대 상해 '대만보(大晚報)' 부간(副刊) 편집장, 복단(復旦)대학 교수, 1971년 미국 이주, 1982년 미국에서 병사했다.

2213 '모택동과 강청(1976)'의 저자 진수민(陳綏民)은 '왕약비 일기'에 근거해 '약법삼장'을 상세히 적었다. 진수민의 저서에 기술한 '약법삼장'은 정치국 회의에서 결정한 '최초의 기록'으로 간주된다(葉永烈, 2019: 162). 실제로 국민당군이 '연안 점령(1947.3)' 후 (延安)시장인 진수민이 '왕약비 일기' 원본을 갖고 있었다는 것이 학계의 중론이다.

2214 판본 1) 대륙 학자 주장 ① 정치참여 불허 ② 공개적 활동 불참 ③ 모택동의 일상 돌봄 등이다. 판본 2) '강청사략(事略)' 골자 ① (毛)부인 행세 삼가 ② (毛)사무 보조 ③ 당내 요직 등용 불가 등이다. 판본 3) '강청외전(外傳)' 골자 ① '(江青)재혼' 인가 ② '(毛澤東)부인' 칭호 사용 불가 ③ 당내 인사 간섭 불가 등이다. 판본 4) 미국 기자 위트케(Witke)가 쓴 '강청동지'는 이렇게 썼다. …향후 20년 강청은 가사에 전념하고 공직(公職)을 맡아선 안 된다(葉永烈, 1993: 163). 여러 판본 중 진수민(陳綏民)의 저서 '모택동과 강청(1976)'과 최만추의 '강청전전(前傳, 1988)'에 서술된 '약법3장'이 신빙성이 가장 높다.

2215 요로언(廖魯言, 1913~1972), 강소성 남경(南京) 출신이며 공산주의자이다. 1932년 중공에 가입, 1940년대 유소기의 비서, 중앙정책연구실 실장(室長), 건국 후 농업부장, 전

1994: 410). 실제로 모택동이 강청에게 유소기와 요로언의 허락을 받을 것을 강조한 것은 20년 내 '(江靑)정치 참여'를 불허한 '약법3장'을 감안한 것이다. 한편 '제1부인'인 강청의 '해방구 시찰'은 정치활동의 개시를 의미한다.

국민당이 '연안 점령' 당시 노획한 '왕약비 일기'는 위조품일 가능성은 낮다. 20년 간 '현모양처'로 생활한 강청이 정치에 간여하지 않은 것은 '약법3장'에 부합된다. 모택동 경호원과 당중앙 지도자들이 '약법3장' 존재를 부인한 것은 모택동의 '이미지 손상'을 고려했기 때문이다. 1960년대 강청이 정치적 무대에 본격적으로 데뷔한 것은 모택동의 '종용'과 관련된다. 결국 정치 문외한[2216] 강청은 모택동의 '하수인' 노릇을 했다.

엽자룡은 이렇게 회상했다. …11월 19일 모택동의 처소를 방문한 하룡은 '(毛江)결혼'을 축하한 후 한턱내야 한다고 말했다. 모택동은 곧 나에게 '술상 배치'를 지시했다. 20일 초대연에는 장문천·이부춘·나서경·등대원·서명청 등이 참석했다. 이날 모택동은 양가령으로 옮겼다(葉子龍, 2000: 66). 서명청은 이렇게 회상했다. …모택동의 초청을 받은 우리 부부는 봉황산 거처로 갔다. '결혼축하연'임을 알면서도 주객 모두 결혼을 언급하지 않았다(葉永烈, 2019: 166). 모택동의 '양가령 이사'는 일본

국 정협 위원 등을 역임, 1972년 북경에서 병사했다.

2216 연예인(演藝人) 출신인 강청은 정치적 경력이 전무했다. 한편 모택동과 재혼(1938.11)한 후 '정치 참여'를 불허하는 중공중앙의 '약법3장'으로 인해 강청은 가정주부와 '사무 보조' 소임에 전념했다. 또 1940년대 딸 이눌(李訥)을 출산한 후 '현모양처' 역할에 충실했다. 1950년대 정치에 입문한 그녀는 모택동의 '생활비서'를 맡았다. 1960년대 정치적 무대에 본격적으로 등장한 후 정치 문외한인 강청은 모택동의 '하수인' 노릇을 했다.

군의 '연안 폭격(11.20)'[2217] 때문이었다. 한편 장문천이 '초대연'에 참석하지 않았다는 유영의 회상(劉英, 2012: 95)은 설득력이 떨어진다.

11월 19~20일 모택동은 연속 2일 간 '결혼축하연'을 베풀었다. '축하연'의 의미는 ① '동거녀' 강청의 '(正實)부인' 공표 ② '(毛)중공 1인자' 등극 자축 등이다. 한편 '모하(毛賀)'의 부부관계가 상존한다는 '약법3장'이 인정된다면 '모강 결합'은 엄연한 불법적 동거이다. 엄격한 잣대를 적용할 경우 '(毛江)결합'은 중혼죄(重婚罪)[2218]에 속한다. 한편 정강산 시절(1928.5)의 '모하(毛賀) 결혼'도 같은 맥락에서 불법적 혼인에 속한다.

이민(李敏)은 이렇게 회상했다. …결혼한 후 강청은 부친의 신변으로 전근됐다. 당시 강청의 임무는 아버지의 일상을 돌보는 것이었다(李敏, 2000: 291). 강청은 중앙 지도자의 부인에 비해 자력(資歷)이 부족함을 알고 있었다. 등영초·강극청·유영·진종영(陳琮英)[2219] 등은 모두 장정에 참가했다(葉永烈, 2014: 169). 실제로 강청은 양가령 이전(1938.11.20) 전 모택

2217 1938년 11월 20일 모택동이 봉황산(鳳凰山) 거처에서 장문천·이부춘·등대원 등을 청해 '(結婚)축하연'을 베풀 때 일본군이 연안성(延安城)을 폭격했다. 결국 등대원의 권유로 모택동은 당일 양가령(楊家岭)으로 이사했다. 일본군은 이틀 연속 연안을 폭격했고 모택동의 봉황산 요동(窯洞)이 무너졌다(溫衛東, 2000: 67). 당시 일본군 폭격으로 연안 군민 30명이 폭사(爆死), 부상자는 122명이었다. 한편 양가령은 1938년 11월부터 1947년 3월까지 중공중앙의 소재지가 됐다. 또 모택동은 양가령에서 대생산운동·정풍운동을 지도했다.

2218 '중화인민공화국 형법' 제258조에 따르면 중혼죄(重婚罪)는 배우자가 있으면서 재혼하거나 타인의 배우자 있다는 것을 알면서도 결혼하는 행위를 말한다. '약법3장'은 '(毛賀)부부' 관계가 존속된다고 판정했다. 이 또한 장문천 등 중앙 지도자들이 '(毛江)결합'을 반대한 이유이다. 실제로 모택동이 '비서'인 강청과의 동거는 중혼죄에 속한다.

2219 진종영(陳琮英, 1902~2003), 호남성 장사(長沙) 출신이며 임필시의 부인이다. 1932년 중공에 가입, 1934년 장정(長征)에 참가했다. 건국 후 중앙기요국(機要局) 처장, 전국 정협 위원 등을 역임, 2003년 북경에서 병사했다.

동과 동거했다. 한편 '결혼' 후 강청은 일부 '사회적 직책'[2220]을 맡았다.

장택민(蔣澤民)[2221]은 이렇게 회상했다. …강청은 주석께서 휴식할 때면 직접 담뱃불을 붙여주고 축음기를 틀어 음악을 듣게 했다. 가끔 '경극 애호가' 주석을 위해 직접 경극을 부르기도 했다(朱鴻召, 2012: 68). 평소 강청은 모택동의 비서와 경호원에게 상냥한 표정을 지으며 깍듯이 대했다. 모택동은 강청이 만든 매운 반찬과 홍소육(紅燒肉)[2222]을 즐겨 먹었다(呂榮斌 외, 1998). 모택동의 경호원으로 임명(1939)된 장택민은 모택동이 중경에서 장개석과 담판(1945)할 때 부관(副官)을 맡았다. 결혼 초기 모택동의 '현내조(賢內助)' 강청은 '전업주부' 역할에 충실했다.

모택동의 건강을 챙기는 데 전념한 강청은 내빈들에게 찻물을 붓는 등 시중을 들었다. 매운 요리를 좋아하지 않는 강청은 매운 반찬을 자주 만들었다. 얼마 후 그녀는 요리사를 뺨칠 정도로 맛있는 요리를 만들었다(于俊道 외, 2014: 77). 당시 모택동의 처소에서 식사를 한 빈객들은 강청이 만든 요리를 맛보고 칭찬을 아끼지 않았다. 또 식탁은 모택동이 좋

2220 모택동과 '재혼'한 후 강청이 맡은 일부 '사회적 직책'은 ① 전국희극계항적(抗敵)협회 섬감녕변구분회 이사(理事) ② 섬감녕변구 문화협회 집행위원 ③ (延安)영화제작회사 이사(理事) 등이다(葉永烈, 2014: 170). 상기 강청이 맡은 직책은 유명무실한 직위에 불과했다. 실제로 이 시기 강청은 여전히 '현모양처' 역할에 충실한 가정주부였다.

2221 장택민(蔣澤民, 1913~2012), 요녕성 흑산(黑山) 출신이며 공산주의자이다. 1938년 중공에 가입, 1930~1940년대 모택동의 경호원, 주은래의 부관(副官), 건국 후 심양군구(後勤)운수부장, 총후근부 차선부(車船部) 부부장 등을 역임, 2012년 심양(瀋陽)에서 병사했다.

2222 홍소육(紅燒肉)은 중국인들이 즐겨먹는 대중적 요리이며 종류가 20~30종에 달한다. 홍소육은 중공 영수 모택동이 가장 즐겨 먹었던 요리이다. 당시 모택동은 홍소육이 뇌에 영양을 보충해 준다고 말했다. 한편 한국의 동파육과 비슷하다는 일각의 주장도 있다. 한국인들에게 좀 '느끼한 요리'인 홍소육에는 중국 특유의 향신료가 들어있다.

아하는 매운 요리로 채워졌다. 외국 기자들은 회고록에 강청을 '현처(賢妻)'라고 치켜세웠다. 출산 후 강청은 내빈들에게 얼굴을 내밀지 않았다. 이는 이 시기 강청은 정치와 담쌓고 살았다는 단적인 방증이다.

소련에서 돌아온 유영은 모택동에게 이렇게 말했다. …주석과 하자진은 어울리지 않는다. '현처'를 만나 다행이다. 모택동은 흥분조로 이렇게 말했다. …나를 이해해 주니 고맙네(劉英, 2012: 95). 양가령을 방문 (1939.9)한 스노우는 이렇게 회상했다. …나는 며칠 간 모택동 부부와 새벽 1시까지 카드놀이를 했다. 당시 모택동의 건강상태는 좋아보였다(薩蘇 외, 2012: 72). 모택동 처소를 방문(1939.12)한 증지는 이렇게 썼다. …헐렁한 옷을 입은 강청의 움직임은 굼떴고 기운이 없어 보였다. 저녁 식사를 할 때 몇 술가락을 뜬 그녀는 밖에 나가 토했다. 나는 그녀가 입덧을 하고 임신했다는 것을 알았다. 모주석은 곧 따라 나가 그녀의 어깨를 두드렸다(曾志, 1999: 320). 이는 모택동 부부의 '양가령 신혼'이 행복했다는 반증이다. 한편 유영의 '(毛)대화'는 모택동의 비위를 맞추기 위한 맞장구이다.

미군고찰팀 책임자 데이비드 바렛(David Barrett)[2223]은 이렇게 회상했다. …그녀는 내가 만나본 어느 중공 지도자의 부인보다 우아하고 풍류스러웠다. 무도회에서 모택동과 사교춤을 추는 그녀의 자태는 매혹적이었다(朱鴻召, 2012: 73). '딸 양육'에 전념한 강청은 직접 딸의 옷을 지었고 모택동의 사무에 영향을 미치지 않도록 무던히 신경을 썼다(薩蘇 외,

---

2223 데이비드 바렛(David Barrett, 1892~1977), 미국 콜로라도주(Colorado州) 출생이며 (美)군인이다. 1924년 (駐華)미국대사관 멤버, 1944년 (美)고찰팀장 신분으로 연안 방문, 모택동 등 중공 지도자의 접견을 받았다. 1950년 중국에서 철수, 1977년 미국에서 병사했다.

2012: 74) 이 시기 강청이 외국인에게 남긴 인상은 '현숙한 아내'·'매력적 여인'이었다. 이눌을 출산한 강청은 '현모양처'로 변신했다. 한편 서명청의 회상에 따르면 강청은 '인공유산(人工流産, 1943)'[2224]을 했다.

연예인 남평이 '현모양처'로 환골탈태할 수 있었던 것은 '뼈를 깎는' 노력이 없었다면 불가능했다. 강청이 '현모양처'로 변신한 원인은 ① 당중앙의 '약법3장' ② 모택동의 '엄격한 (約法)준수' 요구 ③ '정실부인'이 되려는 각고의 노력 ④ 딸 출산에 따른 '부인' 지위 확고화 ⑤ 모택동의 신뢰 획득 등이다. 연안에서 '현모양처' 강청의 생활은 행복했다.

중공 지도자들은 모택동의 중경행(1945.8)을 반대했다. 위험천만한 중경행을 동반한 강청은 남편과 함께 난관을 이겨내야 한다고 생각했다(朱鴻召, 2012: 78). '연안 철수(1947.3)' 당시 강청은 '섬북 잔류'를 요구했다. 남편과 (生死)위기를 함께 넘겨야 한다는 것이 주된 이유였다. 민가에 머무는 기간 강청의 몸에는 이가 생겨났다(薩蘇 외, 2012: 79). '서북전쟁'을 자신이 모주석과 함께 지휘했다는 강청의 주장은 어불성설이지만 남편과 '생사고락'을 함께한 것은 사실이다. 한편 강청의 '중경행'이 당납을 만나기 위한 것이라는 일각의 주장[2225]은 설득력이 떨어진다.

강청은 아기의 이름을 이눌(李訥)이라고 지었다. 이(李)는 강청의 원

2224 1943년 강청은 '인공유산(人工流産)'을 했다. '유산한 아이'가 남자아기인 것을 발견한 강청은 담당의사에게 '내 아들을 살려내라'면서 울며불며 난리를 피웠다(葉永烈, 2014: 174). 수술 후 강청은 고열에 시달렸다. 알고보니 그녀의 뱃속에 한뭉치의 붕대가 들어있었다. 의사의 실수였다. 그 후 '임신 방지'를 위해 강청은 불임수술을 했다.

2225 1945년 8월 딸 이눌과 함께 중경으로 간 강청은 장치중 저택에 머물렀다. 강청은 (前夫)당납에게 전화를 걸어 만남을 요청했다(裴毅然, 2012: 83). 강청의 '요청'을 거절한 당납은 지인에게 '거절 이유'를 이렇게 밝혔다. …강청 만남은 물의를 일으킬 수 있었다(南方都市報, 2011.12.20). 당시 강청의 '만남 요청'은 (第一夫人)위세를 과시하기 위한 것이다. 한편 강청의 중경행은 남편과 '생사(生死)를 같이한다'는 것을 보여주기 위한 것이다.

래의 성씨이며 눌(訥)은 전 남편 이름(唐納)의 해음(諧音)이다(R. Terrill, 2010: 198). 모택동이 딸의 성씨를 이(李)로 한 것은 그의 가명(假名)이 '이득승(李德勝)'[2226]이기 때문이다. '눌'은 '근신(謹愼)'한다는 뜻이다(A. Pantsov, 2015: 500). 모택동이 딸의 성씨를 이씨(李氏)라고 한 것은 모씨(毛氏)로 인한 '불필요한 오해'를 방지하게 위해서였다. '눌'은 논어의 한 구절을 따온 것으로 말이 어눌하다는 뜻이다(葉永烈, 1993: 169). 이눌은 모택동이 지은 이름이다. 모택동은 1947년부터 '이득승'이란 가명을 사용했다. 또 눌(訥)은 '근신'이 아닌 '어눌(語訥)'하다는 뜻이다. 당시 강청은 '현모(賢母)' 역할에 충실했고 이눌은 모택동의 삶의 활력소가 됐다.

1949년 강청은 스탈린 별장에 머물렀다. 스탈린은 모스크바를 방문한 유소기와 강청을 위해 초대연을 마련했다. 당시 스탈린에게 권주한 강청은 이렇게 말했다. …스탈린 동지의 건강과 장수를 기원한다. 당신의 건강이 우리의 행복이다(葉永烈, 1993: 206). 중앙서기처 회의(1956)'에서 강청은 진백달(陳伯達)[2227]·효교목(胡喬木)[2228]·엽자룡·전가영과 함께

2226 모택동이 딸 이눌(李訥, 1940.8)의 성씨를 이(李)로 결정한 것은 그의 가명(假名)이 '이득승(李德勝)'이기 때문이라는 일각의 주장은 신빙성이 제로이다. 실제로 모택동이 '이득승'이란 가명을 사용한 것은 1947년 후였다. 한편 강청의 본명은 이운학(李雲鶴)이었다. 결국 모택동은 딸 이눌을 어머니(江靑)의 성씨(姓氏)를 따르게 한 것이다.

2227 진백달(陳伯達, 1904~1989), 복건성 천주(泉州) 출신이며 공산주의자이다. 1927년 중공에 가입, 1930~1940년대 (延安)중앙당학교 강사, 모택동의 (政治)비서, 건국 후 중국과학원 부원장, '문혁소조' 책임자 등을 역임, 1973년 당적 박탈, 1989년 북경에서 병사했다.

2228 호교목(胡喬木, 1912~1992), 강소성 염성(塩城) 출신이며 공산주의자이다. 1932년 중공에 가입, 1930~1940년대 모택동의 (政治)비서, 신화통신사 사장, 건국 후 신문총서(新聞總署) 서장, (中央)선전부 부부장, 중앙서기처 서기 등을 역임, 1992년 북경에서 병사했다.

모택동의 '5대비서(五大秘書)'[2229]로 임명됐다(權延赤, 2016: 70). 실제로 모택동의 언질을 받아 주은래가 제출한 것이다. 한편 '비서 임명'은 '제1부인' 강청이 '약법3장' 규제에서 완전히 탈피했다는 반증이다.

연안에서 모택동과 결합한 강청이 '현모양처'로 변신한 것은 당중앙의 '약법3장'과 크게 관련된다. 모택동의 '사무 보조(秘書)'로 전근된 후 '현내조·현모' 역할에 충실한 강청의 연안 생활은 행복했다. '현모양처' 강청을 '악처'로 전락시킨 장본인은 그녀의 남편이다. 모택동의 사후(死後) 곧 체포(1976.10.6)된 강청은 '사형' 판결을 받았다. 결국 파란만장한 인생을 살았던 강청은 (自宅)자살(1991.5.14)로 비극적 삶을 마쳤다.

2229 1956년 당중앙이 임명한 모택동의 '5대비서(五大秘書)'는 ① 진백달·호교목, 정치비서 ② 엽자룡, 기요비서 ③ 전가영, 수행비서 ④ 강청, 생활비서였다. 모택동은 '(江靑)임명'을 반대했으나, 주은래 등은 강청이 생활비서를 맡는 것이 적합하다고 주장했다(葉永烈, 1993: 230). 당시 '약법3장' 제약에서 벗어난 강청은 '차관급 비서'로 승진했으나 병치료에 전념했다. 한편 강청의 파격적 승진은 1960년대 정치무대 등장에 빌미를 제공했다.

저자 소개 | 김범송(金范松)

1966년생, 사회학자·인구학자·언론인. 필명(筆名) 청송(青松)
한국외국어대학·대련대학·(北京)중앙민족대학에서 초빙·객원교수를 역임했다.

1990년대 후반부터 한국에서 10여 간의 학위 공부와 강의생활을 시작했다. 2007년 한국외국어대학에서 석사, 2010년 한국학중앙연구원에서 사회학 박사학위를 취득했다.

2007년 중국에서 칼럼집 『재주부리는 곰과 돈 버는 왕서방』을 출간, 흑룡강신문(哈爾濱) 논설위원으로 위촉됐다. 연구 논문으로 「중국의 한류 열풍과 협한류에 대한 담론」 외 다수가 있다.

2009년 한국에서 첫 신간인 『그래도 희망은 대한민국』, 『가장 마음에 걸린다』를 글누림출판사에서 출간했다. 2009년 독일 프랑크푸르트 해외동포 국제세미나, 제3차 세계한인정치인대회(Seoul)에 참석해 학술논문을 발표했다.

2010년 박사논문을 보완해 출간한 연구서 『동아시아 인구정책 비교연구』(역락)는 2011년도 대한민국학술원 우수학술도서로 선정, 2011년 '한국인물사전(聯合News)'에 재외동포학자로 선정 등록됐다.

2011년 네이버 인물정보에 인류학자로 등록되었다.

2010년대 POSCO CDPPC(大連) 대외 부사장으로 다년간 근무, 2016년 『중국을 떠나는 한국기업들』을 한국에서 펴냈다. 각종 (韓中)학술회의에서 주제 발표, 초청 특강을 진행했다.

현재 대련대학 한국학연구원 선임연구원, (北京)중앙민족대학 한국문화연구소 객원연구원을 지내며 학술연구와 집필활동에 전념하고 있다.